宋史紀事本末

〔明〕陳邦瞻撰

第一册

卷一至卷四〇

中華書局

圖書在版編目(CIP)數據

宋史紀事本末/(明)陳邦瞻撰. —北京:中華書局,
2015.8(2025.7重印)
(歷代紀事本末)
ISBN 978-7-101-11023-4

Ⅰ.宋… Ⅱ.陳… Ⅲ.中國歷史-宋代-紀事本末體
Ⅳ.K244.044

中國版本圖書館CIP數據核字(2015)第127801號

責任編輯:許 桁
責任印製:韓馨雨

歷代紀事本末
宋史紀事本末
(全三册)
〔明〕陳邦瞻 撰
*
中華書局出版發行
(北京市豐臺區太平橋西里38號 100073)
http://www.zhbc.com.cn
E-mail:zhbc@zhbc.com.cn
河北品睿印刷有限公司印刷
*
850×1168毫米 1/32 · 38⅜印張 · 6插頁 · 232千字
2015年8月第1版 2025年7月第9次印刷
印數:16001-17000册 定價:128.00元

ISBN 978-7-101-11023-4

出版説明

《宋史紀事本末》一〇九卷，明陳邦瞻撰。它是繼《通鑑紀事本末》以後，用紀事本末的體裁，記述宋代（公元九六〇至一二七九）三百餘年歷史的書。

陳邦瞻，字德遠，高安（今江西高安縣）人，萬曆二十六年（公元一五九八）進士，曾任南京吏部稽勳司郎中，後官至兵部左侍郎，《明史》卷二四二有傳。在他之前，有山東臨朐人馮琦（《明史》卷二一六有傳），曾起草編寫此書；另外，南京的侍御史沈越，也用同樣的體裁編錄宋代的史事，取名《事紀》。這兩部書都未完稿。後來就由馮琦的弟子監察御史劉曰梧、應天府丞徐申創議，請陳邦瞻將馮、沈二書加以增訂，合爲一編，於萬曆三十二年（公元一六〇四）着手編撰，大約歷一年左右的時間，全書完成。清朝編的《四庫總目提要》，説這部書「大抵本於琦者十之三，出於邦瞻者十之七」，漏略了沈越的《事紀》，是不够確切的。關於此書的編撰情況，可以參看我們這次點校本後面所附的幾篇序跋。

陳邦瞻在《宋史紀事本末敍》中，説史書的編寫要「徵往而訓來，考世而定治」，就是説編寫歷史書要爲當時的封建政治服務。當時，在意識形態領域中佔據統治地位的是程朱理學，尤其是朱熹那種强調帝王個人心術決定歷史變化的典型唯心主義的歷史觀，編者就是按照這種思想觀點來實現他編寫史書的意圖的。書中在記敍南北宋歷史時，在不少章節中引述了程朱等理學家的議論，作爲評價史事的根據。如卷八十七《孝宗朝廷議》，長篇累牘引了朱熹的奏議，特别强調朱熹的話説：「天下事千變萬化，其端無窮，而無不本於人主之心者，此自然之理也。」又說：「天下之務莫大於恤民，而恤民之本在人君正心術以立紀綱。」這裏所說的「理」或「紀綱」，也就是理學家所極力宣揚的一套封建綱常。陳邦瞻等人生活的萬曆年間（公元一五七三至一六二〇），封建統治集團十分腐敗，貴族大地主的土地兼併越來越劇烈，田賦、徭役以及各種苛捐雜稅，日益加重，廣大貧苦農民與封建地主階級的矛盾加深，被壓迫人民的反抗鬥爭不斷爆發，一場大規模的農民起義的風暴正在蘊釀，新的起義高潮就要到來。這個時期，代表封建統治階級利益、作爲當時官方哲學的程朱理學，則更加暴露出它的極端反動和腐朽的性質。因此，先後由馮琦、沈越、陳邦瞻這樣一些地主官僚以程朱理學爲指導思想來編寫的這部《宋史紀事本末》，也就必然要反映這一時代的階級矛盾和階級鬥爭的特點。

書中對於宋代三次較大的農民起義，卽北宋初年的四川李順王小波起義，北宋末年浙江的方臘起義，南宋初年湖南洞庭湖地區的鍾相楊太起義，都有專章敍述。但作者站在封建地主階級的立場，一概稱起義軍爲「賊黨」、「羣盜」，對於鎮壓起義的文武官員，極力推崇。尤其是在卷六十六《平羣盜》中，把農民反抗封建統治的正義鬥爭與當時四處流竄殘害人民的宋朝廷的散兵游勇相提並論。特別應當指出的是，在這一節中還誣蔑「楊太與劉豫通，欲順流而下，李成旣據襄陽，又欲自江西陸行趨浙與太會」。實際上，當時楊太的農民軍，旣堅持反抗南宋朝廷的軍事鎮壓，同時又對僞齊劉豫政權的威脅利誘採取針鋒相對的鬥爭，將劉豫、李成派來說降的奸細嚴正處死，這在南宋時署名鼎澧逸民所著的《楊幺事蹟》中就有明確的記載。其實元朝官修的《宋史》中也並沒有說楊太與劉豫聯合攻宋的事，在這個問題上，此書甚至比《宋史》還倒退了一步。

當然，這部《宋史紀事本末》在不少地方還是承襲了《宋史》的觀點。譬如《宋史》在人物列傳中特別設立《道學傳》，記載道學家的事蹟和言論，本書也就在《孝宗朝廷議》、《道學崇黜》等卷中大量記載程頤、程顥、朱熹等人的言行。陳邦瞻編撰此書時，除了參考《宋史》外，還取材於明薛應旂的《宋元資治通鑑》，而薛應旂的書，連《四庫提要》也說它別無長處，「唯道學家特詳爾」。於此可見，這部書的觀點與《宋史》也是一脈相承的，並不比它高明。

以上事實都說明，在明朝後期封建經濟日益沒落、地主階級日益走下坡路那樣的社會條件下寫成的這部史書，有不少落後、反動的觀點，閱讀時需要我們加以科學的鑒別和批判。但這部書，記述了宋代歷史的大概輪廓，和宋代社會的一些重要事件，對於我們了解那一時期的歷史，還有一定的參考價值。元朝修的《宋史》，有近五百卷之多，份量很大，而且内容蕪雜。其他幾部有關南北宋歷史的書，如王偁的《東都事略》，李燾的《續資治通鑑長編》，徐夢莘的《三朝北盟會編》，李心傳的《建炎以來繫年要錄》等，卷帙也相當大，記述的也非宋代全史。這部《宋史紀事本末》，以較少的篇幅，按歷史事件把大量的史料加以剪裁、整理和集中，確實表現出紀事本末體的那種「前後始末，一覽了然」的特色。書中涉及的問題也較爲廣泛，除政治事件外，如治河、茶鹽、學術思想等都有專題敍述，還記載了金和蒙古早期的歷史情況。有關農民起義及統治階級議論朝政的章節，還是在一定程度上提供了我們研究和了解宋代社會階級矛盾的線索。這些，對於我們今天運用馬克思列寧主義、毛澤東思想，去研究、分析宋代的歷史，是有所幫助的。

關於《宋史紀事本末》的刻本流傳情況，據現在所知，大致是這樣的：此書撰成以後，卽由劉曰梧、徐申校訂刊行，分二十八卷，刻於萬曆三十三年（公元一六〇五）。這個本子，可以稱之爲原刻本。在這以後，又由徐申動議，請陳邦瞻續編元代部分，約用一年左右的時間寫成《元史紀事本末》初稿，並由臧懋循（字晉叔）參加訂補，分爲六卷。萬曆三十五年，監察御史黄吉士巡撫淮南，就將陳氏的宋、元二書與袁樞《通鑑紀事本末》合刻，並將《宋史紀事本末》略加合併，改爲十卷，《元史紀事本末》改爲四卷。另外，明朝崇禎年間，江蘇太倉人張溥，就《通鑑紀事本末》各篇寫成史論若干篇，並取陳氏二書逐目加以論正，附於各篇之後，改成以篇爲卷。這樣，從明末以後，《宋史紀事本末》就有二十八卷本、十卷本、一○九卷本三種（《四庫總目提要》把二十八卷誤爲二十六卷，後來有些目錄書也沿襲了這一錯誤，實際上文津閣和文溯閣本《四庫全書》與提要都作二十八卷）。清初以後，二十八卷本與十卷本傳本較稀。張溥的史論在清朝前期雖列爲禁書，但頗有影響，而且一○九卷本以篇爲卷，是一個重要優點，因此流傳較廣，後來好些本子就是據一○九卷本刊刻的，如康熙十八年（公元一六七九）張聞升重刻本，同治十三年（公元一八七四）江西書局刻本，光緒十三年（公元一八八七）廣州廣雅書局重刻江西書局本，等等，大約有十餘種。江西書局本係據張聞升的本子重刻，並取《續綱目》等書校勘過，對原書的一些錯誤有所刊正，是一個較好的本子。

我們這次整理校點，就是以江西書局本爲底本，用萬曆三十三年原刻本和《宋元通鑑》（明嘉靖四十五年刊本）、《續通鑑綱目》（明成化十二年内府刊本）互校，同時參考張溥、張聞升等刻本，以及《宋史》、《金史》、《元史》、《東都事略》、《宋史全文》、《宋會要輯稿》、《續資治通鑑長編》等書。江西書局本對過去刊本的一些錯誤有所改正，但未注明依據，有時還有誤改之處，我們這次就參考有關各書，擇善而從，加以訂正。凡補正刪改的，都注明依據，寫成校記，用括號小字排在各句之後。文內圓括號（ ）表示應刪之文，方括號〔 〕表示應補之文。常用的書名有較長者，採用略稱，如薛應旂《宋元通鑑》稱爲《薛鑑》，等。引用各書都注明卷數，編年體史書年代與本書相同的，就從略，遇有不同的則仍加注明。我們還在分段的起始年代下附加干支紀年和公元，以便於閱讀。

本書校點整理工作由河北師範學院（前河北北京師範學院）歷史系中國古代史組擔任。書中錯誤或不當之處，請讀者批評指出。

中華書局編輯部

一九七七年六月

宋史紀事本末總目

宋史紀事本末第一册目錄

宋史紀事本末卷一

太祖代周

宋太祖建隆元年（庚申、九六〇），周恭帝宗訓元年也。先是，周顯德六年十一月，鎮、定二州上言，北漢會契丹兵入寇。至是年正月辛丑朔，遣殿前都點檢、檢校太尉、歸德節度使趙匡胤率兵禦之，殿前副都點檢慕容延釗將前軍先發。時主少國疑，中外密有推戴匡胤之意，都下讙言：「將以出軍之日，册點檢爲天子。」士民恐怖，爭爲逃匿計，惟内廷晏然不知。癸卯，大軍繼出。軍校苗訓號知天文，見日下復有一日，黑光摩盪者久之，指示匡胤親吏楚昭輔曰：「此天命也。」是夕，次陳橋驛。將士相聚謀曰：「主上幼弱，吾輩出死力破敵，誰則知之！不如先册點檢爲天子，然後北征，未晚也。」都押衙李處耘具以事白匡胤弟供奉官都知匡義及歸德掌書記趙普。匡義、普部分諸將，環列待旦，遣牙隊軍使郭延贇馳騎入京，報殿前都指揮使石守信、都虞候王審琦，二人皆素歸心匡胤者。甲辰黎明，將士逼匡胤寢所，匡義、普入帳中白之。匡胤時被酒臥，欠伸徐起，將校已露刃列庭，曰：「諸將無主，願册太尉爲皇帝。」匡胤未及對，黄袍已加身矣。衆卽羅拜呼萬歲，掖之上馬，還汴。匡胤攬轡曰：「汝等貪富貴立我，能從我命則可，不然，我不能爲若主矣。」皆下馬曰：「願受命！」匡胤曰：「太后、主上，我北面事者，不得驚犯；公卿，皆我比肩，不得侵陵；朝市府庫，不得侵掠。用命，有重賞；違，不汝貰也。」皆應曰：「諾！」遂肅隊而行。

乙巳，入汴。先遣楚昭輔慰安家人，又遣客省使潘美見執政諭意。時早朝未罷，聞變，范質執王溥手曰：「倉卒遣將，吾輩之罪也。」爪入溥手，幾出血，溥噤不能對。侍衞親軍副都指揮使韓通自禁中遑遽而歸，謀帥衆禦之，軍校王彦昇逐焉。通馳入其第，未及闔門，爲彦昇所害，妻子俱死。匡胤進登明德門，令甲士歸營，而自退居公署。將士擁范質等至，匡胤見之流涕曰：「吾受世宗厚恩，爲(大)〔六〕（據續綱目改）軍所迫，一旦至此，慚負天地，將若之何？」質等未及對，列校羅彦瓌挺劍厲聲曰：「我輩無主，今日必得天子！」質等相顧不知所爲，溥降階先拜，質不得已亦拜。遂請匡胤詣崇元殿，行禪代禮。召百官至，晡時班定，猶未有禪詔，翰林承旨陶穀出諸袖中，遂用之。匡胤就廷，北面拜受；已，乃掖升殿，卽皇帝位。奉周主爲鄭王，符太后爲周太后，遷之西宮。（乙巳）大赦，改元。以所(鎭)〔領〕（據續綱目、薛鑑改）歸德軍在宋州，國號宋。遣使遍告郡國藩鎭，加官進爵有差。定國運以火德王，色尚赤，臘用戌。

帝，涿郡人。四世祖朓，唐幽都令。生珽，唐御史中丞。珽生敬，涿州刺史。敬生弘殷，周檢校司徒、岳州防禦使。弘殷娶杜氏，生帝於洛陽夾馬營，赤光繞屋，異香經宿不散。及長，容貌雄偉，器度豁如，識者知其非常人。仕周，補東西班行首；累官殿前都指揮使，掌軍政，凡六年；數從世宗征伐，洊立大功，人望歸之。世宗嘗於文書囊中得木，長三尺餘，題曰「點檢作天子」。時張永德爲殿前都點檢，乃命代之，卒用代周。華山隱士陳摶聞帝代周，曰：「天下自此定矣。」未幾，鎮州報北漢兵引還。

戊申，詔贈周馬步親軍副都指揮〔使〕（據宋史四八四周三臣傳、薛鑑載贈典原詔補）韓通爲中書令，以禮收葬，以旌其忠。欲加王彥昇擅殺之罪，羣臣以建國之始，乞貰之，帝猶怒，故終身不得節鉞。

辛亥，論翼戴功，加石守信爲侍衛親軍馬步軍副都指揮使，高懷德爲殿前副都點檢，張令鐸爲馬步軍都虞候，王審琦爲殿前都指揮使，張光翰爲馬軍都指揮使，趙彥徽爲步軍都指揮使，並領節鎮，餘領軍者並進爵。時，慕容延釗握重兵屯眞定，韓令坤領兵巡北邊。帝遣使諭意，許以便宜從事，兩人皆聽命。乃加延釗殿前都點檢，令坤侍衛都指揮使。

乙卯，帝以其弟匡義爲殿前都虞候，改名光義，趙普爲樞密直學士。

立四親廟。尊高祖朓爲僖祖文獻皇帝，曾祖珽爲順祖惠元皇帝，祖敬爲翼祖簡恭皇帝，妣皆爲皇后，考弘殷爲宣祖昭武皇帝。定制，歲以四孟月及季冬凡五享，朔、望薦食薦新；三年一祫，以孟冬；五年一禘，以孟夏。

夏四月癸巳，周昭義節度使李筠起兵。初，帝卽位，遣使加筠中書令。使者至潞州，筠欲拒之，賓佐切諫，乃延使者，置酒，旣而取周太祖畫像懸於壁，涕泣不已。賓佐惶駭，告使者曰：「令公被酒，失其常性，幸勿訝。」北漢主鈞聞之，乃以蠟書結筠同起兵，筠長子守節泣諫，筠不聽。帝手詔慰撫，且召守節爲皇城使，遣歸謂筠曰：「我未爲天子時，任汝自爲之；我旣爲天子，汝獨不能小讓我耶？」守節歸以白筠，筠遂起兵。令幕府爲檄，數帝罪；執監軍周光遜等送於北漢，以求濟師；又遣人殺澤州刺史張福，據其城。從事閭丘仲卿說筠曰：「公孤軍舉事，其勢甚危，雖倚河東之援，恐亦不得其力。大梁甲兵精銳，難與爭鋒。不如西下太行，直抵懷、孟，塞虎牢，據洛邑，東向而爭天下，計之上也。」筠不能用。北漢主自帥兵赴筠，筠迎謁於太平驛，言受周太祖恩，不敢愛死。北漢主與周世讎，不悅其言，因使其宣徽使盧贊監其軍。筠見漢兵弱少，而贊又來監，心甚悔，謀多不協，乃留守節守潞，而自引衆南向。北漢主聞贊與筠異，復遣其平章事衞融和解之。帝遣石守信、高懷德、慕容延釗、王全斌分道擊之，仍敕守信等曰：「勿縱筠下太行，急引兵扼其隘，破之必矣！」守信等敗筠兵於長平。

六月辛未，帝自帥大衆討筠。山路險峻多石，帝先於馬上負數石，將士因爭負之，卽日平爲大道。遂與守信等會，大敗筠衆於澤州南，殺盧贇，筠走保澤州。帝親督戰，列柵圍之。大將馬全義帥敢死士數十人，攀堞而上，遂入其城，筠赴火死。獲衞融，請死，帝怒，以鐵撾擊其首，流血被面，融呼曰：「臣得死所矣！」帝曰：「忠臣也。」釋之，以爲太府卿。北漢主懼，引師歸。帝進攻潞州，守節以城降。帝釋其罪，以爲單州團練使。

秋七月，帝自潞州還。以大梁爲東京，洛陽爲西京。

己未，周淮南節度使李重進據揚州起兵。重進，周太祖之甥，與帝同事周室，分掌兵柄，常心憚帝。帝立，加重進中書令，移鎮青州。重進愈不自安，陰懷異志。及李筠舉兵，重進遣親吏翟守珣往潞，陰結筠。守珣素識帝，乃潛詣京師求見。帝問曰：「我欲賜重進鐵券，彼信我乎？」守珣曰：「重進終無歸順之志。」帝厚賜守珣，令說重進緩其謀，無令二兇並作，分我兵勢。守珣歸，勸重進未可輕發，重進信之。既而帝遣六宅使陳思誨賜之鐵券。重進欲治裝隨思誨朝汴，左右沮之，猶豫不決。又自以周室懿親，恐不得全，遂拘思誨，治城繕兵，遣人求援於唐，唐主以聞。遣石守信、王審琦、李處耘、宋偓等分道討之，趙普勸帝自行。

冬十月，帝發汴。十一月丁未，至廣陵，卽日拔之。城將陷，左右欲殺思誨，重進曰：

「吾將舉族放火死，殺此何益！」即盡室自焚，思誨亦被害。帝入城，戮同謀者數百人，揚州平。

史臣曰：韓通死於宋未受禪之頃，忠義之志明矣。李筠、李重進舊史書叛，叛與否未易言也。洛邑所謂頑民，非殷之忠臣乎！或曰三人者，嘗臣唐、晉、漢矣，曰智氏之豫讓，非歟？

三年（壬戌、九六二）冬十月，遷鄭王宗訓於房州。王後以開寶六年春殂，謚曰恭帝。

宋史紀事本末卷二

收兵權

太祖建隆二年（辛酉、九六一）閏三月，以慕容延釗爲山南東道節度使。先是，帝受禪，延釗握重兵屯眞定，韓令坤領兵巡北邊。帝遣使諭意，許以便宜從事，兩人皆聽命，乃加延釗殿前都點檢，令坤亦加侍衛指揮使。至是，延釗自眞定來朝，令坤亦從討李重進還，皆罷爲節度使。自是殿前都點檢不復除授。

秋七月，罷侍衛都指揮使石守信等典禁兵。初，石守信、王審琦等皆帝故人，有功，典禁衛兵。趙普數以爲言，帝曰：「彼等必不吾叛，卿何憂之深邪？」普曰：「臣亦不憂其叛也。然熟觀數人者，皆非統御才，恐不能制伏其下，則軍伍間萬一有作孽者，彼臨時亦不能自由爾。」帝悟。一日，召普從容論天下之事，因喟然歎息曰：「自唐季以來數十年間，八姓十二君僭竊相踵，兵革不息，生民塗炭。吾欲息天下之兵，建久長之計，其道何如？」普對曰：「陛下之及此言，天地神人之福也。節鎭太重，唯稍奪其權，則天下自安矣。」帝曰：「卿勿復言，吾已喻矣。」頃之，帝因晚朝，與石守信等飲，酒酣，屏左右謂曰：「朕非卿等不及此。然天子亦大艱難，殊不若爲節度使之樂，朕終夕未嘗敢安枕臥也。」守信等請其故，帝曰：「是不難知，此位誰不欲爲！」守信等頓首曰：「陛下何爲出此言？今天命已定，誰復有異心！」帝曰：「卿等固然，其如麾下欲富貴何？一旦有以黃袍加汝身，汝雖欲不爲，其可得乎！」守信等泣謝曰：「臣等愚不及此，惟陛下哀矜，指示可生之途。」帝曰：「人生如白駒過隙，所以好富貴者，不過欲多積金錢，厚自娛樂，使子孫無貧乏爾。卿等何不釋去兵權，出守大藩，擇便好田宅市之，爲子孫立永遠不可動之業；多置歌兒舞女，日夕飲酒相歡，以終天年。朕且與卿等約爲婚姻，君臣之間，兩無猜疑，上下相安，不亦善乎？」守信等皆謝曰：「陛下念臣等至此，所謂生死而肉骨也。」明日，皆稱疾，乞罷典兵。帝從之，以守信爲天平節度使，高懷德爲歸德節度使，王審琦爲忠正節度使，張令鐸爲鎮寧節度使，趙彥徽爲武信節度使，皆罷宿衛就鎮，賜賚甚厚，唯石守信兼職如故，其實兵權不在也。已而欲用天雄節度使符彥卿典禁兵，趙普諫曰：「彥卿名位已甚，豈可復委以兵柄？」帝曰：「朕待彥卿厚，豈忍相負耶？」普對曰：「陛下何以能負周世宗？」帝默然，事遂寢。

久之，王彥超及諸藩鎮入朝，帝宴於後苑，酒酣，從容謂之曰：「卿等皆國家宿舊，久臨劇鎮，王事鞅掌，非朕所以優賢之意也。」彥超諭意，卽前奏曰：「臣本無勳勞，久冒榮寵，今已衰朽。乞骸骨，歸丘園，臣之願也。」安遠節度使武行德、護國節度使郭從義、定國節度使白重贊、保大節度使楊廷璋競自陳攻戰閥閱及履歷艱苦。帝曰：「此異代事，何足論！」明日皆罷鎮，奉朝請。

胡一桂曰：太祖深思天下唐末以來，生民塗炭，知所以處藩鎮收兵權之道。既以從容盃酒之間，解石守信等兵權，復以後苑之宴，罷王彦超等節鎮，於是宿衞、藩鎮不可除之痼疾，一朝而解矣！

乾德元年（癸亥、九六三）春正月，初以文臣知州事。五代諸侯强盛，朝廷不能制，每移鎮受代，先命近臣諭旨，且發兵備之，尙有不奉詔者。帝卽位初，異姓王及帶相印者不下數十人。至是，用趙普謀，漸削其權，或因其卒，或因遷徙致仕，或因遙領他職，皆以文臣代之。夏四月，詔設通判於諸州，凡軍民之政皆統治之，事得專達，與長吏均禮。大州或置二員。又令節鎮所領支郡皆直隸京師，得自奏事，不屬諸藩，於是節度使之權始輕。時符彦卿久鎮大名，專恣不法，屬邑頗不治，故特選常參官强幹者往涖之，自是遂著爲令。

三年（乙丑、九六五）三月，初置諸路轉運使。自唐天寶以來，藩鎮屯重兵，租稅所入，皆以自贍，名曰留使、留州，其上供者甚少。五代藩鎮益强，率令部曲主場務，厚斂以入己，而輸貢有數。帝素知其弊。趙普乞命諸州度支經費外，凡金帛悉送汴都，無得占留。每藩鎮帥缺，即令文臣權知所在場務。凡一路之財，置轉運使掌之，雖節度、防禦、團練、觀察諸使及刺史，皆不預簽書金穀之籍，於是財利盡歸於上矣。

八月，選諸道兵入補禁衞。先是，帝詔殿前、侍衞二司，各閱所掌兵，揀其驍勇者升爲上軍。至是，命諸州長吏擇本道兵驍勇者送都下，以補禁旅之闕。又選强壯卒定爲兵樣，分送諸道，召募教習，俟其精練，即送闕下。復立更戍法，分遣禁旅戍守邊城，使往來道路，以習勤苦、均勞佚。自是將不得專其兵，而士卒不至於驕惰，皆趙普之謀也。

帝謂宰臣曰：「五代諸侯跋扈，有枉法殺人者，朝廷置而不問。人命至重，姑息藩鎮當如是邪！自今諸州決大辟，錄案聞奏，付刑部詳覆之。」

帝復問趙普以文臣有武幹者，普以左補闕辛仲甫對，帝遂用之爲四川兵馬都監。因謂普曰：「五代方鎮殘虐，民受其禍。朕今用儒臣幹事者百餘人分治大藩，縱皆貪濁，亦未及武臣十之一也。」

呂中曰：天下之所以四分五裂者，方鎮之專地也；干戈之所以交爭互戰者，方鎮之專兵也；民之所以苦於賦繁役重者，方鎮之專利也；民之所以苦於刑苛法峻者，方鎮之專殺也；朝廷命令不得行於天下者，方鎮之繼襲也。太祖與趙普長慮卻顧，知天下之弊源在乎此，於是以文臣知州，以朝官知縣，以京朝官監臨財賦，又置運使，置通判，皆所以漸收其權。朝廷以一紙下郡縣，如身使臂，如臂使指，無有留難，而天下之勢一矣。

帝既定計盡收諸宿將兵柄而削藩鎭權，尤注意命將分部守邊，具得要領。以趙贊屯延州，姚內斌守慶州，董遵誨屯環州，王彥昇守原州，馮繼業鎭靈武，以備西夏；李漢超屯關南，馬仁瑀守瀛州，韓令坤鎭常(州)〔山〕(據宋史二五一韓令坤傳改)，賀惟忠守易州，何繼筠領(隶)〔棣〕州(據宋史二七三何繼筠傳改)，以拒北狄；又以郭進控西山，武守琪戍晉州，李謙溥守隰州，李繼勳鎭昭義，以禦太原。其家族在京師者，撫之甚厚。郡中筦榷之利悉與之，恣其圖回貿易，免所過征稅。令召募驍勇以爲爪牙。凡軍中事，許從便宜。每來朝，必召對，命坐，賜以飲食，錫賚殊異。由是邊臣皆富於財，得以養募死士，使爲間諜，洞知蕃情。每入寇，必能先知預爲備，設伏掩擊，多致克捷。自此累年無西北之虞，得以盡力東南，取荆、湖、川、廣、吳、楚之地。

漢超在關南，民有訟其彊娶己女爲妾及貸民錢不償者。帝召訟者，謂曰：「汝女可適何人？」對曰：「農家爾。」又問：「漢超未至關南時，契丹何如？」對曰：「歲苦侵暴。」曰：「今復爾邪？」對曰：「無也。」帝曰：「漢超，朕之貴臣，汝女爲之妾，不猶愈爲農婦乎！且使漢超不在關南，汝家尚能保其所有貨財邪？」責其人而遣之，密使諭漢超曰：「亟還其女并所貸，朕姑貫汝，勿復爲也。不足於用，何不以告朕邪？」漢超感泣，由是益修政理，吏民愛之。

初，遵誨父宗本仕漢爲隨州刺史。帝微時，客遊至漢東，依宗本。遵誨馮藉父勢，嘗侮之，一日謂帝曰：「每見城上有紫雲如蓋。又夢登高臺，遇黑蛇，約長百尺餘，俄化龍，飛騰東北去，雷電隨之。是何祥也？」帝皆不對。他日論兵，遵誨理屈，拂衣起，帝乃辭宗本去。自是紫雲漸散。及卽位，召遵誨諭之曰：「卿尙記曩日紫雲、黑龍之事乎？」遵誨惶恐再拜。俄而部下卒訴其不法十餘事，遵誨待罪請死。帝曰：「朕方赦過賞功，豈念舊惡邪！」遵誨母在幽州，患難暌離，帝厚賞邊民，購得之，仍加優賜。至是，以環、夏近邊，授通遠軍使。遵誨至鎮，召諸族酋長，諭以朝廷威德，衆皆感悅。後數月，復來擾邊，遵誨率兵深入其境，俘斬甚衆，獲羊馬數萬，夷落以定。

陳邦瞻曰：宋祖君臣懲五季尾大之禍，盡收節帥兵柄，然後征伐自天子出，可謂識時勢、善斷割，英主之雄略矣！然觀其任將如此，此豈猜忌不假人以柄者哉！後世子孫不深惟此意，徒以杯酒釋兵權爲美談。至南渡後，奸臣猶託前議，罷三大帥兵以與讎敵連和，豈太祖、趙普之謀誤之耶！然當時務强主勢，矯枉過直，兵材盡聚京師，藩籬日削，故主勢强而國勢反弱矣，亦不可謂非其遺孽也。

宋史紀事本末卷二

平荆湖

太祖建隆元年（庚申、九六〇）（六）〔八〕（據宋史四八三高保融傳改）月，荆南節度使高保融卒，弟保勖嗣。初，保融迂緩，國事悉委於母弟保勖，及卒，保勖權知軍府，請命於帝，授以節度使。

三年（壬戌、九六二）冬十月，武平節度使周行逢卒，子保權嗣，時年十一。

十一月，荆南節度使高保勖卒，兄保融子繼沖嗣。

初，周行逢病亟，召將校，屬其子保權曰：「吾部內兇很者，誅之略盡，唯張文表在耳。我若死，文表必亂，諸君善佐吾兒，無失土宇。必不得已，當舉族歸朝，無令陷於虎口。」及保權嗣位，文表聞之，怒曰：「我與行逢俱起微賤，立功名，今日安能北（向）〔面〕（據續綱目、薛鑑改）事小兒乎！」十二月，會保權遣兵代永州戍，道出衡陽，文表遂驅之以襲潭州。知留後廖簡素易文表，不設備。文表兵徑入府中，簡方燕客醉，被殺，文表遂據潭州。又將取朗陵以滅周氏，保權遣楊師璠擊之，且來求援。先是，帝遣盧懷忠使荊南，謂之曰：「江陵人情去就，山川向背，我欲盡知之。」懷忠還言：「高繼沖甲兵雖整而控弦不過三萬，年穀雖登而民困於暴斂。南邇長沙，東距建康，西迫巴、蜀，北奉朝廷，其勢日不暇給，取之易也。」及周保權使至，帝謂范質等曰：「江陵四分五裂之國，今出師湖南，假道荊渚，因而平之，萬全策也。」

乾德元年（癸亥、九六三）春正月庚申，乃命慕容延釗爲都部署，樞密副使李處耘爲都監，率十州兵，假道繼沖，討文表。未至，楊師璠已破文表於平津亭，執文表，臠而食之，梟首朗陵市。處耘至襄州，遣丁德裕使繼沖諭意。孫光憲因言於繼沖曰：「中國自周世宗時，已有混一天下之志，今宋主規模宏遠，不若早以疆土歸之，則可免禍，而公亦不失富貴矣。」繼沖乃遣其叔父保寅，奉牛酒犒師於荊門，且覘强弱，處耘待之有加。繼沖聞之，以爲無虞。是夕，延釗召保寅宴飲帳中，處耘密遣輕騎數千倍道前進。繼沖但俟保寅還，遽聞王師奄至，卽惶怖出迎，遇處耘於江陵北十五里。處耘揖繼沖，令待延釗，而率親軍先入城。比繼沖還，則王師已分據要衝。繼沖大懼，因盡籍其境內三州十（六）〔七〕（據宋史八五地理志、續綱目、薛鑑改）縣，遣客將王昭濟奉表納於帝。帝受之，以王仁贍爲荊南都巡檢使，而授繼沖荊南節度使如故，高氏親屬僚佐拜官有差，以光憲爲黃州刺史。

三月戊寅，延釗進克潭州，將趨於朗。保權牙將張從富等，以爲文表已誅而宋師繼進不止，懼爲所襲，相與拒守，延釗至，不克入。帝聞之，遣使諭從富等，不聽，以兵逆戰於澧江，敗之。李處耘擇所俘體肥者數十人，令左右皆啗之，黥其少健者，令先入朗。黥者入城，言被擒者爲宋師所啗，聞者皆恐，遂潰。延釗因長驅而進，遂克其城，執從富殺之。其大將汪端劫保權及家屬亡匿江南岸僧寺中。處耘遣田守奇帥師渡江，獲之以歸。帝釋其罪，以爲右千牛衞上將軍。汪端猶擁衆寇掠，王師擊殺之。湖南悉平，得州十四、監一、縣六十六。帝以戶部侍郎呂餘慶權知潭州。

湖南辰州在唐分爲錦、溪、巫、敍四郡，唐末，蠻酋分據之，各保險阻以自固，時出寇抄。帝既平湖南，思得通蠻情、習地勢、沈勇智謀者以鎮撫之。辰州猺人秦再雄，武健有奇略，蠻黨畏服，帝召至汴，察其可任，擢爲刺史，使自辟吏，予以租賦。再雄感恩，誓以死報，至州日，訓兵士，得三千人，皆能披甲渡水，歷山飛塹如猨猱。又選親校二十人，分使諸蠻，以傳朝廷懷來之意，莫不從風而靡，各得降表以聞。自是荆、湘無復邊患。

宋史紀事本末卷四

平蜀

太祖乾德二年（甲子、九六四）十（二）〔一〕（據宋史一太祖紀、續綱目、薛鑑改）月，命王全斌伐蜀。

蜀主孟昶自襲位，日事奢縱，以王昭遠、伊審徵、韓保正、趙崇韜分掌機要，總統軍政。昶母太后李氏，本唐莊宗嬪御，以賜知祥，嘗謂昶曰：「吾見莊宗及爾父滅梁、定蜀，當時主兵者，非有功不授，故士卒畏服。今昭遠乃汝給事左右之人，保正又世祿之子，素不習兵，一旦有警，此輩何所用之！」蜀主不聽。及宋下荆、湖，蜀相李昊言於蜀主曰：「臣觀宋氏啓運，不類漢、周，一統海內，其在此乎！若通職貢，亦保安三蜀之良策也。」蜀主欲通使，昭遠固止之，乃率兵屯峽路，增置水軍。帝聞之，遂謀伐蜀，以張暉爲鳳州團練使。暉盡得蜀虛實險易以聞，帝大悅。已而蜀山南節度判官張廷偉說知樞密院事王昭遠曰：「公素無勳業，一旦位至樞近，不自建立大功，何以塞時論？莫若通好幷州，令發兵南下，我自黃花、子午谷出兵應之，使中原表裏受敵，則關右之地可撫而有。」昭遠然其言，勸蜀主遣趙彥韜等以蠟書間行，約北漢濟河同擧兵。至汴，彥韜潛取其書以獻，帝笑曰：「西討有名矣！」帝乃命王全斌爲西川行營都部署，劉光義、崔彥進副之，王仁贍、曹彬爲都監，將步騎六萬，分道伐蜀。且命爲蜀主治第於汴水之涯，凡五百餘間，供張什物具備。詔全斌謂曰：「凡克城寨，止籍其器甲、芻糧，悉以財帛分給將士。吾所欲得者，其土地耳。」全斌及彥進等由鳳州進，光義及彬等由歸州進。蜀主聞之，以王昭遠爲都統，趙崇韜爲都監，韓保正爲招討使，李進副之，帥兵拒宋。命左僕射李昊餞於郊，昭遠酒酣，攘臂言曰：「吾此行非止克敵，取中原如反掌耳。」手執鐵如意，指麾軍事，自方諸葛亮。

十二月，王全斌等克萬仞、燕子二砦，遂取興州，連拔石圖等二十餘砦，獲糧四十萬。全斌先鋒將史延德與保正、李進等戰於三泉砦，敗之，擒保正及進等，獲糧三十萬。師至羅川，蜀師依江列陣以待，崔彥進遣張萬友奪其橋，蜀人退保大漫天砦。彥進、萬友與康延澤分三道擊之，蜀人悉其精銳逆戰，大敗而潰。王昭遠等復引兵迎敵，三戰皆敗，昭遠渡桔柏江，焚梁，退保劍門。

劉光義、曹彬克蜀夔州，蜀寧江制置使高彥儔死之。初，夔州有鎖江爲浮梁，上設敵棚三重，夾江列礮具。光義等行，帝示以地圖，指鎖江曰：「我軍泝流至此，愼勿以舟師爭勝，當先以步騎陸行襲擊之。俟其勢卻，卽以戰櫂夾攻，取之必矣。」及師至夔，距鎖江三十里，舍舟步進，先奪浮梁，復牽舟而上。彥儔謂監軍武守謙曰：「北軍涉遠而來，利在速戰，不如堅壁以待之。」守謙不從，獨領麾下與光義騎將張廷翰戰，敗走。廷翰乘勝登城，彥儔力戰不勝，身被十餘創，左右皆散。彥儔奔歸府第，整衣冠，望西北再拜，投火自焚死。後數日，光義得其骨於灰燼中，以禮葬之。

三年（乙丑、九六五）春正月，王全斌進次益光，得降卒，言：「益光江東，越大山數重，有狹徑名來蘇，蜀人於江西置柵，對岸可渡。自此出劍門南二十里至青（彊）〔强〕（據宋史二五五王全斌傳、續綱目、薛鑑改，下同）與官道合。若行此路，則劍門不足恃也。」乃分兵趨來蘇，跨江爲浮梁以濟。蜀人見之，棄寨而遁，遂進次青（彊）〔强〕。王昭遠聞之，留其偏將守劍門，自引衆退屯漢源坡以待全斌。未至漢源，劍門已破，昭遠股栗失次。趙崇韜布陣出戰，昭遠據胡牀不能起。全斌進擊，大破之，斬首萬餘級。昭遠走投東川，匿倉舍下，悲嗟流涕，目盡腫，俄而追騎至，與崇韜俱被執。

劉光義、曹彬進克蜀萬、施、開、忠四州，峽中郡縣悉定，遂州知州陳愈以城降。時，諸將所過，咸欲屠戮以逞，獨曹彬禁止之，故峽路兵始終秋毫無犯。

蜀主聞昭遠敗，大懼，出金帛募兵，令太子玄喆統之，李廷珪、張惠安等爲之副，趨劍門以禦王師。玄喆素不習武，廷珪、惠安皆庸懦無識。玄喆離成都，但攜姬妾、樂器及伶人數十輩，晨夜嬉戲，不恤軍政。至緜州，聞已失劍門，遂遁還東川，所過焚廬舍、倉廩而去。蜀主惶駭，問計於左右，有老將石斌對曰：「宋師遠來，勢不能久，請聚兵固守以老之。」蜀主曰：「吾父子以豐衣美食養士四十年，及遇敵，不能爲我東向發一矢，今若固壘，何人爲我效命！」已而全斌進次魏城。乙酉，蜀主命李昊草表請降，全斌受之，遂入城。劉光義等亦引兵來會。前蜀之亡也，降表亦昊爲之，蜀人夜書其門曰：「世修降表李家。」師自發汴至受降，凡六十六日，得州四十五，縣百九十八。帝以呂餘慶知成都府。

初，全斌之伐蜀也，屬汴京大雪，帝設氈帳於講武殿，衣紫貂裘帽以視事，忽謂左右曰：「我被服如此，體尚覺寒，念西征將士，衝冒霜雪，何以堪處！」卽解裘帽，遣中使馳賜全斌，仍諭諸將曰：「不能遍及也。」全斌拜賜感泣，故所向有功。

王全斌、崔彥進、王仁贍等在蜀，晝夜宴飲，不恤軍務，縱部下掠子女，奪財物，蜀人苦之。曹彬屢請旋師，全斌不從。旣而帝詔發蜀兵赴汴，並優給裝錢，全斌等擅減其數，仍縱部曲侵擾之，蜀兵忿怨思亂。三月，蜀兵行至緜州，遂作亂，劫屬邑，衆至十餘萬，自號興國軍。獲蜀文州刺史全師雄，推以爲帥。全斌遣朱光緒往招撫之，光緒盡滅師雄之族，納其愛女。師雄怒，遂無歸志，率衆攻彭州，據之，自稱興蜀大王，開幕府，署節帥二十餘人分據要害，兩川民爭應之。崔彥進、高彥暉等分道攻討，爲師雄所敗，彥暉戰死。全斌又遣張

〔廷〕翰（據宋史二五九本傳、續綱目、薛鑑補）擊之，復不利，退保成都。師雄勢益張，遣兵守緜、漢間，斷閣道，緣江置砦，聲言欲攻成都。於是邛、蜀、眉、雅、果、遂、渝、合、資、簡、昌、普、嘉、戎、榮、陵十六州及成都屬縣皆起兵應師雄，全斌等大懼。時成都城中降兵未遣者尙二萬七千，全斌慮其應賊，與諸將謀，誘至夾城中，盡殺之。

六月，蜀主昶舉族與官屬至汴，率子弟素服待罪闕下。帝御崇元殿，備禮見之，賜賚甚厚。拜昶檢校太師兼中書令，封秦國公，子玄喆爲泰寧軍節度使，從臣親屬授官有差。昶尋卒，帝廢朝五日，追封楚王。昶母李氏，本唐莊宗宮妾也，至汴，帝命肩輿入宮，謂之曰：「國母善自愛，無戚戚懷鄉土，異日當送母歸。」李氏曰：「妾本太原人，倘得歸老并土，妾之願也。」時帝有北征意，聞其言甚喜。及昶卒不肯哭，以酒酹地曰：「汝不死社稷，貪生以至今日。吾所以忍死者，以汝在耳；今汝既死，吾何用生爲！」不食數日亦死，帝聞而傷之。帝嘗見昶寶裝溺器，命撞碎之，曰：「以七寶飾此，當以何器貯食？所爲如是，不亡何待！」

十二月，帝聞兩川兵起，客省使丁德裕領兵往討之，以康延澤爲東川七州招安巡檢使。時，全師雄屯新繁，劉光義、曹彬進擊，大破之。師雄退屯於郫，王全斌、王仁贍復攻之，師雄走灌口。水陸轉運使曹翰會仁贍圍賊呂翰於嘉州，翰棄城走。是夕，賊還，結衆圍城，約以三鼓進攻。曹翰諜知之，戒掌漏者止擊二鼓，賊衆不集，至明而遁，追襲，大破之。全斌復破師雄於灌口，師雄走金堂，病死。其黨據銅山，推謝行本爲主，延澤旋拔之。德裕等分道招輯，賊衆悉平。西南諸夷多來請附。

（乾德）五年（丁卯、九六七）春正月甲寅，徵王全斌等還。帝自聞蜀兵亂，凡使者至，各令陳王全斌等不法事，因盡得其狀，乃皆徵還。以其初立功，不欲屬吏，但令中書問狀。全斌等具（狀）〔伏〕（據宋史二五五王全斌傳、續綱目、薛鑑改）黷貨、殺降之罪。遂責降全斌崇義節度留後，崔彥進昭化節度留後，王仁贍右衞大將軍。以劉光義等廉謹，並進爵秩，（後）〔復〕（據續綱目、薛鑑改）召呂餘慶參知政事。仁贍等歷詆諸將，冀以自免，且曰：「清廉畏愼，不負陛下者，曹彬一人耳！」彬之還也，囊中惟圖書、衣衾，又能（濟）〔戢〕（據宋史二五八曹彬傳、續綱目、薛鑑改）下，於是賞彬特優。彬入謝曰：「諸將皆獲罪，臣不敢奉詔。」帝曰：「卿有茂功，又不〔矜〕（據宋史二五八曹彬傳、續綱目、薛鑑補）伐。懲勸國之常典，可無遜。」

二月，以沈義倫爲樞密副使。義倫爲四川（都）（據宋史二六四沈倫傳、續綱目、薛鑑刪）轉運使，隨軍入蜀，獨居佛寺，蔬食，有以珍異獻者皆卻之，及歸，篋中惟書數卷而已。帝嘗問曹彬以官吏善否，彬曰：「臣止監軍旅，至於采察官吏，非所職也。」固問之，曰：「義倫可用。」帝嘉之，故有此命。

宋史紀事本末卷五

平南漢

太祖乾德二年（甲子、九六四）春正月，南漢侵潭州，防禦使潘美擊卻之。

時，南漢主劉鋹性昏懦，委政宦者龔澄樞及才人盧瓊仙。鋹日與宮人波斯女等游戲宮中，宦者至七千餘，有爲三師、三公者。宦者陳延壽謂鋹曰：「先帝所以得傳位於陛下者，由盡殺羣弟故也。」勸鋹除去諸王。鋹以爲然，遂殺其弟桂王璇興，由是上下怨而紀綱大壞。內侍監許彥眞復譖殺尚書右丞鍾允章，與龔澄樞並用事，爭權不協。會有告彥眞通先朝李麗姬者，澄樞將按之，彥眞懼，與其子謀殺澄樞。澄樞使人告彥眞謀反，下獄族誅。南漢主復以李託爲內太師、六軍觀軍容使。初，南漢主納託長女爲貴妃，次女爲美人，至是，詔國政皆稟託而後行。

九月，潘美、尹崇珂帥兵攻南漢郴州，克之。初，南漢內常侍邵廷琄言於南漢主曰：「漢承唐亂，居此五十餘年，幸中國多故，干戈不及，而漢益驕於無事。今兵不識旗鼓，而人主不知存亡。夫天下亂久矣，亂久必治，請飭兵備，且遣使通好於宋。」南漢主懵然莫以爲慮。至是始懼，以廷珝爲招討使，屯洸口。

帝既克郴，得南漢內侍余延業。帝訪其國政，延業具言其主作燒、煮、剝、剔、刀山、劍樹之刑，或令罪人鬭虎抵象。又賦斂繁重，邑民入城者，人輸一錢，瓊州斗米稅四五錢，置媚川都定其課。令入海五百尺採珠，所居宮殿，以珠、玳瑁飾之。內官陳延壽作諸淫巧，日費數萬金。宮城左右，離宮數十，遊幸常至月餘或旬日。以豪民爲課戶，供宴犒之費。帝聞其奢酷，驚駭曰：「吾當救此一方民。」時方謀下蜀，未遑也。

三年（乙丑、九六五）六月，南漢招討使邵廷珝屯洸口以待王師，招輯亡叛，訓士卒，修戰備，國人賴以少安。有投匿名書譖廷珝將圖不軌，南漢主信之，遣使賜廷珝死。士卒排軍門見使者，訴廷珝無反狀，請加考驗，弗許；乃相與立廟洸口，祠之。

開寶三年（庚午、九七〇）九月，鋹舉兵侵道州。刺史王繼勳上言：「鋹肆爲殘暴，數出寇邊，請南伐。」帝令南唐主爲書諭鋹使稱臣，歸所侵湖南舊地。鋹囚唐使而驛書答唐主，言甚不遜。唐主上其書，帝乃以潘美爲桂州道（宋史二太祖紀作「貴州道」，長編作「賀州道」，畢鑑從之。按：貴州遠在西南，與此役無涉，必誤。賀州爲雙方爭奪之軍事要衝，當作「賀州道」爲是。疑「賀」、「貴」形近致譌，復轉譌爲「桂」。惟桂州亦在宋軍攻取範圍，故不改）行營都部署，尹（從）〔崇〕珂（據宋史二五九本傳改）爲副以伐之。時，南漢舊將多以讒搆誅死，宗室翦滅殆盡，掌兵者惟宦官數輩。自南漢主晟以來，耽於遊宴，城壁濠隍多飾爲宮館池沼，樓艦皆毁，兵器又腐。及聞有宋師，內外震恐，乃遣龔澄樞馳往賀州，畫守禦策。前鋒至芳林，澄樞遁還，潘美遂圍賀州。南漢諸大臣皆請起故將潘崇徹，鋹不從，遣伍彥柔將兵援賀。潘美聞彥柔至，潛以奇兵伏南鄉岸。彥柔夜泊南鄉，艤舟岸側。遲明，挾彈登岸，踞胡牀指揮，而伏兵卒起，彥柔衆大亂，死者十七八。擒彥柔斬之，梟其首以示城中，城遂破。美督戰艦，聲言順流趨廣州。南漢主憂迫，計無所出，乃以潘崇徹爲都統，領衆三萬，屯賀江。會美徑趨昭州，崇徹但擁衆自保而已。美乘勝克昭州，進拔桂、連二州。鋹聞之，謂左右曰：「昭、桂、連、賀本屬湖南，今北師取之，足矣，吾知不復南也。」

十（一）〔二〕（據宋史四八一南漢世家、續綱目、薛鑑改。本卷下文校改未注依據者同此）月，鋹以李承渥爲都統，將兵十餘萬，陣於蓮花峯下。南漢人教象爲陣，每象載十數人，皆執兵杖，凡戰，必致陣前，以壯軍威。潘美集勁弩射之，象奔踶，乘者皆墮，反踐承渥軍，軍遂大敗，承渥僅以身免。美進拔韶州。韶，漢之北門也。鋹聞韶破，窮蹙不知爲計，始令塹廣州東壕。顧諸將無可使者，宮媼梁鸞眞薦其養子郭崇岳可用，南漢主以爲招討使，與大將植廷曉統軍六萬，屯馬逕，以禦王師。崇岳無謀勇，唯日禱於鬼神而已。

四年（辛未、九七一）二月，潘美克南漢英、雄二州，潘崇徹以其衆降。美進次瀧頭，漢主遣使請和，且求緩師。美不許，進兵馬逕，去廣城十里，砦於雙女山下。漢主聞之，取舶船十餘，載金寶、妃嬪，欲入海。未及發，宦者樂範與衞兵千餘，盜舶船走。漢主懼，遣其左僕射蕭漼奉表詣軍門乞降，美卽令人送漼赴汴。漢主欲遣其弟保興率百官出迎，郭崇岳止之，乃復爲捍禦之備，又遣保興率國內兵拒戰。植廷曉謂崇岳曰：「北軍乘席捲之勢，其鋒不可當，吾士旅雖衆，然皆傷疲之餘，今不驅策而前，亦坐受其斃矣。」廷曉乃領前軍據水而陣，令崇岳殿後。旣而王師濟水，廷曉力戰不勝，死於陣，崇岳奔還其柵。潘美謂諸將曰：「彼編竹木爲柵，若篝火焚之，必擾亂，因而夾擊之，此萬全之策也。」遂分遣丁夫，人持二炬，間道造其柵。會暮夜，萬炬俱發，天大風，烟埃紛起，南漢軍大敗，崇岳死於亂兵。龔澄樞、李託相與謀曰：「北軍之來，利吾國中珍寶耳，今盡焚之，使得空城，必不能久駐也。」乃縱火焚府庫宮殿，一夕皆盡。明日，鋹出降，美入城，俘其宗室、官屬，送汴。有宦者百餘輩盛服請見，美曰：「是椓人多矣，吾奉詔伐罪，正爲此等。」悉斬之。凡得州六十，縣二百四十。加潘美山南東道節度使。

三月丙申，詔：「廣南有買人男女爲奴婢轉傭利者，並放免。僞政有害於民者，悉以聞，除之。」

鋹至汴，帝遣呂餘慶問鋹反覆及焚府庫之罪，鋹歸罪龔澄樞、李託。明日，有司以帛繫鋹及其官僚，獻於廟、社。帝御明德門，遣刑部尚書盧多遜宣詔責鋹，鋹曰：「臣年十六僭位，澄樞等皆先臣舊人，每事臣不得專。在國時，臣是臣下，澄樞是國主。」遂伏地待罪。帝命大理卿高繼申引澄樞、託，斬於(午)〔千秋〕門外，釋鋹罪，賜襲衣、冠帶、器幣、鞍馬，授檢校太保、右千牛衛大將軍，封恩赦侯。

鋹體質豐碩，眉目俱竦，有口辯，性絕巧。嘗以珠結鞍勒爲戲龍之狀，極其精妙，以獻。帝謂左右曰：「鋹好工巧，習以成性，倘能移於治國，豈至滅亡哉！」鋹在國時，多置酖毒臣下。一日，從帝幸講武池，從官未集，鋹先至，賜以卮酒。鋹疑有毒，泣曰：「臣承祖父基業，違拒朝廷，勞王師致討，罪固當誅。陛下旣待臣以不死，願爲大梁布衣，觀太平之盛，未敢飲此酒。」帝笑曰：「朕推赤心於人腹中，安有此事！」命取鋹酒自飲，而別酌以賜鋹，鋹大慚謝。鋹後於太宗太平興國五年卒。帝之將伐北漢也，宴近臣於禁中，鋹進言曰：「朝廷威靈及遠，四方僭僞之主今日盡在坐中；旦夕平太原，劉繼元又至。臣率先來朝，願得執梃爲諸國降王長。」帝大笑。

宋史紀事本末卷六

平江南

太祖建隆元年（庚申、九六〇），南唐主李景以御服、錦綺、金帛來賀卽位。十一月，帝平李重進，令諸軍習戰艦於迎鑾鎮，景大恐，遣使犒師，且使其子從鎰朝於揚州。唐臣杜著、薛良以罪來奔，獻「平南策」。帝方惡其不忠，斬著下蜀市，配良廬州牙校，遂還汴。

二年（辛酉、九六一）二月，唐遷都於豫章。初，唐主景之襲父位也，屬中國多故，跨據江、淮三十餘州，擅鹽魚之利，卽山鑄錢，物力富盛，頗有窺覦中原之志。及淮甸入於周，寖以衰弱。帝既平揚州，雖戮其亡叛，景終不自寧，乃遷豫章，以太子從嘉守建康。豫章城邑迫隘，羣臣日夜思歸，景怒，欲誅贊行者。

八月甲辰，唐主景方議東（遷）〔還〕（據續綱目改），以疾卒於南都。太子煜時留建康，遂卽位。遣其戶部尚書馮謐奉父遺表於帝，願追尊帝號，帝許之。煜乃謚景爲文孝皇帝，廟號元宗，陵號順陵。煜初名從嘉，聰悟好學，善屬文，工書畫，明音律。

三年（壬戌、九六二）六月，詔唐主煜：「應朝廷横海、飛江、水鬭、懷順諸軍親屬有在江表者，悉遣令渡江。」煜每聞朝廷出師克捷及喜慶之事，必遣使犒師修貢；其大慶更以貢宴爲名，别獻珍玩。

秋七月，南唐遣其臣翟如璧貢金銀、錦綺千萬。是月，放南唐降卒弱者數千人歸國。

十一月，賜唐建隆四年曆。

唐主酷信浮屠法，出禁中金錢，募人爲僧。時都下僧及萬人，皆仰給縣官。唐主退朝，與后服僧衣，誦佛書，拜跪，手足成贅。僧有罪，命禮佛而釋之。帝聞其惑，乃選少年有口辯者，南渡見唐主，論性命之説。唐主信重，謂之「一佛出世」，由是不復以治國守邊爲意。

開寶元年（戊辰、九六八）五月，唐以韓熙載爲中書侍郎。熙載顯德中入朝歸國，唐主景問中國大臣，熙載曰：「趙點檢顧視不常，不可測也。」帝受禪，景益重之，欲以爲相，以帷薄不修而止，至是復用。

唐主立周氏，故后妹也，美姿容，以姻戚往來，先得幸於唐主，后卒，遂册立之。唐主頗留意聲色，霓裳羽衣曲久絶不傳，后按譜盡得其聲調。唐主常欲以戶部侍郎孟拱辰宅賜敎坊袁承進，御史張憲上疏力諫，不聽。初，唐宰相嚴續盡忠不貳，與執政議多不同，求罷政事，唐主許之，於是百司政事皆歸於樞密院。樞密副使陳喬柔懦畏怯，猾吏潛結權幸，多爲非法，紀綱並壞。而張洎方以文學得幸，特授清輝殿學士，與太子太傅徐邈、太子太保徐遊別居澄心堂，密畫機務，中旨多自澄心堂出，遊從子元楀等宣行之，中書、密院俱同散地。

四年（辛未、九七一）十一月，唐主遣其弟從善來朝，奉方物入貢。帝以從善爲泰寧軍節度，賜第，留京師。唐主手疏求遣從善歸國，優詔不許。時唐主事中國，雖外示畏服，內實修備。及南漢亡，懼甚，因上表乞去國號，改「唐國主」爲「江南國主」，「唐國印」爲「江南國主印」，且請賜詔呼名，帝許之。唐主乃貶損制度，下書稱教，改中書、門下省爲左、右內史府，尚書省爲司會府，其餘官稱多所更定。先是，唐主以銀五萬遺趙普，普以白帝，帝曰：「此不可不受，但以書答對，少賂其使者可也。」普辭，帝曰：「大國之體，不可自爲削弱，當使之勿測。」及從善來朝，常賜外，密賚白金如遺普之數。唐君臣皆震駭，服帝之偉度。

五年（壬申、九七二）二月，江南江都留守林仁肇密陳：「淮南戍兵少，宋前已滅蜀，今又取嶺南，道遠師疲。願假臣兵數萬，自壽春徑渡，復江北舊境。彼縱來援，臣據淮禦之，勢不能敵。兵起日，請以臣叛聞於北朝，事成，國享其利；敗則族臣家，明陛下無二心。」江南主不聽。又沿江巡檢盧絳募亡命，習水戰，屢破吳越兵於海門，亦嘗說江南主曰：「吳越，仇讎也，他日必爲北朝掎角。臣請詐以宣、歙叛，陛下聲言討臣，臣且乞兵吳越，至則躡而攻之，其國可取。」江南主亦不用。帝忌仁肇威名，賂其侍者，竊取仁肇畫像懸別室，引江南使者觀之，問：「何人？」使者曰：「林仁肇也。」曰：「仁肇將來降，先持此爲信。」又指空館曰：「將以此賜仁肇。」使者歸，白江南主。江南主不知其間，鴆殺仁肇。

七年（甲戌、九七四）春正月，江南主遣常州刺史陸昭符入貢，奉疏求弟從善歸國，帝不許。江南主天性友愛，自從善來使被留，悲戀不已，歲時宴會皆罷。

九月癸亥，遣曹彬等將兵伐江南。帝欲伐江南而無名，遣知制誥李穆諭江南主入朝。江南主將從之，其門下侍郎陳喬曰：「臣與陛下俱受元宗顧命，今往，必見留，其若社稷何？臣雖死無以見元宗於九泉矣！」內史舍人張洎亦勸其主無入朝。時喬與洎掌（樞）〔機〕（據續綱目、薛鑑改。本卷下文校補未注依據者同此）密，江南主信之，遂稱疾固辭，且言：「謹事大朝，冀全濟也。今若此，有死而已！」穆曰：「朝與否，國主自處之。然朝廷甲兵精銳，物力富雄，恐不易當也。宜熟思之，無貽後悔。」江南主不從，而遣使求封册。帝不許，命梁迥復使，諷之入朝。江南主不答。迥還，帝乃命曹彬爲西南路行營都部署，潘美爲都監，曹翰爲先鋒，將兵十萬以伐之。自王全斌平蜀多殺降卒，帝每恨之。至是，彬等入辭，帝誡彬曰：「江南之事，一以委卿，切勿暴掠生民，務廣威信，使自歸順，不煩急擊也。」又曰：「城陷之日，愼無殺戮。設若困鬬，則李煜一門不可加害。」且以劍授彬曰：「副將而下，不用命者斬之！」潘美等皆失色。彬自荆南發戰艦東下，江南屯戍皆謂每歲宋所遣巡兵，但閉壁自守，奉牛酒犒師，尋覺異於他日，池州將戈彥棄城走。彬入池州，敗江南兵於銅陵，進次采石磯。

初，江南池州人樊若水舉進士不第，因謀來歸。乃漁釣於采石江上，乘小舟載絲繩其中，維南岸，疾棹抵北岸，凡十數往還，得其江之廣狹。因詣汴上書，言江南可取狀，請造浮梁以濟師。帝然之，遣使往荆湖，造黃黑龍船數千艘。又以大艦載巨竹絙，自荆渚而下。或謂江闊水深，古未有浮梁而濟者，帝不聽，擢若水爲右贊善大夫。及師南下，以若水爲嚮導，既克池州，卽用爲知州。十一月，若水請試舟，乃先試於石牌口，移至采石，三日而成，不差尺寸。潘美因率步兵渡江，若履平地。時，江南久不用兵，老將皆沒，主兵者多新進，以功名自負，聞兵興，踊躍言利害者〔曰〕數十人。江南主以鎭海節度使、同平章事鄭彥華督水軍萬人，都虞候杜眞領步軍萬人，同逆王師。將行，江南主誡之曰：「兩軍水陸相濟，無不捷矣。」彥華以戰艦鳴鼓，泝流而上，急趨浮梁，潘美麾兵擊敗之。眞以所部步軍接戰，彥華不能救，亦敗。金陵始戒嚴，下令去開寶之號，益募民爲兵，民以財粟獻者，官爵之。

八年（乙亥、九七五）二月，曹彬連破江南兵於白鷺洲、新林港，遣田欽祚攻溧水。江南統軍使李雄謂諸子曰：「吾必死於國難，爾曹勉之！」父子八人皆沒於陳，欽祚遂克溧水。彬大軍進次秦淮，江南兵水陸十萬陳於城下。時舟檝未具，潘美率兵先赴，令曰：「美提驍果數萬人，戰勝攻取，豈限此一衣帶水而不徑渡乎！」遂涉水，大軍隨之，江南兵大敗。馬軍都虞候李漢瓊率所部，取巨艘，實以葭葦，乘風縱火，拔其城南水寨，又拔關城，守陴者爭〔道〕〔遁〕，溺死千計。

初，陳喬、張洎爲江南主謀，請所在堅壁以老宋師。江南主遂弗爲慮，自於後苑引僧及道士誦經、講易，高談不恤政事。軍書告急，非徐元楀等莫得通，王師駐城下累月，江南主猶不知。時兵政皆屬神衛統軍都指揮使皇甫繼勳。繼勳素貴驕，初無效死意，但欲其主速降，而口不敢發，每與衆言，輒云：「北軍强勁，誰能敵之！」聞兵敗則喜曰：「吾固知其不勝也。」偏裨有募死士欲夜出邀戰者，繼勳必杖其背，拘囚之。一日，江南主自出巡城，見宋師列栅，旌旗滿野，知爲左右所蔽，始驚懼，收繼勳付獄殺之，遣使召神衛軍都虞候朱令贇以上江兵入援。

冬十月，江南都虞候劉澄以潤州降。江南主危迫，遣學士承旨徐鉉求緩師。鉉至，言於帝曰：「李煜無罪，陛下兵出無名。煜以小事大，如子事父，未有過失，奈何見伐？」帝曰：「爾謂父子爲兩家，可乎？」鉉不能對而還。踰月，江南復遣鉉乞緩師，以全一邦之命。鉉見帝，論辯不已，帝按劍怒曰：「不須多言！江南亦有何罪，但天下一家，臥榻之側，豈容他人鼾睡耶！」鉉惶恐，辭歸江南。朱令贇自湖口入援，衆號十五萬，順流而下，將焚采石浮梁。彬聞之，遣戰櫂都部署王明密令人樹長木於洲渚間，若帆檣之狀。令贇望見，疑有伏，逗撓不敢進，明因移檄諸將，犄角襲之。令贇乘其大航，建大將旗鼓，至皖口，明合步軍將劉遇急攻之。令贇勢促，縱火拒戰，會北風甚，火反及之，衆大潰，遂擒令贇。金陵獨恃此援，由是孤城愈蹙。

曹彬遣人謂江南主曰：「事勢如此，所惜者，一城生聚耳。若能歸命，策之上也。某日城必破，宜早爲之所。」江南主不聽。一日，彬忽稱疾不視事，諸將皆來問疾。彬曰：「某之疾非藥石所能愈，惟須諸君誠心自誓，以克城之日，不妄殺一人，則自愈矣。」諸將許諾，共焚香爲誓。明日，彬卽稱愈。又明日，城陷。初，陳喬、張洎約同死社稷，然洎實無死志。至是，喬徑入白江南主曰：「今日國亡，願加顯戮，以謝國人。」江南主曰：「此乃曆數，卿死無益也。」喬曰：「縱不殺臣，臣何面目以見士人乎！」遂自經死。勤政殿學士鍾倩朝服坐於家，兵及門，亦舉族死之。江南主率臣僚詣軍門請罪，彬慰安之，待以賓禮，請煜入宮治裝，彬以數騎待（軍）〔宮〕（據宋史二五八曹彬傳、續綱目、薛鑑改）門外。左右密謂彬曰：「煜入或不測，奈何？」彬笑曰：「煜素愞無斷，既已降，必不能自引決。」煜治裝畢，遂與其宰相湯悅等四十五人赴汴京。彬自出師至凱旋，士衆畏服，無敢輕肆，克城之日，兵不血刃，凡得州十九、軍三、縣一百八十。捷至，羣臣稱賀，帝泣曰：「宇縣分割，民受其禍，攻城之際，必有橫罹鋒刃者，實可哀也！」命出米十萬賑卹之。

九年（丙子、九七六）春正月乙亥，曹彬俘江南主李煜還汴。帝御明德門，以煜嘗奉正朔，命勿宣露布，止令煜君臣白衣紗帽至樓下待罪。詔並釋之，賜冠帶、器幣、鞍馬有差，授煜檢校太傅、右千牛衛上將軍，封違命侯，子姓從官皆錄用之，因赦天下。帝責張洎曰：「汝勸煜不降，使至今日。」因出洎所草召上江援兵蠟丸書示之。洎謝曰：「書實臣所爲，然犬吠非其主，此其一耳，他尚多。今得死，臣之分也！」帝奇之，以爲太子中允。

二月庚戌，以曹彬爲樞密使。初，彬之伐江南也，帝謂曰：「俟克李煜，當以卿爲使相。」潘美預以爲賀，彬曰：「不然，夫是行也，仗天威，遵廟謨，乃能成事，吾何功哉！況使相極品乎？」美曰：「何謂也？」彬曰：「太原未平耳。」及還，帝謂曰：「本授卿使相，然劉繼恩未下，姑少待之。」美視彬微笑。帝詰之，美以實對，帝亦大笑，乃賜彬錢五十萬。彬退曰：「人生何必使相，好官無過多得錢耳！」未幾，乃拜樞密使。

江南州郡皆降，獨江州指揮使胡則殺刺史謝彥實，集衆固守。曹翰圍之四月餘，則力屈被執，翰殺之，因縱兵悉取貲財而屠其民。

太宗太平興國三年（戊寅、九七八）秋七月壬辰，隴西公李煜卒。

宋史紀事本末卷七

太祖建隆以來諸政

太祖建隆元年（庚申、九六〇）春正月乙卯，遣使分賑諸州。

是月，視學。詔增葺祠宇，塑繪先聖、先賢像，自爲贊，書於孔、顏座端，令文臣分撰餘贊，屢臨視焉。嘗謂侍臣曰：「朕欲盡令武臣讀書，知爲治之道。」於是臣庶始貴文學。

帝嘗講求輔弼，謂左右曰：「朕聞范質居第之外，不殖貨產，眞宰相也！」是日，以質及王溥、魏仁浦同輔政。舊制，宰臣上殿，命坐而議大政；其進擬差除，但入疏狀，畫可降出，奉行而已。質等自以周朝舊臣，稍存形跡，且憚帝英睿，乃請用劄子，面取旨，退，各疏其事，同列書字以誌。從之，坐論之禮遂廢。

庚寅，賜貢士楊礪等十九人及第、出身有差。自是歲貢舉。

二年（辛酉、九六一）春正月，度民田。周世宗末年，嘗命官詣諸州度民田，而使者多不稱。至是，帝謂侍臣曰：「度田蓋欲勤恤小民，而民敝愈甚。今當精擇其人。」遂分遣常參官詣諸州。尋詔州縣課民種植，長吏以春秋巡視，著爲令。又置義倉，官所收貳稅，每一石別輸一斗，貯之以備凶歉。

夏四月，詔郡國置前代帝王、賢臣陵冢戶。

三年（壬戌、九六二）二月甲午，詔：「自今百官每五日內殿起居，以次轉對，指陳時政得失。事關急切者，許不時上章，無以觸諱爲懼。」

己亥，詔曰：「王者禁人爲非，乃設法令，臨下以簡，必務哀矜，世屬亂離則糾之以猛，人知恥格則濟之以寬。竊盜之生，本非巨蠹，近朝立制，重於律文，甚非愛人之旨。自今竊盜贓滿五貫足陌者，死。」

乾德元年（癸亥、九六三）秋七月，帝幸武成王廟，歷觀兩廡，指白起像曰：「起殺已降，不武之甚，豈宜受享！」命去之。

二年（甲子、九六四）春正月，行四時參選法，詔陶穀等四十七人各於見任幕職京官中，舉堪爲郡守副佐者一人。除官之日，仍書舉主姓名，如謬舉致職事乖方者，並連坐。

夏四月丁未，策賢良方正直言極諫科，取博州判官潁贄。宋初取士有三科：一曰賢良方正直言極諫，一曰經術優深可爲師法，一曰詳閑吏理達於敎化。凡內外職官、布衣草澤皆得充舉，並諸州解送吏部，試論三道，廷試策一道。應制科者自贄始。

三年（乙丑、九六五）八月，置封椿庫。帝平荆、湖、西蜀，收其金帛，别爲内庫儲之，號「封椿」，凡歲終用度之餘，皆入之，以爲軍旅、饑饉之備。嘗諭近臣曰：「石晉割幽、燕以賂契丹，使一方獨限外境，朕甚憫之。欲俟斯庫所蓄滿四五百萬，遣使謀於彼，儻肯以地歸於我，則以此酬之。不然，我以二十四絹購一胡人首，彼精兵不過十萬，止費我二百萬匹絹，則虜盡矣！」

四年（丙寅、九六六）三月甲辰，詔翰林學士、常參官，於幕職、州縣及京官内，各舉堪任常參官者一人，不當者連坐。

開寶元年（戊辰、九六八）三月，初覆試貢士。是科擢進士合格者十八人，陶穀子邴名在第六。帝謂左右曰：「聞穀不能訓子，邴安得〔登〕（據宋史卷一五五選舉志、續綱目補）第！」命中書覆試，因下詔曰：「造士之選，匪樹私恩，世禄之家，宜敦素業。如聞黨與，頗容竊吹，文衡公器，豈宜私濫！自今舉人，凡關食禄之家，悉委中書覆試。」

三年（庚午、九七〇）秋七月己巳，詔曰：「吏員猥多，難以求治，俸禄鮮薄，未可責廉，與其冗員而重費，不若省官而益俸。諸州縣宜以戶口爲率，差減其員，舊俸月增給五千。」

帝性孝友節儉，質任自然，不事矯飾。受禪初，頗好微行。或諫其輕出，曰：「帝王之興，自有天命。周世宗見諸將方面大耳者皆殺之，我終日侍側，不能害也。」嘗坐寢殿，令洞開諸門，皆端直軒豁，無有壅蔽，謂左右曰：「此如我心，若有邪曲，人皆見之矣！」一日，罷朝坐便殿，不樂者久之。左右請其故，曰：「爾謂天子容易爲耶？早作乘快誤決一事，故不樂耳。」宮中葦簾緣用青布，常服之衣，澣濯至再。永康公主嘗衣貼繡鋪翠襦，帝曰：「爾服此，衆必相倣。」禁之。主一日勸帝以黃金飾肩輿，帝曰：「我以四海之富，宮殿飾以金銀，力亦可辦；但念我爲天下守財耳，豈可妄用！」尤注意刑辟，嘗讀二典，歎曰：「堯、舜之罪四凶，止從投竄，何近代法網之密耶！」故定爲折杖法，以遞減流、徒、杖、笞之刑。自開寶以來，犯大辟非情理深害者，多得貸死；惟贓吏棄市，則未嘗貰。

宋史紀事本末卷八

禮樂議

太祖建隆三年（壬戌、九六二）夏四月（長編繫於二年五月，宋史九八禮志稱其事在太祖「即位之明年」），太常寺博士聶崇義上三禮圖。先是，周世宗時，將禘於太廟，言事者以宗廟無祧室，不當行禘祫之禮。崇義上言，其略曰：「魏明帝以景初三年正月上僊，至五年二月，祫祭。明年，又禘。自茲後，以五年爲禘。且魏以武帝爲太祖，至明帝始三帝，未有毀主而行禘祫，其證一也。宋文帝元嘉六年，祠部定十月三日大祫。其太學博士議云：『按禘祫之禮，三年一，五年再。』宋高祖至文帝裁亦三帝，未有毀主而行禘祫，其證二也。梁武帝用謝廣議，三年一禘，五年一祫，謂之大祭。禘祭以夏，祫祭以冬。且梁武乃受命之君，裁追尊四朝而行禘祫，則知祭者是追養之道，以時移節變，孝子感而思親，故薦以首時，祭以仲月，間以禘祫，序以昭穆，乃禮之經也，非關宗廟備與未備，其證三也。」終從崇義之議。世宗詔參定郊廟祭玉，崇義因考正三禮，至是，表上之。帝覽而嘉之，詔曰：「禮器、禮圖，相承傳用，寖歷年祀，寧免差違。聶崇義典事國庠，服膺儒業，討尋故實，刊正疑訛，奉職效官，有足嘉者，崇義宜量與酬奬。所進三禮圖，宜令太子詹事尹拙集儒學三五人，更同參議，所冀精詳，苟有異同，善爲商搉。」

尹拙駁正三禮，聶崇義復引經釋之，下(禮)〔工〕部（據宋史四三一聶崇義傳改）尚書竇儀裁定。儀上奏曰：「伏以聖人制禮，垂之無窮，儒者據經，所傳或異，年祀寖遠，圖繪缺然，踳駮彌深，丹青靡據。聶崇義研求師說，耽味禮經，較於舊圖，良有新意。尹拙爰承制旨，能罄所聞。尹拙駁議及聶崇義答義各四卷，臣再加詳閱，隨而裁置，率用增損，列於注釋，共分爲十五卷，以聞。」詔頒行之。拙、崇義復陳「祭玉、鼎釜異同」之說，詔下中書省集議。吏部尚書張昭等奏議曰：「按聶崇義稱祭天蒼璧，九寸圓好，祭地黃琮，八寸無好，圭、璋、琥並長九寸。自言周顯德三年，與田敏等按周官玉人之職及阮諶、鄭玄舊圖，載其制度。臣等按周禮玉人之職，只有『璧琮九寸，瑑琮八寸』，及『璧羨度尺好三寸以爲度』之文，卽無蒼璧、黃琮之制，兼引注有爾雅『肉倍好』之說，此卽是注『璧羨度』之文，又非蒼璧之制。又詳鄭玄自注周禮，不載尺寸，豈復別作畫圖，違經立異？四部書目內有三禮圖十二卷，是隋開皇中敕禮官修撰，其圖第一、第二題云梁氏，第十後題云鄭氏，又稱不知梁氏、鄭氏名位所出。今書府有三禮圖，亦題梁氏、鄭氏，不言名位。厥後有梁正者，集前代圖記，更加詳議，題三禮圖曰：『陳留阮士信受禮學於潁川綦毋君，取其說爲圖三卷，多不按禮文，而引漢事與鄭君之文違錯，正刪爲二卷。』其阮士信即諶也。如梁正之言，可知諶之紕謬，兼三卷禮圖刪爲二卷，應在今禮圖之內，亦無改祭玉之說。臣等參詳，自周公制禮之後，叔孫通重定以來，禮有緯書，漢代諸儒頗多著述，討尋祭玉，並無尺寸之說。魏、晉之後，鄭玄、王肅之學，各有生徒，三禮、六經，無不論說，檢其書亦不言祭玉尺寸。臣等參驗畫圖本書，周公所說正經不言尺寸，設使後人謬爲之說，安得便入周圖？知崇義等以諸侯入朝獻天子、夫人之琮、璧以爲祭玉，又配合羨度肉好之言，彊爲尺寸。古今大禮，順非改作，於理未通。又據尹拙所述，禮神之六玉，稱取梁桂州刺史崔靈恩所撰三禮義宗，內昊天及五精帝圭、璧、琮、璜皆長尺二寸，以法十二時；祭地之琮長十寸，以傚地之數。又引白虎通云：『方中圓外曰璧，圓中方外曰琮。』崇義非之，以爲靈恩非周公之才，無周公之位，一朝撰述便補六玉闕文，尤不合禮。臣等竊以劉向之論洪範，王通之作元經，非必挺聖人之姿而居上公之位，有益於教，亦爲斐然。臣等以靈恩所撰之書，聿稽古訓，祭玉以十二爲數者，蓋天有十二次，地有十二辰，日有十二時，封山之玉牒十二寸，圜丘之籩豆十二列，天子以鎮圭外守，宗后以大琮內守，皆長尺有二寸，又祼圭尺二寸，王者以祀宗廟。若人君親行之郊祭，登壇酌獻，服大裘，搢大圭，行郊奠，而手秉尺二之圭，祼獻九寸之璧，不及禮宗廟祼圭之數，父天母地，情亦奚安？則靈恩議論，理未爲失，所以自義宗之出，歷梁、陳、隋、唐垂四百年，言禮者引爲師法，今五禮精義、開元禮、郊祀錄皆引義宗爲標準。近代晉、漢兩朝，仍依舊制。周顯德中，田敏等妄作穿鑿，輒有更改。自唐貞觀之後，凡三次大修五禮，並因隋朝典故，或節奏繁簡之間稍有釐革，亦無改祭玉之說。伏望依白虎通、義宗、唐禮之制，以爲定式。

又尹拙依舊圖畫釜，聶崇義去釜畫鑊，臣等參詳舊圖，皆有釜無鑊。按易說卦云：『坤爲釜。』詩云：『維錡及釜。』又云：『溉之釜鬵。』春秋傳云：『錡釜之器。』禮記云：『燔黍捭豚。』解云：『古未有甑釜，所以燔捭而祭。』卽釜之爲用，其來尚矣，故入於禮圖。今崇義以周官祭祀有『省鼎鑊』、『供鼎鑊』，又以儀禮有『羊鑊』、『豕鑊』之文，乃云：『畫釜不如畫鑊。』今諸經皆載釜之用，誠不可去。又周、儀禮皆有『鑊』之文，請兩圖之。又若觀諸家祭祀之畫，今代見行之禮，於大祀前一日，光祿卿省視鼎、鑊，伏請圖鑊於鼎下。」詔從之。

乾德元年（癸亥、九六三）二月，（按：宋史一二六樂志，「太常竇儼上言曰云云」乃建隆元年二月之事，——薛鑑在建隆元年四月——下文「翰林學士承旨陶穀等云云」方爲乾德元年之事。本書因二事性質相近，故合叙之。）太常竇儼上言曰：「三五之興，禮樂不相沿襲。洪惟聖宋，肇建皇極，一代之樂，宜乎立名。樂章固當易以新詞，式遵舊典。」從之，因詔儼專其事。儼乃改周樂文舞崇德之舞爲文德之舞，武舞象成之舞爲武功之舞。改樂章十二順爲十二安，蓋取「治世之音安以樂」之義：祭天爲高安，祭地爲靜安，宗廟爲理安，天地宗廟登歌爲嘉安，皇帝臨軒爲隆安，王公出入爲正安，皇帝食飲爲和安，皇帝受朝、皇后入宮爲順安，皇太子軒縣出入爲良安，正冬朝會爲永安，郊廟俎豆入爲豐安，祭享、酌獻、飲福、受胙爲禧安，祭文宣王、武成王同用永安，藉田、先農用靜安。五月，有司上言：「僖祖文獻皇帝室奏大善之舞，順祖惠元皇帝室奏大寧之舞，翼祖簡恭皇帝室奏大順之舞，宣祖昭武皇帝室奏大慶之舞。」從之。翰林學士承旨陶穀等奉詔撰定祀感生帝之樂章曲名：降神用大安，太尉行用保安，奠玉幣用慶安，司徒奉俎用咸安，酌獻用崇安，飲福用廣安，亞獻用文安，送神用普安。五代以來樂工未具，是歲秋行郊享之禮，詔選開封府樂工八百三十人，權隸太常，習鼓吹。

四年（丙寅、九六六）春，遣拾遺孫吉取成都孟昶僞宮縣至京師。太常官屬閱視，考其樂器不協音律，命毀棄之。

六月，判太常寺和峴言：「大樂署舊制，宮縣三十六虡設於庭，登歌兩架設於殿上。望詔有司別造，仍令徐州求泗濱石以充磬材。」許之。先是晉開運末，禮樂之器淪陷，至是，始令有司復二舞、十二案之制。二舞郎及引舞一百五十人，按視教坊開封樂籍，選樂工子弟以備其列，冠服準舊制。鼓吹十二案，其制，設氍毹十二，爲熊羆騰倚之狀以承其下，每案設大鼓、羽葆鼓、金錞各一，歌簫、笳各二，凡九人，其冠服同引舞之制。

十月，峴又言：「樂器中有叉手笛，樂工考驗皆與雅音相應。按唐呂才歌白雪之琴，馬滔進太一之樂，當時得與宮縣之籍，況此笛足以協十二旋相爲宮，亦可通八十四調。其制如雅笛而小，長九寸，與黃鍾管等，其竅有六，左四右二，樂人執持，兩手相交，有拱揖之狀，請名之曰拱宸管。望於十二案、十二編磬并登歌兩架，各設其一，編於令式。」詔可。

太祖每謂雅樂聲高，近於哀思，不合中和，又念王朴、竇儀，素名知樂，皆以淪沒，因詔和峴討論其理。峴言：「以朴所定律呂之尺較西京銅望臬古制石尺短四分，樂聲之高良由於此。」乃詔依古法別創新尺以定律呂，自此雅音和暢，事具律曆志。（按：此文原出宋史一二六樂志，故僅著篇名。）

自國初已來，御正殿、受朝賀，用宮縣次；御別殿、羣臣上壽，舉教坊樂。是歲冬至，上御乾元殿，受賀畢，羣臣詣大明殿，行上壽禮，始用雅樂、登歌二舞。

是月，和峴又上言：「郊廟殿庭，通用文德、武功之舞，然其綴兆未稱武功、文德之形容。又依古義，以揖讓得天下者，先奏文舞；以征伐得天下者，先奏武舞。陛下以推讓受禪，宜先奏文舞。按尚書，舜受堯禪，『玄德升聞，乃命以位』。請改殿宇所用文舞爲玄德升聞之舞。其舞人約唐太宗舞圖，用一百二十八人，以倍八佾之數，分爲八行，行十六人，皆著履，執拂，服袴褶，冠進賢冠。引舞（一）〔二〕（據宋史一二六樂志改）人，各執五采纛。其舞狀、文容、變數，聊增更改。又陛下以神武平一宇內，卽當次奏武舞。按尙書周武王『一戎衣而天下大定』，請改爲天下大定之舞。其舞人數行列，悉同文舞。其人皆被金甲，持戟。引舞二人，各執五采旗。其舞六舞：一變象六師初擧，二變象上黨克平，三變象淮揚底定，四變象荆、湖歸復，五變象邛蜀納款，六變象兵還振旅。乃別撰舞曲樂章，其鐃鐸、雅相、金錞、鼗鼓，幷引二舞等工人冠服，卽依樂令，而文德、武功之舞，請於郊廟仍舊通用。又按唐貞觀十四年，景雲見，河水清，張文收採古朱雁、天馬之義，作景雲河淸歌，名燕樂元會第二奏者是也。伏見今年荆南進甘露，京兆、（東）〔果〕州（據宋史一二六樂志改）進嘉禾，黃州進紫芝，和州進綠毛龜，黃州進白兔。欲依月律，撰神龜、甘露、紫芝、嘉禾、玉兔五瑞各一曲，每朝會登歌，首奏之。」有詔：「二舞人數、衣冠悉仍舊制，樂章如所請。」

六年（戊辰、九六八），峴又言：「漢朝獲天馬、赤雁、神鼎、白麟之瑞，並爲郊歌。國朝合州進瑞木成文，馴象由遠方自至，秦州獲白烏，黃州獲白雀，並合播在筦絃，薦於郊廟。」詔峴作瑞文、馴象、玉烏、皓雀四瑞樂章，以備登歌。

未幾，峴復言：「按開元禮，郊祀車駕還宮，入嘉德門，奏采茨之樂；入太極門，奏太和之樂。今郊祀禮畢，登樓肆赦，然後還宮，宮縣但用隆安，不用采茨。其隆安樂章本是御殿之辭，伏詳禮意，隆安之樂自內而出，采茨之樂自外而入，若不並用，有失舊典。今大樂署丞王光裕誦得唐日采荚曲，望依月律别撰其辭。每郊祀畢，車駕初入，奏之；御樓禮畢，還宮，即奏隆安之樂。」並從之。

宋史紀事本末卷九

治河

太祖乾德二年（甲子、九六四），遣使案行黄河，治古隄。議者以舊河不可卒復，力役且大，遂止。詔民治遥隄，以禦衝決之患。

三年（乙丑、九六五）秋，大霖雨，河決陽武，梁、澶、鄆亦決。詔發州兵治之。

四年（丙寅、九六六）八月，滑州河決，壞靈河縣大隄。詔殿前都指揮使韓重贇等督士卒丁夫數萬人治之。

五年（丁卯、九六七）春正月，帝以河隄屢決，分遣使行視，發畿甸丁夫繕治。自是歲以爲常，皆以正月首事，季春而畢。是月，詔開封、大名府、鄆、澶、滑、孟、濮、齊、淄、滄、棣、濱、德、博、懷、衞、鄭等州長吏，並兼本州河隄使。

開寶五年（壬申、九七二）五月，河大決濮陽，又決陽武。詔發諸州兵及丁夫凡五萬人，遣潁州團練使曹翰護其役。翰辭，太祖謂曰：「霖雨不止，又聞河決。朕信宿以來，焚香上禱於天，若天災流行，願在朕躬，勿延於民也。」翰頓首對曰：「昔宋景公，諸侯耳，一發善言，災星退舍。今陛下憂及兆庶，懇禱如是，固當上感天心，必不爲災。」

六月，下詔曰：「近者澶、濮等數州，霖雨（漸）〔荐〕（據宋史九一河渠志改。本卷下文校補未注依據者同此）降，洪河爲患。朕以屢經決溢，重困黎元，每閱前書，討究經瀆。至若夏后所載，但言導河至海，隨山濬川，未聞力制湍流，廣營高岸。自戰國專利，堙塞故道，小以妨大，私而害公，九河之制遂隳，歷代之患弗弭。凡搢紳多士，草澤之倫，有素習河渠之書，深知疏導之策，若爲經久，可免重勞，並許詣闕上書，附驛條奏。朕當親覽，用其所長，勉副詢求，當示甄獎。」時，東魯逸人田告者，纂禹元經十二篇。帝聞之，召至闕下，詢以治水之道。善其言，將授以官。以親老，固辭歸養，從之。翰至河上，親督工徒，未幾，決河皆塞。

太宗太平興國二年（丁丑、九七七）秋七月，河決孟州之溫縣，鄭州之滎澤，澶州之頓丘，皆發緣河諸州丁夫塞之。

三年（戊寅、九七八）春正月，命使十七人分治黃河隄，以備水患。

八年（癸未、九八三）五月，河大決滑州韓村，泛澶、濮、曹、濟諸州民田，壞居人廬舍。東南流，至彭城界入於淮。詔發丁夫塞之。隄久不成，乃命使者按視遙隄舊址。使回條奏，以爲：「治遙隄不如分水勢。自孟抵鄆，雖有隄防，唯滑與澶最爲隘狹，於此二州之地，可立分水之制。宜於南北岸各開其一，北入王莽河以通於海，南入靈河以通於淮，節減暴流，一如汴口之法。其分水河，量其遠邇，作爲斗門，啓閉隨時，務乎均濟。通舟運，溉農田，此富庶之資也。」不報。時多陰雨，河久未塞。帝憂之，遣樞密直學士張齊賢乘傳詣白馬津，用太牢加璧以祭。

十二月，滑州言決河塞，羣臣稱賀。

九年（甲申、九八四）春，滑州復言房村河決。帝曰：「近以河決韓村，發民治隄不成，安可重困吾民，當以諸軍代之！」乃發卒五萬，以侍衛步軍指揮使田重進領其役。

淳化四年（癸巳、九九三）冬十月，河決澶州，陷北城，壞廬舍七千餘區。詔發卒代民治之。是歲，巡河供奉官梁睿上言：「滑州土脈疏，岸善隤，每歲河決南岸，害民田。請於迎陽鑿渠引水，凡四十里，至黎陽合大河，以防暴漲。」帝許之。

五年（甲午、九九四）春正月，滑州言新渠成。帝又案圖，命昭宣使、羅州刺史杜彥鈞率兵夫計功十七萬，鑿河開渠，自韓村埽至州西鐵狗廟，凡五十餘里，復合於河，以分水勢。

眞宗大中祥符（三）〔五〕年（壬子、一〇一二），著作佐郎李垂上導河形勝書三篇并圖，其略曰：「臣請自汲郡東推禹故道，挾御河，較其水勢，出大伾、上陽、太行三山之間，復西河故瀆，北注大名西、館陶南，東北合赤河而至於海。因於魏縣北析一渠，正北稍西，逕衡漳直北下，出邢、洺，如夏書『過洚水』，稍東，注易水，合百濟，會朝河而至於海。大伾而下，黄、御混流，薄山障隄，勢不能遠。如是，則載之高地而北行，百姓獲利，而契丹不能南侵矣。禹貢所謂『夾右碣石入於海』。孔安國曰：『河逆上此州界。』其始作自大伾西八十里，曹公所開運渠東五里，引河水，正北稍東十里，破伯禹〔古〕隄，逕牧馬陂，從禹故道。又東三十里，轉大伾西，通利軍北，挾白溝，復(四)〔西〕大河(據長編改)，北逕清豐、大名西，歷洹水、魏縣東，暨館陶南，入屯氏故瀆，合赤河而北，入於海。既而自大伾西新發故瀆西岸，析一渠，正北稍西五里，廣深與汴等，合御河道。逼大伾北，卽堅壤析一渠，東西二十里，廣深與汴等，復東大河。兩渠分流，則三四分水猶得注澶淵舊渠矣。大都河水從西大河故瀆，東北合赤河而達於海。然後於魏縣北發御河西岸，析一渠，正北稍西六十里，廣深與御河等，合衡漳水。又冀州北界，深州西南三十里，決衡漳西岸，限水爲門，西北注滹沱，潦則塞之使東漸渤海，旱則決之使西灌屯田，此中國禦邊之利也。兩漢而下，言水利者屢欲求九河故道而疏之。今考圖志，九河並在(中)〔平〕原而北，且河壞澶、滑，未至平原而上已決矣，則九河奚利哉！漢武捨大伾之故道，發頓丘之暴衝，則濫兗泛齊，流患中土，使河朔平田膏腴千里，縱容邊寇劫掠其間。今大河盡東，全燕陷北，而禦邊之計，莫大於河。不然，則趙、魏百城，富庶萬億，所謂誨盗而招寇也。一日(俟)〔伺〕我饑饉，乘虛入寇，臨時用計者實難，不如因人足財豐之時，成之爲易。」詔樞密直學士任中正、龍圖閣直學士陳彭年、知制誥王曾詳定。中正等上言：「詳垂所述，頗爲周悉。所言起滑臺而下，派之爲六，則緣流就下，湍急難制，恐水勢聚而爲一，不能各依所導。設或必成六派，則是更增六處河口，悠久難於隄防，亦慮入滹沱、漳河，漸至二水淤塞，益爲民患。又築隄七百里，役夫二十一萬七千，工至四十日，侵占民田，頗爲煩費。」其議遂寢。

天禧三年（己未、一〇一九）六月，滑州河溢城西北天臺山旁，俄復潰於城西南，岸摧七百步，漫溢州城。歷澶、濮、曹、鄆，注梁山泊，又合清水、古汴渠，東入於淮，州邑罹患者三十二。卽遣使賦諸州薪石、楗橛、芟竹之數千六百萬，發兵夫九萬人治之。

四年（庚申、一〇二〇）二月，河塞。羣臣入賀，上親爲文，刻石紀功。是年，祠部員外郎李垂又言疏河利害，命垂至大名府、滑、衞、德、貝州、通利軍，與長吏計度。垂上言：「臣所至，並稱黃河水入王莽、沙河與西河故瀆，注金、赤河，必慮水勢浩大，蕩浸民田，難於隄備。臣亦以爲河水所經，不無爲害。今者決河而南，爲害既多，而又陽武埽東，石堰埽西，地形汙下，東河泄水又艱。或者云：『今決處漕底坑深，舊渠逆上，若塞之，旁必復壞。』如是則議塞河者誠以爲難。若決河而北，爲害雖少，一旦河水注御河，蕩易水，逕乾寧軍，入獨流口，遂及契丹之境。或者云：『因此搖動邊鄙。』如是則議疏河者又益爲難。臣於兩難之間，輒畫一計，請自上流引北載之高地，東至大伾，瀉復於澶淵舊道，使南不至滑州，北不出通利軍界。何以計之？臣請自衞州東界曹公所開運渠東五里河北岸凸處，就岸實土堅引之，正北稍東十三里，破伯禹古隄，注裴家潭，逕牧馬陂。又正東稍北四十里，鑿大伾西山，釃爲二渠，一逼大伾南足，決古隄，正東八里，復澶淵舊道；一逼通利軍城北曲河口，至大禹所導西河故瀆，正北稍東五里，開南北大隄。又東七里，入澶淵舊道，使南不至滑州，與南渠合。夫如是，則北載之高地，大伾二山脽股之間，分酌其勢，浚瀉兩渠，匯注東北，不遠三十里，復合於澶淵舊道，而滑州不治自涸矣。臣請以兵夫二萬，自來歲二月興作，除三伏半功外，至十月而成，其均厚埤薄，俟次年可也。」疏奏，朝議慮其煩擾，罷之。

初，滑州以天臺決口去水稍遠，聊興葺之，及西南隄成，乃於天臺口旁築月隄。六月望，河復決天臺下，走衞南，浮徐、濟，害如三年而益甚。帝以新經賦率，慮殫困民力，即詔京東西、河北路經水災州軍，勿復科調丁夫。其守捍隄防役兵，仍令長吏存恤而番休之。

五年（辛酉、一〇二一）春正月，知滑州陳堯佐以西北水壞城，無外禦，築大隄；又疊埽於城北，護州中居民，復就鑿橫木，下垂木數條，置水旁以護岸，謂之木龍，當時賴焉；復並舊河開枝流，以分導水勢。有詔嘉獎。

說者以黃河隨時漲落，故舉物候爲水勢之名：立春之後，東風解凍，河邊人候水，初至凡一寸則夏秋當至一尺，頗爲信驗，故謂之「信水」。二月、三月，桃華始開，冰泮雨積，川流猥集，波瀾盛長，謂之「桃華水」。春末，蕪菁華開，謂之「菜華水」。四月末，壟麥結秀，擢芒變色，謂之「麥黄水」。五月，瓜實延蔓，謂之「瓜蔓水」。朔野之地，深山窮谷，固陰冱寒，冰堅晚泮，逮乎盛夏，消釋方盡，而沃蕩山石，水帶礬腥，併流於河，故六月中旬後謂之「礬山水」。七月，菽豆方秀，謂之「豆華水」。八月，菼亂華，謂之「荻苗水」。九月，以重陽紀節，謂之「登高水」。十月，水落安流，復其故道，謂之「復槽水」。十一月、十二月，斷冰雜流，乘寒復結，謂之「蹙凌水」。水信有常，率以爲準；非時暴漲，謂之「客水」。其水勢，凡移谼横注，岸如刺毁，謂之「劄岸」；漲溢踰防，謂之「抹岸」；埽岸故朽，潛流漱其下，謂之「塌岸」；浪勢旋激，岸土上隤，謂之「淪捲」；水浸岸逆漲，謂之「上展」；順漲謂之「下展」；或水乍落，直流之中忽屈曲横射，謂之「徑窜」；水猛驟移，其將澄處望之明白，謂之「拽白」，亦謂之「明灘」；湍怒略停，勢稍汨起，行舟值之多溺，謂之「薦浪水」。水退淤澱，夏則膠土肥腴，初秋則黄滅土，頗爲疏壤，深秋則白滅土，霜降後皆沙也。

舊制，歲虞河決，有司常以孟秋預調塞治之物，梢芟、薪柴、楗橛、竹石、茭索、竹索凡千餘萬，謂之「春料」。詔下瀕河諸州所産之地，仍遣使會河渠官吏，乘農隙，率丁夫水工，收采備用。凡伐蘆荻，謂之「芟」；伐山木榆柳〔枝〕葉，謂之「梢」。辮竹糾芟爲索，以竹爲巨索，長十尺至百尺，有數等。先擇寬平之所爲埽場。埽之制：密布芟索，鋪梢，梢芟相重，壓之以土，雜以碎石，以巨竹索横貫其中，謂之「心索」。卷而束之，復以大芟索繫其兩端，别以竹索自内旁出，其高至數丈，其長倍之。凡用丁夫數百或千人，雜唱齊挽，積置於卑薄之處，謂之「埽岸」。既下，以橛臬閡之，復以長木貫之，其竹索皆埋巨木於岸以維之。遇河之横決，則復增之以補其缺。凡埽下，非積數疊亦不能遏其迅湍。又有「馬頭」、「鋸牙」、「木岸」者，以蹙水勢護隄焉。

凡緣河諸州，孟州有河南、北凡二埽，開封府有陽武埽，滑州有韓、房二村、憑管、石堰、州、西魚池、迎陽凡七埽〔原注：舊有七里曲埽，後廢〕、通利軍有齊賈、蘇村凡二埽，澶州有濮陽、大韓、大吳、商胡、王楚、横隴、曹村、依仁、大北、岡孫、陳固、明公、王八凡十三埽，大名府有孫杜、侯村二埽，濮州有任村、東、西、北凡四埽，鄆州有博陵、張秋、關山、子路、王陵、竹口凡六埽，齊州有采金山、史家渦二埽，濱州有平河、安定二埽，棣州有聶家、梭隄、鋸牙、陽成四埽。所費皆有司歲計而無闕焉。

宋史紀事本末卷十

金匱之盟

太祖建隆元年（庚申、九六〇）二月乙亥，尊母杜氏爲皇太后。太后定州安喜人，治家嚴而有法，生五子，曰匡濟、匡胤、光義、光美、匡贊，匡濟、匡贊早卒。陳橋之變，后聞之曰：「吾兒素有大志，今果然矣。」及尊爲皇太后，帝拜於殿上，太后愀然不樂。左右進曰：「臣聞母以子貴，今子爲天子，胡爲不樂？」太后曰：「吾聞爲君難，天子置身兆庶之上，若治得其道，則此位可尊；苟或失馭，求爲匹夫不可得，所以憂也。」帝再拜曰：「謹受教！」

二年（辛酉、九六一）六月甲午，皇太后杜氏崩。太后疾，帝侍藥餌，不離左右。疾革，召趙普入受遺命，且問帝曰：「汝知所以得天下乎？」帝曰：「皆祖考、太后之餘慶也。」后曰：「不然，正由柴氏使幼兒主天下爾。若周有長君，汝安得至此！汝百歲後，當傳位光義，光義傳光美，光美傳德昭。夫四海至廣，能立長君，社稷之福也。」帝泣曰：「敢不如教！」后顧謂普曰：「爾同記吾言，不可違也。」普卽榻前爲誓書，於紙尾署曰「臣普記」，藏之金匱，命謹密宮人掌之。遂崩，謚曰昭憲。

秋七月，以弟光義爲開封尹，光美爲(開)〔興〕元(據宋史二四四宗室傳、續綱目、薛鑑改)尹。

乾德二年(甲子、九六四)六月，以皇子德昭爲貴州防禦使。故事，皇子出閤卽封王，帝以德昭未冠，特殺其禮。

三年(乙丑、九六五)六月，加弟光義中書令，光美同平章事，子德昭貴州團練使。

開寶六年(癸酉、九七三)八月，趙普罷相，出爲河陽三城節度使。普至河陽，上表自訴曰：「外人謂臣輕議皇弟開封尹，皇弟忠孝全德，豈有間然。矧昭憲皇太后大漸之際，臣實與聞顧命。知臣者君，願賜昭鑑！」帝手封其表，藏之金匱。

九月，封弟光義爲晉王，班宰相上。又以弟光美兼侍中，子德昭同平章事。

九年(丙子、九七六)三月，以子德芳爲貴州團練使。

九月，帝幸晉王光義第。帝友愛光義，數幸其第，恩禮甚厚。光義嘗有疾，親爲灼艾，光義覺痛，帝亦取艾自灸。每對近臣言：「光義龍行虎步，他日必爲太平天子，福德非吾所及也。」

冬十月，帝有疾。壬午夜，大雪，帝召晉王光義，屬以後事。左右皆不得聞，但遙見燭影下晉王時或離席，若有遜避之狀。既而上引柱斧戳地，大聲謂晉王曰：「好爲之！」俄而帝崩，時漏下四鼓矣。宋皇后見晉王愕然，遽呼曰：「吾母子之命皆託於官家」！晉王泣曰：「共保富貴，無憂也。」甲寅，晉王光義卽皇帝位，改名炅。號宋后爲開寶皇后，遷之西宮。以弟廷美爲開封尹，封齊王；兄子德昭爲永興軍節度使兼侍中，封武功郡王；德芳爲山南西道節度使、同平章事、興元尹。廷美卽光美也。尋詔太祖、廷美子女並稱皇子、皇女，以示一體。

太宗太平興國四年（己卯、九七九）二月，帝自將伐漢，欲以齊王廷美掌留務。開封判官呂端言於廷美曰：「上櫛風沐雨，以申弔伐。王地處親賢，當表率扈從，若掌留務，非所宜也。」廷美遂請行，帝許之。

八月，皇子武功王德昭自殺。初，德昭從帝征幽州，軍中嘗夜驚，不知帝所在，有謀立德昭者，帝聞不悅。及還，以征北未利，久不行太原之賞，德昭以爲言，帝大怒曰：「待汝自爲之，賞未晚也。」德昭退而自刎。帝聞之驚悔，往抱其尸大哭曰：「癡兒何至此耶！」贈中書令，追封魏王，謚曰懿。

冬十月，論平漢功，進封齊王廷美爲秦王。

六年（辛巳、九八一）三月，皇子興元尹德芳卒，贈中書令、岐王，謚曰康惠。

時，盧多遜專政，趙普奉朝請累年，多遜益毁之，謂普初無立上意，普鬱鬱不得志。會晉邸舊僚柴禹錫、趙鎔、楊守一告秦王廷美驕恣，將有陰謀竊發。帝疑，以問普，普因言：「願備樞軸，以察奸變。」且自陳曰：「臣忝舊臣，爲權倖所沮。」遂備道預聞昭憲太后顧命及前朝上表自訴等事。帝發金匱，得誓書，及覽普前表，因召見，謂曰：「人誰無過，朕不待五十，已知四十九年非矣。」九月，拜普司徒兼侍中，封梁國公。

七年（壬午、九八二）三月，或又告廷美欲因帝幸西池爲亂，遂罷廷美開封尹，爲西京留守，賜襲衣、犀帶，錢千萬緡，絹、綵各萬匹，銀萬兩，西京甲第一區。詔樞密使曹彬餞廷美於瓊林苑。以太常博士王遹判河南府事，開封府判官閻舉判留守事。進柴禹錫樞密副使，楊守一樞密都承旨，趙鎔東上閤門使，賞其告廷美陰謀功也。貶左衛將軍、樞密承旨陳從（龍）〔信〕（據宋史二七六本傳改）爲左衛將軍，皇城使劉知信爲右衛將軍，弓箭庫使惠延眞爲商州長史，禁軍列校皇甫繼明爲汝州馬步軍都指揮使，定人王榮爲濮州教練使，皆坐交通廷美及受其燕犒也。或告王榮嘗與廷美親吏狂言：「我不久當得節帥。」坐削籍，流海島。

初，昭憲太后遺命太祖傳位於帝，帝傳之廷美，以及德昭，故帝卽位之初，命廷美尹開封，而德昭、德恭等皆稱皇子。及德昭不得其死，德芳相繼殀沒，廷美始不自安，柴禹錫因上變以搖之。他日，帝以傳國意訪之趙普，普對曰：「太祖已誤，陛下豈容再誤！」廷美遂得罪。趙普復相，盧多遜心不自安，普屢諷令引退，而多遜貪固權位，不能決。會普廉得多遜嘗遣堂吏趙白交通秦王事，帝大怒，責授守兵部尚書。越二日，下御史獄，捕繫中書守堂官趙白、秦府孔目官閻密、小吏王繼勳等，命翰林承旨李昉、學士扈蒙、衞尉卿崔仁冀、御史滕中正等雜治之。多遜具伏，言累遣趙白以中書機事密告廷美，且曰：「願宮車晏駕，盡力事大王。」廷美亦遣小吏樊德明報多遜云：「承旨言正會我意。」因遺之弓矢，多遜受之。閻密恣橫不法，言多指斥，王繼勳嘗爲求訪聲妓，怙勢贓污，皆伏罪。獄上，帝詔文武官集議朝堂，太子太師王溥等七十四人奏：「多遜及廷美顧望詛呪，大逆不道，宜行誅戮，以正刑章。趙白等處斬。」詔削奪多遜官，流崖州，幷徙其家屬，朞親於遠裔。趙白、樊德明、閻密、王繼勳等悉斬於都門外，籍其家財。廷美勒歸私第，其男女等復正名稱，德恭等仍爲皇姪，皇姪女適韓崇業，去公主、駙馬之號，並發遣西京，就廷美居止。貶閻矩爲涪州司戶參軍，孫嶼爲融州司戶參軍，皆廷美官屬，坐輔導無狀也。趙普又以廷美居西京非便，諷知開封府李符上言：「廷美不悔過，怨望，乞徙遠郡，以防他變。」詔降封廷美爲涪陵縣公，房州安置，妻楚國夫人張氏削國封。以閻彥進知房州，袁廓通判州事，以伺察之。普又恐符言洩，乃坐符他事，流之春州，歲餘卒。

八年（癸未、九八三）冬十月，趙普罷。廷美至房州，憂悸成疾，雍熙元年春正月，卒於房州，年三十八。帝聞之，嗚咽流涕，謂宰相宋琪、李昉等曰：「廷美自少剛愎，長益兇惡。朕以同氣至親，不忍寘之於法，俾居房陵，冀其思過。方欲推恩復舊，遽茲殞逝，痛傷奈何！」因悲泣，感動左右。詔追封爲涪王，謚曰悼，爲發哀成服，以其子德恭、德隆爲刺史。廷美之得罪，趙普爲之也，眞宗卽位，追復爲秦王，妻張氏爲楚國夫人，仁宗贈太師、尙書令，徽宗改封魏王。

初，普以佐命功，代范質等爲相，帝傾心任之，事無大小，悉咨決焉。普嘗薦某人爲某官，帝不許；明日復奏，不許；明日又奏，帝大怒，裂奏牘擲地。普顏色不變，跪拾之以歸。他日，補綴舊牘，復奏如初，帝悟，卒用其人。又有羣臣當遷官，帝素惡其人，不許，普堅以爲請。帝怒曰：「朕固不與，卿若之何？」普曰：「刑賞，天下之刑賞，陛下豈得以喜怒專之！」帝怒甚，起，普亦隨之。帝入宮，普立宮門，久之不去，竟得允。其剛果類此。然多忌刻，屢以微時所不足者爲言，帝曰：「若塵埃中可識天子、宰相，則人皆物色之矣！」普獨相且十年，頗專，嘗以私怨誣馮瓚、李美、李檝，以贓論死，廷臣多忌之。帝常幸其第，會吳越遣使致書於普，及海物十瓶，置簾下，未及發而帝至，倉卒不及屛。帝顧問何物，普以實對，帝曰：「海物必佳。」卽命啓之，皆瓜子金也。普惶恐謝曰：「臣未發書，實不知。」帝曰：「第受之，彼謂國家事皆由爾書生耳。」時官禁私販，秦、隴大木多冒稱普市貨都下。三司使趙玭以聞，帝大怒，卽欲逐普，王溥力爲救解，得止。而盧多遜與普不協，數因入對短普，帝滋不悅。先是開寶初，判大理寺雷德驤以寺官屬附會普增損刑名，憤惋，見帝面白其事，辭氣俱厲。帝怒，曳出之，貶商州司戶參軍。久之，知商州奚嶼希普意，奏德驤怨望，坐削籍，流靈武。德驤子有鄰，擊登聞鼓陳冤，併訴中書吏他不法事，帝爲下御史獄，鞫實。帝愈疑普，遂詔參知政事呂餘慶、薛居正與普更知印押班，以分其權。普竟罷，終帝世不復召。久鬱鬱不得志，太宗太平興國五年，遂因上變事，得召爲司徒、侍中，而秦王廷美之獄竟成於普。八年，罷爲武勝軍節度使。帝作詩餞之，賜宴長春殿。普奉詩泣曰：「陛下賜臣詩，當刻石，與臣朽骨同葬泉下。」帝爲之動容。明日，謂宰相曰：「普有功國家，朕昔與遊，今齒髮衰矣，不欲煩以機務，因詩以道意。普感激泣下，朕亦爲墮淚。」宋琪對曰：「昨普至中書，執御詩涕泣謂臣曰：『此生餘年，無階上答；庶希來世，得效犬馬力。』今復聞宣諭，君臣始終，可謂兩全。」

宋史紀事本末卷十一

吴越歸地

陳洪進附

太祖建隆元年（庚申、九六〇）三月，吴越王錢俶遣使來賀卽位，自是歲朝貢。

開寶七年（甲戌、九七四）冬十月，伐江南，詔加吴越王俶爲昇州東南行營招撫制置使。先是，俶遣判官黄夷簡入貢，帝謂之曰：「汝歸語元帥，江南倔彊不朝，我將討之，元帥當助我，無惑人言云：『皮之不存，毛將安附。』」尋密告以師期，遂有是命。

八年（乙亥、九七五）夏四月，吴越王俶旣受命，以沈承禮權知國務，而自率兵五萬攻常州。丞相沈虎子諫曰：「江南，國之藩蔽，今大王自撤其藩蔽，將何以衞社稷乎！」不聽，進攻其關城，又敗其軍於北界。遣兵攻江陰、宜興，皆下之，遂拔常州。江南主貽俶書曰：「今日無我，明日豈有君？一旦明天子易地酬勳，王亦大梁一布衣耳！」俶不答，以書上，帝優詔褒之。

九年（丙子、九七六）二月，吴越王俶來朝。先是，帝謂吴越使者曰：「元帥克毘陵，有大功，俟平江南，可暫來與朕一相見，以慰延想，卽當復還。朕三執圭幣以見上帝，豈食言乎！」至是，俶與妻孫氏、子惟濬入朝，帝賜禮賢宅以居，親幸宴之，賞賚甚厚，賜俶劍履上殿，書詔不名。命與晉王敍昆弟之禮，俶固辭，乃止。留兩月，遣還，賜以一黃袱，封識甚固，戒俶曰：「途中宜密觀。」及啓之，則皆羣臣乞留俶章疏也，俶甚感懼。

太宗太平興國三年（戊寅、九七八）三月己酉，吳越國王俶來朝。會陳洪進納土而懼，上表乞罷所封吳越國王及解天下兵馬大元帥幷書詔不名之命，歸其兵甲，求還，帝不許。其臣崔仁冀曰：「朝廷意可知矣，大王不速納土，禍且至！」俶左右爭言不可。仁冀厲聲曰：「今已在人掌握，且去國千里，惟有羽翼乃能飛去耳！」俶遂決策，上表獻其境內十三州、一軍、八十六縣。俶朝退，將吏始知之，皆慟哭曰：「吾王不歸矣！」丁亥，詔封俶爲淮海國王，授俶弟儀、信並觀察使，俶子惟濬、惟治並節度使，惟演、惟灝及族屬、僚佐授官有差。又授其將校孫承祐、沈承禮、崔仁冀並爲節度使，賜賚待遇，冠絕當時。尋令兩浙發俶緦麻已上親及管內官吏悉至汴京，凡千四十四艘。以范旻權知兩浙諸州、軍事。旻上言：「俶在國日，徭賦繁苛，乞盡蠲其弊。」從之。

八年（癸未、九八三）十二月，俶改封漢南國王，罷天下兵馬大元帥。

端拱元年（戊子、九八八）八月戊寅，俶生辰，帝賜燕。是夕暴卒。

陳洪進者，故清源節度使留從效牙將也。建隆三年三月，從效卒，子紹鎡典留務。會吳越聘使至，紹鎡夜召與燕。洪進誣紹鎡謀附吳越，執送於唐建康，推副使張漢思爲留後，而自爲副使。已而漢思患洪進專，因設燕，伏甲將殺之。酒數行，地忽大震，同謀者懼，因以告洪進。洪進亟走出，甲士皆散，自是更相爲備。一日，洪進袖大鎖，安步入府中，叱退直兵。漢思方坐內齋，洪進卽合其戶而鎖之，使人叩門而言曰：「郡中軍吏請副使知留務，衆情不可違，幸授之印。」漢思惶懼不知所爲，卽自門間出印與之。洪進遽召將吏曰：「留後授吾印以涖事。」衆皆賀。卽日遷漢思別舍，以兵守之。遣使請命於唐，又遣牙將魏仁濟間道奉表來告，且請制命。

乾德二年（甲子、九六四）二月，改清源爲平海軍，仍授洪進節度。洪進歲貢，多厚歛於民，二州甚苦之。

太宗太平興國三年（戊寅、九七八）夏四月，洪進來朝，因獻漳、泉二州，縣十四。詔授洪進武寧節度使、同平章事，留之汴京，諸子皆授要郡，遣之官。洪進後從平太原，封岐公，雍熙三年卒。

宋史紀事本末卷十二

平北漢

太祖建隆元年（庚申、九六〇）夏四月，北漢主劉鈞自將兵至潞州赴李筠。筠兵敗，北漢主懼，引師歸。

（八）〔九〕（據宋史一太祖紀、薛鑑改）月，昭義節度使李繼勳焚北漢平遙縣，俘獲甚衆。晉州鈐轄荆罕儒復率衆攻汾州，爲北漢大將郝貴超所襲，戰死。罕儒驍將，帝痛惜之，斬其部將不用命者二十餘人。

三年（壬戌、九六二）二月，北漢侵潞、晉，守將擊走之。

乾德元年（癸亥、九六三）秋七月，漢宿衞殿直王隱、劉昭、趙巒等謀逆，伏誅；辭連其樞密使段常，北漢主出常爲汾州刺史，尋縊殺之。初，北漢主寵姬郭氏，醫僧之女也，僧與嫠婦通而生姬，有殊色。北漢主嬖之，將立爲妃，常以所出非偶，恐貽笑鄰國，北漢主乃止。姬之昆弟姻戚又多抑而不用，故咸怨常，因譖殺之。死非其罪，國人憐之。

八月，王全斌攻取北漢樂平，詔以爲平晉軍。契丹救之，不及。

九月，北漢以契丹攻平晉軍，洺州防禦使充西山巡檢郭進救卻之。進御下嚴毅，帝遣戍卒，必諭之曰：「汝輩謹奉法。我猶貸汝，郭進殺汝矣。」嘗有軍校自西山詣汴，誣訟〔進〕（據續綱目、薛鑑補。本卷下文校改未注依據者同此）不法事。帝詰知其情，送進，令殺之。會北漢來侵，進語其人曰：「汝敢論我，信有膽氣。今貰汝罪，汝能掩殺敵兵，當即薦汝；如敗，可自投河東。」其人踴躍赴戰，大（至）〔致〕克捷。進即以聞，乞還其職，帝從之。

北漢主自潞州之敗，日懼宋師至，以趙文度爲相，又召抱腹山人郭無爲及五臺山僧繼顒參預國事。未幾，文度、無爲議論不協，北漢主出文度守汾州，而無爲獨相，機事悉以委之。

契丹主以書貽北漢主曰：「爾不稟我命，擅改年號，助李筠，殺段常，其罪有三。」北漢主引「父爲子隱」謝之。初，北漢與契丹歲使不絕，自是契丹使不來，而北漢使往則見留，羣臣悉以使北爲懼。北漢主乃命從子侍衞親軍使繼文請命，亦被拘。繼文，崇之嫡孫，魁梧有氣局，沈毅寡言，契丹主亦厚禮之。

二年（甲子、九六四）二月，昭義節度使李繼勳侵北漢遼州，克之。初，繼勳屢敗北漢兵，至是，帝遣曹彬會繼勳合兵入北漢境，攻其邊邑及遼、石州。繼勳大敗北漢兵於遼城下。

北漢遼城刺史杜延韜危璧，籍部下兵三千人降於繼勳。契丹以六萬騎來援，又擊走之。

三月，北漢耀州團練使周審(王)〔玉〕(據宋史一太祖紀、又四八二北漢世家改)等來降。

四年(丙寅、九六六)，北漢復取遼州。

五年(丁卯、九六七)，北漢將閻章、樊暉各以砦來降。

開寶元年(戊辰、九六八)秋七月，北漢主鈞殂，養子繼恩立。初，世祖女適薛釗，生繼恩；再適何氏，生繼元。二子初幼孤，世祖以鈞無子，命養爲子。鈞嘗謂郭無爲曰：「繼恩巽輭，非濟世材，恐不能了我家事，將奈何？」無爲不對。至是，病篤，召無爲付以後事。繼恩旣嗣位，怨無爲初不助己，且患其專政，加守司空，外示優禮，內實疎之。

八月戊辰，遣李繼勳將兵伐北漢。初，帝嘗因諜者謂漢主曰：「君家與周世讎，宜不屈。今我與爾無所間，何爲困此一方人也？若有志中國，宜下太行以決勝負！」漢主遣諜者報曰：「河東土地甲兵不足以當中國，然我家世非叛者，區區守此，蓋懼漢氏之不血食也。」帝哀其言，謂諜者曰：「爲我語鈞，開爾一生路。」故終鈞世不加兵。至是，聞其卒，遣李繼勳等以禁軍伐之。

北漢主初立，宋兵已入其境，乃遣劉繼業、馬峯等領軍扼(團北)〔團柏〕谷。峯至銅鍋河，李繼勳前鋒將何繼(鈞)〔筠〕(據宋史二七三本傳改)擊破之，斬首三(十)〔千〕餘級，遂奪汾河橋，薄太原城下，焚延夏門。

九月，北漢主欲逐郭無爲，畏懦不能決。月餘，供奉官侯霸榮率十餘人，挺刃入閤，反扃其門。時繼恩獨處喪次，見之驚起，繞屏還走，霸榮以刃揕其(背)〔胸〕，殺之。無爲使人梯屋入，殺霸榮。繼恩立纔六十餘日，幷人疑無爲授意於霸榮，亟殺之以滅口。無爲與羣臣議立繼恩之弟繼元，參議中書事張昭敏獨曰：「少主非劉氏，故嗣位不終。今宜立宗姓，以慰民望。世(宗)〔祖〕嫡孫繼文，久留契丹，歷險阻，宜迎立之，可以固宗社，結虜援。」無爲不從，以繼元易制，遂立之。

十一月，北漢主遣使告卽位於契丹，且乞師。契丹主遣撻烈將諸道兵救之。帝亦遣使齎詔諭北漢主令降，約以平盧節度使授之。又別賜郭無爲詔，許以邢州節度使。無爲得詔色動，勸北漢主納款，北漢主不從。初，帝使諜者惠璘僞稱殿前指揮使，負罪奔北漢，無爲知其(詐)〔謀〕，使爲供奉官。及宋兵入境，璘卽奔赴，至嵐谷，候吏獲送太原，北漢主使無爲鞫之，無爲釋不問。有李超者，知璘姦狀，上告，無爲怒，幷超斬之以絕口。李繼勳等聞契丹兵來，皆引歸，北漢因大掠晉、絳二州。

北漢主繼元妻段氏嘗以小過爲孝和后郭氏所責，既而病卒。繼元疑后殺之，后方縗服哭孝和帝於柩前，繼元遣其嬖臣范超執而縊殺之。宮中嬪御遭罹逼辱，無復嫌間。世祖十子，鎬、鐃、錫最有賢行，繼元聽羣小之譖，幽囚之，未踰年皆死。

二年（己巳、九六九）三月，帝以李繼勳等師還無功，謀再舉，以問魏仁浦曰：「朕欲親征太原，何如？」仁浦曰：「欲速則不達，惟陛下重之。」帝不聽，命繼勳等將兵先赴太原，以光義爲東京留守，自將發汴。三月，至太原。築長連城圍之，立砦於城四面：繼勳軍於南，趙贊軍於西，曹彬軍於北，党進軍於東。北漢劉繼業等乘晦突門，犯東、西砦，戰敗而遁。帝又命壅汾、晉二水以灌城，漢人大恐。郭無爲復勸北漢主出降，漢主不從。一日，因宴羣臣，無爲痛哭於庭曰：「奈何以空城抗宋百萬之師乎！」引佩刀欲自刺，冀動衆心。漢主遽降階執其手，引升坐而止。

夏四月，契丹復救北漢，帝度其必由鎭、定救太原，使韓重贇倍道兼行赴之。又聞其分道，一自石嶺關入，召何繼筠逆擊，授以方略。繼筠遇契丹兵於陽曲，大敗之，斬首千餘級。重贇亦先陣於嘉山，契丹兵自定州西入，見旗幟，大駭欲遁，重贇急擊，大破之，擒其首領三十餘人。帝命以所獲契丹俘示於城下，城中喪氣。憲州判官史昭文、嵐州刺史趙文度各以城降。

閏五月壬子，帝班師。時，契丹主遣韓知璠冊立北漢主。知璠習知戎備，在圍城中，晝夜督察，盡心固守。帝命水軍載弩環攻，驍將石漢卿等多戰死，北漢兵亦屢敗。夜半，忽傳呼：「漢主出降。」帝將開壁門，將作使趙（遂）〔璲〕（據宋史四八二北漢世家、續綱目改）曰：「受降如受敵，詎可中夜輕出！」已而果諜者。契丹復遣南大王者將兵援北漢，東西班都指揮使李懷忠曰：「敵勢已困，若選勁兵急攻，破在旦夕。」都虞候趙廷翰請先登，帝壯之，俾率衆攻城。戰不利，懷忠中流矢幾死。時帝師頓於甘草（池）〔地〕（據宋史二五八曹彬傳、續綱目、薛鑑改），會暑雨，軍士多疾，太常博士李光贊上書請班師。帝以問趙普，普亦以爲然。乃分兵屯鎮、潞，徙北漢民萬餘戶於山東、河南而還。北漢主籍宋所棄軍儲，得粟三萬，茶、絹各數萬，喪敗之餘，賴此少濟。

太原之圍，南城爲汾水所陷。郭無爲謀出降，因請自將夜擊宋。北漢主信之，選精甲千人付無爲，自登（七）〔延〕夏門（據長編改）送之。無爲行至北橋，値風〔雨〕晦冥而止。至是，閹人衞德貴告其事，且言無爲獻地之謀，蹤跡屢露，反狀明白，不可赦。北漢主乃殺之以徇。

三年（庚午、九七〇）春正月，契丹韓知璠自太原歸，言晉陽多梗而劉繼元無輔。政事令（趙）高勳（據遼史八五本傳，高勳初封趙王，此時已改封秦王，故删）亦言：「我與晉陽，父子之國，先君以一怒而盡拘其使，甚無謂也。」契丹主乃盡索北漢使者，凡十六人，厚禮而遣之。仍命劉繼文爲平章事，李弼爲樞密使，俾輔繼元。繼文等久留契丹，復受其命歸秉國政，左右皆譖毀之，北漢主乃出繼文爲代州刺史，李弼爲憲州刺史。

是年，北漢主以僧繼顒爲太師兼中書令。繼顒本劉氏孽子，以宗姓授鴻臚卿，嘗遊華嚴，見地有寶氣，乃於團柏谷置銀場，募民鑿山，官收十之四，繼顒自督，所獲卽倍於民。時，北漢主多內寵，繼顒獻首飾數百副，北漢主大喜，遂有是命。

六年（癸酉、九七三）十二月，北漢主殺其弟劉繼欽。初，北漢主爲大內都（檢）點〔檢〕，父鈞以其幼弱，命劉繼欽副之，委以禁衞。北漢主立，親舊多所誅放，繼欽遂謝病請罷。北漢主曰：「繼欽但事先帝，豈肯爲我盡力耶！」乃黜居交城，尋遣人殺之。北漢主性殘忍，凡臣下有忤意，必族其家。自帝親征及遣將攻伐，因之殺傷不可勝計，大將張崇訓、鄭進、衞儔、故相張昭敏、樞密使高仲曦等，先後俱以讒見殺。

九年（丙子、九七六）八月，帝令党進、潘美、楊光美、牛思進、米文義率兵分五道以攻太原，又遣郭進等分攻忻、代、汾、沁、遼、石等州。諸將所向克捷，進敗北漢兵於太原城。北漢主急求救於契丹，契丹主遣其相耶律沙救之。師還。先是，帝嘗微行過趙普，與普謀下漢。普曰：「太原當西、北二面，太原既下，則二邊之患我獨當之。不如姑俟削平諸國，則彈丸黑子之地將安逃乎！」帝以爲然，故雖連年攻伐，至城下，輒退師。

太宗太平興國四年（己卯、九七九）春正月庚寅，帝議伐漢，薛居正等多以爲不可，惟曹彬力贊之，帝意遂決。乃以潘美爲北路都招討使，帥崔彥進、李漢瓊、劉遇、曹翰、米信、田重進軍，分四面攻太原城。又以郭進爲太原石嶺關都部署，以斷燕、薊援師。

二月甲子，帝自將伐漢。

三月己未，漢求救於契丹，契丹遣耶律沙爲都統，敵烈爲監軍，帥師赴之。至白馬嶺，與都部署郭進遇。沙欲阻澗以待後軍，敵烈不從，渡澗迎戰，未成列，進薄之，契丹大敗，敵烈等皆死。會耶律斜軫兵至，進引師退，沙得免。田欽祚護石嶺屯軍，恣爲姦利，進不能禁，屢形於言，欽祚憾之。進武人，剛烈，戰功高，欽祚數加淩侮，進不能堪，遂縊而死。欽祚以卒中風眩聞。帝悼惜良久，贈安國節度使。左右皆知而無敢言者。尋詔以牛思進代之。

夏四月，帝發鎮州。行營都監折御卿分兵攻岢嵐軍，下之，遂取嵐州。漢人於隆州依險築城以拒，帝遣軍使解暉、折彥贇等先發兵圍之，繼遣尹勳往，城遂陷。

庚午，帝次太原。時潘美等屢敗漢兵，進築長連城圍太原，矢石交下如雨。漢外援不至，餉道又絕，城中大懼。帝至，督戰益急，城無完堞。帝慮城陷殺傷者衆，詔諭繼元降。使者至城，守陴者不納。帝親督諸將士進薄城下，列陣於前，蹲甲交射，矢集城上如蝟毛。

五月，漢指揮使郭萬超踰城出降，繼元親信之臣多亡，城中危急。帝復詔諭繼元速降，當保終始富貴。詔雖入城，而諸將銳攻不可遏。帝猶慮城陷害良民，麾兵少卻。甲申，繼元乃夜遣客省使李勳奉表乞降。詔許之，因至城北，張樂宴從臣於城臺。明日，繼元率官屬縞衣、紗帽待罪臺下。帝釋之，賜襲衣、玉帶，召使升臺。繼元叩首謝罪。詔授特進、檢校太師、右衞上將軍，封彭城郡公，賜賚甚厚。命劉保勳知太原府。凡得州十、軍一、縣四十一。帝作平晉詩，命從臣和。又授漢相李（揮）〔惲〕（據宋史四八二北漢世家改）以下官有差。詔毀太原舊城，改爲平晉縣，以榆次縣爲幷州。遣使分部徙太原民居之。縱火焚太原廬舍，老幼趨城門不及，焚死者甚衆。

陳邦瞻曰：宋之受制夷狄，由失燕、薊；其不能取燕、薊，失在先下太原。昔王朴與周世宗謀取天下，欲先定南方，次及燕，最後乃及太原。蓋燕定則太原直罝中兔耳，將安往哉！太祖、趙普雪夜之言，亦朴遺意也。太宗一日忘其本謀，急於伐漢，盡銳堅城之下，僅能克之。師已老矣，復議攻燕，所謂强弩之末，勢不能穿魯縞。一敗而沒世不振，再舉再失利，皆由太宗不知天下之大勢，倒行求前，以致顛蹶也。

宋史紀事本末卷十三

契丹和戰

太祖開寶八年（乙亥、九七五）三月，契丹主賢命其涿州刺史耶律琮貽書知雄州孫全興，請通好，全興以聞。帝命答書許之。契丹乃使克（沙）〔妙〕骨愼思（據十朝綱要、宋會要輯稿蕃夷一改）來結成，復遣人告北漢，以通好於宋，無妄侵伐。

秋七月，遣閤門使郝崇信、太常丞呂端使契丹報聘。

太宗太平興國二年（丁丑、九七七）夏四月，契丹遣使耶律敞會葬太祖山陵。尋遣辛仲甫報謝之。契丹主問曰：「聞中朝有党進者，眞驍將，如進之比凡幾人？」仲甫曰：「名將甚多，如進鷹犬之材，何可勝數！」契丹主欲留之，仲甫曰：「信以成命，義不可留，有死而已。」契丹主知其不可奪，厚禮遣還。帝曰：「仲甫遠使絕域，可謂不辱君命。更得數人如此，朕何患也！」

四年（己卯、九七九）春正月，帝伐北漢，契丹遣撻馬長壽來言曰：「何名而伐漢也？」帝曰：

「河東逆命，所當問罪。若北朝不援，和約如故；不然，惟有戰耳！」自是和好中絕。

帝既滅漢，欲乘勝取幽、薊，諸將以師罷餉匱不欲行，崔翰獨曰：「所當乘者，勢也；不可失者，時也。取之易。」帝意決。五月庚子，遂發太原。

六月丁卯，次東易州，契丹刺史劉宇以城降，留兵千人守之。戊辰，次涿州，判官劉厚德亦以城降。庚午，進次幽州城南。契丹將耶律奚底軍於城北，帝率衆擊走之。壬申，命宋渥、崔彥進、劉遇、孟玄喆分兵四面攻城，圍之三周。以潘美知幽州行府事，契丹將多降。

秋七月，契丹順州、薊州皆降。耶律學古時守燕，悉力備禦，不能支，城中大懼。契丹遣耶律休哥救燕。癸未，帝督諸軍與契丹將耶律沙大戰於高梁河。沙敗，將遁，休哥兵適至，與耶律斜軫分左右翼以進，復戰。帝大敗，死者萬餘人。甲申，帝引師南還。休哥追至涿州，帝急，乘驢車走免，喪貲械不可勝計。庚寅，命孟玄喆屯定州，崔彥進屯關南，劉廷翰、李漢瓊屯眞定而還。以石守信、劉遇從征失律，貶之。

乙巳，帝至自范陽。

九月丙午，契丹寇鎭州，都鈐轄劉廷翰等合擊，大破之。是時，契丹遣南京留守韓匡嗣與耶律沙、耶律休哥侵鎭州，報圍燕之役，軍於滿城西，方陣。官軍詐降，匡嗣欲納之，休哥曰：「彼氣甚銳，疑誘我也，可整衆待之。」匡嗣不聽。俄而劉廷翰陣於前，崔彥進潛師躡其後，李漢瓊、崔翰、趙延進兵繼至，合擊之，契丹軍大潰。追至遂城西，大敗之，斬首萬三百級，獲三將，馬萬匹。匡嗣棄旗鼓遁走，獨休哥整兵而退。

五年（庚辰、九八〇）三月，契丹兵十萬寇鴈門。代州刺史楊業領麾下數百騎自西陘出，至鴈門北口，南向擊之，契丹兵大敗，殺其駙馬侍中蕭咄李。自是契丹畏業，每望見旌旗，卽引去。業本北漢節度使劉繼業，爲漢主繼元扞太原城東南面，每殺傷王師，及繼元降，繼業猶據城苦戰。帝素聞其勇，欲招致之，令中使諭繼元，俾招繼業。繼元遣親信往，繼業乃北面再拜，大慟，釋甲來見。帝慰撫之，復姓楊氏，止名業，拜代州刺史。時以業善戰，號楊無敵。

冬十月，契丹主賢入寇，圍瓦橋關。官軍陣於水南，耶律休哥帥精騎渡水而戰，官軍大敗，休哥追至莫州。

十一月己酉，帝自將禦契丹。戊午，次大名。會契丹主引去，帝欲復伐幽州，李昉力陳其未可。帝以劉遇、曹翰爲幽州部署，遂還京。

時，廷臣多迎帝意，言宜速取幽、薊，張齊賢上疏曰：「方今海內一家，朝野無事，關聖慮者，豈不以河東新平，屯兵尚衆，幽燕未下，輦運爲勞？臣愚以爲此不足慮也。自河東初下，臣知忻州，捕得契丹納粟典吏，皆云：『自山後轉般，以授河東。』以臣料，契丹能自備軍食，則於太原非不盡力，然終爲我有者，力不足也。河東初平，人心未固，嵐、憲、忻、代未有軍砦，入寇則田牧頓失，擾邊則守備可虞。及國家守要害，增壁壘，左控右扼，疆事甚嚴，恩信已行，民心已定，乃於鴈門陽武谷來爭小利，此其智力可料而知也。聖人舉事，動在萬全，百戰百勝，不如不戰而勝。若重之愼之，則契丹不足吞，燕、薊不足取。自古疆埸之難，非盡由敵國，亦多邊吏擾而致之。若緣邊諸砦撫馭得人，但使峻壘深溝，畜力養銳，以逸自處，寧我致人，此李牧所以用趙也。所謂擇卒不如擇將，任力不如任人。如是則邊鄙寧，邊鄙寧則輦運減，輦運減則河北之民獲休息矣。臣聞家六合者以天下爲心，豈止爭尺寸之事，角强弱之勢而已乎！是故聖人先本而後末，安內以養外。陛下以德懷遠，以惠勤民，內治既成，遠人之歸可立而待也。」帝嘉納之。

呂中曰：齊賢之論其知本矣；然徒知遼未可伐，而不知燕、薊在所當取。豈惟齊賢，雖趙普、田錫、王禹偁亦不之知也。蓋燕、薊之所當取者有二：一則中國之民陷於左衽，一則中國之險移於夷狄。燕、薊不收則河北之地不固，河北不固則河南不可高枕而臥也，特太宗時未有可取之機耳。

契丹主還國，以耶律休哥爲于越。于越，契丹至貴之職也。休哥智略宏遠，善料敵，每戰勝，讓功諸將，故士卒樂爲之用。

六年（辛巳、九八一）春正月癸卯，置平塞、靜戎二軍。辛亥，易州破契丹數千衆。復改靜戎軍爲安靜軍。

秋七月，遣使如渤海。渤海本高麗別種，契丹嘗取其扶餘城爲東丹府。時，帝將大舉伐契丹，遣使賜其王詔書，令發兵以應。約滅遼之日，幽、薊土宇復歸中朝，朔漠之外悉與渤海，竟無至者。帝後復遣使如高麗，諭令發兵西會，高麗亦不能應。

七年（壬午、九八二）九月，契丹主賢幸雲州。至焦山，有疾，命韓德讓、耶律斜軫受遺詔，立長子梁王隆緒而卒。隆緒小字文殊奴，生十二年矣。既嗣位，謚賢曰孝成皇帝，廟號景宗，尊母蕭氏爲太后，專國事，復國號曰大契丹，改元統和。后以德讓爲政事令兼樞密使，總宿衞兵，勃古哲總領山西諸州事，耶律休哥爲南面行軍都統。

雍熙三年（丙戌、九八六）春正月庚寅，以曹彬、田重進、潘美等爲都部署，將兵伐契丹。初，賀懷浦將兵屯三交，好議邊事，與其子知雄州賀令圖上言：「契丹主少，母后專政，寵幸用事，請乘其釁以取燕、薊。」帝信之，於是以曹彬爲幽州道行營都部署，崔彥進副之，米信爲西北道都部署，杜彥圭副之，出雄州；田重進爲定州路都部署，出飛狐；潘美爲雲、應、朔等州都部署，楊業副之，出鴈門。

三月癸酉，曹彬趨涿州，遣先鋒將李繼隆破契丹兵，取固安、新城二縣。進攻涿州，克之，殺其將賀斯。虜兵復集，米信獨以麾下三百人接戰，被圍數重，信持大刀，大呼突圍而出。會彬遣兵至，遂敗契丹兵於新城東北。丁丑，田重進出飛狐南，遇契丹兵，擊破之。契丹西南面招安使大鵬翼率衆來拒。重進陣於東，命部將荆嗣出其西，乘暮薄崖，以短兵接戰，契丹兵投崖而下，殺獲甚衆。挑戰數日，敵勢頗張。時，譚延美屯小沼，嗣令延美列隊平川，別遣二百人執白幟於道側，嗣以所部疾驅往鬭。契丹兵見旗幟緜亙，疑大軍繼至，欲遁去。重進乘之，契丹兵崩潰，生擒大鵬翼。飛狐、靈丘皆降。

丁亥，潘美自西陘入，與契丹兵遇，追至寰州，破之，刺史趙彥章以城降。進圍朔州，節度副使趙希贊亦舉城降。遂轉攻應、雲州，皆克之。

夏四月己酉，田重進戰飛狐北，再破之，殺其二將。趙普上疏曰：「伏覩今春出師，將以收復幽、薊，屢聞克捷，深快輿情。然晦朔薦更，已及初夏，尙稽克復，屬在炎蒸，飛輓甚煩，戰鬭未息，王師漸老，吾民亦疲，夙夜思之，頗增疑慮。戰者危事，難保其萬全；兵者凶器，深戒於不戢。前書有『兵久生變』之言，此可以深慮也。苟更圖淹緩，轉失機宜，旬朔之間，便涉秋序。臣又慮內地先困，邊境漸涼，虜則弓勁馬肥，我則人疲師老，恐於此際，或誤指蹤。伏望速詔班師，無容玩寇。」不報。

五月庚午，曹彬引兵退，與契丹耶律休哥戰於岐溝，敗績。初，諸將陛辭，帝謂曰：「潘美但先趨雲、朔，卿等以十萬衆聲言取幽州，且持重緩行，不得貪利。虜聞大兵至，必悉衆救范陽，不暇援山後矣。」及彬等乘勝而前，所至克捷。每捷奏聞，帝訝其進兵之速。彬既次涿，契丹南京留守耶律休哥兵少，不敢出戰，夜則令輕騎掠其單弱，以脅餘衆，晝則以精銳張其勢，又設伏林莽，以絶糧道。彬居涿旬日，食盡，退師雄州，以援餽餉。帝聞之，曰：「豈有敵人在前，反退軍以援芻糧，失策之甚也！」亟遣使止彬勿前，急引師緣白溝河與米信軍接，俟美盡略山後地，會重進東下，合勢以取幽州。彬部下諸將聞美、重進累捷，恥握重兵不能有所攻取，謀議蜂起。彬不得已，乃裹糧與米信復趨涿州。休哥聞之，以輕兵來薄，伺蓐食則擊離伍單出者。且戰且卻，由是軍士自救不暇，結方陣，塹地兩邊而行。時方炎暑，軍渴乏井，漉淖而飲，凡四日，始得至涿，士卒困乏，糧又將盡。會契丹主隆緒與其太后自駝羅口將大兵應援，趨涿州，彬、信復〔引〕（據續綱目補）退。休哥因出兵躡之，戰於岐溝關。彬、信敗走，無復行伍，夜渡拒馬河，休哥引精兵追及，溺者不可勝計。彬、信南趨易州，方瀕沙河而爨，聞休哥引兵復至，驚潰，死者過半，沙河爲之不流，棄戈甲如邱山，知幽州行府事劉保勳死之。休哥請乘勝略地，至河爲界，太后不從，引兵還燕，封休哥爲宋國王。丙子，帝召曹彬、米信及崔彥進等還，令田重進屯定州，潘美還代州，徙雲、應、朔、寰四州吏民及吐谷渾部族分置河東、京西。

時，契丹耶律斜軫將兵十萬至定安西，賀令圖遇之，敗績，南奔。斜軫追及，戰於五臺，死者數萬人。明日，攻〔陷〕（據續綱目、薛鑑補）蔚州。令圖與潘美帥師往救，與斜軫戰於飛狐，又敗，於是渾源、應州將皆棄城走，斜軫乘勝入寰州，殺其守城吏卒千餘。潘美既敗於飛狐，副將楊業引兵護雲、應、寰、朔吏民內徙。時耶律斜軫已陷寰州，兵勢甚盛，楊業遇之，欲領兵出大石路，直入石碣谷，以避其鋒。護軍王侁等以爲畏懦，欲從鴈門北川中而往。業不可，侁曰：「君侯素號『無敵』，今逗撓不戰，得非有他志乎？」業曰：「業非避死，蓋時有未利，徒殺士卒而功不立。今君責業以不死，當爲諸公先！」乃引兵自石趺路趨朔州，將行，泣謂美曰：「此行必不利。業，太原降將，分當死，上不之殺，寵以連帥，授之兵柄，非縱敵不擊，蓋欲伺便以立尺寸功，報國家耳！今諸君責業避敵，尚敢自愛乎！」因指陳家谷口曰：「諸君幸於此張步兵强弩以相援也。業轉戰當至此，可夾擊之；不然，無遺類矣。」美遂與侁帥麾下陣於谷口。斜軫聞業且至，遣副部署蕭撻覽伏兵於路。業至，斜軫擁衆爲戰勢。業麾幟而進，斜軫佯敗，伏兵四起，斜軫還兵前戰，業大敗，退趨狼牙村。侁自寅至巳不得業報，使人登托邏臺望之，無所見，以爲契丹敗走，欲爭其功，即領兵離谷口。美不能制，乃緣交河西南而進，行二十里，聞業敗，即麾兵卻走。賀懷浦敗沒。業且戰且行，自午至暮，果至谷口，望見無人，撫膺大慟，再率麾下力戰，身被數十創，士卒殆盡，猶手刃數十百人，馬重傷不能進，匿深林中。耶律奚底望見袍影，射之，業墮馬被擒，其子延玉死焉。業因太息曰：「上遇我厚，期討賊捍邊以報，而反爲奸臣所迫，致王師敗績，何面目求活耶！」乃不食三日，死。業既敗，麾下尚百餘人，業謂曰：「汝等各有父母妻子，與我俱死，無益也，可走還報天子。」衆感激，皆戰死，無一生還者。於是雲、應、朔州及諸城將吏聞業死，悉棄城走，斜軫復陷其地。事聞，帝深痛惜，詔贈業太尉，削美三任，除侁名。

初議興兵，獨與樞密院計，中書不預聞。及敗，帝悔，謂樞使張齊賢等曰：「卿等共睹，朕自今復作如此事否！」

秋七月庚午，以曹彬等違詔失律，各貶官有差。初，米信軍潰，獨李繼隆所部成列而還，田重進亦全軍不敗。詔以重進爲馬步軍都虞候，繼隆知定州。

丁亥，以張齊賢知代州。帝以楊業死，訪近臣可知代州者，時齊賢以言事忤帝意，因請行，乃命與潘美同領緣邊兵馬。

十一月壬寅，契丹主隆緒及蕭太后帥衆南下，以耶律休哥爲先鋒都統。時，劉廷讓帥師數萬，並海而北，與李敬源合兵，將趨燕。休哥聞之，以兵扼要害，逆戰於君子館。天方盛寒，士卒皆不能彀弓弩。會隆緒兵大至，圍廷讓數重。廷讓先分精兵屬李繼隆爲後援，繼隆退保樂壽。廷讓力不敵，一軍盡沒，以數騎脫走，李敬源、楊重進皆死之。先是，休哥諜給賀令圖曰："我獲罪本國，旦夕願歸南朝。"令圖信之，私遺重錦十兩。及廷讓敗，休哥宣言："願見雄州賀使君。"令圖意其來降，欲擅其功，卽引數十騎逆之。旣至帳下，休哥據胡牀罵曰："汝常好經度邊事，今乃送死來耶！"令左右殺其從騎而執之。自是，河朔戍兵無復鬬志。契丹乘勝長驅而南，遂陷深、邢、德三州，殺官吏，俘士民，輦金帛而去。魏博之北，民尤苦焉。帝聞之，下詔自悔，而釋敗潰將士之罪，且蠲河北逋租，給復三年。令圖貪功生事，輕而無謀，初與其父懷浦首謀北伐，一歲中父子皆敗，且貽中國之害。

壬子，契丹薄代州城，副部署盧漢贇畏懦，保壁自固，張齊賢選廂軍二千出禦之，誓衆感慨，無不一當百，契丹少卻。先是，齊賢遣使約潘美以幷師來會戰，使爲契丹所執。俄而美使至，云："師出至柏井，得密詔云：『東路王師敗衄，幷之全軍不許出戰。』已還州矣。"時契丹兵塞川，齊賢曰："敵知美來而不知美退。"乃閉美使室中，夜發兵二百，人持一幟，負一束芻，距州西南三十里，列幟燃芻。契丹遙見火光中有旗幟，意謂幷師至，駭而北走。齊賢先伏步卒二千於土鐙砦，掩擊大敗之，殺其國舅詳穩撻烈哥、宮使蕭打里，斬首數百，獲馬二千，器械無算。

四年（丁亥、九八七）春正月丙戌，詔："行營將士戰敗潰散，並釋不問；緣邊城堡備禦有勞者，具以名聞；錄死事文武官子孫。蠲河北雍熙三年以前逋租，敵所蹂踐者，給復三年；軍所過，二年；餘一年。」

二月，繕治河北諸州、軍城隍。

帝將大發兵討契丹，遣使募兵於河南、北四十餘郡，凡八丁取一，以充義軍。京東轉運使李維淸曰：「若是，天下不耕矣！」三上疏爭之。李昉等亦相率言：「河南之民罔知戰鬭，或慮人情搖動，因而爲盜，非計之得。」乃詔獨選河北，而諸路悉罷。

端拱元年（戊子、九八八）冬十月，契丹主隆緖攻涿州，城破，遂進攻長城。士卒潰圍南走，隆緖邀擊之，殺獲略盡。

十一月，契丹攻滿城、祁州及新樂，皆陷之。己丑，郭守文破契丹於唐河。

時，北鄙騷動，帝憂之，訪羣臣以邊事，右拾遺王禹偁獻「禦戎十策」，大略假漢事以明之：「漢十二帝，言賢明者，文、景也；言昏亂者，哀、平也。然文、景之世，軍臣單于最爲强盛，候騎至雍，火照甘泉。哀、平之時，呼韓邪單于每歲來朝，委質稱臣，邊烽罷警。何耶？蓋文、景當軍臣强盛之時，而外任人，內修政，使不能爲深患者，由乎德也。哀、平當呼韓衰弱之際，雖外無良將，內無賢臣，而致其來朝者，係於時也。今國家之廣大不下漢，契丹卽强盛，至如撓邊侵塞，豈有候騎至雍、火照甘泉之事乎？亦在乎外任人，內修德耳！臣愚以爲，外則合兵勢而重將權，下詔感勵邊人，使知取幽、薊舊疆，非貪其土地；內則省官以寬經費，抑文士以激武夫，信用大臣以資其謀，禁遊惰以厚民力。」帝深嘉之。

二年（己丑、九八九）春正月，契丹陷易州，遷其民於燕。癸巳，詔議北伐。張洎言：「中國禦戎，惟恃險阻。今自飛狐以東皆爲契丹所有，既失地利，而河朔列壁皆具城自固，莫可出戰，此又分兵之過也。請於沿邊建三大鎭，各統十萬之衆，鼎峙而守，仍命親王出臨魏府以控其要，則契丹雖有精兵，豈敢越而南侵！制敵之方盡於此矣。」宋琪言：「國家取燕，於雄、霸直進，非我戰地。如令大軍於易州循孤山，涉涿水，抵桑乾河，出安祖寨，則東瞰燕城，纔及一舍。此周德威取燕之路，下視孤壘，浹旬必克。山後八州，聞薊門不守，必盡歸降，勢使然也。然兵，凶器，聖人不得已而用之。若選使通好，弭戰息民，此亦策之得也。」李昉、王禹偁亦多以修好爲言，帝納之。

八月，尹繼倫大破契丹兵於徐河。時，朝廷聞契丹復至，遣李繼隆發眞、定兵萬餘，護送糧餽數千乘，趨威虜。耶律休哥聞之，帥精騎數萬，邀諸途。北面都巡檢使尹繼倫適領兵徼巡路，遇之，休哥不顧而南。繼倫曰：「寇蔑視我耳。彼捷還，則乘勝而驅我北去；不捷，亦且洩怒於我，將無遺類矣！爲今日計，當卷兵銜枚以躡之，彼銳氣前趨，不虞我之至。力戰而勝，足以自樹；縱死，猶不失爲忠義，豈可泯然而死，爲胡地鬼乎！」衆皆憤激從命。繼倫令秣馬，伺夜，人持短兵，潛躡其後。行數十里，至唐州徐河，天未明，休哥去大軍四五里，會食訖，將戰。繼隆方陣於前以待，繼倫從後急擊，殺契丹一大將，衆皆驚潰。休哥方食，失箸，爲短兵中其臂，創甚，乘馬先遁，餘衆引去。契丹爲之奪氣，自是不敢大入寇，每戒曰：「當避黑面大王。」以繼倫面黑，故云。

至道元年（乙未、九九五）二月，契丹大將韓德威率衆萬騎，誘党項、勒浪等族，自振武入寇，折御卿邀擊，敗之於子河汊。勒浪等乘亂反擊德威，殺其將突厥合利等，德威僅以身免。

夏四月，契丹寇雄州。何承矩條子河汊之捷，諭州民，且揭於市。契丹諜知，愧忿，將襲取承矩以雪恥，夜引數千騎抵城下。承矩整兵出拒，遲明，與契丹酣戰，契丹復走。帝聞，謂承矩輕佻生事，罷之。

十二月，契丹韓德威諜知折御卿有疾，遂帥衆犯邊，以報子河汊之役。御卿力疾禦之，德威聞其至，不敢進。既而疾甚，毋密召之歸，御卿曰：「世受國恩，邊寇未滅，御卿罪也。今臨敵，安可棄士卒自便！死於軍中，乃其分也。爲白太夫人，無念我，忠孝豈得兩全！」言訖泣下。明日，卒於師，契丹兵亦退。

宋史紀事本末卷十四

西夏叛服 繼遷、德明

太祖建隆元年(庚申、九六〇),定難節度使李彝興入貢。李氏自思恭歷唐末、五代,世有夏州。周顯德中,封彝興西平王。至是,加太尉。

乾德五年(丁卯、九六七),李彝興卒,子克睿立。

太宗太平興國三年(戊寅、九七八),李克睿卒,子繼筠立。

四年(己卯、九七九),王師伐漢,繼筠遣其將李光遠、光憲率蕃、漢兵渡河,略太原境,以張軍勢。

五年(庚辰、九八〇),李繼筠卒,弟繼捧立。

七年(壬午、九八二)五月,李繼捧入朝,獻銀、夏、綏、宥四州地。繼捧自陳願居京師,乃遣使夏州護緦麻以上親赴闕,授繼捧彰德軍節度使,併官其昆弟克信等十二人有差。遂曲赦夏州管內,以曹光實爲四州都巡檢使。

六月，李繼遷叛，走地斤澤。繼遷，繼捧族弟也，時爲管内都知蕃落使，居銀州。聞朝使至，遣赴闕，乃詐言乳母死，出葬，遂與其黨數十人奔入地斤澤。

八年（癸未、九八三），知夏州尹憲、都巡檢曹光實襲繼遷，破之，斬首五百級，焚四百餘帳，獲其母與妻。繼遷遁去。

雍熙二年（乙酉、九八五）二月，繼遷陷銀州。先是，繼遷既敗，轉徙無常處，復連聚豪族，漸以彊大，而西人以李氏世著恩德，往往多歸之。繼遷因語其豪右曰：「李氏世有西土，今一日絕之，爾等不忘李氏，能從我興復乎？」衆曰：「諾。」遂與弟繼沖赴夏州詐降，誘殺曹光實於葭蘆川。因襲據銀州，復破會州，焚城郭而去。事聞，朝廷遣知秦州田仁朗等將兵討之。

五月，徵田仁朗還。副將王侁擊繼遷，走之。初，繼遷既殺曹光實，遂圍三族砦。砦將折遇乜殺監軍使者，與繼遷合。田仁朗行次綏州，請益兵，留月餘俟報。時繼遷乘勝進攻撫寧砦，仁朗聞之喜曰：「戎人常烏合寇邊，勝則進，敗則走，不可窮其巢穴。今繼遷嘯聚數萬，盡銳以攻孤壘，撫寧小而固，非浹旬所能破。我俟其困，以大兵臨之，分遣强弩三百，邀其歸路，虜成擒矣。」部署已定，仁朗欲示閑暇，縱酒摴蒱，侁等因媒孽之。帝聞三族已陷，大怒，徵仁朗還，下御史獄，劾問請益兵及陷三族狀。仁朗對曰：「銀、綏、夏三州兵皆以城守爲詞不遣，三族去綏州遠，非元詔所救也。臣已定擒繼遷策，會詔至，不果。」因言：「繼遷得羌戎情，願優詔懷來，或以厚利啖部落酋長令圖之；不爾，他日大爲邊患。」帝愈怒，特貸死，竄商州。是月，侁等出銀州北，破悉利諸砦，梟其黨折羅遇。麟州諸蕃皆請納馬贖罪，助討繼遷，侁遂舉所部〔兵〕（據續綱目、薛鑑補）入濁輪川，斬賊首五千級，繼遷及遇乜遁去。時詔郭守文與侁同領邊事，守文復與知夏州尹憲擊鹽城諸蕃，焚千餘帳，由是銀、麟、夏三州蕃百二十五族悉內附。

三年（丙戌、九八六），繼遷請降於契丹，契丹冊封爲夏國王，以義成公主妻之。〔四年〕（丁亥、九八七）（按：宋史四八五夏國傳敍此事在雍熙四年，畢鑑在四年三月，今據補「四年」二字）夏四月，夏州安守忠以衆三萬與繼遷戰於王亭鎮，敗績，繼遷追至城門而還。

端拱元年（戊子、九八八）五月，復以李繼捧爲定難節度使，遣之鎮。帝嘗謂繼捧曰：「汝在夏州，用何道以制諸部？」對曰：「羌人鷙悍，但羈縻而已，非能制也。」會有言繼遷悉知朝廷事，疑繼捧洩之，乃出繼捧爲崇信軍節度。至是，繼遷侵擾日甚，諸將用兵無功，帝從趙普計，復命繼捧鎮夏州，賜姓名趙保忠，厚賜而遣之，以招繼遷。

淳化二年（辛卯、九九一）秋七月，李繼遷請降，以爲銀州觀察使，賜姓名趙保吉。先是，繼捧至夏州數月，卽言繼遷悔過歸款，詔授繼遷銀州刺史，然實無降心也。至是，與繼捧戰於安慶澤，繼遷中流矢，遁去，轉攻夏州。繼捧乞濟師，乃遣翟守素出兵援之。守素至，繼遷納款，奉表謝罪，遂有是命，且以其子德明爲管内蕃落使行軍司馬。未幾，繼遷復叛。

五年（甲午、九九四）春正月，詔以李繼隆爲河西都部署，討李繼遷。先是，轉運副使鄭仁寶議禁鹽池，用困繼遷。繼遷遂率邊人四十二族寇掠環州，邊將多爲所敗。久之，繼遷欲徙綏州民於平夏，部將高文岯等因衆不樂，反攻敗之。繼遷復圍堡砦，掠居民，焚積聚，遂攻靈州，朝廷乃命繼隆討之。

三月乙亥，李繼隆將兵入夏州。時，繼捧聞繼隆且至，先挈其母、妻、子、女壁於野外，上言與繼遷解怨，獻馬五十匹，乞罷兵。帝覽奏，立遣中使督繼隆進軍。及師壓境，繼遷因襲繼捧營，欲併其衆。繼捧方寢，聞難作，單騎走還城。指揮使趙光嗣閉之別室，開門迎繼隆，繼隆執之送汴。繼遷遁去。繼捧至京，赦之，封宥罪侯。

夏四月甲申，墮夏州城。帝以夏州深在沙漠，奸雄因以竊據，欲墮其城，宰相呂蒙正曰：「自赫連築城以來，每爲關右之患，若遂廢之，萬世利也。」乃詔墮之，遷其民於銀、綏。是年，繼遷復遣使貢馬謝罪。

至道元年（乙未、九九五）六月，李繼遷遣押衙張浦以良馬、橐駝來獻，帝令衛士射於後圃，俾浦觀之。士皆拓兩石弓，有餘力。帝笑問浦曰：「羌人敢敵否？」對曰：「羌部弓弱矢短，但見此長巨人則已遁矣，況敢敵乎！」帝留浦京師，遣使拜繼遷鄜州節度使，繼遷不受。

秋七月，李繼遷寇清遠軍，守將張延擊敗之。

二年（丙申、九九六）夏四月，遣李繼隆等分道討李繼遷。初，帝命白守榮等護芻粟四十萬赴靈州，李繼遷邀擊於浦洛河，守榮衆潰，運餉盡爲所奪。帝怒，命繼隆爲環、慶等州都部署，將兵討之。會曹（燦）〔璨〕（據宋史二五八本傳及四八五夏國傳改，下同）自河西還，言：「繼遷衆萬餘方（圖）〔圍〕靈武（據宋史四八五夏國傳改，下同），城中告急使爲繼遷所得，（則）〔遂〕頓兵不去矣。」呂端請發兵，由麟府、鄜延、環慶三道以擣平夏，襲其巢穴，則靈武之圍自解。或云：「盛夏涉旱海，水泉竭，糧運艱辛，不如靜以待之。」帝不聽，卽部分諸將，命繼隆出環，丁罕出慶，范廷召出延，王超出夏，張守恩出麟，五路進討，直趨平夏。保安軍奏獲繼遷母。帝用寇準議，且斬之，呂端言：「昔項羽得太公，欲烹之，漢祖曰：『願遺我一杯羹。』夫舉大事者不顧其親，況繼遷胡夷悖逆之人哉！斬之徒樹仇怨，益堅其叛，不若置延州，善養視之，以繫繼遷心。」帝從之。

八月，李繼隆率諸將進軍，期抵烏白池。繼隆遣其弟繼和馳奏，以環州道迂，欲自清岡峽直趨繼遷巢穴，不及援靈武。上怒曰：「汝兄必敗吾事矣！」因手札切責，使未至而繼隆已發兵與丁罕合，行十日不見虜，引軍還。張守恩見虜不擊，獨范廷召與王超至烏白池，與賊遇。時賊銳甚，超持重不進。其子德用年十七，為先鋒，請乘之，轉戰三日，虜遂卻。德用曰：「歸師遇險必亂。」乃領兵先絕要害，下令曰：「亂行者斬！」一軍肅然。賊見其師整，不敢逼。廷召等大小數十戰，互有勝負，而諸將失期，士卒困乏，終不能破賊。

三年（丁酉、九九七）〔十〕（據宋史六真宗紀、續綱目、薛鑑補）二月，李繼遷遣使納款，且求蕃任。會帝崩，太子初即位，方在諒陰，許之，授繼遷充定難節度使，且割夏、綏、銀、宥、靜五州與之，張浦亦遣還。繼遷尋遣弟璦詣闕謝。未幾，復抄邊。

真宗咸平五年（壬寅、一〇〇二）三月，李繼遷大合蕃部，攻陷靈州。繼遷改靈州為西平府，居之。先是，帝以靈武專訪李至，至言：「河、湟之地，夷、夏雜居，是以先王置之度外。今靈州不可不棄，若移朔方軍於環州，保固邊境，亦一時之權也。」帝不決。時繼遷抄掠益甚，帝以張齊賢為涇原諸路經略使，禦之。齊賢亦言：「靈武孤城，必難固守，徒使軍民六、七萬陷於危亡之地，無益。」通判永興軍何亮復上「安邊書」，言：「靈武地方千里，表裏山河，捨之，則戎狄之利廣且饒矣，一患也；自環慶至靈武凡千里，西域、戎狄，合而為一，二患也；冀北，馬之所生，自匈奴猖獗，無匹馬南來，惟資西域。西域既分為二，其右乃西戎之東偏，實為夏賊之境，其左乃西域之西偏，如捨靈武，復合為一。夏賊桀黠，俾諸戎不得貨馬，未知戰馬何從來，三患也。請築溥樂、耀德二城，以通河西之糧道。靈武居絕域之外，不築此二城為脣齒，與捨靈武無異。」帝覽奏，復詔羣臣議棄守之宜。楊億上疏，引漢棄朱崖爲喻，請棄靈武，守環慶，與李至前議合。輔臣復以靈州乃必爭之地，苟失之則緣邊諸郡皆不可保。帝惑之。李沆曰：「繼遷不死，靈武終非朝廷有也。莫若遣使密召州將，使部分軍民，空壘而歸，如此則關右之民息肩矣。」帝不從，以王超爲西面行營都部署，將步騎六萬援靈州。會繼遷寇清遠軍，都監段義叛降於繼遷，繼遷勢益張，復攻定州、懷遠。曹（燦）〔璨〕以蕃兵邀擊之，稍稍斬獲，而王超所將大軍卒不能進，靈州遂陷，知州事裴濟死之。帝得報，悔不用李沆之言。

六年（癸卯、一〇〇三）六月，李繼遷圍麟州，詔金明巡檢李繼周擊之。知州事衞居寶出奇兵突戰，繼遷拔營遁去。

十月，李繼遷轉攻西蕃，取西涼府。都首領潘羅支僞降，集六谷蕃部合擊繼遷，繼遷大敗，中流矢死。子德明立。契丹封德明爲西平王。時環慶邊臣以德明初立，乞降詔慰撫之，帝乃詔德明，令審圖去就。知鎭戎軍曹瑋上言：「繼遷擅河南地二十年，兵不解甲，使中國有西顧之憂。今其國危子弱，不卽捕滅，後更强盛，不可制矣。願假臣精兵，出其不意，擒德明送闕下，復河南爲郡縣，此其時也。」帝欲以恩致德明，不報。

景德三年（丙午、一〇〇六）九月，李德明奉表歸款，復遣劉仁勖進誓表。十月，授德明充定難節度使，封西平王，賜賚甚厚，給奉如内地，因索子弟入質。德明謂非先世故事，不遣，惟獻駝馬謝恩而已。自是德明歲朝貢不絶。

大中祥符三年（庚戌、一〇一〇），夏州饑。德明上表，求粟百萬，朝議不知所出。或言德明方納款而敢渝誓，請降詔責之。王旦曰：「第詔德明云，已敕有司具粟百萬於京師，其遣衆來取。」德明得詔，慙曰：「朝廷有人！」遂止。

九年（丙辰、一〇一六），德明表，邊臣罕守舊制，各務邀功，漸乖盟約。詔答之。

乾興元年（癸亥、一〇二三），德明以兵攻麟州柔遠砦，巡檢楊承吉與戰不利，命曹瑋爲環、慶、秦州緣邊巡檢安撫使備禦之。是年，德明城懷遠鎮爲興州。

仁宗天聖九年（辛未、一〇三一）十月，德明死，子元昊立。事見後。

宋史紀事本末卷十五

交州之變

太祖開寶六年(癸酉、九七三)五月,交州丁璉入貢。梁末,交州土豪曲承美乘中國之亂,據有十二州之地。南漢遣將攻承美,執之,置交州節度。乾德初,節度使吳昌文死,其將吳處玶爭立。讙州刺史丁部領擊敗處玶等,自領交州帥,號大勝王,署其子璉爲節度使,尋遜璉位。漢既亡,璉入貢,授璉靜海軍節度〔使〕(據宋史四八八交阯傳、續綱目、薛鑑補),封交阯郡王。

太宗太平興國五年(庚辰、九八〇)秋七月,交州丁璉及其父部領相繼死,璉弟璿權行軍府事。璿年尚幼,大將黎桓幽璿別館而代領其衆。時,知邕州侯仁寶,趙普女弟之夫也,盧多遜與普有隙,出仁寶於邕,九年不代。仁寶恐因循死嶺外,乃上言:「交州亂,可以偏師取之。願乘傳詣闕,面陳其狀。」帝喜,將驛召仁寶,多遜遽奏曰:「交州內擾,此實天亡之秋,但先召仁寶,其謀必泄,蠻寇預爲之備,未易取也。不如密令仁寶經度其事,發兵長驅,勢必萬全。」帝以爲然,以仁寶爲交州水陸轉運使,孫全興、張濬、崔亮、劉澄、賈湜、王僎並爲部署，將兵討之，全興、溍、亮由邕州，澄、湜、僎由廉州進。桓聞之，乃遣使爲丁璿上表求襲位，帝不許。

六年（辛巳、九八一）三月，交州行營破賊於白藤江口，獲戰艦二百，於是知邕州侯仁寶，率兵先進，孫全興等頓兵花步。黎桓詐降以誘仁寶，遂爲所害。會炎瘴，軍士多死，轉運使許仲宣以聞。詔班師，斬劉澄、賈湜於軍，徵全興下獄，尋棄市。

八年（癸未、九八三）春，黎桓自稱權交州三使留後，遣使來貢，併上丁璿讓表。帝賜桓詔曰：「朕且欲璿爲統帥之名，卿居副貳之任，若璿將材無取，童心如故。然奕世承襲，載緜星紀，一朝舍去節鉞，降同士伍，理既非便，居亦靡安，宜遣璿母子盡室入朝，卽降制授卿節旄。凡茲兩途，爾當審處其一。」桓不聽命。

雍熙三年（丙戌、九八六），以黎桓爲靜海軍節度使。桓復上表，求正領節鎮，朝廷懲孫全興之敗，不欲用兵，許之。丁氏由此遂滅。四年，復封桓爲交阯郡王。

眞宗景德三年（丙午、一〇〇六）五月，交州黎桓死，子龍廷殺其兄龍鉞而自立。知廣州淩策等言：「桓諸子爭立，衆心離叛，請發本道兵討之。」帝以桓素修職貢，不欲伐喪，令緣海安撫使諭曉之。龍廷復入貢，後賜名至忠。

大中祥符三年（庚戌、一〇一〇）春，交州大校李公蘊弑其主至忠，自立爲留後，遣使入貢。

帝曰：「黎桓不義而得，公蘊尤而效焉，甚可惡也。然蠻俗何足責哉！」遂用桓故事，封公蘊爲交阯郡王。

交州自公蘊後，世修職貢不絕，然數盜邊，至其王乾德遂大舉入寇，神宗熙寧八年也。時朝廷方議開疆，知桂州沈起遣官入溪洞，點集土丁爲保伍，又於融州强置城寨，殺人以千數。交人以爲言，罷起，以知州劉彝代之。彝至，奏罷廣南所屯北兵，而用槍杖手分戍。復聽偏校言，以爲安南可取，乃大治戈船，交人來互市，盡遏絕，表疏亦不得達。至是，遂分三道入寇，一自廣府，一自欽州，一自崑崙關，連陷欽、廉二州，殺土丁八千人。事聞，起坐貶，安置郢州，除彝名。

神宗熙寧九年（丙辰、一〇七六）春正月，交人圍邕州，知州蘇緘悉力拒守，外援不至，城遂陷。緘義不死賊手，命其家三十六人皆先死，藏屍於坎，乃縱火自焚。城中人感緘之義，無一人從賊者。於是交人盡屠其民，凡五萬八千餘口。事聞，詔贈緘奉國節度使，謚忠勇。

二月，以郭逵爲安南招討使。時，會得交人露布，言中國作青苗、助役之法，窮困生民，今出兵欲相拯濟。時相怒，乃以天章閣待制趙卨爲招討使，將兵討之。卨言逵老於邊事，願以爲使而已副之，故有是命。

冬十〔二〕（據宋史一五神宗紀、續綱目、薛鑑補）月，郭逵敗交阯兵於富良江。初，逵次長沙，先遣將復邕、廉，而自將西進，至富良江。蠻以精兵乘船逆戰，官軍不能濟。趙禼分遣將吏伐木治攻具，機石如雨，蠻船皆壞，因設伏擊之，斬首數千，殺其僞太子洪眞。李乾德懼，遣使奉表，詣軍門納款。時官兵八萬人，冒暑涉瘴地，死者過半。富良江去其國不遠，逵不敢渡，得其廣源州、門州、思浪州、蘇茂州、桄榔縣而還，羣臣稱賀。詔以廣源爲順州，赦乾德罪，治沈起、劉彝開釁之罪，安置隨、秀州。

宋史紀事本末卷十六

蜀盜之平

太宗淳化四年（癸巳、九九三）春，蜀青神民王小波作亂。初，蜀亡，其府庫之積悉輸汴京，後任事者競喜功利，於常賦外更置博買務，禁商賈不得私市布帛。蜀地狹民稠，耕稼不足以給，由是小民貧困，兼幷者益糴賤販貴以規利。小波因聚衆爲亂，且曰：「吾疾貧富不均，今爲爾均之。」貧者爭附。遂攻青神，掠彭山，殺縣令齊元振，剖其腹，實之以錢，以其平日愛錢故也。賊黨由是愈熾，旁邑響應。

十二月，西川都巡檢使張玘與王小波戰於江原。玘射中小波，已而爲小波所殺，小波亦病創死。其黨推小波妻弟李順爲帥，寇掠州縣，陷邛州、永康軍，衆至數十萬。

五年（甲午、九九四）春正月戊午，李順攻陷漢州，復陷彭州，遂攻成都。轉運使樊知古、知府郭載及官屬出奔梓州。順入城，據之，僭號大蜀王，遣其黨四出，攻劫州縣，兩川大震。帝議遣大臣撫諭，趙昌言獨請遣兵急討，無致滋蔓。帝從之，遣宦者王繼恩爲兩川招安使，分路進討，以雷有終爲(陜)〔峽〕路(據宋史二七八雷有終傳改)轉運使。

二月乙未，李順分遣楊廣數萬衆寇劍門。上官正爲劍門都監，麾下有疲卒數百，因勉激以忠義，勇氣百倍，力戰以守。會成都監軍宿翰兵至，正與之合，迎擊賊衆，斬馘幾盡。餘衆三百奔還成都，順怒其驚衆，盡斬之，自此氣沮。時朝廷聞蜀盜甚盛，深以棧道爲憂。正以孤軍力戰破賊，於是閣道無壅，王師得以長驅而進。

李順圍梓州。初，知梓州張雍聞王小波起，卽練士卒，募强勇，爲城守計，輦緜州金帛以實帑藏，令官屬治戎器，守械悉備。至是，順遣其黨帥衆二十萬圍梓，城中兵纔三千，雍悉智力禦之，凡八十日。王繼恩遣石智顒來援，賊乃潰去。

己亥，王繼恩師至緜州，賊潰走，追殺其衆，遂復緜州。遣曹習破賊於老溪，復閬、巴、蓬、劍等州。

五月，王師至成都，破賊十萬衆，斬首三萬級，獲李順，遂復成都。其黨張餘復攻陷嘉、戎、瀘、渝、涪、忠、萬、開八州，開州監軍秦(傳)〔傳〕序(據宋史四四六忠義傳改)死之。

辛未，降成都府爲益州。

八月甲午，以王繼恩爲宣政使。初，中書以繼恩討蜀寇功，欲除宣徽使，帝曰：「朕讀前代史，不欲令宦官預政，宣徽，執政之漸也，止可授以他官。」宰相力言繼恩有大功，非此不足以酬之。帝怒，深責相臣，乃命學士張洎、錢若水議，別立宣政使以授之。

辛丑，以張詠知益州。時，王繼恩、上官正、宿翰等總兵討賊，漸有成功，頓師不進，專務飲博，其下恣橫剽掠，餘寇時復張大。詠至，勉正等親行，臨發，舉酒屬軍校曰：「爾曹蒙國厚恩，此行當蕩平醜類；若老師曠日，卽此地還爲爾死所矣。」正由是決計深入，大致克捷。時，寇掠之際，民多脅從，詠諭以恩信，使各歸田里。且曰：「前日李順脅民爲賊，今日吾化賊爲民，不亦可乎！」時民間訛言，有白頭翁午後食人兒女，一郡囂然，至暮，路無行人。旣而得造訛者，戮之，民遂帖息。詠曰：「妖訛之興，沴氣乘之，妖則有形，訛則有聲。止訛之術，在乎識斷，不在乎厭勝也。」初，蜀士知向學而不樂仕宦，詠察郡人張及、李畋、張逵三人皆有學行，爲鄉里所稱，遂敦勉就舉，士由是知勸。民有諜訴者，詠酌量情法輕重，判數語以示之，蜀人刻爲戒，民習風俗爲之敦厚。先是城中屯兵尚三萬人，無半月之食。詠知民間舊苦鹽貴而廩有餘積，乃下其估，聽民以米易鹽，未（餘）〔踰〕（據續綱目、薛鑑改）月，得米數十萬斛。詠度有二歲備，乃奏罷陝西糧運。帝聞之，喜曰：「此人何事不了，吾無憂矣！」

癸卯，以參知政事趙昌言爲川峽都部署。時王繼恩在蜀，不能戢衆，帝意頗厭兵，召昌言謂曰：「西川本自一國，太祖平之，今三十年矣。」昌言知帝指，卽前畫攻取之策。帝喜，命昌言帥蜀，自繼恩以下並受節制。旣行，或奏昌言有反相，不宜握衆兵。尋罷，知鳳翔府。

上官正復雲安軍。先是，張餘賊衆攻夔州，白繼贇大敗之於西津口，斬首二萬，獲舟千餘艘。正復連破賊於廣安、嘉陵、合州。賊進攻陵州，又爲知州張旦所敗。至是，正等大敗張餘於雲安軍，復其城。

至道元年（乙未、九九五）二月丙午，四川都監宿翰獲張餘於嘉州。先是，西川行營衛紹欽、楊瓊屢破賊衆，復蜀、邛等州。帝以蜀盜漸平，下詔罪己，略曰：「朕委任非當，燭理不明，致彼親民之官，不以惠和爲政，管榷之吏，惟用刻削爲功，撓我烝民，起爲狂寇。念茲失德，是務責躬，永鑒前非，庶無貳過。」聞者感悅。至是，餘攻眉州，翰擊敗之。餘走嘉州，爲軍士所獲。

是年，召王繼恩還，以上官正、雷有終爲四川招安使。蜀寇悉平。後數年，復有王均之變。

眞宗咸平三年（庚子、一〇〇〇）春正月甲午，益州戍卒作亂，推王均爲首。初，神衛卒戍益州，以都虞候王均、董福分領之。福御衆有法，所部皆優贍。均好飲博，軍裝悉以給費。至是，兵馬鈐轄符昭壽與知益州牛冕大閱於東郊，蜀人趨觀之，二軍衣服鮮敝不等，均衆由是慙憤，而昭壽亦驕恣侵虐，軍士素怨之。是月朔，戍卒趙延順等八人爲亂，遂殺昭壽。益州官吏方賀正旦，聞變，皆奔竄。知州牛冕與轉運使張適縋城而去，惟都巡檢使劉紹榮冒刃格鬭，衆寡不敵。叛卒尙未有主，欲奉紹榮，紹榮攝弓矢駡曰：「我本燕人，棄虜歸朝，豈能與爾同逆耶！亟見殺，我終不負朝廷也。」監軍王澤召王均謂曰：「汝所部爲亂，盍往招安之。」叛卒見均，卽擁之爲主。紹榮自經死，均遂僭號大蜀，改元化順，署置官稱，以小校張鍇爲謀主。均帥衆攻陷漢州。進攻緜州，不克。直趨劍州，爲知州李士衡所敗，還保益州。帝時幸河朔，將發大名，聞之，以戶部使雷有終爲川峽招安使，李惠、石普、李守倫並爲巡檢使，給步騎八千，往討之，上官正、李繼昌等皆隸焉。

時，知蜀州楊懷忠聞亂，卽調鄉丁會諸州巡檢兵討之。懷忠入益州，焚城北門，至三井橋，與賊黨戰，數合，懷忠不利而退。復檄嘉、眉等七州，合兵再攻益州，敗之。乘勝逐賊，至州南十五里，砦於雞鳴原，以俟王師。均亦閉門自固。

二月癸亥，雷有終等至益州。時都巡檢張思鈞已克漢州，遂進壁升仙橋。賊出攻砦，有終擊走之。

丁卯，王均開城門僞遁，雷有終等帥兵入城，號令不肅，官軍競剽掠。賊閉關發伏，布牀榻於路口，官軍不得出，因爲所殺。有終等緣堞而墜，得免，李惠死之，官軍退保漢州。益州城中民皆奔迸四出，復爲賊黨追殺，或囚縶之，支解族誅以恐衆。又脅士民之少壯者爲兵，先刺手背，次髡首，次黥面，給軍裝令乘城，與舊賊黨相間。有終署榜招之，至則署其衣秩，釋之，日數百人。

冬十月甲辰，雷有終復益州。初，賊由升仙橋分路襲王師，有終帥兵逆擊，大敗之。王均單騎走還城，遂撤橋塞門。有終與石普進屯於城北，分遣將校攻城三面，賊出戰屢敗。然王師每薄城，輒會雨，城滑不能上。有終命爲洞屋以進，均亦對設敵樓以相拒。有終遣卒焚之，賊由是消沮，復築月城以自固。有終令卒蒙氈、秉燧以入，悉焚其望櫓機石。先遣東、西、南砦鼓譟攻之，有終、普分主洞屋而前，遂入城，大敗之，均夜與其黨二萬人突圍而遁。有終疑有伏，遣人縱火城中。明日，執嘗受僞署者數百人，悉焚殺之，時謂寃酷。均既走，所過斷橋塞路，焚倉庫而去。己丑，有終遣楊懷忠追均，至富順，及之，大敗其衆，遂入城。均縊死，懷忠取均首及僭僞法物，降其黨六千人。詔進有終、懷忠等秩，流牛冕儋州，張適連州。

四年（辛丑、一〇〇一）十二月丁未，詔：「蜀賊既平，除追捕亡命，餘詿誤之民，並釋不問。譌言動衆者，有司斬以聞。」

六年（癸卯、一〇〇三）冬十月，復以張詠知益州。民聞詠再至，皆鼓舞相慶。轉運使黄觀上其治狀，下詔褒美。會遣謝濤巡撫西蜀，帝令傳諭詠曰：「得卿在蜀，朕無西顧之憂矣！」

是時，内地亦多寇盜，濮州賊夜入城，掠知州王守信、監軍王昭度家。王禹偁時守黄州，上疏曰：「伏以體國經野，王者保邦之制也。易曰：『王公設險，以守其國。』自五季亂離，各據城壘，豆分瓜剖，七十餘年。太祖、太宗削平僭僞，天下一家，當時議者乃令江、淮諸郡毀城隍，收兵甲，撤武備者，二十餘年。書生領州，大郡給二十人，小郡減五人，以充常從，號曰長吏，實同旅人；名爲郡城，蕩若平地。雖則尊京師而抑郡縣，爲强幹弱枝之術，亦匪得其中道也。臣比在滁州，值發兵輓漕，關城無人守禦，止以白直代主開閉。城池頹圮，鎧仗不完。及徙維揚，稱爲重鎮，乃與滁州無異。嘗出鎧甲三十副與巡警使臣，彀弩張弓，十損四五，蓋不敢擅自修治，上下因循，遂至於此。今黄州城池器械復不及滁、揚，萬一水旱爲災，盜賊竊發，雖思備禦，何以支吾？蓋太祖削諸侯跋扈之勢，太宗杜僭僞覬望之心，不得不爾。其如設法維世，久則弊生。救弊之道，在乎從宜，疾若轉規，固不可膠柱而鼓瑟也。今江、淮諸州大患有三：城池頹圮，一也；兵仗不完，二也；軍不服習，三也。濮賊之興，慢防可見。望陛下特（紆神）〔行宸〕（據長編改）斷，許諸郡酌民戶衆寡，城池大小，並置守捉軍士，多不過五百人，閱習弓劍，然後漸葺城壁，繕完甲胄，則郡國有禦侮之備，長吏免剽略之虞矣。」〔原注：按禹偁此疏，深切時弊，故附見於此。〕

宋史紀事本末卷十七

太宗致治

太平興國元年（丙子、九七六）十二月己未，詔羣臣論列者，卽時引對。

富弼曰：「太宗求治之切，故詔羣臣論事，欲面奏者，卽時引對，此言路所以無壅也。自後臣僚非差遣合上殿者不得對，亦有朝臣乞上殿敷奏邊事，踰月不得報。邊事尚拘常例，況他事乎！」

二年（丁丑、九七七）春正月戊辰，帝親試禮部舉人。初，太祖幸洛陽，張齊賢以布衣獻策，條陳十事，內四說稱旨，齊賢堅執其餘策皆善，太祖怒，出之。及還，語帝曰：「我幸西都，惟得一張齊賢耳！我不欲爵之以官，異時可使輔爾爲相也。」至是，齊賢亦在選中，有司誤寘下第，帝覽之，故一牓盡賜進士及第。又詔禮部閱其十五舉以上及諸科，並賜出身。召邢昺升殿，講師、比二卦，又問以羣經發題，帝嘉其精博，擢九經及第。又九經七人不中格，特賜同三傳出身。帝謂侍臣曰：「朕欲博求俊彥於科場中，非敢望拔十得五，止得一二，亦可爲致治之具矣。」

辛未，詔曰：「虞書考績，爰及三年。漢官奏課，聿分九等。應諸道、州、府曹掾及縣令、簿、尉，先是吏部南曹給印紙歷子，俾州縣長吏書其績用、過（僭）〔愆〕（據宋史一六〇選舉志改），秩滿，有司詳視而差其殿最，斯舊章也，執事者其申明之，毋或蔽欺以紊經制。」

三年（戊寅、九七八）二月丙辰，立崇文院，凡古今書籍盡貯之。

六月癸未，詔：「職官贓罪，雖會赦不得敍，著爲令。」

五年（庚辰、九八〇）二月，定差役法。初，太祖因前代之制，以衙前主官物，以里正、戶長、鄉書手課督賦稅，以耆長、弓手、壯丁逐捕盜賊，以承符、人力、手〔力〕（據宋史一七七食貨志補）、散從官給使令，後有貧富，隨時升降。至是，從京西轉運使程能請，定諸州戶爲九等，上四等充役，下五等免之。

六年（辛巳、九八一）二月，詔曰：「朝廷申勸懲之道，立經久之規，應羣臣掌事外州，悉給御前印紙，所貴善惡無隱，殿最必書，俾因秩滿之時，用行考績之典。邇聞官吏頗紊綱條，朋黨比周，迭相容蔽，米鹽細碎，妄有指言，蠹有巨而不章，勞雖微而必錄。宜行戒諭，用儆因循。自今應出使臣僚在任日勞績，非尤異者不得批書，曾有殿犯不得引匿，其餘經常事不在批書之限。」

九月，左拾遺田錫上封事，言軍國要機一，朝廷大體四。其一以議平漢之功，駕馭戎臣爲要機。而大體之一，「乞修德以來遠，宜罷交州兵」。其二言：「今諫官不聞廷爭，給事中不聞封駁，左右史不聞升陛紀言動，御史不敢彈奏，中書舍人未嘗訪以政事，集賢院雖有書籍而無職官，秘書省雖有職官而無圖籍。願擇才任人，使各司其局。」其三言：「尙書省諸曹苟簡，非太平之制度，宜修省寺以列職官。」其四言：「按獄官〔令〕（據宋史二九三田錫傳、續綱目、薛鑑補），獄具皆有定式，未聞以鐵爲枷也。昔唐太宗觀明堂圖，見五臟皆麗於背，遂禁鞭背，減徒刑。況隆平之時，將措刑不用，於法所無，去之可也。」帝覽疏，優詔褒答。

置京朝官差遣院。舊制，京朝官屬吏部，國初以來皆〔出〕（據續綱目補）中書。至是，詔京朝官奉使從政於外受代歸者，並令中書舍人考校勞績，品量材器，以中書所下(員)闕〔員〕（據宋史一五八選擧志、續綱目、薛鑑改）引對而授之，謂之差遣院。

雍熙元年（甲申、九八四）六月，詔求直言。知睦州田錫上疏言：「時久昇平，天下混一，故左取右奉，致陛下以功業自多。然臨御九年，四方雖寧，而刑罰未甚措，水旱未甚調，陛下謂之太平，誰敢不謂之太平！陛下謂之至理，誰敢不謂之至理！」又言：「宰相不得用人而委員外差遣，近臣不專受責而求令錄封章。」又言：「聽用太廣則條制必繁，條制旣繁則依從者少。自今凡有奏陳，宜令大臣議而行之，毋使垂之空言，示之寡信。」又言：「宰相若賢，當信而用之；非賢，當擇而任之。奈何置之爲具臣而疑之若衆人也！」帝韙其論。

帝嘗語侍臣曰：「朕何如唐太宗？」參知政事李昉微誦白居易七德舞詞曰：「怨女三千放出宫，死囚四百來歸獄。」帝聞之遽起曰：「朕不及，朕不及，卿言警朕矣！」

二年（乙酉、九八五）秋七月，詔諸道轉運使及長吏，乘豐儲廪，以防水旱。

端拱元年（戊子、九八八）春正月乙亥，親耕耤田。

五月辛酉，詔就崇文院中堂建祕閣，分三館書籍置其中，以吏部侍郎李至兼祕書監。帝謂至曰：「人君當淡然無欲，勿使嗜好形見於外，則奸邪無自入。朕無他好，但喜讀書，多見古今成敗，善者從之，不善者改之，如斯而已。」至每與同官觀書閣下，帝必遣使賜宴，且命三館學士皆預焉。

虞部郎中張佖建議復置左右史之職，乃命梁周翰與李宗諤分領之。周翰兼起居郎，因上言：「自今御朝，皇帝宣諭之言，侍臣論列之事，依舊中書修爲時政記。其樞密院事涉機密，亦令本院編纂，每月終，送史館。自餘封拜、除改、沿革、制置之事，悉條送，以備編錄。仍令郎與舍人分直崇政殿，以記言動，别爲起居注，進御後，降付史館。」起居注進御自周翰始。

内侍侯莫陳利用以幻術得幸，驕恣不法，趙普按其罪，請誅之。帝曰：「豈有萬乘之主，不能庇一人乎！」普曰：「陛下不誅則亂天下法，法可惜，此一豎子何足惜哉！」帝不得已，命誅之。

淳化元年（庚寅、九九〇）十二月，詔中外所上書疏及面奏制可者，並下中書、樞密、三司，申覆頒行。帝謂宰相曰：「治國之道，寬猛得中，寬則政令不成，猛則民無所措手足。」呂蒙正進曰：「老子稱：『治大國若烹小鮮。』夫魚擾之則亂。近日內外上封事求更制度者甚衆，望陛下漸行清淨之化。」上曰：「朕不欲塞人言路。夫狂夫言而聖人擇焉，亦古訓也。」趙昌言曰：「今朝廷無事，邊境寧謐，正當行好事之時。」上喜曰：「朕終日與卿等論此事，何憂天下不治！苟天下親民之官皆存此心，則刑清訟息矣！」

二年（辛卯、九九一），帝以旱蝗，召近臣問以得失，衆以天數對。寇準獨曰：「洪範天人之際，應若影響。大旱之證，蓋刑有所不平也。」帝怒，起入禁中。頃之，復召準問不平狀，準曰：「願召二府至，臣卽言之。」二府入，準乃曰：「頃者祖吉、王淮皆侮法受賕，吉贓少，乃伏誅；淮以參政沔之弟，盜主守財至千萬，止杖之，仍復其官，非不平而何！」帝以問沔，沔頓首謝。於是切責沔，而以準可大用，遂自樞密直學士拜樞密副使。準嘗奏事殿中，語不合，帝怒起，準輒引帝衣請復坐，事決乃退。帝嘉之曰：「朕得寇準，猶文皇之得魏徵也。」

時，王禹偁上言：「請自今庶官候謁宰相，並須朝罷於政事堂樞密使預坐接見，將以杜私請。」詔從之。左正言謝泌疏駁曰：「伏覩明詔，不許宰相、樞密使見賓客，是疑大臣以私也。書曰：『任賢勿貳，去邪勿疑。』張說謂姚元崇外則疎而接物，內則謹以事君，此眞大臣之體。今天下至廣，萬機至煩，陛下以聰明寄輔臣，自非接下，何以悉知外事？若令都堂候見，則庶官請見咨事，略無解衣之暇。幸今世道清明，朝廷無巧言之士，方面寡姑息之臣，奈何疑執政爲衰世之事乎！」帝覽奏，卽追還前詔，仍以泌所上章付史館。

八月己卯，置審刑院。帝慮大理、刑部吏舞文深刻，乃置審刑院於禁中，置詳議官六員。凡獄上奏，先達院印訖，付大理、刑部斷覆以聞，乃下院詳議，申覆裁決訖，以付中書省行之。其未允者，宰相復以聞，始命論決。

四年（癸巳、九九三）二月，置審官院。初，帝慮中外官吏，清濁混淆，命官考課，號磨勘院。至是，梁鼎上言曰：「虞書三載考績，三考黜陟幽明。三代以還，率繇此道。唐有考功之司，明考課之令，下自簿尉，上至宰臣，皆歲計功過，較定優劣，故人思激勵，績效著聞。五代兵革相繼，名存實亡。且夫今之知州卽古之刺史，治狀顯著者朝廷不知，方略蔑聞者任用如故，大失勸懲之體，寖成苟且之風。是致水旱薦臻，獄訟塡溢，欲望天下承平，豈可得也！望陛下特詔有司，申明考績之法，庶幾官得其人，民受其賜。」於是改磨勘院爲審官院，掌審京朝官。其幕職、州縣官，別置考課院主之。

宋史紀事本末卷十八

營田之議

太宗端拱二年(己丑、九八九)春,以陳恕、樊知古爲河北東、西路招置營田使,又詔知代州張齊賢制置河東諸州營田,尋皆罷。

滄州節度副使何承矩上疏曰:「臣幼侍先臣關南征行,熟知北邊道路、川源之勢。若於順安砦西開易河蒲口,導水東注於海,東西三百餘里,南北五七十里,資其陂澤,築隄貯水,爲屯田,可以遏敵騎之奔軼。俟期歲間,關南諸泊悉壅闐,卽播爲稻田。其緣邊州、軍臨塘水者,止留城守軍士,不煩發兵廣戍,收地利以實邊,設險固以防塞。春夏課農,秋冬習武,休息民力,以助國經。如此數年,將見彼弱我强,彼勞我逸。此禦邊之要策也。其順安軍以西,抵西山百里許,無水田處,亦望選兵戍之,簡其精鋭,去其冗謬。夫兵不患寡,患驕慢而不精;將不患怯,患偏見而無謀。若兵精將賢,則四境可以高枕而無憂。」帝嘉納之。屬霖雨爲災,典者多議其非便,承矩引援漢、魏至唐屯田故事,以折衆論,務在必行。又言宜因積潦，蓄爲陂塘，大作稻田以足食。會滄州臨津令閩人黄懋上書言：「閩地惟種水田，緣山導泉，倍費功力。今河北州軍多陂塘，引水溉田，省功易就，三五年間，公私必大獲其利。」詔承矩按視，還奏如懋言。遂以承矩爲制置河北沿邊屯田使，懋爲大理寺丞，充判官，發諸州鎮兵一萬八千人給其役。凡雄、莫、霸州，平戎、順安等軍，興堰六百里，置斗門，引淀水灌溉。初年種稻，值霜不成。懋以晚稻九月熟，河北霜早而地氣遲，江東早稻七月既熟，取其種，課令種之。是歲八月，稻熟，承矩載稻穗數車，遣吏送闕下，議者乃息，而莞蒲蜃蛤之饒，民賴其利。

度支判官陳堯叟等亦言：「漢、魏、晉、唐於陳、許、鄧、潁暨蔡、宿、亳至於壽春，用水利墾田，陳迹具在。請選官大開屯田，以通水利。發江、淮下軍、散卒及募民充役，給官錢市牛，置耕具，導溝瀆，築防堰。每屯十人，人給一牛，治田五十畝；雖古制一夫百畝，今且墾其半，俟久而古制可復也。畝約收三斛，歲可收十五萬斛。七州之間，置二十屯，可得三百萬斛。因而益之，數年可使倉廩充實，省江、淮漕運。民田未闢，官爲種植；公田未墾，募民墾之。歲登所取，並如民間主客之例。傅子曰：『陸田命懸於天。』人力雖修，苟水旱不時，則一年之功棄矣。水田之制由人力，人力苟修則地利可盡，且蟲災之害亦少於陸田，水田既修，其利兼倍矣。」帝覽奏嘉之，遣大理寺丞皇甫選、光祿寺丞何亮按視經度。然不果行。

至道二年（丙申、九九六），直史館陳靖復上言：「先王之欲厚生民，莫先於積穀而務農，鹽鐵榷酤斯爲末矣。按天下土田，除江淮、湖湘、兩浙、隴蜀、河東諸路，地里敻遠，雖加勸督，未遽獲利。今京畿周環二十二州，幅員數千里，地之墾者十纔二三，稅之入者又十無五六。復有匿里舍而稱逃亡，棄耕農而事遊惰，賦額歲減，國用不充。詔書累下，許民復業，蠲其租調，寬以歲時，然鄉縣擾之，每一戶歸業，則刺報所由，朝耕尺寸之田，暮入差徭之籍，追胥責問，繼踵而來。雖蒙蠲其常租，實無補於捐瘠。況民之流徙，始由貧困，或避私債，或逃公稅。及既亡遯，則鄉里檢其資財，至於室廬什器，桑棗材木，咸計其直，或里胥用以輸稅，或債主取以償逋。生計蕩然，還無所詣，以茲浮蕩，絕意歸耕。如授以閑曠之田，廣募遊惰，誘之耕墾，未計賦租，許令別置版圖，便宜從事，酌民力豐寡，農畝肥磽，均配督課，令其不倦。其逃民歸業，丁口授田，煩碎之事，並取大司農裁決。耕桑之外，令益樹雜木蔬果，孳畜羊犬雞豚。給授桑土，潛擬井田，營造室居，使立保伍。養生送死之具，慶弔問遺之資，並立條制。俟至三五年間，生計成立，卽計戶定徵，量田輸稅。若民力不足，官借糴錢，或以市餱糧，或以營耕具。凡此給授，委於司農，比及秋成，乃令償直，依時價折納，以其成數關白戶部。」帝覽之喜，詔靖條奏以聞。靖又言：「逃民復業及浮客請佃者，委農官勘驗，以給授田土，收附版籍，州縣未得議其差役。乏糧種、耕牛者，令司農以官錢給借。其田制爲三品，以膏沃而無水旱之患者爲上品，雖沃壤而有水旱之患、埆瘠而無水旱之慮者爲中品，既埆瘠復患於水旱者爲下品。上田人授百畝，中田百五十畝，下田二百畝，並五年後收其租，亦只計百畝十收其三。一家有三丁者，請加受田如丁數；五丁者，從三丁之制；七丁者，給五丁；十丁給七丁；至二十、三十丁者，以十丁爲限。若寬鄉田多，卽委農官裁度以賦之。其室廬、蔬韭及棃棗榆柳種藝之地，每戶十丁者，給百五十畝；七丁者，百畝；五丁者，七十畝；三丁者，五十畝；不及三丁者，三十畝。除桑功五年後計其租，餘悉蠲其稅。」宰相呂端謂：「靖所立田制多改舊法，又大費資用。」以其狀付有司，詔鹽鐵使陳恕等共議，請如靖奏。乃以靖爲京西勸農使，按行陳、許、蔡、潁、襄、鄧、唐、汝等州，勸民墾田，以大理寺丞皇甫選、光祿寺丞何亮副之。選、亮上言：「功難成，願罷其事。」帝志在勉農，猶詔靖經度。未幾，三司以費官錢數多，萬一水旱，恐致散失，事遂寢。

宋史紀事本末卷十九

至道建儲

太宗雍熙二年（乙酉、九八五）九月辛亥，廢楚王元佐爲庶人。元佐，帝長子，少聰警，貌類帝，帝鍾愛之。廷美遷房州，元佐嘗力救，及廷美死，遂發狂疾，至以小過操梃刃傷侍人。疾少間，帝爲赦天下。會重九，召諸王宴射苑中，元佐以新瘥不預。及諸王宴歸，暮過元佐，元佐恚曰：「若等侍上宴，我獨不預，是棄我也。」因發忿被酒，夜縱火焚其宮。帝大怒，廢爲庶人，均州安置。宋琪率百官三上表，請留之京師，帝許之。行至黄山，召還，居於南宫。

淳化五年（甲午、九九四）九月壬申，以襄王元侃爲開封尹，進封壽王。帝在位久，儲貳未立。初，馮拯等上疏言之，帝怒，斥之嶺南，中外無敢復言者。至是，寇準自青州召爲左諫議大夫，入見。帝曰：「朕諸子孰可以付神器者？」準曰：「陛下爲天下擇君，謀及婦人中官，不可也；謀及近臣，不可也。唯陛下擇所以副天下望者。」帝俛首久之，屏左右曰：「襄王可乎？」準曰：「知子莫若父。聖意旣以爲可，願卽決定。」遂以元侃爲開封尹，封壽王。元侃，帝第三子也。

呂中曰：東漢、李唐所以有女主、宦官、外戚之禍者，以立太子之權盡出其手，雖李固、杜喬、裴度、鄭覃之徒不能正之。準之言眞萬世法也！

至道元年（乙未、九九五）八月壬辰，詔立壽王元侃爲皇太子，更名恆，大赦。自唐天祐以來，中國多故，立儲之禮，廢及百年，至是，始舉而行，中外胥悅。太子既立，廟見還宮，京師民擁道喜躍曰：「少年天子也！」帝聞之不懌，召寇準謂曰：「人心遽屬太子，欲置我何地！」準再拜賀曰：「此社稷之福也。」帝悟，入語后嬪，宮中皆前慶。帝喜，復出，延準飲，極醉而罷。

以李至、李沆並兼太子賓客，詔太子以師傅禮事之。太子每見至、沆，必先拜，至等上表不敢當。詔答曰：「朕旁稽古訓，肇建承華，用選端良，資於輔導，藉卿宿望，委以護調。蓋將勖以謙沖，故乃異其禮數，勿飾當仁之讓，副予知子之心。」至等相率謝。帝曰：「太子賢明仁孝，國本固矣。卿等可盡心規誨者，動皆由禮，則宜贊助；事未有當，必須力言。至於禮、樂、詩、書，義有可裨益者，皆卿等素習，不假朕之言諭也。」

三年（丁酉、九九七）二月辛丑，帝不豫。宣政使王繼恩忌太子英明，陰與參知政事李昌齡、知制誥胡旦等謀立楚王元佐。三月癸巳，帝崩，年五十九。時，皇后令王繼恩召呂端，端知有變，卽紿繼恩入書閣，鎖閉之。亟入宮，后問曰：「宮車已晏駕，立嗣以長，順也。今將如何?」端曰:「先帝立太子正爲今日,豈容更有異議!」后默然,乃奉太子至福寧殿卽位,垂簾引見羣臣。端平立殿下,不拜,請捲簾,升殿審視,然後降階率羣臣拜焉。初,帝欲以端爲相,或曰:「端爲人糊塗。」帝曰:「端小事糊塗,大事不糊塗。」決意用之。時同列奏對多異議,惟端罕所建明。一日,內札戒諭:「自今中書必經呂端參酌,乃得聞奏。」五月甲戌,討謀立楚王之罪,貶李昌齡爲忠武行軍司馬;降王繼恩爲右監門衛將軍,均州安置;胡旦除名,長流潯州。

宋史紀事本末卷二十

咸平諸臣言時務

眞宗咸平元年（戊戌、九九八）春正月，翰林學士王禹偁上疏言五事：「一曰：謹邊防，通盟好，使輦運之民有所休息。方今北有契丹，西有繼遷，契丹雖不侵邊，戍兵豈能減削？繼遷既未歸命，餽餉固難寢停，關輔之民倒懸尤甚。臣愚以爲，宜敕封疆之吏，致書遼臣，俾達其主，請尋舊好。下詔赦繼遷罪，復與夏臺。彼必感恩內附，且使天下知陛下屈己而爲民也。二曰：減冗兵，併冗吏，使山澤之饒稍流於下。當乾道、開寶之時，土地未廣，財賦未豐，然而擊河東，備北鄙，國用未足，兵威亦强，其義安在？由所畜之兵鋭而不衆，所用之將專而不疑故也。自後盡取東南數國，又平河東，土地、財賦可謂廣且豐矣，而兵威不振，國用轉急，其義安在？由所畜之兵冗而不盡鋭，所用之將衆而不自專故也。臣愚以爲，宜經制兵賦如開寶中，則可高枕而治矣。且開寶中設官至少，臣本魯人，占籍濟上，未及第時，一州止有刺史一人、司戶一人，當時未嘗闕事。自後有團練推官一人。太平興國中，增置通判、副使、判官、推官，而監酒榷税算又增四員，曹官之外更益司理。問其租税，減於曩日也；問其人民，逃於昔時也。一州既爾，天下可知。冗吏耗於上，冗兵耗於下，此所以盡取山澤之利而不能足也。夫山澤之利與民共之，自漢以來，取爲國用，不可棄也，然亦不可盡也。只如茶法，從古無税，唐元和中，以用兵齊、蔡，始税茶，唐史稱是歲得錢四十萬貫，今則數百萬矣，民何以堪！臣故曰：減冗兵，併冗吏，使山澤之饒稍流於下者，此也。三曰：艱難選舉，使入官不濫。古者鄉舉里選，爲官擇人，士君子學行修於家，然後薦之朝廷。歷代雖有沿革，未嘗遠去其道。隋、唐始設科試。太祖之世，每歲進士不過三十人，經學五十人，重以諸侯不得奏辟，士大夫罕有資蔭，故有終身不獲一第，沒齒不獲一官者。太宗毓德王藩，覩其如此，臨御之後，不求備以取人，舍短用長，拔十得五，在位將逾二紀，登第殆近萬人，雖有俊傑之才，亦有容易而得。臣愚以爲，數百年之艱難，故先帝濟之以泛取；二十載之霈澤，陛下宜糾之以舊章。望以舉場還有司如故事。至於吏部銓官，亦非帝王躬親之事。自來五品以下，謂之旨授官，今幕職、州縣而已，京官雖有選限，多不施行。臣愚以爲，宜以吏部還有司，依格敕注擬可也。四曰：沙汰僧尼，使疲民無耗。夫古者惟有四民，兵不在其數，蓋古者井田之法，農卽兵也。自秦以來，戰士不服農業，是四民之外，又生一民，故農益困，然執干戈衞社稷，理不可去。漢明之後，佛法流入中國，度人修寺，歷代增加，不蠶而衣，不耕而食，是五民之外，又益一而爲六矣。假使天下有萬僧，日食米一升，歲用絹一匹，是至儉也，猶月費三千斛，歲用萬縑，何況五七萬輩哉！不曰民蠹，得乎？臣愚以爲，國家度人衆矣，造寺多矣，計其費耗，何啻億萬！先朝不豫，捨施又多，佛如有靈，豈不蒙福？事佛無效，斷可知矣！願陛下深鑒治本，亟行沙汰。如以嗣位之初，未欲驚駭此輩，且可以二十載不度人修寺，使自銷鑠，亦救弊之一端也。五曰：親大臣，遠小人，使忠良蹇諤之士知進而不疑，奸憸傾巧之徒知退而有懼。夫君爲元首，臣爲股肱，言同體也。得其人則勿疑，非其人則不用。凡議帝王之盛者，豈不曰堯舜之時，契作司徒，咎繇作士，伯夷典禮，后夔典樂，禹平水土，益作虞官，委任責成，而堯有知人任賢之德。雖然，堯之道遠矣，臣請以近事言之。唐元和中，憲宗嘗命裴（洎）〔垍〕銓品庶官，（洎）〔垍〕曰：『天子擇宰相，宰相擇諸司長官，長官自擇僚屬，則上下不疑而政成矣。』識者以（洎）〔垍〕（並據兩唐書本傳改）爲知言。願陛下遠取帝堯，近鑒唐室，既得宰相，用而不疑，使宰相擇諸司長官，長官自取僚屬，則垂拱而治矣。古者刑人不在君側。語曰：『放鄭聲，遠佞人。』是以周文王左右無可結韈者，言皆賢也。夫小人巧言令色，先意希旨，事必害正，心惟忌賢，非聖明不能深察。舊制，南班三品尚書方得升殿，比來三班奉職或因遣使，亦許升殿，惑亂天聽，無甚於此。願陛下振舉綱紀，尊嚴視聽，在此時矣。臣愚又以爲，今之所急在先議兵，使衆寡得其宜，措置得其道；

然後議吏，使清濁殊塗，品流不雜；然後艱選舉以塞其源，禁僧尼以去其耗，自然國用足而王道行矣。」

冬十月，知代州柳開上言曰：「國家剏業將四十年，陛下紹二聖之祚，精求至治，若守舊規，斯未盡善，能立新法，乃顯神機。臣以益州稍靜，望陛下選賢能以鎮之，必須望重有威，卽羣小畏服。又西鄙今雖歸朝，他日未可必保，苟有翻覆，須得人制禦，若以契丹比議，爲患更深。何者？契丹則君臣久定，蕃、漢久分，縱萌南顧之心，亦須自有思慮。西鄙積恨未泯，貪心不悛，其下猖狂，競謀兇惡，侵漁未必知足，姑息未能感恩。望常預備之，以良將守其要害，以厚賜足其貪婪，以撫慰來其情，以寬假息其念，多命人使西入甘、涼，厚結其心，爲我聲援，如有動靜，使其掩襲，令彼有後顧之憂，乃可制其輕動。今甲兵雖衆，不及太祖之時人人練習，謀臣猛將則又懸殊，是以比年西北屢遭侵擾，養育則月費甚廣，征戰則軍捷未聞。誠願訓練禁戢，使如往日，行伍必求於勇敢，指顧無縱於後先，失律者悉誅，獲功者必賞，偏裨主將不威嚴者去之。聽斷之暇，親臨殿庭，更召貔虎，使其擊刺馳驟，以彰神武之盛。臣又以宰相、樞密，朝廷大臣，委之必無疑，用之必至當，銓總僚屬，評品職官，內則主管百司，外則分治四海。今京朝官則別置審官，供奉殿直則別立三班，刑部不令詳斷，別立審刑，宣徽一司全同散地。大臣不獲親信，小臣乃謂至公。至如銀臺一司，舊屬樞密，近年改制，職掌甚多，加倍置人，事則依舊，別無利害，虛有變更。臣欲望停審官、三班，復委中書、樞密、宣徽院，銀臺司復歸樞密，審刑院復歸刑部，去其繁細，省其頭目。又京府大都，萬方軌則，望仍舊貫，選委親賢。今皇族宗子悉多成長，但令優逸，無以試材，宜委之外藩，擇文武忠直之士爲左右贊弼之任。又天下州縣，官吏不均，或冗長至多，或歲年久闕，欲望縣四千戶以上選朝官知，三千戶以上選京官知，省去主簿，令縣尉兼領其事，自餘通判、監軍、巡檢、監臨、使臣，並酌量省減，免虛費於利祿，仍均濟於職官。又人情貪競，時態輕浮，雖骨肉之至親，臨勢利而多變，同僚之內多或不和，伺隙則致於傾危，患難則全無相救，仁義之風蕩然不復。欲望明頒告諭，各使改更，庶厚化原，永敦政本。恭惟太祖神武，太宗聖文，光掩百王，威加萬國，無賢不用，無事不知。望陛下開豁聖懷，如天如海，可斷卽斷，合行卽行，愛惜忠直之臣，體察奸諛之黨。臣久塵著位，寖荷恩寵，辭狂理拙，唯聖明恕之！」

二年（己亥、九九九）春正月，舉入閤故事，右司諫孫何上疏曰：「六卿分職，邦家之大柄也。有吏部辨考績而育人材，有兵部簡車徒而治戎備，有戶部正版圖而阜貨財，有刑部謹紀律而誅暴強，有禮部祀神祇而選賢俊，有工部繕宮室而修隄防：六職舉而天下之事備矣。故周之會府，漢之尚書，主庶政之根本，提百司之綱紀，令、僕率其屬，丞、郎分其行，二十四司粲焉星拱，郎中、員外判其曹，主事、令史承其事，四海九州之大，若網在綱。唐之盛時，亦不聞分别利權，搉使額，而軍須取足。及玄宗侈心既萌，召發既廣，租調不充，於是蕭景、楊釗始以地官判度支，而宇文融爲租調地稅使，始開利孔以搆禍階。至於肅、代，則有司之職盡廢，而言利之臣攘臂於其閒矣。於是叛亂相仍，經費不充，迫於軍期，切於國計，用救當時之急，卒以權宜裁之。五代短促，曾莫是思。今國家二聖相承，五兵不試，太平之業，垂統立制，在此時也。所宜三部使額還之六卿，慎擇戶部尚書一人，專掌鹽鐵使事，俾金部郎中、員外郎判之，又擇本行侍郎二人，分掌度支、戶部使事，各以本曹郎中、員外郎分判之，則三使洎判官雖省猶不省也。仍命左右司郎中、員外總知帳目，分勾稽違，職守有常。規程既定，則進無掊克之慮，退有詳練之名，周官、唐式，可以復矣。兹事非艱，在陛下行之爾。」先是，何嘗獻五議：「其一，請擇儒臣有方略者統兵；其二，請世祿之家肄業太學，寒儁之士州郡推薦，而禁投贄自媒者；其三，請復制舉；其四，請行鄉飲酒禮；其五，請以能授官，勿以恩慶例遷。」上覽而嘉之。

三年（庚子、一〇〇〇）冬十月，知黄州王禹偁上疏曰：「臣際會昌辰，忝冒通籍，凡有見聞，皆合論奏，然而言關災異，事涉機宜，苟非不諱之朝，即恐犯時之忌。今者不避逆耳，用明匪躬。臣本州去年十一月城南長圻村兩虎夜鬭，一虎死，食之殆半。當時即欲密奏，值鑾駕北征，既非吉祥，難聞行在，臣但只隄防盜賊，撫恤軍民而已。又今年八月十三日、十四日夜，羣雞忽鳴，至今時復夜鳴未止。又十月十三日，雷聲自西北起，與盛夏無殊。臣伏讀洪範五行傳及春秋災異、史記天官書、兩漢五行、天文志，以此詳校，虎者毛蟲，屬金，『金失其性則有毛蟲之妖』。又云：『虎相食者，其歲當大饑。』雞者，羽蟲，屬火，『火失其性則有羽蟲之妖』。又云：『雞夜鳴，主兵革。』昔人聞雞夜舞是矣。雷者，震也，屬木，『木失其性則有冬雷之妖』。又云：『發雷之地饑饉。』此皆得於儒學，不在禁書，然事有數年而後應者，亦有終不應者。要在臣下無隱，帝王盡知，或修德以答天心，或設備以防時難。故詩曰：『畏天之怒，不敢戲豫。』易曰：『觀乎天文，以察時變。』只如咸平元年，彗星出，呂端等請臣作避位表，臣具言：『星見虛、危，齊分，請於青、齊間設備，以應天戒。』端等俱以爲然，不知自後作何措置？臣緣不在司言之地，不敢侵官。去年胡虜犯邊，果入齊地，是天以文象告人，人不自知備也。端雖物故，李沆以下皆見臣言。今黃州有此災祥，不能依前寢默，雖妖不勝德，終無累於聖明，而遇事敢言，亦粗由於忠鯁。今年禾小稔，臣下無虞，然恐應在它時，卽合先有制置。伏望陛下恕臣拙直，察臣愚衷，令淮甸之間，防饑荒之事，假令災祥不驗，猶勝臨事無備矣。臣又念古之循吏，政感神靈，宋均猛虎渡江，臣則有虎相食啗；魯恭雉馴桑下，臣則有羣雞夜鳴；百里嵩甘雨隨車，臣則有冬雷暴作。此皆臣化人無狀，布政失和，合寘常刑，亦當自劾。又慮他人陳奏，臣則有昧蔽之愆。」上爲之憮然。

宋史紀事本末卷二十一

契丹盟好

眞宗咸平二年（己亥、九九九）冬十月，契丹主隆緒大舉入寇。時，鎭、定、高陽關都部署傅潛擁步騎八萬餘，畏懦，閉營自守，將校請戰者則醜言詈之。朝廷間道遣使督潛出兵合擊，潛不聽。范廷召忿詬曰：「公恇怯乃不如一嫗！」鈐轄張昭允又屢勸之，潛不得已，乃分騎八千付廷召，仍許出師爲援。廷召復求援於都部署康保裔，保裔卽領兵赴之。遇虜於瀛州，會暮，約明日合戰，而廷召潛遁，保裔不之覺。遲明，虜圍之數重。左右請易甲以遁，保裔曰：「臨難毋苟免，正吾效死之日也！」遂決戰，數十合，殺傷甚衆。兵盡矢絕而援不至，保裔死之。（按：畢鑑二一考異云，遼史一四聖宗紀及宋史四四一文苑傳載路振祭戰馬文皆言康保裔被擒，非戰歿。）契丹乘勝攻遂城，城小無備，衆情危懼。守將楊延昭，業之子也，集衆登陴固守，以俟援兵。會天大寒，汲水灌城上，倏忽爲冰，堅滑不能登，契丹兵乃引去，掠祁、趙、邢、洺州，遂自德、棣濟河，掠淄、齊。

詔聽邊民越拒馬河塞北市易。知雄州何承矩上言曰：「緣邊戰櫂司自淘河至泥姑海口，屈曲九百餘里，此天險也。太宗置砦二十六，鋪百二十五，廷臣十一人，戍卒三千餘，部舟百艘，往來巡警，以屏奸詐，則緩急之備，大爲要害。今聽公私貿市，則人馬交度，深非便宜。且砦、鋪皆爲虛設矣。」疏奏，卽停前詔。

十二月，帝親禦契丹，以李沆爲東京留守。甲寅，駕發京師，次陳橋。戊午，駐蹕澶州。辛酉，宴從臣於行宮。以王超等督先鋒，示以陣圖，俾識部分。壬戌，賜近臣甲冑、弓劍，幸浮橋，登臨河亭，賜澶州父老錦袍、茶帛。甲子，次大名。

錢若水上疏曰：「孫武著書，以伐謀爲主；漢高將將，以用法爲先。伐謀者，以將帥能料敵制勝也；用法者，以朝廷能賞罰不私也。今傅潛領雄師數萬，閉門不出，坐視邊寇俘掠生民，上孤委注之恩，下挫銳師之氣，蓋潛輩不能制勝，朝廷未能用法使然也。軍法，臨陣不用命者斬。今若斬潛以徇，然後擢如楊延朗（按：卽楊延昭，本書二名互用）、楊嗣者五七人，增其爵秩，分授兵柄，使將萬人，間以强弩，分路討除，孰敢不用命哉！敵人聞我將帥不用命，退則有死，豈獨思遁，抑亦來歲不敢犯邊矣！如此則可以坐淸邊塞，然後鑾輅還京，天威懾於四海矣。臣嘗讀前史，周世宗卽位之始，劉崇結契丹入寇，契丹遣其將楊衮領騎兵數萬，隨崇至高平。當時懦將樊愛能、何徽等臨敵不戰，世宗大陳宴會，斬愛能等，拔偏將十餘人，分兵擊太原。劉崇聞之，股慄不敢出，即日遁去。自是兵威大振，其後收淮甸，下秦、鳳，平關南，特席捲爾。以陛下之神武，豈讓世宗乎？此今日御敵之奇策也。若將來安邊之術，請以近事言之。太祖朝制置最得其宜，止以郭進在邢州，李漢超在關南，何繼筠在鎮、定，賀惟忠在易州，李謙溥在隰州，姚內斌在慶州，董遵誨在通遠軍，王彥昇在原州，但授緣邊巡檢之名，不加行營部署之號，率皆十餘年不易其任，立邊功者，厚加賞賚，其位皆不至觀察使。蓋位不高則朝廷易制，任不易則邊事盡知，然後授以聖謀，來則掩殺，去則勿追。所以十七年中，北邊、西蕃不敢犯塞，以至屢使乞和。此皆陛下之所知也。苟能遵太祖故事，慎擇名臣，分理邊郡，罷部署之號，使不相統轄，置巡檢之名，俾遞相救應。如此則出必擊寇，入則守城，不數年間，可致邊烽罷警矣。」

孫何上疏曰：「陛下嗣位以來，訓師擇將，可謂至多。以高祖之大度，兼肅王之赤心，神武冠於百王，精兵倍於前代。分閫仗鉞者固當以身先士卒爲心，賊遺君父爲恥，而列城相望，堅壁自全，手握强兵，坐違成算，遂使腥羶得計，蛇豕肆行，焚劫我郡縣，係累我黎庶。陛下據人神之忿怒，憫河朔之生靈，爰御六師，親幸澶淵。天聲一振，敵騎四逃，雖鎮、定道路已通，而德、棣烽塵未息，此殆將帥或未得人，邊奏或有壅閼，鄰境不相救援，糗糧須俟轉輸之所致也。將帥者何？或恃勇無謀，或忌功玩寇，但全城堡，不恤人民。邊奏者何？護塞之臣，固祿守位，城池焚劫，不以實聞，老幼殺傷，託言他盜。不救援者何？緣邊州縣，城壘參錯，如輔車、脣齒之相依，若頭目、手足之相衞，託稱兵少不出，或待奏可乃行。俟輦輸者何？敵騎往還，（焱）〔猋〕馳鳥逝，（嬴）〔贏〕（並據宋史三〇六孫何傳改）糧景從，萬兩方行，迨乎我來，寇已遁去。此四者，當今急務：擇將帥則莫若文武之內參用謀臣；防壅閼則莫若凡奏邊防，陛見廷問；合救援則莫若督以軍令，聽其便宜；運糗糧則莫若輕齎疾驅，角彼趫捷。今大駕既駐鄴下，契丹終不敢萌心南牧，所慮薦食者，惟東北無備之城，繕完周防，不可不愼。且蜂蠆有毒，豺狼無厭，今契丹西畏大兵，北無歸路，獸窮則搏，物不可輕，餘孽尙或稽誅，奔突亦宜預備。大河津濟，處處有之，亦望量屯禁兵，扼其要害，則請和之使，不日可待。」帝覽而嘉之。及傅潛逗撓無功，何又請斬潛以徇。

丁卯，召見大名父老，勞賜之。聞康保裔死，優詔賻恤，贈侍中，錄其二子、一孫。召傅潛還，流之房州。

三年（庚子、一〇〇〇）春正月己卯朔，駐蹕大名府。契丹知帝親征，乃縱掠而去。丁亥，范廷召等追契丹於莫州，斬首萬餘級，盡獲所掠，餘寇遁出境。庚子，帝至自大名。

帝時出手詔，詢錢若水備禦北虜之術，若水上疏曰：「臣讀前史，論匈奴者多矣，若漢婁敬、樊噲、季布、賈誼、晁錯、主父偃、徐樂、王恢、韓安國、朱買臣、董仲舒之所陳，特和親、征伐之二議。唐李靖、魏徵、溫彥博、郭正一、狄仁傑之所及，亦不過戰守之兩端。晉桑維翰不背約之言，出於微弱；故相趙普請回軍之奏，姑冀息民，悉非遠謀，臣所不取。嚴尤謂自古禦戎無上策，臣竊笑之，『守在四夷』，『制勝以靜』，非上策而何！臣聞唐魏博一鎮爾，兵戎固不衆於今日，而胡騎未嘗南牧者，以幽、薊爲北門，扼其險阻故也。石晉割地之後，由定武達滄海，千里受敵，雖設二關，鎮之以重兵，莫可以禦。故晉末渡長河，漢初復擾邊徼，以周世宗之英武，曾未能絕其寇中山，窺上黨。今御札詢備禦翦滅之術，臣以爲不得幽州，未可翦滅也。後唐莊宗在河北，命周德威取幽州，然後南向而爭天下。蓋先有萬全之計，使不能勝，此善用兵者也。夫戰守不同心，將不能料敵，重兵在外，輕兵在內，則今之所患也。臣願陛下選智謀可以任邊郡者，聽召壯士以爲部曲，而官爲廩給之。又募民爲招收軍，厚其糧賜，蠲其租賦；彼供輸兩地，各有親屬，則敵之動息得以知之。如是同心，將能料敵，而在外者皆輕兵矣。然無以統衆則不能用衆，無以制勝則不能必勝，故必擇大臣領近鎮，提重兵，以專閫外之事，有警則督戰，已事則班師，既無舉兵之名，又得馭兵之要。三軍同力，上下一心，備禦之方，舉在此矣。若乃患民力之困，則廣邊地之營田；患戍卒之驕，則嚴將帥之法令。古語有之曰：『法不可移，令不可違。』又曰：『功不勸謂之止善，罪不懲謂之縱惡。』昔太祖用郭進守西山，遣戍卒，必戒之曰：『汝謹奉法。我猶赦汝，郭進殺汝矣。』其假借如此，故郭進所至，兵未嘗小衄。臣願陛下推太祖所以待進之心而待諸將，則法令不患不嚴，勸懲不患不至矣。」帝善其議。

知雄州何承矩上言曰：「契丹輕而不整，貪而不親，勝不相讓，敗不相救，以馳騁爲容儀，以弋獵爲耕釣，櫛風沐雨不以爲勞，露宿草行不以爲苦，復恃騎戰之利，故頻年犯塞。臣聞兵有三陣：日月風雲，天陣也；山陵水泉，地陣也；兵車士卒，人陣也。今用地陣而設險，以水泉而作固，建設陂塘，綿亙滄海，縱有敵騎，安能折衝？昨者契丹犯邊，高陽一路，東負海，西抵順安，士庶安居，卽屯田之利也。今順安西至西山，地雖數軍，路纔百里，縱有丘陵岡阜，亦多川瀆泉源，因而廣之，制爲塘埭，自可息邊患矣。今緣邊守將多非其才，不悅詩、書，不習禮、樂，不可守疆界，制御無方，動誤國家，雖提貔虎之師，莫遏犬羊之衆。臣按兵法，凡用兵之道，校之以計而索其情。謂將孰有能，天地孰得，法令孰行，兵衆孰强，士卒孰練，賞罰孰明，此料敵制勝之道也。知此而用戰者必勝，否則必敗。夫惟無慮而易敵者，必擒於人也。伏望愼擇良吏，出牧邊民，厚之以俸祿使悅其心，借之以威權使嚴其令。然後深溝高壘，秣馬厲兵，爲戰守之備；修仁立德，布政行惠，廣安輯之道；訓士卒，闢田疇，勸農耕，蓄芻粟，以備凶年；完長戟，修勁弩，謹烽燧，繕保戍，以防外患。來則禦之，去則備之，如此則邊城按堵矣。臣又聞，古之明王安集吏民，順俗而教，簡募良材以備不虞，齊桓、晉文皆募兵以服鄰敵。故强國之君必料其民，有膽勇者聚爲一卒，樂進戰效力以顯忠勇者聚爲一卒，能踰高赴遠輕足善鬬者聚爲一卒：此三者，兵之練銳，內出可以決圍，外入可以屠城。況小大異形，强弱異勢，險易異備。卑身以事强，小國之形也；以蠻夷伐蠻夷，中國之形也。故陳湯統西域而郅支滅，常惠用烏孫而邊鄙寧。且聚膽勇、樂戰、輕生之徒，古稱良策，請試行之。且邊鄙之人多負壯勇，識外邦之情僞，知山川之形勝。望於邊郡置營召募，不須品度人才，止求少壯有武藝者萬人，俟契丹有警，令智勇將統而用之，必顯成功，乃中國之長算也。又如榷場之設，蓋先朝從權立制，以惠契丹，縱其渝信犯盟，亦不之廢，似全大體。今緣邊榷場，因其犯塞，尋卽停罷。去歲以臣上計，於雄州置場賣茶，雖貲貨並行，而邊氓未有所濟。乞延訪大臣，議其可否。或文武中有抗執獨議，是必別有良謀，請委之邊任，使施方略，責以成功。苟空陳浮議，上惑聖聽，祇如靈州，足爲證驗，況茲契丹又非夏州之比也。」

四年（辛丑、一〇〇一）冬十月，契丹入寇，以王顯爲鎭、定、〔高陽關〕（據宋史六眞宗紀、續綱目、薛鑑補）三路都部署，禦之。（按：王顯爲三路都部署事在七月，本書併敍在十月。）是月，顯與契丹戰於遂城，敗之，戮二萬餘人。契丹進次滿城而還。

六年（癸卯、一〇〇三）夏四月，契丹耶律奴（爪）〔瓜〕（據遼史八五本傳、續綱目、薛鑑改。下同）、蕭撻凜寇定州〔之望都〕(據續綱目、薛鑑補)。高陽關副都部署王繼忠與大將王超、桑贊等帥兵赴之，至康村，與奴(爪)〔瓜〕戰。繼忠陣東偏，爲敵所乘，斷餉道。超、贊皆畏縮退師，繼忠獨與麾下躍馬馳赴，服飾稍異，契丹識之，圍數十重。士皆殊死戰，且戰且行，傍西山而北。至白城，力不能支，遂被執。帝聞之，謂其已死，優詔贈官。繼忠見契丹主於炭山，蕭太后知繼忠才賢，授戶部使。

景德元年(甲辰、一〇〇四)八月，以畢士安、寇準同平章事。初，士安既拜參知政事，入謝，帝曰：「未也，行且相卿。」因問：「誰可與卿同進者？」對曰：「寇準兼資忠義，善斷大事，臣所不如。」帝曰：「聞其好剛使氣。」對曰：「準忘身殉國，秉道嫉邪，故不爲流俗所喜。今中國之民雖蒙休德涵養，而北戎跳梁，爲邊境患，若準者正宜用。」帝曰：「然。」故有是命。

九月，契丹大舉入寇。時以虜寇深入，中外震駭，召羣臣問方略。王欽若，臨江人，請幸金陵。陳堯叟，閬州人，請幸成都。帝以問準，準曰：「不知誰爲陛下畫此二策？」帝曰：「卿姑斷其可否，勿問其人也。」準曰：「臣欲得獻策之人，斬以釁鼓，然後北伐耳！陛下神武，將臣協和，若大駕親征，敵當自遁；不然，出奇以撓其謀，堅守以老其師，勞佚之勢，我得勝算矣。奈何棄廟社，欲幸楚、蜀，所在人心崩潰，敵乘勝深入，天下可復保耶！」帝意乃決，因問準曰：「今虜騎馳突，而天雄軍實爲重鎭，萬一陷沒，則河朔皆虜境也。孰爲可守？」準以王欽若薦，且曰：「宜速召面諭，授勅俾行。」欽若至，未及有言，準遽曰：「主上親征，非臣子辭難之日，參政爲國柄臣，當體此意。」欽若驚懼不敢辭。

閏月乙亥，以參知政事王欽若判天雄軍兼都部署。契丹主隆緒同其母蕭氏遣其統軍順國王蕭撻覽（按：此人卽上文之「蕭撻凜」）攻威虜、順安軍，三路都部署擊敗之，斬偏將，獲其輜重。又攻北平砦及保州，復爲州砦兵所敗。撻覽與契丹主及其母合衆攻定州，宋兵拒於唐河，擊其游騎。契丹遂駐兵陽城淀，號二十萬，每縱游騎剽掠，小不利輒引去，徜徉無鬬志。寇準聞之曰：「是狃我也。請練師命將，簡驍銳，據要害，以備之。」是時，故將王繼忠爲契丹言和好之利，契丹以爲然，遣李興以繼忠書及密表詣莫州部署石普議和，普以聞於朝，朝臣莫敢如何。畢士安請羈縻之，漸許其平。帝曰：「敵悍如此，恐不可保。」士安曰：「臣嘗得契丹降人，言其雖深入，屢挫，不甚得志，陰欲引去，又恥無名。且彼寧不畏人乘虛覆其巢穴？此請殆不妄。繼忠之奏，臣請入之。」於是詔諭繼忠曰：「朕豈欲窮兵，惟思息戰！如許通和，卽當遣使。」己卯，高繼（祖）〔勳〕（據宋史二八九本傳、續綱目改）率兵擊敗契丹於岢嵐軍。李延渥又敗之於瀛州。

冬十月，遣曹利用詣契丹軍。時契丹數戰不利，復令王繼忠附奏議和，帝遣利用。利用至軍，蕭太后欲求關南地，利用力拒之。

〔十一月〕（據宋史七眞宗紀、薛鑑補）庚午，帝親征，車駕發京師，以李繼隆、石保吉爲駕前排陣使。是日，司天言：「日抱珥，黃氣充塞，宜不戰而卻。」癸酉，駐蹕（常）〔韋〕城縣（據宋史七眞宗紀、薛鑑改）。甲戌，寒甚，左右進貂帽毳裘，卻之，曰：「臣下皆苦寒，朕安用此！」

壬申，契丹兵直犯前軍而陣。未接戰，蕭撻覽出按視地形，李繼隆部將張（環）〔瓌〕（據宋史二八一寇準傳、續綱目改）守牀子弩射殺之。撻覽有機勇，所領皆銳兵，既死，虜大挫衄。時王欽若在天雄軍，閉門束手無策，但修齋誦經而已。惟魏能守安肅軍，楊延朗守廣信軍，二軍最切虜境，而攻圍百戰不能下。及賊退出境，而延朗追躡轉戰，未嘗敗衄。故時人目二軍爲「銅梁門」、「鐵遂（成）〔城〕」（據魏泰東軒筆錄一改），蓋由二將善守也。

以王旦爲東京留守。初，帝親征，以雍王元份留守，旦等皆扈從。至是，元份以暴疾聞，命旦馳還代之。旦曰：「願宣寇準，臣有所陳。」準至，旦奏曰：「十日不捷，何以處之？」帝默然良久，曰：「立太子。」旦既至京，直入禁中，下令甚嚴，人無知者。

丙子，帝次澶州。又有以金陵之謀告者，帝意稍惑，召寇準問之。準曰：「陛下惟可進尺，不可退寸。河北諸軍日夜望鑾輿至，士氣百倍。若回輦數步，則萬衆瓦解，虜乘其後，金陵亦不可得至也。」準出，遇殿前都指揮使高瓊，曰：「太尉受國厚恩，今日有以報乎？」瓊曰：「願效死。」準復入，瓊立庭下。準曰：「陛下不以臣言爲然，盍試問瓊。」瓊卽奏曰：「寇準言是。」準又曰：「機不可失，宜趣駕！」帝乃發，至澶州南城，望見契丹軍勢甚盛，衆請駐蹕。寇準固請曰：「陛下不過河則人心益危，敵氣未懾，非所以取威決勝也。且王超領勁兵屯中山以扼其吭，李繼隆、石保吉分大陣以扼其左右肘，四方征鎮赴援者日至，何疑而不進！」高瓊亦固以請，卽麾衞士進輦。帝遂渡河御北城門樓，召諸將撫慰。遠近望見御蓋，踴躍呼「萬歲」，聲聞數十里。會鄆州得契丹諜者，縛至，斬之。契丹相視益怖駭。帝悉以軍事付準，準承制專決，號令明肅，士卒畏悦。已而契丹數千騎來薄城下，詔士卒迎擊，斬獲大半，乃引去。帝還行宮，留準居北城上，徐使人覘準何爲，準方與知制誥楊億飲博，歌謔歡呼。帝喜曰：「準如是，吾復何憂！」

十二月庚辰，契丹使韓杞持書與曹利用俱來，請盟。利用言契丹欲得關南地。帝曰：「所言歸地事極無名，若必邀求，朕當決戰！若欲貨財，漢以玉帛賜單于，有故事，宜許之。」時準不欲賂以貨財，且欲邀其稱臣及獻幽、薊之地，因畫策以進曰：「如此則可保百年無事；不然，數十年後，戎且生心矣。」帝曰：「數十年後，當有扞禦之者。吾不忍生靈重困，姑聽其和可也。」準尚未許，會有譖準幸兵以自取重者，準不得已，乃許其成。復遣曹利用如契丹軍議歲幣，帝曰：「必不得已，雖百萬亦可。」準聞之，召利用至幄，謂曰：「雖有勑旨，汝所許過三十萬，吾斬汝矣！」利用至契丹軍，蕭太后謂利用曰：「晉畀我關南，周世宗取之，今宜見還也。」利用曰：「晉、周事，我朝不知。若歲求金帛以佐軍，尚不知帝意可否；割地之請，我不敢以聞。」契丹政事舍人高正始遽前曰：「我引衆以來，圖復故地，若止得金帛而歸，吾愧吾國人矣！」利用曰：「子盍爲契丹熟計？使契丹用子言，恐連兵結釁，非國利也。」契丹猶覬關南，遣其監門衞大將軍姚東之持書復議，帝不許而去。利用竟以銀十萬兩、絹二十萬匹成約而還。

癸未，帝幸李繼隆營，命從官將校飲犒，賜諸軍有差。詔以將班師諭兩京。

甲申，契丹使姚東之來獻御衣、食物。

乙酉，帝御行營南樓觀河，遂宴從官及契丹使。

丙戌，遣李繼昌使契丹定和，戒諸將勿出兵邀其歸路。

甲午，車駕發澶州。

乙未，契丹使丁振以誓書來，以兄禮事帝。

丁酉，契丹兵出塞。

戊戌，帝至自澶州。

辛丑，錄契丹誓書，頒兩河諸州。

二年（乙巳、一〇〇五）春正月庚戌朔，以契丹講和，大赦天下。

壬子，放河北諸州强壯歸農，罷諸路行營，合鎮、定兩路爲一，省北面部署、鈐轄、都監、使臣二百九十餘員，河北戍兵十之五，緣邊三之一。詔：「緣邊毋出境掠奪。得契丹馬牛，悉縱還之。」通互市，葺城池，招流亡，廣儲蓄，由是河北民得安業，皆畢士安之謀也。士安又請按邊要，選守將，以馬知節知定州，楊延昭知保州，李允則知雄州，孫全照知鎮州，他所擇任，悉當其才。是時以契丹修好，有慶弔之使，乃置國信司專主之，領以宦者。

二月癸卯，遣太子中允孫僅如契丹，賀其太后生辰，致書自稱南朝，以契丹爲北朝。直史館王曾上言：「春秋外夷狄，爵不過子，今從其國號，足矣，何用對稱兩朝！」不聽。

秋七月，歸幣於契丹。自是歲以爲常。

冬十月，遣職方郎中韓國華如契丹賀正旦。

十一月，契丹遣使來賀承天節。

十二月，契丹使來賀明年正旦。自是皆歲以爲常。

大中祥符元年（戊申、一〇〇八）夏四月，契丹遣使，請歲幣外別假錢幣。帝以問宰相王旦，旦曰：「東封近，彼以此探朝廷意耳。」帝曰：「何以答之？」旦曰：「止當以微物輕之。」乃於歲給三十萬物内各借三萬，仍諭次年額内除之。契丹得之，大慚。

二年（己酉、一〇〇九）十二月甲辰，契丹太后蕭氏卒。蕭氏有機謀，善馭大臣，得其死力。

每入寇，親被甲督戰，及通好，亦出其謀。然性殘忍，多殺戮，與韓德讓通，賜姓名耶律隆運，拜大丞相，封晉王。未幾，德讓亦死，陪葬陵旁。

三年（庚戌、一〇一〇）五月，契丹伐回鶻，破肅州。

六月，契丹饑，來市糴。詔雄州糴粟二萬石賑之。

冬十月，契丹使耶律寧來告伐高麗。先是，高麗康肇弒其主誦，立誦兄詢而相之。契丹主隆緒謂羣臣曰：「康肇弒君誦而立詢，因而相之，大逆也。宜發兵問其罪！」蕭敵烈以年荒未可，隆緒不聽。十一月，契丹軍渡鴨綠江。肇戰敗，退保銅州。契丹進兵擒之，遂攻開京。詢棄城，走平州。契丹焚開京宮室、府庫而還。自是用兵連歲始罷。

乾興元年（壬戌、一〇二二）二月，帝崩。契丹主隆緒集蕃、漢大臣舉哀，遣耶律僧隱等來弔祭，置帝御靈，建資福道場，百日而罷。命諸州、軍不得作樂，凡國中犯帝諱者，悉改之。

仁宗天聖二年（甲子、一〇二四）十二月，契丹大閱，聲言獵幽州，朝廷患之。帝以問二府，衆請練兵以備不虞。張知白曰：「契丹修好未遠，今其舉者，以上初政，試觀朝廷耳，豈可自生釁耶！若終以爲疑，莫如因今河決，發兵以防河爲名，彼亦不虞也。」未幾，契丹果罷去。

七年（己巳、一〇二九）八月，契丹詳穩大延琳據遼陽反。初，遼東自神册附契丹，無榷酤鹽（麯）〔麴〕（據遼史一七聖宗紀改）之征，馮延休、韓紹勳相繼爲戶部使，始以燕法繩之，民不堪命。會燕薦饑，戶部副使王嘉獻計造船，使其民漕粟以賑之，水路險艱，多至覆沒，鞭扑榜掠，民怨思亂。東京舍利軍詳穩大延琳因之爲變，遂囚留守蕭孝先，殺韓紹勳、王嘉等，以快衆情，僭號興遼。契丹主聞亂，徵諸道兵，命南京留守蕭孝穆討平之。

九年（辛未、一〇三一）夏六月，契丹主隆緒卒，子宗眞立。宗眞，宮人蕭耨斤所生，齊天后蕭氏無子，取而養之，愛同己出，至是立焉。耨斤自立爲皇太后，聽政。宗眞改元景福，號隆緒曰聖宗。初，隆緒遭母喪，哀毀骨立，羣臣請改元，隆緒曰：「改元，吉禮也。居喪行吉禮，乃不孝子也。」羣臣請以日易月，以法古制，曰：「吾契丹帝也，寧違古制，不爲不孝之人。」至是，疾革，屬子宗眞曰：「皇后事我四十年，以其無子，命汝爲嗣。我死，汝母子切勿殺之。」且曰：「宋朝信誓，當守而無失。」及卒，左右希耨斤旨，誣齊天后弟謀逆，耨斤令鞫治，連及齊天后。宗眞聞之，曰：「皇后侍先帝四十年，撫育朕躬，當爲太后。今不果，反罪之，可乎？」耨斤曰：「此人若在，恐爲後患。」宗眞曰：「皇后無子而老，雖在，無能爲也。」耨斤不從，遷之上京，後竟弒之。

秋七月丙午朔，契丹來告哀，帝遣龍圖閣待制孔道輔及王隨等充賀册及弔祭等使。初，道輔使契丹，契丹燕使者，優人以文宣王爲戲。道輔艴然徑出，虜使主客者邀還坐，且令謝。道輔正色曰：「中國與北朝通好，以禮文相接，今俳優之徒侮慢先聖而不之禁，北朝之過也，何謝爲！」至是，益加禮重。

景祐元年（甲戌、一〇三四）五月，契丹太后蕭耨斤陰召諸弟議，欲立少子重元，重元以其謀白於契丹主宗眞。宗眞遂收太后符璽，遷之慶州七括宮，始親決國事，立重元爲皇太弟。

慶曆二年（壬午、一〇四二）三月己巳，契丹來求關南之地。時，契丹主漸長，國內無事，戶口蕃息，慨然有南侵之意。會元昊反，中國旰食，欲乘釁取瓦橋關以南十縣地，乃集羣臣議。南院樞密使蕭惠曰：「兩國强弱，聖慮所悉，況宋人西征有年，師老民疲。陛下親帥六軍臨之，其勝必矣！」北院樞密使蕭孝穆曰：「我先朝與宋和好，無罪伐之，其曲在我，況勝負未可逆料。願熟察之！」契丹主從惠言，乃遣南院宣徽使蕭特末、翰林學士劉六符來致書取故地，且問興師伐夏及沿邊疏濬水澤、增益兵戍之故。特末至，呂夷簡奏富弼爲接伴使，與中使迎勞之。特末託疾不拜，弼曰：「吾嘗使北，病臥車中，聞命輒起。今中使至而子不拜，何也？」特末等矍然起拜。弼開懷與語，特末感悅，亦不復隱其情，密以其主所欲得者告，且曰：「可從，從之；不然，以一事塞之。」弼具以聞。帝惟許增歲幣，或以宗室女嫁其子，且令夷簡擇報聘者。夷簡不悅弼，因薦之。集賢校理歐陽修引顏眞卿使李希烈事，請留之，不報。弼得命，卽入對，叩頭曰：「主憂臣辱，臣不敢愛其死。」帝爲動色，進弼樞密直學士，弼辭曰：「國家有急，義不憚勞，奈何逆以官爵賂之！」

夏四月，富弼如契丹。

五月，契丹聚兵幽、薊，聲言南下，河北、京東皆爲邊備。朝議請城洛陽，呂夷簡曰：「此子囊城郢計也。使契丹得渡河，雖高城深池，何可恃耶！我聞契丹畏壯侮怯，景德之役，非乘輿濟河則未易服也。宜建都大名，示將親征，以伐其謀。」帝從之。戊午，建大名府爲北京，卽眞宗駐蹕之所。

六月，以王德用判定州，兼三路都部署。德用時敎士卒習戰，頃之，士勇皆可用。契丹遣人來覘，或請捕之，德用曰：「吾軍整而和，使覘者得實以歸，是屈人兵以不戰也。」明日，大閱於郊，下令：「具糗糧，聽吾鼓，視吾旗所向。」覘者歸告虜中，謂漢兵將大至，虜中始懼。

富弼至契丹，見契丹主宗眞，言曰：「兩朝人主，父子繼好垂四十年，一旦求割地，何也？」契丹主曰：「南朝違約，塞雁門，增塘水，治城隍，籍民兵，將以何爲？羣臣請舉兵而南，吾謂不若遣使求地，求而不獲，舉兵未晚。」弼曰：「北朝忘章聖皇帝之大德乎？澶淵之役，苟從諸將言，北兵無得脫者。且北朝與中國通好，則人主專其利而臣下無所獲；若用兵，則利歸臣下而人主任其禍。故勸用兵者，皆爲身謀爾。」契丹主驚曰：「何謂也？」弼曰：「晉高祖欺天叛君，末帝昏亂，土宇狹小，上下離叛，故契丹全師獨克。然虜獲金幣充牣諸臣之家，而壯士、健馬物故太半。今中國提封萬里，精兵百萬，法令修明，上下一心，北朝欲用兵，能保其必勝乎？就使其勝，所亡士馬，羣臣當之歟，抑人主當之歟？若通好不絕，歲幣盡歸人主，羣臣何利焉！」契丹主大悟，首肯者久之。弼又曰：「塞鴈門者，備元昊也。塘水始於何承矩，事在通好前。城隍皆修舊，民兵亦補闕，非違約也。」契丹主曰：「微卿言，吾不知其詳。雖然，吾祖宗故地，當見還也。」弼曰：「晉以盧龍賂契丹，周世宗復取關南地，皆異代事。若各求地，豈北朝之利哉！」既退，劉六符曰：「吾主恥受金幣，堅欲十縣，何如？」弼曰：「本朝皇帝嘗言：『爲祖宗守國，豈敢妄以土地與人！北朝所欲，不過租賦爾，朕不忍多殺兩朝赤子，故屈己增幣以代之。若必欲得地，是志在敗盟，假此爲辭爾。澶淵之盟，天地鬼神實臨之。北朝首發兵端，過不在我，天地鬼神，其可欺乎！』」六符謂其介曰：「南朝皇帝存心如此，大善！當共奏，使兩主意通。」明日，契丹主召弼同獵，引弼馬自近，謂曰：「得地則歡好可久。」弼反覆陳其不可狀，且言：「北朝既以得地爲榮，南朝必以失地爲辱。兄弟之國，豈可使一榮一辱哉！」獵罷，六符曰：「吾主聞公榮辱之言，意甚感悟，今惟有結婚可議爾。」弼曰：「結婚易生嫌隙，本朝長公主出降，齎送不過十萬緡，豈若歲幣無窮之利哉！」契丹主諭弼使還，曰：「俟卿再至，當擇一事受之。卿其遂以誓書來。」弼還，具以白帝。

癸亥，帝復使弼持和親、增幣二議及誓書往契丹，且命受口傳之詞於政府。既行，次樂壽，謂副使張茂實曰：「吾爲使而不見國書，脫書詞與口傳異，吾事敗矣。」啓視果不同，馳還都，以晡時入見，曰：「政府故爲此以陷臣，臣死不足惜，如國事何！」帝以問晏殊，殊曰：「呂夷簡決不爲此，誠恐誤爾。」弼曰：「晏殊奸邪，黨夷簡以欺陛下！」遂易書而行。

九月，富弼至契丹，不復議婚，專欲增幣，且曰：「南朝既增我歲幣，其遺我之辭當曰『獻』。」弼曰：「南朝爲兄，豈有兄獻於弟乎？」契丹主曰：「然則爲『納』字。」弼曰：「亦不可。」契丹主曰：「南朝既以厚幣遺我，是懼我矣，於一字何有？若我擁兵而南，得無悔乎！」弼曰：「本朝兼愛南北之民，故屈己增幣，何名爲懼？或不得已而用兵，則當以曲直爲勝負，非使臣之所知也。」契丹主曰：「卿勿固執，古有之矣。」弼曰：「自古惟唐高祖借兵突厥，當時贈遺，或稱獻納。其後頡利爲太宗所擒，豈復有此禮哉！」聲色俱厲。契丹主知不可奪，乃曰：「吾當自遣人議之。」乃留增幣誓書，而使其北院樞密副使耶律仁先及劉六符持誓書與弼偕來，且議「獻」、「納」二字。弼至，入對曰：「二字，臣以死拒之，虜氣折矣，可勿許也。」帝用晏殊議，竟以「納」字許之。於是歲增銀、絹各十萬匹、兩，送至白溝，仍遣知制誥梁適持誓書，與仁先如契丹報之。契丹亦遣使再致誓書，來報撤兵。自是通好如故。

李燾曰：時契丹實惜盟好，特爲虛聲以動中國。呂夷簡等乃許與過厚，遂爲無窮之害。

十一月，以富弼爲翰林學士，辭不拜。弼始受命使契丹，聞一女卒，再往，聞一男生，皆不顧。得家書未嘗發，輒焚之，曰：「徒亂人意。」於是帝復申樞密直學士之命，弼辭。又除翰林學士，弼懇辭曰：「增歲幣，非臣本意，特以方討元昊，未暇與角，故不敢以死爭，敢受賞乎！」

四年（甲申、一〇四四）五月，契丹伐党項，夏人救之，契丹遂伐夏，遣使來告師期。

冬十月，契丹主宗眞親將騎兵十萬出金肅城，遣弟重元將騎兵七千出南路，樞密使蕭惠將騎兵六萬出北路，三路濟河，長驅入夏境四百里，不見敵，據德勝寺南壁以待。惠與元昊戰於賀蘭山北，敗之。元昊見契丹兵盛，乃請和，退師十里，請收叛黨以獻，且進方物。契丹主遣樞密副使蕭革迓之，而進軍次於河曲。元昊親率党項三部以待罪。契丹命革詰其納叛背盟之故，賜之酒，許其自新。惠以爲大軍旣集，宜加伐，不可許和，契丹主猶豫未決。元昊以未得成言，又退師三十里以候。凡三退，將百里，每退必赭其地。契丹馬無所食，因許和。元昊乃遷延以老之，度其馬飢士疲，因縱兵急攻惠營，敗之。乘勝攻南壁，契丹主大敗，從數騎走得免。元昊入樞密使蕭孝友砦，執駙馬蕭胡覩以去。已而遣使歸其先所俘獲，契丹亦遣所留夏使還之。契丹主遂引兵還。

十一月，契丹以雲州爲西京，雲州卽雲中也，契丹建爲西京大同府。於是契丹境內凡五京，六〔府〕，州軍城百五十六，縣二百九，部族五（千）〔十〕（據遼史三七地理志補並改）二，屬國六十，東至於海，西至金山，暨於流沙，北至臚朐河，南至白溝，幅員萬里。

皇祐元年（己丑、一〇四九）三月己未，契丹遣使來告伐夏。

九月，契丹北院樞密使蕭惠帥師自河南進以伐夏，戰艦糧艘綿亙數百里。既入敵境，偵候不遠，鎧甲載於車，軍士不得乘馬。諸將請備不虞，惠曰：「諒祚必自迎車駕，何暇及我！無故設備，徒自斂耳。」契丹主既還，惠師尚進，未立營栅。夏人奄至，惠與麾下不及甲而走，追者射之，惠幾不得脫，士卒死傷者不可勝計。

冬十月，契丹復伐夏，獲夏主諒祚之母於賀蘭以歸。

五年（癸巳、一〇五三）九月，契丹及夏平。

至和二年（乙未、一〇五五）夏四月己亥，契丹遣使賀乾元節，持本國三世畫像來求御容。

八月，契丹主宗眞卒，廟號興宗。子洪基立，以太弟重元爲太叔，遣使來告哀。宗眞性佻俛，嘗因夜宴自入樂隊，又數變服入酒肆、寺觀，尤重浮屠法，僧有正拜三公、三師兼政事令者。其臣馬保忠嘗勸以臣下無勳勞宜序進之，宗眞怫然怒曰：「若爾，則是君不得專，豈社稷之福耶！」自是欲有遷除，必先厚賜近臣以絕其言。

遣知制誥劉敞使契丹弔祭。敞入境，契丹導之行，自古北至柳河，回〔屈〕（據宋史三一九劉敞傳補）殆千里，欲夸示險遠。敞質譯人曰：「自松亭趨柳河甚徑且易，不數日可抵中京，何爲故道此？」譯相顧駭愧，曰：「實然。但通好以來，置驛如是，不敢變也。」順州山中有異獸如馬而食虎豹，契丹不能識，問敞，敞曰：「此所謂駮也。」爲說其聲音、形狀，且誦山海經、管子書曉之，契丹益歎服。

嘉祐二年（丁酉、一〇五七）九月，契丹來聘，遣翰林學士胡宿報之。初，契丹主宗眞來求御容，會卒，乃已。至是，洪基復遣使來求，欲成先志。帝遣張（昪）〔昪〕報聘，諭使更致新主像。契丹欲先得之，（昪）〔昪〕（並據宋史一二仁宗紀、二一一宰相表，東都事略七一本傳改）曰：「昔文成弟也，弟先面兄，於禮爲順。況今南朝乃伯父之尊，當先致恭。」於是復使其臣蕭扈以洪基像來，宿乃奉御容如契丹。契丹主具儀仗迎謁，及瞻視，驚肅再拜，謂左右曰：「我若生中國，不過與之執鞭持蓋，一都虞候耳！」

八年（癸卯、一〇六三）六月，契丹太叔重元反，兵敗自殺。

英宗治平二年（乙巳、一〇六五）六月，詔遣官與契丹定疆界。

三年（丙午、一〇六六）春正月癸酉，契丹復改國號曰遼。

神宗熙寧七年（甲寅、一〇七四）三月，遼主以河東路沿邊增修戍壘，起鋪舍，侵入蔚、應、朔三州界內，使林牙蕭禧來言，乞行毀撤，別立界至。禧歸，帝面諭以「三州地界，俟遣官與北朝官卽境上議之。」遂遣太常少卿劉忱等如遼。遼遣樞密副使蕭素會忱於代州境上。詔下樞密院議，且手詔判相州韓琦、司空富弼、判河南府文彥博、判永興軍曾公亮條代北事宜以聞。琦奏言：「臣觀近年朝廷舉事，似不以大敵爲卹，彼見形生疑，必謂我有圖復燕南之意，故引先發制人之說，造爲釁端。所以致疑，其事有七：高麗臣屬北方，久絕朝貢，乃因商舶誘之使來，契丹知之，必謂將以圖我，一也；强取吐蕃之地以建熙河，契丹聞之，必謂行將及我，二也；徧植楡柳於西山，冀其成長以制蕃騎，三也；創團保甲，四也；河北諸州築城鑿池，五也；置都作院，頒弓刀新式，大作戰車，六也；置河北三十七將，七也。契丹素爲敵國，因事起疑，不得不然。臣嘗竊計，始爲陛下謀者必曰：『自祖宗以來，因循苟且。治國之本，當先聚財積穀，募兵於農，則可以鞭笞四夷，復唐故疆。』故散青苗錢，爲免役法，置市易務，次第取錢。新制日下，更改無常，而監司督責，以刻爲明。今農怨於畎畝，商歎於道路，長吏不安其職，陛下不盡知也。夫欲攘斥四夷以興太平，而先使邦本困搖，衆心離怨，此則爲陛下始謀者大誤也。臣今爲陛下計，宜遣報使，具言向來興作乃修備之常，豈有他意？疆土素定，悉如舊境，不可持此造端，以隳累世之好。可疑之形，如將官之類，因而罷去。益養民愛力，選賢任能，疎遠奸諛，進用忠鯁，使天下悅服，邊備日充。若其果自敗盟，則可一振威武，恢復故疆，攄累朝之宿憤矣。」弼、彥博、公亮亦皆有言，大抵度上以虜爲憂，故深指時事云。

八年（乙卯、一〇七五）三月，遼人復來議疆事，劉忱等與蕭素會於大黄平，三議不能決。虜初指蔚、朔、應三州分水嶺土隴爲界，及忱與之行視，無土隴，乃但云：「以分水嶺爲界。」凡山皆有分水，虜意至時可以罔取也。相持久之，至是，遼主復遣蕭禧來致圖書，以忱等遷延爲言，乃命韓縝代忱等與遼使議。縝與禧爭辯，或至夜分，禧執分水嶺之説不變，留館不肯辭，曰：「必得請而後反。」帝不得已，遣知制誥沈括報聘。括詣樞密院閲故牘，得頃歲所議疆地書，指古長城爲分界，今所爭乃黄嵬山，相遠三十餘里，表論之。帝喜愕，謂括曰：「兩府不究本末，幾誤國事。」命以畫圖示禧，禧議始屈。乃賜括白金千兩，使行。括至遼，遼相楊益戒與議不能屈，謾曰：「數里之地不忍，而輕絶好乎！」括曰：「師直爲壯，曲爲老。今北朝棄先君之大信，以威用其民，非我朝之不利也。」凡六會，竟不可奪，遂舍黄嵬而以天池請，括乃還。在道，圖其山川險易迂直，風俗淳龐，人情向背，爲使契丹圖，上之。

帝問張方平以祖宗禦戎之策孰長，方平曰：「太祖不勤遠略，如夏州李彝興、靈武馮暉、河西折御卿，皆因其酋豪，許以世襲，故邊圉無事。董遵誨捍環州，郭進守西山，李漢超保關南，皆十餘年，優其祿賜，寬其文法，而少遣兵。諸將財力豐而威令行，間諜詳審，吏士用命，賊所入輒先知，併力禦之，戰無不克。故以十五萬人獲百萬之用，終太祖之世，邊鄙不聳，天下安樂。及太宗平并，又欲遠取燕、薊，自是歲有契丹之虞，曹彬、劉廷讓、傅潛等數十戰，各亡士卒十餘萬。又內徙李彝興、馮暉之族，致繼遷之變。二邊皆擾，而朝廷始旰食矣。眞宗之初，趙得（用）〔明〕（據宋史四八五夏國傳、薛鑑改）納款，及澶淵之克，遂與契丹盟，至今人不識兵革，可謂盛德大業。祖宗之事大略如此，亦可以鑒矣！近歲邊臣建開拓之議，皆行險徼幸之人，欲以天下安危試之一擲，事成則身蒙其利，不成則陛下任其患，不可聽也。」時契丹遣泛使蕭禧，上問虜意安在，方平曰：「虜自與中國通好，安於豢養，吏士驕惰，實不用兵。昔蕭英、劉六符來，仁宗命二府置酒殿廬，英頗洩其情，六符變色目之，英歸，竟以此得罪。今禧黠，如故事令大臣與議，無屈帝尊與虜交。」上曰：「朕以慶歷講和之後，中國不爲善後之備，欲修輯爲應兵耳。」方平曰：「應兵，禍之已成者也；消變於未成，善之善者也。」

秋七月戊子，詔韓縝如河東，割地以畀遼。遼使爭議疆事不決，帝問於王安石，安石勸帝曰：「將欲取之，必姑與之。」於是詔〔於〕（據續綱目補）分水嶺爲界，蕭禧乃去。至是，遣天章閣待制韓縝如河東，割新疆與之，凡東西失地七百里，遂爲異日興兵之端。

十二月，遼主洪基殺其后蕭氏。時北院樞密使耶律乙辛專政，勢傾一國，而忌后明敏，誣后與伶官趙惟一私通，遂族誅惟一，而賜后自盡。

十年（丁巳、一〇七七）十一月，遼主洪基殺其太子濬。濬，蕭后之子也。乙辛既譖殺蕭后，謀搆濬以罪，陰令護衞耶律查剌誣告都宮使耶律撒剌及忽古等謀廢洪基而立濬。遼主信之，誅撒剌等，廢濬爲庶人，徙於上京。乙辛夜遣力士殺濬，以卒聞。

元豐三年（庚申、一〇八〇）春正月，遼出耶律乙辛於興中府。乙辛又欲害太子濬之子延禧，因言宋（衞）〔魏〕王（據續綱目、薛鑑改）和魯斡之子淳可爲儲嗣。羣臣畏乙辛，莫敢言。北院宣徽使蕭兀納、夷離畢蕭陶隗諫曰：「舍嫡不立，是以國與人也。」遼主猶豫不決。會獵於黑山，見扈從官屬多隨乙辛後，始惡其專，遂改乙辛知南院大王事。乙辛入謝，遼主即日出之興中府，其黨多黜，遂封延禧爲梁王，設旗鼓拽剌六人以護衞之。時延禧生六年矣。

建中靖國元年（辛巳、一一〇一），遼主洪基卒，孫延禧立，是爲天祚帝。事見後。

宋史紀事本末卷二十二

天書封祀

眞宗景德三年（丙午、一〇〇六）二月，罷寇準平章事，出知陝州。準爲相，用人不以次，同列頗不悅。他日除官，同列目吏持例簿以進，準曰：「宰相所以進賢退不肖，若用例，一吏職耳。」自澶淵還，頗矜其功，帝待準甚厚，王欽若深嫉之。一日會朝，準先退，帝目送之，欽若因進曰：「陛下敬準，爲其有社稷功耶？」帝曰：「然。」欽若曰：「澶淵之役，陛下不以爲耻，而謂準有社稷功，何也？」帝愕然曰：「何故？」欽若曰：「城下之盟，春秋耻之。澶淵之舉，以萬乘之貴而爲城下之盟，何耻如之！」帝愀然不悅。欽若曰：「陛下聞博乎？博者輸錢欲盡，乃罄所有出之，謂之孤注。陛下，寇準之孤注也，斯亦危矣。」由是帝顧準寖衰，竟罷爲刑部尚書，出知陝州。

初，張詠在成都，聞準入相，謂僚屬曰：「寇公奇材，惜學術不足爾。」及準知陝，詠適自成都還，準逆之郊，問曰：「何以教準？」詠徐曰：「霍光傳不可不讀也。」準莫諭其意，歸取其傳讀之，至「不學無術」，笑曰：「此張公謂我也。」未幾，移準知天雄軍。契丹使過大名，謂準曰：「相公望重，何故不在中書？」準曰：「主上以朝廷無事，北門鎖鑰，非準不可耳。」

大中祥符元年（戊申、一〇〇八）春正月乙丑，有天書見於承天門，大赦，改元。帝自聞王欽若言，深以澶淵之盟爲辱，嘗怏怏不樂。欽若度帝厭兵，因謬進曰：「陛下以兵取幽、薊，乃可滌此恥。」帝曰：「河朔生靈，始免兵革，朕安忍爲此？可思其次。」欽若曰：「惟封禪可以鎭服四海，誇示外國。然自古封禪，當得天瑞希世絕倫之事，乃可爾。」既而又曰：「天瑞安可必得？前代蓋有以人力爲之者，惟人主深信而崇奉之，以明示天下，則與天瑞無異也。陛下謂河圖、洛書果有耶？聖人以神道設教耳。」帝沈思久之，曰：「王旦得無不可乎？」欽若曰：「臣喻以聖意，宜無不可。」欽若乃乘間爲旦言，旦黽勉從之。帝尙猶豫，會幸祕閣，驟問直學士杜鎬曰：「古所謂河出圖，洛出書，果何事耶？」鎬老儒，不測上旨，漫應之曰：「此聖人以神道設教爾。」帝意遂決，遂召旦飲，歡甚，賜以尊酒，曰：「歸與妻孥共之。」既歸，發封，則皆美珠也。旦悟帝旨，自是不敢有異議。至是，帝謂羣臣曰：「去冬十一月庚寅，夜將半，朕方就寢，忽室中光耀，見神人星冠絳衣，告曰：『來月宜於正殿建黃籙道場一月，當降天書大中祥符三篇。』朕竦然起對，已復無見。自十二月朔卽齋戒於朝元殿，建道場以佇神貺。至是，適皇城司奏有黃帛曳左承天門南鴟尾上，令中使視之，帛長二丈許，緘物如書卷，纏以青縷，封處隱隱有字，蓋神人所謂天降之書也。」旦等皆再拜稱賀。帝卽步至承天門，瞻望，再拜，遣二內侍升屋，奉之下。旦跪進，帝再拜受之，親置輿中，導至道場，授陳堯叟啓封。帛上有文曰：「趙受命，興於宋，付於昚，居其器，守於正，世七百，九九定。」帝跪受，復命堯叟讀之，有書黄字三幅，詞類洪範、道德經，始言帝能以至孝至道紹世，次諭以清淨簡儉，終述世祚延永之意。讀訖，帝復跪奉，韞以所緘帛，盛以金匱。羣臣入賀於崇政殿，賜宴，帝與輔臣皆蔬食。遣官告天地、宗廟、社稷。大赦，改元，羣臣加恩，賜京師酺五日。改左承天門爲承天祥符。置天書儀衛扶侍使，有大禮，卽命宰執近臣兼之。欽若之計旣行，陳堯叟、陳彭年、丁謂、杜鎬益以經義附和，而天下爭言祥瑞矣。獨龍圖閣待制孫奭言於帝曰：「以臣愚所聞，天何言哉！豈有書也？」帝默然。

三月，詔議封禪。宰相王旦等率文武百官、諸軍將校、官吏、藩夷、僧道、耆壽二萬四千三百餘人，凡五上表，請帝封禪。帝意未決，召丁謂問以經費，謂對曰：「大計有餘。」議乃定。命翰林、太常詳定儀注。先是，西北用兵，帝便殿延訪，多至旰食，王旦歎曰：「我輩安得坐致太平，優游無事耶！」宰相李沆曰：「强敵外患，足爲儆戒，他日四方寧謐，朝廷未必無事。」旦以爲不然。沆又日取四方水旱、盜賊奏之，旦以爲細事不足煩帝聽。沆曰：「人主少年，當使知四方艱難，不然，血氣方剛，不留意聲色犬馬，則土木、甲兵、禱祠之事作矣。」至是，其言果驗。

夏四月乙未，以王欽若參知政事。丙申，以王旦爲封禪大禮使，王欽若等爲經度制置使，馮拯、陳堯叟爲分掌禮儀使，丁謂等計度財用。謂時權三司使，遂著景德會計錄以獻，因條大禮經費，以備參校，優詔奬之。

六月乙未，王欽若至乾封，上言：「泰山醴泉出，錫山蒼龍見。」未幾，木工董祚於醴泉亭北見黃帛曳林木上，有字不能識，言於皇城使王居正。居正見其上有御名，馳告欽若。欽若奉至社首，跪授中使，馳捧詣闕。帝御崇政殿，趣召羣臣曰：「朕五月丙子夜，復夢向者神人言：『來月上旬，當賜天書於泰山。』卽密諭欽若等，凡有祥異卽上聞，今果與夢協。上天眷祐，惟懼不稱。」王旦等再拜稱賀，乃迎奉含芳園之正殿。帝齋戒，備法駕詣殿，拜受之，授陳堯叟啓封。其文曰：「汝崇孝奉吾，育民廣福。錫爾嘉瑞，黎庶咸知。祕守斯言，善解吾意。國祚延永，壽歷遐歲。」讀訖，復奉以升殿。於是羣臣表上尊號曰崇文廣武儀天尊道寶應章感聖明仁孝皇帝。未幾，欽若獻芝草八千本，趙安仁獻五色金玉丹、紫芝八千七百餘本，諸州上芝草、嘉禾、瑞木、三脊茅等，不可稱紀。九月，令有司勿奏大辟案，以天書告於太廟。

乙酉，親習封禪儀於崇德殿。

作玉清昭應宮，奉天書也。知制誥王曾、都虞候張旻皆上疏諫，不聽。

冬十月辛卯，帝發京師，以玉輅載天書先道，凡十七日，至泰山。王欽若等獻芝草三萬八千餘本。齋戒三日，登山，道經險峻，降輦步進，鹵簿儀衞列於山下。享昊天上帝於圜臺，陳天書於左，以太祖、太宗配。命羣臣享五方帝及諸神於山下封祀壇。帝飲福酒，攝中書令王旦跪稱曰：「天賜皇帝太一神符，周而復始，永綏兆人。」三獻畢，封金玉匱。王旦奉玉匱，置於石䃭；攝太尉馮拯奉金匱以降，將作監領徒封䃭。帝登圜臺，閱視訖，還御幄。宰相率從官稱賀。明旦，禪祭皇地祇於社首山，如封祀儀。禮畢，御壽昌殿，受羣臣朝賀。大赦天下，文武並進秩。令開封府及所過州、軍考送舉人。賜天下酺三日。改乾封縣爲奉符縣。大宴穆清殿，又宴泰山父老於殿門。

十一月戊午，帝過曲阜縣，謁孔子廟，酌獻再拜，近臣分奠七十二弟子，遂幸孔林。加謚孔子曰玄聖文宣王，祭以太牢，賜錢三十萬，帛三百匹。又追謚齊太公望爲昭烈武成王，周文公旦爲文憲王。太公立廟青州，周公立廟曲阜。尋復追封孔子廟配享從祀者，顏回爲兗國公，閔損、曾參及漢儒、左丘明以下爲郡公、侯、伯。

丁丑，帝自泰山奉天書還宮，羣臣爭頌功德，惟進士孫籍獻書言：「封禪，帝王之盛事，願陛下謹於盈成，不可遂自滿假。」知制誥周起亦上言：「天下之勢，常患恬於逸安而忽於兢畏，願毋以告成爲恃。」

十二月辛卯，帝御朝元殿，受尊號。宰相王旦等各進秩有差。先是，汀州人王捷言：「於南康遇道人，姓趙氏，授以丹術及小鐶神劍，蓋司命眞君也，是爲聖祖。」宦者劉承珪以聞，賜捷名中正，得對龍圖閣。既東封，加聖祖號爲司命天尊，授中正左武衛將軍，恩遇甚厚。

二年（己酉、一〇〇九）二月，以方士王中正爲左武衛將軍。

十二月辛丑，權三司使丁謂上封禪祥瑞圖，示百官於朝堂。自封禪之後，士大夫爭奏符瑞，獻贊頌，崔立獨言：「水發徐、兗，旱連江、淮，無爲烈風，金陵大火，是天所以戒驕矜也。而中外多上雲霧、草木之瑞，此何足爲治道言哉！」不省。

三年（庚戌、一〇一〇）六月，河中府進士薛南及父老、僧道千二百人請祀后土於汾陰。

八月丁未，詔：「明年春，有事於汾陰。」戊申，以知樞密院事陳堯叟爲祀汾陰經度制置使，以王旦爲大禮使，王欽若爲禮儀使。

冬十月庚申，丁謂上大中祥符封禪記。

十二月，陝州言黃河清。集賢校理晏殊獻河清頌。帝作奉天庇民述，示宰相。

四年（辛亥、一〇一一）春正月辛巳，以將祀汾陰，詔執事懈怠者罪勿原。是時大旱，京師近郡穀踊貴，龍圖閣待制孫奭上疏曰：「先王卜征五年，歲習其祥，祥習則行，不習則增修德而改卜。陛下始畢東封，更議西幸，殆非先王卜征五年愼重之意，其不可一也。夫汾陰后土，事不經見。昔漢武帝將封禪，故先封中嶽，祀汾陰，始巡幸郡縣，遂有事於泰山。今陛下既已登封，復欲幸汾陰，其不可二也。古者圜丘、方澤，所以郊祀天地，今南、北郊是也。漢初承秦，唯立五畤以祀天，而后土無祀，故武帝立祠於汾陰。自元、成以來，從公卿之議，遂徙汾陰后土於北郊，後之王者多不祀汾陰。今陛下已建北郊，乃舍之而遠祀汾陰，其不可三也。西漢都雍，去汾陰至近。今陛下經重關，越險阻，輕棄京師根本，而慕西漢之虚名，其不可四也。河東，唐王業之所起也，唐又都雍，故明皇間幸河東，因祀后土。聖朝之興，事與唐異，而陛下無故欲祀汾陰，其不可五也。昔者周宣王遇災而懼，故詩人美其中興，以爲賢主。比年以來，水旱相繼，陛下宜側身修德，以答天譴。豈宜下徇奸回，遠勞民庶，盤游不已，忘社稷之大計，其不可六也。夫雷以二月啓蟄，八月收聲，育養萬物，失時則爲異。今震雷在冬，爲異尤甚。此天意丁寧，以戒陛下，而反未悟，殆失天意，其不可七也。夫民，神之主也，是以聖王先成民而後致力於神。今國家土木之功，累年未息，水旱洊沴，饑饉居多，乃欲勞民事神，神其享之乎！其不可八也。陛下必欲爲此者，不過效漢武帝、唐明皇巡幸所至，刻石頌功，以崇虚名，夸示後世爾。陛下天資聖明，當慕二帝、三王，何爲下襲漢、唐之虚名？其不可九也。唐明皇以嬖寵奸邪，内外交害，身播國危，兵交闕下，亡亂之迹如此，由狃於承平，肆行非義，稔致禍敗。今議者引開元故事以爲盛烈，乃欲倡導陛下而爲之，臣切爲陛下不取，其不可十也。臣言不逮意，陛下以臣言爲可取，願少賜清問，以畢臣說。」

帝遣內侍皇甫繼明就問，又上疏曰：「陛下將幸汾陰，而京師民心弗寧，江、淮之衆困於調發，理須鎮安而矜存之。且土木之功未息，而奪攘之盜公行，外國治兵，不遠邊境，使者（雜）〔雖〕（據宋史四三一孫奭傳改）至，寧可保其心乎！昔陳勝起於徭戍，黃巢出於凶饑，隋煬帝勤遠略而唐高祖興於晉陽，晉少主惑小人而耶律德光長驅中國。陛下俯從奸佞，遠棄京師，涉仍歲洊饑之墟，修違經久廢之祠，不念民疲，不恤邊患，安知今日戍卒無陳勝，饑民無黃巢，英雄將無窺伺於肘腋，外敵將無觀釁於邊鄙乎？先帝嘗議封禪，寅畏天災，尋詔停寢。今奸臣乃贊陛下力行東封，以爲繼成先志。先帝嘗欲北平幽、朔，西取繼遷，大勳未集，用付陛下，則羣臣未嘗獻一謀，畫一策，以佐陛下繼先帝之志者，反務卑辭重幣，求和於契丹，蹴國縻爵，姑息於繼遷，曾不思主辱臣死爲可戒，誣下罔上爲可羞。撰造祥瑞，假託鬼神，纔畢東封，便議西幸，輕勞車駕，虐害饑民，冀其無事往還，便謂成大勳績。是陛下以祖宗艱難之業，爲奸邪僥倖之資，臣所以長歎而痛哭也！夫天地神祇，聰明正直，作善降之百祥，作不善降之百殃。未聞專事籩豆簠簋，可邀福祥。春秋傳曰：『國之將興，聽於民；將亡，聽於神。』愚臣非敢妄議，惟陛下終賜裁擇！」時羣臣爭奏祥瑞，奭又上言：「方今野鵰、山鹿，並形奏簡，秋旱、冬雷，率皆稱賀，退而腹非竊笑者，比比皆是。孰謂上天爲可罔，下民爲可愚，後世爲可欺乎！人情如此，所損不細，惟陛下深鑒其妄！」帝知其忠而不能從。

乙酉，帝習祀后土儀。丙申，詔以六月六日天書再降日爲天貺節。丁酉，奉天書發京師。

二月壬子，車駕出潼關，渡渭河，遣近臣祀西嶽。癸丑，次河中府。丁巳，至寶鼎縣。辛酉，祀后土地祇。壬戌，大赦，賜天下酺三日。作汾陰配饗銘、河瀆四海贊。

召草澤李瀆、劉巽。瀆以足疾辭，再拜，遣使存問，瀆自陳世本儒、墨習靜避世之意。瀆素嗜酒，人或勉之，答曰：「扶羸養疾，舍此莫可，從吾所好，以盡餘年，不亦樂乎！」巽至，授大理評事。

乙巳，次華州，召見隱士鄭隱、李寧，賜茶果、粟帛。辛未，次閿鄉，召見道士柴又玄，問以無爲之要。

三月甲戌，次陝州，遣陝令王希召草澤魏野，辭疾不至，上言：「麋鹿之性，頓纓則狂；望回過聽，許令愚守。」詔長吏常加存撫，命工圖其所居，觀之。野居陝之東郊，架草堂，有水竹之勝，好彈琴作詩，以淸苦聞於時。嘗以詩諷寇準、王旦乞休，帝故不强其出。

己卯，次西京。丙申，謁諸陵。

夏四月甲辰朔，帝至自汾陰。宰相、親王以下進秩有差。

九月辛卯，以向敏中等爲五嶽奉册使，加上五嶽帝號。帝御朝元殿發册。

五年（壬子、一〇一二）八月，作會靈觀，奉祀五嶽。

戊子，以王欽若、陳堯叟並爲樞密使，丁謂參知政事，馬知節爲樞密副使。時，天下乂安，王欽若、丁謂導帝以封祀，眷遇日隆。欽若自以深達道教，多所建明，而謂附會之，與陳彭年、劉承珪等蒐講墜典，大修宫觀。以林特有心計，使爲三司使，以幹財利。五人交通，蹤跡詭祕，時號「五鬼」。王旦欲諫，則業已同之；欲去，則上遇之厚。追思李沆之先識，歎曰：「李文靖眞聖人也！」欽若狀貌短小，項有附疣，時人目爲「瘿相」，性傾巧，敢爲矯誕，然智數過人，每朝廷有興作，能委曲遷就，以中帝意。知節以衆方競言祥瑞，深不然之，每言於帝曰：「天下雖安，不可忘戰去兵也。」

冬十月戊午，帝語輔臣曰：「朕夢神人傳玉皇之命云：『先令汝祖趙玄朗授汝天書，今令再見汝。』明日，復夢神人傳聖祖言：『吾座西，斜設六位以候。』是日，卽於延恩殿設道場，五鼓一籌，先聞異香。頃之，黄光滿殿，聖祖至，朕再拜殿下。俄有六人至，揖聖祖皆就坐。聖祖命朕前，曰：『吾人皇九人中一人也，是趙之始祖；再降，乃軒轅黄帝；後唐時復降，主趙氏之族，今已百年。皇帝善爲撫育蒼生，無怠前志。』即離座乘雲而去。」王旦等皆再拜稱賀。詔天下避聖祖諱，玄爲元，朗爲明，凡載籍偏犯者，各缺其點畫。尋以玄、元聲相近，改玄爲眞，玄武爲眞武。己未，大赦。

閏十月己巳，上聖祖尊號曰聖祖上靈高道九天司命保生天尊大帝，聖母懿號曰元天大聖后，遂加太廟六室尊號。羣臣上帝尊號曰崇文廣武感天尊道應眞佑德上聖欽明仁孝皇帝。戊寅，建景靈宮、太極觀於壽丘，以奉聖祖、聖母，且詔天下天慶觀並增建聖祖殿。辛巳，詔建康軍鑄玉皇、聖祖、太祖、太宗尊像。尋以丁謂爲奉迎使，奉安於玉淸昭應宮，帝率百官郊謁。又詔刻天書於宮，以王旦爲刻玉使，王欽若與丁謂副之。戊子，御製配享樂章幷二舞名，文曰發祥流慶，武曰隆眞觀德。

十一月丙申，帝親祀玉皇於朝元殿。甲辰，加王旦門下侍郎，向敏中中書侍郎，內外官加恩。置玉淸昭應宮使，以王旦爲之。丁未，作汴水發願文。

十二月戊辰，作景靈宮於京師，奉聖祖也。

六年（癸丑、一〇一三）春正月癸巳朔，司天監言五星同色。

六月，亳州官吏、父老三千三百人詣闕，請謁太淸宮。

八月庚申，詔來春親謁太淸宮。庚午，加號太上老君混元上德皇帝。孫奭上疏曰：「陛下封泰山，祀汾陰，躬謁陵寢，今又將祠於太清宮。外議籍籍，以謂陛下事事慕效唐明皇。且以明皇爲令德之主耶？甚不然也。明皇禍敗之迹，有足爲深戒者，非獨臣能知之，近臣不言者，此懷奸以事陛下也。明皇之無道，亦無敢言者，及奔至馬嵬，軍士已誅楊國忠，請矯詔之罪，乃始諭以識理不明，寄任失所。當時雖有罪己之言，覺寤已晚，何所及也！臣願陛下早自覺寤，抑損虛華，斥遠邪佞，罷興土木，不襲危亂之迹，無爲明皇不及之悔，此天下之幸，社稷之福也！」帝以爲：「封泰山，祀汾陰，上陵，祀老子，非始於明皇；開元禮今世所循用，不可以天寶之亂舉謂爲非也。秦爲無道甚矣，今官名、詔令、郡縣猶襲秦舊，豈以人而廢言乎！」作解疑論以示羣臣。然知奭樸忠，雖其言切直，容之而弗斥。

七年（甲寅、一〇一四）春正月，帝將如亳州，謁老子，命王旦兼大禮使，丁謂兼奉祀經度制置使，陳彭年副之。

壬寅，奉天書發京師。丙午，次奉元宮，判亳州丁謂獻白鹿一，芝九萬五千本。戊申，王旦上混元上德皇帝册寶。己酉，謁老子於太清宮，升亳州爲集慶軍節度，減歲賦十之三。太史言含譽星見。庚戌，賜酺三日。

二月辛酉，帝至自亳州。壬申，祀天地，大赦。

十一月乙酉，玉清昭應宮成。初議營宮，料工須十五年，修宮使丁謂令以夜繼晝，每繪一壁給二燭，故七年而成。凡二千六百一十楹，制度宏麗。屋宇少不中程式，雖金碧已具，劉承珪必令毀而更造，有司莫敢較其費。

八年（乙卯、一〇一五）春正月壬午朔，謁玉清昭應宮，奉安刻玉天書於寶符閣，以帝容立侍其側。還，御崇德殿受賀，赦天下，非十惡、枉法、贓，咸除之。帝製誓文，刻石，置於寶符閣下。又製欽承寶訓述，以示中外。

九月，知陳州張詠卒，遺表言：「不當造宮、觀，竭天下之財，傷生民之命，此皆賊臣丁謂誑惑陛下。乞斬謂頭置國門以謝天下，然後斬詠頭置丁氏之門以謝謂。」帝歎其忠。

九年（丙辰、一〇一六）春正月丙辰，置會靈觀使，以丁謂為之。

天禧元年（丁巳、一〇一七）春正月辛丑朔，改元，詣玉清昭應宮，薦獻，上玉皇大天帝寶册、衮服。壬寅，上聖祖寶册。己酉，上太廟謚册。辛亥，謝天地於南郊，大赦。御天安殿，受册號。乙卯，作欽承寶訓述，示羣臣。

三月，以王曾兼會靈觀使，曾辭不受。王欽若方挾符瑞以固寵位，陰排異己者。會有詔以曾為會靈觀使，曾以推欽若，帝不悅，謂曾曰：「大臣宜傅會國事，何遽自異耶？」曾頓首曰：「君從諫謂明，臣盡忠謂義。陛下不知臣駑病，使待罪宰府，臣知義而已，不知異也。」

九月癸卯，王曾罷。曾既不受會靈觀使，上意不懌，王欽若數譖之。會曾市賀皇后家舊第，其家未徙，而曾令人舁土置其門，賀氏訴於朝，遂罷曾政事。王旦在告，聞之，曰：「王君介然，他日德望勳業甚大，顧予不得見爾。」或請其故，曰：「王君昨讓觀使，雖拂上旨，而詞直氣和，了無所慴，且始被進用，已能若是。我自在政府二十年，每進對稍忤，即踧踖不能自容，以是知其偉度矣。」

己酉，王旦卒。旦自祥符以來，每有大禮，輒奉天書以行，常悒悒不樂。臨終，語其子曰：「我別無過，惟不諫天書一節，爲過莫贖。我死之後，當削髮披緇以斂。」諸子欲奉遺令，楊億以爲不可，乃止。議者謂旦得君，言聽計從，而不能以正自終，或比之馮道云。

二年（戊午、一〇一八）夏，皇城司言：「保聖營之西南，營卒有見龜蛇者，因就建眞武祠。今泉湧祠側，疫癘者飲之多愈。」詔卽其地建祥源觀。任布上疏，言：「不宜以神怪衒愚俗。」不報。

三年（己未、一〇一九）六月甲午，王欽若罷，判杭州，以寇準同平章事，丁謂參政知事。先是，巡檢朱能挾內侍都知周懷政詐爲天書降於乾祐山，時寇準判永興軍，婿王曙居中，與懷政善，勸準與能合，遂以上聞。詔迎入禁中，中外皆識其詐，帝獨信之。諭德魯宗道言：「奸臣誕妄，以惑聖聽。」知河陽孫奭上疏曰：「朱能者，奸險小人，妄言祥瑞，而陛下崇信之，屈至尊以迎拜，歸祕殿以奉安。上自朝廷，下及閭巷，靡不痛心疾首，反脣腹非，而無敢言者。

昔漢文成將軍以帛書飯牛，旣而言牛腹中有奇書，殺視得書，天子識其手迹。又有五利將軍妄言方，多不讎，二人皆坐誅。先帝時，有侯莫陳利用者，以方術暴得寵用，一旦發其奸，誅於鄭州。漢武可謂雄材，先帝可謂英斷。唐明皇得靈寶符、上淸護國經、寶券等，皆王鉷、田同秀等所爲，明皇不能顯戮，怵於邪說，自謂德實動天，神必福我。夫老君，聖人也，儻實降語，固宜不妄。而唐自安、史亂離，乘輿播越，兩都盪覆，四海沸騰，豈天下太平乎！明皇雖僅得歸闕，復爲李輔國刧遷，卒以憂終，豈聖壽無疆，長生久視乎！以明皇之英睿，而禍患猥至曾不知者，良由在位旣久，驕亢成性，謂人莫己若，謂諫不足聽，心玩居常之安，耳熟導諛之說，內惑寵嬖，外任奸回，曲奉鬼神，過崇妖妄，今日見老君於閣上，明日見老君於山中，大臣尸祿以將迎，端士畏威而緘默。旣惑左道，卽紊政經，民心用離，變起倉卒，當是之時，老君寧肯禦兵，寶符安能排難邪！今朱能所爲，或類於此。願陛下思漢武之雄材，法先帝之英斷，鑑明皇之召禍，庶幾災害不生，禍亂不作。」皆不聽。寇準由是得召用矣。時，欽若恩禮衰，商州捕得道士譙文易，蓄禁書，能以術使六丁六甲神，欽若坐與之出入，遂罷，以準代相。準之始召也，門生有勸準者曰：「公若至河陽，稱疾堅求外補，此爲上策；儻入見，卽發乾祐天書之詐，斯爲次也；最下則再入中書，大喪平生矣！」準不懌。

乾興元年（壬戌、一〇二二）二月戊午，帝崩。

冬十月，葬永定陵，以天書殉。

史臣曰：眞宗英悟之主，其初踐位，相臣李沆慮其聰明，必多作爲，數奏災異，以杜其侈心，蓋有所見也。及澶淵旣盟，封禪事作，祥瑞沓臻，天書屢降，導迎奠安，一國君臣如病狂然，吁可怪也！他日修遼史，見契丹故俗，而後推求宋史之微言焉。宋自太宗幽州之敗，惡言兵矣。契丹其主稱天，其后稱地，一歲祭天，不知其幾，獵而手接飛雁，鴇自投地，皆稱爲天賜，祭告而誇耀之。意者宋之諸臣因知契丹之習，又見其君有厭兵之意，遂進神道設教之言，欲假是以動敵人之聽聞，庶幾足以潛消其窺覦之志歟？然不思修本以制敵，又效尤焉，計亦末矣！仁宗以天書殉葬山陵，嗚呼賢哉！

仁宗天聖七年（己巳、一〇二九）六月，大雨震雷，玉清昭應宮災。詔繫守衞者於御史獄。太后泣對大臣曰：「先帝尊天奉道，故竭力成此宮，今一夕延燎幾盡，惟長生、崇壽二小殿存，何以稱遺旨哉！」范雍抗言曰：「不若悉燔之也！先朝以此竭天下之力，遽爲灰燼，非出人意。如因其所存，又將葺之，則民不堪命，非所以祗天戒也。」王曾、呂夷簡又助雍言。中丞王曙亦言：「玉清昭應宮之建非應經義，天變來警，願除其地，罷諸禱祀，以應天變。」右司諫范諷復言：「此實天變，不當置獄。」太后與帝感悟，遂減守衞者罪，下詔不復修治，以二殿爲萬壽觀，罷諸宮觀使。

宋史紀事本末卷二十三

丁謂之姦

真宗天禧三年（己未、一〇一九）六月，以寇準同平章事，丁謂參知政事。先是，準與謂善，嘗薦其才於李沆，沆不用，準問之，沆曰：「謂誠才，顧其爲人，可使之在人上乎！」準曰：「如謂者，相公終能抑之使在人下乎！」沆笑曰：「他日當思吾言。」準終不以爲然。謂既因準稱譽，漸致通顯，雖同列而事準最謹。嘗會食中書，羹汚準鬚，謂徐起拂之，準笑曰：「參政，國之大臣，乃爲官長拂鬚耶！」謂大慚恨，遂成仇隙。

四年（庚申、一〇二〇）六月丙申，寇準罷。時，帝得風疾，事多決於皇后，寇準、李迪以爲憂。一日，準請間曰：「皇太子，人所屬望，願陛下思宗廟之重，傳以神器，擇方正大臣羽翼之。丁謂、錢惟演，佞人也，不可以輔少主。」帝然之。準密令楊億草表，請太子監國，且欲援億輔政。已而準被酒漏言，謂聞之，曰：「卽日上體平，朝廷何以處此？」李迪曰：「太子出則撫軍，入則監國，古之制也，何不可之有？」謂力譖準，請罷其政事。帝不記與準有成言，竟罷爲太子太傅。

七月丙寅，以李迪同平章事，馮拯爲樞密使。

庚午，以丁謂、馮拯並同平章事。

癸酉，入内都知官者周懷政伏誅。丁丑，貶寇準知相州。初，帝得疾，自疑不起，嘗臥周懷政股，與之謀，欲命太子監國。懷政，東宮官也，出告寇準。已而事泄，準罷，丁謂等因疏斥之，使不得親近。懷政憂懼不自安，陰謀奉帝爲太上皇而傳位太子，罷皇后預政，殺丁謂而復相準。客省使楊崇勳等以其謀告謂，謂卽微服，夜乘犢車，挾崇勳詣曹利用議。明日，以聞。詔命曹瑋訊之，懷政具服。帝怒甚，欲責及太子，羣臣莫敢言，李迪從容奏曰：「陛下有幾子，乃欲如是？」帝悟，乃止誅懷政。謂與皇后謀，幷發朱能天書妖妄事，遂貶準爲太常卿，知相州，而罷翰林學士盛度、樞密直學士王曙，朝士與準親厚者，皆斥之。準之貶也，帝命與小州，謂輒云：「與遠小州。」迪言：「向者聖旨無『遠』字。」二人忿爭蓋始此。

八月乙酉，以任中正、王曾並參知政事，錢惟演爲樞密副使。

壬寅，貶寇準爲道州司馬。時，遣使捕朱能，能殺中使，擁衆叛，未幾，衆潰自殺。準坐是再貶道州。初，帝欲謫準江、淮間，謂竟除道州，同僚莫敢言，王曾獨以帝語質之，謂顧曰：「居停主人勿復言。」蓋指曾嘗以第舍假準也。

九月，帝疾愈。丙辰，始御崇德殿視事，治朱能黨，死、流者數十人。壬戌，給事朱巽、郎中梅詢坐不察朱能姦，謫官。

十一月戊辰，李迪、丁謂罷。時，丁謂擅權用事，至除吏不以聞，迪憤然，謂同列曰：「迪起布衣至宰相，有以報國，死猶不恨，安能附權倖爲自安計耶！」會議二府皆進秩兼東宮官，迪以爲不可。謂又欲引林特爲樞副，迪復沮之，謂積怒。既而謂加門下侍郎，兼太子太傅；迪加尚書左丞，仍兼太子少傅。故事，宰相無兼左丞者。及入對長春殿，內出制書，置榻前，帝謂輔臣曰：「此卿等兼東宮官制也。」迪進曰：「東宮官屬不當增制，臣不敢受命。丁謂罔上弄權，私林特、錢惟演而嫉寇準，特子殺人，事寢不治，準无罪遠謫，惟演以皇后姻家使預朝政，曹利用、馮拯相爲朋黨。臣願與謂俱罷，付御史臺劾正。」帝怒，留制不下，左遷迪知鄆州，謂知河南府。明日，謂入謝，帝詰所爭狀，謂對曰：「非臣敢爭，乃迪詈臣耳，願復留。」遂自出傳口詔，復入中書視事。時翰林學士劉筠已草迪、謂同罷制，既而謂復留，命草制，筠不奉詔，乃更召學士晏殊草之。筠自院出，遇殊於樞密院南門，殊惶愧，側面不敢與揖。謂既復位，益擅權專恣。筠曰：「奸人用事，安可一日居此！」力請補外，遂知廬州。

庚午，詔：「自今軍國大事仍舊親決，餘皆委皇太子同宰相、樞密等參議施行。」太子固讓，不允，遂開資善堂親政，皇后裁決於內，而丁謂用事，中外以爲憂。王曾謂錢惟演曰：

「太子幼，非中宮不能立，中宮非倚太子則人心亦不附。后若加恩太子則太子安，太子安則劉氏安矣。」惟演乘間言之，后深納焉。

陳邦瞻曰：當國家危疑之勢，定社稷，安人主，此天下之所謂大忠也，然而非智不濟。夫轉戶者係樞，智者於安危之際，亦能得其樞而轉之耳。方宋眞宗之寢疾也，事皆決於劉后，而太子非后出，丁謂以奸邪亂政，錢惟演復以后戚佐之，一有搖動則宋事去矣。當時寇準、李迪皆忠臣，其計皆在逐謂與演而后乃可制，后可制而太子乃可安也。夫此策而濟，已非善處人母子之間，且慮無以善其後；此策而不濟，則禍豈可測哉！周懷政之死，太子得不廢者，特天幸也。夫當時不難逐謂，而難於安后之心，后心不安則呂、武之事且復見。奸人之欲爲謂者，皆是也，可盡逐哉！后心安則去謂如孤豚腐鼠耳！善乎王曾之告惟演也，曰：「太子幼，非中宮不能立，中宮非倚太子則人心亦不附。后若加恩太子則太子安，太子安則劉氏安矣。」夫后直懼劉氏之不安耳，非有則天改姓易命之志也。彼曉然知太子安而己安，豈忍復爲邪謀也哉！蓋自是而小人僥倖之計始不得入，則曾之一言有以深動其心也。然是言也，非由惟演進則后不信，是又曾之所以爲智也。萊公號爲能斷大事，然於此不如沂公遠矣！

以丁謂兼太子少師，馮拯兼少傅，曹利用兼少保。

五年（辛酉、一〇二一）十一月，丁謂加司空，馮拯加左僕射，曹利用加右僕射。時，謂威權日盛，朝臣多附之，起居注李垂獨不往謁。或問其故，垂曰：「謂爲宰相，不以公道副天下望，而恃權怙勢，視若所爲，必遊朱崖。吾不欲在其黨中。」謂聞而惡之，罷知亳州。

乾興元年（壬戌、一〇二二）二月庚子，大赦。癸卯，羣臣上尊號。甲辰，封丁謂爲晉國公，馮拯爲魏國公，曹利用爲韓國公。

甲辰，帝不豫，增劇，問左右曰：「吾目中何久不見寇準？」羣臣畏謂威，莫敢言。

戊午，帝崩，遺詔太子受益柩前卽位，更名禎。王曾奉遺詔入殿廬草制，命皇后權處分軍國事，輔太子聽政。丁謂欲去「權」字，曾曰：「皇帝沖年，太后臨朝，斯已國家否運，稱權猶足示後。且增減制書有法，表則之地，先欲亂之邪？」謂遂止。太子卽位，年十三矣，尊皇后爲皇太后，淑妃楊氏爲皇太妃。兩府議太后臨朝儀，曾請如東漢故事，太后與帝五日一御承明殿，太后坐帝右，垂簾聽政。謂欲擅權，不欲同列與聞機政，潛結入內押班雷允恭，密請太后降手書云：「帝朔望見羣臣，大事則太后召對輔臣決之；非大事，則令允恭傳奏禁中畫可以下。」曾曰：「兩宮異處而柄歸宦官，禍端兆矣！」於是允恭恃勢專恣，而謂權傾中外，衆莫敢抗，獨曾正色立朝，時倚爲重。

庚申，命丁謂爲山陵使。

戊辰，貶寇準爲雷州司戶參軍，李迪爲衡州團練副使。先是，先帝臨崩，惟言寇準、李迪可託，丁謂怨準，而太后憾迪嘗諫立己，遂誣以朋黨，貶之，連坐者甚衆，曹瑋亦謫知萊州。初議竄逐，王曾疑責太重，謂熟視曾曰：「居停主人尚有言乎？恐亦未免耳！」曾遂不復爭。學士呈制草，謂改曰：「當醜徒干紀之際，屬先帝違豫之初，罹此震驚，遂致沈劇。」且使人迫迪行。或語謂曰：「迪若貶死，公如士論何？」謂曰：「異日諸生記事，不過曰『天下惜之』而已！」謂必欲令二人死，遣中使齎勅，詣準就賜，以錦囊貯劍揭於馬前，示將誅戮狀。至道州，衆皆惶恐不知所爲，準方與郡官宴飲，神色自若，使人謂之曰：「朝廷若賜準死，願見勅書。」中使不得已，乃授勅。準拜於庭，升階復宴，至暮乃罷。丁謂欲邀蔡齊附己，許以知制誥。齊退而歎曰：「吾受先帝之知至此，豈宜爲權臣所脅！得罪非吾懼也。」遂拒不往。

〔六月〕（據宋史九仁宗紀、薛鑑補）己酉，命參知政事王曾按視山陵。

（六月）庚申，內侍雷允恭伏誅。丁謂、任中正罷。時，允恭爲都監，判司天監邢中和言於允恭曰：「今山陵上百步，法宜子孫，類汝州秦王墳，但恐下有石有水耳。」允恭曰：「上無他子，若如秦王墳，何不可？」中和曰：「山陵事重，踏行覆按，動經月日，恐不及七月之期耳。」允恭曰：「第移就上穴，我走馬入見太后言之。」允恭素貴橫，人不敢違，即改穿上穴，乃入白。太后曰：「此大事，何輕易如此！」允恭曰：「使先帝宜子孫，何爲不可？」太后意不然，曰：「出與山陵使議可否。」允恭出，與丁謂言，謂唯唯。允恭入奏：「山陵使亦無異議。」遂命夏守恩領工徒數萬穿地，土石相半，繼之以水。衆議日諠，懼不能成功，中作而罷，奏請待命。丁謂庇允恭，依違不決。內侍毛昌達自陵下還，以其事聞。詔問謂，謂始請遣使按視。既而咸請復用舊地，乃詔馮拯、曹利用等就丁謂第議，遣王曾覆視。曾還，請獨對，因言：「丁謂包藏禍心，令允恭移皇堂於絕地。」太后大驚，怒甚，欲併誅謂。馮拯進曰：「謂固有罪，然帝新卽位，亟誅大臣，駭天下耳目。」后怒少解，遂止誅允恭等。二日，太后召宰相，諭曰：「丁謂爲宰相，乃與宦者交通，謂前附允恭奏事，皆言已與卿等定議，故皆可之。且營奉先帝陵寢而擅有遷易，幾誤大事。」拯等對曰：「自先帝登遐，政事皆謂與允恭同議，稱得旨禁中，臣等莫敢辨虛實。賴聖神察其姦，此宗社之福也。」任中正獨進曰：「謂被先帝顧託，雖有罪，請如律議功。」曾曰：「丁謂以不忠得罪宗廟，尚可議邪！」乃降授謂太子少保，分司西京，并罷中正，出知鄆州。故事，黜宰相皆降制，時欲亟行，止召舍人草詞，仍榜朝堂，宣諭天下。初，謂舉進士，客許田，胡則厚遇之。及謂貴顯，則驟進用。至是，謂罷，則亦出爲西京轉運使，改命馮拯爲山陵使。

七月辛未，以王曾同平章事。

丙子，以錢惟演爲樞密使。

辛卯，貶丁謂爲崖州司戶參軍。初，女道士劉德妙嘗以巫師出入丁謂家，謂敗，逮繫德妙。内侍鞫問之，德妙具言：「丁謂嘗教之曰：『汝所爲不過巫事，不若託老君以言禍福，足以動人。』於是卽謂家設神像，夜醮於園中，雷允恭數至請禱。及眞宗崩，引入禁中。又因穿地得龜蛇，令德妙持入内，紿言出其家山洞中，仍教云：『上卽問若所事何知爲老君，第云相公非凡人，當知之。』丁謂又作頌，題曰『混元皇帝賜德妙』。」語涉妖誕，遂貶謂崖州。籍其家，得四方賂遺不可勝紀。謂赴崖州，道出雷州，寇準使人以一蒸羊逆諸境上。謂欲見準，準固辭之。準聞家僮謀欲報讐，乃杜門使縱博，毋得出，俟謂行遠，乃已。

謂機敏有智謀，憸狡過人，及居崖州，專事浮屠因果之說。家寓西京，嘗爲書，自克責，敍國厚恩，戒家人毋輒怨望，遣人(至)〔致〕（據宋史二八三丁謂傳、續綱目改）於洛守劉燁，祈付其家，戒使者，伺燁會衆僚時達之。燁得書不敢私，卽以上聞。太后與帝見之感惻，遂徙雷州。

十一月丁卯，錢惟演罷。初，惟演見丁謂當國，權勢熏灼，因附之，與爲婚姻。寇準之斥，惟演有力焉。及序樞密題名，獨削去準姓氏，曰「逆準不書」。御史中丞蔡齊言於帝曰：「寇準忠義聞天下，社稷之臣也，豈可爲姦黨所誣哉！」帝遽令磨去之。謂得罪，惟演慮將及己，因擠謂以自解。馮拯以是惡其爲人，因言：「惟演以妹妻劉美，乃太后姻家，不可與機政以廢祖宗之法，請罷之。」乃以保大節度使知河陽府。踰年，入朝，意圖執政，御史鞠詠上疏論之。太后遣內侍持奏示惟演，惟演猶顧望不行。詠語右司諫劉隨曰：「若相惟演，當取白麻廷毁之。」惟演始亟去。惟演出於勳貴，文辭清麗，名與楊億、劉筠相上下，於書無所不讀，尤喜獎勵後進。嘗曰：「吾平生不足者，惟不得於黄紙上押字耳。」故切切求入中書，爲時議所鄙。

宋史紀事本末卷二十四

明肅莊懿之事

眞宗景德四年（丁未、一〇〇七）四月，皇后郭氏崩，謚曰莊穆。

大中祥符三年（庚戌、一〇一〇）四月甲戌，皇子受益生，後宮李氏所誕也。李氏，杭州人，初入宮，侍劉德妃，莊重寡言，帝命爲司寢。旣有娠，從帝臨砌臺，玉釵墜，帝私卜釵完當生男子，左右取釵以進，如故，已而果舉子。劉德妃攘爲己子，李不敢言，中外亦不知。

五年（壬子、一〇一二）十二月丁亥，立德妃劉氏爲皇后。初，后父通爲虎捷都指揮使，從征太原，道卒。后在襁褓而孤，鞠於外氏，善播鼗。蜀人龔美者，以鍛銀爲業，攜之至京師。年十五，入襄邸。帝卽位，自美人進位德妃，專寵後宮。郭后崩，帝欲立之。翰林學士李迪言妃起於寒微，不可以母天下，帝不從，竟立爲后。后旣立，以無宗族，更以美爲兄，改其姓爲劉，聞李迪之諫，大恨之。后性警敏，曉書史，聞朝廷事，能記其本末。帝退朝，閱天下封奏多至中夜，后皆預聞。宮闈事有問，輒援引故實以對。帝深重之，由是漸干外政。

初，帝欲立劉后，使丁謂諭楊億草制，億難之，謂曰：「勉爲此，不憂不富貴。」億曰：「如此富貴，亦非所願也。」乃命他學士草之。

乾興元年（壬戌、一〇二二）二月戊午，帝崩，太子卽位，尊皇后爲皇太后，淑妃楊氏爲皇太妃。

三月庚寅，帝初御崇德殿。太后設幄次於承明殿，垂簾以見輔臣。

八月乙巳，太后同帝御承明殿，垂簾聽政。

仁宗天聖元年（癸亥、一〇二三）五月庚寅，議皇太后儀衞，制同乘輿。

三年（乙丑、一〇二五）春正月辛卯，長寧節，近臣及契丹使上太后壽於崇政殿。

五年（丁卯、一〇二七）春正月壬寅朔，帝率羣臣朝太后於會慶殿。先是，帝白太后，欲元日先上太后壽乃受朝，太后不可。王曾奏曰：「陛下以孝奉母儀，太后以謙全國體，請如太后令。」帝不從。

太后嘗問參知政事魯宗道曰：「唐武后何如主？」對曰：「唐之罪人也，幾危社稷。」后默然。有小臣方仲弓請立劉氏七廟，后問諸輔臣，衆不敢對，宗道獨進曰：「若立劉氏七廟，如嗣君何？」乃止。后嘗與帝同幸慈孝寺，欲乘輦先行，宗道以夫死從子之義爭之，后遽命輦後乘輿。自是后左右用事者多憚宗道，目爲「魚頭參政」。

七年（己巳、一〇二九）十一月癸亥，冬至，帝率百官上皇太后壽於會慶殿，遂同御天安殿以受朝。秘閣校理范仲淹先期上疏曰：「天子奉親於內，自有家人禮。今顧與百官同列北面而朝，虧君體，損主威，非所以垂法後世也。」疏入，不報。晏殊初薦仲淹爲館職，聞之大懼，召仲淹，詰以狂率邀名，且將累薦者。仲淹正色抗言曰：「仲淹謬辱公薦，每懼不稱，爲知己羞，不意今日反以忠直獲罪門下！」殊不能答。既而又疏請太后還政，亦不報。遂乞補外，出爲河中府通判。

八年（庚午、一〇三〇）二月，范仲淹疏請太后復辟，其略云：「陛下擁扶聖躬，聽斷大政，日月持久。今皇帝春秋已盛，睿哲明聖，握乾綱而歸坤紐，非黃裳之吉象也。豈若保慶壽於長樂，卷收大權，還上眞主，以享天下之養！」疏入，不報。

明道元年（壬申、一〇三二）二月丁卯，眞宗宸妃李氏卒。李氏實生帝，太后既取帝爲己子，與楊太妃保護之，李氏默然處先朝嬪御中，未嘗自異。人畏太后，亦無敢言者，以是帝雖春秋長，不自知爲李氏出也。至是，疾革，乃自順容進位宸妃。及卒，太后欲以宮人禮治喪於外，呂夷簡奏，禮宜從厚。太后遽引帝起，有頃，復獨立簾下，召夷簡問曰：「一宮人死，相公云云何也？」夷簡對曰：「臣待罪宰相，事無內外，皆當預也。」后怒曰：「相公欲離間吾母子耶？」夷簡對曰：「太后不欲全劉氏乎？尚念劉氏則喪禮宜從厚。」司天希旨，言歲月未利。

夷簡秘其說，請發哀成服，且謂入内都知羅崇勳曰：「宸妃誕育聖躬而喪不成禮，異日必有受其罪者，莫謂夷簡今日不言也！當以后服殮，用水銀實棺。」后悟，乃以一品禮殮之。時有詔欲鑿宮城垣以出喪，夷簡言：「鑿垣非喪禮，宜自西華門出。」太后從之，殯於洪福院。

二年（癸酉、一〇三三）二月乙巳，皇太后欲被服天子衮冕，以享太廟。薛奎力諫，且曰：「必御此，若何爲拜？」后不聽，服儀天冠、衣衮初獻，皇太妃亞獻，皇后終獻。禮畢，羣臣上太后尊號。丁未，帝祀先農於東郊，躬耕耤田，命宰相張士遜撰謝太廟及躬耕耤田記。檢討宋（郊）〔祁〕（據宋史一〇仁宗紀、續綱目、薛鑑改）言：「皇太后謁廟，非後世法。」乃止撰耤田記。

三月庚寅，以皇太后不豫，大赦，除常赦所不原者，乾興以來貶死者復官，謫者内徙。

甲午，皇太后崩。〔后〕（據續綱目、薛鑑補）稱制十一年，雖政出宮闈而號令嚴明，恩威加天下，左右近習少所假借，宮掖間未嘗妄改作，内外賜予有節。賜族人御食，必易以釦器，曰：「尙方器勿使入吾家也。」三司使程琳獻武后臨朝圖，后擲於地，曰：「吾不作此負祖宗事！」漕使劉綽還京西，言：「在庾有出賸糧千餘斛，乞付三司。」后問曰：「卿識王曾、張知白、呂夷簡、魯宗道乎？此四人者豈因獻羨餘進哉！」晚年，稍進外家，而任宦者羅崇勳、江德明等訪外事，崇勳由此勢傾中外。至是，后崩，帝見左右泣曰：「太后疾，不能言，猶數引其衣，若有所屬，何也？」薛奎曰：「其在衮冕也，服之豈可見先帝於地下？」帝悟，遂以后服殮，謚曰莊獻明肅。舊制，后皆二謚，稱制加四謚自此始。太后遺詔：「尊太妃爲皇太后，與皇帝同議軍國事。」閤門趣百僚賀，御史中丞蔡齊目臺吏毋追班而入白執政曰：「上春秋長，習知天下情僞，今宜躬攬朝政，豈可使女后相踵稱制乎？」殿中侍御史龐籍請下閤門，取垂簾儀制盡焚之。乃止尊太妃爲皇太后，削去「同議軍國事」之語。

夏四月壬寅，左右有爲帝言：「陛下乃李宸妃所生，妃死以非命。」帝號慟累日，下詔自責，追尊爲皇太后，謚莊懿。幸洪福院祭告，易梓宮，親啓視之。妃以水銀故，玉色如生，冠服如皇后。帝歎曰：「人言豈可信哉！」待劉氏加厚。

壬子，帝始親政，罷創修寺觀，裁抑僥倖，召宋綬、范仲淹，而黜內侍羅崇勳等，中外大悅。以范仲淹爲右司諫。仲淹聞遺詔以楊太妃爲皇太后，參決國事，亟上疏言：「太后，母號也，未嘗因保育而代立者。今一太后崩，又立一太后，天下且疑陛下不可一日無母后之助也。」時已刪去「參決」等語，然太后之號訖不改，止罷其册命而已。

初，太后愛帝如己出，帝亦盡孝，始終無毫髮間隙。至是，帝親庶務，言者多追詆太后時事。范仲淹上言曰：「太后受遺先帝，調護陛下者十餘年，今宜掩其小故，以全大德。」帝曰：「此亦朕所不忍聞也。」遂下詔戒飭中外，毋得輒言皇太后垂簾日事。

冬十月丁酉，葬莊獻明肅皇后、莊懿皇后於永定陵。詔定祔廟禮，翰林侍讀學士宋綬援春秋考仲子之宮、唐坤儀廟故事，請別築宮，遂作奉慈廟，以奉二神主。

宋史紀事本末卷二十五

郭后之廢 溫成事附

仁宗天聖二年（甲子、一〇二四）十一月乙巳，立皇后郭氏。后，平盧軍節度使崇之孫女。時張美人有寵，帝欲立之，太后不可而止，故后雖立而頗見疎。

明道二年（癸酉、一〇三三）夏四月，呂夷簡、張耆、夏竦、陳堯佐、范雍、趙稹、晏殊罷。先是，夷簡手疏陳八事，曰正朝綱，塞邪徑，禁貨賂，辨佞壬，絕女謁，疏近習，罷力役，節冗費，勸帝語甚切。帝因與夷簡謀，以張耆等皆附太后，欲悉罷之，夷簡以爲然。帝退，語於皇后，后曰：「夷簡獨不附太后邪？但多機巧，善應變耳。」由是夷簡亦罷。制下，夷簡方押班，聞唱名，大駭，不知其故，因令素所厚內侍都知閻文應詗之，乃知事由郭后也，由是深憾於后。

八月戊午，復以呂夷簡同平章事。

十一月，美人張氏卒，追册爲皇后。

十二月乙卯，廢皇后郭氏。時，尚美人、楊美人俱得幸，素與皇后忿爭。一日，尚氏於帝前有侵后語，后不勝忿，批其頰，帝自起救之，誤批帝頸。帝大怒，內侍閻文應因與帝謀廢后，且勸以爪痕示執政。帝以示呂夷簡，告之故，夷簡以前憾，遂主廢黜之議。帝猶疑之，夷簡曰：「光武，漢之明主也，郭后止以怨懟坐廢。況傷陛下頸乎？」帝意遂決。夷簡先敕有司不得受臺諫章奏，乃詔稱皇后願入道，封淨妃玉京沖妙仙師，居長寧宮。臺諫章奏果不得入。於是中丞孔道輔率諫官范仲淹、孫祖德、宋庠、劉渙，御史蔣堂、郭勸、楊偕、馬絳、段少連十人詣垂拱殿伏奏：「皇后，天下之母，不當輕廢。願賜對，盡所言。」殿門闔，不爲通。道輔扣鐶大呼曰：「皇后被廢，奈何不聽臺臣言！」尋有詔，令夷簡諭以皇后當廢狀。道輔等至中書，語夷簡曰：「大臣之於帝后，猶子事父母也。父母不和，可以諫止，奈何順父出母乎？」夷簡曰：「廢后有漢、唐故事。」道輔曰：「人臣當道君以堯、舜，豈得引漢、唐失德爲法邪！」夷簡不能答，卽奏言：「伏閤請對，非太平美事。」遂出道輔知泰州，仲淹知睦州，祖德等罰金，仍詔臺諫自今毋相率請對。明日，道輔等趣朝，欲留百官揖宰相廷爭，至待漏院，聞詔乃退。道輔鯁挺特達，遇事彈劾無所避，天下皆以直道許之。簽書河陽判官富弼言：「朝廷一舉而兩失，縱不能復后，宜還仲淹等。」不聽。

景祐元年（甲戌、一〇三四），詔：「淨妃郭氏出居瑤華宮，美人尚氏入道，楊氏安置別宅。」

九月甲辰，詔立曹氏爲皇后，彬之女孫也。初，郭后廢，帝命宋綬作詔云：「當求德閥以稱坤儀。」既而左右引富人陳氏女入宮，綬曰：「陛下乃欲以賤者正位中宮，不亦與前詔戾乎！」王曾入對，又論奏之，乃罷陳氏而立曹氏。御史裏行孫沔請終莊獻喪制而後行，祕書丞余靖亦以爲言。不報。

二年（乙亥、一〇三五）十一月戊子，故后郭氏暴卒。后居瑤華，帝頗念之，遣使存問，賜以樂府，后和答之，詞甚悽惋，帝益悔焉。嘗密遣人召之，后辭曰：「若再見召，須百官立班受册方可。」閻文應以常譖后，懼其復立。屬后小疾，帝遣文應挾醫診視，數日，言后暴崩，中外疑文應進毒，而不得其實。帝深憫之，以禮斂葬，而停謚册祔廟之禮。知開封府范仲淹劾奏文應之罪，竄之嶺南，死於道。

三年（丙子、一〇三六）春正月壬辰，追復郭氏爲皇后。丁酉，葬皇后郭氏。

慶曆八年（戊子、一〇四八），帝以閏正月望夕，將〔復〕（據續綱目、薛鑑補）張燈，曹后諫止之。越三日，親從官顏秀等四人謀爲亂，夜入禁中，越屋叩寢殿。皇后方侍帝，聞變，遽起。帝欲出，后閉閤擁持，趣召都知王守忠使引卒入衛。賊傷宮嬪於殿下，聲徹帝所。宦者以乳嫗毆小女子紿奏，后叱之曰：「賊在近殺人，敢妄言耶！」陰遣人挈水踵賊後，賊果舉炬焚簾，水隨滅之。是夕所遣宦侍，后皆親翦其髮，曰：「以是徵賞。」故爭盡死力。守忠兵至，賊就擒滅。詔領皇城司者皆坐斥。事連副都知楊懷敏，夏竦與懷敏相結，欲曲庇之，乃請御史與宦官同鞫於禁中。丁度曰：「宿衞有變，事關社稷，請付外臺窮治。」因爭於帝前，帝從竦議，由是懷敏止降官，領內職如故。

十二月丁卯，册美人張氏爲貴妃。初，衞士之變，帝以美人有扈蹕功，夏竦建議欲尊之，同知諫院王贄因言：「賊本起皇后閤前，請究其事。」冀動搖中宮，陰爲美人地。上以問御史何郯，郯曰：「此姦人之謀，不可不察。」上悟，事遂寢。然美人卒以功進貴妃。

皇祐二年（庚寅、一〇五〇）十一月己未，詔外戚毋得任二府。時，張貴妃寵冠後庭，堯佐，其伯父也，驟除宣徽、節度、景靈、羣牧四使。殿中侍御史唐介與知諫院包拯、吳奎等力爭之，中丞王舉正又留百官班廷論，故有是詔，且罷堯佐宣徽、景靈二使。

三年（辛卯、一〇五一）冬十月，復除張堯佐宣徽使，知河陽。侍御史唐介謂同列曰：「是欲與宣徽而假河陽爲名耳。」同列依違，介獨抗言之。帝謂曰：「除擬本出中書。」時文彥博爲首相，介遂劾彥博：「知益州日，造間金奇錦，緣奄侍通宮掖，以得執政。今顯用堯佐，益自固結。請罷之而相富弼。」語甚切直。帝怒，卻其奏不視，且曰：「將遠竄。」介徐讀疏畢，曰：「臣忠憤所激，鼎鑊不避，何辭於謫！」帝急召執政，示之曰：「介論事是其職，至以彥博由妃嬪致宰相，此何言也？進用冢司豈應得預，而乃薦弼！」時彥博在帝前，介責之曰：「彥博宜自省，卽有之，不可隱。」彥博拜謝不已，帝怒益甚。梁適叱介使下殿，介猶力爭，帝聲色俱厲。修起居注蔡襄趨進救之，曰：「介誠狂直，然納諫容言，人主之美德。乞賜寬貸！」遂貶介春州別駕；王舉正言其太重，帝亦悟，明日，取其疏入，改英州。罷彥博知許州。帝慮介或道死，有殺直臣名，命中使護之。由是介直聲聞天下，天下稱眞御史者，必曰唐子方云。

至和元年（甲午、一〇五四）春正月癸酉，貴妃張氏卒。貴妃巧慧多智數，善承迎，至贈其父堯封爲郡王，伯父堯佐至太師，姻戚莫不顯貴。然帝守法度，事無大小，悉付外廷議，凡宮禁干請，雖已賜可，或輒中卻。貴妃雖專寵特異，終不得紊政。及卒，帝悼甚，至輟朝七日，禁京城舉樂一月，追册爲溫成皇后，治喪皇儀殿。知制誥王洙陰與內使石全斌附會，務以非禮導帝，欲令孫沔讀册，宰相護葬，帝從之。沔曰：「陛下若以臣沔讀册則可，以樞密副使讀册則不可。」因力求罷。時陳執中爲首相，奉行溫成喪事唯謹，且引王洙爲翰林學士。論由是爭咎執中。

宋史紀事本末卷二十六

天聖災議

仁宗天聖四年（丙寅、一〇二六）六月庚寅，大雨，京師平地水數尺，壞屋溺人。京東、西及河北、江淮以南，皆大水。

五年（丁卯、一〇二七）六月，京師大旱。通判常州謝絳上疏曰：「去年京師大水，敗民廬舍，河渠暴溢，幾冒城郭；今年苦旱，百姓疫死，田穀焦槁，秋成絕望，此皆大異也。按洪範、京房易傳，皆以爲：『簡祭祀，逆天時，則水不順下；政令逆時，水失其性，則壞國邑，傷稼穡；顓事者如誅罰絕理，則大水殺人。欲德不用，茲謂張厥災荒；上下皆蔽，茲謂隔其咎旱。』天道指類示戒，大要如此。陛下夙夜勤苦，思有以上塞時變，固宜策告殃咎，變更理化，下罪己之詔，修順時之令，宣羣言以導壅，斥近幸以損陰。而聖心優柔，重在改作，號令所發，未聞有以當天心者。夫風雨、寒暑之於天時，爲大信也。信不及於物，澤不究於下，則水旱爲沴。近日制命，有信宿輒改，適行遽止，而欲風雨以時，其可得乎！天下之廣，萬幾之衆，不出房闥豈能盡知？而在廷之臣，未聞被數刻之召，吐片言之善；朝夕左右，非恩澤，卽佞倖，上下皆蔽，其應不虛。昔兩漢日食、地震、水旱之變，則策免三公以示戒懼。陛下進用丞弼，極一時之選，而政道未茂，天時未順，豈大臣輔佐不明邪？陛下信任不篤邪？必若使之，宜推心責成，以極其效；謂之不然，則更選賢者。比來奸邪者易進，守道者數窮，政出多門，俗喜由徑。聖心固欲盡得天下之賢能，分職受業，而宰相方考資進吏，無敢建白，『欲德不用』之應，又可驗矣！今陽驕莫解，蟲孼漸熾，河水妄行，循依違之迹，行尋常之政，臣恐不足回靈意，塞至戒。古者穀不登則虧膳，災屢至則降服，凶年不塗塈。願下詔引咎，損太官之膳，避路寢之朝，許士大夫斥諱上聞，譏切時病，罷不急之役，省無名之斂，勿崇私恩，更進直道，宣德流化，以休息天下。至誠動乎上，大惠洽於下，豈有時事之艱哉！」帝嘉納之。

七年（己巳、一〇二九）六月丁未，夜，大雨震電，玉清昭應宫災。中丞王曙上疏曰：「昔魯桓、僖宫災，孔子以爲桓、僖親盡當毁。漢遼東高廟及高園陵便殿災，董仲舒以爲高廟不當居郡國，便殿不當居陵旁，故災。魏崇華殿災，高堂隆以爲天以臺榭宫室爲戒，宜罷勿治。文帝不聽，明年復災。今玉清昭應宫之建，非應經義，災變之來，若有警者。願除其地，罷諸禱祠，以應天變。」滎陽縣尉蘇舜欽詣登聞鼓院上疏曰：「臣觀今歲，自春徂夏，霖雨陰晦未嘗少止，農田被災者幾於十九。臣以爲任用失人，政令多過，賞罰弗中之所召也。天之降災欲悟陛下，而大臣歸咎於刑獄之濫。陛下聽之，故肆赦天下以爲禳救。如此則是殺人者不死，傷人者不抵罪，而欲以合天意也。古者斷決滯訟以平水旱，不聞用赦。故赦下之後，陰霾及今。前志曰：『積陰生陽，陽生火，災見焉。』乘夏之氣，發洩於玉淸宮，雹雨雜下，烈焰四起，樓觀萬疊，數刻而盡，非慢於火備，乃天之垂戒也。陛下當降服，減膳，避正寢，責躬罪己，下哀痛之詔，罷非業之作，拯失職之民，察輔弼及左右無裨國體者罷之，竊弄權威者去之，念政刑之失，收芻蕘之論，庶幾可以變災爲祐。浹日之間，未聞爲此，而將計工役以圖修復。都下之人，聞者駭惑，聚首橫議，咸謂非宜，皆曰：『章聖皇帝勤儉十餘年，天下富庶，帑府流衍，乃作斯宮，及其畢工，海內虛竭。陛下卽位，未及十年，數遭水旱，雖征賦減入而百姓困乏。若大興土木，則費用不知紀極，財力耗於內，百姓勞於下，內耗下勞，何以爲國？況天災之，己違之，是欲競天，無省己之意。逆天不祥，安己難任，欲祈厚貺，其可得乎！』今爲陛下計，莫若來吉士，去佞人，修德以勤至治，使百姓足給而征稅寬減，則可以謝天意而安民情矣！夫賢君見變，修道除凶；亂世無象，天不譴告。今幸天見之變，是陛下修己之日，豈可忽哉！昔漢宣帝三年，茂陵白鶴館災，詔曰：『廼者火災降於孝武園館，朕戰慄恐懼。不燭變異，罪在朕躬，羣有司又不肯極言朕過，以至於斯，將何寤焉！』夫茂陵不及上都，白鶴館大不及此宮，彼尚降詔四方，以求己過，是知帝王憂危念治，汲汲如此。臣又按五行志：『賢佞分別，官人有敍，率由舊章，禮重功勳，則火得其性。若信道不篤，或耀虛僞，讒夫昌，邪勝正，則火失其性。自上而降及濫炎妄起，燔宗廟，燒宮室，雖興師徒而不能救。』魯成公三年，新宮災。劉向謂成公信三桓子孫之讒，逐父臣之應。襄公九年春，宋火。劉向謂宋公聽讒，逐其大夫華弱奔魯之應。今宮災，豈亦有是乎？願陛下拱默內省而追革之，罷再造之勞，述前世之法，天下之幸也！」

宋史紀事本末卷二十七

茶鹽榷罷

仁宗天聖元年（癸亥、一〇二三）春正月癸未，命三司節浮費，遂立計置司，罷榷茶、鹽，行貼射通商法。時承平既久，兵籍益廣，吏員益衆，佛老、夷狄，蠹耗中國，百姓縱侈，而上下困於財。三司使李諮請省浮費。鹽鐵判官俞獻卿亦言：「天下穀帛日耗，稻苗未生而和糴，桑葉未吐而和買。自天禧以來，日甚一日。宜與大臣議救正之。」上納其言，乃立計置司，以張士遜、呂夷簡、魯宗道領之。初，陝西、河北商人入芻糧者，榷貨務給券，以茶償之，又益以東南緡錢及香藥、犀象，爲虛實三估，謂之三說。而塞下急於兵食，欲廣儲偫，不愛虛估，入中者以虛錢得實利，人競趨焉。其後虛估日益高，茶日益賤，入實錢金帛日益寡，茶法大壞。至是，上命諮等校歲入登耗更定之。諮等言：「淮南十三場茶，歲課五十萬緡，天禧五年纔及二十三萬緡。每券直錢十萬，鬻之，售錢五萬五千，總爲實錢十三萬緡，除九萬緡爲本錢，歲纔得息錢三萬餘緡，而官吏廩給、雜費不與焉。是則虛數雖多，實利殊寡。請罷三說，以十三場本息併計其數，罷官給本錢，使商人與園戶自相交易，一切定爲中估而官收其息。如鬻舒州羅源場茶，斤售錢五十有六，〔其本錢二十有五〕（據宋史一八三食貨志補），官不復給，但使商人輸息錢三十有一而已。然必輦茶入官，隨商人所指而與之，給券爲驗，以防私售，謂之貼射。若歲課貼射不盡，則官市之如舊。商人入芻糧塞下者，隨所在實估，度地里遠近，量增其直給券，至京，一切以緡錢償之，謂之見錢法。」諮等又以鹽之類有二，解池引水而成，曰顆鹽；淮、浙、蜀、廣鬻海或井或鹻而成，曰末鹽，皆通商貿易。乾興初，解鹽計歲入二十三萬緡，視天禧中數，損十四萬，請罷之，專令兩池入中並邊芻粟。上皆從之。

三年（乙丑、一〇二五）十一月，復榷茶、鹽。李諮以實錢入粟，實錢售茶，二者不得相爲輕重。既行而商人失厚利，怨謗蠭起。上疑變法之弊，下詔責計置司，而遣官行視。諮具言新法便。會孫奭等論其煩擾，遂罷貼射法，官仍給本錢市茶，商人入錢售之，茶法復壞。解鹽亦復榷之。

八年（庚午、一〇三〇）八月，復解鹽通商法。上書者言，榷解鹽，官得利微而民困於轉輸。詔翰林學士盛度、御史中丞王隨議更其制，因畫通商五利上之，曰：「方禁商時，伐木造船，輦運民兵，不勝疲勞，今去其弊，一利也。陸運既差帖頭，又役車戶，貧人懼役，連歲逋逃，今悉罷之，二利也。船運有沈溺之患，綱吏侵盜，雜以泥沙、硝石，其味苦惡，疾生重腿，今皆得食眞鹽，三利也。錢幣，國之貨泉，欲使通流，富家多藏鏹不出，民用益蹙，今歲得商人出緡錢六十餘萬助經費，四利也。歲減鹽官、兵卒、畦夫、傭作之給，五利也。」遂罷三京、二十八州軍榷法，聽商人入錢若金銀於京師榷貨務，受鹽兩池，而民便之。自是雖商賈流行而〔歲〕（據續綱目、薛鑑補）課耗矣。

景祐三年（丙子、一〇三六）三月，罷榷茶，復行貼射法。自貼射茶法廢，而河北入中虛估之弊益甚，李諮既居政府，請復行見錢法，皆如天聖元年之制。又命商持券徑趨榷貨務，驗實立償之錢，而三說之法廢。縣官自此省費矣。

慶歷二年（壬午、一〇四二）春正月丁巳，復榷鹽法。自元昊反，軍興，用度不足，因聽並邊入中芻粟，予券，趨京師榷貨務，受錢若金銀；入中他貨，予券，償以池鹽。由是羽毛、筋角、膠漆、鐵炭、瓦木之類，一切以鹽易之。猾商貪吏，表裏爲姦，至入椽木二，估錢千，給鹽二百二十斤。鹽直益賤，販者不行。至是，詔凡商人虛估受券及已受鹽未鬻者，皆計直輸虧官錢。內地州、軍民間鹽悉收市入官，官爲置場，增價出之。復禁永興等十一州、軍商鹽，官自輦運，以衙前主之。又禁商鹽私入蜀，置（析）〔折〕（據宋史一八一食貨志改）博務於永興、鳳翔，聽人入錢若蜀貨，易鹽趨蜀中以售。已而東南末鹽悉復禁榷。

皇祐四年（壬辰、一〇五二）九月，以范祥爲陝西轉運使，制置解鹽事。自復榷法，兵民輦運，不勝其苦；並邊務誘人入中芻粟，皆爲虚估，騰踊至數倍，大耗京師錢幣。太常博士范祥，關中人也，熟其利害，嘗謂兩池之利甚博，而不能少助邊計者，公私侵漁之害也。倘一變法，歲可省度支緡錢數十百萬。乃畫策以獻，遂命制置其事，使推行之。論者爭言其非是，遣戶部使包拯馳視，還言其便。論者猶籍籍，驛召祥至，與三司雜議，皆是祥所建，詔從之。田況請久任祥以專其事，乃擢祥爲轉運使。於是舊禁鹽地一切通商，聽鹽入蜀；罷九州、軍入中芻粟，令入實錢，償以鹽，授以要券，即池驗券，按數而出；盡弛兵民輦運之役，以商所入緡錢糴粟，輸並邊九州、軍，而悉留榷貨物錢幣以實中都。由是黠商貪賈無所僥倖，關内之民得安其業，公私便之。

嘉祐四年（己亥、一〇五九）二月，罷榷茶。自茶爲官榷，民私蓄、盜販皆有禁，臘茶之禁尤嚴，歲報刑辟，不可勝計。園戶困於征取，官司並緣侵擾，因陷罪戾，至破産逃匿者，歲比有之。又茶法屢變，歲課日削，官茶所在陳積，縣官獲利無幾，論者皆謂宜弛其禁。帝曰：「茶、鹽，民所食，而强設法以禁之，致犯法者衆，顧經費尙廣，未能弛禁耳。」既而葉清臣請令通商收税，以免輦運之勞，弭刑辟之濫。又茶與鹽均爲人用，宜以口定賦。三司議以爲不可行，於是著作佐郎何鬲、三班奉職王嘉麟皆上書，請罷給茶本錢，縱園戶貿易，而官收租錢；與所在征算歸榷貨務，以償邊糴之費，可以疏利源，寬民力。富弼、韓琦、曾公亮然其策，請於帝行之。下三司議，三司言：「茶課給本收利，所獲甚微，而煩擾爲患。園戶輸納，侵害日甚，小民趨利，犯法益繁。宜約歲入息錢之數，均賦茶民，恣其買賣，所在收算，而不給本錢。」遂下詔曰：「古者山澤之利與民共之，故民足於下而君裕於上，國家無事，刑罰以清。自唐建中時，始有茶禁，上下規利，垂二百年。如聞比來爲患益甚，民被誅求之困，日惟咨嗟；官受濫惡之入，歲以陳積。私藏盜販，犯者實繁，嚴刑峻誅，情所不忍，是於江湖間幅員數千里，爲陷穽以害吾民也！朕心惻然念此久矣。間遣使者往就問之，而皆懽然願弛其禁，歲入之課以時上官。一二近臣條析其狀，朕猶若慊然。又於歲輸裁減其數，使得饒阜以相爲生，俾通商利。歷世之弊，一旦以除，著爲經常，弗復更制，損上益下，以休吾民。尙慮喜於立異之人，緣而爲姦之黨，妄陳奏議，以惑官司，必寘明刑，無或有貸。」凡歲輸緡錢三十三萬八千有奇，謂之租錢，與諸路本錢悉儲以待邊糴。自是惟臘茶禁如舊，餘茶肆行天下。論者猶謂，朝廷志於恤人省刑，其意良善，然茶戶先時受錢於官，而今也顧使納錢於官，受納之間，利害百倍。先時百姓冒法販茶被罰耳，今悉均賦於民，賦不時入，刑亦及之，是良民代冒法受罪。先時商賈爲國遷貿而州郡收其稅，今商賈以利薄不行，致歲額不登，經費日蹙。翰林學士歐陽修、知制誥劉敞皆主是說，請除前令。帝不聽。

神宗熙寧二年(己酉、一〇六九)(三)〔四〕(據續綱目、薛鑑改)月,以薛向爲江、浙、荆、淮發運使。時范祥卒,以向繼領其事。向請兼以鹽易馬,王安石時領羣牧,主其說,請久任向。會淮南轉運使張靖言向壞鹽法,且有欺隱。帝召向與靖對,錢公輔、范純仁皆言向罪。安石排羣議,抵靖於法,以向代之。向請卽永興軍置賣鹽場,以邊費錢十萬緡儲永興,爲鹽鈔官本,官自鬻之,而罷通商。從之。

七年(甲寅、一〇七四)夏四月,初榷蜀茶。時,王韶建開河、湟之策,遣三司幹當公事李杞入蜀,經畫買茶,於秦、鳳、熙、河博馬,以著作佐郎蒲宗閔同領其事。初,蜀之茶園皆民兩稅地,不殖五穀,惟宜種茶,賦稅一例折輸,稅額總三十萬。杞乃卽蜀諸州創設官場,更嚴私交易之令。知彭州呂陶言:「市易司籠制百貨,歲出息錢不過十之二。今茶場司盡榷民茶,取息十之三,茶戶被害,不可勝窮。」詔止取息十之一,而陶亦以是得罪。未幾,以李稷都大提舉茶場。稷與宗閔務浚利刻急,一年之間,通課利及舊界息稅七十六萬七千餘緡。稷又辟陸師閔幹當公事以自輔。

八年(乙卯、一〇七五)十二月,更定解池鹽鈔法。自薛向立鹽鈔本,其後多虛鈔,而鹽益輕。至是,多言官賣不便,乞通商。王安石主提舉張景溫之言,至課民買官鹽,隨貧富作業爲多少之差。買賣私鹽,聽人告,以犯人家財給之。買官鹽食不盡留經宿者,同私鹽法。

於是民間騷怨，鹽鈔舊法，每席六緡，至是三緡有餘，商不入粟，邊儲失備。

哲宗元祐元年（丙寅、一〇八六）秋七月，罷成都榷茶場。時，劉摯、蘇轍論陸師閔在成都增場榷茶，其害過於市易，遂貶師閔官而罷茶場。值上官均論集賢修撰黄廉往附蔡確，出爲陝西都轉運使。廉至陝，謂：「茶政隨事制宜，便於公者，不苟去以爲名；害於民者，不苟存以爲利。請榷熙、秦茶勿改，而罷成都茶場，許東路通商，禁南茶毋入陝西，以利蜀貨。定博馬歲額爲萬八千疋。」朝廷從之。歲餘，人皆稱便。初，陸師閔歲計茶息以一百二十萬緡，掊克斂怨，無所不至。及廉盡除公私之病，比數年，亦得百二十萬。

六年（辛未、一〇九一）秋七月，復制置解鹽使，詔鹽復許通商。

徽宗崇寧二年（癸未、一一〇三）夏四月，更鹽鈔法。蔡京欲囊括四方之錢實中都，以誇富强而固恩寵，俾商人先輸錢於榷貨務請鈔，赴產鹽州郡支鹽，而舊鈔悉不用。商人凡三輸錢，始獲一直之貨。因無資更鈔，已輸錢悉乾沒，於是有齎數十萬券一旦廢棄者，朝爲豪商，夕儕流丐，有赴水投繯而死者。商賈不通，邊儲失備。提點淮東刑獄章縡見而哀之，奏改法誤民。京怒，奪縡官。

宋史紀事本末卷二十八

正雅樂

仁宗天聖（元）〔五〕（本卷校改各條，除文下注明者外，均以宋史一二六——一二八樂志爲依據，並參考薛鑑）年（丁卯、一〇二七）冬十月，翰林侍講學士孫奭言：「郊、廟二舞失序，願下有司考議。」於是學士承旨劉筠等議曰：「周人奏清廟以祀文王，執競以祀武王。漢高帝、文帝亦各有舞。至唐，有事太廟，每室樂歌異名。蓋帝王功德既殊，舞亦隨變。屬者，有司不詳舊制，奠獻止登歌而樂舞不作，其失明甚。請如舊制，宗廟酌獻，復用文舞；皇帝還版位，文舞退，武舞入；亞獻酌醴已，武舞作，至三獻已奠還位則止。蓋廟室各頌功德，故文舞迎神後，各奏逐室之舞。郊祀則降神奏高安之曲，文舞已作，及皇帝酌獻，惟登歌奏禧安之樂，而懸樂舞綴不作，亞獻、終獻，仍用武舞。」詔從之。

景祐元年（甲戌、一〇三四）八月，判太常寺燕肅等上言：「大樂制器歲久，金石不調，願以周王朴所造律準，考按修治，幷閱樂工，罷其不能者。」乃命直史館宋祁、內侍李隨同肅等典其事，又命集賢校理李照預焉。於是帝御觀文殿，取律準閱視，親篆之以屬太常。詔求知音者。范仲淹薦布衣胡瑗，召對崇政殿，與鎮東軍節度推官阮逸同較鐘律，分造鐘、磬各一虡。以一黍之廣爲分，以制尺律，徑三分四釐六毫四絲，圍十分三釐九毫三絲。又以大黍累尺，小黍實龠。丁度等以爲非古制，罷之。授試秘書省校書郎。

二年（乙亥、一〇三五）二月，命集賢校理李照重定雅樂。時，承平日久，帝留意禮樂之事。判太常寺燕肅等上考定樂器，并見工人。帝御延福宮臨閱，奏郊廟五十一曲，因問李照樂音高，命詳陳之。照言：「王朴所造律準視古樂高五律，視教坊樂高二律。蓋五代之亂，雅樂廢壞，朴剏意造準，不合古法，用之本朝，卒無福應。又編鐘、鎛、磬，無大小、輕重、厚薄、〔長短〕之差，銅錫不精，聲韻失美。大者陵，小者抑，非中度之器也。昔軒轅氏命伶倫截竹爲律，復令神瞽協其中聲，然後聲應鳳鳴，而管之參差亦如鳳翅，其樂傳之，亙古不刊之法也。願聽臣依神瞽律法，試鑄編鐘一虡，可使度量權衡協和。」乃詔於錫慶院鑄之。既成，奏御。照遂建議，請改制大樂，取京縣秬黍累尺成律，鑄鐘，審之，其聲猶高。更用太府布帛尺爲法。乃下太常制四律，別詔潞州取羊頭山秬黍上送於官。照乃自爲律管之法，以九十黍之量爲四百二十星，率一星占九秒，一黍之量得四星六秒，九十黍得四百二十星，以爲十二管定法。乃詔內侍鄧保信監視羣工，照并引集賢校理聶冠卿爲檢討雅樂制度故實官，入內都知閻文應董其事，中書門下總領焉。凡所改制，皆關中書門下詳定以聞。別詔翰林侍讀學士馮元、(宋)〔同〕祁、冠卿、照討論樂理，爲一代之典。又詔天下有深達鐘律者，在所亟以名聞。於是杭州鄭向言阮逸，蘇州范仲淹言胡瑗，皆通知古樂，詔遣詣闕。其他以樂書獻者，悉上有司。時胡瑗所作鐘聲大變古法，徐復笑曰：「聖人寓器以聲，今不先求其聲而更其器，其可用乎！」後瑗制作皆不效。

復字復之，建州人，初遊京師，舉進士不第，退而學易，通流衍卦氣法。自筮無祿，遂無進取意。遊學淮、浙間，數年，益通陰陽、天文、地理、遁甲、占射諸家之說。一日，聽其鄉人林鴻範說詩，且言詩之所以用於樂者，忽若有得，因以聲器求之，遂悟七音十二律清濁次序，及鐘磬侈弇匏竹高下制度皆洞達。尋召見，命爲大理評事，固以疾辭。

五月，李照上〔言〕(據薛鑑補)：「雅樂制度，既改制金、石，則絲、竹、匏、土、革、木亦當更制。」詔可。照乃鑄銅爲龠、合、升、斗四物，以興鐘鎛聲量之法，龠之率六百三十黍，爲黃鐘之容，合三倍於龠，升十二倍於合，斗十二倍於升，乃改造諸器以定其法。俄又以鎛之容受差大，更增六龠爲合，十合爲升，十升爲斗，銘曰樂斗。後數月，潞州上秬黍，照等擇大黍縱累之，檢考長短，尺成，與太府尺合，法乃定。先時，太常鐘、磬每十六枚爲虡，而四清聲相承不擊，照因上言：「十二律聲已備，餘四清聲乃鄭、衛之樂，請於編縣止留十二中聲，去四清聲，則哀思邪僻之聲無由而起也。」馮元等駁之曰：「前聖制樂，取法非一，故有十三管之和，十九管之巢，三十六簧之竽，二十五弦之瑟，十三弦之箏，九弦、七弦之琴，十六枚之鐘、磬，各自取義，寧有一之於律呂，專爲十二數者？且鐘、磬，八音之首，絲、竹以下受之於均，故聖人尤所用心焉。春秋號樂，總言金奏，詩頌稱美，實依磬聲，此二器非可輕改。今照欲損爲十二，不得其法，稽諸古制，臣等以爲不可。且聖人旣以十二律各配一鐘，又設黃鐘至夾鐘四清聲以附正聲之次，原四清之意，蓋爲夷則至應鐘四宮而設也。夫五音，宮爲君，商爲臣，角爲民，徵爲事，羽爲物，不相淩謂之正，迭相淩謂之慢，百世所不易也。聲，重濁者爲尊，輕清者爲卑，卑者不可加於尊，古今之所同也。故列聲之尊卑者，事與物不與焉，何則？事爲君治，物爲君用，不能尊於君故也。惟君、臣、民三者，則自有上下之分，不得相越，故四清聲之設，正謂臣、民相避以爲尊卑也。今若止用十二鐘旋相考擊，至夷則以下四管爲宮之時，臣、民相越，上下交戾，則淩犯之音作矣，此甚不可者也。其鐘、磬十六，皆本周、漢諸儒之說及唐家典法所載，欲損爲十二，惟照獨見，臣以爲且如舊制便。」帝令權用十二枚爲一格，且詔曰：「俟有知者，能考四鐘協調清濁，有司別議以聞。」

三年（丙子、一〇三六）二月，命官較阮逸、胡瑗等所定鐘律。

秋七月，馮元等上新修景祐廣樂記。詔翰林學士丁度、知制誥胥偃、直史館高若訥、直集賢院韓琦取鄧保信、阮逸、胡瑗等鐘律，詳定得失以聞。

九月，阮逸言：「臣等所造鐘、磬，皆本於馮元、宋祁，其分方定律，又出於胡瑗算術，而臣獨執周禮嘉量聲中黄鐘之法及國語鈞鐘，弦準之制皆抑而不用。臣前蒙召對，言王朴律高而李照鐘下。竊覩御製樂髓新經歷代度量衡篇，言隋書依漢志黍尺制管，或不容千二百，或不啻九寸之長。此則明班志以後，歷代無有符合者，惟蔡邕銅龠，本得於周禮遺範，邕自知音，所以只傳銅龠，積成嘉量，則是聲中黄鐘而律本定矣。謂管有大小長短者，蓋嘉量既成，卽以量聲定尺明矣。今議者但爭漢志黍尺無準之法，殊不知鐘有鈞石量衡之制。況周禮、國語，姬代聖經，翻謂無憑，孰爲稽古？有唐張文收定樂，亦鑄銅(甂)〔甌〕，此足驗周之嘉量以聲定律明矣。臣所以獨執周禮鑄嘉量者，以其方尺、深尺，則度可見也；其容一鬴，則量可見也；其重均，則衡可見也；聲中黄鐘之宮，則律可見也。既律、度、量、衡如此符合，則制管歌聲其中必矣。臣昧死，欲乞將臣見鑄成銅(甂)〔甌〕，再限半月內更鑄嘉量，以其聲中黄鐘之宮，乃取李照新鐘，就加修整，務合周制。鐘量法度文字已編寫次，未敢具進。」詔送度等幷定以聞。

度等言：「據鄧保信黍尺二，其一稱用上黨秬黍圓者，一黍之長，累百成尺，與蔡邕合。臣等檢詳前代造尺，皆以一黍之廣爲分，唯後魏公孫崇以一黍之長爲寸法，太常劉芳以秬黍中者一黍之廣卽爲一分，中尉元正以一黍之廣度黍二縫以取一分。三家競不能決，而蔡邕銅龠，〔本志中〕亦不明言用黍長廣累尺。今將保信黃鐘管內秬黍二百粒，以黍長爲分，再累至尺二條，比保信元尺，一長五黍，一長七黍。又律管黃鐘龠一枚，容秬黍千二百粒，以元尺比量，分寸略同，復將實龠秬黍再累者較之，卽又不同。其龠、合、升、斗，亦皆類此。又阮逸、胡瑗鐘律法黍尺，其一稱用上黨羊頭山秬黍中者，累廣求尺，制黃鐘之聲。臣等以其大黍百粒，累廣成尺。復將管內二百粒，以黍廣爲分，再累至二尺，比逸等元尺，一短七黍，一短三黍。蓋逸等元尺並用一等大黍，其實管之黍，大小不均，遂致差異。又其銅律管十二枚，臣等據楚衍等圍九方分之法，與逸等元尺及所實龠秬黍再累成尺者較之，又各不同。又所製銅稱二量，亦皆類此。臣等看詳其鐘、磬各一架，雖合典故，而黍尺一差，難以定奪。」又言：「太祖皇帝嘗詔和峴等用景表尺典修金石，七十年間，薦之郊廟。稽合唐制，以示貽謀，則可且依景表舊尺。俟天下有妙達鐘律之學者，俾考正之，以從周、漢之制。其阮逸、胡瑗、鄧保信幷李照所用太府寺等尺及阮逸狀進周禮度量法，其說疎舛，不可依用。」

寶元元年（戊寅、一〇三八）五月，右司諫韓琦言：「臣前奉詔詳定鐘律，嘗覽景祐廣樂記，覩李照所造樂，不依古法，皆率己意，別爲律度，朝廷因而施用，識者非之。今將親祀南郊，不可重以違古之樂上薦天地、宗廟。竊聞太常舊樂見有存者，郊廟大禮，請復用之。」詔資政殿大學士宋綬、三司使晏殊同兩制官詳定以聞。既而綬等言：「李照新樂比舊樂下三律，衆論以爲無所考據，願如琦請，郊廟復用和峴所定舊樂。鐘、磬不經鐫磨者猶存三縣奇七虡，郊廟殿庭，可以更用。」太常亦言：「舊樂宮縣，用龍鳳散鼓四面，以應樂節，李照廢而不用，止以晉鼓一面應節。舊樂建鼓四，幷鞞應共十二面，備而不擊，李照以四隅建鼓與鎛鐘相應擊之。舊樂雷鼓兩架，各八面，止用一人考擊，李照別造雷鼓，每面各用一人推鼓，順天左旋，三步一止，又令二人搖鞉以應之。又所造大竽、大笙、雙鳳管、兩儀琴、十二弦琴並行。今既復用舊樂，未審照所作樂器制度合改與否？」詔：「悉仍舊制，其李照所作，勿復施用。」

皇祐二年（庚寅、一〇五〇）五月丁亥朔，新作明堂禮神玉。禮儀使言：「明堂所用樂，皆當隨月用律。」

六月己未，內出御製明堂樂八曲，以君、臣、民、事、物配屬五音，凡二十聲爲一曲。用宮變、徵變者，天、地、人四時爲七音，凡三十聲爲一曲；以子母相生，凡二十八聲爲一曲；皆黃鐘爲均。又明堂月律五十七聲爲二曲，皆無射爲均；又以二十聲、二十八聲、三十聲爲三曲，亦無射爲均；皆自黃鐘宮入無射。如合用四十八或五十七聲，卽依前譜，次第成曲，其徵聲自同本律及御撰鼓吹警嚴曲、合宮歌，並肄於太常。

翰林學士承旨王堯臣等言：「奉詔預參議阮逸所上編鐘四清聲譜法，請用之於明堂者。竊以自唐末世，樂文墜缺，考擊之法久已不傳，今若使匏、土、絲、竹諸器盡求清聲，卽未見其法。又據大樂諸工所陳，自磬、簫、琴、和、巢、笙五器，本有清聲；塤、篪、竽、筑、瑟五器，本無清聲；（三）〔五〕弦阮、九弦琴，則有太宗皇帝聖制譜法；至歌工引音極唱，止及黃鐘清聲。臣等參議，其清、正二聲既有典據，理當施用。自今大樂奏夷則以下四均正律爲宮之時，商、角依次並用清聲，自餘八均盡如常法。至於絲、竹等諸器舊有清聲者，令隨鐘石教習；本無清聲者，未可創意求法，且當如舊。惟歌者本用中聲，故夏禹以聲爲律，明人皆可及，若彊所不至，足累至和。請止以正聲作歌，應合諸器，亦自是一音，別無差戾。其阮逸所上聲譜，以清濁相應，先後互擊，取音靡曼，近於鄭聲，不可用。」詔可。

秋七月，御製明堂無射宮樂曲譜三，皆五十七字，五音一曲，奉俎用之；二變七律一曲，飲福用之；七律相生一曲，退文舞、迎武舞及亞獻、終獻、徹豆用之。

閏十一月，詔曰：「朕聞古者作樂，本以薦上帝，配祖考。三五之盛，不相沿襲，然必太平，始克明備。周武受命，至成王時，始大合樂。漢初亦沿舊樂，至武帝時，始定泰一后土樂詩。光武中興，至明帝時，始改大予之名。唐高祖造邦，至太宗時，孝孫、文收始定鐘律，明皇方成唐樂。是知經啓善述，禮樂重事，須三四世，聲文乃定。國初亦循用王朴、竇儼所定周樂，太祖患其聲高，遂令和峴減一律。眞宗始議隨月轉律之法，屢加按覈，然念樂經久墜，學者罕專，歷古研覃，亦未完緒。頃雖博加訪求，終未有知聲知經可信之人，嘗爲改更，未適茲意。中書門下，其集兩制及太常禮樂官，以天地、五方、神州、日月、宗廟、社蜡、祭享所用登歌宮縣，審定聲律是非，按古合今，調諧中和，使經久可用，以發揚祖宗之功德。朕何憚改爲，但審聲驗書，二學鮮並，互詆胸臆，無所援據，慨然希古，靡忘於懷！」於是中書門下集兩制太常官，置局於秘閣，詳定大樂。王堯臣等言，「天章閣待制趙師民，博通今古，願同詳定」，及乞借參政高若訥所校十五等古尺。並從之。

宋祁、田況薦益州鄉貢進士房庶曉音律，祁上其所著樂書補亡三卷，召詣闕。庶自言：「嘗得古本漢志，云：『度起於黃鐘之長，以子穀秬黍中者，一黍之起，積一千二百黍之廣，度之九十分，黃鐘之長，一爲一分。』今文脫『之起積一千二百黍』八字，故自前世以來，累黍爲尺以制律。是律生於尺，尺非起於黃鐘也。且漢志『一爲一分』者，蓋九十分之一，後儒誤以一黍爲一分，其法非是。當以秬黍中者一千二百實管中，黍盡，得九十分，爲黃鐘之長，九寸加一以爲尺，則律定矣。」直秘閣范鎭是之。時胡瑗等製樂已定，故授庶校書郎而遣之。惟集賢校理司馬光不以鎭言爲是，數與論難。然世鮮鐘律之學，竟不能決。

三年（辛卯、一〇五一）春正月，詔徐、宿、泗、耀、江、鄭、淮（揚）〔陽〕七州軍采磬石，令諸路訪民间有藏古尺律者上之。

秋七月丁巳，兩制禮官王堯臣等言：「太常天地、宗廟、四時之祀，樂章凡八十九曲，自景安而下七十五章率以『安』名曲，豈特本道德、政教嘉靖之美，亦緣神靈、祖考安樂之故。臣等謹上議，國朝樂宜名大安。」詔曰：「朕惟古先格王隨代之樂，亦既制作，必有稱謂，緣名以討義，由義以知德。蓋名者，德之所載，而行遠垂久之致焉。故韶以紹堯，夏以承舜，濩以救民，武以象伐，傳之不朽，用此道也。國家舉墜正失，典章交備，獨斯體大，而有司莫敢易言之。朕憫然念茲，大懼列聖之休未能昭揭於天下之聽，是用申敕執事，遠求博講，而考定其衷。今禮官學士迨三有事之臣，同寅一辭，以大安之議來復。且謂藝祖之戡暴亂也，安天下之未安，其功大；二宗之致太平也，安天下之既安，其德盛；洎朕之承聖烈也，安祖宗之安，其仁厚。祗覽所議，熟復於懷。恭惟神德之造基，神功之戡武，章聖恢清淨之治，沖人蒙成定之業，雖因世之蹟各異，而靖民之道同歸。以之播鐘球，文羽籥，用諸郊廟，告於神明，曰大且安，誠得其正。」

四年（壬辰，一〇五二）五月，戶部員外郎范鎮上言：「陛下制樂三年，有司紛然未決，蓋由不議其本而爭其末也。樂者，和氣也。發和氣者，聲音也。聲音生於無形，故古人以有形之物傳其法，然後無形之聲音得，而和氣可通也。今有形之物皆相戾而不合，則無形之聲音不可得而和也。必得眞黍，然後可爲耳。」鎭自謂得古法，司馬光終不以爲是。

五年（癸巳、一〇五三）夏四月甲午，命劉沆、梁適監議大樂。知制誥王洙奏：「黃鐘爲宫最尊者，但音有尊卑耳，不必在其形體也。言鐘、磬依律數爲大小之制者，經典無正文，惟鄭康成立意言之，亦自云假設之法。孔穎達作疏，因而述之，據歷代史籍，亦無鐘、磬依數大小之說。其康成、穎達等卽非身曾制作樂器，至如言磬前長三律二尺七寸，後長二律一尺八寸，是磬有大小者，據此以黃鐘爲律。臣曾依此法造黃鐘特磬者，止得林鐘律聲，若隨律長短爲鐘大小之制，則黃鐘長二尺二寸半，減至應鐘，則形制大小比黃鐘纔四分之一。又九月、十月，以無射、應鐘爲宫，卽黃鐘、大吕反爲商聲，宫小而商大，是君弱臣强之象。今參酌其鑄鐘、特磬制度，欲且各依律數，算定長短、大小、容受之數，仍以皇祐中黍尺爲法，鑄大吕、應鐘鐘、磬各一，卽見形制聲韻所歸。」奏可。

五月，王拱辰言：「奉詔詳定大樂，比臣至局，鐘磬已成。竊緣律有長短，磬有大小。黃鐘九寸最長，其氣陽，其象土，其正聲爲宫，爲諸律之首，蓋君德之象，不可並也。今十二鐘、磬，一以黃鐘爲率，與古爲異。臣等亦嘗詢逸、瑗等，皆言依律大小則聲不能諧。故臣竊有疑，請下詳定大樂所，更稽古義參定之。」是月，知諫院李兌言：「曩者，紫宸殿閱太常新樂，議者以鐘之形制未中律度，遂斥而不用，復詔近臣詳定。竊聞崇文院聚議，而王拱辰欲更前史之義，王洙不從，議論喧嘖。夫樂之道，廣大微妙，非知音入神，豈可輕議！西漢去聖尚近，有制氏世典大樂，但能紀其鏗鏘，而不能言其義。況今又千餘年，而欲求三代之音，不亦難乎！且阮逸罪廢之人，安能通聖明述作之義？務爲異說，欲規恩賞。朝廷制樂數年，當國財匱乏之時，煩費甚廣；器既成矣，又欲改爲，雖命兩府大臣監議，然未能裁定其當。請以新成鐘、磬與祖宗舊樂參校其聲，但取諧和近雅者合用之。」

六月乙亥，帝御紫宸殿，奏太常新定大安之樂，觀宗廟祭器。

八月，詔：「南郊姑用舊樂，其新定大安之樂，常祀及朝會用之。」翰林學士胡宿上言：「自古無並用二樂之理。今舊樂高，新樂下，相去一律，難並用。且新樂未施郊廟，先用之朝會，非先王薦上帝、配祖考之意。」帝以爲然。

至和二年（乙未、一〇五五）二月，潭州上瀏陽縣所得古鐘，送太常。初，李照斥王朴樂音高，乃作新樂，下其聲。太常歌工病其太濁，歌不成聲，私賂鑄工，使減銅齊，而聲稍清，歌乃協，然照卒莫之辨。又朴所制編鐘皆側垂，照與胡瑗皆非之。及照將鑄鐘，給銅於鑄瀉務，得古編鐘一，工人不敢毁，乃藏於太常。鐘不知何代所作，其銘云：「粤朕皇祖寶龢鐘，粤斯萬年，子子孫孫永寶用。」叩其聲，與朴鐘夷則清聲合，而其形側垂。瑗後改鑄，正其鈕使下垂。叩之，弇鬱而不揚。其鎛鐘又長甬而震掉，聲不和。著作佐郎劉羲叟謂人曰：「此與周景王無射鐘無異，上將有眩惑之疾。」

嘉祐元年（丙申、一〇五六）春正月甲寅朔，帝御大慶殿受朝，暴感風眩，趣行禮而罷。人以劉羲叟之言爲驗。

七年（壬寅、一〇六二），翰林學士王珪言：「昔之作樂，以五聲播於八音，調和諧合，而與治道通。先王用於天地、宗廟、社稷，事於山川、鬼神，使鳥獸盡感，況於人乎！然則樂雖盛而音虧，未知其所以爲樂也。今郊廟升歌之樂有金、石、絲、竹、匏、土、革而無木音。夫所謂柷敔者，聖人用以著樂之始終，顧豈容有缺耶！且樂莫隆於韶，書曰：『戛擊』，是柷敔之用，旣云『下而擊鼗』，知鳴球與柷敔之在堂。故傳曰：『堂上堂下，各有柷敔也。』今陛下躬祠明堂，宜詔有司考樂之失，而合八音之和。」於是下禮官議，而堂上始置柷敔。

神宗元豐三年（庚申、一〇八〇）六月，詔楊傑等議樂。帝自卽位，於禮樂之事，未遑制作。至是，將有事於明堂，知禮院楊傑條上舊樂之失，遂召致仕秘書監劉几、侍郎范鎭與傑參議。几言：「律主於人聲，不以尺度求合。古今異時，聲亦隨變。儒者泥古，致詳於形名度數間，而不知清濁、輕重之用，故求於器雖合，考於聲則不諧。且古樂備四清聲，沿五季亂離而廢。請增之，一切下王朴樂二律，用仁宗時所制編鐘，追考成周分樂之序，辨正二舞容節。」范鎭欲求一稃二米眞黍，以律生尺，改修鐘量，廢四清聲。詔悉從几、傑議。樂成，第加恩賚，鎮謝曰：「此劉几樂也，臣何預焉！」乃復上疏曰：「太常鎛、鐘，皆有大小、輕重之法，非三代莫能爲者。禁中又出李照、胡瑗所鑄銅律及尺付太常。按照黃鐘律合王朴太簇律，仲呂律合王朴黃鐘律，比朴樂纔下半律，外有損益而內無損益，鐘聲鬱而不發，無足議者。照之律雖是，然與其樂校，三格自相違戾，且以太簇爲黃鐘，則是商爲宮也。方劉几奏上時，臣初無所預。臣頃造律，內外有損益，其聲和，又與古樂合。今若將臣所造尺律，依大小編次太常鎛鐘，可以成一代大典。又太常無雷鼓、靈鼓、路鼓，而以散鼓代之。開元中有以畫圖獻者，一鼓而爲八面、六面、四面，明皇用之。國朝郊廟，或考或不考，宮架中惟以散鼓，不應經義。又八音無匏、土二音，笙竽以木斗攢竹而以匏裹之，是無匏音也。塤器以木爲之，是無土音也。八音不具，以爲備樂，安可得哉！」不報。

四年（辛酉、一〇八一）冬十〔一〕月，詳定所言：「『搏拊琴瑟以詠』，則堂上之樂以象朝廷之治；『下管鼗鼓，合止柷敔，笙鏞以間』，則堂下之樂以象萬物之治。後世有司失〔其〕傳，歌者在堂，兼設鐘、磬，宮架在庭，兼設琴、瑟，堂下匏、竹，置之於牀，並非其序。請親（祀）〔祠〕宗廟及有司攝事，歌者在堂，不設鐘、磬，宮架在庭，不設琴、瑟，堂下匏、竹，不置於牀。其郊壇上下之樂，亦以此爲正，而有司攝事如之。」又言：「以小胥宮縣推之，則天子鐘、磬、鎛十二虡爲宮縣明矣。故或以爲配十二辰，或以爲配十二次，則虡無過十二。先王之制廢，學者不能考其數，隋、唐以來，有謂宮縣當二十虡，甚者又以爲三十六虡。方唐之盛日，有司攝事，樂並用宮縣。至德後，太常聲音之工散亡，凡郊廟有登歌而無宮縣，後世因仍不改。請郊廟有司攝事，改用宮架十八虡。」太常以爲：「用宮架十二虡則律呂均聲不足，不能成均，請如禮宮架四面如辰位，設鎛鐘十二虡，而甲、丙、庚、壬設鐘，乙、丁、辛、癸設磬，位各一虡，四隅植建鼓，以象二十四氣。宗廟郊丘如之。」

哲宗元祐三年（戊辰、一〇八八）〔閏〕（據宋史一七哲宗紀補，下文「閏月甲辰」四字重，删去）十二月甲辰，范鎮定鐘律諸樂器以進，令禮官太常參定。賜鎮詔曰：「朕惟春秋之後，禮、樂先亡，秦、漢以來，韶、武僅在，散樂工於河海之上，往而不還，聘先生於齊、魯之間，有莫能致。魏、晉以下，曹、鄶無譏，豈徒鄭、衞之音，已雜華、戎之器！間有作者，猶存典刑，然銖、黍之一差，或宮、商之易位。惟我四朝之老，獨知五降之非，審聲知音，以律生尺，覽詩、書之來上，閱簨簴之在廷，君臣同觀，父老太息。方詔學士大夫論其法，工師有司考其聲，上追先帝移風易俗之心，下慰老臣愛君憂國之志。究觀所作，嘉歎不忘。」（閏月甲辰）詔百官觀新樂。

范鎮樂成，著爲八論，自敍：「考周官、王制、司馬遷書、班氏志，流通貫穿，一無牴牾。」樂下太常，楊傑上言：「元豐中，詔范鎮、劉几與臣詳議，大樂旣成，而奏稱其和協。今鎮新定樂法，與樂局所議不同，且樂經仁宗制作，神考睿斷，奏之郊廟朝廷，蓋已久矣，豈可用鎮一說而遽改之！」遂著元祐樂議以破鎭說。禮部、太常亦言：「鎭樂自係一家之學，難以參用。」仍詔樂如舊制。

元符二年（己卯、一〇九九）春正月，詔前信州司法參軍吳良輔按協音律，改造琴瑟，教習登歌，以太常少卿張商英薦其知樂故也。初，良輔在元豐中，上樂書五卷。其書分爲四類，以謂：「天地兆分，氣數爰定，律厥氣數，通之以聲，於是撰釋律。律爲經，聲爲緯，律以聲爲文，聲以律爲質，旋相爲宮，七音運生，於是撰釋聲。聲生於日，律生於辰，故經之以六律，緯之以五聲，聲律相協和而無乖，播之八音，八音以生，於是撰釋音。四物兼采，八器以成，度數施設，象隱於形，考器論義，道德以明，於是撰釋器。」類各有條，凡四十四篇，大抵考之經傳，精以講思，頗益於樂〔理〕。

徽宗崇寧元年（壬午、一一〇二），詔以「大樂之制，訛謬殘闕，樂器敝壞，制度不齊。秦、漢之後，樂經散亡，箏、筑、阮，秦、晉之樂也，乃列於琴、瑟之間；熊羆按，梁、隋之制也，乃設於宮架之外。笙不用匏，舞不成象，曲不協譜，諸儒自相非議，不足取法，議樂之臣無所據依」，乃博求知音之士於天下。於是有魏漢津者，本蜀黥卒，自言師事唐仙人李良，授以鼎樂之法，皇祐中，與房庶俱以善樂薦，時阮逸方定黍律，不獲用。漢津至是年九十餘矣，蔡京復薦之，乃得召見，獻樂議曰：「聲有太有少，太者清聲，陽也，天道也；少者濁聲，陰也，地道也；中聲在其間，人道也。合三才之道，備陰陽、奇耦，然後四序可得而調，萬物可得而理。」當時以爲迂怪，蔡京獨神之。或言漢津本范鎮之役，稍窺見其制作，而京託之於李良云。

二年（癸未、一一〇三）九月，禮部員外〔郎〕陳暘上所撰樂書二百卷，命吏部尚書何執中看詳。謂：「暘欲考定音律，以正中聲，願送講議司，令知音律者參驗行之。」暘論曰：「魏漢津論樂，用京房二變四淸。蓋五聲十二律，樂之正也；二變四淸，樂之蠹也。二變以變宮爲君，四淸以黃鐘淸爲君。事以時作，固可變也，而君不可變；太簇、大呂、夾鐘或可分也，而黃鐘不可分，豈古人所謂尊無二上之旨哉！」壬辰，詔曰：「朕惟隆禮作樂，實治內修外之先務，損益述作，其敢後乎！其令講議司官詳求歷代禮樂沿革，酌古今之宜，修爲典訓，以貽永世，致安上治民之至德，著移風易俗之美化，迺稱朕咨諏之意焉。」

三年（甲申、一一〇四）春正月甲辰，命魏漢津定樂，鑄九鼎。時，帝銳意制作，以文太平，蔡京復每爲帝言：「方今泉幣所積盈五千萬，和足以廣樂，富足以備禮。」帝惑其說，而制作、營築之事興矣。至是，京以門客劉昺爲大司樂，命魏漢津定樂，鑄九鼎。漢津上言曰：「臣聞黃帝以三寸之器，名爲咸池，其樂曰大卷，三三而九，乃爲黃鐘之律。禹效黃帝之法，以聲爲律，以身爲度，用左手中指三節三寸，謂之君指，裁爲宮聲之管；又用第四指三節三寸，謂之臣指，裁爲商聲之管；又用第五指三節三寸，謂之物指，裁爲羽聲之管；第二指爲民、爲角，大指爲事、爲徵。民與事，君臣治之，以物養之，故不用爲裁管之法，得三指合之爲九寸，卽黃鐘之律定矣。黃鐘定，餘律從而生焉。臣今欲請帝中指、第四指、第五指各三節，先鑄九鼎，以備萬物之象，次鑄帝座大鐘，次鑄四韻清聲鐘，次鑄二十四氣鐘，然後均弦裁管，爲一代之樂制。」帝從之。漢津論樂，語多無稽之言，然曉陰陽術數，多奇中，嘗語所知曰：「不三十年，天下亂矣！」

四年（乙酉、一一〇五）八月，九鼎成，奉安於九成宮。以蔡京爲定鼎禮儀使。乙酉，帝幸宮，行酌獻禮。鼎各一殿，周以垣牆，上施埤堄，墁如方色，外築垣環之。中央曰帝鼎，北曰寶鼎，東曰牡鼎，東北曰蒼鼎，東南曰岡鼎，南曰彤鼎，西南曰阜鼎，西曰晶鼎，西北曰魁鼎。又鑄帝座大鐘及二十四氣鐘。時制新樂亦成，大司樂劉昺言：「大朝會，宮架舊用十二熊羆按，金錞、簫、鼓、觱篥等與大樂合奏。今所造大樂，遠稽古制，不應雜以鄭、衞。」詔罷之。又依昺改定二舞，各九成，每三成爲一變，執籥秉翟，揚戈持盾，威儀之節，以象治功。庚寅，樂成，列於崇政殿。有旨，先奏舊樂三闋。曲未終，帝曰：「舊樂如泣聲」，揮止之。既奏新樂，帝顏和悅，百僚稱頌。

九月朔，以鼎樂成，帝御大慶殿受賀。是日，初用新樂，太尉率百僚奉觴稱壽。有數鶴從東北來，飛度黃庭，回翔鳴唳。乃下詔曰：「禮樂之興，百年於此，然去聖愈遠，遺聲弗存。

洒者，得隱逸之士於草茅之賤，獲英莖之器於受命之邦。適時之宜，以身爲度，鑄鼎以起律，因律以制器，按協於庭，八音克諧。昔堯有大章，舜有大韶，三王之下亦各異名。今追千載而成一代之制，宜賜新樂之名曰大晟。朕將薦郊廟，享鬼神，和萬邦，與天下共之。其舊樂勿用。」先是，端州上古銅器，有樂鐘，驗其款識，乃宋成公時。帝以端王繼大統，故詔言受命之邦，而隱逸之士謂魏漢津也。朝廷舊以禮樂掌於太常，至是，專置大晟府，大司樂一員，典樂二員，並爲長貳，大樂令一員，協律郎四員，又有製撰官，爲制甚備。於是禮、樂始分爲二。加魏漢津虛和沖顯寶應先生。帝幸九成宫酌獻，至北方寶鼎，鼎忽破，水流溢於外，或者以爲北方致亂之兆。

大觀元年（丁亥、一一〇七）五月甲子，詔頒新樂於天下。

二年（戊子、一一〇八）二月，劉詵上徵聲。詔曰：「自唐以來，正聲全失，無徵、角之音，五聲不備，豈足以道和而化俗哉！劉詵所上徵聲，可令大晟府同教坊依譜按習，仍增徵、角二譜，候習熟來上。」初，進士彭几進樂書，論五音，言本朝以火德王而羽音不禁，徵調尚闕。禮部員外郎吳時善其說，建言乞召几至樂府，朝廷從之。至是，乃降是詔。

政和三年（癸巳、一一一三）五月，帝御崇政殿，親按宴樂，召侍從以上侍立。詔曰：「大晟之樂，已薦之郊廟，而未施於宴饗。比令有司，播之教坊，試於殿廷，無惉懘焦急之聲。嘉與天下共之，可以所進新樂頒行，其舊樂悉禁。」

八月，大晟府奏：「以雅樂中聲，播於宴樂，舊闕徵、角二調，及無土、石、匏三音，今樂並已增入。」詔頒降天下。

九月，詔大晟樂頒於太學辟廱，諸生習學。所服，冠以弁，袍以素紗皁緣，紳帶佩玉，從劉昺製也。昺又上言曰：「五行之氣，有生有尅，四時之禁，不可不頒示天下。盛德在木，角聲乃作，得羽而生，以徵爲相；若用商則刑，用宮則戰，故春禁宮、商。盛德在火，徵聲乃作，得角而生，以宮爲相；若用羽則刑，用商則戰，故夏禁商、羽。盛德在土，宮聲乃作，得徵而生，以商爲相；若用角則刑，用羽則戰，故季夏土王，宜禁角、羽。盛德在金，商聲乃作，得宮而生，以羽爲相；若用徵則刑，用角則戰，故秋禁徵、角。盛德在水，羽聲乃作，得商而生，以角爲相；若用宮則刑，用徵則戰，故冬禁宮、徵。此三代之所共行，月令所載，深切著明者也。作樂本以導和，用失其宜則反傷和氣。夫淫哇淆雜，干犯四時之氣久矣。陛下親灑宸翰，發爲詔旨，淫哇之聲轉爲雅正，四時之禁亦有所頒，協氣則粹美，繹如以成。」詔令大晟府置圖頒降。

四年（甲午、一一一四）春正月，大晟府言：「宴樂諸宮調多不正，如以無射爲黄鐘宮，以夾鐘爲中呂宮，以夷則爲仙呂宮之類。又加越調、雙調、大食、小食，皆俚俗所傳。今依月〔律〕改定。」詔可。

宋史紀事本末卷二十九

慶曆黨議

仁宗景祐元年（甲戌、一〇三四）冬十月，除范仲淹爲禮部員外郎、天章閣待制，判國子監，尋權知開封府。仲淹先以諫廢后事貶睦州，至是復召。時御史臺辟石介爲主簿，未至，即論事坐罷。館閣校勘歐陽修貽書責中丞杜衍曰：「主簿於臺中非言事官，介足未履臺門之閾，已用言事見罷，可謂正直剛明不畏避矣。度介之才，不止爲主簿，直可爲御史，今斥介而他舉亦必擇賢。夫賢者固好辯，及有言則又斥而他舉乎，如此則必得愚闇懦默者而後止也！」衍不能用。

三年（丙子、一〇三六）五月，范仲淹以呂夷簡執政，進用多出其門，上百官圖，指其次第曰：「如此爲序遷，如此爲不次，如此則公，如此則私，況進退近臣，凡超格者，不宜全委之宰相。」夷簡不悅。他日論建都之事，仲淹進曰：「洛陽險固，而汴爲四戰之地。太平宜居汴，卽有事必居洛陽。當漸廣儲蓄，繕宮室。」帝以問夷簡，夷簡對曰：「仲淹迂闊，務名無實。」

仲淹聞之，乃爲四論以獻，一曰帝王好尙，二曰選賢任能，三曰近名，四曰推委，大抵譏切時弊。且曰：「漢成帝信張禹，不疑舅家，故有新莽之禍。臣恐今日亦有張禹，壞陛下家法。」夷簡訴仲淹越職言事，離間君臣，引用朋黨。仲淹對益切，由是落職，知饒州。集賢校理余靖上言：「仲淹以譏刺大臣，重加譴責。儻其言未合聖慮，在陛下聽與不聽耳，安可以爲罪乎！汲黯在廷，以平津爲多詐；張昭論將，以魯肅爲麤疏。漢皇、吳主熟聞訾毀，兩用無猜，豈損令德？陛下自（新）〔親〕（據宋史三二〇余靖傳、續綱目、薛鑑改）政以來，屢逐言事者，恐鉗天下口。請改前命。」疏入，坐落職，監筠州酒稅。館閣校勘尹洙上疏曰：「仲淹忠諒有素，臣與之誼兼師友，則是仲淹之黨也。今仲淹以朋黨被罪，臣不可苟免。」夷簡怒，斥監郢州酒稅，尋改唐州。館閣校勘歐陽修貽書責司諫高若訥曰：「仲淹以無罪逐，君不能辨，猶以面目見士大夫，出入朝中，是不復知人間有羞恥事！」若訥怒，上其書，修坐貶夷陵令。時，朝士畏宰相，無敢送仲淹〔者〕（據續綱目、薛鑑補），獨龍圖直學士李紘、集賢校理王質出郊餞之。或以誚質，質曰：「希文賢者，得爲朋黨，幸矣！」館閣校勘蔡襄作四賢一不肖詩，以譽仲淹、靖、洙、修而譏若訥，都人士相傳寫，鬻書者市之得厚利。契丹使適至，買以歸，張於幽州館。

御史韓縝希夷簡旨，請以仲淹朋黨牓朝堂，戒百官越職言事者，從之。蘇舜欽上書曰：「歷觀前代，神聖之君好聞讜議，蓋以四海至遠，民有隱慝，不可以（偏）〔徧〕（據宋史四四二蘇舜欽傳、薛鑑改）照，故無間愚賤之言而擇用之，然後朝無遺政，物無遁情，雖有佞臣邪謀，莫得而進也。臣覩近日詔書，戒越職言事，播告四方，無不驚惑，往往竊議，恐非出陛下之意。蓋陛下卽位以來，屢詔羣下，勤求直言，使百僚轉對，置匭函，設直言極諫科。今詔書頓異前事，豈非大臣壅蔽陛下聰明，杜塞忠良之口？不惟虧損朝政，實亦自取覆亡之道。夫納善進賢，宰相之事，蔽君自任，未或不亡。今諫官御史，悉出其門，但希指意，即獲美官，多士盈廷，噤不得語，陛下拱默，何由盡聞天下之事乎！前孔道輔、范仲淹剛直不撓，致位臺諫，雖改他官，不忘獻納。二臣者，非不知緘口數年，坐得卿輔，蓋不敢負陛下委注之意，皆罹中傷，竄責而去。使正臣奪氣，鯁士咋舌，目覩時弊，口不敢論。昔晉侯問叔向曰：『國家之患孰爲大？』對曰：『大臣持祿而不極諫，小臣畏罪而不敢言，下情不能上通，此患之大者。』故漢文感女子之說而肉刑是除，武帝聽三老之議而江充以族。肉刑，古法；江充，近臣；女子、三老，愚耄疎隔之至也。蓋以義之所在，賤不可忽，二君從之，後世稱聖。況國家班設爵位，列陳豪俊，固當責其公忠，安可教之循默？賞之使諫，尚恐不言，罪其敢言，孰肯獻納？物情蔽塞，主勢孤危，軫念於兹，可爲驚怛！望陛下發德音，寢前詔，勤於采納，下及芻蕘，可以常守隆平，保全近輔。」不報。

四年（丁丑、一〇三七）十二月，地震，直史館葉清臣因上言：「頃范仲淹、余靖以言事被黜，天下之人咋舌，不敢議朝政者二年。願陛下深自咎責，詳延忠直敢言之士。」書奏數日，仲淹等皆得近徙。

寶元元年（戊寅、一〇三八）春正月，詔求直言，蘇舜欽上疏曰：「臣聞河東地大震裂，涌水，壞屋廬城堞，殺民畜幾十萬，歷旬不止。臣惟妖祥之興，各以類告，未嘗妄也。天人之應，古今之鑒，大可恐懼。所怪者，朝廷見此大異，不修闕政以厭天戒，安民心，默然如無事時；諫官御史不聞進牘，鋪白災害之端以啟上心。然民情洶洶，聚首橫議，咸有憂悖之色。臣欲言，又見范仲淹以剛直忤姦臣，言不用而身竄謫，降詔天下，不許越職言事。臣不避權右，但恐橫羅中傷，無補於國，因自悲嗟，不知所措。既而孟春之初，雷霆暴作。臣以謂國家闕失，衆莫敢爲陛下言者，惟天丁寧以告陛下，果能沛發明詔，許羣臣皆得獻言，臣不勝幸甚！竊見陛下比年稍邇俳優賤人，燕樂踰節，賜予過度。燕樂踰節則蕩，賜予過度則侈；蕩則政事不親，侈則用度不足。臣觀國史，見祖宗日視朝，旰昃乃罷，猶坐於後苑門，有白事者，立得召對。眞宗末年不豫，始間日視事。今陛下春秋鼎盛，實宵衣旰食求治之秋，而乃隔日御殿，此政事不親也。又府庫匱竭，民鮮蓋藏，誅斂科索，殆無虛日，計度經費，二十倍於祖宗時，此用度不足也。政事不親，用度不足，誠國大憂。臣望陛下修己以御人，洗心鑒物，勤聽斷，舍燕安，放棄優諧近習之纖人，以親近剛明鯁直之良士，因此災變以思永圖，則天下幸甚！夫明主勞於求賢，而逸於任使。然盈庭之士，不須盡擇，在擇一二輔臣及御史諫官而已。近王隨自吏部侍郎擢平章事，此乃非常之任，而隨虛庸邪諂，非輔相器。石中立在朝行，以詼諧自任，物望甚輕，乃爲執政。又張觀爲御史中丞，高若訥爲司諫，二人者，皆溫和軟懦，無骨鯁敢言之氣，斯皆輔臣引拔建置，欲其愼默，不敢舉揚其私，時有所言則必晤相關說，旁人窺之，甚可笑也。故御史諫官之任，臣欲陛下親擇之，不令出執政門下。臺諫官能得其人，則近臣不能文過，乃馭下之策也。」上頗納用其言。

冬十月丙寅，詔戒百官朋黨。范仲淹既徙潤州，讒者恐仲淹復用，遽誣以事。語入，帝怒，亟命置之嶺南。中外論薦仲淹者衆，帝曰：「向貶仲淹，爲其密請建立皇太弟，非但詆毀大臣也。今稱薦者如是，似涉朋黨，乃下詔戒之。」程琳爲帝開說，帝意頗解。李若谷亦言：「近世俗薄，專以朋黨污善良。蓋君子小人各有類，今概以朋黨名之，恐正人無以自立。」帝納之。

二年（己卯、一〇三九）十一月，盛度、程琳罷。初，張士遜惡琳而疾孔道輔不附己，欲幷去之。會開封府吏馮士元以贓敗，知府鄭戩窮治之，辭連度、琳及天章閣待制龐籍、直集賢院呂公綽、太常博士呂公弼等十餘人。士遜謂道輔曰：「上顧程公厚，今爲小人所誣，盍見上辨之。」道輔不悟，入言琳罪薄，不足深治。帝怒道輔朋附，併出之。於是度坐令士元强取其隣所賃官舍，琳坐令士元給市張遜故第，籍與公綽、公弼坐令士元市女口，度罷知揚州，琳知潁州，籍等皆被黜罰，士元流海島，而道輔亦出知鄆州。道輔始知爲士遜所賣，發憤而卒，然天下皆以直道許之。

康定元年（庚辰、一〇四〇）春正月丙辰朔，日食。富弼上言應天變莫若通下情，帝然之。於是盡除越職言事之禁，詔中外臣庶，極言朝政闕失。

慶曆三年（癸未、一〇四三）三月，增置諫官，以歐陽修、王素、蔡襄知諫院，余靖爲右正言。襄喜賢路開而慮正人難久立，因上言：「任諫非難，聽諫爲難；聽諫非難，用諫爲難。修等三人忠誠剛正，必能盡言；臣恐邪人不利，必造爲禦之之說。其禦之不過有三，曰好名、好進、彰君過耳。願陛下察之，無使有好諫之名而無其實。」修每入對，帝必延問執政，咨所宜行，既多所張弛，修慮善人必不勝，數爲帝分別言之。自范仲淹貶饒州，修及尹洙、余靖皆以直仲淹見逐，羣邪目之曰黨人，於是朋黨之議遂起，修乃爲朋黨論以進。曰：「臣聞朋黨之說自古有之，惟幸人君辨其君子、小人而已。大凡君子與君子以同道爲朋，小人與小人以同利爲朋，此自然之理也。然臣謂小人無朋，惟君子則有之，其故何哉？小人所好者，祿利也，所貪者，財貨也。當其同利之時，暫相黨引以爲朋者，僞也，及其見利而爭先，或利盡而交疎，則反相賊害，雖其兄弟親戚不能相保。故臣謂小人無朋，其暫爲朋者，僞也。君子則不然，所守者道義，所行者忠信，所惜者名節，以之修身則同道而相益，以之事國則同心而共濟，始終如一，此君子之朋也。故爲人君者，但當退小人之僞朋，用君子之眞朋，則天下治矣。堯之時，小人共工、驩兜等四人爲一朋，君子八元、八凱十六人爲一朋。舜佐堯，退四凶小人之朋，而進元凱君子之朋，堯之天下大治。及舜自爲天子，而皋、夔、稷、契等二十二人並列於朝，更相稱美，更相推讓，凡二十二人爲一朋，而舜皆用之，天下亦大治。書曰：『紂有臣億萬，惟億萬心；予有臣三千，惟一心。』紂之時，億萬人各異心，可謂不爲朋矣，然紂以亡國；周武王之臣三千人爲一大朋，而周用以興。後漢獻帝時，盡取天下名士囚禁之，目爲黨人，及黃巾賊起，漢室大亂後方悔，盡解黨人而釋之，然已無救矣。唐之晚年，漸起朋黨之論，及昭宗時，盡殺朝之名士，或投之黃河，曰『此輩淸流，可投濁流』，而唐遂亡矣。夫前代之主能使人人異心不爲朋，莫如紂；能禁絶善人爲朋，莫如漢獻帝；能誅戮淸流之朋，莫如唐昭宗之世，皆亂亡其國。更相稱美推讓而不自疑，莫如舜之二十二臣，舜亦不疑而皆用之，然而後世不誚舜爲二十二人朋黨所欺，而稱舜爲聰明之聖者，以能辨君子與小人也。周武之世，舉其國之臣三千人共爲一朋，自古爲朋之多且大莫如周，然周用此以興者，善人雖多而不厭也。夫興喪治亂之迹，爲人君者可以鑒矣。」修論事切直，人視之如仇，帝獨奬其敢言，顧侍臣曰：「如歐陽修者，何處得來！」

夏四月，以夏竦爲樞密使，韓琦、范仲淹爲樞密副使。

時，帝御天章閣，召公卿，出手詔，問當世急務。葉淸臣聞之，極論時政，且曰：「陛下欲息奔競，此繫中書。若宰相裁抑奔競之流，則風俗惇厚，人知止足；宰相用憸佞之士，則貪榮冒進，激成渾波。向有職在管庫，日趨走時相之門，入則取街談巷議以惑聽明，出則竊譞朝論以驚流輩，一旦皆擢職司，以酬所任。比日人士競踵此風，出入權要之家，時有『三尸』、『五鬼』之號，或列館職，或置省曹。且臺諫官爲天子耳目，今則不然，盡爲宰相肘腋，宰相所惡則摭以微瑕，公行擊搏；宰相所善則從而倡和，爲之先容。中書政令不平，賞罰不當，則箝口結舌，未嘗敢言；人主纖微過差，或宮闈小事，即極言過當，用爲訐直。供職未逾歲時，遷擢已加常等。宋禧爲御史，勸陛下宮中蓄犬設棘，以爲守衞，削弱國體，取笑四夷，不加訶譴，擢爲諫官。王達兩爲湖南、江西轉運使，所至苛虐，誅剝百姓，徒配無辜，特以宰相故舊，不次拔擢，遂有河北之行。如此，是長奔競也。」帝覽而頷之。

乙巳，夏竦至京師，罷之，以杜衍爲樞密使。初召竦，諫官歐陽修、蔡襄等交章論：「竦在陝西，畏懦，不肯盡力，兼之挾詐任數，姦邪傾險。陛下孜孜政事，首用懷詐不忠之臣，何以求治？」中丞王拱辰亦言：「竦經略西師，無功而歸，今置諸二府，何以厲世？」因對，極論之。帝未省，遽起，拱辰前引裾畢其說，帝乃悟。會竦已至國門，言者論益切，乞毋令入見。右正言余靖言：「竦累表引疾，及聞召命，即兼驛而馳。若不早決，竦必堅求面對，敍恩感泣，復有左右爲之地者，則聖聽惑矣！」章累上，即日詔竦歸鎮，拜杜衍爲樞密使。竦亦自請還節鉞，徙知亳州。竦至亳，上書萬言自辨，乃徙判幷州。蔡襄言於帝曰：「陛下罷竦而用琦、仲淹，士大夫賀於朝，庶民歌於路，至飲酒叫號以爲歡。且退一邪，進一賢，豈能關天下輕重哉！蓋一邪退則其類退，一賢進則其類進，衆邪並退，衆賢並進，海內有不泰乎！雖然，臣竊憂之，天下之勢譬猶病者，陛下既得良醫矣，信任不疑，非徒愈病，而又壽民；醫雖良，術不得盡用，則病且日深，雖有和、扁，難責效矣。」

國子監直講石介，篤學尚志，樂善嫉惡，喜聲名，遇事奮然敢爲。會呂夷簡罷相，章得象、晏殊、賈昌朝、韓琦、范仲淹、富弼同時執政，而歐陽修、蔡襄、王素、余靖並爲諫官，夏竦既拜，復奪之，以衍代，因大喜曰：「此盛事也，歌頌吾職，其可已乎！」作慶歷聖德詩，曰：「於惟慶歷，三年三月，皇帝龍興，徐出闈闥，晨坐太極，晝開閶闔，躬攬英賢，手鉏姦枿。大聲渢渢，震搖六合，如乾之動，如雷之發，昆蟲蹢躅，怪妖藏滅，同明道初，天地嘉吉。初聞皇帝，蹙然言曰：『予祖予父，付予大業，予恐失墜，實賴輔弼。汝得象、殊，重慎微密，君相予久，予嘉君伐，君仍相予，笙鏞斯協。昌朝儒者，學問該洽，與予論政，傅以經術，汝貳二相，庶績咸秩。惟汝仲淹，汝誠予察，太后乘勢，湯沸火熱，汝時小臣，危言業業，爲予司諫，正予門闑；爲予京兆，堲予讒說；賊叛予夏，往予式遏，六月酷日，大冬積雪，汝寒汝暑，同予士卒，予聞辛酸，汝不告乏。予晚得弼，予心弼悅。弼每見予，無有私謁，以道輔予，弼言深切，予不堯、舜，弼自笞罰，諫官一年，疏奏滿篋，侍從周歲，忠力屢竭。契丹忘義，檮杌饕餮，敢侮大國，其辭慢悖。弼將予命，不畏不怯，卒復舊好，民得食褐，沙磧萬里，死生一節。視弼之膚，霜剝風裂，觀弼之心，鍊金鍛鐵，寵名大官，以酬勞渴，弼辭不受，其志莫奪。惟仲淹、弼，一夔、一契，天實賚予，予其敢忽，並來弼予，民無瘥札！曰衍汝來，汝予黃髮，事予二紀，毛禿齒豁，心如一兮，率履弗越，遂長樞府，兵政無蹶。予早識琦，琦有奇骨，其器魁落，豈視居楔，其人渾朴，不施剞劂，可屬大事，敦厚如勃。琦汝副衍，知人予哲。惟修惟靖，立朝巘巘，言論磥砢，忠誠特達，祿微身賤，其志不怯，嘗詆大官，亟遭貶黜，萬里歸來，剛氣不折，屢進直言，以補予闕。素相之後，含忠履潔，昔爲御史，幾叩予榻。襄雖小官，名聞予徹，亦嘗獻言，箴予之失，剛守粹慤，與修儔匹，並爲諫官，正色在列，予過汝言，毋鉗汝舌！』皇帝聖明，忠邪辨別，舉擢畯良，掃除妖魃。衆賢之進，如茅斯拔；大奸之去，如距斯脫。上倚輔弼，司予調燮；下賴諫諍，維予紀法。左右正人，無有邪孽，予望太平，日不逾浹。皇帝嗣位，二十二年，神武不殺，其默如淵，聖人不測，其動如天，賞罰在予，不失其權，恭己南面，退姦進賢。知賢不易，非明弗得；去邪惟艱，惟斷乃克。明則不貳，斷則不惑，旣明且斷，惟皇帝德！羣臣踧踖，重足屛息，交相敎語：『曰惟正直，毋作側僻，皇帝汝殛！』諸侯危慄，墮玉失舄，交相告語：『皇帝神明，四時朝覲，謹修臣職。』四夷走馬，墜鐙遺策，交相告語：『皇帝神武，解兵修貢，永爲屬國。』皇帝一舉，羣臣懾焉，諸侯畏焉，四夷服焉。臣願皇帝，壽萬千年！」詩所稱多一時名臣，其言大姦，蓋斥竦也。詩且出，孫復聞之曰：「介禍始於此矣。」范仲淹亦謂韓琦曰：「爲此鬼怪輩壞事也。」

五月，呂夷簡罷。陝西轉運使孫沔上書言：「自夷簡當國，黜忠言，廢直道。及以使相出鎭許昌，乃薦王隨、陳堯叟代己，才庸負重，謀議不協，忿爭中堂，取笑多士，政事寖廢。又以張士遜冠台席，士遜本乏遠識，致墮國事。蓋夷簡不進賢爲社稷遠圖，但引不若己者，爲自固之計，欲使陛下知輔相之位非己不可，冀復思己而召用也。陛下果召夷簡，還自大名，入秉朝政，於茲三年，不更一事，以姑息爲安，以避謗爲智。西州將帥，累以敗聞；契丹無厭，乘此求賂，兵殲貨悖，天下空竭。刺史牧守，十不得一，法令變易，士民怨咨。隆盛之基，忽至於此！今夷簡以病求退，陛下手和御藥，親寫德音，乃謂『恨不移卿之疾在於朕躬』。四方義士，傳聞詔語，有泣下者。夷簡在中書二十年，三冠輔相，所言無不聽，所請無不行，有宋得君，一人而已，未知何以爲陛下報！天下皆稱賢而陛下不用者，左右毀之也；皆謂憸邪而陛下不知者，朋黨蔽之也。比契丹復盟，西夏款塞，公卿忻忻，日望和平。若因此振紀綱，修廢墜，選賢任能，節用養兵，則景德、祥符之風復見於今矣。若恬然不顧，遂以爲安，臣恐土崩瓦解，不可復救。而夷簡意謂四方已寧，百度已正，欲因病默默而去，無一言啟沃上心，別白賢不肖。雖盡南山之竹，不足書其罪也。」書聞，帝不之罪，議者喜其謇切。夷簡見書，謂人曰：「元規藥石之言，但恨聞此遲十年耳！」至是，蔡襄復言：「夷簡被病以來，兩府大臣並笏受事於門，貪戀權勢，病不知止。」乃命夷簡不得同議軍國大事。

秋七月丙子，王舉正罷。歐陽修、余靖論舉正懦默不任事，范仲淹有相才，請罷舉正而用仲淹。帝然之，舉正罷知許州。

八月丁未，以范仲淹參知政事，仲淹曰：「執政可由諫官而得乎？」固辭不拜，願與韓琦出行邊，命爲陝西宣撫使；未行，復除參知政事。帝方鋭意太平，數問當世事，仲淹語人曰：「上用我至矣。事有先後，久安之弊，非朝夕可革也。」帝再賜手詔，又爲之開天章閣，召輔臣條對。仲淹退而上十事，曰：明黜陟，抑僥倖，精貢舉，擇長官，均公田，厚農桑，修武備，推恩信，重命令，減徭役。悉采用之，宜著令者，皆以詔書畫一頒下。

復以富弼爲樞密副使，弼猶固辭，帝使宰相諭之曰：「此朝廷特用，非以使遼故也。」時元昊使辭，帝至紫宸殿，俟弼綴樞密院班，乃坐。弼不得已，受命。帝以平治責成輔相，命弼主北事，仲淹主西事。弼上當世之務十餘條及安邊十三策，大略以進賢，退不肖，止僥倖，去宿弊，欲漸易監司之不才者，使澄汰所部吏，於是小人始不悅矣。

癸丑，以韓琦爲陝西宣撫使。時，二府合班奏事，琦必盡言，雖事屬中書，亦指陳其實。同列或不悅，帝獨識之，曰：「韓琦性直。」琦嘗條所宜先〔行〕（據宋史三一二韓琦傳、續綱目補）者七事，曰：清政本，念邊計，擢賢才，備河北，固河東，收民心，營洛邑。繼又陳救弊八事，曰：選將帥，明按察，豐財利，遏僥倖，進能吏，退不才，謹入官，去冗食。謂：「數者之舉，謗必隨之，願委計輔臣，聽其注措。」帝嘉納之，遂命宣撫陝西。

九月戊辰，呂夷簡以太尉致仕。

冬十月，以張昷之、王素等爲都轉運按察使。先是，知諫院歐陽修言：「天下官吏既多，朝廷無由遍知其賢愚善惡，乞立按察之法。於內外朝官三丞郎官中選强幹廉明者爲之，使至州縣，遍見官吏，其公廉無狀，皆以朱書於名之下；其中材之人，以墨書之。歲具以聞。」詔從之。富弼、范仲淹復請詔中書、樞密，通選逐路轉運按察使，即委使自擇知州，知州擇知縣，不任事者皆罷之。於是昷之等首被兹選。昷之，河北；王素，淮南；沈邈，京東；施昌言，河東；李絢，京西。仲淹之選監司也，取班簿，視不才者一筆勾之。弼曰：「一筆勾之甚易，焉知一家哭矣！」仲淹曰：「一家哭何如一路哭耶！」遂悉罷之。

壬戌，詔曰：「考課之法舊矣。祥符之際，治致昇平，凡下詔條，全務寬大，考最則有限年之制，入官則有循資之格。及此事邊，因緣多故，思得應務之才，無虧素餐之道，非賞勸，衆志不激厲，非甄別，人情不憤悱。具申凡目，著於甲令。」因更定磨勘法。初，太祖〔以〕（據續綱目補）舊制文武常參官各以曹務閑劇爲月限，考滿卽遷，非循名責實之道，乃罷之而置審官院，考課中外職事，受代京朝官引對磨勘，非有勞績，不得進秩。其後立法，文臣五年，武臣七年，無贓私罪，始得遷秩；曾犯贓罪，則文臣七年，武臣十年，中書、樞密取旨。其七階選人，則考第資歷，無過犯或有勞績者遞遷，謂之循資。淳化四年，始置磨勘司，然每遇恩慶，百僚多得序進。眞宗卽位，始罷之，惟郊祀恩許加勳階、爵邑。至是，范仲淹、富弼以官冗由磨勘亟，易至高位，故獲蔭者衆，乃令待制以上，自遷官後六歲，無故則復遷之，有過，益展年，至諫議大夫止。京朝官四歲磨勘，至前行郎中止。少卿、監限七十員，有闕乃補。少卿以上，遷官聽旨。其法始密於舊矣。

十一月丁亥，詔曰：「周大司樂掌學政，以六藝教國子，則官材蓋本於世胄。而今之蔭法，推恩太廣，以致疎宗蒙澤，稚齒授官，未知立身之道，從政之方，而並階仕進，非所以審爵重民也。其著爲令。」於是更定蔭子法。初，太祖定任子之法，臺省六品，諸司五品，登朝常歷兩任，然後得請。太宗卽位，諸州進奏者，授以試銜及三班職。尋特定選人七等，凡誕聖節及三年南郊，皆聽奏一人，而特恩不預焉，由是奏薦之恩寖廣。至是，范仲淹、富弼始裁損其制，凡選人遇郊赴銓試，不試者永不預選，且罷聖節奏蔭恩。凡長子不限年，諸子孫必年過十五，弟姪年過二十，乃得蔭。自是任子之恩殺矣。

四年（甲申、一〇四四）夏，帝與執政論及朋黨事，范仲淹對曰：「方以類聚，物以羣分。自古以來，邪正在朝，各爲一黨，在主上鑒辨之耳。誠使君子相朋爲善，其於國家何害？不可禁也。」

六月壬子，以范仲淹爲陝西、河東宣撫使。時，仲淹奏：「防秋事近，願罷臣參知政事，特賜知邊郡，帶安撫之名，足以照管邊事。」遂有是命。始，仲淹以忤呂夷簡放逐者數年，及陝西用兵，帝以其士望所屬，拔用護邊。及夷簡罷，召還，倚以爲治，中外想望其功業；仲淹亦以天下爲己任，與富弼日夜謀慮，興致太平。然更張無漸，規模闊大，論者籍籍，以爲難行。及按察使出，多所舉劾，衆心不悅；任子之恩薄，磨勘之法密，僥倖者不便，由是謗毀寖盛，而朋黨之論滋不可解。先是，石介奏記於弼，責以行伊、周之事。夏竦怨介斥己，又欲因以傾弼等，乃使女奴陰習介書，久之，習成，遂改伊、周曰伊、霍，且僞作介爲弼撰廢立詔草，飛語上聞。帝雖不信，而弼與仲淹恐懼，不自安於朝，皆請出按西北邊，不許。適聞契丹伐夏，仲淹固請行，乃獨允之。仲淹將赴陝，過鄭州。時呂夷簡已老，居鄭，仲淹往見之，夷簡問：「何事遽出？」仲淹對以暫往經撫兩路，事畢卽還。夷簡曰：「君此行正蹈危機，豈復再入？若欲經制西事，莫如在朝廷爲便。」仲淹愕然。仲淹既去朝，攻者果益急，帝心不能無疑矣。

羅從彥曰：小人之權幸，可畏也。以仁宗之英明，急於圖治，而富、范等屻於讒間，不果其志，何耶？古者，人君立政立事，君臣相與，同心同謀，明足以照之，仁足以守之，勇足以斷之，爲之不暴而持之以久，故小人不得措其私，權幸不得搖其成。若慶歷之事，銳之於始而不究其終，君臣之間，毋乃有未至邪！

八月，以富弼爲河北宣撫使，從弼請也。弼及范仲淹既去，石介不自安，亦請外，得濮州通判。

九月甲申，以杜衍同平章事兼樞密使，賈昌朝爲樞密使，陳執中參知政事。衍務裁僥倖，每有內降，率寢格不行，積詔旨至十數，輒納帝前。帝嘗語歐陽修曰：「外人知杜衍封還內降耶？凡有求於朕，每以衍不可告之而止者，多於所封還也。」執中自知青州召還，諫官蔡襄、孫甫等爭言：「執中雖係陳恕之子，然剛愎不學，若任以政，天下之不幸也。」帝不聽。諫官論不止，乃命中使齎敕告，卽青州賜之。明日，諫官上殿，帝作色迎謂之曰：「豈非論陳執中邪？朕已召之矣。」乃不敢言。

十一月，詔戒朋黨相訐，並戒按察恣爲苛刻及文人肆言行怪者。

五年（乙酉、一〇四五）春正月乙酉，杜衍、范仲淹、富弼罷。以賈昌朝同平章事兼樞密使，宋庠參知政事，王貽永爲樞密使，吴育、龐籍爲副使。仲淹、弼既出宣撫，攻者益衆，二人在朝所爲亦稍沮止，衍獨左右之。衍好薦引賢士而抑僥倖，羣小咸怨。衍壻蘇舜欽，易簡子也，能文章，論議稍侵權貴，時監進奏院。循例祠神，以伎樂娱賓，集賢校理王益柔，曙之子也，於席上戲作傲歌。御史中丞王拱辰聞之，以二人皆仲淹所薦，而舜欽又衍壻，欲因是傾衍及仲淹，乃諷御史魚周詢、劉元瑜舉劾其事。拱辰及張方平列狀請誅益柔，蓋欲因益柔以累仲淹也。賈昌朝陰主拱辰等議。韓琦言於帝曰：「益柔狂語，何足深計？方平等皆陛下近臣，同國休戚，今西陲用兵，大事何限，一不爲陛下論列，而同狀攻一王益柔，此其意可見矣！」帝感悟，乃止黜益柔監復州酒稅，而除舜欽名，同席被斥者十餘人，皆知名之士。拱辰喜曰：「吾一網打盡矣！」舜欽既放廢，寓於吴中，與高僧、逸士，吟嘯自適。衍亦見不爲人所容，數求去，不許。仲淹不自安，奏乞罷政事，帝欲聽其請，章得象謂：「仲淹素有虛名，今一請遽罷，恐天下謂陛下輕黜賢臣，不若且賜不允，若卽有謝表，則是挾詐要君，乃可罷也。」上從之，仲淹果奉謝表，上愈信得象言。於是富弼自河北還，將及國門。右正言錢明逸希得象等意，遂論仲淹、弼更張綱紀，紛擾國經，凡所推薦，多挾朋黨。陳執中復譖衍庇二人。帝不悅，遂併黜之，衍罷知兗州，仲淹知邠州，弼知鄆州。仲淹引疾，求解邊任，改知鄧州。

二月辛卯，詔罷京朝官，用保任敍遷法。又罷磨勘、蔭子新法。

三月辛酉，韓琦罷。時范仲淹、富弼罷去，琦乃上疏曰：「陛下用杜衍爲相，方及一百二十日而罷。范仲淹以夏人初附，自乞保邊，固亦有名。至於富弼之出，則所損甚大。富弼大節難奪，天與忠義。昨契丹領大兵壓境，命弼使虜，以正辯屈强虜，卒復和議，忘身立事，古人所難。近者李良臣自虜來歸，盛言北方自虜主而下，皆稱羨之。陛下兩命弼爲樞密副使，皆忘其有功，辭避不受，逮抑令赴上，則不顧毁譽，動思振緝紀綱，其志欲爲陛下立萬世之業爾。近日臣僚多務攻擊忠良，取快私忿，非是國家之福。惟陛下久而察之。」疏入，不報。初，陝西四路總管鄭戩遣靜邊砦主劉滬、著作佐郎董士廉城水洛，以通秦、渭援兵。知渭州尹洙曰：「賊數犯塞，必併兵一道，五路帥之戰兵常不滿二萬人，而當賊昊舉國之衆，吾兵所以屢爲賊困者，正由城砦多而兵勢分也。今無故奪諸羌之田二百里，列堡屯師，坐耗芻糧，則吾兵愈分而邊用不給矣。」乃奏罷其役。會戩罷而滬等督役如故，洙不平，以張忠代之。滬不受代，洙乃諭裨將狄青往械滬及士廉下吏，而罷水洛之役。戩論奏不已，琦是洙，而朝議右戩。竟徙洙知慶州，又徙晉州，釋滬等獄而復城水洛。琦因請外，遂出知揚州。

河東轉運使歐陽修上疏曰：「杜衍、范仲淹、韓琦、富弼，天下皆知其有可用之賢，而不聞其有可罷之罪。自古小人讒害，其識不遠，欲廣陷良善則指爲朋黨，欲動搖大臣則誣以專權。蓋去一善人而衆善人尚在，則未爲小人之利；欲盡去之，則善人少過，唯指爲朋黨，則可盡逐。自古大臣被主知，蒙信任，則難以他事動搖，唯有專權是上之所惡，方可傾之。夫正士在朝，羣邪所忌，謀臣不用，敵國之福也。竊爲陛下惜之。」羣邪益忌修，因傅致修罪，左遷知滁州，遷洙知潞州。時，諫官余靖、歐陽修輩既已相繼罷去，而天下目之爲賢者，執政指之爲黨，皆欲因事斥逐之。董士廉者，即詣闕上書，以水洛事訟洙。詔遣御史劉湜就鞫，不得他罪，而洙以部將孫用由軍校補邊，自京師貸息錢，到官無以償，洙惜其才，嘗假公使錢爲償之。迨按問，而錢已先輸官矣，竟坐此貶監均州酒稅。

六月，石介卒。介字守道，兗州奉符人，舉進士，歷官國子直講，太子中允，直集賢院，通判濮州，魯人稱爲徂徠先生。貌厚氣完，學篤志大，雖在畎畝，不忘天下，是是非非，無所忌諱。以故小人嫉之，相與出力，必擠之死。介安然不惑不變，曰：「吾道固如是。」

十一月，罷京東安撫使富弼。時，滁州狂人孔直溫謀反伏誅，搜其家，得石介書，併所遺孫復詩。時介已死，宣徽南院使夏竦深怨石介譏己，常欲報之，因言介詐死，乃弼遣介結契丹起兵，期以一路兵馬內應，請發介棺驗之。詔下兗州，訪介存亡。杜衍知兗州，以語官屬，衆不敢答。掌書記龔鼎臣願以闔族保介必死，提刑呂居簡亦言：「無故發棺，何以示後！」具狀上之，始獲免。遂罷弼安撫使，貶孫復監虔州稅，介子孫羈管池州。

宋史紀事本末卷三十

夏元昊拒命

仁宗天聖六年（戊辰、一〇二八）五月，夏王德明使其子元昊襲回鶻甘州，取之。元昊，小字嵬理，性雄毅，多大略，善繪畫，圓面高準，曉浮圖學，通蕃、漢文字。德明雖臣事中國及契丹，然自帝其國。至是，以元昊襲破回鶻奪甘州，遂立爲皇太子。

明道元年（壬申、一〇三二）十一月，夏王德明卒，遣使立其子元昊爲西平王。初，元昊數諫其父勿臣宋，德明輒戒之曰：「吾用兵久疲矣。吾族三十年衣錦綺，此宋恩也，不可負。」元昊曰：「衣皮毛，事畜牧，蕃性所便。英雄之生，當帝王耳，何錦綺爲！」既襲封，明號令，以兵法勒諸部。凡六日、九日則見官屬，倣中國置文武班，立蕃、漢學，自中書令、宰相、樞密使以下，分命蕃、漢人爲之，以衣冠采色別士庶貴賤。每舉兵，必率部長與獵，有獲則下馬環坐而飲，割鮮而食，各問所見，擇取其長。因避父諱，改明道爲顯道，稱於國中。

景祐元年（甲戌、一〇三四）秋七月，慶州柔遠砦蕃部巡檢嵬通攻元昊後橋諸堡，破之。元昊遂寇慶州，緣邊都巡檢楊遵與戰，敗績。環慶都監齊宗矩援之，次節義峯，伏發，被執；既而放還，下詔約束之。元昊雖常奉貢，然車服僭擬，改元開運，或言石晉敗亡之號也，更曰廣運。初，華州有二生張、吳者，俱困場屋，薄遊不得志，聞元昊有意窺中國，遂叛往，以策干之，元昊大悅，日尊寵用事；凡夏人立國規模，入寇方略，多二人教之。

三年（丙子、一〇三六）冬，元昊攻回鶻瓜、沙、肅州，克之。元昊既悉有夏、銀、綏、宥、靜、靈、鹽、會、勝、甘、涼，又取瓜、沙、肅州，而洪、定、威、龍皆即堡、鎮號爲州，仍居興州，阻河依賀蘭山爲固，地方萬里。改元大慶，設十六司以總庶務，置十二監軍司，委酋豪分統其衆。河北置七萬人，以備契丹；河南鹽州路五萬人，以備環慶、鎮戎、原州；左廂宥州路五萬人，以備鄜延、麟府；右廂甘州路三萬人，以備吐蕃、回紇；餘兵駐賀蘭、靈州、興州，興慶府爲鎮守，總（十）五〔十〕（據宋史四八五夏國傳改）萬人。選豪族善弓馬五千人迭直，號「六班直」。分鐵騎三千爲十部。元昊自製蕃書，形體頗類八分，以教國人紀事。

寶元元年（戊寅、一〇三八）冬十月，元昊僭稱帝，建國號曰大夏。先是，元昊遣使詣五臺供佛，以窺河東道路。既還，與諸酋歃血，約先攻鄜延，欲自靖德、塞門砦、赤城路三道並入。其叔父山遇數勸元昊勿反，不聽，山遇遂挈妻子來降。知延州郭勸執還元昊，元昊殺之，遂反。遣使奉表，略曰：「臣祖宗本出帝胄，當東晉之末運，創後魏之初基。遠祖思恭，當唐季率兵拯難，受封賜姓。祖繼遷心知兵要，手握乾符，大舉義旗，悉降諸部，臨河五郡不旋踵而歸，沿邊七州悉差肩而克。父德明嗣奉世基，勉從朝命。臣偶以狂斐，制小番文字，改大漢衣冠。衣冠既就，文字既行，禮樂既張，器用既備，吐蕃、塔塔、張掖、交河，莫不從服。稱王則不喜，朝帝則是從。輻輳屢期，山呼齊舉，伏願一垓之疆土，建萬乘之邦家。再讓靡遑，羣集又迫，事不得已，顯而行之。遂以十月十一日，郊壇備禮，爲世祖始文本武興法建禮仁孝皇帝，國號大夏，建元天授。伏望許以西郊之地，册爲南面之君。敢竭愚庸，常敦歡好。」

二年（己卯、一〇三九）六月，詔削元昊賜姓官爵。初，元昊表至，宰相張士遜卽議絶和問罪，羣臣皆曰：「元昊小醜也，請出師討之，旋卽誅滅矣。」諫官吳育獨進曰：「元昊雖稱藩臣，尺賦斗租不入縣官，且叛服不常。請置之，示不足責。且彼已僭輿服，勢必不能自削，宜援國初江南故事，稍易其名，可以順附而收之。」又上言：「姑許其所求，彼將無詞。然後陰敕邊臣，密修戰備。使年歲之間，戰守之計立，則元昊雖欲妄作，不能爲深害矣。」奏入，士遜笑之。至是，下詔削奪元昊官爵，絶互市，揭榜於邊，募能擒元昊若斬首獻者，卽授定難節鉞。已而元昊又遣賀永年齎嫚書，納旌節及所授勅誥，置神明匣，留歸孃族而去。

七月戊午，夏竦移知涇州，與范雍各加兼經略使、馬步軍都總管。又命天章閣待制龐籍體量陝西，詔籍就竦計事。竦上奏曰：「繼遷當太宗時，遁逃窮蹙，而累歲不能勦滅。先帝惟戒疆吏，謹烽候，嚴卒乘，來卽逐之，去無追捕。然自靈武陷沒，銀、綏割棄以來，假朝廷威靈，其所役屬者不過河外小羌耳。況德明、元昊相繼猖獗，以繼遷窮蹙比元昊富實，勢可知也；以先朝累勝之士較當今關東之兵，勇怯可知也；以興國習戰之帥方今沿邊未試之將，工拙可知也；繼遷竄伏平夏，元昊窟穴河池，地勢可知也。若分兵深入，糗糧不支，進則賊避其鋒，退則敵躡其後，老師費糧，深可虞也。若窮其巢穴，須涉大河，長舟巨艦，非倉卒可具。若浮囊挽綆，聯絡而進，我師半濟，賊乘勢掩擊，未知何謀可以捍禦！臣以爲不較主客之利，不計攻守之便，而議追討者，非良策也。」因條上十事：一，敎習强弩以爲奇兵；二，羈縻屬羌以爲藩籬；三，詔唃廝囉并力破賊；四，度地勢險易遠近，砦柵多少，而增減屯兵；五，詔諸路互相應援；六，募土人爲兵，以代東兵；七，增置弓手、壯丁，以備城守；八，併並邊小砦，以完兵力；九，聽關中民入粟贖罪，以贍邊計；十，損並邊冗兵、冗官，以紓饋餉。朝廷多采用之。然是時邊臣多議征討，反以竦爲怯。吳育又上言：「天下久安，務因循而厭生事，政令紀綱，邊防機要，置不復修，一有邊警則倉皇莫知所爲，逮稍安靜則又無敢輒言者。若政令修，紀綱肅，財用富，恩信洽，賞罰明，將帥練習，士卒精鋭，則四夷望風，自無他志。若一不備，則乘間而起矣。」又曰：「漢通西域諸國，斷匈奴右臂，諸戎內附，雖有桀黠，不敢獨叛。唐太宗賞賜回鶻可汗并其相手書，納其貢奉，厚以金帛。眞宗命潘羅支攻殺李繼遷，而德明乃降。元昊第見朝廷比年與西域諸戎不通朝貢，乃得以利啗鄰境，固其巢穴，無肘腋之患，跳梁猖獗，彼得以肆而不顧矣。請募士諭唃厮囉及他番部，離散其黨與，使併力以攻，而均其恩賜，此伐謀之要也。」因錄上眞宗時通西域諸番事迹。

十一月，夏人寇保安軍，巡檢指揮使狄青擊敗之。青初以善騎射爲騎御散直，從西征，戰安遠諸砦，皆克捷。臨敵被髮，帶銅面具，出入賊中，皆披靡莫敢當。至是，元昊寇保安軍，鈐轄盧守懃使青擊走之，以功加秦州刺史。帝欲召見，問以方略，會賊寇渭州，命圖形以進。

康定元年（庚辰、一〇四〇）春正月，元昊寇延州。延州當夏人出入之衝，地闊砦疎，士兵寡弱，又無宿將。知延州范雍聞元昊且至，懼甚。元昊詐遣人通款於雍，雍信之，不設備。既而元昊盛兵攻保安軍，鄜延副總管劉平、石元孫屯慶州，雍以書召之，平與元孫趨土門。元昊既破金明砦，執都監李士彬父子，破安遠、塞門、永平諸砦，乘勝至延州城下，雍閉門堅守。平、元孫聞之，督騎兵晝夜倍道而前，明日，至萬安鎮。平先發，步兵繼進，夜至三川口西十里，止營，遣騎兵先趨延州爭門。時鄜延都監黃德和、巡檢万俟政、郭遵分屯外境，雍皆召還爲援。平與之合步騎萬餘，結陣東行五里許，遇賊。平與賊皆爲偃月陣，相向有頃，賊兵涉水爲横陣，遵擊退之。賊復蔽盾爲陣，官軍復擊卻之，奪盾，殺獲及溺死者近千人。平中流矢。日暮，賊以輕兵薄戰，官軍小卻。黄德和居陣後，望見軍卻，率麾下走保西南山，衆從之，皆潰。平遣其子宜孫馳追德和，執轡語曰：「當勒兵還，并力抗賊，奈何先奔！」德和不從，驟馬遁赴甘泉。平遣軍校杖劍遮留，得千餘人，轉鬬三日，賊退還水東。平率餘衆保西南山，立七栅自固。夜四鼓，賊環營呼曰：「如許殘兵，不降何待！」平旦，賊酋舉鞭麾騎，自山四出，合擊，絶官軍爲二，平遂與元孫等皆没於賊。會大雪，賊解去，延州得不陷。詔殿中侍御史文彦博卽河中置獄問狀，黄德和坐腰斬，范雍貶知安州，贈平、元孫官。雍爲治尚恕，好謀而少成，故及於敗。

帝因劉平、石元孫之敗，問所以禦邊，判太常禮院丁度奏曰：「今士氣傷沮，若復追窮巢穴，饋糧千里，輕用人命，以快一朝之意，非計之得也。唐都長安，天寶後，河湟覆没，涇州西門不開，京師距寇境不及五百里，屯重兵，嚴烽火，雖常有侵軼，然卒無事。太祖時，疆埸之任不用節將，但審擇材器，豐其廩賜，信其賞罰，方陲輯寧幾二十年。爲今之策，莫若謹亭障，遠斥堠，控扼要害，爲制禦之全計。」因條上十策，名曰備邊要覽。時西疆未寧，一府三司雖旬休不廢務，度言：「苻堅以百萬師寇晉，謝安命駕出遊以安人心。請給假如故，無使外夷窺朝廷淺深。」從之。

二月丁亥，以夏守贇爲陝西經略安撫招討使，內侍王守忠爲都鈐轄。知諫院富弼言：「唐之衰，以內臣監軍，取敗非一。今守忠爲鈐轄，與監軍無異。昨用夏守贇，已失人望。願罷守忠勿遣。」不聽。

時，西事日擾，括畿內、京東、西、淮南馬。詔樞密同宰臣議邊事，出內藏緡錢八十萬於陝西羅軍儲，訪知邊事者，釋寇所至州縣罪。

命知制誥韓琦安撫陝西。初，琦使蜀歸，論西師形勢甚悉，卽命安撫陝西。琦言：「范雍節制無狀，宜召知越州范仲淹委任之。方陛下焦勞之際，臣豈敢避形跡不言！若涉朋比，誤國家，當族。」帝從之，召仲淹知永興軍。

三月丙辰，詔大臣條陝西攻守策。

戊寅，王鬷、陳執中、張觀罷。初，天聖中，鬷使河北，過眞定，時曹瑋爲總管，鬷見之，瑋謂曰：「君異日當柄用，願留意邊防。」鬷曰：「何以敎之？」瑋曰：「吾聞趙德明嘗使人以馬榷易漢物，不如意，欲殺之，其少子元昊年方十餘，諫曰：『我戎人，本從事鞍馬，而以資鄰國易不急之物，已爲非策，又從而殺之，失衆心矣！』德明從之。吾嘗使人覘元昊，狀貌異常，他日必爲邊患。」鬷未以爲然。比再入樞密，元昊果反。帝數問邊事，鬷不能對。及劉平敗，議刺鄉兵，久未決，帝怒，遂與執中、觀同罷。鬷始歎瑋之明識。

夏五月壬辰，張士遜罷，以呂夷簡同平章事。時軍興，機務塡委，士遜位首相，無所補，諫官以爲言，遂罷士遜而用夷簡。

戊寅，以夏竦爲陝西經略安撫使，范仲淹爲陝西都轉運使。夏守贇庸怯，寡方略，召與王守忠俱還。范仲淹言：「今邊城之備十有五七，關中之備十無二三，若昊賊深入，乘關中之虛，東阻潼關，隔兩川貢賦，則朝廷不得安枕矣。爲今之計，宜嚴戒邊城，使持久可守，實關內，使無虛可乘。若寇至邊城，淸野不與大戰，關中稍實，豈敢深入？二三年間，彼自困弱，此上策也。今邊城請五路入討，臣恐承平歲久，無宿將精兵，一旦興深入之謀，國之安危，未可知也。」是月，元昊陷塞門諸砦，執砦主高延德以去。又陷安遠、承平砦。時，著作佐郎張方平上平戎十策，其略以爲：「宜屯重兵河東，示以形勢。賊入寇必自延、渭，而興州巢穴之守必虛，我師自麟、府渡河，不十日可至。此所謂攻其所必救，形格勢禁之道也。」宰相呂夷簡見而韙之。

秋七月己卯，除范仲淹龍圖閣直學士，與韓琦並爲陝西經略安撫副使，同管勾都部署司事。初，范仲淹與呂夷簡有隙，及議加職，夷簡請超遷之。上悅，以夷簡爲長者。既而仲淹入謝，上諭使釋前憾，仲淹頓首曰：「臣向所論蓋國事，於夷簡何憾也！」

八月，詔范仲淹兼知延州。先是，詔分邊兵總管領萬人，鈐轄領五千人，都監領三千人，寇至禦之則官卑者先出。仲淹曰：「將不擇人，以官爲序，取敗之道也。」於是大閱州兵，得萬八千人，分六將領之，日夜訓練，量賊衆寡，使更出禦。敵人聞之，相戒曰：「無以延州爲意，今小范老子腹中自有數萬甲兵，不比大范老子可欺也。」大范，蓋指雍也。仲淹以民遠輸勞苦，請建鄜城爲軍，以河中府、同、華州中下戶租稅就輸之，春夏徙兵就食，可省糴十之三，他所減不與。詔以爲康定軍。仲淹又修承平、永平等砦，稍招還流亡，定堡障，通斥堠，城十二砦，於是羌、漢之民相踵歸業。

九月，元昊寇三川砦，都巡檢楊保吉死之，連陷乾溝、乾福、趙福三堡。韓琦使環慶副總管任福等領兵七千，聲言巡邊，部分諸將，夜趨七十里，至白豹城，平明，克之，破四十一族，焚其積聚而還。

時，塞門諸砦既陷，鄜州判官种世衡言：「延安東北二百里有故寬州，請因廢壘而興之，以當寇衝，右可固延安之勢，左可致河東之粟，北可圖銀、夏之舊。」朝廷從之。命世衡董其役。夏人屢來爭，世衡且戰且城。然處險無泉，議不可守。鑿地百五十尺，遇石橫亙，工徒曰：「是不可井矣。」世衡曰：「過石而下，將無泉邪？爾其屑而出之。」凡屑石一畚，定償百錢，工乃致力，過石數重，泉果沛發。城成，賜名靑澗，以世衡知城事。世衡開營田，募商賈，通貨利，城遂富實。敎民習射，以銀爲的，中者與之；或爭徭役，亦使之射，中者優免；有過失者，亦使之射，中則釋之。由是人人能射。

十二月癸未，出內藏絹一萬，助糴邊儲。

戊申，鑄當十錢，以助邊費。

慶曆元年（辛巳、一〇四一）春正月，帝以元昊勢益猖獗，遣翰林學士晁宗慤卽陝西問攻守之策，夏竦等具二說，令副使韓琦、判官尹洙詣闕奏之。帝取攻策，執政以爲難，杜衍亦曰：「徼倖成功，非萬全計。」帝不聽，詔鄜延、涇原會兵，期以正月進討。范仲淹言：「正月塞外大寒，我師暴露。不如俟春深，賊馬瘦人飢，其勢易制。且鄜延密邇靈、夏，西羌必由之地，第按兵不動，以觀其釁，許臣稍以恩信招徠之。不然，情意阻絕，臣恐偃兵無期矣。乞留鄜延一路，以備招納。或擇利進城廢砦，以牽制元昊。」帝從之。仍詔仲淹與琦等同謀，可以應機乘便，卽仍出師。琦亦奏言：「兩路協力，尙懼未能大剉黠虜，若鄜延以牽制爲名，則是委涇原孤軍嘗於賊手，非計之得。乞督令鄜延進兵同入。」帝以奏示仲淹，仲淹言：「臣與琦等皆一心，非有怯弱。但戰者危事，當自謹守以觀其變，未可輕兵深入。」琦又令尹洙至延州議，仲淹堅執不可。洙歎曰：「公於此不及韓公也！韓公曰：『大凡用兵，當置勝敗於度外。』」琦復上奏曰：「仲淹意在招納，使朝廷强之，終非己謀，將佐聞之，必無銳志。臣以賊昊傾國入寇，不過四五萬，老弱婦女，舉族而行。吾逐路重兵自守，勢分力弱，故遇敵不支。若大軍併出，鼓行而前，乘賊驕惰，破之必矣！今中外不究此故，此乃待賊太過。屯二十萬重兵，只守界壕，中夏之弱，自古未有！臣恐邊障日虛，士氣日喪，經費益蹙，師老思歸，賊乘此有呑陝右之心。乞別命近臣以覘賊隙，如何進討，斷在不疑。」朝廷終難之。

時元昊遣高延德還延州與范仲淹約和，仲淹自爲書貽元昊，備陳利害。韓琦聞之曰：「無約而請和者，謀也。」命諸將戒嚴而自行邊。

二月，韓琦行邊至高平，元昊果遣衆寇渭州，逼懷遠城。琦乃趨鎮戎軍，盡出其兵，又募勇士萬八千人，命環慶副總管任福將之，以耿傅參軍事，涇原都監桑懌爲先鋒，朱觀、武英、王珪各以所部從福。將行，琦令福併兵自懷遠趨德勝砦，至羊牧隆城，出敵之後。諸砦相距纔四十里，道近，糧餉便，度勢未可戰，卽據險置伏，要其歸路。戒之再三，且曰：「苟違節制，有功亦斬。」福引輕騎數千趨懷遠捺龍川，遇鎮戎西路巡檢常鼎、劉肅，與敵戰於張家堡南，斬首數百。敵棄馬羊、槖駝，佯北，桑懌引騎趨之，福踵其後。諜傳敵兵少，福等因易之。薄暮，與懌合軍，屯好水川，觀、英屯籠絡川，相距五里，約明日會兵川口，必使夏人匹騎無還，然不知已陷其伏中矣。路旣遠，芻餉不繼，士馬乏食者三日。時，元昊自將精兵十萬，營於川口，候者言夏人有砦不多。明日，福與懌循好水川西行，出六盤山下，距羊牧隆城五里，與夏軍遇。諸將方知墮敵計，勢不可留，遂前格戰。懌於道旁得數銀泥合，封襲謹密，中有動躍聲，疑莫敢發。福至，發之，乃懸哨家鴿百餘，自中起，盤飛軍上，於是夏兵四合。懌馳犯其鋒，福陣未成列，賊縱鐵騎突之，自辰至午，陣（衆）動。〔眾〕（據宋史三二五任福傳、續綱目、薛鑑改）欲據勝地，忽夏人陣中樹鮑老旗，懌等莫測。既而旗左麾，左伏兵起；右麾，右伏兵起，自山背下擊，士卒多墮崖塹相覆壓，懌、肅戰死。敵分兵數千斷官軍後，福力戰，身被十餘矢。有小校劉進勸福自免，福曰：「吾爲大將，兵敗，以死報國耳！」揮四刃鐵簡，挺身決鬬，槍中左頰，絕其喉而死。子懷亮亦死之。敵乃併兵攻觀、英。戰既合，珪自羊牧隆城引屯兵四千五百陣於觀軍之西，渭川駐泊都監趙津將瓦亭騎兵二千繼至。珪屢出略陣，陣堅不可破。英被重傷，不能視軍。敵兵益至，官軍大潰，英、津、珪、傳皆死，士卒死者萬三百人。惟觀以兵千餘保民垣，四向縱射，會暮，敵引去，得還。關右大震。時，元昊傾國入寇，福臨敵受命，所統皆非素撫之兵，又分出趨利，故至甚敗。琦還至半途，陣亡者之父兄妻子數千人號於馬首，持故衣紙錢，招魂而哭曰：「汝昔從招討出征，今招討歸而汝死矣，汝之魂亦能從招討以歸乎！」哀慟之聲震天地，琦掩泣駐馬不能進。范仲淹聞之，歎曰：「當是時難置勝負於度外也！」奏至，帝震悼，爲之旰食。宋庠請修潼關以備衝突。夏竦使人收散兵，得琦檄於福衣帶間，言罪不在琦。琦亦上章自劾，猶奪一官。當時言者又謂，福之敗由參軍耿傅督戰太急。後得傳書，乃戒福使持重，毋輕進。經略判官尹洙以傳文吏，無軍責而死於行陣，又爲時所誣，爲作憫忠、辨誣二篇。

三月，元昊答范仲淹書，語極悖慢，仲淹對來使焚之。呂夷簡語宋庠曰：「人臣無外交，希文乃擅與元昊書，得其書又焚不奏，他人敢爾邪！」時朝廷命仲淹陳對，仲淹奏曰：「臣始聞虜有悔過之意，故以書誘諭之。會任福敗，虜勢益張，故復書悖慢。臣以爲使朝廷見之而不能討，則辱在朝廷，乃對官屬焚之，使若朝廷初不知者，則辱專在臣矣，故不敢上聞。」奏下兩府共議，宋庠遽曰：「仲淹可斬！」杜衍曰：「仲淹志在招叛，蓋忠於朝廷也，何可深罪。」爭之甚力。宋庠謂夷簡必有言助己，而夷簡默無一語。上顧問夷簡何如，夷簡曰：「杜衍之言是也，止可薄責而已。」乃降仲淹知耀州。

夏四月，以陳執中同陝西安撫經略招討使。時，夏竦判永興軍，執中知軍事，議多異同，故分命竦屯鄜州，執中屯涇州。竦雅意在朝廷，及任以西事，頗依違顧避。嘗出巡邊，置侍婢軍中，幾至兵變。元昊命募得竦首與錢三千，其見輕侮如此。

六月壬辰，詔陝西諸路總管司嚴邊備，「毋輒入賊界，賊至則禦之」。

秋七月，元昊寇麟、府州，折繼閔敗之。

八月，元昊寇金明砦，破寧遠砦，砦主王世亶、兵馬監押王顯死之。進圍豐州，孤城無援，遂陷，知州王餘慶、兵馬監押孫吉死之。

時，元昊遣兵分屯要害，以絕麟州餉道。楊偕請棄河外，保合河津，帝不許。會管勾麟府軍馬事張亢擊賊琉璃堡，破之。又戰於柏子砦及兔毛川，皆敗之。遂築建寧等五堡十餘柵，河外始固。

冬十月，夏竦、陳執中罷。時知諫院張方平言：「竦爲統帥，三歲於茲，師惟不出，出則喪敗，寇惟不來，來則傷殘，安用爲統帥也！今將校被斥而帥不加罪，非刑賞之公。」乃改竦判河中，執中知陝州。

分秦鳳、涇原、環慶、鄜延爲四路，以韓琦知秦州，王沿知渭州，范仲淹知慶州，龐籍知延州，各兼經略安撫招討使，詔分領之。張方平言：「涇原最當賊衝，王沿未愜人望，不當與琦等同列。」不報。

琦上言：「請於鄜、慶、渭三州各更益兵三萬人，拔用有勇略將帥，統領訓練，預分部曲，遠斥候，於西賊舉動之時，先據要害，來則命駐劄之兵觀利整陣，併力擊之。又於西賊未集之時，出三州已整之兵，淺入大掠，或破其和市，招其種落，築壘拓地，別立經制。朝廷節儉省費，傾內帑三分之一分助邊用，使行間覘賊。如此則二三年間，賊力漸屈，平定有期矣。」

自元昊叛，延州城砦焚掠殆盡，籍至，稍葺治之。戍兵十萬，無壁壘，皆散處城中，畏籍莫敢犯法。籍命部將狄青將萬人，築招安砦於橋子谷傍，以斷寇出入之路。又使周美襲取承平砦，王信築龍安砦，悉復所亡地，築十一城，延民以安。

初，元昊陰誘屬羌爲助，而環慶酋長六百餘人約爲鄉導。事尋露。仲淹以其反覆不常，至部，卽奏行邊，以詔書犒賞諸羌，閱其人馬，爲立條約，諸羌皆受命，自是爲中國用，羌人親愛之，呼爲「龍圖老子」。

仲淹以慶州西北馬鋪砦當後橋川口，在賊腹中，欲城之，度賊必爭，密遣其子純佑與蕃將趙明先據其地，引兵隨之。諸將不知所向，行至柔遠，版築皆具，旬日城成，卽大順城也。賊覺，以三萬騎來戰，佯北，仲淹戒勿追，已而果有伏。大順旣城，而白豹、金湯皆不敢犯，環慶自此寇盜益少。

仲淹在邊，純佑年方冠，與將卒雜處，鉤深摘隱，得其材否。由是仲淹任人無失，所向有功。

自西方用兵，帝爲旰食，然元昊亦困弊，漸有自悔之意。知諫院張方平言曰：「陛下猶天地父母也，豈與犬豕豺狼較乎！願因郊赦，引咎示信，開其自新之路。」帝喜曰：「是吾心也！」命方平以疏付中書，呂夷簡讀之，拱手曰：「公言及此，社稷之福也！」

二年（壬午、一〇四二）閏九月，知延州龐籍言：「夏境鼠食稼，且旱，元昊思納款。」詔命知保安軍劉拯諭元昊親信野利剛浪(唆)〔崚〕(據宋史三三五种世衡傳、續綱目、薛鑑改，下同)、遇乞兄弟，言：「公方持靈、夏兵，儻內附，當以西平茅土分册之。」剛浪(唆)〔崚〕令浪埋、賞乞、媚娘三人詣种世衡乞降；又使其教練使李文貴至青澗報世衡，言：「用兵以來，資用困乏，人情便於和。」世衡與籍咸疑其詐，乃屯兵青澗，留文貴不遣。已而元昊果大舉入寇，攻鎮戎軍。王沿使副總管葛懷敏督諸砦兵禦之，分諸將爲四路，趨定(州)〔川〕砦。(據宋史二八九葛懷敏傳、又三一四范仲淹傳改)賊毀橋，斷其歸路，四面圍之。懷敏突圍走，由是大潰。懷敏馳至長城濠，路已斷，遂及將校十四人死焉。餘軍九千四百，馬六百，皆爲敵所得。元昊乘勝直抵渭州，焚蕩廬舍，屠掠民畜。自涇、邠以東，皆閉壘自守。范仲淹自將慶州蕃、漢兵援之，元昊乃還。議者欲以金繒啗契丹，使攻元昊。命御史中丞賈昌朝往使，昌朝力辭使命，且上疏曰：「太祖收方鎮之權，以爲萬世利。及太宗時，將帥率多舊人，猶能仗威靈，所向有功。近歲因西羌之叛，驟擇將領，而士不練習，以屢易之將，馭不練之士，故戰則必敗，此削方鎮太過之弊也。況今武臣多親舊恩倖，出即爲將，素不知兵，一旦付以千萬人之命，是驅之死地矣，此用親舊恩倖之弊也。請自今方鎮守臣無數更易，刺史以上宜慎所授，以待有功。且命將之時，去疑貳，推恩惠，務責以大効，使一切便宜從事，庶得馭將之道。」帝嘉納之。

冬十月戊午，發定州禁軍二萬二千人屯涇原。庚申，詔恤將校陣亡其妻女無依者，養之宮中。

十一月壬申，黑氣貫北斗。辛巳，以韓琦，范仲淹、龐籍爲陝西安撫經略招討使，置司涇州。初，翰林學士王堯臣體量安撫陝西歸，上疏論兵，因言韓琦、范仲淹皆忠義智勇，不當置之散地。及葛懷敏敗死，中外震懼，帝思堯臣之言。會仲淹附王懷德入奏：「乞與韓琦同經略涇原，幷駐涇州，琦兼秦鳳，臣兼環慶。涇原有警，臣與琦合，秦鳳、環慶之兵掎角而進。若秦鳳、環慶有警，亦可率涇原之師爲援。臣當與琦練兵選將，漸復橫山，以斷賊臂，不數年間，可期平定。願詔龐籍兼領環慶，以成首尾之勢。秦州委文彥博，慶州用滕宗諒總之，渭州一武臣足矣。」帝采用其策，於是復置陝西路經略安撫招討使，總四路之事，置府涇州，益屯兵三萬，以琦、仲淹、籍分領之。復以堯臣爲體量安撫使，徙彥博帥秦，宗諒帥慶，張亢帥渭州。堯臣復言：「琦等既爲陝西四路招討等使，則四路當稟節制，不當復帶使名，各置司行事，使所稟不一。」於是諸路並罷經略使。琦與仲淹在兵間久，名重一時，人心歸之，朝廷倚以爲重。二人號令嚴明，愛撫士卒，諸羌來者，推誠撫接，咸感恩畏威，不敢輒犯邊境。邊人爲之謠曰：「軍中有一韓，西賊聞之心膽寒。軍中有一范，西賊聞之驚破膽。」

三年（癸未、一〇四三）春正月，詔陝西沿邊招討使韓琦、范仲淹、龐籍，「凡軍期申覆不及，皆便宜從事」。用安撫使王堯臣請也。

癸巳，元昊上書請和。時西鄙用兵日久，帝心厭之。會契丹使至，亦言元昊欲歸款，乃密詔龐籍招納之。籍遣李文貴還以通意。元昊聞之大喜，仍使文貴至延州議和，然猶倔强，不肯削僭號，且云：「如日方中，止可順天西行，安可逆天東下。」籍以其言未服，乃令自請。詔籍復書許之。元昊知朝廷許和有緒，乃遣其六宅使賀從勗與文貴至延州上書，自稱「男邦泥定國兀卒，上書父大宋皇帝。」更名曩霄而不稱臣。兀卒卽吾祖也，如可汗號。籍言：「名體未正，不敢以聞。」從勗曰：「子事父，猶臣事君也。若得至京師，天子不許，更歸議之。」籍遂送使者闕下，因陳便宜，言：「羌久不通和市，國人愁怨。今辭理寖順，必有改事中國之心，請遣使諭之。」

契丹使來，請勿納元昊。朝廷未知所答，禮部郎中吳育因上疏曰：「契丹受恩，爲日已久，不可納一叛羌，失繼世兄弟之歡。今二番自鬭，鬭久不解，可觀形勢，乘機立功。萬一過計亟納元昊，臣恐契丹窺兵趙、魏，朝廷不得元昊毫髮之助，而太行東西且有烟塵之警矣。宜使人諭元昊曰：『契丹，汝世姻，一旦自絕，力屈而歸我，我所疑也。若無他者，當順契丹如故，然後許汝歸款。』告契丹曰：『已詔元昊，如能投謝轅門，卽聽內附；若猶堅拒，當爲討之。』如此則彼皆不能歸罪我矣。」於是詔兩制，出契丹書，令兩制同上對，不異育議。

范仲淹巡邊，知環州屬羌多密與元昊相通，以种世衡素得屬羌心，而靑澗城已完，乃奏徙世衡知環州以鎭撫之。有牛奴訛素倔强，未嘗出見州官，聞世衡至，乃來郊迎。世衡與約，明日當至其帳，慰勞部落。是夕，雪深三尺。左右曰：「奴訛凶詐難信，且道險不可行。」世衡曰：「吾方以信結諸胡，可失期邪！」遂冒雪而往。既至，奴訛大驚曰：「吾世居此山，漢官無敢至者。公了不我疑耶！」帥部落羅拜，皆感激心服。

夏四月癸卯，賀從勗至京師，帝用龐籍言，命著作佐郎邵良佐如夏州，許册封元昊爲夏國主，歲賜絹十萬匹，茶三萬斤。富弼言：「元昊臣契丹而不臣我朝，則是謂契丹無敵於天下矣。須令稱臣，乃可許和。」蔡襄亦言：「元昊自稱兀卒，既又譯爲吾祖，特以侮慢朝廷。使朝廷賜之詔而亦曰吾祖，是何等語邪！不可許其請。」帝皆不聽。良佐至夏州，元昊亦遣如定聿捨、張延壽等來議和及歲幣。甲辰，朝廷以元昊請和，遂詔韓琦、范仲淹爲樞密副使，命知永興軍鄭戩代之。富弼言：「西羌未殄，亦須藉材，若二人俱來，或恐闕事。願召一人使處於內，一人就授副樞，且令在邊，表裏相濟，事無不集。」不聽。時，元昊倚契丹，邀索無厭，晏殊等厭兵，將一切從之，琦力陳其不便，帝嘉納之。

四年（甲申、一〇四四）五月，元昊復遣使上誓表，言：「兩失和好，遂歷七年，立誓自今，願藏盟府。其前日所掠將校、民戶，各不復還。自此有邊人逃亡，亦毋得襲逐。臣近本國以城砦進納朝廷，其栲栳、鐮刀、南安、承平故地及他邊境番、漢所居，乞畫中爲界，於內聽築城堡。凡歲賜銀、綺、絹、茶二十五萬五千，乞如常數。臣不復以他相干。乞頒誓詔，蓋欲世世遵守，永以爲好。儻君親之義不存，或臣子之心渝變，當使宗祚不永，子孫罹殃！」帝遣使賜元昊詔，從之。

十二月，遣尚書員外郎張子奭充册禮使，册元昊爲夏國主。仍賜對衣、黃金帶、銀鞍勒馬、銀二萬兩、絹二萬匹、茶三萬斤。册以漆書竹册，藉以錦。金塗銀印，文曰：「夏國主印。」約稱臣，奉正朔，改所賜勅書爲詔而不名。許自置官屬。使至京，就驛貿賣，宴坐朶殿。使至其國，相見用賓客禮。置榷場於保安軍及高平砦，第不通靑鹽。命國子博士高良夫等會夏人畫疆界。然朝廷使往，止留館宥州，終不復至興、靈，而元昊帝其國中自若也。

五年（乙酉、一〇四五）夏四月，夏人歸石元孫。諫官御史奏元孫軍敗不死，爲國辱，請斬於塞下，以示西人。賈昌朝曰：「春秋，晉、楚戰於邲，楚獲晉知罃，晉獲楚公子穀臣，既而晉歸穀臣以求知罃，楚人許之，各全其生。請如故事赦之。」因入對，又袖出魏于禁傳以奏曰：「前代將臣覆沒而還，多不加罪。」帝乃貸元孫，編管全州，子弟嘗授陣亡恩澤者，並奪追之。

八年（戊子、一〇四八）春，元昊死，時年四十六。子諒祚方期歲，沒藏氏所生也，養於母族訛龐，訛龐因與三大將分治國政。謚元昊曰武烈皇帝，廟號景宗，尊沒藏氏爲皇太后。

李燾曰：元昊初娶遇乞從女野利氏，生甯令哥，特愛之，以爲太子。既而欲爲甯令哥納沒移氏爲妻，見其美，自取之。甯令哥憤，殺元昊，不死，劓其鼻而去，匿訛龐家，爲訛龐所殺。元昊因鼻創死。

夏四月，册諒祚爲夏國主。先是，夏遣使來告哀，朝廷及契丹皆遣使慰奠。議者請因諒祚幼弱，母族專國，以節鉞啗其三大將，使各有所部分，以披其勢，可以得志。陝西安撫使程琳曰：「幸人之喪，非所以柔遠人，不如因而撫之。」帝乃遣使册諒祚爲夏國主。議者深惜朝廷之失機會。

宋史紀事本末卷三十一

儂智高

仁宗皇祐元年(己丑、一〇四九)九月乙巳,廣源州蠻儂智高反,寇邕州。初,儂氏自唐初卽雄於西原,世爲廣源州首領。唐末,交阯强盛,廣源服屬之。知儻猶州儂全福爲交人所殺,其妻改適商人,生智高,冒姓儂氏。旣壯,與其母據儻猶州,建國曰大曆。交人攻而執之,釋其罪,使知廣源州。智高怨交阯,乃乘間襲據安德州,僭稱南天國,改元景瑞。因招納亡命,貢獻中國,求內附,朝廷不許。復奉金函書以請,亦不報。智高怒,與廣州進士黃師(密)〔宓〕(據宋史四九五儂智高傳、續綱目、薛鑑改。下同)等謀據廣南,乃數出𢿱衣易穀食,紿言洞中饑饉,部落離散。知邕州陳珙信之,不設備。智高一夕忽縱火焚其居,因紿衆曰:「平生積聚,今爲天火所焚,生計窮矣。當取邕、廣以自王,否則兵死。」衆從之。遂率衆五千,沿江東下,攻邕州橫江寨,守臣張日新等戰死。詔江南、福建等路發兵備之。

四年(壬辰、一〇五二)五月,智高陷邕、橫諸州,遂圍廣州,詔鈐轄陳曙等發兵討之。智高攻陷邕州，執知州陳珙等，欲任司戶孔宗旦以事，宗旦不屈，大罵而死。智高卽州建大南國，自稱仁惠皇帝，改元啓歷，置官屬。時天下久安，廣南州郡無備，智高所向，守臣輒棄城走，遂陷橫、貴、藤、梧、康、端、龔、封八州。知封州曹覲、知康州趙師旦皆戰死。智高進圍廣州，知州魏瓘力戰禦之。知英州蘇緘蒐募壯勇合數千人赴援，扼賊歸路，得黃師(密)〔宓〕父，斬之以徇。而轉運使王罕亦自外至，募民兵，益修守備，城得不陷。事聞，命陳曙討之。又以余靖爲廣西安撫使，同提刑李樞及曙經制賊盜事。復以楊畋體量安撫廣南，發廣東鈐轄兵赴之。

六月丁亥，以狄青爲樞密副使。初，尹洙與青談兵，善之，薦於韓琦、范仲淹，曰：「此良將材也。」二人待之甚厚。仲淹授以左氏春秋，且曰：「將不知古今，匹夫勇耳。」青由是折節讀書，悉通秦、漢以來將帥兵法，累進馬軍副都指揮使。狄青起行伍，十餘年而顯貴，面涅猶存。帝嘗勅青傅藥除之，青指其面曰：「陛下以功擢臣，不問門地，臣所以有今日，由此涅耳。臣願留以勸軍中，不敢奉詔。」帝益重之。至是，自知延州召拜副使，臺諫王(居)〔舉〕正(據宋史二六六本傳、續綱目、薛鑑改)等諫其不可，帝不聽。

秋七月，儂智高陷昭州。九月，以孫沔爲廣南安撫使。初，以沔知秦州，入見，帝以秦事勉之，對曰：「秦州不足煩聖慮，陛下當以嶺南爲憂。臣觀賊勢方張，官軍朝夕當有敗奏。」

既而昭州鈐轄張忠以敗聞，帝乃除沔湖南、江西安撫使。沔請發騎兵，求武庫精甲。梁適折沔曰：「毋張皇！」沔曰：「前日惟亡備，故至此，（乃）今〔乃〕（據宋史二八八孫沔傳、續綱目、薛鑑改）欲示鎮靜邪？夫實備不至而貌爲鎮靜，危亡之道也！」乃與兵七百人。沔憂賊度嶺而北，乃檄湖南、江西曰：「大兵且至，其繕治營壘，多具燕犒。」賊疑，不敢北侵。行至鼎州，加廣南安撫使。

智高寇擾日甚，嶺外騷動，楊畋等久無功，帝以爲憂。智高移書行營，求邕桂節度使。帝將受其降，梁適曰：「若爾，則嶺表非朝廷有矣！」會狄青上表請行，遂以爲宣撫使，提舉廣南經制盜賊事。青入對，自言曰：「臣起行伍，非戰伐無以報國。願得番落數百騎，益以禁兵，羈賊首致闕下。」帝壯其言。時命入內都知任守忠爲青副，知諫院李兌言：「唐失其政，以宦者觀軍容，致主將掣肘，是不足法。」遂罷守忠。諫官韓絳復言：「青，武人，不宜專任。」帝以問龐籍，籍力贊青可用，且言：「號令不專，不如不遣。」乃詔嶺南諸軍皆受青節度。

儂智高陷賓州，復入於邕。時，交阯請出兵助討智高，余靖以便宜許之，請於朝。狄青奏曰：「假兵於外以除內寇，非我利也。以一智高橫踐二廣，力不能制，乃假蠻夷兵，蠻夷貪得忘義，因而啓亂，何以禦之！願罷交阯助兵。」帝從之。

十二月，狄青勒兵賓州，陳曙兵敗，青斬之以徇。青行軍，立行伍，明約束，野宿皆成營柵。至廣南，合孫沔、余靖之兵，進次賓州。戒諸將：「無得妄與賊鬭，聽吾所爲。」廣西鈐轄陳曙乘青未至，輒以步兵八千擊賊，潰於崑崙關，殿直袁用等皆遁。青曰：「令之不齊，所以致敗。」晨會諸將堂上，揖曙起，并召用等三十二人，按以敗亡狀，驅出軍門，斬之。沔、靖相顧愕眙，諸將股栗，莫敢仰視。

五年（癸巳、一〇五三）春正月，狄青夜度崑崙關，大敗儂智高於邕州，智高走大理，廣南平。青既誅陳曙，因按兵止營，令軍休十日，衆莫測。賊覘者還言，軍未卽進。青明日卽整兵，自將前軍，孫沔將次軍，余靖爲殿，夕次崑崙關。黎明，整大將旗鼓，諸將環立帳前，待令乃發，而青已微服與先鋒度關，趣諸將會食關外。賊方覺，悉出逆戰。右將孫節搏賊，死山下，賊氣鋭甚，沔等懼失色。青執白旗，麾番落騎兵，從左右翼擊之，縱横開合，部伍不亂。賊不知所爲，大敗走，追奔五十里，斬首數千級。賊黨黄師（密）〔宓〕、儂建中等及僞官屬死者百五十七人，生擒賊五百餘，死者萬計。智高等夜縱火燒城，遁去，由合江口入大理。遲明，青按兵入城，獲金帛鉅萬，招復老壯七千二百嘗爲賊所俘脅者，慰遣之。梟師（密）〔宓〕等於城下，斂屍，築京觀於城北隅。時賊屍有衣金龍衣者，衆謂智高已死，欲以上聞，青曰：「安知其非詐邪！寧失智高，不敢誣朝廷以貪功也。」廣南悉平。捷至，帝喜曰：「青破賊，皆籍之力也。」又曰：「向非梁適言，南方安危未可知也。」詔余靖經制廣西，追捕智高，而召青、沔還。後二年，靖遣都監蕭注入特磨道，生獲智高母及其弟智光、子繼宗、繼封；又募死士使大理求智高，重譯得至，會智高已死於大理，函首至京師，乃誅其母及其弟、子。

五月，以狄青爲樞密使，孫沔爲副使，賞平廣南功也。龐籍及臺諫朝士皆論青不可長省府，帝不聽。

宋史紀事本末卷三十二

貝州卒亂 王則

仁宗慶曆七年（丁亥、一〇四七）十一月，貝州卒王則據城反。以明鎬爲河北安撫使。則，涿州人，初以歲饑，流至貝州，自賣爲人牧羊，後隸宣毅軍爲小校。貝、冀俗尚妖幻，相與習爲五龍、滴淚等經及諸圖讖書，言：「釋迦佛衰謝，彌勒佛當持世。」則之與母訣也，嘗刺「福」字於背以爲記。妖人因妄傳則字隱起，爭信事之。州吏張巒、卜吉主其謀，黨與連德、齊諸州，約以明年正旦，斷澶州浮梁，作亂。會其黨以書（詣）〔謁〕（本卷校改各條，均以宋史二九二明鎬傳、續綱目、薛鑑爲依據）北京留守賈昌朝，事覺被執，則故不待期，亟以冬至日反。時，知州張得一方與官屬謁天（靈）〔慶〕觀，則率其徒劫庫兵，執得一囚之；從通判董元亨索庫鑰，元亨厲聲罵賊，賊遂殺之，又殺司理王奬等。兵馬都監田斌以從卒巷戰，不勝而出。城扉闔，提點刑獄田京等縋城出，保南關，入驍健營，撫士卒。凡有欲應賊者，京以計盡誅之，由是營兵在外者皆慴服，南關得不陷。則僭稱東平王，〔建〕國曰安陽，年號曰德勝。旗幟號令皆以佛爲稱。城以一樓爲一州，書州名，補其徒爲知州，每面置一總管。然縋城下者日衆，於是令民伍伍爲保，一人縋，餘悉斬。事聞，以知開封府明鎬爲體量安撫使，而詔貝州，「有能獲賊者，授諸衞上將軍」。鎬至貝州，民汪文慶自城上繫書射鎬帳，約爲內應，夜垂絙以引官軍，入城者數百人。賊覺，率衆拒戰，官軍不利，乃與文慶等復縋而出。鎬以貝州城峻不可攻，乃爲距闉，將成，爲賊所焚。鎬乃卽南〔城〕爲地道，日攻其北以牽制之。

八年（戊子、一〇四八）春正月，朝廷以則未下，命文彥博爲河北宣撫使，鎬爲之副。夏竦惡鎬，恐其成功，凡鎬所奏，輒從中沮之。彥博既受命，請軍事得專行，許之。彥博至貝，鎬穿道適通，遂選壯士，夜半由地道入城。衆登城，賊縱火牛。官軍以槍中牛鼻，牛還，攻之，賊大潰，開東門遁。總管王信追則，擒之。餘衆保村舍者皆被焚死。竦復言所獲恐非眞盜，乃詔檻送則京師，磔於市。賊據城凡六十六日而敗。改貝州爲恩州。張得一以降賊伏誅。詔以彥博同平章事，加明鎬端明殿學士，封賈昌朝爲安國公。侍讀學士楊偕言：「賊發昌朝部中，至出大臣乃能平，昌朝爲有罪，不當賞。」弗聽。

夏四月，以明鎬參知政事，文彥博推鎬貝州之功，且薦其才可大用故也。

宋史紀事本末卷三十三

浚六塔二股河

仁宗天聖五年(丁卯、一〇二七)秋七月,詔發丁夫三萬八千,卒二萬一千,緡錢五十萬,塞滑州決河。

六年(戊辰、一〇二八)八月,河決於澶州之王楚埽。

八年(庚午、一〇三〇),始詔河北轉運〔司〕(本卷校改與增補各條,除文下注明者外,均以宋史九一—九三河渠志爲依據),計塞河之備。良山令陳曜請疏鄆、滑界糜丘河以分水勢,遣使行視之。

慶曆元年(辛巳、一〇四一)詔權停修決河。自此久不復塞,而開河分水之議起焉。

皇祐元年(己丑 一〇四九)三月,河合永(清)〔濟〕渠,注乾寧軍。

二年(庚寅、一〇五〇)秋七月,河復決大名府館陶縣之郭固。

至和二年(乙未、一〇五五),遣使行度故道,且詣銅城鎮海口,約古道高下之勢。先是,朝廷既塞郭固,而河勢猶壅,議者請開六塔以披其勢,故有是命。翰林學士歐陽修上疏曰:「朝廷欲俟秋興大役，塞商胡，開横隴，回大河於古道。夫動大衆必順天時，量人力，謀於其始而審於其終，然後必行，計其所利者多，乃可无悔。比年以來，興役動衆，勞民(損)〔費〕財，不精謀慮於厥初，輕信利害之偏說，舉事之始，既已倉皇，羣議一搖，尋復悔罷。不敢遠(指)〔引〕他事，且如河決商胡，是時執政之臣不愼計慮，遽謀修塞，凡科配梢芟一千八百萬，騷動六路一百餘軍、州。官吏催驅，急若星火，民庶愁苦，盈於道途。或物已輸官，或人方在路，未及興役，尋已罷修，虛費民財，爲國斂怨，舉事輕脫，爲害若斯。今又聞復有修河之役，聚三十萬人之衆，開一千餘里之長河，計其所用物力，數倍往年。當此天災歲旱，民困國貧之際，不量人力，不順天時，知其有大不可者五：蓋自去秋至春，半天下苦旱，京東尤甚，河北次之。國家常務安靜振恤之，猶恐民起爲盜，况於兩路聚大衆，興大役乎！此其必不可者一也。河北自恩州用兵之後，繼以凶年，人戶流亡，十失八九。數年以來，人稍歸復，然死亡之餘，所存者幾，瘡痍未斂，物力未完。又京東自去冬無雨雪，麥不生苗，將踰暮春，粟未布種，農心焦勞，所向無望。若別路差夫，則遠者難爲赴役，就河便近，則兩路力所不任，此其必不可者二也。往年議塞滑州決河，時公私之力未若今日之貧虛，然猶儲積物料，誘率民財，數年之間，始能興役。今國用方乏，民力方疲，且合商胡塞大決之洪流，此一大役也；〔鑿横隴，開久廢之故道，又一大役也〕；自横隴至海千餘里，埽岸久〔已〕廢頓，須興緝補，又一大役也。往年公私有力之時，興一大役尚須數年，今猝興三大役於災旱貧虛之際，此其必不可者三也。就令商胡可塞，故道未必可開。鯀障洪水，九年無功。禹得洪範五行之書，知水潤下之性，乃因水之流，疏而就下，水患乃息。然則以大禹之神功不能障塞，但能因勢而疏決耳。今欲逆水之性，障而塞之，奪洪河之正流，使人力斡旋回注，是大禹之所不能，此其必不可者四也。橫隴湮塞已二十年，商胡決又數年，故道已平而難鑿，安流已久而難回，此其必不可者五也。臣伏思國家累歲災譴甚多，其於京東變異尤大。地貴安靜而有聲，巨嵎山摧，海水搖蕩，如此不止者僅十年。天地警戒，宜不虛發。臣謂變異所起之方，尤當過慮防懼。今乃欲於凶儉之年，聚三十萬之大衆於變異最大之方，臣恐災禍自此而發也。況京（都）〔東〕赤地千里，饑饉之民正苦天災，又聞河役將動，往往伐桑毁屋，無復生計。流亡盜賊之患，不可不虞。宜速止罷，用安人心。」

九月，詔：「自商胡之決，大河注食堤埽，爲河北患，其故道又以河北、京東饑故未興役。今河渠司李仲昌議，欲納水入六塔河，使歸橫隴舊河，舒一時之急。其令兩制至待制以上臺諫官與河渠司同詳定。」修又上疏曰：「伏見學士院集議修河，未有定論，蓋由賈昌朝欲復故道，李仲昌請開六塔，互執一說，莫知孰是。臣愚皆謂不然。言故道者未詳利害之原，述六塔者近乎欺罔之謬。今謂故道可復者，但見河北水患，而欲還之京東，然不思天禧以來河水屢決之因，所以未知故道有不可復之勢，〔此〕（據長編、歐集奏議一三補）臣故謂未詳利害之原也。若言六塔之利者，則不待攻而自破矣。今六塔既已開，而恩、冀之患何爲尚告奔騰之急？此則減水未見其利也。又開六塔者云：『可以全回大河，使復橫隴故道。』今六塔止是別河下流，已爲濱、棣、德、博之患，若全回大河，顧其害如何？此臣故謂近乎欺罔之謬也。且河本泥沙，無不淤之理。淤常先下流，下流淤高，水行漸壅，乃決上流之低處，此勢之常也。然避高就下，水之本性，故河流已棄之道，自古難復。臣不敢廣述河源，且以今所欲復之故道，言天禧以來屢決之因。初，天禧中，河出京東，水行於今所謂故道者。水既淤澀，乃決天臺埽，尋塞而復故道。未幾，又決於滑州南鐵狗廟今所謂龍門埽者，其後數年，又塞而復故道。已而又決王楚埽，所決差小，與故道分流，然而故道之水終以壅淤，故又於橫隴大決。是則決河非不能力塞，故道非不能力復，所復不久終必決於上流者，由故道淤而水不能行故也。及橫隴既決，水流就下，所以十餘年間，河未爲患。至慶曆三、四年，橫隴之水又自海口先淤，凡一百四十餘里。其後游、金、赤三河相次又淤，下流既梗，乃決於上流之商胡口。然則京東、橫隴兩河故道，皆下流淤塞河水已棄之高地。京東故道，屢復屢決，理不可復，不待言而易知也。昨議者度京東故道工料，但云〔銅城已上地高，不知大抵東去皆高，而〕（據長編、歐集奏議一三補）銅城已上乃特高爾，其東比銅城已上則稍低，比商胡已上則實高也。若云銅城已東地勢斗下，則當日水流宜決銅城已上，何緣而頓淤橫隴之口？亦何緣而大決也？然則兩河故道既皆不可爲，則河北水患何爲而可去！臣聞智者之於事，有所不能必則較其利害之輕重，擇其害少者而爲之，猶愈害多而利少，何況有害而無利？此三者可較而擇也。又商胡初決之時，欲議修塞，計用梢芟一千八百萬，科配六路一百餘州、軍。今欲塞者，乃往年之商胡，則必用往年之物數，至於開鑿故道，張奎所計，工費甚大，其後李參減損，猶用三十萬人。然欲以五十步之狹容大河之水，此可笑也。又欲增一夫所開三尺之方，倍爲六尺，且闊厚三尺而長六尺，自一倍之功，在於人力，已爲勞矣。且六尺之方，以開方法算之，乃八倍之功，此豈人力之所勝？是則前功既大而難興，後功雖小而不實。大抵塞商胡，開故道，凡二大役，皆困國勞人。所舉如此，而欲開難復屢決已驗之故道，使其虛費，而商胡不可塞，故道不可復，此所謂有害而無利者也。就使幸而暫塞以紓目前之患，而終於上流必決如龍門、橫隴之比，此所謂利少而害多也。若六塔者，於大河有（分）〔減〕水之名，而無減患之實。今下流所散，爲患已多，若全回大河以注之，則濱、棣、德、博、河北所仰之州，不勝其患，而又故道淤澀，上流必有他決之虞，此直有害而無利耳。是皆智者之不爲也。今若因水所在，增治隄防，疏其下流，浚以入海，則可無決溢散漫之虞。

今河所歷數州之地，誠爲患矣；隄防歲用之夫，誠爲勞矣。與其虛費天下之財，虛舉大衆之役，而不能成功，終不免爲數州之患，勞歲用之夫，(此)則〔此〕所謂害少者，乃智者之所宜擇也。大約今河之勢，負三決之虞：復故道，上流必決；開六塔，上流亦決；河之下流若不浚使入海，則上流亦決。臣請選知水利之臣，就其下流，求入海路而浚之。不然，下流梗澀，則終虞上決，爲患無涯。」帝不聽，卒從仲昌議。

嘉祐元年(丙申、一〇五六)夏四月，六塔河復決。時，殿中丞李仲昌等塞商胡，北流入六塔河，不能容，以致復決，溺兵夫，漂芻藁，不可勝計，河北被害者凡數千里。詔三司判官沈立往行視。內使劉恢遂奏：「六塔之役，水死者數千萬人。穿土干犯禁忌，且河口乃趙征村，於國姓御名有嫌，而大興鍤劚，非便。」詔罷其役。令御史吳中復、內侍鄧守恭置獄於澶，劾仲昌等違詔旨，不俟秋冬塞北流，以致決潰。於是流仲昌於英州，餘各被謫有差。

五年(庚子、一〇六〇)春正月，議鑿二股河。自李仲昌貶，河事久無議者。至是，都轉運使韓贄言：「四界首古大河所經，卽溝洫志所謂『平原金隄，開通大河，入篤馬河，至海五百餘里』者也。自春以丁壯三千浚之，可一月而畢，支分河流入金、赤河，使其深六尺，爲利可必。商胡決河自魏至於恩、冀、乾寧，入於海。今二股河自魏、恩東至於德、滄，入於海。分而爲二，則上流不壅，可以無決溢之患。」乃上四界首二股河圖。

英宗治平元年(甲辰、一〇六四)，始命浚二股河，以紓恩、冀之患。未幾，又併五股河浚之。

神宗熙寧元年(戊申、一〇六八)六月，河溢恩州，又決冀州棗強埽。七月，又溢瀛州樂壽埽。於是都水監丞李立之請於恩、冀、深、瀛等州創生隄三百六十七里以禦河。宋昌言謂：「今二股河門變移，請迎河港進約，簽入河身，以紓四州水患。」都水監復奏：「慶歷中，商胡北流於今二十餘年，自澶州下至乾寧軍，創隄千有餘里，公私勞擾。近歲冀州而下，河道梗塞，致上下埽岸屢危，雖創新岸，終非久計。願相六塔舊口，并二股河，導使東流，徐塞北流。」便詔翰林院學士司馬光、入內副都知張茂則乘傳相度四州生隄，回日兼視六塔、二股利害。

二年(己酉、一〇六九)正月，光入對，請如宋昌言策，於二股之西置上約，擗水令東。俟東流漸深，北流淤淺，卽塞北流，放出御河、胡盧河，下紓恩、冀、深、瀛以西之患。初，商胡決河自魏之北至恩、冀、乾寧，入於海，是謂北流。嘉祐八年，河流派於魏之第六埽，遂爲二股，自魏、恩東至於德、滄，入於海，是謂東流。時議者多不同，李立之力主生隄，帝不聽，卒用昌言策，置上約。會北京留守韓琦言：「今歲兵夫數少，而(舍)〔金〕隄兩埽修上下約甚急，深進馬頭，欲奪大河。緣二股及嫩灘舊闊千一百步，是以可容漲水，今截去八百步有餘，則將東大河於二百餘步之間。下流既壅，上流蹙遏湍怒，又無兵夫修護隄岸，其衝決必矣。況自德至滄，皆二股下流，既無隄防，必侵民田。設若河門東狹，不能容納漲水，上下約隨流而脫，則二股與北流爲一，其患愈大。」帝因謂二府曰：「韓琦頗疑修二股。」趙抃曰：「人多以六塔爲戒。」王安石曰：「異議者，皆不考其事實故也。」帝又問：「程昉、宋昌言同修二股何如？」安石以爲可治。帝曰：「欲作簽河甚善。」安石曰：「誠然！若及時作之，則往河可東，北流可閉。」帝然之。

七月，張鞏等奏：「上約屢經泛漲，幷下約各已無虞，東流勢漸順快，宜塞北流，除恩、冀、深、瀛等州水患。」司馬光言：「鞏等欲塞河北流，臣恐勞費未易。或幸而可塞，則東流淺狹，隄防未全，必致決溢，是移恩、冀、深、瀛之患於滄、德等州也。不若俟二三年間，東流益深闊，北流漸淺，塞之便。」帝曰：「今不俟東流順快而塞北流，他日河勢改移，奈何？且若河水常分二流，何時當有成功？」光曰：「若上約流失，其事不可知。上約存則東流必增，北流必減。借使分爲二流，於鞏等不見成功，於國家亦無所害，何則？西北之水併於山東則爲害大，分則害小矣。鞏等亟欲塞北流，皆爲身謀，不顧國力與民害也。」帝卒從鞏議。

四年（辛亥、一〇七一）秋七月，北京新隄第四、第五埽決，漂溺館陶、永濟、清陽以北。八月，河溢澶州曹村。十月，溢衞州王供。時，新隄凡六埽，而決者〔三〕〔二〕，下屬恩、冀，貫御河，奔衝爲一，帝憂之。是時，人爭言導河之利，張茂則等謂：「二股河地最下，而舊防可因。今湮塞者纔三十餘里，若度河之湍，浚而逆之，又存清水鎮河以析其勢，則悍者可回，決者可塞。」帝然之。十二月，令河北轉運使開修二股河上流，併塞〔第五埽〕決口。

五年（壬子、一〇七二）夏四月，二股河成。六月，河溢夏津。帝語執政：「聞京東調夫修河有壞產者，河北調急夫（役猶）〔尤〕多。若河復決，奈何？且河決不過占一河之地，或西或東，若利害無所較，聽其所趨，如何？」王安石曰：「北流不塞，占公私田至多。又水散漫，久復澱塞。昨修二股，費至少，而公私田皆出，向之瀉鹵俱爲沃壤，庸非利乎！況調夫已減於去歲。若（夫）〔復〕葺理隄防，則河北歲夫愈減矣。」

六年（癸丑、一〇七三）夏四月，置疏濬黃河司。先是，有選人李公義者，獻鐵龍爪揚泥車法以濬河。其法，用鐵數斤，爲爪形，以繩繫舟尾而沈之水，篙工急擢，乘流相繼而下，一再過，水已深數尺。宦官黃懷信以爲可用，而患其太輕。王安石請令懷信、公義同議增損，乃別制濬川杷。其法，以巨木長八尺，齒長二尺，列於木下如杷狀，以石壓之，兩旁繫大繩，兩端矴大船，相距八十步，各用滑車絞之，去來撓蕩沙泥，已，又移船而濬。或謂水深則杷不能及底，雖數往來，無益；水淺則齒礙沙泥，曳之不動，卒乃反齒向上而曳之。人皆知不可用，惟安石善其法，使懷信先試之，以濬二股。又謀鑿直河數里，以觀其効。且言於帝曰：

「開直河則水勢分，其不可開者，以近河每開數尺即見水，不容施工爾。今第見水即以杷濬之，水當隨杷改趨直河。苟置數千杷，則諸河淺澱，皆非所患，歲可省開濬之費幾百千萬。」帝曰：「果爾，甚善。聞河北小軍壘當起夫五千，計合境之丁，僅及此數，一夫至用錢八緡。故歐陽修嘗謂：『開河如放火，不開如失火。』與其勞人，不如勿開。」安石曰：「勞人以除害，所謂毒天下之民而從之者。」至是遂置司，將自衞州濬至海口，以虞部郎范子淵爲都大提舉，公義爲之屬。當是時，北流閉已數年，水或橫決散漫，嘗虞壅遏。外監丞王令圖獻議，於北京第四、第五埽等處開修直河，使大河還二股故道。從之。

十年（丁巳、一〇七七）秋七月，河決澶州。自開直河，水勢漸漲，田廬益壞，至是，遂大決於澶州曹村。北流斷絕，河道南徙，東匯於梁山張澤濼，分爲二派，一合南清河入於淮，一合北清河入於海，凡灌郡縣四十五，而濮、齊、鄆、徐尤甚。遣使修閉。判大名府文彥博言：「河勢變移，四散漫流，兩岸俱被水患，而都水止護東流北岸，希省費之賞，未嘗增修隄岸。今者之決溢非天災，實人力不至之咎。」

元豐元年（戊午、一〇七八）夏四月，決口塞。詔改曹村埽曰靈平。五月，新隄成，閉口斷流，河復歸北。初，河決澶州也，北外監丞陳（佑）〔祐〕甫謂：「商胡決三十餘年，所行河道，填淤漸高，隄防歲增，未免泛濫。今當修者有三，商胡一也，橫隴二也，禹舊迹三也。然商胡、橫隴故道，地勢高平，土性疏惡，皆不可復，復亦不能持久。惟禹故瀆尚存，在大伾、太行之間，地卑而勢固，故秘閣校理李垂與今知深州孫民先皆有修復之議。望召民先同河北漕臣一員，自衞州王供埽按視，訖於海口。」從之。

四年（辛酉、一〇八一）夏四月，小吳埽復大決，自澶注入御河，恩州危甚。六月戊午，詔：「東流已塡淤不可復，將來更不修閉小吳決口，候見大河歸納，應合修立隄防，令李立之經畫以聞。」帝謂輔臣曰：「河之爲患久矣，後世以事治水，故嘗有礙。夫水之趨下，乃其性也，以道治水，則無違其性，可也。如能順水所向，遷徙城邑以避之，復有何患？雖神禹復生，不過如此。」輔臣皆曰：「誠如聖諭。」已而立之言：「河流自乾寧軍至劈地口入海，宜自北京至瀛州分立東、西隄五十九埽。」詔從之。立之在熙寧初已主立隄，今竟行其言。

大抵熙寧初，專主導東流，閉北流。元豐以後，因河決而北，議者始欲復禹故迹。帝愛惜民力，思順水性，而水官難其人。王安石力主程昉、范子淵，故二人尤以河事自任，然糜費財力，卒無成功。

哲宗元祐元年（丙寅、一〇八六）三月，降范子淵知峽州，中丞呂陶劾其罪故也。中書舍人蘇軾作制詞，有曰：「汝以有限之財，興必不可成之役，驅無辜之民，置之必死之地。」時以爲至言。

九月，詔秘書監張問相度河北水事。時河流雖北，而孫村低下，夏秋霖雨漲水，往往東出，小吳之決既未塞，又決大名之小張口，河北諸郡皆被水災。知澶州王令圖建議濬迎陽埽舊河，又於孫村金隄置約，復故道。轉運使范子奇仍請於大吳北岸修進鋸牙，擗約河勢。於是回河東流之議起。十一月，問復上言：「臣至滑州決口，相視迎陽埽，至大、小吳，水勢低下，舊河淤仰，故道難復。請於南樂大名埽開直河并簽河，分引水勢，入孫村口，以解北京向下水患。」令圖亦以爲然，於是滅水河之議復起。既從之矣，會北京留守韓絳奏引河近府非是，詔問別相視。

二年（丁卯、一〇八七）二月，令圖、問欲必行前說，朝廷又從之。三月，令圖死，以王孝先代領都水，亦請如令圖議。

三年（戊辰、一〇八八）十一月，遣吏部侍郎范百祿等行河。時，王孝先請修減水河，王覿言其〔不〕（據薛鑑補）便，安燾深以東流爲是，上疏言之，於是詔：「黃河未復故道，終爲河北之患，宜興役回之。」范純仁、王存言：「使大河決可東回而北流遂斷，何惜勞民費財以成經久之利？今孝先等未有必然之論，但僥倖萬一，以冀成功耳。不可輕舉也。」文彥博、呂大防、安燾等謂河不東則失中國之險，爲契丹之利，力主其議。范純仁又陳四不可之說，且曰：「北流數年，未爲大患，而議者恐失中國之利，先事回改。正如頃時西夏本不爲邊患，而好事者以爲不取恐失機會，遂興靈武之師也。」於是收回詔書，而遣百祿等行視。

戶部侍郎蘇轍上疏曰：「黃河西流，議復故道，事之經歲，役兵二萬，聚梢樁等物三千餘萬。方河朔災傷困弊，而興必不可成之功，吏民竊歎。今回河大議雖寢，然聞議者固執來歲開河分水之策。今小吳決口入地已深，而孫村所開丈尺有限，不獨不能回河，亦必不能分水。況黃河之性，急則通流，緩則淤澱，既無東西皆急之勢，安有兩河並行之理？縱使兩河並行，未免各立隄防，其費又倍矣。今建議者，其說有三，臣請折之：一曰御河湮滅，失饋運之利。昔大河在東，御河自懷、衞經北京，漸歷邊郡，饋運既便，商賈通行。自河西流，御河湮滅，失此大利，天實使然。今河自小吳北行，占壓御河故地，雖使自北京以南折而東行，則御河湮滅已一二百里，何由復見？此御河之說不足聽也。二曰恩、冀以北，漲水爲害，公私損耗。臣聞河之所行，利害相半，蓋水來雖有敗田破稅之害，其去亦有淤厚宿麥之利。況故道已退之地，桑麻千里，賦役全復，此漲水之說不足聽也。三曰河徙無常，萬一自契丹界入海，邊防失備。按河昔在東，自河以西郡縣與契丹接境，無山河之限，邊臣建爲塘水，以捍契丹之衝。今河既西，則西山一帶，契丹可行之地無幾，邊防之利，不言可知。然議者尚恐河復北徙，則海口出契丹界中，造舟爲梁，便於南牧。臣聞契丹之河，自北南注以入於海，蓋地形北高，河無北徙之道，而海口深浚，勢無徙移，此邊防之說不足聽也。臣又聞謝卿材到闕，昌言『黃河自小吳決口，乘高注北，水勢奔決，上流隄防，無復決怒之患。朝廷若以河事付臣，不役一夫，不費一金，十年保無河患』。大臣以其異己，罷歸，而使王孝先、俞瑾、張景先三人重畫回河之計。蓋由元老大臣重於改過，故假契丹不測之憂，以取必於朝廷。雖已遣百祿等出按利害，然未敢保其不觀望風旨也。願亟收回買梢草指揮，來歲勿調開河役兵，使百祿等明知聖意無所偏係，不至阿附以誤國計。」會百祿行視東、西二河，亦奏言東流高仰，北流順下，決不可回。明年，使回入對，復言願罷有害無利之役，未聽。久之，乃罷回河及修減水河。

數月，尚書省復議回河。是時，吳安持、李偉力主東流，而謝卿材謂近(世)〔歲〕河流稍行地中，無可回之理，上河議一篇，召赴政事堂會議，大臣不以爲然。會李偉復言：「今河已分流，若興工可令全復故道。朝廷今日當極力必閉北流，乃爲上策。若不明詔有司，卽令回河，深恐上下遷延，議終不決，觀望之間，遂失機會。乞復置修河司。」從之。

五年(庚午、一〇九〇)二月，詔開修減水河。尋以外路旱暵，權罷。

七年(壬申、一〇九二)冬十月，以大河東流，賜都水使者吳安持三品服，北都水監丞李偉再任。

八年(癸酉、一〇九三)二月，詔：「北流軟堰並如都水監所奏。」門下侍郎蘇轍言：「水官之意，欲以軟堰爲名，實作硬堰，陰爲回河之計，不宜聽。」趙偁亦上疏曰：「臣竊謂河事大利害有三，而言者互進其說。或見近忘遠，徼倖盜功，或取此捨彼，譸張昧理，遂使大利不明，大害不去，上惑朝聽，下滋民患，横役枉費，殆無窮已。臣竊痛之！所謂大利害者，北流全河，患水不能分也；東流分水，患水不能行也；宗城河決，患水不能閉也：是三者，去其患則爲利，未能去則爲害。今不謀此而議欲專閉北流，止知一日可閉之利，而不知異日既塞之患；止知北流伏槽之水易爲力，而不知闞村方漲之勢未可併以入東流也。夫欲合河以爲利，而不恤上下壅潰之患，是皆見近忘遠，徼倖盜功之事也。有司欲斷北流，而不執其咎，乃引分水爲說，姑爲軟堰，知河衝之不可以軟堰禦，則又爲決堰之計，臣恐枉有工費而以河爲戲也。請俟漲水伏槽，觀大河之勢，以治東流、北流。」不聽。

十二月，監察御史郭知章言：「臣比緣使〔事至〕河北，自澶州入北京，渡孫村口，見水趨東者，河甚闊而深。又自北京往洺州，過楊家淺口復渡，見水之趨北者，纔十之三，然後知大河宜閉北行東。乞下都水監相度。」於是吳安持復領都水，而呂大防力主其議，范純仁、蘇轍復爭之，遂詔本路安撫、轉〔運〕、提刑司詳議，紹聖元年正月也。轉運司趙偁議與純仁、轍合，偁之言曰：「河自孟津初行平地，必須全流，乃成河道。禹之治水，自冀北抵滄、棣，始播爲九河，以其近海無患也。今河自横隴、六塔、商胡、小吳，百年之間，皆從西決。蓋河徙之常勢，而有司置埽創約，橫截河流，回河不成，因爲分水。初決南宮，再決宗城，三決內黃，亦皆西決，則地勢西下，較然可見。今欲彊息河患，而逆地勢，戾水性，臣未見其能就功也。請開闞村河門，修平鄉、鉅鹿埽，焦家等隄，濬澶淵故道，以備漲水。」大名安撫使許將言：「度今之利，若舍故道，止從北流，則慮河下已湮而上流橫潰，爲害益廣；若直閉北流，東徙故道，則復慮受水不盡而破隄爲患。竊謂宜因梁村之口以行東，因內黃之口以行北，而盡閉諸口，以絕大名諸州之患，俟春夏水大至，乃觀故道足以受之則內黃之口可塞，不足以受之則梁村之役可止。定其成議，則民心固，而河之順復有時，可以保其無害。」郭知章又言：「河復故道，水之趨東已不可遏。近日遣使按視，〔逐司〕議論未一，臣謂水官朝夕從事河上，望專委之。」

十月，都水使者王宗望言：「大河自元豐潰決以來，東、北兩流，利害極大。頻年紛爭，國論不決，水官無所適從。伏自奉詔凡九月，上稟成算，自闞村下至栲栳隄，七節河門並皆閉塞，築金隄七十里，盡障北流，使全河〔東〕還故道。望付史官，紀紹聖以來聖明獨斷，致此成績。」

元符二年（己卯、一〇九九）六月，河決內黃口，東流遂斷絕。左司諫王祖道請正吳安持、鄭佑、李仲、李偉之罪，投之遠方，以明先帝北流之志。詔可。

宋史紀事本末卷三十四

英宗之立

仁宗景祐二年（乙亥、一〇三五）春二月，育宗室子宗實於宮中。宗實，太宗之曾孫，商王元份之孫，江寧節度使允讓之子也。帝未有儲嗣，取入宮，命皇后撫鞠之，生四年矣。

嘉祐元年（丙申、一〇五六）五月，罷知諫院范鎮。先是，帝暴疾，宰相文彥博因請帝建儲，帝許之，會疾瘳而止。至是，鎮奮然曰：「天下事尚有大於此者乎！」卽上疏曰：「置諫官者，爲宗廟、社稷計也。諫官而不以宗廟、社稷計事陛下，是愛死嗜利之人，臣不爲也。方陛下不豫，海內皇皇，莫知所爲，陛下獨以祖宗後裔爲念，是爲宗社之慮至深且明也。昔太祖舍其子而立太宗，天下之大公也。眞宗以周王薨，養宗子於宮中，天下之大慮也。願以太祖之心，行眞宗故事，拔近屬之尤賢者，優其禮秩，置之左右，而試以政事，以繫億兆人心。俟有聖嗣，復遣還邸。」章累上，不報。文彥博乃曰：「奈何效希名干進之人！」鎮貽書曰：「比天象見變，當有急兵，鎮義當死職，不可死亂兵之下。此乃鎮擇死之時，尚何顧希名干進之嫌哉！」又言：「陛下得臣疏，不以留中而付中書，是欲使大臣奉行也。臣兩至中書，大臣皆設辭拒臣，是陛下欲爲宗廟、社稷計，而大臣不欲也。臣竊原大臣畏避之意，恐行之而陛下中變耳。中變之禍，不過一死，國本不立，萬一有如天象所告，急兵之變，死且有罪，其爲計亦已踈矣。願以臣章示大臣，使其自擇死所。」聞者股栗。除兼侍御史知雜事，鎭以言不從，固辭。彥博諭之曰：「今間言已入，爲之甚難。」鎭曰：「事當論其是非，不當問其難易。諸公謂今日難於前日，安知異日不難於今日乎！」凡見帝面陳者三，因泣下。帝亦泣，謂曰：「朕知卿忠，卿言是也。當更俟二三年。」鎭前後章凡十九上，待命百餘日，鬚髮皆白，朝廷知不可奪，乃罷知諫院，改糾察在京刑獄。

時幷州通判司馬光亦言建儲事，且勸鎭以死爭之。翰林學士歐陽修上言：「陛下臨御三十餘年，而儲宮未建，此久缺之典也。漢文帝卽位，羣臣請立太子，羣臣不自疑而敢請，文帝亦不疑臣有二心。後唐明宗尤惡人言太子事。然文帝立太子之後，享國長久，爲漢太宗；明宗儲嗣不早定，而秦王以窺覬陷於大禍，後唐遂亂。陛下何疑而久不定乎！」殿中侍御史包拯、呂景初、趙抃，知制誥吳奎、劉敞等皆上疏力請，於是宰輔文彥博、富弼、王堯臣等相繼勸帝早定大計，皆不聽。

三年（戊戌、一〇五八）六月，以韓琦同平章事。時羣臣皆以建儲爲言，帝依違不決，琦旣相，乘間進曰：「皇嗣者，天下安危之所繫，自昔禍亂之起，皆由策不早定。陛下何不擇宗室之賢，以爲宗廟、社稷計？」帝曰：「後宮將有就館者，姑待之。」已而又生女。琦懷漢書孔光傳以進曰：「成帝無嗣，立弟之子。彼中材之主，猶能如是，況陛下乎！願以太祖之心爲心，則無不可者。」帝不答。

以包拯爲御史中丞，拯言：「東宮虛位日久，天下以爲憂。夫萬物皆有根本，而太子者，天下之根本也，根本不立，禍孰大焉！」帝曰：「卿欲誰立？」拯曰：「臣非才備位，所以乞豫建太子者，爲宗廟萬世計爾。陛下問臣欲誰立，是疑臣也。臣年七十，且無子，非邀後福者。」帝喜曰：「徐當議之。」

四年（己亥、一〇五九）十一月，汝南王允讓卒，追封濮王。允讓天資渾厚，內寬外莊，喜怒不見於色，知大宗正寺二十年。宗子有好學者，勉進之以善；若不率教則勸戒之，至不變，始正其罪，故皆畏服。及卒，謚安懿。以其子宗實育宮中，故卹典有加。

六年（辛丑、一〇六一）六月，以司馬光知諫院，光入對，首言：「臣昔通判并州，所言三章，願陛下果斷力行。」帝沈思久之，曰：「得非欲選宗室爲繼嗣乎？此忠臣之言，但人不敢及耳。」光對曰：「臣言此，自謂必死，不意陛下開納。」帝曰：「此何害？自古皆有之。」

十月壬辰，起復宗實知宗正寺。初，帝既連失三王，自至和中得疾，不能御殿，中外惴恐，臣下爭以立嗣固根本爲言，包拯、范鎮尤激切。積五六歲，依違未之行，言者亦稍怠。先年，韓琦初入相，嘗乘間言之，及懷孔光傳以進，帝不答；又與曾公亮、張（昇）〔昪〕（據續綱目改。參看第二十一卷校記）、歐陽修極言之。至是，司馬光上疏曰：「向者臣進豫建太子之說，意謂卽行，今寂無所聞，此必有小人言：『陛下春秋鼎盛，何遽爲此不祥之事！』小人無遠慮，特欲倉卒之際，援立其所厚善者耳。『定策國老』、『門生天子』之禍，可勝言哉！」帝大感動，曰：「送中書。」光見韓琦等曰：「諸公不及今定議，異日禁中夜半出寸紙，以某人爲嗣，則天下莫敢違。」琦等拱手曰：「敢不盡力！」時知江州呂誨亦上疏言之。及琦入對，以光、誨二疏進讀，帝遽曰：「朕有意久矣，誰可者？」琦皇恐對曰：「此非臣輩所可議，當出自聖裁。」帝曰：「宮中嘗養二子，小者甚純，近不慧；大者可也。」琦請其名，帝曰：「宗實。」琦等遂力贊之，議乃定。宗實天性篤孝，好讀書，不爲燕嬉褻慢，服御儉素如儒者，時居濮王喪，乃起復知宗正寺。琦曰：「事若行，不可中止，陛下斷自不疑，乞內中批出。」帝意不欲宮人知，曰：「只中書行足矣。」命下，宗實固辭，乞終喪。帝復以問琦，琦對曰：「陛下既知其賢而選之，今不敢遽當，蓋器識遠大，所以爲賢也。願固起之。」帝曰：「然。」凡十八章而後許之。

七年（壬寅、一〇六二）八月己卯，立宗實爲皇子，賜名曙。

九月乙巳朔，進封皇子曙鉅鹿郡公。宗實既終喪，韓琦言：「宗正之命初出，外人皆知必爲皇子，不若遂正其名。」帝從之。琦至中書，召翰林學士王珪草詔，珪曰：「此大事也，非面受旨不可。」明日請對，曰：「海內望此舉久矣，果出自聖意乎？」帝曰：「朕意決矣。」珪再拜賀，始退而草詔。歐陽修聞之，歎曰：「王珪眞學士也！」詔下，宗實復稱疾固辭，章十餘上。記室周孟陽請其故，宗實曰：「非敢徼福，以避禍也。」孟陽曰：「今已有此迹，設固辭不受，中人別有所奉，遂得燕安無患乎！」宗實始悟。司馬光言於帝曰：「皇子辭不貲之富，至於旬月，其賢於人遠矣。然父召無諾，君命召不俟駕，願以臣子大義責之，宜必入。」帝從之，宗實始受命。將入宮，戒其舍人曰：「謹守吾舍，上有適嗣，吾歸矣。」因肩輿赴召，良賤不滿三十人，行李蕭然，唯書數廚而已。中外相賀。

八年（癸卯、一〇六三）春二月癸未，帝不豫。丙戌，中書、樞密奏事於福寧殿之西閤。三月辛未，帝崩於福寧殿，年五十四。遺制皇子卽皇帝位，山陵制度務從儉約。於是皇后悉斂諸門鑰，寘於前，黎明，召皇子入嗣位。皇子驚，再言曰：「曙不敢爲！」因反走，韓琦等共掖留之。

夏四月壬申朔，皇子卽位。欲亮陰三年，命韓琦攝冢宰，宰臣不可，乃止。乙亥，帝有疾。丙子，尊皇后曰皇太后。己卯，詔請皇太后權同處分軍國事。后乃御內東門小殿垂簾，宰臣日奏事。后性慈儉，頗涉經史，多援以決事。中外章奏日數十上，一一能記綱要，有疑未決者則曰：「公輩更議之。」未嘗出己意。曹氏及左右臣僕毫分不〔以〕假借，宮省肅然。（據宋史二四二后妃傳、續綱目、薛鑑補）

庚子，立高氏爲皇后。后，侍中瓊之曾孫，母曹氏，太后姊也，故少育於宮中，與帝同年生，又俱撫鞠於太后。仁宗嘗曰：「異日必以爲配。」既長，出宮，婚於濮邸，封京兆郡君，生三子。至是，册爲皇后。

秋七月，帝疾瘳。初，帝疾甚，舉措或改常度，遇宦者尤少恩，左右多不悅，乃共爲讒間，兩宮遂成隙，內外恟懼。知諫院呂誨上書兩宮，開陳大義，詞旨深切，多人所難言者，然兩宮猶未釋然。一日，韓琦、歐陽修奏事簾前，太后嗚咽流涕，（且）〔具〕（據宋史三一二韓琦傳、續綱目改）道所以。琦曰：「此病故爾，疾已必不然。子疾，母可不容之乎！」后意不解。修進曰：「太后事先帝數十年，仁德著於天下，昔溫成之寵，太后處之裕如，今母子間反不能容耶！」后意稍和。修復曰：「先帝在位久，德澤在人，故一日晏駕，天下奉戴嗣君，無敢異同者。今太后一婦人，臣等五六書生耳，非先帝遺意，天下誰肯聽從！」后默然久之。琦進曰：「臣等在外，聖躬若失調護，太后不得辭其責。」后驚曰：「是何言，我心更切也！」同列聞者，莫不流汗。後數日，琦獨見帝。帝曰：「太后待我少恩。」琦對曰：「自古聖帝明王不爲少矣，獨稱舜爲大孝，豈其餘盡不孝哉！父母慈而子孝，此常事不足道，惟父母不慈而子不失孝，乃爲可稱。但恐陛下事之未至耳，父母豈有不慈者哉！」帝大感悟。

帝自六月不御殿，至是月壬子，初御紫宸殿，見百官。琦因請乘輿禱雨，具素服以出，人情大安。

冬十月甲午，葬仁宗於永昭陵。

十二月己巳，開經筵。翰林學士劉敞進讀史記，至堯授舜以天下，拱而言曰：「舜至側微，堯禪之以位，天地享之，百姓戴之，非有他道，惟孝友之德光於上下耳。」帝悚然改容，太后聞之，亦大喜，兩宮之疑漸釋。

英宗治平元年（甲辰、一〇六四）夏五月，帝疾大瘳。韓琦欲太后撤簾還政，乃取十餘事稟帝，帝裁決悉當。琦即詣太后覆奏，后每事稱善，琦因白后求去，后曰：「相公不可去，我當居深宮耳，卻每日在此，甚非得已。」琦曰：「前代之后，賢如馬、鄧，不免顧戀權勢，今太后便能復辟，誠馬、鄧之所不及。未審決取何日撤簾？」太后遂起，琦即命撤簾，簾既落，猶於御屏後見太后衣也。帝親政，加琦尚書右僕射。

呂中曰：當國家危疑之日，大臣以能任事者，一曰德望，二曰才智。有才智而無德望以鎮之，則未足以服天下之心；有德望而無才智以充之，則未足以辦天下之事。故曰：「可以託六尺之孤，可以寄百里之命，臨大節而不可奪。」韓魏公蓋自慶歷、嘉祐之時，可屬大事，重厚如勃，其德望服人心久矣。至於處事應變，胸中才智又足以運用天下，此其所以正英宗之始歟。在眞宗之初則有呂端，在仁宗之初則有王曾，此皆安國家定社稷之名臣也。

丙辰，上皇太后宫名曰慈壽。

秋八月，内侍都知任守忠竄蘄州。初，章獻太后臨朝，守忠與都知江德明等交通請謁，權寵過盛，累遷宣政使入内都知。仁宗以未有儲嗣，屬意於帝，守忠建議，欲援立昏弱以邀大利。及帝卽位，又乘帝疾，交構兩宫。知諫院司馬光論守忠離間之罪，國之大賊，乞斬於都市，呂誨亦上疏論之，帝納其言。明日，韓琦出空頭敕一道，歐陽修已簽，趙槩難之，修曰：「第書之，韓公必自有說。」既而琦坐政事堂，召守忠立庭下，曰：「汝罪當死。」遂責蘄州安置，取空頭敕塡與之，卽日押行，琦意以爲少緩則中變也。其黨史昭錫等悉竄南方，中外快之。

二年（乙巳、一〇六五）春二月，罷三司使蔡襄。帝自濮邸立爲皇子，聞近臣中有異議，人疑爲襄。及卽位，數問襄何如人，韓琦等爲救解，帝意不釋。襄請罷，出知杭州。

秋七月，富弼罷。嘉祐中，韓琦與弼同相，或中書有疑事，往往與樞密謀之。自弼爲樞密使，非得旨合議者，琦未嘗詢弼，弼〔頗〕（據續綱目補）不懌。及太后還政，弼大驚曰：「弼備位輔佐，他事固不可預聞，此事韓公獨不能共之邪！」或以咨琦，琦曰：「此事當時出太后意，安可顯言於衆。」弼愈不懌。帝親政，加弼戶部尚書，弼辭曰：「制詞取嘉祐中嘗議建儲推恩，此特絲髮之勞，何足加賞！仁宗、太后於陛下有天地之恩，尚未聞所以爲報，可謂倒置。」再奏，不聽，乃受。至是，以足疾力求解政，章二十餘上，遂以使相鄭國公判揚州。未幾，徙判汝州。

以文彦博爲樞密使。彦博自河南入覲，帝曰：「朕之立，卿之功也。」彦博悚然對曰：「陛下入繼大統，乃先帝意，皇太后協贊之力，臣何功之有！且其時臣方在外，皆韓琦等承聖志，受顧命，臣無預焉。」因避謝不敢當。帝曰：「暫煩卿西行，卽召還矣。」乃改判永興軍，尋有是召。

宋史紀事本末卷三十五

刺義勇

英宗治平元年（甲辰、一〇六四）十一月，刺陝西民爲義勇軍。時，韓琦言：「三代、漢、唐以來，皆籍民爲兵，故其數雖多而贍養至薄，所以維制萬寓而威服四夷，非近所蓄宂兵可及也。唐置府兵，最爲近古，天寶以後，廢不能復。因循至於五代，廣募長征之兵，故困天下而不能給。今之義勇，河北幾十五萬，河東幾八萬，勇悍純實，生於天性，而有物力、資產、父母、妻子之所係，若稍加簡練，亦唐之府兵也。陝西當西事之初，亦嘗三丁選一丁爲弓手，其後刺爲保捷正軍。及夏國納款，朝廷揀放，於今所存者無幾。河東、河北、陝西三路當西北控禦之地，事當一體。今若於陝西諸州亦點義勇，止刺手背，則人知不復刺面，可無驚駭。或令永興、河中、鳳翔三府先刺，觀聽既久，然後次及諸郡。一時不無少擾，而終成長利矣。」詔從之。乃命徐億等往籍陝西主戶三丁之一，刺之，凡十五萬六千餘人，人賜錢二千。民情驚擾而紀律疎略，不可用。

知諫院司馬光上疏曰：「臣傳聞朝廷差陝西提點刑獄陳安石於本路人戶三丁之內刺一丁充義勇，不知虛實，若果如此，大爲非便。臣竊意議者必以爲河北、河東皆有義勇，而陝西獨無，近因趙諒祚寇邊，故欲廣籍民兵，以備緩急，使之捍禦也。臣伏見康定、慶曆之際，趙元昊叛亂，王師屢敗，死者動以萬數，國家乏少正軍，遂籍陝西之民，三丁之內選一丁以爲鄉弓手。尋又刺充保捷指揮，差於沿邊戍守。當是之時，閭里之間，惶擾愁怨，不可勝言。耕桑之民，不習戰鬭，官中既費衣糧，私家又須供送，骨肉流離，田園蕩盡。陝西之民比屋凋殘，至今二十餘年終不復舊者，皆以此也。其謀策之失亦足以爲戒矣！是時，河北、河東邊事稍緩，故朝廷但籍其民以充義勇，更不刺爲軍，雖比之陝西保捷爲害差小，然國家何嘗使之捍禦戎狄，得其分毫之益乎！今議者但怪陝西獨無義勇，不知陝西之民三丁之內已有一丁充保捷矣。自西事以來，陝西困於科調，比於景祐以前，民〔力〕（據司集章奏一六、長編本末五六補）減耗三分之二，加之近歲屢遭凶歉，今秋方獲小稔，且望息肩，又值邊鄙有警，衆心已搖；若更聞此詔下，必大致驚擾，人人愁苦，一如康定、慶曆之時。是賊寇未來，而先自困敝也。況卽日陝西正軍甚多，不至闕乏，何爲遽作此有害無益之事，以循覆車之轍也！伏望朝廷審察利害，特罷此事，誠一方之大幸。」

連上六疏力言，不聽，乃至中書與韓琦辯。琦曰：「兵貴先聲，諒祚方桀驁，使驟聞益兵二十萬，豈不震慴！」光曰：「兵貴先聲，爲其無實也，獨可欺於一日之間耳！今吾雖益兵，實不可用，不過十日，彼將知其詳，尙何懼？」琦曰：「君但見慶曆間，鄉兵刺爲保捷，憂今復然。已降敕與民約，永不充軍還戍邊矣。」光曰：「朝廷嘗失信於民，未敢以爲然。」琦曰：「吾在此，君無憂。」光曰：「公長在此地，可也。異日他人當位，用以運糧戍邊，反掌間耳。」琦不從，竟爲陝西之患。

初，琦嘗曰：「養兵雖非古，然亦自有利處。議者但謂不如漢、唐調兵於民，獨不見唐杜甫石壕吏一篇，調兵於民，其弊乃如此。後世旣籍强悍無賴者以爲兵，良民雖不免養兵之費，而免父子、兄弟、夫婦生離死別之苦，乃知養兵之制實萬世之仁也。」至是，陝西義勇之制實出於琦，雖光六疏極言其不便，竟不爲止。

宋史紀事本末卷三十六

濮議

英宗治平二年（乙巳、一〇六五）夏四月戊戌，詔議崇奉濮王典禮。初，知諫院司馬光以帝必將追隆所生，嘗因奏事言：「漢宣帝爲孝昭後，終不追尊衞太子、史皇孫。光武上繼元帝，亦不追尊鉅鹿南頓君。此萬世法也。」既而韓琦等言：「禮不忘本，濮安懿王德盛位隆，所宜尊禮，請下有司議。王及夫人王氏、韓氏、仙遊縣君任氏合行典禮，用宜稱情。」帝令須大祥後議之。至是，詔禮官與待制以上議。翰林學士王珪等相視莫敢先發，司馬光獨奮筆立議，略云：「爲人後者爲之子，不得顧私親，若（親）〔恭〕（據司集章奏一八、續綱目改）愛之心分於彼則不得專於此。秦、漢以來，帝王有自旁支入承大統者，或推尊其父母以爲帝后，皆見非當時，取譏後世，臣等不敢引以爲聖朝法。況前代入繼者，多宮車晏駕之後，援立之策或出母后，或出臣下，非如仁宗皇帝，年齡未衰，深惟宗廟之重，於宗室中簡推聖明，授以大業。陛下親爲先帝之子，然後繼體承祧，光有天下。濮安懿王雖於陛下有天性之親，顧復之恩，然陛下所以負扆端冕，子孫萬世相承，皆先帝德也。臣等竊以爲濮王宜準先朝封贈期親尊屬故事，尊以高官大國，譙國、襄國、仙遊並封太夫人，攷之古今，實爲宜稱。」於是珪卽命吏具以光手藁爲案。議上，中書奏：「珪等所議，未見詳定濮王當稱何親，名與不名。」珪等議濮王於仁宗爲兄，於皇帝宜稱皇伯而不名。歐陽修引喪服大記，以爲：「爲人後者，爲其父母降服三年爲期，而不沒父母之名，以見服可降而名不可沒也。若本生之親，改稱皇伯，歷攷前世，皆無典據。進封大國，則又禮無加爵之道。請下尚書，集三省、御史臺（諫）〔詳〕（據歐集濮議一改）議。」而太后手詔，詰責執政。帝乃詔曰：「如聞集議不一，權宜罷之，令有司博求典故以聞。」

三年（丙午、一〇六六）春正月，濮王崇奉之議久而未定，侍御史呂誨、范純仁、監察御史呂大防引義固爭，以爲王珪議是，乞從之。章七上，不報，遂劾韓琦專權導諛罪，曰：「昭陵之土未乾，遽欲追崇濮王，使陛下厚所生而薄所繼，隆小宗而絕大宗。」又共劾：「歐陽修首開邪議，以枉道說人主，以近利負先帝，陷陛下於過舉，而韓琦、曾公亮、趙槩附會不正。乞皆貶黜。」不報。時中書亦上言：「請明詔中外，以皇伯無稽，決不可稱。今所欲定者，正名號耳，至於立廟京師，干紀亂統之事，皆非朝廷本意。」帝意不能不嚮中書，然未卽下詔也。既而皇太后手詔中書，宜尊濮王爲皇，夫人爲后，皇帝稱親。帝下詔謙讓，不受尊號，但稱親，卽園立廟，以王子宗樸爲濮國公，奉祠事。仍令臣民避王諱。時論以爲太后之追崇及帝之謙讓，皆中書之謀也。於是呂誨等以所論奏不見聽用，繳納御史敕誥，家居待罪。帝命閤門以誥還之。誨力辭臺職，且言與輔臣勢難兩立。帝以問執政，琦、修等對曰：「御史以爲理難並立，若臣等有罪，當留御史。」帝猶豫久之，命出御史，乃下遷誨知蘄州，純仁通判安州，大防知休寧縣。時，趙鼎、趙瞻、傅堯俞使契丹還，以嘗與呂誨言濮王事，卽上疏乞同貶，乃出鼎通判淄州，瞻通判汾州。帝眷注堯俞，獨進除侍御史，堯俞曰：「誨等已逐，臣義不當止。」帝不得已，命知和州。知制誥韓維及司馬光皆上疏乞留誨等，不報；遂請與俱貶，亦不許。侍讀呂公著言：「陛下卽位以來，納諫之風未彰，而屢詘言（官），何以風天下！」帝不聽。公著乞補外，乃出知蔡州。誨等既出，濮議亦寢。

程頤曰：「言事之臣知稱親之非而不明尊崇之禮，使濮王與諸父等。若尊稱爲『皇伯父濮國大王』，則在濮王極尊崇之道，於仁宗無嫌貳之生矣。」

歐陽修爲後或問上篇曰：「『爲人後者不絕其所生之親，可乎？』曰：『可矣，古之人不絕也而降之。』『何以知之？』曰：『於經見之。』『何謂降而不絕？』曰：『降者所以不絕，若絕則不待降也。所謂降而不絕者，禮「爲人後者降其所生父母三年之服以爲期，而不改其父母之名」者是也。』問者曰：『今之議者以謂，爲人後者必使視其所生，若未嘗生已者，一以所後父爲尊卑疎戚，若於所後父爲兄，則以爲伯父；爲弟，則以爲叔父。如此，則如之何？』余曰：『吾不知其何所稽也。苟如其說，沒其父母之名，而一以所後父爲尊卑疎戚，則宗從世數，各隨其遠近輕重自有服矣，聖人何必特爲制降服乎！此余所謂若絕則不待降者也。稽之聖人則不然，昔者聖人之制禮也，爲人後者於其父母，不以所後之父尊卑疎戚爲別也，直自於其父子之間爲降殺爾。親不可降，降者降其外物爾，喪服是也。其必降者，示有所屈也，以其承大宗之重，尊祖而爲之屈爾，屈於此以伸於彼也。生莫重於父母，而爲之屈者，以見承大宗者亦重也，所以勉爲人後者，知所承之重，以專任人之事也。此以義制者也。父子之道，天性也，臨之以大義，有可以降其外物，而本之於至仁，則不可絕其天性。絕人道而滅天理，此不仁者之或不爲也。故聖人之於制服也，爲降三年以爲期，而不沒其父母之名，以著於六經曰：「爲人後者爲其父母報。」以見服可降而父母之名不可沒也。此所謂降而不絕者，以仁存也。夫事有不能兩得，勢有不能兩遂，爲子於此，則不能爲子於彼矣。此里巷之人所共知也，故其言曰：「爲人後者爲之子。」此一切之論，非聖人之言也，是漢儒之說也，乃衆人之所能道也。質諸禮則不然，方子夏之傳喪服也，苟如衆人一切之論，則不待多言也，直爲一言曰：「爲人後者爲之子。」則自然視其父母絕若未嘗生已者矣，自然一以所後父爲尊卑踈戚矣，奈何彼子夏者獨不然也！其於傳經也，委曲而詳言之曰：「視所後之某親，某親則若子。」若子者，若所後父之眞子以自處，而視其族親一以所後父爲尊卑踈戚也，故曰：「爲所後者之祖父母妻，妻之父母昆弟，昆弟之子若子。」猶嫌其未備也，又曰：「爲所後者之兄弟之子若子。」其言詳矣，獨於其所生父母不然，而別自爲服曰：「爲其父母報。」蓋於其所生父母，不使若爲所後者之眞子者，以謂遂若所後者之眞子以自處，則視其所生如未嘗生己者矣，其絕之不已甚乎！此人情之所不忍者，聖人亦所不爲也。今議者以其所生於所後爲兄者，遂以爲伯父，則是若所後者之眞子以自處矣。爲伯父則自有服，不得爲齊衰期矣，亦不得云「爲其父母報」矣。凡見於經而子夏之所區區分別者，皆不取，而又忍爲人情之所不忍者，吾不知其何所稽也。此大義也，不用禮經而用無稽之說，可乎？不可也。』問者曰：『古之人皆不絕其所生，而今人何以不然？』曰：『是何言歟？今之人亦皆然也，而又有加於古焉。今開寶禮及五服圖，乃國家之典禮也，皆曰「爲人後者爲其所生父母齊衰期」。服雖降矣，必爲正服者，示父母之道在也。「爲所後父斬衰三年。」服雖重矣，必爲義服者，示以義制也。而律令之文亦同五服者，皆不改其父母之名，質於禮經，皆合無少異，而五服之圖又加以心喪三年。以謂三年者，父母之喪也，雖以爲人後之故，降其服於身，猶使行其父母之喪於其心，示於所生之恩，不得絕於心也。則今人之爲禮，比於古人又有加焉，何謂今人之不然也！』」

下篇曰：「『子不能絕其所生，見於經，見於通禮，見於五服之圖，見於律，見於令，其文則明矣。其所以不絕之意，如之何？』曰：『聖人以人情而制禮者也。』問者曰：『事有不能兩得，勢有不能兩遂，爲子於此則不得爲子於彼，此豈非人情乎？』曰：『是衆人之論也，是不知仁義者也。聖人之於人情也，一本於仁義，故能兩得而兩遂，此所以異乎衆人而爲聖人也，所以貴乎聖人而爲衆人法也。父子之道，正也，所謂天性之至者，仁之道也。爲人後者，權也，權而適宜者，義之制也。恩莫重於所生，義莫重於所後，仁與義，二者常相爲用而未嘗相害也，故人情莫厚於其親。抑而降其外物者，迫於大義也，降而不絕於其心者，存乎至仁也。抑而降則仁不害乎義，降而不絕則義不害乎仁，此聖人能以仁義而相爲用也。彼衆人者不然也，其爲言曰：「不兩得者，是仁則不義，義則不仁矣。」夫所謂仁義者，果若是乎！故曰，不知仁義者，衆人也。嗚呼！聖人之以人情而制禮也，順適其性而爲之節文爾，有所强焉不爲也，有所拂焉不爲也，況欲反而易之，其可得乎！今謂爲人後者必絕其所生之愛，豈止强其所難而拂其欲也，是直欲反其天性而易之，曰：「爾所厚者，爲我絕之；易爾之厚於彼者，一以厚於此。」是豈可以强乎！夫父母猶天地，其大恩至愛無以加者，以其生我也。今苟以爲人後之故，一旦反視若未嘗生我者，其絕之固已甚矣。使其眞絕之與？是非人情也；迫於義而絶之與？則是仁義者教人爲僞也。是故聖人知其無一可也，以謂進承人之重而不害於仁，退得伸其恩而不害於義，又全其天性而使不陷於僞，惟降而不絶，則無一不可矣，可謂曲盡矣。夫惟仁義能曲盡人情，而善養人之天性以濟於人事，無所不可也。故知義可以爲人後，而不知仁不絶其親者，衆人之偏見也。知仁義相爲用以曲盡人情，而善養人之天性使不入於僞，惟達於禮者可以得聖人之深意也。』問者曰：『爲人後而有天下者，不絶其所生，則將干乎大統，奈何？』曰：『降則不能干矣。自漢以來，爲人後而有天下者尊其所生，多矣，何嘗干於大統？使漢宣、哀不立廟京師以亂昭穆，則其於大統亦何所干乎！』」

曾鞏爲人後議曰：「禮，『大宗無子，則族人以支子爲之後。爲之後者，爲所後服斬衰三年，而降其父母期』。禮之所以如此者，何也？以謂人之所知者近，則知親愛其父母而已；所知者遠，則知有嚴父之義。知有嚴父之義，則知尊祖；知尊祖，則知大宗者上以繼祖，下以收族，不可以絶，故有以支子爲之後者。爲之後者，以受重於斯人，故不得不以尊服服之。以尊服服之而不爲之降己親之服，則猶恐未足以明所後者之重也。以尊服服之，又爲之降己親之服，然後以謂可以明所後者之重，而繼祖之道盡，此聖人制禮之意也。夫所謂收族者，記稱與族人合食，序以昭穆，别以禮義之類。是特諸侯别子之大宗，而嚴之如此，况如禮所稱天子及其始祖之所自出者，此天子之大宗，是爲天地、宗廟、百神祭祀之主，族人萬世之所依歸，而可以不明其至尊至重哉！故前世人主有以支子繼立而崇其本親，加以位號，立廟奉祀者，皆見非於古今，誠由所知者近，不能割棄私愛，節之以禮，故失所以奉承正統尊無二上之意也。若於所後者以尊服服之，又爲之降己親之服，而於己親號位不敢以非禮有加也，廟祀不敢以非禮有奉也，則爲至恩大義，固已備矣。而或謂又當易其父母之名，從所後者爲屬，是未知考於禮也。禮『爲人後者，爲所後者之祖父母、父母，妻之父母、昆弟，昆弟之子若子』者，此其服爲所後者而非其爲己也。『爲其父母期，爲其昆弟大功，爲其姊妹適人者小功，皆降本服一等』者，此其服爲己而非爲所後者也。使於其父母服則爲己名爲所後者，是則名與實相違，服與恩相戾矣，聖人制禮不如是之舛也。且自古爲人後者，不必皆親昆弟之子，族人之同宗者皆可爲之，則有以大功、小功昆弟之子而爲之者矣。若當從所後者爲屬，則亦當從所後者爲服，則於其父母，有宜爲大功、爲小功、爲緦麻、爲袒免、爲無服者矣。而聖人制禮，皆爲其父母期，使足以明所後者重而已，非遂謂當變其親也。親非變則名固不得而易矣。戴德、王肅喪記曰：『爲人後者爲其父母降一等，服齊衰期，其服之節、居倚廬、言語、飲食，與父在爲母同，其異者不祥、不禫。雖除服，心喪三年。』故至於今，著於服令，未之有改也。豈有制服之重如此，而其名遂可以絕乎！又崔凱喪服駁曰：

『本親有自然之恩，降一等，則足以明所後者爲重，無緣迺絕之矣。』夫未嘗謂可以絕其親，而輒謂可以絕其名，是亦惑矣。且支子所以後大宗者，爲其推嚴父之心以尊祖也，顧以尊祖之故，而不父其父，豈本其恩之所由生，而先王敎天下之意哉！又禮『適子不可爲人後』者，以其傳重也，『支子可以爲人後』者，以非傳重也。使傳重者後己宗，非傳重者後人宗，其意可謂卽乎人心而使之兩義俱安也。今若使爲人後者以降其父母之服一等，而遂變革其名，不以爲父母，則非使之兩義俱安，而不卽乎人心莫大乎如是也。夫人道之於大宗，至尊至重，不可以絕，尊尊也。人子之於父母，亦至尊至重，不可以絕，親親也。尊尊、親親，其義一也，未有可廢其一者。故爲人之後者，爲降其父母之服，禮則有之矣；爲之絕其父母之名，則禮未之有也。或以謂欲絕其名者，蓋惡其爲二，而使之爲一，所以使爲人後者之道盡也。夫迹其實，則有謂之所後，有謂之所生；制其服，則有爲己而非爲所後者，有爲所後而非爲己者。皆知不可以惡其爲二而强使之爲一也。至於名者，蓋生於實也，迺不知其不可以惡其爲二而欲强使之爲一，是亦過矣。藉使其名可以强使之爲一，而迹其實之非一，制其服之非一者，終不可易，則惡在乎欲絕其名也。故古之聖人知不以惡其爲二而强使之爲一，而能使其屬之疎者相與爲重，親之厚者相與爲輕，則以禮義而已矣。何則？使爲人後者，於其所後，非己親也而爲之服斬衰三年，爲其祭主，是以義引之也。於其所生，實己親矣而降服齊衰期，不得與其祭，是以禮厭之也。以義引之，則屬之疏者相與爲重；以禮厭之，則親之厚者相與爲輕，而爲人後之道盡矣。然則欲爲人後之道盡者，在以禮義明其內，而不在於惡其爲二而强易其名於外也。故禮喪服齊衰不杖期章曰：『爲人後者爲其父母報。』此見於經爲人後者於其本親稱父母之明文也。漢祭義以謂宣帝親謚宜曰悼，魏相以謂宜稱尊號曰皇考，立廟。後世議者皆以其稱皇立廟爲非，至於稱親、稱考，則未嘗有以爲非者也。其後魏明帝尤惡爲人後者厚其本親，故非漢宣加悼考以皇號，又謂後嗣有由諸侯入繼正統者，皆不得謂考爲皇，稱妣爲后。蓋亦但禁其猥加非正之號，而未嘗廢其考妣之稱。此見於前世議論爲人後者於其本親稱考妣之明文也。又晉王坦之喪服議曰：『罔極之重，非制教之所裁，昔日之名，非一朝之所去。此出後之身所以有服本親也。』又曰：『情不可奪，名不可廢，崇本敍恩，所以爲降。』則知爲人後者，未有去其所出父母之名，此古人之常理，故坦之引以爲制服之證。此又見於前世議論爲人後者於其本親稱父母之明文也。是則爲人後者之親，見於經，見於前世議論，謂之父母，謂之考妣者，其大義如此，明文如此。至見於他書及史官之記，亦謂之父母，謂之考妣，謂之私考妣，謂之本親。謂之親者則不可一二數，而以爲世父、叔父者，則不特禮未之有，載籍以來固未之有也。今欲使從所後者爲屬，而革變其父母之名，此非常異義也。不從經文，於前世數千載之議論，亦非常異義也，而無所考據以持其說，將何以示天下乎！且中國之所以爲貴者，以有父子之道，又有六經與前世數千載之議論以治之故也。今忽欲棄之而伸其無所考據之說，豈非誤哉！或謂爲人後者，於其本親稱父母，則爲兩統二父，其可乎？夫兩統二父者，謂加考以皇號，立廟奉祠，是不一於正統，懷二於所後，所以著其非，而非謂不變革其父母之名也。然則加考以皇號與禮及立廟稱皇考者有異乎？曰：皇考一名而爲說有三：禮，曰考廟，曰王考廟，曰皇考廟，曰顯考廟，曰祖考廟。是則以皇考爲曾祖之廟號也。魏相謂漢宣帝父宜稱尊號曰皇考，既非禮之曾祖之稱，又有尊號之文，故魏明帝非其加悼考以皇號。至於光武亦於南頓君稱皇考廟，義出於此，是以加皇號爲事考之尊稱也。屈原稱：『朕皇考曰伯庸。』又晉司馬機爲燕王，告禰廟文稱：『敢昭告於皇考清惠亭侯。』是又達於羣下以皇考爲父沒之通稱也。以爲曾祖之廟號者，於古用之；以爲事考之尊稱者，於漢用之；以爲父沒之通稱者，至今用之。然則稱之亦有可有不可者乎？曰：以加皇號爲事考之尊稱者，施於爲人後之義，是干正統，此求之於禮而不可者也；達於羣下以皇考爲父歿之通稱者，施於爲人後之義，非干正統，此求之於禮而可者也。然則以爲父歿之通稱者，其不可如何？曰：若漢哀帝之親稱尊號曰恭皇，安帝之親稱尊號曰孝德皇，是又求之於禮而不可者也。且禮，父爲士，子爲天子，祭以天子，其尸服以士服。子無爵父之義，尊父母也。前世失禮之君崇本親以位號者，豈獨失爲人後奉祀正統尊無二上之意哉，是以子爵父，以卑命尊，亦非所以尊厚其親也。前世崇飾非正之號者，其失如此，而後世又謂宜如期親故事增官廣國者，亦可謂皆不合於禮矣。夫考者，父沒之稱，然施於禮者，有朝廷典册之文，有宗廟祭祀之辭而已。若不加位號，則無典册之文；不立廟奉祀，則無祀祭之辭，則雖正其名，豈有施於事者？顧言之不可不順而已！此前世未嘗以爲可疑者，以禮甚明也。今世議者紛紛，至於曠日累時，不知所決者，蓋由不考於禮，而率其私見也。故采於經，列其旨意，庶得以商搉焉。」

宋史紀事本末卷三十七

王安石變法

仁宗嘉祐五年（庚子、一〇六〇）五月己酉，召王安石爲三司度支判官。安石，臨川人，好讀書，善屬文。曾鞏攜其所撰以示歐陽修，修爲之延譽；擢進士上第，授淮南判官。故事，秩滿，許獻文求試館職，安石獨不求試，調知鄞縣。起隄堰，決陂塘，爲水陸之利。貸穀與民，出息以償，俾新陳相易，邑人便之。尋通判舒州。文彥博薦安石恬退，乞不次進用，以激奔競之風。召試館職，不就。歐陽修薦爲諫官，安石以祖母年高辭。修以其須祿養，復言於朝，用爲羣牧判官，又辭。懇求外補，知常州，移提點江（西）〔東〕（據宋史三二七王安石傳改）刑獄。與周敦頤相遇，語連日夜，安石退而精思，至忘寢食。先是，館閣之命屢下，安石輒辭不起，士大夫謂其無意於世，恨不識其面；朝廷每欲授之美官，唯患其不就也。及是，爲度支判官，聞者莫不喜悅。安石果於自用，於是上「萬言書」，大要以爲：「今天下之財力日以困窮，風俗日以衰壞，患在不知法度，不法先王之政故也。法先王之政者，法其意而已。法其意，則吾所改易更革不至乎傾駭天下之耳目，囂天下之口，而固已合先王之政矣。因天下之力以生天下之財，取天下之財以供天下之費。自古治世，未嘗以財不足爲患也，患在治財無其道耳。在位之人才既不足用，而閭巷草野之間亦少可用之才，社稷之託，封疆之守，陛下其能久以天幸爲常，而無一旦之憂乎！願監苟且因循之弊，明詔大臣，爲之以漸，期合於當世之變。臣之所稱，流俗之所不講，而議者以爲迂闊而熟爛者也。」上覽而置之。

呂祖謙曰：安石變法之蘊，亦略見於此書。特其學不用於嘉祐，而盡用於熙寧，世道升降之機，蓋有在也。

時有詔，舍人院無得申請改除文字，安石爭之曰：「審如是，則舍人不得復行其職，而一聽大臣所爲。今大臣之弱者不敢爲陛下守法，而强者則挾上旨以造令，諫官御史無敢逆其意者，臣實懼焉！」語皆侵執政，執政者不悅。會以母喪，遂去職。

英宗治平四年（丁未、一〇六七）閏三月癸卯，以王安石知江寧府。終英宗之世，安石被召未嘗起，韓維、呂公著兄弟更稱揚之。神宗在潁邸，維爲記室，每講說見稱，輒曰：「此非維之說，維友王安石之說也。」維遷庶子，又薦安石自代，帝由是想見其人。及卽位，召之，安石不至。帝謂輔臣曰：「安石歷先帝朝，召不赴，或以爲不恭，今又不至，果病邪？有所要邪？」曾公亮曰：「安石眞輔相材，必不欺罔。」吳奎曰：「臣嘗與安石同領羣牧，見其護前自用，所爲迂闊，萬一用之，必紊綱紀。」帝不聽，乃有江寧之命。衆謂安石必辭，及詔至，卽起視事。

九月，以王安石爲翰林學士，時，宰相韓琦執政三朝，或言其專，曾公亮因力薦王安石，覬以間琦。琦求去益力，帝不得已，從之，以司徒兼侍中，判相州。入對，帝泣曰：「侍中必欲去，今日已降制矣。然卿去誰可屬國者？王安石何如？」琦對曰：「安石爲翰林學士則有餘，處輔弼之地則不可。」帝不答。

神宗熙寧元年（戊申、一〇六八）夏四月乙巳，王安石始至京師，時受翰林學士之命已七越月矣。詔安石越次入對。帝問爲治所先，安石對曰：「擇術爲先。」帝曰：「唐太宗何如？」曰：「陛下當法堯、舜，何以太宗爲哉！堯、舜之道至簡而不煩，至要而不迂，至易而不難，但末世學者不能通知，以爲高不可及耳。」帝曰：「卿可謂責難於君，朕自視眇躬，恐無以副卿此意。可悉意輔朕，庶同躋此道！」一日講席，羣臣退，帝留安石坐，曰：「有欲與卿從容議論者。」因言：「唐太宗必得魏徵，漢昭烈必得諸葛亮，然後可以有爲，二子誠不世出之人也。」安石曰：「陛下誠能爲堯、舜，則必有臯、夔、稷、契；誠能爲高宗，則必有傅說。彼二子皆有道者所羞，何足道哉！以天下之大，人民之衆，百年承平，學者不爲不多，然嘗患無人可以助治者，以陛下擇術未明，推誠未至，雖有臯、夔、稷、契、傅說之賢，亦將爲小人所蔽，卷懷而去耳。」帝曰：「何世無小人，雖堯、舜之時，不能無四凶。」安石曰：「惟能辨四凶而誅之，此其所以爲堯、舜也，若使四凶得肆其讒慝，則皋、夔、稷、契亦安肯苟食其祿以終身乎！」

冬十一月，郊。執政以河朔旱傷，國用不足，乞南郊勿賜金帛。詔學士議。司馬光曰：「救災節用，當自貴近始，可聽也。」王安石曰：「常衮辭堂饌，時以爲衮自知不能，當辭職，不當辭祿。且國用不足者，以未得善理財者故也。」光曰：「善理財者，不過頭會箕斂耳。」安石曰：「不然，善理財者，不加賦而國用足。」光曰：「天下安有此理？天地所生財貨百物，不在民，則在官，彼設法奪民，其害乃甚於加賦。此蓋桑弘羊欺武帝之言，司馬遷書之以見其不明耳。」爭議不已。帝曰：「朕意與光同，然姑以不允答之。」會安石草制，引常衮事責兩府，兩府不敢復辭。

二年（己酉、一〇六九）春二月庚子，以王安石參知政事。初，帝欲用安石，曾公亮力薦之，唐介言安石難大任，帝曰：「文學不可任邪？經術不可任邪？吏事不可任邪？」介對曰：「安石好學而泥古，故議論迂闊，若使爲政，必多所更變。」介退，謂曾公亮曰：「安石果大用，天下必困擾。諸公當自知之。」帝問侍讀孫固曰：「安石可相否？」固對曰：「安石文行甚高，處侍從獻納之職可矣。宰相自有度，安石狷狹少容。必欲求賢相，呂公著、司馬光、韓維其人也。」帝不以爲然，竟以安石參知政事，謂之曰：「人皆不能知卿，以卿但知經術，不曉世務。」

安石對曰：「經術正所以經世務。」帝曰：「卿所施設，以何爲先？」安石對曰：「末世風俗，賢者不得行道，不肖者得行無道，賤者不得行禮，貴者得行無禮。變風俗，立法度，正方今之所急也。」帝深納之。

甲子，議行新法，王安石言：「周置泉府之官，以榷制兼併，均濟貧乏，變通天下之財，後世唯桑弘羊、劉晏麤合此意。學者不能推明先王法意，更以爲人主不當與民爭利。今欲理財，則當修泉府之法，以收利權。」帝納其說。安石乃復言：「人才難得，亦難知。今使十人理財，其中容有一二敗事，則異論乘之而起。堯與羣臣共擇一人治水，尚不能無敗事，況所擇而使非一人，豈能無失！要當計利害多少，不爲異論所惑。」帝曰：「有一人敗事而遂廢所圖，此所以少成事也。」乃立制置三司條例司，掌經畫邦計，議變舊法，以通天下之利，命陳升之、王安石領其事。初，泉人呂惠卿，自眞州推官秩滿入都，與安石論經義多合，遂定交。因言於帝曰：「惠卿之賢，雖前世儒者未易比也。學先王之道而能用者，獨惠卿而已。」遂以惠卿及蘇轍並爲檢詳文字，事無大小，安石必與惠卿謀之。凡所建請章奏，多惠卿筆也。又以章惇爲三司條例官，曾布檢正中書五房公事。凡有奏請，朝臣以爲不便者，布必上疏條析，以堅帝意，使專任安石，以威脅衆，俾毋敢言。由是安石信任布，亞於惠卿。而農田、水利、青苗、均輸、保甲、免役、市易、保馬、方田諸役，相繼並興，號爲新法，頒行天下。安石與劉恕友善，欲引寘三司條例，恕以不習金穀爲辭，且曰：「天子方屬公以大政，宜恢張堯、舜之道以佐明主，不應以利爲先。」安石曰：「利以和義，善用之，堯、舜之道也。」時爭新法，廟堂諸大臣議論多不協，安石曰：「公輩坐不讀書耳。」趙抃曰：「君言失矣，皋、夔、稷、契之時，何書可讀？」安石不應。

夏四月丁巳，從三司條例司之請，遣劉彝、謝卿材、侯叔獻、程顥、盧秉、王汝翼、曾伉、王廣廉八人行諸路，察農田、水利、賦役。蘇轍言：「役人之不可不用鄉戶，猶官吏之不可不用士人也。有田以爲生，故無逃亡之憂，朴魯而少詐，故無欺謾之患。今乃舍此不用，竊恐掌財者必有盜用之姦，捕盜者必有竄逸之弊。唐楊炎爲兩稅，取大歷十四年應當賦斂之數以定兩稅之額，則租調與庸既兼之矣。今兩稅如舊，奈何復取庸錢！且品官之家復役已久，蓋古者國子俊造，將用其才者，皆復其身；胥史賤吏，既用於官者，皆復其家。聖人舊法，良有深意，奈何至於官戶而又將役之耶！」不聽。

六月丁巳，罷御史中丞呂誨。王安石既執政，士大夫多以爲得人，呂誨獨言其不通時事，大用之則非所宜。將入對，學士司馬光亦將詣經筵，相遇並行。光密問今日所言何事，誨曰：「袖中彈文，乃新參也。」光愕然曰：「衆喜得人，奈何論之？」誨曰：「君實亦爲是言邪！安石雖有時名，然好執偏見，輕信姦回，喜人佞己，聽其言則美，施於用則疎，置諸宰輔，天下必受其禍。且上新即位，所與圖治者，二三執政而已，苟非其人，將敗國事。此乃心腹之疾，顧可緩耶！」上疏言：「大姦似忠，大詐似信。安石外示朴野，中藏巧詐，驕蹇慢上，陰賊害物。誠恐陛下悅其才辯，久而倚毘，大姦得路，羣陰彙進，則賢者盡去，亂由是生。臣究安石之迹，固無遠略，唯務改作，立異於人，徒文言而飾非，將罔上而欺下。臣竊憂之，誤天下蒼生，必斯人也。」疏奏，帝方眷注安石，還其章疏，誨遂求去，安石亦求去。帝謂曾公亮曰：「若出誨，恐安石不自安。」安石曰：「臣以身許國，陛下處之有義，臣何敢以形迹自嫌，苟爲去就。」乃出誨，知鄧州。誨既斥，安石益自用。光由是服誨之先見，自以爲不及也。

秋七月辛巳，立淮、浙、江、湖六路均輸法。條例司言：「諸路上供，歲有常數，年豐可以多致而不能贏餘，年歉難於供億而不敢不足，遠方有倍蓰之輸，中都有半價之鬻，徒使富商大賈乘公私之急，以擅輕重斂散之權。今江、浙、荆、淮發運使實總六路賦入，宜假以錢貨，資其用度，凡上供之物，皆得徙貴就賤，因近易遠，預知在京倉庫所當辦者，得以便宜蓄買，而制其有無。庶幾國用可足，民財不匱。」詔以發運使薛向領均輸平準，專行於六路，賜內藏錢五百萬緡，上供米三百萬石。時議者慮其爲擾，多言非便，帝不聽。薛向既董其事，乃請設置官屬，從之。蘇轍言：「今先設官置吏，簿書廩祿，爲費已厚，非良不售，非賄不行，是官買之價，比民必貴，及其賣也，弊復如前。此錢一出，恐不可復。縱使其間薄有所獲，而征商之額所損必多矣。」帝方惑於王安石，不納其言。然均輸法亦迄不能就。

八月，罷知諫院范純仁。純仁奏言：「王安石變祖宗法度，掊克財利，民心不寧。書曰：『怨豈在明，不見是圖。』願陛下圖不見之怨。」帝曰：「何謂不見之怨？」對曰：「杜牧所謂『不敢言而敢怒』者是也。」帝曰：「卿善論事宜，爲朕條陳古今治亂可爲監戒者。」遂作尙書解以進，曰：「其言皆堯、舜、禹、湯、文、武之事也，治天下無以易此。願深究而力行之！」帝切於求治，多延見疎逖小臣，咨訪闕失。純仁言：「小人之言，聽之若可采，行之必有累。蓋知小忘大，貪近昧遠，願加深察！」及薛向行均輸法於六路，純仁言：「臣嘗親奉德音，欲修先王補助之政，今乃效桑弘羊行均輸之法，而使小人掊克生靈，斂怨基禍。安石以富國强兵之術啟迪上心，欲求近功，忘其舊學，尙法令則稱商鞅，言財利則背孟軻，鄙老成爲因循，棄公論爲流俗，異己者爲不肖，合意者爲賢人。劉琦、錢顗等一言，便蒙降黜。在廷之臣方大半趨附，陛下又從而驅之，其將何所不至！道遠者理當馴致，事大者不可速成，人才不可急求，積弊不可頓革；儻欲事功急就，必爲憸佞所乘。宜速還言者而退安石，答中外之望。」留章不下，純仁力求去，不許。未幾，罷諫職，改判國子監。純仁去意愈確，安石使諭之曰：「毋輕去，已議除知制誥矣。」純仁曰：「此言何爲至於我哉！言不用，萬鍾非所顧也。」遂錄所上章申中書。安石大怒，乞加重貶，帝曰：「彼無罪，姑與一善地。」命知河中府，尋徙成都轉運使。以新法不便，戒州縣未得遽行。安石怒其沮格，以事左遷，知和州。

壬戌，貶判刑部劉述等六人。初，知登州許遵上州獄，有婦謀殺夫，傷而未死，及按問，遂自承。法，因犯殺傷而自首者，得免所因之罪，請從減論。帝命司馬光與王安石議。安石以遵言爲是，光謂：「因他罪致殺傷者，他罪得首原，豈可以謀與殺分爲兩事，而謂謀爲所因，得以首原乎？」帝方意嚮安石，而文彥博、富弼等多主光議，踰年不決。至是，詔從安石議，凡謀殺已傷，按問自首者，減罪二等，著爲令。侍御史知雜事兼判刑部劉述封還其詔，執奏不已。安石白帝，詔開封府推官王克臣劾述罪。述遂率侍御史劉琦、錢顗共上疏曰：「安石執政以來，未踰數月，中外囂然。陛下置安石政府，必欲致時如唐、虞，而反操管、商權詐之術，與陳升之合謀，侵三司利權，取爲己功，開局設官，分行天下，驚駭物聽。去年因許遵妄議按問自首之法，安石任偏見而立新議，陛下不察而從之，遂害天下大公。先朝所立制度，自宜世守勿失，乃事事更張，廢而不用。姦詐專權之人，豈宜處之廟堂以亂國紀！願罷逐以慰天下。曾公亮畏避安石，陰自結援以固寵；趙抃則括囊拱手，但務依違，皆宜斥免。」疏上，安石奏先貶琦監處州鹽酒務，顗監衢州鹽稅。殿中侍御史孫昌齡始以附安石得進，顗將出臺，罵昌齡而去，於是昌齡亦言王克臣阿奉當權，欺蔽聰明，遂黜昌齡通判蘄州。安石欲置述於獄，司馬光、范純仁爭之，乃貶知江州。同判刑部丁諷、審刑院詳議官王師元皆以附述忤安石，謫貶通判復州，師元貶監安州稅。

罷條例司檢詳文字蘇轍。轍與呂惠卿論多不合，會遣八使於四方求遺利，中外知其必迎合生事而不敢言，轍以書抵王安石力陳其不可。安石怒，將加之罪，陳升之止之，乃以轍爲河南府推官。

九月丁卯，行青苗法。初，陝西轉運使李參以部內多戍兵而糧儲不足，令民自隱度麥粟之贏，先貸以錢，俟穀熟還官，號青苗錢。經數年，廩有餘糧。至是，條例司請：「以諸路常平、廣惠倉錢穀，依陝西青苗錢例，民願預借者給之，令出息二分，隨夏、秋稅輸納，願輸錢者從其便。如遇災傷，許展至豐熟日納。非惟足以待凶荒之患，民既受貸，則兼幷之家不得乘新陳不接以邀倍息。又常平、廣惠之物，收藏積滯，必待年儉物貴，然後出糶，所及者不過城市游手之人。今通一路有無，貴發賤斂，以廣蓄積，平物價，使農人有以赴時趨事，而兼幷不得乘其急。凡此皆以爲民，而公家無所利其入，是亦先王散惠興利，以爲耕斂補助之意也。欲量諸路錢穀多寡，分遣官提舉，每州選通判幕職官一員，典幹轉移出納。仍先自河北、京東、淮南三路施行，俟有緒，推之諸路。」詔曰：「可。」乃出內庫緡錢百萬，糴河北常平粟，而常平、廣惠倉之法遂變爲青苗矣。

初，王安石既與呂惠卿議定，出示蘇轍等，曰：「此青苗法也，有不便，以告勿疑。」轍曰：

「以錢貸民，本以救民，然出納之際，吏緣爲姦，雖有法不能禁。錢入民手，雖良民不免妄用；及其納錢，雖富民不免踰限。如此則恐鞭笞必用，州縣之事煩矣。唐劉晏掌國計，未嘗有所假貸，而四方豐凶貴賤，知之未嘗逾時。有賤必糴，有貴必糶，以此四方無甚貴甚賤之病。今此法見在，而患不修，公誠能有意於民，舉而行之，則晏之功可立俟也。」安石曰：「君言誠有理，當徐思之。」由是逾月不言青苗。會京東轉運使王廣淵言：「春農事興，而民苦乏，兼并之家得以乘急要利。乞留本道錢帛五十萬，貸之貧民，歲可獲息二十五萬。」從之。其事與青苗法合，安石始以爲可用，召廣淵至京師，與之議，於是決意行焉。

壬辰，王安石薦呂惠卿爲太子中允、崇政殿說書。司馬光諫曰：「惠卿憸巧，非佳士。使王安石負謗於中外者，皆其所爲也。」帝言：「安石不好官職，自奉甚薄，可謂賢者。」光曰：「安石誠賢，但性不曉事而愎，此其所短也。又不當信任呂惠卿，惠卿眞奸邪，而爲安石謀主，安石爲之力行，故天下并指爲奸邪也。近者進擢不次，大不厭衆心。」帝曰：「惠卿進對明辨，亦似美才。」光對曰：「惠卿誠文學辨慧，然用心不正，願陛下徐察之。江充、李訓若無才，何以動人主？」帝默然。光又貽書安石曰：「諂諛之士於公今日誠有順適之快；一旦失勢，將必賣公自售矣！」安石不悅。

帝嘗御邇英閣聽講，光講曹參代蕭何。帝曰：「漢常守蕭何之法不變，可乎？」光對曰：

「寧獨漢也，使三代之君守禹、湯、文、武之法，雖至今存可也。漢武取高帝約束紛更之，盜賊半天下。元帝改孝宣之政，漢業遂衰。由此言之，祖宗之法不可變也。」惠卿言：「先王之法，有一年一變者，正月始和，布法象魏是也；有五年一變者，巡守考制度是也；有三十年一變者，刑罰世輕世重是也。光言非是，其意以風朝廷耳。」帝問光，光對曰：「布法象魏，布舊法也。諸侯變禮易樂者，王巡狩則誅之，不自變也。刑，新國用輕典，亂國用重典，是爲世輕世重也，非變也。且治天下譬如居室，敝則修之，非大壞不更造也。公卿、侍從皆在此，願陛下問之。三司使掌天下財，不才而黜之可也，不可使執政侵其事。今爲制置三司條例司，何也？宰相以道德佐人主，安用例？苟用例，則胥吏矣。今爲看詳中書條例司，何也？」惠卿辭塞，乃以他語抵光。帝曰：「相與論是非耳，何至是！」光又言青苗之弊曰：「平民舉錢出息，尚能蠶食下戶至饑寒流離，況縣官督責之威乎！」惠卿曰：「青苗法，願則與，不願不强也。」光曰：「愚民知取債之利，不知還債之害，非獨縣官不强，富民亦不强也。太宗平河東，立糴法，時斗米十錢，民樂與官爲市。其後物貴而和糴不解，遂爲河東世世患。臣恐異日之青苗，亦猶是也。」帝曰：「陝西行之久，民不爲病。」光曰：「臣，陝西人也，見其病，不見其利。朝廷初不許，有司尚能以病民，況法許之乎！」

光又講漢史至賈山上疏，因言從諫之美，拒諫之禍。上曰：「舜堲讒說殄行。若臺諫欺罔爲讒，安得不黜！」光曰：「進讀及之爾，時事，臣不敢論也。」及退，上留光謂曰：「呂公著言藩鎮欲興晉陽之甲，豈非讒說殄行也？」光曰：「公著平居與儕輩言猶三思，何故上前輕發乃爾？外人多疑其不然。」上曰：「此所謂『靜言庸違』者也。」光曰：「公著誠有罪，不在今日。向者朝廷委公著專舉臺官，公著乃盡舉條例司之人，與條例司互相表裏，使熾張如此，乃始逼於公議，復言其非，此所可罪也。」帝曰：「今天下洶洶者，孫叔敖所謂『國之有是，衆之所惡』也。」光曰：「然。陛下當論其是非。今條例司所爲，獨王安石、韓絳、呂惠卿以爲是，天下皆以爲非也。陛下豈能獨與此三人共爲天下邪？」

冬十月丙申，富弼罷。時，王安石用事，不與弼合，弼度不能爭，多稱疾求退，章數十上。帝曰：「卿卽去，誰可代卿者？」弼薦文彥博，帝默然；良久，曰：「王安石何如？」弼亦默然。遂出判亳州。弼恭儉孝敬，好善疾惡，常言：「君子與小人並處，其勢必不勝。君子不勝，則奉身而退，樂道無悶。小人不勝，則交結構扇，千歧萬轍，必勝而後已；待其得志，遂肆毒於善良，求天下不亂，不可得也。」

以陳升之同平章事。升之既相，帝問司馬光：「近相升之，外議云何？」對曰：「閩人狡險，楚人輕易，今二相皆閩人，二參政皆楚人，必將援引鄉黨之士，充塞朝廷，風俗何以更得淳厚？」帝曰：「升之有才智，曉民政。」光曰：「但不能臨大節不可奪耳。凡才智之士，必得忠直之人從旁制之，此明主用人之法也。」帝又曰：「王安石何如？」對曰：「人言安石姦邪，則毁之太過；但不曉事，又執拗耳。」

十一月乙丑，命韓絳制置三司條例。初，陳升之欲傅會王安石以固其位。安石亦以議論盈庭，引升之爲助。升之知其不可，而竭力爲之用，安石德之，故先使正相位。升之既相，乃時爲小異，陽若不與之同者，因言於帝曰：「宰相無所不統，所領職事豈可稱司？請罷制置三司條例司。」安石曰：「古之六卿，卽今執政，有司馬、司徒、司寇、司空，各名一職，何害於理？」升之曰：「若制置百司條例則可，但令制置三司一官則不可。」安石曰：「今中書支百錢以上物及轉補三司吏人，皆奏得旨乃行。至於制置三司條例，何爲不可？」由是二人遂不合，安石乃薦絳共事。安石每奏事，絳必曰：「臣見安石所陳非一，皆至當可用，陛下宜省察。」安石恃以爲助。

丙子，頒農田水利約束。自是進計者紛然，數年間，諸路凡得廢田萬七百九十三處，三十六萬一千一百七十八頃有奇，而民給役勞擾。

置諸路提舉官。條例司上言：「民間多願借貸青苗錢，乞遍下諸路轉運司施行。」仍詔諸路各置提舉二員，管當一員，掌行青苗、免役、農田、水利，諸路凡四十一人。提舉官既置，往往迎合王安石意，務以多散爲功，富民不願取，貧者乃欲得之，卽令隨戶等高下品配，又令貧富相兼，十人爲保首。王廣淵在京東，一等戶給十五千，等而下之，至五等，猶給一千，民間喧然，以爲不便。廣淵入奏，謂民皆歡呼感德。諫官李常、御史程顥論廣淵抑配掊克，迎朝廷旨意，以困百姓。會河北轉運使劉庠不散青苗錢奏適至，安石曰：「廣淵力主新法而遭劾，劉庠欲壞新法而不問。舉事如此，安得人無向背？」由是常、顥之言皆不行。

閏月，遣官提舉諸路常平、廣惠倉，兼管勾農田水利、差役事。

三年（庚戌、一〇七〇）二月己酉，河北安撫使韓琦上疏曰：「臣準散青苗詔書，『務在惠小民，不使兼并乘急以要倍息，而公家無所利其入。』今所立條約，乃自鄉戶一等而下皆立借錢貫數，三等以上更許增借。且鄉戶上等幷坊郭有物業者，乃從來兼併之家。今令借錢一千，納一千三百，是官自放錢取息，與初詔相違。又條約雖禁抑勒，然不抑散則上戶必不願請，下戶雖或願請，請時甚易，納時甚難，將來必有督索同保均陪之患。陛下躬行節儉以化天下，自然國用不乏，何必使興利之臣紛紛四出，以致遠邇之疑哉！乞罷諸路提舉官，第委提點刑獄依常平舊法施行。」帝袖其疏以示執政，曰：「琦眞忠臣，雖在外，不忘王室。朕始謂可以利民，不意乃害民如此。且坊郭安得青苗，而使者亦强與之。」王安石勃然進曰：「苟從其所欲，雖坊郭何害！」因難琦奏曰：「如桑弘羊籠天下貨財，以奉人主私用，乃可謂興利之臣。〔今陛下修常平法所以助民，至於收息，亦周公遺法，抑兼幷，振貧弱，非所以佐私欲，安可謂興利之臣」（據薛鑑補）乎！」帝終以琦說爲疑，安石遂稱疾不出。帝諭執政罷青苗法，趙抃請俟安石出。安石求去，帝命司馬光草答詔，有「士夫沸騰，黎民騷動」之語。安石抗章自辯，帝爲巽辭謝之，且命呂惠卿諭旨。韓絳又勸帝留安石，安石入謝，因言：「中外大臣、從官、臺諫朋比，欲敗先王正道，以沮陛下，此所以紛紛也。」帝以爲然。安石乃起視事，持新法益堅。詔以琦奏付制置條例司，令曾布疏駁刊石，頒之天下。琦申辯愈切，且論安石安引周禮以惑上聽，皆不報。時文彥博亦以青苗之害爲言，帝曰：「吾遣二中使親問民間，皆云甚便。」彥博曰：「韓琦三朝宰相，不信，而信二宦者乎！」先是，安石嘗與入內副都知張若水、押班藍元震交結，帝遣使潛察府界俵錢事，適命二人。二人使還，極言民情深願，無抑配者，故帝信之不疑。

壬申，以司馬光爲樞密副使，固辭不拜。初，光素與王安石厚，及行新法，貽書開陳再三，又與呂惠卿辯論於經筵，安石不樂。帝欲大用光，訪之安石，安石曰：「光，外託劘上之名，內懷附下之實，所言盡害政之事，所與盡害政之人，而欲寘之左右，使預國論，此消長之機也。光才豈能害政？但在高位，則異論之人倚以爲重。韓信立漢赤幟，趙卒氣奪。今用光，是與異論者立赤幟也。」及安石稱疾不出，帝乃以光爲樞密副使，光辭曰：「陛下所以用臣，蓋察其狂直，庶有補於國家。若徒以祿位榮之，而不取其言，是以天官私非其人也。臣徒以祿位自榮，而不能救生民之患，是盜竊名器以私其身也。陛下誠能罷制置條例司，追還提舉官，不行青苗、助役法，雖不用臣，臣受賜多矣。青苗之散，使者恐其逋負，必令貧富相保，貧者無可償則散而之四方，富者不能去，必責使代償。十年之外，貧者既盡，富者亦貧。常平又廢，加之以師旅，因之以饑饉，民之羸者必委死溝壑，壯者必聚而爲盜賊，此事之必至者也。」疏凡九上，帝使謂之曰：「樞密，兵事也，官各有職，不當以他事爲辭。」光對曰：「臣未受命則猶侍從也，於事無不可言者。」會安石復起視事，乃下詔允光辭，收還敕誥。知通進銀臺司范鎮封還詔旨者再，帝以詔直付光，不由門下。鎮奏曰：「由臣不才，使陛下廢法，乞解其職。」許之。

乙酉，韓琦以論青苗不見聽，上疏請解河北安撫使，止領大名府路。王安石欲沮琦，卽從之。

三月，貶知審官院孫覺知廣德軍。帝初卽位，覺爲右正言，以言事忤帝意，罷去。王安石早與覺善，將援以爲助，自知通州召還，累改知審官院。時，呂惠卿用事，帝問於覺，覺對曰：「惠卿辯而有才，過於人數等，特以爲利之故，屈身安石。安石不悟，臣竊以爲憂。」帝曰：「朕亦疑之。」青苗法行，首議者謂：「周官泉府，民之貸者至輸息二十而五，國事之財用取具焉。」覺條奏其妄曰：「成周賒貸，特以備民之緩急，不可徒與也，故以國服爲之息。然國服之息，說者不明，鄭康成釋經，乃引王莽計贏受息無過歲什一爲據，不應周公取息重於莽時。況國用專取具於泉府，則冢宰九賦將安用邪？聖世宜講求先王之法，不當取疑文虛說以圖治。」安石覽之怒，始有逐覺意。會曾公亮言：「畿縣散青苗錢，有追呼抑配之擾。」安石遣覺行視虛實，覺言：「民實不願與官相交，望賜寢罷。」遂坐奉詔反覆，貶知廣德軍。

程顥上疏曰：「臣近累上言，乞罷預俵青苗錢利息及汰去提舉官事，朝夕以覬，未蒙施行。臣竊謂明者見於未形，智者防於未亂，況今日事理，顯白易知，若不因機亟決，持之愈堅，必貽後悔。悔而後改，則爲害已多。蓋安危之本在乎人情，治亂之機繫乎事始，衆心睽乖則有言不信，萬邦協和則所爲必成，固不可以威力取强，言語必勝，而近日所聞，尤爲未便。伏見制置條例司疏駮大臣之奏，舉劾不奉行之官，徒使中外物情愈致驚駭。是乃舉一偏而盡沮公議，因小事而先失衆心，權其輕重，未見其可。臣竊謂陛下固已燭見事體，究知是非，在聖心非吝改張，由柄臣尚持固必，是致輿情大鬱，衆論益讙，若欲遂行，必難終濟。伏望陛下奮神明之威斷，審成敗之先機，與其遂一失而廢百爲，孰若沛大恩而新衆志！外汰使人之擾，亟推去息之仁。況糶糴之法兼行，則儲蓄之資自廣，在朝廷未失於舉措，使議論何名而沸騰？伏乞簡會臣所上言，早賜施行，則天下幸甚！」

夏四月戊辰，貶御史中丞呂公著。時，青苗法行，公著上疏曰：「自古有爲之君，未有失人心而能圖治，亦未有脅之以威，勝之以辯，而能得人心者也。昔日之所謂賢者，今皆以此舉爲非，而主議者一切詆爲流俗浮論，豈昔皆賢而今皆不肖乎！」王安石怒其深切。會帝使公著舉呂惠卿爲御史，公著曰：「惠卿固有才，然姦邪不可用。」帝以語安石，安石益怒，遂誣公著言「韓琦欲因人心，如趙鞅興晉陽之甲，以逐君側之惡」。於是貶公著知潁州，且命知制誥宋敏求草制，明著罪狀。敏求不從，但言「敷陳失實」。安石怒，命陳升之改其語，行之。

己卯，趙抃罷。安石持新法益堅，抃大悔恨，上疏言：「制置條例司建使者四十餘輩，騷動天下。安石强辯自用，詆公論爲流俗，違衆罔民，順非文過。近者，臺諫、侍從多以言不聽而去，司馬光除樞密不肯拜。且事有輕重，體有大小。財利於事爲輕，而民心得失爲重；青苗使者於體爲小，而禁近耳目之臣用舍爲大。今去重而取輕，失大而得小，懼非宗廟社稷之福也。」奏入，懇求去位，乃出知杭州。

以韓絳參知政事。侍御史陳襄言：「王安石參預大政，首爲興利之謀，先與知樞密院事陳升之同領條例司，未幾升之用是爲相，而絳繼之，曾未數月，遂預政事，則是中書大臣皆以利進。乞罷絳新命，而求道德經術之賢以處之，庶不害於王政而足以全大臣之節矣。」不報。

癸未，以李定爲監察御史裏行，罷知制誥宋敏求、蘇頌、李大臨。定少受學於王安石，舉進士，爲秀州判官，孫覺薦之朝，召至京師。李常見之，問曰：「君從南方來，民謂青苗法如何？」定曰：「民便之，無不喜者。」常曰：「舉朝方共爭是事，君勿爲此言。」定卽往白安石，且曰：「定但知據實以言，不知京師乃不許。」安石大喜，立薦對。帝問青苗事，定曰：「民甚便之。」於是諸言新法不便者，帝皆不聽。命定知諫院，宰相言前無選人除諫官之例，遂拜監察御史裏行。知制誥宋敏求、蘇頌、李大臨言：「定不由銓考擢授朝列，不緣御史薦寘憲臺。雖朝廷急於用才，度越常格，然隳紊法制，所益者小，所損者大。」封還制書。詔諭數四，頌等執奏不已。並坐累格詔命，落知制誥，天下謂之「熙寧三舍人」。

壬午，罷監察御史裏行程顥、張戩、右正言李常。時，顥上疏言：「臣聞天下之理，本諸簡易而行之以順道，則事無不成。故曰：智者若禹之行水，行其所無事也。捨之而於險阻，則不足以言智矣。蓋自古興治，雖有專任獨決能就事功者，未聞輔弼大臣人各有心，睽戾不一，致國政異出，名分不正，中外人情交謂不可，而能有爲者也。況於措置失宜，沮廢公議，一二小臣實預大計，用賤陵貴，以邪妨正者乎！凡此皆天下之理不宜有成，而智者之所不行也。設令由此僥倖，事有小成，而興利之臣日進，尙德之風浸衰，尤非朝廷之福。矧復天時未順，地震連年，四方人心日益搖動。此皆陛下所當仰測天意，俯察人事者也。臣奉職不肖，議論無補，望早賜降責。」帝令顥詣中書議，王安石方怒言者，厲色待之。顥徐言曰：

「天下事非一家私議，願平氣以聽之。」安石爲之媿屈。戩與臺官王子韶論新法不便，乞召還孫覺、呂公著。又上疏論：「王安石亂法，曾公亮、陳升之依違不能救正，韓絳左右徇從，李定以邪諂竊臺諫，呂惠卿刻薄辯給，假經術以文姦言，豈宜勸講君側！」又詣中書爭之。安石舉扇掩面而笑，戩曰：「戩之狂直，宜爲公笑，然天下之笑公者不少矣！」陳升之從旁解之，戩曰：「公亦不得爲無罪。」升之有愧色。常上言：「均輸、青苗，斂散取息，傅會經義，何異王莽猥析周官，片言以流毒天下！」安石遣所親密諭意，常不爲止。又言：「州縣散常平錢，實不出本，勒民出息。」帝詰安石，安石請令常具官吏主名，常以非諫官體，不奉詔。顥言既不行，懇求外補，而戩、常亦各乞罷。乃罷常通判滑州，戩知公安縣，子韶知上元縣。安石素善顥，及是雖不合，猶敬其忠信，但出爲京西路提點刑獄。顥辭，乃改簽書鎭寧軍節度判官。數日之間，臺諫一空。安石以外議紛紛，請以姻家謝景溫爲侍御史知雜事，帝從之。

五月癸巳，詔並邊州郡毋給青苗錢。

甲辰，詔罷制置三司條例，歸中書，以呂惠卿兼判司農寺。先是，言者皆請罷條例司。帝問安石：「可併入中書否？」安石言：「修條例未畢，且臣與韓絳共領是司，每請間奏事，今絳在密院，未可併，請緩之。」至是，絳入中書，乃降詔以其事還中書。又以手札諭安石，凡修條例掾屬，悉授以官，青苗、免役、農田水利等法，付司農寺，命呂惠卿掌之。

九月，以曾布爲崇政殿說書、判司農寺。王安石常欲置其黨一二人於經筵，以防察奏對者。呂惠卿遭父喪去職，安石遂薦布代之。布資序淺，人尤不服，尋罷。

山陰陸佃嘗受經於安石，至是，應舉入京師。安石問以新政，佃曰：「法非不善，但推行不能如初意，還爲擾民。」安石驚曰：「何乃爾！吾與惠卿議之。」又訪外議，佃曰：「公樂聞善，古所未有，然外間頗以爲拒諫。」安石笑曰：「吾豈拒諫者，但邪說營營，顧無足聽。」佃曰：「是乃所以致人言也。」明日，召佃謂之曰：「惠卿言：『私家取債，亦須一雞半豚。已遣李承之使淮南質究矣。』」既而承之還，詭言民無不便，佃說遂不行。

以劉庠知開封府。庠不肯屈事王安石，安石欲見之，或以爲言，庠曰：「安石自執政，未嘗一事合人情，往將何語邪！」卒不往，而上疏極言新法非是。帝曰：「奈何不與大臣協心濟治乎？」庠對曰：「臣知事陛下而已，不敢附大臣也。」

庚子，曾公亮罷。公亮初嫉韓琦，故薦王安石以間之。及同輔政，知帝方嚮安石，凡更張庶事，一切陰助之，而外若不與同者。嘗遣其子孝寬參其謀，至帝前，略無所異。由是帝益信任安石，安石深德之。公亮以老求去，遂拜司空、侍中、集禧觀使。蘇軾嘗從容責其不能救正變更，公亮曰：「上與介甫如一人，此乃天也。」然安石猶以公亮不盡阿附己，於是聽其罷相。

乙巳，親策賢良方正。太原判官呂陶對曰：「陛下初即位，願不惑理財之說，不間老成之謀，不興疆場之事。陛下措意立法，自謂庶幾堯、舜；然以陛下之心如此，天下之論如彼，獨不反而思之乎？」及奏第，帝顧王安石取卷讀，讀未半，神色頗沮。帝覺之，使馮京竟讀，稱其言有理。會范鎮所薦台州司戶參軍孔文仲對策，凡九千餘言，力論安石所建理財、訓兵之法非是，宋敏求第爲異等。安石怒，啟帝御批，罷文仲還故官。齊恢、孫固封還御批，韓維、陳薦、孫永皆力論文仲不當黜，帝不聽。范鎮上疏言：「文仲草茅疏遠，不識忌諱，且以直言求之而又罪之，恐爲聖明之累。」亦不聽。呂陶亦止授通判蜀州。

癸丑，罷司馬光知永興軍。

冬十月，翰林學士范鎮乞致仕，許之。鎮上疏言：「臣言不用，無顏復立於朝，請謝事。」復極論青苗之害，且曰：「陛下有納諫之資，大臣進拒諫之計。陛下有愛民之性，大臣用殘民之術。」疏入，王安石大怒，自草制極詆之，遂以戶部侍郎致仕。鎮謝表略曰：「願陛下集羣議爲耳目，以除壅蔽之奸；任老成爲腹心，以養中和之福。」天下聞而壯之。蘇軾往賀曰：「公雖退而名益重矣。」鎮愀然曰：「君子言聽計從，使天下陰受其賜，無智名，無勇功，吾獨不得爲此。使天下受其害，而吾享其名，吾何心哉！」

十二月，改諸路更戍法。初，太祖懲五代之弊，用趙普策，收四方勁兵，列營京畿以備宿衞，分番屯戍以捍邊圉。於時將帥之臣奉朝請，獷暴之民收隸尺籍，雖有桀驁恣肆，而無所施其間。爲什長之法，階級之辨，使之內外相維，上下相制，截然而不可犯。其後定兵制，天子之衞兵，以守京師、更番戍邊者，曰禁軍；諸州之鎮兵以分給役使者，曰廂軍；選於戶籍或應募，使之團結，以爲所在防守者，曰鄉軍；具籍塞下以爲藩籬者，曰蕃軍：大抵四者而已。至是，議者以更戍法雖無難制之患，而兵將不相識，緩急不可恃，乃部分諸路將兵總隸禁旅，使兵知其將，將練其兵，平居知有訓厲而無番戍之勞。尋置京畿、河北、京東、西路三十七將，陝西五路四十二將。然禁旅盡屬將官，飲食嬉遊，養成驕惰。又將官遂與州郡長吏爭衡，每將各有部隊將、訓練官等數十人，而諸州舊有總管、鈐轄、都監、監押，設官重複，虛破廩祿，知兵者皆知其非，卒不能奪也。

乙丑，立保甲法。時王安石言：「先王以農爲兵，今欲公私財用不匱，爲宗社長久計，當罷募兵，用民兵。」乃立保甲。其法：十家爲保，有保長。五十家爲大保，有大保長。十大保爲都保，有都保正、副。主、客戶兩丁以上，選一人爲保丁附保，兩丁以上有餘丁而壯勇者亦附之，內家資最厚、材勇過人者，亦充保丁。授之弓弩，敎之戰陣。每一大保，夜輪五人警盜。凡告捕所獲，以賞格從事。同保犯强盜、殺人、强姦、略人、傳習妖敎、造蓄蠱毒，知而不告，依律伍保法。餘事非干己又非敕律所聽糾，皆無得告，雖知情亦不坐；若依法鄰保合坐罪者，乃坐之。其居停强盜三人，經三日，保鄰雖不知情，科失覺罪。逃移、死絕，同保不及五家，併他保。有自外入保者，收爲同保，戶數足則附之，俟及十家，則别爲保。置牌以書其戶數、姓名。

提點刑獄趙子幾迎安石意，請先行於畿甸，詔從之，遂推行於永興、秦鳳、河北東、西五路，以達於天下。於是諸州籍保甲聚民而教之，禁令苛急，往往去爲盜，郡縣不敢以聞。判大名府王拱辰抗言其害，曰："非止困其財力，奪其農時，是以法驅之使陷於罪罟也。浸淫爲大盜，其兆已見。縱未能盡罷，願裁損下戶以紓之。"主者指拱辰爲沮法，拱辰曰："此老臣所以報國也。"抗章不已。帝悟，由是下戶得免。

丁卯，以韓絳、王安石同平章政事。

戊寅，行募役法。先是，詔條例司講立役法，條例司言："使民出錢募人充役，卽先王致民財以祿庶人在官者之意。"命呂惠卿、曾布相繼草具條貫，踰年始成。計民之貧富，分五等輸錢，名"免役錢"。若官戶、女戶、寺觀、單丁、未成丁者，亦等第輸錢，名"助役錢"。凡輸錢，先視州若縣應用雇直多少，隨戶等均取雇直。又增取二分，以備水旱欠闕，謂之"免役寬剩錢"。用其錢募人代役。既試用其法於開封府，遂推行於諸路。既而東明縣民數百，紛然詣開封府訴。帝知之，以詰安石，安石力言："外間扇搖役法者，謂輸多必有贏餘，若羣訴，必可免。彼既聚衆僥倖，苟受其訴，與免輸錢，當仍役之。」帝乃盡用其言。尋以臺諫多論奏，因謂安石宜少裁之。安石對曰：「朝廷制法，當斷以義，豈須規規恤淺近之人議論邪！」司馬光言：「上等戶自來更互充役，有時休息，今使歲出錢，是常無休息之期。下等戶及單丁、女戶，從來無役，今盡使之出錢，而鰥寡孤獨之人俱不免役。夫力者，民之所生而有；穀帛者，民可耕桑而得；至於錢者，縣官之所鑄，民之所不得私爲也。今有司立法，惟錢是求，歲豐則民賤糶其穀，歲凶則伐桑棗、殺牛、賣田，得錢以輸，民何以爲生乎！此法卒行，富者差得自寬，貧者困窮日甚矣。」帝不聽。

庚辰，命王安石提舉編修三司令式。時天下以新法騷然，邵雍屏居於洛，門人故舊仕宦中外者，皆欲投劾而歸，以書問雍。雍曰：「正賢者所當盡力之時。新法固嚴，能寬一分則民受一分之賜矣，投劾何益邪！」

四年（辛亥、一〇七一）三月辛卯，詔察奉行新法不職者。陳留知縣姜潛到官纔數月，青苗令下，潛即榜於縣門，又移之鄉村，各三日。無人至，遂撤榜付吏，曰：「民不願矣。」即移疾去。山陰知縣陳舜俞上書，極論新法，謫監南康軍鹽酒稅。至是，復上書言：「青苗法實便，初迷不知爾。」識者笑之。

夏四月癸酉，以司馬光判西京留臺。先是，光在永興，以言不用，乞判西京留臺，不報。

又上疏曰：「臣之不才，最出羣臣之下，先見不如呂誨，公直不如范純仁、程顥，敢言不如蘇軾、孔文仲，勇決不如范鎭。今陛下唯安石是信，附之者謂之忠良，攻之者謂之讒慝。臣今日所言，陛下之所謂讒慝者也。若臣罪與范鎭同，卽乞依鎭例致仕；若罪重於鎭，或竄、或誅，所不敢逃。」久之，乃從其請。光旣歸洛，自是絕口不復論事。

出直史館蘇軾通判杭州。軾自直史館議貢舉與帝合，卽日召見，問方今政令得失。軾對曰：「陛下天縱文武，不患不明，不患不勤，不患不斷；但患求治太急，聽言太廣，進人太銳。願鎭以安靜，待物之來，然後應之。」帝竦然曰：「卿三言，朕當熟思之。凡在館閣，皆當爲朕深思治亂，無有所隱。」軾退言於同列，王安石不悅，命軾權開封府推官，將困之以事。軾決斷精敏，聲聞益遠。嘗以新法不便，上疏極論，且曰：「臣之所言者，三言而已，願陛下結人心，厚風俗，存紀綱。人主所恃者，人心也，自古及今，未有和易同衆而不安，剛果自用而不危者。祖宗以來，治財用者，不過三司。今陛下又創制置三司條例司，使六七少年日夜講求於內，使者四十餘輩分行營幹於外；以萬乘之主而言利，以天子之宰而治財，君臣宵旰，幾一年矣，而富國之功茫如捕風，徒聞內帑出數百萬緡，祠部度五千人耳。以此爲術，人皆知其難也。汴水濁流，自生民以來，不以種稻，今欲陂而淸之，萬頃之稻，必用千頃之陂，一歲一淤，三歲而滿矣。陛下使相視地形，所在鑿空，訪尋水利，隄防一開，水失故道，雖食議者之肉，何補於民！自古役人必用鄉戶，今徒聞江、浙之間數郡雇役，而欲措之天下。自楊炎爲兩稅，租調與庸既兼之矣，奈何復欲取庸！青苗放錢，自昔有禁，今陛下始立成法，每歲常行，雖云不許抑配，而數世之後，暴君汙吏，陛下能保之乎？昔漢武以財力匱竭，用桑弘羊之說，買賤賣貴，謂之均輸，於時商賈不行，盜賊滋熾，幾至於亂。臣願陛下結人心者此也。國家之所以存亡者，在道德之淺深，不在乎强與弱；歷數之所以長短者，在風俗之厚薄，不在乎富與貧。臣願陛下務崇道德而厚風俗，不願陛下急於有功而貪富强。仁祖持法至寬，用人有序，務專掩覆過失，未嘗輕改舊章。考其成功，則曰未至；言乎用兵，則十出而九敗；言乎府庫，則僅足而無餘。徒以德澤在人，風俗知義，故升遐之日，天下歸仁。議者見末年吏多因循，事不振舉，乃欲矯之以苛察，濟之以智能，招來新進勇銳之人，以圖一切速成之效。未享其利，澆風已成，欲望風俗之厚，豈可得哉！臣願陛下厚風俗者此也。祖宗委任臺諫，未嘗罪一言者，縱有薄責，旋卽超升，許以風聞，而無官長，言及乘輿則天子改容，事關廊廟則宰相待罪。臺諫固未必皆賢，所言亦未必皆是，然須養其銳氣，而借之重權者，將以折姦臣之萌也。臣聞長老之談，皆謂臺諫所言，常隨天下公議。今者物論沸騰，怨讟交至，公議所在，亦知之矣。臣恐自茲以往，習慣成風，盡爲執政私人，以致人主孤立。紀綱一廢，何事不生！臣願陛下存紀綱者此也。」

時王安石贊帝以獨斷專任，軾因試進士發策，以「晉武平吳，獨斷而克，苻堅伐晉，獨斷而亡；齊桓專任管仲而霸，燕噲專任子之而敗，事同功異」爲問。安石滋不悅，使侍御史謝景溫論奏軾向丁憂歸蜀，乘舟商販。詔下六路捕逮篙工水師，窮治，無所得。軾遂請外，通判杭州。

以鄧綰爲侍御史，判司農寺。初，綰通判寧州，知王安石得君專政，乃條上時事數十，以爲：「宋興百年，習安翫治，當事更化。」且言：「陛下得伊、周之佐，作青苗、免役等法，民莫不歌舞聖澤。願勿移於浮議而堅行之。」復貽安石書，極其佞諛，由是安石力薦於帝，遂驛召對。會夏人寇慶州，綰於帝前敷陳甚悉。帝問：「識王安石、呂惠卿否？」綰對曰：「不識也。」帝曰：「安石今之古人；惠卿，賢人也。」退見安石，欣然如素交。屬安石致齋，陳升之以綰練習邊事，使復知寧州。綰聞之不樂，誦言：「急召我來，乃使還邪！」或問：「君今當作何官？」綰曰：「不失爲館職，得無爲諫官乎？」明日果除集賢校理檢正中書孔目房。鄉人在都者皆笑且罵，綰曰：「笑罵從他笑罵，好官還我爲之。」尋同知諫院。時新法皆出司農，而呂惠卿居憂，曾布不能獨任其事，安石欲藉綰以威衆，故有是命。

五月甲午，右諫議大夫呂誨卒。誨有疾，表乞致仕，曰：「臣本無宿疾，偶值醫者用術乖方，妄投藥劑，寖成風痺，遂艱行步，非祇憚跛戾之苦，又將虞心腹之變。勢已及此，爲之奈何？雖然，一身之微，固未足惜，其如九族之託，良以爲憂！」蓋以身疾喻朝政也。至是病亟，司馬光往省之，至則目已瞑，聞光哭，張目强視，曰：「天下事尚可爲，君實勉之！」遂卒，年五十八。海內識與不識，咸痛惜之。

時，保甲法行，帝聞鄉民憂無錢買弓矢，加以傳惑徙之戍邊，父子聚泣，語王安石曰：「保甲宜緩而密。」安石對曰：「日力可惜。」韓維時知開封，上言：「諸縣團結保甲，鄉民驚擾，至有截指斷腕以避丁者。乞候農隙排定。」帝以問安石，安石對曰：「此固未可知。就令有之，亦不足怪。」帝曰：「民言合而聽之則聖，亦不可不畏也。」安石對曰：「爲天下者，如止欲任民情所願而已，則何必立君而爲之張官置吏也！大抵保甲法不特除盜，固可漸習爲兵，且省財費。惟陛下果斷，不恤人言以行之。」帝遂變河東、北、陝西三路義勇如府畿保甲法。未幾，維出知襄州。

甲戌，富弼移判汝州。弼在亳州，持青苗法不行，曰：「如是則財聚於上，人散於下。」提舉官趙濟劾弼沮格詔旨，鄧綰乞付有司鞫治，乃落弼武寧節度使、同平章事，以左僕射移判汝州。王安石曰：「弼雖謫，猶不失富貴。昔鯀以方命殛，共工以象恭流，弼兼二罪，止奪使相，何由沮姦！」帝不答。弼行過應天，謂判府張方平曰：「人固難知也。」方平曰：「謂王安石乎？亦豈難知者！方平頃知皇祐貢舉，或稱安石文學，辟以考校，既至，院中之事，皆欲紛更。方平惡其爲人，檄之使出，自是未嘗與語。」弼有愧色，蓋弼亦素喜安石也。

秋七月丁酉，御史中丞楊繪言：「提舉常平張靚等科配助役錢，一戶多者至三百千。乞少裁損，以安民心。」不聽。時，賢士多引去，以避王安石。楊繪又上疏言：「老成人不可不惜。當今舊臣多引疾求去，范鎮年六十有三，呂誨年五十有八，歐陽修年六十有五而致仕，富弼年六十有八而引疾，司馬光、王陶皆五十而求散地。陛下可不思其故乎！」安石聞而深惡之。

劉摯爲安石所器，拜監察御史裏行，入見帝，面賜褒諭，因問：「卿從學王安石邪？安石極稱卿器識。」對曰：「臣東北人，少孤獨學，不識安石也。」退而上疏曰：「君子、小人之分，在義利而已。小人希賞之志每在事先，奉公之心每在私後。陛下有勸農之意，今變而爲煩擾；陛下有均役之意，今倚以爲聚斂。天下有喜於敢爲，有樂於無事，彼以此爲流俗，此以彼爲亂常，畏義者以進取爲可恥，嗜利者以守道爲無能，此風浸成，漢、唐黨禍必起矣。」因陳率錢助役十害。會楊繪又論「提刑趙子幾怒知東明縣賈蕃不禁遏縣民，使詣助役事，摭以他故，下蕃於獄而自鞫之，是希安石意指」。又言「助役之難行者有五」。劉摯亦論「趙子幾捃摭賈蕃，是欲鉗天下之口，乞按其罪」。於是安石大怒，使知諫院張璪取繪、摯所論助役十害、五難行之事，作十難以詰之。璪辭不爲，曾布請爲之，既作十難，且劾楊繪、劉摯欺誕，懷向背。詔下其疏於繪、摯，使各言狀。繪錄前後四奏以自辯。摯奮然曰：「爲人臣，豈可壓於權勢，使天子不知利害之實！」卽條對所難，以伸其說曰：「助役斂錢之法，有大臣及御史主之於內，有大臣親黨爲監司、提舉官行之於諸路，其勢甚易矣。然曠日彌年，終未有定論者，爲不順乎民心也。臣待罪言責，采士民之說以聞，職也。今乃遽令分析，交口相直，無乃辱陛下耳目之任哉！所謂向背，則臣所向者義，所背者利，所向者君父，所背者權臣。願以臣章并司農奏宣示百官，考定當否。」不報。明日復上疏曰：「陛下夙夜勵精，以親庶政，天下未致於安且治者，誰致之邪？陛下注意以望太平，而自以太平爲己任，得君專政者是也。二三年間，開闔搖動，舉天地之内，無一民一物得安其所者。其議財，則市井屠販之人皆召至政事堂；其征利，則下至曆日而官自鬻之，推此以往，不可究言。輕用名器，淆混賢否。忠厚老成者擯之爲無能，俠少儇辯者取之爲可用，守道憂國者謂之爲流俗，敗常害民者謂之爲通變。凡政府謀議經畫，除用進退，獨與一掾屬曾布者論定，然後落筆，同列預聞，反在其後，故奔走乞丐之人，布門如市。今西夏之款未入，反側之兵未安，三邊瘡痍，流潰未定，河北大旱，諸路大水，民勞財乏，縣官減耗，聖上憂勤念治之時，而政事如此，皆大臣誤陛下，而大臣所用者誤大臣也。」疏奏，安石欲竄摯嶺外，帝不許，詔貶繪知鄭州，謫摯監衡州鹽倉，璪亦落職。遣訪察使遍行諸路，促成役書。

八月，以王雱爲崇政殿說書。雱，安石子，爲人慓悍陰刻，無所顧忌，性敏甚，未冠，已著書數十萬言。鄧綰、曾布力薦之，遂有是命。雱嘗稱：「商鞅爲豪傑之士。」且言：「不誅異議者則法不行。」安石一日與程顥語，雱囚首跣足，攜婦人冠以出，問父所言何事，曰：「以新法爲人所沮，故與程君議之。」雱大言曰：「梟韓琦、富弼之首於市，則法行矣。」安石遽曰：「兒誤矣！」顥曰：「方與參政論國事，子弟不可預，姑退。」雱不樂。

九月，鬻諸路坊場、河渡，募人承買收取淨利，歲收六百九十八萬六千緡，穀、帛九十七萬六千六百石、匹有奇。既而司農幷祠廟鬻之，聽民爲賈區其中。

冬十月，以鮮于侁爲利州轉運副使。初，詔監司各定所部助役錢數，利州路轉運使李瑜欲定四十萬，侁時爲判官，爭之曰：「利州民貧地瘠，半此可矣。」瑜不從，遂各爲奏。時諸路役書皆未就，帝是侁議，諭司農曾布，使頒以爲式，因黜瑜而擢侁副使兼提舉常平。初，王安石居金陵，有重名，士大夫期以爲相，侁惡其沽激要君，嘗語人曰：「是人若用，必壞亂天下。」及安石用事，侁乃上書論時政曰：「可爲憂患者一，可爲太息者二，其他逆治體而召民怨者，不可概舉。」其意專指安石，安石怒，毀短之。帝稱其有文學可用，安石曰：「何以知之？」帝曰：「有章奏在。」安石乃不敢言。既爲副使，部民不請青苗錢，安石遣使詰之，侁曰：「青苗之法，願取則與，民自不願，豈能强之哉！」蘇軾稱侁，上不害法，中不廢親，下不傷民，以爲三難。

五年（壬子、一〇七二）春正月己亥，置京城邏卒，察謗時政者，收罪之。

三月，富弼致仕。弼至汝州兩月，卽上言：「新法臣所不曉，不可以治郡，願歸洛養疾。」許之。遂請老，復授司空、武寧節度使，致仕。弼雖家居，朝廷有大利害，知無不言。帝雖不盡用，而眷禮不衰。嘗因王安石有所建明，帝卻之曰：「富弼手疏稱『老臣無所告訴，但仰屋竊嘆』者，卽當至矣。」其敬之如此。

丙午，行市易法，六市易司皆隸焉。

夏（四）〔五〕（據宋史一五神宗紀、續綱目、薛鑑改）月丙午，行保甲養馬法，詔開封府界諸縣保甲，願牧馬者聽。仍令以陝西所市馬選給之。詔曾布等上其條約，凡陝西五路義勇、保甲願養馬者，戶一匹，物力高，願養二匹者聽。皆以監牧見馬給之，或官與其值，令自市。先行於開封府及陝西五路。府界無過三千匹，五路無過五千匹。襲逐盜賊外，乘越三百里者有禁。歲一閱其肥瘠，死病者補償。在府界者，免體量草二百五十束，加給以錢布。在五路者，歲免折變、緣納錢。三等以上十戶爲一保，四等以下十戶爲一社，以待病斃逋償者。保戶馬死，保戶獨償；社戶馬死，社戶半償之。其後遂遍行於諸路。

王安石求去位，帝不許。先是，樞密都承旨李評喜論事，帝多從其言。又嘗極言助役不便，安石惡之。會評妄奏罷閤門官吏，安石言其作威福，必欲罪之。帝亦謂評有罪，然未始罪評也。明日，安石入見，乞東南一郡。帝曰：「自古君臣如卿與朕相知極少。朕鄙鈍，初未有知，自卿在翰林，始聞道德之說，心稍開悟。天下事方有緒，卿何得言去！」安石固請，帝曰：「卿得非以李評事，謂朕有疑心？朕自知制誥知卿，屬以天下事。如呂誨比卿少正卯、盧杞，朕不爲惑，豈更有人能惑朕者！」未幾，安石復自齎表入請，帝不覩，以表授安石，固令就職。

八月甲辰，頒方田均稅法。帝患田賦不均，詔司農重定方田及均稅法，頒之天下。方田之法，以東西南北各千步當四十一頃六十六畝一百六十步爲一方。歲以九月，縣委令佐分地計量，隨陂、原、平、澤而定其地，因赤淤、黑壚而辨其色。方量畢，以地及色參定肥瘠，而分五等以定其稅則。至明年三月畢，揭以示民；一季無訟，卽書戶帖，連莊帳付之，以爲地符。均稅之法，縣各以其租額稅數爲限，舊嘗收蹙奇零，如米不及十合而收爲升，絹不滿十分而收爲寸之類，今不得用其數均攤增展，致溢舊額。凡越額增數，皆禁。若瘠鹵、不毛及衆所食利山林、陂塘、溝路、墳墓，皆不立稅。凡田方之角，立土爲峰，植其野之所宜木以封表之。有方帳，有莊帳，有甲帳，有戶帖，其分烟析產，典賣割移，官給契，縣置簿，皆以今所方之田爲正。令既具，乃以鉅野縣尉王曼爲指教官，先自京東路行之，諸路倣焉。

六年（癸丑、一○七三）夏四月己亥，文彥博罷。彥博久居樞密，以王安石多變舊典，言於帝曰：「朝廷行事，務合人心，宜兼采衆論，以靜重爲先。陛下勵精求治，而人心未安，蓋更張之過也。祖宗法未必皆不可行，但有偏而不舉之弊爾。」安石知爲己而發，奮然排之曰：「求去民害，何爲不可！若萬事隳脞，乃西晉之風，何益於治！」及市易司立，至果實亦官監賣，彥博以爲損國體，斂民怨，致華嶽山崩，爲帝極言之。且曰：「衣冠之家罔利於市，搢紳清議尚所不容，豈有堂堂大國，皇皇求利，而天意有不示警者乎！」安石曰：「華山之變，殆天意爲小人發。市易之起自爲細民久困，以抑兼幷爾，於官何利焉。」彥博求去益力，遂以司空、河東節度使，判河陽，徙大名府。

九月，收免行錢。先是，京師百物有行，官司所須，俱以責辦，下逮貧民浮販，類有陪折。呂嘉問請約諸行利入厚薄，令納錢以賦吏祿與免行戶祗應。而禁中賣買百貨，幷下雜買場務，仍置市司，估物低昂，凡內外官司欲占物價則取辦焉。至是行之。

七年（甲寅、一○七四）夏四月癸酉，權罷新法。自去歲秋七月不雨，以至於是月，帝憂形於色，嗟嘆懇惻，欲盡罷法度之不善者。王安石曰：「水旱常數，堯、湯所不免。陛下卽位以來，累年豐稔，今旱暵雖久，但當修人事以應之。」帝曰：「朕所以恐懼者，正爲人事之未修爾。今取免行錢太重，人情咨怨，自近臣以至后族，無不言其害者。」馮京曰：「臣亦聞之。」安石曰：「士大夫不逞者以京爲歸，故京獨聞此言，臣未之聞也。」初，光州司法參軍鄭俠爲安石所奬拔，感其知己，思欲盡忠。及滿秩入京，安石問以所聞，俠曰：「青苗、免役、保甲、市易數事，與邊鄙用兵，在俠心不能無區區也。」安石不答。至是，俠監安上門。會歲饑，征斂苛急，東北流民，每風沙霾曀，扶攜塞道，羸疾愁苦，身無完衣，或茹木實草根，至身披鎖械，而負瓦揭木，賣以償官，累累不絕。乃繪所見爲圖，及疏言時政之失，詣閤門，不納；遂假稱(祕)〔密〕(據宋史三二一鄭俠傳、續綱目、薛鑑改)急，發馬遞上之。其略曰：「陛下南征北伐，皆以勝捷之勢作圖來上，並無一人以天下憂苦、父母妻子不相保、遷移困頓、遑遑不給之狀爲圖而獻者。臣謹按安上門逐日所見，繪成一圖，百不及一，但經聖覽，亦可流涕，況於千萬里之外哉！陛下觀臣之圖，行臣之言，十日不雨，卽乞斬臣宣德門外，以正欺君之罪。」疏奏，帝反覆觀圖，長吁數四，袖以入內。是夕，寢不能寐。翌日，遂命開封體放免行錢，三司察市易，司農發常平倉，三(衛)〔衙〕(按：宋代以殿前司、侍衞親軍馬軍與步軍三職統領禁軍，稱爲「三衙」，見建炎以來朝野雜記甲集一八，畢鑑從之。今據改)具熙、河所用兵，諸路上民物流散之故，青苗、免役權息追呼，方田、保甲並罷，凡十有八事，民間讙呼相賀。是日，果大雨，遠近沾洽。甲戌，輔臣入賀雨，帝出俠圖及疏示輔臣，問王安石曰：「識俠否？」安石曰：「嘗從臣學。」因上章求去，外間始知所行之由。羣姦切齒，遂以俠付御史獄，治其擅發馬遞罪。呂惠卿、鄧綰言於帝曰：

「陛下數年忘寢與食，成此美政，天下方被其賜，一旦用狂夫之言，罷廢殆盡，豈不惜哉！」相與環泣於帝前。於是新法一切如故，惟方田暫罷。

丙戌，王安石罷，以韓絳同平章事，呂惠卿參知政事。安石執政六年，更法度，開邊疆，老成正士廢黜殆盡，儇慧巧佞超進用事，天下怨之，而帝倚任益專。太皇太后嘗乘間語帝曰：「祖宗法度，不宜輕改。吾聞民間甚苦青苗、助役，宜罷之。」帝曰：「此以利民，非苦之也。」后又曰：「安石誠有才學，然怨之者甚衆。欲保全之，不若暫出之於外。」帝曰：「羣臣惟安石爲國家當事。」時帝弟岐王顥在側，因進曰：「太后之言，不可不思。」帝怒曰：「是我敗壞天下邪！汝自爲之。」顥泣曰：「何至是邪！」皆不樂而罷。久之，太后流涕謂帝曰：「安石亂天下，奈何？」帝始疑之。及鄭俠疏進，安石不自安，遂求去位。帝再四勉留，安石請益堅，乃以觀文殿大學士知江寧府。呂惠卿使其黨變姓名，日投匭留之。安石感其意，因乞韓絳代己而惠卿佐之，帝從其請。二人守其成規不少失，時號絳爲「傳法沙門」，惠卿爲「護法善神」。惠卿懼中外有議新法者，乃作書遍遺監司郡守，使陳利害；又從容白帝下詔，言終不以吏違法之故爲之廢法。故安石所建，無所更復。

五月，三司使曾布、提舉市易司呂嘉問罷。先是，呂嘉問提舉市易，連以羨課受賞。帝聞其擾民，以語王安石，安石對曰：「嘉問奉法在公，以是媒怨。」帝曰：「免行錢所收細瑣，市易鬻及果實、冰炭，大傷國體。」安石力辯，至譏帝爲叢脞，不知帝王大略。帝曰：「卽如是，士大夫何故以爲不便？」安石請言者姓名，令嘉問條析。及帝以旱故，命韓維、孫永集市人問之，減坐賈錢千萬，安石遂持嘉問條析奏曰：「朝廷所以許民輸錢免行者，蓋人情安於樂業，厭於追擾，若一切罷去，則無人祗承。又吏胥祿廩薄，勢不得不求於民，非重法莫禁，以薄廩申重法，則法有時而屈。今取於民鮮，而吏知自重，此臣等推行之本意也。議者乃欲除去，是殆不然。民未嘗不畏吏，方其以行役觸罪，雖欲出錢亦不可得。今吏之祿可謂厚矣，然未及昔日取民所得之半也。」時市易隸三司，嘉問恃勢陵使薛向出其上，及曾布代向，懷不能平。會帝出手札詢布，布訪於魏繼宗，具上嘉問多收息干賞，挾官府而爲兼并之事。帝將委布考之，安石言二人有私忿，於是詔布與呂惠卿同治。惠卿故憾布，脅繼宗使誣布，繼宗不從。布言惠卿不可共事，帝欲聽之，安石不可。帝遂詔中書曰：「朝廷設市易，本爲平準以便民，若周官泉府者。今顧使中人之家失業若此，吾民安得泰然也！宜釐定其制。」布見帝言曰：「臣每聞德音，欲以王道治天下。今市易之爲虐，駸駸乎間架、除陌之事矣。如此之政，書於簡牘，不獨唐、虞、三代所無，歷觀秦、漢以來，衰亂之世恐未之有也。嘉問又請販鹽鬻帛，豈不貽笑四方！」帝頷之。事未決，安石去位，嘉問持之以泣。安石勞之曰：「吾已薦惠卿矣。」及惠卿執政，遂治前獄，劾布沮新法，出知饒州，〔嘉問亦出知常州〕（據宋史三五五呂嘉問傳、續綱目補），以章惇爲三司使。

秋七月，立手實法。時，免役出錢或未均，呂惠卿用其弟曲陽縣尉和卿計，創手實法。其法，官爲定立物價，使民各以田畝、屋宅、資貨、畜產隨價自占。凡居錢五，當蕃息之錢一。非用器、食粟而輒隱落者許告，獲實，以三分之一充賞。預具式示民，令依式爲狀，縣受而籍之，以其價列定高下，分爲五等。既該見一縣之民物產錢數，乃參會通縣役錢本額，而定所當輸錢。詔從其言，於是民家尺椽寸土簡括無遺，至於雞豚亦徧抄之，民不聊生。初，惠卿制是法，然猶災傷五分以上不預。荊湖訪察使蒲宗孟上言：「此天下之良法，使民自供，初無所擾，何待豐歲？願詔有司勿以豐凶弛張其法。」從之。民於是益困矣。

冬十月庚辰，置三司會計司。初，帝嘗患增置官司費財，王安石謂：「增置官司，所以省費。」帝曰：「古者什一而稅，今取財百端。」安石謂：「古非特什一而已。」安石又欲盡祿天下之吏，帝未之許，而三司上新增吏祿，歲至緡錢百十一萬有奇。主新法者皆謂，吏祿既厚則人知自重，不敢冒法，可以省刑。然良吏實寡，賕取如故，往往陷大辟，議者不以爲善。詔三司帳司會計是歲天下財用出入之數以聞，令宰相提舉其事。至是，韓絳請選官置司，以天下戶口、人丁、稅賦、場務、坑冶、河渡、房園之類租額、年課及一路錢穀出入之數，去其重複，歲比較增虧、廢置及羨餘、橫費，計贏闕之處，使有無相通，而以任職能否爲黜陟，則國計大綱可以省察。三司使章惇亦以爲言。乃詔置三司會計司，以絳提舉。

八年（乙卯、一〇七五）春正月，鄭俠上疏，論呂惠卿朋奸壅蔽，仍取唐魏徵姚崇宋璟、李林甫盧杞傳爲兩軸，題曰「正直君子、邪曲小人事業圖迹」。在位之臣，暗合林甫輩而反於崇、璟者，各以其類，復爲書獻之。且薦馮京可相，幷言禁中有人被甲登殿詬罵等事。惠卿奏爲謗訕，令中丞鄧綰、知制誥鄧潤甫治之，遂編管俠於汀州。御史臺吏楊忠信謁俠曰：「御史緘默不言，而君上書不已，是言責在監門而臺中無人也。」取懷中名臣諫疏二帙授俠曰：「以此爲正人助。」馮京與呂惠卿同在政府，議論多不合，而王安石弟安國素與俠善。侍御史張琥承惠卿旨，劾俠嘗游京之門，交通有迹。鄧綰、鄧潤甫言，王安國嘗借俠奏藁觀之，而有奬成之言，意在非毁其兄。於是放安國歸田里，出京知亳州。時，俠貶汀州已行，惠卿又令舒亶捕之道，搜其篋，得所錄名臣諫疏，有言新法事及親友書尺，悉按姓名治之。獄成，惠卿欲致俠以死，帝曰：「俠所言非爲身也，忠誠亦可嘉，豈宜深罪！」但徙俠英州。

初，安國任西京國子教授，秩滿至京師，帝以安石故，特召對。問曰：「漢文帝何如主？」安國對曰：「三代以來未有也。」帝曰：「但恨其才不能立法更制耳！」安國對曰：「文帝自代來，入未央宫，定變故於俄頃呼吸間，恐無才者不能。至用賈誼言，待羣臣有節，專務以德化民，海內興於禮義，幾致刑措，則文帝加有才一等矣。」帝曰：「王猛佐苻堅，以蕞爾國而令必行。今朕以天下之大，不能使人，何也？」曰：「猛教堅以峻法殺人，致秦祚不傳世。今刻薄小人必有以是誤陛下者。願專以堯、舜、三代爲法，則下豈有不從者乎！」帝又問：「卿兄秉政，外論謂何？」安國對曰：「恨知人不明，聚斂太急爾。」帝不悅。由是止授崇文院校書，尋改祕閣校理。安國屢以新法之弊力諫安石，又嘗以佞人目惠卿，故惠卿逐之。

二月癸酉，復以王安石同平章事。初，呂惠卿迎合安石，建立新法，安石故力援引，驟至執政。惠卿既得志，有射羿之意，忌安石復用，遂欲逆閉其途，凡可以害安石者，無所不用其智。一時朝士見惠卿得君，謂可傾安石以媚惠卿，遂更朋附之。而鄧綰、鄧潤甫因李逢之獄，又挾李士寧以撼安石，安石聞而怨之。時韓絳顓處中書，事多稽留不決，且數與惠卿爭論，度不能制，密請帝復用安石，帝從之。惠卿聞之不安，乃條列安石兄弟之失數事，面奏，意欲上意有二。上封惠卿所言以示安石，安石上表，有「忠不足以取信，故事事欲須自明；義不足以勝姦，故人人與之立敵」。蓋謂是也。既而安石承召命，卽倍道而進，七日至汴京。

初，蜀人李士寧者，得導氣養生之術，自言時已三百歲矣，又能言人休咎。王安石與之有舊，每延於東府，迹甚熟。安石鎮金陵，呂惠卿參大政，會山東告李逢、劉育之變，事連宗子趙世居，御史府、沂州各起獄推治之。劾者言士寧嘗預此謀，敕天下捕之。獄具，世居賜死，李逢、劉育磔於市，士寧決杖流永州，連坐者甚衆。惠卿始興此獄，引士寧，意欲有所誣衊，會安石再入秉政，謀遂不行。

冬十月庚寅，呂惠卿罷。御史蔡承禧論惠卿欺君玩法，立黨肆奸，惠卿居家俟命。中丞鄧綰亦欲彌縫前附惠卿之迹，以媚安石，安石子雱復深憾惠卿，遂諷綰發惠卿兄弟强借秀州華亭富民錢五百萬與知華亭縣張若濟買田共爲姦利事，置獄鞫之。惠卿竟罷，出知陳州。綰又論三司使章惇協濟惠卿之姦，出知湖州。

乙未，彗出軫。帝以災異數見，避殿減膳，詔求直言，赦天下，詢政事之未協於民者。程顥應詔，論朝政極切，差知扶溝縣事。王安石率同列上疏言：「晉武帝五年，彗出軫，十年，又有孛，而其在位二十八年，與乙巳占所期不合。蓋天道遠，先王雖有官占，而所信者人事而已。裨竈言火而驗，欲禳之，國僑不聽，鄭亦不火。有如裨竈，未免妄誕，況今星工哉！竊聞兩宮以此爲憂，望以臣等所言，力行開慰。」帝曰：「聞民間殊苦新法。」安石對曰：「祁寒暑雨，民猶怨咨，此無庸恤。」帝曰：「豈若并祁寒暑雨之怨亦無邪！」安石不悦，退而屬疾臥，帝慰勉起之。其黨謀曰：「今不取上素所不喜者暴進用之，則權輕，將有窺人間隙者。」安石是其策。帝喜其出，凡所進用，悉從之。鄧綰言：「凡民養生之具，日用而家有之，今欲盡令疏實，則家有告訐之憂，人懷隱匿之慮。商賈通殖貨利，交易有無，或春有之而夏已蕩析，或秋貯之而冬已散亡，公家簿書，何由拘錄？其勢安得不犯！徒使嚚訟者趨賞報怨，畏怯者守死忍困而已。」詔罷手實法。

九年（丙辰、一〇七六）秋七月，鄧綰罷。呂惠卿既出守陳，而張若濟之獄久不成，王雱令門下客呂嘉問、練亨甫共取鄧綰所列惠卿事，雜他書下制獄，王安石不知也。省吏告惠卿於陳，惠卿以狀聞，且上書訟安石：「盡棄所學，隆尚縱橫之末數。方命矯令，罔上要君，力行於年歲之間。雖失志倒行逆施者，殆不如此。」帝以狀示安石，安石謝無有。歸以問雱，雱言其情，安石咎之。雱憤恚，疽發背死。帝頗厭安石所爲，綰慮安石去失勢，乃上書言宜錄安石子及婿，仍賜第京師。帝以語安石，安石曰：「綰爲國司直，而爲宰臣乞恩澤，極傷國體，當黜之。」帝以綰操心頗僻，賦性姦回，論事薦人，不循分守，斥知虢州。

冬十月丙午，王安石罷。安石之再相也，屢謝病求去；及子雱死，尤悲傷不堪，力請解機務。帝益厭之，乃以使相判江寧府，尋改集禧觀使。安石既退處金陵，往往寫「福建子」三字，蓋深悔爲呂惠卿所誤也。

以吳充、王珪同平章事。充子安持雖娶王安石女，而充心不善安石所爲，數爲帝言新法不便。帝察充中立無與。及安石罷，遂相之。充欲有所變革，乞召還司馬光、呂公著、韓維、蘇頌，及薦孫覺、李常、程顥等數十人。光自洛貽書充曰：「自新法之行，中外洶洶。民困於煩苛，迫於誅斂，愁怨流離，轉死溝壑，日夜引領，冀朝廷覺悟，一變敝法。今日救天下之急，當罷青苗、免役、保甲、市易，而息征伐之謀。欲去此五者，必先別利害，開言路，以悟人主之心。今病雖已深，猶未至膏肓，失今不治，遂爲痼疾矣。」充不能用。

以馮京知樞密院事。時呂惠卿告安石罪，發其私書，有「無使上知」及「勿令齊年知」之語。京與安石同年生，故云。帝以安石爲欺而賢京，故召用之。

宋史紀事本末卷三十八

學校科舉之制

仁宗慶曆四年（甲申、一〇四四）三月乙亥，詔天下州縣立學，行科舉新法。時范仲淹意欲復古勸學，數言興學校，本行實。詔近臣議，於是宋（郊）〔祁〕（本卷校改與增補各條，除文下注明者外，均以宋史一五五選舉志爲依據，並參照續綱目、薛鑑）等奏：「教不本於學校，事不察於鄉里，則不能覈名實。有司束以聲病，學者專於記誦，則不足盡人材。參考衆說，擇其便於今者，莫若使士皆土著而教之於學校，然後州縣察其履行，則學者修飭矣；先策論，則文詞者留心於治亂矣；簡程式，則閎博者得以馳騁矣；問大義，則執經者不專於記誦矣。」帝從之。至是，乃詔曰：「儒者通天地人之理，明古今治亂之原，可謂博矣。然學者不可騁其說，而有司務先聲病章句以拘牽之，則夫豪雋奇偉之士，何以奮焉！士以純明朴茂之美，而無教學養成之法，使與不肖並進，則夫懿德敏行，何以見焉！此取士之甚敝，而學者自以爲患。夫遇人以薄者，不可責其厚也。今朕建學興善以尊大夫之行，更制革敝以盡學者之才。有司其務嚴訓導,精察舉,以稱朕意。學者其務進德修業,無失其時。其令州若縣皆立學,本道使者選部屬官爲教授,員不足,取於鄉里宿學有道業者。士須在學三百日,乃聽預秋試。舊嘗充試者,百日而止。試於州者,令相保任。有匿服、犯刑、虧行、冒名等禁。三場:先策,〔次〕論,次詩賦。通考爲去取,而罷帖經、墨義。士通經術願對大義者,試十道。」

夏四月壬子,判國子監王拱宸、田況、王洙、余靖等言:「漢太學二百四十房,千八百室,生徒三萬人。唐學舍亦千二百間。今取才養士之法盛矣,而國子監纔二百楹,制度狹小,不足以容。」詔以錫慶院爲太學,置內舍生二百人。

五月壬申,帝至太學,謁孔子。故事止肅揖,帝特再拜。賜直講孫復五品服。初海陵人胡瑗爲湖州教授,訓人有法,科條纖悉備具,以身率先,雖盛暑,必公服坐堂上,嚴師弟子之禮,視諸生如其子弟,諸生亦信愛如其父兄,從之遊者常數百人。時方尙詞賦,湖學獨立經義治事齋,以敦實學。至是,興太學,詔下湖州取其法,著爲令式。瑗上書請興武學,其略曰:「頃歲吳育已建議興武學,但官非其人,不久而廢。今國子監直講內梅堯臣曾注孫子,大明深義。孫復而下,皆明經旨。臣曾任丹州軍事推官,頗知武事。若使堯臣等兼莅武學,每日令講論語,使知忠孝仁義之道;講孫、吳,使知制勝御敵之術。於武臣子孫中,選有智略者二三百人教習之,則一二十年之間必有成效。臣已撰成武學規矩一卷,進呈。」時議難之。

五年（乙酉、一〇四五）三月，罷科舉新法。范仲淹既去，執政以新定科舉入學預試爲不便，且言：「詩賦聲病易考，而策論汗漫難知，祖宗以來，莫之有改，且得人嘗多矣。」帝下其議，有司請如舊法，乃詔前所更令悉罷之。

神宗熙寧四年（辛亥、一〇七一）二月丁巳，更定科舉法，從王安石議，罷詩賦及明經諸科，專以經義、論、策試士。王安石又謂：「孔子作春秋，實垂世立教之大典，當時游、夏不能贊一詞。自經秦火，煨燼無存。漢求遺書，而一時儒者附會以邀厚賞。自今觀之，一如斷爛朝報，決非仲尼之筆也。儀禮亦然。請自今經筵毋以進講，學校毋以設官，貢舉毋以取士。」從之。時詔議貢舉，咸謂宜變法便，蘇軾獨上議曰：「得人之道在於知人，知人之法在於責實。使君相有知人之名，朝廷有責實之政，則胥吏皁隸未嘗無人，雖因今之法，臣以爲有餘。使君相不知人，朝廷不責實，則公卿侍從常患無人，況學校貢舉乎！雖復古之制，臣以爲不足。夫時有可否，物有興廢，使三代聖人復生於今，其選舉亦必有道，何必由學乎！且慶曆固嘗立學矣，天下以太平可待，至於今惟空名僅存。今陛下必欲求德行道藝之士，責九年大成之業，則將變今之理，易今之俗。又當發民力以治宮室，斂民財以養遊士，置學立師而又時簡不帥教者，屏之遠方，徒爲紛紛，其與慶曆之際何異！至於科舉，或曰鄉舉德行而略文章；或曰專取策論而罷詩賦；或欲舉唐故事，采譽望而罷彌（縫）〔封〕；或曰變經生帖墨而考大義：此數者皆非也。夫欲興德行，在於君人者修身以裕物，審好惡以表俗，若欲設科立名以取之，則是敎天下相率而爲僞也。上以孝取人，則勇者割股，怯者廬墓；上以廉取人，則敝車羸馬，惡衣菲食，凡可以中上意者，無所不至。自文章言之，則策論爲有用，詩賦爲無益；自政事言之，則詩賦、論策，均爲無用。然自祖宗以來莫之廢者，以爲設法取士不過如此也。矧自唐至今，以詩賦爲名臣者不可勝數，何負於天下而必欲廢之！」帝喜曰：「吾固疑此，得軾議，釋然矣。」他日，王安石言於帝曰：「今人材乏少，且其學術不一，異論紛然，不能一道德故也。欲一道德則當修學校，欲修學校則貢舉法不可不變。若謂進士科詩賦亦多得人，自緣仕進別無他路，其間不容無賢。若謂科法已善，則未也。今以少壯之士，正當講求天下正理，乃閉門學作詩賦，及其入官，世事皆所未習，此科法敗壞人材，致不如古。」既而中書門下又言：「古之取士皆本學校，道德一於上，習俗成於下，其人材皆足以有爲於世。今欲追復古制則患於無漸，宜先除去聲病、偶對之文，使學者得專意經術，以俟朝廷興建學校，然後講求三代所以敎育、選舉之法，施之天下，則庶幾可以復古矣。」於是改法，罷詩賦、帖經、墨義，士各占治易、詩、書、周禮、禮記一經，兼論語、孟子。每試四場，初本經，次兼經，大義凡十道，次論一首，次策三道；禮部試卽增二道。中書撰大義式頒行，試義者須通經有文采，乃爲中格，不但如明經、墨義，麤解章句而已。其殿試則專以策，限千字以上，分五等：第一等、二等賜進士及第，第三等賜進士出身，第四等賜同進士出身，第五等賜同學究出身。舊制，進士入〔進〕謝恩銀百兩，至是亦罷之，仍賜錢三千爲期集費。

三月庚寅，始命諸州置學官，率給田十頃贍士，併置小學教授。

冬十月戊辰，立太學生三舍法。宋初，國子生以京朝七品以上子孫應蔭者爲之，太學生以八品以下子孫及庶人子孫俊異者爲之，試論、策、經義如進士法。及帝卽位，垂意儒學，以天下郡縣旣皆有學，歲、時、月各有試，程其藝能，以次差升舍，其最優者爲上舍，免發解及禮部試而特賜之第，遂專以此取士。又以慶曆中嘗置太學內舍生二百人，帝漸增至九百人。至是，因言者論太學假錫慶院西北廊甚湫隘，乃盡以錫慶院及朝集院西廡建講學堂四。自主判官外，增置直講爲十員，率二員共講一經，令中書遴選，或主判官奏舉。釐生員爲三等：始入太學爲外舍，定額爲七百人；外舍升內舍，員三百；內舍升上舍，員一百。各執一經，從所講官受學，月考試其業，優等以次升舍，上舍免發解及禮部試，召試賜第。其正、錄、學諭，以上舍生爲之，經各二員。學行卓異者，主判、直講復薦之於中書除官。其後增置八十齋，齋三十人，外舍生至二千人，歲一試，補內舍生；間歲一試，補上舍生，彌封、謄錄如貢舉法。

六年（癸丑、一〇七三）三月己未，置諸路學官，更新學制。有司立爲約束，過於煩密，劉摯上疏曰：「學校爲育材首善之地，教化所從出，非行法之所。雖羣居衆聚，帥而齊之，不可無法，亦有禮義存焉。治天下者遇人以君子、長者之道，則下必以君子、長者之行而應乎上。若以小人、犬豕遇之，彼將以小人、犬豕自爲，而況以此行於學校之間乎！願罷其制。」

丁卯，詔進士、諸科並試明法注官。

乙亥，置律學。詔：「士之涖官，以法從事，今所習非所學，宜置律學。設教授四員，命官、舉人皆得入學習律令。」

九月辛亥，初策武舉之士。先是，武舉試義策於祕閣，武藝於殿前司；及殿試則又試騎射及策於廷。策、武藝俱優爲右班殿直，武藝次優爲三班奉職，又次借職，末等三班差役。初，樞密院修武舉法，不能答策者，答兵書墨義。王安石曰：「武舉而試墨義，何異學究誦書不曉理者，無補於事。先王收勇力之士皆屬於車右者，欲以備禦侮之用，則記誦何所施！」帝從之。至是，始策武舉之士。

八年（乙卯、一〇七五）六月己酉，王安石以所訓釋詩、書、周禮三經上進，帝謂之曰：「今談經者人人殊，何以一道德？卿所著經義，其頒行，使學者歸一。」遂頒於學官，號曰三經新義。一時學者無不傳習，有司純用以取士。安石又爲字說二十四卷，學者爭傳習之。自是先儒之傳、注悉廢矣。

九年(丙辰、一〇七六)三月甲戌,親策進士,並試律義斷案。

哲宗元祐元年(丙寅、一〇八六)夏四月辛亥,司馬光請立經明行修科,「歲委升朝文臣各舉所知,以勉勵天下,使敦士行,以示不專取文學之意。若所舉人違犯名教,必坐舉主毋赦,則自不敢妄舉,而士之居鄉居家者,立身行己,惟懼玷缺。所謂不言之教,不肅而成,不待學官日訓月察,立賞告訐,而士行自美矣。」於是詔:「自今凡遇科舉,令升朝官各舉經明行修之士一人,俟登第日,與升甲。罷謁禁之制。」

五月戊辰,命程頤等修定學制。太學自蔡確起大獄,連引朝士,有司緣此造爲法禁,煩苛凝密,博士諸生,禁不相見,教諭無所施。御史中丞劉摯以爲言。至是,命程頤、孫覺、顧臨同太學長貳(考)〔看〕(據續綱目、薛鑑改)詳修定條制。頤大概以爲:「學校,禮義相先之地,而月使之爭,殊非教養之道。請改試爲課;有所未至,則學官召而教之,更不考定高下。置尊賢堂以延天下道德之士,鐫解額以去利誘,省繁文以專任委,勵行檢以厚風教。」及置待賓吏師齋,立觀光法,如是者亦數十條。

秋七月癸酉,立十科舉士法。舊制,銓注有格,概拘以法,法可以制平而不可以擇材,故令內外官皆得薦舉。其後被舉者既多,除吏愈難。神宗即位,乃革去奏舉,而概以定格,於是內外舉官法皆罷，但令吏部審官院參議選格。及帝卽位，左司諫王巖叟言：「自罷辟舉而用選格，可以見功名而不可以見人才，於是不得已而用其平日之所信，故有『踏逐』、『中差』之目。『踏逐』實薦舉而不與同罪，且選才薦能而謂之『踏逐』，非雅名也，況委人以權而不容舉其所知，豈爲通術！」遂復內外舉官法。司馬光奏曰：「爲政得人則治，然人之才或長於此而短於彼，雖臯、夔、稷、契，各守一官，中人安可求備！故孔門以四科論士，漢室以數路得人。若指瑕掩善則朝無可用之人，苟隨器指任則世無可棄之士。臣備位宰相，職當選官，而識短見狹，士有恬退滯淹，或孤寒遺逸，豈能周知？若專引知識則嫌於私，若止循資序，未必皆才。莫若使有位達官各舉所知，然後克協至公，野無遺賢矣。欲乞朝廷設十科舉士：一曰行義純固可爲師表科，有官無官人皆可舉；二曰節操方正可備獻納科，舉有官人；三曰智勇過人可備將帥科，舉文武有官人；四曰公正聰明可備監司科，舉知州以上資序；五曰經術精通可備講讀科，有官無官人皆可舉；六曰學問該博可備顧問科，同經術舉人；七曰文章典麗可備著述科，同經術舉人；八曰善聽獄訟盡公得實科，舉有官人；九曰善治財賦公私俱便科，舉有官人；十曰練習法令能斷請讞科，舉有官人。應職事官自尙書至給事中、中書舍人、諫議大夫，寄祿官自開府儀同三司至大中大夫，帶職自觀文殿大學士至待制，每歲須於十科內舉三人，仍具狀保任，中書置籍記之。異時有事須材，卽執政按籍視其所嘗被舉科格，隨事試之。有勞，又著之籍。內外官闕，取嘗試有効者隨科授職。所賜告命，仍具所舉官姓名。其人任官無狀，坐以謬舉之罪。所貴人人重愼，所舉得才。」光又言：「朝廷執政惟八九人，若非舊交，無以知其行能，不惟涉徇私之嫌，兼所取至狹，豈足以盡天下之賢才？若採訪毀譽，則情僞萬端，與其聽遊談之言，曷若使之結罪保舉。故臣奏設十科以舉士，其公正聰明可備監司。誠知請囑挾私，所不能無；但有不如所舉，譴責無所寬宥，則不敢妄舉矣。」詔從之。

二年（丁卯、一〇八七）春正月戊辰，詔毋以老子、列子命題試士。時科舉罷詞賦，專用王安石經義，且雜以釋氏之說，凡士子自一語以上，非安石新義不得用。學者至不誦正經，唯竊安石之書以干進，精熟者輒上第，故科舉益敝。呂公著當國，始請禁主司不得以老、莊書命題，舉子不得以申、韓、佛書爲學，經義參用古今諸儒說，毋得專取王氏。尋又禁毋得引用王氏字說。

夏四月丁未，呂公著請復制科。詔曰：「祖宗設六科之選，策三道之要，以網羅天下賢俊；先皇帝興學校，崇經術，以作新人材，變天下之俗，故科目之設，有所未遑。今天下之士，多通於經術而知所學矣，宜復制策之科，以徠拔俗之才，裨於治道。蓋乃帝王之道，損益趨時，不必盡同，同歸於治而已。今復置賢良方正能直言極諫科，自今年爲始。」

四年（戊辰、一〇八八）夏四月戊午，分經義、詩賦爲兩科試士，罷明法科。尚書省請復詩賦，與經義兼行，解經通用先儒傳、注及己說。又言：「舊明法最爲下科，今中者卽除司法，敘名反在及第進士上，非是。」乃詔立經義、詩賦兩科，罷試律義。凡詩賦進士，於易、書、詩、周禮、禮記、春秋左傳內，聽習一經。初試本經義一道，論、孟義各一道，次試賦及律詩各一首，次試論一首，末試子史、時務策二道，凡四場。其經義進士，須習兩經，以詩、禮記、周禮、春秋爲大經，書、易、公羊、穀梁、儀禮爲中經，願習二大經者聽，不得偏占兩中經。初試本經義三道，論語義一道，孟子義一道，次試論、策，亦四場。兩科通定高下，而取解額中分之，各占其半。專經者以經義定取舍，兼詩賦者以詩賦爲去留，其名次高下，則於策、論參之。自復詩賦，士多鄉習，而專經者十無二三矣。初，司馬光言：「取士之道，當先德行，後文學。就文學言之，經學又當先於詞章。神宗專用經義、論、策取士，此乃復先王令典，百王不易之法。但王安石不當以一家私學欲蓋先儒，令天下師生講解。至於律令，皆當官所須，使爲士者果能知道義，自與法律冥合，何必置明法一科，習爲刻薄，非所以長育人材，敦厚風俗也。」至是，遂罷明法科。

六年（辛未、一〇九一）夏四月乙未，復置通禮科。先開寶中，改鄉貢開元禮爲通（德）〔禮〕。熙寧中，嘗罷試科。至是，禮官以爲言，乃復置以試士。

八年（癸酉、一○九三）三月庚子，詔御試舉人，復試詩、賦、論三題。中書請御試復用祖宗法，且言：「士子多已改習詩賦，太學生員總三千一百餘人，而不兼詩賦纔八十二人耳。」遂下是詔。

紹聖元年（甲戌、一○九四）閏四月，罷十科舉士法。

五月甲辰，詔進士專習經義，罷習詩賦。三省上言：「今進士純用經術，如詔、誥、章、表等文，皆朝廷官守日用不可闕者，若悉不習試之，何以兼收文學博異之士？」於是改置宏詞科，歲詔進士登科者請試。試者雖多，所取無過五人，詞格超異者，特奏命官。

六月，申除引用王安石字說之禁。

二年（乙亥、一○九五）夏四月丁亥，詔依元豐置律學博士。

五月乙巳，命蔡卞詳定國子監三學及外州學制。

徽宗崇寧元年（壬午、一一○二）八月甲戌，蔡京請興學貢士，縣學生選考，升諸州學，州學生每三年貢太學，考分三等，入上等補上舍，入中等補上舍下等，入下等補內舍，餘居外舍。諸州、軍解額各以三分之一充貢士。京又請建外學。乃詔卽京城南門外營建，賜名辟雍，外圓內方，爲屋千八百七十二楹。太學專處上舍、內舍生，而外學則處外舍生。士初貢至皆入外學，經試補入上舍、內舍，始得進處太學。太學外舍亦令出居外學。於是上舍至二百人，内舍六百人，外舍三千人。

三年（甲申、一一〇四）九月，罷科舉法。時雖設辟雍太學以待士之升貢者，然州縣猶以科舉貢士。蔡京以爲言，遂詔天下取士悉由學校升貢。其州郡發解，凡試禮部法皆罷，而每歲試上舍生，則差知舉如禮部法云。

四年（乙酉、一一〇五）五月甲寅，立詞學兼茂科。帝以宏詞科不足以致文學之士，故改立是科。歲附貢士院試，中格則授館職，歲不過五人。

行三舍法於天下。

宋史紀事本末卷三十九

元豐官制

神宗元豐三年（庚申、一〇八〇）六月丙午，詔中書詳定官制。國初承唐制，三省無專職，臺、省、寺、監亦無定員，類以他員主判。三省長官不預朝政，六曹不釐本務，給舍不領本職，諫議無言責，起居不記注，司諫正言，非特旨供職，亦不任諫諍。其官人授受之別，有官、有職、有差遣。凡仕者以登臺閣、升禁從爲顯宦，而不以官之遲速爲榮滯；以差遣要劇爲貴途，而不以階勳爵邑有無爲輕重。議者多以正名爲請，帝慨然欲更其制，乃置詳定官制局於中書，命翰林學士張璪、樞密副（使）（據續綱目删）承旨張誠一領之。

九月乙亥，正官名，以開府儀同三司易中書令、侍中、同平章事，特進易左、右僕射。自是以下，易名有差。

詳定官制所上寄祿格，下詔行之。凡領空名者，一切罷去而易之以階，因以寄祿。議者又欲罷樞密院歸兵部，帝曰：「祖宗不以兵柄歸有司，故專命官以統之，互相維制，何可廢也！」遂止。帝嘗謂執政曰：「官制將行，欲新舊人兩用。」指御史大夫曰：「非司馬光不可。」王珪、蔡確相顧失色。珪憂甚，不知所出，確曰：「上久欲收靈武，公能任責則相位可保也。」珪喜謝之，因薦俞充帥慶，使上平西夏策。其意以爲旣用兵深入，必不召光；雖召，將不至。已而光果不召。

四年（辛酉、一〇八一）秋七月己酉，詔定選格。初，太祖設官分職，多襲五代之制，稍損益之。凡入仕，有貢舉、奏蔭、攝署、流外、從軍五等。吏部銓惟注擬州縣官幕職，兩京諸司六品以下官皆無選。文臣少卿、監以上，中書主之，京朝官則審官院主之。武臣、刺史、副率以上，內職樞密院主之，使臣則三班院主之。其後典選之職分爲四：文選曰審官東院，曰流內銓；武選曰審官西院，曰三班院。帝自卽位，欲更制度，建議之臣以爲唐銓與今選殊異，雜用其制則有留礙煩紊之弊，乃詔內外官司舉官悉罷，令大理卿崔台符同尚書吏部、審官東、西、三班院議選格。遂定銓注之法悉歸銓部，以審官東院爲尚書左選，流內銓爲侍郎左選，審官西院爲尚書右選，三班院爲侍郎右選。於是吏部有四選之法：文臣寄祿官自朝議大夫，職事官自大理正以下，非中書省敕授者，歸尚書左選；武臣升朝官自皇城使，職事官自金吾、階衞、仗司以下，非樞密院宣受者，歸尚書右選；自初仕至州縣幕職官，歸侍郎左選；自借差、監當至供奉官、軍使，歸侍郎右選。凡應注擬升移，敍復蔭補，封贈酬賞，隨所分隸，校勘合格，團甲以上尚書省。若中散大夫、閤門使以上，則列選敍之狀，上中書省。樞密院得畫旨，給告身。祖宗以來，中書有堂選，百司郡縣有奏舉，雖小大殊科，然皆不隸於有司。王安石言於帝曰：「中書總庶務，今通判亦該堂除選，徒留滯，不能精擇，宜歸諸有司。」帝曰：「唐陸贄謂『宰相當擇百官之長，而百官之長擇百官。』今之審官，苟得其人，安有不能擇百官者哉！」欲罷堂選，曾公亮執不可而止。至是，既罷內外長吏舉官法，堂除亦廢。

五年（壬戌、一〇八二）二月癸丑，頒三省、樞密、六曹條制。

四月癸酉，以王珪爲尚書左僕射兼門下侍郎，蔡確爲尚書右僕射兼中書侍郎，章惇爲門下侍郎，張璪爲中書侍郎，蒲宗孟爲尚書左丞，王安禮爲尚書右丞。初議官制，蓋倣唐六典，事無大小，並中書取旨，門下審覆，尚書受而行之，三省分班奏事，並歸中書。確說珪曰：「公久在相位，必得中書令。」珪信不疑。確乃言於帝曰：「三省長官位高，不須置令，但令左、右僕射分兼兩省侍郎足矣。」帝以爲然。故確名爲次相，實專大政，珪以左僕射兼門下，雖爲首相，拱手而已。

宋史紀事本末卷四十

西夏用兵

英宗治平三年（丙午、一〇六六）夏四月，夏人寇邊，經略使蔡挺擊走之。先是，夏主諒祚遣吳宗來賀卽位，宗語不遜，詔諒祚懲約宗。諒祚不奉詔，而出兵秦鳳、涇原，抄熟戶，擾邊塞，殺掠人畜以萬計，遂寇大順城。環慶經略使蔡挺使蕃官趙明擊之。諒祚衷銀甲氈帽督戰。挺先遣强弩列壕外，注矢下射，諒祚中流矢，遁去，徙寇柔遠。挺又使副總管張玉以三千人夜出擾營，賊驚潰，退屯金湯，聲言益發十萬騎圍大順。會朝廷發歲賜銀幣，知延州陸詵曰：「朝廷積習姑息，故虜敢狂悖。不稍加折誚，則國威不立。」因留止不與，移牒宥州問故。諒祚遂大沮，盤桓塞下，因遣使謝罪，言：「邊吏擅興兵，行且誅之。」初，諒祚入寇，韓琦議停其歲賜，絕其和市，遣使問罪。文彥博難之，舉寶元、康定時事。琦曰：「諒祚，狂童也，非有元昊智計，而吾邊備過當時遠甚。亟詰之，必服。」會陸詵策與琦合，而諒祚果歸款。帝顧琦曰：「一如卿料也。」

四年（丁未、一〇六七）春，夏主諒祚遣使獻方物謝罪。時神宗新卽位，因賜詔曰：「朕以夏國累年以來數興兵甲，侵犯邊陲，驚擾人民，誘迫熟戶。去秋復直寇大順，圍迫城寨，焚燒村落，抗敵官軍。邊奏累聞，人情共憤。羣臣皆謂夏國已違誓詔，請行拒絕。先皇帝務存含恕，且詰端由，庶觀逆順之情，以決衆多之論。逮此遜章之稟命，已悲仙馭之上賓。朕纂極云初，包荒在念，仰循先志，俯諒乃誠，既自省於前辜，復願堅於永好。苟奏封所敍，忠信無渝，則恩禮所加，歲時如舊。安民保福，不亦休哉！」

冬十月癸酉，青澗守將种諤襲虜夏監軍嵬名山，遂復綏州。嵬名山部落在故綏州，名山弟夷山請降於种諤，諤使人因夷山以誘名山，賂以金盂。名山小吏李文喜受之，陰許歸款，而名山未之知也。諤卽以聞，且欲因取河南地。知延州陸詵言：「以衆來降，情僞未可知。」戒諤毋妄動，諤持之力。詔詵召諤問狀，且與轉運使薛向議撫納。乃共畫三策，令幕府張穆之入奏。穆之因受向指，詭言必可成。帝意詵不協力，徙之秦鳳。諤不待命，悉起所部兵，長驅而進，圍名山帳。名山不得已，舉衆從諤而南，得（首）〔酋〕（據宋史三三五种諤傳改）領三百，戶萬五千，兵萬人，遂城其地。夏人來爭，諤擊敗之。詵初劾諤擅興之罪，欲捕治之，未果而徙秦之命至。西方用兵自此始。

种諤既受嵬名山降，迨十一月，夏主諒祚乃詐爲會議，誘知保安軍楊定等，殺之，邊釁復起。朝議以謂生事，欲棄綏誅諤，陝西宣撫主管機宜文字趙卨言：「虜既殺王官，而又棄綏不守，示弱已甚。且名山舉族來歸，當何以處！」又移書執政，請「存綏以張兵勢。規度大理河川建堡，畫稼穡之地三十里以處降者」。不從。乃改命韓琦判永興軍，經略陝西。琦初言綏不當取，及楊定等被殺，復言綏不可棄，樞密以初議詰之，琦具論其故，卒存綏州。時言者交論种諤，乃下吏，貶諤四官，安置隨州。（是）〔十二〕（據續綱目、薛鑑改）月，郭逵詷得殺楊定等首領姓名李崇貴、韓道（善）〔喜〕（據宋史二九〇郭逵傳改），夏主諒祚乃錮崇貴等以獻。

神宗熙寧元年（戊申、一〇六八）三月庚辰，夏主諒祚死，子秉常立，遣其臣薛宗道等來告哀。帝問殺楊定事，宗道言：「殺人者已執送之矣。」及李崇貴等至，言：「楊定奉使諒祚，嘗拜稱臣，且許以歸沿邊熟戶。諒祚遺之寶劍、寶鑑及金銀物。」初，定歸時，上其劍、鑑而匿其金銀，言諒祚可刺。帝喜，遂擢知保安軍。既而夏人失綏州，以爲定賣己，故殺之。至是事露，帝薄責崇貴等而削定官，沒其田宅萬計。遣劉航册秉常爲夏國主。

三年（庚戌、一〇七〇）八月己卯，夏人寇環、慶州，以韓絳爲陝西宣撫使。先是，夏人築鬧訛堡，知慶州李復圭合蕃、漢兵三千，遣裨將李信、劉甫禦之，信等大敗而還。復圭懼，欲自解，既執信等斬之，復出兵追夏人，殺其老幼二百，以功告捷。至是，夏人大舉入環慶，攻大順城、柔遠砦、荔原堡，兵多者號二十萬，少者不下一二萬，屯於楡林，游騎至慶州城下，九日乃退。鈐轄郭慶等數人死焉。韓絳請行邊，王安石亦請，絳曰：「朝廷方賴安石，臣宜行。」乃以絳爲陝西宣撫使，授以空名告敕，得自除吏，尋命兼河東宣撫使。

四年（辛亥、一〇七一）春正月己丑，韓絳使种諤襲夏人，敗之。絳素不習兵事，開幕府於延安，措置乖方。選蕃兵爲七軍，復以种諤爲鄜延鈐轄，知青澗城，信任之，命諸將皆受其節制，蕃兵皆怨望。絳與諤謀出兵取橫山，安撫使郭逵曰：「諤狂生耳，朝廷徒以种氏家世用之，必誤大事。」絳奏逵沮軍事，召還之。既，諤帥師襲敗夏人於囉兀，因以衆二萬城焉。自是夏人日聚兵爲報復計。呂公弼言諤稔邊患不便，宜戒之，弗聽。已而絳言諤入夏之功，乞加旌賞。詔從之。

三月丁亥，夏人陷撫寧諸城。初，种諤進築永樂川、賞逋嶺二砦，分遣都監趙璞、燕達築撫寧故城，及分荒堆三泉、吐渾川、開光嶺、葭蘆川四砦與河東路修築，各相去四十餘里。已而夏人來攻順寧砦，遂圍撫寧。折繼昌、高永能等擁兵駐細浮圖，去撫寧咫尺，囉兀兵勢尚完。諤在綏德節制諸軍，聞夏人至，茫然失措，欲作書召燕達，戰悸不能下筆，顧運判李南公，涕泗不已。由是新築諸堡悉陷，將士沒者千餘人。詔棄囉兀城，治諤罪，責授汝州團練副使，潭州安置。絳坐興師敗衄，罷知鄧州。果不出郭逵所料云。

元豐四年（辛酉、一〇八一）六月，夏人幽其主秉常。知慶州俞充知帝有用兵意，屢請伐夏，又言：「諜報云：『夏將李清，本秦人，說秉常以河南地來歸。秉常母梁氏知之，遂誅清，奪秉常政而幽之。』宜興師問罪，此千載一時也。」帝然之。

秋七月庚寅，詔熙河經制李憲等會陝西、河東五路之師，大舉伐夏，而召鄜延副總管种諤入對。諤至，大言曰：「夏國無人，秉常孺子，往持其臂而來爾！」帝壯之，乃決意西伐。方議出師，孫固諫曰：「舉兵易，解禍難，不可。」帝曰：「夏有釁不取，則爲遼人所有，不可失也。」固曰：「必不得已，請聲其罪，薄伐之，分裂其地，使其酋長自守。」帝笑曰：「此眞鄽生之說爾。」時執政有言便當直渡河，不可留行，固曰：「然則孰爲陛下任此者？」帝曰：「朕已屬李憲。」固曰：「伐國大事，而使宦者爲之，則士大夫孰肯爲用！」帝不悅。他日，固又曰：「今五路進師，而無大帥，就使成功，兵必爲亂。」帝諭以無其人。呂公著進曰：「問罪之師，當先擇帥。既無其人，曷若已之。」固曰：「公著之言是也。」帝不聽，竟命李憲出熙河，种諤出鄜延，高遵裕出環慶，劉昌祚出涇原，王中正出河東，分道並進。又詔吐蕃首領董氊集兵會伐。

八月丁丑，李憲總熙、秦七軍及董氊兵三萬，敗夏人於西市新城。庚（申）〔辰〕（據宋史一六神宗紀、薛鑑改），又襲破之於女遮谷，斬獲甚衆。遂復古蘭州，城之，請建爲帥府。

〔九月〕（據宋史一六神宗紀、續綱目、薛鑑補）辛亥，鄜延經略副使种諤率鄜延兵出綏德城，以攻米脂。夏人八萬來救，諤與戰於無定川，敗之，遂克米脂。

冬十月庚午，環慶經略使高遵裕將步騎八萬七千出慶州，與夏人戰，敗之，復通遠軍。种諤遣曲珍率兵通黑水安定堡，與夏人遇，亦大敗之。內使王中正率涇原兵，出麟州，渡無定河，循水北行。地皆沙溼，士馬多陷沒，糗糧不能繼，又恥無功，遂入於宥州。時，夏人棄城走河北，城中遺民百餘家，中正遂屠之，掠其牛馬以充食。時，劉昌祚率蕃、漢兵五萬，受高遵裕節制，令兩路合軍伐夏。既入境，而慶州兵不至。昌祚次磨哆隘，遇夏衆十萬扼險，大破之，遂薄靈州城。兵幾入門，遵裕嫉其功，馳使止之，昌祚按甲不敢進。遵裕至，圍城十八日，不能下。夏人決黃河七級渠以灌營，復鈔絕餉道，士卒凍溺死，遂潰而還，餘軍纔萬三千而已。夏人躡之，復敗。昌祚亦還涇原。种諤留千人守米脂，自率大衆進攻銀、石、夏州，遂破石堡城，進至夏州，駐軍索家平。會大校劉歸仁以衆潰，而軍食又乏，復值大雪，乃引還，死者不可勝計，入塞者僅三萬人。王中正自宥州行至奈王井，糧盡，士卒死者二萬人，乃引還。初，詔李憲帥五路兵直趨興、靈。憲總師東上，營於天都山下，焚夏之南牟內殿，幷其館庫。追襲其統軍仁多唆丁，敗之，次於葫蘆河，遂班師。時五路兵皆至靈州，獨憲不至。

五年（壬戌、一〇八二）春正月庚子，貶高遵裕等官。初，夏人聞朝廷大舉，母梁氏問策於廷，諸將少者盡請戰，一老將獨曰：「但堅壁淸野，縱其深入，聚勁兵於靈、夏，而遣輕騎鈔絕其餽運，可不戰而困也。」梁氏從之，師卒無功而還。帝曰：「朕始以孫固言爲迂，今悔無及矣。」至是討敗師罪，高遵裕責受郢州團練副使，本州安置；种諤、王中正、劉昌祚並降官。李憲欲以開蘭、會功贖罪，孫固曰：「兵法，後期者斬；況諸路皆至，而憲獨不行，不可赦。」帝以憲有功，但令詰其擅還之由。憲以餽餉不接爲辭，釋弗誅。憲復上再舉之策，詔以爲涇原經略安撫制置使，知蘭州，李浩副之。

三月壬寅，鄜延路副總管曲珍敗夏人於金湯。

夏四月，李憲乞再舉伐夏。帝以訪輔臣，王珪對曰：「向所患者用不足，朝廷今捐錢鈔五百萬緡，以供軍食有餘矣。」王安禮曰：「鈔不可噉，必變而爲錢，錢又變爲芻粟，今距出征之期纔兩月，安能集事？」帝曰：「李憲以爲已有備，彼宦者能如是，卿等獨無意乎？唐平淮蔡，唯裴度謀議與主同，今乃不出公卿而出於閹寺，朕甚恥之！」安禮曰：「淮西，三州爾，有裴度之謀，李光顏、李愬之將，然猶引天下之兵力，歷歲而後定。今夏氏之强非淮蔡比，憲才非度匹，諸將非有光顏、愬輩，臣懼無以副聖意也。」

六月辛亥，環慶經略司遣將與夏人戰，破之。戊辰，曲珍等敗夏人於明堂川。

〔八月〕（據續綱目、薛鑑補。按：沈括建議在五月，今概括敘述），知延州沈括議欲盡城橫山，下瞰平夏，使虜不得絕磧爲寇。种諤自以西討無功，遂上其策於朝，且言興功當自銀州始。帝以爲然，遣給事中徐禧及內使李舜舉往鄜延議之。舜舉退，詣執政，王珪迎謂曰：「朝廷以邊事屬押班及李留後，無西顧之憂矣。」舜舉曰：「四郊多壘，卿大夫之辱也。相公當國，而以邊事屬二内臣，可乎？内臣止宜供禁廷灑掃之職，豈可當將帥之任邪！」珪無慙色，聞者恥之。徐禧至鄜延，种諤上言：「横山延袤千里，多馬，宜稼，人物勁悍善戰，且有鹽鐵之利，夏人恃以爲生。其城壘皆控險，足以守禦。今之興功，當自銀州始，其次遷宥州，又其次遷夏州。三郡鼎峙，則横山之地已囊括其中。又其次修鹽州，則横山强兵戰馬，山澤之利，盡歸中國。其勢居高，俯視興、靈，可以直覆巢穴。」徐禧上言：「銀州雖據明堂川、無定河之會，而故城東南已爲河水所吞，其西北又阻天塹，實不如永樂之形勢險阸，請先城永樂。竊惟銀、夏、宥三州陷沒百年，一日興復，實爲俊偉。但建州之始，煩費不貲，若選擇要會，建置堡砦，名雖非州，實有其地，舊來疆塞，乃自腹心。已與沈括議築砦各六。」諤言：「若城永樂則西夏必力爭，不可。」帝從禧議，詔禧護諸將往城永樂，命括移府並塞總兵爲援，陝西轉運判官李稷主饋餉。禧以諤跋扈，奏留諤守延州，而自率諸將往築之。十四日而成，距故銀州二十五里，賜名銀川砦。禧、括及李舜舉等退還米脂，以兵萬人屬曲珍守永樂。

九月丁亥，夏人陷永樂，徐禧等敗死。禧等既城，去九日，夏人以千騎趨新城，曲珍使報禧，禧遂與李舜舉、李稷往援之，留沈括守米脂。時，夏人三十萬已屯住涇原北，邊人來告者十數。禧曰：「彼若大來，是吾立功名取富貴之日也。」大將高永亨曰：「城小人寡，又無水泉，恐不可守。」禧以爲沮衆，械送延州獄。禧抵永樂，夏人傾國而至。大將高永能曰：「先至者皆精兵，及其未陣，急擊之則駭散，後雖有至者亦不敢進，此常勢也。」禧曰：「爾何知！王師不鼓不成列。」執刀自率士卒拒戰，夏人益衆進薄城下。珍兵陳於水際，將士皆有懼色，珍白禧曰：「今衆心已搖，不可戰，戰必敗，請收兵入城。」禧曰：「君爲大將，奈何遇敵先自退邪！」乃以七萬人陳於城下。夏人縱鐵騎渡河，珍曰：「此鐵鷂子軍也，當其半濟擊之，乃可以逞，得地則其鋒不可當也。」禧不從。鐵騎既濟，震盪衝突，大衆繼之。珍銳卒敗，奔還，蹂後陣。夏人乘之，珍衆大潰。珍收餘衆入城，夏人圍之，厚數里，且據其水砦。珍士卒晝夜血戰，城中乏水已數日，掘井不及泉，渴死者十六七，至絞馬糞汁飲之。括與李憲援兵及饋餉皆爲夏人所隔，不得前。种諤怨禧，不遣救師，城中大急。會夜半大雨，夏人環城急攻，城遂陷。禧、舜舉、稷、永能皆爲亂兵所害，惟珍裸跣走免。將校死者數百人，喪士卒役夫二十餘萬。夏人耀兵米脂城下而還。自熙寧以來用兵，得夏葭蘆、吳堡、義合、米脂、浮圖、塞門六堡，而靈州、永樂之役，官軍、熟羌、義堡死者六十萬人，錢穀銀絹不可勝計。事聞，帝臨朝痛悼，爲之不食。自靈武之敗，秦、晉困棘，天下企望息兵，而括、諤進攻取之策，禧素以邊事自任，狂謀輕敵，遂致覆敗。自是帝始知邊臣不可倚信，深自悔咎，無意於西伐，而夏人亦困弊矣。初，帝之遺禧也，王安禮諫曰：「禧志大才疎，必誤國事。」帝不聽。及敗，帝曰：「安禮每勸朕勿用兵，少置獄，蓋爲是也。」又每臨朝歎曰：「邊民疲弊如此，獨呂公著每爲朕言之。」於是徙公著知揚州。

六年（癸亥、一〇八三）二月，夏人數十萬圍蘭州，已據兩關，李浩閉城拒守。鈐轄王文郁請擊之，浩曰：「城中騎兵不滿數百，安可戰！」文郁曰：「賊衆我寡，正當折其鋒以安衆心，然後可守，此張遼所以破合肥也。」乃夜集死士七百餘人，縋城而下，持短刃突之，賊衆驚潰。時以文郁方尉遲敬德，擢知州事。未幾，夏人復分道入寇，亦多爲諸路所敗。中丞劉摯言：「熙河經略使李憲貪功生事，一出欺罔，避興慶會師之期，頓兵以城蘭州，遺患至今。」詔貶憲爲熙河安撫經略都總管。

五月，夏人寇麟州神堂砦，知州訾虎躬督兵出戰，敗之。詔虎自今毋得輕易出入，遇有寇邊，止令裨將出兵捍逐，恐失利損威，以張虜勢。

閏六月，夏主秉常亦以困弊於兵，令西南都統昴星嵬名濟移書示涇原劉昌祚，乞通好如初。昌祚以聞，帝諭昌祚答之。及入寇屢敗，國用益竭，乃遣謨箇咩迷乞遇來貢，上表曰：「臣自歷世以來，貢奉朝廷，無所虧怠，至於近歲，猶甚歡和。不意憸人誣間朝廷，特起大兵，侵奪疆土城砦，因茲構怨，歲致交兵。今乞朝廷示以大義，特還所侵。倘垂開納，別効忠勤。」帝賜詔曰：「比以權强，敢行廢辱，朕用震驚，令邊臣往問，匿而不報。王師徂疆，蓋討有罪。今遣使造庭，辭禮恭順，仍聞國政悉復故常，益用嘉納。已戒邊吏，毋輒出兵，爾亦愼守先盟。」復詔陝西、河東經略司：「其新復城砦，徼循毋出二三里。」夏之歲賜悉如其舊，惟乞還侵疆不許。

七年（甲子、一〇八四）春正月癸丑，夏人寇蘭州。初，李憲以夏人數至蘭州河外而朔翔不進，意必大舉，乃增城守之備。至是，果大舉入寇，步騎號八十萬，圍蘭州，意在必取。督衆急攻，矢如雨雹，雲梯革洞，百道並進，凡十晝夜，不克，糧盡引去。尋復寇延州德順軍、定西城及熙河諸砦。

九月，夏人圍定〔州〕〔西〕城（據宋史一六神宗紀、薛鑑改），熙河將秦貴敗之。

哲宗元祐元年（丙寅、一〇八六）秋七月乙丑，夏國主秉常卒，子乾順立。初，秉常遣詭嚁聿求蘭州、米脂等五砦，神宗不許。及帝卽位，秉常復遣使來請，司馬光言：「此乃邊鄙安危之機，不可不察。靈、夏之役，本由我起，今旣許其內附，若靳而不與，彼必以爲恭順無益，不若以武力取之。小則上書悖慢，大則攻陷新城，當此之時，不得已而與之，其爲國〔家〕（據宋史四八六夏國傳、續綱目、薛鑑補）恥，無乃甚於今日乎！羣臣見小忘大，守近遺遠，惜此無用之地，使兵連不解。願決聖心，爲兆民計。」文彥博與光合，太后將許之。光又欲併棄熙、河，安燾固爭之曰：「自靈武而東，皆中國故地。先帝有此武功，今無故棄之，豈不取輕於外夷邪！」邢恕亦言此非細事，當訪之邊人。光乃召禮部員外郎、前通判河州孫路問之。路挾輿地圖示光曰：「自通遠至熙州，纔通一徑，熙之北已接夏境。今自北關瀕大河，城蘭州，然後可以扞蔽，若捐以予敵，一道危矣。」光乃止。會秉常卒，遣使來告哀，詔：「自元豐四年用兵所得城砦，待歸我永樂陷執民，當盡畫以給還。」遂遣穆衍往弔祭。衍奏以爲：「蘭棄則熙危，熙危則關中震。唐自失河湟西邊，一有不順，則警及京都。今二百餘年，非先帝英武，孰能克復？若一旦委之，恐後患益前，悔將無及矣！」議遂止。尋遣使封乾順爲夏國主。

五年（庚午、一〇九〇）二月己亥，夏人來歸永樂所掠吏士百四十九人，遂詔以米脂、葭蘆、浮圖、安疆四砦還之。夏得地，益驕。

秋七月，夏人來議分畫疆界。

六年（辛未、一〇九一）九月，夏人寇麟州，又寇府州。

七年（壬申、一〇九二）冬十月，夏人寇環州。

紹聖三年（丙子、一〇九六）冬十月壬戌，夏人寇鄜延，陷金明砦。夏人自得四砦，連歲以畫界未定，侵擾邊境，且遣使欲以蘭州一境易塞門二砦。朝廷不許，夏主乾順乃奉其母率衆五十萬，大入鄜延。西自順寧、招安砦，東自黑水、安定，中自塞門、龍安、金明以南，二百里間，相繼不絕，至延州北(百)〔五〕(據宋史四八六夏國傳、續綱目、薛鑑改)里。是月，自長城一日馳至金明，列營環城。乾順子母親督枹鼓，縱騎四掠，知麟州有備，復還金明，而後騎之精銳者留龍安。邊將悉兵掩擊，不退，金明遂陷。守兵二千八百，惟五人得脫，城中糧五萬石，草千萬束，皆盡，將官張輿戰死。初，帝聞有夏寇，泰然笑曰：「五十萬衆深入吾境，不過數日；即勝，不過一二砦，須去。」已而果破金明引退。

四年(丁丑、一〇九七)夏四月甲辰，知渭州章楶城平夏。楶以夏人猖獗，上言城葫蘆河川，據形勝以偪夏，朝廷許之。遂合熙河、秦鳳、環慶、鄜延四路之師，陽繕理他砦數十所以示怯，而陰具板築守戰之備，出葫蘆河川，築二砦於石門峽江口好水川之陰。夏人聞之，帥衆來襲，楶迎擊，敗之。二旬又二日，城成，賜名曰平夏城、靈平砦。章惇因請絕夏人歲賜，而命沿邊諸路相繼築城於要害，以進拓境土，凡五十餘所。

八月，鄜延經略使呂惠卿復宥州。惠卿乞諸路出兵，乘便討擊，詔河東、環慶並聽惠卿期約。惠卿遂遣將官王愍攻破宥州，尋又奏築威戎、威羌二城。加惠卿銀青光祿大夫。時章惇肆開邊隙，故諸道與役進築，屢被爵賞。

元符元年(戊寅、一〇九八)冬十月己亥，夏人圍平夏，章楶禦之，獲其勇將嵬名阿埋，西壽監軍妹勒都逋，斬獲甚衆，夏人震駭。捷至，帝御紫宸殿受賀。楶在涇原日久，嘗言：「夏嗜利畏威，不有懲艾，邊不得休息。宜稍取其土疆，如古削地之制，以固吾圉。然後諸路出兵，擇要害，不一再舉，勢將自蹙矣。」章惇與楶同宗，言多見采。由是創州一，城砦九，屢敗夏人，而諸路多建城砦以逼夏。及是，有平夏之捷，夏人不復振。

二年（己卯、一〇九九）三月丙辰，夏人求援於遼，遼主遣簽書樞密院事蕭德崇來爲夏人議和，仍獻玉帶。詔郭知章報之，復書謂：「若果出至誠，深悔謝罪，當徐度所宜，開以自新之路。」

冬十月，許夏人通好。夏人屢敗，遣其臣令能嵬名濟等來謝罪，且進誓表。詔許其通好，歲賜如舊。自是西陲民少安。

徽宗崇寧三年（甲申、一一〇四）十二月，以陶節夫經制陝西、河東五路。初，蔡京任節夫帥鄜延，節夫誕妄特甚，每進築一城寨，卽奏云：「此西人要害必爭之地。」未一年，自常調遷至樞密直學士，然未嘗遣一騎一卒出塞。蓋與虜戰則有勝負，獨進築則無虞；又皆遠靈武數百里之地，虜所不（至）〔爭〕（據宋史四八六夏國傳、續綱目、薛鑑改），故皆得就功論賞，而京方主之，故有是命。

四年（乙酉、一一〇五）三月，貶王厚於郢州。初，蔡京使王厚招夏卓羅右廂監軍仁多保忠，厚言保忠雖有歸意而下無附者。章數上，京責厚愈急，厚乃遣弟詣保忠，還，爲夏邏者所獲，遂追保忠赴牙帳。厚以保忠縱不爲夏所殺，亦不能復領軍政，使得之，一匹夫耳，何益於事。京怒，〔必〕（據宋史四八六夏國傳、續綱目補）令以金帛招致之。夏乃點兵渭、延、慶三路，各數千騎，出沒，聲言假兵於遼。而朝廷用京計，又命西邊能招致夏人者，毋論首從，賞同斬級，令陶節夫在延安大加招誘。夏主遣使巽請，皆拒之，又令殺其放牧者。夏人遂入鎮戎，略數萬口，與羌酋谿賒羅撒合兵，逼宣威城。知鄯州高永年出禦之，行三十里，爲羌人所執。多羅巴謂其下曰：「此人奪我國，使吾宗族漂落無處所。」遂殺之，探其心肝食焉。已而羌衆復焚大通河橋以叛，新疆大震。事聞，帝怒，親書五路將帥劉仲武等十八人之名，敕御史侯蒙往秦州逮治。蒙至秦，仲武等囚服聽命。蒙喻之曰：「君輩皆侯伯，無庸辱獄吏，第以實對。」獄既具，蒙奏言：「漢武帝殺王恢，不如秦穆公赦孟明。子玉縊而晉侯喜，孔明亡而蜀國輕。今羌殺吾一都護，而使十八將由之以死，是自戕其肢體也。欲身不病，得乎？」帝悟，釋不治，惟王厚坐逗遛，貶爲郢州防禦使。

政和五年（乙未、一一一五）春正月，童貫遣熙河經略使劉法將步騎十五萬，出湟州；秦鳳經略使劉仲武將兵五萬，出會州；貫以中軍駐蘭州，爲兩路聲援。仲武至清水河，築城屯守而還。法與夏右廂軍戰於古骨龍，大敗之，斬首三千餘。

二月，以童貫領六路邊事。時永興、鄜延、環慶、秦鳳、涇原、熙河各置經略安撫司，以貫統領之，於是西（邊）〔兵〕（據續綱目、薛鑑改）之柄皆屬於貫。

九月，王厚、劉仲武合涇原、鄜延、環慶、秦鳳之師攻夏臧底河城，敗績，死者十四五。童貫匿不以聞。未幾，夏人大掠蕭關而去。

六年（丙申、一一一六）春正月，童貫使劉法、劉仲武合熙、秦之師十萬攻夏仁多泉城。城中力（孤）（據續綱目、薛鑑删）守，援不至，乃降。法受而屠之。渭州將种師道克夏臧底河城。師道，世衡之孫也。

宣和元年（己亥、一一一九）三月，童貫使熙河經略使劉法取朔方，法不欲行，彊遣之。乃引兵二萬出，至統安城，遇夏主弟察哥，率步騎爲三陣以當法前軍，而別遣精騎登山出其後。大戰移七時，前軍楊惟忠敗入中軍，後軍焦安節敗入左軍，朱定國力戰，自朝至暮，兵飢馬渴，死者甚衆。法乘夜遁，比明，走七十里，至蓋朱峗。守兵追之，斬首而去。察哥見法首，惻然語其下曰：「劉將軍前敗我於古骨龍、仁多泉，吾嘗避其鋒，謂天生神將，豈料今爲一小卒梟首哉！其失在恃勝輕出，不可不戒。」遂乘勝圍震武。震武在山峽中，熙、秦兩路不能餉，自築城三歲間，知軍李明、孟清皆爲夏所殺。至是，城又將陷，察哥曰：「勿破此城，留作南朝病塊。」乃自引去。時諸將所築城砦皆不毛，夏所不爭之地，而關輔爲之蕭條矣。劉法既敗死，童貫乃以捷聞，受賞者數百人。

六月，夏人遣使納款，詔童貫罷兵。

宋史紀事本末

〔明〕陳邦瞻撰

第二册
卷四一至卷七五

中華書局

宋史紀事本末第二册目錄

宋史紀事本末卷四十一

熙河之役

神宗熙寧三年（庚戌、一〇七〇）冬十月，貶秦鳳經略使李師中知舒州。先是，建昌軍司理王韶詣闕上平戎三策，以爲「西夏可取。欲取西夏，當先復河湟；欲復河湟，當先以恩信招撫沿邊諸種。自武威之南至於洮、河、蘭、鄯，皆故漢郡，其地可以耕而食，其民可以役而使。幸今諸羌瓜分，莫相統一，此正可併合而兼撫之時也。且唃氏子孫，瞎征差盛，爲諸戎所畏，若招撫之，使糾合宗黨，制其部族，於漢有肘腋之助，且使夏人無所連結，策之上也」。帝異其言，召問方略。王安石以爲奇，請以韶管幹秦鳳經略，司機宜文字。韶請築渭、涇上下兩城，屯兵，以撫納洮、河諸部。下師中議，師中以爲不便，詔師中罷帥事。韶又言：「渭源至秦州，良田不耕者萬頃，願置市易司，稍籠商賈之利，取其贏以治田，乞假官錢爲本。」詔秦鳳經略司以川交子易物貨給之，命韶領市易事。師中言：「韶所指田，乃極邊弓箭手地耳。又將移市易司於古渭，恐秦州自此益多事，所得不補所失。」安石主韶議，爲削師中職，徙知舒州，而以竇舜卿知秦州，與內侍李若愚按閒田所在，僅得地一頃，地主有訟，又歸之矣。舜卿、若愚奏其欺，安石又爲謫舜卿而命韓縝；縝遂附會實其事，乃進韶太子中允。

四年（辛亥、一〇七一）八月，命王韶主洮河安撫司事。時議取河湟，自古渭砦接青唐、武勝軍，應招納蕃部市易、募人營田等事，並令王韶主之。韶至秦，會諸將，以蕃部俞龍珂在青唐最大，渭源羌與夏人皆欲羈縻之，議先致討。韶因按邊，引數騎直抵其帳，諭以成敗，遂留宿。明旦，兩種皆遣其豪隨韶以東，龍珂率其屬十二萬口內附。龍珂既歸朝，自言：「平生聞包中丞朝廷忠臣，乞賜姓包氏。」帝如其請，賜姓包名順。

五年（壬子、一〇七二）五月，以古渭砦爲通遠軍。帝志復河隴，會定州駐泊都監張守約請以古渭爲軍，根本隴右。帝從之，以王韶知軍事，行教閱法。

八月，秦鳳路沿邊安撫王韶引兵擊吐蕃乞神平，破蒙羅角、抹耳、水巴等族。初，諸羌各保險，諸將謀置陣平地，韶曰：「賊不舍險來鬭，則我師必徒歸。今已入險地，當使險爲吾有。」乃徑趨抹邦山，壓敵軍而陣，令曰：「敢言退者斬！」賊乘高下鬭，師小卻。韶躬擐甲冑，麾帳下兵逆擊之，羌大潰，焚其廬帳而還，洮西大震。會木征渡河來援，餘黨復集。韶戒別將由竹牛嶺路張軍聲，而潛師越武勝，遇瞎征首領瞎藥等，與戰，破之，遂城武勝，建爲鎮洮軍。韶言：「措置洮、河，只用回易息錢，未嘗輒費官本。」文彥博曰：「工師造屋，初必小計，冀人易於動工。及既興作，知不可已，乃方增多。」帝曰：「屋壞豈可不修！」王安石曰：「主者善計，自有忖度，豈爲工師所欺也！」彥博不復敢言。由是韶進討，敢肆欺誕，朝廷不與計財。

冬十月，置熙河路，領熙、河、洮、岷州、通遠軍，升鎮洮軍爲熙州，以王韶爲經略安撫使，兼知熙州。然河、洮、岷三州猶未能復也。

十一月，河州首領瞎藥等來降，以爲內殿崇班，賜姓名包約。

六年（癸丑、一〇七三）二月，王韶復河州，獲木征妻子。

九月，岷州首領木令征以其城降。初，王韶既復河州，會降羌叛，韶回軍擊之。吐蕃木征遂據河州，韶進破訶諾木藏城，穿露骨山，南入洮州境。道陿隘，釋馬徒行，或日至六七。木征留其黨守河州，自將尾官軍。韶力戰破走之，河州復平。木令征聞先聲，遂以城降。韶入岷州，於是宕、洮、疊三州羌酋皆以城附。韶軍行五十四日，涉千八百里，得州五，斬首數千級，獲牛羊馬以萬計。捷書至，帝御紫宸殿受羣臣賀，解所服玉帶賜王安石，進韶左諫議大夫、端明殿學士。

七年（甲寅、一〇七四）二月，知河州景思立與吐蕃別將戰於踏白城，敗死。

三月壬寅，木征寇岷州。木征雖屢敗，而董氈別將青宜結鬼章之衆，復數擾河州屬蕃。

時，王韶入朝，景思立既敗死，木征勢復熾，遂寇岷州。刺史高遵裕遣包順擊走之。

是月，遣使分行諸路，募武士，赴熙河。

夏四月，木征復寇河州，圍之。時賊勢方盛，王韶自京師還，至興平，聞之，乃與李憲日夜馳至熙州。熙方城守，韶命撤之，選兵得二萬人。諸將欲趨河州，韶曰：「賊所以圍城者，恃有外援也。攻其所恃，則圍自解。」乃直趨定羌城，破西蕃結河川族，斷夏國通路，進臨寧河，分命偏將入南山。木征知援絕，拔柵去。韶還熙州，以兵循西山，繞踏白城後，焚賊八十帳，斬首七千餘級。木征窮蹙，率酋長八十餘人詣軍門乞降。韶受之，送木征赴京師。初，景思立之覆師也，羌勢復熾，朝議欲棄熙河，帝為之旰食，數下詔，戒韶持重勿出。及是，帝大喜，以木征為營州團練使，賜姓名趙思忠。

八年（乙卯、一〇七五）十二月，以王韶為樞密副使。

九年（丙辰、一〇七六）二月，吐蕃鬼章寇五牟谷，蕃將藺氈納支大破之。

十二月，鬼章聚兵洮、岷，脅新附羌，多〔叛〕（本卷校改各條，除文下注明者外，均以續綱目、薛鑑為依據）歸之。帝遣內侍押班李憲乘驛往秦鳳、熙河措置邊事，詔諸將皆受節制。御史彭（如）〔汝〕礪（據宋史三四六本傳、又四六七李憲傳、續綱目、薛鑑改）等極論其不可，且言：「鬼章之患小，用憲之患大；憲功不成其患小，功成其患大。」章再上，不聽。

十年(丁巳、一〇七七)二月，王韶罷。韶與王安石有隙，且以勤兵遠略，歸曲朝廷，帝亦不悅。數以母老乞歸，乃出知洪州。

韶鑿空開邊，驟躋政地，然用兵有機略，臨出師，召諸將授以指，不復更問，每戰必捷。嘗夜臥帳中，前部遇敵，矢石已及，呼聲振山谷，侍者股栗，而韶鼻息自如，人服其量。

夏四月，賜熙河路兵特支錢，戰死者賜帛。

十一月，以宗哥首領青宜結鬼章爲廓州刺史，阿令骨爲松州刺史。

哲宗元祐二年(丁卯、一〇八七)八月，岷州將种誼復洮州，執鬼章青宜結，檻送京師。初，董氈既死，養子阿里骨嗣爲邈川首領，逼鬼章使率其衆據洮、河、岷州。誼等帥師執之，遣居秦州聽令，招其子結呧齪及部屬以自贖。阿里骨懼，乃上表謝罪。

元符二年(己卯、一〇九九)秋七月，洮西安撫使王贍取吐蕃邈川、青唐，降其酋瞎征。初，阿里骨死，子瞎征嗣。瞎征性嗜殺，部曲睽貳。大酋心牟欽氈等有異志，以瞎征季父蘇南党征雄武，譖殺之，其黨皆死，獨籛羅結得逃，奉董氈疎族溪巴溫之子杓拶，據溪哥城。瞎征攻殺杓拶，籛羅結奔河州，說知州王贍以取青唐之策。贍言於朝，章惇許之。至是，贍引兵趨邈川，守者以城降，贍留屯之。瞎征自知其下多叛，乃脫身自青唐來降於贍。詔以胡宗回帥熙河以節制之。

八月，城會州。元豐中，雖加蘭、會與熙河爲一路，而會州實未復。至是，始城會州，以西安城北六砦隸之。

閏九月，吐蕃隴拶復據青唐，王贍擊降之。詔以青唐爲鄯州，邈川爲湟州。初，瞎征既降於王贍，而贍與總管王愍爭功，交訟於朝，於是青唐大酋心牟欽氈迎溪巴溫入城，立木征之子隴拶爲主，其勢復張。瞎征大懼，自髡爲僧以祈免。熙河帥胡宗回督贍進師，贍急攻隴拶及心牟欽氈等，皆出降，贍入據其城。〔詔〕以青唐爲鄯州，贍知州事；邈川爲湟州，王厚知州事。

三年（庚辰、一一〇〇）三月，詔棄鄯、湟州，以畀吐蕃。初，王贍留鄯州，縱所部剽掠，羌衆攜貳。心牟等結諸族帳謀反，贍擊破之，悉捕斬城中羌，積級如山。贍又諷諸羌酋籍勝兵者，皆涅其臂，無應者。錢羅結請歸帥本路爲倡，贍聽之去，遂嘯聚數千人，圍邈川，夏衆十萬助之，城中危甚。苗履、姚雄帥所部兵來援，圍始解。贍因棄青唐而還。溪巴溫與其子溪賒羅撒據之。羣羌復合兵攻邈川，王厚亦不能支。朝論請並棄邈川，且謂隴拶乃木征之子，遂命知鄯州，賜姓名曰趙懷德；其弟邪辟勿丁瓦曰懷義，同知湟州；加瞎征懷遠軍節度使。而貶贍於昌化軍，厚於賀州，胡宗回奪職，知蘄州。贍至穰縣，自縊死。

徽宗崇寧元年（壬午、一一〇二）十二月，蔡京論前宰執韓忠彥等議棄湟州失策，復薦高永年、王厚爲帥，從之。

二年（癸未、一一〇三）夏四月，詔宦者童貫監洮西軍。

六月，童貫復湟州。初，蔡京復開邊，還王厚前職。會羌人多羅巴奉谿賒羅撒謀復國，趙懷德畏偪，奔河南種落，更挾之以令諸部。朝廷患衆羌扇結，遂命王厚安撫洮西，合兵十萬討之。京又與內客省使童貫善，因言：「貫嘗使陝右，審悉五路事宜與諸將之能否，請以貫用李憲故事監其軍。」帝從之。貫至湟州，適禁中太乙宮火，帝下手札，止貫毋西兵。貫發視，遽納鞾中，厚問故，貫曰：「上趣成功耳。」遂行。多羅巴知王師且至，集衆以拒。厚聲言駐兵，而陰戒行，羌備益弛，乃與偏將高永年異道而進。多羅巴三子以數萬人分據要害，厚擊殺其二子，唯少子阿蒙中流矢去，道遇多羅巴，與俱遁。厚遂拔湟州。捷聞，進蔡京官三等，蔡卞以下二等。降德音於熙河蘭會路。論棄湟州罪，貶韓忠彥爲磁州團練副使，安燾爲祁州團練副使，曾布爲賀州別駕，范純禮爲靜江軍節度副使，奪蔣之琦三秩，凡預議者，貶黜有差。

三年（甲申、一一〇四）夏四月，王厚復鄯州、廓州。

五月，封蔡京爲嘉國公，以王厚爲武勝節度留後。初，厚率大軍次於湟，命高永年將左軍，別將張誡將右軍，自將中軍，期會宗哥川。羌置陣臨宗水，倚北山，谿賒羅撒張黃屋，建大旆，乘高指呼，望中軍旗鼓，爭赴之。厚麾遊騎登山，攻其北，親帥强弩迎射，羌退走，右軍濟水擊之。大風揚沙，翳羌目，不得視，遂大敗。斬首四千三百餘級，俘三千餘人，羅撒以一騎馳去。其母龜茲公主與諸酋開城門以降。厚計羅撒必且走青唐，將夜追之，童貫以爲不能及，遂止。師下青唐，知羅撒留一宿去，貫始悔之。厚將大軍趨廓州，羌酋落施軍令結以衆降，遂入廓州。詔加京司空，封爵，而超拜厚武勝軍節度觀察留後。

史臣曰：吐蕃之裔，守護西塞，爲不侵不叛之臣，固嘗宣力王家，奮擊夏虜。而王安石主王韶，章惇主王贍，蔡京主王厚，三用師於其國，唃氏子孫無罪而就覆亡，功雖訖成，邊患不息。及金人得秦、隴，乃能求其後而續其血食，孰謂夷無人哉！

宋史紀事本末卷四十二

瀘夷

神宗熙寧六年（癸丑、一〇七三）五月，瀘夷叛。詔遣中書檢正官熊本爲梓夔察訪使，得以便宜措置諸夷事。

七年（甲寅、一〇七四）春正月，熊本平瀘夷。本嘗通判戎州，習夷中俗，及至部，以爲彼能擾邊者，介十二村豪爲鄉道爾，乃以計致百餘人，梟之瀘川。其徒股栗，願矢死自贖，獨柯陰一酋不至。本合晏州十九姓之衆，發黔南義軍彊弩，遣大將王宣等帥以進討。賊悉力旅拒，宣敗之黃葛下，追奔深入，柯陰窘迫乞降。本受之，盡籍丁口、土田及其重寶、善馬，歸之官。以其酋箇恕知歸徠州，其子乞弟爲蕃部巡檢，於是淯井、長寧、烏蠻、羅氏鬼主諸夷皆願世爲漢官。本還，帝勞之曰：「卿不傷財，不害民，一旦去百年之患。至於檄奏詳明，近時鮮儷。」擢集賢殿修撰，賜三品服。西南用兵自此始。

八年（乙卯、一〇七五）十一月，熊本擊渝州獠。渝州南川獠木斗叛，詔本安撫之。本進營召本還，建銅佛壩爲南平軍。木斗舉溱州地五百里來歸，爲四砦、九堡。建銅佛壩，破其黨。

知制誥。

元豐三年（庚申、一〇八〇）夏四月，詔忠州團練使韓存寶經制瀘夷。先是，渝州獠寇南川，其酋阿訛奔箇恕，熊本重賞檄斬之。阿訛桀黠，習知邊隙，箇恕匿不殺。會箇恕老，以兵屬其子乞弟，遂與阿訛侵諸部。時羅苟夷叛，犯納溪，提刑穆珦言：「羅苟起端，不加誅則烏蠻觀望，爲害不細。」乃詔韓存寶擊之。存寶召乞弟，掎角討蕩五十六村、十三囤，蠻乞降，承租賦，乃罷兵。至是，乞弟率步騎六千至江安城下，責平羅苟之賞，數日乃引去。知瀘州喬敍遣梓夔都監王宣以兵二千守江安，而以賄招乞弟與盟於納溪。蠻以爲畏已，益悖慢，盟五日，遂率衆圍熟夷羅箇牟族。王宣救之，一軍皆沒，事遂張。驛召存寶授方略，統三將，兵萬八千，趨東川。存寶怯懦不敢進，乞弟送款紿降，存寶信之，遂休兵於綿、梓、遂、資間。

四年（辛酉、一〇八一）秋七月，韓存寶坐逗遛無功，誅於瀘州，以步軍都虞候林廣代將。時乞弟復送款，帝以其反覆無降意，督廣進兵，廣遂敗乞弟於納江，破樂共城，斬首二千級，乞弟遁。廣帥兵深入，自發納江，卽入叢箐，無日不雨雪，兵夫疾病、死亡不可勝計，往往取僵尸臠割食之。過鴉飛不到山，至歸徠州，竟不得乞弟而還。時朝廷懲安南無功，方大舉伐夏，故誅存寶以令諸將。

宋史紀事本末卷四十三

元祐更化

神宗元豐八年（乙丑、一〇八五）三月，帝崩。皇太子煦卽位，時年十歲。太皇太后高氏臨朝，同聽政。太后旣聽政，卽散遣修京城役夫，止造軍器及禁廷工技，出近侍尤無狀者，戒中外無苛斂，寬民間保戶馬。事由中旨，宰相王珪等弗與知也。

司馬光聞先帝喪，入臨。時光罷官居洛十五年矣，田夫、野老皆號爲司馬相公，婦人、孺子亦知有君實。至是入臨，衞士見光，皆以手加額，民遮道呼曰：「公無歸洛，留相天子，活百姓。」所至，人聚觀之。光懼，亟還。太后遣梁惟簡勞光，問爲政所當先。光疏曰：「臣聞周易，天地交則爲泰，不交則爲否。君父，天也；臣民，地也。是故君降心以訪問，臣竭誠以獻替，則庶政修治，邦家乂安；君惡逆耳之言，臣營便身之計，則下情壅蔽，衆心離叛。自生民以來，治亂未有不由斯道者也。夫道猶歧路，近差跬步，遠失千里。今陛下新臨大寶，太皇太后同斷萬幾，初發號令，斯乃治亂之歧塗，安危之所由分也。當以要切爲先，以瑣細爲後。臣竊見近年以來，風俗頹弊，士大夫以偷合苟容爲智，以危言正論爲狂，是致下情蔽而不上通，上恩壅而不下達。閭閻愁苦，痛心疾首，而上不得知；明主憂勤，宵衣旰食，而下無所訴。皆罪在羣臣，而愚民無知，往往怨歸先帝。臣愚以爲今日所宜先者，莫若明下詔書，廣開言路，不以有官無官之人，應有知朝政闕失及民間疾苦者，並許進實封狀，盡情極言。仍頒下諸路州、軍，出榜曉示。在京則於鼓院投下，委主判官晝時進入；在外則於州、軍投下，委長吏卽日附遞奏聞。皆不得取責副本，强有抑退。羣臣若有沮難者，其人必有姦惡，畏人指陳，專欲壅蔽聰明，此不可不察。」詔從之。

夏四月甲戌，詔曰：「先皇帝臨御十有九年，建立政事以澤天下；而有司奉行失當，幾於煩擾，或苟且文具，不能宣布實惠。其申諭中外，協心奉令，以稱先帝惠安元元之意。」

五月丙申，詔百官言朝政闕失，榜於朝堂。時大臣有不悅者，設六事於詔語中以禁遏之曰：「若陰有所懷，犯非其分，或扇搖機事之重，或迎合已行之令，上以觀望朝廷之意以僥倖希進，下以眩惑流俗之情以干取虛譽：若此者，必罰無赦。」太后復封詔草示司馬光，光曰：「此非求諫，乃拒諫也。人臣惟不言，言則入六事矣。」太府少卿宋彭年、水部員外郎王諤皆應詔言事，有欲借此二人以懲天下言者，謂其非職而言，罰銅三十斤。光具論其情，改詔行之，於是上封事者千數。

丙辰，以蔡確、韓縝爲尚書左、右僕射兼門下、中書侍郎，章惇知樞密院事。詔起司馬光知陳州，光過闕入見，留爲門下侍郎。是時，天下之民引領拭目以觀新政，而議者猶謂三年無改於父之道。光曰：「先帝之法，其善者雖百世不可變也。若王安石、呂惠卿所建爲天下害者，改之當如救焚拯溺。況太皇太后以母改子，非子改父也。」於是衆議少止。

羅從彦曰：孔子曰：「三年無改於父之道。」此孝子居喪，志存父在之道，不必主事而言也。況當易危爲安，易亂爲治之時，速則濟，緩則不及，改之乃所以爲孝也。天子之孝，在於保天下。光不即理言之，乃曰：「以母改子，非子改父。」以此遏衆議則失之矣。其後至紹聖時，排陷忠良，以害於治，豈亦光有以召之耶！

丁亥，詔中外臣庶，許「直言朝政得失，民間疾苦」。召程顥爲宗正寺丞。時朝政方新，賢德登進，顥雖小官，特爲時望所屬，故有是召。會顥以疾不行，尋卒。

秋七月戊戌，以呂公著爲尚書左丞。初，公著知揚州，被召侍讀。太后遣使迎問所欲言，公著曰：「先帝本意以寬省民力爲先，而建議者以變法侵民爲務，與己異者一切斥去，故日久而弊愈深，法行而民愈困。誠得中正之士，講求天下利病，協力而爲之，宜不難矣。」因上十事曰：畏天、愛民、修身、講學、任賢、納諫、薄斂、省刑、去奢、無逸。既至，遂有是拜。公著旣居政府，與司馬光同心輔政，推本先帝之志，凡欲革而未暇與革而未盡者，一一舉行之。又乞備置諫員以開言路。民歡呼鼓舞稱便。

詔罷保甲法。初，保甲法行於京畿及河北、河東、陝西三路，凡置會校、都保三千二百六十六，正長、壯丁六十九萬一千九百四十五人，歲省舊募兵錢六十六萬一千四百八十三緡，而民間應調，不勝其苦。先是，司馬光言於太后曰：「兵出民間，雖云古法，然古者八百家纔出甲士三人、步卒七十二人，閒民甚多，三時務農，一時講武，不妨稼穡。自兩司馬以上，皆選賢士大夫爲之，無侵漁之患，故卒乘輯睦，動則有功。今籍鄉村之民，二丁取一以爲保甲，授以弓弩，教之戰陳，是農民半爲兵也。三四年來，又令三路置都教場，無問四時，每五日一教。特置使者比監司，專切提舉，州縣不得關預。每一丁教閱，一丁供送，雖云五日，而保、正長以泥堋、除草爲名，聚之教場，得賂則縱，否則留之。是三路耕耘收穫稼穡之事幾盡廢也。」至是，復力言其公私勞擾，有害無益。遂詔罷之。

十一月丙戌，罷方田。

以鮮于侁爲京東轉運使。熙寧末侁已嘗爲是官，至是，吳居厚貶，復用之。司馬光語人曰：「今復以子駿爲轉運使，誠非所宜。然朝廷欲救東土之弊，非子駿不可。此一路福星也，安得百子駿布在天下乎！」

十二月壬戌，罷市易法。時言者交論市易之患被於天下。本錢無慮千二百萬緡，率二分其息，十有五年之間，子本當數倍，今乃僅足本錢。蓋買物入官，未轉售而先計息取償，至於物貨苦惡，上下相蒙，虧折日多，空有虛名而已。監察御史韓川論市易，以爲「雖曰平均物直，而其實不免貨交取利。就使有獲，尚不可爲，況所獲不如所亡。願趣罷其法」。於是詔罷市易，而削前提舉市易光祿卿呂嘉問三秩，貶知淮陽軍。

罷保馬法。

哲宗元祐元年（丙寅、一〇八六）閏二月庚寅，右司諫王覿上疏言：「國家安危治亂繫於大臣。今執政八人而姦邪居半，使一二元老何以行其志哉！」因極論蔡確、章惇、韓縝、張璪朋邪害正，章數十上。會右諫議大夫孫覺、侍御史劉摯、右司諫蘇轍、御史王巖叟、朱光庭、上官均等連章論蔡確罪，且言：「確在熙、豐時，寃獄苛政，首尾預其間。及至今日，稍語於人曰：『當時確豈敢言此！』其意欲固竊名位，反歸曲於先帝也。」司馬光、呂公著進用，蠲除煩苛，確言皆其所建白，於是公論益不容。太后不忍斥之，但罷政，出知陳州。

以司馬光爲尚書左僕射兼門下侍郎。時光已得疾，而青苗、免役、將官之法猶在，西夏未降，光歎曰：「四害未除，吾死不瞑目矣！」與呂公著書曰：「光以身付醫，以家事付子，惟國事未有所託，今以屬公。」既而詔免朝參，乘肩輿三日一入省。光不敢當曰：「不見君，不可視事。」詔令子康扶入對。遼人聞之，敕其邊吏曰：「中國相司馬矣，愼無生事開邊隙。」

辛亥，章惇罷。言者論惇讒賊很戾，罔上蔽明，不忠之罪與蔡確等，惇不自安。及確罷，論者益力。會與司馬光爭辯役法於太后簾前，其語甚悖。太后怒，斥知汝州。

三月，司馬光請悉罷免役錢，復差役法，諸色役人皆如舊制，其見在役錢，撥充州縣常平本錢。於是詔修定役書，凡役錢惟元定額及額外寬剩二分以下，許著爲準，餘並除之。若寬剩元不及二分者，自如舊則。尋詔耆戶長、壯丁仍舊募人供役，保正、甲頭、承帖人並罷。

侍御史劉摯乞並用祖宗差法。監察御史王巖叟請立諸役相助法。中書舍人蘇軾請行熙寧給田募役法，因列其五利。王巖叟言：「五利難信，而有十弊。」軾議遂格。

司馬光復言：「免役之法，其害有五：上戶舊充役，固有陪備而得番休，今出錢比舊費特多，年年無休息。下戶舊不充役，今例使出錢。舊所差皆土著良民，今皆浮浪之人，恣爲姦欺。又農民出錢難於出力，凶年則賣莊田、牛具，以錢納官。又提舉司惟務多斂役錢，積寬剩以爲功。此五害也。今莫若直降敕命，委縣令佐揭簿定差，其人不願身自供役，許擇可任者雇代。惟衙前一役最號重難，今仍行差法，陪備既少，當不至破家。若猶矜其力難獨任，卽乞如舊於官戶、寺觀、單丁、女戶有屋產、莊田者，隨貧富以差出助役錢。尙慮役人利害四方不能齊同，乞許監司、守令審其可否。可則亟行，如未究盡，縣五日具措畫上之州，州一月上轉運司以聞。朝廷委執政審定，隨一路、一州，各爲之敕，務要曲盡。」初，章惇取光所奏疏略未盡者駁奏之，呂公著言：「惇專欲求勝，不顧命令大體，望選差近臣詳定。」於是〔詔以〕（據宋史一七七食貨志補）資正殿大學士韓維及范純仁、呂大防、孫永等詳定以聞。

蘇軾言於光曰：「差役、免役，各有利害。免役之害，聚斂於上，而下有錢荒之患。差役之害，民常在官，不得專力於農，而吏胥緣以爲姦。此二害輕重蓋略等矣。」光曰：「於君何如？」軾曰：「法相因則事易成，事有漸則民不驚。三代之法，兵農爲一，至秦始分爲二。及唐中葉，盡變府兵爲長征卒。自是以來，民不知兵，兵不知農。農出穀帛以養兵，兵出性命以衞農，天下便之，使聖人復起，不能易也。今免役之法實大類此，公欲驟罷免役而行差役，正如罷長征而復民兵，蓋未易也。」光不以爲然。初，差役行於祖宗之世，法久多弊，編戶充役，不習官府，吏虐使之，多以破產，而狹鄉之民或有不得休息者。免役使民以戶高下出錢，而無執役之苦。但行法者不循上意，於雇役實費之外，取錢過多，民遂以病。若量入爲出，毋多取於民，則善矣。光知免役之害而不知其利，欲一切以差役代之，軾獨以實告而光不察。軾又陳於政事堂，光色忿然。軾曰：「昔韓魏公刺陝西義勇，公爲諫官，爭之甚力。韓公不樂，公亦不顧。軾昔聞公道其詳，豈今日作相，不許軾盡言耶！」光謝之。自是役人悉用見數爲額，惟衙前用坊場、河渡錢雇募，餘悉定差，仍罷官戶、寺觀、單丁、女戶。尋以衙前不皆有雇直，遂改雇募爲招募。

范純仁謂光曰：「治道去其太甚者可也。差役一事尤當熟講而緩行，不然，滋爲民病。願公虛心以延衆論，不必謀自己出，謀自己出則諂諛得乘間迎合矣。（設）〔役〕（據宋史三一四范純仁傳、續綱目改）議或難回，則可先行之一路，以觀其究竟。」光不從，持之益堅。純仁曰：「是使人不得言耳。若欲媚公以爲容悅，何如少年合安石以速富貴哉！」又云：「熙寧按問自首之法，既已改之，有司立文太深，四方死者視舊數倍，殆非先王寧失不經之意。」純仁素與光同志，及臨事規正類如此。

初，差役之復，爲期五日，同列病其太迫，知開封府蔡京獨如約悉改畿縣雇役，無一違者。詣政事堂白光，光喜曰：「使人人奉法如君，何不可行之有！」

光居政府，凡王安石、呂惠卿所建新法剗革略盡。或謂光曰：「熙、豐舊臣多憸巧小人，他日有以父子之義間上，則禍作矣。」光正色曰：「天若祚宋，必無此事。」於是天下釋然曰：「此先帝本意也。」衞尉丞畢仲游與光書曰：「昔安石以興作之說動先帝，而患財不足也，故凡政之可得民財者無不用。蓋散青苗、置市易、斂役錢、變鹽法者事也，而欲興作，患不足者，情也。苟未能杜其興作之情，而徒欲禁其散斂變置之法，是以百說而百不行。今遂廢青苗、罷市易、蠲役錢、去鹽法，凡號爲利而傷民者，一掃而更之，則向來用事於新法者必不喜矣。不喜之人必不但曰不可廢罷蠲去，必操不足之情，言不足之事，以動上意。雖致石而使聽之，猶將動也。如是，則廢罷蠲去者皆可復行矣。可不預治哉！爲今之策，當大舉天下之計，深明出入之數，以諸路所積之錢粟一歸地官，使經費可支二十年之用，數年之間又將十倍於今日。使天子曉然知天下之餘於財也，則不足之論不得陳於前，然後所論新法者，始可永罷而不可復矣。昔安石之居位也，中外莫非其人，故其法能行。今欲救前日之弊，而左右侍從、職司使者，十有七八皆安石之徒，雖起二三舊臣，用六七君子，然累百之中存其十數，烏在其勢之可爲也。勢未可爲而欲爲之，則青苗雖廢將復散，况未廢乎？市易雖罷且復置，况未罷乎？役錢、鹽法，亦莫不然。以此救前日之敝，如人久病而少間，其父子、兄弟喜見顏色而未敢賀者，以其病之猶在也。」光得書聳然，亦竟不爲之慮。

以劉摯爲御史中丞。摯上疏曰：「上之所好，下必有甚。朝廷意在綜覈，下必有刻薄之行；朝廷務在寬大，下必有苟簡之事。習俗懷利，迎意趨和，所爲近似，而非上之意本然也。今因革之政本殊，而觀望之俗固在。昨差役初行，監司已有迎合爭先，不校利害，一概定差，一路爲之騷動者。以是觀之，大約類此。向來黜責數人者，皆以非法掊克，市進害民，然非欲使之漫不省事。昧者不達，矯枉過正，顧可不爲之禁哉！」

壬寅，以呂公著爲尚書右僕射兼中書侍郎。詔起文彥博平章軍國重事，班宰相上。

五月丁巳，以韓維爲門下侍郎。神宗崩，維自提舉嵩山崇福宮入臨，太后手詔勞問，維對曰：「人情貧則思富，苦則思樂，困則思息，鬱則思通，誠能常以利民爲本則民富，常以憂民爲心則民樂。賦役非人力所堪者，去之則勞困息；法禁非人情所便者，蠲之則鬱塞通。推此而廣之，盡誠而行之，則子孫觀陛下之德，不待教而成矣。」未幾，起知陳州，召爲資政殿大學士兼侍讀。及詳定役法，四方多言差役便民，維曰：「是小人希意迎合者也，不可盡信。」司馬光不能從。

六月甲辰，貶呂惠卿爲建寧軍節度副使，建州安置。中書舍人蘇軾草其制曰：「惠卿以斗筲之才，穿窬之智，諂事宰輔，同升廟堂。樂禍貪功，好兵喜殺，以聚斂爲仁義，以法律爲詩書。首建青苗，次行助役，均輸之政，自同商賈，手實之禍，下及雞豚，苟可蠹國害民，率皆攘臂稱首。先皇帝求賢如不及，從善若轉圜，始以帝堯之仁，姑試伯鯀，終焉孔子之聖，不信宰予。尙寬兩觀之誅，薄示三苗之竄。」天下傳誦稱快焉。時惠卿、章惇、呂嘉問、鄧綰、李定、蒲宗孟、范子淵等皆已斥外，言者論之不已。范純仁言於太后曰：「錄人之過，不宜太深。」后然之，乃詔前朝希合附會之人一無所問，言者勿復彈劾。惠卿黨稍安。或謂呂公著曰：「今除惡不盡，將貽後患。」公著曰：「治道去太甚耳。文、景之世，網漏吞舟。且人材實難，宜使自新，豈宜使自棄耶！」

八月辛卯，詔復常平舊法，罷青苗錢。司馬光以疾在告，范純仁以國用不足，請再立常平錢穀給斂出息之法，限正月以散及一半爲額，民間絲麥豐熟，隨夏稅先納所輸之半，願半納者，止出息一分。臺諫劉摯、上官均、王覿、蘇轍交章論其非，光謂：「先朝散青苗，本爲利民，並取情願；後提舉官速要見功，務求多散。今禁抑配，則無害也。」中書舍人蘇軾錄黃，奏曰：「熙寧之法未嘗不禁抑配，而其爲害至此。民家量入爲出，雖貧亦足；若令分外得錢，則費用自廣。今若許人情願，則未免設法罔民，使快一時非理之用，而不慮後日催納之患，非良法也。」會臺諫王巖叟、朱光庭、王覿等交章乞罷青苗，光大悟，力疾請對。太后從之，詔：「常平錢穀止令州縣依舊法趁時糴糶，青苗錢更不支俵，除舊欠二分之息，元支本錢，驗見欠多少，分料次隨二稅輸納。」

九月丙辰朔，司馬光卒。時，兩宮虛己以聽光爲政，光亦自見言行計從，欲以身殉社稷，躬親庶務，不舍晝夜。賓客見其體羸，舉諸葛亮食少事煩以爲戒，光曰：「死生命也。」爲之益力。病革，諄諄如夢中語，皆朝廷天下事也。及卒，其家得遺表八紙，上之，皆當世要務。太后爲之慟，與帝臨其喪。贈太師、溫國公，謚文正。

十一月，以呂大防爲中書侍郎，劉摯爲尚書右丞。

二年（丁卯、一〇八七）夏四月己丑，文彥博乞致仕，詔十日一至都堂議事。

三年（戊辰、一〇八八）夏四月辛巳，呂公著以老懇辭位，乃拜司空、同平章軍國事。詔建第於東府之南，啓北扉以便執政會議，凡三省、樞密院之職皆得總理，間日一朝，因至都堂。其出不以時，蓋異禮也。

時，熙、豐用事之臣雖去，其黨分布中外，起私說以搖時政。鴻臚丞常安民貽公著書曰：「善觀天下之勢，猶良醫之視疾，方安寧無事之時，語人曰：『其後必將有大憂。』則衆必駭笑，惟識微見幾之士然後能逆知其漸。故不憂於可憂，而憂之於無足憂者，至憂也。今日天下之勢可爲大憂，雖登進忠良，而不能搜致海內之英才，使皆萃於朝以勝小人，恐端人正士未得高枕而臥也。故去小人爲不難，而勝小人爲難。陳蕃、竇武協心同力，選用名賢，天下想望太平，卒死曹節之手，遂成黨錮之禍。張東之、五王中興唐室，以爲慶流萬世，及武三思一得志，至於竄（夷）〔移〕（據宋史三四六常安民傳、續綱目、薛鑑改）淪沒。凡此者，皆前世已然之禍也。今用賢如倚孤棟，拔士如轉鉅石，雖有奇特瓌卓之才，不得一行其志，甚可歎也。猛虎負嵎，莫之敢攖，而卒爲人所勝者，人衆而虎寡也。故以十人而制一虎，則人勝；以一人而制十虎，則虎勝。奈何以數十人而制千虎乎！今怨忿已積，一發其害必大，可不爲大憂乎！」公著得書，默然。

以呂大防、范純仁爲尙書左、右僕射兼門下、中書侍郎。大防樸厚戇直，不植黨與。純仁務以博大開上意，忠厚革士風。二人同心戮力以相王室，太后亦傾心委之，故元祐之治，比隆嘉祐。

四年（己巳、一〇八九）二月甲辰，呂公著卒。太皇太后見輔臣，泣曰：「邦國不幸，司馬相公既亡，呂司空復逝。」痛憫久之。帝亦悲感，卽詣其家臨奠。贈太師、申國公，謚正獻。

六月甲辰，范純仁罷。

冬十月癸丑，帝御邇英殿，講官進講三朝寶訓。時呂大防見帝年益壯，日以進學爲急，請敕講讀官，取仁宗邇英御書解釋上之，置於座右。又摭乾興以來四十一事足爲勸戒者，分上下篇，標曰仁祖聖學。至是，帝御邇英閣，召宰執、講讀官讀三朝寶訓。至漢武帝籍南山提封爲上林苑，仁宗曰：「山澤之利，當與衆共之，何用此也！」丁度進曰：「臣事陛下二十年，每奉德音，未始不及於憂勤，此蓋祖宗家法耳。」大防因推祖宗家法以進曰：「自三代以後，惟本朝百二十年，中外無事，蓋由祖宗所立家法最善。臣請舉其略。」因數其事親、事長、治內、待外戚、尙儉、勤身、尙禮、寬仁八法以進，且曰：「虛己納諫，不好畋獵，不尙翫好，不用玉器，不貴異味，此皆祖宗家法所以致太平者。不須遠法前代，但盡行家法，足以爲天下。」帝深然之。

五年（庚午、一〇九〇）春正月庚戌，文彦博罷。

五月壬申，詔：「差役法有未備者，令具利害以聞。」初，蘇軾言：「差役之法，天下皆云未便。昔日雇役，中戶歲出幾何？今日差役，中戶歲費幾何？更以幾年一役較之，約見其數，則利害灼然。而況農民在官，吏百端蠶食，比之雇人，苦樂十倍。」李常亦言：「差法廢久，版籍不明，重輕無準，鄉寬戶多者僅得更休，鄉狹戶窄者頻年在役。望詔一二練事臣僚，使與賦臣取差、雇二法便者行之。」於是論差役未便者甚衆。遂詔：「差役法有未備者，令中書舍人王巖叟、樞密都承旨韓川、諫議大夫劉安世同看詳，具利害以聞。」

以蘇轍爲御史中丞。時熙、豐舊臣爭起邪說以撼在位，呂大防、劉摯患之，欲稍引用以平宿怨，謂之「調停」。太后疑不決，轍面斥其非，復上疏曰：「親君子，遠小人，則主尊國安；疎君子，任小人，則主憂國殆，此理之必然。夫以小人在外，憂其不悅，而引於內，以自遺患也。且君子、小人，勢同冰炭，同處必爭，一爭之後，小人必勝，君子必敗。何者？小人貪利忍恥，擊之則難去。君子潔身重義，沮之則引退。先帝聰明聖智，疾頹靡之俗，以綱紀四方，比隆三代。而臣下不能將順，造作諸法，上逆天意，下失民心。二聖因民所願，取而更之，上下忻慰。則前者用事之臣，今朝廷雖不加斥逐，其勢亦不能復留矣。尙賴二聖慈仁，宥之於外，蓋已厚矣。而議者惑於衆説，乃欲招而納之，與之共事，謂之『調停』。此輩若返，豈肯但已哉！必將戕害正人，漸復舊事，以快私忿。人臣被禍，蓋不足言，臣所惜者，祖宗朝廷也。惟陛下斷自聖心，勿爲流言所惑，勿使小人一進，後有噬臍之悔，則天下幸甚！」疏入，太后曰：「轍疑吾君臣兼用邪正，其言極有理。」諸臣從而和之，「調停」之説遂已。

六年（辛未、一〇九一）二月，以劉摯爲尚書右僕射兼中書侍郎，王巖叟簽書樞密院事。巖叟居言職五年，正諫無隱，及拜簽樞密，謝，因進曰：「太后聽政以來，納諫從善，務合人心，所以朝廷清明，天下安靜，願信之勿疑，守之勿失。」復進言於帝曰：「陛下今日聖學，當深辨邪正。正人在朝則朝廷安，邪人一進，便有不安之象。非謂一人能然，蓋其類應之者衆，上下蔽蒙，不覺養成禍胎爾。」又曰：「或聞有以君子、小人參用之説告陛下者，不知果有之否？此乃深誤陛下也。自古君子、小人無參用之理，聖人但云：『內君子而外小人則泰，內小人而外君子則否。』小人既進，君子必引類而去。若君子與小人競進，則危亡之基也，不可不察。」

十一月乙酉，劉摯罷。

七年（壬申、一〇九二）夏四月丙午，王巖叟罷。

六月辛酉，以呂大防爲右光祿大夫，蘇頌爲尙書右僕射兼中書侍郎，蘇轍爲門下侍郎，范百祿爲中書侍郎，梁燾、鄭雍爲尙書左、右丞，韓忠彥知樞密院事，劉奉世簽書樞密院事。

八年（癸酉、一〇九三）秋七月丙子，召范純仁爲尙書右僕射兼中書侍郎。純仁入謝，太后謂曰：「或謂卿必引用王覿、彭汝礪，卿宜與呂大防一心。」對曰：「此二人實有士望，臣終不敢保位蔽賢，望陛下加察。」純仁之將召也，殿中侍御史楊畏附蘇轍，欲相之，因與來之邵上疏論純仁闇猥，不可復相，不報。純仁既視事，呂大防欲引畏爲諫議大夫以自助，純仁曰：「諫官當用正人，畏不可用。」大防曰：「豈以畏嘗言相公耶？」轍卽從旁誦其彈文，然純仁初不知也。已而竟遷畏禮部侍郎。

宋史紀事本末卷四十四

宣仁之誣

神宗元豐八年（乙丑、一〇八五）春正月戊戌，帝不豫。

二月癸巳，帝疾甚，三省、樞密院入見，請立皇太子及請皇太后高氏權同聽政。許之。

三月甲午朔，立延安郡王傭爲皇太子，賜名煦。先是，岐王顥、嘉王頵日問起居，高太后既垂簾，命二王毋輒入，且陰勅中人梁惟簡妻製十歲兒一黄袍，懷以來，蓋密爲踐祚倉卒備也。初，太子之未立也，職方員外郎邢恕與蔡確成謀，密語太后之姪高公繪、公紀曰：「上疾不可諱，延安幼冲，宜早有定論。岐、嘉皆賢王也。」公繪驚曰：「此何言？君欲禍吾家耶！」恕知計不行，反宣言太后屬意岐王，而與王珪表裏，導確約珪入問疾，陽鉤致珪語，使知開封府蔡京伏劍士於外，須珪小持異，則執而誅之。既而珪言：「上自有子。」定議立延安，恕益無所施。及太子已立，猶與確自謂有定策功，傳播其語於朝。

庚子，尊皇太后曰太皇太后。

甲寅，羣臣請帝同太皇太后聽政。蔡確思求媚於太后以自固，太后從父高遵裕坐西征失律抵罪，因上言乞復遵裕官。后曰：「遵裕靈武之役，塗炭百萬，先帝中夜得報，起，環榻而行，徹旦不能寐，自是驚悸，馴致大故。禍由遵裕，得免刑誅，幸矣！先帝肉未冷，吾何敢顧私恩，而違天下公議乎！」確悚慄而退。

哲宗元祐元年（丙寅、一〇八六）春正月丙辰，立神宗原廟。太皇太后詔曰：「原廟之立，所從來久矣。前日神宗皇帝初卽祠宮，並建寢殿以崇嚴祖考，其孝可謂至矣。今神宗旣已升祔，於故事當營館御以奉神靈。而宮垣之東密接民里，欲加開展則懼成煩擾，欲探搢紳之議，皆合帝后爲一殿，則慮無以稱神宗欽奉祖考之意。聞治隆殿後有園池，以后殿推之，本留以待未亡人也，可卽其地立神宗原廟。吾萬歲之後，當從英宗皇帝於治隆，上以寧神明，中以成吾子之志，下以安民之心，不亦善乎！」

二年（丁卯、一〇八七）三月，神宗旣祥，太皇太后詔曰：「祥禫旣終，典策告具，而有司遵用章獻明肅皇后故事，謂予當受册於文德殿。雖皇帝盡孝養之意，務極尊崇，而朝廷有損益之文，各從宜稱。仰惟章獻明肅皇后輔佐眞廟，擁佑仁宗，茂業豐功，宜見隆異。顧予涼薄，敢企徽音？稽用舊儀，實有慚德！將來受册，可止就崇政殿。」又諭執政曰：「母后臨朝，非國家盛事，文德殿天子正衙，豈女主所當御哉！」

三年（戊辰、一〇八八）八月，邢恕爲太后姪公繪作書上太后，乞尊禮高氏。太后怒，罷恕。

〔閏〕（據薛鑑補）十二月甲寅，太皇太后詔曰：「官冗之患，所從來尚矣。流弊之極，實萃於今，上有久閑失職之吏，則下有受害無告之民。故命大臣考求其本，苟非裁損入流之數，無以澄清取士之原。吾今自以渺身率先天下，永惟臨御之始，嘗敕有司，蔭補私親，舊無定限，自惟薄德，敢配前人！已詔家庭之恩，止從母后之比，今當又損，以示必行。夫以先帝顧託之深，天下責望之重，苟有利於社稷，吾無愛於髮膚。矧此恩私，實同毫末，忠義之士，當識此誠，各忘內顧之恩，共成節約之制。今後每遇聖節、大禮、生辰，合得親屬恩澤，並四分減一。皇太后、皇太妃準此。」

四年（己巳、一〇八九）五月，安置蔡確於新州。確失勢已久，遂懷怨望，在安州，嘗遊車蓋亭，賦詩十章。知漢陽軍吳處厚與確有隙，因解釋其語以爲謗訕，且論其用郝處俊上元間諫高宗欲傳位武后事，指斥東朝，上之中書。於是臺諫（上）〔言〕（據續綱目、薛鑑改）確怨謗，乞正其罪。詔確具析，確自辨甚悉。右正言劉安世等又言：「確罪狀著明，何待具析？此乃大臣曲爲之地耳。」乃貶確光祿卿，分司南京。臺諫論之不置，而諫議大夫范祖禹亦言：「確之罪惡天下不容，尚以列卿分務留京，未厭衆論。」執政議置確於法，范純仁、王存以爲不可，爭之未決。文彥博欲貶確嶺嶠，純仁聞之，謂呂大防曰：「此路乾興以來荆棘近七十年，吾輩開之，恐自不免。」大防乃不復言。越六日，再貶確英州別駕，新州安置。純仁又言於太后曰：「聖朝宜務寬厚，不可以語言文字之間，曖昧不明之過，竄誅大臣。今舉動宜爲將來法，此事甚不可開端也。且以重刑除惡如以猛藥治病，其過也不能無損焉。」不聽。時，中丞李常、中書舍人彭汝礪、侍御史盛陶皆言：「以詩罪確，非所以厚風俗。」常坐貶知鄧州。中書舍人彭汝礪曰：「此羅織之漸也。」封還詞頭。汝礪坐貶知徐州。侍御史盛陶言：「不可長告訐之風。」亦坐貶知汝州。初，確之具析未上也，梁燾自（路）〔潞〕州（據宋史三四二梁燾傳、續綱目改）召爲諫議大夫，過河陽，邢恕極論確有策立勳。燾至，奏之。太后諭三省曰：「帝是先帝長子，子繼父業，其分當然，確有何策立勳耶？若使確他日復來，欺罔上下，豈不爲朝廷害！恐帝年少，制御不得，故今因其自敗，如此行遣，蓋爲社稷也。」

六月甲辰，范純仁罷。呂大防言：「蔡確黨盛，不可不治。」純仁言：「朋黨難辨，恐誤及善人。」司諫吳安（時）〔詩〕（據宋史三一四范純仁傳、續綱目、薛鑑改）、正言劉安世、因論純仁黨確，純仁亦力求罷政，乃出知潁昌府。傅堯俞言於太后曰：「蔡確之黨，其尤者固宜逐，餘可一切置之。以陛下盛德，何所不容？確詞縱涉謗訕，願聽之，如蚊虻過耳，無使有纖芥之忤，以奸太和之氣。事至，以無心應之，聖人所以養至誠而御遐福也。」

六年（辛未、一〇九一）十一月乙酉，劉摯罷。摯與呂大防同位，國家大事多決於大防，惟進退士大夫實執其柄，然持心少恕，勇於去惡，竟爲朋讒奇中，遂與大防有隙。先是，蔡確之貶，邢恕亦謫監永州酒稅，以書抵摯。摯故與恕善，答其書，有「永州佳處，第往以俟休復」之語。排岸官茹東濟，〔傾〕（據宋史三四〇劉摯傳補）險人也，有求於摯不得，見其書，陰錄以示中丞鄭雍、殿中侍御史楊畏。二人方附呂大防，因箋釋其語，上之，曰：「『休復』者，語出周易。『以俟休復』者，俟他日太皇太后復子明辟也。」又章惇諸子故與摯子游，摯亦間與之接。雍、畏謂摯延見接納，爲牢籠之計以覬後福，且論王巖叟、梁燾、劉安世、朱光庭等三十人皆其死友。太后於是面諭摯曰：「言者謂卿交通匪人，爲異日地。卿當一心王室。若章惇者，雖以宰相處之，未必樂也。」摯惶恐退，上章自辨，而梁燾、王巖叟果上疏論救之。太后曰：「垂簾之初，摯斥排奸邪，實爲忠直。但此二事，非所當爲也。」遂罷知鄆州。給事中朱光庭駁之曰：「摯忠義自奮，朝廷擢之大位，一旦以疑而罷，天下不見其過。」言者以光庭爲黨，亦罷知亳州。

八年（癸酉、一〇九三）九月戊寅，太皇太后高氏崩。初，太后不豫，呂大防、范純仁等問疾，太后曰：「老身受神宗顧託，同官家御殿聽斷。卿等試言，九年間曾施恩高氏否？只爲至公，一男、一女，病且死，皆不得見。」言訖泣下。又曰：「先帝追悔往事，至於泣下，此事官家宜深知之。老身沒後，必多有調戲官家者，宜勿聽。公等亦宜早退，令官家別用一番人。」乃呼左右賜社飯，曰：「明年社飯時，思量老身也。」太后聽政，召用故老名臣，罷廢新法苛政，於是宇內復安。遼主戒其臣下，勿生事於疆埸，曰：「南朝盡行仁宗之政矣。」臨朝九年，朝廷清明，華夏綏定，力行故事，抑絕外家私恩，人以爲女中堯、舜。

十二月乙巳，范純仁乞罷政，不許。初，太皇太后寢疾，召純仁曰：「卿父仲淹可謂忠臣，在明肅垂簾時，惟勸明肅盡母道。明肅上賓，惟勸仁宗盡子道。卿當似之。」純仁泣曰：「敢不盡忠！」及帝親政，純仁乞避位，帝語呂大防曰：「純仁有時望，不宜去，可爲朕留之。」且趣入覲。帝問：「先朝行青苗法如何？」純仁對曰：「先帝愛民之意本深，但王安石立法過甚，激以賞罰，故官吏急切，以致民害。」退而上疏其要，以爲青苗非所當行，行之終不免擾民也。時羣小力排太后時事，純仁奏曰：「太皇保佑聖躬，功烈誠心，幽明共鑒。議者不恤國是，一何薄哉！」因以仁宗禁言明肅垂簾時事詔書上之，曰：「望陛下稽放而行，以戒薄俗。」韓忠彦亦言於帝曰：「昔仁宗始政，羣臣亦多言章獻之非，仁宗惡其持情近薄，下詔戒飭。陛下能法仁祖則善矣。」給事中呂陶復進曰：「太皇保佑九年，陛下尊而報之，惟恐不盡。萬一有姦邪不正之人，謂某人宜復用，某事宜復行，此乃治亂安危之機，不可不察。」

哲宗紹聖元年（甲戌、一〇九四）三月乙亥，呂大防罷。大防，宣仁時懇乞避位，后曰：「上富於春秋，公未可卽去，少須歲月，吾亦就東朝矣。」及后崩，大防爲山陵使。殿中侍御史來之邵逆探時旨，首劾大防，而大防亦自求去，帝從之。

十一月壬子，特追復蔡確觀文殿大學士。

四年（丁丑、一〇九七）冬十月，以邢恕爲御史中丞，追貶王珪爲萬安軍司戶參軍。初，恕久斥外，心懷憤恨，自河陽間道謁蔡確於鄧州，將緒成太后、王珪廢立事，以明確與己定策功。謀已定而無左驗，會司馬光子康赴闕過河陽，恕乃紿康手書稱確功。既而梁燾以諫議召，過河陽，恕復頌確功於燾，且出康書爲證。既而恕帥中山，置酒誘高遵裕之子士京曰：「公知元祐間獨不與先公推恩否？」士京曰：「不知。」又問：「有兄弟無？」曰：「有兄士充，已死。」恕曰：「此乃傳王珪語言之人也。當時王珪爲相，欲立岐王，遣士充傳道語言於禁中。公知否？」士京曰：「不知。」恕因啗以官爵曰：「不可言不知，爲公作此事，第勿以語人。」士京庸暗，從之。至是，章惇、蔡卞將甘心元祐諸人，引恕自助，遂召還，三遷爲中丞。恕遂以北齊婁太后宮名宣訓，嘗廢孫少帝立子演，設爲司馬光語。范祖禹曰：「方今主少國疑，宣訓事尤可慮。」又令王棫爲高士京作奏，言父遵裕臨死，屏左右謂士京曰：「神宗彌留之際，王珪遣士充來問曰：『不知皇太后欲立誰？』我叱士充去之，事遂已。」會給事中葉祖洽亦以王珪於册立時有異論，於是詔追貶珪，而贈遵裕奉國軍節度使。

元符元年（戊寅、一〇九八）三月，下文及甫於同文館獄。及甫，彥博之子也。初，劉摯嘗論列及甫，又嘗論其父彥博不可爲三省長官，故止爲平章事。彥博既致仕，及甫自權侍郎以修撰補外。父母喪將除，摯與呂大防猶當國，及甫恐不得京官，抵書邢恕曰：「改月遂除，入朝之計未可必。當塗猜忌於鷹揚者益深，其徒實繁。司馬昭之心，路人所知也，又濟之以粉昆，朋類錯立，必欲以眇躬爲甘心快意之地，可爲寒心。」其謂司馬昭者，指呂大防獨當國久。粉昆，世謂駙馬都尉爲粉侯，韓嘉彥尚主，其兄忠彥則粉昆也。恕以書示蔡確之弟碩。至是，恕令確子渭上書，訟摯等陷其父陰圖不軌，謀危宗社，引及甫書爲證。章惇、蔡卞因是欲殺摯及梁燾、王巖叟等，以爲摯有廢立意，遂置獄於同文館，令蔡京、安惇雜治，逮問及甫。及甫詭言其父彥博稱摯爲司馬昭，粉則以王巖叟面白，昆則梁燾字況之，況猶兄也。京、惇因組織萬端，將陷諸人以族罪，奏劉摯等大逆不道，死有餘責，不治無以示天下。帝曰：「元祐人果如是乎？」京、惇對曰：「誠有是心，特反形未具耳。」會劉摯、梁燾已貶死，京等奏上，不及考驗，乃下詔禁錮摯、燾子孫於嶺南，勒停王巖叟、朱光庭諸子官職。蔡京覬求執政，故治獄極意羅織元祐諸賢。既成，而曾布忌京，密言於上曰：「蔡卞備位丞轄，京不可以同升。」遂止進承旨。京、布由是有隙。

章惇、蔡卞恐元祐諸臣一旦復起，日夜與邢恕等謀，且結內侍郝隨爲助，媒蘖宣仁嘗欲危帝之事。既貶王珪，又起同文館獄，又誣司馬光、劉摯、梁燾、呂大防等結主宣仁閣內侍陳衍謀廢立。時衍已先得罪，配朱崖。又以內侍張士良嘗與衍同主后閣，自郴州召還，使蔡京、安惇雜治之，以實其說。京等列鼎、鑊、刀、鋸於前，謂之曰：「言有，卽還舊職；無則就刑。」士良仰天大哭曰：「太皇太后不可誣，天地神祇不可欺，乞就戮。」京等鍛鍊無所得，乃奏：「衍疏隔兩宮，斥隨龍內侍劉瑗等於外，以翦除人主腹心羽翼，爲大逆不道，處死。」帝頗惑之。至是，惇、卞自作詔書，請廢宣仁爲庶人。皇太后方寢，聞之遽起，謂帝曰：「吾日侍崇慶，天日在上，此語曷從出？且帝必如此，亦何有於我！」帝感悟，取惇、卞奏，就燭焚之。郝隨覘知之，密語惇、卞。明日，惇、卞再具狀，堅請施行。帝怒曰：「卿等不欲朕入英宗廟乎！」抵其奏於地。事得寢。

宋史紀事本末卷四十五

洛蜀黨議

哲宗元祐元年（丙寅、一〇八六）三月辛巳，以程頤爲崇政殿説書。頤在治平、元豐間，大臣屢薦，皆不起。至是，司馬光、呂公著共疏其行義曰：「伏見河南處士程頤，力學好古，安貧守節，言必忠信，動遵禮度，年踰五十，不求仕進，眞儒者之高蹈，聖世之逸民。望擢以不次，使士類有所矜式。」詔以爲西京國子監教授。力辭，尋召爲祕書省校書郎。及入對，改崇政殿説書。頤卽上疏言：「習與智長，化與心成。今夫民善教其子弟者，亦必延名德之士，使與之處，以薰陶成性。況陛下春秋方富，雖睿聖得於天資，而輔養之道不可不至。大率一日之中，接賢士大夫之時多，親宦官、宮妾之時少，則氣質變化，自然而成。願選名儒入侍勸講，講罷，留之分直，以備訪問。或有小失，隨事獻規。歲月積久，必能養成聖德。」頤每進講，色甚莊，繼以諷諫。聞帝在宮中盥而避蟻，問：「有是乎？」帝曰：「然，誠恐傷之耳。」頤曰：「推此心以及四海，帝王之要道也。」帝嘗憑檻偶折柳枝，頤正色曰：「方春時和，萬物發生，不當輕有所折，以傷天地之和。」帝頷之。

九月丁卯，以蘇軾爲翰林院學士。軾自登州召還，十月之間，三陟華要，尋兼侍讀。每經筵進讀，至治亂興衰、邪正得失之際，未嘗不反覆開道，覬有所啟悟。常鎖宿禁中，召見便殿，太后問曰：「卿前年爲何官？」對曰：「常州團練副使。」曰：「今爲何官？」對曰：「待罪翰林學士。」曰：「何以遽至此？」對曰：「遭遇太皇太后、皇帝陛下。」曰：「非也。」對曰：「豈大臣論薦乎？」曰：「亦非也。」軾驚曰：「臣雖無狀，不敢自他途進。」曰：「此先帝意也。先帝每誦卿文章，必歎曰：『奇才，奇才！』但未及進用卿耳。」軾不覺哭失聲，太后與帝亦泣，左右皆感涕。已而命坐賜茶，撤御前金蓮燭送歸院。軾在翰林，頗以言語文章規切時政，畢仲游以書戒之，軾不能從。

二年（丁卯、一〇八七）三月，程頤請就崇政、延和殿講讀，上疏曰：「臣近言邇英漸熱，只乞就崇政、延和殿。聞給事中顧臨以延和講讀爲不可，臣料臨之意，不過謂講官不可坐於殿上，以尊君爲說爾。臣不暇遠引，只以本朝故事言之，太祖召王昭素講易，眞宗令崔頤正講尚書，邢昺講春秋，皆在殿上，當時仍是坐講。立講之儀只始於明肅太后之意。此又祖宗尊儒重道之美盛，豈獨子孫所當爲，亦萬世帝王所當法也。今世俗之人，能爲尊君之言，而不知尊君之道。人君惟道德益高則益尊，若勢位則崇高極矣，尊嚴至矣，不可復加也。」又曰：「天下重位惟宰相與經筵，天下治亂係宰相，君德成就責經筵。」

八月辛巳，罷崇政殿說書程頤。頤在經筵，多用古禮，蘇軾謂其不近人情，深嫉之，每加玩侮。方司馬光之卒也，百官方有慶禮，事畢欲往弔，頤不可，曰：「子於是日哭則不歌。」或曰：「不言歌則不哭。」軾曰：「此枉死市叔孫通制此禮也。」二人遂成嫌隙。軾嘗發策試館職，有曰：「今朝廷欲師仁宗之忠厚，懼百官有司不舉其職而或至於媮；欲法神宗之勵精，恐監司守令不識其意而流入於刻。」於是頤門人右司諫賈易、左正言朱光庭等劾軾策問謗訕，軾因乞補郡。殿中侍御史呂陶言：「臺諫當徇至公，不可假借事權以報私隙。」右司諫王覿言：「軾命辭不過失輕重之體，若悉考同異，深究嫌疑，則兩歧遂分，黨論滋熾。夫學士命詞失指，其事尚小，使士大夫有朋黨之名，大患也。」太后然之，臨朝，宣諭曰：「詳覽軾文意，是指今日百官、有司、監司、守令言之，非是譏諷祖宗。」范純仁亦言軾無罪，遂置不問。會帝患瘡疹不出，頤詣宰臣呂公著問：「上不御殿，知否？」且曰：「二聖臨朝，上不御殿，太后不當獨坐。且人主有疾而大臣不知，可乎？」明日，宰臣以頤言問疾，由是大臣亦多不悅。於是御史中丞胡宗愈、給事中顧臨連章力詆頤不宜在經筵。諫議大夫孔文仲因奏：「頤汙下憸巧，素無鄉行，經筵陳說，僭橫忘分，徧謁貴臣，歷造臺諫，騰口間亂，以償恩讎，致市井目爲『五鬼』之魁。請放還田里，以示典刑。」乃罷頤出管勾西京國子監。

時，呂公著獨當國，羣賢咸在朝，不能不以類相從，遂有洛黨、蜀黨、朔黨之語。洛黨以頤爲首，而朱光庭、賈易爲輔。蜀黨以蘇軾爲首，而呂陶等爲輔。朔黨以劉摯、梁燾、王巖叟、劉安世爲首，而輔之者尤衆。是時熙、豐用事之臣退休散地，怨入骨髓，陰伺間隙。諸賢不悟，各爲黨比，以相訾議。惟呂大防秦人，戇直無黨；范祖禹師司馬光，不立黨。既而帝聞之，以問胡宗愈，宗愈對曰：「君子指小人爲奸，則小人指君子爲黨。陛下能擇中立之士而用之，則黨禍熄矣。」因具君子無黨論以進。

冬十月，貶右司諫賈易。時程頤、蘇軾交惡，其黨互相攻訐。易因劾呂陶黨軾兄弟，語侵文彥博、范純仁。太后怒，欲峻責易。呂公著言：「易言亦直，惟詆大臣太甚耳。」乃罷知懷州。公著退語同列曰：「諫官所言，未論得失。顧主上春秋方盛，慮異時有導諛惑上心者，正賴左右爭臣，不可豫使人主輕厭言者。」衆皆歎服。

三年（戊辰、一〇八八）三月，孔文仲卒。呂公著曰：「文仲本以抗直稱，然惷不曉事。爲諫議時，乃爲浮薄輩所使，以害善良，晚乃知爲所紿，憤鬱嘔血，以致不起。」公著之言，蓋指其劾程頤也。

以胡宗愈爲尚書右丞。諫議大夫王覿以宗愈進君子無黨論，惡之，因疏宗愈不可執政。太后大怒。純仁與文彥博、呂公著辨於簾前，太后意未解。純仁曰：「朝臣本無黨，但善惡邪正各以類分。彥博、公著皆累朝舊人，豈容雷同罔上！昔先臣與韓琦、富弼在慶歷時，同爲執政，各舉所知，當時飛語，指爲朋黨，三人相繼補外。造謗者公相慶曰：『一網打盡矣！』此事未遠，願陛下戒之。」因極言前世朋黨之禍，幷錄歐陽修朋黨論上之。然竟出覿知潤州，而宗愈居位如故。

五年（庚午、一〇九〇）春正月，程頤以父憂守制去。臺諫復論賈易諂事頤，再貶易知廣德軍。

六年（辛未、一〇九一）二月，以蘇轍爲尚書右丞。轍除（名）〔命〕（本卷校改各條，均以續綱目爲依據，並參照薛鑑）既下，右司諫楊康國奏曰：「轍之兄弟，謂其無文學則非也，蹈道則未也。其學乃學爲儀、秦者也，其文率務馳騁，好作爲縱横（排）〔捭〕闔，無安靜理。陛下若悅蘇轍文學而用之不疑，是又用一王安石也。轍以文學自負而剛很好勝，則與安石無異。」不報。〔六月〕，翰林院學士承旨蘇軾罷。軾自杭州召還，未幾，侍御史賈易復劾軾元豐末在揚州，聞先帝厭代作詩，及草呂惠卿制，皆「誹怨先帝，無人臣禮」。御史中丞趙君錫亦繼言之。太后怒，罷易知宣州，君錫知鄭州。呂大防請併軾兩罷，乃出軾知潁州，尋改知揚州。

七年（壬申、一〇九二）三月，程頤服闋，三省擬除館職，判檢院蘇轍進曰：「頤入朝，恐不肯靜。」太后納之。范祖禹言：「頤經術行義，天下共知，司馬光、呂公著豈欺罔（上）〔者〕耶！但草茅之人，未習朝廷事體則有之，寧有他故，如言者所指哉！乞召勸講，必有補於聖明。」除頤直祕閣，判西監，頤再上表辭。御史董敦逸摭其有怨望語，改授管勾崇福宫。

九月，召蘇軾爲兵部尚書兼侍讀。軾自揚州召爲兵部尚書兼侍讀，尋又遷禮部，兼端明、侍讀二學士。御史董敦逸、黄慶基言：「軾爲中書舍人時，草呂惠卿制詞，指斥先帝。其弟轍相爲表裏，以紊朝政。」呂大防奏曰：「先帝欲富强中國，鞭撻西夷，而一時羣臣將順太過，故事或失當。太皇太后與皇帝臨御，因民所欲，隨事救改，蓋理之當然。比來言官用此以中傷士人，兼欲揺動朝廷，意極不善。」轍亦爲其兄辯：「所撰惠卿謫詞，其言及先帝者，有曰：『始以帝堯之仁，姑試伯鯀，終焉孔子之聖，不信宰予。』初非謗誹先帝。」太后曰：「先帝追悔往事，至於泣下。」大防曰：「先帝一時過舉，非其本意。」太后曰：「此事官家宜深知。」於是罷敦逸、慶基爲湖北、福建路轉運判官。

宋史紀事本末卷四十六

紹述

哲宗元祐八年（癸酉、一〇九三）冬十月，帝始親政。時太后既崩，中外洶洶，人懷顧望，在位者畏懼，莫敢發言。翰林學士范祖禹慮小人乘間害政，上疏曰：「陛下方攬庶政，延見羣臣，今日乃國家隆替之本，社稷安危之機，生民休戚之端，君子小人進退消長之際，天命人心去就離合之時也。可不畏哉！先后有大功於宗社，有大德於生靈，九年之間，始終如一。然羣小怨恨，亦不爲少，必將以改先帝之政，逐先帝之臣爲言，以事離間，不可不察也。先后因天下人心變而更化，既改其法，則作法之人有罪當退，亦順衆言而逐之。是皆上負先帝，下負萬民，天下之所讐疾而欲去之者也，豈有憎惡於其間哉！唯辨析是非，深拒邪說，有以奸言惑聽者，付之典刑，痛懲一人以警羣慝，則帖然無事矣。此等既誤先帝，又欲誤陛下，天下之事，豈堪小人再破壞耶！」時蘇軾方具疏將諫，及見祖禹奏，曰：「經世之文也。」遂附名同進而毀己草。疏入，不報。會有旨召內侍劉瑗、樂士宣等十人復職，（蘇轍）〔祖禹又〕

（據宋史三三七范祖禹傳、續綱目改）諫曰：「陛下（視）〔親〕（據宋史三三七范祖禹傳、續綱目、薛鑑改）政以來，未聞訪一賢臣，而所召乃先內侍。四海必謂陛下私於近習，不可。」弗聽。侍講豐稷亦以爲言，出知潁州。范祖禹復請對，曰：「熙寧之初，王安石、呂惠卿造立新法，悉變祖宗之政，多引小人以誤國，勳舊之臣屏棄不用，忠正之士相繼遠引。又用兵開邊，結怨外夷，天下愁苦，百姓流徙。賴先帝覺悟，罷逐兩人，而所引羣小已布滿天下，不可復去。蔡確連起大獄，王韶創取熙河，章惇開五溪，沈起擾交管，沈括、徐禧、俞充、种諤興造西事，兵民死傷者不下二十萬。先帝臨朝悼悔，謂朝廷不得不任其咎。以至吳居厚行鐵冶之法於京東，王子京行茶法於福建，蹇周輔行鹽法於江西，李稷、陸師閔行茶法、市易於西川，劉定教保甲於河北，民皆愁痛嗟怨，比屋思亂。賴陛下與先后起而救之，天下之民，如解倒懸。惟向來所斥逐之人，窺伺事變，妄意陛下不以修改法度爲是，如得至左右，必進奸言。萬一過聽而復用之，臣恐國家自此陵遲不復振矣！」又言：「漢有天下四百年，唐有天下三百年，及其亡也，皆由宦官，同一軌轍，蓋與亂同事，未有不亡者也。漢自元帝任用石顯，委以政事，殺蕭望之、周堪，廢劉向等，漢之基業壞於元帝。唐自明皇使高力士省決章奏，宦官遂盛，李林甫、楊國忠皆自力士以進，唐亡之禍基於開元。熙寧、元豐間，李憲、王中正、宋用臣輩用事總兵，權勢震灼。中正兼幹四路，口敕募兵，州郡不敢違，師徒凍餒，死亡最多。憲陳再舉之策，致永樂摧陷。用臣興土木之工，無時休息，罔市井之微利，爲國斂怨。此三人者，雖加誅戮，未足以謝百姓。憲雖已亡，而中正、用臣尙在，今召內臣十人，而憲、中正之子皆在其中。二人既入，則中正、用臣必將復用，臣所以敢極言之。」上曰：「所召內臣，朕豈有意任用，止欲各與差遣爾。」祖禹乃退。

十二月，端明殿侍讀學士蘇軾乞外補，出知定州。時國事將變，軾不得入辭。既行，上書言：「天下治亂，出於下情之通塞。至治之極，小民皆能自通，迨於大亂，雖近臣不能自達。陛下臨御九年，除執政、臺諫外，未嘗與羣臣接。今聽政之初，當以通下情，除壅蔽爲急務。臣日侍帷幄，方當戍邊，顧不得一見而行；況疏遠小臣，欲求自通，難矣。然臣不敢以不得對之故不效愚忠。古之聖人將有爲也，必先處晦而觀明，處靜而觀動，則萬物之情畢陳於前。陛下聖智絕人，春秋鼎盛。臣願虛心循理，一切未有所爲，默觀庶事之利害與羣臣之邪正，以三年爲期，俟得其實，然後應物而作。使既作之後，天下無限，陛下亦無悔。由此觀之，陛下之有爲，惟憂太早，不患稍遲，亦已明矣。臣恐急進好利之臣，輒勸陛下輕有改變，故進此說。敢望陛下留神社稷、宗廟之福，天下幸甚！」

呂大防爲山陵使，甫出國門，楊畏首叛大防，上疏言：「神宗更法立制以垂萬世，乞賜講求，以成繼述之道。」帝卽召對，詢以先朝故臣孰可召用者，畏遂列上章惇、安燾、呂惠卿、鄧潤甫、（王安石）（據續綱目、薛鑑删）李清臣等行義，各加題品。且言神宗所以建立法度之意與王安石學術之美，乞召章惇爲相。帝深納之，遂復章惇爲資政殿學士，呂惠卿爲中大夫，王中正復遙授團練使。給事吳安詩不書惇錄黃，中書舍人姚勔不草惠卿、中正誥詞，皆不聽。劉安世極諫章惇等不可用，貶出知成德軍。

紹聖元年（甲戌、一〇九四）二月丁未，以李清臣爲中書侍郎，鄧潤甫爲尚書右丞。潤甫首陳武王能廣文王之聲，成王能嗣文、武之道，以開紹述，故有是命。范純仁以時用大臣皆從中出，侍從、臺諫亦多不由進擬，乃言於帝曰：「陛下親政之初，四方拭目以觀，天下治亂，實本於此。舜舉皋陶，湯舉伊尹，不仁者遠。縱未能如古人，亦須極天下之選。」帝不納。

三月，策進士於集英殿，李清臣發策曰：「今復詞賦之選而士不知勸，罷常平之官而農不加富，可差可募之說雜而役法病，或東或北之論異而河患滋，賜土以柔遠也而羌夷之患未弭，弛利以便民也而商賈之路不通。夫可則因，否則革，惟當之爲貴，聖人亦何有（心）〔必〕（據續綱目、薛鑑改）焉！」其意蓋絀元祐之政也。蘇轍諫曰：「伏見策題力詆近歲行事，有紹復熙寧、元豐之意。臣謂先帝設施，蓋有百世不可改者，元祐以來，上下奉行，未嘗失墜。至於事或失當，何世無之？父作於前，子救於後，前後相濟，此則聖人之孝也。漢武帝外事四夷，內興宮室，財用匱竭，於是修鹽鐵、榷酤、均輸之政，民不堪命，幾至大亂。昭帝委任霍光，罷去煩苛，漢室乃定。光武、顯宗以察爲明，以讖決事，上下恐懼，人懷不安。章帝深鑒其失，代之寬厚愷悌之政，後世稱焉。本朝眞宗天書，章獻臨御，攬大臣之議，藏之梓宮。及仁宗聽政，絶口不言。英宗濮議，朝廷洶洶者數年，先帝寢之，遂以安靜。夫以漢昭、章之賢，與吾仁宗、神宗之聖，豈其薄於孝敬而輕事變易也哉！陛下若輕變九年已行之事，擢任累歲不用之人，懷私忿而以先帝爲詞，大事去矣！」帝覽奏大怒，曰：「安得以漢武比先帝！」轍下殿待罪，衆莫敢救。范純仁從容言曰：「武帝雄才大略，史無貶詞，轍以比先帝，非謗也。陛下親事之始，進退大臣，不當如訶斥奴僕。」右丞鄧潤甫越次進曰：「先帝法度，爲司馬光、蘇轍壞盡。」純仁曰：「不然，法本無弊，弊則當改。」帝曰：「人謂秦皇、漢武。」純仁曰：「轍所論，事與時也，非人也。」帝爲之少霽。轍平日與純仁多異，至是乃服，曰：「公佛地位中人也。」轍竟落職，知汝州。及進士對策，考官第主元祐者居上，禮部侍郎楊畏覆考，乃悉下之，而以主熙、豐者置前列。自是紹述之論大興，國是遂變矣。

以曾布爲翰林學士承旨。初，司馬光諭布增損役法，布辭曰：「免役一事，法令纖悉皆出己手，遽自改易，義不可爲。」遂以戶部尚書出知太原府。至是，徙江寧，過京，留拜承旨。

夏四月，以張商英爲右正言。帝初卽位，稍更新法之不便於民者，商英時爲開封推官，上書言：「三年無改於父之道，可謂孝矣。今先帝陵土未乾，卽議變更，得爲孝乎！」復屢詆執政求進，且爲詼詞貽蘇軾，求入臺。呂公著聞之不悅，出爲河東提刑。至是，召爲右正言。商英在外久，積憾元祐大臣不用己，因極力攻之，上疏言：「神宗盛德大業，跨絕今古，而司馬光、呂公著、劉摯、呂大防援引朋儔，敢行譏議。凡詳定局之建明，中書之勘會，戶部之行遣，言官之論列，詞臣之誥命，無非指摘抉揚，鄙薄嗤笑，翦除陛下羽翼於內，擊逐股肱於外，天下之勢岌岌殆矣！今天日清明，誅賞未正。乞下禁省，檢索前後章牘，付臣等看詳簽揭以上。望陛下與大臣斟酌可否。」商英又論司馬光、文彥博奸邪負國，至比宣仁爲呂、武。全臺御史趙挺之等復會劾蘇軾草麻有「民亦勞止」之語，以爲誹謗先帝，黜軾知英州。范純仁諫曰：「熙寧法度皆惠卿附會王安石建議，不副先帝愛民求治之意。至垂簾之際，始用言者，特行貶竄，今已八年矣。言者多當時御史，何故畏避不卽納忠，今乃有是奏，豈非觀望耶？」帝不聽。

癸丑，白虹貫日。曾布上疏，請復先帝政事，且乞改元以順天意。帝從之，詔改元祐九年爲紹聖元年。於是天下曉然知帝意所向矣。

罷翰林學士范祖禹。時帝欲相章惇，祖禹力言惇不可用，遂罷。

壬戌，以章惇爲尚書左僕射、兼門下侍郞。時帝有紹復熙、豐之志，首起惇爲相，於是專以紹述爲國是，遂引其黨蔡卞、林希、黃履、來之邵、張商英、周秩、翟思、上官均等居要地，任言責，協謀報復。惇之被召也，通判陳瓘從衆道謁之。惇聞瓘名，邀與同舟，詢當世之務。瓘因問惇曰：「天子待公爲政，敢問何先？」惇曰：「司馬光姦邪，所當先辨，勢無急於此。」瓘曰：「公誤矣！果爾，將失天下之望。」惇厲聲曰：「光不務纘述［先烈］（據宋史三四五陳瓘傳、續綱目補），而大改成緒，誤國如此，非奸邪而何！」瓘曰：「不察其心而疑其迹，則不爲無罪。若指爲奸邪，又復改作，則誤國益甚矣。爲今之計，惟消朋黨，持中道，庶可以救弊。」又曰：「譬如此舟，移置之左則左重，移置之右則右重，俱不可也。熙寧未必全是，元祐未必全非。」惇不悅。帝既相惇，范純仁請去益力，乃以觀文殿大學士出知潁昌府。

召蔡京爲戶部尚書。

以林希爲中書舍人。章惇嘗言：「元祐初，司馬光作相，用蘇軾掌制，所以能鼓動四方，安得斯人而用之！」或曰：「林希可。」會希赴成都，過闕，惇欲使典書誥，逞毒於元祐諸臣，且許以爲執政。希久不得志，請甘心焉。凡元祐名臣貶黜之制，皆希爲之，極其醜詆，至以「老姦擅國」之語陰斥宣仁，讀者無不憤歎。一日，草制罷，擲筆於地曰：「壞名節矣！」

丁卯，章惇請復行免役法。差、雇兩法，置司講議，久而不決。蔡京謂惇曰：「取熙寧成法施行之耳，何以講爲！」惇然之，雇役遂定。初，司馬光盡革熙、豐之政，而罷雇役復差役，獨於人情未協。至是，京、惇相倚，遂執以爲詞，復行免役法，識者愈見其姦。

戊辰，以蔡卞爲國史修撰。元祐中，史官范祖禹等修神宗實錄，盡書王安石之過以明先帝之聖。蔡卞，安石婿也，上疏言：「先帝盛德大業，卓然出千古之上，而實錄所紀，類多疑似不根。乞重行刊定。」詔從之。卞遂從安石從子防所求安石舊作日錄，盡改正史。

閏月壬申，復以陸師閔等爲諸路提舉常平官。

五月，以黃履爲御史中丞。元豐末，履爲中丞，與蔡確、章惇、邢恕相交結，每惇、確有所嫌惡，則使恕道風旨於履，履卽排擊之，時謂之「四凶」，爲劉安世所論而出。至是，惇復引用，俾報復讐怨，元祐舊臣無一得免者矣。

秋七月丁巳，追奪司馬光、呂公著等贈謚，貶呂大防、劉摯、蘇轍、梁燾等官，詔諭天下。時臺諫黃履、周秩、張商英、上官均、來之邵、翟思、劉拯、井亮采等交章論司馬光等變更先朝之法，畔道逆理，章惇、蔡卞請發光、公著冢，斲棺暴尸。帝問許將，將對曰：「此非盛德事也。」帝乃止。於是追奪光、公著贈謚，仆所立碑，奪王巖叟贈官，貶大防爲秘書監，摯爲光祿卿，轍爲少府監，並分司南京。初，李清臣冀爲相，首倡紹述之說，以計去蘇轍、范純仁，亟復青苗、免役法。及章惇至，心甚不悅，復與爲異。惇旣貶司馬光等，又籍文彥博以下三十人，將悉竄嶺表。清臣進曰：「更先帝法度，不能無過，然皆累朝元老，若從惇言，必大駭物聽。」帝乃下詔曰：「大臣朋黨，司馬光以下各以輕重議罰，其布告天下。」初，朋黨論起，帝曰：「梁燾每起中正之論，其開陳排擊，盡出公議，朕皆記之。」又曰：「蘇頌知君臣之義，無輕議也。」由是頌獲免，而燾止謫提舉舒州靈仙觀。摯語諸子曰：「上用章惇，吾且得罪。若惇顧國事，不遷怒百姓，但謫吾曹，死無所恨。正慮意在報復，奈天下何！」

八月，罷廣惠倉，復免行錢。

冬十月，以呂惠卿知大名府。監察御史常安民言：「北都重鎮而除惠卿。惠卿賦性深險，背王安石者，其事君可知。今將過闕，必言先帝而泣，感動陛下，希望留京矣。」帝納之。及惠卿至京，請對，見帝，果言先帝事而泣。帝正色不答，計卒不施而去。時論快之。

十一月壬子，特追復蔡確觀文殿大學士。

十二月，蔡卞進重修神宗實錄，於是范祖禹及趙彥若、黃庭堅等坐詆誣降官，安置永、(豊)〔澧〕(據續綱目、薛鑑改)、黔州，遷卞為翰林學士。初，禮部侍郎陸佃預修實錄，數與祖禹等爭辨，大要言王安石多有是處，庭堅曰：「如公言，蓋佞史也！」佃曰：「盡用君意，豈非謗書乎？」至是佃亦落職。言者又以呂大防監修神宗實錄，徙安州居住。

二年（乙亥　一〇九五）冬十月，貶監察御史常安民。時，蔡京深結中官裴彥臣，安民因論之，謂：「京姦足以惑衆，辨足以飾非，巧足以移奪人主之視聽，力足以顛倒天下之是非，內結中官，外連朝士，一不附己，則誣以黨於元祐非先帝法，必擠之而後已。今在朝之臣，京黨過半，陛下不可不早覺悟而逐之，他日羽翼成就，悔無及矣。」是時京之姦尚隱，人多未測，獨安民首發之。又言：「今大臣爲紹述之說，皆借此名以報復私怨。朋附之流遂從而和之。張商英在元祐時，上呂公著詩求進，諛佞無恥，近乃乞毁司馬光、呂公著神道碑。周秩爲博士，親定光謚爲文正，近乃乞斲棺鞭尸。陛下察此輩之言，果出於公論乎！」章疏前後至數十百上，度終不能回，遂乞外，帝慰勉而已。至是，復論章惇顓國植黨，乞收主柄而抑其權，反覆曲折，言之不置。惇遣所親信語之曰：「君本以文學聞於時，奈何以言語自任，與人爲怨！少安靜，當以左右相處。」安民正色斥之曰：「爾乃爲時相遊說耶！」惇益怒。安民又言曾布之姦，於是惇、布比而排之，取所貽呂公著書白帝，以爲比帝於漢靈。帝怒，安民不辨，賴安燾救，得免。至是，御史董敦逸論安民黨於蘇軾兄弟，遂出爲滁州監酒稅。

十一月，安燾罷。時，章惇用白帖貶謫元祐臣僚，燾言於帝，帝疑之。鄭雍謂惇曰：「王安石作相，嘗用白帖行事。」惇大喜，取其案牘懷之以白帝，燾言不行。惇怨燾，言燾與常安民表裏，出知鄭州。

時呂大防等竄居遠州，會明堂赦，章惇豫言此數十人當終身勿徙。范純仁聞之憂憤，欲齋戒上疏申理之。所親勸其勿觸怒，萬一遠斥，非高年所宜。純仁曰：「事至於此，無一人敢言，若上心遂回，所繫大矣。如其不然，死亦何憾！」因上言：「大防等所犯，亦因持心失恕，好惡任情，違老氏好還之戒，忽孟軻反爾之言。然牛、李之黨禍數十年，淪胥不解，豈可尚遵前軌！卽今大防等年老疾病，不習水土，炎荒非久處之地，又憂虞不測，何以自存！臣嘗與大防等共事，多被排斥，陛下之所親見，臣之激切，止是仰報聖德。向來章惇、呂惠卿雖爲貶謫，不出里居。今趙彥若已死貶所。願陛下斷自淵衷，將大防等原放。」疏奏，章惇大怒，遂落觀文殿大學士，徙知隨州。

四年（丁丑、一〇九七）春正月，李清臣罷，知河南府。

史臣曰：哲宗親政之初，見慮未定，范、呂諸賢在廷，左右弼謨，俾日邇忠讜，〔疏〕（據宋史三二八論曰、續綱目、薛鑑補）絕回遹，以端其志向，元祐之治業，庶可守也。而清臣怙才躁進，陰覬柄用，首發紹述之說，以亂國是。羣姦嗣之，衡決莫障，遂重爲搢紳之禍。

二月己未，追貶司馬光、呂公著等官。三省言：「司馬光等倡爲姦謀，詆毀先帝，變易法度，罪惡至深。當時凶黨，雖已死及告老，亦宜薄示懲責。」遂追貶司馬光爲清遠軍節度副使，呂公著爲建武軍節度副使，王巖叟爲雷州別駕，奪趙瞻、傅堯俞贈謚，追韓維到任及孫固、范（伯）〔百〕祿（據續綱目、薛鑑改）、胡宗愈等遺表恩。未幾，復追貶光朱崖軍司戶，公著昌化軍司戶。

癸未，流呂大防、劉摯、蘇轍、梁燾、范純仁於嶺南，貶韓維等三十人官。大防之徙安州也，其兄大忠自涇原入朝，帝訪大防安否，且曰：「執政欲遷諸嶺南，朕獨令處安陸。爲朕寄聲問之。」大防朴直，爲人所賣，一二三年可復見也。」大忠泄其語於章惇，惇繩之益力。會侍御史來之邵言：「司馬光畔道逆理，典刑未正，鬼得而誅。獨劉摯尚存，實天以遺陛下。」於是三省言：「呂大防等爲臣不忠，罪與司馬光等不異。頃朝廷雖嘗懲責，而罰不稱愆，生死異罪，無以垂示萬世。」遂貶大防舒州，摯鼎州團練副使，轍化州，燾雷州別駕，純仁武安軍節度副使，安置於循、新、雷、化、永五州；劉奉世光祿少卿，郴州居住，尋安置柳州；韓維落職致仕，再謫均州安置；王覿、韓川、孫升、呂陶、范純禮、趙君錫、馬默、顧臨、范純粹、孔武仲、王欽臣、呂希哲、呂希純、呂希績、姚（緬）〔勔〕（據陳均編年、長編本末一〇二改）、吳安詩、秦觀十七人，通、隨、峽、衡、蔡、亳、單、饒、均、池、信、和、金、光、衢、連、横等諸州居住；王攽落職致仕；孔平仲落職知衡州；張耒、晁補之、賈易並監當官；朱光庭、孫覺、趙卨、李之純、杜純、李周並追奪官秩；復追貶孔文仲、李周爲別駕。中書舍人葉濤當制，文極醜詆，聞者切齒。先是，左司諫張商英上言：「願陛下無忘元祐時，章惇無忘汝州時，安燾無忘許昌時，李清臣、曾布無忘河陽時」，以激怒之。由此諸賢皆不免。

純仁時因疾失明，聞命，怡然就道。或謂近名，純仁曰：「七十之年，兩目俱喪，萬里之行，豈其欲哉！但區區之愛君，有懷不盡，若避好名之嫌，則無爲善之路矣。」時韓維謫均州，其子訴維執政日與司馬光不合，得免行。純仁之子欲以純仁與光議役法不同爲請，冀得免行，純仁曰：「吾用君實薦以致宰相，昔同朝論事不合，則可；汝輩以爲今日之言，則不可也。有愧心而生，不若無愧心而死。」其子乃止。每戒子弟不可小有不平，聞諸子怨章惇，必怒止之。及在道，舟覆於江，純仁衣盡溼，顧諸子曰：「此豈章惇爲之哉！」

甲申，貶太師致仕文彥博爲太子少保。先是，左司諫張商英嘗言彥博背國負恩，朋附司馬光，故貶。

〔閏月〕（據宋史一八哲宗紀、薛鑑補）甲辰，蘇軾謫授瓊州別駕，移昌化軍安置，范祖禹移賓州安置，劉安世移高州安置。

〔三月〕（據宋史一八哲宗紀、續綱目、薛鑑補），章惇議遣呂升卿、董必察訪嶺南，將盡殺流人。帝曰：「朕遵祖宗遺制，未嘗殺戮大臣，其釋勿治。」惇志不快，於是中書舍人蹇序辰上疏言：「朝廷前日正司馬光等姦惡，明其罪罰，以告中外。唯變亂典刑，改廢法度，訕讟宗廟，睥睨兩宮，觀事考言，實狀章著。其章疏案牘散在有司，若不彙緝而藏之，歲久必致淪棄。願悉討姦臣所言所行，選官編類，人爲一帙，置之二府，以示天下後世之大戒。」章惇、蔡卞請卽命序辰及直學士院徐鐸編類。凡司馬光等一時施行文書，擿拾附著，纖悉不遺，凡一百四十三帙，上之。由是搢紳之士無得脱禍者矣。鄒浩言：「初旨但分兩等，謂語及先帝幷語言過差而已。而今所施行，混然莫辨，以其近似難分之迹，而典刑輕重隨以上下，是乃陛下之威福操柄下移於近臣。願加省察，以爲來事之監。」卞黨薛昂、林自又乞毁司馬光資治通鑑板，太學博士陳瓘因策士引神宗所製序文以問，昂、自議沮。

〔四月〕（據宋史一八哲宗紀、薛鑑補）己亥，呂大防將赴舒州，卒於虔州之信豐。大防爲相，用人各盡其能，不事邊幅，而天下臻於富庶，竟以貶死，天下惜之。上聞之曰：「大防何以至虔州？」及請歸葬，卽許之。一時議者謂痛貶元祐黨人皆非上意也。

十一月癸酉，貶劉奉世於柳州安置，程頤於涪州〔編管〕（據宋史一八哲宗紀補）。頤時放歸田里，帝一日與輔臣語及元祐政事，曰：「程頤妄自尊大，在經筵多不遜。」於是言者論頤與司馬光同惡相濟，遂削籍竄涪州。頤在涪與門人講學不輟，周易傳亦在涪所著也。

復立市易務。

元符元年（戊寅、一〇九八）六月戊寅朔，改元。甲午，蔡京等上常平、免役法。

秋七月，再竄范祖禹於化州，安置劉安世於梅州。初，章惇怨范祖禹、劉安世尤深，必欲置諸死地，至是，諷蔡京併陷二人〔以罪〕（據續綱目補）。安世至貶所，惇陰令殺陳衍使者過梅，脅安世自裁，使者不忍而止。惇又擢土豪爲轉運判官，使殺之。判官承意疾馳且至，家人號泣不食，安世飲食起居如平時。至夜半，其人忽嘔血而死，安世獲免。祖禹尋卒。祖禹在經筵勸講論諫常數十萬言，開陳治道，辨釋事宜，平易明白，洞見底蘊，雖賈誼、陸贄不能過也。

二年（己卯、一〇九九）八月癸酉，章惇等進新修敕令式。惇讀於帝前，間有元豐所無而用元祐敕令修立者，帝曰：「元祐亦有可取者乎？」惇等對曰：「取其善者。」

九月癸卯，命御史點檢三省、樞密院，並依元豐舊制。

閏月，置看詳訴理局。安惇言：「陛下未親政時，姦臣置訴理所，凡得罪熙、豐之間者，咸爲除雪，歸怨先朝，收恩私室。乞取公案看詳從初加罪之意，（得）〔復〕依〔元〕（據宋史二〇〇刑法志改並補）斷施行。」蔡卞勸章惇置局，命中書舍人蹇序辰及安惇看詳。由是重得罪者八百三十家，士大夫或千里會逮，天下怨疾，有「二蔡、二惇」之謠。

宋史紀事本末卷四十七

孟后廢復

哲宗元祐七年（壬申、一〇九二）夏四月己未，立皇后孟氏。后，洛州人，馬軍都虞候元之孫。帝年益壯，太皇太后歷選世家女百餘人入宮。后年十六，太皇太后、皇太后皆愛之，教以女儀。至是，太皇太后諭執政曰：「孟氏女能執婦道，宜正位中宮。」命學士草制。又以近世禮儀簡略，詔翰林、臺諫、給舍與禮官議册后六禮儀制以進，遂命呂大防兼六禮使，韓忠彥充奉迎使，蘇頌、王巖叟充發册使，蘇轍、皇叔祖宗景充告期使，皇伯祖宗晟、范百祿充納徵使，王存、劉奉世充納吉使，梁燾、鄭雍充納采問名使。帝御文德殿，册爲皇后。太皇太后語帝曰：「得賢內助，非細事也。」既而歎曰：「斯人賢淑，惜福薄耳！異日國有事變，必此人當之。」

紹聖三年（丙子、一〇九六）八月，竄范祖禹於賀州，劉安世於英州。時劉婕妤專寵內庭。前祖禹元祐中聞禁中覔乳媼，以帝年十四，非近女色之時，與安世上疏，勸進德愛身；又說太皇太后保護聖躬，言甚切至。太后謂曰：「乳媪之說，外間虛傳也。」祖禹對曰：「外議雖虛，亦足爲先事之戒。」太后深嘉之。至是，章惇、蔡卞摭諫乳媪事乃指婕妤也，於是坐二人構造誣謗之罪。

九月乙卯，廢皇后孟氏。初，劉婕妤嘗同后朝景靈宮，訖事，就坐，嬪御皆立侍，婕妤獨背立簾下。后閤中陳迎兒訶之。婕妤不顧，閤中皆忿。會冬至，朝太后於隆祐宮，后坐朱髹金飾。婕妤亦欲得之，從者知其意，易座與后等。衆弗能平，因傳唱曰：「皇太后出。」后起立，婕妤亦起，尋復坐。或已撤婕妤座，遂仆於地，懟，不復朝，泣訴於帝。內侍郝隨謂婕妤曰：「毋以此戚戚！願爲大家早生子，此座正當婕妤有也。」會后女福慶公主疾，后有姊頗知醫，嘗已后危疾，以故出入宮掖。公主藥弗效，持道家治病符水入治，后驚曰：「姊寧知宮中禁嚴，與外間異耶？」令左右藏之。俟帝至，具言其故，帝曰：「此人之常情耳。」后卽爇符於帝前。宮中相傳厭魅之端作矣。未幾，后養母聽宣夫人燕氏、尼法端爲后禱祠。事聞，詔入內押班梁從政等卽皇城司鞫之。捕逮宦者、宮妾三十人，榜掠備至，肢體毀折，至有斷舌者。獄成，命御史董敦逸覆錄，罪人過庭下，氣息僅屬，無一人能出聲者。敦逸秉筆，疑未下。郝隨等以言脅之，敦逸畏禍，乃以奏牘上。詔廢后爲華陽教主、玉淸妙靜仙師，法名沖眞，出居瑤華宮。時，章惇欲誣宣仁后有廢立計，以后逮事宣仁，又陰附劉婕妤欲請建爲后，遂與郝隨構成是獄，天下冤之。踰兩旬，敦逸奏：「中宮之廢，事有所因，情有可察。臣嘗閱錄其獄，恐得罪天下。」帝欲貶之，曾布曰：「陛下以獄出於近習推治，故命敦逸錄問，今乃貶之，何以取信中外！」乃止。

元符二年（己卯、一〇九九）九月丁未，立賢妃劉氏爲皇后。后多材藝，被專寵。既構廢孟后，章惇與內侍郝隨、劉友端相結，請妃正位中宮。時帝未有儲嗣，會妃生子茂，帝大喜，遂立焉。時，鄒浩方劾章惇不忠慢上之罪，未報而劉后立，浩上疏言：「立后以配天子，安得不審！今爲天下擇母，而所立乃賢妃，一時公議莫不疑惑，誠以國家自有仁祖故事，不可不遵用之耳。蓋郭后與尚美人爭寵，仁祖既廢后，并斥美人，所以示公也；及立后，則不選於妃嬪而卜其貴族，所以遠嫌，所以爲天下萬世法也。陛下之廢孟氏與郭后無以異，果與賢妃爭寵而致罪乎？抑或不然也？二者必居一於此矣。孟氏罪廢之初，天下孰不疑立賢妃爲后！及讀詔書有別選賢族之語。又陛下臨朝，既歎以爲國家不幸，至於宗景立妾，怒而罪之，於是天下始釋然不疑。今竟立之，豈不上累聖德！臣觀白麻所言，不過稱其有子，及引永平、祥符事以爲證。臣請論其所以然。若曰有子可以爲后，則永平貴人未嘗有子，所以立者以德冠後宮故也；祥符德妃亦未嘗有子，所以立者以鍾英甲族故也。又況貴人實馬援之女，德妃無廢后之嫌，逈與今日事體不同。頃年冬，妃從享景靈宮，是日雷變甚異；今宣制之後，霖雨飛雹，自奏告天地、宗廟以來，陰(霾)〔霪〕（據宋史三四五鄒浩傳、薛鑑改）不止，上天之意，豈不昭然！考之人事既如彼，求之天意又如此，望不以一時改命爲難，而以萬世公議爲可畏，追停册禮，如初詔行之。」帝謂浩曰：「此亦祖宗故事，豈獨朕耶！」蓋指眞宗立劉德妃也。對曰：「祖宗大德可法者多矣，陛下不之取而效其小疵，臣恐後世之責人無已者紛紛也。」帝變色，猶不怒，持其章躊躇四顧，凝然若有所思，因付於外。明日，章惇詆浩狂妄，除名勒停，羈管新州。尙書右丞黃履進曰：「浩以親被拔擢之故，敢犯顏納忠，陛下遽出之死地，人臣將視以爲戒，誰復爲陛下論得失乎！幸與善地。」不聽。

初，陽翟田(畫)〔晝〕，議論慷慨，與浩以氣節相激厲。劉后立，(畫)〔晝〕謂人曰：「志完不言，可以絕交矣！」浩既得罪，(畫)〔晝〕迎諸途。浩出涕，(畫)〔晝〕（並據宋史三四五本傳、續綱目改）正色責之曰：「使志完隱默官京師，遇寒疾不汗，五日死矣，豈獨嶺海之外能死人哉！願君毋以此擧自滿，士所當爲者，未止此。」浩茫然自失，謝曰：「君贈我厚矣！」

浩之將論事也，以告其友宗正寺簿王回，回曰：「事有大於此者乎？子雖有親，然移孝爲忠，亦太夫人素志也。」及浩南遷，人莫敢顧，回斂交游錢與浩治裝，往來經理，且慰安其母。邏者以聞，逮詣詔獄，衆爲之懼，回居之晏如。御史詰之，回曰：「實嘗預謀，不敢欺也。」因誦浩所上章(凡)〔幾〕（據宋史三四五王回傳、續綱目、薛鑑改）二千言。獄上，除名停廢，回即徒步出都門。行數十里，其子追及，問以家事，不答。

又有曾誕者，嘗三以書勸浩論孟后事，浩不報。及浩廢，誕作玉山主人對客問以譏浩不能力諫孟后之廢，而俟朝廷過舉乃言爲不知幾云。

閏月，子茂卒。

三年（庚辰、一一〇〇）春正月己卯，帝崩，無子，弟端王佶即位。

辛巳，尊皇后劉氏爲元符皇后。

五月丙子，詔復哲宗廢后孟氏爲元祐皇后。初，哲宗嘗悔廢后事，歎曰：「章惇壞我名節。」至是，太后將復后位，會布衣何（文）〔大〕正（據宋文鑑六一改）上書言之，遂降是詔，自瑤華宫還居禁中。

陳邦瞻曰：按陳瓘論廢后事有曰：「當時致此之因，蓋生於元祐之說也。以繼〔述〕（據宋文鑑六一補）神考爲說，以讐毁宣仁爲心者，其於元祐，譬如刈草，欲除其根。瑤華乃宣仁所厚，萬一有預政之時，則元祐未必不復，是以任事之臣懷刈草之慮，則瑤華惡得而不廢乎！知經術者獨謀於心，宰政柄者獨斷於手，方其造意，自謂密矣，而已難逃於見微之士。」嗚呼！小人之愚其君一至是哉！其可畏也。人情莫親於父子，莫昵於夫婦，李林甫用而明皇不能有其子，蔡卞、章惇之計行而哲宗不能有其妻。哀哉！

徽宗崇寧元年（壬午、一一〇二）冬十月甲戌，復廢元祐皇后孟氏。時，元符皇后閤宦者郝隨諷蔡京再廢元祐皇后，京未得間。既而昌州判官馮澥上書，論復后爲非。於是御史中丞錢遹、殿中侍御史石豫、左膚連章論：「韓忠彦等乘一布衣何大正狂言，復瑤華之廢后，掠流俗之虛美。當時物議固已洶洶，乃至疎逖小臣詣闕上書，忠義激切，則天下公議從可知矣。望詢考大臣，斷以大義，無牽於流俗非正之論，以累聖朝。」京與許將、溫益、趙挺之、張商英皆主臺臣之說，請如紹聖三年九月詔書。帝不得已，從之。詔罷元祐皇后之號，復出后於瑤華宮，且治元符末議復后號者，降宰臣韓忠彦、曾布官，追貶李清臣雷州司戶參軍，黃履祁州團練副使，安置翰林學士曾肇、御史中丞豐稷、諫臣陳瓘、龔夬等十七人於遠州。

十二月，追謚哲宗子茂爲獻愍太子。初，鄒浩召自新州入對，帝首及諫立后事，奬歎再三，詢諫草安在，對曰：「已焚之矣。」退告陳瓘，瓘曰：「禍其在此乎？異時奸人妄出一緘，則不可辨矣。」蔡京用事，乃使其黨僞爲浩疏，有「劉后殺卓氏而奪其子以爲己出，欺人可也，詎可以欺天乎」之語。帝詔暴其事，遂具册茂爲太子，而竄浩於昭州。

二年（癸未、一一〇三）二月，尊元符皇后劉氏爲皇太后，宮名崇恩。

政和三年（癸巳、一一一三）二月，太后劉氏自殺。帝以哲宗故，曲加恩禮於后，而后頗干預外事，且以不謹聞。帝與輔臣議將廢之，而后已爲左右所逼，卽簾鉤自縊死。謚曰昭懷。

高宗建炎元年（丁未、一一二七）夏五月，尊哲宗廢后孟氏爲元祐太后。

七月，元祐太后避金兵，如揚州。

八月，更號元祐太后曰隆祐太后。尚書省言「元」字犯后祖諱，易以所居宮名，從之。

二年（戊申、一一二八）冬十月，隆祐太后如杭州。

三年（己酉、一一二九）秋七月，隆祐太后如洪州。冬十一月，復如虔州。

四年（庚戌、一一三〇）三月，遣使迎隆祐太后於虔州。帝謂輔臣曰：「朕初不識太后，自迎至南京，愛朕不啻己出。今在數千里外，兵馬驚擾，當亟奉迎，以慰朕朝夕慕念之意。」遂遣盧益、辛企宗等奉迎於虔州。八月，太后至越州。

紹興元年（辛亥、一一三一）夏四月，隆祐太后孟氏崩，謚曰昭慈獻烈。詔權攢於會稽縣之上皇村，俟事寧，歸葬哲宗山陵。

宋史紀事本末卷四十八

建中初政

哲宗元符三年（庚辰、一一〇〇）春正月，帝崩。皇太后向氏哭謂宰臣曰：「國家不幸，大行皇帝無嗣，事須早定。」章惇抗聲曰：「在禮、律，當立母弟簡王似。」太后曰：「老身無子，諸王皆神宗庶子，莫難如此分別。」惇復曰：「以長則申王佖當立。」太后曰：「申王有目疾，不可。於次則端王佶當立。」惇曰：「端王輕佻，不可以君天下。」言未畢，曾布叱之曰：「章惇未嘗與臣商議，如皇太后聖諭極當。」蔡卞、許將相繼曰：「合依聖旨。」太后又曰：「先帝嘗言端王有福壽，且仁孝。」於是惇默然。乃召端王入，卽位於柩前。羣臣請太后權同處分軍國事，后以長君辭。帝拜泣移時，乃許之。端王，神宗第十一子也。

三月辛卯，以四月朔日當食，詔求直言。筠州推官崔鶠上書曰：「臣聞諫諍之道，不激切不足以起人主意，激切則近訕謗。夫爲人臣而有訕謗之名，此讒邪之論所以易乘，而世主所以不悟，天下所以卷舌吞聲，而以言爲戒也。臣嘗讀史，見漢劉陶、曹鸞，唐李少良之事，未嘗不掩卷興嗟，矯然山林不返之意。比聞國家以日食之異詢求直言，伏讀詔書，至所謂『言之失中，朕不加罪』。蓋陛下披至情，廓聖度，以來天下之言如此，而私祕所聞不敢一吐，是臣子負陛下也。方今政令煩苛，民不堪擾，風俗險薄，法不能勝，未暇一二陳之，而特以判左右之忠邪爲本。臣生於草萊，不識朝廷之士，特怪左右之人有指元祐之臣爲奸黨者，必邪人也。使漢之黨錮，唐之牛、李之禍將復見於今日，甚可駭也。夫毀譽者，朝廷之公議。故責授朱崖軍司戶司馬光，左右以爲奸，而天下皆曰忠。今宰相章惇，左右以爲忠，而天下皆曰奸。此何理也？臣請略言奸人之迹。夫乘時抵巇以盜富貴，探微揣端以固權寵，謂之奸可也；苞苴滿門，私謁踵路，陰交不逞，密結禁廷，謂之奸可也；以奇伎淫巧蕩上心，以倡優女色敗君德，獨操賞罰，自報恩怨，謂之奸可也；蔽遮主聽，排斥正人，微言者坐以刺譏，直諫者陷以指斥，以杜天下之言，掩滔天之罪，謂之奸可也：凡此數者，光有之乎？惇有之乎？夫有實者名隨之，無其實而有其名，誰肯信之！傳曰：『謂狐爲貍，非特不知狐，又不知貍。』是故以佞爲忠，必以忠爲佞，於是乎有謬賞濫罰。賞謬罰濫，佞人徜徉，如此而國不亂，未之有也。光忠直信諒，聞於華、夷，雖古名臣未能過，而謂之奸，是欺天下也。至如惇，狙詐凶險，天下士大夫呼曰『惇賊』。貴極宰相，人所具瞻，以名呼之，又指爲賊，豈非以其孤負主恩，玩竊國柄，忠臣痛憤，義士不服，故賤而名之，指其實而號之以『賊』邪！

京師語曰：『大惇、小惇，殃及子孫。』謂惇與其御史中丞安惇也。小人譬之蝮蝎，其兇忍害人，根乎天性，隨遇必發。天下無事，不過賊陷忠良，破碎善類，至緩急危疑之際，必自反覆，蓄跋扈不臣之心。比年以來，諫官不論得失，御史不劾奸邪，門下不駁詔令，共持喑默，以爲得計。昔李林甫竊相位十有九年，海內怨痛，而人主不知。頃鄒浩以言事得罪，大臣拱而觀之，同列無一語者，又從而擠之。夫以股肱耳目，治亂安危所繫，而一切若此，陛下雖有堯、舜之聰明，將誰使言之，誰使行之！夫日，陽也，食之者，陰也。四月正陽之月，陽極盛陰極衰之時，而陰干陽，故其變爲大。惟陛下畏天威，聽明命，大運乾剛，大明邪正，毋違經義，毋鬱民心，則天意解矣。若夫伐鼓用幣，素服徹樂，而無修德善政之實，非所以應天也。」帝覽而善之，以爲相州教授。

召龔夬爲殿中侍御史，陳瓘、鄒浩爲左、右正言，韓忠彥等薦之也。御史中丞安惇言：「鄒浩復用，慮彰先帝之失。」帝曰：「立后，大事也，中丞不言，而浩獨敢言，何爲不可復用！」惇懼而退。陳瓘言：「陛下欲開正路，取浩既往之善。惇乃誑惑主聽，規騁其私，若明示好惡，當自惇始。」遂出惇知潭州。

夏四月丁巳，復范純仁等官。時純仁在永州，帝遣中使賜以茶藥，諭之曰：「皇帝在藩邸，太皇太后在宮中，知公先朝言事忠直，今虛相位以待。不知目疾如何，用何人醫之？」純仁頓首謝。徙居鄧州，在道，拜觀文殿大學士、中太乙宮使。制詞有曰：「豈惟尊德尚齒，昭示寵優，庶幾鯁論嘉謀，日聞忠告。」純仁聞制，泣曰：「上果用我矣，死有餘責。」既又遣中使趣純仁入〔覲〕（據宋史三一四范純仁傳、續綱目、薛鑑補），純仁乞歸養疾，帝不得已，許之。每見輔臣，問安否，且曰：「范純仁得一識面足矣！」時蘇軾亦自昌化移廉，徙永，更三赦，復提舉成都玉局觀。

乙酉，蔡卞罷。卞專託紹述之說，上欺天子，下脅同列，凡中傷善類，皆密疏建白，然後請帝親札付外行之。章惇雖巨奸，然猶在其術中。惇輕率不思，而卞深阻寡言，議論之際，惇毅然主持，卞或噤無一語。一時論者以爲惇迹易明，卞心難見。至是，龔夬論惇、卞之惡，大略以爲：「昔日丁謂當國，號爲恣睢，然不過陷一寇準而已。及惇，則故老、元輔、侍從、臺省之臣，凡天下之所謂賢者，一日之間，布滿嶺海，自有宋以來，未之聞也。當是時，惇之威勢震於海內，此陛下所親見。蓋其立造不根之語，文致悖逆之罪，是以人人危懼，莫能自保，俾忠臣義士朽骨銜冤於地下，子孫禁錮於炎荒，海內之人憤悶而不敢言，皆以歸怨先帝。其罪如此，尙何俟而不正典刑哉！卞事上不忠，懷奸深阻，凡惇所爲，皆卞發之，爲力居多。望采公論，昭示顯黜。」未報，臺諫陳師錫、陳次升、陳瓘、任伯雨、張庭堅等極論卞罪浮於惇，乞正典刑，以謝天下。乃出知江寧。臺諫論之不已，遂以祕書少監，分司池州。

己丑，追復文彥博、王珪、司馬光、呂公著、呂大防、劉摯等三十三人官。韓忠彥言之，遂有是詔。

六月，陳瓘論邢恕矯誣定策之罪，安置均州。

九月辛未，章惇罷。惇爲相，專國復怨，引蔡卞、林希、黃履、來之邵、張商英等居要地，任言責。由是正人無一得免，死者禍及其孥，屢興大獄以陷忠良，天下嫉之。及兼山陵使，靈輿陷淖中，踰宿而行。臺諫豐稷等劾其不恭，罷知越州。

冬十月丙申，安惇、蹇序辰除名，放章惇於潭州。惇既罷，陳瓘等以爲責輕，復論：「惇在紹聖中置看詳元祐訴理局，凡於先朝言語不順者，加以釘足、剝皮、斬頸、拔舌之刑，其慘刻如此。看詳之官如安惇、蹇序辰等，受大臣諷諭，迎合紹述之意，傅致語言，指爲謗訕，遂使朝廷紛紛不已。考之公論，宜正典刑。」於是二人並除名，放歸田里，而貶惇武昌節度副使，居潭州。

蔡京、林希罷。時侍御史陳師錫上疏言：「京、卞同惡，迷國誤朝，而京好大喜功，日夜結交內侍、戚里，以覬大用。若果用之，天下治亂自是而分，祖宗基業自是而隳矣。」龔夬亦言：「蔡京治文及甫獄，本以償報私讎，始則上誣宣仁，終則歸咎先帝，必將族滅無辜，以逞其欲。臣料當時必有案牘章疏，可以見其鍛鍊附會。願考證其實，以正奸臣之罪。」皆未報。會中丞豐稷召自河南，初入對，與京遇，京謂之曰：「天子自外服召公中執法，今日必有高論。」稷正色曰：「行自知之。」是日論京奸狀，帝猶未納。臺諫陳瓘、江公望等相繼言之，帝亦不聽。稷曰：「京在朝，吾屬何面目居此！」復力論之，始出知永興軍。言者不已，乃奪職居杭州。右司諫陳祐復論林希紹聖初黨附權要詞命醜詆之罪，乃削端明殿學士，徙知揚州。

丁酉，以韓忠彥、曾布爲尚書左、右僕射，兼門下、中書侍郎。布初附章惇，凡惇所爲，多布所建白，及不得同省，始與乖異。元符中，惇以士心不附，欲薦引名士，且乞正所奪司馬光、呂公著等贈謚。布以爲無益，沮之，且奏：「人主操柄，不可倒持。今自丞弼以至言者，知畏宰相，不知畏陛下。」其意蓋欲傾惇，會哲宗崩而止。及帝卽位，銳意圖治，延進忠鯁，布因力排紹聖之人而去之。既拜相，其弟翰林學士肇引嫌出知陳州，言於布曰：「兄方得君，當引用善人，翊正道，以杜惇、卞復起之萌。而數月以來，所謂端人吉士，繼迹去朝，所進以爲輔佐、侍從、臺諫，往往皆前日事惇、卞者。一旦勢異今日，必首引之以爲固位計，思之可爲慟哭。比來主意已移，小人道長，進則必論元祐人於帝前，退則盡排元祐人於要路。異時惇、卞縱未至，一蔡京足以兼二人，可不深慮乎！」布不能從。布之拜相也，御史中丞豐稷欲率臺屬論之，遂遷稷工部尚書。稷力乞補外，不允，謝表有「內侍已成於怨府，佞人方剡於奏章」之語，上問佞人爲誰，曰：「曾布。陛下斥布則天下事定矣。」

己未，詔禁曲學偏見，妄意改作，以害國事者。

十一月庚午，詔改明年元，（年）〔時〕（據續綱目、薛鑑改）議以元祐、紹聖均有所失，欲以大公至正，消釋朋黨，遂改元爲建中靖國。詔下，御史中丞王覿言：「建中之名，雖取皇極，然重襲前代紀號，非是。宜以德宗爲戒。」時任事者多乖異不同，覿言：「堯、舜、禹相授一道，堯不去四凶而舜去之，堯不舉元、凱而舜舉之，事未必盡同。文王作邑於豐，而武王治鎬；文王關市不征，澤梁無禁，周公征而禁之，不害其爲善繼善述。神宗作法於前，子孫當守於後，至於時異事殊，須損益者損益之，於理固未爲有失也。」當國者忿其言，遂改爲翰林學士。由是邪正雜進矣。初，曾布密陳紹述之說，帝不能決，以問給事中徐勣，勣對曰：「聖意得非欲兩存乎？天下之事有是與非，朝廷之人有忠與佞，若不考其實，姑務兩存，臣未見其可也。」

徽宗建中靖國元年（辛巳、一一〇一）春正月壬戌朔，有流星光燭地，自西南入尾抵距星。是夕，有赤氣起東北，至西南，中函白氣，將散，復有黑祲在旁。右正言任伯雨言：「正歲之始，建寅之月，其卦爲泰，年當改元。時方孟春，而赤氣起於暮夜之幽。以一日言之，日爲陽，夜爲陰；以四方言之，東南爲陽，西北爲陰；以五色推之，赤爲陽，黑與白爲陰；以從事推之，朝廷爲陽，宮禁爲陰，中國爲陽，夷狄爲陰，君子爲陽，小人爲陰。此宮禁陰謀，下干上之證也。漸衡正而西散爲白，而白主兵，此夷狄竊發之證也。天心仁愛，以災異爲警戒。陛下進忠良，絀邪佞，正名分，擊奸惡，使小人無得生犯上之心，則災異可變爲休祥矣。」又言：「比日內降寖多，或恐矯傳制命。漢之鴻都賣爵，唐之墨敕斜封，此近監也。」

范純仁卒，遺表言：「宣仁之誣謗未明，致保祐之憂勤不顯。」又勸帝「清心寡欲，約己便民，絕朋黨之論，察邪正之歸」，凡八事。諡忠宣。

二月丁巳，貶章惇爲雷州司戶參軍。初，任伯雨論章惇「久竊朝柄，迷國罔上，毒流搢紳，乘先帝變故倉卒，輒逞異志，睥睨萬乘，不復有臣子之恭。向使其計得行，將置陛下與皇太后於何地！若貸而不誅，則天下大義不明，大法不立矣。臣聞北使言：『去年遼主方食，聞中國黜惇，放箸而起，稱善者再，謂南朝錯用此人。』北使又問：『何爲只若是行遣？』以此觀之，不獨孟子所謂『國人皆曰可殺』，雖蠻貊之邦，莫不以爲可殺也」。章八上，未報。會臺諫陳瓘、陳次升等復極論之，乃貶惇爲雷州司戶參軍。初，蘇轍謫雷州，不許占官舍，遂僦民屋。惇又以爲强奪民居，下州追民究治，以僦券甚明，乃止。至是，惇問舍於民，民曰：「前蘇公來，爲章丞相幾破我家，今不可也。」後徙睦州，死。

三月，罷權給事中任伯雨。伯雨初爲右正言，半歲之間，凡上一百八疏。大臣畏其多言，俾權給事中，密諭以少默卽爲眞，伯雨不聽，抗論愈力。時曾布欲和調元祐、紹聖之人，伯雨言：「人才固不當分黨與，然自古未有君子、小人雜然並進可以致治者。蓋君子易退，小人難退，二者並用，終於君子盡去，小人獨留。唐德宗坐此致播遷之禍，建中乃其紀號，不可以不戒。」既而欲劾布，布覺之，徙爲度支員外郞。

六月戊午，尚書范純禮罷。時韓忠彥雖首相，而曾布專政，漸進紹述之說，諷中丞趙挺之排擊元祐諸臣。純禮從容言於帝曰：「邇者朝廷命令，莫不是元豐而非元祐。以臣觀之，神宗立法之意固善，吏推行之或有失當，以致病民。宣仁聽斷，一時小有潤色。蓋大臣識見異同，非必盡懷邪爲私也。今議論之臣有不得志，故挾此以藉口，以元豐爲是則欲賢元豐之人，以元祐爲非則欲斥元祐之士，其心豈恤國事？直欲快私忿以售其奸，不可不深察也。」純禮沈毅剛正，曾布憚之，謂駙馬都尉王詵曰：「上欲除君承旨，范右丞不可。」詵怒。會詵館遼使，純禮主宴，詵誣其輒斥御名，遂罷知潁昌府。

帝初政，虛心納諫，海內想望，庶幾慶歷之治。曾布入相，遂右紹述。諫官陳祐六疏劾之，不從，賜罷，降敕以觀望推引責之。左司諫江公望聞而求對，面請其故，上曰：「祐意在逐布引李清臣爲相耳。」公望言：「臣不知其他，但近者易言官者三，逐諫官者七，非朝廷美事。」因袖疏力言豐、祐政事得失，且曰：「陛下若自分彼此，必且起禍亂之源。」上意感格，業從之矣，會前太學博士范致虛上書言：「太學取士法不當變。」且言：「臣讀御製泰陵挽章曰：『同紹裕陵。』此陛下孝弟之本心也。臣願守此而已。」江公望又上疏言：「自先帝有紹述之意，輔政非其人，以媚於己爲同，忠於君爲異，借威柄以快私隙，使天下騷然，泰陵不得盡繼述之美。元祐人才皆出於熙、豐培養之餘，遭紹聖竄逐之後，存者無幾矣。神考與元祐之臣，其先非有射鉤、斬袪之隙也，先帝信讐人而黜之。陛下若立元祐爲名，必有元豐、紹聖爲之對，有對則爭興，爭興則黨復立矣。陛下改元詔旨亦稱：『思建皇極，端好惡以示人，本中和而立政。』皇天后土，實聞斯言。今若渝之，奈皇天后土何！」帝嘗以示范純禮，純禮贊之，乞褒遷公望以勸來者。會蔡王府相告，有不遜語及於王，公望乞勿以無根之言加諸至親，遂坐罷。

秋七月丙戌，安燾罷。時燾密奏：「紹聖、元符以來用事者，假紹述之虛名以誑惑君父，上則欲固位而挾私讐，下則欲希進而肆朋附，幷爲一談，牢不可破。彼自爲謀則善矣，未嘗有毫髮爲朝廷計也。當熙寧、元豐間，內外府庫無不充衍，自紹聖、元符以來，傾府庫，竭倉廩，以供開邊之費。願陛下罷無益之人，厚公私之積，早計而預圖之，則天下幸甚。」又言：「東京黨禍已萌，願戒履霜之漸。」語尤激切。上不悅，遂自樞密院出知河陽府。

八月，陳瓘上疏言：「臣嘗乞別修神宗實錄以成一代之典，而不聞施行，蓋紹聖史臣今爲宰相故也。」不報。瓘議論持平，務存大體，不以細故藉口，未嘗及人晻昧之過，時兼權給事中。曾布專主紹述，取王安石熙寧間所記日錄以爲依據，欲引瓘附己，使人語瓘謂將去權即眞。瓘語子正彙曰：「吾與宰相議事多不合，今若此，是欲以官爵相餌也。」明日，遂投書於布，論其「尊私史而壓宗廟，緣邊費而壞先政，違神考之志，壞神考之事。即此二者，天下所共知，而聖主不得聞其說。蒙蔽之患，孰大於此！」布得書大怒。瓘復錄所上布書及所嘗著日錄辨、國用須知以上三省，且乞數奏早行竄黜，遂黜瓘知泰州。瓘始著合浦尊堯集，爲十論，盡辨其所紀載，猶未證言王安石之非。及北歸，又著四明尊堯集，爲八門：曰聖訓，曰論道，曰獻替，曰理財，曰邊機，曰論兵，曰處己，曰寓言，始條分而件析之，無婉詞矣。

冬十月，召陸佃爲禮部侍郎。佃上疏曰：「近時士大夫相傾競進，以善求事爲精神，以能訐人爲風采，以忠厚爲重遲，以靜退爲卑弱，相率成風，莫之或止，正而救之，實在今日。夫善變前人者，不必因所爲，否者賡之，善者揚焉。元祐紛更，是知賡之而不知揚之之罪也；紹聖稱頌，是知揚之而不知賡之之過也。願咨謀仁賢，詢考政事，惟其當之爲貴，大中之期亦在今日也。」遂命修哲宗實錄，遷吏部尚書，拜尚書右丞。

十一月庚辰，詔改明年爲崇寧。

宋史紀事本末卷四十九

蔡京擅國

徽宗建中靖國元年（辛巳、一一〇一）十一月，復（詔）〔召〕（據續綱目、薛鑑改）蔡京爲翰林學士承旨。初，供奉官童貫性巧媚，善測人主微旨，先事順承，以故得幸。及詣三吳訪書畫奇巧，留杭累月。蔡京與之遊，不舍晝夜，凡所畫屏障扇帶之屬，貫日以達禁中，且附語言論奏於帝所，由是帝屬意用京。左階道錄徐知常以符水出入元符皇后所，太學博士范致虛與之厚，因薦京才可相，知常入宮言之，由是宮妾、宦官衆口一詞譽京，遂起京知定州，改大名。會韓忠彥與曾布交惡，布謀引京自助，乃有是召。京首論二事：其一言「神宗一代之史，非紹聖無以察正元祐之詆謗，今復詔參修，是紛更也。願令史官條具紹聖之所以掩蔽者示天下」。其二言「元祐置訴理所，以雪先朝得罪之人，紹聖命安惇、蹇序辰駮正，固當然耳，二人乃坐除名，如此則訴理爲是矣。夫二臣之罪不除，則兩朝之謗終在」。疏奏，上益嚮之。

初鄧綰之子洵武爲起居郎，恐不爲淸議所容，常圖所以求知於上，因入對言：「陛下乃神宗子，今相忠彥乃琦之子。神宗行新法以利民，琦嘗論其非。今忠彥更神宗之法，是忠彥爲人臣尙能紹述其父之志，陛下爲天子反不能紹述先帝也。必欲繼志述事，非用蔡京不可。」又曰：「陛下方紹述先志，羣臣無助者。」乃作愛莫助之圖以獻，其圖如史記年表例，旁行七重，別爲左右，左曰元豐，右曰元祐。自宰相、執政、侍從、臺諫、郎官、館閣、學校，各爲一重。以能助紹述者序於左，執政中惟溫益、蔡京一二人，餘不過三四，若趙挺之、范致虛、王能甫、錢遹之屬而已；其序於右者，則舉朝輔相、公卿、百執事咸在，皆指爲害政不欲紹述者。帝出以示曾布而揭去左方一姓名，布請之，帝曰：「蔡京也。洵武謂非相此人不可，以與卿不同，故去之。」布曰：「洵武旣與臣見異，臣安敢與議。」明日改付溫益，益欣然奉行，請相蔡京而籍異論者。於是善人皆不見容，而帝決意相京矣。乃進洵武中書舍人、給事中兼侍講。

罷禮部尙書豐稷。稷初爲諫官，卽論罷蔡京，又陳曾布之奸。至是，以積忤貴幸罷。

十二月，邢恕、呂嘉問、路昌衡、安惇、蹇序辰、蔡卞並復宮觀，尋與郡。召張商英赴闕。

崇寧元年（壬午、一一〇二）五月庚申，韓忠彥罷。左司諫吳材等論忠彥變神考之法度，逐神考之人材，遂罷知大名府。

己卯，陸佃罷。佃每欲參用元祐人材，尤惡奔競，嘗曰：「人才無大相遠，當以資歷敍進，少緩之則士知自重矣。」又曰：「今天下勢如人大病向愈，當以藥餌輔養之，須其安平。苟爲輕事改作，是使之騎射也。」會御史請更懲元祐餘黨，佃言於帝曰：「不宜窮治。」乃下詔云：「元祐諸臣，各已削秩，自今無所復問，言者亦勿輒言。」揭之朝堂。言者用是論佃名在黨籍，不欲窮治，正恐自及耳，遂罷知亳州。

庚辰，以許將、溫益爲門下、中書侍郎，蔡京、趙挺之爲尚書左、右丞。京素與屯田員外郎孫鼛善，鼛嘗曰：「蔡子，貴人也，然才不勝德，恐貽天下憂。」及是，京謂之曰：「我若用於天子，願助我。」鼛曰：「公誠能謹守祖宗之法，以正論輔人主，示節儉以先百吏，而絕口不言兵，天下幸甚。」京默然。

閏〔六〕（據宋史一九徽宗紀、續綱目、薛鑑補）月壬戌，曾布罷。布初用王安石薦，在神宗時，凡上前所言皆安石所欲建明也。又上書欲神宗專任安石，以刑罰脅制天下，使無敢言。哲宗親政，宰相章惇託紹述以快私忿，布贊之甚力。惇興大獄，無能救解，或陰擠之。惇逐而布總右揆，欲以元祐兼紹聖而行，故逐蔡京。至崇寧初，知上意所向，又力排韓忠彥而專其政，引京以自助。京懷舊恨，與布大異。會布擬陳祐甫爲戶部侍郎，祐甫之子迪，布之愛婿也，京言布以爵祿私其所親。布忿辨久之，聲色俱厲，溫益叱之曰：「曾布，上前安得失禮！」

帝不悅。殿中侍御史錢遹論之，布請罷，遂出知潤州。

秋七月戊子，以蔡京爲尚書右僕射兼中書侍郎。制下之日，賜坐延和殿，命之曰：「神宗創法立制，中道未究。先帝繼之，兩遭簾帷變更，國是未定。朕欲上述父兄之志，今特相卿，卿何以教之？」京頓首謝曰：「敢不盡死！」

己丑，禁元祐法。

甲午，詔置講議司於都省。蔡京起於逐臣，一旦得志，天下拭目所爲，而京陰託紹述之柄，箝制天子。用熙寧條例司故事，卽都省置講議司，自爲提舉，講議熙、豐已行法度及神宗欲爲而未暇者。以其黨吳居厚、王漢之等十餘人爲僚屬，取政事之大者講議之。凡所設施皆由是出，而法度屢變無常矣。

八月己卯，以趙挺之、張商英爲尚書左、右丞。商英爲中書舍人，謝表歷詆元祐諸賢，及任翰林學士，草蔡京拜相制，極其襃美，故京引之。

復紹聖役法。

九月己亥，立黨人碑於端禮門，籍元符末上書人，分邪、正等黜陟之。時元祐、元符末羣賢貶竄死徙者略盡，蔡京猶未愜意，乃與其客强浚明、葉夢得，籍宰執司馬光、文彥博、呂公著、呂公亮、呂大防、劉摯、范純仁、韓忠彥、王珪、梁燾、王巖叟、王存、鄭雍、傅堯俞、趙瞻、韓維、孫固、范百祿、胡宗愈、李清臣、蘇轍、劉奉世、范純禮、安燾、陸佃，曾任待制以上官蘇軾、范祖禹、王欽臣、姚勔、顧臨、趙君錫、馬默、王蚡、孔文仲、孔武仲、朱光庭、孫覺、吳安持、錢勰、李之純、趙彥若、趙卨、孫升、李周、劉安世、韓川、呂希純、曾肇、王覿、范純粹、王畏、呂陶、王古、陳次升、豐稷、謝文瓘、鮮于侁、賈易、鄒浩、張舜民，餘官程頤、謝良佐、呂希哲、呂希績、晁補之、黃庭堅、畢仲游、常安民、孔平仲、司馬康、吳安詩、張耒、歐陽棐、陳瓘、鄭俠、秦觀、徐常、湯馘、杜純、宋保國、劉唐老、黃隱、王鞏、張保源、汪衍、余爽、常立、唐義問、余卞、李格非、商倚、張庭堅、李祉、陳佑、任伯雨、朱光裔、陳郛、蘇嘉、龔夬、歐陽中立、吳儔、呂仲甫、劉當時、馬琮、陳彥、劉昱、魯君貺、韓跋，內臣張士良、魯燾、趙約、譚扆、王偁、陳詢、張琳、裴彥臣，武臣王獻可、張巽、李備、胡〔田〕，（據陳均編年、長編本末一二一補）凡百二十人，等其罪狀，謂之奸黨，請御書刻石於端禮門。京等復請下詔，籍元符末日食求言章疏及熙寧、紹聖之政者，付中書定爲正上、正中、正下三等，邪上、邪中、邪下三等。於是鍾世美以下四十一人爲正等，悉加旌擢；范柔中以下五百餘人爲邪等，降責有差。又詔降責人不得同州居住。

冬十月戊寅，蔡卞知樞密院事。

十二月丁丑，詔：「邪說詖行，非先聖賢之書及元祐學術政事，並勿施用。」

二年（癸未、一一〇三）春正月乙酉，安置任伯雨等十二人於遠州。蔡京、蔡卞怨元符末臺諫之論己，悉陷以黨事。同日貶竄任伯雨昌化軍，陳瓘廉州，龔夬化州，陳次升循州，陳師錫郴州，陳祐澧州，李深復州，江公望南安軍，常安民溫州，張舜民商州，馬涓吉州，豐稷台州。初，蔡京帥蜀，張庭堅在其幕府，及入相，欲引以自助，庭堅不從，京恨之。至是，亦編管於象州。

丁未，以蔡京爲尚書左僕射兼門下侍郎。

三月乙酉，詔黨人子弟毋得至闕下。尋又詔：「元符末上書進士充三舍生者罷歸。以元祐學術聚徒教授者，監司覺察，必罰無赦。元符上書邪等人亦無得至京師。」

丁亥，策進士於集英殿。時李階舉禮部第一。階，深之子，陳瓘之甥也。安忱對策言：「使黨人之子階魁南宮多士，無以示天下。」遂奪階出身而賜忱第。又黃定等十八人皆上書邪等，上臨軒謂之曰：「若等攻朕短可也，神宗、哲宗何負於若！」亦並黜之。

夏四月丁卯，詔毁司馬光、呂公著、呂大防、范純仁、劉摯、范百祿、梁燾、鄭雍、趙瞻、王巖叟十人景靈宮繪像。乙亥，詔毁范祖禹唐鑑及三蘇、黃庭堅、秦觀文集。

戊寅，以趙挺之爲中書侍郎，張商英、吳居厚爲尚書左、右丞，安惇同知樞密院事。

除故直祕閣程頤名。言者希蔡京意，論頤「學術頗僻，素行譎怪，專以詭異聾瞽愚俗。

近以入山著書，妄及朝政」。詔：「毀頤出身以來文字，其所著書，令監司嚴加覺察。」范致虛又言：「頤以邪說詖行惑亂衆聽，而尹焞、張繹爲之羽翼。乞下河南，盡逐學徒。」頤於是遷居龍門之南，止四方學者曰：「尊所聞，行所知，可矣，不必及吾門也。」

八月戊申，張商英罷。商英在紹聖時，巧媚取容，共倡紹述，至是，與蔡京議論不合。執法石豫、御史朱紱、余深奉京風旨，將劾奏之而無以爲說，乃取商英在元祐中嘗著嘉禾頌，擬司馬光於周公，且酹祭光文有褒頌功德語，因請正其罰。詔以「商英論議反覆，貪冒希求，元祐之初，詆訾先烈，臺憲交章，豈容在列」。落職知亳州，名入元祐黨籍。

時蔡京又自書奸黨爲大碑，頒於郡縣，令監司長吏廳皆刻石。有長安石工安民當鐫字，辭曰：「民，愚人，固不知立碑之意。但如司馬相公者，海內稱其正直，今謂之奸邪，民不忍刻也。」府官怒，欲加之罪。民泣曰：「被役不敢辭，乞免鐫安民二字於石末，恐得罪後世。」聞者愧之。

三年（甲申、一一〇四）春正月，鑄當十大錢。自太祖以來，諸路置監鑄錢，有折二、折三、當五，隨時立制，未嘗鑄當十錢。至是，蔡京將以利惑上，始請鑄於諸路，與小平錢通行於時。

時四方承平，府庫盈溢，京倡爲「豐亨豫大」之說，視官爵如糞土，累朝所儲，大都掃地矣。

以蔡攸爲祕書郎。攸，京長子也，有寵於上，至是，賜以進士出身，遂有是拜。

夏四月，罷講議司。詔諸州見行新法文移許直達尚書省；其講議司官屬，依制置三司條例司例推恩，自張康國以下遷官者幾四十人。尚書省復言：「追復先朝法度以來，無慮千百數，尚懼講求未盡，乞令諸路官司有未興復者，各具以聞。」從之。

蔡京請置京西北路專切管幹通行交子所，倣川峽路，立僞造法，通情轉用併鄰人不告者皆罪之，私造交子紙者罪以徒配。已而令諸路更用錢引，準新樣印製，四川如舊法，惟閩、浙、湖、廣不行錢引。趙挺之以爲閩乃京鄉里，故得免焉。

六月壬寅朔，圖熙寧、元豐功臣於顯謨閣。

癸酉，辟雍初成。詔：「荆國公王安石，孟軻以來一人而已，其以配享孔子，位次孟軻。」吏部尚書何執中請開學殿，使都人縱觀。

戊午，詔：「重定元祐、元符黨人及上書邪等者，合爲一籍，通三百九人，刻石於朝堂。餘並出籍，自今毋復彈奏。」戶部尚書劉拯言：「漢、唐失政，皆自朋黨始。今日指前日之人爲黨，焉知後日不以今日爲黨乎！大抵人之過惡自有公論，何必悉拘於籍而禁錮之哉！」蔡京大不懌，風臺臣劾之，出知蘄州。

秋七月辛卯，復行方田法。

八月，許將罷。將居政府十年，不能有所建明。中丞朱諤收將舊謝章表，析文句以爲謗，且謂將在元祐則盡更元豐之所守，在紹聖則陰匿元祐之所爲，遂罷知河南府。諤，蔡京之黨也。

九月乙亥，以趙挺之、吳居厚爲門下、中書侍郎，張康國、鄧洵武爲尚書左、右丞。紹聖中，蔡京治役法，薦康國爲屬。及京當國，定黨籍，議紹述，康國皆預密謀，故京引援之甚力；自福建轉運判官，不三歲入翰林爲承旨，遂拜（右）〔左〕（據宋史一九徽宗紀、又三五一張康國傳、續綱目、薛鑑改）丞。

以胡師文爲戶部侍郎。初，東南六路糧斛自江、浙起綱，至於淮甸，以及眞、揚、楚、泗，爲倉七，以聚蓄軍儲；復自楚、泗置汴綱，搬運上京，以江淮發運使董之，故常有六百萬石以供京師，而諸倉常有數年之積。州郡告歉則折收上價，謂之額斛；計本州歲額，以倉儲代輸京師，謂之代發；復於豐熟以中價收糴。穀賤則官糴，不至傷農；饑歉則令民納錢，民以爲便。本錢歲增，兵食有餘，其法良善。及蔡京當國，始求羨財以供侈費，於是以其姻家胡師文爲發運使，以糴本數百萬緡充貢。入爲戶部侍郎。自是繼者效尤，時有進獻，而本錢竭矣。本竭則不能增糴，儲積空而輸搬之法壞矣。

四年（乙酉、一一〇五）春正月，蔡卞罷。卞居心傾邪，一意婦翁王安石所行爲至當，以兄京晚達而位在上，致己不得相，故二府政事，時有不合。至是，京請以童貫爲制置使，卞言不宜用宦者，必誤邊計。京於帝前詆卞，卞求去，遂出知河南府。

三月，以趙挺之爲尚書右僕射兼中書侍郎。

竄知慶州曾孝序於嶺南。初，孝序察訪湖北，過闕。蔡京畏孝序見帝言舒亶事，密遣客以美官啖之，孝序不從。又與京論講議司事，曰：「天下之財貴於通流，取民膏血以聚京師，恐非太平法。」京銜之，遂出知慶州。至是，京行結糴、俵糴之法，盡括民財充數，孝序上疏曰：「民力殫矣，一有逃移，誰與守邦！」京益怒，遣御史宋聖寵劾其私事，追逮其家人，鍛鍊無所得，但言約日出師，幾誤軍期，除名，竄嶺表。

六月戊子，趙挺之罷。初，帝以蔡京獨相，謀置右輔，京力薦挺之，遂拜尚書右僕射。既相，與京爭權，屢陳京奸惡，且請去位以避之，遂罷。

五年（丙戌、一一〇六）春正月戊戌，彗出西方，其長竟天。甲辰，以吳居厚爲門下侍郎，劉逵爲中書侍郎。乙巳，以星變避殿損膳，詔求直言。劉逵請碎元祐黨人碑，寬上書邪籍之禁，帝從之。夜半遣黄門至朝堂毁石刻。明日，蔡京見之，厲聲曰：「石可毁，名不可滅也。」

丁未，太白晝見。赦除黨人一切之禁，權罷方田之法及諸州歲貢供奉物。詔：「崇寧以來左降者，無間存沒，稍復其官，盡還諸徙者。」

二月丙寅，蔡京罷。京懷奸植黨，威福在其手，託紹述之名，紛更法制，貶斥羣賢，增修財利之政，務以侈靡惑人主，動以周官「惟王不會」爲說，每及前朝惜財省費者，必以爲陋，至於土木營造，率欲度前規而侈後觀。時天下久平，吏員冗濫，節度使至八十餘員，留後、觀察下及遙郡刺史多至數千員，學士、待制中外百五十員，置應奉司，御前生活所，營繕所，蘇、杭造作局，其名雜出，大率爭以奇巧爲功，而花石綱之害爲尤甚。至是因彗星見，帝悟其奸，凡所建置，一切罷之，而免京爲中太一宮使，留京師。言者論不已，中丞吳執中言於帝曰：「進退大臣，當全體貌。」帝爲京下詔戒飭，言者乃已。

以趙挺之爲尚書右僕射兼中書侍郎。蔡京既罷，帝召見挺之曰：「京所爲一如卿言。」復拜右相。挺之與劉逵同心輔政，凡京所行悖理虐民之事，稍稍釐正之。然挺之知慮後患，每建白，務開其端而使逵畢其說。逵亦欲自以爲功，直情不顧。初，蔡京興邊事，用兵累年。至是，帝臨朝，語大臣曰：「朝廷不可與四夷生隙，釁端一開，兵連禍結，生民肝腦塗地，豈人主愛民之意哉！」挺之退謂同列曰：「上志在息兵，吾曹所宜將順。」時執政皆京黨，但微笑而已。

三月丙申，詔：「星變已消，罷求直言。」尋復方田諸法及諸州歲貢供奉物。

己未，賜禮部進士及第出身六百七十人。時蔡(疑)〔薿〕(據宋史三五四本傳、續綱目——大觀元年五月——、薛鑑改。下同)揣蔡京且復用，其所對策曰：「熙、豐之德業足以配天，不幸繼之以元祐。紹聖之纘述足以永賴，不幸繼之以靖國。陛下兩下求言之詔，冀以聞至言，收實用也，而見於元符之末者，方且幸時變而肆奸言，乘間隙而投異意，詆誣先烈，不以爲疑，動搖國是，不以爲憚。願逆處其未至而絕其原。」於是擢爲第一，以所對策頒天下。

冬十二月己未，劉逵罷。時蔡京令其黨進言於帝曰：「京之改法度，皆稟上旨，非私爲之。今一切皆罷，恐非紹述之意。」帝惑其說，復有用京之意，然羣臣未有覺者。鄭居中往來鄭妃父紳所，知之，即入見，言：「陛下所建立，皆學校、禮樂、居養、安濟等法，乃厚下裕民，何所逆天而致威譴，乃更張邪！」帝悅。居中退，語禮部侍郞劉正夫，正夫因請對，語與居中合。帝遂疑逵擅政。於是京黨御史余深、石公弼論逵專恣反覆，陵蔑同列，引用邪黨，出逵知亳州。

大觀元年(丁亥、一一〇七)春正月甲午，以蔡京爲尚書左僕射兼門下侍郞。壬寅，吳居厚罷。壬子，以何執中爲中書侍郞，鄧洵武、梁子美爲尚書左、右丞。子美初爲河北〔都〕轉運使，傾漕計以奉上，至(損)〔捐〕(據宋史二八五梁子美傳補並改)緡錢三百萬市北珠以進，由是諸路漕臣效尤，爭進羨餘矣。北珠出於女眞，子美市於遼。遼嗜其利，虐女眞，捕海東青以求珠，女眞深怨之，而子美用是顯。

二月己卯，復行方田。

三月丁酉，趙挺之罷。以何執中、鄧洵武爲門下、中書侍郎，梁子美、朱諤爲尚書左、右丞。

以鄭居中同知樞密院事。蔡京之再相也，居中有力焉，京薦之。初，居中直學士院，自言爲鄭貴妃從兄弟，妃家世微，亦倚以爲重。及居中入樞府，妃時已貴重，於居中無所賴，乃用宦者黃經臣計，以親嫌爲請，改授中太一宮使，居中不懌。蔡京爲言：「宥府本兵之地，非三省執政，用親無嫌。」經臣沮之，於是居中疑京擾己不力，怨之。

以蔡攸爲龍圖閣學士兼侍讀。

以葉夢得爲起居郎。時蔡京再相，向所立法度，已罷者復行。夢得上言：「周官，『太宰以八柄詔王馭羣臣』。所謂廢置賞罰者，王之事也，太宰得以詔王而不得自專。夫事不過可不可二者而已，以爲可而出於陛下，則今不可復。今徒以大臣進退爲可否，無乃陛下有未了然於中者乎！」上喜曰：「邇來士多朋比媒進，卿言獨無觀望。」遂除起居郎。時用事者喜小有才，夢得言：「自古用人必先辨賢能，賢者有德之稱，能者有才之稱，故先王常使德勝才，不使才勝德。崇寧以來，在內惟取議論與朝廷同者爲純正，在外惟取推行法令速成者爲幹敏，未聞器業任重、識度經遠者特有表異，恐用才太勝。願繼今用人，以有德爲先。」上然之。

九月，貶侍御史沈畸監信州酒稅，竄御史蕭服於處州。時蔡京怨劉逵，會蘇州盜鑄錢獄起，京欲陷逵婦兄章綖兄弟，遣開封尹李孝壽鞫之，株連者千餘人，彊抑使承，死者甚衆。京猶以爲緩，遣侍御史沈畸、御史蕭服往代。畸至蘇，卽日決釋無左證者七百人，歎曰：「爲天子耳目司，而可傅會權要，殺人以苟富貴乎！」遂閱實平反以聞。京大怒，貶畸監信州酒稅，服羈管處州，而綖竟竄海島。

閏十月，復以鄭居中同知樞密院事。居中既怨蔡京，遂陰與張康國比而間京。都水使者趙霆得兩首龜於黃河，獻以爲瑞。京曰：「此齊小白所謂象罔，見之而霸者也。」居中言：「首豈有二？人皆駭異而京獨主之，殆不可測。」帝命棄龜金明池，謂居中愛己，故申前命。

流太廟齋郎方軫於嶺南。時，軫上書言：「蔡京睥睨社稷，內懷不道，專以紹述熙、豐之說爲自媒之計，內而執政、侍從，外而帥臣、監司，無非其門人、親戚。京每有奏請，盡作御筆行，出語人曰：『此上意也。』明日不行，又語人曰：『京實啓之也。』善則稱己，過則稱君，必欲陛下斂天下之怨而後已。自元符末，陛下嗣服，忠義之士投匭者，無日無之。京分爲邪等，黥配編置，不齒仕籍，則誰肯爲陛下言哉！京又使子攸日以花石、禽鳥爲獻，欲愚陛下，使不知天下治亂。臣以爲京必反也，請誅京。」詔宣示京，京請下軫獄，竟流嶺南。

十一月壬子朔，日食。蔡京以不及所當食分，率羣臣稱賀。

二年（戊子、一一〇八）春正月戊寅，加蔡京太師。

三年（己丑、一一〇九）三月壬申，張康國暴卒。康國始因附蔡京而進，及在樞府，寖爲崖異。時帝惡京專愎，陰令康國阻其奸，且許以相。京忌康國，遂引吳執中爲中丞。執中將論康國，康國先知之，且奏事，留白帝曰：「執中今日入對，必爲京論臣，臣願避位。」既而執中對，果陳其事。帝怒，黜執中。至是，康國早朝，退趨殿廬，得疾，仰天吐舌，舁至待漏院，卒。或疑中毒云。

六月丁丑，蔡京罷。京專國日久，中丞石公弼、殿中侍御史張克公劾京罪惡，章數十上。上亦厭京，遂罷爲太一宮使。初，上爲端王時，大使局有郭天信者，言王當有天下。及卽位，言驗得寵。每奏天文，必指陳以撼京，密白日中有黑子，帝爲之恐。後屢白不已，上始疑京，故罷。

辛巳，以何執中爲尚書左僕射兼門下侍郎。執中一意謹事蔡京，遂代爲首相。太學生陳朝老詣闕上書曰：「陛下卽位以來，五命相矣，若韓忠彥之庸懦，曾布之贓汚，趙挺之之蠢愚，蔡京之跋扈，皆天下所不堪者。今陛下知蔡京之奸，解其相印，天下之人鼓舞有若更生。及相執中，中外黯然失望。執中雖不敢若京之蠹國害民，然碌碌常質，初無過人。天下敗壞至此，如人一身臟腑受沴已深，豈庸庸之醫所能起乎！執中夤緣攀附，致位二府，亦已大幸，遽俾之經體贊元，是猶以蚊負山，多見其不勝任也。」疏奏，不省。

十一月己巳，蔡京進楚國公，致仕，仍提舉修哲宗實錄，朝朔望。石公弼言：「蔡京盤旋京師，無去志，餘威震於羣臣，願持必斷之決，以消後悔。」殿中侍御史洪彥昇言：「蔡京再居元宰，假紹述之名，一切更張，敗壞先朝法度，朋奸誤國，公私困弊。既已上印，而偃蹇都城，上憑眷顧之恩，中懷跋扈之志。願早賜英斷，遣之出京。」殿中侍御史毛注言：「京擅持威福，搖動中外，以翰林學士葉夢得爲腹心，交植黨與。」帝爲逐夢得提舉洞霄宮，而遷注侍御史。注復極論：「京受孟翊妖奸之書，與逆人張懷素游處，引兇朋林攄置政府，用所親宋喬年尹京，其門人播傳，咸謂陛下恩眷不衰，行且復用。」太學生陳朝老亦疏京惡十四事，乞投畀遠方，以禦魑魅。皆不報。

四年（庚寅、一一一〇）二月己丑，以余深爲門下侍郎，張商英爲中書侍郎，侯蒙同知樞密院事。蔡京既免，商英自峽州起知杭州。過闕，賜對，因奏曰：「神宗修建法度，務以去大害，興大利，今誠一一舉行，則盡紹述之美。法若有弊，不可不變，但不失其意足矣。」遂留居政府。帝嘗從容問蒙曰：「蔡京何如人也？」蒙對曰：「使京正其心術，雖古賢相何以加？」

帝使密伺京所爲，京聞而銜之。

五月丙辰，以彗星見，詔侍從官直言指陳闕失。石公弼等遂極論蔡京罪，張克公亦論：「蔡京輔政八年，權震海內。輕賜予以蠹國用，託爵祿以市私恩，役將作以葺居第，用漕船以運花石，名爲祝聖而修塔以壯臨平之山，託言灌田而決水以符興化之讖。法名退送，門號朝京。方田擾安業之民，圜土聚徙郡之惡。」及不軌不忠之罪，凡數十事。毛注又論：「京罪積惡大，天人交譴，雖罷相致政，猶怙恩恃寵，偃居賜第，以致上天威怒。推原其咎，實在於京。考京之罪，蓋不可以縷數。陛下去黨碑以開自新之路，京疾其異己而別爲禁防。陛下頒明詔以來天下之言，京惡其議己而重置於法。聲焰所震，中外憤疾，宜早令去國，消弭天變。」

甲子，貶蔡京出居杭州。

六月乙亥，以張商英爲尚書右僕射兼中書侍郎。初，蔡京久盜國柄，中外怨疾，見商英能立異同，更稱爲賢，帝因人望而相之。時久旱，彗星中天，商英受命，是夕，彗不見；明日，雨。帝喜，因大書「商霖」二字賜之。

十二月，張商英請編熙寧、元豐事，號皇宋政典，詔就尚書省置局。商英謂蔡京以紹述爲名，但劫制人主，禁錮士大夫耳，故作政典以黜其妄。

政和元年（辛卯、一一一一）八月乙未，復以蔡京爲太子太師。

丁巳，張商英罷。商英爲政持平，改蔡京所鑄當十大錢爲當三，以平泉貨；復轉般倉，以罷直達；行鹽鈔法，以通商旅；蠲横斂，以寬民力。勸帝節華侈，息土木，抑僥倖。帝嚴憚之，嘗葺升平樓，戒主者遇丞相導騎至，必匿匠樓下，時稱商英忠直。然意廣才疏，凡所當爲，先於公座誦言，故不便者得預爲計。初，何執中與蔡京同相，凡營立皆預議。至是，惡商英出己上，與鄭居中日夜醞織其短。先使言者論其門下客唐庚，竄知惠州。時方技郭天信有寵於上，商英因與往來，事覺，居中因諷中丞張克公併論之。遂罷政，出知河南府。

冬十月，羈管陳瓘於台州。瓘以忤蔡京，竄郴州。瓘子正彙在杭，訟京有動搖東宮迹，杭守蔡（嶷）〔薿〕執正彙送京師，陰告京，俾爲計。事下開封府，併逮治瓘，尹李孝壽逼使證其妄。瓘曰：「正彙聞京將不利社稷，傳於道路，瓘豈得預知？以所不知，忘父子之恩而指其爲妄，則情有所不忍；挾私情以符合其說，又義所不爲。京之奸邪，必爲國禍，瓘固嘗論之於諫省，亦不待今日語言間也。」內侍黃經臣涖鞫，聞其辭，失聲太息，謂曰：「主上正欲得實，但如言以對可也。」獄具，正彙猶以所言失實，流海上，瓘安置通州。帝命取瓘所著尊堯集。張商英先已取其集，將上而商英罷相。瓘遂表奏，乞進尊堯集於御前開拆，仍於奏牘寓意，言王安石不宜配享宣聖廟。帝謂其語言無緒，並係詆誣，羈管台州。

初，安石嘗著日錄八十卷，瓘謂安石此書詆訕宗廟。及瓘貶廉州，乃著合浦尊堯集，以日錄詆誣之罪歸於蔡卞。後又著四明尊堯集，痛絕王氏，以發揚熙寧用舍宰臣本末之緒，而自明改過之心。至是，貶台州。何執中奉行蔡京（意）〔風〕（據薛鑑改）旨，起遷人石愰知台州，欲置瓘以必死。愰至，執瓘至庭，大陳獄具，將脅以死。瓘揣知其意，大呼曰：「今日之事，豈被制旨耶！」愰失措，始告之曰：「朝廷令取尊堯集耳。」瓘曰：「然則何用如許！使君知尊堯所以立名乎？蓋以神考爲堯，主上爲舜，尊堯何得爲罪！時相學術短淺，爲人所愚，君所得幾何，乃亦不畏公議，干犯名分乎！況尊堯集已上進矣。」愰慚，揖瓘使退。所以窘辱之者百端，終不能害。執中怒，罷愰。瓘平生論京兄弟，皆披摘其處心，發露其情慝，最所忌恨，故得禍最酷。

二年（壬辰、一一一二）二月戊子，詔蔡京復以太師致仕，賜第京師。京自杭州召還，帝宴之於內苑太清樓。

夏四月，復行方田。

五月乙巳，詔蔡京三日一至都堂議事。京患言者議己，乃作御筆密進，而丐帝親書以降，謂之御筆手詔，違者以違制坐之。事無巨細，必託以行，至有不類帝書者，羣下亦莫敢言。由是貴戚近臣爭相請求，致使中人楊球代書，號曰「書楊」。

呂中曰：自姦臣創御筆之令，凡私意所欲爲者，皆謂御筆行之，違者有刑，於是給舍不得繳，臺諫不得言，而紀綱壞矣。昔有勸仁宗攬權者，上曰：「措置天下事，正不欲從中出。」此言眞爲萬世法。

八月，焚元祐制詞。

九月，更定官名。蔡京率意自用，欲更置官名，以繼元豐之政，乃首更開封守臣爲尹、牧。由是府分六曹，縣分六案，內侍省職，悉倣機庭之號，修六尙局，建三衞郎。遂詔：「太師、太傅、太保，古三公之官，今爲三師，古無此稱，合依三代爲三公，爲眞相之任。司徒、司空，周六卿之官；太尉，秦主兵之官，皆非三公，並宜罷。仍立三孤爲次相之任。更侍中爲左輔，中書令爲右弼；尙書左僕射爲太宰兼門下侍郎，右僕射爲少宰兼中書侍郎。罷尙書令及文武勳官，而以太尉冠武階。」然是時員既冗濫，名且混雜，甚者走馬承受升擁使華，黃冠道流亦濫朝品，元豐之制至此大壞。

三年（癸巳、一一一三）春正月癸酉，追封王安石爲舒王，子雱爲臨川伯，從祀孔子廟廷。

五年（乙未、一一一五）秋七月，詔建明堂於寢廟之南，以蔡京爲明堂使，開局興工，日役萬人。

八月，安置太子詹事陳邦光於池州。初，蔡京獻太子以大食國琉璃酒器，羅列宮庭。太子怒曰：「天子大臣，不聞以道義相訓，乃持玩好之具，蕩吾志耶！」命左右碎之。京聞邦光實激太子，諷言者擊逐之。

六年（丙申、一一一六）夏四月庚寅，詔蔡京三日一朝，正公相位，總治三省事。

五月庚子，以鄭居中爲少保、太宰，劉正夫爲少宰，鄧洵武知樞密院事。時蔡京大興工役，民不聊生，變亂法度，吏無所師。鄭居中每爲帝言，帝亦惡京專，乃拜居中太宰，使伺察之。又以正夫議論數與京異，拜爲少宰。

七年（丁酉、一一一七）六月戊午朔，以明堂成，進封蔡京爲魯國公。京辭兩國，不拜，詔官其親屬二人。

八月癸亥，鄭居中罷。居中與蔡京不相能，至是，以母喪去位。京懼其起復，以居中，王珪婿也，乃使蔡確子懋重理定策事以沮。遂追封確清源郡王，御製文立石墓前，欲借撼居中，然卒不能害。

十二月，竄侍御史黄葆光於昭州。初，葆光爲左司諫，始蒞職，卽言三省吏猥多，乞非元豐舊制者一切革去。帝命釐正之，一時士論翕然。蔡京怒其異己，密白帝降內批云：「當『豐亨豫大』之時，爲衰亂減省之計，徙爲符寶郎。」明年，復拜侍御史。至是，大旱，帝以爲念，葆光上疏言：「蔡京彊悍自專，侈大過制，無君臣之分。鄭居中、余深依違畏避，不能任天下之責，故致災異。」疏上，不報。京權勢震赫，舉朝結舌，葆光獨出力攻之，京懼，中以他事，遂有是竄。

宣和元年（己亥、一一一九）九月，道德院生金芝，帝幸觀之，遂幸蔡京第。時京子儵、攸、翛及攸子行皆爲大學士，絛尙帝女茂德帝姬，家人廝養亦居大官，媵妾封夫人。京每侍上，恆以君臣相悅爲言。帝時乘輕車小輦，頻幸其第，命坐傳觴，略用家人禮。京謝表有云：「主婦上壽，請酬而肯從；稚子牽衣，挽留而不卻。」蓋實事也。

加蔡攸開府儀同三司。攸有寵於帝，進見無時，與王黼得預宮中祕戲。或侍曲宴，則攸、黼著短衫窄袴，塗抹青紅，雜倡優、侏儒中，多道市井淫媟詼浪語，以戲笑取悅。攸妻宋氏出入禁掖，攸子行領殿中監，寵信傾其父。攸嘗言於帝曰：「所謂人主，當以四海爲家，太平爲娛。歲月能幾何，豈徒自勞苦！」帝深納之。

冬十月甲戌，以紹述熙豐政事書布告天下。

十二月丙申，編管正字曹輔於郴州。帝自政和以來，多微行，始民間猶未知，及蔡京謝表有「輕車、小輦，七賜臨幸」之語，自是邸報傳之四方，而臣僚阿順莫敢言。曹輔上疏諫曰：「陛下厭居法宮，時乘小輦，出入廛陌郊坰，極遊樂而後返。道路之言，始猶有忌，今乃談以爲常。臣不意陛下當宗社付託之重，玩安忽危，一至於此！夫君之與民，本以人合，合則爲腹心，離則爲楚、越，畔服之際，在於斯須，甚可畏也！昔者仁祖視民如子，憫然惟恐或傷，一旦宮闈少寬，衞士輒踰禁城，幾觸寶瑟。諺有之：『盜憎主人。』主人何負於盜哉！況今蚩愚之民，見差科日增，豈能一一安分？萬一乘輿不戒之初，一夫不逞，包藏禍心，雖神靈垂護，然亦損威傷重矣。又況有臣子不忍言者，可不戒哉！臣願陛下深居高拱，臨之以穹昊至高之勢，行之以日月有常之度。及其出也，太史擇日，有司除道，三衞百官，以前以後。若曰省煩約費，則臨時降旨，稍爲裁節，比諸微服，不猶愈乎！」帝得疏，出示宰臣，令付都堂審問，余深曰：「輔小官，何敢論大事。」輔曰：「大官不言，故小官言之。官有大小，愛君之心一也。」王黼陽顧張邦昌、王安中曰：「有是事乎？」皆應以「不知」。輔曰：「玆事雖里巷小民無不知，相公當國，獨不知耶！曾此不知，焉用彼相！」黼怒，令吏從輔受詞。輔操筆曰：「區區之心，一無所求，愛君而已。」退待罪於家。黼奏：「不重責輔，無以息浮言。」遂編管郴州。

初，輔將有言，知必獲罪，召子紳來，付以家事，乃閉戶草疏。夕有惡鳥鳴屋脊，聲若紡輪，心知其有禍，弗恤也。及貶，怡然就道。

二年（庚子、一一二〇）六月戊寅，詔蔡京致仕。京專政日久，公論益不與，帝亦厭薄之。子攸權勢既與父相軋，浮薄者復間焉，由是父子各立門戶，遂爲讎敵。攸別居賜第，一日，詣京，京正與客語，使避之。攸甫入，遽起握父手，爲診視狀，曰：「大人脈勢舒緩，得無有不適乎？」京曰：「無之。」攸曰：「禁中方有公事。」卽辭去。客竊窺見以問京，京曰：「君固不解此邪？兒欲以爲吾疾而罷我耳。」閱數日，果以太師、魯國公致仕，仍朝朔望。

十一月，以王黼爲少保太宰。初，京致仕，黼陽順人心，悉反其所爲，四方翕然稱爲賢相。及拜太宰，遂乘高爲邪，多蓄子女、玉帛，自奉僭擬禁省，稍襲京迹。

六年（甲辰、一一二四）十一月，王黼罷。黼位元宰，每陪曲宴，親爲俳優鄙賤之役，以獻笑取悅，太子聞而惡之。黼以鄆王楷有寵，陰爲畫奪宗之計，未成。及帝幸其第觀芝，而黼第與梁師成連牆，穿便門往來，帝始悟其與師成交結狀。還宮，眷待頓衰。李邦彥素與黼不協，陰結蔡攸共毁之。會中丞何㮚論黼奸邪專横十五事，遂詔黼致仕，其黨胡松年等皆罷。

十二月，詔蔡京復領三省事。王黼既致仕，朱勔力勸用京，帝從之。京至是四當國，目昏眊，不能治事，悉決於季子絛；凡京所判，皆絛爲之，至代京入奏事。絛每造朝，侍從以下皆迎揖，呫囁耳語，堂吏數十人抱案後從，由是恣爲奸利，竊弄威柄。驟引其婦兄韓梠爲戶部侍郎，媒孽密謀，斥逐朝士。創宣和庫式貢司，四方之金帛與府藏之所儲，盡拘括以實之，爲天子私財。白時中、李邦彥等惟奉行文書而已。

七年（乙巳、一一二五）夏四月，勒蔡京致仕。蔡絛鍾愛於京，擅權用事，其兄攸嫉之，數言於帝請殺絛，帝不許。白時中、李邦彥亦惡絛，乃與攸發絛奸私事。帝怒，欲竄之，京力丐免，乃止勒停侍養，因安置韓梠於黄州，褫條侍讀，毀賜出身敕，欲以撼京，而京猶未有去志。帝乃命童貫詣京，令上章謝事。貫至，京泣曰：「上何不容京數年？當有相讒譖者。」貫曰：「不知也。」京不得已，以章授貫。帝命詞臣代京作三表求去，乃降詔從之。

史臣曰：京天資凶譎，舞智御人，在人主前，顓狙伺爲固位計，始終一說，謂當越拘攣之俗，竭四海、九州之力以自奉。帝亦知其奸，屢罷屢起，且擇與京不合者以柅之。京每聞將退免，輒入見祈哀，匍伏叩頭，無復廉恥。燕山之役，京送攸以詩，陽寓不可之意，冀事不成得以自解。見利忘義，至於兄弟爲參、商，父子如秦、越。暮年即家爲府，營進之徒舉集其門，輸貨僮隸以得美官，棄紀綱法度爲虛器。患(得)〔失〕(據宋史四七二蔡京傳、宋史全文改)之心無所不至，根株結盤，牢不可脫，卒致宗社之禍。

宋史紀事本末卷五十

花石綱之役

徽宗崇寧元年（壬午、一一〇二）春三月，命宦者童貫置局於蘇、杭，造作器用。諸牙、角、犀、玉、金、銀、竹、藤、裝畫、糊抹、雕刻、織繡之工，曲盡其巧。諸色匠日役數千，而材物所須，悉科於民，民力重困。

三年（甲申、一一〇四）二月，令天下坑冶金銀悉輸內藏。

四年（乙酉、一一〇五）十一月，以朱勔領蘇、杭應奉局及花石綱於蘇州。初，蔡京過蘇州，欲建僧寺閣，會費鉅萬，僧言：「必欲集此緣，非郡人朱沖不可。」京卽召沖語之。居數日，沖請京詣寺度地，至則大木數千章積庭下，京器其能。踰年，京還朝，遂挾沖子勔偕來，竄其父子姓名於童貫軍籍中，皆得官。帝時垂意花石，京諷沖密取浙中珍異以進。初致黃楊三本，帝嘉之。後歲歲召貢五六品，至是漸盛，舳艫相銜於淮、汴，號「花石綱」，置應奉局於蘇州，命勔總其事。勔指取內帑如囊中物，每取以數十百萬計。於是搜巖剔藪，幽隱不置。

凡士庶之家，一石一木稍堪玩者，卽領健卒直入其家，用黃封表識，指爲御前之物，使護視之。微不謹，卽被以大不恭罪。及發行，必撤屋抉牆以出。人不幸有一物小異，共指爲不祥，惟恐芟夷之不速。民預是役者，中家破產，或鬻賣子女以供其須。斸山輦石，程督慘刻，雖在江湖不測之淵，百計取之，必得乃止。至截諸道糧餉綱，旁羅商船，揭所貢，暴其上。舟人倚勢貪橫，淩轢州縣，道路以目。

勔勢焰薰灼，袤人穢夫候門奴事，自直祕閣至殿學士，如欲可得，不附者旋踵罷去，時謂「東南小朝廷」。

大觀四年(庚寅、一一一〇)閏八月，以張閣知杭州，兼領花石綱。

政和四年(甲午、一一一四)八月，新作延福宮，宮在大內北拱宸門外。初，蔡京欲以宮室媚帝，召內侍童貫、楊戩、賈詳、何訢、藍從熙五人，諷以內中逼窄之狀，五人乃請因延福舊名而新作之。五人分任工役，視力所致，爭以侈麗高廣相誇尙，各爲制度，不務沿襲。及成，號「延福五位」。東西配大內，南北稍劣，其東直景龍門，西抵天波門，其間殿閣亭臺相望。鑿池爲海，疏泉爲湖。鶴莊、鹿砦、文禽、奇獸、孔翠諸柵，蹄尾動以千數。嘉花名木，類聚區別。怪石巖壑，幽勝宛若天成，不類塵境。旣成，帝自爲文以記之。其後又爲村居野店、酒肆青帘於其間。每歲冬至後，卽放燈，自東華門以北，並不禁夜，徙市民行鋪夾道以居，縱博羣飲，至上元後乃罷，謂之「先賞」。尋又跨舊城修築，號「延福第六位」。復跨城外浚濠，作二橋，橋下疊石爲固，引舟相通，而橋上人物，外自通行，不覺也，名曰景龍江。夾江皆植奇花珍木，殿宇對峙焉。

七年（丁酉、一一一七）秋七月，置提舉御前人船所。時東南監司、郡官、二廣市舶率有應奉，又有不待旨但送物至都，計會宦者以獻。大率靈壁、太湖、慈谿、武康諸石，二浙奇竹、異花、海錯，福建荔枝、橄欖、龍眼，南海椰實，登、萊文石，湖、湘文竹，四川佳果木，皆越海渡江，毁橋梁，鑿城郭而至，植之皆生，而異味珍苞，則以健步捷走，雖甚遠，數日卽達，色香未變也。至是，蔡京又言：「陛下無聲色犬馬之奉，所尚者山林間物，乃人之所棄。但有司奉行之過，因以致擾。」乃請作提舉淮、浙人船所，命內侍鄧文誥領之。詔自後有所需，卽從御前降下，乃如數貢，餘不許妄進。名爲便民，而實擾害如故。

十二月，作萬歲山。

宣和三年（辛丑、一一二一）春正月，童貫承詔罷蘇、杭應奉局、花石綱。初，帝以東南之事付童貫，且曰：「如有急，卽以御筆行之。」貫至吳，見民困花石之擾，貫遂命其僚董耘作手詔罪己，罷諸應奉造作局，又御前花石綱運併木石彩色等場務，而帝亦黜朱勔父、子、弟、姪之在職者。吳民大悅。

閏五月，復置應奉司。方臘既平，王黼言於帝曰：「士大夫懷奸弗悛，抑損應奉，妄爲譏謗。望特置應奉一司，臣專總領，庶杜奸謀。」從之。仍令梁師成總領於內，遂復諸應奉局，奪發運漕輓之卒爲用，戶部不敢詰。自是四方珍異之物充牣二人之家，而入尚方者纔十一。

四年（壬寅、一一二二）十二月，萬歲山成，更名曰艮嶽。山周十餘里，其最高一峯九十步，上有亭曰介。分東、南二嶺，直接南山。山之東有萼綠華堂、書館、八仙館、紫石巖、棲眞嶝、覽秀軒、龍吟堂。山之南則壽山，兩峯並峙，有雁池、噰噰亭。山之西有藥寮、西莊、巢雲亭、白龍沜、濯龍峽、蟠秀、練光、跨雲亭、羅漢巖。又西有萬松嶺，半嶺有樓曰倚翠。上下設兩關。關下有平地，鑿大沼，沼中作兩洲，東爲蘆渚浮陽亭，西爲梅渚雪浪亭。西流爲鳳池，東出爲鴈池。中分二館，東曰流碧，西曰環山，有巢鳳閣、三秀堂。東池後有揮雪廳。復由嶝道上至介亭。亭左復有極目亭、蕭森亭，右復有麗雲亭。半山北俯景龍江，引江之上流注山間。西行爲漱瓊軒。又行石間爲煉丹凝觀、圜山亭，下視江際，見高陽酒肆及清斯閣。北岸有勝筠菴、躡雲臺、蕭閑館、飛岑亭。支流別爲山莊，爲回溪。又於南山之外爲小山，橫亙二里，曰芙蓉城，窮極巧妙。而景龍江外，則諸館舍尤精。其北又因瑤華宮火，取其地作大池，名曰曲江池，中有堂曰蓬壺，東盡封丘門而止。其西則自天波門橋引水直西，殆半里，江乃折南，又折北。折南者過閶闔門，爲複道，通茂德帝姬宅；折北者，四五里，屬之龍德宮。既成，帝自爲艮嶽記，以爲山在國之艮位故也。初，朱勔於太湖取石，高廣數丈，載以大舟，挽以千夫，鑿城斷橋，毁（堰）〔堰〕（據宋史八五地理志、續綱目、薛鑑改）拆牐，數月乃至。會得燕地，因號昭功敷慶神運石，立於萬歲山。又作絳霄樓，勢極高峻，盡工藝之巧。其後羣閣興築不已，於是山林巖壑，日益高深，亭臺樓觀，不可稱紀。又以金芝產於萬壽峯，更名壽嶽。諸巨璫爭出新意，謂土木既宏麗矣，獨念四方所貢珍禽之在圃者不能盡馴。有市人薛翁，素以豢擾爲優場戲，請於〔童〕貫（據薛鑑補），願役其間，許之，乃日集輿衞鳴蹕，張黃蓋以游。至則以巨柈盛肉炙粱米，翁倣禽鳴，以致其類。既乃飽飫翔集，聽其去來。月餘而圃禽四集，不假鳴而致，益狎玩，立鞭扇間不復畏。遂自命局曰來儀所，招四方籠畜者，置官司以總之。一日，上幸是山，聞淸道聲，望而羣翔者數萬。翁輒先以牙牌奏道左曰：「萬歲山瑞禽迎駕。」上顧罔測，大喜，命以官，賚予加厚。

宋史紀事本末卷五十一

道教之崇

徽宗崇寧四年（乙酉、一一〇五）五月，賜信州龍虎山道士張繼元號虛靖先生。

大觀二年（戊子、一一〇八）三月，頒金籙靈寶道場儀範於天下。

政和三年（癸巳、一一一三）夏四月，作玉清和陽宮於福寧殿東，奉安道像，帝所生之地也。

九月，賜方士王老志號洞微先生，王仔昔號通妙先生。老志，濮人，初爲小吏，遇異人，授以丹，遂棄妻子，結草廬田間，爲人言休咎多驗。太僕卿王亶以名聞，時帝方嚮道術，乃召至京師，館於蔡京第。嘗緘書一封至帝所，啓視，乃昔歲（中）秋〔中〕（本卷校改各條，除文下注明者外，均以宋史四六二方技傳爲依據，並參照續綱目、薛鑑）與喬、劉二妃燕好之語也。由是益信之，號爲洞微先生。朝士多從求書，初若不可解者，卒應者什八九。其門如市，京慮太甚，漸以爲戒，老志亦謹畏，乃奏禁絕之。踰年而死。仔昔，洪州人，初隱於嵩山，自言遇許遜，得大洞隱書、豁落七元之法，能道人未來事。京薦之，帝召見，賜號沖隱處士，篆符有驗，進封通妙先生。由是道家之事日興，而仔昔恩寵寖加。朝臣戚里，夤緣關通。中丞王安中上疏，請「自今招延山林道術之士，當責所屬保任，宣召出入，必令察視其所經由。仍申嚴臣庶往還之禁」。并言蔡京欺君僭上，蠹國害民數事。帝欣然納之。已而再疏京罪，帝曰：「本欲卽行卿章，以近天寧節，俟過此，當爲卿罷京。」京伺知之，大懼。其子攸日夕侍禁中，泣拜懇祈，帝爲遷安中翰林學士。

十一月癸未，祀天於圜丘。帝執大圭，以道士百人執儀仗前導，蔡攸爲執綏官。玉輅出南薰門，帝忽曰：「玉津園東若有樓臺重複，是何處也？」攸卽奏：「見雲間樓臺殿閣，隱隱數重，既而審視，皆去地數十丈。」頃之，帝又曰：「見人物否？」攸卽奏：「有若道流童子，持幡幢節蓋，相繼而出雲間，眉目歷歷可識。」遂以天神降，詔告在位，卽其地建道宮，名曰迎眞，作天眞降靈示現記。由是益信神仙之事矣。

十二月癸丑，詔求道教仙經於天下。

四年（甲午、一一一四）春正月，戊寅朔，置道階。時王老志、王仔昔、徐知常等得幸，遂賜號先生、處士等名，秩比中大夫至將仕郎，凡二十六級。後又置道官二十六等，有諸殿侍宸、校籍、授經，以擬待制、修撰、直閣之名。

六年（丙申、一一一六）春正月，賜方士林靈素號通眞達靈先生。靈素，溫州人，少從浮屠

〔學〕，苦其師笞罵，去爲道士。善妖幻，往來淮、泗間，丐食僧寺，僧寺苦之。及王老志死，王仔昔寵衰，帝訪方士於左階道籙徐知常，知常以靈素對，卽召見。靈素大言曰：「天有九霄，而神霄爲最高，其治曰府。神霄玉清王者，上帝之長子，主南方，號稱長生大帝君，陛下是也。（卽）〔旣〕下降於世，其弟號青華帝君者，主東方，攝領之。又有仙官八百餘名，今蔡京卽左元仙伯，王黼卽文華使，鄭居中、童貫等皆有名，而已卽仙卿褚慧下降，佐帝君之治。」時劉貴妃方有寵，靈素以爲九華玉眞安妃。帝心獨喜其事，甚加寵信，遂賜號，賞賚無算，爲改溫州爲應道軍。靈素本無所能，惟稍習五雷法，召呼風霆，間禱雨，有小驗而已。

閏月丁未，從林靈素之言，立道學，自元士至志士，凡十三品，歲大比，許襴襆就試。又用蔡京言，集古今道教事爲紀、志，賜名道史。

夏四月，會道士於上清寶籙宮。初，帝以未得嗣子爲念，道士劉混康以法籙、符水出入禁中，建言京城西北隅地協堪輿形勢，加以少高，當有多男之祥，始命爲數仞岡阜。已而後宮生子漸多，帝益信道教。於是蔡攸謂有珠星、璧月、跨鳳、乘龍、天書、雲篆之符，以逢迎之。及聞林靈素之言，遂作上清寶籙宮，密連禁署，宮中山包平地，環以佳木清流，列諸館舍臺閣，多以美材爲楹棟，不施五采，有自然之勝，上下立亭宇，不可勝計。帝時登皇城，下視之。由是開景龍門，城上作複道，通寶籙宮，以便齋醮之路。

九月辛卯朔，帝奉玉册、玉寶如玉清和陽宮，上玉帝尊號曰太上開天執符御曆含眞體道昊天玉皇上帝。詔天下洞天福地，修建宮觀，塑造聖像。又上地祇徽號曰承天效法厚德光大后土皇地祇，上寶册，禮儀一如上帝。尋改宮名爲玉清神霄宮。又鑄神霄九鼎，安置於上清寶籙宮之神霄殿。

七年（丁酉、一一一七）春正月甲子，會道士二千餘人於上清寶籙宮，詔林靈素諭以帝君降臨事。乙亥，帝幸上清寶籙宮，命林靈素講道經。時道士皆有俸，每一觀給田亦不下數百千頃。凡設大齋，輒費緡錢數萬。貧下之人，多買青布幅巾以赴，日得一飫餐，而襯施錢三百，謂之千道會。且令士庶入聽靈素講經，帝爲設幄其側。靈素據高座，使人於下再拜請問，然所言無殊絕者，時時雜以滑稽媟語，上下爲大鬨笑，莫有君臣之禮。復令吏民詣宮（授）〔受〕神霄祕籙，朝士嗜進者，亦靡然趨之。

夏四月庚申，道籙院上章，册帝爲敎主道君皇帝。初，帝諷道籙院曰：「朕乃上帝元子，爲神霄帝君，憫中華被金狄之敎，遂懇上帝，願爲人主，令天下歸於正道。卿等可上表章，册朕爲敎主道君皇帝。」於是道籙院上表册之，然止於道敎章疏內用，而不施於政事。

十二月，方士王仔昔下獄死。仔昔倨傲而戇，帝待以客禮，故遇宦者若童奴，又欲羣道士宗己。林靈素忌之，乃與宦者馮浩誣以言語怨望，下獄死。

戊辰，帝言天神降於坤寧殿，詔示百官，且刻石以紀之。初，帝惑於林靈素之言，建宮觀徧天下，又造青華帝君正晝臨壇及火龍神劍夜降內宮之事，託天神臨降，造帝誥、天書、雲篆，務以惑世欺衆，其說妄誕，不可究質。宦者、道士有所不快，必託爲帝誥，則莫不如志。尋加靈素號通眞達靈元妙先生，張虛白通元沖妙先生，視中大夫，出入訶引，至與諸王爭道，都人稱曰「道家兩府」。其徒美衣玉食者幾二萬人。

立元成節，以青華帝君八月九日生也。

重和元年（戊戌、一一一八）八月辛酉，詔頒御註道德經。

丙戌，詔太學、辟雍各置內經、道德經、莊子、列子博士二員。

冬十月，置道官二十六等，道職八等。

宣和元年（己亥、一一一九）春正月乙卯，詔更寺院爲宮觀。林靈素欲盡廢釋氏以逞前憾，請於帝，改佛號大覺金仙，餘爲仙人、大士。僧爲德士，易服飾，稱姓氏。寺爲宮，院爲觀。改女冠爲女道，尼爲女德。尋詔德士並許入道學，依道士之法。

六月甲申，追封莊周爲微妙元通眞君，列禦寇爲致虛觀妙眞君，仍行册命，配享混元皇帝。

二年（庚子、一一二〇）春正月甲子，罷道學，放林靈素歸田里。靈素初與道士王允誠共爲神怪之事，後忌其相軋，毒殺允誠，〔遂〕（據續綱目、薛鑑補）專用事。及都城水，帝遣靈素厭勝，方步虛城上，役夫爭舉梃將擊之，走而免，帝始厭之。然横恣愈不悛，道遇皇太子，弗斂避。太子入訴於帝，帝怒，以靈素爲太虛大夫，斥還故里。命江端本通判溫州，察之。端本廉得其居處過制罪，詔徙置楚州。命下而靈素已死，遺奏至，猶以侍從禮葬焉。

宋史紀事本末卷五十二

金滅遼

神宗熙寧七年（甲寅、一〇七四）十二月，遼女眞部節度使烏古迺死，子劾里鉢嗣。初，女眞之先，蓋古肅愼氏，世居混同江之東，長白山鴨綠水之源。南鄰高麗，北接室韋，西界渤海、鐵甸，東瀕海。後漢謂之挹婁，元魏謂之勿吉，隋、唐謂之靺鞨。姓拏，又號完顔氏，於夷狄中最微。唐貞觀中，靺鞨來朝，自是中國始聞其名。開元中，其酋來朝，拜爲勃利州刺史，遂置黑水部，以部長爲都督，朝廷爲置長史監之。五代時，始稱女眞。其族分六部，有黑水部。其民在南者，繫籍於遼，號熟女眞；在北者不籍於遼，號生女眞。已而避遼主宗眞諱，改曰女直。又有曰黃頭女眞，其人戇朴勇鷙，謂之回霸。自東沫江之北，寧江之東，地方千餘里，自推豪俠爲酋長，僻處契丹東北隅。宋太祖建隆二年，以馬入貢，三年、四年，復遣使貢馬，自是不絕。太宗淳化二年，首領野里雞等上言，契丹怒其朝貢中國，置三栅於海岸，每栅置兵三千，絕其貢獻之路，乞發兵共平三栅。太宗降詔撫諭而不爲發兵。眞宗大中祥符三年，契丹征高麗，道由女眞，女眞復與高麗合兵拒之。天禧三年，復遣使至。自天聖後沒屬契丹，不復入貢。至烏古迺，能役屬諸部。會遼五國蒲聶部節度使拔乙門叛遼，遼將致討。烏古迺恐遼兵深入，得其山川險易，或將圖之，乃告遼曰：「彼可計取也，若用兵，必將走險，非歲月可平也。」遼從之。烏古迺因襲而擒之，以獻遼主。遼主召見，燕賜加等，授生女眞部節度使，始有官屬，紀綱漸立矣，然不肯受印繫遼籍。其部內舊無鐵，鄰國有以甲胄往鬻者，必厚價售之。得鐵既多，因以修弓矢，備器械，兵勢稍振，前後願附者衆。至是，五國沒撚部謝野勃堇復叛遼，烏古迺伐之，謝野敗走。烏古迺將見遼邊將自陳敗謝野之功，道死，子劾里鉢襲爲節度使。

哲宗元祐七年（壬申、一〇九二）夏（四）〔五〕（據金史一世紀、續綱目、薛鑑改）月，遼女眞部節度劾里鉢死，弟頗刺淑嗣。劾里鉢生十一子，長曰吳刺束，一名烏雅束，次曰阿骨打，曰吳乞買，曰撒也，曰斡賽，曰斡者，曰烏故乃，曰闍母，曰查刺，曰烏特。劾里鉢疾篤，呼弟盈哥謂曰：「烏雅束柔善，若辦集契丹事，阿骨打能之。」遂卒。母弟頗刺淑襲爲節度使。劾里鉢嚴重多智，每戰未嘗被甲。襲位之初，內外潰叛，劾里鉢乃因敗爲功，變弱爲强，遂破桓赧、散達、烏春、窩謀罕，基業始大。〔初〕（據續綱目、薛鑑補）建官屬，統諸部，其官之長皆稱勃極烈。

紹聖三年（丙子、一〇九六）二月，生女眞節度使頗剌淑死，弟盈哥嗣，以兄劾者子撒改爲國相。時紇石烈部阿疎有異志，盈哥召之，阿疎與部人毛睹祿阻兵爲難。盈哥自往伐之，至阿疎城。阿疎往訴於遼，遼遣使止盈哥勿攻，盈哥留劾者守阿疎城而還。

徽宗崇寧元年（壬午、一一〇二）冬十月，遼將蕭海里叛遼，亡入女眞阿典部，遣其族人斡達剌至〔生〕女眞（據續綱目補），約同舉兵，節度使盈哥執之。時遼主命盈哥討海里，盈哥募兵得千餘人。兄子阿骨打曰：「有此甲兵，何事不可圖也！」遂次混同江，蓋先是女眞甲兵未嘗滿千也。至是，遼兵追海里者數千人而不能克。盈哥謂遼〔將曰〕（據金史一世紀、續綱目補）：「退爾軍，我當獨取海里。」遂使阿骨打與戰，執而殺之，因大破其黨，函海里首獻於遼。遼主大喜，錫予加等。盈哥自是知遼兵之易與，益自肆矣。

二年（癸未、一一〇三）冬十月，生女眞部節度使盈哥死，兄子烏雅束嗣。時高麗復與女眞通好。女眞雖舊屬高麗，然不相通者且久，會高麗醫者至女眞，還，言於高麗王曰：「女眞居黑水部者，部族日强，兵益精悍。」其王乃通使於女眞，自是來往不阻。

政和二年（壬辰、一一一二）二月，遼主如春州，至混同江（鈞）〔鉤〕（據遼史二七天祚紀、又一〇二蕭奉先傳改）魚，界外生女眞酋長在千里內者，以故事皆來朝。適遇頭魚宴，酒半酣，遼主命諸酋次第起舞。至阿骨打，辭不能，但端立直視。遼主諭之再三，阿骨打終不從。他日，遼主密諭北院樞密使蕭奉先曰：「阿骨打跋扈如此，可託以邊事誅之，否則必遺後患。」奉先曰：「彼粗人，不知禮義，且無大過而殺之，恐傷向化心。設有異志，蕞爾小國，亦何能爲！」遼主乃止。阿骨打之弟吳乞買、粘罕、胡舍等嘗從遼主獵，能呼鹿、刺虎、搏熊，遼主喜，加以官爵。

阿骨打歸，疑遼主知其異志，且以遼主淫酗不恤國政，遂稱兵，先併旁近部族。女眞趙三、阿鶻產拒之，阿骨打虜其家屬。二人走訴咸州詳穩司，送北樞密院，蕭奉先作常事以聞。遼主命送咸州詰責，欲使自新。後數召阿骨打，阿骨打不至。一日，率五百騎突入咸州，吏民大驚。翌日，赴詳穩司，與趙三等面折庭下，阿骨打不屈。送所司問狀，一夕遁去。遣人訴於遼主，言詳穩司欲見殺，故不敢留。自是召不復至矣。

三年（癸巳、一一一三）十二月，生女眞節度使烏雅束死，弟阿骨打自稱都勃極烈。遼使阿息保往謂之曰：「何故不告喪？」阿骨打曰：「有喪不能弔，而乃以爲罪乎？」

四年（甲午、一一一四）冬十月，女眞阿骨打叛遼，取寧江州。先是，遼主好畋獵淫酗，怠於政事，每歲遣使市名鷹海東青於海上，道出生女眞，使者貪縱，徵索無藝，女眞厭苦之。及阿疎奔遼，烏雅束屢以爲請，遼主不遣阿疎，遂以爲辭，稍稍拒市鷹使者。及阿骨打襲位，相繼遣蒲家奴、習古乃等索阿疎，遼主終不許。習古乃歸，具言遼主驕肆廢弛之狀。阿骨打乃召其所屬，使備衝要，建城堡，修戎器。遼主使侍御阿息保往詰之，阿骨打曰：「我小國也，事大國不敢廢禮。大國德澤不施而逋逃是主，以此字小，能無望乎！若還阿疎，朝貢如故，不然，城未已也。」阿息保還，遼主遂發渾河北諸軍，益東北路統軍司。阿骨打聞之，謂其下曰：「遼人知我將舉兵，集諸路軍備我。我必先發制之，無爲人制。」乃與撒改子粘沒喝等〔謀〕（據續綱目、薛鑑補），遂集所屬諸部兵，以銀朮可、婁室、闍母等爲將，而使婆盧火徵移懶路迪古乃兵。九月，阿骨打率兵進次寥晦城，諸部兵皆會於來流水，得二千五百人。數遼之罪，告於天地曰：「世事遼國，恪修職貢，定烏春、窩謀罕之亂，破蕭海里之衆，有功不省，而侵侮是加。罪人阿疎，屢請不遣。今將問遼之罪，天地其監佑之！」遂命諸將傳梃而誓。至遼界，遇渤海軍。耶律謝十墜馬，阿骨打射殺之。阿骨打之子斡本與數騎陷遼圍中，阿骨打救之，免胄戰。或自旁射之，阿骨打顧見射者，一矢而斃。謂其下曰：「盡敵而止！」衆從之，勇氣百倍。遼軍大奔，蹂踐死者十七八。撒改在別部，聞之，使粘沒喝及谷神來賀，勸其稱帝。阿骨打曰：「一戰而勝，遂稱大號，何示人淺也！」進軍寧江州，塡塹攻城。寧江人自東門出，阿骨打邀擊，盡殪之。遼統軍司以聞，遼主射鹿於慶州，略不介意，惟遣海州刺史高仙壽應援而已。十月朔，寧江州陷。遼防禦使大藥師奴被獲，阿骨打陰縱之，使招諭遼人，遂引兵還。

初，女眞部民皆無傜役，壯者悉爲兵，平居則漁畋射獵，有警則下令徵之。凡步騎之仗糗，皆自備焉。其部長曰勃菫，行兵則稱曰猛安、謀克，猛安猶千夫長，謀克猶百夫長也。凡以衆降附者，率以猛安、謀克之名授之。

十一月，遼主聞寧江州陷，召羣臣議。漢人行宮副部署蕭陶蘇斡曰：「女眞雖小，其人勇而善射。我兵久不練，若遇强敵，稍有不利，諸部離心，不可制矣。今莫若大發諸道兵，以威壓之。」北院樞密使蕭得里底曰：「如陶蘇斡之謀，徒示弱耳。但發滑水以北兵，足以拒之。」乃以司空蕭嗣先爲東北路都統，蕭撻不野副之，發契丹、奚軍三千及中京禁兵等七千，屯出（店）河〔店〕（據遼史二七天祚紀、金史二太祖紀改）。阿骨打率衆來禦，未至混同江，會夜，阿骨打方就枕，若有扶其首者三，寤而起曰：「神明警我也！」卽鳴鼓舉燧而行。黎明，至混同江。遼兵方壞凌道，阿骨打選壯士十人擊走之。因帥衆繼進，遂登岸，與遼兵遇。會大風起，塵埃蔽天，阿骨打乘風奮擊，遼兵潰，將士多死，其獲免者十有七人。樞密使蕭奉先，嗣先兄也，懼嗣先得罪，輒奏：「東征潰軍，所至刦掠，若不肆赦，恐聚爲患。」遼主從之，嗣先但免官而已。自是諸軍相謂曰：「戰則有死無功，退則有生無罪。」故士無鬬志，遇敵輒潰。阿骨打進襲遼蕭敵里於斡鄰濼東，殺獲甚衆。遼人嘗言：「女眞兵滿萬則不可敵。」至是始滿萬云。

十二月，遼賓、祥、咸三州及鐵驪部叛降女眞；鐵驪王奚回離保未幾逃歸。

五年（乙未、一一一五）春正月壬申朔，女眞完顏阿骨打稱帝，國號金。先是，阿骨打既屢勝遼，其弟吳乞買率將佐勸其稱帝，阿骨打不許。阿離合懣、蒲家奴、粘罕等復以爲言。至是，阿骨打始用鐵州降人楊朴策，遂稱皇帝，卽位。且曰：「遼以賓鐵爲號，取其堅也。賓鐵雖堅，終亦變壞。惟金不變不壞。金之色白，完顏色尚白，況所居按出虎水之上。」於是國號大金，建元收國。更名旻。追尊祖龕福以下皆爲帝。以吳乞買爲諳班勃極烈，撒改、斜也爲國論勃極烈。其國語謂金爲「按出虎」，謂尊大爲「諳班」，謂國相爲「國論」。斜也亦阿骨打弟。撒改，烏古迺之孫也。粘罕又名沒喝，亦其國語云。

遼主使僧家奴持書往金議和，使爲屬國。阿骨打遣賽剌復書云：「若歸叛人阿踈，遷黃龍府於別地，然後議之。」金主自將攻遼黃龍府，進薄益州，州人走保黃龍，金取其餘民而去。遼遣都統斡里朶、左副統蕭乙薛、右副統耶律張家奴、都監蕭謝佛留將騎二十萬、步卒七萬，戍邊且屯田，以爲持久計。金主聞之，率衆趨達魯古城，登高望遼兵，若連雲灌木狀，顧謂左右曰：「遼兵心二而情怯，雖多不足畏。」遂趨高阜爲陣。謀良虎以右翼先馳遼左軍，左軍卻。婁室、銀朮可衝遼中堅，陷陣力戰，粘沒喝以中軍助之，遼兵遂敗。金兵乘勢追躡，至其營，會日已暮，圍之。黎明，遼兵潰圍出，金人逐北至阿婁岡。遼步卒盡殪，耕具數千皆爲金人所獲。是役也，遼人本欲屯田，且戰且守，故併其耕具皆失之。

三月，遼使張家奴等六人齎書使金，猶斥阿骨打名，冀其降。金主以爲書辭慢侮，留五人，獨遣張家奴還。報書亦斥遼主名，諭遼主降。

六月，遼復遣使如金，金主留其使蕭辭刺不遣。

八月，遼主下詔親征女眞，率蕃、漢兵十餘萬，出長春路。命蕭奉先爲御營都統，耶律章奴副之，以精兵二萬爲先鋒。餘分五部，北出駱駝口，別以漢步騎三萬南出寧江州。發數月糧，期必滅女眞。

九月，金主攻遼黃龍府，次混同江，無舟以渡。金主使一人導前，乘赭白馬徑涉，曰：「視吾鞭所指而行。」諸軍隨之以濟，水及馬腹。旣濟，使人測其渡處，深無涯涘。於是遂克黃龍府。遣蕭辭刺還遼，曰：「若歸我叛人阿疎，卽當班師。」

遼師渡混同江，副都統章奴與耶律淳妃弟蕭諦里及其甥蕭延留等誘將士亡歸，謀迎立淳。淳，興宗之孫也。初，昭懷太子得罪，道宗欲立淳爲太子，羣臣諫，乃止。遼主卽位，寵待加厚，號其父和魯斡爲太叔，封淳越王，留守（京）東〔京〕（據遼史二七天祚紀改）。於是章奴遣諦里以其謀告淳，淳曰：「此非細事，主上自有諸王當立，北南面諸大臣不來，而汝言及此，何也？」密令左右拘之。有頃，遼主使行宮小底乙信等持書至，備言章奴之謀，淳卽斬諦里等，攜其首，單騎詣廣平淀待罪，遼主遇之如初。章奴知淳不見聽，乃率麾下掠取上京府庫財物，至祖州。帥其黨告太祖廟，數遼主過惡，移檄州縣。遂結渤海羣盜，至數萬。趨廣平，犯行宮，不克。北趨降虜山。順國女眞阿鶻產以三百騎一戰勝之，擒其貴族二百餘人，並斬以徇。餘得脫者，皆奔女眞。章奴詐爲使者，欲奔女眞，爲邏者所獲，縛送遼主所，腰斬於市。

十二月，金主聞遼主親征，乃聚衆，以刀剺面，仰天慟哭曰：「始與汝等起兵，蓋苦契丹殘忍，欲自立國。今天祚親至，奈何？非人人死戰，恐不能當也！不若殺我一族，汝等迎降，轉禍爲福。」諸軍羅拜曰：「事已至此，惟命是從！」金主遂帥師迎敵。遼主自將至駝門，駙馬蕭特末等將騎兵五萬，步卒四十萬，至斡鄰濼。金主行次爻剌，與其臣謀曰：「遼兵號七十萬，其鋒不可當。吾軍遠來，人馬疲乏，宜駐於此，深溝高壘以待之。」會獲遼督餉者，知遼主以章奴反，西還已二日矣。諸將請乘怠擊之，遂追遼主，及於護步答岡。金主曰：「彼衆我寡，兵不可分。視其中軍最堅，〔遼〕(據金史二太祖紀、續綱目補)主必在焉，敗其中軍，可以得志。」使右翼先戰，左翼合而攻之。遼兵大潰，枕藉相屬百餘里。獲輿輦、帟幄、兵械、軍資，他寶物、馬牛不可勝紀。蕭特末焚營而遁，金主亦退。

六年(丙申、一一一六)春正月，遼東京留守蕭保先嚴酷，渤海苦之。是月朔，夜半，有惡少年十餘，乘酒執刀，踰垣入府，刺殺保先。戶部使大公鼎聞亂，卽攝留守事，與副留守高清明集奚、漢兵千人，盡捕其衆斬之，撫定其民。裨將渤海高永昌時以兵三千屯八甔口，見遼政日衰，金兵方强，遂誘渤海并戍卒入遼陽，據之。旬日之間，遠近響應，有兵八千人，因僭號，稱隆基元年。遼主遣蕭韓家奴、張琳討之。

夏四月，金人攻高永昌，殺之，遂取遼東京州縣。初，永昌使人求援於金，且曰：「願并力以取遼。」金主使胡沙補謂永昌曰：「同力取遼固可，東京近地，汝輒據之，以僭大號，則不可。若能歸款，當授王爵。」永昌不從。金主乃遣斡魯帥諸軍攻永昌，與遼將張琳等遇，戰，敗之，遂取瀋州。永昌大懼，率衆拒金，遇於活水。金師既濟，永昌之軍不戰而卻，（遂）〔逐〕（據金史七一斡魯傳、續綱目、薛鑑改）北至遼陽城下。明日，永昌盡率其衆與金戰，又大敗，遂以五千騎奔長松。遼陽人撻不野執永昌以獻，金主殺之。於是遼之東京州、縣及南路繫遼女眞皆降於金。金主以斡魯爲南路都統，斡論知東京事。

六月，遼以耶律淳爲元帥。

七年（丁酉、一一一七）八月癸亥，遼主自燕至陰涼河，募遼東人爲兵，使報怨於女眞，號曰「怨軍」，凡八營，二萬八千餘人，屯衞州蒺藜山，以渤海鐵州人郭藥師等爲帥。

十二月，遼耶律淳遣金咸州都統斡魯古書，議和。斡魯古告於金主，金主猶以歸賽剌及阿疎爲言。淳軍至蒺藜山，斡魯古及知東京事斡論等攻顯州，襲破遼怨軍帥郭藥師，遂進與淳戰。淳敗走，斡魯古追至（河）〔阿〕里眞陂（據金史七一斡魯古傳改），拔顯州。於是乾、懿、豪、（復）〔徽〕（據金史二太祖紀、續綱目改）、成、川、惠七州皆降金。

遼東鐵州人楊朴言於金主曰：「自古英雄開國，必先求大國封册。」金主從之，乃遣使求封册於遼。使至遼，時遼東諸州，盜賊蜂起，掠民以充食，樞密〔使〕（據續綱目、薛鑑補）蕭奉先等勸遼主許之。

重和元年（戊戌、一一一八）十二月，遼大饑，人相食。

宣和元年（己亥、一一一九）三月，遼遣使册金阿骨打爲東懷國皇帝，阿骨打不受。初，遼遣耶律奴哥如金議和，金主復書曰：「能以兄事朕，歲貢方物，歸我中京、上京、興中府三路州、縣，以親王、公主、駙馬、大臣子孫爲質，還我行人及元給信符，幷宋、夏、高麗往復書、詔、表、牒則可。」既而奴哥復至，金使胡突衮與俱如遼，免取質子及上京、興中府所屬州、縣，裁減歲幣之數，且曰：「必以兄事我，册用漢儀。如不可，勿復遣使。」遼主從之。凡七遣使如金議册禮，金乃使烏林答贊謨如遼迎册。册至金，金主以無兄事之語，又不稱大金，而東懷乃「小邦懷其德」之義，語涉輕侮。乃復使贊謨如遼，責其册乖體式，必如前書所定，然後可從。

八月，金製女眞字。女眞初無文字，及獲契丹、漢人，始通契丹、漢字。金主遂命谷神依倣漢人楷字，因契丹字製度，合本國語，製女眞字行之。後復製女眞小字，謂谷神所製爲大字云。

二年（庚子、一一二〇）三月，遼復遣使如金議册禮，金不許。先是，遼遣蕭習泥烈持册稾如金，金遣烏林答贊謨持册副本報遼。遼以金所定大聖二字與先世稱號同，遣習泥烈往議。金主怒，謂其臣曰：「遼人屢敗，遣使求成，惟飾虛詞以爲緩師之計，當議進兵。」乃令咸州路統軍司治軍旅，修器械，將以四月進師，令斜葛留兵一千鎮守，闍母以餘兵來會於渾河，和議遂絕。

五月，金主自將攻遼上京，以遼使蕭習泥烈、宋使趙良嗣從。遣降者馬乙持詔諭城中，使速降。遼主方獵於胡土白山，聞金舉兵，命耶律白斯不等選精兵三千以濟師。金主進攻，且謂習泥烈、趙良嗣曰：「汝可觀吾用兵，以卜去就。」遂臨城督戰。諸軍鼓譟而進，自旦及巳，闍母等以麾下先登，克其外城，留守撻不野以城降。良嗣等奉觴爲壽，皆稱萬歲，金主乃還。

三年（辛丑、一一二一）二月，遼都統耶律余覩叛降金。初，遼主四子，長趙王習泥烈，次晉王敖盧（幹）〔斡〕（據遼史七二本傳、續綱目、薛鑑改。下同），次秦王定，次許王寧。晉王，文妃蕭氏所生，積有人望。女眞興兵，境內郡、縣所失幾半，而遼主畋遊不恤，忠臣多被疎斥。文妃作歌諷諫，遼主銜之。樞密使蕭奉先，元妃之兄，而秦王、許王之舅也，以國人屬意晉王，恐秦王不得立，因潛圖之。文妃姊適耶律撻曷里，妹適耶律余覩。一日，其姊若妹俱會軍前，奉先諷人誣文妃與駙馬蕭昱及余覩、撻曷里等謀立晉王，而尊遼主爲太上皇。遼主遂誅蕭昱、撻曷里等，而賜文妃死。余覩在軍中，聞之大懼，卽率千餘騎叛降於金。遼主遣蕭遐（賣）〔買〕等將兵追之，及諸閭山縣。遐（賣）〔買〕（據遼史二九天祚紀、續綱目、薛鑑改，下同）等謀曰：「主上信蕭奉先，奉先視吾輩蔑如也。余覩乃宗室豪俊，當不肯爲奉先下。若擒余覩，他日吾黨皆余覩也，不若縱之。」還，卽紿曰：「追不及。」余覩至金，金主見之，因詔咸州都統司曰：「自余覩來，灼見遼國事宜。已決議親征，其治軍以俟師期。」

十一月，金侵遼中京。初，耶律余覩奔金，金粘沒喝言於金主曰：「遼主失德，中外離心，今乘其釁，可襲取中京。天時人事，不可失也。」金主然之。羣臣言時方寒，金主不聽，竟用粘沒喝計，以斜也都統內外諸軍，蒲家奴、粘沒喝、斡本、斡離不、蒲盧虎等副之，耶律余覩爲鄉導，以趨遼中京大定府。

四年（壬寅、一一二二）春正月，金克遼中京，遂下澤州。遼主時獵於鴛鴦濼，余覩引婁室奄至，遼主憂甚。樞密使蕭奉先曰：「余覩乃王子班之苗裔，此來欲立甥晉王敖盧（幹）〔斡〕耳。若爲社稷計，不惜一子，明其罪誅之，可不戰而余覩自退矣。」會耶律撒八等復謀立敖盧(斡)〔斡〕事覺，遼主召樞密使蕭得里底等議曰：「反者必以此兒爲名，若不除去，何以獲安！」得里底唯唯，遼主乃遣人縊之。或勸敖盧(斡)〔斡〕亡，敖盧(斡)〔斡〕曰：「安忍爲蕞爾之軀，而失臣子之節！」遂就死。遼主素服三日，耶律撒八等皆伏誅。敖盧(斡)〔斡〕素有人望，諸軍聞其死，無不流涕，由是人心解體。余覩引金兵逼遼主行宮，遼主率衞士五千餘騎，自鴛鴦濼走雲中，遺傳國璽於桑乾河。

三月，金粘沒喝敗遼奚王於北安州，拔其城。遣谷神略近地，獲遼護衞習泥烈，知遼上下離心，使人報斜也曰：「遼主窮迫，若失機會，事難圖矣。」斜也意未決，斡本勸從之。斜也乃出青嶺，粘沒喝出瓢嶺，期會於羊城濼。遼主在雲中，以金兵爲憂，蕭奉先猶言：「女眞雖能攻我上京，終不能遠離巢穴。」及聞金師將出嶺西，遼主遂趨白水濼。粘沒喝以精兵六千襲之，將近行營，遼主計不知所出，遂乘輕騎入夾山。始悟奉先之不忠，怒曰：「汝父子悞我至此，殺爾何益！恐軍心忿怒，爾曹避敵苟安，禍必及我，其勿從行。」奉先下馬，哭拜而去，行未數里，左右執其父子，縛送金軍，金人斬其長子昂，以奉先及其次子昱械送金主。道遇遼軍，奪以歸，並賜死。蕭得里底自知不免，亦絕食死。

丙子，遼人立秦晉國王耶律淳爲帝。初，遼主走雲中，留南府宰相張琳、參知政事李處溫與耶律淳守燕京。處溫聞遼主入夾山，命令不通，卽與族弟處能及子奭，外假怨軍，內結都統蕭幹，謀立淳。處溫邀張琳白其事，琳曰：「攝政則可，卽眞則不可。」處溫曰：「今日之事，天意人心已定，豈可易耶！」琳不敢執，遂與諸大臣耶律大石、左企弓、虞仲文、曹(義)勇〔義〕(據金史七五本傳改。下同)、康公弼集蕃、漢百官、諸軍及父老數萬人，詣淳府，引唐靈武故事勸進。淳不許，將出，李奭持赭袍被之，令百官拜舞山呼。淳驚駭，再三辭不獲，從之。羣臣上尊號曰天錫皇帝，建元天福，以妻蕭氏爲德妃。妃，普賢女也。加處溫守太尉，張琳守太師，餘與謀者授官有差；改怨軍爲常勝軍，軍旅之事悉委大石；遙降遼主爲湘陰王；遂據有燕、雲中及上京、遼西之地。遼主所有，沙漠以北、西南、西北路兩都招討府諸蕃族而已。淳遣使來報，免歲幣結好；亦遣使奉表於金，乞爲附庸，金人不報。耶律大石者，太祖八世孫，通遼、漢字，善騎射，登進士第，累擢翰林學士承旨。遼謂翰林爲林牙，故稱大石林牙。

金人攻遼西京大同府，遼耿守忠救之。粘沒喝、謀良虎、斡本等繼至，粘沒喝率麾下自其中衝擊，使餘兵去馬，從旁射之。守忠大敗，其衆殲焉。西京西路州、縣、部族皆降金。

夏四月，金取遼東勝州，獲阿疎至金，金主杖而釋之。

六月，遼耶律淳寢疾。聞遼主傳檄天德、雲內、朔、武、應、蔚等州，合諸蕃精騎五萬，約以八月入燕，幷遣人問勞，索衣裘茗藥，淳甚驚，命北、南面大臣議。李處溫、蕭幹等有迎秦王定拒湘陰王之說，惟南面行營都部署耶律寧曰：「天祚果能以諸蕃兵大舉奪燕，則是天數未盡，豈能拒之？否則，秦、湘父子也，安有迎子而拒其父者！」處溫等以寧扇亂軍心，欲殺之。淳曰：「彼忠臣也，焉可殺！天祚果來，吾有死耳，復何面目相見耶！」

已而淳疾，自知不起，密授處溫蕃、漢馬步軍都元帥，意將屬以後事。及蕭幹等召宰執入議，處溫稱疾不至，陰聚勇士爲備，紿云：「奉密旨防他變。」淳死，蕭幹等乃立淳妻爲皇太后，主軍國事，奉遺命遙立秦王定爲帝。蕭后遂稱制，改元德興，謚淳爲孝章皇帝，廟號宣宗，葬於燕西之香山。蕭后聽政，幹以后命召處溫至，以時方多難，未卽加誅，但追毀元帥劄子。處溫父子懼禍，南通童貫，欲挾蕭后納土，北通於金，欲爲內應。事覺，后執處溫問之，處溫自陳有定策功。后曰：「誤秦、晉國王者，皆爾父子，何功之有！」併數其前罪惡數十，處溫無以對，乃賜死，臠其子奭而磔之。籍其家，得錢七萬緡，金玉寶器稱是，皆爲宰相數月間所取也。

夏主使李良輔將兵三萬救遼，金將斡魯、婁室敗之於（宣）〔宜〕水（據金史七二婁室傳、續綱目改）。追至野谷，澗水暴至，夏人漂沒者不可勝計。

八月，金阿骨打襲遼延禧於石輦驛，延禧敗走。時遼主既失西京及沙漠以南，遂奔於訛莎烈。金斜也使斡離不言於金主曰：「今雲中新定，諸路遼兵尚數萬，新降之民，其心未固，諸將望幸軍中。」金主從之。既而聞遼主在大漁濼，乃自將精兵萬人襲之。蒲家奴、斡離不率兵四千爲前鋒，晝夜兼行，及遼主於石輦驛。軍士至者才千人，遼兵二萬五千，方治營壘。蒲家奴與諸將議，耶律余覩曰：「我軍未集，人馬疲劇，未可戰也。」斡離不曰：「今追及遼主而不亟戰，日入而遁，則無及矣。」遂戰。短兵接，遼兵圍之數重，副統軍蕭特烈諭軍中以君臣之義，士皆殊死戰。遼主謂斡離不兵少，必敗，遂與妃嬪登高阜觀戰。余覩指遼主麾蓋以示諸將，斡離不等遂以騎兵馳赴之。遼主望見，大驚，即遁去，遼兵遂潰。斡離不等還，金主曰：「遼主去不遠，亟追之！」斡離不追至烏里質驛，遼主棄輜重而遁，蕭特烈被執。

十二月，金克遼燕京。時金主分三道進兵攻燕，遼蕭后五上表於金，求立秦王定，金主不許，遼人遂以勁兵守居庸關。金兵至關，崖石自崩，戍卒多壓死，遼人不戰而潰。金兵度關而南，遼統軍都監高六等送款於金。金主至燕京，遂自南門入，使銀朮可、婁室陳於城上。金主次城南，遼宰相左企弓、參政虞仲文、康公弼、樞密使曹（義）勇〔義〕、張彥忠、劉彥宗等奉表詣金營請罪；金主並釋之，命守舊職，而遣左企弓等撫定燕京諸州、縣。蕭德妃與蕭幹自古北口趨天德。於是遼五京悉爲金有。

五年（癸卯、一一二三）春正月，遼知北院樞密事奚回離保即箭笴山自立爲奚國皇帝，改元天復。(以)〔設〕(據遼史一一四奚回離保傳、續綱目、薛鑑改)奚、漢、渤海三樞密院，改東、西節度使爲二王分司。遼主命都統耶律馬哥討之。

二月，遼主奔四部族。蕭德妃來見，遼主怒，殺之，追降淳爲庶人，而赦其黨。蕭幹奔奚。

夏四月，金以斡魯爲都統，斡離不副之，使襲遼主於陰山。至居庸，獲耶律大石。斡魯使斡離不、銀朮可、婁室等以兵三千，分道襲遼主，將至青冢，遇泥濘不能進。斡離不以繩繫大石，使爲鄉導，直趨遼主營，斡魯等大軍繼至。時遼主往應州，其子秦王定、許王寧及諸妃女併從臣皆被執，盡失輜重萬餘乘，惟太保特母哥竊遼主次子梁王雅里及長女特里，乘軍亂，出赴遼主軍得免。斡魯兵至埽里門，爲書招遼主。遼主自金城來，聞金人以所獲東去，乃率兵五千餘邀戰於白水濼。斡離不以兵千餘敗之，遼主遁去。金人獲遼主長子趙王習泥烈，追奔二十餘里，盡得其從馬，別獲遼牧馬萬四千匹，車八千乘。遼主使人持兔紐金印，僞請降於金，而西走雲內。斡離不復以書招遼主，諭以石晉北遷事。遼主答書，乞爲弟若子，量賜土地。斡離不不許。

五月，夏主李乾順遣使請遼主臨其國，遼主從之。中軍都統蕭特烈等切諫，不聽，遂渡河，次於金肅軍北，人情惶懼，不知所爲。特烈陰謂耶律元直曰：「事勢如此，億兆離心，正我輩效節之秋。不早爲計，奈社稷何！」乃共刼遼主第二子梁王雅里走西北部，三日，遂立爲帝，改元神歷，以特烈爲樞密使，特母哥副之。

奚回離保爲其下所殺。

金遣使如夏。時斡離不趨天德，聞夏迎護遼主，遼主已渡河，乃遺書於夏，使執送遼主，且許割地。

八月，金主阿骨打去燕京，有疾，命粘沒喝爲都統，蒲家奴、斡魯副之，駐兵雲中以備邊而還，至部堵濼，殂。國論勃極烈斜也等請阿骨打弟諳班勃極烈吳乞買即位，更名晟，改元天會。謚阿骨打曰大聖武元皇帝，廟號太祖。以斜也爲諳班勃極烈，斡本爲國論勃極烈，輔政。斡本，阿骨打庶長子也。

冬十月，遼雅里死，蕭特烈等復立耶律朮烈爲帝。朮烈，興宗孫也。

十一月，遼朮烈及蕭特烈爲亂兵所殺。

六年(甲辰、一一二四)春正月，夏遣把里公亮請以事遼之禮稱藩於金，且受地。粘沒喝承制割下寨以北，陰山以南，乙室耶刺部吐祿濼西之地與之。自是兩國信使不絕。

秋七月，遼主延禧復渡河，居於突呂不部。耶律大石自金來歸，遼主責之曰：「我在，汝何敢立淳！」大石對曰：「陛下以全國之勢，不能一拒敵，棄國遠遁，使黎民塗炭。卽立十淳，皆太祖子孫，豈不勝乞命於他人耶？」遼主無以答，賜酒食而赦之。

金襲遼主營，遼主北走。有謨葛失者，迎遼主至其部，事之甚謹，遼主遂得至烏敵烈部。遼主得耶律大石及謨葛失之兵，自謂有天助，再謀出兵，收復燕、雲。大石諫曰：「向以全師，不謀戰備，使舉國皆爲金有。國勢至此而方求戰，非計也。當養兵待時而動，不可輕舉。」遼主不從，與金人戰，敗走山陰。

七年（乙巳、一一二五）春正月，遼主延禧謀奔夏，會党項小斛祿遣人請遼主臨其地，遼主遂趨天德。過沙漠，金兵忽至，遼主徒步走出，乘從者馬，得脫。途次絕糧，從者至嚙冰雪以濟飢。過天德，至夜，將宿民家，紿曰「偵騎」。其家知之，乃叩頭，跪而大慟。潛宿其家，遂趨党項。以小斛祿爲西南面招討使，總知軍事。

二月，遼主至應州新城東六十里，爲金將婁室等所獲以歸。

八月，廢延禧爲海濱王，遼遂亡。

遼耶律大石稱帝於起兒漫。先是，大石以諫遼主不從，遂殺北院樞密蕭乙薛，自立爲王，率衆西走。至可敦城，駐於北庭都護府，會西鄙七州十八部，諭以興復事，得精兵萬餘，置官吏，立排甲，具器械。又遺書假道於回鶻王畢勒哥。畢勒哥得書，卽迎至邸，願質子孫爲附庸，送至境外。所過敵者勝之，降者安之，兵行萬里，歸者數國，獲牛、羊、駝、馬不可勝計。至尋思干，西域諸國舉兵十萬號忽兒珊，來拒戰。大石分所部爲三軍，進擊，大敗之，僵屍數十里。駐兵尋思干凡九十日，回回國王來降，貢方物。又西行，至起兒漫。羣臣共册立大石爲帝，改元延慶，號曰天祐皇帝，妻蕭氏爲昭德皇后。是爲西遼。

宋史紀事本末卷五十三

復燕雲

徽宗政和元年（辛卯、一一一一）九月，遣端明殿學士鄭允中及宦者童貫使遼。童貫既得志於西羌，遂謂遼亦可圖，因請使遼以覘之，乃以鄭允中充賀遼主生辰使，而以貫副之。或言：「以宦官爲上介，國無人乎？」帝曰：「契丹聞貫破羌，故欲見之，因使覘其國，策之善者也。」遂行。

冬十月，童貫以遼李良嗣來，命爲秘書丞，賜姓趙。燕人馬植，本遼大族，仕至光祿卿，行汚而內亂，不齒於人。童貫使遼，道盧溝，植夜見其侍史，自言有滅燕之策，因得見貫。貫與語，大奇之，載與俱歸，易姓名曰李良嗣，薦諸朝。植卽獻策曰：「女眞恨遼人切骨，而天祚荒淫失道。本朝若自登、萊涉海，結好女眞，與之相約攻遼，其國可圖也。」議者謂：「祖宗以來，雖有此道，以其地接諸蕃，禁商賈舟船不得行，百有餘年矣，一旦啓之，懼非中國之利。」不聽。帝召問之，植對曰：「遼國必亡。陛下念舊民塗炭之苦，復中國往昔之疆，代天譴謫，以治伐亂，王師一出，必壺漿來迎。萬一女眞得志，事不侔矣。」帝嘉納之，賜姓趙氏，以爲秘書丞。圖燕之議自此始。

重和元年（戊戌、一一一八）二月，遣武義大夫馬政浮海使金，約夾攻遼。初，建隆中，女眞嘗自其國之蘇州泛海至登州賣馬，故道猶存。至是，有漢人高藥師者，泛海來，言女眞建國，屢破遼師。登州守臣王師中以聞。詔蔡京、童貫共議，命師中募人同藥師等賫市馬詔以往，不能達而還。帝乃復委童貫選人使之，遂使馬政同藥師由海道如金。政言於金主曰：「主上聞貴朝攻破契丹五十餘城，欲與通好，共行弔伐。若允許，後當遣使來議。」自是始通金好。

宣和元年（己亥、一一一九）春正月，金主與粘沒喝議，遣渤海人李善慶、女眞散覩持國書幷北珠、生金等物，同馬政來修好。詔蔡京等諭以夾攻遼之意，善慶等唯唯。居十餘日，遣政同趙有開賫詔及禮物，與善慶等渡海報聘。行至登州，有開死。會諜者言遼已封金主爲帝，乃詔政勿行，止遣平海軍校呼慶送善慶等歸金。金主遣慶歸，且語之曰：「吾已獲遼數路。汝歸見皇帝，果欲結好，早示國書。若仍用詔，決難從也。」初，高麗來求醫，帝命二醫往。至是，歸，奏云：「高麗館醫甚勤，日夕引之視其用兵、布陣、禦敵之方。曰：『聞天子將與女眞圖契丹。苟存契丹，猶足爲中國捍邊；女眞虎狼，不可交也。宜早爲之備。』」帝聞之不樂。

安堯臣上言：「陛下臨御之初，嘗下詔求言，於是謬士效忠，而憸人乃誤陛下，加以詆誣之罪，使陛下負拒諫之謗，故比年天下杜口，以言爲諱。乃者宦寺交結權臣，共倡北伐，而宰執以下無一人肯爲陛下言者。臣謂燕、雲之役興則邊釁遂開，宦寺之權重則皇綱不振。昔秦始皇築長城，漢武帝通西域，隋煬帝遼左之師，唐明皇幽、薊之寇，其失如彼；周宣王伐玁狁，漢文帝備北邊，元帝納賈捐之議，光武斥臧宮、馬武之謀，其得如此。藝祖撥亂反正，躬擐甲冑，當時將相大臣，皆所與取天下者，豈勇略智力不能下幽燕哉？蓋以區區之地，契丹所必爭，忍使吾民重困鋒鏑！章聖澶淵之役，與之戰而勝，乃聽其和，亦欲固本而息民也。今童貫深結蔡京，同納趙良嗣以爲謀主，故建平燕之議。臣恐異時脣亡齒寒，邊境有可乘之釁，狼子蓄銳伺隙以逞其欲，此臣之所以日夜寒心。伏望思祖宗積累之艱難，鑒歷代君臣之得失，杜塞邊隙，務守舊好，無使外夷乘間窺中國，上以安宗廟，下以慰生靈。」帝然之，且以言路久壅，宜導以賞予，補承務郎，後竟爲奸謀所奪。

二年（庚子、一一二〇）二月乙亥，遣趙良嗣使金。先是，呼慶自金還，具道金主言，并持其書來，請別遣使通好。時童貫密受旨圖燕，因建議遣右文殿修撰趙良嗣往，仍以市馬爲名，其實約攻遼以取燕、雲之地。

八月，金人來議攻遼及歲幣，遣馬政報之。初，趙良嗣謂金主曰：「燕本漢地，欲夾攻遼，使金取中京大定府，宋取燕京析津府。」金主許之，遂議歲幣。金主因以手札付良嗣，約金兵自平地松林趨古北口，宋兵自白溝夾攻；不然，不能從。因遣勃堇偕良嗣還，以致其言。帝使馬政報聘，書曰：「大宋皇帝致書於大金皇帝，遠承信介，特示函書。致討契丹，當如來約，已差童貫勒兵相應。彼此兵不得過關，歲幣之數同於遼。」仍約毋聽契丹講和。

四年（壬寅、一一二二）三月，金人來約夾攻遼，命童貫爲河北、河東路宣撫使，屯兵於邊以應之。初熙河鈐轄趙隆嘗極言其不可，童貫曰：「君能共此，當有殊拜。」隆曰：「隆，武夫，豈敢干賞以敗祖宗二百年之好！異時啓釁，萬死不足謝責。」貫不悅。鄭居中亦力陳不可，謂蔡京曰：「公爲大臣，不能守兩國盟約，輒造事端，誠非廟算。」京曰：「上厭歲幣五十萬故爾。」居中曰：「公獨不思漢世和戎用兵之費乎？使百萬生靈肝腦塗地，公實爲之！」由是議寢。及金數敗遼兵，童貫乃復乞舉兵，居中又言：「不宜幸災而動，待其自斃可也。」時睦寇初平，帝亦悔於用兵。王黼獨言曰：「中國與遼，雖爲兄弟之邦，然百餘年間，彼之所以開邊慢我者多矣。且兼弱攻昧，武之善經也。今而不取燕、雲，女眞卽强，中原故地將不復爲我有。」帝遂決意治兵。黼於三省置經撫房，專治邊事，不關樞密。括天下丁夫，計口出算，得錢六千二百萬緡以充用。黼又遺童貫書曰：「太師若北行，願盡死力。」會聞耶律淳自立，乃命貫勒兵十五萬巡北邊以應金，且招諭幽燕，蔡攸副之。仍以三策付貫：「如燕人悅而取之，因復舊疆土，上也；耶律淳納款稱藩，次也；燕人未服，按兵巡邊，下也。」

中書舍人宇文虛中上書言：「臣聞用兵之策，必先計强弱虛實，知彼知己，以圖萬全。今論財用之多寡，指宣撫司所置，便爲財用有餘，若沿邊諸郡，帑藏空虛，廩食不繼，則略而不問。論士卒之强弱，指宣撫司所駐，便言兵甲精銳，若沿邊諸郡，士不練習，武備刓缺，則置而不講。夫邊圉無應敵之具，軍府無數日之糧，雖孫、吳復生，亦未可舉師，是在我者未有萬全之策也。用兵之道，禦攻者易，攻人者難，守城者易，攻城者難；守者在内而攻者在外，在内爲主而常逸，在外爲客而常勞，逸者必安，勞者必危。今宣撫司兵約有六萬，邊鄙可用不過數千。契丹九大王耶律淳者，智略輻湊，素得士心，國主委任，信而不疑。今欲亟進兵於燕城之下，使契丹自西山以輕兵絕吾糧道，又自營、平以重兵壓我營壘；我之糧道不繼，而耶律淳者，激勵衆心，堅城自守，則我亦危殆矣！是在彼者未有必勝之（道）〔兆〕（據薛鑑改）也。夫在我無萬全之策，在彼亦未可必勝，兹事一舉，乃安危存亡之所繫，豈可輕議乎！且中國與契丹講和，今踰百年，間有貪惏，不過欲得關南十縣而止耳；間有傲慢，不過對中國使人稍虧禮節而止耳。自女眞侵削以來，向慕本朝，一切恭順。今舍恭順之契丹，不封植拯救，爲我藩籬，而遠踰海外，引强悍之女眞，以爲鄰國。彼既藉百勝之勢，虛喝驕矜，不可以禮義服也，不可以言說喻也。視中國與契丹拏兵不止，鏖戰不解，勝負未決，强弱未分，持卞莊兩鬬之說，引兵踰古北口，撫有悖桀之衆，繫纍契丹君臣，雄據朔漠，貪心不止，越逸疆圉，憑陵中夏。以百年怠惰之兵，而當新鋭難敵之虜，以寡謀持重久安閒逸之將，而角逐於血肉之林，巧拙異謀，勇怯異勢，臣恐中國之邊患，未有寧息之期也。譬猶富人有萬金之產，與寒士爲鄰，欲肆幷吞以廣其居，乃引强盜而謀曰：『彼之所處，汝居其半；彼之所畜，汝取其全。』强盜從之，寒士既亡，雖有萬金之富，日爲切鄰强盜所窺，欲一夕高枕安臥，其可得乎！愚見竊以爲確喻。望陛下思祖宗創業之艱難，念（邦）〔鄰〕（據薛鑑改）域百年之盟好，下臣此章，使百寮廷議。儻臣言可採，乞降詔旨，罷將帥還朝，無滋邊隙，俾中國衣冠禮義之俗，永覩昇平，天下幸甚！」書下三省，黼讀之大怒，捃摭他事，除集英殿修撰，督戰益急，而北事始不可收拾矣。

五月乙亥，以蔡攸爲河北、河東宣撫副使，與童貫共勒兵。攸，童騃不習事，謂功業可唾手致。陛辭，値二美嬪侍帝側，攸指而請曰：「臣成功歸，乞以是賞。」帝笑而弗責。

庚辰，童貫至高陽關，用知雄州和詵計，降黃榜及旗，述弔民伐罪之意，且云：「若有豪傑能以燕京來獻者，卽除節度使。」遂命都統制种師道護諸將進兵。師道諫曰：「今日之舉，譬如盜入鄰家，不能救，又乘之而分其室焉，無乃不可乎！」貫不聽，分兵爲兩道，師道總東路兵趨白溝，辛興宗總西路兵趨范村。癸未，耶律淳聞之，遣耶律大石、蕭幹禦之。師道次白溝，遼人譟而前，擊敗師道前軍統制楊可世於蘭溝甸，士卒多傷。師道先令人持一大梃自防，賴以不大敗。丁亥，辛興宗亦敗於范村。

六月己丑，种師道退保雄州，遼人追擊至城下。帝聞兵敗，懼甚，詔班師。遼使來言曰：「女眞之叛本朝，亦南朝之所惡也。今射一時之利，棄百年之好，結豺狼之鄰，基他日之禍，謂爲得計，可乎？救災恤鄰，古今通誼。惟大國圖之！」貫不能對。种師道復請許之和，貫不（答）〔納〕（據續綱目——在五月——薛鑑改），而密劾師道助賊。王黼怒，責授師道右衞將軍，致仕。

秋七月，王黼聞耶律淳死，復命童貫、蔡攸治兵，以河陽三城節度使劉延慶爲都統制。九月戊午，除朝散郎宋昭名。昭上書極言：「遼不可攻，金不可鄰。異時金必敗盟，爲中國患。乞誅王黼、童貫、趙良嗣等。」且曰：「兩國之誓，敗盟者禍及九族。陛下以孝理天下，其忍忘列聖之靈乎！陛下以仁覆天下，其忍置河北之民於塗炭之中，而使肝腦塗地乎！」王黼大惡之，故除昭名，勒停廣南編管。

己未，金人聞童貫舉兵，恐朝廷徑取燕而歲幣不可得，乃遣徒孤且烏歇等來議師期。帝遣趙良嗣報之，且言不負初約。

己卯，遼將郭藥師以涿、易二州來降。時藥師爲遼常勝軍帥，留守涿州，以蕭后立，蕭幹專政，國人多貳，謂所部曰：「天祚失國，女政不綱。宋天子重兵壓境，此男兒取金印時也。」遂擁所部八千人，奉二州來降。童貫受之，以聞。詔授恩州觀察使，以兵隸劉延慶。

冬十月，改燕京爲燕山府，涿、易八州並賜名。

癸巳，童貫遣劉延慶、郭藥師將兵十萬出雄州，以郭藥師爲鄉導，渡白溝。延慶軍無紀律，藥師諫曰：「今大軍拔隊行而不設備，若敵人置伏邀擊，首尾不相應，則望塵奔潰矣。」不聽。至良鄉，遼蕭幹率衆來拒，延慶與戰而敗，遂閉壘不出。藥師曰：「幹兵不過萬人，今悉力拒我，燕山必虛。願得奇兵五千，倍道襲之，城可得也。」因請延慶子光世箚師爲後繼。延慶許之，遣大將高世宣、楊可世與藥師率兵六千，夜半渡盧溝，〔倍道〕（據宋史四七二郭藥師傳、續綱目、薛鑑補）而進。質明，常勝軍帥甄五臣領五千騎奪迎春門以入，藥師等繼至，遣人諭蕭后〔使趣降〕（據宋史四七二郭藥師傳、續綱目補）。后密報蕭幹，幹舉精甲三千還燕，巷戰。光世渝約不至，藥師失援而敗，與可世棄馬縋城而出，死傷過半，世宣死焉。延慶營於盧溝南，幹分兵斷餉道，擒護糧將王淵，得漢軍二人，蔽其目，留帳中。夜半，僞相語曰：「吾師三倍漢軍，敵之有餘，當分左右翼，以精兵衝其中，左右翼爲應，舉火爲期，殲之無遺。」既言，乃陰逸一人歸報。延慶聞而信之。明旦，見火起，以爲敵至，卽燒營遁，士卒蹂踐死者百餘里，幹因縱兵追至涿水而去。自熙、豐以來所儲軍實殆盡，退保雄州。燕人知宋之無能爲，作賦及歌詩以誚之。藥師還，猶進安遠軍承宣使。

十一月戊寅，金人來議燕地。

十二月戊子，遣趙良嗣復如金。初，朝廷與金約，但求石晉賂契丹故地，而不思平、營、灤三州非晉賂，乃劉仁恭獻契丹以求援者。既而王黼悔，欲併得之，金主不肯。及趙良嗣往，金主使蒲家奴責良嗣以出兵失期。且云：「今更不論元約，特與燕京薊、景、檀、順、涿、易六州。」良嗣言：「元約山前、山後十七州，今乃如此，信義安在？」抗辨數四，金人不從。良嗣乃與其使李靖偕來，止許山前六州。帝復遣良嗣送之，且求營、平、灤三州。

庚寅，加郭藥師武泰節度使。

辛卯，金克遼燕京。時童貫再舉伐燕，不克成功，懼得罪，乃密遣王瓌如金，以求如約夾攻。金主分三道進兵，遂克燕，遣騎兵送趙良嗣還，且致遼俘。

五年（癸卯、一一二三）春正月戊午，金遣使來，趙良嗣復如金。初，良嗣至燕，與金主議燕京、西京之地，金主曰：「若宋必欲平、灤等州，〔則〕（據續綱目補）并燕京不與。」因以答書先示良嗣，讀至「燕京用本朝兵力攻下，其租稅當輸本朝」，良嗣因曰：「租稅隨地，豈有與其地而不與其租稅者？」粘沒喝曰：「燕京自我得之，則當歸我。若不早見與，請速追涿、易之師，無留我疆。」乃遣李靖等與良嗣偕來。靖既入對，遂見王黼。黼謂靖曰：「租稅非約也，上意以交好之故，欲以銀絹充之。」靖復請去年歲幣，帝亦特許之，故仍命良嗣與靖偕使。

辛酉，以王安中知燕山府，郭藥師同知府事。時朝廷以金人將歸燕，謀帥臣守之。左丞王安中請行，王黼贊於帝，遂授安中慶遠軍節度使、河北河東燕山府路宣撫使、知燕山府，郭藥師爲檢校少保、同知府事。詔藥師入朝，禮遇甚厚，賜以甲第、姬妾，張水嬉使觀之，命貴戚大臣更互設宴。又召對於後苑延春殿。藥師拜庭下，泣言：「臣在虜中，聞趙皇如在天上，不謂今日得望龍顔！」帝深褒稱之，委以守燕，對曰：「願效死。」又令取天祚以絕燕人之望，藥師變色言曰：「天祚，故主也，國破出走，臣是以降。陛下使臣畢命他所，不敢辭，若使反故主，非所以事陛下，願以付他人。」因涕泣如雨。帝以爲忠，解所御珠袍及二金盆以賜。藥師出，諭其下曰：「此非吾功，汝輩力也。」卽剪盆分給之。加檢校少傅，歸鎮燕山府路。

三月己未，遣使如金。初，趙良嗣至燕，謂金主曰：「本朝徇大國多矣，豈平、灤一事不能相從耶？」金主曰：「平、灤欲作邊鎮，不可得也。」遂議租稅。金主曰：「燕租六百萬，止取一百萬。不然，還我涿、易舊疆及常勝軍，我且提兵按邊。」良嗣曰：「本朝自以兵下涿、易，今乃云爾，豈無曲直耶！」且言御筆許十萬至二十萬，不敢擅增。乃令良嗣歸報，金主謂之曰：「過半月不至，吾提兵往矣。」時左企弓嘗以詩獻金主曰：「君王莫聽捐燕議，一寸山河一寸金。」故金人欲背初約，要求不已。良嗣既還，金聞遼主謀復故地，乃悉斷盧溝北橋梁，焚次舍以防之。良嗣行至雄州，以金書遞奏，其略言：「貴朝兵不克夾攻，特用己力下燕，所以拘稅。今據燕管內每年租六百萬貫，良嗣等稱御筆許二十萬，以上不敢自專。其平、灤等州不在許限，儻務侵求，難終信義。仍速追過界之兵。」王黼欲功之速成，乃請復遣良嗣自雄州再往使，許遼人舊歲幣四十萬之外，每歲更加燕京代稅錢一百萬緡，及議畫疆與遣使賀正旦、生辰，置榷場交易。金主大喜，遂使銀朮可等持誓書草來，許以燕京及六州來歸，而山後諸州及西北一帶接連山川，不在許與之限。帝曲意從之，遣盧益、趙良嗣等持誓書往。至涿州，金谷神等先索書觀之，言其字畫不謹，令易之。益言：「帝親書，所以示尊崇於大國也。」金人不聽。比至汴京，更易者數四。金人又言：「近有燕人趙溫訊等逃出南朝，須先還，方可議交燕地。」良嗣諭宣撫司縛送溫訊於金。既至，粘沒喝釋其縛而用之。金人又求糧，良嗣許以二十萬石。

夏四月癸巳，金人使楊璞以誓書及燕京、六州來歸，其平、營、灤三州終以非石晉所賂契丹之地，不預。庚子，命童貫、蔡攸入燕交割。時，燕之職官、富民、金帛、子女皆爲金人盡掠而去，惟存空城而已。粘沒喝猶欲止割涿、易，金主曰：「海上之盟，不可忘也。我死，汝則爲之。」乙巳，童貫等奏燕城老幼迎謁，焚香稱壽。庚戌，帝曲赦兩河、燕、雲，命即日班師。

五月庚申，以王黼爲太傅，鄭居中爲太保。癸亥，進封童貫爲徐豫國公，蔡攸爲少師。時，王黼竭天下之財以北征，僅得七空城，至是率百官表賀。詔以收復燕、雲故，宰執皆進位，而命王黼總治三省事，賜玉帶。以趙良嗣爲延康殿學士。鄭居中自陳無功，不拜。

六月丙戌，遼張瑴以平州來歸。初，遼主之走西山也，平州軍亂，殺其節度使蕭諦里，瑴撫安亂者，州民推瑴領州事。耶律淳死，瑴知遼必亡，乃籍壯丁五萬人，馬千匹，練兵爲備。蕭德妃遣時立愛知平州，瑴拒弗納。金人入燕京，訪瑴情狀於康公弼，公弼曰：「瑴狂妄寡謀，何能爲！當示以不疑。」金人遂加瑴臨海軍節度，仍知平州。既而粘沒喝又欲先下平州，擒張瑴，公弼曰：「若加兵，是趣之叛也。」公弼請自往覘之。瑴曰：「契丹八路，七路已降，今獨平州存，敢有異志？所以未解甲者，防蕭幹耳。」厚賂公弼，使還。公弼還，言於粘沒喝曰：「彼無足慮也。」乃升平州爲南京，加瑴試中書平章事，判留守事。至是，金驅遼宰相左企弓、虞仲文、曹（義）勇〔義〕（據金史本傳、宋史四七二張覺傳改，下同）、康公弼同燕京大家富民，俱東徙。燕民流離道路，不勝其苦，過平州，遂入城言於瑴曰：「左企弓不能守燕，致吾民流離至此。公今臨巨鎮，握强兵，盡忠於遼，使我復歸鄉土，人心亦惟公是望。」瑴遂召諸將議，皆曰：「聞天祚兵勢復振，出沒漠南。公若仗義勤王，奉迎天祚，以圖興復，先責左企弓等叛降之罪而誅之，盡歸燕民，使復其業，而以平州歸宋，則宋無不接納，平州遂爲藩鎮矣。即後日金人加兵，內用平州之衆，外藉宋人之援，又何懼焉！」瑴又訪於翰林學士李石，亦以爲然。瑴乃遣張謙率五百餘騎，傳留守令，召左企弓、虞仲文、曹〔義〕勇〔義〕、康公弼至灤河西岸，數企弓等十罪，皆縊殺之。瑴仍稱保大三年，畫天祚像，朝夕謁事，必告而後行，稱遼官秩。榜諭燕人復業，恆產爲常勝軍所占者，悉還之。燕民既得歸，大悅。李石更名安弼，偕故三司使高黨至燕京，說王安中曰：「平州形勢之地，張瑴總練之才，足以禦金人，安燕境，幸招致之，無令西迎天祚，北合蕭幹也。」安中深納之，令安弼至汴以聞。帝以手札付同知燕山府〔事〕（據續綱目、薛鑑補）詹度，第令羈縻之。而度促瑴內附，瑴乃遣張鈞、張敦固持書來請降。王黼勸帝納之，趙良嗣諫曰：「國家新與金盟，如此必失其歡，後不可悔。」不聽。良嗣坐削五階。而詔安中及詹度厚加安撫，與免三年常賦。瑴聞之，自謂得計。

秋七月，童貫致仕，以內侍譚稹爲兩河燕山路宣撫使。時貫與蔡攸歸自燕，頗失上意，王黼、梁師成共薦稹代貫交雲中之地。稹至太原，招朔、應、蔚諸州降人爲朔寧軍。

八月，遼蕭幹引兵破景、薊州，遂攻燕。郭藥師與戰，破之，幹走死。初，金人既陷燕京，幹就奚王府自立爲帝，國號大奚。時奚人饑，幹出盧龍嶺，攻破景州，又敗常勝軍於石門鎮，陷薊州，寇掠燕城，其鋒鋭甚，有涉河犯京師之意。人情洶洶，頗有謀棄燕者。已而藥師大破其衆，乘勝窮追，過盧龍，殺傷大半。斡遁去，尋爲其下所殺，傳首京師。詔加藥師太尉。

冬十月，詔建平州爲太寧軍，以張瑴爲節度使。時金人聞瑴叛，遣闍母率三千騎攻瑴，瑴率兵拒之於營州。闍母以兵少，不交鋒而退，瑴遂妄以大捷聞。朝廷拜瑴節度使，犒賞銀、絹數萬。

十一月，金斡離不攻平州，圍之。金人以闍母無功而還，乃復使斡離不督闍母攻平州。會張瑴聞朝廷犒賜將至，喜而遠迎。斡離不乘其無備，襲之，與瑴戰於城東。瑴敗，宵奔燕山，王安中納而匿之。平州都統張忠嗣及張敦固出降金。金遣使與敦固入諭城中，城中人殺其使者，立敦固爲都統，閉門固守。

詔殺張瑴，函首以畀金。時金人以納叛來責，朝廷初不欲發遣，金人索之益急，王安中取貌類瑴者，斬其首與之。金知非瑴也，遂欲以兵攻燕。安中言：「必不發遣，懼起兵端。」朝廷不得已，令安中縊殺之，函其首，併瑴二子，送於金。於是燕降將及常勝軍士皆泣下。郭藥師曰：「金人欲瑴卽與瑴，若求藥師，亦將與藥師乎！」安中懼，因力求罷，詔以蔡靖知燕山府事。自是降將卒解體，而金卒用此爲兵端云。

金人來歸武、朔州。時朝廷以山後諸州請於金，金主吳乞買新立，將許之。粘沒喝自雲中至，言於金主曰：「先帝初圖宋協力攻遼，故許以燕地。宋人既盟之後，請加幣以求山西諸鎮，先帝辭其幣而復與之盟曰：『無匿逋逃，無擾邊民。』今宋數路招納叛亡，累疏叛人姓名索之，童貫不遣。盟未期年已如是，萬世守約，其可望乎！且西鄙未寧，割付山西諸郡，則諸軍失屯據之所，將有經略，或難持久，請勿與之。」金主遂遣使止以武、朔二州來歸。

六年（甲辰、一一二四）三月，金人遣使詣宣撫司，索趙良嗣所許糧二十萬石，譚稹曰：「二十萬石，豈易致耶！良嗣口許，不足憑也。」遂不與。金人由此大怒。

六月，金人克平州，執張敦固，殺之。

詔以收復燕、雲以來，京都、兩河之民，困於調度，令京西、淮南、兩浙、江南、荆湖、四川、閩廣並納免夫錢，每夫三十貫，委漕臣限督之，違者從軍法。又詔宗室、戚里、宰執之家及宮觀、寺院，一例均敷。於是徧（索）〔率〕（據續綱目、薛鑑改）天下，所得纔二千萬緡，而結怨四海矣。

八月，譚稹罷，復以童貫領樞密院事、兩河燕山路宣撫使。初，金人以拓跋故地雲中二千里遺夏，止以武、朔二州來歸。至是，夏人舉兵侵武、朔地界，譚稹遣兵禦之，兵數交，夏師不卽退。又金人以朝廷納張轂，不給糧，遂攻應、蔚，逐守臣。朝廷罪稹措置乖方，詔致仕，以貫代之。時遼主延禧在夾山，帝欲誘致之，始遣一番僧齎御筆絹書通意。及延禧許歸，遂易書爲詔，許待以皇弟之禮，位燕、越二王上，築第千間，女樂三百人，延禧大喜。貫之是行，名爲代稹交割山後土地，其實已約延禧來降，自往迎之也。然延禧以中國不足恃，卒不至。

是月，以復燕、雲，赦天下。

七年（乙巳、一一二五）六月，封童貫廣陽郡王。帝援神宗遺訓，能復全燕之境者，胙土，錫以王爵，封貫爲王。

宋史紀事本末卷五十四

方臘之亂 宋江附

徽宗宣和二年（庚子、一一二〇）冬，睦州清溪民方臘作亂。方臘世居縣堨村，託左道以惑衆。初，唐永徽中，睦州女子陳碩眞反，自稱文佳皇帝，故其地相傳有天子基，臘因得憑藉以自信。縣境梓桐、幫源諸洞，皆落山谷幽險處，民物繁夥，有漆楮杉材之饒，富商巨賈多往來。臘有漆園，造作局屢酷取之，臘怨而未敢發。時朱勔花石綱之擾，比屋致怨。臘因民弗忍，陰聚貧乏游手之徒，以誅勔爲名，遂作亂。自號聖公，建元永樂，置官吏、將帥，以巾飾爲別，自紅〔巾〕（據宋史四六八童貫傳、續綱目、薛鑑補）而上凡六等。無弓矢、甲冑，惟以鬼神詭秘事相扇訹。焚室廬，掠金帛、子女，誘脅良民爲兵。人安於太平，不識金革，聞金鼓聲，卽斂手聽命。不旬日，聚兵數萬，兩浙都監蔡遵、顏坦擊之，皆敗死於息坑。

十二月，臘攻陷清溪，遂陷睦、歙州，東南將郭師中戰死。北掠桐廬、富陽諸縣，進逼杭州。郡守趙霆棄城走，州〔卽〕（據宋史四六八童貫傳、續綱目、薛鑑補）陷。殺制置使陳建、廉訪使趙約，縱火六日，死者不可勝計。凡得官吏，必斷臠支體，探其肺腸，或熬以膏油，叢鏑亂射，備盡楚毒，以償怨心。警奏至京師，時方聚兵以圖北伐，王黼匿不以聞，於是凶焰日熾，附者益衆，東南大震。淮南發運使陳遘上言：「臘衆强，東南兵弱，乞調京畿兵及鼎、澧槍牌手兼程以來，使不至滋蔓。」帝得疏，始大驚。乃罷北伐之議，詔以童貫爲江、淮、荆、浙宣撫使，譚稹爲兩浙制置使，率禁旅及秦、晉蕃、漢兵十五萬討之。

三年（辛丑、一一二一）春正月，方臘陷婺州，又陷衢州。衢守彭汝方被執，罵賊而死。賊屠其城。

二月，方臘陷處州，又遣其將方七佛引衆六萬，寇秀州，統軍王子武禦之。會大軍至，合擊賊，斬首九千，賊還據杭州。

夏四月，童貫合兵擊方臘，破之，執臘以歸。童貫、譚稹前鋒至（清）〔青〕河堰（據續綱目、薛鑑改），水陸並進，屢擊破方臘。臘焚官舍、府庫、民居，宵遁，還清溪幫源洞。諸將劉延慶、王稟、王渙、楊惟忠、辛興宗、王淵等相繼至，盡復所陷城。貫等合兵擊臘於幫源洞。臘衆尚二十萬，與官軍力戰，深據巖屋爲三窟，諸將莫知所入。王淵裨將韓世忠潛行溪谷，問野婦，得徑，卽挺身直前，渡險數里，擣其穴，格殺數十人，擒臘以出。辛興宗領兵截洞口，掠爲己功，併取臘妻子及僞相方肥等，其衆遂潰。臘之亂，凡破六州、五十二縣，戕平民二百萬。所掠婦女，自賊洞逃出，裸而縊於林中者，相望百餘里。

五月，安置御史中丞陳過庭於黄州。過庭以睦寇竊發，上言：「致寇者蔡京，養寇者王黼，竄二人則寇自平。」又言：「朱勔父子本刑餘小人，交結權幸，竊取名器，罪惡盈積，宜正典刑，以謝天下。」三人聞而憾之，故貶。

八月，加童貫太師，封楚國公，賞平方臘功也。方臘伏誅，改睦州爲嚴州，歙州爲徽州。

宣和三年（辛丑、一一二一）二月，淮南盗宋江寇京東州郡，至海州，張叔夜敗之，江乃降。宋江起爲盜，以三十六人横行河朔，轉掠十郡，官軍莫敢攖其鋒。知亳州侯蒙上書言：「江才必有過人者，不若赦之，使討方臘以自贖。」帝命蒙知東平府，未赴而卒。又命張叔夜知海州。江將至海州，叔夜使間者覘所向，江徑趨海濱，劫巨舟十餘，載鹵獲。叔夜募死士得千人，設伏近城，而出輕兵距海，誘之戰。先匿壯卒海旁，伺兵合，舉火焚其舟。賊聞之，皆無鬭志。伏兵乘之，擒其副賊，江乃降。

宋史紀事本末卷五十五

羣奸之竄

徽宗宣和七年（乙巳、一一二五）十二月，上以金兵迫，禪位於太子桓。時天下皆知蔡京等誤國，而用事者多受其薦引，莫肯爲帝明言之，於是太學生陳東率諸生上書曰：「今日之事，蔡京壞亂於前，梁師成陰賊於內，李彥結怨於西北，朱勔聚怨於東南，王黼、童貫又從而搆釁於二虜，創開邊隙，使天下之勢危如絲髮。此六賊者，異名同罪，願陛下肆諸市朝，傳首四方，以謝天下！」先是，太上皇起崔鶠通判寧化軍，召爲殿中侍御史，既至而帝卽位，授右正言。鶠上疏曰：「數十年來，王公卿相皆自蔡京出，要使一門生死則一門生用，一故吏逐則一故吏來，更持政柄，無一人害己者。此京之本謀也，安得實是之言聞於陛下哉！諫議大夫馮澥近上章曰：『士無異論，太學之盛也。』澥尚敢爲此奸言乎！王安石除異己之人，著三經之說以取士，天下靡然雷同，陵夷至於大亂，此無異論之效也。京又以學校之法馭士人，如軍法之馭卒伍，一有異論，累及學官。若蘇軾、黃庭堅之文章，范鎭、沈括之雜說，悉以嚴刑重賞禁其收藏，其苛錮多士亦已密矣，而澥猶以爲太學之盛，欺罔不已甚乎！原京與澥之罪，乃天地否泰所係，國家治亂由之以分，不可忽也。仁宗、英宗選敦樸敢言之士以遺子孫，安石目爲流俗，一切逐去，司馬光復起而用之，元祐之治，天下安於泰山。及章惇、蔡京倡爲紹述之論以欺人主，紹述一道德而天下一於諂佞，紹述同風俗而天下同於欺罔，紹述理財而公私竭，紹述造士而人才衰，紹述開邊而塞塵犯闕矣。元符應詔上書者數千人，京遣腹心考定之，同己爲正，異己爲邪。澥與京同者也，故列於正。京之術破壞天下，於茲極矣，尚忍使其餘蠹再破壞耶！京奸邪之計大類王莽，而朋黨之衆則又過之。願斬之以謝天下！」累章極論，時議歸重焉。

欽宗靖康元年（丙午、一一二六）春正月，王黼聞金兵至，不俟命，載其孥以東。詔貶爲崇信軍節度副使，永州安置。吳敏、李綱請誅黼。事下開封尹聶昌，昌遣武士躡之，及於雍丘南，戕之民家，取其首以獻。帝以初卽位，難於誅大臣，託言爲盜所殺。李彥賜死，並籍其家。朱勔放歸田里。勔以花石取媚，流毒生民踰二十年，積官至寧遠軍節度使，居蘇州，公肆掊克。其園池擬禁（御）〔籞〕（據宋史四七〇朱勔傳、續綱目、薛鑑改），服飾器用上僭乘輿。又託輓舟，募兵數千人，擁以自衞。聲燄薰灼，東南部刺史、郡守多出其門，邪人穢夫候門奴事，時謂「東南小朝廷」。上皇末年益親任之，居中白事，傳達上旨，大略如內侍，進見不避宮嬪，一門盡爲顯官，騶僕亦至金紫，天下爲之扼腕。至是，凡由勔得官者皆罷。時二府多宣和舊人，秘書郎陳公輔言：「蔡京、王黼柄事二十餘年，臺諫皆緣以進，如唐重、師驥爲太宰李邦彥引用，謝克家、孫覿爲纂修蔡攸引用。令此四人者處臺諫之任，臣知其決不能言宰相大臣之過。願擇羣臣中樸茂純直，安貧守節，不附權倖，慷慨論事者，列之臺諫，則所任得人，禮義廉恥稍稍振起，敵國聞之，豈不畏服哉！」

乙未，貶梁師成爲彰化節度副使。師成晚年，益通賂謝，士人入錢數百萬，以獻頌上書爲名，令赴廷試。唱第之日，侍帝側，囁嚅升降之。其小吏儲宏亦與(甲)科〔甲〕(據宋史四六八梁師成傳、續綱目、薛鑑改)，而執役如初。師成貌若不能言，然陰鷙，遇間即發。王黼嘗爲鄆王楷陰畫奪宗之計，師成力保護太子，得不動搖。及上皇東幸，嬖臣多從以避罪，師成自以舊恩留京師。太學生陳東既疏其罪惡，布衣張炳亦以爲言，遂貶，令開封吏護送至貶所。行及八角鎮，賜死。

二月甲寅，貶蔡京爲秘書監，分司南京；童貫爲左衞上將軍，池州居住；蔡攸爲太中大夫，提舉亳州明道宮。時三人皆從上皇行，以陳東之言，故貶。癸丑，貶童貫安置柳州，令吏部考覈濫賞。凡由楊戩、李彥之公田，王黼、朱勔之應奉，童貫、譚稹等西北之師，孟昌齡父子河防之役，夔、蜀、湖南之開疆，關陝、河東之改幣，吳越、山東茶鹽、陂田之利，宮觀、池苑營繕之功，後苑、書藝局、文字庫等之費，又若近習所引獻頌可采、效用宣力、應奉有勞、特赴殿試之流，所得爵賞，悉奪之。

秋七月，乙丑朔，除元符上書邪等之禁。

乙亥，竄蔡京於儋州，攸雷州，童貫吉陽軍，趙良嗣柳州。乙酉，詔蔡京子孫二十三人分竄遠地，遇赦不許量移。是日，京死於潭州。京字元長，興化仙游人，熙寧三年進士。天資凶譎，舞智御人，與童貫相結，因得驟進，在人主前，顓狙伺爲固位計。帝亦知其奸，屢罷屢起。京每聞將退免，輒入見祈哀，匍伏叩頭，無復廉恥。見利忘義，至於兄弟父子自爲秦、越。暮年卽家爲府，營進之徒俱集其門，輸貨僮隸，皆得美官，棄紀綱法度爲虛器。根株連結，牢不可破，卒致宗廟之禍。雖以譴死，天下猶以不正典刑爲恨。

辛卯，遣監察御史張澂誅童貫。貫少出李憲之門，善巧媚。自給事宮掖，卽善策人主微指，先事順承。貫狀貌魁梧，瞻視壯偉，頤下生鬚十數，皮骨勁如鐵，不類閹人。有度量，能疎財，後宮自妃嬪以下皆獻饋，結納左右婦寺，譽言日聞。寵媚翕赫，庭戶雜遝成市，岳牧輔弼多出其門。握兵二十年，權傾一時，奔走期會，過於制敕。嘗有論其過者，詔方劭往察。〔劭〕（據宋史四六八童貫傳、續綱目補）一動一息，貫悉偵得之，先密以白，且陷以他事，劭反得罪逐死。窮奸稔禍，流毒四海，死不足以償責。

遣廣西轉運副使李昇之誅趙良嗣，函首赴闕，懸於市。

九月，蔡攸與弟脩及朱勔伏誅。先是，竄勔循州，籍其家，田至三十萬畝，他物稱是。言者又論攸與燕山之役，禍及天下，罪不容死。於是遣使即三人竄所斬之。

宋史紀事本末卷五十六

金人入寇

徽宗宣和七年(乙巳、一一二五)冬十月,金將粘沒喝、斡離不分道入寇。初,斡離不在平州,遣人來索叛亡戶口,朝議弗遣,且聞童貫、郭藥師治兵燕山,斡離不遂請於金主曰:「苟不先舉伐宋,恐爲後患。」金主以爲然,而未敢輕舉。及使者往返既數,道路險易,朝廷治否,府庫虛實,漸得要領,而耶律余覩、劉彥宗亦言南朝可圖,師不必衆,因糧就兵可也。及既獲遼主,卽決意南侵。以諳班勃極烈斜也領都元帥,居京師;粘沒喝爲(右)〔左〕(據金史七四宗翰傳、續綱目、薛鑑改)副元帥,谷神爲元帥右監軍,耶律余覩爲元帥右都監,自雲中趨太原;撻懶爲六部路都統,闍母爲南京路都統,劉彥宗爲漢軍都統,斡離不監闍母、彥宗兩軍戰事,自平州入燕山。

十二月乙巳,童貫自太原逃歸。金粘沒喝陷朔、代州,遂圍太原。先是,金人遣使來許割蔚、應州及飛狐、靈丘縣,帝信之,遣童貫往受地。至太原,聞粘沒喝自雲中南下,貫乃使馬擴、辛興宗往使，諭以交割地事。擴至軍前，粘沒喝嚴兵以待，趣擴等庭參如見金主之禮。既畢，首議山後事，粘沒喝曰：「爾尚欲此兩州、兩縣耶？山前、山後皆我家地，尚復何論！汝家別削數城來，可贖罪也。汝輩可卽去，我自遣人至宣撫司矣。」擴還，具言於貫。貫曰：「金初立國邊頭，寧有幾許軍馬，遽敢作如此事耶！」擴曰：「彼既深恨本朝結（約）〔納〕（據續綱目、薛鑑改）張彀，又爲契丹舊臣所激，故謀報復。今宜速作備禦。」貫不從。既而粘沒喝遣王介儒、撒離拇持書至太原，責以渝盟、納叛等事，詞語甚倨。貫問之曰：「如此大事，何不素告我？」撒離拇曰：「兵已興，何告爲！宜速割河東、河北，以大河爲界，庶存宋朝宗社。」貫聞之，氣褫不知所爲，卽欲假赴闕稟議爲名，遁還京師。知太原府張孝純止之曰：「金人渝盟，大王當會諸路將士，極力支吾。今大王去，人心必搖，是以河東與金也。河東既失，河北豈可保耶！願少留，共圖報國。兼太原地險城堅，人亦習戰，金未必能便克也。」貫怒，叱之曰：「貫受命宣撫，非守土也。必欲留貫，置帥臣何爲！」遂行。孝純歎曰：「平生童太師作幾許威望，及臨事乃蓄縮畏懾，奉頭鼠竄，何面目復見天子乎！」粘沒喝引兵降朔州，克代州。都巡檢使李翼力戰，被執，罵賊死。粘沒喝遂進圍太原，孝純悉力固守。

己酉，金斡離不入檀、薊州。郭藥師以燕山叛降金，金盡陷燕山州、縣。初，郭藥師與詹度同職，自以節鉞欲居度上，度以御筆所書有序，藥師不從。加以常勝軍橫暴，藥師右之，度不能制。朝廷慮其交惡，命蔡靖代度。靖至，坦懷待之，藥師亦重靖，稍爲抑損。及安中被召，靖代知府事。藥師每令部曲持良械精甲，貿易於他道，爲奇巧之物以奉權貴宦侍，譽言日聞於帝。遂專制一路，增募兵至三十萬，而不改契丹服飾，朝論頗以爲疑。進拜太尉，召之入朝，藥師辭不至。帝令童貫行邊，陰察其去就，不然則挾之偕來。貫至，藥師迎拜帳下，貫避之，曰：「汝今爲太尉，與我等耳，此禮何爲？」藥師曰：「太師，父也，藥師唯拜我父，焉知其他！」貫釋然。遂邀貫視師，至於迥野，略無人迹。藥師下馬，當貫前掉旗一揮，俄頃四山鐵騎耀日，莫測其數。貫衆皆失色，歸爲帝言，藥師必能抗虜。蔡攸亦從中力主之，謂其可倚。故內地不復防制，屢有告變及得其通金國書，朝廷輒不省。詹度又言：「藥師瞻視非常，趣向懷異，逆節已萌，兇横日甚。」始詔遣官究實，而金兵已南下矣。斡離不自平州破檀、薊，至三河，蔡靖遣藥師及張令徽、劉舜仁帥師四萬五千，迎戰於白河，兵敗而還。藥師遂帥所部兵劫靖及都轉運使呂頤浩降金，斡離不執靖及頤浩置軍中以行，於是燕山府所屬州、縣皆爲金有。斡離不既得藥師，益知宋虛實，因以爲鄉導，懸軍深入矣。

金人圍太原，太常少卿傅察使金，至境上，遇斡離不兵，脅之使拜且降。不拜，左右捽之伏地，愈直立。反覆論辨，不屈，遂遇害。察，堯俞從孫也，十八登進士。蔡京嘗欲妻以女，拒弗答。平居恂恂然若無所可否，及倉卒徇義，聞者莫不壯之，後謚忠肅。

丙辰，金兵犯中山府。帝以金人南下，罷諸路花石綱及內外製造局，悉以禁旅付內侍威武軍節度使梁方平，守黎陽。步軍都虞候何灌謂白時中曰：「金人傾國遠至，其鋒不可當。今方平擁精兵以北，在京皆疲弱也，萬一方平不支，吾何以善吾後？盍留以衞根本。」不從。

戊午，以皇太子桓爲開封牧。帝以金師日迫爲憂。蔡攸探知帝意欲內禪，引給事中吳敏入對。宰執皆在，敏前奏事，且曰：「金人渝盟，舉兵犯順，陛下何以待之？」帝蹙然曰：「奈何？」時東幸計已定，命李棁先出守金陵。敏退，詣都堂言曰：「朝廷便爲棄京師計，何理也？此命果行，須死不奉詔！」宰執以爲言，棁遂罷行，而以太子爲開封牧。

己未，詔天下勤王。初，宇文虛中爲童貫參議官，虛中以廟謨失策，主帥非人，將有納侮自焚之禍，上書極言之，王黼大怒。又累建防邊策議，皆不報。及金人南下，貫與虛中還朝。帝謂虛中曰：「王黼不用卿言，今事勢若此，奈何？」虛中對曰：「今日宜先降詔罪己，更革弊端，俾人心天意回，則備禦之事，將帥可以任之。」帝卽命虛中草詔，略曰：「朕以寡昧之質，藉盈成之業。言路壅蔽，面諛日聞，恩倖持權，貪饕得志；搢紳賢能陷於黨籍，政事興廢拘於紀年。賦斂竭生民之財，戍役困軍旅之力；多作無益，侈靡成風。利源酤榷已盡，而牟利者尙肆誅求，諸軍衣糧不時，而冗食者坐享富貴。災異謫見而朕不寤，衆庶怨懟而朕不知。追維己愆，悔之何及！思得奇策，庶解大紛。望四海勤王之師，宣二邊禦敵之略。永念累聖仁厚之德，涵養天下百年之餘，豈無四方忠義之人，來徇國家一日之急！應天下方鎮、郡縣守令，各率衆勤王，能立奇功者，並優加獎異。草澤異材，能爲國家建大計，或出使疆外者，並不次任用。中外臣庶，並許直言極諫。」帝覽之，曰：「今日不吝改過，可便施行。」虛中又請出宮人，罷道官及大晟府、行幸局暨諸局務。

召熙河經略使姚古、秦鳳經略使种師中將兵入援。時欲召古、師中，令以本路兵會鄭、洛，外援河陽，內衞京城，帝命宇文虛中爲河北、河東路宣諭使，護其軍。虛中以檄召古、師中兵馬，令直赴汴京應援。

庚申，以吳敏爲門下侍郎。帝東幸之意益決，太常少卿李綱謂敏曰：「建牧之議，豈非欲委太子以留守之任乎？今敵勢猖獗，非傳太子以位號不足以招徠天下豪傑。」敏曰：「監國可乎？」綱曰：「肅宗靈武之事，不建號不足以復邦，而建號之議不出於明皇，後世惜之。上聰明仁恕，公曷不爲上言之。」翌日，敏入對，具以綱言白帝，帝卽召綱入議。綱刺臂血上疏曰：「皇太子監國，禮之常也。今大敵入攻，安危存亡在呼吸間，猶守常禮，可乎？名分不正而當大權，何以號召天下！若假皇子以位號，使爲陛下守宗社，收將士心，以死捍敵，天下猶可保。」帝意遂決。

辛酉，宰臣奏事，帝留李邦彥，語敏、綱所言，書「傳位東宮」四字以付蔡攸，因下詔禪位於太子桓，自稱曰道君皇帝。太子入禁中，被服泣涕，固辭不許，遂卽位。尊帝爲教主道君太上皇帝，退居龍德宮，皇后爲太上皇后。以李邦彥爲龍德宮使，蔡攸、吳敏副之。

遣給事中李鄴使金，告內禪，且請修好。鄴至慶源府，斡離不欲還，郭藥師曰：「南朝未必有備，不如姑行。」從之。

甲子，金將斡離不陷信德府。粘沒喝圍太原。詔京東、淮西、兩浙募兵入衞。

欽宗靖康元年（丙午、一一二六）春正月丁卯朔，詔中外臣庶直言得失。自金人犯邊，屢下求言之詔，事稍緩，則陰沮抑之。當時有「城門閉，言路開；城門開，言路閉」之語。

戊辰，金斡離不陷相、濬二州。威武軍梁方平帥禁旅屯於黎陽河北岸，金將迪古補奄至，方平奔潰。河南守橋者，望見金兵旗幟，燒橋而遁。河北、河東路制置副使何灌帥兵二萬保滑州，亦望風迎潰。官軍在河南者，無一人禦敵。金人遂取小舟以濟，凡五日，騎兵方絕，步兵猶未渡也。旋渡旋行，無復隊伍。金人笑曰：「南朝可謂無人。若以一二千人守河，我豈得渡哉！」遂陷滑州。

己巳，何灌奔還。帝聞金將斡離不渡河，卽下詔親征。詔曰：「朕以金國渝盟，藥師叛命，侵軼邊鄙，劫掠吏民，雖在纘承之初，敢忘付託之重！事非獲已，兵出有名。已戒六師，躬行天討。應親征合行事件，令有司並依眞宗皇帝幸澶淵故事。」以李綱爲親征行營使，吳敏副之，聶山參謀軍事。

以蔡攸爲太上皇帝行宮使，宇文粹中副之，奉上皇東行以避敵。

庚午，上皇如亳州，於是百官多潛遁。初，童貫在陝西，募長大少年，號勝捷軍，幾萬人，以爲親軍，環列第舍。及自太原還京，適上皇南幸，貫卽以是軍自隨。上皇過浮橋，衞士攀望號慟。貫惟恐行不速，使親軍射之，中矢而踣者百餘人，（時）（據宋史四六八童貫傳、續綱目、薛鑑删）道路流涕。蔡京亦盡室南行，爲自全計。

京師戒嚴。宰執議請帝出幸襄、鄧以避敵鋒。行（宮）〔營〕（據宋史三五八李綱傳、續綱目、薛鑑改）參謀官李綱曰：「道君皇帝挈宗社以授陛下，委而去之，可乎？」帝默然。太宰白時中謂都城不可守，綱曰：「天下城池豈有如都城者！且宗廟、社稷、百官、萬民所在，捨此欲何之？今日之計，當整飭軍馬，固結人心，相與堅守，以待勤王之師。」帝問：「誰可將者？」綱曰：「白時中、李邦彥等雖未必知兵，然藉其位號，撫將士以抗敵鋒，乃其職也。」時中忿然曰：「李綱莫能將兵出戰否？」綱曰：「陛下不以臣庸懦，儻使治兵，願以死報。」乃以綱爲尚書右丞、東京留守。綱爲帝力陳不可去之意，且言：「明皇聞潼關失守，卽時幸蜀，宗廟、朝廷，毁於賊手。今四方之兵不日雲集，奈何輕舉以蹈明皇之覆轍乎！」會內侍奏中宮已行，帝色變，倉卒降御榻曰：「朕不能留矣！卿等無執，朕將往陝西起兵，以復都城。」綱泣拜俯伏，以死邀之。會燕、越二王至，亦以固守爲然。帝意稍定，顧綱曰：「朕今爲卿留。治兵禦敵之事，專責之卿，勿致疎虞。」綱倉皇受命。

是夜，宰臣猶請出幸不已，帝從之，欲詰旦決行。質明，綱趨朝，則禁衛擐甲，乘輿已駕矣。綱急呼禁衛曰：「爾等願守宗社乎？願從幸乎？」皆曰：「願死守。」綱入見曰：「陛下已許臣留，復戒行，何也？今六軍父母、妻子皆在都城，願以死守。萬一中道散歸，陛下孰與爲衛？且虜騎已迫，知乘輿未遠，以健馬疾追，何以禦之？」帝感悟，乃召中宮還。禁衛六軍聞之，皆拜伏呼萬歲。

辛未，帝御宣德樓，宣諭六軍，始定固守之議。命李綱爲親征行營使，以便宜從事，侍衛都指揮使曹曚副之。治都城四壁守具，以百步法分兵備禦，令肄習之。戰守之具粗畢，金人已抵城下矣。

壬申，遣使督諸道勤王兵入援。

癸酉，斡離不軍抵都城西北，據牟駝岡天駟監，獲馬二萬匹，芻豆如山。蓋郭藥師熟知其地，故導金兵先據之。帝召羣臣議，李邦彦力請割地求和，李綱以爲擊之便。帝竟從邦彦，命虞部員外郎鄭望之及高世則使其軍；未至，遇金使吳孝民來，因與偕還。是夜，金人攻宣澤門，以(大)〔火〕(據靖康要錄一、薛鑑改。下同)船數十，順流而行。李綱臨城，募敢死士二千人，列布拐子〔弩〕(據靖康傳信錄一補)，城下(大)〔火〕船至，投石碎之。及運蔡京家山石疊門，壯士縋城而下，斬酋長十餘人，殺其衆百餘人。金人知有備，又聞道君已內禪，至旦乃退。

甲戌，金使吳孝民入見，問納張瑴事，令執送童貫、譚稹、詹度，且言曰：「上皇朝〔事〕(據續綱目、薛鑑補)已往不必計，今少帝與金別立誓書結好，仍遣親王、宰相詣軍前可也。」帝因求大臣可使者，李綱請行，帝不許，而命李棁。綱曰：「安危在此一舉，臣恐李棁怯懦，誤國事也。」不聽，遂命棁使金軍。棁至，斡離不盛兵南向坐，棁北面再拜，膝行而前，恐怖喪膽，失其所言。斡離不謂之曰：「汝家京城破在頃刻，所以斂兵不攻者，徒以少帝之故，欲存趙氏宗社，我恩大矣。今若欲議和，當輸金五百萬兩、銀五千萬兩、牛馬萬頭、表段百萬匹，尊金帝爲伯父，歸燕、雲之人在漢者，割中山、太原、河間三鎭之地，而以宰相、親王爲質，送大軍過河，乃退耳。」因出事目一紙付棁，遣還。棁等唯唯，不敢措一言，遂與金使蕭三寶奴、耶律中、王汭等偕來。凡金人所邀求，皆郭藥師敎之也。

乙亥，金人攻天津、景陽等門。李綱親督戰，募壯士，縋城而下，自卯至酉，斬其酋長十餘，殺其衆數千人，何灌力戰而死。

丙子，李梲至，李邦彥等力勸帝從金議。帝乃避殿減膳，括借都城金銀及倡優家財，得金二十萬兩、銀四百萬兩，而民間已空。李綱言：「金人所需金幣，竭天下且不足，況都城乎！三鎮，國之屏蔽，割之何以立國？至於遣質，卽宰相當往，親王不當往。若遣辨士，姑與之議所以可不可者，宿留數日，大兵四集，彼孤軍深入，雖不得所欲，亦將速歸。此時與之盟，則不敢輕中國而和可久也。」李邦彥等言：「都城破在朝夕，尚何有三鎮？而金幣之數又不足較。」帝默然。綱不能奪，因求去，帝慰諭之曰：「卿第出治兵，此事當徐圖之。」綱退，則誓書已成，稱「伯大金皇帝」、「姪大宋皇帝」。金幣、割地、遣質、更盟，一依其言。遣沈晦以誓書先往，併持三鎮地圖示之。

庚辰，以張邦昌爲計議使，奉康王構往金軍爲質以求成。詔稱金國加「大」字。初，邦昌與邦彥等力主和議，不意身自爲質，及行，乃邀帝署御批無變割地議，帝不許。康王與邦昌乘筏渡壕，自午至夜，始達金營。康王，道君皇帝第九子，韋賢妃所生也。

辛巳，道君皇帝至鎭江。

甲申，都統制馬忠以京西募兵至，擊金人於順天門外，敗之。金師暫斂，西路稍通，援兵得達。

乙酉，路允迪使粘沒喝軍於河東。

丁亥，种師道督涇原、秦鳳兵入援。師道至洛，聞斡離不已屯京城下，或止師道，言：「賊勢方鋭，願少駐汜水以謀萬全。」師道曰：「吾兵少，若遲回不進，形見情露，祇取辱焉。今鼓行而進，彼安能測我虛實？都人知吾來，士氣自振，何憂賊哉！」揭榜沿道，言「种少保領西兵百萬來」。遂抵京西，趨汴水南，徑逼敵營。金人懼，徙砦稍北，斂游騎，但守牟駝岡，增壘自衛。時師道年高，天下稱爲老种。帝聞其至，甚喜，開安上門，命李綱迎勞。師道入見，帝問曰：「今日之事，卿意若何？」對曰：「臣以議和非也。女眞不知兵，豈有孤軍深入人境，而能善其歸乎！臣在西土，不知京城。臣今觀京師，周迴八十里，如何可圍！城高數十丈，粟支數年，不可攻也。請於城內劄營，而城上嚴兵拒守，以待勤王之師。不踰數月，虜自困矣。如其退，卽與之戰。三鎭之地，不宜割與。」帝曰：「業已講和。」對曰：「臣以軍旅之事事陛下，餘非所敢知也。」遂拜同知樞密院事，充京畿、河北、河東宣撫使。師道時被病，命毋拜，許肩輿入朝。金使王汭在廷，素頡頏，望見師道，拜跪稍如禮。帝顧笑曰：「彼爲卿故也。」自虜渡河，京師諸門盡閉，市無薪菜。師道請啟西南壁，聽民出入，民始安之。又請緩給金幣於金，俟彼惰歸，扼而殲諸河，計之上也。帝命師道於政事堂共議。師道見李邦彥曰：「京城堅高，備禦有餘，當時相公何事便講和？」邦彥曰：「以國家無兵故也。」師道曰：「不然，凡戰與守，自是兩事，戰或不足，守則有餘。京師百萬衆，盡皆兵也。」邦彥曰：「素不習武事，不知出此。」師道歎曰：「相公不習兵，豈不聞往古守城者乎！」又曰：「聞城外居民悉爲賊殺掠，畜產甚多，亦爲賊有。當時既聞賊來，何不悉令城外居民，撤去屋舍，移其所畜，盡入城中，乃遽閉門以遺賊資，何也？」邦彥曰：「倉卒之際，不暇及此。」師道笑曰：「亦大荒忙耳！」左右皆笑。時議人人異同，惟李綱與師道合，而邦彥不從。

時朝廷日輸金幣於金，而金人需求不已，日肆屠掠。四方勤王之師漸至，李綱言：「金人貪婪無厭，兇悖日甚，其勢非用師不可。且敵兵號六萬，而吾勤王之師集城下者二十餘萬。彼以孤軍入重地，猶虎豹自投陷穽中，當以計取之，不必與角一朝之力。若扼河津，絕餉道，分兵復畿北諸邑，而以重兵臨敵營，堅壁勿戰，如周亞夫所以困七國者。俟其食盡力疲，然後以〔一〕（據宋史三五八李綱傳、續綱目、薛鑑補）檄取誓書，復三鎮，縱其北歸，半渡而擊之，此必勝之計也。」帝深然之，約日舉事。

种氏、姚氏素爲山西巨室，姚平仲以父古方帥熙河兵入援，慮功名獨歸种氏，乃云：「士不得速戰，有怨言。」帝聞之，以語李綱，綱主其議，令城下兵緩急聽平仲節度。帝日遣使趣師道戰，師道欲俟其弟師中至，因奏言過春分乃可擊。時相距纔八日，帝以爲緩，平仲請先期擊之。

二月丁酉朔，姚平仲帥步騎萬人，夜斫敵營，欲生擒斡離不及取康王以歸。夜半，帝遣中使諭李綱曰：「姚平仲已舉事，卿速援之。」平仲方發，金候吏覺之。斡離不遣兵迎擊，平仲兵敗，懼誅亡去。李綱率諸將出救，遂與金人戰於幕天坡，以神臂弓射卻之。師道復言：「劫寨已誤，然兵家亦有出其不意者。今夕再遣兵分道攻之，亦一奇也。如猶不勝，然後每夕以數千人擾之，不十日，賊遁矣。」李邦彥等畏懦，皆不果用。

金斡離不召諸使者，詰責用兵違誓之故。張邦昌恐懼涕泣，康王不爲動。金人異之，乃使王汭來致責，且請更以他王爲質。汭至，李邦彥語之曰：「用兵乃李綱、姚平仲耳，非朝廷意也。」

戊戌，罷李綱以謝金人，廢親征行營司。

時，宇文虛中聞汴京急，馳歸，收拾散卒，得東南兵二萬人，以便宜起李邈領之，令駐於汴河。會姚平仲失利，援兵西來者皆潰，虛中縋而入京。帝欲遣人奉使辨劫營非朝廷意，大臣皆不欲行，虛中承命慨然而往。

庚子，太學諸生陳東等上書於宣德門，言：「李綱奮勇不顧，以身任天下之重，所謂社稷之臣也。李邦彥、白時中、張邦昌、李梲之徒，庸謬不才，忌嫉賢能，動爲身謀，不恤國計，所謂社稷之賊也。陛下拔綱，中外相慶，而邦昌等疾如仇讐，恐其成功，因緣沮敗。且邦彥等必欲割地，曾不知無三關、四鎮，是棄河北也。棄河北，朝廷能復都大梁乎！又不知邦昌等能保金人不復敗盟否也？邦彦等不顧國家長久之計，徒欲沮李綱成謀以快私憤。李綱罷命一傳，兵民騷動，至於流涕，咸謂不日爲虜擒矣。罷綱非特墮邦彦等計中，又墮虜計中也。乞復用綱而斥邦彦等，且以閫外付种師道。宗社存亡，在此一舉，不可不謹。」書奏，軍民不期而集者數萬人。會邦彦入朝，衆數其罪而罵，且欲毆之，邦彦疾驅得免。吳敏傳宣令退，衆莫肯去，撾壞登聞鼓，喧呼動地。帝恐生變，乃令耿南仲號於衆曰：「已得旨宣綱矣。」內侍朱拱之宣綱後期，衆臠而磔之，幷殺內侍數十人。知開封府王時雍麾之不退，帝顧戶部尚書聶昌，俾出諭旨，諸生始退。乃復綱右丞，充京城四壁防禦使。旣而都人又言願見种師道。詔促師道入城彈壓，師道乘車而至。衆褰簾視之，曰：「果我公也。」相麾聲喏而散。明日，詔誅士民殺內侍爲首者，禁伏闕上書。王時雍欲盡致太學諸生於獄，人人惴恐，會朝廷將用楊時爲祭酒，復遣聶昌宣諭，然後定。

宇文虛中冒鋒鏑至金營，露坐風埃，自巳至申，金人注矢露刃，周帀圍之，久乃得見康王。次日，侍王至金幕府，見斡離不。抵暮，遣王汭隨虛中入城，要越王及李邦彦、吳敏、李綱併駙馬曹晟等，與金、銀、騾、馬之（數）〔類〕（據宋史三七一宇文虛中傳、續綱目、薛鑑改），且欲御筆書定三鎮界，方退軍。明日，帝命肅王往，代質。康王、張邦昌還。

詔割三鎮地以畀金。初，金人犯咸豐門，蔡懋號令將士，「金人近城，不得輒施矢石」。

將士積憤。及李綱復用，下令「能殺敵者厚賞」。衆無不奮躍，金人〔懼〕（據宋史三五八李綱傳、續綱目補），稍稍引卻。至是，宇文虛中復奉詔如金，許割三鎮地。斡離不得詔，遂不俟金幣數足，遣閤門使韓光裔來告辭，退師北去，肅王從之。京師解嚴。种師道請乘其半濟擊之，帝不許。李邦彥立大旗於河東、河北，「有擅〔動〕〔出〕（據宋史全文、薛鑑改）兵者，並依軍法」。种師道曰：「異日必爲國患。」御史中丞呂好問進言於帝曰：「金人得志，益輕中國，秋冬必傾國復來。禦敵之備，當速講求。」不聽。

楊時上疏曰：「河朔爲朝廷重地，而三鎮又河朔之要藩也。自周世宗迄我太祖、太宗，百戰而後得之，一旦棄之北人，使敵騎疾驅，貫吾腹心，不數日可至京城。今聞三鎮之民以死拒之，三鎮拒其前，吾以重兵躡其後，尚可爲也。若种師道、劉光世皆一時名將，始至而未用，乞召問方略。」疏上，帝詔出師，而議者多持兩端。時又抗疏曰：「聞金人駐磁、相，破大名，劫虜驅掠，無有紀極，誓墨未乾，而背不旋踵，吾雖欲專守和議，不可得也。夫越數千里之遠，犯人國都，危道也。彼見勤王之師四面而集，亦懼而歸，非愛我而不攻。朝廷割三鎮三十州之地與之，是欲助寇而自攻也。聞肅王初與之約及河而返，金挾之以往，此敗盟之大者。臣竊謂朝廷宜以肅王爲問，責以敗盟，必得肅王而後已。」時太原圍閉數月，而姚古逗留不進。時又上疏乞誅古以肅軍政，拔偏裨之可將者代之。不報。

時，姚古、种師道及府州帥折彦質等各以兵勤王，凡十餘萬人，至汴城下，而斡離不已退。李綱請詔古等追之，且戒俟其間可擊則擊，而三省乃令護送出境，勿輕動以啟釁。時大臣政令矛盾，故迄無成功。

癸丑，种師道罷。中丞許翰言：「師道名將，沈毅有謀，不宜使解兵柄。」不聽。

先是，粘沒喝圍太原，悉破諸縣，獨城中以張孝純固守不下，乃於城外矢石不及之地，築城防守，使內外不相通。及聞斡離不議和，亦遣人來求賂。宰臣以勤王兵大集，拘其使而不與。粘沒喝怒，乃分兵南下，折可求、劉光世軍皆爲所敗。平陽府叛卒導金兵入南、北關。粘沒喝歎曰：「關險如此，而我乃得越，南朝可謂無人矣。」既越關，知威勝軍李植以城降。乙卯，攻隆德府，知府事張確、通判趙伯臻皆力戰死之。未幾，粘沒喝還雲中，留兵圍太原。

壬午，詔：「金人叛盟深入，其元主和議李邦彦，奉使許地李梲、李鄴、鄭望之，悉行罷黜。」又詔：「金人要盟，終不可保。今粘沒喝深入，南陷隆德，先敗原約。朕夙夜追咎，已黜罷主和之臣。其太原、中山、河間三鎮，保塞陵寢所在，誓當固守。」於是命种師道爲河北、河東宣撫使，駐滑州。姚古爲河北制置使，种師中副之，古總兵援太原，師中援中山、河間。師道無兵自隨，乃請合山東、陝西關河卒，屯滄、衞、孟、滑，備金兵再至。朝廷以大敵甫退，不宜勞師示弱，格不用。師中渡河，上言：「粘沒喝至澤州，臣欲由邢、相間捷出上黨，擣其不意，當可以逞。」朝廷疑不用。斡離不行至中山、河間，兩鎭皆固守不下，師中因進兵以逼之，斡離不遂出境。

癸未，遣李綱迎太上皇於南京。

庚寅，姚古復隆德府。辛卯，復威勝軍。

夏四月己亥，太上皇至京師。

五月丁丑，以太原圍不解，詔种師中與姚古進軍，相爲犄角。師中進次平定軍，乘勝復壽陽、楡次等縣，留屯眞定。時粘沒喝避暑還雲中，留兵分就畜牧。覘者以爲將遁，告於朝。許翰信之，數遣使趣師中出戰，責以逗撓。師中歎曰：「逗撓，兵家大戮也。吾結髮從軍，今老矣，忍受此爲罪乎！」卽日辦嚴，約姚古及張灝俱進，而輜重賞犒之物，皆不以從行。師中抵壽陽之石坑，爲金將完顏活女所襲，五戰三勝；回趨楡次，至殺熊嶺，去太原百里。姚古將兵至威勝，統制焦安節妄傳粘沒喝將至，故古與灝皆失期不至。師中兵飢甚，敵知之，悉衆攻右軍，右軍潰而前軍亦奔；師中獨以麾下死戰，自卯至巳，士卒發神臂弓射退金人，而賞賚不及，皆憤怨散去，所留才百人。師中身被四創，力疾鬭死。師中老成持重，爲時名將，旣死，諸軍無不奪氣。金乘勝進兵，迎古遇於盤陀。古兵潰，退保隆德。事聞，李綱召安節，斬之，安置古於廣州，贈師中少師。

京師自金兵退，遂置邊事於不問。李綱獨以爲憂，數上備邊禦敵之策，輒爲耿南仲等所沮。及姚古、种師中敗，种師道以病乞歸，乃以綱爲兩河宣撫使，劉韐副之，以代師道。又以解潛爲制置副使，以代姚古。綱言：「臣書生，實不知兵。在圍城中，不得已爲陛下料理兵事。今使爲大帥，恐誤國事。」因拜辭，不許。退而移疾，乞致仕，章十餘上，亦不允。臺諫言綱不可去朝廷，帝以其爲大臣游說，斥之。或謂綱曰：「公知所以遣行之意乎？此非爲邊事，欲緣此以去公，則都人無辭爾。公不起，上怒且不測，奈何？」許翰復書「杜郵」二字以遺綱，綱不得已，受命。帝手書裴度傳以賜之。宣撫司兵僅萬二千人。綱請銀、絹、錢各百萬，僅得二十萬。庶事皆未集，綱乞展行期，上批以爲遷延拒命，趣召數四。綱入對，帝曰：「卿爲朕巡邊，便可還朝。」綱曰：「臣之行，無復還理。臣以愚直不容於朝，使既行之後，無有沮難，則進而死敵，臣之願也。萬一朝廷執議不堅，臣自度不能有爲，即當求去。陛下宜察臣孤忠，以全君臣之義。」上爲感動。陛辭，又爲上道唐恪、聶昌之奸，任之必誤國，言甚激切。

秋七月，李綱赴兩河，留河陽十餘日，練士卒，修整器甲之屬。進次懷州，造戰車，期兵集大舉；而朝廷降詔，罷所起兵。綱上疏言：「秋高馬肥，敵必深入，宗社安危，殆未可知。

防秋兵盡集，尚恐不足，今河北、河東日告危急，未有一人一騎以副其求，奈何甫集之兵，又皆散遣？且以軍法勒諸路兵起，而以寸紙罷之，臣恐後時有所號召，無〔復〕（據宋史三五八李綱傳、續綱目、薛鑑補）應者矣！」疏上，不報，趣赴太原。綱乃遣解潛屯威勝軍，劉韐屯遼州，幕官王以寧與都統制折可求、張思正等屯汾州，范瓊屯南、北關，皆去太原五驛，約三道並進。時諸將皆承受御畫，事皆專達，進退自若，宣撫司徒有節制之名，多不遵命。綱嘗具論之，雖降約束，而承受專達如故。於是劉韐兵先進，金人併力禦之，韐兵潰。潛與敵遇於關南，亦大敗。

八月丙申，復以种師道爲兩河宣撫使，召李綱還。

庚子，河東察訪使張灝與金人戰於文水，敗績。丁未，斡離不犯眞定。戊申，都統制張思正等夜襲金人於文水，敗之。己酉，復戰，師潰，死者數萬人，思正奔汾州。都統制折可求師潰於子夏山。於是威勝、隆德、汾、晉、澤、絳民皆渡河南奔，州縣皆空。金人乘勝攻太原。李綱又上疏極論節制不專之弊，且言分路進兵，賊以全力制吾孤軍，不若合大兵由一路進。及范世雄以湖南兵至，因薦爲宣撫判官。方欲會合親率擊虜，會以議和，止綱進兵；綱亦求罷，遂代還。

金粘沒喝、斡離不復分道入寇。先是，朝廷以肅王爲彼所質，亦留其使臣蕭仲恭以相當，踰月不遣。其副趙倫懼不得歸，乃紿館伴邢倞曰：「金國有耶律余覩者，領契丹兵甚衆，貳於金人，願歸大國，可結之以圖斡離不及粘沒喝。」執政以仲恭、余覩皆遼貴戚舊臣，而用事於金，當有亡國之戚，信之，乃以蠟書付倫，致之余覩，使爲內應，仍賜倫銀絹。倫還，見斡離不，即以蠟書獻之，斡離不以聞於金主。又麟府帥折可求言遼梁王雅里在西夏之北，欲結宋以復怨於金。吳敏勸帝致書梁王，由河東之麟府，亦爲粘沒喝遊兵所得，復以聞。於是金主甚怒，以粘沒喝爲左副元帥，斡離不爲右副元帥，分道南侵。粘沒喝發雲中，斡離不發保州。

庚申，遣給事中王雲使金軍。先是，遣劉岑、李若水分使金軍，以求緩師。岑等還，言斡離不止索歸朝官及所欠金銀，粘沒喝則深諱金銀，專論三鎭。至是，乃遣雲往，許以三鎭賦稅。

九月丙寅，金人陷太原。始，粘沒喝久攻太原不下，乃於城下築舊城居之，號元帥府。已而歸雲中，留（艮）〔銀〕朱大（酋）〔酋〕（據薛鑑改。按：此人卽銀朮可，金史七二有傳）攻圍，凡二百六十日，城中軍民餓死者十八九，固守不下。至是，粘沒喝自雲中復至，乘勝急攻，帥臣張孝純力竭不能支，城遂陷。孝純被執，旣又釋而用之。副都總管王稟負原廟中太宗御容赴汾水死。通判方笈、轉運韓揆等三十六人皆被害。初，朔州守臣孫翊，河東名將也，領兵由寧化、憲州出天門關以援太原。翊離朔未幾而朔已降虜，翊麾下多朔人，粘沒喝驅朔之父老以示翊軍，軍遂叛翊，及戰，乃爲麾下所害。時，府州守臣折可求亦統麟府之師二萬，涉大河，由嵓嵐、憲州，將出天門關以援太原，爲虜據關，不克。復越山取道松子嶺，至於交城，遇粘沒喝之衆，大戰移時，可求遠來，勞不敵逸，亦敗。

丙戌，以李回爲大河守禦使，折彥質爲河北宣撫副使。從何㮚之請，分天下二十三路爲四道，建三京及鄧州爲都總管府，分總四道兵，以知大名府趙野總北道，知河南府王襄總西道，知鄧州張叔夜總南道，知應天府胡直(儒)〔孺〕（據宋史二三欽宗紀、薛鑑改）總東道。事得專決，財得專用，官得辟置，兵得誅賞，緩急則以羽檄召之，入衛京師。

冬十月丁酉，种師(閔)〔道〕（金史三太宗紀、又七四宗望傳均稱「破宋种師閔軍於井陘」。按：宋將無种師閔之名，而師道時爲兩河宣撫使。畢鑑九七作「种師道及金宗望戰於井陘，敗績」。今據改）及金斡離不戰於井陘，敗績。斡離不遂入天威軍，犯眞定。先是，眞定帥劉韐守禦備具，總管王淵、鈐轄李質訓練士卒數千，皆可用，虜不敢犯。是時，眞定在河朔最爲堅壘。上以太原危急，命韐守遼州以據其險，又辟淵、質自隨，乃以李邈代守眞定。邈措置無策。至是，虜攻甚迫，鈐轄劉竧（會編三二引靖康小雅、長編本末一四五、宋史四四七忠義傳、薛鑑均作「劉翊」。靖康要錄一〇、宋史全文一五、宋史二三欽宗紀、續綱目均同本書）率衆晝夜搏戰。久之，城陷，竧巷戰，麾下稍稍散亡。竧顧其弟曰：「我，大將也，可受賊戮乎！」因挺刃欲奪門出，不果，自縊死。李邈被執北去。

戊戌，金人遣楊天吉、王汭等以書〔來〕責問契丹梁王及余覩蠟書幷元（議）（據薛鑑補並刪）割三鎮，體貌甚倨，持其書於上前曰：「陛下既不割三鎮之地，又安忍復欲立契丹之後？」上曰：「此乃奸人所爲也。」卑詞反覆，深明其非朝廷之罪。虜請必割三鎮，且求金帛、車輅、儀物，及加其主徽號，仍索親王詣彼軍前陳謝。

罷御史中丞呂好問。時金人復至，大臣不知所出，遣使講解，金人佯許而攻略自如。諸將以和議故，皆閉壁不出。好問乃請亟集滄、滑、邢、相之戍以遏奔衝，而列勤王之師於畿邑以衞京城。疏入，不省。金人陷眞定，攻中山，上下震駭，廷臣狐疑相顧，猶以和議爲辭。好問率臺屬劾大臣畏懦誤國，坐貶知袁州。帝憫其忠，下遷吏部侍郎。

庚子，金人陷汾州，知州張克戩畢力扞禦，城破，猶巷戰。不克，乃衣朝服，焚香南向拜舞，自引決，一家死者八人。

辛丑，上聞河（南）〔東〕（據薛鑑改）已失太原，河北已失眞定，大以爲憂，下哀痛詔，徵兵於四方，命河北、河東諸路帥臣傳檄所部，得便宜行事。

丙午，詔种師道還。先是，師道駐兵河陽，虜使王汭來，禮甚倨，知虜必大舉，卽上疏請幸長安以避其鋒，以守禦事付將帥。朝廷謂其怯，召還。

十一月，詔止援兵。時南道總管張叔夜、陝西制置使錢蓋各統兵赴闕，會唐恪、耿南仲專主和議，語同知聶昌曰：「今百姓困匱，養數十萬兵於城下，何以給之？」乃止兩道兵勿前。

己巳，詔集從官於尚書省，議割三鎮。百官多請割與，會李若水使歸，亦慟哭於庭，請與之以紓國禍。何㮚曰：「三鎮，國之根本，奈何一旦棄之？且金人無信，割亦來，不割亦來。」梅執禮、呂好問、洪芻、秦檜等皆主㮚議，而唐恪、耿南仲等力主割地。㮚論辨不已，因曰：「河北之民皆吾赤子，棄地則并其民棄之。爲民父母而棄其子，可乎？」帝悟，乃止。㮚退，謂恪曰：「割三鎮則傷河外之情，不割則太原、眞定已失，不若任其所之。」恪唯唯。遂詔河北、河東、京畿清野，令流民得占官舍、寺觀以居。禁京師民以浮言相動者。

時粘沒喝自太原趨汴，所至破降。平陽府、威勝、隆德軍、澤州皆陷，官吏棄城走者遠近相望。壬申，粘沒喝至河外，宣撫副使折彥質以兵十二萬拒之，夾河而軍。時李回以萬騎防河，亦至河上。粘沒喝曰：「南軍亦衆，與之戰，勝負未可知，不若加以虛聲。」遂取戰鼓擊之達旦，彥質之衆皆潰，李回亦奔還京師。甲戌，金活女帥衆先渡孟津，粘沒喝從之，於是知河陽燕瑛、河南留守西道都總管王襄皆棄城走，永安軍、鄭州悉降於金。粘沒喝既渡河，不復言三鎮，直遣人來言欲盡得兩河地，請畫河爲界。於是京師戒嚴，遣馮澥、李若水往使。行至中牟，守河兵相驚以爲金兵至，左右謀取間道去。澥問：「何如？」若水曰：「成兵畏敵而潰，奈何效之？今止有死爾，敢言退者斬！」衆乃定。既行，始知和議必不可諧，屢附奏言之，乞申飭守備。

丁丑，以郭京爲成忠郎，選六甲兵以禦金。先是，孫傅因讀丘濬感事詩，有「郭京、楊適、劉無忌」之語，於市人中訪得無忌，於龍衞中得京。好事者言京能施六甲法，可以生擒金二將而掃蕩無餘，其法用七千七百七十七人。朝廷深信不疑，命以官，賜金帛數萬，使自募兵，無問伎藝能否，但擇年命合六甲者，所得皆市井游惰，旬日而足。虜攻益急，京談笑自如，云擇日出兵三百，可致太平，直襲擊至陰山乃止。傅與何㮚尤尊信之。或謂傅曰：「自古未聞以此成功者。正或聽之，姑少付以兵，俟有尺寸功，乃稍進任。今委之太過，懼必爲國家羞。」傅怒曰：「京殆爲時而生，虜中瑣微，無不知者。幸君與傅言，若告他人，將坐沮師之罪。」揖使出。又有劉孝竭等募衆，或稱六丁力士，或稱北斗神兵，或稱天闕大將，大率效京所爲，識者危之。京嘗曰：「非至危急，吾師不出。」

斡離不亦遣使來議割兩河地，帝許之。命耿南仲往報，南仲以老辭；改命聶昌，昌以親辭。陳過庭曰：「主憂臣辱，願效死！」帝爲揮涕太息，而怒南仲及昌，乃卽命南仲如河北斡離不軍，昌如河東粘沒喝軍。昌言：「兩河之人忠勇，萬一爲所執，死不瞑目矣。」行至絳，絳人果堅壁拒之。昌持詔抵城下，縋而登。鈐轄趙子清麾衆殺昌，抉其目而臠之。初，南仲爲東宮官十年，自謂首當柄用，而吳敏、李綱越次進，位在己上，心不能平，故每事異議，力沮戰守，與吳幵堅請割地，以成和好。故朝廷戰守之備皆罷，致金師日逼。至是，與金使王汭偕行，至衞州，衞鄉兵欲殺汭，汭脫去，南仲遂走相州。

甲申，金人入懷州，知州事霍安國被圍，扞禦不遺餘力，鼎澧兵亦至，相與共守，拜徽猷閣待制。城竟陷，粘沒喝引安國以下問不降者爲誰，安國曰：「守臣安國也！」問餘人，通判林淵，鈐轄張彭年，都監趙士詝、張諶、于潛，鼎澧將沈敦、張行中及隊將五人同辭對曰：「淵等與知州一體，皆不肯降！」粘沒喝令引於東北鄉望拜〔降〕（據宋史四四七忠義傳補），皆不屈，乃解衣面縛，殺十三人而釋其餘。安國一門無噍類。

乙酉，金斡離不自眞定趨汴，僅二十日，至城下，屯於劉家寺。粘沒喝自河陽來會，屯於青城，使劉晏來，要帝出盟。時西、南兩道援兵爲唐恪、耿南仲遣還，於是四方無一人至者。城中唯衞士及弓箭手七萬人。乃以萬人分作五軍，備緩急救護，命姚友仲、辛永宗分領之；以五萬七千人分四壁守禦。遣使以蠟書間行出關召兵，又約康王及河北守將來援；多爲邏兵所獲。唐恪計無所出，密言於帝曰：「唐自天寶而後，屢失而復興者，以天子在外，可以號召四方也。今宜舉景德故事，留太子居守而（幸）西〔幸〕（據東都事略一〇八及宋史三五二唐恪傳改）洛，連據秦雍，領天下兵親征，以圖興復。」帝將從之，開封尹何㮚入見，引蘇軾所論，謂周之失計未有如東遷之甚者。帝翻然而改，以足頓地曰：「今當以死守社稷！」

己丑，南道都總管張叔夜聞召，卽日自將中軍，令子伯奮將前軍，仲熊將後軍，合三萬餘人，至尉氏，遇金游兵，轉戰而前，至都下。帝御南薰門見之，軍容甚整。入對，言：「賊鋒甚銳，願如唐明皇之避祿山，暫詣襄陽，以圖幸雍。」帝頷之，加延康殿學士。時東道都總管胡直孺亦將兵入衞，與金人遇於拱州，兵敗被執。金人示於城下，都人大懼。

閏月癸巳，粘沒喝軍至城下。甲午，雨雪交作，帝被甲登城，以御膳賜士卒，易火飯以進，人皆感涕。金人攻通津門，數百人縋城禦之，焚其礮架五、鵝車二。驛召李綱爲資政殿大學士。

乙未，金人入青城，攻朝陽門。丙申，帝幸宣化門，乘馬行泥淖中，民皆感泣。戊戌，殿前副都指揮〔使〕（據宋史二三欽宗紀、續綱目補）王宗濋與金人戰於城下，統制高師旦死之。癸卯，金人攻南壁，張叔夜與之大戰，斬其金環貴將二人，遙見金兵奔還，自相蹈藉，溺隍死者以千數。甲辰，大雨雪，金人陷亳州。乙巳，大寒。士卒噤戰，不能執兵，有僵仆者。帝徒跣祈晴。召諸道勤王兵，兵無至者。城中惟衞士三萬可用，然亦十失五六，因時〔令〕（據續綱目、薛鑑補）挑戰，以示敢敵。

金人遣蕭慶復來言，不須上出城，只須僕射何㮚議事。又請上皇、皇太子、越王、鄆王爲質。上曰：「朕爲人子，豈可以父爲質！」詔越王往。將行，而粘沒喝以兵來迓，越王乃止。於是金人宣言失信，再遣使來趣親王出盟。己酉，詔遣馮澥、曹輔與宗室仲溫、士諦如金軍以請和。既至，粘沒喝卽遣之歸，不與交一語，已而攻城愈急。殿中侍御史胡唐老請拜康王爲大元帥，俾率天下兵入援，帝從之。

壬子，金人攻通津、宣化門，范瓊以千人出戰。渡河，冰裂，沒者五百人，自是士氣益挫。

何㮚數趣郭京出師，京徙期再三。丙辰，郭京盡令守禦人下城，毋得竊窺，因大啓宣化門，出攻金師。京與張叔夜坐城樓上，金兵分四翼鼓譟而前，京兵敗，退走，墮死於護龍河，塡屍皆滿，城門急閉。京白叔夜曰：「須自下作法。」因下城，引餘兵南遁。金兵遂登城，兵皆披靡，四壁兵皆潰。金人焚南薰諸門，統制姚友仲死於亂兵；宦者黃經國赴火死；統制官何慶言、陳克禮，中書舍人高振力戰，與其家人皆被殺；秦元領（果）〔保甲〕（據宋史二三欽宗紀、薛鑑改）斬關遁；四壁守禦使劉延慶奪門出奔，爲追騎所殺，京城遂陷。張叔夜被創，猶父子力戰。

帝聞城陷，慟哭曰：「不用种師道言，以至於此！」衞士入都亭驛，執金使劉晏殺之。軍民數萬斧左掖門，求見天子，帝御樓諭遣之。衞士長蔣宣率其衆數百，欲邀乘輿犯圍而出，左右奔竄，獨孫傅、梅執禮、呂好問侍。宣抗聲曰：「國事至此，皆宰相信任奸臣，不用直言所致。」孫傅訶之，宣以語侵傅。好問譬曉之曰：「若屬忘家族，欲冒重圍，衞上以出，誠爲忠義。然乘輿將駕，必甲乘無缺而後動，詎可輕耶！」宣詘服，曰：「尚書眞知軍情。」麾其徒退。

史臣曰：初，斡離不之北還也，以粘沒喝在太原，其勢未合，恐勤王之師有以乘之。既退之後，爲宋計者宜爲遠謀，而乃忽李綱、种師道之言，上下相慶，以爲無虞，曾不數月，再致金師，太原、眞定，咽喉已塞，而猶議三鎭棄守之利害。故金人嘗語宋使曰：「待汝家議論定時，我已渡河矣！」蓋當是時，廟堂之相，方鎭之將，皆出於童、蔡、王、梁之門，無可以係天下之望，惟以割地請和爲言，未聞有能出一計與之抗者，是以金人之來如破竹然。及圍城逾月，外援不至，竟以妖術取敗。吁，可怪哉！

呂中曰：自女眞叛盟以來，朝廷乍和乍戰，人才乍賢乍否，何其洶洶多變之甚也！寇至之初，始謀避狄，以李綱所言，而更爲城守之計。既以堅守，又以李邦彥一言，爲卑辭之請。師道既至，又以師道一言，爲不和之謀。師道方請堅守不戰以困虜，未幾，以姚平仲一言，爲急擊之舉。姚平仲既貶，又以李綱、种師道爲誤國。諸生伏闕，又以李綱、种師道爲可用而復之。及其後也，又以臺諫之言而逐之。李綱方議備邊，師道亦請防秋，朝廷之議略定。曾未再閱月，而吳敏、耿南仲、謝克家、孫覿又以三邊爲可割，和議復行矣。吳敏本主和議，未幾，復留虜使，陰結遼人，又以爲女眞藉口之資矣。二酋已分道入寇，朝廷尙集議者，問以三鎭存棄之便不便。金人之至，則下淸野之令。未幾，傳言寇猶未至，則又令淸野更不施行。戰者不決於戰，和者不一於和，至於城已破，禍已至，而議猶不一，心猶不決，終始一歲之中，多變若此。大抵上下之心，稍急則恐懼而無謀，稍緩則遲遲而又變其謀，靖康之禍，蓋坐此也！慶歷、元祐專任君子而去小人，紹聖、崇寧以來專任小人而仇君子，靖康之際君子、小人雜用焉。嗚呼，可不戒哉！

宋史紀事本末卷五十七

二帝北狩

欽宗靖康元年（丙午、一一二六）十一月辛酉，帝如青城粘沒喝軍。先是，京城既陷，何㮚欲親率都民巷戰，金人宣言議和退師，乃止。帝聞金人欲和而退，命何㮚及濟王栩使其軍以請成，粘沒喝、斡離不曰：「自古有南卽有北，不可相無也。今之所議，期在割地而已。」戊午，何㮚還，言金人欲邀上皇出郊。帝曰：「上皇驚憂而疾，必欲之出，朕當親往。」自乙卯雪不止，是日霽，夜有白氣出太微，彗星見。庚申，日出如血，無光。辛酉，帝如青城，何㮚、陳過庭、孫傅等從，奉表請降。以金遣二酋還報云：「其主欲立賢君，宜族中別立一人以爲宋國主，仍去帝號。」帝默然。

十二月壬戌朔，帝留青城。粘沒喝遣蕭慶入城，居尙書省，檢視府庫帑藏，凡朝廷之事，必先關白。

癸亥，帝至自金營，士庶及太學士迎謁，帝掩面大哭曰：「宰相誤我父子！」觀者無不流涕。

帝詣延福宮朝太上皇，奏曰：「金人以別立賢君爲言，可且以弟康王爲主，以延祖宗社稷。」時康王母韋妃在側，言曰：「金人必不止於立賢，禍有不可勝言者。」時，金遣使來索金一千萬錠，銀二千萬錠，帛一千萬匹，於是大括金銀。定京師米價，勸糶以賑民，縱民伐紫筠館花木以爲薪。

丙寅，金人索京城騾馬，御馬而下七（十）〔千〕（據薛鑑改）匹悉歸之。又索少女一千五百人，充後宮祗應，宮嬪不肯出宮，赴池水死者甚衆。

遣劉鞈、陳過庭、折彥質等爲割地使，如河東、北，割地以畀金。又分遣歐陽珣等二十人持詔往。珣至深州城下，痛哭謂城上人曰：「朝廷爲奸臣所誤至此，吾已辦死來矣！汝等宜勉爲忠義報國！」金人怒，執送燕，焚殺之。

時范致虛會陝西兵十萬人入援，至潁昌，聞汴京破，西道總管王襄南遁，致虛獨與西道副總管孫昭遠、環慶帥王似、熙河帥王倚帥步騎號二十萬，赴汴。出武關，至鄧州千秋鎮，金將婁室以精騎衝之，皆不戰而潰。王似、王倚、孫昭遠等留陝府，致虛收餘兵入潼關。

二年（丁未、一一二七）春正月辛卯朔，帝朝太上皇於（崇）〔延〕福宮（據靖康要錄一五及本書上文改）。粘沒喝遣其子眞珠同虜使八人入賀，帝命濟王栩如金（宮）〔營〕（據宋史二四六宗室傳、薛鑑改）報謝。

壬辰，遣聶昌、耿南仲出割兩河地降金。民堅守，不奉詔。

庚子，金人索金帛急，且再邀帝至營。帝有難色，何㮚、李若水以爲無虞，勸帝行。帝乃命孫傅、謝克家輔太子監國，而與㮚、若水等復如青城。閤門宣贊舍人吳革白㮚曰：「天文帝座甚傾，車駕若出，必墮虜計。」㮚不聽。帝出城，百姓數萬人挽車駕曰：「陛下不可出。」號泣不與行，帝亦泣下。范瓊曰：「皇帝旦出，暮卽返矣。」百姓投瓦礫擊之，瓊遂以刃斷挽者之手。車駕至郊，張叔夜猶叩馬而諫，帝曰：「朕爲生靈之故，不得不親往。」叔夜號慟再拜，衆皆哭。帝回首以字呼之曰：「嵇仲努力！」

丙午，割地使劉韐至金營，金人使僕射韓正館之僧舍，謂韐曰：「國相知君，今用君矣。」韐曰：「偷生以事二姓，有死不爲也。」正曰：「軍中議立異姓，欲以君爲正代。與其徒死，不若北去取富貴。」韐仰天大呼曰：「有是乎！」乃手書片紙曰：「忠臣不事二君，必死矣！」使親信持歸，報其子子羽等，卽沐浴更衣，酌卮酒而縊。燕人歎其忠，瘞之寺西岡（上）（據宋史四四六忠義傳、續綱目補）。

帝自如青城，都人日出迎駕，粘沒喝、斡離不留不遣。太學生徐揆詣南薰門，以書抵二酋，請車駕還闕，其略曰：「昔楚莊王入陳，欲以爲縣，申叔時諫，復封之。後世君子莫不多叔時之善諫，楚子之從諫，千百載之下，猶想其風采。本朝失信大國，背盟致討，元帥之職也；都城失守，社稷幾亡而存，元帥之德也；兵不血刃，市不易肆，生靈幾死而活，元帥之仁也，雖楚子存陳之功，未能有過。我皇帝親屈萬乘，兩造轅門，越在草莽，國中喁喁，跂望屬車之塵者屢矣。道路之言，乃謂以金銀未足，故天子未返，揆竊惑之。今國家帑藏既空，編民一妾婦之飾，一器用之微，無不輸之公上，商賈絕迹不來，京邑區區，豈足以償需索之數。有存社稷之德，活生靈之仁，而以金帛之故，質留君父，是猶愛人之子弟，而辱其父祖，與不愛無擇，元帥必不爲也。願推惻隱之心，存始終之惠，反其君父，班師振旅，緩以時日，使求之四方，然後遣使人奉獻，則楚封之功不足道也。」二酋見書，使以馬載揆至軍詰難，揆厲聲抗論，爲其所殺。

金主吳乞買得帝降表，遂廢帝及太上皇帝爲庶人。知樞密院事劉彥宗請復立趙氏，不許。

時金人根括津搬，絡繹道路。上遣使歸云：「朕拘留在此，候金銀數足，方可還。」於是再增侍從郎中二十四員，再行根括，又分遣搜掘戚里、宗室、內侍、僧道、伎術之家，凡八日，得金三十萬八千兩、銀六百萬兩、(衣)〔表〕(據靖康紀聞、靖康要錄一五、繫年要錄二改，下同)段一百萬，詔令權貯納。時根括已申了絕，二月軍前取過。教坊人及內侍藍(折)〔忻〕(據同上書改)等言：「各有窖藏金銀，乞搜出。」二酋怒甚。於是開封府復立賞限，大行根括，凡十八日，城內復得金七萬、銀一百十四萬，併（衣）〔表〕段四萬，納軍前。二酋以金銀不足，殺提舉官梅執禮等四人，餘各杖數百。乃下令曰：「根括已正典刑，金銀尙或未足，當縱兵。」於是再括。

丁巳，金人索郊天儀制及圖籍。

戊午，金索大成樂器、太常禮制器用以至戲玩圖畫等物，盡置金營，凡四日，乃止。

二月辛酉朔，帝在靑城。

丙寅，金人塹南薰門路。

丁卯，金人邀上皇出城，詣軍前。上皇將行，張叔夜諫曰：「皇帝一出不復歸，陛下不可再出。臣當率勵精兵，護駕突圍而出，庶幾僥倖於萬一。天不祚宋，死於封疆，不猶勝生陷夷狄乎！」上皇遲疑未行，欲飲藥，爲范瓊所奪。瓊遂逼上皇與太后御犢車出宮。鄆王楷及諸妃、公主、駙馬、六宮有位號者皆行，獨元祐皇后孟氏以廢居私第獲免。初，金人以內侍鄧述所具諸王、皇孫、妃、主名，檄開封尹徐秉哲盡取之。秉哲令坊巷五家爲保，毋得藏匿，前後凡得三千餘人，秉哲率令衣袂相聯屬而往。

金人逼帝及上皇易服，李若水抱帝哭，詆金人爲狗輩。金人曳若水出，擊之，敗面，氣結仆地。粘沒喝令鐵騎十餘守視之，曰：「必使李侍郎無恙。」若水絕不食，或勉之曰：「事無不可爲者，公今日順從，明日富貴矣。」若水歎曰：「天無二日，若水寧有二主哉！」其僕亦慰解之曰：「公父母春秋高，若少屈，冀得一歸覲。」若水叱之曰：「吾不當復顧家矣！」金人又逼上皇召皇后、太子，孫傅留太子不遣。統制吳革欲以所募士微服衞太子潰圍而出，傅不從，而密謀匿之民間，别求狀類太子者及宦者二人殺之，幷斬十數死囚，持首送之，紿金人曰：「宦者欲竊太子出，都人爭鬭殺傷，誤中太子，因率兵討定，斬其爲亂者以獻。」苟不已，則以死繼之。越五日，無肯承其事者。吳幵、莫儔督脅甚急，范瓊以危言讋衞士，遂擁皇后、太子共車而出。傅曰：「吾爲太子傅，當同死生。」遂以留守事付王時雍，從太子出。百官軍吏奔隨太子號哭，太子亦呼云：「百姓救我！」哭聲震天。至南薰門，范瓊力止傅，金守門者曰：「所欲得太子，留守何預？」傅曰：「我，宋之大臣，且太子傅也，當死。」遂宿門下以待命。

若水在金營旬日，粘沒喝召問立異姓狀，若水罵之。粘沒喝令擁去，若水反顧，罵益甚。監軍撾破其脣，噀血復罵，至以刃裂頸斷舌而死。金人相與言曰：「遼國之亡，死義者十數，南朝惟李侍郎一人。」

三月辛卯朔，帝在青城。

夏四月庚申朔，金人以二帝及太妃、太子、宗戚三千人北去。斡離不脅上皇、太后與親王、皇孫、駙馬、公主、妃嬪及康王母韋賢妃、康王夫人邢氏等由滑州去，粘沒喝以帝、后、太子、妃嬪、宗室及何㮚、孫傅、張叔夜、陳過庭、司馬朴、秦檜等由鄭州去，而歸馮澥、曹輔、路允迪、孫覿、張(徵)〔澂〕(據薛鑑改)(許)〔譚〕世勣(據十朝綱要、宋史全文改。其事迹見宋史三五七本傳及四五三孫逢傳)、汪藻、康執權、元當可、沈晦、黃夏卿、鄧肅、郭仲荀等於張邦昌。百官遙辭二帝於南薰門，衆痛哭，有仆絕者。凡法駕、鹵簿，皇后以下車輅、鹵簿、冠服，禮器、法物、大樂、教坊樂器、祭器、八寶、九鼎、圭璧、渾天儀、銅人、刻漏、古器，景靈宮供器，太清樓、祕閣、三館書，天下府、州、縣圖及官吏、內人、內侍、伎藝工匠、倡優，府庫畜積，爲之一空。

上皇離青城，金人以牛車數百乘載諸王、後宮，皆胡人牽駕，不通華言。至邢、趙間，斡離不遣郭藥師迎謝，上皇曰：「天時如此，非公之罪。」藥師慚而退。

帝自離青城，頂青氈笠，乘馬，後有監軍隨之。自鄭門而北，每過一城，輒掩面號泣。至代，工部員外郎滕茂實號泣迎謁，茂實蓋嘗副路允迪出使者。粘沒喝逼茂實胡服，茂實力拒之。茂實請侍舊主俱行，粘沒喝不許。帝遂由代渡太和嶺至雲中。

初，張叔夜聞金人議立異姓，謂孫傅曰：「今日之事，有死而已。」移書二酋，請立太子以從民望。二酋怒，追赴軍中，被擄北去。叔夜在道中，惟時飲水。度白溝，御者曰：「過界河矣。」叔夜乃矍然起，仰天大呼，遂不復語，扼吭而死。何㮚、孫傅至燕山，亦相繼死。

金人以太上皇及帝以素服見阿骨打廟，遂見金主於乾元殿。金主封太上皇爲昏德公，帝爲重昏侯。未幾，徙之韓州。令下之後，盡空其城，命晉康郡王孝騫等九百餘人至韓州同處，給田十五頃，令種蒔以自給。惟秦檜不與徙，依撻懶以居，撻懶亦厚待之。

宋史紀事本末卷五十八

張邦昌僭逆

欽宗靖康二年(丁未、一一二七)二月丁卯,金人令翰林承旨吴幵、吏部尚書莫儔入城,令推立異姓堪爲人主者。

癸未,吴幵、莫儔復召百官議,衆莫敢出聲,相視久之,計無所出。王時雍問於幵、儔,二人微言虜意在邦昌,時雍未以爲然,適尚書員外郎宋齊愈至自金營,衆問金人意所主,齊愈取片紙書「張邦昌」三字示之。時雍乃決,遂以邦昌姓名入議狀。張叔夜不肯署狀,金人執叔夜置軍中。太常寺簿張浚,開封士曹趙鼎,司門員外郎胡寅皆逃入太學,不書名。唐恪書名,仰藥而死。

是日,王時雍復集百官詣祕書省,至,即閉省門,以兵環之,俾范瓊喻衆以立邦昌意。衆唯唯,御史馬伸獨奮曰:「吾曹職爲諍臣,豈容坐視!」乃與御史吴給約中丞秦檜共爲議狀,願復嗣君,以安四方,且論邦昌當上皇時蠹國亂政,以致社稷傾危。金人怒,執檜去。

三月辛卯朔，金人遣張邦昌入城，居尚書省，令百官班迎勸進。閤門宣贊舍人吳革謀先誅范瓊輩，劫還二帝以討邦昌，期以三月八日舉事，與謀者呂好問、馬伸、張所、吳倫等數人。又有內親事官數百人，皆以不忍屈節立異姓，殺妻孥，焚所居，同謀舉義。前期一日，有班直甲士數百人排闥入，言邦昌以七日受册，請急起兵。革乃被甲上馬，至咸豐門，四面皆瓊黨，紿革入帳，即執之，脅以從逆。革罵之極口，引頸受刃，顏色不變，其麾下百人皆死。

丁酉，金人奉册寶至，遂立邦昌爲帝，國號大楚。邦昌北向拜舞，受册即位。遂升文德殿，設位御牀西受賀，遣閤門傳令勿拜。王時雍率百官遽拜，邦昌但東面拱立。是日風霾，日暈無光，百官皆慘怛，邦昌亦變色，惟王時雍、吳幵、莫儔、范瓊等欣然以爲有佐命功。邦昌心不安，拜百官皆加「權」字，以王時雍〔權〕（據宋史四七五張邦昌傳、續綱目、薛鑑補）知樞密院事，領尚書省，吳幵權同知樞密院事，莫儔權僉書院事，呂好問權領門下省，徐秉哲權領中書省。邦昌見百官稱予，手詔曰手書。雖不改元，而百官文移必去年號。惟呂好問所行文書稱靖康二年。百官猶未以帝禮事邦昌，惟王時雍每言事稱「臣啓陛下」；又勸邦昌坐紫宸、垂拱殿以見金使，好問爭之，乃止。時雍復議肆赦，好問曰：「四壁之外皆非我有，將誰赦耶？」乃止赦城中，而選郎官爲四方密諭使。及金人將還，邦昌詣營祖之，服赭袍，張紅蓋，所過設香案起居，時雍、秉哲、幵、儔皆從。士庶觀者，無不感愴，都人目時雍爲賣國牙郎。時上皇在軍中，聞邦昌僭位，歎曰：「邦昌若以節死，則社稷增重，今既尸君之位，則吾事決矣！」因泣下霑襟。

時金人議留兵以衞邦昌，呂好問曰：「南北異宜，恐北兵不習風土，必不相安。」金人曰：「留一孛堇統之可也。」好問曰：「孛堇貴人，有如觸發致疾，則負罪益深。」金人乃不留兵而去。於是好問謂邦昌曰：「相公欲眞立耶，抑姑塞虜意而徐爲之圖也？」邦昌曰：「是何言也？」好問曰：「相公知中國人情所向乎？特畏女眞兵威耳。女眞既去，能保如今日乎？大元帥在外，元祐皇后在內，此殆天意，盍亟還政，可轉禍爲福。且省中非人臣所處，宜寓直殿廬，無令衞士夾陛。虜所遺袍帶，非戎人在，勿服。下文書不得稱聖旨。爲今計者，當迎元祐皇后，請康王早正大位，庶獲保全。」

監察御史馬伸具書言於邦昌曰：「伏見逆胡犯順，且逼立相公以定國事。相公所以忍死就尊位者，自信虜退必能復辟也。忠臣義士不卽就死，城中之人不卽生變，亦以相公能定趙孤也。今虜退多日，吾君之子亦已知所在。相公尙處禁中，不反初服，未就臣列，以爲外挾彊虜之威，使人遊說康王，且令南遁，然後爲久假不歸之計，一旦喧鬨，孤負初心。望速行改正，易服歸省，庶事取太后命而行，仍速迎奉康王歸京。日下開門撫勞勤王之師，以示無間，一應內外赦書、施恩惠、收人心等事，權行拘取，俟立趙氏日，然後施行，庶幾中外釋疑，轉禍爲福。不然，仲有死而已，必不敢輔相公以爲叛臣也。」自邦昌僭立，凡言事者皆用君臣之禮，至仲始貽書稱太宰相公。書入，邦昌氣沮。

甲子，邦昌尊元祐皇后爲宋太后，迎居延福宮，遣人至濟州訪康王。其策太后語有曰：「尚念宋氏之初，首崇西宮之禮。」蓋用太祖卽位，迎周太后入西宮故事。識者皆覘邦昌之意非眞爲趙氏也。

時，宗室子崧知淮寧府，聞二帝北遷，與江淮經制使翁彥國等誓衆，登壇歃血，同奬王室，移書訶斥邦昌，責其反正，併諭王時雍等，辭旨激切。邦昌乃復遣謝克家往奉迎康王。王時雍曰：「騎虎者勢不能下，所宜熟慮，他日噬臍，悔無及矣。」徐秉哲復從旁贊之。邦昌知人心不順，遂不聽時雍言。克家至濟州勸進，康王不許。

邦昌又遣蔣師愈等持書詣濟州，自陳所以勉循金人推立者，欲權宜一時以紓國難耳，非敢有他也。康王復書與之，而諭宗澤等，以爲邦昌受僞命之人，義當誅討，然慮事出權宜，未可輕動。合移師近都，按甲觀變。澤復書謂：「邦昌僭亂，蹤跡已無可疑。大王宜亟行天討，興復社稷，不可不斷。」康王遂自濟州如應天府。邦昌來見，伏地慟哭請死，康王慰撫之。

王既卽位，問宰執何以處邦昌，黃潛善等曰：「邦昌罪在不貸，然爲金人所脅。今已自歸，惟陛下所處。」帝曰：「朕欲馭以王爵，異時金人有詞，使邦昌以天下不忘本朝而歸寶避位之意告之。」遂以邦昌爲太保，封同安郡王。尋詔邦昌宜如文彥博故事，一月兩赴都堂，參決大事。

宋史紀事本末卷五十九

高宗嗣統

欽宗靖康元年（丙午、一一二六）冬十月戊辰，詔馮澥副康王使金斡離不軍。先是，王雲至眞定斡離不軍，遣從吏先還，言金人須康王至軍，乃議和。會金使王汭等亦來，帝乃命澥副康王往。會雲還，復詔雲以資政殿學士副王。王由滑、濬至磁州，守臣宗澤迎謁曰：「肅王一去不返，今虜又詭辭以致大王，其兵已迫，復去何益！願勿行。」王出謁嘉應神祠，雲在後，民遮道諫王勿北去，厲聲指雲曰：「眞奸賊也！」因執雲殺之。時斡離不濟河，遊兵日至磁城下，跡王所在。知相州汪伯彥亟以帛書請王如相，服櫜鞬，部兵以迎於河（北）〔上〕（據宋史四七三汪伯彥傳、續綱目、薛鑑改）。王至相，勞伯彥曰：「他日見上，當首以京兆薦公。」伯彥由此受知。相人岳飛亦因劉（韐）〔浩〕（據宋史三六五岳飛傳、續綱目改）見王，王令招賊吉倩，倩降，以飛爲承信郎。議者謂，是役王雲不死，王必至金，無還理。

閏月，殿中侍御史胡唐老言：「康王奉使至磁，爲士民所留，乃天意也。乞就拜爲大元帥，〔俾〕（據宋史四五三忠義傳、續綱目、薛鑑補）率天下兵入援。」何㮚亦以爲然，密草詔稾上之。帝令募死士，得秦仔等四人，遣持蠟詔如相州，拜王爲兵馬大元帥，知中山府陳遘爲元帥，汪伯彥、宗澤爲副元帥，使盡起河北兵，速入衞。仔至相州，於頂髮中出詔，王讀之哽咽，軍民感動。

十二月，康王開大元帥府於相州，有兵萬人，分爲五軍而進，次於大名。宗澤以二千人與金人力戰，破其三十餘砦，履冰渡河見王曰：「京城受圍日久，入援不可緩。」王納之。既而知信德府梁揚祖以三千人至，張俊、苗傅、楊沂中皆在麾下，兵威稍振。會帝遣曹輔齎蠟詔至，云：「金人登城不下，方議和好，可屯兵近甸，毋動。」汪伯彥等皆信之。宗澤獨曰：「金人挾譎，是欲款我師爾。君父之望入援，何啻飢渴！宜急引軍直趨澶淵，次第進壘，以解京城之圍。萬一敵有異謀，則吾兵已在城下。」伯彥難之，勸王遣澤先行，王乃命澤趨澶淵。自是澤不得預帥府事矣。耿南仲及伯彥請移軍東平，從之。

二年（丁未、一一二七）春正月，宗澤自大名至開德，與金人十三戰，皆捷，遂以書勸康王移諸道兵會京城。又移書北道總管趙野，河東、北路宣撫范訥，知興仁府曾（懋）〔楙〕（據宋史三六〇宗澤傳、續綱目、薛鑑改）合兵入援，三人皆以澤爲狂，不答。澤遂以孤軍進，至衞南，先驅云前有賊營。澤揮衆直前與戰，敗之，轉戰而東。敵益生兵至，澤將王孝忠戰死，前後皆敵壘，澤令曰：「今日進退皆死，不可不死中求生。」士卒知必死，無不一當百，斬首數千，金人大敗，退卻數十里。澤計敵衆，勢必復來，乃暮徙其營。金人夜至，得空營，大驚，自是憚澤不敢出。澤出其不意，遣兵過大河襲擊破之。

二月庚辰，康王至濟州。時王有衆八萬，分屯濟、濮諸州，高陽關路安撫使黃潛善、總管楊惟忠亦以部兵數千至東平，王遣眞定總管王淵以三千人入援。金人聞之，遣甲士及中書舍人張澂齎帝蠟詔自汴京至，命王以兵付副帥而還京。王問計於左右，後軍統制張俊曰：「此金人詐謀爾。今大王居外，此天授，豈可徒往！」因請進兵，王遂如濟州。既而金人謀以五千騎取康王，呂好問聞之，遣人以書白王曰：「大王之兵，度能擊則邀擊之，不能卽宜遠避。」

夏四月，金人以二帝北去。宗澤在衞聞之，卽提軍趨滑，走黎陽，至大名，欲徑渡河，據金人歸路邀還二帝，而勤王之兵卒無至者，遂不果。

時，張邦昌請元祐皇后孟氏入居禁中，垂簾聽政。后以馮澥爲奉迎使，與謝克家及康王舅忠州防禦使韋淵奉「大宋受命寶」詣濟州勸進。既至，王慟哭受寶命，遣克家還京，辦卽位儀物。

后手書告中外曰：「比以敵國興師，都城失守。祲纏宮闕，既二帝之蒙塵，誣及宗祊，謂三靈之改卜。衆恐中原之無主，姑令舊弼以臨朝。雖義形於色而以死爲辭，然事迫於危而非權莫濟，內以拯黔首將亡之命，外以紓鄰國見逼之威，遂成九廟之安，坐免一城之酷。乃以衰癃之質，起於閑廢之中，迎置宮闈，進加位號，舉欽聖已還之典，成靖康欲復之心。永言運數之屯，坐視邦家之覆，撫躬獨在，流涕何從！緬惟藝祖之開基，實自高穹之眷命，歷年二百，人不知兵，傳序九君，世無失德。雖舉族有北轅之釁，而敷天同左袒之心。乃眷賢王，越居近服，已徇羣情之請，俾膺神器之歸，繇康邸之舊藩，嗣宋朝之大統。漢家之厄十世，宜光武之中興；獻公之子九人，唯重耳之尚在。茲惟天意，夫豈人謀！尚期中外之協心，同定安危之至計，庶臻小愒，漸底丕平。用敷告於多方，其深明於吾意。」濟州父老詣軍門言：「四旁望見城中火光屬天，請王卽皇帝位。」會宗澤及權應天府朱勝非來言：「南京，藝祖興王之地，取四方中，漕運尤易。」王遂決意趨應天府。既發滑州，鄜延副總管劉光世、西道都總管王襄、宣撫司統制官韓世忠皆以師來會。王至應天，命築壇於府門之左，期以五月庚寅朔卽位，改靖康二年爲建炎元年。

高宗建炎元年（丁未、一一二七）五月庚寅朔，帝登壇受命畢，慟哭，遙謝二帝，遂卽位於應天府治。大赦，張邦昌及應於供奉金國之人，一切不問，惟蔡京、童貫、朱勔、李彥、孟昌齡、梁師成、譚稹子孫更不收敍。是日，元祐皇后於東京撤簾。

辛卯，遙上靖康帝尊號曰孝慈淵聖皇帝。

以黃潛善爲中書侍郎，汪伯彥同知樞密院事。

尊元祐皇后爲元祐太后。

遙尊生母韋氏爲宣和皇后，遙立夫人邢氏爲皇后。

乙未，以呂好問爲尚書右丞。初，元祐太后遣好問奉手書詣應天，帝勞之曰：「宗廟獲全，卿之力也。」遂有是命。

時王淵、楊惟忠以河北兵，劉光世以陝西兵，張俊、苗傅以帥府及降盜兵，皆在行朝，不相統一，乃置御營司主行幸，總齊軍政。命黃潛善兼御營使，汪伯彥副之，而以王淵爲都統制，劉光世提舉一行事務，韓世忠爲左軍統制，張俊爲前軍統制，楊惟忠主管殿前公事。

宋史紀事本末卷六十

李綱輔政

高宗建炎元年（丁未、一一二七）五月甲午，召李綱爲尚書右僕射兼中書侍郎。初，綱再貶寧江，金兵復至，淵聖悟和議之非，召綱爲開封尹。行次長沙，被命，即帥湖南勤王師入援，未至而京城失守。至是，召拜右相，趣赴行在所。中丞顏岐奏曰：「張邦昌爲金人所喜，雖已封爲三公郡王，宜更加同平章事，增重其禮。李綱爲金人所惡，雖已命相，宜及其未至，罷之。」章五上，帝曰：「如朕之立，恐亦非金人所喜！」岐語塞而退。岐又遣人封其章示綱，覬沮其來。右諫議大夫范宗尹論綱名浮於實，有震主之威，帝亦不聽。汪伯彥、黃潛善自謂有攀附之勞，擬必爲相，及召李綱於外，二人不悅，遂與綱忤。綱行至太平，上疏曰：「興衰撥亂之主，非英哲不足以當之。英則用心剛，足以涖大事，而不爲小故之所搖；哲則見善明，足以任君子，而不爲小人之所間。願陛下以漢之高、光，唐之太宗，國朝之藝祖、太宗爲法。」

六月己未朔，李綱至行在，入見，涕泗交集，帝爲動容。因奏曰：「金人不道，專以詐謀取勝，中國不悟，一切墮其計中。賴天命未改，陛下總師於外，爲天下臣民所推戴，內修外攘，還二聖，撫萬邦，責在陛下與宰相。臣自視缺然，不足以副委任。且臣在道，顏岐嘗封示論臣章，謂臣爲金人所惡，不當爲相。」因力辭，帝命岐奉祠，併出范宗尹。綱猶力辭，帝曰：「朕知卿忠義智略久矣，欲使敵國畏服，四方安寧，非相卿不可，卿其勿辭！」綱頓首泣謝，且言：「昔唐明皇欲相姚崇，崇以十事要說，皆中一時之病。今臣亦以十事仰干天聽，陛下度其可行者，賜之施行，臣乃敢受命。」一曰議國是，謂：「中國之御四夷，能守而後可戰，能戰而後可和，而靖康之末皆失之。今欲戰則不足，欲和則不可，莫若先自治，專以守爲策。俟吾政事修，士氣振，然後可議大舉。」二曰議巡幸，謂：「車駕不可不一至京師，見宗廟，以慰都人之心。度未可居，則爲巡幸之計。以天下形勢而觀，長安爲上，襄陽次之，建康又次之，皆當詔有司預爲之備。」三曰議赦令，謂：「祖宗登極，赦令皆有常式。前日赦書，乃以張邦昌僞赦爲法，如赦惡逆，及罪廢官盡復官職，皆汎濫不可行，宜悉改正。」四曰議僭逆，謂：「張邦昌爲國大臣，不能臨難死節，而挾金人之勢，易姓改號。宜正典刑，垂戒萬世。」五曰議僞命，謂：「國家更大變，鮮有仗節死義之士，而受僞官以屈膝於其庭者不可勝數。昔肅宗平賊，汚僞命者以六等定罪，宜倣之以厲士風。」六曰議戰，謂：「軍政久廢，士氣怯惰，宜一新紀律，信賞必罰，以作其氣。」七曰議守，謂：「敵情狡獪，勢必復來，宜於沿河、江、淮，措置控禦，以扼其衝。」八曰議本政，謂：「政出多門，綱紀紊亂，宜一歸之中書，則朝廷尊。」九曰議久任，謂：「靖康間，進退大臣太速，功効蔑著，宜愼擇而久任之，以責成功。」十曰議修德，謂：「上始膺天命，宜益修孝弟恭儉，以副四海之望而致中興。」翼日，班綱議於朝，惟僭逆、僞命二事留中不出。

李綱以二事留中，言於帝曰：「二事乃今日刑政之大者。邦昌當道君朝在政府者十年，淵聖卽位，首擢爲相。方國家禍難，金人爲易姓之謀，邦昌如能以死守節，推明天下戴宋之義，以感動其心，虜人未必不悔禍而存趙氏。而邦昌方自以爲得計，偃然正位號，處宮禁，擅降僞詔，以止四方勤王之師。及知天下之不與，乃不得已，請元祐太后垂簾聽政而議奉迎。邦昌僭逆始末如此，而議者不同，臣請以春秋之法斷之。夫春秋之法，人臣無將，將而必誅。趙盾不討賊，〔則〕（據宋史三五八李綱傳、續綱目、薛鑑補，下同）書以弑君。今邦昌已僭位號，敵退而止勤王之師，非特將與不討賊而已。劉盆子以漢宗室，爲赤眉所立，其後以十萬衆降，光武但待之以不死。邦昌以臣易君，罪大於盆子，不得已而自歸，朝廷既不正其罪，又尊崇之，此何理也？陛下欲建中興之業，而尊僭逆之臣以示四方，其誰不解體！又僞命臣僚，一切置而不問，何以勵天下士大夫之節！」時執政中有異議不同者，帝召黃潛善等語之，潛善主邦昌甚力。帝顧呂好問曰：「卿〔昨〕在圍城中，知其故，以爲何如？」好問附潛善，持兩端。綱言：「邦昌僭逆，豈可留之朝廷，使道路指目曰：『此亦一天子哉！』」因泣拜曰：「臣不可與邦昌同列，當以笏擊之。陛下必欲用邦昌，第罷臣。」帝頗感動。汪伯彥曰：「李綱氣直，臣等所不及。」帝乃出綱奏，責授邦昌（保）〔昭〕化軍〔節度〕（據宋史二四高宗紀、續綱目、薛鑑改並補）副使，潭州安置，〔並安置〕（據續綱目、薛鑑補）王時雍、徐秉哲、吳幵、莫儔、李擢、孫覿於高、梅、永、全、柳、歸州，而顏博文、王紹以下，論罪有差。邦昌後至潭州，伏誅。

贈李若水、霍安國、劉韐官。李綱言：「近世士大夫寡廉鮮恥，不知君臣之義。靖康之禍，仗節死義者，在內惟李若水，在外惟霍安國，願加贈卹。」帝從其請，遂贈若水觀文殿學士，謚忠愍；安國延康殿學士；韐資政殿學士。仍詔：「有死節者，諸路詢訪以聞。」

甲子，以李綱兼御營使。綱入對，言曰：「今國勢不逮靖康間遠甚，然而可爲者，陛下英斷於上，羣臣輯睦於下，庶幾中興可圖。然非有規模而知先後緩急之序，則不能以成功。夫外禦强敵，內銷盜賊，修軍政，變士風，裕邦財，寬民力，改弊法，省宂官，誠號令以感人心，信賞罰以作士氣，擇帥臣以任方面，選監司郡守以奉行新政。俟吾所以自治者，政事已修，然後可以問罪金人，迎還二聖，此所謂規模也。至於所當急而先者，則在於料理河北、河東，蓋河北、河東，國之屏蔽也，料理稍就，然後中原可保，而東南可安。今河東所失者，恆、代、太原、澤、潞、汾、晉，餘郡猶存也，河北所失者，不過眞定、懷、衞、濬四州而已，其餘三十餘郡皆爲朝廷守。兩路士民兵將所以戴宋者，其心甚堅，皆推豪傑以爲首領，多者數萬，少者亦不下萬人。朝廷不因此時置司遣使以大慰撫之，分兵以援其危急，臣恐糧盡力疲，坐受金人之困，雖懷忠義之心，援兵不至，危迫無告，必且憤怨朝廷，金人因得撫而用之，皆精兵也。莫若於河北置招撫司，河東置經制司，擇有才略者爲之，使宣諭天子恩德，所以不忍棄兩河於敵國之意。有能全一州、復一郡者，以爲節度、防禦、團練使，如唐方鎭之制，使自爲守。非惟絕其從敵之心，又可資其禦敵之力，使朝廷永無北顧之憂，最今日之先務也。」帝善其言，問誰可任者，綱薦張所、傅亮。綱又立軍法，五人爲伍，伍長以牌書同伍四人姓名；二十五人爲甲，甲正以牌書伍長五人姓名；百人爲隊，隊將以牌書甲正四人姓名；五百人爲部，部將以牌書隊將正副十人姓名；二千五百人爲軍，統制官以牌書部長正副十人姓名。命招置新軍及御營司兵，並以此法團結。及詔陝西、山東諸路帥臣，並依此法，互相應援，有所呼召，使令按牌以遣。

辛未，子旉生，大赦。李綱言：「陛下登極，曠蕩之恩，獨遺河北、河東，而不及勤王之師。夫兩河爲朝廷堅守而赦令不及，人皆謂已棄之，何以慰忠臣義士之心！勤王之師在道路半年，擐甲荷戈，冒犯霜露，雖未効用，亦已勞矣，加以疾病死亡，恩卹不及，後有急難，何以使人？願因今赦，廣示德義。」帝從之，於是人情翕然，間有〔以〕（據宋史三五八李綱傳、續綱目補）破敵捷書至者，金人圍守諸郡之兵，往往引去。

丁亥，詔諸路募兵買馬，勸民出財，用李綱之言也。綱上三議：一曰募兵，二曰買馬，三曰募民出財助軍費。且言：「熙、豐間，內外禁旅五十九萬，今禁旅單弱，何以捍强敵而鎮四方？莫若取財於東南，募兵於西北，若得數十萬，付諸將，以時練之，不久皆成精兵，此最爲急務。」於是詔陝西、河北、京東、西路募兵十萬，更番入衞；河北西路括買官民馬，勸民出財助國。綱又言：「步不足以勝騎，騎不足以勝車，請以戰車之制頒於京東、西路，使製造而教習之。」

（丁亥）以張所爲河北招撫使。初，靖康中，所以蠟書冒圍，募河北兵士。民得書，喜曰：「朝廷棄我，猶有一張察院能拔而用之。」應募者十七萬人，由是所聲振河北。帝卽位，遣所按視陵寢。所還，上言曰：「河東、河北，天下之根本，昨者誤用奸臣之謀，始割三鎭，繼割兩河，其民怨入骨髓，至今無不扼腕。若因而用之，則可藉以守，否則兩河兵民無所繫望，陛下之事去矣！」且請帝亟還京師，因言其有五利：「奉宗廟，保陵寢，一也；慰安人心，二也；繫四海之望，三也；釋河北割地之疑，四也；早有定處而一意於邊防，五也。夫國之安危，在乎兵之强弱與將相之賢不肖，而不在乎都之遷與不遷也。誠使兵弱而將士不肖，雖渡江而南，安能自保！」又言黃潛善姦邪，恐害新政。帝方信任潛善，貶所江州。至是，以李綱薦，用爲河北招撫使，賜內府錢百萬緡，給空名告身千餘道，以京西卒三千自衛，將佐官屬，許自辟置，一切以便宜從事。所入對，條上利害，且乞置司北京，俟措置有緒，乃渡河。

河北轉運副使張益謙附黃潛善意，奏招撫（使）〔司〕（據宋史三五八李綱傳、續綱目、薛鑑改）之擾，且言，自置司河北，盜賊愈熾。李綱言：「張所尚留京師，益謙何以知其擾？河北民無所歸，聚而爲盜，豈由置司！益謙非理沮抑如此，必有使之者。」上乃命益謙分析，命下樞密院，汪伯彥猶用其奏詰責招撫司。李綱與伯彥力爭，伯彥語塞。

所招來豪傑，擢王彥爲〔都〕（據宋史三六八王彥傳、續綱目補）統制。時岳飛上書言：「陛下已登大寶，社稷有主，已足伐敵之謀，而勤王之師日集。彼方謂吾素弱，宜乘其怠而擊之。黃潛善、汪伯彥不能承聖意恢復，日謀南幸，恐不足繫中原之望。願陛下乘敵穴未固，親率六軍北渡，則將士作氣，中原可復。」坐飛越職言事，奪官。歸河北，詣所。所以飛爲中軍統領，問之曰：「爾能敵幾何？」飛曰：「勇不足恃，用兵在先定謀。欒枝曳柴以敗荊，莫敖采樵以致絞，皆謀定也。」所矍然曰：「君殆非行伍中人。」飛因說所曰：「國家都汴，恃河北以爲固，苟憑據要衝，峙列重鎮，一城受圍，則諸城或撓或救，金人不能窺河南，而京師根本之地固矣。招撫誠能提兵壓境，飛惟命是從。」所大喜，借補飛武經郎。

秋七月己丑朔，以王瓔爲河東經制司，傅亮副之。又以錢蓋爲陝西經制使。時甲辰，右諫議大夫宋齊愈棄市。初，齊愈論李綱募兵、買馬、括財三事之非，不報。時方論僭逆、僞命之罪，齊愈實書邦昌姓名以示衆，於是逮齊愈於獄。齊愈引伏，遂命戮於東市。

時帝手詔擇日巡幸東南，綱言：「車駕巡幸之所，關中爲上，襄陽次之，建康爲下。陛下縱未能行上策，猶當且適襄、鄧，示不忘故都，以繫天下之心。不然，中原非復我有，車駕還闕無期矣。」帝乃諭兩京以還都之意，讀者感泣。已而帝意復變，綱又極言其不可，且曰：「自古中興之主，起於西北則足以據中原而有東南，起於東南則不能復中原而有西北，蓋天下精兵健馬皆在西北。若委中原而棄之，豈惟金人將乘間以擾內地，盜賊亦將蠭起爲亂，跨州連邑，陛下雖欲還闕，不可得矣，況欲治兵勝敵，以歸二聖哉！夫南陽，光武之所興，有高山峻嶺可以控扼，有寬城平野可以屯兵，西鄰關、陝可以召將士，東達江、淮可以運穀粟，南通荆湖、巴蜀可以取財貨，北距三都可以遣救援。暫議駐蹕，乃還汴都，策無出於此者。今乘舟順流而適東南，固甚安便，第恐一失中原，則東南不能必其無事，雖欲退保一隅，不可得也。況嘗降詔，許留中原，人心悅服，奈何詔墨未乾，遽失大信！」帝然之。丙午，詔定議巡幸南陽，以范致虛知鄧州，修城池，繕宮室，輸錢穀以實之。而汪伯彥、黃潛善陰主揚州之議，或謂綱曰：「外論洶洶，咸謂東幸已決。」綱曰：「國之存亡，於是焉分，吾當以去就爭之！」

八月壬戌，以李綱、黃潛善爲尚書左、右僕射兼門下、中書侍郎。綱嘗侍帝，論及靖康時事，帝曰：「淵聖勤於政事，省覽章奏至終夜不寐，然卒至播遷，何也？」綱對曰：「人主之職在知人，進君子，退小人，則大功可成，否則衡石程書無益也。」因勉帝以明恕盡人言，恭儉足國用，英果斷大事。帝嘉納之。綱所論諫，其言切直，帝初無不容納，至是，惑於黃潛善、汪伯彥之言，常留中不報。

呂中曰：自綱之入相也，以英哲全德勉人主，以修政攘夷爲己任，抗忠數疏，中時膏肓，和守之議決而國是明，僭逆之罪正而士氣作，幸都之謀定而人心安。他如修軍政，變士（氣）〔風〕（據續綱目、薛鑑改），定經制，改弊法，招兵買馬，分布要害，遣張所招撫河北，王𤫉經制河東，宗澤留守京城，西顧關、陝，南葺襄、鄧，且將益據形便，以爲必守中原之計。朱子謂「李綱入來，方成朝廷」者，正爲此也。

乙亥，召河東經制副使傅亮還行在，李綱罷。時傅亮軍行十餘日，黃潛善等以爲逗遛，令東京留守節制亮軍，卽日渡河。亮言：「措置未就而渡河，恐誤國事。」李綱爲之請，潛善等不以爲然。綱言：「招撫、經制二司，臣所建明，而張所、傅亮又臣所薦用。今黃潛善、汪伯彥沮所、亮，所以沮臣。臣每鑒靖康大臣不和之失事，未嘗不與潛善、伯彥議而後行，而二人設心如此，願陛下虛心觀之。」既而召亮赴行在，綱言：「聖意必欲罷亮，乞付黃潛善施行，臣得乞身歸田里。」綱退而亮竟罷，綱乃再疏求去，帝曰：「卿所爭細事，胡乃爾？」綱言：「方今人才，將帥爲急，恐非小事。臣昨議遷幸，與潛善、伯彥異，宜爲所嫉。然臣東南人，豈不願陛下東幸爲安便哉！顧一去中原，後患有不可勝言者。願陛下以宗社爲心，以生靈爲意，以二聖未還爲念，勿以臣去而改其議。臣雖去左右，不敢一日忘陛下。」泣辭而退。或曰：「公決於進退，於義得矣，如讒者何？」綱曰：「吾知盡事君之道，不可則全進退之節，禍患非所恤也。」會侍御史張浚劾綱以私意殺宋齊愈，且論其招軍買馬之（非）〔罪〕（據宋史三五八李綱傳、續綱目、薛鑑改），潛善、伯彥等復力排綱，請帝去之，遂罷綱爲觀文殿大學士。浚論綱不已，乃落職提舉洞霄宮。凡在相位七十七日（繫年要錄、中興兩朝編年綱目、宋史全文等均作「七十五日」，畢鑑從之。按：要錄注引日曆云：「綱免相在八月二十日」，又引綱行狀云：「八月十八日告廷」，二日之差，當以此故）。綱罷而招撫經制司廢，車駕遂東幸，兩河郡縣相繼淪陷。凡綱所規畫軍民之政，一切廢罷。金兵益熾，關輔殘毀，而中原盜賊蠭起矣。

壬午，殺太學生陳東、布衣歐陽澈。東自丹陽召至，未得對，會李綱罷，乃上書，乞留綱而罷黃潛善、汪伯彥，不報。又上疏，請帝親征以還二聖，治諸將不進兵之罪以作士氣，車駕宜還京師，勿幸金陵，又不報。會撫州布衣歐陽澈徒步詣行在，伏闕上書，極詆用事大臣。潛善遽以語激帝怒，言：「若不亟誅，將復鼓衆伏闕。」書獨下潛善所。府尹孟庾召東議事，東請食而行，手書區處家事，字畫如平時。已，乃授其從者曰：「我死，爾歸，致此於吾親。」食已，如廁，吏有難色，東笑曰：「我，陳東也，畏死卽不敢言，已言肯逃死乎！」吏曰：「吾亦知公，安敢相迫！」頃之，東具冠帶〔出〕（據宋史四五五陳東傳、續綱目、薛鑑補），別同邸，乃與澈同斬於市。四明李猷贖尸瘞之。東初未識綱，特以國故爲之死，識與不識，皆爲流涕。

乙酉，許翰罷。翰言：「李綱忠義英發，捨之無以佐中興。今罷綱，臣留無益。」力求去，帝不許。及陳東見殺，翰曰：「吾與東皆爭李綱者，東戮於市，吾在廟堂，可乎？」凡八上章求罷，遂以資政殿大學士提舉洞霄宮。

宋史紀事本末卷六十一

宗澤守汴

高宗建炎元年（丁未、一一二七）五月庚戌，以宗澤知襄陽府。澤見帝應天，陳興復大計，帝欲留澤，黄潛善等沮之，故出。

六月乙酉，以宗澤爲東京留守。澤在襄陽，聞黄潛善復倡和議，上疏曰：「自金人再至，朝廷未嘗命一將，出一師，但聞奸邪之臣，朝進一言以告和，暮入一説以乞盟，終至二聖北遷，宗社蒙恥。臣意陛下赫然震怒，大明黜陟，以再造王室。今卽位四十日矣，未聞有大號令，但見刑部指揮云，不得謄播赦文於河之東、西，陝之蒲、解，是褫天下忠義之氣，而自絶其民也。臣雖駑怯，當躬冒矢石，爲諸將先，得捐軀報國恩，足矣。」帝覽其言而壯之。及開封尹闕，李綱言：「綏復舊都，非澤不可。」乃以爲東京留守，知開封府。時敵騎留屯河上，金鼓之聲日夕相聞，而京城樓櫓盡廢，兵民雜居，盜賊縱横，人情洶洶。澤威望素著，既至，首捕誅舍賊者數人，下令曰：「爲盜者，贓無輕重，悉從軍法。」由是盜賊屏息。因撫循軍民，修治樓櫓，屢出師以挫敵，上疏請帝還京師。俄有詔，荆、襄、江、淮悉備巡幸，澤又疏言：「開封物價市肆漸同平時，將士、農民、商旅、士大夫之懷忠義者，莫不願陛下亟歸京師，以慰人心。其倡爲異議者，不過如張邦昌輩，陰與金人爲地爾。」既而金人遣使以使僞楚爲名至開封，澤拘其人，乞斬之。有詔延置別館，澤奏曰：「金人假使僞楚來覘虛實，臣愚乞斬之以破其奸，而陛下惑於人言，優加禮遇，愚不敢奉詔，以彰國弱。」帝乃手札諭澤，竟縱遣之。

眞定、懷、衞間，虜兵甚盛，方密修戰具，爲入攻之計。宗澤以爲憂，乃渡河，約諸將共議事宜，以圖收復。而於京城四壁各置使，以領招集之兵；造戰車千二百乘。又據形勝，立堅壁二十四所於城外，沿河鱗次爲連珠砦，連結河東、河北山水砦忠義民兵，於是陝西、京東、西諸路人馬咸願聽澤節制。澤又開五丈河以通西北商旅。守禦之具既備，累表請帝還京，而帝用黃潛善計，決意幸東南，不報。

秉義郎岳飛犯法將刑，宗澤一見奇之，曰：「將材也。」會金人攻汜水，以五百騎授飛，使立功贖罪，飛大敗金人而還。升飛爲統制而謂之曰：「爾智勇材藝，古良將不能過，然好野戰，非萬全計。」因授飛陣圖。飛曰：「陣而後戰，兵法之常；運用之妙，存乎一心。」澤是其言。飛由此知名。

秋七月，宗澤復上表曰：「今逆虜尙熾，羣盜方興。比聞遠近之驚傳，已有東南之巡幸。恐增四海之疑心，謂置兩河於度外，因成解體，未諭聖懷。」不報。又上疏曰：「陛下回鑾汴京，是人心之所欲，妄議巡幸，是人心之所惡。」又不報。澤又抗疏極言：「祖宗二百年基業，陛下奈何棄之以遺狂虜？今陛下一歸，王室再造，中興之業復成。如以臣爲狂率，願延左右之將士，試一諭之，不獨謀之一二大臣，天下幸甚！」時，澤每疏奏，上以付中書省，潛善、伯彥以爲狂，張愨獨曰：「如澤之忠義，若得數人，天下定矣。」二人語塞。

冬十月，帝如揚州。宗澤上疏諫曰：「京師，天下腹心，不可棄也。昔景德間，契丹寇澶淵，王欽若江南人，勸幸金陵；陳堯叟閬中人，勸幸成都；惟寇準毅然請親征，卒用成功。」因條上五事，極言黃潛善、汪伯彥贊南幸之非。時兩河雖多陷於金，而其民懷朝廷舊恩，所在結爲紅巾，出攻城邑，皆用建炎年號，金人稍稍引去。及聞帝南幸，無不解體。澤復上疏言：「欲遣閭勍、王彥，各統大軍，盡平城壘，望陛下早還京闕，臣之此舉可保萬全。或奸謀蔽欺，未卽還闕，願陛下從臣措畫，勿使奸臣沮抑，以誤社稷大計。陳師鞠旅，盡掃胡塵，然後奉迎鑾輿還京，以塞奸臣之口，以快天下之心。」帝優詔答之。

十二月，宗澤聞金人將謀侵汴，遣劉衍趨滑州，劉達趨鄭州，以分其勢；戒諸將保護河梁，以俟大兵之集。兀朮乃不敢向汴，夜斷河梁而去。

二年（戊申、一一二八）春正月，金兀朮自鄭抵白沙，去汴京密邇，都人震恐。僚屬入問計，宗澤曰：「何事張皇？劉衍等在外，必能禦敵。」乃選精鋭數千，使繞出敵後，伏其歸路。金人方與衍戰，伏兵起，前後夾擊之，金人果敗。粘沒喝據西京，與澤相持。澤遣部將閻中立、郭俊民、李景良等帥兵趨鄭，（出）〔遇〕（據宋史三六〇宗澤傳、續綱目、薛鑑改）敵，大戰，兵敗，中立死之，俊民降，景良遁去。澤捕景良，斬之。既而俊民與金將持書來招澤，澤皆斬之。劉衍還，金人復入滑，澤部將張撝往救之。撝至滑，衆寡不敵，或請少避之，撝曰：「避而偷生，何面目見宗公！」力戰而死。澤聞撝急，遣王宣往援，已不及，因與金人大戰，破走之。澤以宣知滑州，金自是不復犯東京。

澤得金將遼臣王策於河上，解其縛，問金人虛實，得其詳，遂決大舉之計。召諸將曰：「汝等有忠義心，當協謀剿敵，期還二聖，以立大功！」言訖泣下，諸將皆奮。澤復上疏，請帝還京。曰：「臣爲陛下保護京城，自去年秋至今春，又三月矣。陛下不早還，則天下之民何依戴！」不報。澤威聲日著，敵聞其名，畏憚，對南人言，必稱「宗爺爺」。

二月乙丑，河北盜楊進等降於宗澤。楊進聚衆三十萬，與丁進、王再興、李貴、王大郎等，擁衆各數萬，往來京西、淮南、河南、北侵掠。澤遣人諭以禍福，悉招降之。有王善者，河東巨寇也，擁衆七十萬，車萬乘，欲據京城。澤單騎馳至善營，泣謂之曰：「朝廷危難之時，使有如公一二輩，豈復有敵患乎！今日乃汝立功之秋，不可失也。」善感泣曰：「敢不效力！」遂解甲降。

〔五月〕（據續綱目、薛鑑補），時澤招撫羣盜聚城下，又募兵儲糧，召諸將約日渡河，諸將皆掩泣聽命。澤乃上疏，大約言：「祖宗基業可惜；陛下父母兄弟蒙塵沙漠，日望救兵。西京陵寢爲賊所占，今年寒食節未有祭享之地。而兩河、二京、陝右、淮甸，百萬生靈陷於塗炭，乃欲南幸湖外，蓋奸邪之臣，一爲賊虜方便之計，二爲親屬皆已津置在南故也。今京城已增固，兵械已足備，士氣已勇銳，望陛下毋沮萬民敵愾之氣，而循東晉既覆之轍。」奏至，帝乃降詔，擇日還京。既而不果。

宗澤召王彥兵還汴，使屯滑州。先是，彥率岳飛等十一將部七千人，渡河至新鄉；金兵盛，彥不敢進。飛獨引所部鏖戰，奪其纛而舞，諸軍爭奮，遂復新鄉。明日，戰於侯兆川，飛身被十餘創，士皆死戰，又敗之。會食盡，詣彥壁乞糧，彥不許，飛乃引兵益北，與金人戰於太行山，擒其將拓拔耶烏。居數日，又與敵遇，飛單騎持丈八鐵槍，刺殺其將黑風大王，金人退走。飛知彥不悅己，遂率所部復歸宗澤，澤復以爲留守司統制。彥以屢勝，因傳檄州郡，金人以爲大軍至，率騎數萬薄彥壘，圍之數帀。彥以衆寡不敵，潰圍出走；諸將敗去，彥獨保共城西山，遣腹心結兩河豪傑，圖再舉。金人購求彥急，彥慮變，夜寢屢遷。其部曲覺之，相率刺面作「赤心報國誓殺金賊」八字，以示無他意。彦益感勵，撫愛士卒，與同甘苦。未幾，兩河響應，忠義民兵首領傅選、孟德、劉澤、焦文通等皆附之，衆十餘萬，緜亙數百里，皆受彦約束。金人患之，召其首領，俾以大兵破彦壘，首領跪而泣曰：「王都統砦堅如鐵石，未易圖也！」金人乃間遣騎兵撓彦糧道，彦勒兵待之，斬獲甚衆。至是，澤恐彦孤軍不可獨進，召彦計事。彦悉召諸寨，指授方略，以俟會合，乃以萬餘人先發，金人以重兵躡其後而不敢擊。既至汴，澤令宿兵近甸，以衞根本，彦遂屯滑州之沙店。澤上疏曰：「臣欲乘此暑月，遣彦等自滑州渡河，取懷、衞、濬、相等州，王再興等自鄭州直護西京陵寢，馬擴等自大名取洺、（相）〔趙〕（據繫年要錄一五改）、眞定，楊進、王善、丁進等各以所領兵分路並進，計渡河則山寨忠義之民相應者不啻百萬。願陛下早還京師，臣當躬冒矢石，爲諸將先，中興之業，必可立致。」奏入，黄潛善等忌澤成功，從中沮之。

秋七月，宗澤卒。澤既招集羣盜，聚兵儲糧，結中路義兵，連燕、趙豪傑，自謂渡河克復可指日計，前後請帝還京二十餘奏，皆爲黄潛善、汪伯彦所抑。潛善、伯彦又疑澤爲變，以郭仲荀爲副留守以察之。澤憂憤成疾，疽發於背。諸將入問疾，澤矍然曰：「吾以二帝蒙塵，憤憤至此，汝等能殲敵，則我死無恨！」衆皆流涕，曰：「敢不盡力！」諸將出，澤歎曰：「出師未捷身先死，長使英雄淚滿襟！」無一語及家事，但連呼「過河」者三而卒，年七十。都人號慟。訃聞，贈觀文殿學士，謚忠簡。澤子穎，居戎幕，素得士心，都人請以穎繼父任。時已命杜充代澤，不許。充酷而無謀，至汴，悉反澤所爲，於是豪傑離心，降盜聚城下者，復去剽掠矣。

史臣曰：方二帝北行，宗社失主，〔宗〕澤（據宋史三六〇宗澤傳、續綱目、薛鑑補）一呼而河北義旅數十萬衆若響之應聲，實澤之忠義有以風動之也。使當時無或齟齬牽制之，則反二帝，復舊都，一指顧間耳。黄潛善、汪伯彦嫉能忌功，而高宗惑於憸邪之口，善善而不能用，使澤不得信其志，發憤而卒，悲哉！

澤卒後，王彦以所部兵馬付東京留守司，而率親兵趨行在，見黄潛善、汪伯彦，力陳兩河忠義延頸以望王師，願因人心大擧北伐，言辭憤激。二人大怒，遂請降旨免對，差充御營平寇統領，彦遂稱疾致仕。

宋史紀事本末卷六十二

兩河中原之陷

高宗建炎元年（丁未、一一二七）五月，金人陷河中府。先是，粘没喝等既北去，留萬戶銀术可屯太原，副統詔合屯真定，婁室圍河中，蒙哥進據磁、相，渤海大撻不也圍河間。帝命馬忠及忻州觀察使張換將所部，合萬人，自恩、冀趨河間以襲之。已而黄潛善等復主和議，遂詔追襲兵屯大河之南，應機進止。至是，婁室以重兵壓河中，守臣席益遁去。權府事郝仲連力戰，外援不至，度不能守，先自殺其家人，已而城陷，與其子致厚皆不屈而死。

十二月，金人分道南侵，粘没喝自雲中下太行，由河陽渡河，攻河南，分遣銀术可等攻漢上；訛里朶、兀术自燕山由滄州渡河，攻山東，分阿里蒲盧渾軍，趨淮南；婁室與撒離喝、黑鋒自同州渡河，攻陝西。

粘没喝至汜水關，留守孫昭遠走死。

婁室至河中，官軍扼河西岸，不得渡，乃自韓城履冰過。陷同州、華州，安撫使鄭驤死之。金兵遂破潼關，王𤫉棄陝州，走入蜀，中原大震。

二年（戊申、一一二八）春正月戊子，金人陷鄧州。粘沒喝諜知鄧州將爲行在所，令銀朮可急攻之，知州范致虛遁去。安撫使劉汲分兵守要害，自以牙兵四百登陴死鬬，城陷死之。初，議南陽備巡幸，儲峙甚多，悉爲金有。

乙未，金婁室既陷同、華諸州，遂圍永興軍。時京兆兵皆爲經制使錢蓋調赴行在，經略使唐重與守臣誓死守。已而經制副使傅亮以兵奪門出降，重死之。

金人陷均州，又陷房州。

辛丑，金人陷鄭州，通判趙伯振死之。

癸卯，金帥窩里嗢陷濰州，知州韓浩與通（州）〔判〕（據宋史四四八忠義傳、續綱目、薛鑑改）朱廷傑皆力戰死之。金人又陷青州。

二月丙子，金人陷淮寧府，守臣向子韶死之。

金婁室既陷永興，鼓行而西，秦州帥臣李積降，虜勢益張，引兵犯熙河，經略使張深遣都監劉惟輔以精騎二千人禦之。夜趨新店，金人恃勝不虞，黎明，軍進，惟輔舞矟刺其帥黑鋒，洞胸，墮馬死，虜爲奪氣。深更檄〔隴〕右（據宋史二五高宗紀、又四五二忠義傳、續綱目補）都護張嚴往追之。嚴追婁室及鳳翔境上，銳意擊賊；至五里坡，婁室伏兵坡下，嚴與曲端期不至，徑前，遇伏而敗，死之。

丁酉，粘沒喝聞張嚴東出，自河南西入關以援婁室，盡焚西京廬舍，擄其民而北。時，韓世忠以所部萬人赴西京，捉殺盜賊，粘沒喝復留兀朮河陽以待之。

金人陷中山府。中山受圍三年，城中糧絕，知府陳遘欲盡括城中人爲兵力戰，部將沙振潛害遘，城遂陷。

庚子，河南統制官翟進復西京。

夏四月乙丑，翟進以兵襲金兀朮於河南，兵敗，其子亮死之。進又率韓世忠等兵戰於文家寺，又敗，世忠南歸。兀朮復入西京，尋棄去。

五月，金婁室大掠而東，遂陷絳州。初，宗澤承制，以王庶爲陝西制置使，曲端爲河東經制使。未幾，錢蓋聞虜陷長安，檄庶兼節制（懷）〔環〕慶（據續綱目改）、涇原兵。既而金人東還，庶以金人重載，可襲取勝，移文兩路，協力更戰，而環慶帥王似、涇原帥席貢，不欲受庶節度，遂具文以報，而實不出兵。金人至淸溪，爲吳玠所扼。至咸陽，望渭南義兵滿野，不得渡，遂循渭而東。其支軍入鄜、延，攻康定。庶急遣兵斷河橋，又令劉延亮屯神水峽，斷其歸路，虜遂去。曲端乘虜退，復下秦州。端雅不欲屬庶，會延亮自鳳翔歸，端斬之。庶猶以書約似、貢，欲逼餘虜渡河，復限大河自守，二人竟不應。時，絳州猶爲國拒守，婁室還軍陷之。

六月，以王庶節制陝西六路軍馬，曲端爲都統制。時陝西撫諭使謝亮持詔賜夏國，庶移書曰：「大夫出疆，有可以安社稷利國家，專之可也。今虜人占據同、華，畏暑休兵，秋高必大舉。盍仗節督諸路協同義舉，爭先並進，驅逐渡河，徐圖恢復。」亮不從。

八月癸巳，金人陷冀州，將官李政死之。

甲午，金人再犯永興軍。辛丑，陝西節制司賀師範及金人戰於八公原，死之。

九月，金將訛里朶襲破信王榛於五馬山。初，和州防禦使馬擴聚兵於眞定五馬山，得上皇子信王榛於民間，奉之以總制諸砦，兩河遺民聞風響應。王遣擴赴行在奏事，還至大名，訛里朶恐擴以援兵至，急發兵攻五馬山諸砦，諸砦皆陷。時詔韓世忠以所部自彭城至東平，張俊自東京至開德，馬擴爲河北應援使，以備金。訛里朶旣破五馬山，探知擴兵南來，使人馳報粘沒喝。粘沒喝將歷懷、衞而東，聞訛里朶已敗擴軍於淸平，遂由黎陽渡河，會兵以攻澶、濮。榛亡走，不知所終。

十一月，金人陷延安府，通判魏彥明死之。先是，王庶至京兆，曲端不欲屬庶，凡有命多託辭不行，庶無如之何，復還端涇原。時金婁室渡河，諜知庶、端不協，乃併兵攻鄜延。庶調兵自沿河至馮翊，據險以守。金人先已乘冰渡河，犯晉寧，侵丹州；又渡淸水河，破潼關，秦、隴皆震。庶傳檄諸路，會兵禦之。時端盡統涇原精兵駐淳化，庶日移文趣端進，端不聽，而遣其副將吳玠復華州，自引兵遷延迂道，自邠之三水，與玠會於襄樂。金攻延安急，庶自坊州收散亡往援，知興元府王𤫉亦將所部赴之。比庶至甘泉，延安已陷，庶無所歸，以兵付𤫉，自將百騎與官屬馳赴襄樂勞軍。端見庶，問延安失守狀，欲殺之，不果，乃奪其節制使印。庶自劾，得詔，罷守京兆，乃去。

乙未，金粘沒喝、訛里朶合兵圍濮州，以濮州小，易之。知州楊粹中固守，命將姚端夜擣其營。粘沒喝跣足走，僅以身免。遂攻城益急，凡三十三日而陷，粹中被執，不屈而死。金人又陷開德府，守臣王棣死之。

庚子，金人陷相州，守臣趙不試死之。不試，太宗六世孫也。

甲辰，金人陷德州，兵馬都監趙叔（昄）〔晈〕（據宋史四五二忠義傳改）死之。

金人寇晉寧軍，知軍事徐徽言拒卻之。知府州折可求叛，降金。先是，徽言陰結汾、晉土豪，約以復故地，則奏官爲守長，聽其世襲。會朝論與虜結和，抑其所請。虜忌徽言，欲速拔晉寧以除其患，既破延安，遂自綏德渡河，圍之三月，徽言屢破卻之。至是，徽言約可求出兵夾攻金。婁室聞之，執可求之子彥文，使爲書招可求，遂以所屬麟、府、豐三州降金。可求與徽言連（兵）〔姻〕（據續綱目、薛鑑改），金人使招徽言於城下徽言引弓射之，可求走。徽言引兵擊虜，大破之，斬婁室之子。

十二月庚申，金人陷東平府，又陷濟南府。甲子，金訛里朵攻大名府，守臣張益謙欲遁，提點刑獄郭永曰：「北門所以遮梁、宋，虜得志則朝廷危矣！」因自率兵晝夜乘城，且縋死士告急於行在。會大霧四塞，城遂陷。益謙與轉運判官迎降，訛里朵問曰：「城破乃降，何也？」二人以永不從爲辭。訛里朵遣騎召永，謂曰：「沮降者誰？」永曰：「不降者我。」訛里朵以富貴啗之，永罵曰：「犬豕，恨不醢爾以報國，何說降乎！」訛里朵怒，併其家屬皆殺之。

己巳，金粘沒喝陷襲慶府。軍士有欲發孔子墓者，粘沒喝問其通事高慶裔曰：「孔子何人？」曰：「古之大聖人。」粘沒喝曰：「大聖人墓安可發！」遂殺軍士。

三年（己酉、一一二九）二月，金婁室破晉寧軍，徐徽言據子城拒戰，因潰圍走，被擒。使之拜，不拜；臨之以兵，不動；命折可求諭使降，徽言大罵。婁室併其子岡殺之。統制孫昂及士卒皆不屈死。事聞，贈徽言晉州觀察使，謚忠壯。徽言父翊，宣和末救太原，死之，世著忠義。

秋七月，留守杜充棄東京，歸行在。充將發汴，岳飛諫曰：「中原地尺寸不可棄，今一舉足，此地非我有，他日取之，非數十萬衆不可。」充不聽，遂與俱歸。朝廷命郭仲荀、程昌寓相繼代充，然留守司亦名存而已。

四年（庚戌、一一三〇）二月，金人入東京，權留守上官悟出奔，爲盜所殺。自是，四京皆沒於金。

宋史紀事本末卷六十三

南遷定都

高宗建炎元年（丁未、一一二七）秋七月，帝以京師未可往，手詔巡幸東南。丁未，元祐太后如揚州。帝從汪伯彥、黃潛善言，決意幸揚州避敵，詔副都指揮使郭仲荀奉太后先行，六宮及衞士家屬皆從。遣使詣汴京，奉太廟神主赴行在。

九月壬辰，以金人犯河陽、氾水，詔擇日巡幸淮甸。命淮、浙沿海諸州，增修城堡，招訓民兵。

冬十月丁巳朔，帝如揚州。時金兵日迫，許景衡亦言建康天險可據，帝從之，命揚州守臣呂頤浩繕修城池。至是，諜者言金人欲犯江、浙，乃詔暫駐淮甸，捍禦稍定，卽還京闕，有敢妄議惑衆沮巡幸者，許告而罪之，不告者斬。

二年（戊申、一一二八）春正月丙戌朔，帝在揚州。

以葉夢得爲戶部尚書。夢得陳：「待敵之計有三，曰形、曰勢、曰氣而已。形以地里山川爲本，勢以城池、芻粟、器械爲重，氣以將帥、士卒爲急。形固則可恃以守，勢强則可資以立，氣振則可作以用。如是，則敵皆在吾度內矣。」因請「上南巡，阻江爲險，以備不虞」。又請「命重臣爲宣撫總使，一居泗上，總兩淮及東方之師以待敵；一居金陵，總江、浙之路，以備退保」。疏入，不報。

冬十月甲子，侍御史張浚請先定六宮所居地。詔孟忠厚奉太后及六宮皇子如杭州，以苗傅、劉正彥爲扈從都、副統制。

十一月庚子，（朔）〔朝〕（據宋史二五高宗紀、薛鑑改）享祖宗神主於壽寧寺。壬寅，郊祀天，配祖。敕東京起奉大樂、登歌法物等赴行在所，就揚州江都築壇行事。凡鹵簿、樂舞之類率多未備，嚴更警場，就取軍中金鼓，權一時之用。是日，大赦。

十二月乙卯，太后至杭州，扈從統制苗傅以其軍八千人駐奉國寺。

己巳，以黃潛善、汪伯彥爲尚書左右僕射兼門下中書侍郎。入謝，帝曰：「潛善作左相，伯彥作右相，朕何患國事不濟。」時金兵橫行山東，羣盜蠭起，潛善、伯彥既無謀略，專權自恣，東京委之御史，南京委之留臺，泗州委之郡守，言事者不納其說，請兵者不以上聞。金兵日南，而潛善等以爲李成餘黨，無足慮者。

戊寅，以張浚參贊御營事。浚極言金人必來，請預爲備。黃潛善、汪伯彥以爲過計而笑之。

三年（己酉、一一二九）春正月，帝在揚州。丙午，金粘沒喝陷徐州，知州王復死之。時韓世忠屯淮揚，會山東兵以援濮州。粘沒喝聞之，分兵萬人趨揚州，自率大軍迎戰，世忠以衆寡不敵，夜引還。粘沒喝躡之，至沭陽，世忠棄軍走鹽城，衆遂潰。粘沒喝入淮陽，以騎兵三千取彭城，間道（取）〔趨〕（據宋史二五高宗紀、續綱目、薛鑑改）淮東，入泗州。

二月庚戌，詔聽士民從便避兵。劉正彦部兵衞皇子、六宮如杭州。

壬子，金粘沒喝至楚州，守臣朱琳降，遂乘勝而南，陷天長軍。內侍鄺詢報金兵至，帝卽被甲乘騎，馳至瓜洲步，得小舟渡江，惟護聖軍卒數人及王淵、張浚、內侍康履等從行。日暮，至鎮江府。汪伯彦、黄潛善方率同列聽浮圖說法，罷，會食，堂吏大呼曰：「駕已行矣。」二人相顧倉皇，乃戎服策馬南馳，居民爭門而出，死者相枕藉，無不怨憤。司農卿黄（諤）〔鍔〕（據宋史四七三黄潛善傳、續綱目、薛鑑改）至江上，軍士以爲黄潛善，罵之曰：「誤國誤民，皆爾之罪！」鍔方辯其非是，而首已斷矣。金將馬五率五百騎先馳至揚州城下，聞帝已南行，乃追至楊子橋。時，事起倉卒，朝廷儀物皆棄，太常少卿季陵亟取九廟神主以行，出城未數里，城中已煙燄燭天矣。陵爲金人所追，亡太祖神主於道。

帝至鎭江，宿於府治。翼日，召從臣問去留，呂頤浩乞留蹕，以爲江北聲援。羣臣皆以爲然，王淵獨言：「鎭江止可捍一面，若金人自通州渡江以據姑蘇，將若之何？不如錢塘有重江之險。」帝意遂決。張邵上疏曰：「有中原之形勢，有東南之形勢，今縱未能遽爭中原，宜進都金陵，因江、淮、蜀、漢、閩、廣之資，以圖恢復。」不報。

是夕，帝發鎭江，留王淵守平江。越四日，次平江。命朱勝非節制平江、秀州軍馬，張浚副之。又命勝非兼御營副使，留王淵守平江。又二日，次崇德。時，呂頤浩從行，卽拜同簽書樞密院事、江淮兩浙制置使，以兵二千還屯京口。又命張俊以兵八千守吳江。

用朱勝非計，詔錄用張邦昌親屬，遣閤門祇候劉俊民使金軍，仍命俊民持邦昌貽金人「約和書稿」以行。

壬戌，帝駐蹕杭州，卽州治爲行宮。下詔罪已，求言，赦死罪以下，放還士大夫被竄斥者。惟李綱不赦，更不放還，蓋用黃潛善計，罪綱以謝金也。

和州防禦使馬擴應詔上書，言：「前日之事，其誤有四，其失有六。今願陛下西幸巴蜀，用陝右之兵，留重臣使鎭江南，撫淮甸，破金賊之計，回天下之心，是爲上策。都守武昌，襟帶荆湖，控引川、廣，招集義兵，屯布上流，扼據形勢，密約河南諸路豪傑，許以得地世守，是爲中策。駐蹕金陵，備禦江口，通達漕運，精習水軍，厚激將士，以幸一勝，觀敵事勢，預備遷徙，是爲下策。若倚長江爲可恃，幸金賊之不來，猶豫遷延，候至秋冬，金賊再舉，驅虜舟楫，江、淮千里，數道並進，方當此時，然後又悔，是謂無策。」擴累數千言，皆中事機。

戊辰，金人焚揚州而去。呂頤浩遣陳彥渡江，襲金餘兵，復揚州。

己巳，黄潛善、汪伯彥罷。中丞張澂論二人大罪二十，致陛下蒙塵，天下怨懟，乞加罪斥。乃罷潛善知江寧府，伯彥知洪州。潛善猥持國柄，嫉害忠良，逐李綱，沮宗澤，臺諫、內侍言者，隨陷以奇禍，中外爲之切齒，而帝不悟。

夏四月丁卯，帝發杭州，留鄭瑴衞太后。

五月戊寅朔，帝次常州。

辛巳，帝次鎮江。

乙酉，帝至江寧府，改府名建康。

六月戊午，命江、淮引塘濼，開畎澮，以阻金兵。

庚申，皇太后至建康府。

乙亥，諭中外：「以迫近防秋，請太后率宗室迎奉神主如江表，百司庶府非軍旅之事者，並令從行。朕與輔臣宿將，備禦寇敵。士民家屬南遷者，有司毋禁。」

八月己未，太后發建康。

帝聞金兵迫，求可使緩師者，乃遣京東轉運判官杜時亮及修武郎宋汝爲使金軍以請和，致書於粘沒喝曰：「古之有國家而迫於危亡者，不過守與奔而已。今以守則無人，以奔則無地，所以諰諰然惟冀閤下之見哀而（已）〔赦已〕（據續宋編年通鑑、續綱目補正）。故前者連奉書，願削去舊號，是天地之間皆大金之國，而尊無二上，亦何必勞師遠涉而後爲快哉。」

閏月庚寅，起居郎胡寅上疏曰：「陛下以親王介弟，受淵聖皇帝之命，出師河北。二帝既遷，則當糾合義師，北向迎請，而乃亟居尊位，建立太子，不復歸覲宮闕，展省陵寢，偷安歲月，略無捍禦。及虜騎乘虛，匹馬南渡，一向畏縮，惟務遠逃，軍民怨咨，恐非自全之計也。」因進七策：一，罷和議而修戰略；二，置行臺以區別緩急之務；三，務實效，去虛文；四，大起天下之兵以自强；五，都荆襄以定根本；六，選宗室之賢才，封建任使之；七，存紀綱以立國體。書凡數千言，呂頤浩惡其切直，罷之。

辛卯，帝召諸將議駐蹕之地，張俊、辛企宗請自鄂、岳幸長沙。韓世忠曰：「國家已失河北、山東，若又棄江、淮，更有何地？」呂頤浩曰：「金人之謀，以陛下所至爲邊面。今當且戰且避，奉陛下於萬全之地。臣願留常、潤死守。」帝曰：「朕左右不可無相。」乃命杜充守建康，韓世忠守鎮江，劉光世守太平、池州。

丁酉，太后至洪州。

壬寅，帝發建康，將如臨安。考功員外郎婁炤上疏，言：「今日之計，當思古人量力之言，察兵家知己之計。力可以保淮南，則以淮南爲屏蔽，權都建康，漸圖恢復。力未可以保淮南，則因長江爲險阻，權都吴會，以養國力。」於是帝一意還臨安，不復防淮矣。

九月辛亥，帝次平江府。

冬十月癸未，帝至臨安，遂如越州。

〔十一月〕（據宋史二五高宗紀、薛鑑補）丁卯，詔曰：「國家近遭金人侵逼，無歲無兵。朕纂承以來，深軫念慮，謂父兄在難，而吾民未撫，不欲使之陷於鋒鏑，故包羞忍恥，爲退避之謀，冀其湜志而歸，稍得休息。自南京移淮甸，自淮甸移建康，而會稽播遷之遠，極於海隅。卑詞厚禮，使介相望，以至願去尊稱，甘心貶屈，請用正朔，比於藩臣，遣使哀祈，無不曲盡。假使金石無情，亦當少動，累年卑屈，卒未見從，生民嗷嗷，何時寧息？今諸路之兵聚於江、浙之間，朕不憚親行，據其要害。如金人尚容朕爲汝兵民之主，則朕於事大之體，敢有不恭？或必用兵，窺我行在，傾我宗室，塗炭生靈，竭取東南金帛子女，則朕亦何愛一身，不臨陣以踐前言，以保羣生！朕已取十一月二十五日移蹕，前去浙西，爲迎敵計。惟我將士人民，念國家涵養之恩，二聖拘縻之辱，（憚）〔悼〕（據薛鑑改）殺戮殘焚之禍，與其束手待斃，曷若并計合謀，同心戮力，奮勵而行，以存國家！」是日，金人陷吉州，又陷六安軍。己巳，帝發越州，次錢清鎮，將如浙西，迎敵親征。百司有至曹娥江者，有至錢清鎮者。侍御史趙鼎力諫，以爲衆寡不敵，不若爲避狄之計。庚午，遂復召百司回越州。

十二月丙子，帝至明州。

壬午，定議航海避兵。

庚子，帝移溫、台。

四年（庚戌、一一三〇）春正月甲辰朔，帝舟居於海。

三月，帝發溫州。

夏四月癸未，帝還越州。初金人退，帝自溫將西還，召羣臣議駐蹕之所。呂頤浩曰：「將來宜駐浙右，徐圖入蜀。」范宗尹曰：「若便入蜀，恐兩失之。據江表而圖關陝，則兩得之。」帝曰：「善。」至是，遂駐越，尋升越州爲紹興府。

八月，隆祐太后至越州。

十一月壬子，日南至，帝率百官遙拜二帝。自渡江至是，始有此禮，其後正旦亦然。

紹興元年（辛亥、一一三一）春正月己亥朔，帝在越州。

夏四月，隆祐太后崩。

九月辛亥，合祭天地於明堂，太祖、太宗並配。時，初駐會稽，而渡江舊樂復皆燬散，太常奏權用望祭禮。

二年（壬子、一一三二）春正月丙午，帝自紹興如臨安，從呂頤浩之請也。

三年（癸丑、一一三三）春正月丁巳朔，帝在臨安。

四年（甲寅、一一三四）春正月辛亥朔，帝在臨安。

九月辛酉，合祭天地於明堂，用國子丞王普議，正樂舞。先是，帝嘗以時難備物，禮有從宜，敕戒有司，參酌損益，務崇簡儉。仍權依元年例，令登歌通作宮架，其押樂舉麾官及樂工器服等蠲省甚多。既而國步漸安，始以保境息民爲務，而禮樂之事寖以興矣。

冬十月，帝以劉豫入寇，詔親征。戊戌，發臨安。壬寅，次於平江。

五年（乙卯、一一三五）春正月乙巳朔，帝在平江府。

二月壬午，帝還臨安。

己丑，建太廟於臨安。時，太廟神主寓溫州，歲時委守臣薦享。司封郎中林待聘言：「神主禮宜在都，今新邑未奠，請考古師行載主之義，遷之行闕，以彰聖孝。」於是始就臨安建太廟，遣太常少卿張銖迎神主奉安，帝行款謁禮。侍御史張致遠言：「創建太廟，甚失興復大計。」殿中侍御史張絢亦言：「去年建明堂，今年立太廟，是將以臨安爲久居之地，不復有意中原。」不報。

六年（丙辰、一一三六）七月，建行營於建康府。時張浚奏：「東南形勝莫重於建康，實爲中興根本，且使人主居此，北望中原，常懷憤惕，不敢暇逸。而臨安僻在一隅，內則易生玩肆，外則不足以號召遠近，繫中原之心。請臨建康，撫三軍，以圖恢復。」帝從之。詔以秦檜爲行營留守，孟庾副之。

九月丙寅，帝發臨安，以劉豫將入寇故也。

癸酉，帝次於平江。

七年（丁巳、一一三七）春正月癸亥朔，帝在平江，詔移蹕建康。

八年（戊午、一一三八）春正月戊子朔，帝在建康。車駕將幸平江，李綱以爲平江去建康不遠，徒有退避之名，不宜輕動。具奏曰：「臣聞自昔用兵以成大業者，必先固人心，作士氣，據地利而不肯先退，盡人事而不肯先屈。是以楚、漢相距於滎陽、成皋間，高祖雖屢敗，不退尺寸之地；既割鴻溝，羽引而東，遂有垓下之變。曹操、袁紹戰於官渡，操雖兵弱糧乏，荀彧止其退避；既焚紹輜重，紹引而歸，遂喪河北。由是觀之，今日之事，豈可因一叛將之故，望風怯敵，遽自退屈？果出此謀，六飛回馭之後，人情動搖，莫有固志，士氣銷縮，莫有鬭心。我退彼進，使敵馬南渡，得一邑則守一邑，得一州則守一州，得一路則守一路，亂臣賊子，黠吏奸氓，從而附之，虎踞鴟張，雖欲如前日返駕還轅，復立朝廷於荊棘瓦礫之中，不可得也。

借使敵騎衝突，不得已而權宜避之，猶爲有說。今疆埸未有警急之報，兵將初無不利之失，朝廷正可懲往事，修軍政，審號令，明賞罰，益務固守，而遽爲此擾擾，棄前功，蹈後患，以自趨於禍敗，豈不重可惜哉！」

戊戌，帝議還臨安，張守言：「建康自六朝爲帝王都，氣象雄偉，且據都會以經理中原，依險阻以捍禦强敵。陛下席未及暖，今又巡幸，百司六軍有勤動之苦，民力邦用有煩費之憂。願少安於此，以繫中原民心。」

癸亥，帝發建康。

戊寅，帝至臨安。自是始定都矣。

宋史紀事本末卷六十四

金人渡江南侵

高宗建炎三年(己酉、一一二九)六月，金兀朮請大起燕、雲、河朔兵南侵，金主吳乞買從之。是月，遂陷磁州。

九月，諜報金人治舟師，將由海道窺浙，遣韓世忠控守圌山、福山。

冬十月，金兀朮分兵南寇，一自滁、和入江東，一自蘄、黄入江西。遂取壽春，掠光州，復陷黄州，守臣趙令㓕死之。令㓕，燕懿王玄孫也。

金人陷江州。時劉光世在江州，日置酒高會，金兵渡江凡三日，尚未之知。及薄城下，遂引兵遁，趨南康。知江州韓梠棄城走。金人入城殺掠，遂由大冶趨洪州。

十一月乙巳朔，金人犯廬州，守臣李會以城降。

戊申，金兀朮犯和州，守臣李儔以城降。

己酉，兀朮陷無爲軍，守臣李知幾棄城走。

丁巳，金人犯臨江。

戊午，陷臨江，撫、袁二州守臣俱降。

庚申，金人陷眞州。

壬戌，金人陷溧水，縣尉潘振死之。

癸亥，金人陷太平州。

甲子，杜充遣統制陳淬等及金人戰於馬家渡，王𤫙先遁，淬獨與戰，死之。

金兵至廬陵，太守楊淵棄城走。時，胡銓爲舉子，居薌城，團結丁壯以保廬井，乃自領民兵，入城固守，卒完其城。

辛未，兀朮渡江，入建康，杜充叛，降金。時江、浙倚重於充，充日事誅殺，且無制敵之方。及兀朮與李成合兵攻烏江，充閉門不出。統制岳飛泣諫，請視師，充不從。兀朮遂乘充無備，由馬家渡渡江，陷太平，長驅至建康。充渡江遁眞州。諸將怨充嚴刻，欲乘其敗害之，充聞，不敢入營，居長蘆寺。兀朮遣人說之曰：「若降，當封以中原，如張邦昌故事。」充遂還建康，與守臣陳邦(之)〔光〕（據宋史二五高宗紀、續綱目、薛鑑改）、戶部尚書李梲率官屬迎金師，拜兀朮於馬首。通判楊邦乂獨不肯屈膝，以血大書衣裾曰：「寧作趙氏鬼，不爲他邦臣。」兀朮使人誘以官，終不屈，大罵求死，遂殺之。事聞，贈直祕閣，謚忠襄。

癸酉，帝聞杜充敗，謂呂頤浩曰：「事迫矣，若何？」頤浩遂進航海之策，其言曰：「敵兵多騎，必不能乘舟襲我。江、浙地熱，必不〔能〕（據續綱目、薛鑑補）久留，俟其退去，復還二浙。彼出我入，彼入我出，此兵家之奇也。」帝然之，遂如明州。

甲戌，韓世忠自鎮江退守江陰。是月，知徐州趙立聞詔諸路以兵勤王，乃將兵三萬趨行在。金人邀立於淮陰，立麾下勸立不如還保徐州，立奮怒，嚙其齒曰：「回顧者斬！」於是率衆徑進，與金人遇，轉戰四十里，至楚州城下。立中箭貫兩頰，口不能言，以手指麾諸軍，聽歇定方拔箭出之。議者謂自燕山之役，南兵未有如此之鏖戰者。

十二月丙子，帝至明州。

辛巳，金人攻常州，守臣周杞遣赤心隊官劉晏擊之；迎岳飛移屯宜興。盜郭吉聞飛來，遁入湖，飛遣王貴等追破之，盡降其衆。時，兀朮將趨杭州，遂進攻廣德軍。飛聞之，邀擊至廣德境中，六戰皆捷，擒其將王權。駐軍鐘村，將士無糧，忍飢不敢擾民。會金復遣兵攻常州，飛復追至，四戰皆捷。於是廣德無援，金人殺守臣張烈。

乙酉，兀朮自廣德過獨松關，見無戍者，謂其下曰：「南朝若以羸兵數百守此，吾豈能遽度哉！」遂犯臨安，守臣康允之棄城走。錢塘縣令朱蹕率弓手土軍，前路拒戰，兩中流矢，猶奮勇而進，力竭死之。

兀朮聞帝在明州，遣阿里蒲盧渾帥精騎渡浙來追。己丑，帝乘樓船，次定海縣，留范宗尹、趙鼎於明州，以待金使。又謂張俊曰：「若能扞敵成功，當加王爵。」呂頤浩奏令從官以下各從便去。帝曰：「士大夫當知義理，豈可不扈從！若然，則朕所至乃同寇盜耳。」於是郎官以下多從衞。

癸巳，帝舟次昌國縣。

戊戌，金人犯越州，安撫使李鄴以城降，金人琶八守之。衞士唐琦袖石伏道旁，伺其出擊之，不中，被執。琶八詰之，琦曰：「欲碎爾首，我卽死，爲趙氏鬼耳！」琶八曰：「使人〔人〕（據宋史四四八忠義傳、薛鑑補）如此，趙氏豈至是哉！」又問：「李鄴爲帥，尙以城降，汝何人，敢爾？」琦曰：「鄴爲臣不忠，恨不得手刃之，尙言及斯人耶！」仍顧鄴曰：「我月給石米，不肯悖其主，汝享國厚恩，乃至此，豈人類哉！」詬罵不少屈，琶八趣殺之，至死不絕口。

四年（庚戌、一一三〇）春正月乙巳，金人犯明州，張俊及守臣劉洪道擊卻之。

庚戌，金人再犯明州，張俊引兵遁去。

己未，金人陷明州。夜，大雨，震電，乘勝破定海、昌國，以舟師來襲御舟，追三百餘里，弗及。提領海舟張公裕引大舶擊卻之，金人引還。辛酉，帝發章安。甲子，泊溫州港口。

〔二月〕（據宋史二六高宗紀、續綱目、薛鑑補），時金人既破江西諸郡，乃引兵犯湖南，遂陷潭州。將吏王睐、劉玠、趙聿之戰死，向子諲率兵奪門而出，金兵遂大掠，屠其城而去。

丙子，金兀朮引兵北還，至臨安，縱火焚掠；以輜重不能遵陸，取道秀州而北。

庚寅，帝次溫州。時諸將無功，翰林學士汪藻上言：「敵人之來，諸將擁兵相望，曾不能爲陛下施矢鏃之勞，獨張俊守明州，僅能少抗。若更堅守數日，待虜再來，乘其機會，極力(分戰)〔勦除〕(據薛鑑改)，虜若失利，終身懲創，不敢復南。奈何敵未退數里間，遽狼狽引去！方其行也，三尺童子知其不可，以爲虜性强愎，不嬰其鋒猶懼屠戮，況以致怨而去。不增兵益戍，反旋軍空城以挑之，是前日之小捷，乃莫大之禍也。未幾，果殘明州，無噍類。是殺明州一城生靈，而陛下再有館頭之行者，張俊使之也。臣復痛念自秋以來，陛下爲宗社大計，懼敵人之侵逼，宵旰勞焦，未嘗頃刻少安。以建康、京口、九江皆要害之地，當宿重兵，故以杜充守建康，韓世忠守京口，劉光世守九江，而以王瓊隸杜充，其措置非不盡善也。若虜騎渡江，充、世忠、瓊并力扼其前，光世掩其後，可使奔北之不暇。而世忠八九月間已掃鎮江所儲之資，盡裝海舶，焚其城郭，爲逃遁之計。及杜充危急，王瓊、劉光世亦偃然坐視，不出一兵，竟至陷沒。臣竊觀今日諸將，在古法當誅，然不可盡誅也，惟王瓊本隸杜充，充敗於前而瓊不救，此不可赦。當先斬瓊以令天下，其他以次重行貶降，使以功贖過，庶幾國威少振，敵人知忌。」不報。

辛卯，金人陷秀州。

金遊騎至平江，周望奔太湖，守臣湯東野棄城遁。兀朮入城，縱火焚掠，死者五十萬人。

三月壬子，金人入常州，守臣周杞棄城走。

丁巳，金人至鎮江。初，韓世忠以前軍駐青龍鎮，中軍駐江灣，後軍駐海口，欲俟兀朮師還擊之。及兀朮由秀州趨平江，世忠事不就，遂移師鎮江以待之，先以八千人屯焦山寺。兀朮欲濟江，乃遣使通問，且約戰期。世忠許之，因謂諸將曰：「是間形勢無如金山龍王廟者，敵必登之以覘我虛實。」乃遣蘇德將百人伏廟中，〔百人伏廟下〕（據續綱目、薛鑑補）岸側，戒之曰：「聞江中鼓聲，則岸兵先入，廟兵繼出，以合擊之。」及敵至，果有五騎趨廟，廟兵先鼓而出，獲其兩騎，其三騎振策以馳。一人紅袍玉帶，既墜，復跳而免，詰諸獲者，則兀朮也。既而接戰江中，凡數十合，世忠力戰，妻梁氏親執桴鼓，敵終不得濟，俘獲甚衆，擒兀朮之壻龍虎大王。兀朮懼，請盡歸所掠以假道，世忠不許；復益以名馬，又不許；遂自鎮江泝流西上。兀朮循南岸，世忠循北岸，且戰且行，世忠艨艟大艦出金師前後數里，擊柝之聲達旦。將至黃天蕩，兀朮窘甚，或曰：「老鸛河故道今雖湮塞，若鑿之可通秦淮。」兀朮從之，一夕渠成，凡五十里，遂趨建康。岳飛設伏牛頭山待之，夜令百人黑衣混金營中擾之，金兵驚，自相攻擊。兀朮次龍灣，飛以騎兵三百、步兵三千，邀擊於新城，大破之，兀朮奔竄。會撻懶自濰州遣孛堇太一引兵來援，兀朮乃復引還，欲北渡。世忠與之相持於黃天蕩，太一軍江北，兀朮軍江南。世忠以海艦進泊金山下，預以鐵綆貫大鈎，授健者。明旦，敵舟譟而前，世忠分海舟爲兩道，出其背，每縋一綆，則曳一舟沉之。兀朮窮蹙，求會語，祈請甚哀。世忠曰：「還我兩宮，復我疆土，則可以相全。」又數日，求再會而言不遜，世忠引弓欲射之，兀朮亟馳去。見海舟乘風使篷，往來如飛，謂其下曰：「南軍使船如使馬，奈何？」乃募人獻破舟之策，於是閩人王姓者，教其舟中載土，以平板鋪之，穴船板以櫂槳，俟風息則出；海舟無風不能動也，且以火箭射其篛篷，則不攻自破矣。兀朮然之，刑白馬以祭天。及天霽風止，兀朮以小舟出江，世忠絕流擊之。海舟無風不能動，兀朮令善射者乘輕舟，以火箭射之，煙燄蔽天，師遂大潰，焚溺死者不可勝數，世忠僅以身免，奔還鎮江。兀朮遂濟江，屯於六合縣。是役也，世忠以八千人拒兀朮十萬之衆，凡四十八日而敗，然金人自是亦不敢復渡江矣。

夏四月，金人犯江西者聞兀朮北還，亦自荆門引去。統制牛皋潛軍邀擊，敗之於寶豐之宋村。

金撻懶圍楚州急，趙立命撤廢屋，城下然火池，壯士持長矛以待，金人登城，鉤取投火中。金人選死士突入，又搏殺之，乃稍引退。至是，兀朮將北歸，以輜重假道於楚，立斬其使。兀朮怒，乃設南北兩屯，絕楚餉道。

九月，金人攻楚州，趙立遣人告急。朝廷欲遣張俊救之，俊辭不行，乃命劉光世督淮南諸鎮救楚。海州李彥(光)〔先〕(據宋史四四八忠義傳、續綱目、薛鑑改)首以兵至淮河，扼不得進，光世諸將王德、酈瓊多不用命，惟岳飛僅能爲援，而衆寡不敵。帝覽立奏，以書趣光世會者五，光世迄不行。金人知外援絕，進攻東城，立登磴道以觀，飛礮中其首，左右馳救之，立曰：「我終不能爲國殄賊矣！」言訖而絕。金人疑立詐死，不敢動，越旬餘城始陷。岳飛亦自泰州引還。

宋史紀事本末卷六十五

苗劉之變

建炎三年（己酉、一一二九）三月庚辰，以朱勝非爲尚書右僕射兼中書侍郎。〔命〕（據續綱目、薛鑑補）張浚駐平江。辛巳，葉夢得罷，以王淵同僉書樞密院事，呂頤浩爲江東安撫制置使。先是帝渡江，劉光世見帝，泣曰：「王淵專管江上海船，每言緩急不誤，今臣所部數萬騎二千餘不能濟。」淵忿其言，斬江北都巡檢使皇甫佐以自解。朱勝非馳見淵，督之，淵始經畫，已無所及，遂失諸將心。至是，僉樞制下，諸將口語藉藉。

壬午，詔王淵免進呈書押。扈從統制苗傅自負世將，以王淵驟得君，遷顯職，心忿不平。劉正彥以招降劇盜，功大賞薄，懷怨，二人因相結。時，內侍康履、藍珪恃恩用事，履尤妄作威福，淩忽諸將，諸將嫉之。會內侍臨浙觀潮，供帳遮道，傅等怒曰：「汝輩使天子顛沛至此，猶敢爾耶！」中大夫王世修亦嫉內侍恣橫，言於正彥，正彥曰：「會當共除之！」及王淵入樞府，傅等疑其由內侍以進，遂與世修謀先斬淵，然後殺宦者。議既定，明日癸未，值劉光世進殿前都指揮使，百官入聽宣制。傅、正彦令世修伏兵城北橋下，俟淵退朝，卽捽下馬，誣以結宦者謀反。正彦手斬淵，卽與傅擁兵至行宮門外，梟淵首於行闕，分捕內侍百餘，皆殺之。履馳入宮白帝，帝大驚。朱勝非急趨樓上，詰傅等擅殺之故。中軍統制吳湛排門引傅黨入內奏曰：「傅等不負國家，（正）〔止〕（據宋史四七五苗傅傳、續綱目改）爲天下除害耳。」知杭州康允之見事急，請帝御樓撫諭之。日將午，帝登樓，苗傅等望見黃蓋，猶山呼而拜。帝憑欄呼傅等問故，傅厲聲對曰：「陛下信任中官，賞罰不公，軍士有功者不賞，內侍所主者得官。黃潛善、汪伯彦誤國至此，猶未遠竄。王淵遇賊不戰，首先渡江，因交康履，乃除樞密。臣自陛下卽位以來，功多賞薄。臣已將王淵斬首，中官在外者皆誅訖，更乞康履、曾擇誅之，以謝三軍！」帝曰：「潛善、伯彦已降黜，履、擇當重與降責，卿等可歸營。」傅曰：「天下生靈無辜，肝腦塗地，止緣中官擅權，若不斬履、擇，臣不還營。」帝猶未許。逾時，傅兵不退，帝不得已，命湛執履與之。傅卽於樓下腰斬履，臠其肉，梟首，與淵首相望。帝遂以傅爲慶遠軍承宣御營使都統制，正彦渭州觀察使副都統制，諭傅等歸營。傅等進曰：「陛下不當卽大位，將來淵聖皇帝來歸，未知何以處之？」帝命朱勝非縋樓下，委曲諭之。傅請隆祐太后同聽政，及遣人使金議和。帝許之，卽下詔請隆祐太后垂簾。傅等聞詔不拜，曰：「自有皇太子可立，況道君皇帝已有故事。」勝非還白帝，帝曰：「朕當退避，但須太后手詔也。」乃遣顏岐入內，請太后御樓。太后至，帝立楹側，從官請帝坐，帝曰：「不當坐此矣。」太后因乘肩輿下樓出門，見傅等，諭之曰：「自道君皇帝任蔡京、王黼，更祖宗法度，童貫起邊事，所以招致金人，養成今日之禍，豈關今上皇帝事！況皇帝初無失德，止爲黄潛善、汪伯彥所誤，今已竄逐，統制豈不知之？」傅等對曰：「臣等必欲太后爲天下主，奉皇子爲帝。」后曰：「今强敵在前，吾以一婦人抱三歲兒決事，何以令天下！敵國聞之，豈不轉加輕侮。」傅等不從。后顧勝非曰：「今日正須大臣果決，相公何無一言？」勝非還白帝曰：「傅等腹心有王鈞甫者，適語臣云，『二將忠有餘而學不足』，此語可爲後圖之緒。」帝卽坐上作詔：「禪位於皇子，請太后同聽政。」宣詔畢，傅等麾其軍退，於是皇子旉卽位，太后垂簾決事。是夕，帝移御顯(寧)〔忠〕寺（按宋史二五高宗紀作「顯寧寺」，又四七五苗傅傳及繫年要錄作「顯忠寺」，畢鑑考異引王庭秀閱世錄，取「顯忠寺」，今從之。下同）。

甲申，尊帝爲睿聖仁孝皇帝，以顯(寧)〔忠〕寺爲睿聖宮。大赦。以張澂兼中書侍郎，韓世忠爲御營使司提舉一行事務，張俊爲秦鳳副總管，分其衆隸諸軍。丁亥，分竄內侍藍珪、曾擇等於嶺南諸州，傅追還殺之。

戊子，以王孝迪爲中書侍郎，盧益爲尚書左丞。加傅爲武當軍節度使，正彥爲武成軍節度使。以吳湛主管步軍司，王孝迪、盧益爲大金國信使。朱勝非奏母后垂簾，須二人同對，此承平故事，今日事機須密奏者，乞許臣僚獨對，而日引傅黨一二人上殿以弭其疑。太后語帝曰：「賴相此人，若汪、黃在位，事已狼籍矣。」傅等欲挾帝幸徽、越，勝非諭之以禍福，乃止。

己丑，改元明受。赦書至平江，張浚命守臣湯東野祕不宣。既而得苗傅等所傳檄，浚慟哭，召東野及提刑趙哲，謀起兵討之。時傅令張俊以三百人赴秦鳳，而以餘兵屬他將。俊知其僞，拒不受。軍士洶洶，俊諭之曰：「當詣張侍郎決之。」卽引所部八千人至平江。浚見俊，語故，相持而泣，且諭俊以決策起兵問罪。俊泣拜曰：「此須侍郎濟以機術，毋驚動乘輿也。」赦至江寧，呂頤浩曰：「是必有兵變。」其子抗曰：「主上春秋鼎盛，二帝蒙塵沙漠，日望拯救，其肯遽遜位於幼沖乎？灼知兵變無疑也。」卽遣人寓書於浚。會諫議大夫（張）〔鄭〕瑴（據宋史三九九本傳改）〔遣〕（據宋史三九九鄭瑴傳、薛鑑補）所親謝嚮變姓名，微服爲賈人，徒步如平江見浚等，具言城中事。以爲嚴設兵備，大張聲勢，持重緩進，使賊自遁，無驚動三宮，此上策也。浚以頤浩有威望，能斷大事，乃答書約共起兵，且告劉光世於鎭江，令以兵來會。頤浩得書，因上書請睿聖復辟。

癸巳，張浚命節制司參議官辛道宗措置海船。又念傅等居中，欲得辯士往說之，遣布衣馮轓持書說傅、正彥。轓至杭，〔見傅等，折以正義，令早反正。劉正彥遣轓約浚至杭〕（據續綱目、薛鑑補)。浚命張俊分兵扼吳江，上疏請睿聖復辟。苗傅等謀除浚禮部尚書，命將所部詣行在。浚以大兵未集，未敢誦言討賊，乃託云張俊驟回，人情震讋，不可不少留以撫其軍。

甲午，呂頤浩率勤王兵萬人發江寧。

乙未，劉光世部兵會呂頤浩於丹陽。

丙申，韓世忠自鹽城收散卒，由海道將赴行在，至常熟，張俊聞之，曰：「世忠來，事濟矣。」因白浚以書招之。世忠得書，以酒酹地曰：「誓不與此賊共戴天！」至平江見浚，慟哭曰：「今日之事，世忠願與張俊任之，公無憂也。」浚因大犒俊、世忠將士，衆皆感憤。於是令世忠帥兵赴闕，戒曰：「投鼠忌器，事不可急，急恐有他變。宜趨秀州，據糧道，以俟大軍之至。」世忠發平江，至秀州，稱病不行，而大修戰具。傅等聞之始懼，欲拘世忠妻子以爲質。朱勝非紿傅曰：「不若遣之使迓世忠而慰撫之，則平江諸人益安矣。」傅從之，乃白太后，封世忠妻梁氏爲安國夫人，俾迓世忠。梁氏疾驅出城，一日夜會世忠於秀州。勝非喜曰：「二兇眞無能爲也。」張浚復遣馮轓往杭，因報書於正彥曰：「自古言涉不順謂之指斥乘輿，事涉不遜謂之震驚宮闕，廢立之事謂之大逆不道，大逆不道者族。今建炎皇帝不聞失德，一旦遜位，豈所宜聞？」傅等得書而恐。

辛丑，苗傅等以韓世忠爲定國軍節度使，張俊爲武寧軍節度使、知鳳翔府，而誣張浚欲謀危社稷，謫黃州團練副使，郴州安置，俊等皆不受。傅遣苗瑀、馬柔吉將重兵扼臨平，拒勤王兵。

壬寅，呂頤浩將至平江，張浚乘輕舟迓之，咨以大計。頤浩曰：「曩諫開邊，幾死宦臣之手；承乏漕輓，幾陷腥羶之域；今事不諧，不過赤族，爲社稷死，豈不快乎！」浚壯其言。既而劉光世兵亦至。

癸卯，呂頤浩、張浚傳檄中外，聲苗傅、劉正彥之罪。以韓世忠爲前軍，張俊翼之，劉光世爲遊擊，頤浩、浚總中軍，光世分兵殿後，討之。

乙巳，太后降旨，睿聖皇帝處分兵馬重事。

丙午，以張浚同知樞密院事，李邴、鄭瑴並同僉書院事。張浚、呂頤浩發平江，丁未，次吳江。上疏乞建炎皇帝還卽〔尊〕（據宋史二五高宗紀、續綱目、薛鑑補）位。傅、正彥等聞之，憂恐不知所爲。朱勝非謂之曰：「勤王之師未進者，使是間自反正耳；不然，下詔率百官六軍，請帝還宮，公等置身何地乎？」卽召李邴、張守作百官章及太后手詔，賜傅、正彥鐵券。傅等遂率百官朝於睿聖宮，帝慰勞之。傅、正彥以手加額曰：「聖天子度量如是也！」傅黨張逵曰：「趙氏安，苗氏危矣。」

夏四月，太后下詔還政，帝復位，與太后御前殿垂簾。詔尊太后爲隆祐皇太后。己酉，以苗傅爲淮西制置使，劉正彥副之。庚戌，復紀年建炎。張浚知樞密院事，苗傅、劉正彥並檢校少保。

呂頤浩、張浚軍次秀州。頤浩諭諸將曰：「今雖反正，而賊猶握兵居內，事若不濟，必反以惡名加我。翟義、徐敬業可監也。」進次臨平，苗翊、馬柔吉負山阻〔水〕（據續綱目、薛鑑補）爲陣，中流植鹿角以梗行舟。韓世忠舍舟力戰，張俊、劉光世繼之，翊衆少卻。世忠復舍馬操戈而前，令將士曰：「今日當以死報國，面不被數矢者皆斬！」於是士卒爭用命。翊引神臂弩持滿以待，世忠瞋目大呼，挺刃突前，翊衆辟易，矢不及發，遂敗走。勤王兵入北關，傅、正彥急趣都堂，取鐵券，擁精兵二千，遂開湧金門夜遁；犯富陽、新城，將南趨閩中，統制王德、喬仲福追之。辛亥，皇太后撤簾。頤浩、浚等入城，世忠手執王世修以屬吏。浚等見帝，伏地涕泣待罪，帝慰勞再三，謂浚曰：「曩在睿聖，兩宮隔絕，一日啜羹，忽聞貶卿，不覺覆手，念卿被謫，此事誰任！」解所服玉帶賜之。帝握世忠手慟哭，曰：「中軍統制吳湛佐逆爲最，尚留朕肘腋，能先誅乎？」世忠即謁湛，握手與語，折其中指，與王世修俱斬於市。逆黨王元、左言、馬瑗、范仲熊、時希孟皆貶。

癸丑，右相朱勝非及執政顏岐、王孝迪、張澂、路允迪、盧益罷。初，朱勝非見帝曰：「臣昔遇變，義當卽死，偸生至此，欲圖今日之事耳。」因乞罷政。帝問誰可代者？對曰：「呂頤浩、張浚。」帝問孰優？對曰：「頤浩練事而暴，浚喜事而疎。」帝曰：「浚太年少。」對曰：「臣向被召，軍旅、錢穀悉付浚，此舉浚實主之。」中丞張守論勝非不能預防，致賊猖獗，宜罷之。不報。至是，與顏岐等俱罷。

初，張浚在秀州，議舉勤王之師，一夕獨坐，從者皆寢，忽一人持刃立燭後。浚知爲刺客，徐問曰：「豈非苗傅、劉正彦遣汝來殺我乎？」曰：「然。」浚曰：「若是，則取吾首以去可也。」曰：「我亦知書，寧肯爲賊用，況公忠義如此，豈忍害公！恐公防閑不嚴，有繼至者，故來相告爾。」浚問：「欲金帛乎？」笑曰：「殺公何患無財。」「然則留事我乎？」曰：「我有老母在河北，未可留也。」問其姓名，俛而不答，攝衣躍而登屋，屋瓦無聲，時方月明，去如飛。明日，浚命取死囚斬之，曰：「夜來獲奸細。」浚後嘗於河北物色之，不可得。

以呂頤浩爲尙書右僕射兼中書侍郎，李邴爲尙書右丞，鄭瑴僉書樞密院事。甲寅，以劉光世爲御營副使，韓世忠、張浚爲御前左、右軍都統制。凡勤王僚屬將佐，各進官有差。

五月，韓世忠言：「苗傅、劉正彦擁精兵，距甌、閩甚邇，儻成巢穴，卒未可滅。」帝詔世忠與劉光世追討之。世忠自衢、信進，至浦城之魚梁驛，與賊遇，世忠步走，挺戈而前，賊望見，咋曰：「此韓將軍也！」皆驚潰，遂擒正彦及傅弟翊。王德亦執苗瑀，斬馬柔吉。傅亡入建陽，縣人詹剽執之，獻於世忠，悉械送行在。帝手書「忠勇」二字，揭旗以賜世忠。

秋七月辛巳，苗傅、劉正彥伏誅。

甲申，詔以苗、劉之變，當軸大臣不能身衞社稷，朱勝非、顏岐並落職，張澂衡州居住。

丁亥，皇太子旉卒。太子從幸建康，屬疾，宮人蹴地上金鑪有聲，驚悸，疾轉劇，遂不起。初，張浚以旉嘗奸帝位，議去之。至是，竟連其保母置死。

壬辰，范瓊伏誅。初，汴京破，二帝及宗室北遷，多瓊之謀；又乘時剽掠，左右張邦昌，爲之從衞。至是，自洪州入朝，悖慢無禮，且乞貸苗、劉等死。帝畏其威，以爲御營司提舉一行事務。張浚將赴川、陝，與樞密檢詳文字劉子羽密謀誅之。一日，命張俊以千兵渡江，若備他盜者，使皆甲而來。因召瓊、俊及劉光世赴都堂議事，爲設食，食已，諸公相顧未發。子羽詣廡下，恐瓊覺，取黃紙趨前，舉以麾瓊曰：「瓊下，有敕，可詣大理寺置對。」瓊愕，不知所爲。子羽顧左右，擁至輿中，衞以俊兵，送獄。光世出，撫其衆，數瓊在圍城中附金迫二帝北狩之罪，且曰：「誅止瓊爾，汝等固天子自將之軍也。」衆皆投刃曰：「諾。」有旨分隸御營五軍。瓊下獄，具伏，賜死，子弟皆流嶺南。

宋史紀事本末卷六十六

平羣盜

高宗建炎元年（丁未、一一二七）秋七月，命都統制王淵、劉光世、韓世忠、張浚分討江、淮羣盜。自宣和末，羣盜蠭起。至是，祝靖、薛廣、党忠、閻僅、王存之徒，皆招安赴行在。李綱言：「今日正當因其力而用之，如銅馬、綠林、黃巾之比。然不移其部曲則易叛，而徙之則生疑，正當以術制之，使由而不知。」乃命御營司分揀，凡潰兵願歸營與良農願歸業者，皆聽，所發至數萬；其他以新法團結，分隸諸將，由是無叛去者。獨淮寧之杜用，山東之李昱，河北之丁順，皆擁兵數萬；而拱州之黎驛，單州之魚臺，皆有潰卒數千爲亂。綱以招安則彼無畏憚，勢難遽平，乃白遣淵等分討之。既而光世遣部將擊李昱，斬之，淵殺杜用，丁順赴河北招討司自效，盜自是少衰。

八月戊午，勝捷軍校陳通作亂於杭州，執帥臣葉夢得，殺轉運判官吳昉等。尋詔王淵兼領杭州制置盜賊使以討之。

冬十月丙戌，王淵誘賊趙萬，誅之。

十一月，軍賊張遇陷池州。遇本眞定軍校，聚衆爲盜，自淮西渡江，水陸並進。至是，犯池州，入城縱掠，驅强壯以益其軍。守臣滕（祜）〔祐〕（據宋史二四高宗紀、薛鑑改）棄城遁。軍賊丁進圍壽春府，守臣康允之拒卻之。

十二月，王淵討杭州亂卒陳通等，誅之。

丙寅，張遇犯江州。

辛巳，丁進詣宗澤降。

二年（戊申、一一二八）春正月，東平軍校孔彥舟聞金兵將至山東，遂帥所部劫殺居民，燒廬舍，掠財物；南渡淮，犯黃州，守臣趙令戣拒之。

丁未，詔諭流兵潰兵之爲盜賊者，釋其罪。

辛亥，王淵招降張遇，以所部萬人隸韓世忠。

五月己酉，秀州卒徐明等作亂，執守臣朱芾，迎前守趙叔近復領州事。詔命御營中軍張俊討之。

六月癸亥，建州卒葉濃等作亂，寇福州。

乙丑，張俊至秀州，殺趙叔近，執徐明，斬之。

甲戌，葉濃陷福州。

秋七月甲申，葉濃入寧德縣，復還建州。命張俊同兩浙提〔點〕（據宋史二五高宗紀、薛鑑補）刑獄趙哲率兵討之。

八月，河北京東捉殺使李成叛，犯宿州。詔江淮制置使劉光世討之。光世至光州，大破成衆，招降二萬餘人，成遁去。

九月，丁進叛，復寇淮西。

冬十月，楊進復叛，衆至數萬，剽掠汝、洛間。翟進患之，與其兄興謀擊之，未果。楊進遣騎數百，絕洛水，犯進營。進乘半渡擊之，追奔數十里，至鳴皐山，破賊四砦；馬驚墜塹，爲賊所殺，賊乘勝大敗官軍。詔以興爲京西北路安撫招討使。劉正彥擊丁進，降之。

十一月，濱州賊葢進陷棣州，守臣姜綱之死之。

建州賊葉濃降，復謀爲變，張俊擒斬之。

吳玠襲史斌，斬之。史斌圍興元，不克，引兵趨關中。義兵統領張宗誘斌還長安，欲徐圖之。曲端怒宗，遣玠襲斬斌，而自襲宗，殺之。

三年（己酉、一一二九）春正月庚子，盜張用、王善復叛，寇淮寧。用、善駐京西，連亙數州，自京西至光、壽，據千里之地，兵馬接迹不斷，擄掠糧食，所至一空。

二月，帝出手詔，以弭盜保民之要訪於直學士胡交修。交修疏言：「昔人謂飢有麥飯，牀有故絮，雖儀、秦說之不能使爲盜。惟其凍餒無聊，日與死迫，然後忍以其身棄之於盜賊。陛下下寬大之詔，開其自新之路，禁苛刻之暴，豐其衣食之源，則悔悟者更相告語，歡呼而歸。其不變者黨與攜落，亦爲吏士所捕獲，而盜可弭，盜弭則可以保民矣。沃野千里，殘爲盜區，皆吾秔稻之地。操弓矢，帶刀劍，椎牛發塚，白晝爲盜，皆吾南畝之民。陛下撫而納之，反其田里，無急征暴斂，啓其不肖之心，耕桑以時，各安其業，穀帛不可勝用而財可豐，財豐則可以裕國矣。日者，翟興連西路董平，據南楚，什伍其人，爲農爲兵，不數年，積粟充牣，雄視一方。盜賊猶能爾，况以中興二百郡地，欲强兵以禦寇，不能爲翟興輩之所爲乎！」世以爲名言。

三月，盜邵青掠泗州。青本五丈河舟人，去爲盜，聚兵劫楚、泗州。

夏四月，盜薛慶據高郵，有衆數萬。張浚恐其滋蔓，請往招之。入慶壘，諭以朝廷恩意，慶感服，遂降。浚留撫其衆。

秋七月，山東盜郭仲威掠淮揚軍。仲威本李成之黨，成先在泗上，仲威乃引兵圍淮揚，凡四月，城陷。仲威入城大掠，取强壯以充軍。

冬十月，郭仲威降於平江守臣周望。李成掠淮北，陷泗州，殺知州耿堅，據其城，帝降詔撫諭之，命成知泗州。成復陷滁州，守臣向子伋及諸官屬皆被殺。

十一月，淮盜劉忠初聚兵於東京，自蘄轉入湖南，遂陷舒州，通判孫知微死之。

京西制置使程千秋軍襄陽，招降劇盜曹端、桑仲。未幾，疑仲有異，命端圖之。端及千秋所部俱爲仲所敗，千秋棄城，自金州入蜀，仲遂據襄陽。京西列城，皆爲仲有。

十二月，孔彥舟犯荊南，詔諭降之，以爲湖北捉殺使。

四年（庚戌、一一三〇）二月，金人去潭州，羣盜大起。鼎州人鍾相嘗以左道惑衆，因結集忠義，以捍賊爲名，自稱楚王，改元天載；寇澧州，陷之。

李成入舒州。

三月，孔彥舟獲盜鍾相及其子子昂，檻送行在，誅之。其黨楊太復聚衆於龍陽。

己巳，盜戚方陷廣德軍。初，韓世忠退保江陰，潰卒戚方等遂趨鎮江，劫知府胡唐老部衆以行。唐老怒罵不從，遇害。

五月，以翟興等爲京湖、淮南諸路鎮撫使，分地處之。時，京東、西、荊湖南、北、淮南諸路盜賊蠭起，大者數萬人，據有州郡，朝廷不能制。范宗尹言於帝曰：「羣盜皆烏合之衆，急之則併死力以拒官軍，莫若析地以處之，盜有所歸，則可以漸制。」帝善之，乃以翟興等並爲鎮撫使，分地界焉：翟興，河南府、孟、汝、唐州；趙立，楚、泗州、漣水軍；劉位，滁、濠州；趙霖，和州、無爲軍；李成，舒、蘄州；吳翊，光、黃州；李彥先，海州、淮陽軍；薛慶，高郵、天長軍。未幾，又授：陳規，德安府、復州、漢陽軍；解潛，荆南府、歸、(陜)〔峽〕州（據續綱目改）、荆門、公安軍；程昌(寓)〔㝢〕（據宋史二六高宗紀、薛鑑改。下同），鼎、澧州；陳求道，襄陽府、鄧、隨、郢州；范之才，金、均、房州；馮長寧，順昌府、蔡州。軍(翟)（據宋史三六二范宗尹傳、續綱目删）興，聽便宜從事，俾立顯功，許以世襲。然李成、薛慶輩起於羣盜，翟興、劉位土豪，李彥先等皆潰將，既無統屬，有急又不遣援，故諸鎮鮮能自守。未幾，求道與劉忠戰，敗沒。又命孔彥舟爲辰、沅、靖州，郭仲威爲眞(陽)〔揚〕（據宋史二六高宗紀、續綱目改）鎮撫使。

六月甲申，岳飛破戚方於廣德。

丙戌，戚方降於張(浚)〔俊〕（據宋史二六高宗紀、續綱目、薛鑑改）。

秋七月，建州民范汝爲作亂。時方艱食，民從者甚衆。州遣兵出戰，爲所敗，賊勢滋盛。統制李捧捕之，軍大潰而遁。詔福建安撫使程邁會兵進討。時，汝爲已破建陽，乃移命神武副軍統制辛企宗討之。

冬十月，江東賊張琪犯建康府。虔州賊李敦仁及弟世雄破石城縣。鍾相、王善餘黨楊〔華〕（據宋史二六高宗紀、薛鑑補）、祝友復作亂。

十一月，以王彥爲金、均、房州鎮撫使。時，所在盜起，加以饑饉，無所資食，惟蜀富饒，亘盜往往窺覬。桑仲既陷均、房，遂乘勢直搗金州白土關，衆號三十萬。仲，彥舊部曲也，以申牘請於彥曰：「仲於公無敢犯，願假道入蜀就食耳。」彥遣統領閔立爲先鋒擊之。賊鋭甚，立戰死，將士失色。或請避之，彥叱曰：「樞相張公方有事關、陝，若仲越金而至梁、洋，則腹背受敵，大事去矣。敢言避者斬！」卽勒兵趨長沙平，阻水據山，設伏以待。仲見官軍少，蟻附搏戰，彥執幟一麾，士殊死鬭，仲敗走。彥休士進擊，追奔至白磧，遂復房州。

紹興元年（辛亥、一一三一）春正月，孔彥舟據武陵；張用據襄、漢；李成據江、淮、湖、湘十餘郡，連兵數萬，有席卷東南之意，多造符讖，幻惑中外，久圍江州。朝廷患之，以張俊爲招討使，岳飛副之。

李成陷江州，未幾，復陷筠州。

三月，張俊聞李成將馬進在筠州，以豫章介江、（湖）〔筠〕（據宋史三六九張俊傳、續綱目、薛鑑改）之間，遂急趨之。既入城，喜曰：「我已得洪，破賊決矣。」及進犯洪州，連營西山，俊斂兵若無人者。居月餘，進以大書牒索戰，俊以細書狀報之，進以俊爲怯。〔俊諜知賊怠，乃議戰。〕（據宋史三六九張俊傳、續綱目補）岳飛曰：「賊貪而不慮後，若以騎兵自上流絕生米渡，出其不意，破之必矣。」因請自爲先鋒。俊大喜，乃令楊沂中絕生米渡，飛重鎧躍馬，潛出賊右，突其陣，所部從之，進大敗，走筠州。飛抵東城，進出城布陣，飛設伏，以紅羅爲幟，上刺

「岳」字，選騎二百，隨幟而前。賊易其少，薄之，伏發，進大敗走。飛使人呼曰：「不從賊者坐，吾不汝殺！」坐而降者八萬人。俊與沂中復前後夾擊，賊大潰，進以餘卒奔南康。飛夜引兵至朱家山，又斬其將趙萬（成）（據宋史三六五岳飛傳、續綱目、薛鑑删）。成聞進敗，自引兵十餘萬來，飛遇於樓子莊，大破之，追斬進，遂復筠州。成復以十萬衆與俊夾河而營。沂中夜銜枚渡河，與俊夾攻，成又大敗，俊乘勝追至江州。成勢迫，絕江而去，走蘄州，降於僞齊。已而興國軍等處羣盜皆遁。

五月，劉光世使都統制王德襲揚州，擒郭仲威，送行在，斬之。時仲威謀據淮南以通劉豫故也。

辛亥，水軍統制邵青叛，圍太平州，劉光世招降之。

張俊引兵渡江，追李成至蘄州黃梅縣，大敗之，其衆數萬皆潰。成北走，降劉豫。

張用復寇江西。岳飛與用俱相人，以書諭之曰：「吾與汝同里，欲戰則出，不戰則降。」用得書，遂帥衆降。江、淮悉平，張俊奏飛功第一。詔進飛右軍都統制。屯洪州，彈壓盜賊。

六月，邵青復叛，犯江陰之福山。遣海州鎮撫使李彥進、中軍統制耿進率舟師，會劉光世討之。

冬十月，邵青聚其黨於崇明沙，將犯江陰，劉光世令王德討之。德執旗麾兵，拔柵以入，青衆大潰。翼日，餘黨復索戰。諜言賊將用火牛，德笑曰：「此古法也，可一不可再。」命合軍持滿，陣始交，萬矢齊發，牛皆返奔，賊衆殲焉。青自縛請命，德獻諸行在，餘黨悉平。

十二月，盜曹成陷道州。成初陷漢陽、鄂州，屯攸縣，湖東安撫向子諲招之，成聽命。子諲遣兵扼衡陽，欲圖之，而援兵不至。成忿子諲扼己，卽擁衆而南，官軍悉潰，成大掠，執子諲而去。

二年（壬子、一一三二）春正月辛丑，韓世忠聞范汝爲入建州，曰：「建居閩嶺上流，賊沿流而下，七郡皆血肉矣！」亟率步卒三萬，水陸並進，直抵鳳凰山。五日破之，汝爲自焚死，斬其二弟岳、吉以徇，擒其謀主謝嚮、施逵及裨將陸必强等五百餘人。世忠初欲盡誅建民，李綱自福州馳見世忠，曰：「建民多無辜。」世忠乃令軍士駐城上，聽民自〔相〕（據宋史三六四韓世忠傳、續綱目、薛鑑補）别，農給牛穀，商賈弛征禁，脅從者汰遣，獨取附賊者誅之。民感更生，家爲立祠。捷聞，帝曰：「雖古名將何以加！」世忠因進討江西、湖廣諸盜。

二月庚午，以李綱爲湖廣宣撫使，仍命岳飛等共討曹成。

丁丑，分降盜崔增、李捧、邵青、趙延壽、李振、單德忠、徐文所部兵爲七，賜名「御前忠銳軍」，隸步軍司，非樞密奉旨，不許調遣。

閏四月，曹成擁衆十餘萬，由江西歷湖、湘，據道、賀二州。命岳飛權知潭州，兼權荊湖東路安撫都總管，付金字牌、黄旗招成。成聞飛至，驚曰：「岳家軍來矣！」卽遁。飛追至賀州，力戰，大破之。成乃自桂嶺置砦，至北藏嶺，連控隘道，以衆十餘萬守蓬頭嶺。丙午，岳飛八千人登桂嶺，破曹成，成奔連州。飛謂部將張憲、徐慶、王貴曰：「成黨散去，追而殺之則脅從者可憫，縱之則復聚爲盜。今遣若等誅其酋而撫其衆，愼勿妄殺，累上保民之仁。」於是憲自賀、連，慶自邵、道，貴自郴、桂，招降者二萬，與飛會連州，進兵追成。成走入邵州。

五月，韓世忠招曹成，降之。世忠既平范汝爲，旋師永嘉，若將休息者，忽由處、信徑至豫章，連營江邊數十里。羣賊不虞其至，大驚。世忠因使董（攸）〔旼〕（據宋史二七高宗紀改）招成。成方爲岳飛所追，乃率衆降，得戰士八萬，遣詣行在。

六月，孔彥舟叛，降劉豫。彥舟暴横不法，朝廷將以兵執之，遂以所部叛去。

九月，韓世忠大敗劉忠於蘄陽。世忠自豫章移師長沙。劉忠有衆數萬，據白面山，營柵相望。世忠至，與賊對壘，奕棊張飲，堅壁不動，衆莫能測。一夕，與蘇格聯騎穿賊營，候者訶問，世忠先得賊軍號，隨聲應之，周覽以出。喜曰：「此天賜也。」夜伏精兵二千於山下，與諸將拔營而進。賊方迎戰，伏兵已馳入中軍，奪望樓，植旗蓋，傳呼如雷。賊回顧，驚潰，世忠麾將士夾擊，大破之。忠走，降劉豫。

十一月甲戌，命李綱、劉洪道、程昌(寓)〔㝢〕、解潛會兵討湖寇。綱至潭州，湖南流民潰卒羣聚爲盜者數萬人，綱悉平之。

王彥守金州，數立奇功以捍蜀。桑仲既死，劇盜王闢、董貴、祁守忠等悉阻兵窺蜀，彥皆擊平之。

三年(癸丑、一一三三)夏四月，詔統制王𤨏會兵討楊太。時，太衆日盛，自號大聖天王。立鍾相少〔子〕(據續綱目、薛鑑補)子儀爲太子，太以下皆臣事之。太又名幺，蓋楚人謂年少者爲幺云。

六月己酉，岳飛自虔州班師。時虔、吉盜連兵寇掠循、梅、廣、惠、英、韶、南雄、南安、建昌、邵武、汀諸州，帝專命飛平之。飛至虔，固石洞賊彭友悉衆至雩都迎戰，躍馬馳突，飛揮兵卽馬上擒之，餘黨退保固石洞。洞高峻環水，止一徑可入。飛列騎山下，令皆持滿，黎明，遣死士疾馳登山。賊衆亂，棄山而下，騎兵圍之，賊呼丐命。飛令勿殺，受其降。因授徐慶〔等〕(據宋史三六五岳飛傳、續綱目、薛鑑補)方略，捕諸郡餘賊，皆破降之。初，帝以隆祐太后震驚之故，密令飛屠虔城，飛請誅首惡而赦脅從，帝許焉。虔人感其德，繪像祠之。及入見，帝手書「精忠岳飛」字，製旗以賜之。

冬十月，李成寇襄、鄧，李橫奔荆南，成遂陷京西六郡。

四年（甲寅、一一三四）五月庚戌朔，以岳飛兼荊南制置使。時，楊太與劉豫通，欲順流而下；李成既據襄陽，又欲自江西陸行趨浙與太會，帝命飛爲之備。朱勝非言：「襄陽，國之上流，不可不急取。」飛亦奏：「襄陽等六郡爲恢復中原基本，今當先取六郡以除心膂之病。李成遠遁，然後加兵湖、湘，以殄羣盜。」帝以語趙鼎，鼎曰：「知上流利害無如飛者。」遂有是除。飛渡江，中流顧幕屬曰：「飛不擒賊，不涉此江！」

秋七月，飛復襄陽等六郡。先是，飛至郢，僞齊將京超號「萬人敵」，乘城拒飛，飛鼓衆而登，超投崖死。飛復郢州，遂趨襄陽。李成迎戰，左臨襄江。飛笑曰：「步兵利險阻，騎兵利平曠，成左列騎江岸，右列步平地，雖衆十萬，何能爲！」舉鞭指王貴曰：「爾以長槍步卒擊其騎兵。」指牛皋曰：「爾以騎兵擊其步卒。」合戰，〔馬〕（據宋史三六五岳飛傳、續綱目、薛鑑補）應槍而斃，後騎皆擁入江，步卒死者無數。成夜遁，飛遂復襄陽。僞齊收成餘衆，益兵屯新野。飛與別將王萬夾擊，大敗之。又使牛皋復隨州，王貴、張憲復唐、鄧州、信陽軍。襄、漢悉平，飛移屯德安，軍聲大振。捷聞，帝喜曰：「朕素聞飛行軍有紀律，未知其能破敵如此！」飛因奏：「金兵所愛惟子女玉帛，志已驕惰；劉豫僭僞，人心終不忘宋。如以精兵二十萬直擣中原，恢復故疆，誠易爲力。襄陽、隨、郢，地皆膏腴，苟行營田，其利甚厚。臣俟糧足，卽過江北剿敵。」時方重深入之舉，而營田之議自是興矣。

八月，王瓊遣忠鋭統制崔增等討楊太於鼎江，師敗皆沒。太乘大水出兵，攻破鼎州社木寨，守將許筌戰沒，官軍死者甚衆。於是授岳飛清遠軍節度使，代瓊討太。飛時年三十二，中興諸將建節未有如飛之年少者。

五年（乙卯、一一三五）六月，岳飛大破楊太於洞庭。初，飛奉命討太，而所部皆西北人，不習水戰。飛曰：「兵何常，顧用之何如耳。」乃先遣使招諭之。賊黨黃佐曰：「岳節使號令如山，若與之戰，萬無生理，不如往降，節使誠信，必善遇我。」遂降。飛表授佐武義大夫，單騎按其部，拊佐背曰：「子知逆順者，果能立功，封侯豈足道。欲復遣子歸湖中，視其可勝者擒之，可勸者招之，如何？」佐感泣，誓以死報。時，張浚以都督軍事至潭州，參政席益疑飛玩寇，欲以聞。浚曰：「岳侯，忠孝人也。兵有深機，胡可易言。」益慚而止。黃佐襲周倫砦，殺倫。飛上其功，遷武功大夫。

統制任士安不稟王瓊令，軍以此無功。飛鞭士安，使弭賊，曰：「三日賊不平，斬爾！」士安出，宣言：「岳太尉兵二十萬至矣！」賊見止士安軍，併力攻之。飛設伏，士安戰急，伏四起擊賊，賊走。會朝旨召張浚還防秋，飛袖小圖示浚，浚欲俟來年議之。飛曰：「已有定畫，都督能少留，不八日可破賊。」浚曰：「何言之易？」飛曰：「王四廂以王師攻水寇則難，飛以水寇攻水寇則易。水戰我短彼長，以所短攻所長，是以難。若因敵將用敵兵，奪其手足之助，離其腹心之託，使孤立，而後以王師乘之，八日之內，當俘諸酋。」浚許之，飛遂如鼎州。黄佐招楊欽來降，飛喜曰：「楊欽驍悍，既降，賊腹心潰矣。」表授欽武義大夫，禮遇甚厚，乃復遣歸湖中。兩日，欽說全琮、劉詵來降，飛詭罵欽曰：「賊不盡降，何來也！」杖之，復令入湖。是夜，掩賊營，降其衆數萬。太負固不服，方浮舟湖中，以輪擊水，其行如飛，旁置撞竿，官舟迎之輒碎。飛伐君山木爲巨筏，塞諸港汊，又以腐木亂草浮上流而下。擇水淺處，遣善罵者挑之，且行且罵，賊怒來追，則草木壅積，舟輪礙不行。飛急擊之，賊奔港中，爲筏所拒，官軍乘筏，張牛革以蔽矢石，舉巨木撞其舟盡壞。太技窮赴水，牛皋擒斬之。飛入賊壘，餘酋驚曰：「何神也！」俱請降，衆凡二十餘萬。飛親行諸砦慰撫之，縱老弱歸田，籍少壯爲軍。果八日而捷書至潭，浚歎曰：「岳侯神算也。」黄誠取楊太首，挾鍾子儀(周倫)(據繫年要錄删)詣浚降。湖、湘悉平。

初，太據洞庭，恃其險，陸耕水戰，樓船十餘丈，官軍仰視不得近。飛謀益造大舟，薛弼爲湖南運判，謂飛曰：「若是則未可以歲月勝矣。且彼之所長，可避而不可鬬也。今大旱，湖水落洪，若重購舟首，勿與戰，連筏斷江路，藁其上流，使彼之長坐廢，而精騎直擣其壘，則破壞在目前矣。」飛曰：「善。」遂用其策，決勝於八日之間。先是，太自以陸攻則入湖，水攻則登岸，嘗曰：「欲犯我者，除是飛來。」至是，人以其言爲讖云。

宋史紀事本末卷六十七

金人立劉豫

高宗建炎二年（戊申、一一二八）春正月，以劉豫知濟南府。豫，景州人，爲河北提刑。金人南侵，豫棄官奔眞州，張慤薦之，起知濟南。時盜起山東，豫不願行，請易東南一郡，執政不許，豫忿而去。

十二月庚申，金人陷東平府，又攻濟南府。劉豫遣子麟出戰，敵縱兵圍之數重，郡倅張東益兵來援，卻之。撻懶遣人啖豫以利，豫遂殺濟南驍將關勝，率百姓降金；百姓不從，豫縋城歸於撻懶。

三年（己酉、一一二九）三月，金人陷京東諸郡，以劉豫知東平府，金界舊河以南，俾豫統之。又以豫子麟知濟南府。

四年（庚戌、一一三〇）九月戊申，金立劉豫爲齊帝。初，金主聞帝如東南，遣粘沒喝南伐，諭之曰：「俟宋平，當援立藩輔如張邦昌者。」及兀朮北還，衆議折可求、劉豫皆可立。豫以重寶賂撻懶，請立己。撻懶許之，乃言於粘沒喝，未之許。高慶裔說之曰：「吾家舉兵，只欲取兩河，故汴京既得則立張邦昌。今河南州郡官制不易者，豈非欲循邦昌故事耶？元帥曷不早建議，而使恩歸他人也。」粘沒喝從之，乃遣使即豫所部，咨軍民所宜立者。衆未及對，豫鄉人張浹請立豫，議遂定。撻懶以聞，於是金乃遣慶裔及知制誥韓昉，備璽綬寶册，立豫爲「大齊皇帝」，世修子禮，奉金正朔，置丞相以下官。豫卽位，都大名府，以張孝純爲丞相，李孝揚爲左丞，張東爲右丞，鄭億年爲工部侍郎，李儔爲監察御史，王瓊爲汴京留守，子麟爲提領諸路兵馬兼知濟南府，弟益爲北京留守。册其母翟氏爲皇太后，妾錢氏爲皇后，改明年爲阜昌元年。朝廷聞之，凡僞仕於豫而其家屬之在東南者，悉厚加撫卹。博州判官劉長孺以書勸豫反正，豫囚之。

紹興元年（辛亥、一一三一）六月，劉豫置招（討）〔受〕（據宋史四七五劉豫傳、續綱目、薛鑑改）司於宿州，誘宋逋逃。

十二月，金以陝西地畀劉豫，於是中原盡屬於豫。

二年（壬子、一一三二）夏四月庚寅，劉豫徙居汴。豫至汴，尊其祖考爲帝，置於宋太廟。是日，暴風捲旂，屋瓦皆振，士民大懼。時，河南、山東、陝西皆屯金軍，劉麟籍鄉兵十餘萬爲皇太子府軍。分置河南、汴京淘沙官，兩京冢墓，發掘殆盡。賦斂煩苛，民不聊生。

先是，襄陽鎮撫使桑仲上疏，請正劉豫罪。朝廷尋命仲兼節制應援京城軍馬，量度事勢，復豫所陷州郡。仍命河南翟興，荆南解潛，金、房王彥，德安陳規，蘄、黄孔彥舟，（盧）〔廬〕（據續綱目改）、壽王亨，相爲應援。未幾，仲爲其下所殺，翟興進屯伊陽山。豫患之，使人招興，許以王爵，興焚僞詔，併戮其使。豫乃陰結興麾下楊偉圖之，偉殺興，持興首降豫。

十二月，李横敗劉豫兵於陽石，乘勝趨汝州，僞守彭玘以城降。

三年（癸丑、一一三三）春正月庚申，李横破潁順軍，僞守蘭和降。壬戌，敗僞兵於長葛。甲子，李横引兵至潁昌府，僞安撫趙弼固守。横急攻下之，弼遁，復潁昌。

二月，統制李吉敗劉豫將梁進於伊陽臺，殪之。

三月，劉豫聞李横入潁昌，求援於金，金遣兀术赴之；豫亦遣將李成率兵二萬，逆戰於京城西北之牟駝岡。横敗績，復陷潁昌。

夏四月，劉豫陷虢州，獲統制官謝皐。皐指腹示賊曰：「此吾赤心也！」自剖心以死。

水軍都統制徐文以衆叛，降劉豫。文勇力過人，揮刀重五十斤，所向無前，衆呼爲徐大刀，以功爲淮東、浙西沿海水軍都統制。諸將忌之，譖其將叛，朝廷遣兵襲之。文遂以所部海舟六十艘，官軍四千餘，自明州浮海抵鹽城，降於豫。且曰：「沿海無備，二浙可襲也。」豫大喜，以文知萊州，令帥其衆寇通、泰州。

五月，朝廷遣韓肖胄、胡松年使僞齊。劉豫欲以臣禮見，肖胄無以應，松年曰：「均爲宋臣。」遂長揖不拜。豫不能屈，因問帝意所向，松年曰：「必欲復故疆耳。」豫大沮。詔李横等班師還鎮，禁邊兵侵齊，以與金議和也。

十一月，金人遣李永壽、王翊來。永壽等驕倨，請還豫俘及西北士民之流寓者，復要畫江以益豫。翰林學士綦宗禮言：「豫父子倚重金人，且永壽等從豫所來，畫江之請必出於豫。觀其姦謀在窺吾境土，恐既通使，人情必懈弛，宜戒將帥，嚴爲之備。」

四年（甲寅、一一三四）夏四月，熙河路總管關師古與劉豫兵戰於左要嶺，敗績，遂降賊，洮、岷之地盡歸豫。

九月，劉豫使其子麟以金兵入寇。先是，金主晟與粘沒喝議南侵，會兀朮還，力言不可，曰：「江南卑溼，今士馬困憊，糧儲未豐足，恐無成功。」粘沒喝曰：「都監務偷安耳！」金主以議不合，乃止。至是，豫聞岳飛復襄、鄧，懼，遂乞師於金，晟乃命訛里朶、撻懶調渤海、漢軍五萬以應豫，謂兀朮知地險易，使將前軍。豫遣其子麟、姪猊各將兵分道南侵，騎兵自泗攻滁，步兵自楚攻承州。

冬十月丙子，詔韓世忠屯揚州。初，金兵渡淮，世忠自承州退保鎮江。至是，奉詔感泣，曰：「主憂如此，臣子何以生爲！」遂濟師，進屯揚州。

時，張浚在福州，慮金、齊必併力窺東南，而朝廷已議講解，因上疏極言其狀。及兵至，帝思其言，會趙鼎勸帝親征，帝從之。喻樗謂鼎曰：「六龍臨江，兵氣百倍。然公自度此舉果出萬全乎，或姑試一擲也？」鼎曰：「中國累年退避不振，敵情益驕，義不可更屈，故贊上行耳。若事之濟否，則非鼎所能逆知也。」樗曰：「然則當思歸路耳。張德遠有重望，若使宣撫江、淮、荆、浙、福建，俾以諸道兵赴闕，則其來路卽朝廷歸路也。」鼎然之，入言於帝，遂召浚還。

戊子，韓世忠至揚州，使統制解元守承州，候金步卒。親提騎兵至大儀，以當敵騎，伐木爲柵，自斷歸路。會魏良臣使金過之，世忠撤炊爨，紿良臣有詔移屯守江，良臣疾馳去。世忠度良臣已出境，卽上馬，令軍中曰：「視吾鞭所嚮！」於是移軍復向大儀，勒五陣，設伏二十餘所，約聞鼓卽起擊。良臣至金軍中，金前將軍聶兒孛堇問官軍動息，具以所見對。孛堇大喜，卽引兵至江口，距大儀五里，別將撻不野擁鐵騎過五陣東。世忠傳小麾鳴鼓，伏兵四起，旗色與金人雜出，金軍亂，官軍迭進。世忠令背嵬軍各持長斧，上揕人胸，下斫馬足。敵被甲陷泥淖，世忠麾勁騎四面蹂躪，人馬俱斃，遂擒撻不野等二百餘人。而世忠所遣董(攸)〔旼〕(據宋史三六四韓世忠傳、續綱目、薛鑑改)，亦擊敗金人於天長之鵶口橋。己丑，金人攻承州，解元遇敵於州之北門，設水軍夾河陣，一日十三戰，相拒未決。世忠遣成閔將騎士往援，復大戰，俘獲甚多。世忠復親追至淮，金人驚潰，相蹈藉溺死者甚衆。捷聞，羣臣入賀。帝曰：「世忠忠勇，朕知其必能成功。」沈與求曰：「自建炎以來，將士未嘗與金人迎敵。今世忠連捷，厥功不細。」論者以此舉爲中興武功第一。

金、齊之兵日迫，羣臣復勸帝他幸，散百司以避之。張俊曰：「避將安之？惟進禦乃可耳。」趙鼎曰：「戰而不捷，去未晚也。」帝因曰：「朕爲二聖在遠，屈己請和，而彼復肆侵陵，朕當總六師，臨江決戰。」沈與求復力贊之。鼎喜曰：「累年退怯，敵志益驕。今聖斷親征，將士必奮，成功可必。臣願效區區，以圖報國。」於是以孟庾爲行宮留守，命百司不預軍旅之務者，從便避兵。以張俊爲浙西、江東宣撫使，王𤩽爲江西沿江制置使，胡松年詣江上，會諸將〔議〕（據宋史二七高宗紀、續綱目、薛鑑補）進兵，劉光世移軍建康。後宮自溫州泛海如泉州。光世遣人諷鼎曰：「相公自入蜀，何事爲他人任患。」韓世忠亦曰：「趙丞相眞敢爲者。」鼎聞之，恐帝意中變，乘間言：「陛下養軍十年，用之正在今日。若少加退沮，卽人心渙散，長江之險不可復恃矣！」帝遂發臨安，劉錫、楊沂中以禁兵扈從。次平江，帝欲渡江決戰。鼎曰：「賊遠來，利在速戰，遽與爭鋒，非策也。且豫尚不自來，陛下豈可與逆雛決勝負哉！」乃止。

十一月壬子，下詔暴劉豫罪逆於六師。自豫僭逆，朝廷以金故，至名爲「大齊」。至是，始聲其罪以勵六師。

己未，以張浚知樞密院，視師江上。初，浚以召命至，見鼎，執其手曰：「此行舉措皆合人心。」鼎笑曰：「喻子才之功也。」復命浚知樞密院事。浚既受命，卽日赴江上視師。時，撻懶、兀朮擁兵十萬，約日渡江決戰。浚長驅臨江，召劉光世、韓世忠、張俊議事。將士見浚，勇氣十倍。浚既部分諸將，身留鎭江以節制之。

十二月壬辰，金、齊合兵圍廬州，守臣仇悆嬰城固守，求援於岳飛，飛遣牛臯、徐慶援之。臯至，遙語金將曰：「牛臯在此，爾輩胡爲見犯！」衆愕然，不戰而潰。飛謂臯曰：「必追之！去而復來，無益也。」臯乃追擊三十餘里，金人相踐及殺死者，不可勝計。

金兵自淮引還。撻懶屯泗州，兀朮屯竹塾鎭，爲韓世忠所扼，以書幣約戰。世忠遣麾下王愈及兩伶人以橘茗報之，且言張樞密已在鎭江。兀朮曰：「張樞密貶嶺南，何乃在此？」愈出浚所下文書示之，兀朮色變，遂有歸意。會雨雪，餽道不通，野無所掠，殺馬而食，蕃、漢軍皆怨；又聞金主晟病篤，乃夜引還。兀朮等既去，劉麟、劉猊亦棄輜重而遁。

六年（丙辰、一一三六）春正月，韓世忠聞劉豫聚兵淮陽，卽引軍渡淮，傍符離而北，至其城下，爲賊所圍，奮戈潰圍而出，不遺一鏃。呼延通與金將牙合孛堇搏戰，扼其吭而擒之。乘銳掩擊，金人敗去，遂進兵圍淮陽。賊約受圍一日則舉一烽，至六烽具舉，兀朮與劉猊皆引兵至。世忠求援於張俊，俊以世忠有見吞意，不從。世忠勒陣向敵，遣人語之曰：「錦衣驄馬立陣前者，韓相公也。」或危之，世忠曰：「不如是，不足以致敵。」敵果至，殺其導騎二人，遂引去。世忠復還楚州，淮陽之民從而歸者以萬計。

夏四月，劉豫陷唐州。

九月，岳飛遣將敗劉豫兵於唐州。

冬十月丁酉，劉麟、劉猊分道寇淮西。先是，劉豫聞張浚會諸將於江上，榜其罪逆，將進兵討之，告急於金，請先出師南侵，而乞師救援。金主亶召諸將相議之，蒲盧虎曰：「先帝所以立豫者，欲以開疆保境，我得安民息兵也。今豫進不能取，又不能守，兵連禍結，愈無休期。從其請，勝則豫收其利，敗則我受其弊。況前年因豫出師，嘗不利於江上矣，奈何許之！」金主遂不許豫，而遣兀朮提兵黎陽以觀釁。於是豫僉鄉兵三十萬，分三道入寇：麟率中路兵，由壽春以犯合肥；猊率東路兵，由紫荆山出渦口，以犯定遠；孔彥舟率西路兵，由光州以犯六安。時，張俊、劉光世、楊沂中、韓世忠、岳飛分屯諸州，而沿江上下無兵，趙鼎深以爲憂，移書張浚，欲令俊與沂中同保合肥。浚以爲然，乃遣沂中、張宗顏等分道禦之；且令沂中趨濠州，以與張俊合。因謂沂中曰：「上待統制厚，宜及時立功。」會邊報日急，張俊欲棄盱眙，劉光世欲舍廬州，皆張大賊勢以聞。浚以書戒二將曰：「賊豫之兵，以逆犯順，若不剿除，何以立國，平日亦安用養兵爲哉！今日之事，有進戰，無退保。」及劉麟進逼合肥，趙鼎曰：「今賊渡淮，當急遣張俊，合光世之軍，盡掃淮南之寇，然後議去留。」帝善之，然慮俊、光世不足任，因命岳飛盡以兵東下，而手劄付浚，令俊、光世、沂中等還保江。浚上言：「諸將渡江則無淮南，而長江之險與賊共有，淮南之屯正所以屏蔽大江。使賊得淮南，因糧就運，以爲家計，江南其可保乎？今正當合兵掩擊，可保必勝。一有退意，則大事去矣！且岳飛一動，襄、漢有警，何所恃乎？願朝廷勿專制於中，使諸將有所觀望也。」帝手書報浚曰：「非卿識高慮遠，何以及此！」由是異議乃息。沂中兵至濠，光世已舍廬州，將趨采石，淮西大震。浚聞之，令呂祉馳往光世軍，諭之曰：「有一人渡江，卽斬以徇！」光世不得已，復還廬州，與沂中、俊等相應。劉猊軍至淮東，爲韓世忠所阻，乃引趨定遠。劉麟從淮西繫三浮橋而渡，次於濠、壽之間，張俊以兵拒之。猊率衆犯定遠，欲趨宣化，以寇建康，沂中以兵二千進禦，與猊前鋒遇於越家坊，敗之。猊恐孤軍深入，爲王師所襲，乃欲趨合肥，與麟合而後進。至藕塘，沂中復遇之，猊據山列陣，矢石如雨。沂中急擊之，使統制吳錫率勁卒五十突入其軍，猊衆潰亂。沂中縱大軍乘之，而自以精騎衝其脅，大呼曰：「賊破矣！」賊衆錯愕駭視。張宗顏自泗來，乘背擊之，張俊大軍復與戰於李家灣，賊衆大敗，橫屍滿野。猊以首抵謀主李愕曰：「適見髯將軍，銳不可當，果楊殿前也。」卽與數騎遁去。沂中躍馬叱之，餘衆皆怖而降。麟在順昌，聞猊敗，亦拔砦去。沂中及王德乘勢追麟，至南壽春而還。孔彥舟亦解光州〔圍〕（據宋史二八高宗紀、續綱目補）而去。時，岳飛自破曹成，平楊幺，凡六年，皆盛夏行師，以致目疾，至是逾甚，及一聞召命，卽日起行。未至，麟敗。帝語趙鼎曰：「劉麟敗北不足喜，諸將知尊朝廷爲可喜。」賜飛劄，言：「敵兵已去淮，卿不須進發。」飛乃還軍。

金人聞劉豫敗，來詰其狀，始有廢豫之意。

七年（丁巳、一一三七）閏十月，金人襲汴，執劉豫廢之。初，豫由粘沒喝、高慶裔得立，故奉二人特厚，兀朮及諸將多憾之。豫兵敗藕塘，金人欲廢豫。及粘沒喝死，岳飛因遣間齎蠟書與豫，約同誅兀朮。兀朮得書，大驚，馳白金主，於是廢豫之意益決。會豫請立麟爲太子，金主亶曰：「徐當咨訪河南百姓。」豫雖意沮，而猶日遣使乞師南侵。金乃建元帥府於太原，令豫兵悉聽節制，而以束拔爲左都監，屯太原；撻不野爲右都監，屯河間；復分戍陳、蔡、汝、亳、潁、許諸郡。至是，尙書省奏豫治國無狀，金主遂令撻懶、兀朮僞稱南侵以襲之。將至汴，遣人召劉麟渡河議事，麟以二百騎至武城，兀朮麾騎翼而擒之，遂馳入汴。豫方射講武殿，兀朮從三騎，突入東華門，下馬，逼豫出見；因執其手，偕至宣德門，强乘以羸馬，露刃夾之，囚於金明池。翌日，集百官，宣詔，責豫而廢之。其詔有曰：「建爾一邦，逮茲八稔，尙勤兵戍，安用國爲！」乃以鐵騎數千圍宮（因）〔門〕，遣小校巡閭巷間，宣言〔曰〕（據宋史四七五劉豫傳、續綱目改並補）：「自今不僉爾爲軍，不取爾免行錢，爲汝敲殺貌事人，請汝舊主少帝來。」

由是人心稍安，遂置行臺尚書省於汴，以張孝純權行臺左丞相，胡沙虎爲汴京留守，李儔副之，諸軍悉令歸農。豫求哀於二帥，撻懶謂之曰：「昔趙氏少帝出京，百姓燃頂煉臂號泣。今汝廢，無一人憐者，汝何不自責也！」豫語塞。與家屬徙臨潢。

岳飛奏：「乘廢劉豫之際，擣其不備，長驅以取中原。」韓世忠亦上疏言：「機不可失，請全師北討。」皆不報。

宋史紀事本末卷六十八

張浚經略關陝

高宗建炎三年(己酉、一一二九)五月，以張浚爲川陝宣撫處置使。帝問浚大計，浚謂中興當自關、陝始，慮金人或先入陝窺蜀，則東南不可保，請身任陝、蜀之事，置幕府於秦州；別遣大臣與韓世忠鎭淮東；令呂頤浩扈蹕來武昌，爲趨陝之計；復以張俊、劉光世與秦州相首尾。帝然之，遂以浚爲宣撫處置使，聽便宜黜陟。與沿江、襄、漢守臣議儲蓄，以待臨幸。初，浚宣撫之議未決，監登聞檢院汪若海曰：「天下者，常山蛇勢也。秦、蜀爲首，東南爲尾，中原爲脊，今以東南爲首，安能起天下之脊哉！將圖恢復，必在川、陝。」浚大悅，遂決行。季陵論任浚太專，忤旨，落職與祠。

秋七月庚子，張浚發建康。

冬十月壬辰，張浚治兵於興元，以圖中原。浚上疏言：「漢中實形勢之地，前控六路之師，後據兩川之粟，左通荆、襄之財，右出秦、隴之馬，號令中原，必基於此。謹積粟，以待巡幸。」

辛丑，張浚以趙開爲隨軍轉運使，專總四川財賦。開見浚曰：「蜀之民力盡矣，錙銖不可加，獨榷貨尚存贏餘，而貪猾認爲己有，共相隱匿。惟不恤怨詈，斷而敢行，庶可救一時之急。」浚銳意興復，委任不疑。於是大變酒法，卽舊撲買坊場所，置隔釀，設官主之。麴與釀具，官悉自買，聽釀戶各以米赴官場自釀，斛輸錢三十，頭子錢二十二；其釀之多寡，惟錢是視，不限數也。又於秦州置錢引務，興州鼓鑄銅錢，官賣銀絹，聽民以錢引或銅錢買之。凡民錢當入官者，並聽用引折納，官支出亦如之，民以爲便。時浚荷重寄，旬犒月賞，期得士死力，費用不貲，盡取辦於開。開悉智慮於食貨，算無遺策，雖支賞不可計，而資財常有餘。

十二月甲申，張浚承制拜曲端爲威武大將軍、宣撫處置司都統制。初，曲端欲斬王庶，朝廷疑其叛，浚以百口保之，且與敵屢角，欲仗其威聲，遂有是拜，軍士悅服。浚又辟劉子羽參議軍事。子羽薦涇原都監吳玠及弟璘之才勇，浚以玠爲統制，璘掌帳前親兵。

四年（庚戌、一一三〇）夏四月，金婁室既陷陝州，遂長驅入潼關。曲端遣吳玠拒之於彭原，而自擁兵邠州爲援。金人來攻，玠擊敗之，撒离喝懼而泣。婁室整軍復戰，玠軍敗績，部將楊晟死之，端退屯涇原，金乘勝焚邠州。玠怨端不爲援，大詬之，由是二人有隙。婁室以端全軍退去，且入夏，遂復還河東。

六月癸酉，張浚罷其都統制曲端。浚雖重用端，然以人言浸潤，不能無疑，乃使張彬詣渭州察之。彬至，謂端曰：「今兵合財備，婁室以孤軍深入吾境，我合諸路攻之，不難。」端曰：「彼將士精銳，且因糧於我，我今反爲客，未可勝也。若按兵據險，時出偏師以擾其耕穫，彼不得耕穫，必取糧河東，則我爲主矣。如此一二年，彼必困斃，乃可圖也。萬一輕舉，後憂方大。」彬還白浚，浚不以爲然。及聞兀术留江、淮，議出師撓之。端曰：「平原廣野，敵便於衝突，而我軍未嘗習水戰，金人新造之勢，難與爭鋒。宜訓兵秣馬，保疆而已。後十年乃可。」浚積前疑，遂以彭原之敗，罷端兵柄，再貶海州團練副使，萬安軍安置。

秋七月，金兀术引兵趨陝西。時張浚以金兵萃淮上，懼其復擾東南，謀牽制之，欲出兵分道由同州、鄜、延以擣其虛。兀术聞之，遂自六合引兵趨陝西。金主亦以婁室專攻陝西，所下城邑，旋復拒守，因其請益兵，命訛里朶往監其軍。

張浚遣兵復陝西軍、州，趙哲復鄜州，吳玠復永興軍，其餘州縣多迎降。

九月癸亥，張浚聞兀术將至，檄召熙河劉錫、秦鳳孫偓、涇原劉錡、環慶趙哲四經略及吳玠之兵，合四十萬人，馬七萬匹，以錫爲統帥，迎敵決戰。王彥諫曰：「陝西兵將，上下之情未通，若不利則五路俱失。不若且屯利、閬、興、洋，以固根本，敵入境則檄五路之兵來援，萬一不捷，未大失也。」浚不從。劉子羽亦力言未可，浚曰：「吾寧不知此，顧東南事方急，不得不爲是爾。」吳玠、郭浩皆曰：「敵鋒方銳，宜各守要害，須其敝而乘之。」亦不從。遂行，次於富平縣。劉錫會諸將議戰，玠曰：「兵以利動，今地勢不利，未見其可。宜擇高阜據之，使不可勝。」諸將皆曰：「我衆彼寡，又前阻葦澤，敵有騎不得施，何用他徙？」已而婁室引兵驟至，輿柴囊土，藉淖平行，進薄諸營。錫等與之力戰，劉錡身率將士薄敵陣，殺獲頗多，勝負未分。而敵鐵騎直擊趙哲軍，他將不及援，哲〔因〕（本卷校改各條，均以續綱目、薛鑑爲依據）離所部，將校望見塵起，遂驚遁，諸將皆潰。敵乘勝而進，關、陝大震。浚時駐邠州督戰，既敗，退保秦州，召趙哲斬之，而安置劉錫於合州，令諸將各還本路，上書待罪。自是關、陝不可復，論者咎浚之輕師失律。

十一月，金人入德順軍，張浚退保興州。時輜重焚棄，將士散亡，惟親兵千餘自隨，人情大沮。或請徙治夔州，參軍事劉子羽叱之曰：「孺子可斬也！四川全盛，敵欲入寇久矣，直以川口有鐵山棧道之險，未敢遽窺耳。今不堅守，縱使深入，而吾僻處夔、峽，遂與關中聲援不相聞，進退失據，悔將何及！今幸敵方肆掠，未逼近郡，宣司但當留駐興州，外繫關中之望，內安全蜀之心；急遣官屬出關，呼召諸將，收集散亡，分布隘險，堅壁固壘，觀釁而動，庶幾可以補前愆耳。」浚然其言，而諸參佐無敢行者。子羽卽請奉命，乃單騎至秦州，召諸亡將。時諸將不知宣司所在，及聞命，大喜，悉以其衆來會，凡十餘萬人，軍勢復振。子羽因請遣吳玠聚兵扼險於鳳翔大散關東之和尚原，以斷敵來路；關師古等聚熙河兵於岷州大潭；孫偓、賈世方等聚涇原、鳳翔兵於階、成、鳳三州，以固蜀口。金人知有備，遂引去。

紹興元年（辛亥、一一三一）三月，金人破福津，（躁）〔蹂〕同谷，以迫興州。浚遂退保閬州，而以張深爲四川制置使，與劉子羽趨益昌。王庶爲利夔制置使，節制陝西諸路，知興元府。

六月，張浚以吳玠爲陝西諸路都統制。時關、隴六路盡陷於金，止餘階、成、岷、鳳、洮五郡，及鳳翔之和尚原，隴州之方山原而已。

八月丁卯，張浚殺前威武大將軍曲端。浚既敗於富平，乃思端言，召之還，稍復其官，徙閬州，將復用之。吳玠憾端，因言「端再起必不利於公」，王庶又從而間之。玠復書「曲端謀反」四字於手以示浚，庶又言端嘗作詩題柱曰：「不向關中興帝業，卻來江上泛漁舟。」謂其指斥乘輿。浚乃送端於恭州獄。有武臣康隨者，嘗以事忤端，端鞭其背，隨憾端入骨，浚以隨提點夔路刑獄。端聞之，曰：「吾其死矣！」呼天者數聲。端有馬名「鐵象」，日馳四百里。至是，連呼「鐵象可惜」者數聲，乃赴逮。既至，隨令獄吏縶維之，糊其口，脅之以火。端乾渴求飲，與之酒，九竅流血而死。陝西士大夫莫不痛惜之，軍士悵恨，有叛去者。未幾，金人再戰於富平，浚師詐張端旗以懼敵。金婁室知端已死，撫掌笑曰：「何紿我也。」師復敗。

二年（壬子、一一三二）五月，張浚以劉子羽知興元府。

九月丙戌，以王似爲川陝宣撫處置副使。張浚在關、陝三年，訓新集之兵，當方張之敵，以劉子羽爲上賓，任趙開爲轉運，擢吳玠爲大將。子羽慷慨有才略，開善理財，而玠每戰輒勝，西北遺民歸附者衆。故關、陝雖失，而全蜀安堵；且以形勢牽制東南，江、淮亦賴以安。朝廷疑浚殺趙哲、曲端爲無辜，任子羽、開、玠爲非是，乃以似爲副使，浚始不安。

十二月甲辰，召張浚知樞密院事。浚聞王似來，上疏求解兵柄，且論似不可任。呂頤浩不悅，朱勝非又以宿憾日短浚，故召之，而以盧法原爲川陝宣撫副使，與王似同治司事。

四年（甲寅、一一三四）三月乙丑，張浚至臨安。浚雖被召，以劉子羽等軍敗，祕其事未行。王似、盧法原亦未赴闕。已而詔押似、法原赴鎭，〔浚〕及子羽、王庶、劉錫等俱赴行在。初，辛炳知潭州，浚在陝以檄發兵，炳不遣，浚奏劾之。至是，炳爲御史中丞，率殿中侍御史常同等劾浚喪師失地，跋扈不臣，遂落職奉祠，福州居住。安置劉子羽於白州。詔以王似爲川陝宣撫使，盧法原、吳玠副之。會兀朮攻關，爲吳玠所敗，法原素與玠不睦，玠因奏功，訟法原不濟師。上手詔詰問，法原憂恚而卒。

八月戊子，改命趙鼎都督川、陝、荆、襄諸軍事。鼎辭以非才，帝曰：「四川全盛，半天下之地盡以付卿，黜陟專之可也。」鼎條奏便宜，復爲朱勝非所抑。乃上疏言：「頃者，陛下遣張浚出使川、陝，國勢百倍於今，浚有補天浴日之功，陛下有『礪山帶河』之誓，君臣相信，古今無二，而終致物議，以被竄逐。夫喪師失地，浚則有之，然未至如言者之甚也。大抵專黜陟之典，受不御之權，則小人不安其分，謂爵賞可以苟求，一不如意，便生觖望。是時蜀士至於醵金募人詣闕訟之。以無爲有，何以自明？故有志之士爲國立事者，每以浚爲戒。今臣無浚之功，當此重責，去朝廷遠，恐好惡是非，行復紛紛於聰明之下矣！望憫臣孤忠，使得展布四體，少寬陛下西顧之憂。」又言：「臣所請兵，不滿數千，半皆老弱。所賫金帛至微。薦舉之人，除命甫下，彈墨已行。臣日侍宸扆，所陳已艱難，況在萬里之外乎！」鼎旋以入相，不果行。

宋史紀事本末卷六十九

吳玠兄弟保蜀

高宗紹興元年（辛亥、一一三一）冬十（二）（據宋史二六高宗紀、薛鑑删）月癸酉，金兀朮寇和尚原，吳玠及其弟璘大敗之。玠自富平之敗，收散卒，保和尚原，積粟繕兵，列栅爲死守計。或謂玠宜退保漢中，扼蜀口，以安人心。玠曰：「我保此，敵決不敢越我而進，是所以保蜀也。」玠在原上，鳳翔民感其遺惠，相與夜輸芻粟助玠；玠償以銀帛，民益喜，輸者益多。金人怒，伏兵渭河邀殺之，且令保伍連坐，民冒禁如故。金將沒立自鳳翔，烏魯折合自階、成，出散關，約日會和尚原。烏魯折合先期至，陣北山，索戰。玠命諸將堅陣待之，更戰迭休，金人大敗，遁去。沒立方攻箭筈關，玠復遣將擊敗之，兩軍終不得合。金人自起海角，狃於常勝，及與玠戰輒敗，憤甚，謀必取玠。於是兀朮會諸帥兵十餘萬，造浮梁跨渭，自寶雞結連珠營，壘石爲城，夾澗與官軍相拒，進薄和尚原。玠與弟璘選勁弩，命諸將分番迭射，號「駐隊矢」，連發不絕，繁如雨注。敵稍卻，則以奇兵旁擊，絕其糧道。度其困且走，設伏於神坌以待之，敵至伏發，遂大亂。玠因進兵夜擊，大敗之。兀朮中二流矢，僅以身免，亟剃其鬚髯而遁。初，金人之至也，玠與璘以散卒數千駐原上，朝問隔絕，人無固志，有謀劫玠之兄弟北降者。玠知之，召諸將歃血盟，勉以忠義，皆感泣，願盡死力，故能成功。

三年（癸丑、一一三三）春正月乙丑，金人陷金州。時，金人久窺蜀，以吳璘駐兵和尚原扼其衝，不得逞，將出奇取之。乃以叛將李彥琪駐秦州，睨仙人關，以綴吳玠河池之師；復遊騎出熙河，以綴關師古。撒离喝自商於直擣上津，攻金州，王彥以三千人迎敵而敗，焚積聚，退保石泉，撒离喝遂乘勝而進。

二月辛卯，王彥引兵會吳玠於饒風關。金人長驅趨洋、漢，劉子羽聞王彥敗，亟命田晟守饒風關，而遣人召吳玠入援。玠自河池，日夜馳三百里，至饒風。以黃柑遺敵，曰：「大軍遠來，聊用止喝。」撒离喝大驚，以杖擊地曰：「爾來何速耶！」遂悉力仰攻。一人先登，二人擁後，先者旣死，後者代攻。玠軍弓弩亂發，大石摧壓，如是者六晝夜，死者山積。敵乃更募死士，由間道自祖溪關入，繞出玠後，乘高以瞰饒風，諸軍不支，遂潰。敵入洋州，玠邀子羽去，子羽不可，而留玠固守定軍山。玠難之，遂退保興元之西縣。子羽亦焚興元，退保大安之三泉縣。己亥，撒离喝遂入興元，至金牛鎮，四川大震。子羽從兵不滿三百，與士卒取草芽木甲食之，遺玠書訣別。玠得書，未有行意。其愛將楊政大呼軍門曰：「節使不可負劉待制，不然，政輩亦舍節使去矣！」玠乃間道會子羽。子羽留玠等守三泉，玠曰：「關外，蜀之門戶，不可輕棄。」復往守仙人關。子羽以潭毒山形斗拔，其上寬平有水，乃築壁壘。方成，而金人已至，距營十數里。子羽據胡床坐壘口，諸將泣告曰：「此非待制坐處。」子羽曰：「子羽今日死於此！」敵尋亦引去。時，張浚亦欲移守潼川，子羽遺書言：「已在此，金人必不南。」浚乃止。金兵由斜谷北去，子羽謀邀之於武休，不及。撒离喝旣回鳳翔，遣十人持書招子羽，子羽皆斬之，而縱其一還，曰：「爲我語賊，欲來卽來，吾有死爾，何可招也！」初，子羽聞有金兵，預徙梁、洋之積。及金人深入，餽餉不繼，殺馬及兩河所僉軍士以食，而子羽、玠復腹背要擊之，死傷十五、六，疫癘且作，乃引衆還。子羽、玠因出師掩其後，金人墮溪〔澗〕（據宋史三七〇劉子羽傳、續綱目補）死者不可勝計，盡棄輜重而走，餘兵不能自拔者悉降，子羽遂還興元。金人始謀，本謂玠在西邊，故涉險東來，不虞玠馳至，雖入三州，而得不償失。

五月丙子，王彥復金州，金人遂棄均、房。己卯，論金牛之功，以吳玠爲利州路階、成、鳳州制置使，劉子羽爲寶文閣直學士，王彥爲保大軍承宣使，諸將佐第賞有差。

十一月乙亥，金兀朮陷和尙原。於是宣撫司分陝西之地，自秦、鳳至洋州，吳玠主之，屯仙人關；金、房至巴、達，王彥主之，屯通（州）〔川〕（據宋史八九地理志改）；文、龍至威、茂，劉錡主之，屯巴西；洮、岷至階、成，關師古主之，屯武都。

四年（甲寅、一一三四）三月辛亥，吳玠、吳璘與金兀朮戰於仙人關，敗之。先是，璘守和尚原，餽餉不繼，玠慮金人必復深入，且其地去蜀遠，乃命璘別營壘於仙人關右之地，名曰殺金平，移兵守之。至是，兀朮、撒离喝、劉夔帥步騎十萬，破和尚原，進攻仙人關，自鐵山鑿崖開道，循嶺東下。玠以萬人守殺金平，以當其衝。璘自武階路入援，先以書抵玠，謂殺金平之地闊遠，前陣散漫，後陣阻隘，宜益修第二隘，示必死戰，然後可以必勝。玠從之，急治第二隘。璘冒圍轉戰七晝夜，始得與玠會於仙人關。敵首攻玠營，玠擊走之。又以雲梯攻壘壁，楊政以撞竿碎其梯，以長矛刺之。諸將有請別擇地以守者，璘拔刀畫地以示諸將曰：「死則死此，退者斬！」金軍分爲二，兀朮陣於東，韓常陣於西。璘率鋭卒介其間，左繞右縈，隨急而後戰。戰久，璘軍少憊，急屯第二隘。金生兵踵至，人被重鎧，鐵鉤相連，魚貫而上，璘以駐隊矢疊射，矢下如雨，死者層積，敵踐而登。撒離喝駐馬四視，曰：「吾得之矣。」翌日，命攻西北樓，姚仲登樓酣戰。樓傾，以帛爲繩挽之復正。金人用火攻樓，仲以酒缶撲滅之。玠急遣統領田晟以長刀大斧左右擊，明炬四山，震鼓動地。明日大出兵，統領王喜、王武率鋭士分紫、白旗入金營，金陣亂，奮擊，射韓常中左目，金人始宵遁。玠遣統制〔官〕（據宋史三六六吳玠傳、續綱目、薛鑑補）張彥劫橫山砦，王俊伏河池，扼其歸路，又敗之。是役也，兀朮以下皆攜妻孥來，劉夔乃劉豫腹心，本謂蜀可圖，既不得逞，度玠終不可犯，乃還屯鳳翔，授甲士田，爲久留計，自是不敢妄動矣。

五年（乙卯、一一三五）春正月，吳玠復秦州。玠聞虜犯淮南，遣吳璘、楊政乘機牽制。璘等出奇兵，自天水至秦，拔其城。撒离喝聞秦被圍，集諸道兵來援，政復擊敗之。

六年（丙辰、一一三六）八月癸卯，四川都轉運使趙開罷。時，吳玠爲宣撫副使，專治戰守，於財計不問盈虛，一切以軍期趣辦於開，數以餽餉不繼訴於朝；開亦自劾老憊，求去。朝廷爲之交解，乃以席益爲制置大使，位宣撫副使上，州、軍兵馬並隸大使司，邊防重事仍令宣撫司處置。益至四川，頗侵用軍期錢，開復訴於朝，又數增錢引，而軍計猶不給。朝廷以開、益不協，乃召開赴行在，而以李迨代之。自金人犯陝、蜀，開職餽餉，軍用無乏。其後計臣屢易，於開經畫無敢變更，然茶鹽榷酤、奇零絹帛之征遂爲蜀常賦，則開所作俑也。益尋以母喪亦去。帝問胡交修：「孰可守蜀者？」交修以從子世將對，遂以世將爲四川安撫制置使。

九年（己未、一一三九）春正月己亥，以吳玠爲四川宣撫使。玠與金人對壘且十年，常苦遠餉勞民，屢汰冗員，節浮費，益治屯田。帝以玠功高，因和議成，授玠開府儀同三司、四川宣撫使，陝西、階、成等州皆聽節制。

六月己巳，吳玠卒。玠用兵本孫、吳，務遠略，不求近小利，故能保必勝。御下嚴而有恩，雖身爲大將，卒伍最下者得以情達，故士樂爲之死。選用將佐，視勞能爲高下先後，不以親故權貴撓之。自富平之敗，金人專意圖蜀，微玠身當其衝，無蜀久矣，故西人思之，立祠以祀。

秋七月乙巳，以胡世將爲四川宣撫副使。世將至，謂諸將曰：「世將不習騎射，不習虜情，朝廷所以遣來者，襲國家故事，以文臣爲制將耳。軍事一無改吳宣撫之規，各推誠心，共濟國事可也。」諸將皆服。

十年（庚申、一一四〇）五月，詔吳璘同節制陝西諸軍。時金人復渝盟，撒离喝入同州，趨永興軍，陝西州縣所至迎降，遂進據鳳翔。初，關、陝新復，朝廷分軍屯熙、秦、鄜延諸路。撒离喝既至鳳翔，陝右諸軍皆隔在虜後，遠近大震。

六月，吳璘敗金人於扶風。初，胡世將在河池，倉卒召諸將議。時吳璘、孫渥已在，楊政、田晟繼至。諸將請少避清野，以挫其鋒。渥言河池不可守。璘厲聲折之曰：「懦語沮軍，可斬也！璘請以百口保破敵。」世將壯之，指所居帳曰：「世將誓死於此！」遂遣諸將分據渭南。尋有詔世將移屯蜀口。會金人犯石壁砦，璘遣姚仲等破走之。既而撒离喝使鶻眼郎君以三千騎衝璘軍，璘使統制李師顔以驍騎擊敗之。虜先於扶風築城，既敗，入城拒守。

官軍攻拔其城，獲三將及女眞百(七)（據宋史三七〇胡世將傳、續綱目删）十七人。撒离喝怒甚，自戰百通坊，仲力戰破之，撒离喝還鳳翔。由是金人不敢度隴，分屯之軍得全師而還。

閏月，撒离喝與吳璘、楊政夾渭河而陣，璘駐兵大蟲嶺。撒离喝覘之，曰：「善戰者立於不敗之地，此難與爭。」乃引去，趨邠州。田晟遣將拒之於青溪嶺，胡世將又遣王彦、楊從儀分道而出，屢戰敗之。撒离喝還屯鳳翔，既而復出，攻涇州。田晟據山爲陣，乘虜壁未定，奮兵擊敗之，奪其兵馬甚衆。撒离喝走還鳳翔。

十一年（辛酉、一一四一）九月丙申，吳璘及金人戰於(劉)〔剡〕家灣（據宋史三六六吳璘傳、續綱目改。下同），大敗之。癸亥，受詔班師。初，吳璘進兵拔秦州，金統軍胡盞與習不祝合兵五萬，屯劉家圈。璘請於胡世將擊之，世將問策安出。璘曰：「有新立疊陣法，每戰以長槍居前，坐不得起；次最强弓，次强弩，跪膝以俟；次神臂弓。約賊相搏，至百步內，則神臂先發；七十步，强弓併發。次陣如之。凡陣以拒馬爲限，鐵鉤相連，俟其傷則更代，代則以鼓爲節。騎兩翼以蔽於前，陣成而騎退。謂之疊陣。」世將善之。諸將竊議曰：「吾軍其殲於此乎？」璘曰：「此古束伍令也，軍法有之，諸軍不識耳，得車戰遺意，無出於此。戰士心定則能持滿，敵雖銳不能當也。」遂進次(劉)〔剡〕家灣。時胡盞、習不祝據險自固，前臨峻嶺，後控臘家城，謂璘必不敢輕犯。先一日，璘會諸將，問所以攻。姚仲曰：「戰於山上則勝。」璘然之，乃請戰，敵皆笑。夜半，璘遣姚仲、王彥銜枚渡河，涉峻嶺，截坡上，約二將上嶺而後發火。二將至嶺，寂無人聲，軍已畢列，萬炬齊發。敵駭愕曰：「吾事敗矣！」習不祝善謀，胡盞善戰，二酋異議。璘先以兵挑之，胡盞果出鏖戰。璘以疊陣法更迭戰，輕裘駐馬，亟麾之，士殊死鬬。金人大敗，降者萬人，胡盞走保臘家城。〔璘〕（據宋史三六六吳璘傳、續綱目、薛鑑補）圍而攻之，城垂破，朝廷方主和議，以驛書詔班師。時，璘拔秦州，其勢方張，陝西、河東（守）〔首〕（據續綱目、薛鑑改）領爭來附；而楊政拔隴州，及破岐下諸屯；郭浩復華州，入陝州矣。詔至，璘卽〔自〕（據宋史二九高宗紀、續綱目、薛鑑補）臘家城引兵還河池，浩還延安，政還鞏，世將惟浩歎而已。

三十一年（辛巳、一一六一）五月乙未，以吳璘爲四川宣撫使，王剛中同處置軍事。時聞金主亮將敗盟，故命璘爲之備。

八月，金西道行營徒單合喜將兵扼大散關，遊騎攻黃牛堡，守將李彥堅告急，人情洶洶。制置使王剛中跨一馬，馳二百里至吳璘營，起璘於帳中，責之曰：「大將與國，誼同休戚，臨敵安得高枕而臥！」璘大驚，卽馳至殺金平，駐軍青野原，益調內郡兵，分道而進，授以方略，以援黃牛。剛中又以蠟書抵張正彥濟師，西師大集。李彥堅以神臂弓射金師，卻之。璘遣別將彭青至寶雞渭河，夜劫橋頭寨，破之。又遣劉海復秦州，彭青復隴州。金師旣退，剛中倍道馳還，謂其屬李燾曰：「將帥之力，吾何有焉。」

冬十月，詔吳璘出兵漢中，璘遂復商、虢州。

三十二年（壬午、一一六二）二月，金人犯虢州，吳璘遣將楊從儀等攻之，分兵守和尙原。金人走寶雞，璘遣兵復河源州及積石、鎭戎軍，遂復大散關。

時，璘遣姚仲攻德順，踰四旬不克，璘以李師顏代之，遣子挺節制軍馬。挺與敵戰於瓦亭，大敗之，擒其將耶律九斤等百三十七人。金人悉兵趨德順，璘自將往督師，先壁於險，且治夾河戰地，按行諸屯，斬不用命者。先以數百騎嘗敵，敵一鳴鼓，銳師空壁躍出突璘軍。璘軍得先治地，無不一當百。至暮，璘忽傳呼某將戰不力，人益奮搏敵，敵大敗，遁入壁。黎明，師再出，敵堅壁不動。會大風雪，金人拔營去，凡八日而克。璘入城，市不改肆。又遣嚴忠取環州，遂還河池。姚仲等又復蘭、會、熙、鞏等州及永安軍。

十二月丙寅，詔吳璘班師。時金以重兵扼鳳翔，爭吳璘新復十三州、三軍，璘亟馳德順以備之。已而金蒲察世傑率師十萬來攻，璘力戰拒之。會史浩上言：「官軍西討，東不可過寶雞，北不可過德順。若兵宿於外，去川口遠，則敵必襲之。」朝廷遂欲棄三路。虞允文時爲川陝宣諭使，疏言：「恢復莫先於陝西，陝西五路新復州郡，又係於德順之存亡，一旦棄之，則窺蜀之路愈多，西和、階、成利害至重，不可不慮。」疏上，罷允文知夔州，遂詔璘班師。金人乘其後，璘軍亡失者三萬三千，部將數十人，連營痛哭，聲振原野。於是秦鳳、熙河、永興三路新復十三州，皆復爲金取。

宋史紀事本末卷七十

岳飛規復中原 秦檜害飛附

高宗紹興六年（丙辰、一一三六）六月，岳飛進屯襄陽。時張浚視師江上，會諸大帥，獨稱韓世忠與飛可倚大事。命飛屯襄陽以窺中原，曰：「此君素志也。」飛遂移軍京西，除宣撫副使，置司襄陽，命往武昌調軍。

秋八月，岳飛遣王貴等攻虢州，下之，獲糧十五萬石，降者數萬人。張浚曰：「飛措畫甚大，今已至伊、洛，則太行一帶山砦必有應者。」已而忠義社梁興等果歸之。飛遣楊再興進兵，至長水，及僞齊李成、孔彥舟連戰皆捷；至蔡州，克其城。時，僞齊屯唐州，岳飛遣王貴、董先等攻破之。飛因奏進取中原，不許，飛召貴等還。

七年（丁巳、一一三七）夏四月，岳飛乞終喪，遂還廬山，張浚使張宗元監其軍。先是，飛自鄂入見，拜太尉，繼除宣撫使，以王德、酈瓊兵隸之。帝詔德、瓊曰：「聽飛號令，如朕親行。」飛見帝數論恢復之略，疏言：「金人所以立劉豫於河南，蓋欲荼毒中原，以中國攻中國，彼得以休兵觀釁耳。臣願陛下假臣月日，提兵趨京、洛，據河陽、陝府、潼關，以號召五路叛將。叛將既還，遣王師先進，豫必棄汴而走，河北、京畿、陝右可以盡復，然後分兵濬、滑，經略兩河。如此則逆豫成擒，金人可滅，社稷長久之計，實在此舉。」帝曰：「有臣如此，朕復何憂！進止之機，朕不中制。」復召至寢閣，命之曰：「中興之事，一以委卿。」飛方圖大舉，會秦檜主和議，忌之，遂不以德、瓊軍隸飛，詔飛詣張浚議事。時，浚奏罷劉光世兵柄，以其軍隸都督府，因分爲六軍，謀置帥，謂飛曰：「王德，淮西軍所服，浚欲以爲都統，而命呂祉以督府參謀領之。」飛曰：「德與酈瓊素不相下，一旦握之在上，則必爭；呂尚書不習軍旅，恐不足服衆。」浚曰：「張俊、楊沂中何如？」飛曰：「張宣撫，飛之舊帥也，其人暴而寡謀，尤瓊所不服。沂中視德等耳，亦豈能御此軍哉。」浚艴然曰：「固知非太尉不可。」飛曰：「都督以正問飛，飛不敢不盡其愚，豈以得軍爲念哉！」飛既與浚忤，卽日上章，乞解兵柄終喪服，以張憲攝軍事，步歸廬山。浚怒，奏言飛積慮專在併兵，遂命張宗元權宣撫判官，監其軍。

六月，岳飛入朝，復還鎭。帝果詔趣飛還職，飛不得已，趨朝待罪，帝慰遣之。及張宗元還，言將和士銳，人懷忠孝，皆飛訓養所致，帝大悅。飛至鎭，奏言：「比者寢閣之命，咸謂聖斷已堅，何至今尙未決？臣願提兵進討，順天道，因人心，以曲直爲老壯，以逆順爲强弱，萬全之效可必。錢塘僻在海隅，非用武地，願(速)〔建〕(本卷校改各條，除文下注明者外，均以宋史三六五岳飛傳爲依據，並參照續綱目、薛鑑）都上游，用漢光武故事，親率六軍，往來督戰，庶將士知聖意所向，人人用命。」不報。

八月，以王德爲淮西都統制，酈瓊副之。瓊與德素等夷，不相下，呂祉還朝，德、瓊列狀交訴於都督府及御史臺。乃詔德還建康，仍命呂祉往廬州節制之。祉至廬州，瓊又訟德。祉諭曰：「若以君等爲是，則大相誑，然張丞相喜人向前，倘能立功，雖大過亦闊略，況小嫌耶。當爲諸公辨之，保無他虞。」瓊等感泣。事少定，祉乃密奏，乞罷瓊及統制靳賽兵權。書吏漏語於瓊，瓊令人遮祉所遣郵置，盡得祉所言，大怨怒。會聞朝廷命楊沂中爲淮西制置使，劉錡爲副，召瓊赴行在。瓊大懼，遂謀叛。諸將晨謁祉，瓊袖出文書，示中軍統制張璟曰：「諸兵官有何罪，張統制乃以如許事聞之朝廷耶！」祉大驚，欲走不及，爲瓊所執，璟及兵馬鈐轄喬仲福，統制劉永衡皆死。瓊遂率全軍四萬人，渡淮降劉豫，擁祉北去。距淮三十里，祉下馬立，謂瓊曰：「劉豫逆賊，我豈可見之！」衆逼祉上馬，祉罵曰：「死則死於此！」又諭其衆曰：「劉豫逆臣爾，軍中豈無英雄，乃隨酈瓊去乎！」衆頗感動，凡千餘人環立不行。瓊恐搖衆心，急策馬先渡，祉遂遇害。事聞，張浚始悔不用岳飛之言。飛乞進討瓊，不許，詔駐師江州，爲淮、浙援。

八年（戊午、一一三八）二月，岳飛乞增兵。不許。

九年（己未、一一三九）春正月，岳飛在鄂州，聞金將歸河南地，上言：「金人不可信，和好不可恃，相臣謀國不臧，恐貽後世譏。」秦檜銜之。及赦書至鄂，飛表謝，寓和議不便之意，有「願定謀於全勝，期收地於兩河，唾手燕、雲，終欲復仇而報國，矢心天地，尚令稽首以稱藩」之語。檜益怒，遂成仇隙。和議成，例加爵賞，飛加開府儀同三司，力辭，言：「今日之事，可危而不可安，可憂而不可賀，可訓兵飭士謹備不虞，而不可論功行賞取笑敵人。」三詔不受，帝溫言獎諭之，飛乃受命。會遣士㒟謁諸陵，飛請以輕騎從洒掃，實欲觀釁以伐謀。又奏：「金人無事請和，此必有肘腋之虞，名以地歸我，實寄之也。」檜白帝，止其行。

十年（庚申、一一四〇）六月，岳飛敗金人於京西。時，金人攻拱亳，劉錡告急，命飛馳援。飛遣張憲、姚政赴之。帝賜劄曰：「設施之方，一以委卿，朕不遙度。」飛乃遣王貴、牛皐、董先、楊再興、孟邦傑、李寶等分布經略西京、汝、鄭、潁昌、陳、曹、光、蔡諸郡；又命梁興渡河，糾合忠義社，取河東、北州縣；又遣兵東援劉錡，西援郭浩，自以其軍長驅以闞中原。將發，密奏言：「先正國本，以安人心，然後不常厥居，以示無忘復讎之意。」帝得奏，大褒其忠，授少保、河南府路陝西河〔東〕北路招討使，尋改河南、北諸路招討使。未幾，所遣諸將李寶、牛皐等相繼敗金人於京西。

閏月，岳飛遣統制張憲擊金韓常於潁昌，又復淮寧府，郝晸復鄭州，張應、韓清復西京，楊遇復南城軍，喬握堅復趙州，他將所至皆捷，中原大震。河南兵馬鈐轄李興聚兵應飛，收復伊陽等八縣及汝州。金河南尹李成棄城遁走，詔興知河南府。飛又使張應會興復永安軍。

秋七月，岳飛大軍在潁昌，〔命〕（據續綱目、薛鑑補）諸將分道出戰，自以輕騎駐郾城，兵勢甚銳。兀朮大懼，會龍虎大王議，以爲諸帥易與，獨飛不可當，欲誘致其師，併力一戰。中外聞之皆懼，詔飛審處自固。飛曰：「金人技窮矣。」乃日出挑戰，且罵之。兀朮怒，合龍虎大王、蓋天大王及韓常之兵，逼郾城，飛遣子雲領騎兵直貫其陣，戒之曰：「不勝，先斬汝！」鏖戰數十合，賊屍布野。初，兀朮有勁軍，皆重鎧，貫以韋索，三人爲聯，號「拐子馬」，官軍不敢當。是役也，以萬五千騎來，飛戒步卒以麻紥刀入陣，勿仰視，第砍馬足。拐子馬相連，一馬仆，二馬不能行。官軍奮擊，遂大破之。兀朮大慟，曰：「自海上起兵，皆以此勝，今已矣！」因復益兵而前，飛自以四十騎突戰，敗之。兀朮憤甚，合師十二萬，次於臨潁。楊再興以三百騎遇之於小商橋，驟與之戰，殺二千人及萬戶撒八、千戶百人；再興死，獲其屍，〔焚之〕（據宋史三六八楊再興傳、薛鑑補），得箭鏃二升，飛痛惜之。張憲繼至，復戰，兀朮夜遁，追奔十五里。飛謂子雲曰：「賊屢敗，必還攻潁昌，汝宜速援王貴。」既而兀朮果至，貴將游騎，雲將背嵬，戰於城西。雲以輕騎八百挺前決戰，步兵張左右翼繼之，殺兀朮婿夏金吾，副統軍粘罕索孛堇，兀朮遁去。

梁興以飛命，會太行忠義及兩河豪傑，敗金人於垣曲，又敗之於沁水，遂復懷、衞州，斷金人山東、河北之道，金人大恐。飛奏：「興等過河，人心願歸朝廷。金兵屢敗，兀朮等皆令老少北去，正中興之機。」飛進軍朱仙鎮，距汴京四十五里，與兀朮對壘而陣，遣驍將以背嵬五百奮擊，大破之，兀朮遁還汴京。飛檄陵臺，令行視諸陵，葺治之。

先是，飛遣梁興等布德意，招結兩河豪傑，山砦韋銓、孫謀等斂兵固堡，以待王師，李通、胡清、李寶、李興、張恩、孫琪等舉衆來歸。金人動息，山川險要，一時皆得其實。盡磁、相、開、德、澤、潞、晉、絳、汾、隰之境，皆期日興兵與官軍會，其所揭旗，以「岳」爲號，父老百姓爭輓車牽牛，載糗糧以饋義軍，頂盆焚香迎候者充滿道路。自燕以南金號令不行，兀朮欲簽軍以抗飛，河北無一人從者，乃歎曰：「自我起北方以來，未有如今日之挫衄！」金帥烏陵思謀素號桀黠，亦不能制其下，但諭之曰：「毋輕動，俟岳家軍來卽降。」金統制王鎭、統領崔慶、將官李覬、崔虎、（葉）〔華〕旺（本卷以下校改各條，均以宋史三六五岳飛傳爲依據，並參照續綱目、薛鑑）等皆率所部降，以至禁衞龍虎大王下忔查千戶高勇之屬，皆密受飛旗榜，自北方來降。金將軍韓常欲以五萬騎內附。飛大喜，謂其下曰：「直抵黃龍府，與諸公痛飲耳！」方指日渡河，而秦檜方欲畫淮以北棄之，諷臺臣請班師。飛奏：「金人銳氣沮喪，盡棄輜重，疾走渡河，而我豪傑向風，士卒用命。時不再來，機難輕失。」檜知飛志銳不可回，乃先請張俊、楊沂中等歸，而後言：「飛孤軍不可久留，乞令班師。」一日奉十二金字牌，飛憤惋泣下，東向再拜，曰：「十年之力，廢於一旦！」飛班師，民遮馬慟哭，訴曰：「我等戴香盆，運糧草，以迎官軍，金人悉知之。相公去，我輩無噍類矣！」飛亦悲泣，取詔示之，曰：「吾不得擅留。」哭聲震野。飛留五日，以待其徙，從而南者如市，亟奏以漢上六郡閑田處之。

方兀朮敗於朱仙，欲棄汴去，有書生叩馬曰：「太子毋走，岳少保且退矣。」兀朮曰：「岳少保以五百騎破吾十萬，京城日夜望其來，何謂可守？」書生曰：「自古未有權臣在內而大將能立功於外者。岳少保且不免，況欲成功乎！」兀朮悟，遂留。飛既歸，所得州縣旋復失之。飛力請解兵柄，不許。既而自廬入覲，帝問之，飛拜謝而已。

十一年（辛酉、一一四一）三月，金兀朮、韓常與龍虎大王合兵逼廬州，帝趣岳飛應援，凡十七劄。飛奏：「金人傾國南來，巢穴必虛，若長驅京、洛以擣之，彼必奔命，可坐而斃。」時飛方苦寒嗽，力疾而行，又恐帝急於退敵，乃奏：「臣如擣虛，勢必得利，若以敵方在邇，未暇遠圖，欲乞親至蘄、黃，以議攻卻。」帝大喜。師至廬州，金兵望風而遁。飛還兵於舒以俟命。兀朮破濠州，張俊駐軍黃連鎮，不敢進。楊沂中遇伏而敗，帝命飛救之，金人聞飛至，又遁。

時和議已決，秦檜患飛異己，乃密奏召三大將，論功行賞。韓世忠、張俊既至，飛獨後。檜又用參政王次翁計，俟之六七日，既至，授樞密副使。飛固請還兵柄。詔同俊往楚州措置邊防，總韓世忠軍還駐鎮江。初，飛在諸將中年最少，以列校拔起，屢立顯功，世忠、俊不能平，飛屈己下之，而俊益忌飛。淮西之役，俊以前途糧乏訹飛，飛不爲止。帝賜劄褒諭，有曰：「轉餉艱阻，卿不復顧。」俊疑飛漏言，還朝，反倡言飛逗遛不進，以乏餉爲辭。至視世忠軍，俊知世忠忤檜，欲與飛分其背嵬軍，飛義不肯，俊大不悅。及同行楚州城，俊欲修城爲備，飛曰：「當戮力以圖恢復，豈可爲退保計！」俊變色。會世忠軍吏景著言：「二樞密若分世忠軍，恐至生事。」檜捕著，下大理獄，將以扇搖誣世忠，飛馳書告以檜意，世忠見帝自明。俊於是大憾飛，倡言飛議棄山陽，且密以飛報世忠事告檜，檜大怒。初，檜逐趙鼎，飛每對客歎息；又以恢復爲己任，不肯附和議，讀檜奏至「德無常師，主善爲師」之語，惡其欺罔，恚曰：「君臣大倫，根於天性，大臣而忍面謾其主耶！」兀朮遺檜書曰：「爾朝夕以和請，而岳飛方爲河北圖。必殺飛，始可和。」檜亦以飛不死終梗和議，己必及禍，力謀殺之。以諫議大夫万俟卨與飛有怨，諷卨劾飛；又諷中丞何鑄、侍御史羅汝楫交章彈論，大率謂：「今春金人攻淮西，飛暫至舒、蘄而不進，比與俊按兵淮上，又欲棄山陽而不守。」飛累請罷樞柄，尋還兩鎮節，充萬壽觀使，奉朝請。

檜志未伸，又諭張俊令劫王貴，誘王俊誣告張憲謀還飛兵柄。檜遣人捕飛父子證張憲事，使者至，飛笑曰：「皇天后土，可表此心！」初命何鑄鞫之，飛裂裳，以背示鑄，有「盡忠報國」四大字，深入膚理。既而閱實，無左驗，鑄明其無辜。既命万俟卨，卨誣飛與憲書，令虛申探報，以動朝廷；雲與憲書，令措置使飛還軍，言其書已焚。飛坐繫兩月，無可證者。或教卨以臺章所指淮西事爲言，卨喜白檜，簿錄飛家，取當時御劄藏之以滅迹，取行軍時日雜定之，傅會其獄。歲暮，獄不成，檜手書小紙付獄，卽報飛死，時年三十九。雲棄市。籍家資，徙家嶺南。幕屬于鵬等，從坐者六人。

初，飛在獄，大理寺丞李若樸、何彥猷、大理卿薛仁輔並言飛無罪，卨俱劾去。宗正卿士㒟請以百口保飛，卨亦劾之，竄死建州。布衣劉允升上書訟飛冤，下棘寺以死。凡傅成其獄者皆遷轉有差。獄之將上也，韓世忠不平，詣檜詰其實，檜曰：「飛子雲與張憲書莫須有。」世忠曰：「『莫須有』三字，何以服天下！」時，洪皓在金國中，蠟書馳奏，以爲「金人所畏服惟飛，至以父呼之。諸酋聞其死，酌酒相賀」。

飛事母至孝，母卒，水漿不入口者三日。家無姬侍，吳玠素服飛，飾名姝遺之。飛曰：「主上宵旰，豈大將安樂時耶！」卻不受。少豪飲，帝戒之曰：「卿異時到河朔乃可飲。」遂絕不飲。帝初爲飛營第，飛辭曰：「敵未滅，何以家爲！」或問：「天下何時太平？」飛曰：「文臣不愛錢，武臣不惜死，天下太平矣。」師每休舍，課將士，注坡，跳壕，皆重鎧習之。子雲嘗注坡馬躓，怒而鞭之，曰：「前臨大敵，亦如是耶！」卒有取民麻一縷以束芻者，立斬以徇。卒夜宿，民間開門願納，無敢入者。軍號「凍死不拆屋，餓死不鹵掠」。卒有疾，躬爲調藥。諸將遠戍，遣妻問勞其家。死事者哭之，而育其孤，或以子婚其女。凡有犒賞，均給軍吏，秋毫不私。善以少擊衆，欲有所舉，盡召諸統制與謀，謀定而後戰，故有勝無敗。猝遇敵，不動，故敵爲之語曰：「撼山易，撼岳家軍難。」張俊問用兵之術，曰：「智、仁、信、勇、嚴，闕一不可。」調軍食，必蹙額，曰：「東南民力竭矣！」好賢禮士，覽經史，雅歌投壺，恂恂如書生，然忠憤激烈，議論持正，不挫於人，卒以此得禍。

史臣曰：西漢而下，若韓、彭、絳、灌之爲將，代不乏人，求其文武全器，仁智並施，如宋岳飛者，一代豈多見哉！史稱關雲長通春秋左氏學，然未嘗見其文章。飛北伐，軍於汴梁之朱仙鎮，自爲表答詔，忠義之言流出肺腑，眞有諸葛孔明之風，而卒死於秦檜之手。蓋飛與檜勢不兩立，使飛得志，則金讎可復，宋恥可雪；檜得志，則飛有死而已。昔劉宋殺檀道濟，〔道濟〕下獄，瞋目曰：「自壞爾萬里長城！」高宗忍自棄其中原，故忍殺飛。嗚呼，冤哉！

宋史紀事本末卷七十一

順昌柘皋之捷

高宗紹興十年（庚申、一一四〇）二月，以劉錡爲東京副留守。

五月，劉錡大敗金人於順昌。初，錡赴東京，率所部王彥八字軍三萬七千及殿司卒三千，自臨安泝江絕淮，至渦口。方食，忽暴風拔坐帳。錡曰：「此賊兆也，主暴兵。」即下令兼程而進。聞金人敗盟南下，錡與將佐捨舟陸行，先趨三百里，至順昌城中。諜報東京已降，知府陳規見錡問計，錡曰：「城中有糧，則能與君共守。」規曰：「有米數萬斛。」錡曰：「可矣。」乃與規議斂兵入城爲守禦計。時八字軍以將駐於汴，皆攜孥以行。至是，錡召諸將問計，諸將皆曰：「金兵不可敵也，請以精銳爲殿，步騎遮老穉，順流還江南。」錡曰：「吾本赴官留司，今東京雖失，幸全軍至此，有城可守，奈何棄之？吾志已決，敢言去者斬！」惟部將許清號「夜叉」者，奮曰：「太尉奉命副守汴京，軍士扶攜老幼而來，今避而走，易耳，然欲棄父母妻子則不忍，欲與偕行則敵翼而攻，何所逃之？不如相與努力一戰，於死中求生也！」議與錡合。錡大喜，鑿舟沈之，示無去意。寘家寺中，積薪於門，戒守者曰：「脫有不利，卽焚吾家，無辱敵手也。」分命諸將守諸門，明斥堠，募土人爲間探。於是軍士皆奮，男子備戰守，婦人礪刀劍，爭呼躍曰：「平時人欺我八字軍，今日當爲國家破賊立功！」

時守備一無可恃，錡於城上躬自督厲，取僞齊所造癡車，以輪轅埋城上，又撤民戶扉，周币蔽之；城外有民居數千家，悉焚之。凡六日，粗畢，而游騎已涉潁河至城下，遂圍城。錡預於城下設伏，擒敵將二人。詰之，云：「韓將軍營白沙渦，距城三十里。」錡夜遣千餘人擊之，連戰，殺虜頗衆。已而金三路都統葛王烏祿以兵三萬，與龍虎大王合兵，薄城下。錡令開諸門，金人疑，不敢近。初，錡傅城築羊馬垣，穴垣爲門。至是，與許淸等蔽垣爲陣，金人縱矢，皆自垣端軼著於城，或止中垣上。錡用破敵弓，翼以神臂强弩，自城上或垣門射敵，無不中者。敵稍卻，復以步兵邀擊，溺河死者不可勝計，破其鐵騎數千。

時，順昌受圍已四日，金兵益盛，乃移砦於李村，距城二十里。錡遣驍將閻充募壯士五百，夜斫其營。是夕，天欲雨，電光四起，見辮髮者輒殲之，金兵退十五里。錡復募百人往，或請銜枚，錡笑曰：「無以枚也。」命折竹爲䈂，如市井兒以爲戲者，人持一以爲號，直犯金營。電所燭則皆奮擊，電止則匿不動，敵衆大亂。百人者聞吹䈂聲卽聚，金人益不能測，終夜自戰，積屍盈野，退軍老婆灣。兀朮在汴聞之，卽趣騎急行，率十萬衆來援。

錡會諸將問計，或言：「今已屢捷，宜乘此勢，具舟全軍而歸。」錡曰：「朝廷養兵十五年，正爲緩急之用，況已挫敵鋒，軍聲方振，縱衆寡不侔，當有進無退。且敵營甚邇，而兀朮又來，吾軍一動，彼躡其後，則前功俱廢。使敵侵軼兩淮，震驚江、浙，則平生報國之志反成誤國之罪。」衆皆感動思奮，曰：「惟太尉命！」錡募得曹成等二人，諭之曰：「遣汝作間，事成重賞。第如我言，敵必不殺汝。今置汝綽路騎中，遇敵則佯墜馬，爲敵所得。敵帥問我何如人，則曰：『太平邊帥子，喜聲伎，朝廷以兩國講和，使守東京，圖逸樂耳。』」已而二人果遇敵被執，兀朮問之，對如前。兀朮喜曰：「此城易破耳。」卽置鵝車礮具不用。明日，錡登城，望見二人來，縋而上之，乃敵械繫成等歸，以文書一卷繫於械。錡懼惑軍心，立焚之。兀朮至城下，責諸將喪師。皆曰：「南朝用兵，非昔之比，元帥臨城自見。」

錡遣耿訓以書約戰。兀朮怒曰：「劉錡何敢與我戰！以吾力破汝城，直用靴尖趯倒耳。」訓曰：「太尉非但請與太子戰，且謂太子必不敢濟河，請獻浮橋五所，濟而大戰。」兀朮曰：「諾。」乃下令明日府治會食。遲明，錡果爲五浮橋於潁河上，且毒潁上流及草中，戒軍士雖渴死無飲於河。敵用「長勝軍」嚴陣以待，諸酋各居一部。衆請先擊韓將軍，錡曰：「擊韓雖退，兀朮精兵尙不可當。法當先擊兀朮，朮一動則餘無能爲矣。」時天大暑，敵遠來疲憊，晝夜不解甲，人馬飢渴，食水草者輒病，往往困乏。錡士氣閒暇，軍皆番休，方晨氣淸涼，按兵不動。逮未、申時，敵力疲氣索，忽遣數百人出西門接戰，俄遣數千人出南門，戒令勿喊，但以銳斧犯之。統制官趙樽、韓直身中數矢，戰不肯已，士殊死鬭，入其陣，刀斧亂下，敵大敗。是夕大雨，平地水深尺餘。明日，兀朮拔營去，錡遣兵追之，死者數萬。

方大戰時，兀朮被白袍乘甲馬，以牙兵三千督戰。兵皆重鎧甲，號「鐵浮圖」，戴鐵兜牟，周帀綴長簷，三人爲伍，貫以韋索，每進一步，卽用拒馬擁之，人進一步，拒馬亦進，退不可卻。官軍以槍摽去其兜牟，大斧斷其臂，碎其首。敵又以鐵騎分左右翼，號「拐子馬」，皆女眞爲之，號「長勝軍」，專以攻堅，戰酣然後用之，自用兵以來，所向無前，至是，亦爲錡軍所殺。自辰至申，敵敗。錡以拒馬木障之，少休，城上鼓聲不絕，乃出飯羹，坐餉戰士如平時，敵披靡不敢近。食已，撤拒馬木，深入斫敵，又大破之。棄屍、斃馬血肉枕藉，車旗、器甲積如山阜，兀朮平日所恃以爲强者十損七八。至陳州，數諸將之罪，韓常以下皆鞭之，遂還汴。旣而洪皓自金密奏，順昌之捷，金人震恐喪魄，燕之重寶珍器悉徙而北，意欲捐燕以南棄之。故議者謂是時諸將協心，分路追討，則兀朮可擒，汴京可復，而王師亟還，自失機會，良可惜也。

十一年（辛酉、一一四一）春正月乙卯，金兀朮犯壽春。初，兀朮自敗後，留屯京、亳，出入許、鄭之間，簽兩河軍與舊部凡十餘萬，以謀再舉。及聞秦檜召諸軍還，遂舉兵攻陷壽春，復渡淮，陷廬州。

二月癸酉，詔張俊、楊沂中赴淮西。時，兀朮自合肥趨歷陽，游騎至江。張俊遣王德渡江，德曰：「淮者江之蔽也，棄淮不守，是謂『脣亡齒寒』。虜數千里遠來，餉道決不繼，及其未濟擊之，可以奪氣；若遲之使少安，則淮非吾有。」即渡采石，俊督軍繼之，宿江中。時淮已失守矣，德曰：「明旦當會食歷陽！」已而夜拔和州，晨迎俊入。兀朮退屯昭關。

乙亥，金人復來爭和州，張俊敗之。丙子，王德敗金人於含山。癸未，王德、田師中得含山及昭關。甲申，崔臯敗金人於舒城。

丁亥，楊沂中、劉錡大敗兀朮軍於柘臯。初，劉錡自太平渡江，與張俊、楊沂中會，而廬州已陷，錡乃與關師古據東關之險以遏敵，引兵出清溪，兩戰皆捷。兀朮以柘臯地坦平，利於用騎，因駐師。錡進兵，與兀朮夾石梁河而陣。河通巢湖，廣二丈，錡命拽薪疊橋，須臾而成，遣甲士數隊，踰橋臥槍而坐。遣人會合張俊、楊沂中之師。翌日，沂中及王德、田師中、張子蓋諸軍俱至，惟俊後期。錡與諸將分軍爲三，並進，渡河以擊之。師中欲俟俊至，德曰：「事當機會，復何待！」即與錡上馬先迎敵，沂中繼之。兀朮以鐵騎十餘萬，分爲兩隅，夾道而陣。德曰：「賊右陣堅，我當先擊之！」麾軍渡河，首犯其鋒。一酋被甲躍馬而出，德引弓一發斃之。乘勝大呼馳擊，諸軍鼓譟從之。金人以拐子馬兩翼而進，德率衆鏖戰。沂中曰：「虜恃弓矢，吾有以屈之。」使萬人持長斧如牆而進，虜遂大敗。德與錡等追之，又敗之於東山。虜望見，驚曰：「此順昌旗幟也！」即走保紫金山。是役也，失將士九百人，金人死者以萬計。既而兀朮復親帥兵逆戰於店步，沂中等又敗之，乘勝逐北，遂復廬州。

三月乙巳，張俊、楊沂中、劉錡奉詔班師。行纔數里，諜報金人攻濠州甚急，俊乃復邀沂中、錡還，會於黃連埠，同往援。距濠六十里，而濠南城已陷。俊召諸將謀之，沂中欲戰，錡曰：「本來救濠，今濠已失，不若退師據險，徐爲後圖。」諸將皆曰：「善！」三帥鼎足而營。或言敵兵已去，錡謂俊曰：「敵得城遽退，必有謀也，宜嚴兵備之。」俊不聽，且欲自以爲功，命錡無往，而令沂中與王德將神勇步騎六萬，直趨濠州。列陣未定，煙起城中，金人伏騎萬餘分兩翼出。沂中顧德曰：「何如？」德曰：「德小將，安敢議事。」沂中以策麾軍曰：「那回！」諸軍以爲令其走也，遂潰而南，無復紀律。金人追之，死者甚衆。韓世忠率師至城下，亦不利而退。沂中遂入滁州，俊軍入宣化，錡軍入藕塘。方食，俊遽至，曰：「敵兵已近，奈何？」錡曰：「楊宣撫兵安在？」俊曰：「已失利還矣。」錡謂俊：「無恐，請以步兵禦之，宣撫試觀焉。」錡麾下皆曰：「兩大帥軍已渡，我軍何苦獨戰？」錡曰：「順昌孤城，旁無赤子之助，吾提兵不滿二萬，猶足取勝。況今得地利，又有銳兵耶！」遂設三伏以待。俄而俊諜錡曰：「諜者妄也，戚方殿後之軍耳。」乃皆還鎮，俊歸建康，錡歸太平，沂中歸臨安。兀朮亦渡淮北去。蓋自是王師不復出矣。

宋史紀事本末卷七十二

秦檜主和 檜死附

高宗建炎元年（丁未、一一二七）六月，遣宣義郎傅雱使金軍，通問二帝。初，黃潛善白遣雱爲祈請使，又遣太常少卿周望爲通問使，俱未行。李綱上言：「堯、舜之道，孝弟而已。今日之事，正當枕戈嘗膽，內修外攘，使刑政修而中國强，則二帝不俟迎請而自歸。不然，雖冠蓋相望，卑詞厚禮，亦無益。今所遣使，但當奉表通問二帝，致思慕之意可也。」帝從之，遂命綱草表，付雱以往，且致書於粘沒喝。

秋七月丙辰，閤門宣贊舍人曹勛以上皇手書至自金。時，上皇在燕山，謂勛曰：「我夢四日並出，此中原爭立之象，不知中原之民尚肯推戴康王否？」因出御衣絹半臂，親書其領中曰：「便可卽眞，來救父母。」又諭勛曰：「如見康王，第言有淸中原之策，悉舉行之，毋以我爲念！」又言：「藝祖有誓約，藏之太廟，不殺大臣及言事官，違者不祥。」康王夫人邢氏聞勛南還，亦脫所御金環，使內侍持付勛曰：「幸爲我白大王，願如此環，得早相見也！」勛遂間行至南京，以御衣進。帝泣，以示輔臣。勔因建議，募死士入海，至金東境，奉上皇由海道歸。黃潛善等難之，出勔於外。

冬十〔二〕（據宋史二四高宗紀、續綱目、薛鑑補）月壬辰，以王倫爲朝奉郎，假刑部侍郎，充大金通問使，閤門舍人朱弁副之。倫等至金，見金左副元帥宗維（卽粘沒喝，亦作粘罕，又名宗翰，金史七四有傳，參廿二史考異八五）議事。時金方大舉南下，留倫等不遣。

二年（戊申、一一二八）五月，以宇文虛中充金國祈請使。虛中時竄韶州，會詔求使絕域者，虛中應詔，乃復資政殿大學士，充祈請使，稱臣奉表於金。時金人方起兵南侵，已留王倫、朱弁矣。虛中至，金人遣虛中、楊可輔、劉海、王貺並歸，虛中曰：「奉命北來，祈請二帝，二帝未還，虛中不可歸。」遂獨留。金國初建，制度草創，愛虛中有才藝，每加官爵。虛中卽受之，遂與韓昉俱掌制，因是知東北之士皆憤恨陷北，密以信義結納，金人不之覺。

三年（己酉、一一二九）夏（四）〔五〕（據宋史二五高宗紀、續綱目、薛鑑改）月，起復朝散郎洪皓爲金國通問使。時粘沒喝自東平還雲中，訛里朵自濱州還燕山，帝遣皓移粘沒喝書，願去尊號，用金正朔，比於藩臣。時所在盜梗，皓艱難百端，得達太原。留一年，遣至雲中。粘沒喝迫使仕劉豫，皓曰：「萬里銜命，不得奉兩宮南歸，力不能磔逆豫，忍事之耶！留亦死，不卽豫亦死，不〔願〕（據宋史三七三洪皓傳、續綱目、薛鑑補）偸生狗鼠間，願就鼎鑊，無悔。」粘沒喝怒，將殺之，旁〔一〕（據續綱目、薛鑑補。宋史三七三洪皓傳作「一酋」）校曰：「此眞忠臣也！」目止劍士，且爲皓請，得流遞冷山。

九月，遣直龍圖閣張邵使金，武臣楊憲副之。邵至濰州，接伴使置酒張樂。邵曰：「二帝北遷，邵爲臣子，所不忍聽。請止樂！」至於三四，聞者泣下。見左監軍撻懶，命邵拜。邵曰：「監軍與邵爲南北朝從臣，無相拜禮。」且以書抵之曰：「兵不在强弱，在曲直。宣和以來，我非無兵也，帥臣初開邊隙，謀臣復起兵端，是以大國能勝之。厥後僞楚僭立，羣盜蠭起，曾幾何時，電掃無餘，是天意人心未厭宋也。今大國復裂地以封劉豫，窮兵不已，曲有在矣！」撻懶怒，取國書去，執邵送密州，囚於祚山砦。

金人又迫朱弁仕劉豫，且訹之曰：「此南歸之漸。」弁曰：「豫乃國賊，吾嘗恨不食其肉，又忍北面臣之乎？吾有死耳！」金人怒，絕其餼遺以困之。弁固拒驛門，忍饑待盡，誓不爲屈。金人亦感動，致禮如初。久之，復欲易其官。弁曰：「自古兵交使在其間。言可從，從之；不可從，則囚之殺之，何必易其官？吾官受之本朝，有死而已，誓不易以辱吾君也！」

〔四年〕（庚戌、一一三〇）（據宋史二六高宗紀、又四七三秦檜傳、續綱目補）冬十月辛未，秦檜自金歸。初，檜從二帝至燕，金主以檜賜撻懶，爲其任用。撻懶信之，及南侵，以爲參謀軍事，又以爲隨軍轉運使。撻懶攻楚州，檜與妻王氏自軍中趨漣水軍。自言殺金人監己者，奪舟而來，欲赴行在，遂航海至越州。帝命先見宰執，檜首言：「如欲天下無事，須是南自南，北自北。」朝士多疑其與何㮚、孫傅等同被拘執，而檜獨還，又自燕至楚二千八百里，踰河越海，豈無譏訶之者，安得殺監而南？就令從軍撻懶，金人縱之，必質妻屬，安得與王氏偕？惟范宗尹及李回二人素與檜善，盡破羣疑，力薦其忠。檜入對，首奏所草「與撻懶求和書」。帝謂輔臣曰：「檜朴忠過人，朕得之喜而不寐。既聞二帝、母后消息，又得一佳士也。」先是，朝廷雖數遣使於金，但且守且和，而專意與敵解仇息兵則自檜始。

紹興元年（辛亥、一一三一）八月丁亥，以秦檜爲尚書右僕射同平章事兼知樞密院事。時范宗尹罷相，檜欲得其位，因揚言曰：「我有二策，可聳動天下。」或問：「何不言？」檜曰：「今無相，不可行也。」帝聞，乃有是命。

二年（壬子、一一三二）六月，秦檜罷。時，呂頤浩爲左相，檜爲右相，會桑仲上疏：「願以所部收復京師，乞朝廷舉兵爲聲援。」頤浩信之，屢請出師。檜時已有傾頤浩之意，因諷人言：「周宣王內修外攘，故能中興，今二相宜分任內外。」於是帝諭頤浩及檜曰：「頤浩治軍旅，檜理庶務，如种、蠡分職可也。」乃命頤浩都督江、淮、荆、浙諸軍事，開府鎮江。帝謂給事中程瑀曰：「頤浩熟於軍事，在外總諸將，檜在朝廷，庶幾內外相應，然檜誠實，但太執耳。」瑀對曰：「如求機警能順旨者極不難得，但不誠實則終不可倚。」帝然之。頤浩至常州，桑仲已爲霍明所殺，前軍將趙延壽復叛，遂稱疾不進，尋召還行在。初，胡安國嘗聞游酢論檜人才可方荀文若，故力言檜賢於張浚諸人。檜入相，安國時爲給事中。呂頤浩旣還，憾檜傾己，欲去之，問計於席益。益曰：「目爲黨可也。今黨魁胡安國在瑣闥，宜先去之。」會頤浩薦朱勝非代己都督，命下，安國奏：「勝非正位冢司，值苗、劉肆逆，貪生苟容，辱逮君父。今强敵憑陵，叛臣不忌，用人得失，係國安危，深恐勝非上誤大計。」帝爲罷都督之命，改兼侍讀。安國復持錄黃不下，頤浩特命檢正黃龜年書行，安國爭之，遂落職，提舉仙都觀。侍御史江躋、左司諫吳表臣論勝非不可用，安國不當責，於是與張燾、程瑀、胡世將、劉一止、林待聘、樓炤等二十餘人，皆坐檜黨落職，檜亦自求去。先是，起居郎王居正與檜善，檜與居正論天下事甚銳，旣相，所言皆不酬。居正疾其詭，言於帝曰：「秦檜嘗語臣，中國之人惟當著衣啖飯，共圖中興，臣時心服其言。又自謂爲相數月，必聳動天下。今爲相設施止是，願陛下以臣所言，問檜所行。」及檜求去，呂頤浩諷侍御史黃龜年上書劾罷檜，遂以觀文殿大學士提舉江州太平觀。龜年又奏論檜徇私欺君，合正典刑，投諸裔土，以禦魑魅。章凡三上，乃褫檜職，仍榜其罪於朝堂，示不復用。初，檜所陳二策，欲以河北人還金，中原人還劉豫。帝曰：「檜言南人歸南，北人歸北。朕北人，將安歸？」檜語乃塞。至是，帝乃召直學士院綦崇禮，語以是事及居正所言，崇禮卽以帝意載於制詞，略曰：「自檜得權而舉事，謂當聳動於四方，逮茲居位以陳謀，乃首建明於二策，罔燭厥理，殊乖素期。」播告中外，人始知檜之姦。

九月壬戌，王倫還自金。倫既被留，久之，有商人陳忠密告倫二帝所在，倫遂與朱弁及洪皓以金遺忠，潛通倫意。由是兩宮始知帝已即位。先是，淵聖自雲中徙燕山，始與太上皇相見，居於愍忠寺，至是，並遷於霫郡。霫古奚國也，在燕山北千里。既至，居於相府院。嗣濮王仲理等千八百人尚在燕，金人計口給食，死者甚衆。金粘沒喝使烏陵思謀即驛見倫，語及契丹時事。倫曰：「海上之盟，兩國約爲兄弟，萬世無變。雲中之役，我實饋師，贊（厥）成〔厥〕（據宋史三七一王倫傳、續綱目、薛鑑改）功。上國之臣嘗欲稱兵南來，先大聖惠顧盟好，不許。厥後舉兵以禍吾國，果先大聖意乎？況亙古自分南北，盍思久遠之謀，歸我二帝、太母，復我土疆，使南北赤子無致塗炭，亦足以慰先大聖之靈。」思謀沈思曰：「君言是也，歸當盡達之。」已而粘沒喝至，曰：「比使來，問其意指，多不能對。思謀傳侍郎語欲議和，決非江南情實，特侍郎自爲此言耳。」倫曰：「使事有指，不然，來何爲哉？人定者勝天，天定亦能勝人。惟元帥察之！」粘沒喝不答。及是，粘沒喝忽至館中，與倫議和，縱之歸報。倫至，入對，言金人情僞甚悉，帝優奬之。時方議討劉豫，和議中格。久之，復以潘致堯爲通問使如金，附茶藥、金幣進兩宮。

三年（癸丑、一一三三）十二月，韓肖胄偕金使來。帝自即位，屢遣使如金，多見拘留，而金未嘗遣一介報聘。至是，粘沒喝使李永壽、王翊來，請還劉豫之俘及西北士民之在南者，且欲畫江以益劉豫，與秦檜前議脗合，識者益知檜與金人共謀矣。殿中侍御史常同言：「先振國威，則和戰常在我。若一意議和，則和戰常在彼。靖康以來，分爲兩事，可以鑒戒。」帝因語及武備，曰：「今養兵已二十萬有奇。」同曰：「未聞二十萬兵而畏人者也！」帝不聽。復遣樞密都承旨章誼爲金國通問使，請還兩宮及河南地。

五年（乙卯、一一三五）夏四月甲子，上皇崩於金五國城，遺言欲歸葬內地，金主亶不許。時兵部侍郎司馬朴與奉使朱弁在燕山，聞之，共議制服。弁欲先請，朴曰：「爲臣子，聞君父之喪當致其哀，尙何請！設請而不許，奈何？」遂服斬衰，朝夕哭，金人義之而不責。洪皓在冷山，聞之，北向泣血，遣同使沈珍往燕山，建道場於開泰寺，作功德疏，詞旨悲痛，金人亦不之罪。

五月，辛巳，遣忠訓郎何蘚使金，罷中書舍人胡寅。寅上疏言：「女眞驚動陵寢，戕毀宗廟，刼質二帝，塗炭生民，乃陛下之大讐也。自建炎丁未至紹興甲寅，卑辭厚禮，以問安迎請爲名而遣使者，不知幾人矣。知二帝所在，見二帝之面，得女眞之要領，因講和而能息兵者誰歟？但見通和之使歸未息肩，而黃河、長淮、大江相繼失險矣。夫女眞知中國所重在二帝，所恨在刼質，所畏在用兵，則常示欲和之端，增吾所重，平吾所恨，匿吾所畏，而中國坐受此餌，既久而後悟也。天下其謂自是改圖矣，何爲復出此謬計耶！苟曰姑爲是，豈有修書稱臣，厚費金帛，而成就一姑息之事耶！苟曰以二帝之故不得不然，則前效可考矣。況歲月益久，虜情益閟，必無可通之理也。適觀何蘚之事，恐和議復行，國論傾危，士氣沮喪，所繫不細。」疏入，詔褒諭之。會張浚奏言：「使事兵家機權，後將闢地復土，終歸於和，未可遽絕。」乃遣蘚行。寅因乞外，知邵州。

六年（丙辰、一一三六）八月丁未，以秦檜爲建康行營留守，參決尚書省、樞密院事。檜自被斥，會與金議和，稍復其官，知溫州、紹興府。又以張浚薦，授醴泉觀使兼侍讀。至是漸用事。

七年（丁巳、一一三七）春正月丁亥，何蘚還自金，始知道君皇帝及寧德皇后鄭氏相繼崩。帝成服。百官七上表，請遵以日易月之制。知嚴州胡寅上疏：「請服喪三年，衣墨臨戎，以化天下。」帝欲遂終服。張浚言：「天子之孝不與士庶同，必思所以奉宗廟社稷。今梓宮未返，天下塗炭，願陛下揮涙而起，斂髮而趨，一怒以安天下之民。」帝乃命浚草詔，告諭羣臣：「外朝勉從所請，宮中仍行三年之喪。命諸大將率三軍發哀成服，俾中外感動。」從之。

是月，以秦檜爲樞密使。

三月己卯，遙尊宣和皇后韋氏爲皇太后。帝嘗謂輔臣曰：「宣和皇后春秋高，朕朝夕思之，不遑寧處。屈己講和，正爲此耳。」至是，從翰林學士朱震之請，遙尊爲皇太后。

十二月癸未，王倫還自金。初，倫再使將還，金人新廢劉豫，撻懶送倫曰：「好報江南，自今道途無壅，和議可成。」倫至，入對，言：「金人許還梓宮及太后，且許歸河南地。」帝喜曰：「若金人能從朕所求，其餘一切，非所較也。」丁亥，復遣倫奉迎梓宮於金。

八年（戊午、一一三八）三月壬辰，復以秦檜爲尚書右僕射同平章事兼樞密使。初，張浚嘗與趙鼎論人才，浚極稱檜善。鼎曰：「此人得志，吾輩無所措足矣。」及鼎再相，檜在樞密，一惟鼎言是從，鼎由是深信之，言檜可大任於帝，而不知爲檜所賣也。檜既相，制下，朝士相賀，獨吏部侍郎晏敦復有憂色，曰：「姦人相矣！」聞者皆以其言爲過。

五月丁未，王倫偕金使來。初，倫至會寧，見金主，首謝廢劉豫，次致使指。會撻懶自河南還，言於金主，請以廢齊舊地與宋。金主命羣臣議，斡本力言不可。東京留守訛魯觀曰：「我以地與宋，宋必德我。」阿懶曰：「我俘宋人父兄，怨非一日，若復資以土地，是助讎也，何德之有？勿與便。」蒲盧虎位在斡本上，撻懶、訛魯觀附之，由是蒲盧虎執議，以河南、陝西地與宋，遂遣倫及其太原少尹烏陵思謀、太常少卿石慶來議事。將至，帝命吏部侍郎魏矼館伴之。矼以爲御史時，嘗言和議之非，不可奉詔，因備論敵情之不可信。秦檜曰：「公以智料敵，檜以誠待敵。」矼曰：「第恐敵不以誠待相公耳！」檜乃改命吳表臣。思謀等至臨安，入見。帝謂輔臣曰：「先帝梓宮果有還期，雖待一二三年，尚庶幾；惟皇太后春秋高，朕旦夕思念，欲早相見，此所以不憚屈己，冀和議之速成也。」朝臣多言其不可，帝怒，趙鼎曰：「陛下於金人有不共戴天之讎，今屈己請和，不憚爲之者，以梓宮及母后耳。羣臣憤懣之詞出於愛君，不可以爲罪，陛下宜諭之曰：『講和非吾意，以親故，不得已爲之。但得梓宮及母后還，敵雖渝盟，吾無憾。』」帝從其言，衆議遂息。烏陵思謀等稱朱弁忠節，詔附黄金三十兩賜之。

秋七月乙酉，秦檜復請遣王倫如金定和議，及申問諱日。左正言辛次膺言：「宣和海上之約，靖康城下之盟，口血未乾，兵隨其後。今日之事，當識其詐。國恥未雪，義難講好。」凡七上疏力諫，不報。

冬十月丁巳，罷參知政事劉大中。大中與趙鼎不主和議，秦檜忌之，薦蕭振爲侍御史。振入臺，卽劾大中，罷之。鼎曰：「振意不在大中也。」振亦曰：「趙丞相不待論，當自爲去就矣。」

甲戌，趙鼎罷。帝意不樂鼎，給事中勾濤因詆鼎結臺諫及諸將，帝聞，益疑。鼎乃引疾求罷，遂出知紹興府。入辭，言於帝曰：「臣去後，必有以孝弟之說脅制陛下者。」將行，秦檜率執政餞之，鼎不爲禮，一揖而去，檜益憾之。

以勾龍如淵爲御史中丞。先是，宰執入見，秦檜獨留身，言：「臣僚畏首畏尾，多持兩端，此不足與論大事。若陛下決欲講和，乞專與臣議，勿許羣臣預。」帝曰：「朕獨委卿。」檜曰：「臣恐未便，望陛下更思。」三日，檜復留身奏事，帝意欲和甚堅，檜猶以爲未也，復進前說。又三日，檜復留身奏事如初，知帝意不移，乃始出文字，乞決和議，然猶以羣臣爲患。中書舍人勾龍如淵爲檜謀曰：「相公爲天下大計，而邪說橫起，盍不擇人爲臺諫，使盡擊去，則事定矣。」檜大喜，卽擢如淵爲中丞，劾異議者，卒成檜志。

丁丑，金以張通古、蕭哲爲江南詔諭使，與王倫偕來。通古至泗州，要所過州郡迎以臣禮。知平江府向子諲不肯拜，且上言和議之非，遂乞致仕。

十一月戊戌，王倫入見。辛丑，詔曰：「金國遣使入境，欲朕屈己就和。命侍從、臺諫，詳思條奏。」於是直學士院曾開當草國書，辨視體制非是，論之不聽，遂請罷，改兼侍講。秦檜以溫言慰之曰：「主上虛執政以待。」開曰：「儒者所爭在義，苟爲非義，高爵厚祿弗顧也。願聞所以事敵之禮？」檜曰：「若高麗之於本朝耳。」開曰：「主上以盛德登大位，公當强兵富國，尊主庇民，奈何自卑辱至此！非開所聞也。」復引古誼折之。檜大怒，曰：「侍郎知故事，檜獨不知也！」開又詣都堂，問：「計果安出？」檜曰：「聖意已定，又何言！公自取大名而去，如檜但欲濟國事耳。」開乃與從官張燾、晏敦復、魏矼、李彌遜、尹焞、梁汝嘉、樓炤、蘇符、薛徽言、御史方廷實、館職胡珵、朱松、張擴、凌景夏、常明、范如圭、馮時中、趙雍皆極言不可和。

吏部員外郎許忻上疏曰：「金人始入寇也，固嘗云講和矣。靖康之初，約肅王至大河而返，已而挾之北行。河朔千里，焚掠無遺。及再舉深入，遂陷都城。懼我百萬之衆必以死爭也，止我諸道勤王之師，則又曰講和矣。乃邀二聖出郊，追取宗族，係累大臣，然後僞立張邦昌而去。則是金人所謂講和者，果可信乎？此已然之禍，陛下所親見。今徒以王倫繆悠之說，遂誘致金人責我以必不可行之禮，而陛下遂已屈己從之。夫彼以『詔諭江南』而來，是飛尺書而下本朝，豈講和之謂哉！我躬受之，眞爲臣妾矣。陛下方寢苫枕塊，其忍下穹廬之拜乎？臣竊料陛下必不忍爲也。萬一奉其詔令，則將變置吾之大臣，分部吾之諸將，邀求無厭，靡有窮極。當此之時，陛下欲從之則無以立國，不從之則復責我以違令，其何以自處乎？況犬羊之羣，驚動我陵寢，戕毁我宗廟，劫質我二帝，據守我祖宗之地，塗炭我祖宗之民，而又徽宗皇帝、顯肅皇后鑾輿不反，遂致萬國痛心，是謂不共戴天之讐。彼謂我之必復此讐也，未嘗頃刻而忘圖我，豈一王倫能平哉！陛下包羞忍恥，受其詔諭，而彼之許我者不復如約，則徒受莫大之辱，貽萬世之譏。縱使如約，則是我今日所有土地，先拱手而奉夷狄矣，豈不痛哉！自金使入境以來，中外惶惑，陛下必以王倫之言爲不妄，金人之詔爲可從，臣恐不惟墮夷狄之姦計，而意外之虞將有不可勝言者。此衆所共曉，陛下亦嘗慮及於此乎？國家今雖未能克復中原，而大江之南亦足支吾，軍聲麤振，國勢麤定。故金人因王倫之往，復遣使來，嘗試朝廷，其謀叵測。今虜使雖已就館，謂當別議區處之宜，更與二三大臣熟議其便，無遺後時之悔。」不報。

甲辰，王庶罷。庶論虜不可和者七，見帝言者六。秦檜方挾虜自重以爲功，絀其說。庶語檜曰：「公不思東都抗節存趙時而忘此虜耶！」檜大恨，出庶知潭州。

辛亥，樞密院編修胡銓抗疏言曰：「臣謹按王倫本一狎邪小人，市井無賴，頃緣宰臣無識，舉以使虜，專務詐誕，欺罔天聽，驟得美官，天下之人切齒唾罵。今者無故誘致虜使，以『詔諭江南』爲名，是欲劉豫我也。劉豫臣事醜虜，南面稱王，自以爲子孫帝王萬世不拔之業，一旦豺狼改慮，捽而縛之，父子爲虜。商鑑不遠，而倫又欲陛下效之。夫天下者，祖宗之天下也，陛下所居之位，祖宗之位也。奈何以祖宗之天下爲金虜之天下，以祖宗之位爲金虜藩臣之位？陛下一屈膝，則祖宗廟社之靈盡汙夷狄，祖宗數百年之赤子盡爲左衽，朝廷宰執盡爲陪臣，天下士大夫皆當裂冠毀冕變爲胡服，異時豺狼無厭之求，安知不加我以無禮如劉豫也哉！夫三尺童子，至無識也，指犬豕而使之拜，則怫然怒。今醜虜則犬豕也，堂堂大國，相率而拜犬豕，曾童孺之所羞，而陛下忍爲之耶！倫之議乃曰：『我一屈膝，則梓宮可還，太后可復，淵聖可歸，中原可得。』嗚呼，自變故以來，主和議者，誰不以此説啗陛下哉！然而卒無一驗，則虜之情僞已可知矣。而陛下尙不覺悟，竭民膏血而不恤，忘國大仇而不報，含垢忍恥，舉天下而臣之甘心焉。就令虜決可和，盡如倫議，天下後世謂陛下何如主？況醜虜變詐百出，而倫又以姦邪濟之！梓宮決不可還，太后決不可復，淵聖決不可歸，中原決不可得。而此膝一屈不可復伸，國勢陵夷不可復振，可爲痛哭流涕長太息矣！向者陛下間關海道，危如累卵，當時尙不忍北面臣虜；況今國勢稍張，諸將盡鋭，士卒思奮！只如頃者醜虜陸梁，僞豫入寇，固嘗敗之於襄陽，敗之於淮上，敗之於渦口，敗之於淮陰，較之往時蹈海之危，固已萬萬。儻不得已而至於用兵，則我豈遽出虜人下哉！今無故而反臣之，欲屈萬乘之尊，下穹廬之拜，三軍之士不戰而氣已索，此魯仲連所以義不帝秦，非惜夫帝秦之虛名，惜天下大勢有所不可也。今内而百官，外而軍民，萬口一談，皆欲食倫之肉。謗議洶洶，陛下不聞，正恐一旦變作，禍且不測。臣竊謂不斬王倫，國之存亡未可知也。雖然，倫不足道也，秦檜以腹心大臣而亦爲之。陛下有堯、舜之資，檜不能致君如唐、虞，而欲導陛下爲石晉。近者，禮部侍郎曾開等引古誼以折之，檜乃厲聲責曰：『侍郎知故事，我獨不知！』則檜之遂非愎諫，已自可見。而乃建白，令臺諫、侍臣僉議可否，是葢畏天下議己，而令臺諫、侍臣共分謗耳。有識之士皆以爲朝廷無人。吁，可惜哉！孔子曰：『微管仲，吾其被髮左袵矣！』夫管仲，伯者之佐耳，尚能變左袵之區而爲衣裳之會。秦檜，大國之相也，反驅衣冠之俗而爲左袵之鄉，則檜也不唯陛下之罪人，實管仲之罪人矣。孫近傅會檜議，遂得參知政事。天下望治有如饑渴，而近伴食中書，漫不敢可否事，檜曰『虜可和』，近亦曰『可和』；檜曰『天子當拜』，近亦曰『當拜』。臣嘗至政事堂，三發問而近不答，但曰：『已令臺諫、侍從議矣。』嗚呼，參贊大政，徒取充位如此，有如虜騎長驅，尚能折衝禦侮耶！臣竊謂秦檜、孫近亦可斬也。臣備員樞屬，義不與檜等共戴天，區區之心，願斷三人頭，竿之藁街，然後羈留虜使，責以無禮，徐興問罪之師，則三軍之士不戰而氣自倍。不然，臣有赴東海而死爾，寧能處小朝廷求活耶！」書既上，檜以銓狂妄凶悖，鼓衆刼持。詔除名，編管昭州，仍降詔，播告中外。給、舍、臺、諫及朝臣多救之者，檜迫於公論，乃以銓監廣州鹽倉。明年，改簽書威武軍判官。十二年，諫官羅汝楫劾銓飾非横議，詔除名，編管新州。

銓之初上書也，宜興進士吳師古鋟木傳之，金人募其書千金。其謫廣州也，朝士陳剛中以啓事爲賀。其謫新州也，同郡王廷珪以詩贈行。皆爲人所訐，師古流袁州，廷珪流辰州，剛中謫知虔州安遠縣，遂死焉。晏敦復謂人曰：「頃言檜姦，諸君不以爲然。今方專國便敢爾，他日何所不至耶！」

十二月己未，以李光參知政事。秦檜既定和議，將揭榜，以吏部尚書李光有人望，欲藉之同押榜以息浮議，乃請於帝而用之。光既受命，遂於尚書省榜諭：「金國使來，盡割河南、陝西故地，通好於我，許還梓宮及母、兄、親族，餘無需索。」時，檜以未見國書，疑封册，白帝。帝曰：「朕嗣守祖宗基業，豈受金人封册？」於是楊沂中、解潛、韓世良見檜曰：「朝議籍籍，軍民洶洶，若之何？」退又白之臺諫。中丞勾龍如淵謂檜曰：「但取金書納之禁中，則禮不行而事定。」給事中樓炤亦舉諒陰三年事以告檜，遂以檜攝冢宰，詣館受書；而王倫亦以計說張通古，通古從之。檜至館，見通古，受其書。通古欲百官備禮，檜使省吏朝服導從，以書納於禁中。

丙子，張通古入見，言：「先歸河南、陝西地，徐議餘事。」權禮部侍郎尹焞上疏曰：「本朝金狄之禍，亙古未聞。中國無人，致其猾亂。昨者城下之盟，詭詐百出，二帝北狩，皇族播遷，宗社之危，已絕而續。陛下卽位以來十有二年，雖中原未復，讎敵未殄，然而賴祖宗德澤之厚，陛下勤苦之至，億兆之心無有離異。前年徽宗皇帝、寧德皇后崩問遽來，莫究不豫之狀，天下之人痛心疾首，而陛下方且屈意降志，以奉迎梓宮、請問諱日爲事。今又爲此議，則人心日去，祖宗積累之業，陛下十二年勤撫之功，當決於此矣！不識陛下亦嘗深謀而熟慮乎，抑在廷之臣不以告也？禮曰：『父母之讎不共戴天，兄弟之讎不反兵。』今陛下信讎敵之譎詐，而覬其肯和以紓目前之急，豈不失不共戴天、不反兵之義乎！或以金國內亂，懼我襲己，故爲甘言，以緩王師。儻或果然，尤當鼓士卒之心，雪社稷之恥，尙何和之足爲！」不報。

李綱時知洪州，上疏曰：「臣竊見朝廷（使）〔遣〕王倫〔使金國〕（據宋史三五九李綱傳、薛鑑補正），奉迎梓宮。今倫之歸與金使偕來，乃以『詔諭江南』爲名。不著國號而曰『江南』，不云通問而曰『詔諭』，此何禮也？臣請試爲陛下言之。金人毁宗社，逼二聖，而陛下應天順人，光復舊業，自我視彼，則仇讐也，自彼視我，則腹心之疾也，豈復有可和之理？然而朝廷遣使通問，冠蓋相望於道，卑辭厚禮無所愛惜者，以二聖在其域中，爲親屈己，不得已而然，猶有說也。至去年春，兩宮凶問既至，遣使以迎梓宮，承往遄返，初不得其要領。今倫使事初以奉迎梓宮爲指，而金使之來乃以『詔諭江南』爲名，循名責實，已自乖戾，則其所以罔朝廷而生後患者，不待詰而可知。臣在遠方，雖不足以知曲折，然以愚意料之，金以此名遣使，其邀求大略有五：必降詔書，欲陛下屈體降禮以聽受，一也；必有赦文，與朝廷宣布頒示郡縣，二也；必立約束，欲陛下奉藩稱臣，稟其號令，三也；必求歲賂，廣其數目，使我坐困，四也；必求割地，以江爲界，淮南、荆、襄、四川盡欲得之，五也。此五者，朝廷從其一，則大事去矣。金人變詐不測，貪婪無厭，縱使聽其詔令，奉藩稱臣，其志猶未已也，必繼有號令，或使親迎梓宮，或使單車入覲，或使移易將相，或改革政事，或竭取租賦，或朘削土宇。從之則無有紀極，一不從則前功盡廢，反爲兵端。以爲權時之宜，聽其邀求，可以無後悔者，非愚則誣也。使國家之勢單弱，果不足以自振，不得已而爲此，固猶不可，況土宇之廣猶半天下，臣民之心戴宋不忘，與有識者謀之尙足以有爲，豈可忘祖宗之業，生靈之屬望，弗慮弗圖，遽自屈服，冀延旦暮之命哉！臣願陛下特留聖意，且勿輕許，深詔羣臣，講明利害，可以久長之策，擇其善而從之。」帝不納。

先是，倫使金從趙鼎受使指。鼎言：「問禮數則君臣之分已定，問地界則答以大河爲界。二事使者之大指，或不從則已。」倫受命而行。至是，倫還，有「詔諭江南」之名，帝嘆息曰：「使五日前得此報，趙鼎豈可去耶！」

初，檜主和議，命韓世忠移屯鎭江。世忠言金人詭詐，恐以計緩我師，乞留此軍遮蔽江、淮。因力論和議之非，願效死節，率先迎敵，若不勝，從之未晚。章數上，皆慷慨激切，且請單騎詣闕面陳，帝不許。及張通古來，以「詔諭」爲名，世忠四上疏，言：「不可從。願舉兵決戰，兵勢最重處，臣請當之。」且言：「金人欲以劉豫相待，舉國士大夫盡爲陪臣，恐人心離散，士氣凋沮。」不報。及通古還，世忠伏兵洪澤鎭，將邀殺之以壞和議，不克而罷。

時，劉豫既廢，傳言金人欲立淵聖於南京，以和定而止。

九年（己未、一一三九）春正月丙戌，以金人通和，大赦河南新復州、軍。直學士院樓炤草赦文，略曰：「上穹開悔禍之期，大金報許和之約，割河南之境土歸我輿圖，戢宇內之干戈用全民命。」張浚在永州上疏，言：「燕、雲之舉，其鑒不遠。虜自宣和以來，挾詐反覆，傾我國家，蓋非可結以恩信者。借令虜中有故，上下紛雜，天屬盡歸，河南遂復，我必德其厚賜，謹守信誓，數年之後，人情益懈，士氣漸消。彼或內變既平，指瑕造釁，肆無厭之欲，發難從之請，其將何辭以對？顧事理可憂又有甚於此者，陛下積意兵政，將士漸孚，一旦北面事虜，聽其號令，小大將帥孰不解體！蓋自堯、舜以來，人主奄有天下，非兵無以立國，未聞委質可以削平禍難者也。」前後凡五上疏，皆不報。

戊子，遣判大宗正事士㒟、兵部侍郎張燾詣河南修奉陵寢，從史館校勘范如圭之請也。戊戌，賜王倫同進士出身、端明殿學士、僉書樞密院事。既，又以倫爲東京留守，與金人交割地界。

二月癸丑，以周聿爲陝西宣諭使，方（庭）〔廷〕實（據宋史二九高宗紀改）爲三京宣諭使。庭實至西京，見先朝陵寢，自永昌而下，皆遇發掘，而泰陵至暴露。歸以白帝，秦檜怒之。

三月丙申，王倫至汴，見金兀朮，交割地界，得東、西、南三京，壽春府、宿、亳、曹、單州及陝西、京西諸州之地。兀朮遂自祁州渡河而去，移行臺於大名府。

五月，士㒟、張燾自河南還。燾上疏曰：「金人之禍，上及山陵，雖殄滅之，未足以雪此恥，復此讐也。必不可恃和盟，而忘復讐之大事！」帝問：「諸陵寢何如？」燾不對，惟言：「萬世不可忘此賊！」帝默然。秦檜惡之，出燾知成都府。

時，金人厚有所邀，議久不決，將再遣使。權刑部侍郎陳橐上言：「金每挾講和以售其姦謀，論者因其廢劉豫，又還河南地，謂其有意於和，臣以爲不然。且金之立豫，葢欲自爲捍蔽，使之南窺。豫每犯順，卒皆敗北，金知不足恃，從而廢之，豈爲我哉！河南之地，欲付之他人則必以豫爲戒，故捐以歸我。往歲金書嘗謂，歲幣多寡聽（我所）（據宋史三八八陳橐傳、薛鑑補）裁，曾未淹歲，反覆如此。且割地通和，則彼此各守封疆可也，而同州之橋至今存焉。葢金非可以義交而信結，恐其假和好之說，騁謬悠之詞，包藏禍心，變出不測。願深鑒前轍，益嚴戰守之備，使人人激厲，常若寇至。苟彼通和，則吾之振飭武備不害爲立國之常。如其不然，決意恢復之圖，勿循私曲之說，天意允協，人心響應，一舉以成大勳，則梓宮、太后可還，祖宗境土可復矣。」秦檜憾之，罷橐宫。

丁亥，王倫如金議事。金兀朮時言於金主曰：「撻懶、蒲盧虎主割河南地與宋，必有陰謀。今宋使在汴，勿令踰境！」倫聞之，卽遣介具言於朝。會孟庾至汴，倫卽解留鑰，將使指赴金國議事。行至中山，會撻懶等謀反，金人執之，蒲盧虎、訛魯觀皆誅。倫見金主於御子林，致使指。金主不答，而令翰林待制耶律紹文爲宣勘官，問倫：「知撻懶罪否？」倫對不知。

又問，無一言及歲幣，反求割地，「汝但知有元帥，豈知有上國耶！」倫曰：「比蕭哲以國書許歸梓宮、太母及河南地，天下皆知。上國尋海上之盟，與民休息，使人奉使，通好兩國耳。」紹文復曰：「卿留雲中，已無還期，及貸之還，曾無以報，反間貳我君臣耶！」乃遣副使藍公佐還，議歲貢、正朔、誓命等事及索河東、北士民之在南者，而徙倫拘於河間，以待報命之至。時，皇后邢氏崩，金人祕之。

十二月，李光罷。光初謂可因和爲自治之計，故署榜不辭。及秦檜議撤淮南守備，奪諸將兵權，光始極言：「戎狄狼子野心，和不可恃，備不可撤。」檜惡之。光復折檜於帝前曰：「觀檜之意，是欲壅蔽陛下耳目，盜弄國權，懷姦誤國，不可不察。」檜大怒，光遂求去。

十年（庚申、一一四〇）春正月丙戌，遣工部侍郎莫將等使金，充迎護梓宮奉迎兩宮使。

五月己卯，金兀朮、撒離喝分道入寇。兀朮以歸河南、陝西地爲非計；而張通古又言宋置戍河南，請及其部置未定，當議收復，斡本然之。及誅撻懶，遂大閱國中兵於祁州。命兀朮自黎陽趨河南，撒離喝出河中趨陝西。兀朮率孔彥舟等入汴，遣烏祿取歸德，李成取河南，分兵下諸郡。於是東京留守〔孟庾、南京留守〕（據續綱目補）路允迪等皆以城降，西京留守李利用棄城走，河南州縣皆降。撒離喝入同州，趨永興軍，權知軍事郝遠開門納之，陝西州郡所至迎降，遂進據鳳翔。

秦檜聞金人叛盟，以其言不讎，甚懼，謂給事中馮檝曰：「金人背盟，我之去就未可卜。前此大臣皆不足慮，獨君鄉袞，未測上意，君其爲我探之！」檝入見曰：「金人長驅犯順，勢必興師，如張浚者，且須以戎機付之。」帝正色曰：「寧至覆國，不用此人！」檜聞之，意遂安。

秋七月丙午，以王次翁參知政事。秦檜薦次翁爲中丞，故凡可以爲檜地者，無不力爲之。及金人敗盟，帝下詔罪狀兀朮，次翁懼檜得罪，因奏曰：「前日國是初無主議，事有小變，更用他相，後來者未必賢，而排黜異黨，紛紛（屢）〔累〕（據宋史四七三秦檜傳、續綱目、薛鑑改）月不能定。願陛下以爲至戒。」帝深然之。檜德其言，遂引與同列。由是檜益安據其位，公論不能搖奪矣。

八月，貶祕閣修撰張九成等官。九成等皆言和議非計，秦檜惡之，乃貶九成知邵州，喻樗知懷寧縣，陳剛中知安遠縣，淩景夏知辰州，樊光遠閬州學教授，毛叔度嘉州司戶參軍。

九月，罷諸大帥軍，俱還鎮。

十一年（辛酉、一一四一）三月，金兀朮渡淮北去。

時，秦檜力主和議，恐諸將難制，欲盡收其兵權。給事中范同獻計於檜，請除韓世忠、張俊、岳飛樞府，則兵柄自解。檜喜，密奏：「召三大將赴行在，論功行賞。」於是世忠、俊皆入朝，飛亦後至，遂拜世忠、俊樞密使，飛爲副使，並宣押至樞府治事。俊知檜欲罷兵，首請以所部〔兵〕（據宋史二九高宗紀、薛鑑補）隸御前，且力贊和議。檜大喜，遂罷三宣撫司，以其兵隸御前，遇出師，取旨。

九月，莫將還自金。兀朮欲講和，莫將久留於金，乃縱之歸以道意。秦檜遂奏遣劉光遠爲通問使。

冬十月壬午，以魏良臣爲金國稟議使。時，兀朮遣劉光遠還，欲得官尊望著者爲使，秦檜乃奏遣良臣。

十一月辛丑，金兀朮以蕭毅、邢具瞻爲審議使，與魏良臣偕來。壬子，蕭毅等入見，議以淮水爲界，求割唐、鄧二州及陝西餘地，歲幣銀、絹各二十五萬，仍許歸梓宮、太后。帝悉從其請，定議和盟誓。乙卯，以何鑄僉書樞密院事，充金國報謝進誓表使。庚申，命宰執及議誓官告祭天地、〔宗廟〕（據宋史二九高宗紀、續綱目、薛鑑補）、社稷，何鑄奉誓表往。表略曰：「臣構言：今來畫疆，以淮水中流爲界，西有唐、鄧州，割屬上國。自鄧州西四十里，併南四十里爲界，屬鄧；四十里外併西南，盡屬光化軍，爲敝邑沿邊州城。既蒙恩造，許備藩方，世世子孫，謹守臣節，每年皇帝生辰幷正旦，遣使稱賀不絕。歲貢銀、絹二十五萬兩、匹，自壬戌年爲首，每春季搬送至泗州交納。有渝此盟，明神是殛，墜命亡氏，踣其國家！臣今既進誓表，伏望上國早降誓詔，庶使敝邑永爲憑焉。」毅辭，帝諭曰：「若今歲太后果還，自當謹守誓約，如今歲未也，則誓文爲虛設。」

十二月乙亥，何鑄至汴，見兀朮，遂如會寧，見金主，且趣割地。尋復遣使來求商州及和尚、方山二原。遂命周聿、鄭剛中等分畫京西唐、鄧二州，陝西商、秦之半以畀金，止存上津、豐陽、天水三縣及隴西、成紀餘地，棄和尚、方山二原，以大散關爲界。於是宋僅有兩浙、兩淮、江東、西、湖南、北、（西）〔四〕蜀（據續綱目、薛鑑改）、福建、廣東、西十五路，而京西南路止有襄陽一府，陝西路止有階、成、和、鳳四州，凡有府、州、軍、監一百八十五，縣七百三。金既畫界，建五京，置十四總管府，凡十九路，其間散府九，節鎮三十六，守禦郡二十二，刺史郡七十三，軍十有六，縣六百三十二。

初，邵隆在商州十年，披荊榛瓦礫以爲治，招徠流散，屢敗金人。値和議成，割商與金，隆甚怏怏，徙知金州。嘗以兵出虜境，秦檜恨之，徙知敍州。檜陰使人酖殺之。

十二年（壬戌、一一四二）二月癸巳，何鑄還自金。初，蕭毅至臨安，帝曰：「朕有天下而養不及親。徽宗無及矣，今立信誓，明言歸我太后，朕不恥和；不然，朕不憚用兵！」及何鑄、曹勛往，召至內殿，諭之曰：「朕北望庭闈，無淚可揮。卿見金主當曰：『慈親之在上國，一老人耳，在本國則所繫甚重。』以至誠說之，庶彼有感！」鑄至金，首以太后爲請，金主曰：「先朝業已如此，豈可輒改？」曹勛再三懇請，金主乃許之，遂遣鑄還，許歸徽宗及鄭后、邢后之喪與帝母韋氏。

夏四月，金遣左宣徽使劉筈，以袞冕、圭册，册帝爲大宋皇帝。

秋七月壬午，皇太后韋氏至自金。后有智慮，初聞金人許還三梓宮，后恐其反覆，呼役者畢集，然後起攢宮。時方暑，金人憚行，后慮有他變，乃陽稱疾，須秋涼進發。已而稱貸於金使，得黄金三千兩，以犒其衆，由是途中無虞。后將南旋，淵聖臥車前，泣曰：「歸語九哥與丞相，我得太乙宫使，足矣，他不敢望也。」后許之，且與誓而别。及歸，帝至臨平奉迎，見后，喜極而泣。后至臨安，入居慈寧宮，始知朝議，遂不敢述淵聖車前之語。己丑，帝易緦服，奉迎徽宗及顯肅、懿節二后梓宮，奉安於龍德别宮。

九月乙巳，以和好成，加秦檜太師，封魏國公。先三年通和，赦河南新復州、軍，兀朮讀赦文，謂不歸德其國，遂指爲釁以起兵。至是，檜懼當制者不能悦金，遂屬其黨程克俊爲文曰：「上穹悔禍，副生靈願治之心，大國行仁，遂子道事親之孝。可謂非常之盛事，敢忘莫報之深恩。而況申遣使軺，許敦盟好，來存没者萬餘里，慰契闊者十六年。禮備送終，天啓固陵之吉壤；志伸就養，日承長樂之慈顔。」於是郵傳至四方，遺黎讀之，有泣下者。

甲寅，遣使如金，沈昭遠賀生辰，楊愿賀正旦，賀禮俱用金茶器千兩，銀酒器萬兩，錦綺千匹。金循契丹例，不欲兩接使人，故併遣使，歲如之。

冬十月，以皇太后回鑾，進封秦檜爲秦、魏兩國公。檜以封兩國與蔡京同，辭不拜。

十三年（癸亥、一一四三）秋七月，行人洪皓、張邵、朱弁還自金。自建炎以來，奉使如金被拘囚者三十餘人，多已物故，惟三人以和議成，許歸。已而金人遣七騎追之，及淮，而皓等已在舟中矣。

皓居冷山，去會寧二百里，地苦寒，穴居百餘家，陳王悟室聚落也。悟室敬皓，使教其子。或二年不給衣食，盛夏衣麤布。常大雪薪盡，以馬矢然火，煨麪食之。或獻取蜀策，悟室持以問皓，皓力折之。悟室鋭意南侵，曰：「孰謂海大，我力可乾，但不能使天地相拍耳。」皓曰：「兵，猶火也，弗戢，將自焚。自古無四十年用兵不止者。」又數爲言：「所以來爲兩國事。既不受使，乃令深入，教小兒，非古者待使臣之禮也。」悟室怒曰：「汝作和事官，而口硬如此，謂不能杀汝耶！」皓曰：「自分當死，顧大國無受殺行人之名，願投之於水，以墜淵爲辭可也。」悟室義之而止。皓屢因諜者密奏敵情，且力言和議非計，乞興師進擊。嘗求韋太后書，遣李微持歸，帝大喜，曰：「朕不知太后寧否幾二十年，雖遣使百輩，不如此一書。」每遇貴族名家子流落於金者，盡力拯救之。留金十五年而還，入對內殿，求郡養母。帝曰：「卿忠貫日月，志不忘君，雖蘇武不能過，豈可捨朕去耶？」皓退，見秦檜，語連日不止。曰：「張（魏）〔和〕公（據宋史三七三洪皓傳、續綱目、薛鑑改），金人所憚，乃不得用。錢塘暫居，爲景靈宮、太廟，皆極土木之華，豈非示無中原意乎？」檜不懌，遂除徽猷閣直學士，提舉萬壽觀。復以論事忤檜，出知饒州。

邵初被囚柞山，踰年，送劉豫使用之。邵見豫，長揖而已。又呼豫爲殿院，責以君臣大義，詞氣俱厲。豫怒，械於獄，久之，復送於金，拘之燕山僧寺，從者皆莫知所在。邵又以書言於金曰：「劉豫挾大國之勢，日夜南侵，不勝則首鼠兩端，勝則如養鷹，飽則颺去，終非大國之利。」金人徙之會寧。及還，入見，除秘書修撰，主管佑神觀。司諫詹大方論其使事無成，改台州崇道觀。

弁初副王倫使金，既就館，守之以兵。久之，金將議和，當遣一人受書還報，〔欲〕（據宋史三七三朱弁傳、續綱目、薛鑑改）弁與倫探策決去留。弁曰：「吾來固自分必死，豈應今日覬幸先歸？願正使受書，歸報天子，成兩國之好，蚤申四海之養於兩宮，則吾雖暴骨外國，猶生之年也。」倫將歸，弁謂曰：「古之使者有節以爲信，今無節有印，印卽信也，願留之，使弁得抱以死，死不腐矣。」倫解以授弁，弁受而懷之，臥起與俱。金人迫弁仕豫，且訹之，復欲易其官。弁皆誓不爲屈，語在四年九月（按：「四年九月」之文原出薛鑑，於本書無所取義，其事已載於本篇前面，可參看）。又以書訣洪皓曰：「金殺行人，非細事。吾曹遭之，命也。要當舍生以全義耳！」乃具酒，召被掠士夫飲，半酣，語之曰：「已得近郊某寺地，一旦畢命報國，諸公幸瘞我其處，題其上曰『有宋通問副使朱公之墓』，於我幸矣！」衆皆泣下，莫能仰視。弁談笑自若，曰：「此臣子之常，諸君何悲也。」及粘沒喝死，弁密疏金國虛實，曰：「此不可失之時也。」遣李發間行歸報。王倫還，以弁奉送徽宗大行之文爲獻，其辭有曰：「歎馬角之未生，魂消雪窖。扳龍髯而莫逮，淚灑冰天。」帝讀之感泣，官其親屬五人，謂丞相張浚曰：「弁歸日，當以禁林處之。」及還，入見便殿，弁謝，且曰：「人之所難得者時，而時之運無已；事之不可失者幾，而幾之藏無形。惟無已也，故來遲而難遇；惟無形也，故動微而難見。陛下與金人講和，上返梓宮，次迎太母，又其次則憐赤子之無辜，此皆（知時）知幾之明（驗）（並據宋史三七三朱弁傳補）。然時運而往，或難固執，幾動有變，宜鑑未兆。盟可守而詭詐之心宜嘿以待之，兵可息而銷弭之術宜詳以講之。金人以黷武爲至德，以苟安爲太平，虐民而不恤民，廣地而不廣德，此皆天助中興之勢。若時與幾，陛下既知於始，願圖厥終。」帝曰：「善！」納其言，賜賚甚厚。秦檜惡其言敵情，奏以初補官易宣教郎直祕閣而卒。

十二月，金遣完顏曄等來賀明年正旦，以金酒器六事，綾羅紗縠三百端，馬六匹爲禮。自是歲如之。

十四年（甲子、一一四四）秋七月，王倫爲金所殺。金拘倫河間六載，欲授以平灤三路都轉運使。倫曰：「奉命而來，非降也。」金人益脅以威，倫自縊死。後數年，宇文虛中亦以反誅。

朱熹戊午讜議序曰：君臣、父子之大倫，天之經，地之義，所謂民彝也。故臣之於君，子之於父，生則敬養之，沒則哀送之，所以致其忠孝之誠者，無所不用其極，而非虛加之也，以爲不如是則無以盡乎吾心云爾。然則其有君父不幸而罹於橫逆之故，則夫爲臣子者所以痛憤怨疾而求爲之必報其讎者，其志豈有窮哉！故記禮者曰：「君、父之讎，不與共戴天，寢苫枕塊，不與共天下也。」而爲之說者曰：「復讎者可盡五世。」則又以明夫雖不當其臣子之身，而苟未及五世之外，則猶在乎必報之域也。雖然，此特庶民之事耳，若夫有天下者，承累世無疆之統，則亦有萬世必報之讎，非若庶民五世，則自高祖以至玄孫，親盡服窮而遂已也。國家靖康之禍，二帝北狩而不還，臣子之所痛憤怨疾，雖萬世而必報其讎者，蓋有在矣。紹興之初，賢才並用，綱紀復張，諸將之兵屢以捷告，恢復之勢蓋已十八九成矣。虜人於是始露和親之議，以沮吾計，而宰相秦檜歸自虜庭，力主其事。當此之時，人倫尙明，人心尙正，天下之人，無賢愚，無貴賤，交口合辭以爲不可，獨士大夫之頑鈍嗜利無恥者數輩起而和之。淸議不容，詬詈唾斥，欲食其肉而寢處其皮，則其於檜可知矣。而檜乃獨以梓宮、長樂藉口，攘卻衆謀，熒惑主聽，然後所謂和議者翕然以定而不可破。自是以來二十餘年，國家忘讎敵之（患）〔虜〕（據朱子大全七五改）而偷宴安之樂，檜亦因是藉外權以專寵利，竊主柄以遂姦謀。

而向者冒犯清議希意迎合之人，無不夤緣驟至通顯，或乃踵檜用事，而君臣、父子之大〔倫〕（據同上書），天之經，地之義，所謂民彝者，不復聞於搢紳之間矣。士大夫狃於積衰之俗，徒見當時國家無事，而檜與其徒皆享成功，無後患，顧以忘讎忍辱爲事理之當然。主議者慕爲檜，遊談者慕其徒，一雄唱之，百雌和之。癸未之議，發言盈廷，其曰虜世讎不可和者，尚書張公闡、左史胡公銓而止耳。自餘蓋亦有謂不可和者，而其所以爲說，不出乎利害之間。又其餘則雖平時號爲賢士大夫，慨然有六千里爲讎人役之嘆者，一日進而立乎廟堂之上，顧乃惘然如醉如幻，而忘其疇昔之言。厥或告之，則曰：「此處士之大言耳。」嗚呼！秦檜之罪所以上通於天，萬死而不足以贖者，正以其始則倡邪謀以誤國，（終）〔中〕（據朱子大全七五、續綱目——二五年十月——改）則挾虜勢以要君，使人倫不明，人心不正，而末流之弊，遺君後親，至於如此之極也。

二十五年（乙亥、一一五五）冬十月丙申，秦檜死。檜自和議之成，擅國柄者十五年，偷安江左，專爲粉飾太平計，勸帝立太學，耕耤田，修舉彌文，殆無虛日。帝之視學也，命其子禮部侍郎熺執經，司業高（閎）〔閌〕（據宋史四三三本傳改）講易泰卦。知（度）〔虔〕州（據宋史四七三秦檜傳改）薛弼承檜意，言州民朽柱中有文曰「天下太平年」。檜大喜，乞宣付史館。自是四方祥瑞之奏日上，舉朝晏然不復知有兵事矣。殿前軍士施全，候檜入朝，挾刃刺之於道，不中，捕送大理獄。檜親鞫之，全對曰：「舉天下皆欲殺虜人，汝獨不肯，故我欲殺汝也！」遂磔全於市。檜懼，每出，列五十兵，持長梃以自衞。晚年尤銜恨舊臣不已，書趙鼎、李光、胡銓三人姓名於一德格天閣，必欲殺之。鼎時安置吉陽軍，檜令本軍月具存亡申省。鼎遣人語其子汾曰：「秦檜必欲殺我。我死，汝曹無患，不爾，禍及一家矣！」因不食而死，檜憾未釋也。江西運判張常先箋注前帥張宗元與張浚詩，言於朝，其詞連逮者數十家，將誣以不軌而盡去之。會汪召錫告宗室知泉州令衿，觀檜家廟記，口誦：「君子之澤，五世而斬。」謫居汀州。至是，檜乃諷殿中侍御史徐嘉論趙汾與令衿飲別厚贐，必有姦謀。詔送汾、令衿大理鞫問，使汾自誣與張浚、李光、胡寅、胡銓等五十三人謀大逆。獄成，而檜病不能書矣。帝幸檜第，問其疾。檜惟流涕，無一語。子熺奏請代居相位者爲誰，帝曰：「此事卿不當預。」遂命直學士院沈虛中草檜父子致仕制，命下而檜死。

檜兩據相位，倡和誤國，忘讎斁倫，包藏禍心，劫制君父，陰結內侍及醫師王繼先，伺上微旨，動靜必具知之。郡國事惟申省，無至上前者。性陰險深阻，如崖穽不可測。同列論事上前，未嘗力辨，但以一二語傾擠之，俾帝自怒。一時忠臣良將，誅鋤略盡。其頑鈍無恥者，率爲檜用事，以誣陷善類爲功。凡無罪可狀者，則曰立黨沽名，曰訕謗，曰指斥，曰怨望，甚則曰有無君心。凡論人章疏，皆檜自操以授言官，識之者曰：「此老秦筆也。」自知惡極，爲衆論所嫉，置邏卒，布滿京城，聞有議之者，卽捕治，中以深文，道路以目。開門受賂，富敵於國，外國珍寶，死猶及門。檜每事與帝爭勝，曹筠言水漲，詔逐之，檜陞爲從官。周葵欲言梁汝嘉，檜不待帝言，卽改除之。由是張扶請檜乘金根車，呂愿中獻秦城王氣詩，其勢漸不可制。檜既死，帝謂楊存中曰：「朕今日始免靴中置刀矣！」其畏之如此。

宋史紀事本末卷七十三

金亮之惡

高宗紹興十八年（戊辰、一一四八）六月，金以完顏亮爲平章政事。亮本名迪古乃，金太祖子斡本之子。爲人慓急猜忌，殘忍任數，自以己與金主同爲太祖孫，常懷覬望。及爲中京留守，專立威以懼衆。結蕭裕爲腹心，每與論天下事。裕傾險，揣知其意，因曰：「留守先太師，太祖長子，德望如此，人心天意，宜有所屬。誠有志舉大事，願竭力以從。」亮喜，遂與謀弒逆事。至是，引裕爲兵部侍郎。

十二月，金以完顏亮爲右丞相。亮生日，金主遣近侍以司馬光畫像、玉吐鶻、廄馬賜之。金主后裴滿氏亦附賜禮物。金主聞之，怒杖近侍，奪回賜物。亮本懷不軌，疑畏益甚。

十九年（己巳、一一四九）三月，金主以完顏亮爲太保，領三省事。

五月，金以天變肆赦，命翰林學士張鈞草詔。參知政事蕭肄摘其語以爲誹謗。金主殺鈞，且問：「誰使爲之？」左丞相宗賢曰：「迪古乃實使之。」金主不悅，出亮於行臺。亮過中原，與留守蕭裕定約而去。亮至良鄉，召還，莫測其故，大恐。及至，復拜平章，謀逆益甚。

冬十月，金主亶殺其弟胙王常勝，遂殺其后裴滿氏。初，金宰臣議遷遼陽渤海之民於燕南，近侍高壽星等當遷，訴於裴滿后。后白金主致怒，遂杖平章政事秉德、右丞唐括辨，而殺左司郎中三合，壽星等竟不遷。秉德、辨二人怨望，遂與大理卿烏帶謀廢立，烏帶以告完顏亮。一日，亮與辨語，因問曰：「若舉大事，誰可立者？」辨曰：「胙王常勝乎。」問其次曰：「鄧王子阿楞。」亮曰：「阿楞屬疏，安得立！」辨曰：「公豈有意耶？」亮曰：「果不得已，捨我其誰！」於是旦夕相與密謀。護衛將軍特思疑之，以告裴滿后。后白金主，金主怒，召辨曰：「爾與亮謀何事？將如我何？」杖之。亮因此忌常勝、阿楞，惡特思。會河南兵士孫進作亂，自稱皇弟按察大王，而金主之弟止有常勝、查剌，亮乘此構常勝、查剌、阿楞、達楞、特思皆殺之。金主積怒於后，遂亦殺之，而召胙王妃撒卯入宮繼之。又殺德妃烏古論氏及夾谷氏、張氏等。

十二月，金完顏亮弒其主亶而自立。時，護衛十人長僕散忽土舊受斡本恩，徒單阿里出虎與亮姻家，亮皆使爲內應。大興國嘗以李老僧屬亮，得爲尙書省令史，亮度興國被杖怨望，又使老僧結興國內應。興國給事寢殿，夜嘗取符鑰歸家。是月丁巳，乘忽土、阿里出虎內直，作變。夜二鼓，興國以符鑰啓門，亮與妹婿徒單貞及平章政事秉德、左丞唐括辨、大理卿烏帶、李老僧等，以刀藏衣下，入宮。門者以辨乃國婿，亮又至親，不疑而納之。及殿門，衞士始覺有變，亮等抽刀劫之，莫敢動，遂入寢殿。金主嘗置佩刀於榻，是夜，興國先取刀，投榻下，金主求刀不得。阿里出虎先進刃，忽土次之，金主頓仆。亮前手刃之，血濺滿其面與衣。金主既殂，秉德等未有所屬，忽土曰：「始(有)〔者〕(據金史五海陵王紀、一三二僕散忽土傳、續綱目改)議立平章，今復何疑。」秉德遂與羣臣奉亮即位。詐以金主欲議立后，召大臣，因殺曹國王宗敏、左丞相宗賢。以秉德爲左丞相，唐括辨爲右丞相，烏帶爲平章政事。謚裴滿后爲悼平皇后。廢亶爲東昏王。大赦，改元。

二十年(庚午、一一五〇)春正月，金主尊其嫡母徒單氏及母大氏，皆爲太后。徒單氏與大氏相得至歡，及金主弑亶，徒單氏曰：「帝雖失道，人臣豈可至此！」金主銜之。至是，追尊斡本爲帝，廟號德宗，二母俱尊爲皇太后。徒單氏居東宮，號永壽宮；大氏居西宮，號永寧宮。後徒單后生日，酒酣，大氏起爲壽，徒單后方與諸公主、宗婦語，大氏跪者久之，金主怒而出。明日，召與徒單后語者，皆杖之。大氏以爲不可，金主曰：「今日之事，豈能尙如前日耶！」

夏四月，金主亮大殺其宗室。初，亮在熙宗世，見太宗諸子盛强，忌之，及即位，遂與蕭裕謀殺之。又以前左丞相秉德首謀廢立而不即勸進，銜之，將盡誅焉。於是裕教尙書省令史蕭玉上變，遂召領三省事阿魯、右丞相唐括辨、判大宗正事胡里甲（繫鞫）〔擊鞠〕（據金史七六宗本傳、續綱目改），至則殺之。因遣使如東京，殺留守阿鄰，北京殺留守斛祿補，南京殺領行臺事秉德，幷誅其親屬。復殺太宗子孫七十餘人，粘沒喝子孫三十餘人，諸宗室五十餘人，太宗、粘沒喝後皆絕，而烏帶、蕭裕、蕭玉等皆受重賞。亮又令玉子尙主，曰：「朕無以報卿，使朕女爲卿男婦，代朕事卿也。」

冬十月，金主亮殺其左副元帥撒離喝等，夷其族。亮復忌斜也諸子盛强，及宗室勳舊大臣，欲盡除之。乃諷都元帥府令史遙設誣飾上變，遂殺撒離喝，及景祖孫謀里野，斜也子孛吉，及其族百數十人。以魏王斡帶孫活里甲好修飾，亦族之。

二十一年（辛未、一一五一）五月，金主亮納其叔母阿懶及宗婦於宮。阿懶，亮叔曹王阿魯補妻也，亮殺阿魯補而納之，封爲昭妃。又命徒單貞語宰相曰：「朕嗣續未廣，前所誅黨人諸婦多朕中表親，宜選納焉！」宰相乃奏請行之，遂納阿魯子莎魯啜、胡魯子胡里剌、胡失打、秉德弟糺里四人之妻於宮，尋封糺里妻高氏爲修儀。崇義節度使烏帶妻唐括定哥舊嘗與亮私，及爲帝，定哥使侍婢來朝，亮諷使殺烏帶，許以爲后。定哥初不忍，亮訹之曰：「不殺汝夫，將族滅汝家！」定哥大恐，縊殺烏帶，卽納之宮中，封貴妃，大愛幸。後與舊家奴姦，賜死。又使祕書監完顏文出其妻唐括石哥而以爲麗妃，使乙剌補出其妻蒲察乂察而納之。

乂察、亮姊之女也。

二十二年（壬申、一一五二）十二月，金主亮聞濟南尹葛王烏祿妻烏林答氏儀容整肅，召之。烏林答氏謂烏祿曰：「我不行，上必殺王。我當自勉，不以相累也！」遂召王府臣僕曰：「爲我禱東嶽，使皇天后土明鑑我心！」行至良鄉，得間自殺。

二十三年（癸酉、一一五三）夏四月，金太后大氏卒。金主遷都於燕，親屬皆從，獨留徒單太后於會寧。徒單后常憂懼，每中使至，必易衣以俟命。大氏在燕，常思念徒單后，及病篤，以不得一見徒單后爲恨。將死，謂金主曰：「汝以我之故不令永壽宮偕來，我死，必迎致之，事之當如事我。」

二十四年（甲戌、一一五四）十一月，金主納其諸從姊妹於宮。壽寧縣主什古，斡離不之女也，靜樂縣主蒲剌及習撚，兀朮之女也，師古兒，訛魯觀之女也，混同縣君莎里古貞及其妹餘都，阿魯之女也，皆亮之從姊妹；郕國夫人重節，蒲盧虎之女孫，亮之姪也；張定安妻奈剌忽，太后大氏之兄嫂也；蒲魯胡只，石哥之妹也，皆有夫。亮無所忌恥，皆召與之私，分屬諸妃位下。莎里古貞最得幸，每召，必親候廊下，立久則坐於師古膝上。凡宮人在外有夫者，初猶分番出入，後乃盡遣其夫往會寧，不聽出外。每幸婦人，必奏樂撒幃，或妃嬪列坐，輒率意淫亂，使共觀之。常於臥內遍設地衣，裸逐爲戲。

二十五年（乙亥、一一五五）冬十月，金主亮命以大房山雲峰寺爲山陵，遣右丞相僕散思恭等如會寧，奉遷太祖、太宗梓宮，及迎徒單后至燕。后及沙流河，亮親迎之，命左右持杖二束，跪后前曰：「亮不孝，久缺溫凊，願笞之！」后掖之曰：「今庶民有克家子，尚且愛之，不忍笞之。我有子如是，寧忍笞乎！」叱杖者退。既至，居壽康宮。亮事之，外極恭順，后起則自扶之，嘗從輿輦徒行，后所御物，或自執之。見者以爲至孝，雖太后亦信其誠。

三十一年（辛巳、一一六一）八月，金主亮弒其太后徒單氏。初，徒單后聞亮欲南侵，數以言諫之。亮不悅，每謁見還宮，必忿怒，人不知其故。及至汴，后居寧德宮，使侍婢高福娘問亮起居。亮幸之，因使伺后動靜，凡后所爲，事無大小，福娘夫特末哥教福娘增飾其言以聞。及契丹反，樞密使僕散忽土往討，辭謁后。后謂曰：「國家世居上京，既徙中都，今又至汴，復將興兵涉江、淮伐宋，疲敝中國。我嘗諫止之，不見聽也。契丹事復如此，奈何？」福娘以告亮。亮意謂后嘗養鄭王充爲己子，充四子皆成立，恐忽土將兵在外，或有異圖，乃召點檢大懷忠等使弒后，且指后左右數人名，皆令殺之。后方樗蒱，懷忠等至，令后跪受詔。后愕然，方下跪，尚衣局使虎特末從後擊之，仆而復起者再，高福娘等縊殺之，并殺其左右數人。亮命焚后於宮中，棄骨於水。并殺鄭王充之子檀奴、阿里白等（三）〔二〕（據金史七六完顏充傳改）人，遂召忽土等，皆殺之。封高福娘爲鄖國夫人，以特末哥爲澤州刺史。

宋史紀事本末卷七十四

金亮南侵 金人殺亮立雍附

高宗紹興二十年（庚午、一一五〇）三月，遣參知政事余堯弼如金賀卽位。及還，金主亮以上皇玉帶附遺於帝。其祕書郎張仲軻曰：「此希世之寶也。」亮曰：「江南之地他日當爲我有，此置之外府耳。」仲軻由是知金主有南侵之意，遂每事先意逢之。

二十一年（辛未、一一五一）二月，以巫伋爲金國祈請使。伋至金，首請迎靖康帝歸國，金主曰：「不知歸後何處頓放。」伋唯唯而退。

二十三年（癸酉、一一五三）三月，金主亮自上京如燕，遂改燕京爲中都大興府，汴京爲南京，削上京之名，止稱會寧府。又改中京大定府爲北京，而東京遼陽府、西京大同府如舊。遣完顏長寧爲南京留守，經畫之，以爲南侵之漸。既而汴京大火，宮室盡焚，金主大怒，杖殺長寧。

二十六年（丙子、一一五六）三月，東平進士梁勛上書，言：「金人必舉兵，宜爲之備。」帝怒，編管勛於千里外州軍，因下詔曰：「講和之策，斷自朕志，秦檜特能贊朕而已，豈以其存亡而渝定議耶！近者無知之輩，鼓倡浮言，以惑衆聽，至有僞撰詔命，召用舊臣，抗章公車，妄議邊事，朕甚駭之。自今有此，當重置憲典！」

二十七年（丁丑、一一五七）二月，金主亮御武德殿，召其臣吏部尚書李通、刑部尚書胡厲、翰林直學士蕭廉，賜坐而語之曰：「朕自卽位，視閱章奏，治宮中事，常至丙夜，始御內寢。疇昔之夜，方就榻，恍惚如親覩，有二青衣持幢節自天降，授朕以幅紙若牒，謂上帝有宣命。朕再拜受，遂佩弓矢，具鍪鎧，將從之前，而朕常所御小駿號『小將軍』者，倏已鞚勒待墀下，青衣揖就騎。旣行，但覺雲霧勃起，起馬蹷閒，下如海濤洶湧。方覺心悸，望一門正開，金碧焜燿，青衣指之曰：『天門也。』朕隨入焉。又里許，至鈞天之宮，嚴邃宏麗，光明奪目，朕意欲馳。二金甲人謂朕曰：『此非人間，可下馬步入。』及殿下，垂簾若有所待。須臾，有朱衣出，贊拜，髣髴聞殿上語如嬰兒，使青衣傳宣畀朕曰：『天策上將，令征宋國。』朕伏而謝，使復就馬。見兵如鬼者，左右前後，杳無邊際。發一矢射之，萬鬼齊喏，聲如震雷，驚而寤，喏猶不絕於耳。朕立遣內侍至廄視『小將軍』，喘汗雨浹；取箭箙數之，亦亡其一矢。昭應如此，豈天假手於我，令混江南之車書耶！」衆皆稱賀，於是南侵之議益決。

二十八年（戊寅、一一五八）五月，金主亮召李通及翰林學士承旨翟永固、宣徽使敬嗣暉、翰林直學士韓汝嘉，入見薰風殿，問曰：「朕欲遷都於汴，遂以伐宋，使海內一統，卿意如何？」通以天時、人事不可失機爲對，亮大悦。永固卻立楹間，亮顧見之，問之故，徐進曰：「臣有愚慮，請殫一得。本朝自海上造邦，民未見德，而黷兵是聞。古稱兵猶火，不戢，將自焚也。故雖如梁王之武毅，猶以和爲上策。今宋室偏安，天命未改，金繒締好，歲事無闕。遽欲出無名之師，以事遠征，臣竊以爲未便。兼中都始成，未及數載，帑藏虛乏，丁壯疲瘁，營汴而居，是欲竭根本富庶之力，以繕爭戰丘墟之地，尤爲非宜。臣事陛下，不敢不以正對。」因伏地請死。亮以問暉、汝嘉，暉是通，汝嘉是永固。亮大怒，拂袖起，傳宣二臣，殿側聽旨。繼而召翰林待制綦戬講漢史及陸賈新語事，亮怒稍霽，乃赦之。明日，以〔通〕（據薛鑑補）爲右丞，嗣暉爲參知政事。永固遂請老。

秋七月，金以李通參知政事。初，金主亮召其倖臣祕書少監張仲軻、左諫議大夫馬欽、校書郎田與信等，便殿侍坐。金主謂仲軻曰：「漢之封疆不過七八千里，今吾國幅員萬里，可謂大矣。」仲軻曰：「本朝疆土雖大，而天下有四主，若能一之，乃爲大矣。」金主曰：「彼且何罪而伐之？」仲軻曰：「臣聞宋人買馬修器械，招納山東叛亡，豈得謂無罪！」金主喜曰：「向者梁珫嘗爲朕言，宋有劉貴妃者，資質美豔。今一舉而兩得之，俗所謂因行掉臂也。江南聞我舉兵，必遠竄耳。」欽、與信皆對曰：「海島蠻越，臣等皆知道路，彼將安往？」金主曰：「然則天與我也。朕舉兵滅宋，遠不過二三年，然後討平高麗、夏國。一統之後，論功遷秩，分賞將士，彼必忘勞矣。」時，金主恃其累世强盛，欲大肆征伐，以一天下。嘗曰：「天下一家，方可以爲正統。」及拜李通參知政事，通承金主意，遂與仲軻、欽及近習羣小輩，盛言江南富庶子女玉帛之多逢其欲。金主以通爲謀主，遂議舉兵南侵。

冬十月，金主亮遣其左丞相張浩、參政敬嗣暉如汴京，營建宮室。國子司業黃中使還，上言：「金人治汴京，必欲徙居以迫我，不可不早爲之備。若彼果至汴，則壯士健馬不數日可及境矣！」宰相湯思退大怒，貶中官。

二十九年（己卯、一一五九）春正月，金主亮命其左丞相張浩及敬嗣暉、內侍梁漢臣與中國叛臣孔彥舟，造戰船於通州。遣使籍諸路猛安部族及契丹、奚人，不限丁數，悉僉之，凡二十四萬。又僉中都、南都、中原、渤海丁壯，年二十以上五十以下者，皆籍之，凡二十七萬；雖親老、丁多，求一子留侍，亦不聽。又遣使分詣諸道總管府，督造兵器。命諸路舊貯兵器，並致於燕。又建汴宮，修燕城，民不能堪。箭翎一尺至千錢，村落間往往椎牛以供筋革，至於烏、鵲、狗、彘無不被害者。

五月，禮部侍郎孫道夫使金還，金主亮謂之曰：「歸白爾帝，事我上國，多有不誠，今略舉二事：爾民有逃入我境者，邊吏皆卽發還。我民有叛入爾境者，有司索之，往往託詞不發，一也。爾於沿邊盜買鞍馬，備戰陣，二也。」蓋欲南侵，故〔先〕（據金史一二九張仲軻傳、續綱目、薛鑑補）設此二端爲詞。道夫還，具奏之。帝曰：「朝廷待之甚厚，彼以何名爲兵端？」道夫曰：「彼身弒其君而奪之位，興兵豈問有名！」湯思退、沈該不以爲然。道夫每對帝輒言武事，該疑其引用張浚，忌之，貶知綿州。

六月，帝聞金主亮有南侵意，疑之，使王綸往覘。綸還，入對，言：「鄰國恭順和好無他，皆陛下威德所至。」湯思退等皆賀。帝曰：「中外之論，皆欲沿邊屯戍軍馬，移易將帥，爲進取之計。萬一輕舉，兵連禍結，何時而已。」

三十年（庚辰、一一六〇）春正月，金遣施宜生來賀正旦。宜生，閩人也，上命吏部尚書張燾館之都亭。時諜者傳金亮造舟調兵之事，上不深信。館者以首丘諷宜生，微問其的，宜生爲隱語曰：「今日北風甚勁。」又取几間筆扣之，曰：「筆來，筆來。」宜生歸，爲介所告，金主烹之。

八月，賀允中使金還，言：「金人必叛盟，宜爲之備。」不聽，命允中致仕。

三十一年（辛巳、一一六一）三月，詔廷臣議邊事。先是，陳康伯以金人必敗盟，請早爲之備。及聞金人南侵已決，乃召楊存中及三衙帥至都堂，議舉兵。又詔侍從、臺諫集議。康伯傳上旨曰：「今日更不論和與守，直問戰當如何！」時，上意雅欲視師，內侍省都知張去僞陰沮用兵，且陳退避策，中外妄傳幸閩、蜀，人情洶洶。朱倬無一語。康伯奏曰：「金狄敗盟，天人共憤！今日之事，有進無退，聖意堅決，則將士之意自倍。願分三衙禁旅助襄、漢，待其先發應之。」乃以利州西路都統制吳拱知襄陽，部兵三千戍之，退守荆南以視緩急。

五月，金人來求淮、漢之地。初，金主亮聞人言行在景物繁麗，嘗密隱畫工於奉使中，俾寫臨安湖山以歸，爲屏而圖己之像，策馬於吳山絕頂，題詩其上，有「立馬吳山第一峯」之句。至是，遣其簽書樞密院事高景山、右司員外郎王全以賀天中節爲名。亮謂全曰：「汝見宋主，卽面數其焚南京宮室，沿邊買馬，招致叛亡之罪，當令大臣來此，朕將親詰之，且索淮、漢之地。如不從，則厲聲詆責之，彼必不敢害汝。」蓋欲激怒以爲南侵之名也。又謂景山曰：「回日，以全所言奏聞。」全至臨安，一如金主之言以詆帝。帝謂全曰：「聞公北方名家，何乃如是？」全復曰：「趙桓今已死矣。」帝始聞淵聖崩，（遂）〔遽〕（據金史一二九李通傳、續綱目改）起舉哀。詔以王全語諭諸路統制、帥守、監司，隨宜應變，無失機會。

六月，金主亮遷都於汴。

秋七月，金大括馬於諸路。初，金調馬諸路，以戶口爲差，計五六十萬匹，仍令戶自養以俟。至是，又大括贏馬，官至七品聽留一匹，併舊籍民馬。其在東者給西軍，在西者給東軍，交相往來，晝夜絡繹不絕，死者狼藉於道。其亡失多者，官吏懼罪，或自殺。所過蹂踐民田，調發牽馬夫役。詔河南州縣，所儲糧米，以備大軍，不得他用。羸馬所至，當給芻粟而無可給，有司以爲請，金主亮曰：「北方比歲民間儲蓄尚多，今禾稼滿野，自可就牧田中，借令再歲不穫，亦何傷乎？」於是國內騷然，盜賊蠭起，大者連城邑，小者保山澤。有以盜賊事聞者，亮輒杖而黜其官。太醫使祁宰上疏諫南伐，亮殺之，由是羣臣不敢言。

金主亮大殺宋、遼宗室之在國者，凡百三十餘人。

遣徐嘉如金賀遷都。嘉至盱眙，金主亮使韓汝嘉就境上止之，曰：「朕始至此，比聞北方小警，欲復歸中都，無庸來賀也。」嘉乃還。

八月辛丑，宿遷人魏勝起兵復海州，總管李寶承制以勝知州事。勝多智勇，初應募爲弓箭手，居山陽。及金人籍諸路民爲兵，勝躍曰：「此其時也！」聚義士三百，北渡淮，取漣水軍，宣布朝廷德意，不殺一人，經畫布置課酒榷鹽。士卒有自北來歸者，勝與之同臥起，共飲食，示以不疑，周其貧窶，使之感激，自是河北、山東歸附者日衆。金知海州事高文富遣兵捕勝，勝迎擊走之，追至城下，文富閉門固守。勝令城外多張旗幟，舉烟火爲疑兵，又使人向諸城門，諭以金人棄信背盟，無名興兵，及本朝寬大之意。城中人聞即開門，獨文富與其子安仁率牙兵拒之。勝殺安仁及州兵千餘，擒文富，民皆安堵如故。勝遣人諭朐山、懷仁、沭陽、東海諸縣，皆定之。乃蠲租稅，釋罪囚，發倉庫，犒戰士，分忠義士爲五軍，紀律明肅，部分如宿將。勝益募忠義，以圖收復，遠近聞之響應，旬日得兵數千。勝將董成率所部千餘人，直入沂州，殺金守將及軍士三千，餘衆悉降，得器甲數萬。金遣蒙恬鎮國以兵萬餘取海州，抵州北二十里新橋。勝率兵出迎之，設伏於隘障以待。衆殊死戰，伏發，賊大敗，殺鎮國，馘千人，降三百人。軍聲益振，山東之民咸欲來附，勝傳檄招諭，結集以待王師之至。沂民壁蒼山者數十萬，金人圍之，久不下，砦首滕㬎告急於勝。勝提兵往救之，陳於山下。金人多伏兵，勝兵遇伏，皆赴砦。金人襲之，勝單騎而殿，以大刀奮擊。金人望見勝，知其爲將也，以五百騎圍之數重。勝馳突四擊，金陣開復合，戰移時，身被數十槍，冒刃出圍。金兵追之，馬中矢踣，步而入砦，無敢當者。金人又急攻，絕其水，砦中食乾糒，殺牛馬飲血，勝默禱而雨驟作。金人攻益急，周山爲營。勝度其必復攻海州，因間出砦，趨城中。金人果解蒼山圍，自新橋抵城下。勝出戰，皆捷。金兵分四面攻之，勝募(兵)〔士〕（據宋史三六八魏勝傳、續綱目、薛鑑改）登城以禦，矢石如雨者七日，金兵死傷多，遁去。

乙卯，劉錡引兵屯揚州，遣統制王剛中以兵五千屯寶應。

己巳，起復成閔爲京湖制置使，節制兩路軍馬。

九月，金主亮大舉入寇。亮分諸道兵爲三十二軍，置左、右大都督及三道都統制府以總之。以奔睹爲左大都督，李通副之；紇石烈良弼爲右大都督，烏延蒲盧渾副之。蘇保衡爲浙東道水軍都統制，完顏鄭家副之，由海道徑趨臨安；劉萼爲漢南道行營兵馬都統制，進自蔡州，以瞰荊、襄；徒單合喜爲西蜀道行營兵馬都統制，由鳳翔趨大散關，駐軍以俟後命。左監軍徒單貞別將兵二萬入淮陰。金主亮召諸將授方略，賜宴於尚書省。命皇后徒單氏與太子光英居守，張浩、蕭玉、敬嗣暉留治省事。亮戎服乘馬，具裝啓行，妃嬪皆從，衆六十萬，號百萬，氈帳相望，鉦鼓之聲不絕。李通造浮梁於淮水之上，將自清河口入淮東，遠近大震。

庚辰，詔劉錡、王權、李顯忠、戚方備清河、潁河、渦河口。

丁亥，高平人王友直起兵復大名，遣使入朝。友直幼從父佐游，志復中原。聞金主亮渝盟，乃結豪傑，謂之曰：「權所以濟事，權歸於正，何害於理。」即矯制自稱河北等路安撫制置使，以其徒王任爲副使，偏諭州縣勤王。未幾，得衆數萬，制爲十三軍，置統制等官以統之。進攻大名，一鼓而克，撫定衆庶，諭以紹興年號，遣人入朝〔奏事〕（據續綱目、薛鑑補）。未幾，自壽春來歸，詔以爲忠義都統制。

冬十月，金主亮渡淮，慮魏勝睨其後，分軍數萬圍海州。會李寶帥舟師由海道將拒敵於膠西，勝遣人邀之，寶遡風至東海，慷慨厲士卒赴援，與勝同擊金兵於新橋，敗之。勝還守北關，金兵逼關。勝登關門，張樂飲酒，犒軍士，令固守，勿出戰。踰時，乃少遣士出，憑險隘擊之。金人知不可攻，率軍轉而渡河襲關後，勝斂兵入城。金人欲過砂堰，圍城爲營，勝先已據堰拒之。尋以單騎逐虜於東門外，大聲叱之，金騎五百皆望風退，勝又追十數里，金兵駭散。明旦，乘昏霧，四面薄城急攻。勝竭力捍禦，城上鎔金液，投火牛。金兵不能前，多死傷，乃拔砦走。

辛丑，劉錡以兵駐清河口，扼金師。金人以氈裹船，載糧而來，錡使善沒者鑿沈其舟。金人自渦口渡淮，錡次於淮陰，列兵運河岸以扼之。

丁未，金人立曹國公烏祿爲帝於遼陽，更名雍。金主亮自發汴京，將士在道多亡歸者。曷蘇館猛安福壽、高忠建、盧萬家，婆娑路總管謀衍，東京謀克金住等，始授甲於大名，卽舉部亡歸，從者至二萬餘，皆公言於路曰：「我輩今往東京，立新天子矣！」時，東京留守烏祿，許王訛里朶之子，太祖之孫也，性仁孝，沈靜明達，衆心歸之。亮嘗使謀良虎圖淮北諸王，烏祿聞而憂懼。會故吏六斤自汴還，具言金主弑母等事，且曰：「將遣使害宗室兄弟矣。」烏祿益懼，謀於其舅興元少尹李石。石勸烏祿先殺副留守高存福，烏祿遂執存福，將殺之，適福壽等以軍入東京，乃共殺存福等。烏祿遂御宣政殿卽位，大赦，改元大定。下詔暴揚亮罪惡數十事，追尊訛里朶爲帝。

戊申，劉錡遣都統王權措置淮西，權不從錡節制，聞金兵大至，卽棄廬州，退屯昭關，兵皆潰。錡聞之，遂自淮陰退還揚州。金主亮入廬州，權自昭關退保和州。

吳拱、成閔遣兵復唐、鄧諸州。

丁巳，帝聞王權敗，召楊存中至內殿，議禦敵之策，因命存中就陳康伯議，欲航海避敵。康伯延之入，解衣置酒；帝聞之，已自寬。明日，康伯入奏曰：「聞有勸陛下幸越趨閩者，審爾大事去矣！盍靜以待之。」一日，帝忽降手詔曰：「如敵未退，散百官。」康伯焚詔而後奏曰：「百官散，主勢孤矣！」帝意旣堅，康伯乃請下詔親征。帝從之，詔旨有云：「惟天惟祖宗，旣共昌於基運。有民有社稷，敢自逸於燕安。」又云：「歲星臨於吳分，定成淝水之勳；鬬士倍於晉師，可決韓原之勝。」帝次平江，以葉義問督視江、淮軍馬，中書舍人虞允文參贊軍事。尋以楊存中爲御營宿衞使。

金人陷眞州，統制邵宏淵逆戰，敗走。

庚申，王權退屯采石。金主亮入和州，以梁山濼水涸，先所造戰船不得進，命李通復造船，督責苛急，將士日夜不得休息，壞城中民居以爲材木，煮死人膏爲油，用之。

乙丑，金人陷揚州，劉錡以舟渡眞、揚之民於江南，留屯瓜洲。金人來爭，錡命步將吳超、員琦、王佐等拒之於皁角林。錡陷重圍，下馬死戰。佐以步卒設伏林中，金人旣入，張弩俄發，金人以運河岸狹，非騎兵之利，稍稍引去。追擊，大破之，斬其統軍高景山。

丙寅，李寶大破金人於陳家島，殺其將完顏鄭家奴（按：即上文之鄭家。金史六五本傳、五海陵王紀、八九蘇保衡傳、一〇一承暉傳均作「鄭家」，續宋編年通鑑、十朝綱要、宋史三二高宗紀、三七〇李寶傳均作「鄭家奴」）。寶既解海州之圍，遂與其子公佐引舟師至膠西石臼島。敵舟已出海口，泊陳家島，相距僅一山。時北風盛，寶禱於石臼神，風自柂樓中來如鐘鐸聲，衆咸奮，引舟握刃待戰。敵操舟者皆中原遺民，遙見寶船，紿敵兵入舟〔中〕，使不知。王師猝至，風駛舟疾，過山薄敵，鼓聲震蕩，海波騰躍。敵大驚，掣矴舉帆，帆皆油纈，綿亙數里，風浪捲聚一隅，〔窘束〕（以上二條並據宋史三七〇李寶傳、續綱目、薛鑑補）無復行次。寶命火箭射之，煙焰隨發，延燒數百艘。火所不及者，猶欲前拒，寶叱壯士躍登其舟，以短兵擊殺之。降其衆三千餘人，斬其帥完顏鄭家奴等六人，擒倪詢等，上於朝；獲其統軍符印與文書、器甲、糧斛以萬計，餘物衆不能舉者，悉焚之，火四晝夜不滅。

十一月壬申，召張浚判建康府。先是，秦檜既主和，晏然不復以邊事爲意。浚欲力論時事，以其母計氏年高，言之必被禍。計氏知之，誦其父咸紹聖初制策曰：「臣寧言而死於斧鉞，不忍不言而負陛下。」浚意遂決，上疏言：「當今事勢如養大疽於頭目心腹之間，不決不止，遲則禍大而難治，疾則禍輕而易治。惟陛下謀之於心，斷之於獨，謹察情僞，預備倉卒，庶幾社稷安全。不然，後將噬臍。」事下三省，檜大怒，貶浚連州居住。及檜死，朝廷復以和爲可恃如檜時。浚方居喪，會星變求言。浚慮虜數年間必求釁用兵，而吾方溺於宴安，莫爲之備，沈該、万俟卨居相位，尤不厭天下望，自以大臣，義同休戚，不敢以喪爲嫌，復上疏極言。臺諫論浚名在罪籍，倡異議以動國是，復貶永州居住。至是，殿中侍御史陳俊卿上疏，極言浚忠藎。帝悟，乃有是命。

召王權赴行在，以李顯忠代將其軍。

金人犯瓜洲。時，劉錡病甚，求解兵柄，留其姪中軍統制劉汜以千五百人塞瓜洲，李横以八千人固守。詔錡還鎮江，專防江，於是盡失兩淮之地。金人攻圍益急，汜以克敵弓射卻之。葉義問至鎮江，見錡病劇，以李横權錡軍，遂督兵渡江。衆以爲不可，義問强之。汜請出戰，錡不從，汜拜家廟而行。金人鐵騎奄至江上，汜先退，李横以孤軍不能當，亦卻，失其都統制印。横左軍統制魏俊、右軍統制王方死之，横、汜僅以身免。義問聞之，乃陸走趨建康。

乙亥，金主亮臨江築臺，自被金甲登臺，殺黑馬以祭天，以一羊一豕投於江中，召奔睹等謂之曰：「舟楫已具，可以濟江矣！」蒲盧渾曰：「臣觀宋舟甚大，我舟小而行遲，恐不可濟。」亮怒曰：「爾昔從梁王追趙構入海島，豈皆大舟耶？誓明日渡江！晨炊玉麟堂，先濟者與黃金一兩。」亮置黃旗、紅旗於岸上，以號令進止。

時，葉義問命虞允文往蕪湖迎李顯忠，交王權軍，且犒師。允文至采石，權已去，顯忠未來，敵騎充斥，官軍三五星散，解鞍束甲坐道傍，皆權敗兵也。允文謂坐待顯忠則誤國事，遂立召諸將，勉以忠義，曰：「金帛、告命皆在此，以待有功！」衆曰：「今既有主，請死戰！」或謂允文曰：「公受命犒師，不受命督戰，他人壞之，公受其咎耶？」允文叱之曰：「危及社稷，吾將安避！」乃命諸將列大陣不動，分戈船爲五，其二並東、西岸，其一駐中流，藏精兵待戰，其二藏小港，備不測。部分甫畢，敵已大呼，亮操小紅旗，麾數百船，絶江而來，瞬息之間，抵南岸者七十艘，直薄官軍。軍小卻，允文入陣中，撫統制時俊之背曰：「汝膽略聞四方，立陣後則兒女子爾！」俊卽揮雙刀出，士殊死戰。中流官軍以海鰌船衝敵舟，皆平沈。敵半死半戰，日暮未退。會有潰卒自光州至，允文授以旗鼓，從山後轉出，敵疑援兵至，始遁。允文又命勁弩尾擊追射，大敗之。金兵還和州，凡不死於江者，亮悉敲殺之。會報曹國公已卽位於東京，改元大定，亮拊髀歎曰：「朕本欲平江南，改元大定，此非天乎！」因出其素所書，取「一戎衣天下大定」改元事，以示羣臣。遂召諸將帥，謀北還，且分兵渡江。李通曰：「陛下親征，深入異境，無功而還，若衆散於前，敵乘於後，非萬全計；若留兵渡江，車駕北還，諸將亦將解體。今燕北諸軍近遼陽者，恐有異志，宜先發兵渡江，斂舟焚之，絶其歸望，然後陛下北還，南北皆指日而定矣。」亮然之。

允文知亮敗明當復來，夜半，部分諸將，分海舟緼上流，別遣盛新以舟師截金人於楊林河口。明旦，敵果至，因夾擊之，復大敗，焚其舟三百。敵遣僞詔來諭王權，似有宿約者。允文曰：「此反間也。」乃復書言：「權因退師，已置憲典，新將李顯忠也，願快戰以決雌雄。」亮得書大怒，遂焚其龍鳳舟，斬梁漢臣及造舟者二人，率其軍趨揚州。使符寶郎耶律沒答護神果軍扼淮渡，凡自軍中還至淮上，無都督府文字，皆殺之。

丁亥，劉錡以疾罷。李顯忠至采石，虞允文語之曰：「敵入揚州，必與瓜洲兵合。京口無備，我當往，公能分兵相助乎？」顯忠分萬六千與之，允文遂還京口。時，敵屯重兵滁河，造三牐，儲水深數尺，塞瓜洲口。楊存中、成閔、邵宏淵諸軍皆集京口，凡二十餘萬。允文以戰艦數少不足用，聚材改治之。命張深守滁河口，扼大河江之衝，以苗定駐下蜀爲援，且謁劉錡問疾。錡執允文手曰：「疾何必問。朝廷養兵三十年，一技不施，而大功乃出一儒生，我輩愧死矣！」以疾篤召還，提舉萬壽觀。詔以成閔等爲招討使，閔，淮東；李顯忠，淮西；吳拱，湖北、京西。

乙未，金主亮至瓜洲，居於龜山寺。虞允文與楊存中臨江按試，命戰士踏車船中流上下，三周金山，回轉如飛。敵持滿以待，相顧駭愕。亮笑曰：「紙船耳！」有一將跪奏：「南軍有備，不可輕。願駐揚州，徐圖進取。」亮怒，杖之五十。召諸將，約以三日濟江，否則盡殺之。驍騎高僧欲誘其黨以亡，事覺，亮命衆刃剉之。乃下令：「軍士亡者，殺其蒲里衍；蒲里衍亡者，殺其謀克；謀克亡者，殺其猛安；猛安亡者，殺其總管。」由是軍士益危懼。亮又令軍中運鵶鶻船於瓜洲，期以明日渡江，「敢後者死！」衆欲亡歸，乃決計於浙西都統制耶律元宜及猛安唐括烏野，且曰：「前阻淮渡，皆成擒矣！比聞遼陽新天子即位，不若共行大事，然後舉軍北還。」元宜然之，期詰旦衞軍番代即行事。黎明，元宜等帥諸將，以衆薄亮營。亮聞亂，意宋兵奄至，攬衣遽起，箭入帳中，亮取視之，愕然曰：「乃我兵也！」近侍大慶山曰：「事急矣，當出避之。」亮曰：「走將安往？」方取弓，已中箭仆地。延安少尹納合斡魯補先刃之，手足猶動，遂縊殺之。軍士攘取行營服用皆盡，乃取驍騎指揮使大磐衣巾，裹其屍而焚之。收其妃嬪，及李通、郭安國、徒單永年、梁珫、大慶山等皆殺之。元宜自爲左領軍副大都督，使人殺太子光英於汴。退軍三十里，遣人持檄詣鎮江軍議和。未幾，金軍在荆、襄、兩淮者，皆拔柵北還。

初，金人之犯邊也，鄭樵言歲星分在宋，金主將自斃。至是，果然。

金主雍知亮被殺，趨入燕京。

十二月，成閔、李顯忠收復兩淮州郡。

張浚至建康。先是，浚被召至岳陽，買舟冒風雪而行。時金兵充斥，浚遇東來者，云：「敵兵方盛，焚采石，烟焰漲天，慎毋輕進。」浚曰：「吾赴君父之急，知直前求乘輿所在而已。」時，長江無一舟敢行北岸者，浚乘小舟徑進。過池陽，聞金亮敗，餘衆猶二萬屯和州，李顯忠兵在沙上，浚往犒之。一軍見浚，以爲從天而下。浚犒軍畢，卽趨建康。先牒通判劉子昂辨行宮儀物，至是，遂請車駕臨幸，帝從之。

戊申，帝如建康。張浚迎拜道左，衞士見浚，無不以手加額。浚起廢復用，風采隱然，軍民皆倚以爲重。

三十二年（壬午、一一六二）春正月，山東人耿京起兵復東平。時，金主亮既死，中原豪傑並起。京據東平，自稱東平節度使，以歷城人辛棄疾掌書記。棄疾勸京來歸，京遣棄疾奉表詣行在。帝大喜，厚賚之，以京知東平府。

金主雍下令散南征之衆，以高忠建爲報諭宋國使，且告卽位。

二月癸卯，帝發建康。瀕行，謂張浚曰：「卿在此，朕無北顧憂矣！」御史吳芾言：「建康可以控帶襄、漢，經略淮甸，大駕宜留，以繫中原之望。若還臨安，則西北之勢不能相從矣。」不從。

閏月，辛棄疾至山東。值耿京將張安國已殺京降金，棄疾還至海州，與衆謀曰：「我緣主帥來歸朝，不期事變，何以復命！」乃約李寶統制王世隆、忠義人馬全福等徑趨金營，卽帳中縛安國，獻於臨安，斬之。詔授棄疾江淮判官。

夏四月戊子，金高忠建至臨安。議遣使報聘，且賀卽位。工部侍郎張闡請：「嚴遣使之命，正敵國之禮，彼或不從，則有戰耳！如此，則中國之威可以復振。」帝然之，遂遣洪邁充賀登極使。帝謂執政曰：「向日講和，本爲梓宮、太后，雖屈己卑辭，有所不憚。今兩國之盟已絕，宜正名畫境，朝儀、歲幣，當先定之。」邁乃奏接伴禮儀十有四事。旣而忠建責事以臣禮，及取新復州郡，陳康伯以義折之，乃止。邁行，書用敵國禮。帝手札賜邁曰：「祖宗陵寢，隔闊三十年，不得以時洒掃祭祀，心實痛之！若彼能以河南〔地〕（據宋史三七三洪邁傳、續綱目、薛鑑補）見歸，必欲居尊如故，正復屈己，亦何所惜。」邁奏言：「山東之兵未解，則兩國之好不成。」至燕，金閤門見國書不如式，卽令於表中改「陪臣」二字，朝見之儀必欲用舊禮。邁執不可，金鎖使館三日，水漿不通。及見金人，語不遜，欲留邁，張浩不可，乃遣還。

金人復攻海州，鎭江都統張子蓋及魏勝敗之。金人復遣五斤太師發諸路兵二十餘萬攻海州，先遣一軍自州西南斷勝軍餉道。勝擇勁悍三千餘騎，拒於石閭堰，金軍不能進，逮夜始還。留千人備險隘，金兵十萬來奪，勝率衆鏖戰，殺數千人，餘皆遁去，勝還入城。無何，金兵環城圍數重，勝與郭蔚分兵備禦，或獨出擾之，使不得休息。又間夜發兵劫其營，或焚其攻具。既而金人併力急攻，勝告急於李寶，寶以聞。命張子蓋赴援，進次石湫堰。金人陳萬騎於河東，子蓋率精鋭數千騎擊之。統制張汜略陳，中流矢死。子蓋曰：「事急矣！」奮臂大呼馳入陣，勝等繼之，殊死戰。賊大敗，擠溺石湫河死者半，圍遂解。

六月，罷三招討司，以金人議和故也。

初，李顯忠陰結金都統蕭琦爲内應，請出師，欲自宿、亳趨汴，由汴京以通關、陝；關、陝既通，則鄜延一路，熟知顯忠威名，必皆響應。且欲起其舊部曲數萬以取河東。會詔罷兵，乃止。

顯忠初名世輔，綏德青澗人，世爲蘇尾九族都巡檢使，年十七，隨父永奇出入行陣，以勇捷知名。先是，金人陷延安，授永奇父子官。永奇聚泣曰：「我宋臣也，世受國恩，乃爲彼用耶！」會劉豫令世輔帥馬軍赴東京，永奇密戒之曰：「汝若行，乘機即歸本朝，無以我故貳其志，事成我亦不朽矣！」世輔至東京，從兀朮以萬騎獵淮上。世輔令吳俊往探淮水可渡馬處，欲執兀朮歸朝。俊還，世輔馳問之，爲竹刺傷馬而止。兀朮授世輔知同州。世輔至鄜省父，永奇曰：「同州入南山，乃金人往來驛路。汝可於此擒其酋，渡雒、渭，由商、虢歸朝，第報我知，我當以兵取延安而歸。」金撒離喝至同州，世輔以計執之。馳出城，至雒河，舟後期，不得渡，與追騎屢戰皆捷。世輔憩高原，望追騎益多，撒離喝搏頰求哀，世輔乃與折箭爲誓，不得殺同州人及害我骨肉，撒離喝許之，遂推之下，追兵爭救，得免。世輔攜老幼長驅而北，至鄜城，急遣人告永奇。永奇即挈家出城，至馬翅谷，爲金人所及，家屬三百口皆遇害，世輔僅以二十六人奔夏。旣至，夏人問其故，世輔泣，具言父母妻子之亡，切齒疾首，恨不卽死，願得二十萬衆，生擒撒離喝，取陝西五路歸於夏。夏主以世輔爲延安經略使，與其臣王樞、㕭訛同出師，時紹興九年五月也。世輔至延安，總管趙惟清大呼曰：「鄜延今復歸朝，已有赦書。」世輔取赦文觀之，因與官屬列拜大哭，乃以舊部八百餘騎往見王樞、㕭訛，諭之曰：「世輔已得延安府，見講和赦書，招撫可以本部軍歸國。」㕭訛不從，曰：「初經略乞兵來取陝西，旣到此，乃令我歸耶！」世輔知勢不可，乃出刀斫㕭訛，不及，擒王樞，縛之。夏人以鐵鷂子軍來，世輔以所部拒之，馳揮雙刀，所向披靡，夏兵大潰。世輔揭榜招兵，得驍勇萬人，乃擒害其父母弟姪者，斬於東市。行至鄜州，有馬步軍四萬餘，遂見吳玠於河池。尋之行在，帝撫勞再三，賜名顯忠。

宋史紀事本末卷七十五

建炎紹興諸政 朝臣言事附

高宗建炎二年（戊申、一一二八）五月，定詩賦、經義試士法。初，元祐中，科舉以經義、詩賦兼取，紹聖以來，罷試詩賦。至是，命參酌元祐科舉條制，定試士法。中書省請習詩賦舉人不兼經義，習經義人止習一經，解試、省試並計數各取，通定高下，殿試仍對策三道。故事廷試上十名，內侍先以卷奏定高下。帝曰：「取士當務至公，豈容以己意升降？自今勿先進卷。」

三年（己酉、一一二九）夏四月，禁內侍干預朝政，不得與主兵官交通及饋遺假貸、借役禁軍，外官非親戚亦不得往還，違者處以軍法。

重正三省官名。自元豐肇建三省，凡軍國事，中書揆而議之，門下審復之，尚書承行之。三省皆不置官長，以左、右僕射兼兩省侍郎。二相既分班進呈，首相遂不復與朝廷議論。元祐初，司馬光乃請令三省合班奏事，分省治事。至是，從呂頤浩之言，詔左、右僕射並同中書門下平章事，改中書、門下侍郎爲參知政事，省尚書左、右丞，三省始合爲一。

六月，以久雨恆陰，詔郎官以上言闕政。司勳員外郎趙鼎上疏曰：「自熙寧間王安石用事，變祖宗之法，而民始病，假闢國之謀造生邊患，興理財之政窮困民力，設虛無之學敗壞人材。至崇寧初，蔡京託紹述之名，盡祖安石之政。凡今日之患，始於安石，成於蔡京。今安石猶配享神宗，而京之黨未除，時政之缺，莫大於此！」帝從之，遂罷安石配享。尋下詔以四失罪己，一曰昧經邦之大略，二曰昧戡難之遠圖，三曰無綏人之德，四曰失馭臣之柄。仍榜朝堂，徧諭天下，「使知朕悔過之意。」中丞張守上疏曰：「陛下處宮室之安則思二帝、母后穹廬毳幕之居，享膳羞之奉則思二帝、母后羶肉酪漿之味，服細煖之衣則思二帝、母后窮邊絕塞之寒，操予奪之柄則思二帝、母后語言動作受制於人，享嬪御之適則思二帝、母后誰爲使令，對臣下之朝則思二帝、母后誰爲尊禮。思之又思，兢兢業業，聖心不倦，而天不爲之助順者，萬無是理也。今罪己之詔數下，而天未悔禍，實有所未至耳。」

七月，廣州教授林勳上本政書十三篇，言：「國朝兵農之政，率因唐末之故。今農貧而多失職，兵驕而不可用，是以飢民竄卒類爲盜賊。宜倣古井田之制，使民一夫占田五十畝。其有羨田之家，毋得市田，其無田與游惰末作者，皆驅之使爲隸農，以耕田之羨者，而雜紐錢穀以爲什一之稅。宋二稅之數，視唐增至七倍。今本政之制，每十六夫爲一井，提封百里，爲三千四百井，率稅米五萬一千斛，錢萬二千緡。每井賦二兵，馬一匹，率爲兵六千八百人，馬三千四百匹。歲取五之一，以爲上番之額，以給征役。無事則又分爲四番，以直官府，以給守衞，是民凡三十五年而役使一遍也。悉上則歲食米萬九千餘斛，錢三千六百餘緡，無事則減四分之三，皆以一同之租稅供之。匹婦之貢，絹三尺，綿一兩。百里之縣，歲收絹四千餘匹，綿三千四百斤。非蠶鄉則布六尺，麻二兩，所收視絹、綿率倍之。行之十年，則民之日算，官之酒酤，與凡茶、鹽、香、礬之榷，皆可弛以予民。」其說甚備。書奏，以勳爲桂州節度使掌書記。其後勳又獻比較書二篇，大略謂：「桂州地東西六百里，以古尺計之，爲方百里之國四十，當墾田二百二十五萬二千八百頃，有田夫二百四萬八千，出米二十四萬八千斛，祿卿大夫以下四千人，祿兵三十萬人。今桂州墾田約萬四十二頃，丁二十一萬六千六百一十五，稅錢萬五千餘緡，苗米五萬二百斛有奇，州縣官不滿百員，官兵五千一百人。蓋土地荒蕪，而遊手末作之人衆，是以地利多遺，財用不足，皆本政不修之故。」當世論者皆韙其言。

紹興元年（辛亥、一一三一）九月，知（潮）〔湖〕州（據宋史四四五汪藻傳、薛鑑改）汪藻上言：「本朝實錄，自艱難以來，金匱石室之藏，無復存者。伏覩列聖自哲宗皇帝而上，皆有成書，流傳人間，頗有眞本，朝廷已收而藏之御府矣。若太上皇帝、淵聖皇帝及陛下建炎改元，至今三十餘年，並無日歷。臣竊惟自古無國無史，史未嘗一日無書。晉謂之乘，楚謂之檮杌，魯謂之春秋，以此見無國無史也。春秋以事繫日，以日繫月，以月繫時，以時繫年，必四時具謂之編年，以此見史未嘗一日無書也。漢法，太史公位丞相上，天下計書先上太史公，副上丞相。唐及本朝，宰相皆兼史官，其重如此。故書榻前議論之辭則有時政記，錄柱下見聞之實則有起居注，類而次之謂之日歷，修而成之謂之實錄，所以廣記備言，成一代之典也。若曠三十年之久，漫無一字之傳，將何以示來世乎？此其不可不纂述一也。韓宣子適魯，見易象與春秋，曰：『周禮盡在魯矣！吾今乃知周公之德與周之所以王。』則國家守文者不可無史。蕭何入秦，先收丞相、御史律令圖書藏之。沛公具知天下阨塞、戶口多少、强弱處、民所疾苦，以何得秦圖書也，則國家創業者不可無史。今陛下躬受天命，雖名中興，實兼創業、守成之事，乃一代典章，殘闕如此，恐於理未安。此其不可不纂述二也。恭惟太上皇帝、淵聖皇帝，緣奸臣誤朝，馴至遐狩。今若無書記實，恐千載之後，徒見一朝陵遲之禍亟，不知二聖積累之功深。茲事非細，羣臣當任其責。此其不可不纂述三也。自古史官無所不錄，況三十年之間，朝廷之設施，豪傑之謀謨，政事之興廢，人材之進退，禮文之因革，法度之罷行，歲事之豐凶，羌戎之服叛，有本有末，有源有流。一法弛而不書則一法熄，一事略而不載則一事隳。且當時羣臣間有在者，以爲忠賢耶，不著其素行，安知其可嘉？以爲邪佞耶，不條其宿奸，安知其可棄？苟因散逸，遂廢其書，豈孔子史闕文之義哉！此其不可不纂述四也。公羊傳曰：『所見異詞，所聞異詞，所傳聞異詞。』孔子作春秋，於定、哀則其事詳，於隱、莊則其事略。聖人猶爾，況其他乎？中原失守，三見閏矣，及今耳目所接，尚可追求，更數年間，事將湮沒，雖有良史，莫知所憑。況比年風俗之衰，公論不立，士大夫取予皆出愛憎，因一事爲一人而著書行事者多矣。若不乘時訂正，則數世之後，信以傳信，疑以傳疑，是非混淆，白赤顚倒，則小人之說行而君子受其誣矣，可不懼哉！此其不可不纂述五也。臣政和中爲著作佐郎，修太上皇帝日歷，東觀凡例，臣得預聞。今所領州，又幸經兵火之餘，獨不殘燬，視諸故府，案牘具存，如御筆手詔、賞功罰罪之文，尙班班可考。失今不輯，臣實惜之！古之有國家者，雖在顚沛中，史官不廢。伏望許臣郡政之餘，將本州所有文字，截自元符庚辰，至建炎己酉，三十年間，分年編類，繕寫進呈，以備修日歷官採擇。」帝從之，卽以命藻。後因綦崇禮言，專以其事付史官。

三年（癸丑、一一三三）二月，召知柳州常同還。同首論朋黨之禍：「自元豐新法之行始分黨與，邪正相攻五十餘年，章惇倡於紹聖之初，蔡京和於崇寧之後，元祐臣僚竄逐貶死，上下蔽蒙，養成夷虜之禍。今國步艱難，而分朋締交，背公死黨者，固自若也。恩歸私門，不知朝廷之尊，重報私怨，寧復公議之顧？臣以爲欲破朋黨，先明是非；欲明是非，先辨邪正；

則公道開而奸邪息矣！」上曰：「朋黨亦難破。」同對曰：「朋黨之結，蓋緣邪正不分。君子、小人皆有黨，而所以爲黨則異，君子之黨協心濟國，小人之黨挾私害公。且如元祐臣僚，中遭讒謗，竄殛流死，而後禍亂成。今在朝之士猶謂元祐之政不可行，元祐子孫不可用。」上曰：「聞有此論。」同對曰：「禍亂未成，元祐臣僚固不能以自明，今則是非定矣，尙猶如此！緣今日士大夫猶宗京、黼等傾邪不正之論。朋黨如此，公論何自而出？願陛下始終主張善類，勿爲小人所惑！」

四年（甲寅、一一三四）夏四月，以范沖直史館，重修神宗、哲宗實錄。沖，祖禹之子也。先是，隆祐太后生辰，置酒宮中，從容謂帝曰：「宣仁太后之賢，古今母后未有其比。昔奸臣肆爲謗誣，雖嘗下詔明辨，而國史尙未删定，豈足傳信？吾意在天之靈不無望於帝也。」帝悚然。至是召沖直史館，重修神宗、哲宗實錄。沖乃爲神宗考異，明示去取；舊文以墨書，删去者以黃書，新修者以朱書，世號「朱墨史」。又爲哲宗辨誣錄。由是二史得其正，而奸臣情狀益著。

既又除常同爲起居郎、中書舍人、史館修撰，且諭之曰：「是除以卿家世傳聞多得事實故也。」一日奏事，上愀然曰：「向昭慈嘗言宣仁有保佑大功，哲宗自能言之，止爲宮中有不得志於宣仁者，因生誣謗。欲辨白其事，須重修實錄，具以保立勞效，昭示來世。此朕選卿意也。」同乞以所得聖語，宣付史館，仍記於實錄卷末。

十(一)〔二〕(據續綱目、薛綱改)月，以金、齊兵退，詔前宰執議攻戰備禦措置綏懷之方。李綱上疏曰：「陛下勿以敵退爲喜，而以仇敵未報爲可憤；勿以東南爲安，而以中原未復爲可恥；勿以諸將屢捷爲可賀，而以軍政未修士氣未振爲可虞。議者或以敵馬既退，當遂用兵爲大舉之計。臣竊以生理未固，而欲浪戰以僥倖，非制勝之術也。漢高祖先保關中，故能東向與項籍爭。光武先保河內，故能降赤眉、銅馬之屬。唐肅宗保靈武，故能破安、史而復兩京。今朝廷以東南爲根本，苟不大修守備，先爲自固之計，何以能萬全而制敵？議者又謂敵人既退，當且保據一隅，以苟目前之安。臣又以爲不然，秦師三伐晉，以報殽之師；諸葛亮佐蜀，連年出師，以圖中原，不如是不足以立國。高祖在漢中，謂蕭何曰：『吾亦欲東。』光武破隗囂，既平隴，復望蜀。此皆以天下爲度，不如是不足以混一區宇，戡定禍亂。況祖宗境土，豈可坐視淪陷，不思恢復！若今歲不征，明年不戰，使敵勢益張，而吾之所糾合精銳士馬，日以耗散，何以圖敵？唯宜於防守既固，軍政既修之後，即議攻討，乃爲得計。其守備之宜，則當料理淮甸、荆、襄，以爲東南屏蔽。夫六朝之所以能保有江左者，以强兵巨鎮盡在淮南、荆、襄間，故以魏武之雄，苻堅、石勒之衆，宇文、拓跋之盛，卒不能窺江表。後唐李氏有淮南，則可以都金陵。其後淮南爲世宗所取，遂以削弱。近年以來，大將擁重兵於江南，官吏守空城於江北，雖有天險，而無戰艦水軍之制，故敵人得以侵擾窺伺。今當於淮之東、西及荆、襄置三大帥，屯重兵以臨之，分遣偏師進守支郡，加以戰艦水軍，上連下接，自爲防守，則藩籬之勢成，守備之宜莫大於是。然後可議攻戰之利，分責諸路大帥，因利乘便，收復京畿，以及故都。斷以必爲之志而勿失機會，則以弱爲强，取威定亂，逆臣可誅，强敵可滅，攻戰之利莫大於是。若夫萬乘所居，必擇形勝以爲駐蹕之所，臣昔舉天下形勢而言，謂關中爲上，今以東南形勢而言，則當以建康爲便。今者，舊都未復，莫若權於建康駐蹕，治城池，修宫闕，立官府，創營壁，使粗成規模，以待巡幸，此措置之所當先也。至於西北之民，皆陛下赤子，荷祖宗涵養之深，其心未嘗忘宋，特制於强敵，不能自歸。天威震驚，必有願爲内應者。宜優加撫循，使陷溺之民知所依怙，益堅戴宋之心，此綏懷之所當先也。臣竊觀陛下臨御九年，國不闢而日蹙，事不立而日壞，將驕而難御，卒惰而未練，國用匱而無贏餘之蓄，民力困而無休息之期，使陛下憂勤雖至，而中興之效邈乎無聞，則羣臣誤陛下之故也。陛下觀近年以來，所用之臣慨然敢以天下之重自任者幾人？平居無事，小廉曲謹，似可無過，忽有擾攘，則錯愕無所措手足，不過奉身以退，天下安危之重，委之陛下而已。有臣如此，何補於國，而陛下亦安取此！大概近年閑暇則以和議爲得計，而以治兵爲失策，倉卒則以退避爲愛君，而以進禦爲誤國。上下偷安，不爲長久之計，國勢益弱，職此之由。

今天啓宸衷，悟前日和議退避之失，親臨大敵，天威所加，使北軍數十萬之衆震怖不敢南渡，潛師宵奔。則和議之與治兵，退避之與進禦，其效概可見矣。然敵兵雖退，未大懲創，安知其秋高馬肥，不再來擾我疆埸，使疲於奔命哉！臣夙夜爲陛下思所以爲善後之策，惟自昔創業中興之主，必躬冒矢石，履行陣而不避。故高祖既得天下，擊韓王信、陳豨、黥布，未嘗不親行。光武自即位至平公孫述，十三年間無一歲不親征。本朝太祖、太宗，定維揚，平澤潞，下河東，皆躬御戎輅；眞宗亦有澶淵之行，措天下於大安。此謂始憂勤而終逸樂也。若夫退避之策，可暫而不可常，可一而不可再，退一步則失一步，退一尺則失一尺。往時自南都退至維揚，則河北、河東、關陝失矣。自維揚退至江、浙，則京東、西失矣。萬一敵騎南牧，將復退避，不知何所適而可乎？航海之策，萬乘冒風濤不測之險，此又不可之尤者也。惟當於國家閒暇之時，明政刑，治軍旅，選將帥，修車馬，備器械，峙糗糧，積金帛，敵來則禦，俟時而奮，以光復祖宗之大業，此最上策也。臣願陛下自今以往，勿復爲退避之計！

臣又觀古者敵國善鄰則有和親，仇讎之邦鮮復遣使，豈不以釁隙既深，終無講好修睦之理故邪！東晉渡江，石勒遣使於晉，元帝命焚其幣而卻其使。彼遣使來，且猶卻之，此何可往？金人造釁之深，知我必報，其措意爲何如，而我方且卑辭厚幣，屈體以求之，其不推誠以見信，決矣！器幣禮物，所費不貲，使軺往來，坐索士氣，而又邀我以必不可從之事，制我以必不敢爲之謀，是和卒不成，而徒爲此擾擾也。況於吾自治自强之計，動輒相妨。臣願自今以往，勿復遣和議之使。二者既定，擇所當爲者，一切以至誠爲之。俟吾之政事修，倉廩實，府庫充，器用備，士氣振，力可有爲，乃議大舉，則兵雖未交，而勝負之勢決矣！惟陛下正心以正朝廷百官，使君子、小人各得其分，則是非明，賞罰當，自然藩方協力，將士用命，雖强敵不足畏，逆臣不足憂，此特在陛下方寸間耳！臣昧死上條六事：一曰信任輔弼，二曰公選人材，三曰變革士風，四曰愛惜日力，五曰務盡人事，六曰寅畏天威。何謂信任輔弼？夫興衰撥亂之主，必有同心同德之臣，相與有爲，如元首股肱之於一身，父子兄弟之於一家，乃能協濟。今陛下選於衆以圖任，遂能捍禦大敵，可謂得人矣。然臣願陛下待以至誠，無事形迹，久任以責成功，勿使小人得以間之，則君臣之美垂於無窮矣。何謂公選人材？夫治天下者必資於人才，而創業中興之主所資尤多。何則？繼體守文，率由舊章，得中庸之才亦足以共治。至於艱難之際，非得卓犖瓌瑋之才，則未易有濟。是以大有爲之主，必有不世出之才，參贊翊佐，以成大業。然自昔抱不羣之才者，多爲小人之所忌嫉，或中之以黯闇，或指之爲黨與，或誣之以大惡，或擿之以細故。而以道事君者不可則止，難於自進，恥於自明，雖負重謗，遭深譴，安於義命，不復自辨。苟非至明之主，深察人之情僞，安能（辯）〔辨〕其非辜哉！陛下臨御以來，用人多矣，世之所許以爲端人正士者，往往閒廢於無用之地，而陛下寤寐側席，有乏才之歎，盍少留意而致察焉。何謂變革士風？夫用兵之與士風，似不相及，而實相爲表裏。士風厚則議論正而是非明，朝廷賞罰當功罪而人心服，考之本朝嘉祐、治平以前可知已。數十年來，奔競日進，論議徇私，邪説利口，足以惑人主之聽。元祐之臣，持正論如司馬光之流，皆社稷之臣也。而羣枉嫉之，指爲奸黨，顛倒是非，政事大壞，馴致靖康之變，非偶然也。竊觀近年士風尤薄，隨時好惡，以取世資，瀹訿成風，豈朝廷之福哉！大抵朝廷設耳目及獻納論思之官，固許之以風聞，至於大故，必須覈實而後言。使其無實，則誣人之罪，（伏）〔服〕（據宋史三五九李綱傳改）讒蒐慝，得以中害善良，皆非所以修政也。何謂愛惜日力？夫創業中興，如建大廈，堂室奥序，其規模可一日而成，鳩工聚材，則積累非一日所致。陛下臨御，九年於兹，境土未復，僭逆未誅，仇敵未報，尚稽中興之業者，誠以始不爲之規模，而後不爲之積累故也。邊事粗定之時，朝廷所推行者，不過簿書期會不切之細務，至於攻討防守之策，國之大計，皆未嘗留意。夫天下無不可爲之事，亦無不可爲之時，惟失其時，則事之小者日益大，事之易者日益難矣！何謂務盡人事？夫天人之道，其實一致，人之所爲卽天之所爲也。人事盡於前，則天理應於後，此自然之符也。故創業中興之主，盡其在我而已，其成功歸之於天。今未嘗盡人事，敵至先自退屈，而欲責成於天，其可乎！臣願陛下詔二三大臣，協心同力，盡人事以聽天命，則恢復土宇，翦屠鯨鯢，迎還兩宮，必有日矣。何謂寅畏天威？夫天之於王者，猶父母之於子，愛之至則所以爲之戒者亦至，故人主之於天戒，必恐懼修省，所以致其寅畏之誠。比年以來，熒惑失次，太白晝見，地震水溢，或久陰不雨，或久雨不霽，或當暑而寒，乃正月之朔，日有食之，此皆天意眷佑陛下，丁寧反覆，以致告戒。惟陛下推至誠之意，正厥事以應之，則變災而爲祥矣。凡此六者，皆中興之業所關，而陛下所當先務者。今朝廷人才不乏，將士足用，財用有餘，足爲中興之資。陛下春秋鼎盛，欲大有爲，何施不可？要在改前日之轍，斷而行之耳！昔唐太宗謂魏徵爲敢言，徵謝曰：『陛下導臣使言，不然，其敢批逆鱗哉！』今臣無魏徵之敢言，然展盡底蘊，亦思慮之極也。惟陛下赦其愚直，而取其惓惓之忠。」疏奏，上爲賜詔褒諭，然不能用。

五年（乙卯、一一三五）閏二月，置總制司。先是，帝在揚州，四方貢賦不以期至，呂頤浩、葉夢得等言：「政和間陳亨伯爲陝西轉運使，創經制錢，大率添酒價，增稅額，官賣契紙，與凡公家出納，每千收頭子錢二十三文。其後行之東南及京東、西、河北，歲入數百萬緡，所補不細。今邊事未寧，費用日廣，請復行之諸路，一歲無慮數百萬計，賢於緩急暴斂多矣。」帝從之。至是，又因經制之額增，析爲總制錢，歲收至七百八十餘萬緡。戶部侍郎張致遠言：「陛下欲富國强兵，大有爲於天下，願詔大臣力務省節，明禁奢侈，自朝廷始。員額可減者減之，司屬可併者併之，使州縣無妄用，歸其餘於監司。監司無妄用，歸其餘於朝廷。朝廷無枉費，日積月聚，惟軍需是慮，中興之業可致。」帝善其言。

十四年（甲子、一一四四）三月，太學孔子廟成。司業高（閎）〔閌〕（據宋史四三三高閌傳改。下同）表請臨視，帝從之，遂視太學。止輦於聖殿門外，步趨升降，退御敦化堂，命禮部侍郎秦熺執經，高（閎）〔閌〕講易泰卦。胡宏移書責（閎）〔閌〕曰：「太學，明人倫之所在也。太上皇帝劫制於强敵，生往死歸，此臣子痛心切骨，臥薪嘗膽，宜思所以必報之大讎也。太母，天下之母，其縱釋乃在金人，此中華之大辱，臣子所不忍言也。而柄臣乃敢欺天罔人，以大讎大辱爲大恩！師儒之臣，既不能建大論，明天人之理以正君心，乃阿諛柄臣，希合風旨，求舉太平之典，又從而爲之詞，欺罔孰甚焉！」

十六年（丙寅、一一四六）春正月，帝親饗先農於東郊，行耤田禮。詔曰：「朕惟兵興以來，田畝多荒，故不憚卑躬，與民休息。今疆埸罷警，流徙復業，朕親耕耤田，以先黎庶，三推復進，勞賜耆老，嘉與世躋於富厚。昔漢文帝頻年下詔，首推農事之本，至於上下給足，減免田租，光於史册。朕心庶幾焉！」

十八年（戊辰、一一四八）秋七月，寬諸郡雜稅。帝曰：「人知取之爲取，而不知予之爲取。若稍與展免，俟家給人足，稅斂自然易辦。」於是蠲廬、光二州上供錢米，汀、漳二州秋稅，處州三縣被水民家細絹，鄂州舊額絹各一年。又蠲四川積貸常平錢十三萬緡，京西路請佃田租及州縣場務稅錢。

二十四年(甲戌、一一五四)八月，禁百官避輪對。自秦檜擅政以來，屏塞人言，蔽上耳目，一時獻言者，非誦檜功德，則訐人語言以中傷善類，欲有言者，恐觸忌諱，僅論銷金鋪翠、乞禁鹿胎冠子之類，以塞責而已，故皆避免輪對。至是，上乃諭執政曰：「百官輪對，正欲聞所未聞。近輪對者多謁告避免，可令檢舉約束。」

二十五年(乙亥、一一五五)十二月，詔曰：「臺諫風憲之地，比用非其人，黨於大臣，濟其喜怒，殊非耳目之寄。朕今親除公正之士，以革前弊。繼此者宜盡心乃職，毋合黨締交，敗亂成法，當謹茲戒，毋自貽咎！」

陳邦瞻曰：建炎、紹興之間，其時事可謂亟矣，然君臣之所欲有爲者，概可覩也。李綱曰：「邊事粗定之時，朝廷所推行，不過簿書期會不切之細務，至於攻討防守之策，國之大計，皆未嘗措意。」嗚呼，若是而猶欲望其戡大難、成大功，豈不難哉！講和之後，人主耳目壅蔽，雖欲自達無由，試讀其約束輪對、戒諭臺諫二詔，亦可悲矣。

〔明〕陳邦瞻撰

宋史紀事本末

第三册

卷七六至卷一〇九

中華書局

宋史紀事本末第三册目録

宋史紀事本末卷七十六

孝宗之立

高宗紹興二年（壬子、一一三二）夏五月辛未，育太祖後子偁之子伯琮於宫中。元懿太子卒，帝未有嗣，范宗尹嘗造膝請建太子，帝曰：「太祖以神武定天下，子孫不得享之，遭時多艱，零落可憫。朕若不法仁宗爲天下計，何以慰在天之靈！」於是詔知南外宗正事，令廣選太祖後，將育宫中。會上虞縣丞婁寅亮上書曰：「先正有言，太祖舍其子而立其弟，此天下之大公。周王薨，章聖取宗室子育宫中，此天下之大慮。仁宗感悟其説，召英宗入繼大統。文子文孫，宜君宜王，遭罹變故，不斷如帶，今有天下者，陛下一人而已。屬者，椒寢未繁，前星不耀，孤立無助，有識寒心。天其或者深戒陛下，追念祖宗公心長慮之所及乎！崇寧以來，諛臣進説，獨推濮王子孫以爲近屬，餘皆謂之同姓。遂使昌陵之後，寂寥無聞，僅同民庶，藝祖在上，莫肯顧歆，此金人所以未悔禍也。望陛下於伯字行内，選太祖諸孫有賢德者，視秩親王，俾牧九州，以待皇嗣之生，退處藩服。庶幾上慰在天之靈，下繫人心之望！」

書奏，帝讀之，大感歎。至是，選秦王德芳五世孫左朝奉大夫子偁之子伯琮入宫，命張婕妤鞠之，生六年矣。其後吳才人亦請於帝，乃復取秉義郎子彥之子伯玖，命吳才人鞠之，皆太祖後也。尋以伯琮爲和州防禦使，賜名瑗。

五年（乙卯、一一三五）夏五月，封和州防禦使瑗爲建國公，就學資善堂。趙鼎請以行宫新作書院爲資善堂，命建國公聽讀，且薦徽猷閣待制范沖兼翊善，起居郎朱震兼贊讀。朝論二人極天下之選。帝命瑗見之，皆設拜。尋以伯玖爲和州防禦使，賜名璩。時，岳飛詣資善堂見瑗，退而喜曰：「社稷得人矣，中興基業，其在是乎！」飛前此亦疏請建儲云。

陳邦瞻曰：余觀岳少保請高宗建儲事，未嘗不悲其忠而惜其智也！夫造膝密謀，爲宗社計慮根本，此誠忠臣事，然惟腹心大臣得爲之，非將帥任也。智名勇略蓋一世，挾震主之威，而居不賞之功，斯已危矣，猶欲與人父子間事乎？矧苗、劉之變，實立明受，帝庸主也，豈能遽忘諸將？而飛乃觸其深忌，安知讒人不以此爲中傷地也！史稱趙鼎請正建國皇子之號，秦檜曰：「鼎欲立太子，是謂陛下終無子也。」鼎由此獲罪。然則飛之不免，蓋可見矣。

九年（己未、一一三九）三月，封和州防禦使璩爲崇國公，聽讀於資善堂。

十二年（壬戌、一一四二）春正月，進封建國公瑗爲普安郡王，崇國公璩爲恩平郡王。

十三年（癸亥、一一四三）九月，宗室左朝奉大夫子偁卒，詔普安郡王解官持服。

三十年（庚辰、一一六〇）二月甲戌，以普安郡王瑗爲皇子，更名瑋。初，帝知瑋之賢，欲立爲嗣，恐太后意所不欲，遲回久之。及后崩，帝問吏部尚書張燾以方今大計，對曰：「儲嗣者，國之本也，天下大計無踰於此。今兩邸名分宜早定！」帝喜曰：「朕懷此久矣，開春當議典禮。」燾頓首謝。至是，利州提點刑獄范如圭掇至和嘉祐間名臣奏章凡三十六篇，合爲一書，囊封以獻，請斷以至公勿疑。帝意遂決。制授瑋寧國軍節度使、開府儀同三司，進封建王。

〔三月〕（據宋史三一高宗紀補）丙午，加恩平郡王璩開府儀同三司、判大宗正事，稱皇姪。

三十二年（壬午、一一六二）五月甲子，立建王瑋爲皇太子。初，金亮南侵，兩淮失守，朝臣多勸帝退避，建王不勝其憤。及帝下詔親征，瑋請率師爲前驅。直講史浩聞之，入言於瑋曰：「皇子不宜將兵！」因爲草奏請扈蹕，以供子職。帝亦欲瑋徧識諸將，遂命從幸金陵。及還臨安，帝欲遜位。陳康伯密贊大議，乞先正名，俾天下咸知聖意，遂草立太子詔以進，帝從之。瑋既立，更名眘。

六月庚午，詔集議子偁封爵，戶部侍郎汪應辰定其稱曰「太子本生之親」。議入，內降曰：「皇太子所生父，可封秀王，謚安僖。母張氏爲王夫人。」

乙亥，帝降手札：「皇太子可卽皇帝位，朕稱太上皇帝，后稱太上皇后，退居德壽宮。」太子固讓，不許。

丙子，遣中使召太子入禁中，面諭之。太子固辭，卽趨側殿門，欲還東宮，帝勉諭再三，乃止。於是百官拜禪詔。畢，宰相率百僚固請，太子遂卽帝位。班退，上皇卽駕之德壽宮。帝〔服〕（據宋史三三孝宗紀、續綱目補）袍履，步出祥曦門，冒雨掖輦以行，及宮門，弗止。上皇麾謝再三，且令左右扶掖以還，顧謂羣臣曰：「付託得人，吾無憾矣！」

史臣曰：高宗恭儉仁厚，以之繼體守文則有餘，撥亂反正則不足。當其初立，因四方勤王之師，內相李綱，外任宗澤，天下之事宜無不可爲者。顧乃播遷窮僻，坐失事機，始惑於汪、黃，終制於秦檜，偷安忍恥，匿怨忘親，以貽來世之譏，悲夫！

丁丑，帝朝太上皇帝於德壽宮。戊寅，大赦，其文有曰：「凡今者發政施仁之目，皆得之問安視膳之餘。」天下誦之。

庚辰，帝五日一朝德壽宮，太上皇不許，自是，月四朝。

宋史紀事本末卷七十七

隆興和議

高宗紹興三十二年（壬午、一一六二）六月，帝傳位於太子，太子即位。

七月，帝手書召張浚入見。浚至，帝改容曰：「久聞公名，今朝廷所恃惟公！」因賜之坐。浚從容言：「人主之學，以心爲本。一心合天，何事不濟！所謂天者，天下之公理而已。必兢業自持，使清明在躬，則賞罰舉錯，無有不當，人心自歸，敵讎可復。」帝悚然曰：「當不忘公言！」加浚少傅、魏國公，宣撫江淮。

浚見帝英武，力陳和議之非，勸帝堅意以圖恢復。欲遣舟師自海道擣山東，命諸將出師掎角以向中原。翰林學士史浩以潛邸舊臣，時預樞密議，欲城采石、瓜洲。浚言不守兩淮而守江干，是示敵以削弱，怠戰守之氣，不若先城泗州。浩不悅，遂與有隙，凡浚所規畫，浩多沮之。

十一月，金以僕散忠義爲都元帥，紇石烈志寧副之。時，金主以朝廷欲正敵國禮，乃詔忠義總戎事，居南京，節制諸軍，復令志寧駐軍淮陽。忠義將行，金主諭之曰：「宋若歸侵疆，貢禮如故，則可罷兵。」忠義至汴，簡閱士卒，分屯要害。

孝宗隆興元年（癸未、一一六三）春正月庚子，以張浚爲樞密使，都督江淮東、西路軍馬，開府建康。浚薦陳俊卿爲江淮宣撫判官。先是，帝召俊卿及浚子栻赴行在。浚附奏，請帝臨幸建康以動中原之心，用師淮壖以爲吳璘聲援。帝見俊卿，問浚動靜飲食顏貌，曰：「朕倚魏公如長城，不容浮言搖奪！」浚開府江淮，參佐皆一時之選。栻以少年內贊密謀，外參庶務，其所綜畫，幕府諸人皆自以爲不及。及入奏事，因進言曰：「陛下上念祖宗之讎恥，下憫中原之塗炭，惕然於中，思有以振之。臣謂此心之發，卽天理之所存也。願益加省察，而稽古親賢以自輔，無使少息，則今日之功可以立成！」帝嘉納之。

三月壬辰，金帥紇石烈志寧以書來求海、泗、唐、鄧、商州之地及歲幣。先是，金人十萬衆屯河南，聲言規取兩淮，朝廷震恐。張浚請以大兵屯盱眙、泗、濠、廬備之。至是，志寧乃以書抵浚，欲凡事一依皇統以來故約，不然，請會兵相見。且遣蒲察徒穆、大周仁屯虹縣，蕭琦屯靈壁，積糧修城，將爲南攻計。

夏四月戊辰，張浚被命入見。帝銳意恢復，浚乞卽日降詔幸建康。帝以問史浩，浩對曰：「先爲備守，是謂良規，議戰議和，在彼不在此。儻聽淺謀之士，時興不教之師，寇退則論賞以邀功，寇至則斂兵而遁迹，取快一時，含冤萬世。」及退，詰浚曰：「帝王之兵，當出萬全，豈可嘗試以圖僥倖！」復辯論於殿上。浚因內引奏浩意不可回，恐失機會。且謂金人至秋必爲邊患，當及其未發攻之。帝然其言，乃議出師渡淮，三省、樞密院不預聞。會李顯忠、邵宏淵亦獻擣虹縣、靈壁之策，帝命先圖二城。浚乃遣顯忠出濠州，趨靈壁；宏淵出泗州，趨虹縣。

五月甲辰，李顯忠及邵宏淵敗金人於宿州。

乙巳，史浩罷。省中忽見邵宏淵出兵狀，始知不由三省，徑檄諸將。浩語陳康伯曰：「吾屬俱兼右府，而出兵不預聞，焉用相哉？不去何待！」入對，因奏：「陳康伯欲納歸正人，臣恐他日必爲子孫憂。張浚銳意用兵，若一失之後，恐陛下不得復望中原。」因力乞罷。侍御史王十朋論浩八罪，曰：「懷奸誤國，植黨盜權，忌言蔽賢，欺君訕上。」帝爲出浩知紹興府。十朋再疏論之，予祠。

李顯忠自濠梁渡淮，至陡溝。金右翼都統蕭琦用拐子馬來拒，顯忠力戰敗之，遂復靈壁。顯忠入城，宣布德意，不戮一人，於是中原歸附者接踵。宏淵圍虹，久不下。顯忠遣靈壁降卒，開諭禍福，金守將蒲察徒穆、大周仁皆出降。宏淵恥功不自己出，會有降千戶訴宏淵之卒奪其佩刀，顯忠立斬之，由是二將不協。未幾，蕭琦復降於顯忠。

丙午，李顯忠兵傅宿州城，金人來拒，顯忠大敗其衆，追奔二十餘里。邵宏淵至，謂顯忠曰：「招撫眞關西將軍也！」顯忠閉營休士，爲攻城計，宏淵等不從。顯忠引麾下楊椿上城，開北門，不踰時，拔其城。宏淵等殿後趣之，始渡濠登城。城中巷戰，又斬首虜數千人，擒八千餘人。遂復宿州，中原震動。捷聞，帝手書勞張浚曰：「近日邊報，中外鼓舞，十年來無此克捷！」既而宏淵欲發倉庫犒卒，顯忠不可，移軍出城，止以見錢犒士，士皆不悅。詔以顯忠爲淮南、京東、河北招討使，宏淵副之。

癸丑，金紇石烈志寧自睢陽引兵攻宿州，李顯忠擊卻之。金孛撒復自汴率步騎十萬來攻宿州，晨薄城下，列大陣。顯忠謂宏淵併力夾擊，宏淵按兵不動，顯忠獨以所部力戰。俄而敵大至，顯忠用克敵弓射卻之。宏淵顧衆曰：「當此盛夏，搖扇淸涼且不堪，況烈日被甲苦戰乎！」人心遂搖，無復鬭志。至夜，中軍統制周宏鳴鼓大譟，陽爲敵兵至，與邵世雍、劉侁各以所部兵遁。繼而統制左師淵、統領李彥孚亦遁。顯忠移軍入城，統制張訓通、張師顏、荔澤、張淵等以顯忠、宏淵不協，各遁去。金人乘虛復來攻城，顯忠竭力捍禦，斬首二千餘級，積屍與牛馬牆平。城東北角敵兵二十餘人已上百餘步，顯忠取軍所執斧斫之，敵始退卻。顯忠歎曰：「若使諸軍相與掎角，自城外掩擊，則敵兵可盡，敵帥可擒，河南之地指日可復矣！」宏淵又言：「金添生兵二十萬來，儻我兵不返，恐不測生變。」顯忠知宏淵無固志，勢不可孤立，歎曰：「天未欲平中原耶？何沮撓如此！」遂夜引還。甲寅，至符離，師大潰。是舉所喪軍資器械略盡，幸而金不復南。時，張浚在盱眙，顯忠往見浚，納印待罪。浚以劉寶爲鎮江諸軍都統制，乃渡淮，入泗州，撫將士，遂還揚州，上疏自劾。

乙卯，下詔親征。

癸亥，張浚乞致仕。初，宿師之還，士大夫主和者皆議浚之非。帝賜浚書曰：「今日邊事，倚卿爲重，卿不可畏人言而懷猶豫。前日舉事之初，朕與卿任之，今日亦須與卿終之。」浚乃以魏勝守海州，陳敏守泗州，戚方守濠州，郭振守六合。治高郵、巢縣兩城爲大勢，修滁州關山以扼敵衝，聚水軍淮陰，馬軍壽春，大飭兩淮守備。帝召浚子栻入奏事，浚附奏曰：「自古有爲之君，心腹之臣相與協謀同志，以成治功。今臣以孤蹤，動輒掣肘，陛下將安用之？」因乞骸骨。帝覽奏，謂栻曰：「朕待魏公有加，雖乞去之章日上，朕必不許。」帝對近臣言，必曰魏公，未嘗斥其名。每遣使至督府，必令視浚飲食多少，肥瘠如何。至是，帝以符離師潰，乃議講和。召湯思退爲醴泉觀使，奉朝請。癸酉，下詔罪己。於是尹穡附湯思退劾張浚，遂降授浚江淮東、西路宣撫使，邵宏淵降官階，仍前建康都統制。

王十朋上疏言：「臣素不識浚，聞其誓不與敵俱生，心實慕之。前因輪對，言金必敗盟，乞用浚。陛下嗣位，命督師江淮。今浚遣將取二縣，一月三捷，皆服陛下任浚之難。及王師一不利，橫議蠭起。臣謂今日之師，爲祖宗陵寢，爲二帝復讎，爲二百年境土，爲中原弔民伐罪，非前代好大生事者比，益當內修，俟時而動。陛下恢復志立，固不以一衄爲羣議所搖，然異論紛紛，浚既待罪，臣豈可尙居風憲之職？乞賜竄殛！」因言：「臣聞近日欲遣龍大淵撫諭淮南，信否？」上曰：「無之。」又言：「聞欲以楊存中爲御營使。」上默然。改除十朋吏部侍郎，復出知饒州。

己卯，貶李顯忠官，筠州安置。

八月丙寅，陳俊卿以張浚降秩徙治，上疏曰：「若浚不用，宜別屬賢將，如欲責其後效，降官示罰可也。今削都督重權，置揚州死地，如有奏請，臺諫沮之，人情解體，尙何後效之圖？議者但知惡浚而欲殺之，不復爲宗社計。願下詔戒中外協濟，使浚自效！」疏入，帝悟，卽復浚都督江淮軍馬。浚遂以劉寶爲淮東招撫使。

戊寅，金紇石烈志寧復以書貽三省、樞密院，求海、泗、唐、鄧四州地，及歲幣，稱臣，還中原歸正人，卽止兵，不然，當俟農隙往戰。帝以付張浚，浚言：「金强則來，弱則止，不在和與不和。」湯思退，秦檜黨也，急於求和，陳康伯、周葵等皆上疏，謂：「敵意欲和，則我軍民得以休息，爲自治之計，以待中原之變而圖之，是萬全之計也。」工部侍郎張闡獨曰：「彼欲和，畏我耶？愛我耶？直款我耳！」力陳六害，不可許。帝曰：「朕意亦然，姑隨宜應之。」丙戌，遣盧仲賢持報書如金師，云：「海、泗、唐、鄧等州，乃正隆渝盟之後，本朝未遣使之前得之。至於歲幣，固非所較，第兩淮凋瘵之餘，恐未如數。」仲賢陛辭，帝戒以勿許四郡，而思退等命許之。張浚奏：「仲賢小人多妄，不可委信。」不聽。

冬十月戊午，命廷臣議金帥所言四事，其說不一。帝曰：「四州地、歲幣可許，名分、歸正人不可從。」

十一月乙丑，盧仲賢至宿州，僕散忠義懼之以威。仲賢惶恐，言歸當稟命，遂以忠義貽三省、密院書來，上其畫定四事：一，欲通書稱叔姪；二，欲得唐、鄧、海、泗四州；三，欲歲幣銀絹之數如舊；四，欲歸彼叛臣及歸正人。仲賢還，帝大悔。

庚子，湯思退奏以王之望充金國通問使，龍大淵副之，許割棄四州，求減歲幣之半。初，之望爲都督府參贊軍事，奏言：「人主論兵，與臣下不同，惟奉承天意而已。竊觀天意，南北之形已成，未易相兼，我之不可絕淮而北，猶敵之不可越江而南也。不若移攻戰之力以自守，自守既固，然後隨機制變，擇利而應之。」思退悅其言，故奏遣之。會右正言陳良翰言：「前遣使已辱命，大臣不悔前失而復遣王之望，是金不折一兵而坐收四千里要害之地，決不可許四郡。若歲幣則俟得陵寢然後與，庶爲有名。今議未決而之望遽行，恐其辱國不止於仲賢。願先馳一介往，俟議決然後行，未晚。」帝然之。

癸丑，以胡昉、楊由義爲金國通問所審議官。張浚力言金未可和，請帝幸建康，以圖進兵。帝乃手詔王之望等，併一行禮物並回，待命境上，而令胡昉等先往，諭金以四州不可割之意。

詔以和戎遣使大詢於廷，侍從、臺諫與議者凡十有四人，主和者半，可否者半。胡銓獨上議曰：「京師失守，自汪伯彥、黃潛善主和。完顏亮之變，自秦檜主和。議者乃曰，外雖和內不忘戰，此向來權臣誤國之言也，一溺於和，不能自振，尚能戰乎！」

陳康伯等言：「金人來通和，朝廷遣盧仲賢報之，其所論最大者三事：我所欲者，削去舊禮，彼亦肯從；彼所欲者，歲幣如數，我不深較；其未決者，彼欲得四州，而我以祖宗陵寢、欽宗梓宮爲言，未之與也。乞召張浚歸國，特垂咨訪，仍命侍從、臺諫集議。」帝從之。羣臣多欲從金人所請，張浚及虞允文、胡銓、閻安中上疏力爭，以爲不可與和。湯思退曰：「此皆以利害不切於己，大言誤國，以邀美名。宗社大事，豈同戲劇！」帝意遂定。浚在道，聞王之望行，上疏力辨其失，曰：「自秦檜主和，陰懷他志，卒成逆亮之禍。檜之大罪未正於朝，致使其黨復出爲惡。臣聞立大事者以人心爲本，今內外之議未決，而遣使之詔已下，失中原將士四海傾慕之心，他日誰復爲陛下用命哉！人心既失，如水之覆，難以復收，而況於天則不順，於義則不安，竊爲陛下憂之！」不聽。

二年（甲申、一一六四）春正月丙午，金帥僕散忠義復以書來議和。

二月，胡昉自宿州還。初，昉至金，金人以失信執之。帝聞昉被執，謂張浚曰：「和議不成，天也，自此事當歸一矣！」詔王之望以幣還。既而僕散忠義以書進，金主覽之，曰：「行人何罪？」即遣還，邊事令元帥府從宜措畫。

三月丙戌，詔張浚視師江淮，金軍退。初，湯思退恐和議不成，奏請以宗社大計，奏稟上皇而後從事。帝批示三省曰：「金無禮如此，卿猶欲議和。今日事勢非秦檜時比，卿議論，秦檜不若！」思退大駭，陰謀去浚，遂令王之望等驛奏：「兵少糧乏，樓櫓器械未備。」又言：「委四萬衆以守泗州，非計。」帝惑之。會戶部侍郎錢端禮言：「兵者凶器，願以符離之潰爲戒，早決國是，爲社稷之計。」乃詔浚行視江淮。時，浚所招徠山東、淮北忠義之士以實建康、鎭江兩軍，凡萬二千人；萬弩營所招淮南壯士及江西羣盜，又萬餘人，陳敏統之，以守泗州。凡要害之地，皆築城堡，其可因水爲險者，皆積水爲櫃，增置江、淮戰艦，諸軍弓矢器械悉備。金人方屯重兵，爲虛聲脅和，有「剋日決戰」之語。及聞浚復視師，亟撤兵歸。於是淮北之來歸者日不絕，山東豪傑悉願受節度。浚以蕭琦契丹望族，沈勇有謀，欲令盡領降衆，且以檄諭契丹，約爲應援。金人益懼。

丁亥，貶盧仲賢，械送郴州編管。張浚遣子栻入奏仲賢辱國無狀。帝怒，遂下大理，問其擅許四州之罪，奪三官；尋除名，竄郴州。

夏四月丁丑，罷張浚，判福州。湯思退諷右正言尹穡論浚跋扈，且費國不貲，奏令張深守泗不受趙廓之代爲拒命。復論督府參議官馮方，罷之。浚乃請解督府。詔以錢端禮、王之望宣諭兩淮，而召浚還。端禮入奏，言：「兩淮名曰備守，守未必備；名曰治兵，兵未必精。」蓋詆浚也。浚留平江，凡八上疏，乞致仕。帝察浚之忠，欲全其去，乃命以少師、保信節度使判福州。（右）〔左〕（據宋史三八七陳良翰傳、續綱目、薛鑑改）司諫陳良翰、侍御史周操言浚忠勤，人望所屬，不當使去國，皆坐罷。

秋七月己巳，命撤兩淮邊備。湯思退急欲和好之成，自撤邊備，罷築壽春城，散萬弩營兵，輟修海船，毀拆水櫃，不推軍功賞典，及撤海、泗、唐、鄧之戍。

八月，胡銓上疏，言：「自靖康迄今，凡四十年，三遭大變，皆在和議，則醜虜之不可與和彰彰矣。肉食鄙夫，萬口一談，牢不可破，非不知和議之害而爭言爲和者，是有三說焉：曰偷懦，曰苟安，曰附會。偷懦則不知立國，苟安則不戒酖毒，附會則覬得美官。小大之情狀具於此矣！今日之議若成，則有可弔者十，若不成，則有可賀者亦十，請爲陛下極言之：何謂可弔者十？眞宗皇帝時，宰相李沆謂王旦曰：『我死，公必爲相，切勿與虜講和。吾聞出則無敵國外患，如是者國常亡。若與虜和，自此中國必多事矣！』旦殊不以爲然，既而遂和，海內虛耗，且始悔不用文靖之言。此可弔者一也。中原謳吟思歸之人，日夜引領望陛下拯溺救焚，不啻赤子之望慈父母。一與虜和，則中原絕望，後悔何及？此可弔者二也。海、泗，今日之藩籬、咽喉也。彼得海、泗，且決吾藩籬以瞰吾室，扼吾咽喉以制吾命，則兩淮決不可保；兩淮不保則大江決不可守，大江不守則江、浙決不可安。此可弔者三也。紹興戊午，和議既成，檜建議，遣二三大臣如路允迪等分往南京等州，交割歸地。一旦叛盟，劫執允迪等，下親征之詔，虜復請和。其反覆變詐如此，檜猶不悟，奉之如初，事之愈謹，賂之愈厚，卒有逆亮之變，驚動輦轂，太上謀欲入海，行朝居民一空。覆轍不遠，忽而不戒，臣恐後車又將覆也。此可弔者四也。紹興之和，首議決不與歸正人。口血未乾，盡變前議，凡歸正之人一切遣還，如（陳思遠）〔程師回〕（據宋史三七四胡銓傳、薛鑑改）、趙良嗣等，聚族數百，幾爲蕭牆憂。今必盡索歸正之人，與之則反側生變，不與則虜決不肯但已。夫反側則肘腋之變深，虜決不肯但已則必別起釁端，猝有逆亮之謀，不知何以待之？此可弔者五也。自檜當國二十年間，竭民膏血以餌犬羊，迄今府庫無旬月之儲，千村萬落，生理蕭然，重以蝗蟲、水潦。自此復和，蠹國害民，殆有甚焉者矣！此可弔者六也。今日之患，兵費已廣，養兵之外，又增歲幣，且少以十年計之，其費無慮數千億。而歲幣之外，又有私覿之費；私覿之外，又有賀正、生辰之使；賀正、生辰之外，又有泛使。一使未去，一使復來，生民疲於奔命，帑廩涸於將迎。瘠中國以肥虜，陛下何憚而爲之？此其可弔者七也。側聞虜人嫚書，欲書御名，欲去國號『大』字，欲用『再拜』。議者以爲繁文小節不必計較，臣竊以爲議者可斬也。夫四郊多壘，卿大夫之辱；楚子問鼎，義士之所深恥；『獻』、『納』二字，富弼以死爭之。今醜虜橫行，與多壘孰辱？國號大、小，與鼎輕、重孰多？『獻』、『納』二字，與『再拜』孰重？臣子欲君父屈己以從之，則是多壘不足辱，問鼎不必恥，『獻』、『納』不必爭。此其可弔者八也。臣恐再拜不已，必至稱臣；稱臣不已，必至請降；請降不已，必至納土；納土不已，必至銜璧；銜璧不已，必至輿櫬；輿櫬不已，必至如晉帝青衣行酒，然後爲快！此其可弔者九也。事至於此，求爲匹夫，尙可得乎！此其可弔者十也。竊觀今日之勢，和決不成，儻能獨斷，追回使者魏杞、康湑等，絕請和之議以鼓戰士，下哀痛之詔以收民心，天下庶乎其可爲矣。如此，則有可賀者亦十：省數千億之歲幣，一也。專意武備，足兵食，二也。無書名之恥，三也。無去大之辱，四也。無再拜之屈，五也。無稱臣之忿，六也。無請降之禍，七也。無納土之悲，八也。無銜璧、輿櫬之酷，九也。無靑衣行酒之慘，十也。去十弔而就十賀，利害較然，雖三尺童穉亦知之，而陛下不悟！春秋左氏謂無勇者爲婦人，今日舉朝之士皆婦人也。如以臣言爲不然，乞賜流放竄殛，以爲臣子出位犯分之戒。」

壬午，遣宗正少卿魏杞如金議和，書稱「姪大宋皇帝某再拜奉於叔大金皇帝」，歲幣二十萬。帝面諭杞曰：「今遣使一正名，二退師，三減歲幣，四不發歸附人。」杞條陳十七事擬問對，帝隨事畫可。陛辭，奏曰：「臣將旨出疆，豈敢不勉，萬一無厭，願速加兵。」帝善之。錢端禮又請遣國信所大通事王抃如金師，持周葵書，致於僕散忠義及紇石烈志寧。

九月癸卯，命湯思退都督江淮軍馬，不果行。初，思退急於求和，諷侍御史尹穡言，乞置獄，取不肯撤備及棄地者二十餘人論罪，因擢穡諫議大夫。至是，命思退都督江淮，固辭不行。乙巳，復命楊存中爲同都督。

冬十月辛巳，金兵復渡淮。初，湯思退以帝悔悟，恐事不成，陰遣孫造諭敵以重兵脅和，金僕散忠義等遂議渡淮。始，魏杞行次盱眙，忠義遣趙房長問杞所以來之意，求觀國書。杞曰：「書，御封也，見主，當廷授。」房長馳白忠義，疑國書不如式；又求割商、秦之地及歸正人，且欲歲幣二十萬。杞以聞，帝命盡依初式，許割四州，歲幣亦如其數，再易國書，忠義猶以未如所欲。至是，與紇石烈志寧分兵自清河口以犯楚州，都統制劉寶棄城遁。時，知楚州魏勝奉詔專一措置清河口。金人乘間以舟載器甲糗糧，自清河出，欲侵邊。勝覘知之，帥忠義士拒於河口。金兵詐稱欲運糧往泗州，由清河口入淮。勝欲禦之，劉寶戒以方議和，不可。

十一月乙酉，金兵軼境，魏勝帥諸軍拒於淮陽，自卯至申，勝負未決。金徒單克寧帥生兵至，勝與力戰，矢盡，依土阜爲陣，謂士卒曰：「我當死此，得脱者歸報天子！」乃令步卒居前，騎兵爲殿，至淮陰東十八里，中矢，墜馬死，楚州遂陷。金人入濠、滁州，都統制王彥棄昭關走。

庚寅，以楊存中都督江淮軍馬。時，諸軍各守分地，不相統一，存中集諸將調護之，於是始更相爲援。朝議欲舍淮保江，存中持不可，乃已。

辛卯，湯思退罷，落職永州居住。太學生張觀等七十二人上書，謂：「思退及王之望、尹穡奸邪誤國，鉤致敵人之罪，乞斬三人，以謝天下。併竄其黨洪适、晁公武，而用陳康伯、胡銓、陳良翰、王十朋、金安節、虞允文、王大寶、陳俊卿、黄中、龔茂良、張栻，以濟大計。」思退行至信州，聞之，憂悸而死。

戊戌，復以陳康伯爲尚書左僕射同平章事兼樞密使。時金兵犯淮，人情驚駭。張浚已卒，皆望康伯復相，故有是命。

癸卯，遣王之望勞師江上。

丙辰，王（汴）〔抃〕（據宋史四七〇本傳、續綱目、薛鑑改。下同）見金二帥，得報書以歸。

乙亥，王之望罷。先是，金人至揚州，或請擊之，楊存中不敢渡江，獨臨江固壘以自守。之望與湯思退表裏，專以割地啖敵爲得計。帝詔督府擇利害擊金軍，之望下令諸將，不得妄進。言者論之，遂罷。

丙子，王(忭)〔抃〕使金，持陳康伯報書以行。

十二月丙申，以金人議和，下詔曰：「比遣王(忭)〔抃〕，遠抵潁濱，得其要約。尋澶淵盟誓之信，倣大遼書題之儀，正皇帝之稱，爲叔姪之國。歲幣減十萬之數，地界如紹興之時。憐彼此之無辜，約叛亡之不遣，可使歸正之士，咸起寧居之心。重念數州之民，罹此一時之難，老稺有蕩析之災，丁壯有係累之苦，宜推蕩滌之宥，少慰凋殘之情。應沿邊被兵州軍，除逃遁官吏不赦外，餘並放遣。」洪适所草也。論者謂前日之所貶損，四方蓋未聞知，今著之赦文，失國體矣。

乾道元年(乙酉、一一六五)三月，魏杞還自金。初，杞至燕山，金館伴張恭愈以國書稱「大宋」，脅杞去「大」字。杞拒之，具言：「天子神聖，才傑奮起，人人有敵愾意。北朝用兵，能保必勝乎？」金君臣環聽拱竦。金主許損歲幣，不發歸正人，命元帥府罷兵分戍。杞卒正敵國禮而還，帝慰藉甚厚。

夏四月庚子，金報問使完顏仲等入見。

十一月，詔收兩淮流散忠義人。

三年(丁亥、一一六七)五月乙亥，金遣使來取被俘人。詔：「實俘在民間者還之，軍中人及叛亡者不與。」

六年（庚寅、一一七〇）閏五月，以起居郎范成大爲金國祈請使，求陵寢地及更定受書禮，蓋泛使也。初，紹興要盟之日，金先約毋得擅易大臣，秦檜益思媚金，禮文多可議者，而受書之儀特甚。凡金使者至，捧書升殿，北面立榻前跪進，帝降榻受書，以授內侍。金主初立，使者至，陳康伯令伴使取書以進。及湯思退當國，復循紹興故事。帝嘗悔恨，每欲遣泛使直之，陳俊卿既屢諫不聽，罷去。至是，乃令成大使金。臨行，帝謂之曰：「朕以卿氣宇不羣，親加選擇。聞外議洶洶，官屬皆憚行，有諸？」成大對曰：「無故遣泛使，近於起釁，不執則戮。臣已立後，爲不還計！」帝愀然曰：「朕不敗盟發兵，何至害卿？齧雪餐氈或有之！」成大奏乞國書併載受書（札）〔禮〕（據薛鑑改）一節，弗許，遂行。

辛卯，吏部尚書陳良祐論奏：「陛下恢復之志未嘗忘懷，然詞莫貴於僉同，不可不察，博訪歸於獨斷，不可不審，固有以用衆而興，亦有以用衆而亡，固有以獨斷而成，亦有以獨斷而敗。今遣使乃啓釁之端，萬一敵騎犯邊，則民力困於供輸，州郡疲於調發，兵連禍結，未有息期。將帥庸鄙，類乏遠謀，對君父則言效死，臨戰陣則各求生，有如符離之役，不戰自潰，瓜洲之遇，望敵驚奔，孰可仗者？此臣所以未敢保其萬全。且（金）〔今〕之求地，欲得河南，曩歲嘗歸版圖，不旋踵而又失。如其不許，徒費往來，若其許我，必邀重幣，經理未定，根本內虛，又將隨而取之矣。向之四郡，得之亦難，尙不能有，今又無故而求侵地，陛下度可以虛聲下之乎？况止求陵寢，地在其中，曩亦議此，觀其答書，幾於相戲。凡此二端，皆是啓釁，必須遣使，則祈取欽宗梓宮，猶爲有辭。內(事)〔視〕(以上二條並據宋史三八八陳良祐傳改)不足，何暇事外？邇者未懷，豈能綏遠？」奏入，忤旨，貶瑞州居住，尋移信州。

起居郎張栻入對，帝曰：「卿知敵國事乎？」栻對曰：「不知也。」帝曰：「金國饑饉連年，盜賊四起。」栻曰：「金人之事，臣雖未知，境內之事，則知之矣。」帝曰：「何也？」栻曰：「臣竊見比年諸道多水旱，民貧日甚，而國家兵弱財匱，官吏誕謾，不足倚賴。正使彼實可圖，臣懼我之未足以圖彼也。」帝默然久之，栻復奏曰：「臣竊謂陵寢隔絕，誠臣子不忍言之至痛。然今日未能奉辭以討之，又不能正名以絕之，乃欲卑辭厚禮以求於彼，則於大義已爲未盡，而或猶以爲憂者，蓋見我未有必勝之形故也。夫必勝之形當在於蚤正素定之時，而不在於兩陣決機之日。今日但當下哀痛之詔，明復讎之義，顯絕金人，不與通使。然後修德立政，用賢養民，選將練兵，以內修外攘，進戰退守，通爲一事，必治其實而不爲虛文，則必勝之形隱然可見，雖有淺陋畏怯之人，亦且奮躍而爭先矣。」帝深納之。

九月壬辰，范成大至自金。初，成大至金，密草奏具言受書式，幷求陵寢地，懷之入。初進國書，辭氣慷慨，金君臣方傾聽，成大忽奏曰：「兩國旣爲叔姪，而受書禮未稱，臣有疏。」

搢笏出之。金主大駭，曰：「此豈獻書處耶？」左右以笏摽起之，成大屹不動，必欲書達。既而歸館所，金庭紛然，其太子允恭欲殺成大，或勸止之。其復書略云：「和好再成，界河山而如舊，緘音遽至，指鞏、洛以爲言。既云廢祀，欲伸追遠之懷，止可奉遷，卽俟剋期之報。至若未歸之旅櫬，亦當並發於行塗。抑聞附請之辭，欲變受書之禮，於尊卑之分何如，顧信誓之誠安在？」於是二事皆無成功。

宋史紀事本末卷七十八

孝宗朝廷議

孝宗隆興元年（癸未、一一六三）冬十月辛巳，召朱熹入對垂拱殿。

先是，帝卽位，詔中外臣庶陳時政闕失。熹時監南嶽廟，上封事，首言：「帝王之學，必先格物致知，以極夫事物之變，使義理所存，纖悉畢照，則自然意誠、心正，而可以應天下之務。」次言：「修攘之計不時定者，講和之說誤之也。夫金虜於我有不共戴天之讎，則其不可和也，義理明矣。而或者猶爲是說者，其意必曰，今根本未固，形勢未成，進未有可以恢復中原之策，退未有可以備禦衝突之方，故不得已而出於此，因得以其間，從容興補而大爲之備。以臣策之，則議者所謂根本未固，形勢未成，進不能攻，退不能守，何爲而然哉？正以有講和之說故也。此說不罷，則天下事無一可成之理。何哉？進無生死一決之計，而退有遷延中已之資，則人之情雖欲勉强自力於進爲，而其氣固已涣然離沮而莫之應，氣爲勢所分，志爲氣所奪也。故今日講和之說不罷，則陛下之勵志必淺，大臣之任責必輕，將士之赴功必緩，官人百吏之奉承必不能悉其心力以聽上之所欲爲。然則根本終欲何時而固，形勢終欲何時而成，恢復又何時而可圖，守備又何時而可恃哉！其不可冀明矣。臣願陛下斷以義理之公，參以利害之實，罷黜和議，追還使人，自今以往，閉門絕約，任賢使能，立紀綱，厲風俗，使吾修政事、攘夷狄之外，了然無一毫可恃以爲遷延中已之資，而不敢懷頃刻自安之意。然後將相軍民，遠近中外，無不曉然知陛下之志必於復讐啓土，而無玩歲愒日之心，更相激勵，以圖事功。數年之外，志定氣飽，國富兵强，於是視吾力之强弱，觀彼釁之淺深，徐起而圖之，中原故地，不爲吾有而將焉往！」次言：「四海利病係斯民之休戚，斯民之休戚係守令之賢否。監司者守令之綱，朝廷者監司之本，欲斯民之得其所，本原之地亦在朝廷而已。今之監司姦贓狼藉肆虐以病民者，莫非宰執、臺諫之親舊賓客，顧陛下無自而知之耳！」上異其言。

至是，召熹入對。熹復陳三劄，一言：「大學之道，本於格物。格物者窮理之謂也。謂之理則無形而難知，謂之物則有迹而易覩。必因物求理，使瞭然無毫髮之差，則應事自然無毫髮之謬。是以意誠、心正而身修，家齊、國治而天下平。今勸講之臣所以聞於陛下者，不過記誦詞章之習，而陛下又不過求之老子、釋氏之書。是以雖有生知之性，高世之行，而未能隨事以觀理，故天下之理，多所未察。未能卽理以應事，故天下之事，多所未明。是以舉措之間，動涉疑貳，聽納之人，未免蔽欺，由不講乎大學之道，而溺心於淺近虛無之過也。願博訪眞儒知此道者，講而明之，則今日之務，所當爲者不得不爲，所不當爲者不得不止。」次言：「今之論國計者有三，曰戰，曰守，曰和。此三說者，是非相攻，可否相奪。談者各飾其私，聽者不勝其眩，由不折衷於義理之根本，而馳騖於利害之末流故也。君父之讎不共戴天者，乃天之所覆，地之所載，凡有君臣、父子之性者，發於至痛不能自已之同情，而非專於一己之私也。國家之與北虜，其不可與共戴天，明矣。今日所當爲者，非戰無以復讎，非守無以制勝。此皆天理之自然，非人欲之私忿也。」三言：「先王制馭夷狄之道，其本不在威强而在乎德業，其備不在邊境而在乎朝廷，其具不在兵食而在乎紀綱。願開納諫諍，黜遠邪佞，杜塞倖門，安固邦本。四者爲急先之務，庶幾形勢自强，而恢復可冀矣。」時，朝廷遣王之望使虜約和未還，宰臣湯思退等皆主和議，而近習曾覿、龍大淵招權，故奏及之。三劄所陳，不出封事之意而加剴切焉。熹初讀第一劄，上爲動容聽納，至第二劄論復讎之義，上遂默然。

淳熙四年（丁酉、一一七七）三月己酉，呂祖謙入對，上言曰：「夫治道體統，上下内外不相侵奪而後安。向者陛下以大臣不勝任而兼行其事，大臣亦皆親細務而行有司之事，外至監司守令職任，率爲其上所侵，而不能令其下。故豪猾玩官府，郡縣忽省部，掾屬淩長吏，賤人輕柄臣。平居未見其患，一(日)〔旦〕(據宋史四三四呂祖謙傳、薛鑑改)有急，誰指麾而伸縮之耶！如日臣下權任大重，懼其不能無私，則有給舍以出納焉，有臺諫以糾正焉，有侍從以詢訪焉，儻得端方不倚之人分處之，且無專恣之慮，何必屈至尊以代其勞哉！人之關鬲脈絡少有壅滯，久則生疾。陛下於左右雖不勞操制，苟玩而弗慮，則聲勢浸長，趨附浸多，過咎浸積，內則懼爲陛下所譴而益思壅蔽，外則懼爲公論所疾而益肆詆排。願陛下虛心以求天下之士，執要以總萬事之機，勿以圖任或誤而謂人多可疑，勿以聰明獨高而謂智足偏察，勿詳於小而忘遠大之計，勿忽於近而忘壅蔽之萌。」又言：「國朝治體，有遠過前代者，有視前代爲未備者。夫以寬大忠厚建立規模，以禮遜節義成就風俗，此所謂遠過前代者也。故於俶擾艱危之後，駐蹕東南踰五十年，無纖毫之虞，則根本之深可知矣。然文治可觀，而武績未振，名勝相望，而幹略未優。故雖昌熾盛大之時，此病已見，是以元昊之難，范、韓皆極一時之選，而莫能平殄，則事功之不競從可知矣。臣謂今日事體，視前代未備者，固當激勵而振起，視前代遠過者，尤當愛護而扶持。」帝善之。

六年(己亥、一一七九)夏，旱，詔求直言。知南康軍朱熹上疏，略曰：「天下之務莫大於恤民，而恤民之本在人君正心術以立紀綱。蓋紀綱不能以自立，必人主之心術公平正大，無偏黨反側之私，然後有所繫而立。君心不能以自正，必親賢臣，遠小人，講明義理，閉塞私邪，然後可得而正。今宰相、臺省、師傅、賓友、諫諍之臣皆失其職，而陛下所與親密謀議者不過一二三近習之臣。上以蠱惑陛下之心志，使陛下不信先王之大道，而悅於功利之卑說，不樂莊士之讜言，而安於私暬之鄙態；下則招集士大夫之嗜利無恥者，文武彙分，各入其門，所喜則陰爲引援，擢置清顯，所惡則密行訾毁，公肆擠排。交通貨賂，所盜者皆陛下之財；命卿置將，所竊者皆陛下之柄。陛下所謂宰相、師傅、賓友、諫諍之臣，或反出其門牆，承望其風旨，其幸能自立者，亦不過齗齗自守，而未嘗敢一言以斥之。其甚畏公論者，乃能略警逐其徒黨之一二，既不能深有所傷，而終亦不敢正言以擣其囊橐窟穴之所在。勢成威立，中外靡然向之，使陛下之號令黜陟不復出於朝廷，而出於一二人之門，名爲陛下獨斷，而實此一二人者陰執其柄。蓋其所（懷）〔壞〕（據中興兩朝編年綱目、歷代名臣奏議五三改），非獨壞陛下之紀綱而已，併與陛下所以立紀綱者而壞之。使天下之忠臣賢士，深憂永歎，不樂其生，而貪利無恥敢於爲惡之人，四面紛然，攘袂而起，以求逞其所欲。然則民又安得而恤，財又安得而理，軍政何自而修，士宇何自而復，宗社之讎恥又何自而雪耶？」帝讀之大怒，曰：「是以我爲亡也！」熹以疾請祠，不報。諭趙雄令分析。雄言於帝曰：「士之好名者，陛下疾之愈甚，則人之譽之者愈衆，無乃適所以高之？不若因其長而用之，彼漸當事任，能否自見矣。」帝以爲然，熹任職如故。

八年（辛丑、一一八一）十一月己亥，朱熹奏事延和殿。熹去國二十年，復得見上，極陳災異之由，與夫修德任人之說，凡兩劄。大略謂：「陛下臨御二十年間，水旱、盜賊，略無寧歲。意者，德之崇未至於天歟？業之廣未及於地歟？政之大者有未舉，而小者無所繫歟？刑之遠者或不當，而近者或倖免歟？君子有未用，而小人有未去歟？大臣失其職，而賤者竊其柄歟？直諒之言罕聞，而諂諛者衆歟？德義之風未著，而汚賤者騁歟？貨賂或上流，而恩澤不下究歟？責人或已詳，而反躬有未至歟？夫必有是數者，而後足以召災而致異，而陛下未悟也。」又言：「陛下卽政之初，蓋嘗選建豪英，任以政事。不幸其間不能盡得其人，是以不復廣求賢哲，而姑取輭熟易制之人以充其位。於是左右私褻，使令之賤，始得以奉燕閒，備驅使，而宰相之權日輕。又慮其勢有所偏，而因重以壅己也，則時聽外庭之論，以陰察此輩之負犯而操切之。陛下既未能循天理公聖心以正朝廷之大體，則固已失其本矣，而又欲兼聽士大夫之公言，以爲駕馭之術。則士大夫之進見有時，而近習之從容無間，士大夫之禮貌既莊而難親，其議論又苦而難入，近習便嬖側媚之態既足以蠱心志，其胥吏狡獪之術又足以眩聰明，此其生熟甘苦既有所分，恐陛下未及施其駕馭之術而已墮其計中矣。是以雖欲微抑此輩，而此輩之勢日重，雖欲兼採公論，而士大夫之勢日輕。重者既挾其重以竊陛下之權，輕者又借力於所重以爲竊位固寵之計。中外相應，更濟其私，日往月來，浸淫耗蝕，使陛下之德業日隳，紀綱日壞，邪佞充塞，貨賂公行，兵愁民怨，盜賊間作，災異數見，饑饉薦臻。羣小相挺，人人皆得滿其所欲，惟有陛下了無所得，而國家顧乃獨受其弊！」上爲動容竦聽。熹因條陳救荒之策，畫爲七事以進，上皆納之。又下熹「社倉法」於諸路。

「社倉法」者，先是乾道中，熹里居，值饑民艱食，請於府，得常平米六百石，賑貸，夏受粟於倉，冬則加息計米以償。自後隨年斂散，歉蠲其息之半，大饑則盡蠲之。凡十有四年，以元數六百石還官，見儲米三千一百石以爲社倉，不復收息，每石止收耗米三升。以故一鄉四五十里間，雖遇歉年，民不缺食。其法以十家爲甲，甲推一人爲首，五十家則推一人通曉者爲社首。其逃軍及無行之士與有稅糧衣食不缺者，並不得入甲。其應入甲者，又問其願與不願，願者開具一家大小口若干，大口一石，小口五斗，五歲以下者不預，置籍以貸之。其以溼惡不實還者有罰。

十一年（甲辰、一一八四）〔三月〕（據薛鑑補），删定官陸九淵上殿輪對，進五劄。其一曰：「臣讀典、謨大訓，見其君臣之間，都、俞、吁、咈，相與論辨，各極其意，了無忌諱嫌疑，於是知事君之義當無所不用其情。唐太宗即位之初，魏徵爲尚書右丞，或毀徵以阿黨親戚者。太宗使溫彥博按訊，非是。彥博言徵爲人臣，不能著形迹，遠嫌疑，心雖無私，亦有可責。太宗使彥博責徽，且曰：『自今宜存形迹。』徽入見曰：『臣聞君臣同德，是謂一體，宜相與盡誠。若上下但存形迹，則邦之興衰未可知也！』太宗瞿然曰：『吾已悔之。』數年之間，蠻夷君長，帶刀宿衞，外戶不閉，商旅野宿，非偶然也。唐太宗固未足爲陛下道，然其君臣之間，一能如此，卽之著成效。陛下天錫勇智，隆寬盡下，遠追堯、舜，宜不爲難，而臨御二十餘年，未有太宗數年之效，版圖未歸，仇恥未復，生聚教訓之實，可謂寒心！執事者方雍雍于于，以簿書期會之隙，與造請乞憐之人，俯仰酬酢而不倦，道雨暘時若，有詠誦太平之意。臣竊惑之！臣誠恐因循玩習之久，薰蒸漸漬之深，雖陛下剛健，亦不能不銷蝕也，鳳凰之所以能高飛者在六翮。臣以陛下無以今日所進爲如是足矣，而博求天下之俊碩，相與講論道經邦之職，將見無愧於唐、虞之治朝，而唐太宗誠不足爲陛下道。」其二曰：「臣少讀漢武帝策賢良詔，至所謂『任大而守重』，嘗竊歎曰：『漢武帝亦安知所謂任大而守重者！』自秦而降，言治者稱漢、唐，漢、唐之治，雖其賢君，亦不過因陋就簡，無卓然志於道者。因陋就簡，何大何重之有？今陛下卓然有志於道，眞所謂任大而守重。道在天下，固不可磨滅，然人能弘道，非道弘人。今陛下羽翼未成，則臣恐陛下此志亦不能自遂。陛下此志不遂，則宜其治功之不立，日月逾邁，而駸駸然反出漢、唐賢君之下也。神龍棄滄海，釋風雲，而與鯢鰍較技於尺澤，理必不如。臣願陛下益致尊德樂道之誠，以遂初志，則豈惟今天下之幸，千古有光矣！」其三曰：「臣嘗謂事之至難莫如知人。人主誠能知人，則天下無餘事矣。管仲嘗〔三〕（據薛鑑補）戰三北，三仕三見逐於君，鮑叔何所見而遂使小白置彎弓之怨，釋拘囚而相之？韓信家貧無行，不得推擇爲吏，不能自業，見棄於人，寄食出胯，蕭相國何所見而必使漢王拔於亡卒之中，齋戒設壇而拜之？陸遜，吳中年少書生耳，呂蒙何所見而必使孫仲謀度越諸老將而用之？諸葛孔明耕隆中，徐庶何所見而必欲屈先主枉駕顧之？此四人者，自其已成之效觀之，童子知其非常士也，當其窮困未遇之時，臣謂常人之識必無能知之理。人之知識若登梯然，進一級所見逾廣，上者能兼下之所見，下者必不能如上所見。陛下誠能坐進此道，使古今人品瞭然於心目，則四子之事又豈足爲陛下道哉！若猶屈鳳翼於鷄鶩之羣，日與瑣者共事，信其俗耳庸目，以是非古今，臧否人物，則非臣之所敢知也。」其四曰：「臣嘗謂天下之事，有可立致者，有當馴致者。旨趣之差，議論之失，是惟不悟，悟者則可以立致。至如救宿弊之風俗，正久隳之法度，雖大舜、周公復生，亦不能一旦盡如其意。惟其趨向既定，規模既立，徐圖漸治，磨以歲月，乃可望其丕變，此則所謂當馴致者。日至之時，陽氣即應，此立致之驗也。大冬不能一日而爲大夏，此馴致之驗也。凡事不合天理不當人心者，必害天下，效見之著，無智愚皆知其非。然或者明不燭理，量不容物，一旦不勝其忿，驟爲變更，其禍敗往往甚於前日。後人懲之，乃謂無可變更之理，眞所謂懲羹吹齏，因噎廢食者也。自秦、漢以來，治道龐雜，而甘心懷愧於前古者，病正坐此。歲在壬辰，臣省試對策，首篇大抵言，古事是非初不難論，但論於今日多類空言，事體遼絕，形勢隔塞，無可施行。末章有云：『然則三代之政，其終不可復哉，顧當爲之以漸，而不可驟耳。有包荒之量，有馮河之勇，有不遐遺之明，有朋亡之公，於復三代乎何有！』臣乃今日復請爲陛下誦之。」其五曰：「臣聞人主不親細事，故皋陶賡歌致叢脞之戒，周公作立政，稱文王罔攸兼於庶言、庶獄、庶事。唐德宗親擇吏宰畿邑，柳渾曰：『陛下當擇臣輩以輔聖德，臣當選京兆尹以承大化，尹當求令長以親細事。代尹擇令，非陛下所宜。』此言誠得皋陶、周公之旨。今陛下米鹽靡密之務，往往皆上累宸聽。臣謂陛下雖得皋陶、周公，亦何暇與之論道經邦哉！荀卿子曰：『主好要，則百事詳；主好詳，則百事荒。』臣觀今日之事，有宜責之令者，令則曰：『我不得自行其事。』有宜責之守者，守亦曰：『我不得自行其事。』推而上之，莫不皆然。文移往復，互相牽制，其說曰所以防私，而行私者方藉是以藏姦伏慝，使人不可致詰焉。盡忠竭力之人欲舉其職，則苦於隔絕而不得遂其志。以陛下之英明，焦勞於上，而事勢之在天下者，皆不能如陛下之志，則豈非好詳之過耶？此臣所謂旨趣之差，議論之失，而可以立變者也。臣謂必深懲此失，然後能遂求道之志，致知人之明，陛下雖垂拱無爲而百事治矣！」上反覆贊歎。

十二年（乙巳、一一八五）五月庚寅，地震。尙書左郎官楊萬里應詔上書曰：「臣聞言有事於無事之時，不害其爲忠，言無事於有事之時，其爲奸大矣。南北和好踰二十年，一旦絕使，敵情不測，而或者曰：『彼有五單于爭立之禍。』又曰：『彼有匈奴困於東胡之禍。』既而皆不驗。道途相傳，繕汴京城池，開海州漕渠，又於河南、北僉民兵，增驛騎，製馬櫪，籍井泉，而吾之間諜不得以入，此何爲者耶？臣所謂言有事於無事之時者一也。或謂金主北歸，可爲中國之賀，臣以中國之憂正在乎此。此人北歸，蓋懲創於逆亮之空國而南侵也，將欲南之，必固北之，或者以身鎭撫其北，而以其子與婿經營其南也。臣所謂言有事於無事之時者二也。臣竊聞論者或謂，緩急淮不可守則棄淮而守江。是不然。昔者吳與魏力爭而得合肥，然後吳始安。李煜失滁、揚二州，自此南唐始蹙。今日棄淮而保江，既無淮矣，江可得而保乎？臣所謂言有事於無事之時者三也。今淮東、西凡十五郡，所謂守帥，不知陛下使宰相擇之乎？使樞廷擇之乎？使宰相擇之，宰相未必爲樞廷慮也；使樞廷擇之，則除授不自宰相也。一則不爲之慮，一則不自己出，緩急敗事，則皆曰非我也。陛下將責之誰乎！臣所謂言有事於無事之時者四也。且南北各有長技，若騎若射，北之長技也；若舟若步，南之長技也。今爲北之計者，日繕治其海舟，而南之海舟則不聞繕治焉。或曰吾舟素具也，或曰舟雖未具而憚於擾也。紹興辛巳之戰，山東、采石之功，不以騎也，不以射也，不以步也，惟舟而已。當時之舟，今可復用乎？且夫斯民一日之擾，與社稷百世之安危，孰輕孰重？事固有大於擾者也。臣所謂言有事於無事之時者五也。陛下以今日爲何等時耶？金人日逼，疆埸日擾，而未聞防金人者何策，保疆埸者何道，但聞某日修某禮文也，某日進某書史也。是以鄉飲理軍，以干羽解圍也。臣所謂言有事於無事之時者六也。臣聞古者人君，人不能悟之，則天地能悟之。今也國家之事，敵情不測如此，而君臣上下處之如太平無事之時，是人不能悟之矣，故上天見災異，異時熒惑犯南斗，迺日鎮星犯端門，熒惑守羽林。臣書生，不曉天文，未敢以爲必然也，至於春正月，日青無光，若有兩日相摩者，茲不曰大異乎？然天猶恐陛下不信也，至於春日載陽，復有雨雪殺物，茲不曰大異乎？然天猶恐陛下又不信也，迺五月庚寅，又有地震，茲又不曰大異乎？且夫天變在遠，臣子不敢奏也，不信可也；地震在外，州郡不敢聞也，不信可也。今也，天變頻仍，地震輦轂，而君臣不聞警懼，朝廷不聞咨訪。人不能悟之，則天地能悟之。臣不知陛下於此悟乎？否乎？臣所谓言有事於無事之時者七也。自頻年以來，兩浙最近則先旱，江、淮則又旱，湖廣則又旱。流徙相續，道殣相枕，而常平之積，名存而實亡，入粟之令，上行而下慢。靜而無事，未知所以賑救之，動而有事，將何所仰以爲資耶？臣所謂言有事於無事之時者八也。古者足國裕民，惟食與貨。今之所謂錢者，富商巨賈，閹宦權貴，皆盈室以藏之，至於百姓、三軍之用，惟破楮券爾。萬一如唐涇原之師，因怒糲食，蹴而覆之，出不遜語，遂起朱泚之亂，可不爲寒心哉！臣所謂言有事於無事之時者九也。古者立國必有可畏，非畏其國也，畏其人也。故苻堅欲圖晉，而王猛以爲不可，謂謝安、桓沖，江左之望，是存晉者二人而已。異時名相如趙鼎、張浚，名將如岳飛、韓世忠，此金人所憚也。近時劉珙可用則早死，張栻可用則沮死，萬一有緩急，不知可以督諸軍者何人？可以當一面者何人？而金人之所素畏者又何人也？或者謂人之有才，用而後見。臣聞之記曰：『苟有車，必見其式。苟有言，必聞其聲。』今曰有其人而未聞其可將可相，是有車而無式，有言而無聲也。且夫用而後見，非臨之以大安危，試之以大勝負，則莫見其用也。平居無以知其人，必待大安危、大勝負而後見焉，成事幸矣，萬一敗事，悔何及耶？昔者謝玄之北禦苻堅，而郄超知其必勝；桓溫之西伐李勢，而劉惔知其必取。蓋玄履屐之間無不當其任，溫於蒱博，不必得則不爲，二子於平居無事之日，蓋必有以察其小而後信其大也，豈必大用而後見哉！臣所謂言有事於無事之時者十也。願陛下超然遠見，昭然早寤：勿恃聖德之崇高，而增其所未能；勿恃中國之生聚，而嚴其所未備；勿以天地之變異爲適然，而法宣王之懼災；勿以臣下之苦言爲逆耳，而體太宗之導諫；勿以女謁近習之害政爲細故，而監漢、唐季世致亂之由；勿以仇讐之包藏爲無他，而懲宣、政晚年受禍之酷，責大臣以通知邊事軍務，如富弼之請；勿以東、西二府異其心，委大臣以薦進謀將，如蕭何所奇；勿以文、武兩途而殊其轍；勿使賂宦者而得旄節，如唐大歷之弊；

勿使貨近幸而得招討，如梁段凝之敗；以董蜀之心而董荆、襄，使東西形勢之相接；以保江之心而保兩淮，使表裏脣齒之相依；勿以海道爲無虞，勿以大江爲可恃，增屯聚糧，治艦扼險；君臣之所咨訪，朝夕之所講求，姑置不急之務，唯專備敵之策，庶幾上可消於天變，下可不墮於敵姦。然天下之事，有本根，有枝葉。臣前所陳，枝葉而已，所謂本根，則人主不可以自用。人主自用則人臣不任責，然猶未害也，至於軍事，而猶曰：『誰當憂此，吾當自爲。』今日之事，將無類此。傳曰：『水木有本原。』聖學高明，願留心於所以爲本原者焉！」

十五年（戊申、一一八八）十二月，朱熹上封事，言大本、急務。「大本者陛下之心；急務則輔翼太子，選任大臣，振舉紀綱，變化風俗，愛養民力，修明軍政，六者是也。臣輒以陛下之心爲天下之大本者，何也？天下事千變萬化，其端無窮，而無一不本於人主之心者，此自然之理也。人主之心旣正，則視明聽聰，周旋中禮，而身無不正。是以所行無過不及，而惟執其中，雖以天下之大，而無一人不歸吾之人者。然邪正之驗著於外者，莫先於家人，而次及於左右，然後有以達於朝廷而及於天下。若宮闈之內，端莊齋肅，后妃有關雎之德，後宮無盛色之譏，貫魚順序，而無一人敢恃恩私以亂典常，納賄賂而行請謁，此則家之正也。貴戚近臣，攜僕奄尹，陪侍左右，各恭其職，而上憚不惡之嚴，下謹覆盃之戒，無一人敢通內外，竊威福，招權市寵，以紊朝政，此則左右之正也。內自禁省，外徹朝廷，二者之間，洞然無有毫髮私邪之間，然後發號施令，羣聽不疑，進賢退姦，衆志咸服，紀綱得以振而無侵撓之患，政事得以修而無阿私之失，此朝廷、百官、六軍、萬民無敢不出於正，而治道畢也。心一不正，則是數者固無從而得其正，是數者一有不正而曰心正，則亦安有是理哉！宮省事禁，臣固有不得而知者，然不見其形而視其影，則爵賞之濫，貨賂之流，閭巷竊言，久已不勝其籍籍矣。臣竊以是窺之，則陛下所以修之家者，恐未有以及古之聖王也。至於左右便嬖之私，恩遇過當，往者淵、覿、說、抃之徒，勢焰熏灼，傾動一時，今已無可言矣，獨有前日臣所面奏者，雖蒙陛下委曲開譬，然臣之愚終竊以爲，此輩但當使之守門傳令，供掃除之役，不當假借崇長，使得逞邪媚、作淫巧於內，以蕩上心，立門庭、招權勢於外，以累聖政。而其有才無才，有罪無罪，自不當論，況其有才適所以爲姦，有罪而不可復用乎！臣之痛心，始者惟在於此，比至都城，則又知此曹之用事者，非獨此人，而侍從之臣蓋已有出其門者矣。至其納財之途，則又不於士大夫而專於將帥。陛下竭生靈之膏血以養軍士，本非得已，而爲將帥者，巧立名色，頭會箕斂，陰奪其糧賜，而行貨賂於近習，以圖進用。此既厭足矣，然後時以薄少號爲羡餘，陰奉燕私之費，以嫁士卒怨怒之毒於陛下。而陛下不悟，反寵暱之，以是爲我之私人，至使宰相不得議其制置之得失，給諫不得論其除授之是非。以此而觀，則陛下所以正其左右，未及古帝王又明矣。且私之得名，何爲也哉，据己分之所獨有，而不得以通乎其外之稱也。匹夫以一家爲私，諸侯以一國爲私，至於天子，則窮覆極載，莫非己分之所有，而無外之不通矣，又何以私爲哉！今以不能勝其一念之邪而至於有私心，以不能正其家人近習之故而至於有私人，以私心用私人則不能無私費；於是內損經費之入，外納羨餘之獻，而至於有私財。陛下上爲皇天之所子，全付所覆，使其無有私而不公之處，其所以與我者，亦不細矣，乃不能充其大，而自爲割裂以狹小之，使天下萬事之弊莫不由此而出，是豈不可惜也哉！若以時勢之利害言之，則天下之勢，合則強，分則弱，故諸葛亮之告其君曰：『宮中、府中，俱爲一體，陟罰臧否，不宜異同。若有作姦犯科，及爲忠善者，宜付有司，論其刑賞，以昭陛下平明之理。不宜偏私，使內外異法也。』當是之時，昭烈父子以區區之蜀，抗衡天下十分之九，規取中原，以興漢室。以亮忠智，爲之深謀，而其策不過如此。夫以蜀之小，而於其中又以公私自分彼此，如兩國然，則是將以梁、益之半，圖吳、魏之全。又且內小人而外君子，廢法令而保姦回，則是此兩國者，又自相攻，而其內之私者常勝，外之公者常負也。外有鄰敵之虞，內有陰邪之寇，日夜夾攻而不置，爲國家者亦已危矣。夫以義理言之既如彼，以利害言之又如此，則今日之事如不早正，臣恐陛下之心雖勞於求賢，而賢人終不得用，所用者皆庸謬憸巧之人，雖勤於立政，而善政必不得立，所行者皆阿私苟且之政，日往月來，養成禍本，臣竊寒心，不知陛下何以善其後也！然則臣之所謂天下大本惟在陛下之一心者，可不汲汲皇皇而求有以正之哉！至於輔翼太子之說，則臣竊怪陛下所以調護東宮者，何其疏略之甚也。夫立太子而不置師傅、賓客，則無以發其隆師、親友、尊德、樂義之心，獨使春坊使臣得侍左右，則無以防其戲慢媟狎、奇衺雜進之害。至於皇孫，德性未定，又非皇太子之比。謂宜深詔大臣，討論前代典故，東宮別置師傅、賓客之官，使與朝夕遊處，罷去春坊使臣，而使詹事、庶子各復其職。又置贊善大夫，擬諫官以箴闕失。王府則稍倣六典親王之制，置傅友諮議，以司訓導；置長史司馬，以總衆職。妙選耆德，不雜他材，皆置正員，不爲兼職，明其職掌，以責功效。此今日急務之一也。至於選任大臣之說，則以陛下之聰明，豈不知天下事必得剛明公正之人而後可任也哉，其所以常不得如此之人而反容鄙夫之竊位者，非有他也，直以一念間未能撤其私邪之蔽，而燕私之好，便嬖之流，不能盡由於法度。若用剛明公正之人以爲輔相，則恐其有以妨吾之事，害吾之人，而不得肆。是以選掄之際，常先排擯此等，置之度外，而後取凡疲懦輭熟，平日不敢直言正色之人而揣摩之；又於其中得其至庸極陋，決可保其不至於有所妨者，然後舉而加之位。是以除書未出，而物色先定，姓名未顯，而中外已逆知其決非天下第一流矣。夫其所以取之者如此，故任之不得而重，而彼之自任亦輕。以至庸之材當至輕之任，則雖名爲大臣，而其實不過供給唯諾，奉行文書，如吏卒之爲而已，求其有以輔聖德、修朝政而振紀綱，不待智者而知其不能也。陛下試反是心以求之，不求其可喜，而求其可畏，不求其能適吾意，而求其能輔吾德，不憂其自任之不重，而常恐吾所以任之者未盡，不爲燕私近習一時之計，而爲宗社生靈萬世無窮之計，若是而猶曰不得其人，豈理也哉！至於振肅紀綱，變化風俗之說，則以陛下一念既未能去其私邪之蔽，而宮省之間，禁密之地，凡爲不公不正者，得以盤據窟穴於其間，至其敗露，則又未能深割私愛，付諸外庭之議，論以有司之法，是以紀綱不容，無所撓敗，而所以施諸外者，亦因是而不欲深切究治。紀綱既壞於上，風俗頹弊於下，蓋其爲患之日久矣，而浙中爲尤甚。大率習爲輭美之態，依阿之言，而以不務是非，不辨曲直爲得計。下之事上，固不敢少忤其意，上之御下，亦不肯稍拂其情，惟其私意之所在，則千塗萬轍，經營計較，惟得之求，無復廉恥。父詔其子，兄勉其弟，一用此術，而不復知有忠義名節之可貴。一有剛毅正直、守道循理之士出乎其間，則羣議衆排，指爲道學之人，而加以矯激之罪。蓋自朝廷以及閭巷，十數年間，以此二字禁錮天下之賢人君子，復如崇、宣間所謂元祐學術者。嗚呼，此豈盛世之事，而尚復忍言之哉！又其甚者，乃敢誦言於衆，以爲陛下嘗謂今日幸無變故，雖有仗節死義之士，亦何所用？夫仗節死義之士，當平居無事，誠若無所用者，然古之人君所以必汲汲以求之者，蓋以如此之人，臨患難而能外死生，則其在平世必能輕爵祿，臨患難而能盡忠節，則其在平世必能不詭隨。平居無事時，得而用之，則君心正於上，風俗美於下，足以逆折姦萌，潛消禍本，自然不至眞有仗節死義之事，非謂必知後日當有變故，而預蓄此人以擬之也。惟其平日自恃安寧，便謂此等人材必無所用，而專取一種無道理、無學識、重爵祿、輕名義之人，以爲不務矯激而尊寵之，是以紀綱日壞，風俗日偷，非常之禍伏於冥冥而發於一朝，平日所用之人，交臂降叛而無一人可同患難，然後前日擯棄流落之士，始復不幸而著其忠義。如唐天寶之亂，其將相貴戚皆已頓顙賊庭，而起兵討賊，至於殺身滅族而不悔，如巡、遠、杲卿之流，則遠方下邑，人主不識其面目之人也。使明皇早得巡等而用之，豈不能銷患於未萌；巡等早見用於明皇，又豈至眞爲仗節死義之舉哉！商鑒不遠，此識者所以深恨於或者之言也。至於愛養民力、修明軍政之說，則民力之未裕，生於私心之未克，而宰相、臺諫失職；軍政之未修，生於私心之未克，而近習得以謀帥臣，皆已極陳於前矣。凡此六事，皆不可緩，而其本皆在於陛下之一心。一心正則六事無不正，一有人心私欲以介乎其間，則雖欲憊精竭力以求正夫六事者，亦將徒爲文具，而愈至於不可爲。故所謂天下之大本者，又急務之最急，而尤不可以少緩者，惟陛下深留聖意而亟圖之！」疏入，漏下七刻，帝已就寢，亟起，秉燭讀之終篇，然竟不能用。

宋史紀事本末卷七十九

陳亮恢復之議

孝宗隆興元年（癸未、一一六三）十二月，婺州人陳亮上中興論。時，金人約和，中外忻然，幸得蘇息，獨亮以爲不可。發解至京師，因上言曰：「臣竊惟海內塗炭四十餘載矣。赤子嗸嗸無告不可以不拯，國家憑陵之恥不可以不雪，陵寢不可以不還，輿地不可以不復，此三尺童子之所共知，曩獨畏其强耳。韓信有言：『能反其道，其强易弱。』況今虜酋庸懦，政令日弛，捨戎狄鞍馬之長而從事中州浮靡之習，君臣之間日趨怠惰。自古夷狄之强，未有四五十年而無變者，稽之天時，揆之人事，當不遠矣。不於此時早爲之計，縱有他變，何以乘之？萬一虜人懲創，更立令主；不然，豪傑並起，業歸他姓，則南北之患方始。又況南渡已久，中原父老日以殂謝，生長於戎，豈知有我？昔宋文帝欲取河南故地，魏太武以爲『我自生髮未燥，卽知河南是我境土，安得爲南朝故地』！故文帝既得而復失之。河北諸鎭，終唐之世，以奉職爲忠義，狃於其習，而時被其恩，力與上國爲敵，而不自知其爲逆。過此以往而不能恢復，則中原之民烏知我之爲誰？縱有倍力，功未必半。以俚俗諭之，父祖質產於人，子孫不能繼贖，更數十年，時事一變，皆自陳於官，認爲故產，吾安得言質而復取之。則今日之事可得而更緩乎！陛下以神武之資，憂勤側席，慨然有平一天下之志，固已不惑於羣議矣。然猶患人心之不同，天時之未順，賢者私憂，而奸者竊笑，是何也？不思所以反其道故也。誠反其道，則政化行，政化行則人心同，人心同則天時順。天不違人，人不自反耳。今宜清中書之務以立大計，重六卿之權以總大綱，任賢使能以清官曹，尊老慈幼以厚風俗。減進士以列選能之科，革任子以崇薦舉之實，多置臺諫以肅朝綱，精擇監司以清郡邑。簡法重令以澄其源，崇禮立制以齊其習。立綱目以節浮費，示先務以斥虛文，嚴政條以核名實，懲吏奸以明賞罰。時簡外郡之卒以充禁旅之數，調度總司之贏以佐軍旅之儲。擇守令以滋戶口，戶口繁則財自阜，揀將材以立軍政，軍政明則兵自强，置大帥以總邊陲，委之專則邊陲之利自興，任文武以分邊郡，付之久則邊郡之守自固。右武事以振國家之勢，慰敢言以作天下之氣，精間諜以得虜人之情，據形勢以動中原之心。不出數月，紀綱自定。比及兩稔，內外自實，人心自同，天時自順。有所不往，一往而民自歸。何者？耳同聽而心同服。有所不動，一動而敵自鬭。何者？形同趨而勢同利。中興之功，可蹻足而須也。夫攻守之道必有奇變，形之而敵必從，衝之而敵莫救，禁之而敵不敢動，乖之而敵不知所往，故我常專而敵常分，敵有窮而我常無窮也。夫奇變之道，雖本乎人謀，而常因乎地形，一縱一横，或長或短，緩急之相形，盈虚之相傾，此人謀之所措，而奇變之所寓也。今東西彌亘，綿數千里，如長蛇之横道，地形適等，無所參錯，攻守之道，無他奇變。今朝廷鑒守江之弊，大城兩淮，慮非不深也，能保吾城之卒守乎？故不若爲術以乖其所之。至論進取之道，必先東舉齊，西舉秦，則大江以南，長淮以北，固吾腹中物。齊、秦，誠天下之兩臂也，奈虜人以爲天設之險而固守之乎？故必有『批亢擣虚，形格勢禁』之道。竊嘗觀天下之大勢矣，襄、漢者，敵人之所緩，今日之所當有事也，控引京、洛，側睨淮、蔡，包括荆、楚，襟帶吳、蜀，沃野千里，可耕可守，地形四通，可左可右。今誠命一重臣，德望素著謀謨明審者，鎮撫荆、襄，輯和軍民，開布大信，不爭小利，謹擇守宰，省刑薄斂，進城要險，大建屯田。荆楚奇才劍客，自昔稱雄，徐行召募，以實軍籍。民俗剽悍，聽於農隙時講武藝。襄陽既爲重鎮，而安、隨、信陽及光、黄，一切用藝祖委任邊將之法，給以州兵而更使自募，與以州賦而縱其自用；使養士足以得死力，用間足以得敵情，兵雖少而衆建其助，官雖輕而重假其權，列城相援，比鄰相和，養鋭以伺，觸機而發。一旦狂虜玩故習常，來犯江、淮，則荆、襄之師，率諸軍進討，襲有唐、鄧諸州，屯兵於潁、蔡之間，示必截其後。因命諸州轉城進築，如三受降城法。依吳軍故城爲蔡州，使唐、鄧相拒各二百里，並桐柏山以爲固，揚兵擣壘，增陂深塹，招集土豪，千家一堡，興雜耕之利，爲久駐之基。敵來則嬰城固守，出奇制變，敵去則列城相應，首尾如一。精間諜，明斥堠，諸軍進屯光、黄、安、隨、襄、郢之間，前爲諸州之援，後依屯田之利。朝廷徙都建業，築行宫於武昌，大駕時一巡幸。虜知吾意在京、洛，則京、洛、陳、許、汝、鄭之備當日增，而東西之勢分，則齊、秦之間可乘矣。四川之帥親率大軍以待鳳翔之虜，則命驍將出祁山以截隴右，偏將由子午以窺長安，金、房、開、達之師入武關以鎮三輔，則秦地可謀矣。命山東之歸正者，往説豪傑，陰爲内應，舟師由海道以擣其脊，彼方枝梧奔走，而大軍兩道並進，以搤其胸，則齊地可謀矣。吾雖示形於唐、鄧、上蔡，而不再謀進，坐爲東西形援，勢如猿臂，彼將愈疑吾之有意京、洛，特持重以示不進，則京、洛之備愈專，而吾必得志於齊、秦矣。撫定齊、秦，則京、洛將安往哉！此所謂『批亢擣虚，形格勢禁』之道也。就使吾未爲東西之師，彼必不敢離京、洛而輕犯江、淮，亦可謂乖其所之也。又使其合力以壓唐、蔡，則淮西之師起而禁其東，金、房、開、達之師起而禁其西，變化形勢，多方牽制，而權始在我矣。然荆、襄之帥，必得純意於國家，無貪功生事之心，而後付之。平居無事，則欲開布誠信，以攻敵心。一日進取，則欲見便擇利而止，以禁敵勢。東西之師有功，則欲制馭諸將，持重不進，以分敵形。此非陸抗、羊祜之徒，孰能爲之？夫伐國，大事也，昔人以爲譬拔小兒之齒，必以漸摇撼之，一拔得齒，必且損兒。今欲竭東南之力成大舉之勢，臣恐進取未必得志，得地未必能守，邂逅不如意，則吾之根本撼矣。此豈謀國萬全之道？臣故曰，攻守之間必有奇變。臣迂人也，何足以明天下之大計，姑就愚慮之略，曰中興論，惟陛下裁之！」不報。亮退居永康，力學著書。亮嘗環視錢塘，喟然歎曰：「城可灌也！」蓋以地下於西湖，故云。

淳熙五年（戊戌、一一七八）春正月丁巳，陳亮詣闕上書曰：「臣惟中國，天地之正氣也，天命所鍾也，人心所會也，衣冠禮樂所萃也，百代帝王之所相承也。挈中國衣冠禮樂而寓之偏方，雖天命人心猶有所係，然豈以是爲可久安而無事也？天地之正氣鬱遏而久不得騁，必將有所發泄，而天命人心固非偏方所可久係也。國家二百年太平之基，三代之所無也，二聖北狩之痛，漢、唐之所未有也。方南渡之初，君臣上下，痛心疾首，誓不與之俱生，卒能以奔敗之餘而勝百戰之敵。及秦檜倡邪議力沮之，忠臣義士斥死南方，而天下之氣惰矣。三十年之餘，雖西北流寓皆抱孫長息於東南，而君父之大仇，一切不復關念，自非逆亮送死淮南，亦不知兵戈爲何事也，況望其憤故國之恥，而相率以發一矢哉！丙午、丁未之變，距今尚以爲遠，而海陵之禍，蓋陛下卽位之前一年也，獨陛下奮不自顧，志在滅虜，而天下之人安〔然〕（本卷校改各條，均以宋史四三六陳亮傳爲依據，並參照薛鑑）如無事。時方口議腹誹，以陛下爲喜功名而不恤後患，雖陛下亦不能以崇高之勢勝之，隱忍以至於今，又十有七年矣。昔春秋時君臣、父子相戕殺之禍，舉一世皆安之，而孔子獨以爲三綱既絕，則人道遂爲禽獸，皇皇奔走，義不能以一朝安，然卒於無所遇，而發其志於春秋之書，猶能以懼亂臣賊子。今舉一世而忘君父之大仇，此豈人道所可安乎！使學者知學孔子之道，當導陛下以有爲，決不沮陛下以苟安。南師之不出於今幾年矣，豈無一豪傑之能自奮哉，其勢必有時而發泄矣！苟國家不能起而承之，必將有承之者矣！不可恃衣冠禮樂之舊，祖宗積累之深，以爲天命人心可以安坐而久係也。春秋之末，齊、晉、秦、楚皆衰，吳、越起於小邦，遂霸諸侯。黃池之會，孔子所甚痛也，可以明中國之無人矣。王通有言：『夷狄之德，黎民懷之，三才其捨諸！』此今世儒者之未講也。金源之植根既久，不可一舉而遂滅，國家之大勢未張，不可一朝而大舉，而人情皆便於通和。臣以爲通和者，所以成上下之苟安，而爲妄庸兩售之地，宜其爲人情之所便也。自和好之成，蓋已有年，凡今日之指畫方略者，他日將用之以坐籌也；今日之擊球射鵰者，他日將用之以決勝也；府庫充滿，無非財也；介胄鮮明，無非兵也；使兵端一開，則其跡敗矣。何者？人才以用而見其能否，安坐而能者不足恃也。兵食以用而見其盈虛，安坐而盈者不足恃也。朝廷方幸一旦之無事，庸愚齷齪之人皆得以守格令、行文書以奉陛下之命令，而陛下亦幸其易制而無他也，徒使度外之士擯棄而不得騁，日月蹉跎，而老將至矣。臣故曰：通和者所以成上下之苟安，而爲妄庸兩售之地也。東晉百年之間，南北未嘗通和也，故其臣東西馳騁，多可用之才。今和好一不通，朝野之論常如敵兵之在境，惟恐其不得和也，雖陛下亦不得不和矣。昔者金人草居野處，往來無常，能使人不知所備，而兵無日不可出也。今城郭宮室，政教號令，一切不異於中國，點兵聚糧，文移往返，動涉歲月，一方有警，三邊騷動，此豈能歲出師以擾我乎？然使朝野常如敵兵之在境，乃國家之福，而英雄所用以爭天下之機也，執事者胡爲速和以惰其心乎！晉、楚之戰於邲也，欒書以爲楚自克庸以來，其君無日不討國人而訓之於民生之不易，禍至之無日，戒懼之不可以怠；在軍無日不討軍實而申儆之於勝之不可保，紂之百克而卒無後。晉、楚之弭兵於宋也，子罕以爲兵所以威不軌而昭文德也，聖人以興，亂人以廢，廢興存亡，昏明之術，皆兵之由也，而求去之，是以誣道蔽諸侯也。夫人心之不可惰，兵威之不可廢，故雖成、康太平，猶有所謂四征不庭，張皇六師者，此李沆所以深不願眞宗皇帝之與遼和親也。况南北角立之時，而廢兵以惰人心，使之安於忘君父之大讐而置中國於度外，徒以便(辟)妄庸之人，則執事者之失策亦甚矣！陛下何不明大義而慨然與金絶也！貶損乘輿，卻御正殿，痛自克責，誓必復仇，以勵羣臣，以振天下之氣，以動中原之心。雖未出兵，而人心不敢惰矣；東西馳騁，而人才出矣；盈虛相補，而兵食見矣；狂妄之辭，不攻而自息，懦庸之夫，不卻而日退縮矣；當有度外之士起，而惟陛下之所欲用矣。是雲合響應之勢，而非可安坐所致也。臣請爲陛下陳國家立國之本末，而開今日大有爲之略，論天下形勢之消長，而來今日大有爲之機，惟陛下幸聽之！唐自肅、代以後，上失其柄，藩鎮自相雄長，擅其土地人民，用其甲兵財賦，官爵惟其所命，而人才亦各盡心於其所事，卒以成君弱臣强正統數易之禍。藝祖皇帝一興，而四方次第平定，藩鎮拱手以趨約束，使列郡各得自達於京師。以京官權知，三年一易，財歸於漕司，而兵各歸於郡。朝廷以一紙下郡國，如臂之使指，無有留難，自筦庫微職必命於朝廷，而天下之勢一矣。故京師常宿重兵，而郡國亦各有禁軍，無非天子所以自守其地也。兵皆天子之兵，財皆天子之財，官皆天子之官，民皆天子之民，紀綱總攝，法令明備，郡縣不得以一事自專也。士以尺度而取，官以資格而進，不求度外之奇才，不慕絕世之偉功。天子早夜憂勤於其上，以義理廉恥嬰士大夫之心，以仁義公恕厚斯民之生，舉天下皆由於規矩準繩之中，而二百年太平之基從此而立。然契丹遂得以猖狂恣睢，與中國抗衡，儼然爲南北兩朝，而頭目手足混然無別，微澶淵一戰，則中國之勢浸微，根本雖厚而不可立矣。故慶曆增幣之事，富弼以爲朝廷之大恥而終身不敢自論其勞。蓋契丹征令，是主上之操也，天子供貢，是臣下之禮也。契丹之所以卒勝中國者，其積有漸也，立國之初，其勢固必至此。故我祖宗嘗嚴廟堂而尊大臣，寬郡縣而重守令；於文法之內未嘗折困天下之富商巨室，於格律之外有以容獎天下之英偉奇傑，皆所以助立國之勢而爲不虞之備也。慶曆諸臣亦嘗憤中國之勢不振矣，而其大要則使羣臣爭進其說。更法易令，而廟堂輕矣；嚴按察之權，邀功生事，而郡縣又輕矣；豈惟於立國之勢無所助，又從而朘削之，雖微章得象、陳執中以排沮其事，亦安得而不自沮哉！獨其破去舊例，以不次用人，而勸農桑，務寬大，爲有合於因革之宜，而其大要已非矣。此所以不能洗契丹卑視中國之恥，而卒發神宗皇帝之大憤也。王安石以正法度之說首合聖意，而其實則欲籍天下之兵，盡統於朝廷，別行教閱以爲强也。括郡縣之財，盡入於朝廷，別行封椿以爲富也。青苗之政，惟恐富民之不困也。均輸之法，惟恐商賈之不折也。罪無大小，動輒興獄，而士大夫緘口畏罪矣。西、北兩邊，至使內臣經畫，而豪傑恥於爲役矣。徒使神宗皇帝見兵財之數既多，銳然南征北伐，卒乖聖意，而天下之勢實未嘗振也。彼蓋不知本朝立國之勢，正患文爲之太密，事權之太分，郡縣太輕於下而委瑣不足恃，兵財太關於上而重遲不易舉，祖宗惟用前四者以助其勢，而安石竭之不遺餘力。不知立國之本末者，眞不足以謀國也！元祐、紹聖，一反一覆，而卒爲金人侵侮之資，尚何望其振中國以威四裔哉！南渡以來，大抵遵祖宗之舊，雖微有因革增損，不足爲重輕有無。如趙鼎諸臣，固已不究變通之理，況秦檜盡取而沮毁之，忍恥事讎，飾太平於一隅以爲欺，可勝誅哉！陛下憤王業之屈於一隅，勵志復讎，不免籍天下之兵以爲强，括郡縣之利以爲富，加惠百姓而富人無五年之積，不重征税而大商無巨萬之藏，國勢日以困竭，臣恐尺籍之兵，府庫之財，不足以支一日之用也。陛下早朝晏罷，冀中興日月之功，而以繩墨取人，以文法涖事，聖斷裁制中外而大臣充位，胥吏坐行條令而百司逃責，人才日以闒茸，臣恐程文之士，資格之官，不足當度外之用也。藝祖經營天下之大略，太宗已不能盡用，今其遺意，豈無望於陛下也？陛下苟推原其意而行之，可以開社稷數百年之基，而況於復故物乎！不然，維持之具既窮，臣恐祖宗之積累亦不足恃也。陛下（誠）〔試〕令臣畢陳於前，則今日大有爲之略，必知所處矣。夫吳、蜀，天地之偏氣；錢塘，三吳之一隅。當唐之衰，錢鏐以閭巷之雄，起王其地，自（此）〔以〕不能獨立，常朝事中國以爲重。及我宋受命，俶以全家入京師而自獻其土。故錢塘終始五代，被兵最少，而二百年之間，人物日以蕃盛，遂甲於東南。及建炎、紹興間，爲六飛所駐之地，當時論者固已疑其不足張形勢而事恢復矣。秦檜又從而備百司庶府，以講禮樂於其中，其風俗固已華靡，士大夫又從而治園囿臺榭，以樂其生於干戈之餘，上下晏安，而錢塘爲樂國矣。一隙之地，本不足以容萬乘，而鎮壓且五十年，山川之氣蓋亦發泄而無餘矣。故穀粟桑麻絲枲之利，歲耗於一歲，禽獸魚鼈草木之生，日微於一日，而上下不以爲異也。公卿將相，大抵皆江、浙、閩、蜀之人，而人才日以凡下，場屋之士以十萬數，而文墨小異已足以稱雄於其間矣。陛下據錢塘已耗之氣，用閩、浙日衰之士，而欲鼓東南習安脆弱之衆，北向以爭中原，臣是以知其難也。荆、襄之地，在春秋時，楚用以虎視齊、晉，而齊、晉不能屈也。及戰國之際，獨能與秦爭帝。其後三百餘年而光武起於南陽，同時共事，往往多南陽故人。又二百餘年遂爲三國交據之地，諸葛亮由此起輔先主，荆、楚之士從之如雲，而漢氏賴以復存於蜀。周瑜、魯肅、呂蒙、陸遜、陸抗、鄧艾、羊祜，皆以其地顯名。又百餘年而晉氏南渡，荆、襄常雄於東南，往往倚以爲强，梁竟以此代齊。及其氣發泄無餘，而隋、唐以來，遂爲偏方下州。五代之際，高氏獨常臣事諸國。本朝二百年間，降爲荒落之邦，北連許、汝，民居稀少，土産卑薄，人才之能通姓名於上國者，如晨星相望。至於建炎、紹興之際，羣盜出沒於其間，而被禍尤極。以迄於今，雖南北分畫交據，往往又置於不足用，民食無所從出，而兵不可由此而進。議者或以爲憂，而不知其勢之足用也。其地雖要爲偏方，然未有偏方之氣五六百年而不發泄者，況其東通吳、會，西連巴、蜀，南極湖、湘，北控關、洛，左右伸縮，皆足爲進取之機。今誠能開拓其地，洗濯其人，以發泄其氣而用之，使足以接關、洛之氣，則可以爭衡於中國矣，是亦形勢消長之常數也。陛下慨然移都建業，百司庶府皆從草創，軍國之儀皆從簡略，又作行宫於武昌，以示不敢寧居之意。常以江、淮之師爲金人侵軼之備，而精擇士人之沈鷙有謀開豁無他者，委以荆、襄之任，寬其文法，聽其廢置，撫摩振勵於三數年之間，則國家之勢成矣。石晉失盧龍一道，以成開運之禍，蓋丙午、丁未歲也。明年，藝祖皇帝始從郭太祖征伐，卒以平定天下。

其後契丹以甲辰敗於澶淵，而丁未、戊申之間，眞宗皇帝東封西祀以告太平，蓋本朝極盛之時也。又六十年，而神宗皇帝實以丁未歲卽位，國家之事於此一變矣。又六十年，丙午、丁未，遂爲靖康之禍，天獨啟陛下於是年，而又啟陛下以北向復讐之志。今者，去丙午、丁未近在十年間矣，天道六十年一變，陛下可不有以應其變乎？此誠今日大有爲之機，不可苟安以玩歲月也！臣不佞，自少有驅馳四方之志，嘗數至行都，人物如林，其論皆不足以起人意，臣是以知陛下大有爲之志孤矣。辛卯、壬辰之間，始退而窮天地造化之初，考古今沿革之變，以推極皇帝王霸之道，而得漢、魏、晉、唐長短之由，天人之際，昭昭然可考而知也。始悟今世之儒士，自以爲得正心、誠意之學者，皆風痺不知痛癢之人也。舉一世安於君父之讐，而方低頭拱手以談性命，不知何者謂之性命乎？陛下接之而不任以事，臣於是服陛下之仁。又悟今世之才臣，自以爲得富國强兵之術者，皆狂惑以肆叫呼之人也。不以暇時講究立國之本末，而方揚眉伸氣以論富强，不知何者謂之富强乎？陛下察之而不敢盡用，臣於是服陛下之明。陛下勵志復仇足以對天命，篤於仁愛足以結民心，而又明足以照臨羣臣一偏之論，此百代之英主也。今乃委任庸人，籠絡小儒，以遷延大有爲之歲月，臣不勝憤悱，是以忘其賤而獻其愚。陛下誠令臣畢陳於前，豈惟臣區區之願，將天地之神，祖宗之靈，實與聞之！」

書奏，帝赫然震動，欲牓朝堂以勵羣臣，用种放故事，召令上殿，將擢用之。左右大臣莫知所爲，惟曾覿知之，將見亮，亮恥爲覿所知，踰垣而逃。覿以其不詣己而不悅，大臣尤惡其直言無諱，交沮之，乃有都堂審察之命。宰相臨以上旨，問所欲言，皆落落不少貶，又不合。待命十日，再詣闕上書曰：「恭惟皇帝陛下，勵志復仇，不肯卽安於一隅，是有大功於社稷也。然坐錢塘浮侈之隅以圖中原則非其地，用東南習安之衆以行進取則非其人，財止於府庫則不足以通天下之有無，兵止於尺籍則不足以兼天下之勇怯，是以遷延之計遂行，而陛下大有爲之志怯矣。此臣所以不勝忠憤，齋沐裁書，獻之闕下，願得望見顏色，陳國家立國之本末而開大有爲之略，論天下形勢之消長而決大有爲之機，務合於藝祖經畫天下之本旨。然待命八日，未有聞焉，臣恐天下豪傑有以測陛下之意向，而雲合響應之舉不得而成矣！」又上書曰：「臣妄意國家維持之具至今日而窮，而藝祖皇帝經畫天下之大指猶可恃以長久，苟推原其意而變通之，則恢復不足爲矣。然而變通之道有三，有可以遷延數十年之策，有可以爲百五六十年之計，有可以復開數百年之基。事勢昭然，而效見殊絕，非陛下聰明度越百代，決不能一一以聽之。臣不敢泄之大臣之前，而大臣拱手稱旨以問，臣亦姑取其大體之可言者三事以答之。其一曰，二聖北狩之痛，蓋國家之大恥，而天下之公憤也。五十年之餘，雖天下之氣銷鑠頽墮，不復知仇恥之當念，正在主上與一二大臣振作其氣以泄其憤，使人人如報私仇，此春秋書衞人殺州吁之意也。其二曰，國家之規模，使天下奉規矩準繩以從事，羣臣救過之不給，而何暇展布四體以求濟度外之功哉。其三曰，藝祖皇帝用天下之士人以易武臣之任事者，故本朝以儒立國，而儒道之振獨優於前代。今天下之士熟爛委靡，誠可厭惡，正在主上與二三大臣反其道以教之，作其氣而養之，使臨事不至乏才，隨才皆足有用；則立國之規模，不至戾藝祖之本旨，而東西馳騁以定禍亂，不必專在武臣也。臣所以爲大臣論者，其略如此。」

書既上，帝欲官之。亮笑曰：「吾欲爲社稷開數百年之基，寧用以博一官乎！」亟渡江而歸。日落魄醉酒，與邑之狂士飲，醉中戲爲大言，言涉犯上。一士欲中亮，以其事首刑部。侍郎何澹嘗爲考試官，黜亮，亮不平，語數侵澹，澹聞而嗛之，卽繳狀以聞。事下大理，笞〔掠〕亮無完膚，誣服爲不軌。事聞，帝知爲亮，嘗陰遣左右廉知其事。及奏入取旨，帝曰：「秀才醉後妄言，何罪之有？」劃其牘於地，亮遂得免。居無何，亮家僮殺人於境。適被殺者嘗辱亮父，其家疑事由亮，聞於官，笞榜僮，死而復蘇者數，不服。又囚亮父子於州獄，而屬臺官論亮情重，下大理。時丞相王淮知帝欲生亮，而辛棄疾、羅點〔素〕高亮才，援之尤力，復得不死。

亮自以豪俠，屢遭大獄，歸家，益勵志讀書，所學益博。其學自孟子後惟推王通。嘗曰：「研窮義理之精微，辨析古今之同異，原心於杪忽，較理於分寸，以積累爲工，以涵養爲正，睟面盎背，則於諸儒誠有愧焉。至於堂堂之陳，正正之旗，風雨雲雷交發而並至，龍蛇虎豹變現而出沒，推倒一世之智勇，開拓萬(世)〔古〕之心胸，自謂差有一日之長。」亮意蓋指朱熹、呂祖謙等云。

十五年(戊申、一一八八)夏四月，陳亮上疏曰：「有非常之人，然後可以建非常之功。求非常之功，而用常才、出常計、舉常事以應之者，不待知者而後知其不濟也。秦檜以和誤國二十餘年，而天下之氣索然無餘矣。陛下慨然有削平宇內之志又二十餘年，天下之士始知所向，其有功於宗廟社稷者，非臣區區所能誦說其萬一也。高宗皇帝春秋既高，陛下不欲大舉驚動慈顏，抑心俯首，以致色養，聖孝之盛，書册之所未有也。今者，高宗既已祔廟，天下之英雄豪傑皆仰首以觀陛下之舉動，陛下其忍使二十年間所以作天下之氣者，一旦而復索然乎！天下不可以坐取也，兵不可以常勝也，驅馳運動又非年高德尊者之所宜也。東宮居曰監國，行曰撫軍，陛下何以不於此時而命東宮〔爲〕撫軍大將軍，歲巡建業，使之兼統諸司，盡護諸將，置長史、司馬以專其勞。而陛下於宅憂之餘，運用人才，均調天下以應無窮之變，此肅宗所以命廣平王之故事也。兵雖未出，而聖意振動，天下之英雄豪傑靡然知所向，則吾之馳驅運動亦有所憑藉矣。臣請爲陛下論天下之形勢，而後知江南之不必憂，和議之不必守，虜人之不足畏，而書生之論不足憑也。臣聞吳會者，晉人以爲不可都，而錢鏐據之以抗四鄰，蓋自毗陵而外不能有也。其地南有浙江，西有崇山峻嶺，東北則有重湖沮洳，而松江、震澤橫亙其前，雖有戎馬百萬，何所用之？此錢鏐所恃以爲安，而國家六十年都之而無外憂者也。獨海道可以徑達吳會，而海道之險，吳兒習舟楫者之所畏，虜人能以輕師而徑至乎？破人家國，而止可用其輕師乎？書生以爲江南不易保者，是真兒女子之論也！臣嘗疑書册不足憑，故嘗一到京口、建業，登高四望，深識天地設險之意，而古今之論爲未盡也。京口連崗三面，而大江橫陳，江旁極目千里，其勢大略如虎之出穴，而非居穴之藏虎也。昔人以爲京口酒可飲、兵可用，而北府之兵爲天下雄，蓋其地勢當然，而人善用之耳。臣雖不到采石，其地與京口股肱建業，必有據險臨前之勢，而非止於僅僅自守者也。天豈使南方日限於一江之表，而不使與中國而爲一哉！江旁極目千里，固將使謀夫勇士得以展布四體，以與中國爭衡者也。韓世忠頓兵八萬於山陽，如老羆之當道，而淮東賴以安寢，此守淮東之要法也。天下有變，則長驅而用之耳。若一一欲塹而守之，分兵而據之，出奇設險，如兔之護窟，勢分力弱，反以成戎馬長驅之勢耳。是以二十年間，紛紛獻策，以勞聖慮，而卒無一成，雖成亦不足恃者，不知所以用淮東之勢者也。而書生便以爲長淮不易守者，是亦問道於盲之類耳。自晉之永嘉以迄於隨之開皇，在南方則定建業爲都，更六姓，而天下分裂者三百餘年。南師之謀北者，不知其幾，北師之謀南者，蓋亦凡有數耳，南北通和之時，則絕無而僅有。未聞有如今日之岌岌然以北方爲可畏，以南方爲可憂，一日不和，則君臣上下朝不能以謀夕也。罪在於書生之不識形勢，併與夫逆順曲直而忘之耳！高宗皇帝於金有父兄之仇，生不能以報之，則死必有望於子孫，何忍以升遐之哀告之仇哉！遺留報謝，三使繼遣，金帛寶貨，千兩連發，而金人僅以一使，如臨小邦。聞諸道路，哀祭之辭寂聊簡慢，義士仁人痛切心骨，豈以陛下之聖明智勇而能忍之乎！意者執事之臣，憂畏萬端，有以誤陛下也。南方之女紅，積尺寸之功於機杼，歲以輸虜人，固已不勝其痛矣。金寶之出於山澤者有限，而輸諸虜人者無窮，十數年後，豈不就盡哉！陛下何不翻然思首足之倒置，尋卽位之初心，大泄而一用之，而與天下更始乎？未聞以數千里之地而畏人者也。劉淵、石勒、石虎、苻堅皆夷虜之雄，曾不能以終其世。而阿骨打之興，於今僅八十年，中原塗炭，又六十年矣，父子相夷之禍，具在眼中，而方畏其南方之患，豈不誤哉！陛下倘以大義爲當正，撫軍之言爲可行，則當先經理建業而後使臨之。今之建業非昔之建業也。臣嘗登石頭、鍾阜而望，今也，直在沙觜之傍耳。鍾阜之支隴，隱隱而下，今行宮據其平處，以臨城市之前，則逼山而斗絕焉。此必後世之讀山經而相宅者之所定，江南李氏之所爲，非有據高臨下以乘正氣而用之之意也。本朝以至仁平天下，不恃險以爲固，而與天下共守之，故因而不廢耳。臣嘗問之鍾阜之僧，亦能言臺城在鍾阜之側，大司馬門適當在今馬軍新營之旁耳。其地據高臨下，東環平岡以爲固，西城石頭以爲重，帶玄武以爲險，擁秦淮、清溪以爲阻，是以王氣可乘，而運動如意。若如今城，則費侯景數日之力耳。曹彬之登長干，兀朮之上雨花臺，皆俯瞰城市，雖一飛鳥不能逃也。臣又嘗問之守臣，以爲今城不必改作，若上有北方之志，則此直寄路焉耳。臣疑其言雖大而實未切也，據其地而命將出師，以謀守國，不使之乘正氣而有爲，雖省目前經營之勞，烏知其異日不垂得而復失哉。縱今歲未爲北舉之謀，而爲經理建康之計，以震動天下而與虜絕，陛下卽位之初志，亦庶幾於少伸矣！第非常之事，非可與常人謀也。陛下卽位之初，喜怒哀樂，是非好惡，皦然如日月之在天，雷動風行，天下方如草之偃；惟其或失之太怯，故書生得拘文執法以議其後，而其眞有志者，私自奮勵，以求稱聖意之所在，則陛下或未之知也。陛下見天下之士皆不足以望清光，而書生拘文執法之說往往有驗，而聖意亦少衰矣。故大事必集議，除授必資格，才者以跅弛而棄，不才者以平穩而用，正言以迂闊而廢，巽言以軟美而入，奇論目爲橫議，庸論謂有典則。陛下以雄心英略，委曲上下於其間，遲回莫前，而不敢有翻然之喜，隱忍事仇，而不敢奮赫斯之怒。朝得一才士，而暮以當路不便而逐，心知爲庸人，而外以人言不至而留。泯其喜怒、哀樂，雜其是非、好惡，而用依違以爲仁，戒諭以爲義，牢籠以爲禮，關防以爲智。

陛下聰明自天，英武蓋世，而何事出此哉！天下非有豪猾不可制之奸，虜人非有方興未艾之勢，而何必用此哉！夫喜、怒、哀、樂、愛、惡，人主之所以鼓動天下而用之之具也，而重極之所謂無作者，不使加意於其間耳。豈欲如老、莊所謂槁木死灰，與天下爲嬰兒而後爲至治之極哉！陛下二十七年之間，遵養時晦，示天下以樂而有親，而天下歸其孝。行三年之喪，一誠不變，示天下以哀而從禮，而天下服其義。陛下以一身之哀、樂，而鼓天下以從之，其驗如影響矣。乙巳、丙午之間，虜人非無變故，而陛下不獨不形諸喜，而亦不泄諸機密之臣。近者非常之變，虜人略於奉慰，而陛下不獨不形諸怒，而亦不密其簡慢之文。陛下不以喜、怒示天下，天下惡知仇敵之不可安？棄其喜、怒以動天下之機，而欲事功之自成，是閉目而欲行也。小臣之得對，陛下有卓然知其才者，外臣之奉公，陛下有隱然念其忠者，而已用者旋去，既去者無路以自進，是陛下不得而示天下以愛也。大臣之弄權，陛下既知其有塞路者，議人之多私，陛下既知其有罔我者，而去之惟恐傷其意，發之惟恐其悵恨而不滿，是陛下不得而示天下以惡也。陛下翻然思卽位之初心，豈知其今日至此乎！臣猶爲陛下悵念於既往，而天生英雄，豈使其終老於不濟乎！長江、大河，一瀉千里，苟得非常之人以共之，則電掃六合，非難致之事也。本朝以儒道治天下，以格律守天下，而天下之人，知經義之爲常制，科舉之爲正路，法不得自議其私，人不得自用其智，而二百年之太平由此而出也。至於艱難變故之際，書生之智，知議論之當正，而不知事功之爲何物，知節義之當守，而不知形勢之爲何用，宛轉於文法之中，而無一人能自拔者。陛下雖欲得非常之人以共斯世，而天下其誰肯信乎？臣於戊戌之春正月丁巳，嘗極論宗廟社稷大計，陛下亦慨然有感於其言，而卒不得一望清光以布露其區區之誠，非廷臣之盡皆見惡，亦其勢然耳。臣今者非以其言之小驗而再冒萬死以自陳，實以宗廟社稷之大計不得不決於斯時也。陛下用其喜、怒、哀、樂、愛、惡之權，以鼓動天下，使如臣者得借方寸之地，以終前書之所言，而附寸名於竹帛之間，不使鄧禹笑人寂寂，而陛下得以發其雄心英略，以與四海才臣智士共之。天生英雄，殆不偶然，而帝王自有眞，非區區小智所可附會也。」大略欲激帝恢復，而是時帝將內禪，不報。由是在廷交怒，以亮爲狂怪。

宋史紀事本末卷八十

道學崇黜

高宗紹興元年（辛亥、一一三一）秋七月丁亥，詔贈程頤直龍圖閣。制詞略曰：「周衰，聖人之道不得其傳。世之學者，其欲聞仁義道德之說，孰從而求之？亦孰從而聽之？爾頤潛心大業，高明自得之學，可信不疑。而浮僞之徒，自知學問文采不足表見於世，乃竊借名以自售，外示恬默，中實奔競。使天下之士聞其風而疾之，是重不幸焉。朕所以振耀褒顯之者，以明上之所與在此而不在彼也。」

六年（丙辰、一一三六）十二月，左司諫陳公輔請禁程氏學，從之。先是，崇寧以來，禁錮元祐學術。帝渡江，復遵尚程頤之學。至是，公輔上疏，言：「今世取程頤之說，謂之伊川之學，相率從之，倡爲大言，謂：『堯、舜、文、武之道傳之仲尼，仲尼傳之孟軻，孟軻傳之頤，頤死遂無傳焉。』狂言怪語，淫說鄙論，曰：『此伊川之文也。』幅巾大袖，高視闊步，曰：『此伊川之行也。』『師伊川之文，行伊川之行，則爲賢士大夫，捨此者非也。』誠恐士習從此大壞，乞禁止之！」遂詔：「士大夫之學，一以孔、孟爲師，庶幾言行相稱，可濟時用。臣僚所奏，可布中外，使知朕意。」時方召尹焞，焞，頤門人也，公輔之意蓋有所指云。

七年（丁巳、一一三七）五月，張浚薦胡安國，帝召之。安國聞陳公輔請禁程頤之學，乃上疏曰：「孔、孟之道不傳久矣，自頤兄弟始發明之，然後知其可學而至。今使學者師孔、孟而禁從頤學，是入室而不由戶也。夫頤於易，因理以明象，而知體用之一原；於春秋，見於行事，而知聖人之大用；諸經、語、孟，皆發其微旨，而知其入德之方，則狂言怪語，豈其文哉！孝弟顯於家，忠誠動於鄉，非其道義一介不以取予，則高視闊步，豈其行哉！自嘉祐以來，西都有邵雍、程顥及其弟頤，關中有張載，皆以道德名世，著書立言，公卿大夫所欽慕而師尊之。及王安石、蔡京等曲加排抑，故其道不行。願下禮官，討論故事，加之封爵，載在祀典。仍詔館閣，裒其遺書，羽翼六經，使邪說者不得作，而道術定矣。」疏入，公輔與中丞周祕、侍御史石公揆交章論安國學術頗僻，安國遂辭召命。

孝宗淳熙五年（戊戌、一一七八）春正月，侍御史謝廓然乞戒有司，毋以程頤、王安石之說取士。未幾，祕書郎趙彥中復疏言：「科舉之文，成式具在，今乃祖性理之說，以游言浮詞相高。士之信道自守，以六經聖賢爲師可矣，而別爲洛學，飾怪驚愚，士風日弊，人才日偷。望詔執事，使明知聖朝好惡所在，以變士風。」從之。

十年(癸卯、一一八三)六月,監察御史陳賈請禁道學。先是,朱熹爲浙東提刑,行部至台州,知州事唐仲友爲其民所訟,熹劾治之。仲友與宰相王淮同里,且爲姻家,淮由此怨熹,欲沮之,風吏部尚書鄭丙上疏言:「近世士大夫有所謂道學者,欺世盜名,不宜信用。」帝已惑其說。淮又以太府丞陳賈爲御史,賈因面對,首論曰:「臣竊謂天下之士所學於聖人之道未嘗不同,既同矣,而謂己之學獨異於人,是必假其名以濟其僞者也。邪正之辨,誠與僞而已矣。表裏相副,是之謂誠;言行相違,是之謂僞。臣伏見近世士大夫有所謂道學者,其說以謹獨爲能,以踐履爲高,以正心誠意、克己復禮爲事。若此之類,皆學者所共學也,而其徒乃謂己獨能之。夷考其所爲,則又大不然,不幾於假其名以濟其僞者耶!臣願陛下明詔中外,痛革此習,每於聽納除授之間,考察其人,擯斥勿用,以示好惡之所在。庶幾多士靡然向風,言行表裏一出於正,無或肆爲詭異,以干治體,實宗社無疆之福!」蓋指熹也,帝從之。由是道學之名,貽禍於世。後直學士院尤袤,以程氏之學爲賈所攻,言於帝曰:「道學者,堯、舜所以帝,禹、湯、文、武所以王,周公、孔、孟所以設敎。近立此名,詆訾士君子,故臨財不苟得,所謂廉介;安貧守道,所謂恬退;擇言顧行,所謂踐履;行己有恥,所謂名節:皆目之爲道學。此名一立,賢人君子欲自見於世,一舉足且入其中,俱無所免,此豈盛世所宜有?願循名責實,聽言觀行,人情庶不壞於疑似。」帝曰:「道學豈不美之名,正恐假託爲姦,眞僞相亂耳。」

十五年（戊申、一一八八）六月，除朱熹爲兵部郎官。先是，熹以周必大薦爲江西提刑，入奏事，或要於路曰：「正心、誠意之論，上所厭聞，愼勿復言。」熹曰：「吾平生所學，惟此四字，豈可隱默以欺吾君乎！」及入對，上迎謂之曰：「久不見卿，卿亦老矣！浙東之事，朕自知之。今當處卿以淸要，不復以州縣煩卿。」奬論甚渥，遂除兵部郎官。熹以足疾乞祠。兵部侍郎林栗與熹論易、西銘不合，遂論：「熹本無學術，徒竊張載、程頤之緒餘，爲浮誕宗主，謂之道學，妄自推尊。所至輒攜門人數十人，習爲春秋、戰國之態，妄希孔、孟歷聘之風。繩以治世之法，則亂人之首也。今采其虛名，俾之入奏，將置朝列，以次收用。而熹聞命之初，遷延道途，邀索高價，門徒迭爲游說，政府許以風聞，然後入門。旣經陛對，得旨除郎，而輒懷不滿，傲睨累日，不肯供職。是豈程頤、張載之學敎之然也？望將熹停罷，以爲事君無禮者之戒！」帝謂栗言過當，而大臣畏栗之强，莫敢深論，乃命熹依舊江西提刑。周必大言熹上殿之日，足疾未瘳，勉强登對。帝曰：「朕亦見其跛曳。」太常博士葉適上疏曰：「考栗劾熹之辭，始末參驗，無一實者，特發其私意，而遂忘其欺耳。至於其中『謂之道學』一語，利害所係，不獨於熹。蓋自昔小人殘害忠良，率有指名，或以爲好名，或以爲立異，或以爲植黨。近又創爲道學之目，鄭丙倡之，陳賈和之，居要津者密相付授，見士大夫有稍慕潔修者，輒以道學之名歸之，以爲善爲玷缺，以好學爲己愆，相與指目，使不得進。於是賢士惴慄，中材解體，銷聲滅影，穢德垢行，以避此名。往日王淮表裏臺諫，陰廢正人，蓋用此術。栗爲侍從，無以達陛下之德意志慮，而更襲用鄭丙、陳賈密相付授之說，以道學爲大罪，文致語言，逐去一熹，固未甚害，第恐自此游詞無實，讒言橫生，良善受禍，何所不有！伏望陛下正紀綱之所在，絕欺罔於既形，摧折暴橫以扶善類，奮發剛斷以慰公言。」疏入，不報。詔熹仍赴江西，熹力辭不赴。

光宗紹熙元年（庚戌、一一九〇）二月，殿中侍御史劉光祖入對，言：「近世是非不明則邪正互攻，公論不立則私情交起，此固道之消長，時之否泰，而實國家之禍福，社稷之存亡係焉，甚可畏也。本朝士大夫學術最爲近古，初非有强國之術，而國勢尊安，根本深厚。咸平、景德之間，道臻皇極，治保太和，至於慶曆、嘉祐盛矣。不幸而壞於熙、豐之邪說，疏棄正士，招徠小人。幸而元祐君子起而救之，末流大分，事故反覆。紹聖、元符之際，羣兇得志，絕滅綱常，其論既勝，其勢既成，崇、觀而下，尚復何言！臣始至時，聞有譏貶道學之說，而實未覩朋黨之分。中更外艱，去國六載，已憂兩議之各甚，而恐一旦之交攻也。逮臣復來，其事果見，因惡道學乃生朋黨，因生朋黨乃罪忠諫。夫以忠諫爲罪，其去紹聖幾何！陛下卽位之初，凡所進退，率用人言，初無好惡之私，豈以偏黨爲主？而一歲之內，斥逐紛紛，往往納忠之言謂爲沽名之舉。事勢至此，循默乃已。循默成風，國家安賴！臣欲息將來之禍，故不憚反覆以陳，伏冀聖心豁然，永爲皇極之主，使是非由此而定，邪正由此而別，公論由此而明，私意由此而息，道學之譏由此而消，朋黨之迹由此而泯，則生靈之幸，社稷之福也。不然，相激相勝，展轉反覆，爲禍無窮，臣實未知税駕之所。」帝下其章，讀者至於流涕。

寧宗慶元元年（乙卯、一一九五）六月，右正言劉德秀請考核道學眞僞，從之。先是，上在嘉府，黄裳爲嘉王府翊善，光宗諭之曰：「嘉王進學，皆卿之功。」裳謝曰：「若欲進德修業，追跡古先哲王，則須尋天下第一等人。」光宗問爲誰，裳以朱熹對。直講彭龜年因講魯莊公不能制其母，云：「母不可制，當制其侍御、僕從。」上問此誰之說，對曰：「朱熹說也。」自後每講，必問熹說如何。及上卽位，宰相趙汝愚首薦熹，遂自潭州召爲煥章閣待制兼侍講。熹在道，聞近習已有用事者，卽具奏，言：「幸門一開，其弊將不可復塞。」及至，每進講，務積誠意以感動上心，上亦稍稍嘉納焉。熹復奏疏，極言：「陛下卽位未能旬月，而進退宰臣，移易臺諫，皆出陛下之獨斷，中外咸謂左右或竊其柄，臣恐主威下移，求治反亂矣。」時韓侂胄方用事，熹意蓋指侂胄也。侂胄由此大恨，使優人峩冠闊袖象大儒，戲於上前，因乘間言熹迂闊不可用。遂出內批，罷熹經筵，除宮觀。熹去，侂胄益無忌憚矣。其黨復爲言，凡相與異者，皆道學之人也，陰疏姓名授之，俾以次斥逐。或又爲言，以道學目之則有何罪，當名曰僞學，由是有僞學之目，善類皆不自安。至是，德秀上言曰：「邪正之辨無過於眞與僞而已，彼口道先王之言而行如市人所不爲，在興王之所必斥也。昔孝宗鋭意恢復，首務核實，凡言行相違者，未嘗不深知其姦。臣願陛下以孝宗爲法，考核眞僞以辨邪正。」詔下其章，於是博士孫元卿、袁燮，國子正陳武皆罷。司業汪逵入劄子辯之，德秀以逵爲狂言，亦被斥。

秋七月，御史中丞何澹上疏，言：「紹興間，諫臣陳公輔嘗言程頤、王安石之學，皆有尙同之弊，高宗皇帝親灑宸翰，有曰：『學者當以孔、孟爲師。』臣願陛下以高宗之言風勵天下，使天下皆師孔、孟。有志於學者不必自相標榜，使衆人得而指目，亦不必以同門之故更相庇護，是者從其爲是，非者從其爲非。朝廷亦惟是之從，惟善之取，而無彼此異同之別。聽言而觀行，因名而察實，錄其眞而去其僞，則人知勉勵，無敢飾詐以求售。士風純而國是定，將必由此。」上是之，詔榜於朝堂。既而吏部郎官糜師旦復請考核眞僞，被遷左司員外郎。又有張貴模者，指論太極圖，亦被賞擢。何澹復上疏，言：「在朝之臣，大臣既熟知其邪迹，然亦不敢白發以招報復之禍。望明詔大臣，去其所當去者。」

二年（丙辰、一一九六）二月，以端明殿學士葉翥知貢舉。翥與劉德秀奏言：「僞學之魁，以匹夫竊人主之柄，鼓動天下，故文風未能丕變。乞將語錄之類，盡行除毁。」故是科取士，稍涉義理者悉皆黜落，六經、語、孟、中庸、大學之書，爲世大禁。淮西總領張釜上言：「邇者僞學盛行，賴陛下聖明斥罷，天下皆洗心滌慮，不敢〔復〕（據續綱目補）爲前日之習。願明詔在位之臣，上下堅守勿變，毋使僞言僞行乘間而入，以壞既定之規模。」乃除釜尚書左司郎官。

八月，申嚴道學之禁。時，中書舍人汪義端引唐李林甫故事，以僞學之黨皆名士，欲盡除之。帝頗知其非，乃詔臺諫、給舍：「論奏不必更及舊事，務在平正，以副朕建中之意。」詔下，韓侂冑及其黨皆怒，劉德秀遂與御史張伯垓、姚愈等上疏，言：「自今舊奸宿惡，或滋長不悛。臣等不言，恐悮陛下之用人，且俟其敗壞國事如前日而後言，則徒有噬臍之悔。願下此章，播告中外，令舊奸知朝廷綱紀尚在，不致放肆。」從之。自是侂冑與其黨攻治之志愈急矣。太常少卿胡紘上言：「比年以來，僞學猖獗，圖爲不軌，動搖上皇，詆誣聖德，幾至大亂。賴二三大臣臺諫，出死力而排之，故元惡殞命，羣邪屏跡。自御筆有救偏建中之說，或者誤認天意，急於奉承，倡爲調停之議，取前日僞學之姦黨次第用之，以冀幸其他日不相報復。往者建中靖國之事，可以爲戒。」遂詔僞學之黨，宰執權住進擬。大理司直邵褒然言：「三十年來，僞學顯行，場屋之權，盡歸其黨。乞詔大臣審察其所學。」詔：「僞學之黨，勿除在內差遣。」已而言者又論僞學之禍，乞鑒元祐調停之說，杜其根原。遂有詔：「監、司、帥、守薦舉改官，並於奏牘前聲說『非僞學之人』。」會鄉試，漕司前期取家狀，必令書「（以）〔委〕不是僞學」〔五〕（據兩朝綱目備要、慶元黨禁改）字。撫州推官柴中行獨申漕司云：「自幼習易，讀程氏易傳，未審是與不是僞學。如以爲僞，不願考校。」士論壯之。

十二月，削祕閣修撰朱熹官。熹家居，自以蒙累朝知遇之恩，且尚帶從臣職名，義不容默，乃草封事數萬言，陳姦邪蔽主之禍。子弟諸生更迭進諫，以爲必且賈禍，熹不聽。蔡元定請以蓍決之，遇遯之同人。熹默然，取藁焚之，遂六奏力辭職名，詔仍充祕閣修撰。時，臺諫皆韓侂胄所引，洶洶爭欲以熹爲奇貨，然無敢先發者。胡紘未達時，嘗謁熹於建安，熹待學子惟脫粟飯，遇紘不能異也。紘不悅，語人曰：「此非人情，隻雞斗酒，山中未爲乏也。」及是，爲監察御史，乃銳然以擊熹自任。物色無所得，經年醞釀，章疏乃成。會改太常少卿，不果。有沈繼祖者，爲小官時，嘗採摭熹語、孟之語以自售，至是以追論程頤，得爲御史。紘以疏草授之，繼祖謂可立致富貴，遂論：「熹剽竊張載、程頤之緒餘，寓以喫菜事魔之妖術，簧鼓後進，張浮駕誕，私立品題，收召四方無行義之徒以益其黨伍，潛形匿迹，如鬼如魅。乞加少正卯之誅，以爲欺君罔世、污行盜名者之戒。其徒蔡元定，佐熹爲妖，乞編管別州。」詔熹落職，罷祠，竄元定於道州。已而選人余嚞上書，乞斬熹以絕僞學。謝深甫抵其書於地，獲免。

三年（丁巳、一一九七）十（一）〔二〕（據宋史三七寧宗紀、續綱目、薛鑑改）月，知綿州王沇上疏：「乞置僞學之籍，仍自今曾受僞學舉薦關陞及刑法廉吏自代之人，並令省部籍記姓名，與閑慢差遣。」從之。於是僞學逆黨得罪著籍者，宰執則有趙汝愚、留正、周必大、王藺等四人，待制以上則有朱熹、徐誼、彭龜年、陳傅良、薛叔似、章穎、鄭湜、樓鑰、林大中、黃由、黃黼、何異、孫逢吉等十三人，餘官則有劉光祖、呂祖儉、葉適、楊芳、項安世、李𡌴、沈有開、曾三聘、游仲鴻、吳獵、李祥、楊簡、趙汝讜、趙汝談、陳峴、范仲黼、汪逵、孫元卿、袁燮、陳武、田澹、黃度、張體仁、蔡幼學、黃灝、周南、吳柔勝、王厚之、孟浩、趙鞏、白炎震等三十一人，武臣則有皇甫斌、（危仲任）〔范仲壬〕（慶元黨籍，各書所列者或有出入。宋人所著之兩朝綱目備要、續宋編年通鑑、建炎以來朝野雜記——甲集六——均作「張體仁」，而慶元黨禁作「詹體仁」。按：張名見於宋史三六光宗紀，詹本傳在宋史三九三。又備要、雜記、黨禁均作「范仲壬」，而續宋作「危仲壬」。按：備要、續宋、雜記——乙集九——敍寧宗即位事均有「中郎將范仲壬」，宋史二四七趙彥逾傳作「范任」，危名有誤，今據改）、張致遠等三人，士人則有楊宏中、周端朝、張道、林仲麟、蔣傅、徐範、蔡元定、呂祖泰等八人，共五十九人。

四年（戊午、一一九八）五月，右諫議大夫姚愈復上言：「近世行險徼幸之徒，倡爲道學之名，聾瞽愚俗，權臣力主其說，結爲死黨。陛下取其罪魁之顯然者，止從竄免，餘悉不問，所以存全之意，可謂至矣。奈何習之深者，怙惡不悛，日懷怨望，反以元祐黨籍自比。臣願特降明詔，播告天下，使中外曉然知邪正之實，庶姦僞之徒，不至假借疑似，以盜名欺世。」帝從之，爲下詔戒飭。

六年（庚申、一二〇〇）三月，朱熹卒。將葬，右正言施康年言：「四方僞徒，聚於信上，欲送僞師之葬。會聚之間，非妄談時人短長，則謬議時政得失。乞下守臣約束。」從之。

嘉泰二年（壬戌、一二〇二）二月，弛僞學黨禁。時韓侂冑已厭前事，張孝伯謂之曰：「不弛黨禁，恐後不免報復之禍。」侂冑然之，故有此令。

嘉定四年（辛未、一二一一）十二月，著作郎李道傳上奏，言：「孔、孟既沒，正學不明，漢、唐非無儒者，然於聖門大學之道，或語之而未近，或近之而未眞，理未能盡窮，義未能盡精，施之於事，未能盡得其當。故千數百年之間，雖有隨時以就功名之臣，不能極其天資力分之所止而已。治不如古，職此之由。至於本朝，河、洛之間，大儒並出，於是孔、孟之學復明於世，用雖未究，功則已多。近世儒者又得其說而推明之，擇益精，語益詳，凡學者修己接物，事君臨民之道，本末精粗，殆無餘藴。誠使此學益行，則人才衆多，朝廷正而天下治矣。往者權臣顧以此學爲禁，十數年間，士氣日衰，士論日卑，士風日壞，識者憂之。今其禁雖除，而獨未嘗明示天下以除之之說，臣竊謂當世先務，莫要於此。今有人焉，入則順於親，出則信於友，上則不欺其君，下則不欺其民，義不可進不肯苟進以易其終身之操，義不可生不忍苟生以害其本心之德。誠得此等人，布滿中外，平居可任，緩急可恃，豈非陛下所願哉！如此等人，豈皆天資？知而行之，非學不可。然則學術成人才，非今日最要之務乎！臣願陛下特出明詔，崇尚此學，指言前日所禁之誤，使天下曉然知聖意所在，君臣上下同此一心，感應之機捷於影響。此詔一下，必有振厲激昂以副陛下作成之意者。臣聞學莫急於致知，致知莫大於讀書，書之當讀者莫出於聖人之經，經之當先者莫要於大學、論語、孟子、中庸之篇。故侍講朱熹有論語孟子集註，大學中庸章句、或問，學者傳之，所謂擇之精而語之詳者，於是乎在。臣願陛下詔有司取是四書，頒之太學，使諸生以次誦習，俟其通貫浹洽，然後次第以及諸經，務求所以教育天下人才，爲國家用。臣聞紹興中，從臣胡安國嘗欲有請於朝，乞以邵雍、程顥、程頤、張載四人，春秋從祀孔子之廟。淳熙中，學官魏掞之亦言宜罷王安石父子勿祀，而祀顥、頤兄弟。厥後雖詔罷安石之子雱，而他未及行。儒者相與論說，謂宜推而上之，以及二程之師周敦頤。臣願陛下詔有司，考安國、掞之所嘗言者，議而行之，上以彰聖朝崇儒正學之意，下以示學者所宗，其所益甚大，其所關甚重，非特以補祀典之缺而已。陛下不以臣言爲迂，誠能下除禁之詔，頒四者之書，定諸儒之祀，三事既行，人心興起，當見天下之才日盛一日，天下之治歲加一歲。其或不然，臣請伏妄言之罪。」會西府中有不喜道學者，未及施行。

九年(丙子、一二一六)春正月，潼川府路提點刑獄魏了翁狀奏：「臣竊見故虞部郎中周敦頤嘗爲合州僉書判官，州事不經其手，吏不敢決；苟下之，民不肯從。蜀之賢人君子莫不喜稱之，其流風所漸，迄今未泯，士競講學，民知向風，春秋奉嘗，有永無替。臣始到官，嘗遣吏卽其祠而用幣焉。退復惟念，是特敦頤所以施諸一方，見諸行事之一二耳。蓋自周衰，孔、孟氏沒，更秦、漢、魏、晉、隋、唐，學者無所宗主，支離泮渙，莫適其歸。醇質者滯於呫嗶訓詁，儁爽者溺於記覽詞章，言理則淸虛寂滅之歸，論事則功利智術之尙，誣民惑世，至於淪浹肌髓，不可救藥。敦頤獨奮乎百世之下，窮探造化之賾，建圖著書，闡幽抉祕，卽斯人日用常行之際，示學者窮理盡性之歸，使誦其遺言者始得以曉然於洙、泗之正傳，而知世之所謂學，非滯其俗師，則淪於異端，蓋有不足學者。於是河南程顥、程頤親得其傳，而聖學益以大振。雖三人於時皆不及大用，而其嗣往聖，開來哲，發天理，正人心，使孔、孟絕學獨盛於本朝而超出乎百代，功用所繫，治理所關，誠爲不小。臣愚欲望聖慈先將敦頤特賜美謚，其於表章風厲，蓋非小補。」詔下太常定議。

十三年(庚辰、一二二〇)，追謚周敦頤曰元，程顥曰純，程頤曰正，張載曰明，從魏了翁、任希夷之請也。

理宗寶慶三年(丁亥，一二二七)春正月，詔曰：「朕觀朱熹集註大學、論語、孟子、中庸，發揮聖賢蘊奧，有補治道。朕方勵志講學，緬懷典刑，深用歎慕。可特贈熹太師，追封信國公。」

三月，朱熹子工部侍郎朱在入對，言人主學問之要。帝曰：「先卿中庸序言之甚詳，朕讀之不釋手，恨不與之同時也。」

紹定二年（己丑、一二二九）九月，改封朱熹徽國公，用鄒、兗例也。

淳祐元年（辛丑、一二四一）春正月甲辰，詔曰：「朕惟孔子之道，自孟軻後不得其傳，至我朝周敦頤、張載、程顥、程頤，眞見實踐，深探聖域，千載絕學，始有指歸。中興以來，又得朱熹，精思明辨，折衷融會，使大學、論、孟、中庸之旨本末洞徹，孔子之道益以大明於世。朕每觀五臣論著，啓沃良多。今視學有日，其令學官列諸從祀，以副朕崇奬儒先之意。」尋以「王安石謂『天變不足畏，祖宗不足法，人言不足恤』，爲萬世罪人，豈宜從祀孔子？其黜之！」

丙午，封周敦頤爲汝南伯，張載郿伯，程顥河南伯，程頤伊陽伯。

戊申，視太學，謁孔子，遂御崇化堂，命祭酒曹觱講禮記大學篇，諸生推恩錫帛有差。製道統十三贊，就賜國子監，宣示諸生。復親書朱熹白鹿洞學規，賜焉。〔原註：按宋世道學之傳，自周敦頤始。敦頤授之程顥及其弟頤，而其學始盛。同時張載、邵雍與顥兄弟實相師友，雖立言各成一家，至澤於仁義道德，不求同而自不能異。程氏之門人，則謝良佐、游酢、楊時、尹焞最著。時傳之羅從彥，從彥傳之李侗，朱熹受學於侗，熹出而程氏所傳之學始發明無遺蘊。其與熹同時而志同道合者爲張栻、呂祖謙，持論異者爲陸九齡兄弟。今自敦頤而下，略採師友淵源所自，以見一代道脈之大較云。」

周敦頤，字茂叔，道州營道人。自少信古好義，以名節自砥礪，奉己甚約，饘粥或不給，而亦曠然不以爲意。黃庭堅稱其人品甚高，胸中灑落，如光風霽月，廉於取名而銳於求志，薄於徼福而厚於得民，菲於奉身而燕及煢嫠，陋於希世而尙友千古。好讀書，雅意林壑，不爲人事窘束，世故拘牽。不由師傳，默契道體。嘗著太極圖說，明天理之根原，究萬物之終始。其說曰：「無極而太極。太極動而生陽，動極而靜；靜而生陰，靜極復動。一動一靜，互爲其根。分陰分陽，兩儀立焉。陽變陰合，而生水、火、木、金、土，五氣順布，四時行焉。五行，一陰陽也。陰陽，一太極也。太極，本無極也。五行之生也，各一其性。無極之眞，二五之精，妙合而凝，乾道成男，坤道成女；二氣交感，化生萬物，萬物生生，而變化無窮焉。惟人也得其秀而最靈。形旣生矣，神發知矣，五性感動，而善惡分，萬事出矣。聖人定之以中正仁義而主靜，立人極焉。故聖人與天地合其德，日月合其明，四時合其序，鬼神合其吉凶。君子修之，吉；小人悖之，凶。故曰：『立天之道，曰陰與陽；立地之道，曰柔與剛；立人之道，曰仁與義。』又曰：『原始反終，故知死生之說。』大哉易也，斯其至矣！」又著通書四十篇，發明太極之蘊。序者謂其言約而道大，文質而義精，得孔、孟之本源，大有功於學者。程顥、程頤受業，每令尋孔、顏樂處所樂何事。顥嘗曰：「自再見周茂叔後，吟風弄月以歸，有『吾與點也』之意。」侯師聖學於程頤，未悟，因見敦頤，敦頤留與對榻夜談。越三日，乃還。程頤驚異之，曰：「非從周茂叔來耶！」其善開發人類此。學者稱爲濂溪先生。

程顥，字伯淳，河南人。顥資稟既異，而充養有道，純粹如精金，溫潤如良玉，寬而有制，和而不流，胸懷洞然，徹視無間，極其德美，非形容所可及。自十五六時，聞周茂叔論道，遂厭科舉之學，慨然有求道之志。未知其要，泛濫於諸家，出入於老、釋者幾十年，返求之六經而後得之。知盡性至命必本於孝弟，窮神知化由通於禮樂，辨異端似是之非，開百代未明之惑，秦、漢而下，未有臻斯理也。謂孟子沒而聖學不傳，以興起斯文爲己任。其言曰：「道之不明，異端害之也。昔之害近而易知，今之害深而難見。昔之惑人也乘其迷暗，今之惑人也因其高明。自謂之窮神知化，而不足以開物成務。言爲無不周徧，實則外於倫理。窮深極微，而不可以入堯、舜之道。天下之學，非淺陋固滯則必入於此。是皆正路之蓁蕪，聖門之蔽塞，闢之而後可以入道。」其卒也，文彥博題其墓曰明道先生。弟頤序之曰：「周公沒，聖人之道不行。孟軻死，聖人之道不傳。道不行，百世無善治；道不傳，千載無眞儒。

無善治，士猶得以明夫善治之道，以淑諸人，以傳諸後。無眞儒，則天下貿貿焉莫知所之，人欲肆而天理滅矣。先生生乎千百年之後，得不傳之道於遺經，以興起斯文爲己任，辨異端，闢邪說，使聖人之道煥然復明於世。蓋自孟子之後，一人而已。然學者於道不知所向，則孰知斯人之爲功，不知所至，則孰知斯名之稱情也哉！」

程頤，字正叔。自幼非禮不動，其爲學之要曰：「涵養須用敬，進學則在致知。」嘗作顏子好學論，曰：「聖人之門，其徒三千，獨稱顏子爲好學。夫詩、書、六藝，三千子非不習而通也，然則顏子所好者何學也？學以至聖人之道也。聖人可學而至歟？曰：然。學之道如何？曰：天地儲精，得五行之秀者爲人。其本也眞而靜，其未發也五性具焉，曰仁、義、禮、智、信。形既生矣，外物觸其形而動於中矣，其中動而七情出焉，曰喜、怒、哀、樂、愛、惡、欲。情既熾而益蕩，其性鑿矣。是故覺者約其情，使合於中，正其心，養其性，故曰性其情。愚者則不知制之，縱其情而至於邪僻，梏其性而亡之，故曰情其性。凡學之道，正其心、養其性而已，中正而誠，則聖矣。君子之學，必先明諸心，知所養，然後力行以求其至，所謂『自明而誠』也。故學必盡其心，盡其心則知其性，知其性，反而誠之，聖人也。故洪範曰：『思曰睿，睿作聖。』誠之之道，在乎信道篤。信道篤則行之果，行之果則守之固。仁義忠信不離乎心，造次必於是，顚沛必於是，出處語默必於是，久而弗失，則居之安，動容周旋中禮，而邪僻之心無自生矣。故顏子所事，則曰：『非禮勿視，非禮勿聽，非禮勿言，非禮勿動。』仲尼稱之，則曰：『得一善，則拳拳服膺而弗失之矣！』又曰：『不遷怒，不貳過。』『有不善未嘗不知，知之未嘗復行也。』此其好之之篤，學之之道也。視、聽、言、動皆禮矣，所異於聖人者，蓋聖人則不思而得，不勉而中，從容中道，顏子則必思而後得，必勉而後中，故曰：顏子之與聖人，相去一息。孟子曰：『充實而有光輝之謂大，大而化之之謂聖，聖而不可知之謂神。』顏子之德，可謂充實而有光輝矣，所未至者，守之也，非化之也。以其好學之心，假之以年，則不日而化矣，故仲尼曰：『不幸短命死矣！』蓋傷其不得至於聖人也。所謂化之者，入於神而自然，不思而得，不勉而中之謂也。孔子曰『七十而從心所欲，不踰矩』是也。或曰：聖人生而知者也，今謂可學而至，豈有稽乎？曰：然。孟子曰：『堯、舜，性之也。湯、武，反之也。』性之者，生而知之者也。反之者，學而知之者也。後人不達，以爲聖本生知，非學可至，而爲學之道遂失。不求諸己，而求諸外，以博聞強記巧文麗詞爲工，榮華其言，鮮有至於道者，則今之學與顏子所學異矣。」頤所著，惟易傳爲成書。尹焞謂頤踐履皆易，作傳只是因而寫成。其自序曰：「易，變易也，隨時變易以從道也。其爲書也，廣大悉備，將以順性命之理，通幽明之故，盡事物之情，而示開物成務之道也。聖人之憂患後世，可謂至矣！去古雖遠，遺經尚存，然而前儒識意以傳言，後學誦言而忘味，自秦而下，蓋無傳矣。

予生千餘載之後，悼斯文之湮晦，將俾後人沿流而求源，此傳所以作也。易有聖人之道四焉：以言者尙其辭，以動者尙其變，以制器者尙其象，以卜筮者尙其占。吉凶消長之理，進退存亡之道，備於辭；推詞考卦，可以知變，象與占在其中矣。君子居則觀其象而玩其辭，動則觀其變而玩其占，得於辭不達其意者有矣，未有不得於辭而能通其意者也。至微者，理也；至著者，象也。體用一原，顯微無間，觀會通以行其典禮，則辭無所不備。故善學者，求言必自近，易於近者非知言者也。予所傳者辭也，由辭以得意，則在乎人焉。」游酢、楊時從頤學。一日，頤坐而瞑目，久之，覺曰：「二子猶在此乎？日暮矣，姑就舍。」二子出，門外雪深尺餘。其師道尊嚴如此。

張載，字子厚，鳳翔人。少孤，無所不學，喜談兵。當康定用兵時，慨然以功名自許。上書謁范仲淹。仲淹一見，知其遠器，欲成就之，告之曰：「儒者自有名教，何事於兵！」因勸讀中庸。載讀其書，雖愛之，猶以爲未足也。又訪之釋、老之書，反求之六經。嘉祐初，見二程於京師，共語道學，渙然自信，曰：「吾道自足，何事旁求！」乃盡棄異學，淳如也。熙寧中被召，以事辭歸。築室南山下，敝衣蔬食，專精治學。以知人而不知天，求爲賢人而不求爲聖人，自秦、漢以來學者之大弊也。故終日危坐一室，左右簡編，俯而讀，仰而思，有得則識之。或中夜起坐，取燭以書，其志道精思，未始須臾息也。嘗以定性之學問於程顥，顥答書曰：「承諭定性未能不動，猶累於外物。所謂定者，動亦定，靜亦定，無將迎，無內外。苟以外物爲外，牽己而從之，是以己性爲有內外也。且以性爲隨物於外，則當其在外時，何者爲在內？是有意於絕外誘，而不知性之無內外也。既以內外爲二本，則又烏可遽語定哉！夫天地之常，以其心普萬物而無心；聖人之常，以其情順萬事而無情。故君子之學，莫若廓然而大公，物來而順應。易曰：『貞吉悔亡，憧憧往來，朋從爾思。』苟規規於外誘之除，將見滅於東而生於西也，非惟日之不足，顧其端無窮，不可得而除也。人之情各有所蔽，故不能適道，大率患在於自私而用智。自私則不能以有爲爲應迹，用智則不能以明覺爲自然。今以惡外物之心，而求照無物之地，是反鑑而索照也。易曰：『艮其背，不獲其身；行其庭，不見其人。』孟氏亦曰：『所惡於智者，爲其鑿也。』與其非外而是內，不若內外之兩忘也，兩忘則澄然無事矣。無事則定，定則明，明則尙何應物之爲累哉！聖人之喜，以物之當喜，聖人之怒，以物之當怒。是聖人之喜怒，不繫於心而繫於物也。是則聖人豈不應於物哉！烏得以從外者爲非，而更求在內者爲是也。今以自私用智之喜怒，而視聖人喜怒之正，爲何如哉！夫人之情易發而難制者，惟怒爲甚。第能於怒時遽忘其怒而觀理之是非，亦可見外誘之不足惡，而於道亦思過半矣。」載得之，大悅。載所著有西銘、正蒙，而西銘最爲一時儒者所服。其言曰：「乾稱父，坤稱母，予茲藐焉，乃混然中處。故天地之塞吾其體，天地之帥吾其性。民，吾同胞；物，吾與也。大君者，吾父母宗子，其大臣，宗子之家相也。尊高年，所以長其長，慈孤弱，所以幼其幼。聖其合德，賢其秀也。凡天下疲癃殘疾，惸獨鰥寡，吾兄弟顚連而無告者也。於時保之，子之翼也，樂且不憂，純乎孝者也。違曰悖德，害仁曰賊，濟惡者不才，其踐形惟肖者也。知化則善述其事，窮神則善繼其志。不愧屋漏爲無忝，存心養性爲匪懈。惡旨酒，崇伯子之顧養；育英才，潁封人之錫類。不弛勞而底豫，舜其功也；無所逃而待烹，申生其恭也。體其受而歸全者參乎；勇於從而順令者伯奇也。富貴福澤，將以厚吾之生也；貧賤憂戚，庸玉汝於成也。存，吾順事；沒，吾寧也。」楊時嘗問程頤曰：「西銘言體而不及用，恐其流遂至於兼愛。」頤答曰：「西銘推理以存義，擴前聖所未發，與性善養氣之論同功，豈墨氏之比哉！西銘明理一而分殊，墨氏則二本而無分。二本之弊，私勝而失仁，無分之弊，兼愛而無義。分立則推理一，以止私勝之流，仁之方也。無別而迷兼愛，以至無父之極，義之賊也。子比而同之，過矣！且欲使人推而行之，本爲用也，反謂不及，不亦異乎。」

邵雍，字堯夫，范陽人。雍少篤學，堅苦刻厲，冬不爐，夏不扇，臥不就枕席者數年。嘗以爲學者之患，在於好惡先成乎心，而挾其私智以求，於道則蔽於所好而不得其眞。故其求之，至於四方萬里之遠，天地陰陽屈伸消長之變，無所不通，而必折衷於聖人，雖深於象數，先見默識，未嘗以自名也。其學純一而不雜，居之而安，行之而成，平易渾大，不見圭角，其自得深矣。程顥初侍其父，識雍，議論終日，退而歎曰：「堯夫內聖外王之學也！」雍自著無名公傳，曰：「無名公生於冀方，老於豫方。年十歲，求學於里人，遂盡里人之情，已之滓十去其一二矣。年二十，求學於鄉人，遂盡鄉人之情，已之滓十去其三四矣。年三十，求學於國人，遂盡國人之情，已之滓十去其五六矣。年四十，求學於古今，遂盡古今之情，已之滓十去其八九矣。五十求學於天地，遂盡天地之情，欲求已之滓，無得而去矣。始則里人疑其僻，問於鄉人，曰：『斯人善與人羣，安得謂之僻？』既而鄉人疑其泛，問於國人，曰：『斯人不妄與人交，安得謂之泛？』既而國人疑其陋，問於四方之人，曰：『斯人不器，安得謂之陋？』既而四方之人又疑之，質之於古今之人，終始無可與同者；又考之於天地，天地不對。當是時也，四方之人，迷亂不復得知，因號爲無名公。無名者，不可得而名也。凡物有形則可器，可器斯可名。然則斯人無體乎？曰：有體，有體而無迹者也。斯人無用乎？曰：有用，有用而無心者也。夫有迹有心者，斯可得而知也，無跡無心者，雖鬼神亦不可得而知，不可得而名，而況於人乎！故其詩曰：『思慮未起，鬼神莫知，不由乎我，更由乎誰？』能造萬物者天地也，能造天地者太極也，太極者其可得而知乎？故强名之曰太極。太極者，其無名之謂乎！」

謝良佐，字顯道，上蔡人。初見程顥，受學甚篤，後又事程頤。頤嘗指良佐謂朱公掞曰：「此人爲切問近思之學。」或問良佐：「太虛無盡，心有止，安得合一？」曰：「心有止，只爲用，若不用，則何止？」問：「子莫不用否？」曰：「是聖人便不用。當初曾發此語，被伊川一語壞卻二十年。曾往見伊川，伊川曰：『近日事如何？』對曰：『天下何思何慮。』伊川曰：『是則是有此理，發得太早。』」再問：「當初發此語時如何？」曰：「見得是事，經時無他念，接物亦應得去。」問：「如此卻何故被一語壞卻？」曰：「當了須有不透處，當初若不得他一語救拔，便入禪家去矣！伊川直是善鍛鍊人，既說又卻道恰好着工夫也。」

游酢，字定夫，建陽人。初以文學知名於時，程頤一見，謂其資可適道。時，程顥知扶溝縣，兄弟方以倡明道學爲己任，設庠序，聚邑人子弟教之，召酢識學事。酢欣然往從之，得其微言，於是盡棄其學學焉。呂居仁曰：「定夫後更學禪，居仁嘗以書問之，答曰：『佛書所說，世儒亦未深考。往年嘗見伊川云，吾之所攻者迹也，然迹安從出哉？要之，此事須親至此地，方能辨其同異，不然，難以口舌爭也。』」

尹焞，字彥明，洛陽人。從程頤學，頤教人專以敬以直內爲本，焞獨能力行之。嘗言：「伊川教人，只是專令用敬以直內，若用此理，則百事不敢輕爲，不敢妄作，不愧屋漏矣，習之既久，自然有所得也。往年先生自涪陵歸，日往候之。一日，讀易至『敬以直內處』，因問：『不習無不利時，則更無堵當、更無計較也耶？』先生深以爲然，且曰：『不易見得如此，且更涵養，不可輕說。』

楊時，字中立，將樂人。初舉進士得官，聞二程之學，卽往從之。程顥見時甚喜，每言曰：「楊君最會得容易。」及歸，送之出門，謂坐客曰：「吾道南矣！」時歸，閒居累年，沈浸經書，推廣師說，窮探力索，務極其趣，涵蓄廣大，而不敢輕自肆也。學者稱爲龜山先生。

羅從彥，字仲素，南劍人。初爲博羅主簿，聞楊時得程氏之學，慨然慕之。及時爲蕭山令，從彥徒步往學。見時三日，卽驚汗浹背，曰：「不至是，幾虛過一生矣！」卽卒業，歸，築室山中，絕意仕進。學者稱爲豫章先生。從彥嘗與人論士行，曰：「周、孔之心使人明道，學者果能明道，則周、孔之心深自得之。三代人才，得周、孔之心而明道者多，故視死生去就，如寒暑晝夜之移，而忠義行之者易。至漢、唐徒以經術古文相尚，而失周、孔之心，明道者寡，故視死生去就如萬鈞九鼎之重，而忠義行之者難。」又曰：「士之立朝，要以正直、忠厚爲本。正直則朝廷無過失，忠厚則天下無嗟怨。」其議論醇正類此。

李侗，字愿中，劍浦人。初受學於羅從彥，從彥令於靜中看喜、怒、哀、樂未發前氣象，而求所謂中者。久之，於天下之理，該攝洞貫，以次融釋，各有條序。退居山中，謝絕世故，凡四十年。其接後學，答問不倦。嘗云：「學問之道不在多言，但默坐，澄心體認，天理自見。」學者稱爲延平先生。

朱熹，字元晦，新安人。父松，與籍溪胡憲、白水劉勉之、屏山劉子翬三人者善。松疾革，命熹父事此三人，且稟學焉。子翬常告熹曰：「吾於易得入德之門，所謂『不遠復』者，吾三字符也。」既而熹復受學於李侗，侗亦父友也。熹言自見李先生，爲學始就平實，乃知向者從事釋、老之說皆非。侗與人書曰：「元晦初從謙開善處下工夫來，故皆就裏面體認，今既論難，見儒者路脈，極能指其差誤之處。自見羅先生來，未有如此者。且別無他事，一味潛心於此。初講學時，頗爲道理所縛，今漸能融釋，於日用處一意下工夫，若於此漸熟，則體用合矣。此道理全在日用處熟，若靜處有而動處無，卽非矣。」熹生平於書無所不讀，於義理無所不究極，而其綱領樞要，則在中庸「未發」一語，先後與張栻論之最詳。其言曰：「人之一身，知覺運動，莫非心之所爲，則心者固所以主於身，而無動靜語默之間者也。然方其靜也，事物未至，思慮未萌，而一性渾然，道義全具，其所謂中，是乃心之所以爲體，而寂然不動者也。及其動也，事物交至，思慮萌焉，則七情迭用，各有攸主，其所謂和，是乃心之所以爲用，感而遂通者也。然性之靜也，而不能不動，情之動也，而必有節焉，是則心之所以寂然感通，周流貫徹，而體用未始相離者也。然人有是心而或不仁，則無以著此心之妙；人雖欲仁而或不敬，則無以致求仁之功。蓋心主乎一身，而無動靜語默之間，是以君子之於敬，亦無動靜語默而不用其力焉。未發之前，是敬也固已主乎存養之實。已發之際，是敬也又常行於省察之間。方其存也，思慮未萌，而知覺不昧，是則靜中之動，復之所以見天地之心也。及其發也，事物紛糾，而品節不差，是則動中之靜，艮之所以『不獲其身，不見其人』也。有以主乎靜中之動，是以寂而未嘗不感；有以察乎動中之靜，是以感而未嘗不寂。寂而常感，感而常寂，此心之所以周流貫徹，而無一息之不仁也。然則君子之所以致中和而天地位、萬物育者，在此而已。蓋主於身而無動靜語默之間者，心也，仁則心之道，而敬則心之眞也。此徹上徹下之道，聖賢之本統。明乎此，則性情之中，中和之妙，可一言而盡矣。」熹門人黃榦狀熹行曰：「道之正統，待人而後傳。自周以來，任傳道之責，得統之正者，不過數人，而能使斯道章章較著者，一二人而止耳。由孔子而後，曾子、子思繼其微，至孟子而始著。由孟子而後，周、程、張子繼其絕，至先生而始著。蓋千有餘年之間，孔、孟之徒所以推明是道者，既已煨燼殘闕，離析穿鑿，蠹壞之後，扶持植立，厥功偉然。未及百年，踳駁尤甚。先生出而自周以來聖賢相傳之道，一旦豁然，如日中天，昭晰呈露。起斯文於將墜，覺來裔於無窮，雖與天壤俱敝可也。」

張栻，字敬夫，廣漢人。栻穎悟夙成，父浚愛之，自幼學所教，莫非仁義忠孝之實。長從胡宏仁仲問程氏學，宏一見，知其大器，卽以孔門論仁親切之指告之。栻退而思，若有得焉，以書質之宏。宏喜曰：「聖門有人矣！」栻益自奮勵，以古聖賢自期，作希顏錄一篇，蚤夜觀省，以自警策。爲人表裏洞然，勇於從義，無毫髮滯吝。朱熹每言，己之學乃銖積寸累而成，如敬夫則大本卓然先有見者也。栻嘗有言曰：「學莫先於義利之辨，義者本心之所當爲而不能自已，非有所爲而爲之者也。一有所爲而爲，則皆人欲，非天理矣。」學者稱爲南軒先生。

呂祖謙，字伯恭，婺州人。其學本之家庭，有中原文獻之傳。長從汪應辰、林之奇、胡憲游，而友張栻、朱熹。學以關、洛爲宗，旁稽載籍，心平氣和，不立崖異。少卞急，一日，誦孔子「躬自厚而薄責於人」之言，忽覺平時忿懥，渙然冰釋。朱熹嘗言，學如伯恭，方是能變化氣質。其所講畫，將以開物成務。既臥病，而任重道遠之志不衰，居家之政皆可爲後世法。祖謙嘗與朱熹書曰：「學者須是專心致志，絕利之原，凝聚停蓄，方始收拾得上。」又與張栻書曰：「從前病痛，良以嗜欲粗薄，故欠卻克治經歷之功；思慮稍少，故欠卻操存澄定之力；積蓄未厚而發用太遽，涵泳不足而談說有餘。」其自克治如此。學者稱爲東萊先生。

陸九淵，字子靜，金谿人。少有異稟，三四歲時，侍父賀行，遇事物，必致問。一日，忽問天地何所窮際，父笑而不答，遂深思至忘寢食。嘗讀古書至「宇宙」二字，忽大省曰：「宇宙內事，卽己分內事；己分內事，卽宇宙內事。」又曰：「宇宙便是吾心，吾心卽是宇宙。千萬世之前，有聖人出焉，同此心，同此理也。千萬世之後，有聖人出焉，同此心，同此理也。東海有聖人出焉，同此心，同此理也。西、南、北海有聖人出焉，同此心，同此理也。」初，九淵之兄九韶，嘗有書與朱熹論太極圖說非正，曲加扶掖，終爲病根，意謂不當於太極上更加「無極」二字。熹答云：「不言無極，則太極同於一物，而不足以爲萬化根本。不言太極，則無極淪於空寂，而不能爲萬化根本。」又曰：「無極只是無形，太極只是有理。」九韶不以爲然，詆濂溪不已。九淵乃復與熹書，爲申其辨，略曰：「易之大傳曰：『形而上者謂之道。』又曰：『一陰一陽之謂道。』一陰一陽已是形而上者，況太極乎？極者中也，言無極則是言無中也，豈宜以無極字加太極之上？無極二字，出於老子，聖人之書無有也。」熹答曰：「大傳既曰『形而上者謂之道』矣，而又曰『一陰一陽之謂道』，此豈眞以陰陽爲形而上者哉，正所以見一陰一陽雖屬形器，然其所以一陰而一陽者，是乃道體之所爲也。故謂道體之至極則謂之太極，謂太極之流行則謂之道。雖名二物，實無兩體。周子所以謂之無極者，正以其無方所，無形狀；以爲在無物之前，而未嘗不立於有物之後；以爲在陰陽之外，而未嘗不行乎陰陽之中；以爲通貫全體，無乎不在，則又初無聲臭影響之可言也。今乃深詆無極之不然，則是直以太極爲有形狀、有方所矣；直以陰陽爲形而上者，則又昧於道器之分矣；又於『形而上者』之上，復有『況太極乎』之語，則是又以道上別有一物爲太極矣。如老子『復歸於無極』，乃無窮之義，非若周子所言之意也。」九淵終不以熹言爲是，再書辨之，詞加憤厲。熹答以爲：「凡辨論亦須平心和氣，反覆精詳，務求實是，乃有歸着。如不能然，但於怱遽急迫之中，肆支蔓躁率之詞，以逞其忿懟不平之氣，則豈有君子長者之意乎！如曰未然，我日斯邁，而月斯征，各尊所聞，各行所知，無復可望於必同也。」熹又嘗言：「子靜兄弟氣象甚好，其病卻是盡廢講學，而專務踐履，卻於踐履之中，要人提撕省察，悟得本心，此爲病之大者。要其操持謹質，表裏不二，實有以過人者。惜乎其自信太過，規模窄狹，不復取人之善，將流於異學而不自知耳！」

蔡元定，字季通，建陽人。生而穎悟。父發，博覽羣書，以程氏語錄、邵氏經世、張氏正蒙授元定曰：「此孔、孟正脈也。」元定涵泳其義。既長，辨析益精。登西山絕頂，於書無所不讀，於事無所不究，義理洞見大原，圖書、禮樂、制度，無不精妙。著洪範解、大衍詳說、律呂新書，行於世。其論經世書曰：「元、會、運、世之數，大而不可見，分、釐、絲、毫之數，小而不可察，所可得而數者，卽歲、月、日、辰而知之也。一世有三十歲，一月有三十日，故歲與日之數三十。一歲有十二月，一日有十二辰，故日與辰之數十二。自歲、月、日、辰之數，推而上之，得元、會、運、世之數；推而下之，得分、釐、絲、毫之數。三十與十二反覆相乘爲三百六十，故元、會、運、世、歲、月、日、辰八者之數皆三百六十。以三百六十乘三百六十爲十二萬九千六百，故元有十二萬九千六百歲，會有十二萬九千六百月，運有十二萬九千六百日，世有十二萬九千六百辰，歲有十二萬九千六百分，月有十二萬九千六百釐，日有十二萬九千六百毫，辰有十二萬九千六百絲，皆天地之自然，非假智營力索，而天地之運，日月之行，氣朔之盈虛，五星之伏見，朓朒屈伸交食淺深之數，莫不由此。由漢以來，以歷數名家者，惟太初、大衍耳。太初以四千六百六十七歲爲元，以八十一爲分。大衍之歷，乃以一百六十三億七千四百五十九萬五千二百爲元，三千四十爲分，皆附會牽合，以此求天地之數，安得無差乎！」其竄道州也，郡縣逮捕甚急。元定色不爲動，與季子沈徒步就道。熹與從游者百餘人餞別蕭寺中，坐客興歎，有泣下者。熹微視元定，不異平時，因喟然曰：「友朋相愛之情，季通不挫之志，可謂兩得之矣！」衆謂宜緩行，元定曰：「獲罪於天，天可逃乎！」杖屨同其子沈行三千里，脚爲流血，無幾微見於言面。至舂陵，遠近來學者日衆，州士莫不趨席下以聽講說。愛元定者，謂宜謝生徒，元定曰：「彼以學來，何忍拒之？若有禍患，亦非閉門塞竇所能避也。」貽書訓諸子曰：「獨行不愧影，獨寢不愧衾，勿以吾得罪故，遂懈其志。」在道逾年卒。

宋史紀事本末卷八十一

兩朝內禪 孝宗、光宗、寧宗、廟議、陵議附

孝宗淳熙十四年（丁未、一一八七）九月癸卯，太上皇有疾。

冬十月辛未，帝罷朝，侍疾。赦。

乙亥，太上皇崩於德壽殿，遺詔太上皇后改稱皇太后。帝號痛擗踊，謂宰臣王淮等曰：「晉孝武、魏孝文實行三年喪服，何妨聽政！司馬光通鑑所載甚詳。」淮對曰：「晉武雖有此意，後來在宮中止用深衣練冠。」帝曰：「當時羣臣不能將順其美，光所以議之。自我作古，何害！」辛巳，詔曰：「太上皇帝奄棄至養，朕當衰服三年，羣臣自遵易月之令。可令有司討論儀制以聞。」尤袤典禮，定大行皇帝廟號「高宗」，翰林學士洪邁獨請號「世祖」。袤率禮官顏師魯等奏曰：「宗廟之制，祖有功，宗有德。藝祖規創大業，爲宋太祖。太宗混一區夏，爲宋太宗。自眞宗至欽宗，聖聖相傳，廟制一定，萬世不易。在禮，子爲父屈，示有尊也。太上親爲徽宗子，子爲祖，父爲宗，失昭穆之序。議者不過以漢光武爲比，光武以長沙王後，

布衣崛起，不與哀、平相繼，其稱無嫌。太上中興，雖同光武，然實繼徽宗正統。以子繼父，非光武比。將來祔廟在徽宗下而稱祖，恐在天之靈有所不安。」詔羣臣集議，袤上議如初，邁論遂屈。詔從禮官議，衆論紛然。會禮部、太常寺亦同主「高宗」，謂本朝創業中興，皆在商丘，取商高宗實爲有證，遂從初議。乙酉，百官五上表，請帝還內，不許。戊子，帝衰絰，御素輦還內。

十一月己亥，帝始以白布巾、袍視事於延和殿，朔望詣德壽宮則衰絰而杖如初，因詔太子參決庶務於議事堂。左諭德尤袤言於太子曰：「大權所在，天下之所爭趨，甚可懼也。願殿下事無大小，一取上旨而後行，情無厚薄，一付衆議而後定。」又曰：「儲副之位，止於侍膳、問安，不交外事，撫軍、監國，自漢至今，多出權宜，事權不一，動有觸礙。乞俟祔廟之後，便行懇辭，以彰殿下令德。」庚子，皇太子三辭參決，不許。辛丑，帝詣德壽宮禫祭，百官釋服。甲辰，羣臣三上表請御殿聽政，詔俟過祔廟。

十五年（戊申、一一八八）春正月丁酉朔，詣德壽宮几筵行禮。

三月庚子，上大行太上皇諡曰聖神武文憲孝皇帝，廟號高宗。用翰林學士洪邁議，以呂頤浩、趙鼎、韓世忠、張俊配享高宗廟廷。秘書少監楊萬里以張浚有社稷功，請用浚配享，不聽。

丙寅，權攢高宗於永思陵。

夏四月壬申，帝親行奉迎虞主之禮。自是七虞、八虞、九虞、卒哭、奉辭皆如之。丙戌，祔高宗主於太廟，詔曰：「朕比下令，欲衰絰三年，羣臣屢請御殿易服，故以布素視事內殿。雖有俟過祔廟勉從所請之詔，然稽諸典禮，心實未安，行之終制，乃爲近古。宜體至意，勿復有請。」

十六年（己酉、一一八九）春正月丙申，以周必大、留正爲左、右丞相。帝自高宗崩，卽欲傳位太子，嘗諭必大曰：「禮莫重於（祀）〔事〕（據宋史三九一周必大傳、續綱目、薛鑑改）宗廟，而孟享多以病分詣，孝莫大於執喪，而不得日至德壽宮。朕將退休矣！」因密賜「紹興傳位親札」於必大，命預草詔，專以奉几筵，以畢高宗三年之制，而進必大爲首相。

乙巳，皇太后移御慈福宮，更德壽宮爲重華宮。

二月壬戌，下詔傳位於皇太子。太子卽位，帝素服退居於重華宮。辛未，尊帝爲壽皇聖帝，皇后爲壽成皇后，皇太后爲壽聖皇太后。大赦。

立皇后李氏。后，安陽人，慶遠節度使道之女也。道帥湖北，聞道士皇甫坦善相人，出諸女拜之。坦見后，驚，不敢受拜，曰：「此女當母天下。」坦言於高宗，遂聘爲恭王妃。性悍妬，嘗訴帝左右於高宗及壽皇。高宗不懌，謂吳后曰：「是婦將種，吾爲皇甫坦所誤。」壽皇亦屢訓敕，令「以皇太后爲法，不然，行當廢汝」。后疑其說出於太后，憾之。至是立爲后。

三月己亥，子擴進封嘉王，李后所生也。

光宗紹熙元年（庚戌、一一九〇）春正月丙辰，帝朝壽皇於重華宮。

二年（辛亥、一一九一）十一月辛未，帝有事於太廟，后殺貴妃黃氏。初，帝欲誅宦者，近習懼，遂謀離間三宮。帝疑之，不能自解。會帝得心疾，壽皇購得良藥，欲因帝至宮授之。宦者遂訴於皇后曰：「太上合藥一丸，俟宮車過，即投藥。萬一不虞，奈宗社何？」李后覘藥實有，心銜之。頃之，內宴，后請立嘉王擴爲太子，壽皇不許，后曰：「妾，六禮所聘；嘉王，妾親生也，何爲不可？」壽皇大怒。后退，持嘉王泣訴於帝，謂壽皇有廢立意。帝惑之，遂不朝壽皇。一日，帝浣手宮中，覩宮人手白，悅之。他日，后遣人送食盒於帝，啓之，則宮人兩手也。至是，以黃貴妃有寵，因帝祭太廟，宿齋宮，后殺貴妃，以暴卒聞。壬申，冬至，郊合祭天地，風雨大作，黃壇燭盡滅，不能成禮而罷。帝既聞貴妃卒，又值此變，震懼增疾，不視朝，政事多決於后，后益驕恣。壽皇聞帝疾，亟往南內視之，且責后，后怨益深。

三年（壬子、一一九二）春正月乙巳朔，帝有疾，不視朝。

三月辛巳，帝疾稍愈，始御延和殿聽政，以子濤爲安定郡王。帝自有疾，重華溫凊之禮，以及誕辰節序，屢以壽皇傳旨而免。至是，宰輔、百官下至韋布之士，以過宮爲請者甚衆，至有扣頭引裾號泣而諫者，帝爲開悟，有翻然夙駕之意。既而不果行，都人始以爲憂。

夏四月戊午，帝始朝重華宫。

五月，帝有疾，不視朝。

十一月丙戌，日南至，丞相留正帥百官詣重華宫稱賀。兵部尚書羅點、給事中尤袤、中書舍人黄裳、御史黄度、郎官葉適等上疏，請帝朝重華宫，不從。祕書郎彭龜年復上言：「壽皇之事高宗，備極子道，此陛下所親覩也。況壽皇今日止有陛下一人，聖心拳拳，不言可知。特遇過宫日分，陛下或遲其行，則壽皇不容不降免到宫之旨，蓋爲陛下辭責於人，使人不得以竊議陛下，其心非不願陛下之來。自古人君處骨肉之間，多不與外臣謀，而與小人謀之，所以交鬭日深，疑隙日大。今日兩宫萬萬無此，然臣所憂者，外無韓琦、富弼、呂誨、司馬光之臣，而小人之中已有任守中者在焉。惟陛下裁察！」又言：「使陛下虧過宫定省之禮，皆左右小人間諜之罪，宰執、侍從但能推父子之愛，調停重華，臺諫但能仗父子之義，責望人主，至於疑間之根，盤固不去，曾無一語及之。今内侍間諜兩宫者固非一人，獨陳源在壽皇朝得罪至重，近復進用，外人皆謂離間之機必自源始。宜亟發威斷，首逐陳源，然後肅命鑾輿，負罪引慝，以謝壽皇。使父子歡然，宗社有永，不亦幸歟！」龜年又以書誚趙汝愚。汝愚入對，往復規諫，帝意乃悟。汝愚更屬嗣秀王伯圭調護，於是兩宫之情始通。辛卯，帝朝重華宮，皇后繼至，從容竟日而還，都人大悅。

是月，皇后歸謁家廟，推恩使臣鄧從訓等一百八十人。

四年（癸丑、一一九三）春正月己巳朔，帝朝重華宮。

三月辛巳，以趙汝愚同知樞密院事。御史汪義端與汝愚有隙，上言：「高宗聖訓，不用宗室爲宰執，汝愚楚王元佐七世孫，不宜用之。」汝愚亦力辭，不許，命當制學士申諭上意，而黜義端，汝愚乃拜命。

五月己巳，親策禮部進士，問禮樂刑政之要。陳亮以君道、師道對，且曰：「臣竊歎陛下於壽皇涖政二十有八年之間，寧有一政一事之不在聖懷；而問安視寢之餘，所以察詞而觀色，因此而得彼者，其端甚衆，亦既得其機要而見諸施行矣，豈徒一月四朝，爲京師之美觀也哉！」上得之，大喜，以爲善處人父子之間，擢爲第一。

秋七月壬午，以趙汝愚知樞密院事。

九月庚午，重陽節，百官上壽，請帝朝重華宮，不聽；而召內侍陳源爲押班。中書舍人陳傅良不草詞，且上疏曰：「陛下之不過重華宮者，特誤有所疑，而積憂成疾，以至此爾。臣嘗即陛下之心反覆論之，竊自謂深切，陛下亦既許之矣。未幾中變，以誤爲實，而開無端之釁，以疑爲眞，而成不瘳之疾，是陛下自貽禍也。」給事中謝深甫言：「父子至親，天理昭然，太上之愛陛下，亦猶陛下之愛嘉王。太上春秋高，千秋萬歲後，陛下何以見天下？」帝感悟，趨命駕往朝，百官班立以俟。帝出至御屏，后挽留帝入，曰：「天寒，官家且飲酒。」百僚、侍衛相顧莫敢言。傅良趨進，引帝裾，請毋入，因至屏後。后叱曰：「此何地，秀才欲斫頭耶！」傅良痛哭於庭。后使人問曰：「此何理也？」傅良曰：「子諫父不聽，則號泣而隨之。」后益怒。遂傳旨：「罷，還內。」傅良下殿徑行，詔改祕閣修撰，不受。於是著作郎沈有開、祕書郎彭龜年、禮部侍郎倪思、國子錄王介等，皆上疏請朝，不從。會上召嘉王，倪思言：「壽皇欲見陛下，亦猶陛下之於嘉王也。」上爲動容。時李后寖預政，思進講姜氏會齊侯於濼，因奏言：「人主治國，必自齊家始，家之不能齊者，不能防其漸也。始於褻狎，終於恣横，至於陰陽易位，內外無別，甚則離間父子。漢之呂氏，唐之武、韋，幾至亂亡，不但魯莊公也。」帝悚然。趙汝愚同侍經筵，退，語人曰：「讜直如此，吾黨不逮也！」上怒思，出知紹興府。

冬十月，工部尚書趙彥逾等上書重華宮，乞會慶節勿降旨免朝。壽皇曰：「朕自秋涼以來，思與皇帝相見，卿等奏疏，已令進御前矣。」及會慶節，帝復稱疾不朝，丞相以下皆上疏自劾，乞罷黜。嘉王府翊善黃裳請誅內侍楊舜卿。彭龜年奏言：「臣所居之官，以記注人君言動爲職。『車駕不過宮問安』，如此書者，殆數十矣，恐非所以示後。」又言：「陛下誤以臣充嘉王府講讀官，正欲臣等敎以君臣、父子之道。臣聞有身敎，有言敎，陛下以身敎，臣以言教者也。言豈若身之切哉！」是時太學生汪安仁等二百一十八人亦上書請朝重華宮，皆不報。

十一月，趙彦逾復力請帝朝重華宮，帝始往朝。尚書左選郎官葉適奏：「自今宜於過宮之日，令宰執、侍從先詣起居，異時兩宮聖意有難言者，自可因此傳致，則責任有歸。不可復使近習小人，增損語言，以生疑惑。」不聽。

五年（甲寅、一一九四）春正月癸酉，壽皇不豫。

夏四月，壽皇疾浸革，羣臣數請帝問疾重華宮，皆不報。帝與皇后幸玉津園，兵部尚書羅點請先過重華宮。且曰：「陛下爲壽皇子，四十餘年無一間言，止緣初郊違豫，壽皇嘗至南內督過，左右之人自此讒間，遂生憂疑。以臣觀之，壽皇與天下相忘久矣。今大臣同心輔政，百執事奉法循理，宗室、戚里、三軍、百姓，皆無貳志，設有間離，誅之不疑。乃若深居不出，久虧子道，衆口謗讟，禍患將作，不可以不慮。」帝曰：「卿等可爲朕調護之。」侍講黄裳對曰：「父子之親，何俟調護！」點曰：「陛下一出，卽當釋然。」帝猶未許，點乃率講官言之。帝曰：「朕心未嘗不思壽皇。」點曰：「陛下久闕定省，雖有此心，何以自白？」起居舍人彭龜年連〔三〕（據宋史三九三彭龜年傳、續綱目、薛鑑補）疏請對，不報。屬帝視朝，龜年不離班位，伏地扣額，血流漬甃。帝曰：「素知卿忠直，欲何言？」龜年奏：「今日事何大於過宮！」余端禮因曰：「扣額龍墀，曲致忠懇，臣子至此，豈得已耶！」帝曰：「知之。」然猶不往。羣臣上疏請者相繼，帝將以癸丑日朝。至期，丞相以下入宮門俟，日昃，帝復辭以疾。於是羣臣請斥罷者百餘人，詔不許。祕書少監孫逢吉等再上疏以請。陳傅良請以親王執政一人充重華宮使。臺諫交章劾內侍陳源、楊舜卿、林億年離間之罪，請逐之。不報。

五月，壽皇疾大漸，欲一見帝，數顧視左右。陳傅良以帝不往重華宮，乃繳上告敕，出城待罪。丞相留正等率宰執進諫，帝拂衣起，正引帝裾諫。羅點進曰：「壽皇疾勢已危，不及今一見，後悔何及！」羣臣隨帝入，至福寧殿，內侍闔門，痛哭而出。越二日，正等又請入對，帝令知閤門事韓侂胄傳旨云：「宰執並出。」正等俱出，至浙江亭待罪，壽皇聞之，憂甚。侂胄奏曰：「昨傳旨宰執出殿門，今乃出都門，請自往宣押入城。」於是正及趙汝愚等復還第。明日，帝召羅點入對，點言：「前日迫切獻忠，舉措失禮，陛下赦而不誅，然引裾亦故事也。」帝曰：「引裾可也，何得輒入宮禁乎？」點引辛毗事以謝，且曰：「壽皇止有一子，既付神器，惟恐見之不速耳。」從官及彭龜年、黃裳、沈有開奏，乞令嘉王詣重華宮問疾，許之。王至宮，壽皇爲之感動。

六月戊戌，夜，壽皇崩，年六十八。是夕，重華宮內侍訃於宰執私第，趙汝愚恐帝疑惑，不出視朝，持其劄不上。次日，帝視朝，汝愚以聞，因請詣重華宮成禮。帝許之，至日昃不出。大宗正丞李大性上疏言：「今日之事，顚倒舛逆，況金使祭奠，當引見於北宮素帷，不知是時猶可以不出乎？檀弓曰：『成人有兄死不爲衰者，聞子皐將爲成宰，遂爲衰。成人曰：「兄則死而子皐爲之衰。」』蓋言成人畏子皐之來，方爲制服，乃子皐爲之，非爲兄也。若陛下必待使來，然後執喪，則恐貽譏中外，豈特如成人而已哉！」宰相乃率百官詣重華宮發喪。將成服，留正與汝愚議，介少傅吳琚，請壽聖太后垂簾，暫主喪事，太后不許。正等附奏云：「臣等連日造南內請對不獲，累上疏不得報。今當率百僚恭請，若皇帝不出，百官相與痛哭於宮門，恐人情騷動，爲社稷憂。乞太后降旨，以皇帝有疾，暫就宮中成服。然喪不可以無主，祝文稱孝子嗣皇帝，宰臣不敢代行。太后，壽皇之母也，請攝行祭禮。」太后許之。

史臣曰：高宗以公天下之心，擇太祖之後而立之，乃得孝宗之賢，聰明英毅，卓然爲南渡諸帝稱首。卽位之初，銳志恢復，重違高宗之命，不輕出師，又値金國平治，無隙可乘。然易表爲書，正敵國禮，減去歲幣，以定鄰好。金人易宋之心，至是亦寖異於平日。故世宗每戒羣臣積錢穀，謹邊備，蓋忌帝之將有爲也。惜帝用兵之志弗遂而終。自古人君，起自外藩，入繼大統，而能盡宮庭之孝，未有若帝者，終喪三年，又能卻羣臣之請而力行之，廟號孝宗，其無愧矣！

己巳，尊壽聖皇太后爲太皇太后，壽成皇后爲皇太后。丁未，葉適言於留正曰：「帝疾而不執喪，將何辭以謝天下！今嘉王長，若預建參決，則疑謗釋矣。」正從之，率宰執入奏云：「皇子嘉王，仁孝夙成，宜早正儲位，以安人心。」不報。越六日又請，帝批云：「甚好。」明日，宰執同擬旨以進，乞帝親批付學士院降詔。是夕，御劄付丞相，云：「歷事歲久，念欲退閒。」正得之，大懼。

秋七月辛酉，留正因朝，佯仆於庭，即出國門，上表請老。且云：「願陛下速回淵鑒，追悟前非，漸收人心，庶保國祚。」初，正始議帝以疾未克主喪，宜立皇太子監國。若未倦勤，當復明辟。設議內禪，太子可即位。而趙汝愚請以太皇太后旨禪位嘉王，正謂建儲詔未下，遽及此，他日必難處，與汝愚異，遂以肩輿五鼓遁去。

甲子，太皇太后詔嘉王擴成服，即位，尊帝爲太上皇帝，皇后爲太上皇后。時，留正既去，人心益搖。會帝臨朝，忽仆於地，趙汝愚憂危不知所出。徐誼以書誚汝愚曰：「自古人臣，爲忠則忠，爲姦則姦，忠姦雜而能濟者，未之有也。公內雖心惕，外欲坐觀，非雜之謂歟！國家安危，在此一舉。」汝愚問策安出，誼曰：「此大事，非壽聖太后命，不可。知閤門事韓侂胄，琦五世孫，壽聖女弟之子也，同里蔡必勝與侂胄同在閤門，可因必勝招之。」侂胄至，汝愚以內禪議遣侂胄請於太后。侂胄因所善內侍張宗尹以奏太后，不獲命。明日往，又不獲命，逡巡將退。內侍關禮見而問之，侂胄具述汝愚意。禮令少俟，入見太后而泣。太后問故，禮對曰：「聖人讀書萬卷，亦嘗見有如此時而保無亂者乎？」太后曰：「此非汝所知。」禮曰：「此事人人知之，今丞相已出，所賴者趙知院，旦夕亦去矣！」言與淚俱下。太后驚曰：「知院同姓，事體與他人異，乃亦去乎！」禮曰：「知院未去，非但以同姓故，以太皇太后爲可恃耳！今定大計而不獲命，勢不得不去。去將如天下何？」太后因問：「侂胄安在？」禮曰：「臣已留其俟命。」太后曰：「事順則可，令諭好爲之。」禮報侂胄，且云：「來早太后於壽皇梓宮前垂簾，引執政。」侂胄復命，日已向夕。汝愚始以其事語陳騤、余端禮，亟命殿帥郭杲等夜以兵分衞南、北內，關禮使傅昌朝密製黃袍。是日，嘉王諝告，不入臨。時將禫祭，汝愚曰：「禫祭重事，王不可不出。」翌日，甲子，羣臣入，王亦入。汝愚率百官詣梓宮前，太后垂簾，汝愚率同列再拜，奏：「皇帝疾，未能執喪。臣等乞立皇子嘉王爲太子以繫人心，皇帝批出有『甚好』二字，繼有『念欲退閒』之旨，取太皇太后處分。」太后曰：「既有御筆，相公當奉行。」汝愚曰：「茲事重大，播之天下，書之史册，須議一指揮。」太后允諾。汝愚袖出所擬太后指揮以進，云：「皇帝以疾，至今未能執喪，曾有御筆，欲自退閒。皇子嘉王擴可卽皇帝位，尊皇帝爲太上皇帝，皇后爲太上皇后。」太后覽畢，曰：「甚善。」汝愚奏：「自今臣等有合奏事，當取嗣君處分，然恐兩宮父子間有難處者，須煩太后主張。」又奏：「上皇疾未平，驟聞此事，不無驚疑。乞令都知楊舜卿提舉本宮，任其責。」遂召舜卿至簾前面諭之，太后乃命汝愚以旨諭皇子卽位。皇子固辭，曰：「恐負不孝名。」汝愚奏：「天子當以安社稷、定國家爲孝，今中外人人憂亂，萬一變生，置太上皇何地？」衆扶皇子入素帷，被黃袍，方卻立未坐，汝愚率同列再拜。皇子詣几筵，奠哭盡哀。須臾，立仗訖，催百官班，皇子衰服出，就重華殿東廡素帷立，內侍扶掖登御座，百官起居訖，行禫祭禮。命舜卿往南內請八寶，初猶靳與，舜卿傳奏皇子卽位，乃得寶出。汝愚卽喪次召還留正。尋詔：「卽以寢殿爲泰安宮，以奉上皇。」民心悅懌，中外晏然，汝愚力也。

乙亥，侍御史章穎等劾內侍林億年、陳源、楊舜卿，詔奪舜卿官，億年常州居住，源撫州居住。

冬十月庚寅，更號泰安宮爲壽康宮。

閏月庚申，詔議祧廟。時以孝宗祔廟，議宗廟迭毀之制。孫逢吉、（曹）〔曾〕三復（皆）〔首〕請併祧〔僖、宣二祖，奉太祖居第一室，祫祭則正東向之位。有旨集議〕（據宋史四二九朱熹傳、續綱目改並補），僖、順、翼、宣四祖祧主宜有所歸。自太祖首尊四祖之廟，治平間以世數寖遠，請遷僖祖於夾室。後王安石等奏，僖祖有廟，與稷、契無異，請復其舊。至是，趙汝愚雅不以復祀僖祖爲然，侍從多從其說。吏部尚書鄭僑欲且祧宣祖而祔孝宗。侍講朱熹以爲藏之夾室，則是以祖宗之主下藏於子孫之夾室。又擬爲廟制，以爲物豈有無本而生者。廟堂不以聞，乃毀撤僖、宣廟室，更創別廟以奉四祖。

十一月辛亥，詔行孝宗皇帝三年喪。先是，有司請於易月之外用漆紗淺黃之制。時朱熹在講筵，奏言：「自漢文短喪，歷代因之，天子遂無三年之喪。爲父且然，則嫡孫承重可知。人紀廢壞，三綱不明，千有餘年，莫能釐正。壽皇聖帝至性，以日易月之外，猶執通喪，朝衣、朝冠，皆用大布。所宜著在方策，爲萬世法程。陛下以世嫡承大統，承重之服，著在禮律，宜遵壽皇已行之法。一時倉卒，不及詳擬，遂用漆紗淺黃之服，使壽皇已行之禮，舉而復墜，臣竊痛之！然既往之事，不及追改，啓殯發引，禮當復用初喪之服。」至是，詔遵用三年之制，中外百官，皆以涼衫視事，蓋用熹言也。

乙卯，攢孝宗於永阜陵。先是，趙彥逾按視孝宗山陵，以爲土肉淺薄，下有水石。孫逢吉覆按，乞別求吉兆。詔集議。朱熹上議狀，言：「壽皇聖德，衣冠之藏當博求名山，不宜偏信臺史，委之水泉沙礫之中。」不報。

寧宗慶元六年（庚申、一二〇〇）六月乙酉，太上皇后李氏崩，謚曰慈懿。

八月辛未，太上皇帝崩，廟號光宗。

史臣曰：光宗幼有令聞，嚮用儒雅。卽位之初，總權綱，屏嬖倖，薄賦寬刑，有可觀者。及夫宮闈悍妒，閹寺交搆，驚憂致疾，孝養日怠，孝宗之業衰矣。

宋史紀事本末卷八十二

韓侂胄專政

光宗紹熙五年（甲寅、一一九四）秋七月甲子，皇子擴即位。

乙丑，立皇后韓氏。后，琦六世孫，父曰同卿，侂胄則其季父也。被選入宮，能順適兩宮意，遂歸嘉王邸。至是，立爲后。

己巳，以趙汝愚兼權參知政事。汝愚首裁抑僥倖，收召四方知名之士，中外引領望治。

己亥，復召留正赴都堂治事。趙汝愚乞免兼參知政事，乃拜右丞相。汝愚辭曰：「同姓之卿，不幸處君臣之變，敢言功乎！」

戊寅，加殿前都指揮使郭杲爲武（寧）〔康〕軍（據宋史三七寧宗紀、續綱目、薛鑑改）節度使。辛巳，以趙汝愚爲樞密使。壬午，以韓侂胄爲汝州防禦使。初，侂胄欲推定策功，意望節鉞。汝愚曰：「吾宗臣，汝外戚也，豈可言功？惟爪牙之臣則當推賞。」乃加杲節鉞，但遷侂胄防禦使。侂胄大失望，然以傳達詔旨，浸見親幸，時時乘間竊弄威福。知臨安府徐誼告汝愚曰：「侂胄異時必爲國患，宜飽其欲而遠之。」不聽。汝愚欲推葉適之功，適辭曰：「國危效忠，職也。適何功之有！」及聞侂胄觖望，與知閤劉弼言於汝愚曰：「侂胄所望不過節鉞，宜與之。」不從。適歎曰：「禍自此始矣！」遂力求補外。

八月丙辰，內批罷左丞相留正。時，韓侂胄浸謀預政，數詣都堂，正使省吏諭之曰：「此非知閤日往來之地。」侂胄怒而退。會正與汝愚議山陵不合，侂胄因間之於帝，遂以手詔罷正，出知建康府。

以趙汝愚爲右丞相。汝愚本倚留正共事，怒韓侂胄不以告，及來謁，因不見之，侂胄慚憤。羅點曰：「公誤矣。」汝愚悟，乃見之，侂胄終不懌。

九月壬申，以京鏜簽書樞密院事。初，帝欲除鏜帥蜀，趙汝愚謂人曰：「鏜望輕資淺，豈可當此方面！」鏜聞而憾之，由是韓侂胄引以自助。鏜時已變素守，羣憸附和，視正士如仇讐。衣冠之禍自此始。

冬十月，內批以謝深甫爲御史中丞，劉德秀爲監察御史，罷右正言黃度。時，韓侂胄日夜謀去趙汝愚，知閤門事劉弼亦以不得與內禪，心懷不平，因謂侂胄曰：「趙相欲專大功，君豈惟不得節鉞，將恐不免嶺海之行。」侂胄愕然問計，曰：「惟有用臺諫耳。」侂胄問若何而可，弼曰：「御筆批出是也。」侂胄然之，遂以內批拜給事中謝深甫爲中丞。會汝愚請令近臣薦御史，侂胄密以其黨劉德秀屬深甫，遂以内批用之。由是劉三傑、李沐等牽連以進，言路皆侂胄之人，排斥正士。侍講朱熹憂其害政，每因進對，爲帝切言之。又約吏部侍郎彭龜年同劾侂胄，會龜年出護使客，不果。熹復貽書汝愚，當以厚賞酬侂胄之勞，勿使預政。汝愚爲人疏，謂其易制，不以爲慮。黄度將上疏論侂胄之姦，侂胄覺之，以御筆除度知平江府。度言：「蔡京擅權，天下所由以亂。今侂胄假御筆逐諫臣，使俛首去，不得效一言，非國之利也。」固辭，奉祠歸養。未幾，復内批罷侍講朱熹。〔原注：熹事見道學紀〕游仲鴻上疏曰：「陛下宅憂之時，御批數出，不由中書。前日宰相留正之去，去之不以禮。諫官黄度之去，去之不以正。近日講官朱熹之去，復去之不以道。自古未有舍宰相、諫官、講官，而能自爲聰明者也。願亟還熹，毋使小人得志，以養成禍亂。」王介上疏言：「陛下即位未三月，策免宰相，遷易臺諫，悉出内批，非盛世事也。崇寧、大觀間，事出御批，遂成北狩之禍。杜衍爲相，常積内降十數封還。今宰相不敢封納，臺諫不敢彈奏，此豈可久之道！」皆不報。

十一月庚戌，以韓侂胄兼樞密都承旨。初，詔侂胄可特遷二官。侂胄意不滿，力辭，乃止遷一官，爲宜州觀察使，怨趙汝愚益深。至是，特遷都承旨。

十二月乙丑，吏部侍郎兼侍講彭龜年見韓侂胄用事，權勢重於宰相，上疏條奏其姦，謂：「進退大臣，更易言官，皆初政最關大體。若大臣或不能知，而侂胄知之，假託聲勢，竊弄威福，不去必爲後患。」上覽奏，駭曰：「侂胄，朕託以肺腑，信而不疑，不謂如此！」龜年又言：「陛下逐朱熹太暴，故欲陛下亦亟去此小人，毋使天下人謂陛下去君子易，去小人難。」於是龜年、侂胄俱請祠。帝欲兩罷其職，陳騤進曰：「以閤門去經筵，何以示天下！」既而內批：「龜年與郡，侂胄進一官，與在京宮觀。」給事中林大中、同中書舍人樓鑰繳奏曰：「陛下眷禮舊僚，一朝龍飛，延問無虛日，不三數月間，或死或斥，賴龜年一人尙留。今又去之，四方謂其以盡言得罪，恐傷政體。且一去一留，恩意不侔。去者(不)〔日〕遠，(則)〔不〕(並據宋史三九三林大中傳、薛鑑改)復侍左右，留者納祠，則召見無時。請留龜年經筵，而命侂胄以外任，則事體適平，人無可言者。」上批：「龜年已爲優異，侂胄本無過尤，可並書行。」大中與鑰同奏：「龜年除職與郡以爲優異，則侂胄之轉承宣使，非優異乎？若謂侂胄本無過尤，則龜年論事，實出於愛君之忱，豈得爲過？龜年既已決去，侂胄難於獨留，宜畀外任或外祠，以慰公議。」不聽。由是侂胄愈橫。御史中丞謝深甫劾陳傅良，罷之。

己巳，陳騤罷，以余端禮知樞密院事，京鏜參知政事，鄭僑同知樞密院事。陳騤與趙汝愚素不協，未嘗同堂語。及爭彭龜年事，韓侂胄語人曰：「彭侍郎不貪好官，固也；元樞亦欲爲好人耶？」故罷之，而引京鏜居政府，以間汝愚。汝愚孤立於朝，天子亦無所倚信。

以趙彥逾爲四川制置使。時，彥逾爲工部尙書，自以有功於帝室，冀趙汝愚引居政府，及除蜀帥，大怒，遂與韓侂胄合。因陛辭，疏廷臣姓名於帝，指爲汝愚之黨，且曰：「老奴今去，不惜爲陛下言之。」由是帝亦疑汝愚矣。

寧宗慶元元年（乙卯、一一九五）二月戊寅，罷右丞相趙汝愚。初，韓侂胄欲逐汝愚而難其名，謀於京鏜，鏜曰：「彼宗姓也，誣以謀危社稷，則一網打盡矣。」侂胄然之，以秘書監李沐嘗有怨於汝愚，引爲右正言，使奏汝愚以同姓居相位，將不利於社稷，乞罷其政，以奠安天位，杜塞奸源。是日，汝愚出浙江亭待罪，遂以觀文殿大學士出知福州。甲申，謝深甫等論汝愚冒居相位，今既罷免，不當加以書殿隆名，帥藩重寄，乞令奉祠思咎。命提舉洞霄宮。直學士院鄭湜草制詞，有曰：「頃我家之多難，賴碩輔之精忠。持危定傾，安社稷以爲悅，任公竭節，利國家無不爲。」坐無貶詞，亦免官。

兵部侍郎章穎侍經幃，帝曰：「諫官有言趙汝愚者，卿等謂何？」穎奏言：「天地變遷，人情危疑，加以敵人嫚侮，國勢未安，未可輕退大臣。願降詔宣諭汝愚，無聽其去。」國子祭酒李祥言：「去歲壽皇崩，兩宮隔絕，中外洶洶，留正棄宰相而去，官僚幾欲解散，君喪無主，國命如髮。汝愚不畏滅族，決策立陛下，風塵不搖，天下復安，社稷之臣也。奈何無念功至意，忽禮貌常典，使精忠直節，拂鬱黯闇，何以示後世！」知臨安府徐誼素爲汝愚所器，凡有政務，多咨訪之，誼隨事裨助，不避形迹。又嘗勸汝愚早退，及預防侂胄之姦，侂胄尤怨之。及是，與國子博士楊簡亦抗論留汝愚。李沐劾爲黨，皆斥之。

夏四月丁巳，大府寺丞呂祖儉奏言趙汝愚之忠，韓侂胄怒曰：「呂寺丞乃預我事耶！」祖儉乃上封事曰：「陛下初政清明，登用忠良。然曾未踰時，朱熹老儒也，彭龜年舊學也，有所論列，則亟許之去。至於李祥老成篤實，非有偏比，蓋衆聽所共孚者，今又終於斥逐。臣恐自是天下有當言之事，必將相視以爲戒，鉗口結舌之風一成而未易反，是豈國家之利耶！」又曰：「今之能言之士，其所難非在於得罪君父，而在忤意權勢。姑以臣所知者言之，難莫難於論災異，然言之而不諱者，以其事不關於權勢也。若乃御筆之降，廟堂不敢重違，臺諫不敢深論，給舍不敢固執，蓋以其事關貴近，深慮乘間激發而重得罪也。故凡勸導人主事從中出者，蓋欲假人主之聲勢以漸竊威權耳。比者聞之道路，左右暬御，於黜陟廢置之際間得聞者，車馬輻輳，其門如市，恃權怙寵，搖撼外庭。臣恐事勢浸淫，政歸幸門，不在公室，凡所薦進皆其所私，凡所傾陷皆其所惡，豈但側目憚畏，莫敢指言，而阿比順從，內外表裏之患，必將形見。臣因李祥獲罪而深及此者，是豈矯激自取罪戾哉？實以士氣頹靡之中，稍忤權臣，則去不旋踵，私憂過計，深憂陛下之勢孤，而相與維持宗社者寖寡也。」疏上。有旨，祖儉朋比罔上，送韶州安置。中書舍人鄧（驛）〔馹〕（據宋史四五五呂祖儉傳、續綱目、薛鑑改）繳奏，祖儉不當貶。中降旨：「祖儉意在無君，罪當誅竄，逐已從寬。」會樓鑰進讀呂公著元祐初所上十事，因進曰：「如公著社稷臣，猶將十世宥之，祖儉乃其孫也，今投嶺外，萬一卽死，陛下有殺諫臣名，臣竊惜之。」帝問：「祖儉所言何事？」人(皆)〔始〕（據薛鑑改）知韶州之貶不出上意。尋改吉州。

庚申，太學生楊宏中、周端朝、張道、林仲麟、蔣傅、徐範六人，伏闕上書曰：「自古國家禍亂之由，初非一端，惟小人中傷君子，其禍尤慘。黨錮敝漢，朋黨亂唐，大率由此。元祐以來，邪正交攻，卒成靖康之變，臣子所不忍言，陛下所不忍聞也。近者，諫官李沐論罷趙汝愚，中外咨憤，而李沐以爲父老歡呼。蒙蔽天聽，一至於此！陛下猶不念去歲之事乎？人情驚疑，變在朝夕，是時假非汝愚出死力，定大議，雖百李沐，罔知攸濟。當國家多難，汝愚位樞府，本兵柄，指揮操縱，何向不可？不以此時爲利，今上下安妥，乃有異意乎！章穎、李祥、楊簡發於中激，力辨其非，卽遭斥逐。六館之士，拂膺憤怨。李沐自知邪正不兩立，思欲盡覆正人以便其私，必託朋黨以罔陛下之聽。臣恐君子、小人消長之機，於此一判，則靖康已然之驗，何堪再見於今日耶！伏願陛下念汝愚之忠勤，察祥、簡之非黨，灼李沐之回邪，竄沐以謝天下，還祥、簡以收士心。」疏上，詔宏中等罔亂上書，扇搖國是，悉送五百里外編管。中書舍人鄧馹繳奏留之，不聽。是日，有旨，李沐除右諫議大夫，劉德秀除左正言。知臨安府錢象祖捕諸生押送貶所。未幾，出馹知泉州。時天下號宏中等爲六君子。

秋七月癸酉，加韓侂胄保寧節度使。

十一月丙午，竄故相趙汝愚於永州。初，韓侂胄忌汝愚，必欲置之死，以息人言。至是，用何澹疏，落汝愚觀文殿大學士及宮觀，監察御史胡紘遂上言：「汝愚倡引僞徒，謀爲不軌，乘龍授鼎，假夢爲符。」因條奏其十不遜，且及徐誼。詔謫汝愚寧遠軍節度副使，永州安置；誼惠州團練副使，南安軍安置。時，汪義端當制，遂用漢誅劉屈氂、唐戮李林甫事，示欲殺之之意。趙師古亦上書乞斬汝愚，帝不從。

二年（丙辰、一一九六）春正月壬午，趙汝愚卒於衡州。初，汝愚之貶，謂諸子曰：「觀侂胄之意，必欲殺我。我死，汝曹尙可免也。」行至衡州，病作。衡守錢鍪承侂胄風旨，窘辱備至，汝愚暴卒，天下聞而冤之。訃聞，上命追復原官，許歸葬。中書舍人吳宗旦繳還復官之命。汝愚嘗夢孝宗授以湯鼎，背負白龍升天，後翼嘉王以素服卽位，蓋其驗也，讒者遂以爲罪云。

秋七月，量徙流人呂祖儉等於內郡。祖儉移高安，尋卒。祖儉嘗曰：「因世變有所摧折失其素履者，固不足言矣；因世變而意氣有所加者，亦私心也。」

四年（戊午、一一九八）五月己亥，加韓侂胄少傅，賜玉帶。

八月丙子，以謝深甫知樞密院事，許及之同知院事。及之爲吏部尙書，諂事韓侂胄，無所不至。居二年不遷，見侂胄，流涕敍其知遇之意，衰遲之狀，不覺屈膝。侂胄惻然憐之，故有是命。侂胄嘗值生辰，朝臣畢集，及之適後至，閽人掩關拒之，及之大窘，會閘未及閉，遂俯僂而入。當時有「由竇尚書」、「屈膝執政」之語，傳以爲笑。

是月，以趙師羼爲工部侍郎。師羼附韓侂胄，得知臨安府。侂胄生日，百官爭貢珍異，師羼最後至，出小合，曰：「願獻少果核侑觴。」啓之，乃粟金蒲桃小架，上綴大珠百餘顆，衆慚沮。侂胄有愛妾張、譚、王、陳四人，皆封郡夫人，其次有名位者又十人。或獻北珠冠四枚於韓侂胄，侂胄以遺四夫人，其十人亦欲之，未有以應也。師羼聞之，亟市北珠，製十冠以獻。十人者喜，爲求遷官，拜工部侍郎。侂胄嘗與衆客飲南園，過山莊，顧竹籬草舍，曰：「此眞田舍間氣象，但欠犬吠雞鳴耳。」俄聞犬嗥叢薄，視之，乃師羼也，侂胄大笑。

五年（己未、一一九九）春正月庚子，奪前起居舍人彭龜年等官。初，趙汝愚定策時，樞密院直省官蔡璉從旁竊聽，因而漏言，汝愚竄之。既而逃還臨安，韓侂胄聞之，乃使璉誣告汝愚定策時有異謀，具列賓僚所言，凡七十餘紙。詔下大理捕鞫彭龜年、曾三聘、沈有開、葉適、項安世等以實其事。中書舍人范仲藝謂侂胄曰：「章惇、蔡確之權不爲不盛，然而至今得罪於清議者，以同文獄故耳。相公胡爲蹈之！」侂胄曰：「某初無此心，以諸公見迫，不容已，但莫問其人。」乃知京鏜、劉德秀實主其議。侂胄取錄黃藏之，事遂格。張釜、劉三傑、張巖、程松等論之不已，詔累經赦宥，宜免。然猶奪龜年、三聘官，而擢璉進義副尉。

六年（庚申、一二〇〇）秋七月，以陳自强簽書樞密院事。自强嘗爲韓侂胄童子師，及侂胄當國，自强入都待銓，欲見之，無以自通，僦居主人出入侂胄家，爲入言之。一日，侂胄召自强，比至，則從官畢集。侂胄設褥於堂，延自强升坐，再拜，次召從官同坐，從官踧踖，莫敢居上者。侂胄徐曰：「陳先生老儒，汩沒可念。」坐客唯唯。明日，交章薦其才，卽除太學錄。未踰歲，三遷爲秘書郎。既入館，卽改右正言。月餘，拜諫議大夫、御史中丞。旬日，遂秉政。

九月甲子，婺州布衣呂祖泰上書請誅侂胄。祖泰，祖儉從弟也，性疎達，尚氣誼，論世事無忌諱。先是，祖儉以言事貶，祖泰語其友曰：「自吾兄之貶，諸人箝口。我雖無位，義必以言報國，當少須之，然亦未敢以累吾兄也。」至是，祖儉卒，祖泰乃擊登聞鼓上書，論韓侂胄有無君之心，請誅之，以防禍亂。其略曰：「道學，自古所恃以爲國者也；丞相趙汝愚，今之有〔大〕（據宋史四五五呂祖泰傳、續綱目、薛鑑補）勳勞者也。立僞學之禁，逐汝愚之黨，是將空陛下之國，而陛下不知悟耶？陳自强何人也，徒以韓侂胄童稚之師，躐致宰輔，陛下舊學之臣，若彭龜年等，今安在哉！蘇師旦，平江之吏胥，周筠，韓氏之廝役，人共知之。今師旦乃以潛邸隨龍，筠以皇后親屬，俱得大官。不知陛下在潛邸時，果識所謂蘇師旦者乎？椒房之親，果有廝役之周筠者乎？侂胄徒自尊大，而卑陵朝廷一至於此！願亟誅侂胄、師旦、筠，而逐罷自强之徒。故大臣在者，獨周必大可用，宜以代之。不然，事將不測。」書下三省，朝論雜起。御史施康年以爲必大實使之，遂露章奏劾，且謂：「淳熙之季，王淮爲首相，必大嘗擠而奪之位，倡僞徒，植黨與。今屏居田野，不自循省，而誘致狂生，扣閽自薦，以覬召用。」林采言：「僞學之成，造端自周必大，乞加貶削。」遂貶必大一官，爲少保。降詔：「呂祖泰挾私上書，語言狂妄，拘管連州。」右諫議大夫程松與祖泰狎友，懼曰：「人知我素與遊，其謂我與聞乎！」乃獨奏，言：「祖泰有當誅之罪，且其上書必有教之者，今縱不殺，猶當杖脊黥面，竄之遠方。」殿中侍御史陳讜亦以爲言。遂杖祖泰一百，配欽州牢城收管。

冬十月，加韓侂胄太傅。

十一月己未，皇后韓氏崩。

嘉泰元年（辛酉、一二〇一）八月，以張巖參知政事，程松同知樞密院事。巖、松皆附韓侂胄，松諂侂胄尤甚，自知錢塘縣，不二年，爲諫議大夫。滿歲未遷，殊怏怏，乃市一妾獻之，名曰松壽。侂胄曰：「奈何與大諫同名？」答曰：「欲使賤名常達鈞聽耳。」侂胄憐之，遂得同知樞密院。

二年（壬戌、一二〇二）春正月，以蘇師旦兼樞密都承旨。初，韓侂胄爲平江府兵馬鈐轄時，師旦以筆吏事之，侂胄愛其辨慧。帝登極，竄姓名於藩邸吏士內，遂以隨龍恩得官。至是，權勢日盛。

十二月甲申，立貴妃楊氏爲皇后。自韓后崩，中宮未有所屬，后爲貴妃，與曹美人俱有寵。韓侂胄以后頗涉書史，知古今，性警敏，任權術，而曹美人柔順，勸帝立曹氏。帝不從，竟立后，由是后與侂胄有怨矣。

加韓侂胄太師，封平原郡王。先是，監惠民局夏允中上書，請依文彥博故事，以侂胄平章軍國重事。侂胄謬爲辭謝，詔不許，而罷允中。至是，進位太師。侂胄欲以勢利蠱士大夫之心，薛叔似、辛棄疾、陳謙等皆起廢顯用，當時困於久斥者，往往損晚節以規榮進。政府、樞密、臺諫、侍從，皆出侂胄之門，而蘇師旦、周筠，又侂胄廝役，亦得預聞國政，羣小滿朝，勢焰薰灼。

三年（癸亥、一二〇三）五月，以陳自强爲右丞相。時，韓侂胄專權，凡所欲爲，宰執惕息，不敢爲異。自强至印空名敕劄授之，惟所欲爲，宰執不與知也。言路阨塞，每月按舉小吏一二人，謂之月課。又有泛論君德、時事，皆取其陳熟緩慢，略無攖拂者言之。或問之，則愧謝曰：「聊以塞責耳。」加以苞苴盛行，自强尤貪鄙，四方致書餽，必題其緘云「某物若干併獻」，凡書題無「併」字則不開。縱子弟親戚關通貨賄，仕進干請，必諧價而後予。嘗語人曰：「自强惟一死以報師王。」每稱侂胄爲恩王、恩父，蘇師旦爲叔，堂吏史達祖爲兄。侂胄姦宄專國，自强表裏之功爲多。

開禧元年（乙丑、一二〇五）秋七月庚申，詔韓侂胄平章軍國事，立班丞相上，三日一朝，赴都堂治事。論者謂侂胄繫銜，比呂夷簡省「同」字，則其體尤尊，比文彥博省「重」字，則其所與者廣，於是三省印並納其第。侂胄置機速房於私第，甚者，假作御筆升黜將帥，事關機要未嘗奏稟，人莫敢言。

時，侂胄專政既久，黨與徧內外，天子孤立於上，威行公省，權震宇內。嘗鑿山爲沼，下瞰太廟。出入宮闈無度。孝宗疇昔思政之所，偃然居之，老宮人見之，往往流涕。顏棫草制，以爲「得聖之清」；易祓撰答詔，以「元聖」褒之。四方投獻者，謂伊、霍、旦、奭不足以擬其勳。余嘉請加九錫，趙師睪乞置平原府官屬，侂胄皆當之不辭。其嬖妾皆封郡國夫人，每內宴，與妃嬪雜坐，恃勢驕倨，掖庭皆惡之。後伏誅，籍其家，多乘輿服御之飾，其僭紊極矣。

宋史紀事本末卷八十三

北伐更盟

寧宗嘉泰四年（甲子、一二〇四）春正月，韓侂胄定議伐金。時金爲北鄙韃靼等部所擾，無歲不興師討伐，兵連禍結，士卒塗炭，府庫空匱，國勢日弱，羣盜蜂起，民不堪命。有勸韓侂胄立蓋世功名以自固者，侂胄然之，恢復之議遂起。聚財募卒，出封椿庫黃金萬兩，以待賞功，命吳曦練兵西蜀。既而安豐守臣厲仲方言：「淮北流民咸願歸附。」浙東安撫使辛棄疾入見，言：「金國必亡，願屬大臣備兵，爲倉卒應變之計。」侂胄大喜。會鄧友龍使金還，言：「金有賂驛使夜半求見者，具言金國困弱，王師若來，勢如拉朽。」侂胄聞之，用師之意益決矣。

五月癸未，追封岳飛爲鄂王。飛先已賜謚武穆，至是，韓侂胄欲風勵諸將，故追封之。

開禧元年（乙丑、一二〇五）夏四月，武學生華岳上書，諫朝廷未宜用兵啓邊釁，且乞斬韓侂胄、蘇師旦、周筠以謝天下。侂胄大怒，下岳大理，編管建寧。

五月，金主璟聞朝廷將用兵，召諸大臣問之。皆曰：「宋敗衄之餘，自救不暇，恐不敢叛盟。」完顏匡獨曰：「彼置忠義保捷軍，取先世開寶、天禧紀元，豈忘中國者哉！」〔璟然之〕（據續綱目、薛鑑補），乃命平章僕散揆，會兵於汴以備之。

六月，詔內外諸軍，密爲行軍之計。

八月，金罷河南宣撫司。初，僕散揆至汴，移文來責敗盟。三省、樞密院答言：「邊臣生事，已行貶黜，所置兵亦已抽去。」揆信之。會殿前副都指揮使郭倪、濠州守將田俊邁誘虹縣民蘇貴等爲間，言於揆曰：「宋之增戍，本虞他盜，及聞行臺之建，益畏讋不敢去備。且兵皆白丁，自裹糧糒，窮蹙饑疾，死者甚衆。」揆益弛備，以其言白於金主璟。時金羣臣皆勸先舉，璟曰：「南北和好四十餘年，民不知兵，不可。」及聞揆言，遂命罷宣撫司及新置兵。

丁亥，命湖北安撫司增招神勁軍。乙巳，以郭倪爲鎮江都統，兼知揚州。

九月丁未，韓侂胄欲審敵虛實，遣陳景俊使金賀正旦。景俊還，金主璟諭之曰：「大定初，世宗許宋世爲姪國，朕遵守至今。豈意爾國屢犯我邊，以此遣大臣宣撫河南。及得爾國公移，朕卽罷司，而爾國侵擾益甚。朕惟和好歲久，委曲含容，恐姪宋皇帝或未詳知。卿歸國，當具言之！」景俊還，以告，陳自强戒勿言，由是用兵益決。

以丘崈爲江淮宣撫使，崈辭不拜。初，韓侂胄以北伐之議示崈，崈曰：「中原淪陷且百年，在我固不可一日而忘，然兵凶戰危，若首倡非常之舉，兵交勝負未可知，則首事之禍，其誰任之？必有誇誕貪進之人，攘臂以僥倖萬一，宜亟斥絶；不然，必誤國矣！」侂胄不納。至是，命崈宣撫江淮，崈手書力論金人未必有意敗盟，中國當示大體，宜申儆軍實，使吾常有勝勢。若釁自彼作，我有詞矣。因力辭不拜。侂胄不悅。

十二月戊寅，金使太常卿趙之傑來賀正旦，入見。韓侂胄故使贊者犯金主父嫌名以挑之，之傑遂倨慢。侂胄請帝還內。著作郎朱質乞斬虜使，不報。詔使人更以正旦朝見。

二年（丙寅、一二〇六）夏四月庚午，追論秦檜主和誤國之罪，削奪王爵，改謚繆醜。

金聞皇甫斌分兵規取唐、鄧，復命僕散揆領行省於汴，河南皆聽節制，盡徵諸道籍兵，分守要害。命彰德守臣護韓琦墳，凡宋宗族所居，有司提控之。

鎭江都統制陳孝慶復泗州，江州統制許進復新息縣，光州忠義人孫成復褒信縣。

五月辛巳，陳孝先復虹縣。

丁亥，韓侂胄聞已得泗州及新息、褒信、潁上、虹縣，乃命直學士院李（璧）〔壁〕（據宋史三九八本傳改。下同）草詔，下伐金詔。略曰：「天道好還，中國有必伸之理，人心效順，匹夫無不報之仇。蠢茲醜虜，猶託要盟，朘生靈之資，奉谿壑之欲，此非出於得已，彼乃謂之當然。軍入塞而公肆創殘，使來庭而敢爲桀驁，洎行李之繼遣，復嫚詞之見加。含垢納汚，在人情而已極！聲罪致討，屬胡運之將傾。兵出有名，師直爲壯。言乎遠，言乎近，孰無忠義之心？爲人子，爲人臣，當念祖宗之憤！」初，兵部侍郎葉適輪對，嘗言：「甘弱而幸安者衰，改弱而就强者興。」侂胄聞而喜之，以爲直學士院，欲藉其草詔以動中外，而適以疾辭職，乃改命（璧）〔壁〕云。

甲午，郭倪遣郭倬、李汝翼會兵攻宿州，敗。還至蘄，金人追而圍之，倬執馬軍司統制田俊邁以與金人，乃得免。時建康都統李爽攻壽州，亦敗。

皇甫斌敗績於唐州。時江州都統王大節攻蔡州，亦不克而潰。

六月甲寅，鄧友龍罷，以丘崈爲兩淮宣撫使。韓侂胄以師出無功，罷友龍而以崈代之，駐揚州。崈至鎭，部署諸將，悉以三衙江上軍分守江、淮要害。侂胄遣人來議招收潰卒，且求自解之計。崈謂宜明蘇師旦、周筠等僨師之姦，正李汝翼、郭倬等喪師之罪。崈欲全淮東兵力，爲兩淮聲援，奏：「泗州孤立，淮北所屯精兵幾二萬，萬一金人南出清河口，及犯天長等城，則首尾中斷，墮敵計矣。莫若棄之，還軍盱眙。」從之。於是王大節、李汝翼、皇甫斌、李爽等皆坐貶，斬郭倬於鎭江。

秋七月，韓侂胄旣喪師，始覺爲蘇師旦所誤。召李（璧）〔壁〕飲，酒酣，語及師旦始謀事。

〔璧〕〔壁〕微摘其過以覘之，因極言：「師旦怙勢招權，使明公負謗，非竄謫此人，不足以謝天下。」侂胄然之，翌日罷師旦，籍其家。尋除名，韶州安置。

（八）〔十〕（據金史一二章宗紀、續綱目、薛鑑改）月丙子，金僕散揆分兵爲九道，南下：揆兵三萬，出潁、壽；完顏匡兵二萬五千，出唐、鄧；紇石烈子仁兵三萬，出渦口；紇石烈胡沙虎兵二萬，出清河口；完顏充兵一萬，出陳倉；蒲察貞兵一萬，出成紀；完顏綱兵一萬，出臨潭；石抹仲〔溫〕兵五千，出鹽（州）〔川〕；完顏（嶙）〔璘〕（據金史一二章宗紀補並改。仲溫，金史一〇三有傳）兵五千，出來遠。

胡沙虎自清河口渡淮，遂圍楚州。

十一月甲申，以丘崈僉書樞密院事，督視江、淮軍馬。金人攻淮南日急，詔郭杲將兵駐眞州以援之，又以崈督視江、淮軍馬。或勸崈棄廬、和州，爲守江計。崈曰：「棄淮則與敵共長江之險，吾當與淮南俱存亡。」乃益增兵防守。

金完顏匡陷光化、棗陽、江陵，副都統魏友諒突圍奔襄陽。招撫使趙淳焚樊城，金人遂破信陽、襄陽、隨州，進圍德安府。

金僕散揆引兵至淮，遣人密測淮水，惟八疊灘可涉，卽遣奧屯驤揚兵下蔡，聲言欲渡。守將何汝勵、姚公佐以爲誠然，悉衆屯花靨以備之。揆乃遣賽不等潛師渡八疊，駐於南岸。

官軍不虞其至，遂皆潰走，自相蹂踐，死者不可勝計。揆遂奪潁口，下安豐軍及霍(江)〔丘〕縣(據金史一二章宗紀、宋史八八地理志改)。進圍和州，屯於瓦梁河，以控眞、揚諸州之衝，乃整軍列騎，張旗幟於沿江上下。江表大震。

十二月，金紇石烈子仁陷滁州，遂入眞州。州之士民奔逃渡江者十餘萬，知鎭江府宇文紹節亟具舟以濟，又廩食之。自是淮西縣鎭皆沒於金。

時，金僕散揆欲通和罷兵，有韓元靚者，自謂琦五世孫，揆遣之渡淮。丘崈獲之，詰所以來之故，元靚言：「兩國交兵，北朝皆謂韓太師意。今相州墳墓、宗族皆不可保，故來依太師耳。」崈使畢其說，始露講解之意。崈密使人護送北歸，俾扣其實。元靚旣回，崈得金行省文字，以聞於朝。韓侂冑方以師出屢敗，悔其前謀，輸家財二十萬以助軍，而諭崈募人持書幣赴敵營議和。崈乃遣陳璧充小使，持書於揆，願講和息兵。揆曰：「稱臣、割地、獻首禍之臣，乃可。」崈復遣王文往，言：「用兵乃蘇師旦、鄧友龍、皇甫斌所爲，非朝廷意。」且言：「今三人皆已貶黜。」揆曰：「侂冑若無意用兵，師旦等豈肯擅專！」文還，崈復遣使相繼以往，因許還其淮北流移人及今年歲幣。揆始許之，自和州退屯下蔡，獨濠州尙使一統軍守之。

以畢再遇權山東、京東招撫司。時諸將用兵皆敗，惟再遇數有功。金人常以水櫃取勝。再遇夜縛藁人數千，衣以甲冑，持旗幟戈矛，儼立成行，昧爽，鳴鼓；金人驚視，亟放水櫝，後知其非兵也，甚沮。乃出兵攻之，金人大敗。又嘗引金人與戰，且前且卻，至於數四，視日已晚，乃以香料煮豆布地上，復前搏戰，佯爲敗走。金人乘勝追逐，馬饑，聞豆香，皆就食，鞭之不前；反攻之，金人馬死者不可勝計。又嘗與金人對壘，度金兵至者日衆，難與爭鋒，一夕拔營去。留旗幟於營，幷縛生羊置其前二足於鼓上，擊鼓有聲；金人不覺爲空營，復相持數日。及覺，欲追之，則已遠矣。

三年（丁卯、一二〇七）春正月丁丑，丘崈罷，命張巖督視江、淮軍馬。時金已有和意，崈上疏乞移書金帥，以成和議；且言金人旣指韓侂胄爲首謀，若移書，宜暫免繫銜。侂胄大怒，罷崈。

二月，以知建康府葉適兼江淮制置使。適上言：「三國孫氏，嘗以江北守江，自南唐以來始失之。乞兼節制江北諸州。」詔從之。時羽檄旁午，而適治事如平時，軍需皆從官給，民以不擾，其防守皆盡法度。

是月，金僕散揆卒於下蔡。揆有疾，金主命左丞相完顏宗浩行省事於汴，至是，揆卒。

夏四月，以方信孺爲國信所參議官，如金軍。時韓侂胄募可以報使金帥府者，近臣薦信孺可使，自蕭山丞召赴都，命以使事。信孺曰：「開釁自我，金人設問首謀，當以何辭答之？」侂胄矍然。信孺遂持張巖書以行。

九月，貶方信孺官。初，信孺至濠州，紇石烈子仁止之於獄，露刃環守，絕其薪水，要以五事。信孺曰：「反俘、歸幣可也；縛送首謀，自古無之。稱藩、割地，則非臣子所敢言。」子仁怒曰：「若不望生還耶！」信孺曰：「吾將命出國門時，已置死生度外矣！」子仁遣至汴，見完顏宗浩，出就傳舍。宗浩遣將命者來，堅持五說，信孺辨對不少屈。宗浩不能詰，授以報書，曰：「和與戰，俟再至決之。」信孺還，朝廷以林拱辰爲通謝使，與信孺持國書誓草，及許通謝百萬緡。信孺至汴，宗浩怒信孺不曲折建白，遽以誓書來，有誅戮、禁錮之語，信孺不爲動。將命者曰：「此非犒軍可了。」別出事目以示之。信孺曰：「歲幣不可再增，故代以通謝錢。今得此求彼，吾有隕首而已。」會蜀中遣師復大散關，宗浩益疑之，乃遣信孺還，復書於張巖曰：「若能稱臣，卽以江、淮之間取中爲界；欲世爲子國，卽盡割大江爲界，且斬元謀姦臣函首以獻，及添歲幣五萬〔兩〕（據金史九三完顏宗浩傳、續綱目、薛鑑補）匹，犒師銀一千萬兩，方可議和好。」信孺還致其書。韓侂胄問之，信孺言敵所欲者五事：一割兩淮，二增歲幣，三索歸正人，四犒師銀，五不敢言。侂胄固問之，信孺徐曰：「欲得太師頭耳。」侂胄大怒，奪信孺三官，臨江軍居住。信孺三使金師，以口舌折強虜，敵人計屈情見，雖未卽和，然已有成說。及貶，欲再遣使，顧在廷無可者，近臣以王柟薦，乃命柟假右司郎中持書北行。柟，王倫之孫也。

辛卯，以趙淳爲江淮制置使。乙未，張巖罷。韓侂胄怒金人欲罪首謀，和議遂輟，復鋭意用兵，乃以淳鎮江淮而罷巖。巖開督府九月，費耗縣官錢三百七十萬緡而無寸功。

十一月乙亥，禮部侍郎史彌遠奏：「自兵興以來，蜀口、漢、淮之民死於兵戈者，不可勝計，公私之力大屈，而韓侂胄意猶未已，中外憂懼。」因力陳危迫之勢，請誅侂胄。皇后楊氏素怨侂胄，因使皇子榮王曮具疏言：「侂胄再啓兵端，將不利於社稷。」帝不答。后從旁力贊之，帝猶未許。后請命其兄次山，擇羣臣可任者，與共圖之，帝始諾。次山遂語彌遠。彌遠得密旨，以錢象祖嘗諫用兵，忤侂胄，乃先白象祖。象祖許之，以告李(璧)〔壁〕。(璧)〔壁〕謂事緩恐泄，乃命主管殿前司公事夏震統兵三百，候侂胄入朝，至太廟前，卽呵止之，擁至玉津園側，殺之。彌遠、象祖以聞，帝猶未信，既乃知之，遂下詔暴揚侂胄罪惡於中外。蓋其謀始於彌遠，而成於楊后及后兄次山，帝初無意也。侂胄既死，錢象祖探懷中堂帖授陳自强曰：「有旨，丞相罷政！」自强卽上馬去。丁丑，貶自强永州居住。己卯，斬蘇師旦。

嘉定元年（戊辰、一二〇八）春正月戊寅，右諫議大夫葉時請梟韓侂胄於兩淮，不報。

三月癸酉，復秦檜王爵贈謚。

己丑，王柟自金軍還。初，柟至金，請依靖康故事，世爲伯姪之國，增歲幣爲三十萬，犒軍錢三百萬貫，蘇師旦等，俟和議定後，當函首以獻。完顏匡具以柟言奏於金主璟，璟命匡索韓侂胄首以贖淮南地，改犒軍錢爲銀三百萬兩。會錢象祖移書金帥府，喻以誅韓侂胄事，柟未之知也。一日，匡問柟曰：「韓侂胄貴顯幾年矣。」柟曰：「已十餘年，平章國事才二年爾。」匡曰：「南朝欲去此人，可乎？」柟曰：「主上英斷，去之何難！」匡顧之而笑，和議始決，因遣柟還索侂胄首。詔百官集議，倪思謂有傷國體。吏部尚書樓鑰曰：「和議重事，待此而決，姦宄已斃之首，又何足惜！」遂命臨安府斲棺取首，梟之兩淮，仍諭諸路以函首畀金之事，遂以侂胄及蘇師旦首付王柟送金師，以易淮、陝侵地。

六月，王柟以韓侂胄、蘇師旦首至金。金主璟御應天門，備黃麾立仗受之，百官上表稱賀。懸二首并畫像於通衢，令百姓縱觀，然後漆其首，藏於軍器庫。遂命完顏匡等罷兵，更元帥府爲樞密院，遣使來歸大散關及濠州。

八月，置安邊所，凡韓侂胄與其他權倖沒入之田及圍田、湖田之在官者皆隸焉，凡所輸錢租，籍以給行人金繒之費。迨後與北方絕好，軍需、邊用，每於此取之。

九月辛丑，金遣完顏侃、喬宇來，詔以金國和議成諭天下。

宋史紀事本末卷八十四

吳曦之叛

光宗紹熙三年（壬子、一一九二）夏四月，以丘𡩋爲四川安撫制置使。初，留正帥蜀，慮吳氏世將，謀去之，不果。至是，議更蜀帥，正言，西邊三將，惟吳氏世襲兵柄，號爲「吳家軍」，不知有朝廷，遂以戶部侍郎丘𡩋往。𡩋陛辭，奏曰：「臣入蜀後，吳挺脫至死亡，兵權不可復付其子，臣請得以便宜撫定諸軍。」許之。

四年（癸丑、一一九三）五月，利州安撫使吳挺卒，丘𡩋使總領財賦楊輔權安撫使，統制官李世廣權總其軍。知樞密院趙汝愚亦言：「吳氏世掌西兵，非國家之利，宜別置帥。」遂以興州都統制張詔代挺，以挺子曦帶御器械。

寧宗嘉泰元年（辛酉、一二〇一）秋七月，以吳曦爲興州都統制。曦時爲殿前副都指揮使，鬱鬱不得志，乃以賄賂宰輔，規求還蜀。陳自强爲言於韓侂胄，侂胄許之，遂有是命。曦至興州，因諳副〔都〕（據宋史四七五吳曦傳、續綱目、薛鑑補）統制王大節，罷其官，由是兵權悉歸於曦，異志遂成矣。

開禧二年（丙寅、一二〇六）三月，以程松爲四川宣撫使，吳曦副之。松移司興元東，以軍三萬屬之；曦進屯河池西，以軍六萬屬之，仍聽節制財賦，按劾計司。曦由是益得自專，松無所關預。松始至，欲以執政禮見曦，責庭參，曦聞之，及境而還。松用東、西軍一千八百自衞，曦抽摘以去，松不悟。尋詔曦兼陝西、河東招撫使，知大安軍安丙陳十可憂於松。既而松開府漢中，夜延丙議，丙爲松言，曦必誤國，松亦不省。

夏四月丁丑，吳曦叛。曦既得志，與其從弟晛及徐景望、趙富、米修之、董鎮共爲反謀，陰遣其客姚淮源獻關外階、成、和、鳳四州於金，求封蜀王。

十二月，吳曦既遣姚淮源如金，因持重按兵河池。韓侂胄日夜望其進兵，使者相繼。曦恐謀泄，乃遣兵度秦、隴，與金人戰，以堅侂胄之心。金人聞曦叛求封，大喜，與曦詔曰：「卿家專制蜀漢，積有歲年，猜嫌既萌，進退維谷。且卿自視，翼贊之功孰與岳飛？飛之威名戰功暴於南北，一朝見忌，遂被誅夷之慘，可不畏哉！智者順時而動，明者因機而決。今大軍臨江，若能按兵閉境，不爲異同，使我師東下，無西顧憂，則全蜀之地，卿所素有，當加封册，一依康王故事。更能順流東下，助爲掎角，則旌麾所指，盡以相付。」因命完顏綱經略之。綱進兵水洛，訪得曦族人吳端，署爲水洛城巡檢使，遣人報曦。曦得報，心喜，以程松在興元，未敢發，詐稱杖殺端，而陰遣使送款於綱。及金將蒲察貞破和尙原，犯西和州，曦將王喜等方力戰，曦忽傳令退保黑谷，軍遂潰。貞入成州，曦因焚河池，退保青野原。金人無復顧慮。

時興州都統制毋思以重兵守關。吳曦聞金兵至，因撤蓦關之戍，金人由板閘谷遶出關後，思孤軍不能支，遂陷。曦退屯罝口，完顏綱遣張仔會之，且索曦告身爲信。曦盡出以付仔，綱乃以金主璟命，遣馬良顯持詔書、金印，立曦爲蜀王。曦密受之，遂還興州。是夜，天赤如血，光燭地如晝。翌日，曦召幕屬諭意，謂東南失守，車駕幸四明，今宜從權濟事。王翼、楊騤之抗言曰：「如此，則相公忠孝八十年門戶，一朝掃地矣！」曦曰：「吾意已決。」卽遣任辛奉表，獻蜀地圖及吳氏譜牒於金。

金完顏抄合攻鳳州。程松猶未知吳曦之叛，遣人求援於曦。曦紿言當發三千騎往，松信不疑。及曦受金詔，宣言金使者欲得階、成、和、鳳四州以和，馳書諷松使去，松不知所爲。會報金兵至，百姓奔走相蹂躪。松急趨米倉山而遁，自閬州順流至重慶，以書抵曦丐贐，稱曦爲蜀王。曦以匣封致餽，松望見大恐，疑爲劍，亟逃奔，使者追予之，乃金寶也。松受而兼程出峽，西向掩淚曰：「吾今始獲保頭顱矣！」

三年（丁卯、一二〇七）春正月辛卯，吳曦自稱蜀王，遣將利吉引金兵入鳳州，以四郡付之，表鐵山爲界。曦即興州爲行宮，改元，置百官。遣董鎮至成都，治宮殿，欲徙居之。議行削髮、左衽之令，稱臣於金。分其所部兵十萬爲統帥，遣祿祁等戍萬州，泛舟下嘉陵江，聲言約金人夾攻襄陽。下黃榜於成都、潼川、利州、夔州四路。以興州爲興德府。召隨軍轉運使安丙爲丞相長史，權行都省事。先是，從事郎錢鞏之從曦在河池，嘗夢曦禱神祠，以銀盃爲珓，擲之，神起立謂曦曰：「公何疑，公何疑，後政事已分付安子文矣！」曦未省，神又曰：「安子文有才，足能辦此。」鞏之覺，心異其事，具以語曦，曦遂召丙用事。又召權大安軍楊震仲，震仲不屈，飲藥而死。吳晛爲曦謀，宜收用蜀名士，以保民心。於是陳咸自髡其髮，史次秦自瞽其目，李道傳、鄧性甫、楊泰之悉棄官去。

二月己未，以楊輔爲四川制置使，吳曦逐之。初，輔知成都，嘗言吳曦必反，帝意輔能誅曦，乃密詔授輔制置使，許以便宜從事。青城山道人安世通獻書於輔曰：「世通在山中，忽聞關外之變，不覺大慟。世通雖方外人，而大人先生亦嘗發以入道之門。竊以爲公初得曦檄，即當還書，誦其家世，激以忠義，聚官屬軍民，素服號慟，因而散金發粟，鼓集忠義，閉劍門，檄夔、梓，興仗義之師，以順討逆，誰不願從？而士大夫皆酒缸飯囊，不明大義，尙云少屈以保生靈，何其不知輕重如此！夫君乃父也，民乃子也，豈有棄父而救子之理！此非曦一人之叛，乃舉蜀士大夫之叛也。聞古有叛民，無叛官，今曦叛而士大夫皆縮手以聽命，是驅民而爲叛也。且曦叛雖逆，猶有所忌，未敢建正朔，士大夫尚以虛文見招，亦以公論之與否，卜民之從違也。今悠悠不決，徒爲婦人女子之悲，所謂停囚長智，吾恐朝廷之失望也。凡舉大事者，成敗死生，皆當付之度外。區區行年五十二矣，古人言：『可以生而生，福也；可以死而死，亦福也。』決不忍汗面戴天，同爲叛民也。」輔有重名，蜀中士大夫多勸以舉義者，而世通之言尤切。輔自以不習兵事，且內郡無兵可用，遷延不發。曦移輔知遂寧府，輔遂以印授通判韓植，棄成都而去。

乙亥，監興州合江倉楊巨源謀討吳曦，乃陰與曦將張林、朱邦寧及忠義士朱福等深相結。眉州人程夢錫知之，以告轉運使安丙，丙時稱疾未視事，乃屬夢錫以書致巨源，延之臥所。巨源曰：「先生而爲逆賊丞相長史耶？」丙號哭曰：「目前兵將，我所知，不能奮起；必得豪傑，乃滅此賊。」巨源曰：「非先生不足以主此事，非巨源不足以了此事。」會興州中軍正將李好義亦結軍士李貴、進士楊君玉、李坤辰、李彪等數十人謀誅曦。好義曰：「此事誓死報國，救西蜀生靈。但曦死後，若無威望者鎮撫，恐一變未息，一變復生。」欲奉安丙主事，使坤辰來邀巨源與會。巨源往與約，還報丙，丙始出視事。君玉與白子申共草密詔，略曰：「惟干戈省厥躬，既昧聖賢之戒；雖犬馬識其主，乃甘夷虜之臣。邦有常刑，罪在不赦。」乙亥未明，好義帥其徒七十四人入僞宮。時僞宮門洞開，好義大呼而入，曰：「奉朝廷密詔，以安長史爲宣撫，令我誅反賊，敢抗者，夷其族！」曦兵千餘，聞有詔，皆棄梃而走。巨源持詔乘馬，自稱奉使，入内戶。曦啓戶欲逸，李貴卽前執之。刃中曦頰，曦反撲貴仆於地。好義亟呼王換斧其腰，曦始縱貴，貴遂斫其首，馳告丙。宣詔，軍民拜舞，聲動天地。持曦首，撫定城中，市不易肆。盡收曦黨，殺之。衆推丙權四川宣撫使，巨源權參贊軍事。丙陳曦所以反，及矯制平賊、便宜賞功狀，上疏自劾，待罪，函曦首及違制法物，與曦所受金人詔印，送朝廷。曦僭位凡四十一日。金遣朮虎高琪奉册於曦，未至而曦已誅矣。

先是，韓侂胄聞曦反，大懼，與曦書，許以茅土之封，且召知鎮江府宇文紹節問計。紹節云：「安丙似非附逆者，或能討賊。」侂胄乃密以帛書諭丙云：「若能圖曦報國，以明本心，卽當不次推賞。」書未達，而誅曦露布已聞，朝廷大喜。曦首至臨安，獻於廟社，梟之市三日。詔誅曦妻子，家屬徙嶺南，奪曦父挺官爵，遷曦祖璘子孫出蜀，存璘廟祀，玠子孫免連坐。

初，曦未叛時，嘗較獵塞上，一日夜歸，笳鼓競奏，轔載雜襲。曦方垂鞭四視，時盛秋，天宇澄霽，仰見月中有一人騎而垂鞭，與己惟肖。問左右，所見皆符，殊以爲駭。默自念曰：「我當貴，月中人其我也。」揚鞭而揖之，其人亦揚鞭。乃大喜，異謀由是而決。蓋其妄心一萌，遂奪其魄，舉目形似，已兆覆亡之禍矣。

三月丁丑，斬僞四川都轉運使徐景望於利州。庚子，以楊輔爲四川宣撫使，安丙副之，許奕爲宣諭使。

壬寅，連貶程松，澧州安置。

楊巨源、李好義謂安丙曰：「曦死，賊破膽矣。關外西和、成、階、鳳四州，爲蜀要害，盍乘勢復取之！不然，必爲後患。」丙從之，於是分遣好義復西和州，張林、李簡復成州，劉昌國復(和)〔階〕州（據宋史四〇二楊巨源傳改），張翼復鳳州，孫忠鋭復大散關。好義進兵，次於獨頭嶺，會忠義及民兵，夾擊金人，死者蔽路。七日至西和，人人樂死，前無留敵，金將完顏欽遁去。好義整衆而入，軍民歡呼迎拜，好義籍府庫以歸於官。欲乘勝徑取秦、隴，以牽制淮寇，宣撫司楊輔、安丙不許，士氣皆沮，孫忠鋭因而失守散關。丙素惡忠鋭，檄其還，欲廢之，先命楊巨源偕朱邦寧以(朽)〔沔〕（據宋史四〇二楊巨源傳、薛鑑改）兵二千策應；巨源至鳳州，因忠鋭出迎，伏壯士於幕後，突出殺之，并其子揆。丙遂以忠鋭附僞，表聞於朝。

丁卯，楊輔還，以吳獵爲四川制置使。時朝廷察安丙與輔異，召輔赴闕。著作佐郎楊簡言，輔嘗棄成都，不當召。遂命輔知建康。

李好義以中軍統制知西和州，吳曦故將王喜遣其死黨劉昌國聽節制。好義與之酬酢，歡飲達旦，好義心腹暴痛死，而昌國遁矣。既殮，口、鼻、爪、指皆青黑，居民莫不冤之，號痛如私親。朝廷慮喜爲變，授節度使，移荆鄂都統制。既而昌國白日見好義持刀刺之，驚怖仆地，疽發而死。

六月，安丙殺楊巨源。初，吳曦之誅，實楊巨源、李好義爲首倡，功最大。既，安丙以討賊事聞於朝，詐言以巨源、好義爲首，實則獨後二人。及奬諭詔書至沔州，巨源曰：「詔命一字不及巨源，疑有蔽其功者。」俄報王喜授節度使，而巨源僅與通判，心益不平，乃爲啟以謝丙曰：「飛矢以下聊城，深慕魯仲連之高節；解印而去彭澤，庶幾陶靖節之清風。」既又愬功於朝。或謂安丙曰：「巨源謀亂。」丙令王喜鞫其黨，皆抵罪。時巨源方與金人戰於鳳州之長橋，丙密使興元都統制彭輅收巨源，械送閬州獄。至大安龍尾灘，丙使將校樊世顯拔刀取其頭，不絕者踰寸，遂以巨源自殰聞。忠義之士莫不扼腕流涕，劍外士人張伯威爲文以弔，其詞尤悲切。丙以人情洶洶，上章求免。楊輔亦謂，丙殺巨源必召變，請以劉甲代之。

嘉定二年（己巳、一二〇九）八月，以安丙爲四川制置大使，罷宣撫司。

宋史紀事本末卷八十五

蒙古侵金

寧宗開禧二年（丙寅、一二〇六）十二月，蒙古奇握溫鐵木眞稱帝於斡難河。鐵木眞之先，有曰孛端叉兒，母曰阿蘭果火，生二子而寡居，夜寢，屢有光明照其腹，又生三子，孛端叉兒其季也。其後子孫蕃衍，各自爲部，居於烏桓之北，與畏羅、乃蠻、九姓回鶻故城和林接壤，世奉貢於遼、金，而總隸於韃靼。至也速該，并吞諸部，勢愈盛大。攻塔塔兒部，獲其部長鐵木眞。還，次於跌里溫盤陀山而生子，因以「鐵木眞」名之。也速該死，鐵木眞年幼，其部衆多歸於族人泰赤烏部。泰赤烏合七部人凡三萬，攻之。鐵木眞與其母月倫率部人爲十三翼，大戰，泰赤烏等敗，因得少安。時泰赤烏部地廣民衆而無紀律，其下謀曰：「鐵木眞衣人以己衣，乘人以己馬，眞吾主也！」因悉歸之，泰赤烏部遂微。未幾，塔塔兒部叛金，鐵木眞自斡難河帥衆會金師同滅之，以功封鐵木眞爲「察兀禿魯」，猶中國之招討使也。鐵木眞以乃蠻部强盛，事之甚謹，乃蠻反侵掠之，鐵木眞乃大會屬部於帖麥垓川，議伐乃蠻。乃蠻太陽罕營於沆海山，與蔑里乞諸部合，兵勢頗盛。鐵木眞與之大戰，擒殺太陽罕，諸部悉潰，鐵木眞益以盛强。明年，遂攻西夏，破力吉里寨，經落思城，大掠而還。至是，大會諸部長於斡難河之源，卽位，建九斿白旗，諸王羣臣共上尊號，曰成吉思皇帝。先是，紹興中，金人屢擊蒙古不能克，遂與之和。金主嘗遣衞王允濟往靖州受鐵木眞之貢，允濟奇其狀貌，歸言於金主，請以事除之，金主不許。鐵木眞聞而憾之。

鐵木眞既卽位，遂發兵復征乃蠻，滅之，執杯祿可汗以歸。

嘉定元年（戊辰、一二〇八）冬，蒙古征脫脫及屈出律罕。時斡亦剌等部遇蒙古前鋒，不戰而降，因用爲鄕導，討蔑里乞部，滅之。脫脫中流矢死，屈出律奔契丹。是年，金主璟卒，衞王允濟立。

二年（己巳、一二〇九）三月，畏吾兒國降於蒙古，畏吾兒卽唐之高昌也。

五月，蒙古兵入靈州，夏主安全納女請降於蒙古。夏自是益衰。

三年（庚午、一二一〇）十二月，蒙古侵金。先是，金主允濟嗣位，有詔至蒙古，傳言當拜受。蒙古主謂金使曰：「新天子爲誰？」曰：「衞王也。」蒙古主遽南面唾曰：「我謂中原皇帝是天上人做，此等庸懦亦爲之耶？何以拜爲！」卽乘馬北去。金使還言，允濟怒，欲俟蒙古入貢就害之。蒙古主知之，遂與金絕，益嚴兵爲備，數侵掠金西北之境，其勢漸盛。金人皇皇，禁百姓傳說邊事。

四年（辛未、一二一一）夏四月，金使人求和於蒙古，蒙古不許。初，金納哈買住守北鄙，知蒙古將侵邊，奔告於金主。金主曰：「彼於我無釁，汝何言此？」買住曰：「近見其鄰部附從，西夏獻女，而造箭製楯不休；凡行營則令男子乘車，蓋欲惜馬力也，非圖我而何？」金主以其擅生邊隙，囚之。及蒙古侵擾雲中、九原，連歲不休，遂破大水濼以進。金主始恐，乃釋買住之囚，遣西北路招討使粘合合打求和，蒙古主不許。金主乃命平章政事獨吉千家奴、參知政事完顏胡沙行省事於撫州，西京留守紇石烈胡沙虎行樞密院事，以備邊。

八月，金獨吉千家奴、完顏胡沙至烏沙堡，未及設備，蒙古兵奄至，拔烏沙堡及烏月營，破白登城，遂攻西京，凡七日。胡沙虎等懼，以麾下棄城突圍遁去。蒙古主以精騎三千馳之，金兵大敗，追至翠屏山，遂取西京及桓、撫州。蒙古主復遣其子朮赤、察合台、窩闊台三人，帥兵分取雲內、東勝、武、朔、豐、靖等州。由是金德興、弘州、昌平、懷來、縉山、豐潤、密雲、撫寧、集寧，東過平、（欒）〔灤〕（據金史一三衛紹王紀、續綱目改），南至清、滄，由臨潢過遼河，西南至忻、代，皆降於蒙古。

閏九月，蒙古主既破撫州，休士牧馬，將遂南向。金主復命招討使完顏九斤、監軍完顏萬奴等率兵號四十萬，駐野狐嶺以備，胡沙率重兵爲後繼。或謂九斤曰：「蒙古新破撫州，方以所獲賜其下，馬牧於野，當乘其不虞，掩擊之。」九斤曰：「此危道也，不若馬步俱進，爲計萬全。」蒙古主聞之，進兵於獾兒觜。九斤遣麾下明安問蒙古舉兵之故，明安反降於蒙古，以虛實告之。蒙古主遂與九斤等戰，金兵大敗，人馬蹂躪，死者不可勝計。蒙古乘銳而前，胡沙畏其鋒，不敢拒戰，引兵南行。蒙古兵踵擊之，至會河堡，金兵又大敗，胡沙僅以身免，走入宣平。蒙古兵乘勝薄宣平，遂克晉安縣，遊兵至居庸關，守將完顏福壽棄關遁，蒙古兵克之。金中都戒嚴，禁男子不得輒出城。蒙古遊兵至都城下，金主欲南奔汴。會衞卒誓死迎戰，蒙古兵多所損折，遂襲金羣牧監，驅其馬而去，金主乃止。命秦州刺史朮虎高琪屯通玄門外，尋降胡沙爲咸平路兵馬總管。將士以其罰輕，由是益不用命。

十一月，金徒單鎰初爲上京留守，蒙古兵日攻西北，曰：「事急矣！」乃選兵二萬，遣同知烏古孫兀屯將之入衞。金主嘉之，徵拜右丞相。鎰上言曰：「自國家與韃靼交兵以來，彼聚而行，我散而守，以聚攻散，其敗必然，不若入保大城，併力備禦。昌、桓、撫三州素號富貴，人皆健勇，可內徙之以益兵勢，人畜財貨不至亡失。」參政梁瑝曰：「如此是自蹙境土也。」金主從瑝謀。鎰復奏曰：「遼東，國家根本，距中都數千里，萬一受兵，州府顧望，必須報可，誤事多矣。可遣大臣行省以鎮之。」金主不悅，曰：「無故置行省，徒搖人心耳。」不從。及失三州，又聞東京不守，金主乃大悔曰：「從丞相之言，當不至此。我見丞相，耻哉！」

胡沙虎之棄西京而還也，至蔚州，擅取官庫銀五千兩及衣幣諸物，奪官民馬與從行人，入紫荊關，殺來水令。至中都，金〔主〕（據續綱目、薛鑑補）皆不問，以爲右副元帥。胡沙虎益無所忌憚，自請兵二萬，北屯宣（平）〔德〕（據金史一三衞紹王紀、又一三二紇石烈執中傳改）。金主與之三千，令屯嬀川，胡沙虎不悅。

五年（壬申、一二一二）三月，金胡沙虎欲移屯南口，移文尚書省曰：「韃靼兵來，必不能支。一身不足惜，三千兵爲可憂，十二關、建春、萬寧宮（俱）〔且〕（據金史一三二紇石烈執中傳、續綱目、薛鑑改）不保。」金主惡其言，下有司按問。詔數其十五罪，罷歸田里。

蒙古主既克宣（平）〔德〕（據元史一太祖紀、又一一九木華黎傳、續綱目——三月——改），遂攻德興府，坎墉而登。金人禦之，蒙古兵不利。蒙古主第四子拖雷與赤駒駙馬復擁楯先登而射之，金兵引卻，蒙古遂盡拔德興境內諸城堡而去。金人復守之。

六年（癸酉、一二一三）五月，金主允濟復以紇石烈胡沙虎爲右副元帥。

八月，金主復用胡沙虎，使將兵屯燕城北，徒單鎰切諫，不聽。胡沙虎與其黨完顏醜奴、蒲察六斤、烏古論奪剌等謀作亂。金主以蒙古兵在居庸關，而胡沙虎日務馳獵，不恤軍事，遣使責之。使者至，胡沙虎怒，遂妄稱知大興府徒單南平謀反，奉詔入討。分其軍爲三，由章義門入，自將一軍，由通玄門入。恐城中兵出拒，先遣一騎馳抵東華門，大呼曰：

「韃靼至(此)〔北〕闕，已(絕)〔接〕戰矣！」既又遣一騎往，亦如之。乃使其黨徒單金壽召徒單南平。南平不知，行至廣陽門，胡沙虎遇之，於馬上手刃殺之。完顏石古乃聞亂，召兵五百，迎戰不勝，皆(殺)〔死〕(並據金史一三二紇石烈執中傳、續綱目、薛鑑改)之。胡沙虎至東華門，護衛斜烈乞兒等納之。胡沙虎入宮，盡以其黨易宿衛，自稱監國都元帥，居大興府，陳兵自衛，召聲伎與親黨會飲。明日，以兵逼金主出居衛邸，遣武衛兵二百錮守之。胡沙虎欲除拜其黨，令黃門入宮收璽。尙宮左夫人鄭氏掌寶璽，拒之，曰：「璽，天子所用。胡沙虎人臣，取將何爲？」黃門曰：「今天時大變，主上且不保，況璽乎！御侍當思自脫計。」鄭氏厲聲罵曰：「若輩，宮中近侍，恩遇尤隆，君難不以死報，反爲逆豎奪璽耶！我死可必，璽必不與！」遂瞑目不語，黃門乃還。胡沙虎復遣人奪取宣命之寶，除拜其黨數十人。丞相徒單鎰時以墜馬傷足，在告，聞難作，命駕將入省。或告之曰：「省府皆以軍士守之，不可入矣。」少頃，軍士索人於閭巷，鎰乃還第。胡沙虎欲僭位，猶豫不決，以鎰人望，乃詣訪之。鎰從容謂曰：「昇王，章宗之兄，顯宗長子，衆望所屬。元帥決策立之，萬世之功也。」胡沙虎默然，乃遣宦者李思中弑金主於邸。時，完顏綱將兵十萬行省事於縉山，胡沙虎誘而殺之。因盡撤沿邊諸軍赴中都、平州，騎兵屯薊州，以自重。遣徒單銘等迎昇王珣於彰德。九月，至燕，卽位。立子守忠爲太子，追廢允濟爲東海郡侯；後追復衞王，謚曰紹。

蒙古兵至懷來，金元帥右監軍朮虎高琪拒之，敗績，僵尸四十餘里。蒙古乘勝至古北口，金兵保居庸，不能入。蒙古主乃留可忒薄察等頓兵拒守，而自以衆趨紫荆關，敗金兵於五回嶺，拔涿、易二州。分命遮別將兵，反自南口攻居庸關，破之，出北口，與可忒薄察軍合。既而又選諸部精兵五千騎，合怯台、哈台二將，圍守中都。方蒙古兵至皁河，欲渡高橋，胡沙虎病足，乘車督戰，蒙古兵大敗。翌日再戰，胡沙虎創甚，不能出，期高琪以糺軍五千拒之。高琪失期不至，胡沙虎欲斬之，金主以其有功，諭令免死。胡沙虎乃益其兵，令出戰，戒之曰：「勝則贖罪，不勝斬汝！」高琪出戰，自夕至曉，北風大作，吹石揚沙，不能舉目，金兵大潰。高琪自度必爲胡沙虎所殺，乃以糺軍入中都，圍胡沙虎之第。胡沙虎聞難作，登後垣欲走，衣絓墜而傷股，軍士就斬之。高琪取其首，詣闕請罪。金主赦之，因詔暴胡沙虎之罪，奪其官爵，以高琪爲左副元帥，一行將士，論功行賞。

時蒙古木華黎統兵侵金，所向殘破。永清人史秉直聚族謀曰：「方今國家喪亂，吾家百口何以自保？」既而知降者皆得免，乃率里中數千人，詣涿州軍門降。木華黎欲用秉直，秉直辭，乃以其子天倪爲萬戶，領降人家屬屯霸州。

十二月，蒙古主留怯台及哈台屯燕城北，分降人楊伯遇、劉材漢軍四十六都統，並韃靼兵爲三道：命其子朮赤、察合台、窩闊台三人爲右軍，循太行而南，破保州、中山、邢、洺、磁、相、衞輝、懷、孟諸郡，徑抵黃河，大掠平陽、太原之間；別將薄察等遵海而東，破灤、薊，大掠於遼西之地；蒙古主自將，與子拖雷由中道，破雄、漠、淸、滄、景、獻、河間、濱、(隶)〔棣〕(據元史一太祖紀改)、濟南等郡，引兵復自大口以逼中都。時，中原諸路之兵皆僉往山後防遏，悉僉鄉民爲兵，上城守禦。蒙古盡驅其家屬來攻，父子兄弟往往遙呼相認，由是人無固志，故所至郡邑皆下，凡破金九十餘郡。兩河、山東數千里，人民殺戮幾盡，金帛子女、牛馬羊畜，皆席捲而去，屋廬焚燬，城郭丘墟。惟大名、眞定、青、鄆、邳、海、沃、順、通州，有兵堅守，未能破。

七年(甲戌、一二一四)三月，蒙古主還自山東，屯燕城北。諸將請乘勝破城，蒙古主不從，遣使諭金主曰：「汝〔山東〕(據元史一太祖紀、續綱目、薛鑑改)、河北、(河東)郡縣，悉爲我有，汝所守惟燕京耳。天既弱汝，我復迫汝於險，天其謂我何！我今還軍，汝不能犒師以弭我諸將之怒耶？」丞相高琪言於金主曰：「韃靼人馬疲病，當決一戰。」完顏承暉曰：「不可。我軍身在都城，家屬各居諸路，其心向背未可知，戰敗，必散；苟勝，亦思妻子而去。社稷安危，在此一舉。莫如遣使議和，待彼還軍，更爲之計。」金主然之，遣承暉議和。蒙古主欲得其公主，金主乃以其故主允濟之女，及金帛、童男女各五百、馬三千與之。

夏四月，金及蒙古平。蒙古主引歸，出居庸關。金主以蒙古既和，大赦其國內。

五月，金主珣以國蹙兵弱，財用匱乏，不能守中都，乃議遷於汴。左丞相徒單鎰諫曰：「鑾輿一動，北路皆不守矣！今已講和，聚兵積粟，固守京師，策之上也。南京四面受兵，遼東根本之地，依山負海，其險足恃，備禦一面，以爲後圖，策之次也。」金主不從，遂命平章政事都元帥完顏承暉、左丞抹撚盡忠奉太子守忠，留守中都，遂與六宮啟行。蒙古主聞之，怒曰：「既和而遷，是有疑心而不釋憾，特以解和爲款我之計耳。」復圖南侵。金主至良鄉，命𠤎衞糺軍元給鎧馬悉復還官。糺軍怨之，遂作亂，殺其主帥素溫，而推斫答、比涉兒、札剌兒三人爲帥，北還。完顏承暉聞變，以兵阻盧溝。斫答擊敗之，遣使乞降於蒙古。蒙古主遂遣明安援斫答，合其兵圍燕京。金主聞之，遣人召太子。應奉翰林文字完顏素蘭以爲不可，平章朮虎高琪曰：「主上居此，太子宜從。且汝能保都城必完乎？」素蘭曰：「完固不敢必，但太子在彼則聲勢俱重，邊隘有守則都城無虞。昔唐明皇幸蜀，太子實在靈武，蓋將以繫天下之心也。」不從，竟召太子。太子既行，中都益懼。

九月，蒙古將木華黎進兵，攻金北京。守將銀青帥衆二十萬禦於花道，敗還，嬰城自守。其裨將完顏昔烈、高德玉等殺銀青，推寅答虎爲帥。木華黎命史天祥等趣兵進攻，寅答虎遂舉城降。木華黎怒其降緩，欲坑之，蕭也先曰：「北京爲遼西重鎮，既降而坑之，後豈有降者乎？」木華黎從之。奏寅答虎權北京留守，以吾也兒權兵馬帥府事。於是金順、成、懿、通州相繼降於蒙古。

八年（乙亥、一二一五）二月，金中都被圍既久，完顏承暉以抹撚盡忠久在軍旅，悉以兵付之，而自總持大綱，又遣人以礬寫奏告急。金主命左監軍永錫將中山、眞定軍，左都監烏古論慶壽將大名軍萬八千、西南路步騎萬一千、河北軍一萬，御史中丞李英運糧大名，行省孛术魯調遣繼發，以救中都。英至大名，得兵數萬，然馭衆素無紀律。三月，英被酒，與蒙古遇於霸州北，大敗，盡失所運糧，英死，士卒殲焉。慶壽、永錫軍聞之，皆潰歸。自是中都援絕，內外不通。

承暉與盡忠會議，期同死社稷，盡忠不從，承暉怒，卽起還第。然兵柄既屬盡忠，承暉無如之何，乃辭家廟，召左右司郎中趙思文謂之曰：「事勢至此，惟有一死以報國家耳！」五月一日，承暉作遺表，付尙書省令史師安石書之，皆論國家大計，及平章政事高琪姦狀，且謝不能終保都城之罪。從容若平日，盡出財物，召家人分給之。舉家號泣，承暉神色泰然，方與安石舉白引滿，謂之曰：「承暉於五經皆經師授，謹守而力行之，不爲虛文。」既被酒，取筆與安石訣，最後倒寫二字，投筆曰：「遽爾繆誤，得非神志亂耶？」謂安石曰：「子行矣！」安石出門，聞哭聲，復還問之，則已仰藥死矣。家人怱怱瘞庭中。

是日暮，凡在中都妃嬪聞盡忠將南奔，皆束裝至通玄門。盡忠紿之曰：「我當先出，與諸妃啟途。」諸妃信之，盡忠乃與愛妾及所親者先出城，不復反顧。蒙古兵遂入中都，吏民死者甚衆，宮室爲亂兵所焚，火月餘不滅。時，蒙古主在桓州，聞燕陷，遣使勞明安等，而輦其府庫之實北去。於是金祖宗神御及諸妃嬪皆〔淪〕（據續綱目、薛鑑補）沒焉。盡忠行至中山，謂所親曰：「若與諸妃偕來，我輩豈得至此。」

安石奉承暉遺表至汴，贈尚書令。盡忠至，金主釋不問，仍以爲平章政事。

宋史紀事本末卷八十六

金好之絕

寧宗嘉定四年（辛未、一二一一）六月，遣金𡾊賀金主生辰。時金有蒙古之難，不暇延使者，至涿州而還。

冬十月，以金國有難，命江淮、京湖、四川制置司謹飭邊備。

七年（甲戌、一二一四）三月，金主珣遣使來督歲幣。

五月，金主珣遷都於汴，遣使來告。

秋七月，起居舍人眞德秀上疏，請罷金歲幣。其略曰：「女眞以韃靼侵陵，徙巢於汴，此吾國之至憂也。蓋韃靼之圖滅女眞，猶獵師之志在得鹿，鹿之所走，獵必從之。既能越三關之阻以攻燕，豈不能絕黃河一帶之水以趨汴？使韃靼遂能如劉聰、石勒之盜有中原，則疆埸相望，便爲鄰國，固非我之利也。或如耶律德光之不能卽安中土，則奸雄必將投隙而取之，尤非我之福也。今當乘虜之將亡，亟圖自立之策，不可幸虜之未亡，姑爲自安之計也。夫用忠賢，修政事，屈羣策，收衆心者，自立之本。訓兵戎，擇將帥，繕城池，飭戍守者，自立之具。以忍恥和戎爲福，以息兵忘戰爲常，積安邊之金繒，飾行人之玉帛，女眞尚存，則用之女眞，强敵更生，則施之强敵，此苟安之計也。陛下（不）以自立爲規模，〔則國勢日張，人心日奮，雖强敵驟興，不能爲我患；以苟安爲志嚮〕（據續綱目、薛鑑補正），則國勢日削，人心日偷，雖弱虜僅存，不能無外憂。蓋安危存亡，皆所自取。若夫當事變方興之日，而示之以可侮之形，是堂上召兵，戶內延敵也。微臣區區，竊所深慮！」反覆數千言，帝納之，遂罷金歲幣。

八月癸卯，金國復來督歲幣。

八年（乙亥、一二一五）十一月，復遣使如金賀正旦。刑部侍郞劉鑰等及太學諸生言其不可，不報。眞德秀復上疏曰：「金自南遷，其勢日蹙。韃靼、西夏，東出潼關，深入許、鄭，攻圍都邑，遊騎布滿山東，而金以河南數州之地，抗西北方張之師，加以羣盜縱橫，叛者四起，危急如此，不亡何待！臣謹按國史，女眞叛遼在政和甲午，其滅遼也在宣和己巳，而犯中原卽於是年之冬。今日天下之勢，何以異政、宣之時？陛下亦宜以政、宣爲監。夫以皇皇鉅宋，八葉重光，至於政、宣，燕安湛溺之餘，紀綱蕩然，無一足恃。本根旣撥，枝葉從之，於是女眞得以逞其凶殘，攻陷我都城，傾覆我社稷，刧遷我二聖，荼毒我烝民。自開闢以來，夷狄之禍，未有若是之酷也。臣嘗論政、宣致禍之由，其失有十：自蔡京倡『豐亨、豫大』之說，王黼開應奉享上之門，專以淫侈蠱上心，奢靡蠹國用，土木之功窮極盛麗，花石之貢毒遍江南；甚至內庭曲宴，出女樂以娛羣臣，大臣入侍，飾朱粉以供戲笑，於是荒嬉無度，而朝政大壞矣。其失一也。自童貫、高俅迭主兵柄，教閱訓練之事盡廢，上下階級之法不行，潰敗者不誅而招以金帛，死敵者不恤而誣以逃亡，於是賞罰無章，而軍政大壞矣。其失二也。政、宣之失，災異數見，大星如月，徐徐南行，日黯無光，洶洶欲動，赤氣犯斗，水冒都城。當時羣臣恬不知警，方且以怪孽爲嘉祥，變異爲休證。此上不畏天戒，其失三也。政、宣之際，以言爲諱。張根論征斂之煩，散官安置；李綱論大水之變，遠謫監征，於是薦紳不敢言矣。鄧肅以進詩諷諫，屏出太學；朱夢說以昌言宦寺，竄斥偏州，於是布衣不敢言矣。鈐結成風，馴致禍敗。此下不恤人言，其失四也。政、宣用事之臣，專以毀忠忌賢爲事，凡累朝老成之望，當代鴻碩之材，不以奸黨廢，則以邪等斥，不以曲學貶，則以異論逐。排沮挫擾之餘，舉國無君子矣，雖欲久安，得乎？其失五也。『開國承家，小人勿用』。『而難壬人，蠻夷率服』。政、宣之世，京、黼繼尸宰柄，卞、攸濫廁樞庭，其翺翔臺省，布列館殿，非歌頌書生，卽膏粱子弟，非奴事閹尹，卽翼附權臣。更引迭援，在廷皆小人矣，雖欲勿危，得乎？其失六也。記曰：『四方有敗，必先知之，此之謂民之父母。』政、宣小人，顚爲蒙蔽，以欺上聽。

劉法敗死西陲，而童貫乃以捷聞；方臘破東南六郡，而王黼匿不以告；郭藥師反形已露，而邊臣掩覆於外；女眞剋期入寇，而大臣諱晦於中。上下相蒙，稔成大患，至虜兵濟河，而朝廷猶未之覺。其失七也。書曰：『民惟邦本，本固邦寧。』政、宣小人，專務聚斂，以搖根本。朱勔以貢奉擾浙右，李彥以括田困京東，蔡京改鹽鈔法而比屋歎息，王黼創免夫錢而諸路騷動。人不聊生，散爲盜賊，雖微夷狄，亦必有蕭牆之憂。其失八也。詩曰：『無競維人，四方其訓之。』古者以一士寢敵謀，片言折外侮。政和初遣使覘國而童貫實行，遼之君臣相顧竊笑，已有南朝無人之譏。北事既興，遂付戎律。以僕隸之材，當元戎之任，節制不明，諸將無所稟畏，庸懦不武，敵師得以憑陵。未幾，副之以蔡攸，易之以譚稹，其爲駑怯又益甚焉。於是女眞知中國之無人，而異志興矣。此授任非材，其失九也。昔子產以蕞爾之鄭，崎嶇强國間，區區一環，宜無愛於晉，而子產則曰：『大國之人令於小國，而皆獲其求，將何以給之？一共一否，爲罪滋大。大國之求，無禮以斥之，何饜之有！』卒不與。秦求地於趙，趙欲與之，虞卿曰：『王之地有盡，而秦之求無已，以有盡之地而給無已之求，其勢必無趙矣！』趙用其計而秦不能加。蓋有國者，不幸與强敵爲鄰，當有以服其心而不當徇其欲。方女眞絕遼國交，雖能每戰輒克，然視吾中國之尊，如高山大海，未易測其雄深，何敢遽有他志？不幸奸臣庸夫，希功寡謀，惟恐無以順適其意。彼方邀吾歲幣，則與以契丹舊數而不辭；邀吾燕地稅賦，則予以銀絹百萬而不靳；至於索犒師則許以犒師，欲貸糧則許以貸糧，一事方酬而一事已生，前請未塞而後請復起，一切順承，無敢或戾，而南牧之師已侵尋於境上矣。蓋犬豕豺狼本無饜足，徒知徇其欲而無以服其心，其禍固應爾也。或者惟以納張瑴、結余覩爲造釁之由，而不知召侮取輕，其漸非一，雖微結納之事，其能保盟約之不寒乎！此處置失宜，其失十也。今一人憂勤恭儉，無愧仁祖之風，而羣臣盤樂怠傲，乃有宣和之習。東南民力耗於軍餉者十八，而士卒窮悴，嘗有不飽之嗟。災異頻仍，修省之實未覩，言路壅塞，讜直之士弗容。君子非不參用而正論未嘗獲伸，小人非不欲遠而讒諂猶或得志，蒙蔽之風日熾，聚斂之政日滋，此失未除，臣恐後之視今，猶今之視昔也。雖然，臣外有司也，其於內事，不敢盡言，獨請爲陛下深陳所以待夷狄者。臣觀韃靼之在今日，無異昔者女眞方興之時，一旦與吾爲鄰，亦以祖述女眞已行之故智。蓋女眞嘗以燕城歸我矣，今獨不能還吾河南之地以觀吾之所處乎？受之則享虛名而召實禍，不受則彼得以陵寢爲辭，仗大義以見攻。女眞嘗與吾通好矣，今獨不能卑詞遣使以觀吾之所啓乎？從之則要索無厭，豈能滿其谿壑之欲！不從則彼得藉口以開釁端。黠虜之情必出於此，不可不預圖以應之也。昔五胡之亂，江左粗安者，以羣醜並爭，莫能相一，故吾得以偷旦夕之安。及苻堅既滅慕容，旋啓呑晉之謀；元魏已併諸胡，遂萌飲江之志。今新虜鴟張，盡有河朔，揚、豫羣盜，人皆服從，臣恐五胡角立之勢，殊未可爲江左苟安之計也。昔孫氏以區區之吳能當强大之魏者，其君臣能相與策勵也。今國家幅員萬里，帶甲百萬，江、漢爲池，豈下於吳？陛下任九廟之託，固不可付安危於度外，養成深患也。」因以五不可爲獻：一曰宗社之恥不可忘。言：「國家之於金虜，蓋萬世必報之讎。高宗、孝宗，值其方强，不得已以太王自處，而以勾踐望後人。今天亡此胡，近在朝夕。誠能以待敵之禮而遇天下之豪傑，以遺虜之費而厲天下之甲兵，人心奮張，士氣自倍，何憚於此虜而猶事之哉！且重於絕虜者，畏召怨而啓釁也，然能不召怨於亡虜，而不能不啓釁於新敵。權其利害，孰重孰輕？臣願陛下勉勾踐之良圖，懲謝玄之失策，則王業興隆可冀也。」二曰比鄰之盜不可輕。言：「韃靼及山東之盜，苟得志而鄰於吾，莫大之憂也。願朝廷毋輕二賊，日夜講求攻守之策，以逆杜窺覬之心。」三曰幸安之謀不可恃。言：「今之議者，大抵以金虜之存亡，爲我欣戚。聞危蹙之報則冀其非實，得安靜之耗則幸其必然，是猶以朽壤爲垣，而望其能障盜賊也。願陛下勵自强之志，恢立武之經，毋以虜存爲喜，虜亡爲畏，則大勢舉矣。」四曰導諛之言不可聽。言：「今邊事方殷，正君臣戒懼之日，而搢紳大夫工爲諛說，或以五福足恃爲言。夫乾象告愆，邇日尤甚，其可恃讖緯不經之說，而忽昭昭之儆戒乎！惟陛下監天人之相因，察諛佞之有害，益修其本，以格天休，宗社之慶也。」五曰至公之論不可忽。言：「公論，國之元氣也。元氣痞鬲，不可以爲人；公論湮鬱，不可以爲國。深惟今日實公論屈伸之機，朝廷之上若以言者爲愛君，爲報國，無猜忌之意而有聽用之誠，則公論自此愈伸。若以言者爲沮事，爲徼名，無聽用之誠而有猜忌之意，則公論自此復屈。夫公論伸屈乃治亂存亡之所由分，故臣於篇終反覆極言，惟陛下亮臣愚忠也。」不報。

十年（丁丑、一二一七）二月，陳伯震還自金。金主謂之曰：「聞息州南境有盜，此乃彼界饑民沿淮爲亂耳，宋人何故攻我？」蓋欲以爲用兵之端也。

夏四月，金人分道入寇。初，金有王世安者，獻取盱眙、楚州之策，金主以爲淮南招撫使，遂有南侵之謀。朮虎高琪復勸金主侵宋以廣疆土，金主始猶不然，至是，命烏古論慶壽、完顏賽不帥師南侵，遂渡淮，犯光州中渡鎮，執榷場官盛允升，殺之。慶壽分兵犯樊城，圍棗陽、光化軍，別遣完顏阿鄰入大散關，以攻西和、階、成州。朝廷聞之，詔京湖、江淮、四川制置使趙方、李珏、董居誼俱便宜行事以禦之。先是，金右司諫許古上疏，請遣使與宋議和，則韃靼聞之亦將斂跡，不宜用兵以益敵。金主卽命古草議和牒文，既成，示參政高汝礪。汝礪言有哀祈之意，徒示微弱，無足取者，議遂寢。平章政事胥鼎亦切諫南侵有六不可，高琪不從。金主以南北用兵，西夏復擾，財匱兵弱爲憂，集百官議守禦之策。高琪心忌之，有所言，皆不用。

五月，金人犯襄陽、棗陽。趙方語其子范、葵曰：「朝廷和戰未定，觀此益亂人意。吾策決矣，惟有提兵臨邊，決戰以報國耳！」遂抗疏主戰，因親往襄陽，檄扈再興、陳祥、鈐轄孟宗政等禦之，仍增戍光化、信陽、均州，以聯聲勢。金人來自團山，勢如風雨，再興等分三陣，設伏以待。既至，再興佯卻，金人逐之，宗政與祥合左右兩翼掩擊之。金人三面受敵，大敗，血肉枕藉山谷間。尋報棗陽圍急，宗政午發峴首，遲明抵棗陽，馳突如神。金人大駭，宵遁。方聞捷大喜，以宗政權知棗陽軍。未幾，京湖將王辛、劉世興亦敗金兵於光山、隨州，金人乃去。

六月，趙方請以伐金詔天下，乃下詔。略曰：「朕勵精更化，一意息民。犬羊跨我中原，天厭久矣。狐兔失其故穴，人競逐之。豈不知機會可乘，讎恥未復？念甫申於信誓，實重起於兵端。若能立非常之勳，則亦有不次之賞。」遂傳檄詔諭中原官吏軍民。

十二月，金完顏賛以步騎萬人犯四川，破天水軍，守臣黃炎孫遁。金人攻白環堡，破之。統制劉雄棄大散關，遁。

十一年（戊寅、一二一八）二月甲辰，金人焚大散關，復破皁郊堡，死者五萬人。

戊申，金人圍隨州、棗陽軍。孟宗政權棗陽，初視事，一僕犯新令，立斬之，軍民股栗。於是築堤積水，修治城堞，簡閱軍士。完顏賽不擁步騎圍城，宗政與扈再興合兵角敵，歷三月，大小七十餘戰，宗政身先士卒。金人戰輒敗，忿甚，周城開濠，控兵列濠外，飛鋒鏑，以絅鈴自警，鈴響則犬吠。宗政厚募壯士，乘間突擊，金人不能支，盛兵薄城，宗政隨方力拒。隨州守許國援師至白水，鼓聲相聞，宗政帥諸將出戰，金人奔潰。

三月，利州統制王逸帥官軍及忠義人十萬，復大散關及皁郊堡，追斬金統軍完顔贇。進攻秦州，至赤谷口，沔州都統劉昌祖命退師，且放散忠義人，軍遂大潰。

夏四月，金兵合長安、鳳翔之衆，復攻皁郊堡，遂趨西和州，劉昌祖焚城遁還。時西和守臣楊克家、成州守臣羅仲甲、階州守臣侯頤以昌祖遁，〔皆〕（據續綱目補）棄城走。金兵遂入諸州，前後獲糧九萬斛，錢數千萬，軍實不可勝計。復犯大散關，守將王立亦遁。又犯黄牛堡，興元都統吳政拒卻之。政至大散關，執立，斬之以徇。事聞，政進三官，昌祖奪官，竄韶州，克家等並竄遠州。

十二月，金主欲乘勝來議和，以開封府治中呂子羽爲詳問使，至淮中流，不納，迺去，由是和好遂絶。金主以僕散安貞爲左副元帥，輔太子守緒，會師南侵。

十二年（己卯、一二一九）春正月辛卯，金復寇西和州。守將趙彦吶設伏待之，殲其衆，乃還。

乙未，興元都統吳政及金人戰於黄牛堡，死之。

二月癸卯，金人乘勝攻武休關，都統李貴遁還。

丁未，金人破興元府，權府趙希（旨）〔昔〕（據宋史四〇寧宗紀、續綱目改）棄城走。

辛亥，金人破大安軍，連破洋州。

壬子，四川制置使董居誼遁。都統張威使石宣邀擊金人於大安軍，大破之，殲其精兵三千人，俘其將巴土魯安，金人乃遁去。

金完顏訛可復大舉圍棗陽，塹其外，繞以土城。趙方計其空巢穴而來，若擣其虛，則棗陽之圍自解，乃命知隨州許國及扈再興引兵三萬餘，分二道出攻唐、鄧二州，又命其子范監軍，葵爲後殿。

閏三月癸亥，金人圍安豐軍及滁、濠、光三州。江淮制置使李珏命池州都統制武師道、忠義軍都統制陳孝忠救之，皆不克進。金人遂分兵，自光州犯黄州之麻城，自濠州犯和州之石磧，自盱眙犯滁州之全椒、來安，及揚州之天長，眞州之六合。淮南流民渡江避亂，諸城悉閉。金遊騎數百至采石楊林渡，建康大震。時，賈涉以淮東提刑知楚州，節制京東忠義，慮忠義人兵爲金所用，乃遣陳孝忠向滁州，石珪、夏全、時青向濠州，季先、葛平、楊德廣趨滁、濠，李全、李福要其歸路。李全進至渦口，與金左都監紇石烈牙吾答、駙馬阿海連戰於化湖陂，殺金將數人，得其金牌，金人乃解諸州之圍而去。全追擊之，復敗之於曹家莊而還。金人自是不敢窺淮東。初，賈涉募能殺金太子者賞節度使，殺親王者賞承宣使，殺駙馬者賞觀察使。李全因致所得金牌於涉，云殺駙馬阿海所獲者。涉請於朝，乞如約授賞，遂授全廣州觀察使，而阿海實不死也。

秋七月，孟宗政、扈再興合擊金人於棗陽。時，金帥完顏訛可擁步騎傅城。宗政囊糠盛沙以覆樓柵，列甕潴水以隄火，募礮手擊之，一礮輒殺數人。金人選精騎二千，號弩手，擁雲梯、天橋先登；又募鑿銀鑛石工，晝夜攻城；運茆葦，直抵圜樓下，欲焚樓。宗政先燬樓，掘深坑防地道，創戰棚防城損，穿穽才透，卽施毒烟烈火，鼓鞴以薰之。金人窒以溼氈，析路以刳土，城頹，樓陷。宗政撤樓益薪，架火山以絕其路，列勇士，以長槍勁弩備其衝，距樓陷所數丈，築偃月城，翼傅正城。金人摘强兵，披厚鎧、氈衫、鐵面而前，又溼氈濡革，蒙火山，擁雲梯，徑抵西北圜樓，登城。城中軍以長戈舂其喉，殺之。敢勇軍自下夾擊，金兵墜死燎焰。金人連不得志，會扈再興、許國兩道並進，掠唐、鄧境，焚其城柵糧儲。金頓兵棗陽城下八十餘日，趙方知其氣已竭，乃召國、再興還，併東師隸於再興，刻期合戰。再興敗金人於瀼河，又敗之城南。宗政自城〔中〕（據宋史四〇三趙方傳、續綱目、薛鑑補）出擊，內外合勢，士氣大振，賈勇入金營，自晡至三更，殺其衆三萬，金人大潰，訛可單騎遁。獲其貲糧器甲，不可勝計。追金人至馬磴寨，焚其城，入鄧州而還。金人自是不敢窺襄、漢、棗陽。中原遺民來歸以萬數，宗政發廩贍之，給田創屋與居，籍其勇壯，號忠順軍，俾出沒唐、鄧間。宗政由是威振境外，金人呼爲「孟爺爺」。

冬十月己丑，京湖制置使趙方以金人屢敗，必將同時並攻，當先發以制之，乃遣扈再興、許國、孟宗政帥師六萬，分三道伐金，戒之曰：「毋深入，毋攻城，第潰其保甲，燬其城砦，空其貲糧而已。」

十三年（庚辰、一二二〇）春正月丁酉，扈再興攻鄧州，許國攻唐州，皆不克而還。金人追之，遂攻樊城，趙方督諸州拒退之。孟宗政復敗金人於湖陽。

八月，安丙遺夏人書，定議夾攻金人，以夏兵野戰，我師攻城。遂命利州統制王仕信帥師赴熙、秦、鞏、鳳翔，委丁焴節制，且傳檄招諭陝西五路官吏軍民。初，夏人與金連和八十餘年，未嘗交兵。及爲蒙古所攻，求救於金，金人不能出兵，夏人怨之，和好遂絕。

九月辛卯，夏人遣其樞密使甯子寧帥衆二十萬圍鞏州，且來趣兵。王仕信帥師發宕昌。是月，安丙命諸將分道進兵，統制質俊、李實發下城，都統制張威出天水，程信出長道，陳立出大散關，田冒出子午谷，陳昱出上津。庚子，質俊等克來遠鎮，敗金人於定邊城。辛丑，王仕信克鹽川鎮。乙巳，會夏人於鞏州城下，攻城不克，遂趨秦州。丙辰，夏人自安遠砦退師。

冬十月丁巳，程信復邀夏人共攻秦州，夏人不從，遂自伏羌城引兵還，諸將皆罷兵。安丙命信斬王仕信於西和，罷張威官。

十四年（辛巳、一二二一）二月戊辰，金人圍光州。己巳，金人犯五關。壬申，金人圍黃州，又遣將圍漢陽軍。

三月丙戌，鄂州副都統扈再興引兵攻唐州。

金人圍黃州急，詔馮榯援蘄、黃，榯遷延不進。黃州守何大節取郡印佩之，誓以死守。一夕，輿兵忽奔告曰：「城陷矣！」擁之登車。纔出門，而虜兵已集，大節竟自沈於江而死。金人復陷蘄州，知州事李誠之自殺，家屬皆赴水死。

癸丑，金兵退，扈再興邀擊於天長，敗之。

夏四月戊辰，金人渡淮北去。李全遣兵邀擊，又大敗之。

冬十月，夏人復乞會師伐金。

十五年（壬午、一二二二）夏四月，金主以朝廷絕歲幣，國用以困，乃命元帥左監軍訛可行元帥府事，節制三路軍馬，同僉書樞密院事時全副之，由潁、壽進，渡淮，敗官軍於高塘市，攻固始縣，破廬州將焦思忠兵。既而獲生口，言時全之姪青受宋詔，與全兵相拒，全匿其事。五月，訛可引還。距淮二十里，諸軍將渡，全矯稱密詔，諸軍且留，收淮南麥。遂下令，人獲三石以給軍。衆惑之，留三日。訛可謂全曰：「今淮水淺狹，可以速濟。若值暴漲，宋乘其後，將不得完歸矣！」全力拒之。是夕，大雨，明日，淮水暴漲，乃爲橋渡軍。官軍襲之，全兵大敗。橋壞，全以輕舟先濟，士卒皆覆沒，金之兵財由是大竭。金主詔數全罪而誅之。

十七年（甲申、一二二四）三月，金主遣尚書令史李唐英至滁州通好。既而復遣樞密判官移剌蒲阿率兵至光州，榜諭軍民，更不南侵。

宋史紀事本末卷八十七

李全之亂

寧宗嘉定四年（辛未、一二一一）十一月，金益都楊安兒兵起。初，益都人楊安國少無賴，以鬻鞍材爲業，市人呼爲楊鞍兒，遂自名楊安兒。金泰和中南侵，山東無賴往往相聚剽掠，命州縣招捕之。安兒時爲羣盜，亦請降，隸名軍中，累官至防禦使。及蒙古兵薄中都，金人招鐵亢敢戰軍，得千餘人，以唐括合打爲都統，安兒副之，以戍邊。安兒至鷄鳴山，不進，亡歸山東，與張汝楫聚黨攻劫州縣，殺掠官吏，山東大擾。

七年（甲戌、一二一四）十二月，金濰州李全兵起。全，濰州北海農家子，銳頭蠭目，權譎，善下人，弓馬趫捷，能運鐵鎗，人號李鐵鎗。開禧中，戚拱嘗結之以復漣水。金主遷汴，賦斂益横。河北、山東遺民，保砦阻險，羣聚爲盜，寇掠州郡，皆衣紅衲襖以相識，時目爲「紅襖賊」。全與仲兄福亦聚衆數千，鈔掠山東，劉慶福、國安用、鄭衍德、田四、于洋、于潭等皆附之。

八年（乙亥、一二二五）二月，金僕散安貞敗楊安兒於益都。安兒奔登州，刺史耿格納之。安兒遂僭號，置官屬，改元天順，衆數十萬。安貞復與山東行省完顏霆、經歷黃國等將花帽軍，討敗之，殲其衆。安兒乘舟入海，走岠嵎山。舟人曲成等擊之，安兒墜水死。無子，其妹四娘子狡悍，善騎射，劉全收餘黨奉之，稱曰「姑姑」，衆尚萬餘。掠食至磨旗山，李全以其衆附之，楊氏因與私通，遂以爲夫。安貞復遣夾谷石里哥破劉二祖，斬之。餘黨推霍儀爲帥，彭義斌、石珪、夏全、時靑、裴淵、葛平、楊德廣、王顯忠附焉。

十年（丁丑、一二一七）秋七月，知楚州應純之以山東羣盜來歸，置忠義軍。時李全等出沒島嶼，寶貨山積而不得食，相率食人。會鎭江武鋒卒沈鐸亡命山陽，誘致米商，獲利數十倍。應純之償以玉貨，北人至者輒舍之。鐸因說純之以歸銅錢爲名，弛渡淮之禁，由是來者莫可遏。初，楊安兒之未敗，有意歸朝。定遠民季先者，大俠劉佑家厮養也，常隨佑部綱客山陽，楊安兒見而悅之，處以軍職。安兒死，先至山陽，夤緣鐸，得見純之，道山東豪傑願歸正之意。純之命先爲機察，諭意羣豪，以鐸爲武鋒副將，與高忠皎各集忠義民兵，分二道伐金。先遂以兵五千人附忠皎，忠皎與合兵攻海州；糧援不繼，退屯東海。純之見北軍屢捷，密聞於朝，謂中原可復。時頻歲小稔，朝野無事，丞相史彌遠鑒開禧之事，不明招納，密敕純之慰接之，號忠義軍，就聽節制，給忠義糧。於是東海馬良、高林、宋德珍等萬人輻輳漣水，李全等生羨心焉。

十一月，李全及其兄福襲金青、莒州，取之。

十一年（戊寅、一二一八）春正月壬午，李全率衆來歸，詔以全爲京東路總管。

五月，金石州賊馮天羽敗死，其黨國安用來降，詔以安用同知孟州事。

十二年（己卯、一二一九）九月，以賈涉主管淮東制置司，節制京東、河北軍馬。初，山東來歸者日衆，而石珪以計殺沈鐸於漣水，應純之亦罷去，權楚州梁丙無以贍之。季先乞預借兩月糧，然後率所部五千，併馬良等萬人，往密州就食，丙不許。先請速遣李全代領其衆，丙亦不從，而以石珪權軍務。珪乃奪運糧之舟，渡淮大掠，至楚州南渡門，焚燬幾盡，丙遣人諭之，不止。時涉知盱眙軍，上書言：「忠義之人源源而來，不立定額，自爲一軍，處之北岸，則安能以有限之財應無窮之需！饑則噬人，飽則用命，其勢然也。」朝廷因命涉節制忠義人兵。涉受命，卽遣傅翼諭石珪、楊德廣以逆順禍福，珪等乃謝罪。涉慮其人衆思亂，因滁、濠之役，分石珪、陳孝忠、夏全爲兩屯，李全爲五砦。又用陝西義勇法涅其手，合諸軍汰者三萬有奇，涅者不滿六萬人。正軍嘗屯七萬，使主勝客。朝廷歲省費十三四。至是，分江淮爲三司，乃命涉管淮東。

是月，金張林以山東諸郡附李全來歸。初，蒙古克益都，不守而去。益都府卒張林與其黨復立府歸金，以功爲治中，兇險不逞。知府田琢在山東，徵求過當，失衆心。林率其黨逐之，琢戰敗，乃還汴。林遂據益都，山東諸郡皆附之。林欲歸附以自固而未決，會李全自齊州還，揣知林意，乃薄兵青州城下，遣人陳說國家威德，勸林早附。林恐全誘己，猶豫未納。全挺身入城，惟數人從，林乃開門納之。相見甚驩，謂得所託，置酒結爲兄弟。全既得林要領，附表奉青、莒、密、登、萊、濰、淄、濱、棣、寧、海、濟南十二郡版籍來歸，表辭有云：「舉七十城之全齊，歸三百年之舊主。」詔授林武翼大夫安撫使，兼京東總管。

十二月，李全襲泗州，不克而還。時大雨雪，淮冰合，請於賈涉曰：「每恨泗州阻水，今如平地矣，請取東、西城自效！」涉許之。全以長槍三千人從，夜半渡淮，潛向泗之東城，將踏濠冰傅城下，掩金人不備。俄城上荻炬數百齊舉，遙謂全曰：「賊李三，汝欲偷城耶！天黑，故特燭之。」全知有備，乃引兵還。

十三年（庚辰、一二二〇）六月壬午，賈涉誘殺漣水忠義軍副都統季先，其下推石珪爲帥以拒涉。初，李全自化湖陂之捷，有輕諸將心，以季先威望出己上，陰結賈涉所任吏（吳覬）〔莫凱〕（本卷校改各條，除文下注明者外，均以宋史四七六——四七七李全傳、續綱目爲依據，並參照薛鑑），使譖先欲反。涉信之，乃以計命先赴樞密院議事，於道殺之，而遣統制陳選總先衆於漣水。先部曲裴淵、宋德珍、孫武正、王義深、張山、張友六人，拒選不納，而潛迎石珪於盱眙，奉爲統帥。

珪道楚城，涉不之覺，遂入漣水。選還，涉恥之，謀分珪軍爲六，請於朝，出修武京東路鈐轄印誥各六，授淵等，以分統先衆。淵等陽從命，而實不奉涉敎令，涉恐甚。詔以珪爲漣水忠義軍鈐轄。

八月，金長淸縣令嚴實爲主將所疑，挈家壁於（淸）〔靑〕崖崓（據元史一四八嚴實傳、續綱目改。下同），依益都張林以避之。會趙拱以朝命諭京東，過（淸）〔靑〕崖，實因求內附，賈涉以聞。實亦分兵四出，所至州縣皆下，於是太行之東，皆受實節制，實乃舉魏、博、恩、德、懷、衞、開、相等郡來歸。涉因再遣拱往諭，配以兵二千。李全亦請往，涉不能止，乃帥楚州及盱眙忠義萬人以行。拱說全曰：「將軍提兵渡河，不用而歸，非示武也。今乘勝取東平，可乎？」全乃合張林軍，得數萬，襲東平之城南。金行省蒙古綱帥師固守，全與林夾汶水而砦。明日，金監軍王庭玉以騎兵三百奄至。全欣然上馬，帥帳前所有騎赴之，殺數人，奪其馬，逐北抵山谷；遇金將斡不答盛兵出，旁有繡旗女將，馳槍突鬭，全幾不免。會諸將赴救，拔全以出，乃退保長淸，精銳喪失大半。全恐所攜鎭江軍五百人懷憤，乃使拱先將之以歸，而自以餘衆道滄州，假鹽利慰贍之。尋還楚州。

張林攻金滄州，王福以城降。

冬十月，金以時靑爲濟州宣撫使。初，靑與叔父全俱爲紅襖賊，及楊安兒、劉二祖敗，青承赦爲濟州義軍萬戶，後附李全來歸，處之龜山，有衆數萬。至是，金帥府遣人招之，青以書乞假邳州，以屯老幼，當襲取盱眙，盡定淮南，以贖罪，金主乃有是命。未幾，青復自金來附，以爲京東鈐轄。

十二月，漣水忠義軍統轄石珪自以入漣水非賈涉本意，心懷不安。李全復請討珪於涉，涉遂以全所統衆列於楚州之南渡門，而移淮陰戰艦於淮安，以示珪有備。因命一將招珪軍，來者增錢糧，不至者罷支給，衆心遂散。珪技窮，乃殺裴淵，而挾孫武正、宋德珍降於蒙古。珪既去，漣水之衆未有所屬，李全求併將之，涉不能卻，遂以付全。

十四年（辛巳、一二二一）春正月，以李全還自山東，賜緡錢六萬。時青入泗州西城。二月，金人來救，青敗，乃還。

十一月，京（都）〔東〕（據宋史四〇寧宗紀、薛鑑改）安撫張林叛降於蒙古。先是，李全既併將漣水忠義，益驕悍輕朝廷。及遊金山，作佛事以薦國殤，知鎮江府喬行簡方舟逆全，大合樂以享之。全歸，語其徒曰：「江南佳麗無比，須與若等一到。」始造舢艖舟，謀爭舟楫之利。膠西當登、寧、海之衝，百貨輻輳，全使其兄福守之，爲窟宅計。時，互市始通，北人猶重南貨，價增十倍。全誘商人至山陽，以舟浮其貨而中分之，自淮轉海，達於膠西，福又具車輦之，而稅其半，乃聽往諸郡貿易。車夫皆督辦於張林，林不能堪。林財計仰六鹽場，福恃弟有恩於林，欲分其半，林許福恣取鹽而不分場。福怒曰：「若悖恩耶？待與都統提軍取若頭耳！」林懼，其黨李馬兒說林歸蒙古，林遂以京東諸郡降於蒙古將木華黎。福狼狽走還楚州。林猶貽賈涉書，言非己叛，實由李福也。

十五年（壬午、一二二二）二月，李全復泗州。

夏四月，知濟南府种贇討張林，林敗走，李全入青州，據之。

十二月，以李全爲保寧軍節度使、京東路鎮撫副使。初，全有戰功，史彌遠欲加全官，賈涉止之。及加節鉞，涉歎曰：「朝廷但知官爵可以得其心，寧知驕則將至於不可勸耶！」

十六年（癸未、一二二三）六月，淮東制置使賈涉以李全驕暴難制，力求還朝，在道卒。初，涉欲制忠義兵，乃以翟朝宗統鎮江副司八千人，屯楚州城中；又分帳前忠義萬人，命趙邦永、高友統五千屯城西，王暉、于潭統五千屯淮陰。李全輕鎮江兵，而忌帳前忠義，乃數稱高友等勇，遇出軍，必請以自隨，涉不許。全每宴麾下，併召涉帳前將校，於是帳前亦願隸全，然未能合也。及涉卒，丘壽邁攝帥事，全請曰：「忠義烏合，尺籍鹵莽，莫若別置新籍，一納諸朝，一申制閫，一留全所，庶功過有考，請給無弊。」壽邁從之。全乃合帳前忠義與己軍盡籍之，而併統其軍，壽邁不悟。

八月，李全攻邳州，不克，復還青州。

十二月，以許國爲淮東制置使。初，國爲淮西都統，奉祠家居，欲傾賈涉而代之，數言李全必反。涉卒，會召國入對，國疏全奸謀益深，反狀已著，非有豪傑不能消弭，蓋自鬻也。遂易國文階爲淮東安撫制置使，兼知楚州。命下，聞者驚愕。淮東參幕徐晞稷雅意開閫，及聞國用，乃註釋國疏以寄全，全不樂。

理宗寶慶元年（乙酉、一二二五）二月，楚州軍作亂。初，許國至鎮，李全妻楊氏郊迓，國辭不見，楊氏慚而歸。國既視事，痛抑北軍，有與南軍競者，無曲直，偏坐之，犒賞十損八九。全自青州致書於國，國誇於衆曰：「全仰我養育，我略示威，卽奔走不暇矣！」全故留青州，國不能致，乃數致厚餽，邀全還。劉慶福亦使人覘國意向，國左右語覘者曰：「制置無害汝等意。」慶福以報全。全集將校曰：「我不參制閫，則曲在我。今不計生死，必往。」遂還楚州。上謁，賓贊戒全曰：「節使當庭參，制使必免禮。」及庭趨，國端坐納全拜，不爲止。全退，怒曰：「全歸本朝，拜人多矣，但恨汝非文臣，本與我等。汝向以淮西都統謁賈制帥，亦免汝拜。汝有何勳業，一朝位我上，便不相假借耶？全赤心報朝廷，不反也！」國繼設盛會宴全，遺勞加厚，全終不樂。慶福謁國之幕客章夢先，夢先令隔幕貌喏，慶福亦怒。既而全欲往青州，恐國苛留，自計曰：「彼所爭者拜耳，拜而得志，吾何愛焉。」更折節爲禮。因會集間，出劄白事，國見其細故，判從之，全卽席再拜謝。自是動息必請，得請必拜。國大喜，語家人曰：「吾折服此虜矣！」全往青州，國集兩淮馬步軍十三萬，大閱楚城外，以挫北人之心。楊氏及軍校留者，懼其謀己，內自爲備。後全遣慶福還楚爲亂，適湖州潘壬事敗，全黨益不安。或教楊氏蓄一妄男子，指謂人曰：「此宗室也。」且語僚佐曰：「會令汝爲朝士。」潛約盱眙四將爲應，盱眙四將不從。於是慶福謀中輟，止欲快意於國。計議官苟夢玉知之，以告國。國曰：「但使反，反卽殺我，我豈文儒不知兵者耶！」夢玉懼禍及，求檄往盱眙，復告慶福曰：「制使欲圖汝。」兩爲自結之計。及是，國晨起視事，忽露刃充庭，客駭走。國厲聲曰：「不得無禮！」矢已及額，流血被面而走。亂兵悉害其家人，縱火焚官寺，兩司積蓄，盡爲賊有。親兵數十人翼國登城樓，縋城走，伏道堂中，宿焉。賊擁通判姚翀入城，犒兩軍，使歸營。是日，慶福首殺夢先以報其辱。明日，國縊於途。事聞，史彌遠懼激他變，欲事含忍，徐晞稷嘗倅楚守海，得全歡心，乃授晞稷爲制置使，令屈意撫全。全〔聞國死〕（並據續綱目、薛鑑補），自青州還楚，佯責慶福不能彈壓，致忠義之鬨，斬數人，上表待罪。朝廷不問。知揚州趙范得制置〔使〕印於潰卒中，以授晞稷。晞稷至楚，全及門下馬，拜庭下，晞稷降等止之，賊衆乃悅。晞稷至以「恩府」稱全，「恩堂」稱楊氏，而手足倒置矣。

五月，李全牒彭義斌於山東，曰：「許國謀反，已伏誅矣。爾軍並聽我節制！」義斌大罵曰：「逆賊！背國厚恩，擅殺制使，我必報此仇！」乃斬齎牒人，南向告天誓衆，見者憤激。於是全自青州攻東平，不克，乃攻恩州。義斌出兵與戰，全敗走，獲其馬二千。劉慶福引兵救全，又敗。全退保山峒，抽山陽忠義以北。楊氏及劉全皆欲親赴難，會全遣人求徐晞稷書與義斌連和，乃止。義斌致書沿江制置使趙善湘曰：「不誅逆全，恢復不成。但能遣兵扼淮，進據漣、海以蹙之，斷其南路，此賊必擒。賊平之後，復一京三府，然後義斌戰河北，盱眙諸將、襄陽騎士戰河南，神州可復也。」盱眙四總管亦各遣使致書，乞助討賊。知揚州趙范亦以爲言。史彌遠令諭范，毋出位專兵，各享安靖之福。范復以書力論之，曰：「今上自一人，下(自一人)(據宋史四一七趙范傳、薛鑑删)至公卿百執事，又下至士民軍吏，莫不知禍賊之必反，雖先生之心亦自知其必反也。衆人知之則言之，先生知而獨不言。不言誠是也，內無臥薪嘗膽之志，外無戰勝攻取之備，先生隱忍不言而徐思所以制之，此廟謨所以爲高也。然以撫定責之晞稷，而以鎮守責之范。責晞稷者，函人之事也；責范者，矢人之事也。既責范以惟恐不傷人之事，又禁其爲傷人之痛，惡其爲傷人之言，何哉？賊見范爲備，則必忌而不得以肆其奸，他日必將指范爲首禍激變之人，劫朝廷以去范。先生始未之信，左右曰『可』，卿大夫曰『可』，先生必將曰：『是何惜一趙范而不以紓禍哉！』必將縛范以授賊，而范遂爲宋晁錯。雖然，使以范授賊而果足以紓國禍，范死何害哉！諺曰：『護家之狗，盜賊所惡。』故盜賊見有護家之狗，必將指斥於主人，使先去之，然後肆穿窬之姦而無所忌。然則殺犬固無益於弭盜也。欲望矜憐，別與閑慢差遣。」彌遠不聽。

六月，彭義斌既克山東，復納李全降兵，兵勢大振，遂圍東平。嚴實潛約蒙古將孛里海，合兵攻之。兵久不至，城中食盡，乃與義斌連和。義斌亦欲藉實取河朔而後圖之，遂以兄禮事實。時實衆尚數千，義斌不之奪，而留所掠實靑崖之家屬不遣。

秋七月，彭義斌下眞定，道西山，與孛里海等軍相望。義斌分嚴實〔以〕（據元史一四八嚴實傳、續綱目、薛鑑補）帳下兵，陽助而陰伺之。實知勢迫，卽赴孛里海軍，與之合，遂及義斌戰於內黃之五馬山，義斌兵潰。史天澤以銳卒略其後，遂擒義斌。說之降，義斌厲聲曰：「我大宋臣，義豈爲他臣屬耶！」遂死之。於是京東州縣復爲實有。

二年（丙戌、一二二六）六月，蒙古圍李全於靑州。全北剽山東，南仰錢糧，且挾朝廷以疑蒙古。蒙古攻之，全大小百戰，終不利，嬰城自守。蒙古築長圍，夜布狗砦。全糧援路絕，與兄福謀，福曰：「二人俱死，無益也。汝身係南北輕重，我當死守孤城，汝間道南歸，提兵赴援，可尋生路。」全曰：「數十萬勍敵，未易支也。全朝出，城夕陷，〔不如兄歸〕。」於是全留靑，福還楚。

九月，徐晞稷罷，以劉琸爲淮東制置使。朝廷聞李全爲蒙古所圍，稍欲圖之，以晞稷畏懦，謀易帥。劉琸雅意建閫，使鎭江副都統彭忺延譽；忺亦垂涎代琸，從臾尤力，故以琸代晞稷，忔代琸知盱眙。

十一月，劉琸至楚州，心知不能制馭盱眙四總管，惟以鎮江兵三萬自隨。夏全請從，琸素畏其狡，不許。彭忔自以資望視琸更淺，曰：「琸止夏全，是欲遺患盱眙。琸猶憚夏全，我何能用！」乃激夏全曰：「楚城賊黨，不滿三千，健將又在山東，劉制使圖之，收功在旦夕，太尉何不往赴事會？」夏全忻然，帥兵徑入楚城。時青亦自淮陰入屯城內。琸駭懼，勢不容却，復就二人謀焉。時傳李全已死，李福欲分兵赴青州，琸令夏全盛陳兵楚城，李全之黨震恐。李全妻楊氏使人行成於夏全曰：「將軍非山東歸附耶？狐死兔悲，李氏滅，夏氏寧獨存？願將軍垂盼！」全諾。楊氏盛飾出迎，與按行營壘，曰：「人傳三哥死，吾一婦人，安能自立！便當事太尉爲夫，子女玉帛，干戈倉廩，皆太尉有。望卽領此，無多言也。」夏全心動，乃置酒歡甚，飲酣，就寢如歸，轉仇爲好，反與福謀逐琸。遂圍楚州治，焚官民舍，殺守藏吏，取貨物。時琸精兵尙萬人，窘束不能發一令，太息而已。夜半，琸縋城，僅以身免。鎮江軍與賊戰，死者大半，將校多死，器甲錢粟，悉爲賊有。琸步至揚州，借兵自衞。夏全旣逐琸，暮歸李全營，楊氏拒之。全恐楊氏圖己，因大掠，趨盱眙，欲爲亂。盱眙將張惠、范成進閉城門，夏全不得入，狼狽降金。朝廷聞之，大恐。琸自劾，未幾，死。

三年（丁亥、一二二七）春正月，以姚翀爲淮東制置使。朝廷以翀嘗與李全交歡，故命之。

翀朝辭，帝謂曰：「南北皆吾赤子，何分彼此？卿其爲朕撫定之！」翀至楚城東，艤舟以治事。間入城，見李全妻楊氏，用徐晞稷故事而禮過之。楊氏許翀入城，翀乃入，寄治僧寺中，極意娛之。

三月，趙范上書史彌遠曰：「淮東之事，日異月新。然有淮則有江，無淮則長江以北港汊蘆葦之處，敵人皆可潛師以濟，江面數千里，何從而防哉！今或謂巽辭厚惠可以啗賊，而不知陷彼款兵之計，或謂斂兵退屯可以緩賊，而不知成彼深入之謀。或欲行淸野以嬰城，或欲聚烏合而浪戰，或以賊辭之乍順乍逆而爲喜懼，或以賊兵之乍進乍退而爲寬緊，皆失策也。失策則失淮，失淮則失江，而其失有不勝悔者矣！夫有遏寇之兵，有遊擊之兵，有討賊之兵。今寶應之逼山陽，天長之逼盱眙，須各增戍兵萬人，遣良將統之，賊來則堅壁以挫其鋒，不來則耀武以壓其境，而又觀釁伺隙，時遣偏師，掩其不備，以示敢戰，使雖欲深入而畏吾之擣其虛，此遏寇之兵也。盱眙之寇素無儲蓄，金人亦無以養之，不過分兵虜掠而食。當量出精兵，授以勇校，募土豪，出奇設伏以勦殺之，此游擊之兵也。維揚、金陵、合肥各聚二三萬人，人物必精，將校必勇，器械必利，教閱必熟，紀律必嚴，賞罰必公，其心術念慮，必人人思親其上而死其長。信能行此，半年而可以强國，一年而可以討賊矣。賊既不能深入，虜掠復無所獲，而又懷見討之恐，則必反而求贍於金，金無餘力及此，則必怨之怒之，吾於是可以嫁禍於金人矣。或謂揚州不可屯重兵，恐速賊禍。是不然，揚州者，國之北門，一以統淮，一以蔽江，一以守運河，豈可無備哉！善守者，敵不知所攻。今若設寶應、天長二屯以扼其衝，復重二三帥閫以張軍勢，賊將不知所攻，而敢犯我揚州哉！設使賊不知兵勢而犯揚州，是送死矣。」朝廷乃召范禀議，復令知池州。

五月，李全以青州降蒙古。全被圍一年，食牛馬及人且盡，將自食其軍。全欲降，懼衆異議，乃焚香南向再拜，欲自經，而使其黨鄭衍德、田四救己，曰：「譬如爲衣，有身愁無袖耶！今北歸未必非福。」全乃降蒙古。

劉慶福在山陽，自知己爲厲階，懷不自安，欲圖李福以贖罪於朝。李福知之，亦謀殺慶福，於是二人互相猜忌，不復相見。一日，李福僞稱疾不出，旬餘，慶福往候之，李福乃躍起，拔刀傷慶福，慶福走，左右殺之。李福以慶福首納於姚翀，翀大喜。幕客杜(來)〔耒〕曰：「慶福首禍，一世奸雄，今頭落措大手耶。」時，楚州自夏全之亂，儲積無餘，綱運不續，賊黨籍籍，謂福所致。福畏衆口，數見翀促之，翀謝以朝廷撥降未下。六月，福乘衆怒，與李全妻楊氏謀，召翀飲。翀至而楊氏不出，就坐賓次，左右散去。福以〔翀〕命召諸幕客，以楊氏命召翀二妾。諸幕客知有變，不得已而往。杜(來)〔耒〕至八字橋，福兵腰斬之。福兵欲害翀，鄭衍德救之，得免，去鬚鬢，縋城夜走，歸明州，死。朝廷以淮亂相仍，遣帥必斃，姑欲輕淮而重江，楚州不復建閫，就以其帥楊紹雲兼制置，改楚州爲淮安軍，命通判張國明權守，視之若羈縻州然。

秋七月，張林等歸淮安，討李福，斬之。初，李全之黨以贍軍錢糧不繼，屢有怨言。全將國安用、閻通歎曰：「我曹米外日受銅錢二百，楚州物賤，可以樂生。而劉慶福爲不善，怨仇相尋，使我曹無所衣食。」時張林、邢德亦在楚，自謂嘗受朝廷恩，中遭全間貳，今歸於此，豈可不與朝廷立事。王義深嘗爲全所辱，且謂我本賈帥帳前人，與彭義斌舉義不成而歸。五人相謂曰：「朝廷不降錢糧，爲有反者未除耳。」乃共議殺李福及全妻楊氏以獻，遂帥衆趨楊氏家。福走出，邢德手刃之，相屠者數百人。有郭統制者，殺全次子通及全妾劉氏，妄稱楊氏，函其首并福首獻於楊紹雲。〔紹〕雲馳送臨安，傾朝皆喜。

八月，檄知盱眙軍彭忨及總管張惠、范成進、時青併兵往楚州，使便宜盡戮李全餘黨。忨輕儇，不爲惠等所服，得檄，不敢自決，請制府及朝廷處之。朝議以時青望重，檄青區畫。青恐禍及，密遣人報全於青州，遷延不決。惠、成進以朝檄專委青而不及己，乃歸盱眙，設宴邀忨，乘其醉縛之，渡淮，以盱眙降於金。

李全得時青報，慟哭，力告蒙古大將求南還。不許，全因斷一指以示之，誓還南必叛。蒙古大將乃承制授全山東淮南行省，得專制山東，歲獻金幣。全遂與蒙古張宣差及通事數人還楚州，服蒙古衣冠，文移紀甲子而無年號。楊紹雲聞其至，遂留揚州不還。王義深奔金，國安用殺張林、邢德以自贖，郭統制亦爲全所殺。

十二月，金封李全爲淮南王，全不受。時全敗完顏訛可於龜山故也。

李全誘殺時青，併其衆。

紹定三年（庚寅、一二三〇）二月，起復趙范、趙葵，節制鎮江、滁州軍馬。

五月，以李全爲彰化保康節度使、京東鎮撫使，全不受命。初，全自還楚，卽廣募人爲兵，不限南北。天長民保聚爲十六砦，比歲失業，官賑不繼，壯者亦皆就募。射陽湖浮居者數萬家，家有兵仗，侵掠難制，其豪周安民、谷汝礪、王十五長之，亦蠭結水寨，以觀成敗。全知東南利舟楫，謀習水戰，米商至，悉併舟糴之，留其舵工，以一教十。又遣人泛江湖市桐油黏筏，募南匠，大治舢艤船，自淮口及海相望，時時試舟於射陽湖及海洋。復以糧少爲辭，遣海舟自蘇州洋入平江、嘉興〔告糴〕，實欲習海道以覘畿甸。然以山東經理未定，而歲貢蒙古者不可缺，故外恭順朝廷以就錢糧，因以貿貨輸蒙古。朝廷亦以全往來山東，得以少寬北顧之憂，遣餉不絕。全因縱游說於朝，復請建閫山陽；又遣使入金，且欲銷朝廷兵備，乃遣軍士穆椿潛入京師皇城縱火，焚御前軍器庫，於是先朝兵甲盡喪。全欲先據揚州以渡江，分兵徇通、泰以趨海。其下皆曰：「通、泰，鹽場在焉，莫若先取爲家計，且使朝廷失鹽利。」全欲朝廷不爲備，且雖反而不敢遽絕其給，乃挾蒙古李宣差、宋宣差以恫疑虛喝，而蒙古實未嘗資全兵，其李宣差則青州賣藥人也。朝廷雖知其奸，姑事苟安，不之詰。及全糴麥舟過鹽城，知揚州翟朝宗嗾尉兵奪之。全怒，以捕盜爲名，水陸數萬，徑擣鹽城。戍將陳益、樓彊、知縣陳遇皆遁，全入城據之。朝（廷）〔宗〕倉皇遣幹官王節懇全退師，全不許，留鄭祥、董友守鹽城，而自提兵還楚州，以狀白於朝曰：「遣兵捕盜過鹽城，縣令自棄城遁去。慮軍民驚擾，不免入城安衆。」朝廷乃授全節鉞，令釋兵，命制置司幹官往諭之。全曰：「朝廷待我如小兒，啼則與果。」不受制命。朝廷爲罷朝宗，命通判趙（敬）〔璥〕夫攝州事。先是，士大夫無賢愚皆策李全必反而不敢言，國子監丞度正獨上疏極言之，且獻斃全之策有三。其言骾亮激切，時不能用。至是，趙范、趙葵深以全必反爲慮，累疏力言之，史彌遠不納。

冬十月，以趙善湘爲江淮制置使。時李全造舟益急，至發冢取粘板，鍊鐵錢爲釘，熬囚脂，擣油灰，列炬繼晷，招沿海亡命爲水手。又紿趙（敬）〔璥〕夫以蒙古爲辭，邀增五千人錢糧，求誓書、鐵券。朝廷猶遣餉不絕，全得米，即自轉輸淮海入鹽城，以贍其衆。他軍士見者曰：「朝廷惟恐賊不飽，我曹何力殺賊！」射陽湖人皆怨，至有「養北賊，戕淮民」之語，聞者太息。全又遣人以金牌誘脅周安民等，造浮橋於喻口，以便鹽城往來。時史彌遠多在告，諸執政又不以爲意，獨鄭清之深憂之，力勸帝討全。帝乃以趙善湘制置江淮，許便宜從事，然猶有內圖進討，外用調停之說，惟趙范、趙葵兄弟力請進兵討之。

十二月庚申，李全突至揚州灣頭，揚州副都統丁勝拒之，全乃攻城南門。趙(敬)〔璥〕夫得史彌遠書，許增萬五千名糧，勸全歸楚州，卽遣劉易就全壘示之。全笑曰：「史丞相勸我歸，丁都統與我戰，非相紿耶！」擲書不受。(敬)〔璥〕夫恐，亟迎趙范於鎭江，范亦刻日約葵，葵帥雄勝、寧淮、武定、强勇四軍萬四千赴之。時全引兵攻泰州，知州宋濟迎降。全入坐郡治，盡收其子女貨幣。將趨揚，聞范、葵已入揚城，乃鞭鄭衍德曰：「我計先取揚州渡江，爾曹勸我取通、泰，今二趙已入揚州矣，江其可渡耶！」既而曰：「今惟有徑擣揚州耳。」遂分兵守泰，而悉衆攻揚州。至灣頭，立砦，據運河之衝，使胡義將先鋒(至)〔駐〕平山堂，以俟三城機便。全攻東門，葵親搏戰。全將張友呼城門請葵出，葵出，與全隔濠立馬相勞苦，問全來何爲。全曰：「朝廷動見猜疑，今復絕我糧餉。我非背叛，索錢糧耳。」葵曰：「朝廷待汝以忠臣孝子，汝乃反戈，攻陷城邑，朝廷安得不絕汝糧餉！汝云非叛，欺人乎？欺天乎？」全無以對，彎弓抽矢，向葵而去。自是屢戰，全兵多敗。全每云：「我不要淮上州縣，渡江浮海，徑至蘇、杭，孰能當我！」然全志吞揚州三城，而兵每不得傅城下。宗雄武獻策曰：「城中素無薪，且儲蓄爲總領所支借殆盡，若築長圍，三城自困。」全乃悉衆及驅鄉農凡數十萬，列砦圍三城，制司、總所糧援俱絕。范、葵命三城諸門，各出兵劫砦，舉火爲期，夜半，縱兵衝擊，殲賊甚衆。自是全一意長圍，以持久困官軍，不復薄城。全張蓋奏樂於平山堂，布置築圍。范令諸門以輕兵牽制，親帥將士出堡砦西，攻之。全分兵諸門鏖戰，自辰至未，殺傷相當。兵官王青力戰，死之。明日，范出師大戰，獲全糧數十艘。葵亦力戰敗之。

四年（辛卯、一二三一）春正月壬寅，趙范、趙葵大敗李全於揚州。時，全浚圍城塹，范、葵遣諸將出揚州東門掩擊；全走土城，官軍躡之，蹂溺甚衆。范陳於西門，賊閉壘不出，葵曰：「賊俟我收兵而出耳。」乃伏騎破垣間，收步卒誘之。賊兵數千果趨濠側，李虎力戰，城上矢石如雨注，賊退。有頃，賊別隊自東北馳至，范、葵揮步騎夾浮橋、弔橋並出，爲三迭陣以待之。自巳至未，與賊大戰，別遣虎等以馬步五百出賊背，而葵率輕兵橫衝之，三道夾擊，賊敗走。

始，全反謀已成，然多顧忌，且懼其黨不順，而邊陲喜事者欲挾全爲重，遂贊成之，故全決計反。及趙善湘、趙范、趙葵用事，聲罪致討，罷支錢糧，攻城不得，欲戰不利，全始大悔，忽忽不樂。或令左右抱其臂，曰：「是我手否？」人皆怪之。

范、葵夜議詰朝所向，葵曰：「出東門。」范曰：「西出（常）〔嘗〕不利，賊必見易，因其所易而圖之，必勝。不如出堡塞西門。」全置酒高會於平山堂，有堡塞候卒識全槍垂雙拂爲號，以告范。范喜，謂葵曰：「此賊勇而輕，若果出，必成擒矣！」乃悉精銳數千而西，取官軍素爲賊所易者，張其旗幟以易之。全望見，喜，謂李、宋二宣差曰：「看我掃南軍！」官軍見賊突鬬而前，亦不知其爲全也。范麾兵並進，葵親搏戰，諸軍爭奮，賊始疑非前日軍，欲走入土城，李虎軍已塞其甕門。全窘，從數十騎北走。葵率諸將，以制勇、寧淮二軍蹙之。全趨新塘，〔新塘〕自決水後，淖深數尺，會久晴，浮戰塵如燥壤，全騎過之，皆陷淖中，不能自拔。制勇軍追及，奮長槍三十餘亂刺之。全呼曰：「無殺我，我乃頭目。」羣卒碎其屍，而分其鞍馬、器甲，併殺三十餘人，皆將校也。全死，餘黨欲潰，國安用不從，議推一人爲首，莫肯相下，欲還淮安奉全妻楊氏。范、葵追擊，大破之，乃散去。范還揚州，捷聞，加趙善湘江淮制置大使，范淮東安撫使，葵淮東提刑。善湘季子汝楳，史彌遠壻也，奏請無阻，而善湘亦以范、葵進取有方，慰藉殷勤，故能成功。

五月，趙范、趙葵復帥步騎十萬攻鹽城，屢敗賊衆。遂薄淮安城，殺賊萬計，焚二千餘家，城中哭聲震天。淮安五城俱破，斬首數千，燒砦柵萬餘家。淮北賊歸赴援，舟師又剿擊，焚其水柵，夷五城餘址，賊始懼。王旻、趙必勝、全子才等移砦西門，與賊大戰，又破之。全妻楊氏謂鄭衍德曰：「二十年梨花槍，天下無敵手，今事勢已去，撑拄不行。汝等未降者，以我在故爾。」遂絕淮而去。其黨卽遣馮垍等納款軍門，趙范許之，淮安平。

宋史紀事本末卷八十八

史彌遠廢立

寧宗慶元四年（戊午、一一九八）八月，京鏜等以帝未有嗣，請擇宗室子育之。詔育太祖後燕懿王德昭九世孫與愿於宮中，年六歲矣。尋以爲福州觀察使，賜名曮，封衞國公。開禧元年（乙丑、一二〇五）五月乙亥，詔立衞國公曮爲皇子，進封榮王。

二年（丙寅、一二〇六）五月，詔以宗室子均爲沂靖惠王柄嗣，賜名貴和。柄，孝宗孫，魏惠獻王愷之子。均之父曰希瞿，太祖九世孫也。

三年（丁卯、一二〇七）十一月丁亥，詔立榮王曮爲皇太子，更名幬，又更名詢。

嘉定十三年（庚辰、一二二〇）八月癸亥，皇太子詢卒，謚曰景獻。

十四年（辛巳、一二二一）六月，立沂王嗣子貴和爲皇子，更名竑，尋以宗室子貴誠爲秉義郎。貴誠初名與莒，燕懿王德昭之後希瓐之子也。母全氏，家於紹興之山陰。初，慶元余天錫爲史府童子師，性謹愿，彌遠器重之。彌遠在相位久，以帝未有儲嗣，而沂王於帝爲近屬，亦未有後，欲借沂王置後爲名，〔陰〕（據續綱目、薛鑑補）擇宗室中可立者，以備皇子之選。會天錫告還鄉秋試，彌遠密語之曰：「今沂王無後，宗室子賢厚者，幸具以來。」天錫渡浙，舟抵越西門，會天大雨。過全保長家避雨，保長知其爲丞相客，具雞黍甚肅。須臾有二子侍立，天錫異而問之，保長曰：「此吾外甥也，日者嘗言二兒後極貴。」問其姓，長曰趙與莒，次曰與芮。天錫因憶彌遠言，及還臨安，以告之。彌遠命召二子來，保長大喜，鬻田治衣冠，集姻黨送之，且詫其遇。及見，彌遠善相，大奇之，恐事泄不便，遽使復歸。保長大慚，其鄉人亦竊笑之。踰年，彌遠忽謂天錫曰：「二子可復來乎？」天錫召之，保長辭謝不遣。彌遠乃使天錫密諭保長曰：「二子長者最貴，宜還撫於其父家。」遂載至臨安。及貴和立爲皇子，乃補與莒秉義郎，賜名貴誠，年十七矣。

十五年（壬午、一二二二）夏四月丁巳，進封子竑爲濟國公，以貴誠爲邵州防禦使。竑好鼓琴，史彌遠買美人善鼓琴者納諸竑，而厚撫其家，使瞷竑動息。美人知書，慧黠，竑嬖之。時，楊皇后專國政，彌遠用事久，宰執、侍從、臺諫、藩閫皆所引薦，莫敢誰何，權勢熏灼。竑心不能平，嘗書楊后及彌遠之事於几上，曰：「彌遠當決配八千里。」又嘗指宮壁輿地圖瓊、崖，曰：「吾他日得志，置史彌遠於此。」又嘗呼彌遠爲「新恩」，以他日非新州則恩州也。彌遠聞之，大懼，思以處竑，而竑不知。眞德秀時秉宮教，諫竑曰：「皇子若能孝於慈母而敬大臣，則天命歸之矣，否則深可慮也。」竑不聽。一日，彌遠爲其父浩飯僧淨慈寺，與國子學錄鄭清之登慧日閣，屏人語曰：「皇子不堪負荷，聞後沂邸者甚賢，今欲擇講官，君其善訓導之。事成，彌遠之座卽君座也。然言出於彌遠之口，入於君之耳，若一語泄，吾與君皆族矣！」清之曰：「不敢。」乃以清之兼魏惠憲王府學教授。清之日教貴誠爲文，又購高宗御書，俾習焉。清之見彌遠，卽示以貴誠詩文翰墨，譽之不容口。彌遠嘗問清之曰：「吾聞皇姪之賢已熟，大要究竟何如？」清之曰：「其人之賢，更僕不能數，然一言以斷之曰，不凡。」彌遠頷之再三，策立之意益堅，乃日媒孽竑之失，言於帝，覬帝廢竑立貴誠，而帝不悟其意。眞德秀聞其事，力辭宮教，去位。

十七年（甲申、一二二四）八月丙戌，帝不豫。史彌遠遣鄭清之往沂王府，告貴誠以將立之意，貴誠默不應。清之曰：「丞相以清之從游久，故使布腹心，今不答一語，則清之將何以答丞相？」貴誠始拱手徐言曰：「紹興老母在。」清之以告彌遠，益相與歎其不凡。

壬辰，帝疾篤。彌遠稱詔以貴誠爲皇子，改賜名昀，授武泰軍節度使，封成國公。

閏月丁酉，帝崩。彌遠遣皇后兄子谷、石，以廢立事白后。后不可，曰：「皇子竑先帝所立，豈敢擅變！」谷等一夜七往返，后終不許。谷等乃拜泣曰：「內外軍民皆已歸心，苟不立之，禍變必生，則楊氏無噍類矣！」后默然良久，曰：「其人安在？」彌遠卽於禁中遣快行宣昀，令之曰：「今所宣是沂（清）〔靖〕惠王（據宋史二四六宗室傳、續綱目、薛鑑改）府皇子，非萬歲巷皇子。苟誤，則汝皆處斬！」皇子竑時聞帝崩，跂足以需宣召，久而不至，乃屬目牆壁間，見快行過其府而不入，疑焉，已而擁一人徑過，天暝不知爲誰，甚惑之。昀入宮見后，后拊其背，曰：「汝今爲吾子矣。」彌遠引昀至柩前，舉哀畢，然後召竑。竑聞命卽赴，至則每過宮門，禁衛拒其從者，彌遠亦引竑至柩前，舉哀畢，引出帷，殿帥夏震守之。遂召百官立班，聽遺制，則引竑至舊班。竑愕然曰：「今日之事，我豈當仍在此班？」震紿之曰：「未宣制前當在，宣制後乃卽位。」竑以爲然，已而遙見殿上燭影中有人在御座，則昀已卽位矣。宣制畢，閤門宣贊呼百官拜賀，竑不肯拜，震捽其首下拜。遂稱遺詔，以竑爲開府儀同三司，封濟陽郡王，判寧國府。尊楊皇后曰皇太后，垂簾同聽政。詔遵孝宗故事，宮中自服三年喪。尋進封竑爲濟王，出居湖州。

史臣曰：寧宗恭儉守文，初年以舊學輔導之功，召用宿儒，引拔善類，其政可觀。中更韓侂胄〔內〕（據宋史四〇寧宗紀、續綱目改）蓄（養）羣奸，指正爲僞，外挑强鄰，流毒淮甸，函首求成，國體虧矣。及史彌遠擅權，幸帝耄荒，竊弄威福，至於皇儲國統，亦得乘機伺間，遂其廢立之私，他可知也。

九月，帝追封所生父希瓐爲榮王，生母全氏爲國夫人，而以弟與芮嗣之。

理宗寶慶元年（乙酉、一二二五）春正月庚午，湖州人潘壬與其從兄甫、弟丙，以史彌遠廢立，不平，乃遣甫密告謀立濟王意於李全。全欲坐致成敗，陽與之期日進兵應接，而實無意也。壬等信之，遂部分其衆以待。及期，全兵不至，壬等懼事泄，乃以其黨雜販鹽盜千人，結束如全軍狀，揚言自山東來，夜入州城，求濟王。王聞變，匿水竇中。壬尋得之，擁至州治，以黄袍加王身。王號泣不從，壬等彊之，王不得已，乃與約曰：「汝能勿傷太后、官家乎？」衆許諾，遂發軍資庫金帛、會子犒軍。知州謝周卿率官屬入賀。壬子，僞爲李全榜，揭於門，數史彌遠廢立罪，且曰：「今領精兵二十萬，水陸並進。」人皆聳動。比明視之，則皆太湖漁人及巡尉兵卒耳。王知事不成，乃遣王元春告於朝，而帥州兵討壬。壬變姓名走楚州，甫、丙皆死。元春至行在，史彌遠懼甚，急召殿司將彭任帥師赴之，至則事平矣。壬至楚，將渡淮，爲小校明亮所獲，送臨安，斬之。彌遠忌竑，詐言竑有疾，令（余）〔秦〕天錫（據宋史四一理宗紀、又二四六宗室傳改）召醫入湖州視之。天錫至，諭旨，逼竑縊於州治，以疾薨聞。尋詔追貶爲巴陵郡公，又降爲縣公。改湖州爲安吉州。

起居郎魏了翁、考功員外郎洪咨夔相繼言竑之冤。及禮部侍郎、直學士院眞德秀入見，奏曰：「三綱五常，扶持宇宙之棟幹，奠安生民之柱石。晉廢三綱而劉、石之變興，唐廢三綱而安祿山之難作。我朝立國，根本仁義，先正名分。陛下初膺大寶，不幸處人倫之變，有所未盡，流聞四方，所損非淺。霅川之變非濟王本志，前有避匿之迹，後聞捕討之謀，情狀本末，灼然可考。願詔有司討論雍熙追封秦邸舍罪恤孤故事，斟酌行之。雖濟王未有子息，興滅繼絕，在陛下耳！」帝曰：「朝廷待濟王亦至矣。」德秀曰：「若論此事處置甚善，臣未敢以爲然。觀舜所以處象，則陛下不及舜明甚。人主但當以二帝、三王爲師，秦、漢而下，人君舉動不皆合理，難以爲法。」帝曰：「亦是一時倉卒耳。」德秀曰：「此已往之咎。惟陛下知有此失，益講學進德，以贖前愆，以收人心。」

五月，鄧若水上封事曰：「行大義然後可以弭大謗，收大權然後可以固大位，除大奸然後可以息大難。寧宗皇帝晏駕，濟王當繼大位者也，廢黜不聞於先帝，過失不聞於天下。史彌遠不利濟王之立，夜矯先帝之命，棄逐濟王，幷殺皇孫，而奉迎陛下；曾未半年，濟王竟不幸死於湖州。揆以春秋之法，非弒乎？非簒乎？非攘奪乎？當悖逆之初，天下皆歸罪彌遠，而不敢歸過於陛下者，何也？天下皆知倉卒之間，非陛下所得知，亦諒陛下必無是心也，亦料陛下必能掃清妖氛，以雪先帝、濟王父子終天之憤。今踰年矣，而乾綱不決，威斷不行，無以大慰天下之望。昔之信陛下之必無者，今或疑其有；昔之信陛下之不知者，今或疑其知。陛下何忍以青白天日，而以此身受此汚辱也？盍亦求明是心於天下，而俾有辭於千古乎！爲陛下之計，莫若遵泰伯之至德，伯夷之清名，季子之高節，而後陛下之本心明於天下。此臣所謂行大義以弭大謗，策之上也。當其廢立之間，威動天下，既立則眇視人主。是故强臣挾恩以陵上，小人恃强以無上，久則內外相爲一體，爲上者喑默以聽其所爲，日朘月削，殆有人臣之所不忍言者。威權一去，人主雖欲固其位，保其身，有不可得。宣繒，彌遠之肺腑也；王愈，其耳目也；盛章、李知孝，其鷹犬也；馮椅，其牙爪也。彌遠之欲行某事，害某人，則此數人者，相與謀之，曷嘗有陛下之意行乎其間哉！臣以爲不除此數兇，陛下非惟不足以弭謗，亦未可以必安其位。然則陛下何憚久而不爲哉！此臣所以謂收大權以定大位，策之次也。次而不行，又有一焉，曰除大奸然後可以息大難。李全，一流民耳，寓食於我，兵非加多，土地非加廣，勢非特盛也。賈涉爲帥，庸人耳，全不敢妄動，何也？名正而言順也。自陛下卽位，乃敢倔强，何也？彼有辭以用其衆也。其意必曰，濟王，先皇帝之子也，而彌遠放弑之。皇孫，先皇帝之孫也，而彌遠戕害之。其辭直，其氣壯，是以沿淮數十萬之師，而不敢睥睨其鋒。雖曰今暫無事，未能必知其不一日羽檄飛馳，以濟王爲辭，以清君側之惡爲名。彌遠之徒死有餘罪，不可復惜，宗社生靈何辜焉！陛下今日而誅彌遠之徒，則全無辭以用其衆矣。上而不得，則思其次；次而不得，則思其下。悲夫！」奏上，彌遠以筆横抹之。

秋七月，罷工部尙書陳德剛、金部員外郎洪咨夔，以論濟王之冤，忤史彌遠故也。

竄大理評事胡夢昱於象州。夢昱上言，濟王不當廢，引晉太子申生、漢戾太子及秦王廷美之事爲證，言甚切直。史彌遠諷御史李知孝劾之，故竄。

二年（丙戌、一二二六）八月，追降巴陵郡公竑爲縣公，從李知孝之請也。

端平元年（甲午、一二三四），詔復故濟王竑官爵。太常少卿徐僑嘗侍講，開陳友愛大義。帝悟，乃命復竑官爵，有司檢視墓域，以時致祭。時竑妻吳氏自請爲尼，特賜號慧靜法空大師，紹興府月給衣資緡錢。

宋史紀事本末卷八十九

金河北山東之沒

寧宗嘉定八年（乙亥、一二一五）冬十月，蒙古主駐軍魚兒濼，遣三哥拔都帥萬騎，自西夏趨京兆。以攻金潼關不能下，乃由嵩山小路趨汝州，遇山磵，輒以鐵槍相鎖連接爲橋以渡，遂赴汴京。金主急召花帽軍於山東。蒙古兵至杏花營，距汴京二十里，花帽軍擊敗之。蒙古兵還至陝州，適河冰合，遂渡而北，金人專守關輔。時，蒙古兵所向皆下，金主遣使求和，蒙古〔主〕（據續綱目、薛鑑補）欲許之，謂撒沒喝曰：「譬如圍場中獐鹿，吾已取之矣，獨餘一兔，盍遂舍之。」撒沒喝恥於無功，不從，遣人謂金主曰：「若欲議和，以河北、山東未下諸城來獻，及去帝號稱臣，當封汝爲王。」議遂不成。

十二月，蒙古以張鯨總北京十提控兵，從奪忽闌撒里必南征。鯨懷反側，木華黎覺之，令蕭阿先監其軍。至平州，鯨稱疾逗遛不進，阿先執而殺之。鯨弟致憤其兄被害，乃殺長史，復據錦州，自稱瀛王，改元興隆，掠平、灤、瑞、利、義、懿、廣寧等州，下之。木華黎率先鋒蒙古不花、權（師）〔帥〕吾也兒等軍討之，州郡皆〔復〕（據續綱目改並補）降蒙古。

是年，蒙古取金城邑，凡八百六十有二。

九年（丙子、一二一六）夏四月，金知平陽府胥鼎聞蒙古兵渡潼關，〔卽〕遣必蘭阿魯帶、徒單百家帥兵萬五千，由便道濟河，以趨關、陝，自以精兵援汴京。又遣僕散掃吾出帥兵，會諸將以拒蒙古兵之自關而東者。金主以其忠，拜鼎尚書左丞，〔遣〕（並據續綱目、薛鑑補）還平陽。

冬十月，蒙古兵次嵩、汝間。金御史臺言：「敵兵踰潼關、崤、澠，深入重地，近抵西郊。彼知京師屯宿重兵，不復叩城索戰，但以遊騎遮絕道路，而別兵攻擊州縣，是亦困京師之漸也。若專以城守爲事，中都之危又將見於今日，况公私蓄積視中都百不及一，此臣等所以寒心也。願陛下命陝西兵扼距潼關，與阿里不孫爲掎角之勢，選在京勇敢之將十數，各付精兵，隨宜伺察，且戰且守。復諭河北，亦以此待之。」金主以奏付尚書省，平章朮虎高琪曰：「臺官素不習兵，備禦方略非所知也。」遂止。高琪以蒙古兵日逼，欲以重兵屯駐汴京以自固，州郡殘破不復恤。金主惑之，國勢益衰。

十一月，蒙古木華黎以張致兵精，且依險爲阻，欲設奇取之，乃遣吾也兒等別攻溜石山堡，且諭之曰：「汝等急攻溜石，賊必遣兵往援，我出其不意，斷其歸路，可一戰擒也。」又令蒙古不花別屯永德縣西十里以伺之。致聞溜石被圍，以兵救之。蒙古不花遣騎扼其歸路，且馳報。木黎華夜半引軍疾馳，比曙抵神水，與致遇，而蒙古不花兵亦會，前後夾擊，大破之，致遂奔潰，進圍錦州。致屢戰不利，乃閉門拒守。月餘，其監軍高益縛致出降，木華黎殺之。

金胥鼎慮蒙古兵扼河，乃檄絳、解、隰、吉、孟五州經略司，相與會師，爲夾攻之勢。及蒙古自三門、析津北渡，至平陽，鼎遣兵拒戰，蒙古兵敗去。金人復潼關。

金以苗道潤爲中都經略使。道潤有勇略，敢戰鬭，前後撫定五十餘城，署保定張柔爲元帥左監軍。

十年（丁丑、一二一七）三月，金主徵山東兵接應苗道潤，共復中都，而石海方據眞定叛，慮爲所梗，乃集粘割貞、郭文振及威州刺史武仙所部精鋭，與東平爲掎角之勢，圖之。武仙遂率兵斬石海及其黨二百餘人。金以武仙同知眞定府事。

十二月，蒙古主以木華黎有佐命功，拜太師國王，承制行事，賜誓券、金印，分弘吉剌等十軍及蕃、漢諸軍，並隸麾下，建行省於燕、雲，且謂之曰：「太行之北，朕自經略，太行之南，卿其勉之！」木華黎乃自中都南攻遂城及蠡州，皆下之。初，蠡州拒守，力屈乃降，木華黎怒，將屠其城。時州人趙瑨從木華黎爲署百戶，泣曰：「母與兄在城中，乞以一身贖一城之命！」哀懇切至，木華黎義而許之。遂東擊齊，定益都、臨淄、登、萊、濰、密等州而去。

十一年（戊寅、一二一八）五月，金將苗道潤爲其副賈瑀所殺，張柔檄召道潤部曲，共討瑀。會蒙古兵出自紫荆關，柔遇之，遂戰於狼牙嶺。柔馬跌，爲蒙古所執，至軍前，見主帥明安，立而不跪。左右强之，柔叱曰：「彼帥，我亦帥也。大丈夫死卽死，終不偷生爲他人屈！」明安壯而釋之。蒙古以柔爲河北都元帥。

八月，蒙古木華黎圍太原，環之數匝，金元帥烏古論德升力拒之。城西北隅壞，德升聯車塞之，三卻三登，矢石如雨，守陴者不能立。城破，德升至府署，謂其姑及妻曰：「吾守此數年，不幸力窮。」乃自縊而死。行省參政李革守平陽，兵少援絶，城陷。或謂革宜上馬突圍出，革歎曰：「吾不能保此，何面目見天子，汝輩可去矣！」遂自殺。節度使完顏訛出虎守汾州，元帥右監軍納合蒲剌都守潞州，城破，皆力戰而死。

十二年（己卯、一二一九）五月，金築汴京裏城。初，术虎高琪請修南京裏城，金主曰：「此役一興，民滋病矣，〔城〕（據金史一〇六术虎高琪傳、續綱目補）雖完固，能獨安乎？」高琪固請築之。既而金主慮擾於民，募人能致甓五十萬者遷一官，百萬升一等。於是平陽判官完顏阿剌、左廂譏察霍定和發蔡京故居，得甓二百萬有奇，準格遷賞。金主忽問曰：「人言此役恐不能就。」高琪曰：「苟防城有法，正使兵來，臣等愈得效力。」金主曰：「與其臨城，曷若不令至此爲善。」高琪無以對。及城成，高琪受金鼎之賞，建碑書功於會朝門。

蒙古使張柔率兵南下，遂克雄、易、保、安諸州，殺賈瑀，進兵次滿城。金將武仙會鎮、定、深、冀兵數萬，攻之。柔全軍適出，帳下纔數百人。柔命老弱婦女乘城，自率壯士，突出仙軍後，毁其攻具，策馬杖槊，大呼入圍，仙兵皆披靡。柔緣山多張旗幟，聲言救至，曳柴揚塵，鼓譟以進，仙兵大潰。柔追擊之，尸陳數十里，乘勝攻下完州。復敗仙〔將〕（據元史一四七張柔傳、續綱目、薛鑑補）葛鐵槍於新樂，遂南掠深澤、寧晉諸縣。由是深、冀以北，鎮、定以東，三十餘城，望風降附，柔威名震於河朔。

十二月，金殺右丞相术虎高琪。高琪自執政，專固權寵，擅作威福，與平章政事高汝礪相倡和，高琪主機務，汝礪掌利權，附己者用，不附者斥。凡言事忤意，及負才力或與己頡頏者，對金主陽稱其才，使幹當於河北，陰置之死地。又以己爲相不得兼樞密、元帥以攬兵柄，乃與汝礪力勸金主南侵，置河北於意外，凡精兵皆集河南，苟且歲月，不肯輒出一卒以應方面之急。至是，使奴賽不殺其妻，因歸罪於賽不而殺之以滅口。事覺，金主久知其奸，遂下高琪於獄，殺之。初，金主將趨汴，欲置糺軍於平州，高琪難之。及發中都，金主戒象多厚撫糺軍，而象多輒殺〔數〕（據金史一〇一抹撚盡忠傳、續綱目、薛鑑補）人，且勸金主取其元給器用，故有斫答之難，而中都以亡。金主嘗歎曰：「壞天下者，高琪、象多二人也！」

十三年（庚辰、一二二〇）夏四月，金封經略使王福等九人爲郡公，分河北、山東地以隸之。初，太原爲蒙古所有，河北州縣不能自立，金主詔百官議所以爲長久之計。徒單鎬等言：「制兵有三：曰戰，曰和，曰守。今欲戰則兵力不足，欲和則彼不肯，惟有守耳。河朔州郡旣殘毁，不可一概守之，宜取願就遷徙者，屯於河南、陝西；不願者，許自推其長，保聚險阻。」宣徽使移剌光祖等謂：「當募土人威望服衆者，假以方面重權，能復一道，卽授以本道總管，能捍州郡，卽授以長佐，必能各保一方。」宰臣欲置公府，金主意未決。中丞完顏伯嘉曰：「宋人以虛名致李全，遂有山東。苟能統衆守土，萬鍾、三公何惜！」金主曰：「他日事定，公府無乃多乎？」伯嘉曰：「若事定，以三公就節鎭，何不可。」金主從之。同時九府，惟武仙號富强。

秋七月，金使烏古論仲端如蒙古求和，呼蒙古主爲兄，蒙古主不允。

八月，蒙古木華黎至滿城，使蒙古不花將輕騎三千，出倒馬關。適金恒山公武仙遣葛鐵槍〔攻臺州，蒙古不花與之遇，葛鐵槍〕（據續綱目、薛鑑補）戰敗，仙遂舉城降。史天倪說木華黎曰：「今中原已漸定，而大兵所過，猶縱鈔掠，非王者弔民伐罪之意。且王爲天下除暴，豈可效他軍所爲乎！」木華黎善之，卽下令禁剽掠，遣所俘老幼，軍中肅然。

冬十月，蒙古主遣塔忽報金，謂烏古論仲端曰：「向欲汝主授我河朔地，彼此罷兵，汝主不從。今念汝遠來，河朔旣爲我有，關西數城未下者，其割付我，令汝主爲河南王，勿復違也。」

十一月，蒙古木華黎入濟南，金嚴實挈所部(三)〔二〕(元史一太祖紀、又一四八嚴實傳載，嚴實降元時所有者爲彰德、大名二府，畢鑑「作二府六州」。今據改)府六州，戶三十萬，詣軍門降，木華黎承制拜實行尚書省事。實將李信乘實出，殺其家(屢)〔屬〕(據元史一四八嚴實傳、續綱目、薛鑑改)，謀歸朝。實攻信，殺之，復取青崖崓，以魏、博等郡歸蒙古。時，金兵二十萬屯黃陵岡，遣步卒二萬襲木華黎於濟南。木華黎迎戰，敗之，遂薄黃陵岡。金兵陣河南岸，木華黎令騎下馬，短兵接戰，金兵大敗，溺死者甚衆。木華黎遂進陷楚丘，由單州趨東平，圍之。

十二月，蒙古木華黎因金兵固守東平不下，乃謂嚴實曰：「東平糧盡，必棄城去。若然，汝即入城安輯之，勿苦郡縣以敗事也。」乃留唆魯忽禿以蒙古兵屯守之，以嚴實權行省。謂千戶撒兒塔曰：「東平破，可命嚴實、石珪分城內南北以守之。」遂北還。金易水公靖安民出兵至礬山，取擔車寨。會蒙古兵圍安民所居山寨，守寨者以安民妻子及老弱出降。安民軍中聞之駭亂，衆議欲降以保妻子，安民不從，遂爲其下所殺。

十四年(辛巳、一二二一)夏四月，金東莒公燕寧與蒙古兵戰，敗死。

五月，蒙古兵圍東平日久，餉道復絕，行省蒙古綱、監軍王庭玉不能守，率衆南趨邳州。蒙古唆魯忽禿邀擊，斬首七千級，嚴實遂入城，建行省於府第。撒兒塔以木華黎命，中分其城，以嚴實撫安東平以北恩、博等州，石珪移治曹州。

冬十月，蒙古木華黎由東勝州涉河，引兵而西；會西夏兵五萬，復引而東，入葭州，金將王公佐遁。木華黎以石天應守葭，自將兵攻綏德。

十一月，蒙古木華黎攻延安，金元帥合達與納合買住禦之。合達以兵三萬陣於城東，蒙古將蒙古不花以騎士三千趨之。約夜半伏發，木華黎乃命軍士銜枚潛進，伏於城東兩谷間。明日，蒙古不花望見金兵，佯棄旗鼓走。金兵追之，木華黎出伏乘其後，鼓譟震天，金兵大亂，木華黎追殺七千餘人。合達走入延安城，堅壁不出。木華黎以城堅難猝拔，乃留軍圍之，而自將兵南侵鄜、坊等州。

十五年（壬午、一二二二）秋七月，金平陽公胡天作降於蒙古。時木華黎徇青龍堡，天作遂降。

冬十月，蒙古木華黎取金河中，所過州縣皆下。時金於牛心寨僑治吉州事，木華黎自隰州攻之。知州楊貞令妻孥先墜崖，己從之，皆死。木華黎入寨，留兵守之，且使蒙古不花引遊騎出秦、隴，以爲聲援，及視山川夷險，而自將兵下孟州、晉陽、霍邑等寨。以石天應權行臺，平陽、太原、吉、隰等帥並受節制。木華黎遂趨長安，使兀胡乃太不花屯守之。遣安赤將兵斷潼關。

是年，蒙古主入西域諸國，進次於忻都國鐵門關。侍衛見一獸，鹿形，馬尾，綠色而獨角，能爲人言，謂之曰：「汝君宜早回！」蒙古主怪之，以問耶律楚材。對曰：「此獸名角端，解四夷語，是惡殺之象。今大軍征西已四年，蓋上天惡殺，遣之告陛下。願承天心，宥此數國人命，實無疆之福。」蒙古主遂大掠忻都而還。

十六年（癸未、一二二三）春正月，蒙古木華黎攻鳳翔府，晝夜苦戰，四十餘日不下，將由河中北還。金元帥右都監侯小叔襲河中，破之，殺石天應，焚浮橋而退。木華黎以天應子（幹）〔斡〕可（據續綱目、薛鑑改）代領其衆。初，金主命元帥都監阿魯帶守河中，阿魯帶恇怯不能軍，竭民膏血，爲浚築之計。及絳州破，阿魯帶懼，馳奏河中孤城不可守。上謂果不可守則棄之，無至資敵。阿魯帶遂棄河中，燒民居、官舍，一二日而盡。尋有言：「河中重鎮，國家基本所在，設爲敵人所據，則大河之險，我不得專恃矣！」金主命有司復修葺之，終不能成，故隨守隨陷。

三月，蒙古木華黎自河中帥師還，至解州聞喜縣，疾篤，謂弟帶孫曰：「我爲國家助成大業，干戈垂四十年，無復遺恨，所恨者，汴京未下耳。汝等勉之！」言訖而卒。

是年，金主珣殂，太子守緒立。

宋史紀事本末卷九十

蒙古取汴

理宗寶慶三年（丁亥、一二二七）五月，蒙古遣使責歲幣於金。

六月，金使請和於蒙古。

是月，蒙古主滅夏，以夏主晛歸。

十二月，蒙古入京兆，關中大震，復以兵破關外諸隘。時，金人盡棄河北、山東、關陝，惟併力守河南，保潼關。自洛陽、三門、析津東至邳州之源雀鎮，東西二千餘里，立四行省，帥精兵二十萬以守禦之。

蒙古主鐵木眞殂於六盤山，（按：鐵木眞卒於是年七月，本文爲追敍。）臨卒，謂左右曰：「金精兵在潼關，南據連山，北限大河，難以遽破。若假道於宋，宋、金世讎，必能許我，則下兵唐、鄧，直擣大梁。金急，必徵兵潼關。然以數萬之衆，千里赴援，人馬疲弊，雖至弗能戰，破之必矣！」言訖而卒。

紹定元年（戊子、一二二八）三月，蒙古兵入大昌原，金平章政事完顏合達以忠孝軍提控完顏陳和尚爲前鋒。陳和尚擐甲上馬，以四百騎大敗蒙古八千之衆，士氣皆倍。蓋自有蒙古之難，二十年間始有此捷，奏功第一，名震國中，授定遠大將軍、世襲謀克。忠孝一軍，皆回鶻、乃蠻、羌渾及中原被俘避罪來歸者，鷙很難制，陳和尚馭之有方，坐作進退，皆中程式，所過州邑，秋毫無犯，每戰則先登陷陣，諸軍倚以爲重。

二年（己丑、一二二九）冬十月，蒙古兵圍金慶陽。

三年（庚寅、一二三〇）春正月，蒙古兵入金大昌原，金將移剌蒲阿敗之，慶陽圍解。

八月，蒙古史天澤攻金武仙於汲。先是，武仙既降蒙古，復殺蒙古將史天倪以叛。天倪弟天澤屢擊敗之，復眞定。仙歸金，金復封爲恆山公，置府衞州。史天澤合諸軍圍之，金將完顏合達率衆來援，蒙古兵皆北，天澤獨以千人繞出仙後，仙走屯胡嶺關。

冬十月，蒙古窩闊台帥衆入陝西。初，蒙古使斡骨欒至陝西議和，金行省移剌蒲阿、紇石烈牙吾荅等懼其泄事機，留之。及蒲阿既解慶陽之圍，志意驕滿，乃遣斡骨欒還，謂之曰：「我已準備軍馬，能戰則來！」斡骨欒還見蒙古主，白之。蒙古主怒，卽與其弟拖雷率衆入陝西，翺翔京兆、同、華之間，破諸山砦栅六十餘所，遂趨鳳翔。金以平章政事完顏合達及移剌蒲阿行省事於閿鄉，以備潼關。

四年（辛卯、一二三一）夏四月，蒙古圍鳳翔府，金行省合達、蒲阿逗遛不進。金主遣樞密判官白華往諭之，合達、蒲阿言：「北兵勢盛，不可輕進。」白華還，金主復遣諭以鳳翔圍久，恐守者不能支，可領軍出關，略與渭北軍人交手，計北軍聞之，必當奔赴，少紓鳳翔之急。合達、蒲阿乃始出關。行至華陰界，與渭北軍交戰，比晚，收軍入關，不復顧鳳翔矣，蒙古遂取鳳翔。合達、蒲阿遷京兆民於河南，使完顏慶山奴戍之。

金完顏陳和尙敗蒙古將速不臺於倒回谷。

五月，金降人李昌國言於蒙古拖雷曰：「金遷汴將二十年，其所恃以安者，潼關、黃河耳。若出寶鷄以侵漢中，不一月可達唐、鄧，大事集矣。」拖雷然之，白於蒙古主。蒙古主乃會諸將，期以明年正月，合南、北軍攻汴。遣拖雷先趨寶鷄；速不罕來假道淮東，以趨河南，且請以兵會之。

秋七月，速不罕至沔州青野原，統制張宣殺之。拖雷聞速不罕死，曰：「宋自食言，背棄盟好。今日之事，曲直有歸矣！」

八月，蒙古拖雷分騎兵三萬入大散關，攻破鳳州，徑趨華陽，屠洋州，攻武休，開生山，截焦崖，出武休東南，遂圍興元。軍民散走，死於沙窩者數十萬。分軍而西，西軍由別路入沔州，取大安軍路，開魚鼈山，撤屋爲筏，渡嘉陵江，入關堡，並江趨葭萌，略地至西水縣，破城寨百四十而還。東軍屯於興元、洋州之間，以趨饒風關。

九月，蒙古主將兵圍河中，急，金完顏慶山奴棄京兆東還。僉樞草火訛可、元帥板子訛可懼軍力不足，截故城之半以守。蒙古築松樓，高二百尺，下瞰城中，土山、地穴，百道並進。晝夜力戰，樓櫓俱盡，白戰又半月，力竭城陷。草火訛可猶親搏戰數十合，始被擒就死。板子訛可以敗卒三千奪船走閿鄉。初，板子訛可在鳳翔，爲監戰奉御六兒所制，有隙。及改河中總帥，同赴召，六兒遂譖訛可奉旨防秋，畏怯違避，金主信之。至是，怒其不能死節，因杖殺之。兩訛可皆內族，一得賊好以草火燒之，一嘗誤呼宮中牙牌爲板子，故時人因以別之。

十一月，蒙古拖雷攻饒風關，入之，由金州而東，將趨汴京，民皆入保城壁險阻以避之。金主召宰執臺諫入議，皆曰：「北軍冒萬里之險，歷二年之久，方入武休，其勞苦已極。爲吾計者，以兵屯睢、鄭、昌、武、歸德及京畿諸縣，以大將守洛陽、潼關、懷、孟等處，嚴兵備之，京師積糧數百萬斛，令河南州郡堅壁淸野。彼欲攻不能，欲戰不得，師老食盡，不擊自歸矣。」金主太息曰：「南渡二十年，所在之民，破田宅，鬻妻子，以養軍士。今敵至不能迎戰，徒以自保，京城雖存，何以爲國！天下其謂我何？朕思之熟矣，存亡有天命，惟不負吾民可也。」乃詔諸將屯襄、鄧。

十二月，合達、蒲阿率諸軍入鄧州，楊沃衍、陳和尚、武仙兵皆會之，遂出屯順陽。拖雷將兵渡漢江，合達、蒲阿召諸將議：「由光化截江與戰，及放之渡而後戰，孰是？」張惠、按得木皆曰：「截江便。縱之渡則我腹內空虛，必爲所潰。」蒲阿曰：「使彼在沙磧，且當往求之，況自來乎！」未幾，蒙古兵畢渡，合達、蒲阿始進，至禹山，分據地勢，列步卒於山前，列騎士於山後。蒙古兵觀之，竟不前，陣散如雁翅，轉山麓，出金騎兵之後，分三隊而來。合達曰：「今日之勢，未可戰也。」俄而蒙古騎兵突前，金兵不得不戰。短兵接，三合，蒙古兵少卻。其在西者，望蒲阿親軍，環繞甲騎後而突之。金蒲察定住力戰，始退。合達曰：「彼衆號三萬，而輜重居其一。今相持二三日，彼不得食，若乘其卻而擁之，必勝矣。」蒲阿曰：「江路已絕，黃河不冰，彼入重地，將安歸乎！何以速爲？」遂不逐。明日，蒙古兵忽不見。邏騎還，始知在光化對岸棗林中，晝作食，夜不下馬，已而四日，林外不聞音響。合達、蒲阿議入鄧州就糧，辰、巳間到林後，蒙古兵忽至，合達、蒲阿迎戰。交接之際，蒙古以百騎邀兩行省輜重而去。金兵幾不成列，逮夜二鼓，合達、蒲阿乃入鄧州城；懼軍士迷路，鳴鐘招之。合達、蒲阿隱其敗，以大捷聞，百官表賀，諸相置酒。省中左丞李蹊且喜且泣曰：「非今日之捷，生靈之禍，其可勝言哉！」蓋以爲實然也。於是民保城堡者皆散還鄉社，不數日，蒙古遊騎突至，多被俘獲。

五年（壬辰、一二三二）春正月，金主聞蒙古兵趨汴，召羣臣議。尚書令史楊居仁請乘其遠至擊之。平章白撒不從，而遣麻斤出等部民丁壯萬人，開短隄，決河水，以衞京城。命夾谷撒合將步騎三萬，巡河渡。起近京諸色軍家屬五十萬口，入京城。蒙古主用西夏人恤可計，自河中由河清縣白坡渡河，遣人馳報拖雷，以師來會。夾谷撒合行至封丘而還。蒙古兵奄至，麻斤出等皆死，丁壯得免者僅三百。蒙古主入鄭州，遣速不臺攻汴。金主召羣臣，議所守。有言朮虎高琪所築裏城決不可守，外城決不可棄。於是決計守外城，命修樓櫓、器具。時，京城諸軍不滿四萬，而城周百二十里，不能徧守，故議以遷避之民充軍。又召在京軍官於上清宮，平日防城得功者，截長補短，假借而用，得百餘人。又集京東、西沿河舊屯兩都尉，及衞州義軍，凡四萬，併丁壯二萬，分置四面，每面選千名飛虎軍，以專救應，然亦不能軍矣。金主命翰林學士趙秉文爲赦文，改元，布宣悔悟哀痛之意，指事陳義，詞情俱盡，聞者莫不感動，洛陽人至於痛哭。

蒙古兵自禹山之戰，散漫而北，所過州縣，無不降破，遂自唐州以趨汴京。金完顏合達、移剌蒲阿自鄧州率步騎十五萬赴援，蒙古以騎三千尾之。合達等謀曰：「敵兵三千，而我不戰，是弱也！」金軍至鈞州沙河，蒙古兵不戰而退。金軍方盤營，蒙古兵復來襲。金軍不得休息、食飲，且行且戰，至黃榆店，距鈞州二十五里，雨雪不能進。忽有旨云：「兩省軍（急）

〔悉〕（據金史一一二移剌蒲阿傳、續綱目、薛鑑改並補）赴京師！」合達等遂發。蒙古兵自北渡者畢集，前後以大樹塞道，金將楊沃衍奪路得之，金軍遂進，次於三峯山，軍士有不食至三日者。蒙古兵與河北兵合，四面圍之，熾薪燔肉，更迭休息，乘金困憊，乃開鈞州路，縱之走，而以生兵〔夾〕（據同上書補）擊之。金軍遂潰，聲如崩山。武仙率三十騎入竹林中，遂走密縣。楊沃衍、樊澤、張惠步持大槍，奮戰而死。合達知大事已去，欲下馬戰，而蒲阿已失所在，合達遂與陳和尚等以數百騎走入鈞州。蒙古主在鄭州，聞拖雷與金相持，遣口溫不花、赤馬溫等赴之，至則金軍已潰，於是乃合攻鈞州，塹其城〔外〕（據金史一一二完顏合達傳、續綱目、薛鑑補）。合達匿窟室中，城破，〔蒙古兵〕（據續綱目、薛鑑補）發而殺之，因揚言曰：「汝家所恃，惟黃河與合達耳。今合達爲我殺，黃河爲我有，不降何待！」陳和尚趨避隱處，殺掠稍定乃出，自言曰：「我金國大將，欲見白事。」蒙古兵士以數騎夾之，詣拖雷。問其姓名，曰：「我忠孝軍總領陳和尚也，大昌原、衛州、倒回谷之勝，皆我也。我死亂軍中，人將謂我負國家。今日明白死，天下必有知我者！」蒙古兵欲其降，不肯。乃斫足脛，折之，劃口吻至耳，噀血而呼，至死不屈。蒙古將有義之者，以馬湩酹而祝曰：「好男子，他日再生，當令我得之！」蒲阿走，蒙古兵追躡擒之，械至官山。拖雷欲降之，不從，曰：「我金國大臣，惟當金國境內死耳！」遂殺之。金之健將銳卒自是俱盡，不復可爲矣。

二月，金聞蒙古入饒風關，遣徒單兀典行省閿鄉，以備潼關；徒單百家爲關陜總帥，便宜行事。百(官)〔家〕(據金史一一六徒單兀典傳、續綱目改)馳入陜，榜縣鎮，遷入大城，糧斛輜重，聚之陜州，近山者入山寨避兵。會阿里合傳旨，召兀典援汴，兀典遂與潼關總帥納合合閏、秦藍總帥完顏重喜等帥軍十一萬，騎五千，盡撤秦、藍諸關之備，從虢入陜，同、華、閿鄉一帶，軍糧數十萬斛，備關船二百餘艘，皆順流東下。俄聞蒙古兵近，糧皆不及載，船悉空下，復盡起州民運靈寶、硤石倉粟。會蒙古遊騎至，殺掠不可勝計。金守將李平以潼關降於蒙古，蒙古兵遂長驅至陜。兀典發閿鄉軍士，各以老幼自隨，由西南徑入大山冰雪中，部將多叛去。蒙古聞之，自盧氏以數百騎追及之。山路積雪，晝日凍釋，泥淖及脛，隨軍婦女棄擲老幼，哀號盈路。行至鐵嶺，欲戰而飢憊，於是重喜先降，蒙古斬之於馬前，金兵遂大潰。兀典、合閏從數十騎走山谷間，追騎擒之，皆被殺。

蒙古取金睢州，圍歸德府。金行省石盞女魯歡命經歷冀禹錫守禦，禹錫竭其才智，故得不陷。

金復以完顏賽不爲左丞相。賽不先請致仕，至是，蒙古攻汴日急，財匱援絶，金主大懼，平章政事白撒以爲勢必講和，和議定則首相當往爲質，乃力請金主起復賽不。且括汴京民軍二十萬，分隸諸帥。

三月，蒙古立礮攻洛陽，洛陽城中惟三峯潰卒三四千及忠孝軍百餘守禦而已。留守撒合輦疽發於背，不能軍，遂投濠水死。已而元帥任守貞復立府事。及守貞援汴，河南人共推强伸爲府僉事，領所有軍二千五百人，甫三日，蒙古軍圍其三面。伸括衣帛爲幟，立之城上，率士卒赤身而戰。以壯士數百，往來救應大呼，以「憨子軍」爲號，其聲勢與萬衆無異。兵器已盡，以錢爲鏃，得蒙古兵一箭，截而爲四，以筒鞭發之。又創遏敵礮（按：金史一一一强伸傳、續綱目、薛鑑及原刻本、張刻本均作「遏砲」），用不過數人，能發大石於百步外，所擊無不中。伸奔走四應，所至必捷。蒙古益兵力攻，凡三月餘不能拔，乃退。

蒙古主將北還，遣使自鄭州至汴，諭金主降，且索翰林學士趙秉文、衍聖公孔元措等二十七家及歸順人家屬、移剌蒲阿妻子幷繡女、鷹人等。金主乃封荆王守純子訛可爲曹王，命尚書左丞李蹊送之蒙古爲質以請和，諫議大夫裴滿阿虎帶爲講和使。未行，蒙古速不臺聞之，曰：「我受命攻城，不知其他也。」乃立攻具，沿濠列木栅，驅漢俘及婦女老弱，負薪草塡壕，頃刻平十餘步。平章白撒以議和不敢與戰，城中喧閧。金主聞之，從六七騎，出端門，至舟橋。時新雨淖，車駕忽出，都人驚愕失措，但跪於道旁，老幼遮擁，至有誤觸金主衣者。少頃，宰相、從官皆至。進笠，不受，曰：「軍中暴露，我何用此！」西南軍士五六十輩進曰：「北兵塡壕過半，平章傳令勿放一鏃，恐壞和事，豈有此計耶？」金主曰：「朕以生靈之故，稱臣進奉，無不順從，止有一子，養未長成，今往作質子矣！汝等略忍，待曹王出，韃靼不退，汝等死戰未晚。」是日，曹王行，蒙古兵併力進攻。

金龍德宮造礮石，取艮嶽太湖、靈壁假山爲之，大小各有斤重，其圓如燈毬之狀。蒙古兵用礮則不然，破大磑或碌碡爲二三，皆用之，攢竹礮，有至十三（稍）〔梢〕（金史一一三赤盞合喜傳、續綱目、薛鑑均作「稍」，應爲「梢」字之譌，畢鑑作「梢」，今據改）者，餘礮稱是。每城一角，置礮百餘枚，更迭上下，晝夜不息，數日，石幾與裏城平。而城上樓櫓，皆故宮及芳華、玉溪所（折）〔拆〕（據金史一一三赤盞合喜傳改）大木爲之，合抱之木，隨擊而碎，以馬糞、麥秸布其上，綱索、旃褥固護之，其懸風板之外，皆以牛皮爲障。蒙古兵以火礮擊之，隨卽延爇，不可撲救。父老所傳周世宗築京城，取虎牢土爲之，堅密如鐵，受礮所擊，惟凹而已。蒙古兵濠外築城，圍百五十里，城有乳口樓櫓，濠深丈許，闊亦如之，約三四十步置一鋪，鋪置百許人守之。初，白撒命築門外短牆，委曲陿隘，容二三人得過，以防蒙古兵奪門。及被攻，諸將請乘夜斫營，軍乃不能猝出，比出，（又）〔已〕（據金史一一三赤盞合喜傳、續綱目、薛鑑改）爲蒙古所覺。後又募死士千人，穴城，由濠徑渡，燒其礮座，城上懸紅紙燈爲應，約燈起渡濠，又爲蒙古所覺。又放紙鳶，置文書其上，至蒙古營則斷之，以誘被俘者。識者謂宰相欲以紙鳶、紙燈退敵，難矣。時有火礮名「震天雷」者，用鐵罐盛藥，以火點之，礮起火發，其聲如雷，聞百里外，所爇圍半畝以上，火點著鐵甲皆透。蒙古又爲牛皮洞，直至城下，掘城爲龕，間可容人，則城上不可奈何矣。人有獻策者，以鐵繩懸「震天雷」，順城而下，至掘處，火發，人與牛皮皆破迸無迹。又有「飛火槍」，注藥，以火發之，輒前燒十餘步，人亦不敢近。蒙古惟畏此二物。

蒙古攻城十六晝夜，內外死者以百萬計。於是金主母明惠皇后陵被發。速不臺知不可取，乃爲好語曰：「兩國已講和，更相攻耶？」金人因就應之，乃遣戶部侍郎楊居仁出宜秋門，以酒炙犒蒙古兵，且以金帛珍異賂之。速不臺乃許退兵，散屯河、洛之間。

參政赤盞合喜以守城爲己功，欲率百官入賀。參政內族思烈曰：「城下之盟，春秋以爲恥，況以罷攻爲可賀耶！」合喜怒曰：「社稷不亡，君后免難，汝等不以爲喜耶！」乃命趙秉文爲表，秉文曰：「春秋新宮災，三日哭。今園陵如此，酌之以禮，當慰不當賀。」乃已。

金主御端門，肆赦，改元天興。詔內外官民能完復州郡者，功賞有差。出金帛酒炙，犒飫軍士。減御膳，罷冗員，放宮女，上書不得稱聖，改聖旨爲制旨。釋衞紹王族禁錮。汴京解嚴，步兵始出封丘門外采蔬薪。

五月，金汴京大疫，凡五十日，諸門出柩九十餘萬，貧不能葬者不在是數。尋以疫後園戶、僧道、醫師、鬻棺者擅厚利，命有司倍征之以助國用。

秋七月，金飛虎卒申福等殺蒙古行人唐慶等三十餘人於館，金主不問，和議遂絕。

金恆山〔公〕（據續綱目、薛鑑補）武仙等會兵救汴。初，三峯之敗，仙走南陽，收潰軍得十萬人，屯留山。汴京被圍，金主詔仙與鄧州行省完顏思烈、鞏昌總帥完顏忽斜虎合兵入援。仙至密縣東，遇蒙古兵，卽按軍眉山店，報思烈曰：「阻澗結營，待仙至，俱進。」思烈急欲至汴，不聽。金主又命樞密使赤盞合喜帥兵應仙，思烈等至京水，蒙古乘之，不戰而潰，仙衆亦散走，還留山。合喜屯中牟三日，聞思烈軍潰，卽夜棄輜重馳還。

八月，金主以和議既絕，懼兵再至，乃復簽民兵爲守禦備，遂括汴京粟，以完顏珠顆等主之，置局，以推舉爲名。珠顆諭民曰：「汝等當從實推舉，果如一旦糧盡，令汝妻子作軍食，復能吝否！」既而罷括粟，復以進奉取之，且賣官，及令民買進士第。前御史大夫內族合周復覬進用，建言京城括粟尚可得百萬石，金主乃命合周爲參知政事，與左丞李蹊復括之。合周先令各家自實，壯者存石有三斗，幼者半之，仍書其數門首，敢有匿者，以升斗論罪。京城三十六坊，各選深刻者主之。完顏久住尤酷暴，有寡婦二口，實豆六斗，內有蓬子約三升，久住笑曰：「吾得之矣。」執寡婦以令衆。婦泣訴曰：「妾夫死於兵，姑老不能爲養，故雜蓬秕以自食耳，非敢以爲軍儲也。且三升，六斗之餘也。」久住不聽，竟杖死。聞者股慄，盡棄其餘於糞溷中。或白於李蹊，蹊顰蹙曰：「白之參政。」及白合周，合周曰：「花不損，何由成蜜！且京城危急，今欲存社稷耶？存百姓耶？」衆莫敢言。所括不能三萬斛，而滿城蕭然，死者相枕，貧富束手待斃而已，遂至人相食。金主聞之，出太倉米作粥，以食餓者。翰林直學士斜卯愛實歎曰：「與其食之，寧如勿奪！」爲奉御把奴所告，金主怒，送愛實有司，近侍李大節救免。

十二月，金汴京糧盡援絕，勢益危急，召諸臣入議。或言歸德四面皆水，可以自保，或言宜沿西山入鄧，或言設欲入鄧，蒙古速不臺在汝州，不如取陳、蔡路轉往鄧下。金主未決，乃起判院白華爲右司郎中，問之。華言：「歸德城雖堅，久而食盡，坐以待斃，決不可往。既汝州有速不臺，則鄧下亦不可往。計今事勢，當直赴汝州，與之一決。汝州戰不如半途戰，半途戰不如出城戰，蓋我軍食力猶在也。若出京益遠，軍食益減，馬食野草，事益難矣。若我軍便得戰，存亡決此一舉，外則可激三軍之氣，內則可慰都人之心。或止爲避遷之計，人心顧戀家業，未必毅然從行。請詳審之！」金主不從，而集軍士於大慶殿，諭以京城食盡，今擬親出。諸將佐合辭奏曰：「聖主不可親出，止可命將。」金主以蒲察官奴爲馬軍帥，高顯爲步軍帥，劉益副之。三人者欲奉命，參政內族訛出曰：「汝輩把鋤，不知高下，國家大事，敢易承耶！」衆默然。官奴曰：「若將相可了，何至使我輩？」事亦中止。遂以右丞相賽不、平章白撒、右副元帥訛出、左丞相李蹊、元帥左監軍徒單百家等帥諸軍扈從，參政奴申、樞副兼知開封習捏阿不、裏城四面都總領珠顆、外城元帥東面把撒合、南面术甲咬住、西面崔立、北面孛术魯買奴等留汴。乃發府庫及內府器皿、宮人衣物賜將士。民間鬨傳：「車駕往歸德，軍士家屬留汴，目今食盡，坐視城中俱餓死矣。縱能至歸德，軍馬所費，支吾復得幾許日！」金主使賽不宣言曰：「前日巡狩之議，爲白華改，今往汝州索戰矣。」

金主發汴京，與太后、皇后、妃、主別，大慟。至開陽門，詔諭留守兵士曰：「社稷、宗廟在此，汝等壯士，毋以不與進發之數，便謂無功。〔若保守無虞〕（據金史一八哀宗紀、續綱目、薛鑑補），將來功賞，豈在戰士下！」聞者皆灑泣。是日，鞏昌元帥忽斜虎援兵至，言於金主曰：「京西三百里之間無井竈，不可往，不如幸秦、鞏。」金主決意東行，進次黃陵岡。白撒擊蒙古，降其兩寨，得河朔降將，金主赦之，授以印符。羣臣固請以河朔諸將前導，鼓行入開州，取大名、東平，豪傑當有響應者。溫敦昌孫曰：「太后、中宮皆在南京，北行萬一不如意，聖主孤身，欲何所爲？不如先取衞州，還京爲便。」白撒曰：「京師且不能守，就得衞州，欲何爲耶？」金主惑之，遂一意向河朔。蒙古速不臺聞金主棄汴，復進圍之。

六年（癸巳、一二三三）春正月，金主遣使徵糧於歸德，總帥石盞女魯歡送糧千五百石至蒲城東。六軍給糧盡，因留船二百，張布爲幄，金主遂乘以濟河。會大風，後軍不克濟。蒙古回古乃追擊於南岸，金元帥賀都喜力戰而死，金兵溺者近千人。金主次於北岸，望之震懼。次於漚麻岡，遣白撒帥師攻衞州，至城下，以御旗招之，城中不應。蒙古聞之，自河南渡河，白撒遂退師。蒙古史天澤以騎兵踵其後，戰於白公廟，金師敗績，白撒棄軍東遁，元帥劉益、上黨公張開皆爲民家所殺。金主進次魏樓村，猶欲俟蒙古兵至決戰。少頃，白撒至，倉皇言：「軍已潰，北兵近在隄外，請幸歸德。」金主遂與副元帥合里合等六七人夜登舟，潛渡河，走歸德。翌日，諸軍始聞金主棄師，遂大潰。金主入歸德，遣奉御朮甲塔失不往汴京，奉迎太后及后妃。諸軍怨憤，金主乃暴白撒罪，殺之。初，瀕河居民聞金主北渡，築垣塞戶，潛伏洞穴，見蒲察官奴一軍號令明肅，所過無絲毫犯，老幼婦女無復畏避。及白撒往衞州，縱軍四掠，哭聲滿野，所過丘墟，一飯之費至數十金，公私皇皇，人始思叛。故衞州堅守，而蒙古之追無來援者，以至於敗。

初，汴人以金主親出師，日聽捷報，及聞軍敗，始大懼。時，速不臺攻城日急，內外不通，米升至銀二兩，殍死相望，搢紳士女多行乞於市，至有自食妻子者，諸皮器物皆煑充飢，貴家第宅、市樓肆館皆撤以爨。及金主遣使至汴奉迎兩宮，人情益不安。西面元帥崔立，性淫狡，因民洶洶，潛謀作亂。左司都事元好問謂習捏阿不曰：「自車駕出京，今二十日許，又遣使迎兩宮，民間皆謂國家欲棄京城，相公何以處之？」習捏阿不曰：「吾二人惟有一死耳！」好問曰：「死不難，誠能安社稷，救生靈，死可也。不然，徒欲以一身飽五十紅衲軍，亦謂之死耶？」習捏阿不不答。時兩宮已出，至陳留，見城外二三處火起，疑有兵，復馳還汴京。明日，崔立拔劍指完顔奴申及習捏阿不曰：「京城危困已極，二公坐視，何也？」二相曰：「有事當好議之，何遽如是！」立麾其黨，先殺習捏阿不，次殺奴申，及左司郎中納合德輝等十餘人。即諭百姓曰：「吾爲二相閉門無謀，今殺之，爲汝一城生靈請命。」衆皆稱快。立遂勒兵入宮，集百官，議所立。立曰：「衞紹王太子從恪，其妹公主在北兵中，可立之。」乃遣其黨韓鐸以太后命往召從恪，至，以太后誥命爲梁王，監國。百官拜舞。立自爲太師、都元帥、尚書令、鄭王，弟倚爲平章政事，侃爲殿前都點檢，其黨皆拜官。元好問亦爲左右司員外郎。遂送款詣速不臺軍。速不臺至青城，立服御衣儀衞往見之。速不臺喜，飲之酒，立以父事之。還城，悉燒樓櫓，速不臺益喜，始信其實降也。立託以軍前索隨駕官吏家屬、軍民子女，聚之省中，親閲之，日亂數人；猶以爲不足，乃禁民間嫁娶，有以一女之故至數人死者。未幾，遷梁王及宗族近屬於宮中，以腹心守之，限其出入。以荆王府爲己私第，取内府珍玩充實之。羣小附和，請建功德碑，翟奕以尚書省命翰林〔直〕（據續綱目、薛鑑補）學士王若虚爲文。若虚私謂好問曰：「今召我作碑，不從則死，作之則名節掃地，不若死之爲愈。然我姑以理諭之。」乃謂奕曰：「丞相功德碑當指何事爲言？」奕曰：「丞相以京城降，活生靈百萬，非功德乎？」若虚曰：「學士代王言，功德碑謂之代王言可乎？且丞相既以城降，則朝官皆出其門，自古豈有門下人爲主帥誦功德，而可取信於後世者乎？」奕雖殘虐，聞之，不能對而去，事遂得已。

史臣曰：崔立乘時僭竊，大肆淫虐，其爲罪不容誅矣！金俘人之主，帝人之臣，百年之後，適啓崔立之狂謀，以成青城之烈禍。曾子曰：「戒之！戒之！出乎爾者，反乎爾者也。」豈不信哉！

四月，金崔立以天子袞冕、后服進於速不臺，又括在城金銀，搜索熏灌，訊掠慘酷。貴族富人不堪其毒，竊相語曰：「攻城之後七八日中，諸門出葬者凡百萬人。恨不早預其數，而值此也！」立時與其妻入宮，兩宮賜之，不可勝計。立因諷太后作書，陳天時人事，遣金主乳母入歸德招降。立遂以太后王氏、皇后徒單氏、梁王及荆王守純諸妃嬪，凡車三十七輛，宗室男女五百餘人，衍聖公孔元措，名儒梁陟及三教、醫流、工匠、繡女赴青城。速不臺殺二王及宗屬，而送后妃等於和林，在道艱楚萬狀，尤甚於徽、欽之時。速不臺入汴城，立時在城外，兵先入其家，取其妻妾寶玉以出，立歸，大慟而已。

初，蒙古之制，凡攻城不降，矢石一發，則屠之。汴京既陷，速不臺遣使言於蒙古主曰：「此城相抗日久，士卒多傷，請屠其城！」耶律楚材聞之，馳見蒙古主曰：「將士暴露數十年，所爭者土地人民耳。得地無民，將焉用之！」蒙古主未許，楚材又曰：「凡弓矢、甲仗、金玉等匠及官民富貴之家，皆聚此城，殺之則一無所得，是徒勞也。」乃詔除完顏氏一族外，餘皆原免。時避兵在汴者，尚百四十萬戶，皆得保全。遂爲定制。

宋史紀事本末卷九十一

會蒙古兵滅金

理宗紹定五年（壬辰、一二三二）十二月，蒙古遣王檝來京湖，議夾攻金，史嵩之以聞。朝臣皆以爲可遂復讎之舉，獨趙范不喜，曰：「宣和海上之盟，厥初甚堅，迄以取禍，不可不鑑。」帝不從，命嵩之報使許之。嵩之乃遣鄒伸之往報，蒙古〔許〕（據續綱目、薛鑑補）俟成功，以河南地來歸。

六年（癸巳、一二三三）三月，金主在歸德，隨駕親軍及河北潰軍漸集。石盞女魯歡懼不能給，白於金主，乞遣出城，及就糧於徐、陳、宿三州。金主不得已從之，止留元帥蒲察官奴忠孝馬軍四百五十人，馬用軍七百人於城中。諸軍既出城，金主召官奴，謂曰：「女魯歡盡散衞兵，卿當小心。」官奴以馬用本歸德小校，一旦拔起，心常輕之，又以金主時獨召用計事而不及己，因謀圖用。時蒙古忒木觧圍亳州，且日遣兵薄歸德，民心搖搖。官奴請北渡河，再圖恢復，女魯歡沮之；官奴不悅，乃私與完顏用安謀邀金主幸海州，金主不從。官奴積忿，異志益定。李蹊以聞，金主深憂之，乃諭馬軍總領紇石烈阿里合、內族習顯陰察其動靜，阿里合反以金主意告官奴。金主復懼官奴、馬用相圖，因以爲亂，命宰執置酒和解之。馬用郎撤備。官奴乘隙率衆攻用，殺之，遂以卒五十人守行宮，劫朝官，聚於都水毛花輦宅，以兵監之。驅女魯歡至其家，悉出所有金貝，然後殺之。乃遣都尉馬實被甲持刃，劫直長把奴申於金主前。金主擲所握劍於地，謂實曰：「爲我言於元帥，我左右止有此人，且留侍我！」實乃退。官奴因大殺朝臣李蹊以下凡三百人，軍士死者三千人。薄暮，官奴提兵入見，言：「女魯歡反，臣殺之矣。」金主不得已，暴女魯歡罪，而以官奴權參知政事。

夏四月，金唐、鄧行省武仙次於順陽，與唐州守將武天錫、鄧州守將移剌（瓊）〔瑗〕（據宋史四一二孟珙傳、金史一一八武仙傳、續綱目、薛鑑改。下同）相犄角，謀迎金主入蜀，遂犯光化，其鋒甚銳。孟珙逼天錫壘，一鼓拔之，壯士張子良斬天錫首以獻，俘將士四百餘人。又敗金人於呂堰，俘獲不可勝計，遂攻順陽。武仙敗走馬蹬山，縣令李英及申州安撫張林皆以城降。移剌（瓊）〔瑗〕孤立而懼，遣使（謀）〔請〕（據續綱目、薛鑑改）降，珙納之，爲易衣冠，以賓禮見，於是降者相繼。珙言於史嵩之曰：「歸附之人，宜因其鄉土而使之耕，因其人民而立之長，少壯籍爲軍，俾自耕自守，才能者分以土地，任以職事，各招其徒，以殺其勢。」嵩之從之。

五月，金蒲察官奴襲敗蒙古軍於亳州。初，衞州白公廟之潰，官奴母爲蒙古所獲，金主命官奴因其母以計請和。官奴乃密與忒木䚟言，欲劫金主以降。忒木䚟信之，還其母，因定和計，官奴乃日往來講議，或乘舟中流會飲。金主又密令官奴以金銀牌與來使而拘之，遂定斫營之策。端午日，祭天，軍中陰備火槍戰具。官奴率忠孝軍四百五十人，自南門登舟，由東而北，夜殺守隄邏卒，徑至王家寺忒木䚟之營。金主御北門，繫舟待之，慮不勝則走徐州。四更接戰，忠孝軍卻而復進，官奴以小船分軍五七十，出柵外，腹背攻之，持火槍突入蒙古軍中。忒木䚟不能支，遂大潰，溺死三千五百人。官奴盡焚其柵而還，遂眞拜左副元帥、參知政事，命習顯總軍以守亳州。

金蒲察官奴既敗忒木䚟，勢益暴橫，居金主於照碧堂，禁近無一人敢奏對者。金主惟(益)〔日〕(據金史一一六蒲察官奴傳、續綱目、薛鑑改)悲泣，語近侍云：「自古無不亡之國，不死之君，但恨我不知人，爲此奴所困耳！」於是內侍局令宋珪、奉御女奚烈完出、吾古孫愛實等密計官奴。且聞蔡州城堅池深，兵衆糧廣，咸勸幸之，以救飢窘。會蔡、息、陳、潁等州便宜總帥烏古論鎬運米四百斛至歸德，且請臨幸，金主意遂決。及官奴自亳州還，金主諭以幸蔡，官奴力陳不可，至於扼腕頓足，意趣叵測，因出號於衆曰：「敢言南遷者斬！」衆以官奴爲無君，諷金主早爲計。金主遂與珪等謀，召宰相議事，而令完出伏於照碧堂門間。官奴進見，完出從後刺其肋，金主亦拔劍(斬)〔斫〕(據同上書改)之，官奴中創，投城下以走，完出、愛實追殺之。忠孝軍聞變，皆擐甲，完出請金主親撫慰之。於是金主御雙門，赦忠孝軍以安反側。

先是，金主以强伸守中京有功，降詔褒諭，授中京留守。又以參政內族思烈自南山領軍十餘萬入洛，行省事。伸建一堂於洛川驛東，名曰報恩，刻詔文於石，願以死自效。已而蒙古自汴驅思烈之子於金昌府東門下，誘思烈降，思烈命左右射之。聞崔立之變，病不能語而死。總帥烏林荅胡（士）〔土〕（據金史一一一本傳、續綱目改。下同）代行省事，伸行總帥府事，月餘糧盡，軍民稍散。蒙古兵復至，陳於洛南，伸陳於水北。蒙古韓元帥匹馬立水濱招降，伸躍而射之，韓奔還陣，率步卒數百奪橋。伸旗手一卒獨出拒之，殺數人，伸即手解都統銀牌與之佩，士卒氣復振。初，城四隅至五門內外皆有屏，謂之迷魂牆。蒙古以五百騎迫之，伸率卒二百鼓噪而出，蒙古退走。（朝士）〔胡土〕（據金史一一一烏林荅胡土傳、續綱目改）以蒙古兵强，（多）〔卽〕（據續綱目、薛鑑改）以輕騎攜妻子出奔蔡州，於是鷹揚都尉獻西門以降。伸知城不能守，率死士數十突東門出，轉戰至偃師，力盡就執。見蒙古帥，語不遜，左右持使北面，伸拗項南（面）〔向〕（據金史一一一强伸傳、續綱目、薛鑑改），遂殺之。

金主守緒留元帥王璧守歸德，遂如蔡州。時久雨，朝士扈從者徒行泥水中，掇青棗爲糧，足脛盡腫。明日，至亳州。金主黃衣、皁笠、金兔鶻帶，以青、黃旗二導前，黃繖擁後，從者二三百人，馬五十匹而已。行次城中，父老拜伏道左。金主遣近侍諭以「國家涵養汝等百有餘年，今朕無德，令汝塗炭。朕亦無足言者，汝輩無忘祖宗之德可也！」皆呼萬歲，泣下。留一日，進次亳南六十里。避雨雙溝寺中，蒿艾滿目，無一人迹。金主太息曰：「生靈盡矣！」爲之一慟。及入蔡，父老羅拜於道，見金主儀衞蕭條，莫不感泣，金主亦歔欷。遂以完顏忽斜虎爲尚書右丞，總領省院事。烏古論鎬爲御史大夫，總帥如故。張天綱權參知政事，（孛朮魯）〔完顏〕中婁室（據金史一一九本傳改。下同。按：大、中、小三婁室，金史本傳標目作「完顏婁室」，文內稱「三人皆內族也」。卷一八哀宗紀之「孛朮魯婁室」，見汝南遺事三，實爲另一人。今各本於中、小婁室均冠以「孛朮魯」，當由此混稱而來）僉書樞密院事。忽斜虎有文武才，事無巨細，率親爲之，選士括馬，繕治甲兵，未嘗一日忘奉金主幸秦、鞏之志。近侍久困睢陽，幸卽汝陽之安，皆娶妻營業，不願遷徙，日夕進言西幸不便，金主信之。忽斜虎惟深居燕坐，瞑目太息而已。時蒙古兵去蔡差遠，商販漸集，金主安之，命選室女備後宮，及修建山亭爲游息之所。忽斜虎切諫，乃止。忽斜虎定進馬遷賞格，得馬千餘匹。又遣使分詣諸道，選兵詣蔡，得精銳萬餘，兵威稍振。忠孝軍提控李德率十餘人，乘馬入省大呼，以月糧不優，幾於罵詈。忽斜虎縛德，杖之。金主曰：「此軍得力，方以倚用，卿何不容忍，責罰乃爾？」對曰：「時方多故，錄功隱過自陛下之德，至於將帥之職則不然，小犯則決，大犯則誅，其强兵悍卒，不可使一日不在紀律。〔蓋〕（據金史一一九完顏仲德傳、續綱目、薛鑑補）小人之情，縱則驕，驕則難制。睢陽之禍，豈獨官奴之罪，亦有司縱之太過耳。今欲易前轍，不宜愛克厥威。賞必由中，罰則臣任其責。」軍士聞之，自無(有)復〔敢〕(據續綱目、薛鑑改)犯法者。是時，從官、近侍皆窮乏，悉取給於烏古論鎬，鎬不能繼，日夕交譖於金主，至以尚食闕供爲言，金主遂疏鎬。鎬憂憤成疾，多不視事。

秋七月，孟珙大敗金武仙於馬磴山。武仙愛將劉儀詣珙降。珙問仙虛實，儀言：「仙所據九砦，其大砦石穴山，以馬磴、沙窩、岵山三砦蔽其前，三砦不破，石穴未可圖也。若破離金砦，則岵山、沙窩孤立矣。」珙乃遣兵攻離金，掩殺幾盡。是夕，復令壯士擣王子山砦，斬金將首而出，遂圍馬磴，殺戮山積。還至沙窩西，遇金人，大捷。未幾，丁順復破默侯里砦，於是仙之九砦，六日破其七。珙召儀曰：「此砦既破，板橋、石穴必震，汝能爲我招之乎？」儀選婦人三百，僞逃歸，懷招安榜以往。珙料仙勢窮蹙，必上岵山絕頂窺伺，乃令樊文彬駐軍其下。已而仙衆果登山，及半，文彬麾旗，伏兵四起，仙衆失措，枕藉崖谷，山爲之赭，殺其將兀沙惹，擒七百三十人，棄鎧甲如山。薄暮，珙進軍至小木河。儀言仙謀往商州，依險以守，然老稚不願北去。珙曰：「進兵不可緩！」夜，漏下十刻，召文彬等授方略，明日攻石穴。丙夜，蓐食啓行，晨至石穴。時積雨未霽，文彬患之，珙曰：「此雪夜擒吳元濟之時。」策馬直至石穴，分兵進攻，自寅至巳，遂破石穴。仙走，追及於鮎魚砦。仙望見，易服而遁。復戰於銀葫蘆山，又敗之。仙與五六騎奔，追之，隱不見。降其衆七萬，珙還襄陽。

八月，蒙古都元帥塔察兒使王（機）〔檝〕（據續綱目、薛鑑改）至襄陽，約攻蔡州。史嵩之先以兵會伐唐州，金將烏古論黑漢戰死，城遂降。官軍駐於息州之南，降者日衆。息州刺史烏古論忽魯懼，請益兵爲備，金主以參知政事抹撚兀典、僉書樞密院（孛朮魯）〔完顏〕中婁室帥忠孝軍五百往。將行，金主諭之曰：「北兵所以常取勝者，恃北方之馬力，就中國之技巧耳，我實難與之敵。至於宋人，何足道哉！朕得甲士三千，縱橫江、淮間，有餘力矣。」以忽魯畏縮，命夾谷九住代之。塔察兒，博爾忽之從孫也。

九月，金使完顏阿虎帶來乞糧。將行，金主諭之曰：「宋人負朕深矣！朕自即位以來，戒飭邊將，無犯南界，邊臣有請征討者，未嘗不切責之。向得宋一州，隨即付與。近淮陰來歸，彼多以金幣爲贖，朕若受財，是貨之也，付之全城，秋毫無犯。淸口臨陣，生獲數千人，悉以資糧遣之。今乘我疲敝，據我壽州，誘我鄧州，又攻我唐州，彼爲謀亦淺矣。蒙古滅國四十，以及西夏；夏亡，及於我；我亡，必及於宋。脣亡齒寒，自然之理。若與我連和，所以爲我者，亦爲彼也。卿其以此意曉之！」阿虎帶至，朝廷不許。

金主拜天於節度使廳，羣臣陪從成禮。金主戒諭之，因賜卮酒。酒未竟，邏騎馳奏，敵兵數百突至城下。將士踊躍，咸請一戰，金主許之。是日，分兵防守四面及子城。衆既出接戰，蒙古兵奔潰。塔察兒以數百騎復駐城東，金主遣兵接戰，又敗之。自是蒙古不復薄城，分築長壘，圍之。

冬十月，史嵩之命孟珙、江海帥師二萬，運米三十萬石，赴蒙古之約。塔察兒大喜，益修攻具，斲木之聲聞於城中，城中益恐，往往竊議投降。金忽斜虎日以國家恩澤、君臣分義循撫其民，且營畫禦備，未嘗入私室，軍民感奮，始有固志。南、北兩軍以攻具薄城，金盡籍民丁防守，民丁不足，復括婦人壯健者，假男子衣冠，運木石，金主親出撫諭之。金人自東門出戰，孟珙遮其歸路，得降人，言蔡城中饑，珙曰：「已窘矣，當盡死守之，以防突圍。」珙與塔察兒約南、北軍毋相犯。塔察兒遣張柔帥精兵五千薄城，金人鉤二卒以去。柔中流矢如蝟，珙麾先鋒救之，挾柔以出。明旦，珙殊死戰，進逼柴潭，立柵潭上，命諸將奪柴潭樓。金人來爭，諸軍魚貫而上，遂拔柴潭樓。蔡州恃潭爲固，外即汝河，潭高於河五六丈，城上金字號樓伏巨弩，相傳下有龍，人不敢近。將士疑畏，珙召麾下飲酒，再行，謂曰：「柴潭樓非天造地設，伏弩能射遠而不能射近。彼所恃，此水耳，決而注之，涸可立待。」遂鑿隄，潭果決入汝水。珙命實以薪葦，蒙古亦決練江，於是兩軍皆濟。攻其外城，破之，進逼土門。金人驅其老稚熬爲油，號「人油礮」，人不堪其楚；珙遣道士說止之。金總帥孛朮魯（中）婁室（據大金國志二六、金史一八哀宗紀删）帥精銳五百，夜出西門，人荷束藁，沃油其上，將燒兩軍寨及礮具。蒙古兵先覺之，伏於隱處，挽强弩百餘，火發矢亦發，金兵卻走，傷者甚衆，婁室僅以身免。兩軍合攻西城，克之，因墮其城。先是，忽斜虎命築寨浚濠爲備，及西城墮，兩軍皆未能入，但於城上立柵自蔽。忽斜虎擒三面精銳，日夕戰禦。

金主謂侍臣曰：「我爲金紫十年，太子十年，人主十年，自知無大過惡，死無所恨。所恨者，祖宗傳祚百年，至我而絶，與古荒淫暴亂之君，等爲亡國，獨爲此介介耳！」又曰：「亡國之君往往爲人囚縶，或爲俘獻，或辱於階庭，或閉之空谷。朕必不至於此，卿等觀之，朕志決矣！」以御用器皿賞戰士。已而微服率兵，夜出東門，謀遁去。及柵，遇敵兵，戰而還。殺廏馬以犒將士，然其勢不可爲也。

時，金徐州節度使郭野驢約源州叛將麻琮襲破徐州，徐州將士以蔡州被圍，又迫於蒙古兵，議出降。完顔賽不弗從，恐被執，乃投河求死，軍士援出之，卒自縊〔死〕（據續綱目、薛鑑補）。麻琮遂以州降蒙古。

端平元年（甲午、一二三四）春正月戊申，孟珙同蒙古兵圍蔡州。會飲，歌吹聲相接，城中飢窘，歎息而已。孟珙見黑氣壓城上，日無光。降者言城中絶糧已三月，鞍韉敗鼓皆糜煑，且聽以老弱互食，諸軍日以人畜骨和芹泥食之，又往往斬敗軍全隊，拘其肉以食，故欲降者衆。珙乃下令，諸軍銜枚，分運雲梯布城下以議攻。金自被圍以來，戰沒將帥甚多，至是，禁近以及舍人牌印、省部掾屬亦皆供役，分守四城。蒙古兵鑿西城爲五門，整軍以入，督軍鏖戰，及暮乃退，聲言來日復集。是夕，金主守緒集百官，傳位於東面元帥承麟。承麟者，世祖劾里鉢之後，白撒之弟也，拜泣不敢受。金主曰：「朕所以付卿者，豈得已哉！以朕肌體肥重，不便鞍馬馳突。卿平日趫捷，有將略，萬一得免，祚胤不絕，此朕志也！」承麟起，受璽。己酉，承麟卽位。時孟珙之師向南門，至金字樓，列雲梯，令諸軍聞鼓則進。馬義先登，趙榮繼之，萬衆競進，大戰城上。烏古論鎬及其將帥二百人皆降。金百官稱賀禮畢，亟出捍敵，而南城之陴已立宋旗幟。俄頃，四面鼓噪夾攻，聲震天地，南門守者棄門走。門洞開，孟珙招江海、塔察兒之師以入。忽斜虎帥精兵一千巷戰，不能禦。金主守緒知事急，卽取寶玉置於幽蘭軒，環之以草，命近侍曰：「死，便火我！」遂自經死。忽斜虎聞之，謂將士曰：「吾君已崩，吾何以戰爲！吾不能死於亂軍之手，吾赴汝水，從吾君矣！諸君其善爲計。」言訖，赴水死。將士皆曰：「相公能死，吾輩獨不能耶！」於是參政孛朮魯（小）婁室、（元）〔烏〕林荅胡土（據金史一八哀宗紀、又一一九完顏仲德傳删）、總帥元志、元帥玉山兒、紇石烈柏壽、烏古論桓端及軍士五百餘人皆從死焉。承麟退保子城，聞守緒死，帥羣臣入哭，因謂衆曰：「先帝在位十年，勤儉寬仁，圖復舊業，有志未就，可哀也已，宜謚曰哀宗。」奠未畢，城已陷。諸將禁近共舉火焚之，奉御絳山收其骨，將瘞之汝水上。江海入宮，執參政張天綱，孟珙問金主所在，天綱曰：「城危時自經矣。」珙乃與塔察兒分金主骨及寶玉、法物。是日，承麟亦爲亂兵所殺。金亡。

金自宣宗之世，爲宰相、樞密者往往臨事推讓，低言緩語，以爲養相體。每有四方兵革、災異，輒以聖主心困，或俟再議，因循苟且，以度時日。及出兵則以近侍監戰，臨事多所牽制。故師出無功，國亂不聞，以底於亡。

戊辰，史嵩之露布告金亡。以陳、蔡西北地分屬蒙古，蒙古以劉福爲河南道總管。史嵩之遣郭春按循故壤，詣奉先縣，汎掃祖宗諸陵。孟珙還師屯襄陽，江海還師屯信陽，王旻戍隨州，王安國守棗陽，蔣成守光化，楊恢守均州，並益兵飭備，經理屯田於唐、鄧州。

夏四月，詔遣朱復之詣八陵，相度修奉，荆襄以兵五十護之。未至，西京諜報，敵騎且至，兵不敢進。使者潛偕數騎，星馳而往，行禮而還，其諸陵之無恙與否，皆不可究詰也。

史嵩之遣使以孟珙所獲金主完顏守緒遺骨及寶玉、法物，並俘囚張天綱、完顏好海等獻於臨安。時相方侈大其事，監察御史洪咨夔上言曰：「此朽骨耳，函之以葬大理寺可也。第當以金亡告九廟，歸諸祖宗德澤。況與大敵爲鄰，抱虎枕蛟，事變叵測，顧可侈因人之獲，使邊臣論功，朝臣頌德？且陛下知〔慕〕（據宋史四〇六洪咨夔傳、薛鑑補）崇政受俘之元祐，獨不鑑端門受降之崇寧乎！」上雖頷之，不悉從也。

丙戌，備禮告於太廟，藏金主完顏守緒骨於大理寺獄庫，加孟珙帶御器械，江海以下論功行賞有差。

知臨安府薛瓊問張天綱曰：「有何面目到此？」天綱曰：「國之興亡，何代無之！我金之亡，比汝二帝何如？」瓊叱之。明日，奏其語。帝召天綱，問曰：「汝眞不畏死耶？」天綱對曰：「大丈夫患死之不中節耳，何畏之有！」因祈死不已，帝不聽。初，有司令天綱供狀，必欲書金主爲虜主。天綱曰：「殺卽殺，焉用狀爲！」有司不能屈，聽其所供，天綱但書故主而已，聞者憐之。後莫知其所終。

宋史紀事本末卷九十二

三京之復

理宗端平元年（甲午、一二三四）六月，詔出師收復三京。時，趙范、趙葵欲乘時撫定中原，建守河、據關、收復三京之議，朝臣多以爲未可，獨鄭清之力主其說。乃命趙范移（師）〔司〕（據續綱目、薛鑑改）黃州，刻日進兵。范參議官丘岳曰：「方興之敵，新盟而退，氣盛鋒銳，寧肯捐所得以與人耶！我師若往，彼必突至，非惟進退失據，開釁致兵，必自此始。且千里長驅，以爭空城，得之，當勤餽餉，後必悔之！」范不聽。史嵩之亦言荆襄方爾饑饉，未可興師。杜杲復陳守境之利，出師之害。喬行簡時在告，上疏曰：「八陵有可朝之路，中原有可復之機，以大有爲之資，當大有爲之會，則事之有成，固可坐而策也。臣不憂師出之無功，而憂事力之不可繼，有功而至於不可繼，則其憂始深矣。夫自古英君必先治內而後治外。陛下視今日之內治，其已舉乎，其未舉乎？向未攬權之前，其弊凡幾？今既親政之後，其已更新者凡幾？欲用君子則其志未盡伸，欲去小人則其心未盡革。上有厲精更始之意，而士大夫仍苟且不務任責。朝廷有禁苞苴、(禁)〔戒〕貪墨之令而州縣仍黷貨不知盈厭，欲(加)〔行〕(並據宋史四一七喬行簡傳改)楮令則外郡之新劵雖低價而莫售，欲平物價則京師之百貨視舊直而不殊，紀綱法度多頹弛而未張，賞刑號令皆玩視而不肅：此皆陛下國內之臣子，猶令之而未從，作之而不用，乃欲闔闢乾坤，混一區宇，制奸雄而折戎狄，其能盡如吾意乎！此臣之所憂者一也。自古帝王欲用其民者，必先得其心以爲根本。數十年來，上下皆懷利以相接，而不知有所謂義。民方憾於守令，緩急豈有效死勿去之人？卒不愛其將校，臨陳豈有奮勇直前之士？蓄怨含憤，積於平日，見難則避，遇敵則奔，惟利是顧，遑恤其他！人心如此，陛下曾未有以轉移固結之，遽欲驅之北向，從事於鋒鏑，忠義之心，何由而發？況乎境內之民，困於州縣之貪刻，阨於勢家之兼併，飢寒之氓嘗欲乘時而報怨，茶鹽之寇嘗欲伺間而竊發，蕭牆之憂，懍未可保。萬一兵興於外，綴於强敵而不得休，潢池赤子復有如江、閩、東浙之事，其將奈何！夫民至愚而不可忽。內郡武備單弱，民之所素易也。往時江、閩、東浙之寇，皆藉邊兵以制之。今此曹猶多竄伏山谷，窺伺田里，彼知朝廷方有事於北方，其勢不能以相及，寧不動其奸心？此臣之所憂者二也。自古英君規恢進取，必須選將練兵，豐財足食，然後舉事。今邊面遼闊，出師非止一途，陛下之將足當一面者幾人？〔勇而能鬭者幾人？知而善謀者幾人？〕(據宋史四一七喬行簡傳補)非屈指得二三十輩，恐不足以備驅馳。陛下之兵能戰者幾萬？分道而趨京、洛者幾萬？留屯而守淮、襄者幾萬？非按籍得二三十萬衆，恐不足以事進取。借曰帥臣威望素著，以意氣招徠，以功賞激勸，推擇行伍，即可爲將，接納降附，即可爲兵，臣實未知錢糧之所從出也。興師十萬，日費千金；千里餽餉，士有飢色。今之餽運，累日不已，至於累月；累月不已，至於累歲；不知累幾千金而後可以供其費也。今百姓多垂罄之室，州縣多赤立之帑。大軍一動，厥費多端，其將何以給之？今陛下不愛金帛，以應邊臣之求，可一而不可再，可再而不可三。再三之後，兵事未已，欲中輟則棄前功，欲勉强則無多力。國既不足，民亦不堪，臣恐北方未可圖而南方已騷動矣！中原蹂踐之餘，所在空曠，縱使東南有米可運，然道里遼遠，寧免乏絕？由淮而進，縱有河渠可通，寧無盜賊邀取之患？由襄而進，必須負載，三十鍾而致一石，亦恐未必能達。若使頓師千里之外，糧道不繼，當是之時，孫、吳爲謀主，韓、彭爲兵帥，亦恐無以爲策！他日糧運不繼，進退不能，必勞聖慮。此臣之所憂者三也。願堅持聖意，定爲國論，以絕紛紛之說！」皆不聽。

淮西總領吳潛又告執政，論用兵復河南，不可輕易。「金人旣滅，與北爲鄰，法當以和爲形，以守爲實，以戰爲應。自荆襄首納空城，合兵攻蔡，兵事一開，調度浸廣，百姓狼狽，死者枕藉，使生靈肝腦塗地，得城不過荆榛之區，獲俘不過曖昧之骨，而吾之內地荼毒如此，邊臣誤國之罪，不待言矣。間有進恢復之畫者，其算可謂俊偉。然取之若易，守之實難，征行之具，何所取資？民窮不堪，激而爲變，率爲盜賊矣。今日之事，豈容輕議！」執政不能從。

詔知廬州全子才合淮西兵萬人赴汴。時，汴京都尉李伯淵、李琦、李賤奴等爲崔立所侮，謀殺之。及聞子才軍至，伯淵等以書約降，而陽與立謀備禦之策。伯淵燒封丘門以警動立，立殊不安，乃來約立視火。立從苑秀、折希顏等數騎往。既還，伯淵親送之，倉卒中就馬上抱立，立顧曰：「汝欲殺我耶？」伯淵曰：「殺汝何傷！」卽出匕首橫刺之，立墜馬死。伏兵起，元帥三合殺苑秀。折希顏後至，見立墜馬，謂與人鬬，欲前解之，隨爲軍所殺。伯淵繫立屍馬尾，至內前，號於衆曰：「立殺害刦奪，烝淫暴虐，大逆不道，古今無有，當殺之否？」萬口齊應曰：「寸斬之未稱也！」乃梟立首，望承天門祭哀宗，軍民皆慟，或剖其心啖之。以三屍掛闕前槐樹上。

全子才次於汴，趙葵自滁州以淮西兵五萬取泗州，由泗趨汴以會之。葵謂子才曰：「我輩始謀據關、守河，今已抵汴半月，不急攻洛陽、潼關，何待耶？」子才以糧餉未集對，葵督促益急，乃檄鈐轄范用吉、樊辛、李先、胡顯等提兵萬三千，命淮西制置司機宜文字徐敏子爲監軍，先令西上；又命楊誼以廬州强弩軍萬〔三〕〔五〕（據續綱目、薛鑑改）千繼之，各給五日糧。

秋七月，徐敏子啓行，遣和州寧淮軍正將張迪以二百人趨洛陽。迪至城下，城中寂然無應者。至晚，有民庶三百餘家登城投降，迪與敏子遂帥衆入城。蒙古聞之，復引兵南下。徐敏子入洛之明日，軍食已竭，乃采蒿和麪作餅而食之。楊誼至洛東三十里，方散坐蓐食，忽數里外有立紅黄涼傘者，衆方駭異，而蒙古伏兵突起深蒿中。楊誼倉卒無備，師遂大潰，爲蒙古擁入洛水者無數，誼僅以身免。是夜，有潰卒奔告於洛曰：「楊誼一軍已爲蒙古大陣衝散，今蒙古兵已據北岸矣！」於是在洛之師皆奪氣。

八月，蒙古兵至洛陽城下〔立寨〕（據續綱目、薛鑑補），徐敏子與戰，勝負相當。士卒乏糧，因殺馬而食，敏子等不能留，乃班師。趙葵、全子才在汴京，以史嵩之不致餽，糧用不繼；所復州縣，率皆空城，無兵食可因；蒙古兵又決黄河寸金淀之水以灌官軍，官軍多溺死，遂皆引師南還。

九月壬寅，趙范以入洛之師敗績，上表劾趙葵、全子才輕遣偏師復西京，趙楷、劉子澄參贊失計，師退無律，致後陣喪敗。詔：「趙葵削一秩，措置河南、京東營田邊備；全子才削一秩，措置唐、鄧、息州營田邊備；劉子澄、趙楷並削秩放罷。」又言楊誼一軍之敗，皆由徐敏子、范用吉怠於赴援，致不能支。詔：「范用吉降武翼郎；徐敏子削秩放罷；楊誼削秩，勒停自効。」

十二月己卯，蒙古遣王檝來責敗盟。辛卯，遣鄒伸之等報謝。自是河、淮之間無寧日矣。

宋史紀事本末卷九十三

蒙古連兵

理宗端平二年（乙未、一二三五）春正月丙辰，詔孟珙屯黃州。珙留襄陽，招中原精銳之士萬五千餘，分屯漢北、樊城、新野、唐、鄧間，以備蒙古，名鎮北軍，遂以爲襄陽都統制。六月，蒙古主命子闊端將塔海等侵蜀，忒木䚟、張柔等侵漢，口溫不花及察罕等侵江、淮。

秋七月，蒙古將口溫不花寇唐州。全子才等棄師走，趙范率兵敗蒙古於上閘而還。

冬十月，蒙古闊端入蜀，次鞏昌，金總帥汪世顯降。時，金亡，郡縣皆降，獨世顯堅守不下。闊端至，世顯率其衆，持牛酒迎謁。闊端謂之曰：「吾征討有年，所至皆下，汝獨固守，何也？」世顯曰：「有君在上，賣國市恩之人，諒所不取。」闊端大悅，戒其下秋毫勿犯，俾世顯仍舊職，卽日令率所部從征。世顯遂截嘉陵，進趨大安。

十二月，蒙古闊端入沔州，殺知州事高稼。稼在沔，葺理創殘，招集流散，皆襁負歸之。

及數與蒙古力戰，奇功甚多。至是，闊端自鳳州入西川，東路之師多敗，遂擣〔河池，至〕（據宋史四四九忠義傳補）西池谷，距沔九十里。吏民議退保大安，稼言於制置使趙彥吶曰：「今日之事，有進無退。若能進據險地，以身捍蜀，敵有後顧，必不深入。若倉皇召兵，退守內地，敵長驅而前，蜀事去矣！」彥吶曰：「吾志也。」已而竟行，留稼守沔。蒙古自白水關入六股株，距沔六十里。沔無城，依山爲阻，稼升高鼓噪，盛旗鼓爲疑兵。彥吶至（蜀）〔置〕口（據宋史四四九忠義傳改），輟帳前總管和彥威以軍還沔，召小校楊俊、何璘以兵會，又選精兵千人，命王宣帥以助之。已而蒙古大至，何璘遁，沔州遂陷。衆擁稼出戶，稼叱之，不能止，敵圍殺之。彥吶聞稼死，沔州破，乃進屯青野原，蒙古圍之。曹友聞曰：「青野爲蜀咽喉，不可緩也！」即往救之，半夜截戰，遂解其圍。既而蒙古先鋒汪世顯擣大安，友聞又救之。指麾甫畢，蒙古大軍數萬突至，友聞迎戰，又敗之，敵乃退。友聞遂引兵扼仙人關。

三年（丙申、一二三六）春正月，蒙古兵攻洪山，張順、翁成大等以兵捍禦。蒙古將忒木觧寇江陵，統制李復明奮戰死之。

三月，襄陽北軍主將王旻等作亂。時制置使趙范在襄陽，以王旻、李伯淵、樊文彬、黃國弼等爲腹心，朝夕酣狎，了無上下之序，民訟、邊防，一切廢弛。既而南、北軍交爭，范失於撫馭，於是旻、伯淵焚襄陽城郭倉庫，相繼降於蒙古。時城中官民尚四萬七千有奇，財粟在倉庫者無慮三(千)〔十〕(據宋史四一七趙范傳、續綱目、薛鑑改)萬，軍器二十四庫，皆爲蒙古所有，金銀鹽鈔不預焉。南軍將李虎乘勝劫掠，城中爲之一空。襄陽自岳飛收復以來，百三十年，生聚繁庶，城高池深，甲於西陲，一旦灰燼。詔以趙范失於撫御，削三官，仍舊職任。

〔四月〕(據宋史四二理宗紀、續綱目、薛鑑補)，時師屢爲蒙古所敗，襄、漢、淮、蜀日急，帝悔前事，命學士吳泳草詔罪己。監察御史王萬謂泳曰：「兵固失矣，言之甚恐亦不可。今邊民生意如髮，宜以振厲奮發，興感人心！」因爲條具沿(革)〔邊〕(據續綱目、薛鑑改)事宜。泳從其言，草詔進。略曰：「數年之間，多難已甚，屬讐金之寖滅，而蒙古之與鄰。逮合謀成破蔡之功，恐假道有滅虞之勢。心之憂矣，臍可噬乎！」又曰：「兵民之死戰鬬，戶口之困流離，室廬靡存，骼胔相望。是皆朕明不能燭，德有未孚，上無以格天心，下無以定民志。今方施令發政，以爲綏輯之圖，補卒蒐乘，以嚴守禦之備。想瘡痍之溢目，如疾病之在身。」

是月，蒙古陷隨、郢州、荊門軍。

八月，蒙古陷棗陽軍、德安府。

九月壬午，御前諸軍統制曹友聞與蒙古戰於大安軍陽平關，敗績，死之。初，友聞帥師扼仙人關，諜報蒙古合蕃、漢軍五十餘萬〔將〕(據續綱目、薛鑑補)至。友聞謂弟萬曰：「國家安危，在此一舉，衆寡不敵，豈容浪戰！惟當乘高據險，出奇設伏以待之。」蒙古攻武休關，敗都統李顯忠軍，遂入興元，欲衝大安軍。制置使趙彥呐檄友聞，控制大安以保蜀口。友聞以爲不可，彥呐不從。友聞乃遣弟萬及友諒引兵上雞冠隘，多張旗幟，示敵堅守。友聞選精銳萬人，夜渡江，密往流溪設伏，約曰：「敵至，內以鳴鼓舉火爲應，外呼殺聲。」蒙古兵果至，萬出逆戰。蒙古八都魯及達海帥步騎萬餘人，往來搏戰，矢石如雨，萬身被〔數〕（據宋史四四九忠義傳、續綱目、薛鑑補）創，令諸軍舉烽。友聞分所部爲三以禦敵，親帥精兵三千人，疾馳至隘下。先遣統領劉虎，帥敢死士五百衝敵前鋒，不動。友聞乃伏三百騎道旁，而令虎銜枚突陣。會大風雨，諸將請曰：「雨不止，淖濘深沒足，宜候少霽。」友聞叱曰：「敵知我伏兵在此，緩必失機。」遂擁兵齊進。西軍素以綿裘代鐵甲，經雨濡溼，不利步鬬。黎明，蒙古以鐵騎四面圍繞。友聞歎曰：「此殆天乎？吾有死而已！」於是血戰愈厲，與萬俱死，軍盡沒。蒙古兵遂長驅入蜀，一月之間，成都、利州、潼（州）〔川〕三路俱陷沒。（西）〔四〕蜀（並據續綱目、薛鑑改）所存，惟夔州一路及潼川順慶府而已。

冬十月壬寅，蒙古兵陷固始縣。

丙午，蒙古闊端兵離成都，入文州。知州劉銳、通判趙汝鄅乘城固守，晝夜搏戰。踰月，援兵不至，銳度不免，集其家人，盡飲以藥，皆死，乃聚其屍及公私金帛、告命，焚之。家素有禮法，幼子纔六歲，飲藥時猶下拜受之，左右感動。城破，銳及其二子自刎死。汝鄅被執，㩧殺之。軍民同死者數萬人。

十一月，蒙古口溫不花入淮西蘄、舒、光州，守臣皆遁。口溫不花合三州人馬糧械，趨黃州，遊騎自信陽趨合肥。詔淮西史嵩之援光，淮東趙葵援合肥，沿江陳韡過和州，爲淮西聲援。

蒙古忒木觧攻江陵，史嵩之遣孟珙救之。珙遣張順先渡，而自以全師（救）〔繼〕（據宋史四一二孟珙傳、續綱目、薛鑑改）之，變易旌旗服色，循環往來，夜則列炬照江，數十里相接。珙又遣趙武等與戰，珙親往節度，遂破蒙古二十四砦，還民二萬而歸。

蒙古將察罕攻眞州，知州丘岳部分嚴明，守具周悉，蒙古兵薄城輒敗。岳乘勝出戰於胥浦橋，以强弩射其致師者一人，死之，敵兵少卻。岳曰：「敵衆十倍於我，不可以力勝也。」乃爲三伏，設礮石，待之於西城。敵至，伏起，礮發，殺其驍將，敵衆大擾。岳選勇士襲敵營，焚其廬帳。越二日，皆引去。

嘉熙元年（丁酉、一二三七）冬十月，蒙古口溫不花攻黃州，孟珙率師救卻之。遂攻安豐，杜杲繕完守禦。蒙古以火礮焚樓櫓，杲隨陷隨補完。蒙古令「拔都魯」斫牌杈木。「拔都魯」者，皆死囚爲之，攻城以自贖。杲募善射者，用小箭射其目，「拔都魯」多傷而退。蒙古塡壕爲二十七壩，杲分兵扼壩。蒙古乘風縱火，俄而風雪驟作，杲募壯士奪壩路，士皆奮躍死戰。

會池州都統制呂文德突圍入城，合力捍禦，蒙古引去，淮右以安。文德，安豐人，魁梧勇悍。嘗鬻薪城中，趙葵見其遺履長尺有咫，異而訪之，值文德出獵，暮負虎、鹿各一而歸。召置帳下，遂累功勞，超擢軍職。

二年（戊戌、一二三八）春正月己未，詔史嵩之、趙葵，「援黃州、安豐，其立功將士等第，亟具名以聞」。

二月，蒙古再遣王檝來求歲幣銀、絹各二十萬。僉書樞密李宗勉言：「輕諾者多後患，當守元約可也。然比之開禧時，物價騰踴，奚啻倍蓰矣。」史嵩之開督府，力主和議。宗勉言：「使者可疑者三。嵩之職在督戰，如收復襄、光，控扼施、澧，招集山砦，保固江流，皆今所當爲。若所主在和，則凡有機會可乘，不無退縮之意，必至虛捐歲月，坐失事功。」

三月己丑，命將作監周次說爲蒙古通好使。

九月，蒙古察罕帥兵號八十萬，圍廬州，期破廬後，造舟巢湖，以窺江左。於壕外築土城六十里，穿兩濠，攻具皆數倍於攻安豐時。杜杲極力守禦。蒙古築埧高於城樓，杲以油灌草，即埧下焚之，皆爲煨燼。又於串樓內立雁翅七層，俄礮中埧上，衆驚。杲乘勝出戰，蒙古敗走，杲追躡數十里。又練舟師，扼淮河，遣其子庶監呂文德、聶斌，伏精銳於要害。蒙古不能進，遂引而北歸。詔加杲淮西制置使。

冬十月，以孟珙爲（荆）〔京〕湖（據續綱目、薛鑑改）制置使。詔珙收復京、襄。珙謂必得郢，然後可以通餽餉；得荆門，然後可以出奇兵。及至岳州，檄江陵節制司擣襄、郢，召諸將指授方略，發兵深入，遂復郢州、荆門軍。

三年（己亥、一二三九）三月，孟珙遣兵及蒙古戰，三戰皆捷，遂復信陽、光化軍、樊城、襄陽，因上疏曰：「取襄不難，而守爲難。非將士不勇也，非車馬器械不精也，實在乎事力之不給耳。襄陽爲朝廷根本，今百戰而得之，當加經理，如護元氣，非甲兵十萬，不足分守。與其抽兵於敵來之後，孰若保此全勝！上兵伐謀，此不爭之爭也。」乃以蔡、息降人置忠衞軍，襄、郢降人置先鋒軍。

八月，蒙古塔海將兵入蜀，制置使丁黼聞之，先遣妻子南歸，自誓死守。至是，塔海自新井入，詐豎宋將旗。黼以爲潰卒，以旗榜招之，既審知其非，領兵夜出城南迎戰而死。蒙古遂取漢、邛、簡、眉、蓬州、遂寧、重慶、順慶府，尋引還。黼帥蜀，爲政寬大，蜀人思之。

十二月，孟珙諜知蒙古塔海等帥衆號八十萬南侵，策其必道施、黔以透湖、湘，乃請粟十萬石以給軍餉，以三千人屯峽州，千人屯歸州，命弟瑛以精兵五千駐松滋，爲夔聲援，增兵守歸州隘口萬戶谷。及蒙古至，珙密遣將禦之，又以千人屯施州。蒙古既入蜀，珙增置營砦，分布戰艦，遣兵間道抵均州防遏，且設策備禦。未幾，蒙古渡萬州湖灘，施、夔震動。

珙兄璟時知峽州，帥兵迎拒於歸州大垭砦，得捷於巴東，遂復夔州。

四年（庚子、一二四〇）春正月，蒙古張柔等分道入寇。

二月癸丑，以孟珙爲四川宣撫使，珙遂興屯田，條具上流事宜。會諜知蒙古於襄、樊、信陽、隨州招集軍民布種，積船材於鄧之順陽，乃分兵撓其勢，潛兵燒所積船材。又度其必因糧於蔡，遣兵火其積聚。遂拜四川安撫使，知夔州，節制歸、峽、鼎、澧軍馬。珙至鎭，招集散民爲寧武軍，以降人回鶻愛里八都魯爲飛鶻軍。釐蜀政之弊，爲條，班諸郡縣。且曰：「不擇險要立砦栅則難責兵以衞民，不集流離安耕種則難責民以養兵。」乃立賞罰以課殿最，俾諸司奉行之。尋兼夔州路制置屯田，調夫築堰，募農給種，首秭歸，尾漢口，爲屯二十，爲頃十八萬八千二百八十。以李庭芝權施州建始縣，庭芝訓農治兵，選壯士雜官軍教之。期年，民皆知戰守，善馳逐，無事則植戈而耕，敵至則悉出而戰。珙下其法於所部，行之。

夏四月，蒙古復使王檝來。檝前後凡五至，以和議未決，隱憂致疾卒。遣使歸其柩於蒙古。

淳祐元年（辛丑、一二四一）十一月，蒙古塔海部汪世顯等復入，蜀進圍成都。制置使陳隆之固守彌月，誓與城存亡。部將田世顯潛送款於蒙古，乘夜開門，北兵突入，隆之舉家數百口皆死。檻送隆之至漢州，命諭守臣王夔降，隆之大呼曰：「大丈夫死爾，勿降也！」遂見殺。

漢州兵三千出戰，城閉，盡爲蒙古所屠。

十二月，蒙古月里麻思來議和，從行者七十餘人。月里麻思曰：「吾與汝等奉命南下，楚人多詐，當誓死，毋辱吾君！」已而馳抵淮上，守將以兵脅之曰：「爾命在我，生死頃刻間耳！若能降，官爵可立致。不然，必不爾貸！」月里麻思曰：「吾持節南來，以通國好，反誘我以不義，有死而已！」守將知其不可逼，乃囚之長沙飛虎寨。

二年（壬寅、一二四二）二月，蒙古也可那顔、耶律朱哥自京兆取道商、房，以趨三川，遂攻瀘州。孟珙遣一軍屯江陵及郢州，一軍屯沙市，一軍自江陵出襄，與諸軍會，又遣一軍屯涪州，且下令應出戍主兵官不許失棄寸土。權開州梁棟以乏糧還司，珙曰：「是棄城也！」斬以徇。由是諸將稟命惟謹。

冬十月，蒙古陷通州，屠其民，守將杜霆棄城遁。

十二月，蒙古兵攻敍州，都統楊大全戰死。

三年（癸卯、一二四三）春正月，蒙古張柔分兵屯田於襄城。

秋七月，蒙古兵破大安軍，忠義副總管楊世安守魚孔隘，力戰卻之。詔以世安就知大安軍。

四年（甲辰、一二四四）五月，蒙古兵圍壽春，呂文德率諸軍禦之。

六月，以呂文德爲淮西招撫使。未幾，文德敗蒙古兵於五河，復其城。

十二月，以孟珙兼知江陵府。珙至江陵，登城，歎曰：「江陵所恃三海，不知沮洳有變爲桑田者，敵一鳴鞭，卽至城外！」蓋自城以東，古嶺、先鋒直至三汊，無有限隔。乃修復內隘十有一，别作十隘於外，有距城數十里者。沮、漳之水，舊自城西入江，因障而東之，俾遶城北，入於漢，而三海遂通爲一。隨其高下，爲匱畜洩，三百里間，渺然巨浸。土木之工百(千)〔七十〕(據宋史四一二孟珙傳、續綱目、薛鑑改)萬，民不知役。因繪圖上之。

五年(乙巳、一二四五)五月，詔沿江、湖南、江西、湖廣、兩浙制帥、漕司，共造輕捷戰船，置遊擊軍壯士，分備捍禦。

七月，蒙古察罕會張柔掠淮西，至揚州而去。

六年(丙午、一二四六)十一月，蒙古兵寇荆湖、江淮之境，攻拔虎頭關，遂至黄州。

宋史紀事本末卷九十四

余玠守蜀

理宗淳祐三年(癸卯、一二四三)二月，以余玠爲兵部侍郎四川制置使。玠，家貧，落魄無行，喜功名，好大言。嘗作長短句，謁淮東制置使趙葵。葵壯之，留置幕府，俾帥舟師，泝淮，入河，抵汴，所向有功，累推淮東制置副使。入對，言：「方今世胄之彦，場屋之士，田里之豪，一或即戎，即指之爲粗人，斥之爲(儈)〔噲〕(據宋史四一六余玠傳、續綱目改)伍。願陛下視文、武之士爲一，勿令偏有所重。偏則必至於激，文、武交激，非國之福。」帝曰：「卿人物議論，皆不尋常，可獨當一面。」乃授四川宣諭使。至是，加制置使，知重慶府。

蜀中財賦，入戶部、三司者五百餘萬緡，入四總領所者二千五百餘萬緡，金銀綾錦之類不預焉。自寶慶三年失關外，端平二年蜀地殘破，所存州郡無幾，國用益窘。至是十六年間，凡授宣撫使者三人，制置使者九人，副使四人，或老或暫，或庸或貪，或慘或繆，或遥領而不至，或開隙而各謀，終無成績。於是兩川無復紀律，監司、戎帥各專號令，擅辟守宰，蕩無紀綱。玠至，築招賢館於府左，供張一如帥所居。下令曰：「集衆思，廣忠益，諸葛孔明所以用蜀也。士欲有謀以告我者，近則徑詣公府，遠則自言於所在州郡，以禮遣之，高爵重賞，朝廷不吝以報功。豪傑之士，趨期立事，今其時矣！」士之至者，玠不厭禮接，咸得其歡心。言有可用，隨才而任；苟不可用，亦厚遺謝之。播州冉（璉）〔璡〕（據宋史四一六余玠傳、續綱目、薛鑑改。下同）冉璞兄弟，有文武才，隱居蠻中，前後閫帥辟召，皆不至。聞玠賢，兄弟相率詣謁。玠賓禮之，館穀加厚。居數月，無所言，玠乃更闢別館以處之，且常使人窺其所爲。兄弟終日不言，惟對踞，以堊畫地爲山川、城池之形，起則漫去。如是又旬餘，請見玠，屏人曰：「爲今日西蜀之計，其在徙合州城乎！」玠不覺躍起曰：「此玠志也，但未得其所耳！」曰：「蜀口形勝之地莫若釣魚山，請徙諸此。若任得其人，積粟以守之，勝於十萬師遠矣，巴、蜀不足守也！」玠大喜，遂不謀於衆，密以其謀聞於朝，請不次官之。詔以（璉）〔璡〕爲承事郎，權發遣合州，璞爲承務郎，權通判州事，徙城之事，悉以任之。命下，一府皆喧然同辭以爲不可。玠怒曰：「城成則蜀賴以安，不成，玠獨坐之，諸君無預也。」卒築青居、大獲、釣魚、雲頂、天生……凡十餘城，皆因山爲壘，碁布星分，爲諸郡治所。又移金戎於大獲，以護蜀口；移沔戎於青居；興戎先駐合州舊城，移守釣魚，共守內水；移利戎於雲頂，以備外水。於是如臂使指，氣勢聯絡，屯兵聚糧，爲必守計，民始有安土之心。

十年（庚戌、一二五〇）冬十月，余玠出師擣興元，不克。玠慷慨自許，有「挈故地，還天子」之語，數年之間，建城堡，築關隘，增屯堡，邊警稍息。於是一意出師，率諸將巡邊，直擣興元，遇蒙古將汪德臣、鄭鼎，大戰而還。

十二年（壬子、一二五二）二月，蒙古將汪德臣城沔州。未幾，又城利州。自是蒙古且耕且戰，蜀土遂不可復。

冬十月，蒙古汪德臣將兵掠成都，薄嘉定，四川大震。余玠率諸將俞興、元用等，夜開關力戰，始解去。

寶祐元年（癸丑、一二五三）五月甲午，召余玠還。

六月庚申，以余晦爲四川宣諭使，代余玠。初，利州都統王夔素殘悍，號「王夜叉」，恃功驕恣，桀驁不受節度，所至劫掠，蜀人苦之。初，玠帥蜀，至嘉定，夔率所部迎謁，纔羸弱二百人。玠曰：「久聞都统兵精，今疲弊若此，殊不稱所望。」夔對曰：「夔兵非不精，所以不敢即見者，恐驚從人耳。」頃之，班聲如雷，江水爲沸，旗幟精明，舟中皆戰掉失色，而玠自若也，徐命吏班賞有差。夔退，謂人曰：「儒者中乃有此人！」玠久欲誅夔，獨患其握重兵居外，恐輕動危蜀，謀於親將楊成，成曰：「今縱弗誅，養成其勢，後一舉足，西蜀危矣。夔在蜀雖久，有威名，孰與吳氏？吳氏當中興危難之時，能百戰以保蜀，傳之四世，恩威益張。一日曦爲叛逆，諸將誅之，如取孤豚。況夔無吳氏之功，而有曦之逆心，恃豨突之勇，敢慢法度，縱兵殘民，奴視同列，非有吳氏得人之固也。今誅之，一夫力耳。待其發而取之，難矣！」玠意遂決。夜召夔計事，潛以成代領其衆。夔纔離營，而新將已單騎入矣。將士皆錯愕相顧，不知所爲，成以帥指譬曉之，遂相率下拜。夔至，玠斬之，乃薦成爲文州刺史。會戎州帥欲舉統制姚世安爲代，玠素欲革軍中舉代之弊，以三千騎至雲頂山下，遣將代世安，世安閉關不納。而世安素結丞相謝方叔子姪，至是，求援於方叔。方叔遂倡言，玠失利戎之心，非我調停，且朝夕有變。又陰嗾世安密求玠之短，陳於帝前。帝惑之，於是世安乃與玠抗，玠鬱鬱不樂。玠專制四蜀，凡有奏疏，詞氣不謹，帝不能平。會徐清叟入對，語及玠，因言：「玠不知事君之禮，陛下何不出其不意而召之？」帝不答。清叟曰：「陛下豈以玠握大兵，召之或不至邪？臣度玠素失士心，必不敢。」帝然之，乃以資政殿學士召，而以知鄂州余晦代之。

秋七月，余玠卒。玠之治蜀也，任都統張實治軍旅，安撫王惟忠治財賦，監簿朱文炳接賓客，皆有常度。至於修學養士，輕徭以寬民力，薄征以通商賈，蜀既富實，乃罷京湖之餉，邊關無警，又撤東南之戍，自寶慶以來，蜀閫未有能及之者。然久假便宜之權，不顧嫌疑，昧於勇退，遂來讒賊之口。又置機捕官，雖足以廉得士情，然寄耳目於羣小，故人多懷疑懼。至是，聞召不自安，一夕暴卒。或謂仰藥死，蜀人莫不悲之。

薛應旂曰：宋之不競，若天有以限之者，纔得一人，讒忌卽入，自其盛世，固已有之。熙、豐以後，類不相容，迄於南渡，日甚一日。迨嘉、寶間，殘金雖亡，蒙古方熾，余玠治蜀，措置有方，猶足以爲一木之支，而謝方叔、徐清叟之徒，必爲疑間以致之死。嗚乎！玠死之後，不特蜀非宋有，而國祚亦從可知矣。尋又籍玠家財以犒師，若非忠義之士，有不解體者哉！

二年（甲寅、一二五四）八月，下利州西路安撫王惟忠大理獄。余晦帥蜀，〔誣〕（據續綱目、薛鑑補）奏惟忠潛通北國，遂下獄，竟斬於市。

（九）〔十〕月〔丁酉〕，追削余玠官秩，奪（其子）〔余〕晦告身（按：玠、晦二人並非父子，錢大昕二十二史考異六七已指出其誤，宋史全文三五記事詳確，可以爲證。宋史四四理宗紀記事已誤而月日不誤。今據以改正）。先是，侍御史吳燧等論玠聚斂罔利七罪，玠死，其子如孫盡竊帑庾之積以歸。詔簿錄玠家財，以犒師賑邊。如孫遂認錢三千萬，徵之累年，始足。

宋史紀事本末卷九十五

眞魏諸賢用罷

理宗寶慶元年（乙酉、一二二五）八月，罷直學士院眞德秀。先是，嘉定中德秀爲起居舍人兼東宮講官，言事不避權貴。知宰相史彌遠欲以爵祿縻天下士，慨然謂劉鑰曰：「吾徒須急引去，使廟堂知世有不肯爲從官者。」遂力請外。帝初卽位，自知潭州召爲禮部侍郎，直學士院。入對，勸帝以容受直言，召用賢臣，固結人心爲本。帝頗納之。時，又召魏了翁爲起居郎。了翁，開禧初以武學博士對策諫開邊事出知嘉定府。尋築室白鶴山下，以所聞於輔廣、李燔者，開門授徒，士爭負笈從之，蜀人盡知義理之學。及是，與德秀同召，而洪咨夔亦入爲考功員外郎。咨夔言事尤剴切，因論臺諫失職，有云：「月課將臨，筆不敢下，稱量議論之異同，揣摩情分之厚薄，可否未決，呑吐不能。其相率勇往而不顧者，恭請聖駕款謁景靈宮而已。」臺臣深銜之。會上書言濟王事者甚衆，彌遠以爲患。有梁成大者，以知縣秩滿待遷，諂事彌遠家幹萬昕。昕一日言眞德秀當逐，成大曰：「某若入臺，必能辨此事。」昕爲達其語，遂擢監察御史。成大因與莫澤、李知孝等，論德秀所主濟王贈典非是。遂命德秀提舉玉隆宮，咨夔亦鐫二秩去。成大、澤、知孝三人共爲彌遠鷹犬，凡忤彌遠意者，三人必相繼擊之，於是名人、賢士排斥殆盡。人目爲「三凶」，又目成大爲「成犬」。

冬十月，貶魏了翁官，罷眞德秀祠祿。初，胡夢昱以論濟王事逐，了翁出關餞之，李知孝遂指了翁首唱(議)〔異〕(據宋史四三七魏了翁傳、續綱目、薛鑑改)論，將擊之。彌遠猶畏公議，外示優禮，改權工部侍郎。了翁力以疾辭，乃出知常德府。諫議大夫朱端常劾了翁欺世盜名，朋邪謗國，德秀奏劄詆誣。詔了翁落職，奪三秩，靖州居住；德秀落煥章閣待制，罷祠。李知孝上書，乞追削流竄德秀，以正典刑。梁成大亦奏言：「大佞似忠，大辨若訥，或好名以自鬻，或立異以自詭，或假高尚之節以要名，或飾矯僞之學以欺世，言若忠鯁，心實回邪：一不察焉，薰蕕同器，涇、渭雜流矣。言不達變，謀不中機，或强辯以爲能，或詭訐以市直，或設奇險之說以駭衆聽，或肆詭誕之論以惑士心，所行非所言，所守非所學：一不辨焉，枘鑿不侔，矛盾相激矣。魏了翁雖從追竄，人猶以爲罪大罰輕。眞德秀狂僭悖繆，不減了翁，相羊家食，宜削秩貶竄，一等施行。」彌遠勸帝下其章，帝曰：「仲尼不爲已甚。」乃止。成大貽書所親曰：「眞德秀乃眞小人，魏了翁乃僞君子，此舉大快公論。」識者笑之。了翁至靖，湖、湘、江、浙之士，不遠千里，負書從學，乃著九經要義一百卷，訂定精密，先儒所未有也。德秀既歸蒲城，修讀書記，語門人曰：「此人君爲治之門，如有用我者，執此以往。」

紹定六年（癸巳、一二三三）十一月，召魏了翁爲文華閣待制。了翁應詔上章，論十弊，乞復舊典，以彰新化：一曰復三省之典，以重六卿；二曰復二府之典，以集衆議；三曰復都堂之典，以重省府；四曰復侍從之典，以來忠告；五曰復經筵之典，以熙聖學；六曰復臺諫之典，以公黜陟；七曰復制誥之典，以謹命令；八曰復聽言之典，以通下情；九曰復三衙之典，以强主威；十曰復制閫之典，以黜私意。疏列萬言，先引故實，次陳時弊，分別利害，燦若白黑。上讀之，爲感動。

戊辰，禮部郎中洪咨夔進對，帝問以今日急務。咨夔言：「進君子，退小人。開誠心，布公道。」因乞召用崔與之、眞德秀、魏了翁。帝納之，命咨夔與王遂並拜御史。咨夔謂遂曰：「朝無臺諫久矣，要當極本原而先論之。」乃上疏曰：「臣歷考往古治亂之原，權歸人主，政出中書，天下未有不治。權不歸人主，則廉陛一夷，綱常且不立，奚政之問！政不出中書，則腹心無寄，必轉而他屬，奚權之攬！此八政馭羣臣，所以獨歸之王，而詔之者必天官冢宰也。陛下親政以來，威福操柄，收還掌握，揚廷出令，震撼海宇，天下始知有吾君；元首既明，股肱不容於自惰，撤副封，罷先行，坐政事堂以治事，天下始知有朝廷，此其大權大政亦略舉矣。然中書之弊端，其大者有四：一曰自用，二曰自專，三曰自私，四曰自固。願陛下於從容論道之頃，宣示臣言，俾大臣充初志而加定力，懲往轍而圖方來，以仰稱勵精更始之意。」

時樞密院編修官陳塤亦上言：「天下之安危在宰相，南渡以來，屢失機會。秦檜死，所任不過万俟卨、沈該耳；韓侂胄死，所任不過史彌遠耳。此今日所當謹也！」次言：「內庭當嚴宦官之禁，外庭當嚴臺諫之選。」於是宦者陳洵益陰中之。監察御史王定劾塤，出知常州。塤，史彌遠之甥，紹定初，嘗言：「乞去君側之蠱媚，以正主德。從天下之公論，以新庶政。」蓋指賈妃及彌遠也。彌遠謂塤曰：「吾甥殆好名耶？」塤曰：「好名，孟子所取也。夫求士於三代之上，惟恐其好名，求士於三代之下，惟恐其不好名耳！」遂力辭職，直聲動一時。

端平元年（甲午、一二三四）春正月，秘書郎蔣重珍上五事，且曰：「隱蔽君德，昔咎故相，故臣得以專詆權臣。昭明君德，今在陛下，故臣得以責難君父。乞召眞德秀、魏了翁用之。」帝謂之曰：「人主之職無他，惟辨君子、小人。」重珍對曰：「君子指小人爲小人，小人亦指君子爲小人，此爲難辨。人主當精擇人望，處之要津，正論日聞，則必知君子姓名、小人情狀矣。」重珍每草奏，必齋心盛服，有密啓，手書削稾，帝嘉其忠實。

冬十月，召眞德秀爲翰林學士，魏了翁直學士院。時江淮帥閫有進取中原之議，德秀上封事，言：「移江淮兵甲以守無用之空城，運江淮金穀以治不耕之廢壤。富庶之效未期，根本之弊立見，惟陛下審之重之！」進德秀爲戶部尚書。入見，帝謂曰：「卿去國十年，每切思賢。」德秀以大學衍義進，因言於帝曰：「天之所助者順，人之所助者信。陛下欲祈天永命，惟存乎敬而已。敬者德之聚。儀狄之酒，南威之色，盤遊、弋射之娛，禽獸、狗馬之玩，有一於此，皆足害敬。今天厭夷德久矣，陛下儻能敬德以迓續休命，中原終爲吾有。若徒以力求之，而不反其本，天意難測，臣實憂之。」了翁入對，首乞明君子、小人之辨，以爲進退人才之本，以杜姦邪窺伺之端。次論故相十失猶存，次及修身、齊家、選宗賢、建內小學等，皆切於上躬者。又言和議不可信，北軍不可保，軍實財用不可詳，凡十餘端。復口奏利害，漏下四十刻而退。帝皆嘉納之。

時，又召徐僑爲太常少卿，趣入覲，手疏數千言，皆感憤剴切，帝慰諭之。顧見僑衣履垢弊，愀然謂曰：「卿可謂清貧。」僑對曰：「臣不貧，陛下乃貧耳！」帝曰：「朕何爲貧？」僑曰：「陛下國本未建，疆宇日蹙，權倖用事，將帥非才，旱蝗相仍，盜賊並起，經用無藝，帑藏空虛，民困於橫斂，軍怨於掊克，羣臣養交而天子孤立，國勢阽危而陛下不悟。臣不貧，陛下乃貧耳！」又言：「今女謁、閹宦相爲囊橐，誕爲二豎，以膏國膏肓，而執政大臣又無和緩之術。陛下不此之慮，而躭樂是從，世有扁鵲，將望見而卻走矣！」時貴妃閻氏方有寵，而內侍董宋臣表裏用事，故僑及之。帝爲之感動。明日，手詔罷邊帥之尤無狀者，申警羣臣，以朋黨爲之戒，命有司裁節中外浮費，而賜僑金帛甚厚。僑固辭不受。

二年（乙未、一二三五）三月，以眞德秀參知政事，以疾辭，除資政殿大學士，提舉萬壽宮。德秀奏言息民講武，上嘉納之。

五月，眞德秀卒。德秀立朝不滿十年，奏疏將數十萬言，皆切當世要務，直聲震朝廷，四方人士誦其文，想見其風采。及宦遊所至，惠政深洽，不愧其言，由是中外皆頌。都城人時驚傳，澒洞奔擁出關，曰：「眞直院至矣！」果至，則又塡塞聚觀不置。史彌遠以是忌之，輒擯不用，而聲聞愈彰，且慨然以斯文自任，不因學禁之餘而少有疑沮，後學宗之。晚年帝始有意向用，而德秀遽殞，天下以爲恨。

十一月，以魏了翁同僉書樞密院事。

十二月，以魏了翁往江淮、京湖督視軍馬。了翁在朝凡六月，前後二十餘疏，皆當世急務。帝將引與共政，而忌者相與合謀排擯之，且言了翁知兵體，乃命出視師，賜便宜詔書如張浚故事。陛辭，御書唐嚴武詩及「鶴山書院」四大字賜之。了翁開幕府於江州，以吳潛爲參謀官，趙善瀚、馬光祖爲參議官。

三年（丙申、一二三六）二月，召魏了翁還。時，廷臣多忌了翁，故謀假出督以外之，再二旬，復以建督爲非，召之還，而帝不悟。於是了翁固辭求去。

夏四月，魏了翁罷。了翁乞歸田里，不允，以資政殿學士知潭州。殿中侍御史李韶上疏曰：「了翁刻志學問，幾四十年，忠言讜論，載在國史。比者樞庭之詔，未幾改鎮，未久，有旨予祠。不知國家人材，煒然有稱如了翁者幾人？願亟召還，處以台輔。」不報。

帝時又召崔與之以爲參知政事，不至。與之自成都乞歸廣州，每有除命，皆力辭不起。及拜廣東安撫，會摧鋒軍士作亂，縱火惠陽郡，長驅至廣州城，聲言欲得連帥幕屬甘心焉。與之肩輿登城，叛兵望之，俯伏聽命而散，因即家治事。帝注想彌切，召參大政，與之力辭。帝乃遣使趣之，且訪以政事之當行罷者，人材之當用舍者。與之上疏曰：「天生人材，自足以供一代之用，惟辨其君子、小人而已。忠實而有才者，上也；才雖不高，而忠實有守者，次也。用人之道，無愈於此。蓋忠實之才，謂之有德而有才者也。若以君子爲無才，必欲求有才者用之，意嚮或差，名實無別，則君子、小人消長之勢，基於此矣。陛下勵精更始，擢用老成，然以正人爲迂闊，而疑其難以集事，以忠言爲矯激，而疑其近於好名，任之不專，信之不篤。或謂世教將衰，則人才先以凋謝，如眞德秀、洪咨夔、魏了翁，方進柄用，相繼而去，天意固不可曉。至於敢諫之臣，忠於爲國，言未脫口，斥逐隨之，一去而不可復留。人才豈易得，而輕棄如此！陛下悟已往而圖方來，昨以直言去位者亟加峻擢，補外者蚤與召還，使天下明知陛下非疏遠正人，非厭惡忠言，一轉移力耳。陛下收攬大權，悉歸獨斷，謂之獨斷者，必是非利害胸中卓然有定見，而後獨斷以行之。比聞獨斷以來，朝廷之事體愈輕，宰相進擬多沮格不行。或除命中出而宰相不與知，立政造命之原失其要矣。大抵獨斷當以兼聽爲先，儻不兼聽而獨斷，其勢必至於偏聽，實爲亂階，威令雖行於上，而權柄潛移於下矣。」又曰：「邊臣主和，朝廷雖知，而未嘗明有施行。憂邊之士，剴切獻言，一鳴輒斥，得非朝廷亦陰主之乎！假使和而可保，亦當議而行之可也。」又曰：「比年以來，變故層出，盜賊跳梁，雷雹震驚，星辰乖異，皆非細故。京城之災，七年而兩見，豈數萬戶生靈皆獲罪於天者？『百姓有過，在予一人。』此陛下所當懍懍，惟有求直言，可以裨助君德，感格天心。」又曰：「戚畹舊寮，凡有絲髮夤緣者，孰不乘間伺隙，以求其所大欲！近習之臣，朝夕在側，易於親昵，而難於防閑。司馬光謂內臣不可令其採訪外事及問以羣臣能否，蓋干預之門自此始也。若謂其所問出於無心，豈知愛惡之私因此而入，其於聖德，能無玷乎！」帝覽奏嘉歎，趣召愈力，與之控辭至於十三疏，不許。

三年（丙申、一二三六）九月，鄭清之、喬行簡罷。召崔與之爲右丞相兼樞密使，復辭不至。

十一月，以魏了翁知紹興兼浙東安撫使。未幾，了翁卒。

宋史紀事本末卷九十六

史嵩之起復

理宗紹定五年（壬辰、一二三二）春正月，以史嵩之爲京湖安撫制置使，知襄陽府。

端平元年（甲午、一二三四）六月，以入蔡功加史嵩之兵部尚書。

九月，京湖制置使史嵩之罷。

三年（丙申、一二三六）二月，以史嵩之爲淮西制置使。

嘉熙二年（戊戌、一二三八）二月，詔史嵩之以參知政事督視京西、荆湖南、北路、江西軍馬，置司鄂州。

三年（己亥、一二三九）春正月，以史嵩之爲右丞相兼樞密使，督視兩淮、四川、京湖軍馬。

嵩之既相，一時正人如杜範、游侶、劉應起、李韶、趙汝騰等，皆以不合逐去。王萬首上疏論嵩之，謂其「事體迫遽，氣象傾搖。太學生欲趣其歸，則賄賂之迹已形。或謂有族人發其私事，肆爲醜詆者。以相國大臣而若此，非書之所謂大臣矣」！時嵩之與喬行簡、李宗勉並相當國，論者謂喬失之泛，李失之狹，史失之專。

淳祐四年（甲辰、一二四四）六月，禮部進士徐霖以宰相史嵩之挾邊功要君，植黨顓國，上疏歷言其姦深之狀，以爲：「其先也奪陛下之心，其次奪士大夫之心，而其甚也奪豪傑之心。今日之士大夫，嵩之皆變化其心而收攝之矣！且其變化之術甚深，非彰彰然號於人使之爲小人也，嘗於善類擇其質柔氣弱易以奪之者，親任一二，其或稍有異己，則潛棄而擯遠之以風其餘。彼柔弱者，始雖欲爲君子，終以名節之尊不足易富貴之願，而義利之辨亦終暗於妻妾宮室之私，則亦從之而已。此嵩之變化士大夫之術，舉朝皆受其聾瞽，鮮有不爲其所欺也。於凡善則歸己，過則歸君。入以告於陛下者，惟窺測上情，承順風旨。出以語於人，則曰某事吾所調停也，某人吾所斡旋也。是嵩之要譽於下，而陛下叢怨於上也，古人所謂『斯謀斯猷，惟我后之德』者，嵩之曷嘗有哉！」不報。

九月癸卯，史嵩之以父病謁告，許之。甲辰，史彌忠卒。詔史嵩之起復右丞相兼樞密使，中外莫敢言。於是太學生黃愷伯、金九萬、孫翼鳳等百四十四人叩閽上書曰：「臣等竊謂君親等天地，忠孝無古今。事親孝，故忠可移於君，自古求忠臣必於孝子之門，未有不孝而可望其忠也。宰我問三年之喪於夫子，而曰『期可已矣』。夫子曰：『予之不仁也，子生三年然後免於父母之懷。夫三年之喪，天下之通喪也，予也有三年之愛於其父母乎！』夫宰予期年之請，夫子猶以不仁斥之，未聞有聞父母（欲）〔垂〕（據薛鑑改）亡之病而不之問，聞父母已亡之訃而不之奔，有人心天理者，固如是乎！是不特無三年之愛於其父母，且無一日之愛於其父母矣！宰予得罪於聖人，而嵩之者則又宰予之罪人也。此天地所不覆載，日月所不照臨，鬼神之所共殛，天下萬世公論之所共誅，其去夷狄禽獸不遠矣。且起復之說，聖經所無，而權宜變化，衰世始有之。我朝大臣，若富弼一身佩社稷安危，進退係天下輕重，所謂國家重臣不可一日無者也。起復之詔，凡五遣使，弼以金革變禮不可用於平世，卒不從命，天下至今稱焉。至若鄭居中、王黼輩，頑忍無恥，固持祿位，甘心起復，絕滅天理，卒以釀成靖康之禍，往事可鑒也。彼嵩之何人哉？心術回邪，蹤跡詭祕。曩者開督府，以和議惰將士心，以厚貲竊宰相位，羅天下之小人爲之私黨，奪天下之利權歸之私室，蓄謀積慮，險不可測，在朝廷一日則貽一日之禍，在朝廷一歲則貽一歲之憂，萬口一辭，惟恐其去之不速也。嵩之亡父，以速嵩之之去，中外方以爲快，而陛下起復之命已下矣。陛下姑曰，大臣之去，不可不留也。嵩之不天，聞訃不行，乃徘徊牽引，彌縫貴戚，買囑貂璫，轉移上心，夤緣御筆，必得起復之（札）〔禮〕（據續綱目、薛鑑改），然後徐徐引去。大臣佐天子以孝治天下，孝不行於大臣，是率天下而爲無父之國矣。鼎鐺尚有耳，嵩之豈不聞富弼不受起復之事乎？而乃忍爲鄭居中、王黼輩之所爲邪！禮，子聞父母之喪，見星而行，見星而舍。今嵩之視父死如路人，方經營內引，搖尾乞憐，暨奸謀已遂，乃始就道，初不見其有憂戚之容。夫以無父之嵩之，而陛下必欲起復之者，爲其有折衝萬里之才歟？嵩之本無捍衞封疆之能，徒有劫制朝廷之術。彼國內亂，骨肉相殘，天使之也。嵩之貪天之功以欺陛下，其意以爲三邊雲擾，非我不足以制彼也。殊不知敵情叵測，非嵩之之所能制，嵩之之徒欲以制敵之名以制陛下耳！陛下所以起復嵩之者，謂其有經理財用之才歟？嵩之本無足國裕民之能，徒有私自豐殖之計。且國之財源，鹽策爲重，今鈔法屢更，利之歸於國者十無一二，而聚之於私帑者已無遺算。國家之土壤日削，而嵩之之田宅益廣；國家之帑藏日虛，而嵩之之囊橐日厚。陛下眷留嵩之，將以利吾國也，殊不知適以貽無窮之害爾！嵩之敢於無忌憚，而經營起復，爲有彌遠故智可以效尤。然彌遠所喪者庶母也，嵩之所喪者父也。彌遠奔喪而後起復，嵩之起復之後而後奔喪。以彌遠貪黷固位，猶有顧藉，丁艱於嘉定改元十一月之戊午，起復於次年五月之丙申，未有如嵩之匿喪罔上，殄滅天常，如此其慘也。且嵩之之爲計亦姦矣，自入相以來，固知二親耄矣，必有不測，旦夕以思，無一事不爲起復張本，當其父未死之前，已預爲必死之地。近畿總餉，本不乏人，而起復未卒哭之馬光祖。京口守臣，豈無勝任，而起復未（經）〔終〕（據宋季三朝政要二改）喪之許堪。故里巷爲十七字之謠也，曰：『光祖作總領，許堪爲節制，丞相要起復，援例。』夫以里巷之小民猶知其姦，陛下獨不知之乎？臺諫不敢言，臺諫，嵩之牙爪也；給舍不敢言，給舍，嵩之腹心也；侍從不敢言，侍從，嵩之肘腋也；執政不敢言，執政，嵩之羽翼也。嵩之當五內分裂之時，方且擢姦臣以司喉舌，謂其必無陽城毀麻之事也。植私黨以據要津，謂其必無惠卿反噬之虞也。自古大臣不出忠孝之門，席寵怙勢至於三代，未有不亡人之國者，漢之王氏、魏之司馬氏是也。史氏秉鈞，今三世矣。軍旅將校惟知有史氏，天下士大夫惟知有史氏，而陛下之左右前後亦惟知有史氏，陛下之勢孤立於上，甚可懼也！天欲去之，而陛下留之，堂堂中國，豈無君子？獨信一小人而不悟，是陛下欲藝祖三百年之天下，壞於史氏之手而後已。臣方涕泣裁書，適觀麻制有曰：『趙普當乾德開創之初，勝非在紹興艱難之際，皆從變禮，迄定武功。』夫擬人必於其倫，曾於奸深之嵩之，而可與趙普諸賢同日語邪？趙普、勝非在相位也，忠肝貫日，一德享天，生靈倚之以爲命，宗社賴之以爲安。我太祖、高宗奪其孝思，俾之勉陳王事，所以爲生靈宗社計也。嵩之自視器局何如？勝非且不能企其萬一，況可匹休趙普耶！臣愚所謂擢姦臣以司喉舌者，此其驗也。臣又讀麻制有曰：『諜諗憤兵之聚，邊傳哨騎之馳，況秋高而馬肥，近冬寒而地凜。』方嵩之虎踞相位之時，諱言邊事，通川失守至踰月而後聞，壽春有警至危急而後告。今圖起復，乃密諭詞臣，昌言邊警，張皇事勢，以恐陛下，蓋欲行其劫制之謀也。臣愚所謂擢姦臣以司喉舌者，又其驗也。竊觀嵩之自謂宰相動欲守法，至於身乃跌蕩於禮法之外。五刑之屬三千，其罪莫大於不孝，若以法繩之，雖置之鈇鉞，猶不足謝天下，況復置諸具瞻之位，其何以訓天下後世耶！臣等於嵩之本無宿怨私忿，所以爭趨闕下，爲陛下言者，亦欲揭綱常於日月，重名教於丘山，使天下〔後世〕（據薛鑑補）爲人臣、爲人子者，死忠、死孝，以全立身之大節而已。孟軻有言：『學則三代共之，皆所以明人倫也。』臣等久被化育，此而不言，則人倫掃地，將與嵩之胥爲夷矣。惟陛下裁之！」不報。

武學生翁日善等六十七人，京學生劉時舉、王元野、黃道等九十四人，上書，略曰：「天下有一日不可廢之人倫，人心有一日不可泯之公論。人倫之盡廢固不足爲亂臣賊子羞，公論之不泯所以爲宗廟、社稷慮。先儒謂事親之情可奪，則事君之情亦可奪，正以不忠實原於不孝，無父後至於無君，此理之必然也。陛下拳拳於嵩之之不忍釋者，豈以秋風向邇，冬寒又迫，非嵩之素諳敵情，孰識邊事，莫能當此寄耶？然臣等不憂敵國之勢盛，而憂陛下之勢孤。昔者金人之盛，十倍韃靼，吾國之專政者秦檜爾。檜死而逆亮南牧，兵號百萬，孰不束手無策！時宰臣陳康伯以靜定運廟謨，詞臣虞允文以忠義鼓士氣，竟能致采石之捷，成誅亮之功。檜之死而有陳康伯、虞允文，孰謂嵩之之去而無如康伯、允文者耶？惟是陛下所進，今不知其亡，凡當世傑特之士，皆銷落於嵩之排擯之餘。如王萬、謝方叔以爭不勝最先去，游侶以大政不使聞而激之去，劉應起以轉對直言去，張蟠以轉對觸諱去，劉漢弼以臺論攻嵩之之黨去，趙與懽以才名軋己而嗾逐斥去，李韶以侍從數嵩之之專柄去，王伯大以意向不合去，趙汝騰以麻詞無佞語陰摘其小疵而遣去，徐榮叟、趙葵皆墮其機穽去。別之傑號爲長厚，又以每事必問本末，假託而擠之去。杜範尤爲簡聖眷，負人望，上前敢論諍，遇事有分決，則又用李鳴復而速其去。竊聞其時太學九士扣閽上疏，乞罷鳴復而留範，九士囊封未徹於宸旒之聽，而親管之門生已入臺端矣。庸邪小人奉承惟謹，卽今同寮交章論範，陛下所藉以爲耳目心腹者，皆盡空於嵩之之一網。陛下雖居九重，身處佚愉，傍無可謀之人，外無入告之益，是以獨善之清躬，遊於史氏之黨局。君父至此，天下謂何！」宗學生與寰等三十四人上書，略曰：「甫讀麻制，私竊有疑。陛下謂其修法度，能制夷狄，能運掉三邊，能發蹤百將，又謂嵩之可以慰中外之望。凡此數者，必非陛下之意，乃嵩之之腹心小人之無忌憚者爲陛下之喉舌也。嵩之不孝，上徹於天，弔者在門，賀者在閭，卽欲舍苫塊而坐廟堂，脫衰絰而被公衮，是可忍也，孰不可忍也！縱使陛下屬念史氏，則公圭旄節，魚鱗雜襲，陛下之恩亦至矣，而嵩之今乃一日不肯釋相位者，其意將安底止耶？惟陛下決去大奸，則社稷幸甚！」建昌軍學教授盧鉞皆上書切諫，亦不報。諸生乃榜於太學齋廊，云：「丞相朝入，諸生夕出。諸生夕出，丞相朝入。」時范鍾、劉伯正暫領相事，惡京學生言事，謂皆遊士鼓倡之，諷京尹趙與（籌）〔⿱竹憲〕（據宋史四二三本傳、薛鑑改）逐遊士。諸生聞之，作捲堂文，辭先聖以出，曰：「天之將喪斯文，實係興衰之運，士亦何負於國，遽罹斥逐之辜。靜言思之，良可醜也。慨祖宗之立國，廣學校以儲才，非惟衍豐芑以遺後人，抑亦隆漢都而尊國士。肆惟皇上，克廣前猷，炳炳宸奎，鲞爲四學，戔戔束帛，例及諸生。蒙敎育以如天，恨補報之無地，但思粉骨，寧畏觸鱗？盡言安石之奸，共惜元城之去，實惟公議，不利小人。始陰諷其三緘，終盡打於一網，不任其咎，咎歸於君，是誠何心，空人之國！昔鄭僑且謂毀校不可，而李斯尙知逐客爲非，彼既便已行之，吾亦何顏居此？厄哉吾道，告爾同盟，無見義而不爲，當行己而有恥。苟爲飽煖忍貪周粟之羞，相與擕持毋蹈秦坑之慘。斯言既出，明日遂行。」京尹遂盡削遊士籍。

時，將作監徐元杰適輪對，言：「臣前日進侍經筵，親承聖問以大臣史嵩之起復。臣奏陛下出命太輕，人言不可沮抑。陛下自盡陛下之禮，大臣自盡大臣之禮，玉音賜諭，臣又何所容喙？今觀學校之書，使人感歎。且大臣讀聖賢書，畏天命，畏人言。家庭之變，哀戚終事，禮制有常，臣竊料其何至於忽送死之大事，輕出以犯淸議哉！前日朝廷出命之易，士論所以凜凜者，實以陛下爲四海綱常之主，大臣身任道揆，扶翊綱常者也。自聞大臣有起復之命，雖未知其避就若何，凡有父母之心者，莫不失聲涕零，是果何爲而然，人心天理，誰實無之？與言及此，非可使聞於鄰國也，陛下烏得而不悔悟，大臣烏得而不堅忍！臣懇懇納忠，何敢訐訐，特爲陛下愛惜民彝，爲大臣愛惜名節而已。」疏出，朝野傳頌，帝亦察其忠亮。

冬十月，以劉漢弼爲左司諫。時史嵩之久擅國柄，帝亦患苦之，乃夜降御筆黜四不才臺諫，於是諫議大夫劉晉之、侍御史王瓚、監察御史龔基先、胡清獻皆罷之，故漢弼乃有是命。漢弼首贊帝曰：「拔去陰邪，庶可轉危爲安，否則是非不兩立，邪正不並進，陛下雖欲收召善類，不可得矣！」帝嘉納之。

十一月，徐元杰復上疏論：「史嵩之起復，士論紛然，乞許其舉執政自代。」帝曰：「學校雖是正論，但言之太甚。」元杰對曰：「正論乃國家元氣，今正論猶在學校，要當保養一綫之脈。」因乞引去。左司諫劉漢弼亦上言：「願聽嵩之終喪，亟選賢臣，蚤定相位。」又論：「馬光祖奪情，總賦淮東，乃嵩之預爲引例之地，乞勒令追服，以補名教。」會嵩之亦自知不爲衆論所容，上疏乞終制，帝乃許之。

五年（乙巳、一二四五）六月，工部侍郎徐元杰暴卒。先是，史嵩之旣去，元老舊德，次第收召。及杜範入相，復延元杰議政，多所裨益。是月朔日，元杰當侍立。先一日，謁范鍾歸，是夕，熱大作，夜四鼓，指爪忽裂。三學諸生相繼伏闕上言：「昔小人傾君子者，不過使之死於蠻烟瘴雨之鄉。今蠻烟瘴雨不在嶺外而在朝廷。」詔付臨安府鞫治嘗所給使之人，獄迄無成。劉漢弼亦每以姦邪未盡屏汰爲慮，未幾，以腫疾暴死。太學生蔡德潤等百七十有三人復叩闕上書訟寃，詔給元杰、漢弼官田五百畝，緡錢五千，恤其家。時，杜範入相八十日，卒，元杰、漢弼相繼暴死，時謂諸公皆中毒，堂食無敢下筯者。〔初〕，嵩之從子璟卿嘗上書諫嵩之曰：「自開督府，東南民力困於供需，州縣倉卒(困)〔匱〕(據宋史四一四史嵩之傳、續綱目、薛鑑補並改)於應辦，輦金帛，輓芻粟，絡繹道路，一則曰督府，二則曰督府，不知所幹者何事？所成者何功？近聞蜀川不守，議者多歸退師於鄂之失。何者？分戍列屯，備邊禦戎，首尾相援，如常山之蛇，維揚則有趙葵，廬江則有杜伯虎，金陵則有別之傑，爲督府者，宜據鄂渚形勝之地，西可以援蜀，東可以援淮，北可以鎮荆湖。不此之圖，盡捐藩籬，深入堂奧，坐使饑民叛將，乘虛擣危，侵軼於沅、湘，搖蕩於鼎、澧，恐江陵之勢既孤，則武昌之勢未易守，荆湖之路稍警，則江、浙諸郡焉得高枕而臥？況殺降失信，則前日徹疆之計不可復用矣；內地失護，則前日清野之策不可復施矣。此隙一開，東南生靈直几上肉耳，宋室南渡之疆土，安能保其金甌之無闕也！爲今日計，莫若盡去在幕之羣小，悉召在野之君子，相與改絃易轍，戮力王事，庶幾失之東隅，收之桑榆。不然，見失而不知救，視非而不知革，天下大勢，駸駸日趨於危亡之域矣！」無何，璟卿暴卒，相傳嵩之致毒云。

六年(丙午、一二四六)十二月，史嵩之服除，有進用之意，殿中侍御史章琰、正言李(昂)〔昴〕英(據宋史四二四黃師雍傳、續綱目、薛鑑改)、監察御史黃師雍、翰林學士李韶抗疏論之，乃命嵩之致仕，詔不復用。

宋史紀事本末卷九十七

董宋臣丁大全之姦

理宗寶祐三年（乙卯、一二五五）五月，以宦者董宋臣幹辦佑聖觀。宋臣逢迎上意，起梅堂、芙蓉閣、香蘭亭，强奪民田，引倡優入宮，招權納賄，無所不至，人以「董閻羅」目之。監察御史洪天錫上疏言：「天下之患三，曰宦官、外戚、小人。」蓋指宋臣及謝堂、厲文翁也。帝俾天錫易疏，欲自戒飭之。天錫又言：「自古姦人雖憑怙，其心未嘗不畏人主之知。若知之而止於戒飭，則憑怙愈張，不若未知之〔爲〕（據宋史四二四洪天錫傳、續綱目、薛鑑補）愈也。」不報。

六月，以丁大全爲右司諫。大全，鎮江人，面藍色，爲戚里婢壻，夤緣閻妃及內侍盧允升、董宋臣，遂得寵於帝，自蕭山尉累拜右司諫。時正言陳大方、侍御史胡大昌與大全同除，人目爲「三不吠犬」。

戊子，罷監察御史洪天錫。時雨土，天錫以其異爲蒙，力言陰陽、君子小人之辨。又言：「蜀中地震，閩、浙大水，上下窮空，遠近嗟怨，獨貴戚、巨閹享富貴耳。舉天下窮且怨，陛下能獨與數十人者共天下乎！」會吳民列愬宦官董宋臣奪其田，天錫下其事有司，而御前提舉所謂田屬御莊，不當白臺，儀鸞司亦牒常平。天錫謂：「御史所以雪冤，常平所以均役，若中貴人得以控之，則內外臺可廢，猶謂國有紀綱乎！」乃申劾宋臣併盧允升，及言：「修內司止於供（膳羞）〔繕修〕（據宋史四二四洪天錫傳、續綱目、薛鑑改），比年動曰御前，姦贓之老吏，逋逃之渠兇，一竄名其間，則有司不得舉手。狡者獻謀，暴者助虐，其展轉受害者，皆良民也。願無使史臣書之曰，『內司之横自今始』。」疏六七上，悉留中不報，天錫遂去。宗正寺丞趙崇嶓移書責丞相謝方叔不能救正，而讒者又曰：「天錫之論，方叔意也。」於是監察御史朱應元劾謝方叔及參知政事徐清叟，罷之。董宋臣、盧允升猶以爲未快，厚賂人上書，力詆洪天錫、謝方叔，且乞誅之，使天下明知宰相、臺諫之去出自獨斷，於內侍無預。遂出方叔提舉洞霄宮。

四年（丙辰、一二五六）六月，丁大全逐右丞相董槐。槐自以爲人主所振拔，可以利安國家者無不爲，嘗言於帝：「有害（吏）〔政〕（據宋史四一四董槐傳、續綱目改）者三：一戚里不奉法，二執法大吏久於其官而擅威福，三皇城司不檢士。將帥不檢下故士卒横，士卒横則變生於無時。執法擅威福，故賢、不肖混淆，賢、不肖混淆則奸邪肆，賢人伏而不出。親戚不奉法故法令輕，法令輕故朝廷卑。三者不去，政且日廢。願自上除之！」於是嫉之者滋甚。時，帝年寖高，操柄獨斷，羣臣無當意者，漸喜狎佞人。丁大全方諂事內嬖，竊弄威權，帝弗覺悟。大全嘗遣客私於槐，槐曰：「吾聞人臣無私交，吾惟事上，不敢結私約。幸爲謝丁君。」大全度槐終不容己，乃日夜刻求槐短。槐入對，極言大全邪佞不可近。帝曰：「大全未嘗短卿，卿勿疑。」槐曰：「臣與大全何怨？顧陛下拔臣至此，臣知大全奸邪而噤不言，是負陛下也。且陛下謂大全忠，而臣以爲奸，不可與(共)〔俱〕(據宋史四一四董槐傳、續綱目、薛鑑改)事陛下矣！」上書乞骸骨，不報。大全益怨之，乃上章劾槐。章未下，大全夜半以臺檄調隅兵百餘人，露刃圍槐第，驅迫之出，紿令輿槐至大理寺，欲以此脅之。須臾，出北關，棄槐，囂呼而散。槐徐步入接待寺，罷相之制始下，物論殊駭。三學生屢上書言之，乃詔槐以觀文殿大學士提舉洞霄宮。

大全既逐槐，益恣橫，道路以目。太學生陳宜中、黃鏞、林則祖、曾唯、劉黻、陳宗六人上書攻之。大全怒，使御史吳衍劾之，削其籍，編管遠州，立碑三學，戒諸生勿得妄議國政。士論翕然稱宜中等號爲「六君子」。左司郎中陳宗禮見大全擅柄，以言爲諱，歎曰：「此可一日居乎！」陛對，言：「願爲宗社大計，毋但爲倉廩府庫之小計；願得天下四海之心，毋但得左右便嬖戚畹之心；願寄腹心於忠良，(無)〔毋〕(據宋史四二一陳宗禮傳、薛鑑改)但寄耳目於卑近；願四通八達以來正人，毋但旁蹊曲逕，類引貪濁。」不納。

十一月，以丁大全僉書樞密院事，馬天驥同僉書院事。時閻妃怙寵，大全、天驥用事，有「無名子」書八字於朝門曰：「閻、馬、丁當，國勢將亡。」

十二月，罷知嚴州吳槃。帝以御寶黃册催內藏坊場錢，槃奏言：「內庫理財太急，督促太峻。龍章鳳篆，施於帑藏之催科；寶册泥封，下同官吏之文檄。居萬乘之崇高，而商財賄之有無，事雖至微，關係甚大！」董宋臣諷臺諫劾罷之。

六年（戊午、一二五八）夏四月，以丁大全爲右丞相兼樞密使。

開慶元年（己未、一二五九）春正月，國子監主簿徐宗仁伏闕上書曰：「賞罰者軍國之綱紀，賞罰不明則綱紀不立。今天下如器之欹而未墜於地，存亡之機，固不容髮。兵虛將惰而力匱財殫，環視四境，類不足恃，而所恃以維持人心，奔走豪傑者，惟陛下賞罰之微權在耳。權在陛下，而陛下不知所以用之，則未墜者安保其終不墜乎？臣竊爲此懼久矣！陛下當危急之時，出金幣，賜土田，授節鉞，分爵秩，尺寸之功在所必賞，故當悉心效力，圖報萬分。而自出兵越江踰廣以來，未聞有死封疆戰陣者，豈賞罰不足以勸懲之耶？今通國之所謂佚罰者，乃丁大全、袁玠、沈翥、張鎮、吳衍、翁應弼、石正則、王立愛、高鑄之徒，而首惡則董宋臣也。是以廷紳抗疏，學校叩閽，至有欲借上方劍爲陛下除惡，而陛下乃釋而不問，豈眞欲愛護此數人而重拂千萬人之心哉！今天下之事勢急矣，朝廷之紀綱壞矣，若誤國之罪不誅，則用兵之士不勇，東南一隅已半壞於此數人之手，而罰不損其毫毛。彼方擁厚貲，挾聲色，高臥華屋，而使陛下與二三大臣焦心勞思，可乎！三軍之在行者，豈不憤然不平曰：『稔禍者誰歟，而使我捐軀兵革之間！』百姓之罹難者，豈不羣然胥怨曰：『召亂者誰歟，而使我流血鋒鏑之下！』陛下亦嘗念及此乎？」不報。宗仁又極論：「宋臣盤固日久，蒙蔽日深，不誅，且誤國。」竟不報。

冬十月，丁大全罷。時蒙古侵軼日甚，大全當國，匿不以聞，至是罷相，以觀文殿大學士判鎮江府。中書舍人洪芹繳奏，言：「大全鬼蜮之資，穿窬之行，引用凶惡，陷害忠良，遏塞言路，濁亂朝綱。乞追官遠竄，以伸國法。」御史朱貔孫等相繼論：「大全姦回險狡，很害貪殘，假陛下之刑威，以箝天下之口；挾陛下之爵祿，以籠天下之財。」饒虎臣又論其「絕言路，壞人才，竭民力，誤邊防」四罪。詔致仕。

景定元年（庚申、一二六〇）夏四月，出內侍董宋臣於安吉州。

三年（壬戌、一二六二）十一月，竄丁大全於新州，道死。

宋史紀事本末卷九十八

公田之置

理宗淳祐六年（丙午、一二四六）十一月，殿中侍御史謝方叔言：「豪強兼併之患，至今日而極，非限民名田，有所不可，是亦救世道之微權也。國朝駐蹕錢塘，百有二十餘年矣，外之境土日荒，內之生齒日繁，權勢之家日盛，兼併之習日滋，百姓日貧，經制日壞，上下煎迫，若有不可爲之勢。所謂富貴操柄者，若非人主之所得專，識者懼焉！夫百萬生靈資生養之具皆本於菽粟，而菽粟之產皆出於田。今百姓膏腴皆歸貴勢之家，租米有及百萬石者。小民百畝之田，頻年差充保役，官吏誅求百端，不得已則獻其產於巨室以規免役。小民田日減而保役不休，大官田日增而保役不及，以此弱之肉強之食，兼併浸盛，民無以遂其生。於斯時也，可不嚴立經制以爲之防乎！去年諫官嘗以限田爲說，朝廷付之悠悠，不知今日國用邊餉，皆仰和糴，然權勢多田之家，和糴不容以加之，保役不容以及之。敵人睥睨於外，盜賊窺伺於內，居此之時，與其多田厚貲，不可長保，曷若捐金助國，共紓目前？在轉移而開導之耳！乞諭二三大臣，摭臣僚論奏而行之，使經制以定，兼併以塞，於以尊朝廷，裕國計。陛下勿牽貴近之言以搖初意，大臣勿避仇怨之多而廢良策。」帝從之。〔原注：按方叔此疏，蓋置公田之漸，故載於此。〕

景定四年（癸亥，一二六三）二月，賈似道當國，以國計困於造楮，富民困於和糴，思有以變法，而未得其說。知臨安府劉良貴、浙西轉運使吳勢卿獻買公田之策。似道乃命殿中侍御史陳堯道、右正言曹孝慶、監察御史虞宓、張希顏上疏言：「三邊屯列，非食不飽；諸路和糴，非楮不行。既未免於廩兵，則和糴所宜廣圖；既不免於和糴，則楮幣未容縮造。爲今日計，欲便國便民，而辦軍食重楮價者，莫若行祖宗限田之制。以官品計頃，以品格計數，下兩浙、江東、西，和糴去處，先行歸併詭析，後將官戶田產逾限之數，抽三分之一回買以充公田。但得一千萬畝之田，則每歲可收六七百萬之米，其於軍餉，沛然有餘；可免和糴，可以餉軍，可以住造楮幣，可平物價，可安富室，一事行而五利興矣。」帝從之。詔：「買公田，置官田所，以劉良貴提領，通判陳訔爲檢閱，副之。」良貴請下都省，嚴立賞罰，究歸併之弊。獨徐經孫條具其害，似道諷御史舒有開劾之，罷歸。浙西安撫魏克愚言：「取四路民田，立限回買，所以免和糴而益邦儲，議者非不自以爲公且忠也，然未見其利，而適見其害。近給事中徐經孫奏言江西買田之弊甚詳，若浙西之弊，則尤有甚於經孫所言者。」因歷述爲害者八事。疏奏，不省。未幾，帝手詔曰：「永免和糴，無如買逾限之田爲良法。然東作方興，權俟秋成，續議施行。」似道憤然上疏求去，復諷何夢然、陳堯道、曹孝慶抗章留之，且勸帝下詔慰勉。帝乃趣似道出視事，且曰：「當始於浙西諸路，視之爲則。」似道具陳其制，帝悉從之，二省奉行惟謹。似道首以己田在浙西者萬畝爲公田倡，榮王與芮繼之，趙立奎自陳投賣，由是朝野無敢言者。

六月庚申，詔平江、江陰、安吉、嘉興、常州、鎮江六郡已買公田三百五十餘萬畝，今秋成在邇，其荊湖、江西諸道，仍舊和糴。丙寅，詔：「公田竣事，進劉良貴等官。」初買官田猶有抑强嫉富之意，繼而敷派，除二百畝以下者免，餘各買三分之一，其後雖百畝之家亦不免。立價，以租一石償十八界會子四十〔楮〕，而浙西之田，石租有值千緡者，亦就此價。價錢稍多，則給銀、絹各半；又多，則給以度牒告身准直，登仕郎誥准三(十)〔千〕（據宋季三朝政要三、咸淳遺事上補並改）楮，將仕郎誥准千楮，許赴漕試，校尉誥准萬楮，承信郎誥准萬五千楮，承節郎誥准二萬楮，安人誥准四千楮，孺人誥准二千楮。民失實產而得虛誥，吏又恣爲操切，浙中大擾，民之破家失業者甚衆。官吏有奉行不至者，劉良貴輒劾之，追毁出身，永不收敍，由是有司爭以多買爲功。似道又以陳訔往秀、湖，廖邦傑往常、潤催督。其六郡買田有專官，平江則包恢、成公策，嘉興則潘墀、李補、焦煥炎，安吉則謝奕、趙與訔、王唐珪、馬元演，常州則洪穮、劉子庚，鎮江則章垧、郭夢熊，江陰則楊班、黃伸。恢在平江，至以肉刑從事。邦傑在常州，害民特甚，至有本無田而以歸併抑買自經者。朝廷惟以買公田爲功，詔進良貴官兩轉，餘進秩有差。

五年（甲子、一二六四）三月，賈似道言：「公田已成，若復以州縣總之，恐害不除而利不可久，請以江陰、平江公田隸浙西憲司，安吉、嘉興公田隸兩浙運司，〔常州〕（據續綱目、薛鑑補）、鎮江公田隸總所，每歲租輸之官倉，特與減饒二分，或水旱則別議放數，仍立四分司，以主管公田。每鄉置官莊一所，民爲官耕者曰官佃，爲官督者曰莊官，以富饒者充應，兩歲一更。」初買時，上下迎合，惟欲買數之多，凡六七斗皆作一石，及租收有虧，則以其額取足於田主，遂爲無窮之害。

秋七月甲戌，彗星見。詔許中外直言，臺諫士庶多上書，以爲公田不便，民間愁怨所致。於是賈似道上書力辯，乞避位。帝曰：「言事易，任事難，自古然也。使公田之說不可〔行〕（據宋史四七四賈似道傳、續綱目補），則卿建議之始，朕已沮之矣。惟其公私兼濟，所以舉意行之。今業已成矣，一歲之軍餉，仰給於此，若遽因人言罷之，雖可快一時之異議，如國計何！卿既任事，亦當任怨，禮義不愆，何恤人言。」知臨安府劉良貴亦以人言藉藉，自陳括田之勞，乞從罷免。不允。由是公論頓沮。九月，賈似道請行經界推排法於諸路。由是江南之地，尺寸皆有稅，民力益困。

度宗咸淳三年（丁卯、一二六七）十二月，司農卿（李）〔季〕鏞（據宋史一七三食貨志改）言：「經界嘗議修明矣，而修明卒不行，嘗令自實矣，而自實卒不竟。豈非上之任事者每欲避理財之名，下之害成者又每倡爲擾民之說，故寧坐視邑政之壞，而不敢詰猾吏奸民之欺，寧忍取下戶之苛，而不敢受豪家大姓之怨！蓋經界之法，必多差官吏，必悉集都保，必徧走阡陌，必盡量步畝，必審定等色，必（細）〔紐〕（據宋史一七三食貨志改）折計等，奸弊轉生，久不迄事。乃若推排之法，不過以縣統都，以都統保，選任財富公平者，訂田畝稅色，載之圖册，使民有定產，產有定稅，稅有定籍而已。臣守吳門，已嘗見之施行，今聞紹興亦漸就緒，湖南漕臣亦以一路告成。竊謂東南諸郡皆奉行惟謹，其或田畝未實，則令鄉局釐正之；圖册未備，則令縣局程督之。又必郡守察縣之稽（遲）〔違〕（據宋史一七三食貨志、薛鑑改），監司察郡之怠弛，嚴其號令，信其賞罰，期之秋冬以竟其事，責之年歲以課其成，如周官日成、月要、歲會以綜核之。」於是詔諸路漕帥施行焉。

大抵南渡後，水田之利，富於中原，故水利大興。而諸籍沒田募民耕者，皆仍私租舊額，每失之重。輸納之際，公私事例迥殊，私租額重而納輕，〔承佃猶可〕（據宋史一七三食貨志、薛鑑補），公租額重而納亦重，則佃者不堪命，州縣胥吏與倉庫執事人，皆得爲侵漁之計。〔季世〕（據同上書補），金人乍和乍戰，戰則軍須浩繁，和則歲幣重大，國用常苦不繼。於是因民苦官租之重，下有司括買官田以給用，其初弛其力役以誘之，其終不免於抑配，此官田之弊也。嘉定以後，又有所謂安邊所田，收其租以助歲幣。後又限民名田，買其限外所有，謂之公田。初議欲省和糴以（輸）〔紓〕（據宋史一七三食貨志、薛鑑補並改）民力，而其弊極多，其租尤重。迄於宋亡，遺患猶不息云。

宋史紀事本末卷九十九

蒙古諸帝之立

太宗、定宗、憲宗、世祖

理宗寶慶三年（丁亥、一二二七）（十二）〔七〕月，蒙古主鐵木眞卒於六盤山，在位二十（六）〔二〕（並據元史一太祖紀改）年，廟號太祖。凡六子：長曰朮赤，性卞急而善戰，早死；二曰察合台；三曰窩闊台；四曰拖雷。至是，拖雷監國。（按：成吉思汗六子，除本書列舉者外，其餘二人見於元史一〇七宗室世系表，卽五曰兀魯赤，無嗣；六曰闊列堅太子。）

紹定二年（己丑、一二二九）八月，蒙古主窩闊台立。窩闊台聞太祖之喪，自霍博之地來會。耶律楚材以遺詔召諸王畢至，請立窩闊台，時拖雷監國，諸王意猶豫未決。楚材言於監國曰：「此社稷大計，若不早定，恐生他變。」監國乃與諸王奉窩闊台卽位於和林東庫鐵烏阿剌里之地。時庶事草創，禮儀簡率，楚材始定册立禮，俾皇族諸王尊長皆就班列以拜。又中原新定，未有號令，長吏皆得自專生殺，稍有忤意者，刀鋸隨之，至有全家被禍者。楚材以爲言，命禁絕之。

淳祐元年（辛丑、一二四一）十一月，蒙古主窩闊台卒，廟號太宗。闊台性嗜酒，晚年尤甚，耶律楚材數諫不聽，乃持酒槽鐵口以獻，曰：「此鐵爲酒所蝕，尙致如此，況人之五臟耶！」蒙古主乃少減。是年二月，疾篤，脈絕。第六皇后乃馬〔眞〕（據元史一一四后妃傳、薛鑑補）氏不知所爲，召楚材問之。楚材對曰：「今任使非人，賣官鬻獄，囚繫非辜者多。宜赦天下！」后亟欲行之，楚材曰：「非君命不可。」頃之，蒙古主少蘇，后以爲言，乃首肯之，赦發而脈復生。至十一月，疾愈，楚材以太一數推之，不宜田獵。左右皆曰：「不騎射，何以爲樂？」出田五日，還，至鈋鐵鋍胡蘭，奧都剌合蠻進酒，懽飮極夜，乃罷。翊日，卒。闊台量時度力，舉無過事，華夏富庶，羊馬成羣，時稱治平。

初，蒙古主有旨，以孫失烈門爲嗣。失烈門，蒙古主第四子曲出之子也。至是，后召楚材問之，楚材曰：「此非外姓臣所敢知，自有先帝遺詔，幸遵行之！」后不從，遂稱制於和林。

（三）〔四〕年（甲辰、一二四四）（三）〔五〕（據元史二太宗紀、又一四六耶律楚材傳改正）月，蒙古中書令耶律楚材以憂卒。時，蒙古后乃馬眞氏稱制，奧都剌合蠻專政用事，權傾中外，后至以御寶空紙使自書塡。楚材曰：「天下者，先帝之天下。朝廷自有憲章，今欲紊之，臣不敢奉詔。」又有旨，凡奧都剌合蠻所建白，令史不爲書者，斷其手。楚材曰：「國之典故，先帝悉委老臣，令史何與焉。事若合理，自當奉行；如不可行，死且不避，況斷手乎！」后不悅，楚材憤悒成疾而卒。或譖之曰：「楚材爲相二十年，天下貢賦，半入其家。」后命近臣覆視之，惟琴阮十餘，古今書畫、金石、遺文數千卷。楚材爲相，正色立朝，不爲勢屈，每陳國家利病，生民休戚，辭色懇切。太宗嘗曰：「汝又欲爲百姓哭耶？」楚材每言：「興一利不若除一害，生一事不若滅一事。」人以爲名言。

宋子貞曰：元承大亂之後，天綱人理幾乎泯絕，加以南北之政每每相戾，出入用事之臣又皆諸番降附，言語不通，趨向不同。楚材以一書生，孤立其間，欲行其所學，可謂難矣。然見於設施者，十不二三。向使無楚材，人類不知其何如耳！

時蒙古諸王拖雷第四子忽必烈，思大有爲於天下，延藩府舊臣及四方文學之士，問以治道。初，邢臺人劉秉忠英爽不羈，年十七，爲邢臺節度使府令史以養其親。居嘗鬱鬱不樂，一日，投筆嘆曰：「吾家累世衣冠，乃汨沒爲刀筆吏乎！丈夫不遇於世，當隱居以求志耳。」卽棄去，隱武安山中久之，爲僧，往來雲中。會忽必烈召他僧，遂邀秉忠〔與〕（據元史一五七劉秉忠傳、薛鑑補）俱行。旣入見，應對稱旨。秉忠於書無所不讀，尤邃於天文、律歷、三式、六壬、遁甲之屬，論天下事如指諸掌，忽必烈大愛之。秉忠復薦張文謙，召爲掌書記。

六年（丙午、一二四六）秋七月，蒙古主貴由立。貴由，太宗長子。母六皇后臨朝四年，至是，會諸王百官議立貴由，乃卽位於汪吉宿滅禿里之地，朝政猶出於后。

八年（戊申、一二四八）三月，蒙古主貴由卒於横相乙兒之地，廟號定宗。時，國內大旱，河水盡涸，野草自焚，牛馬死者十八九，人不聊生。諸王及各部又遣使於諸郡徵求貨財，或於西域、回鶻索取珠璣，或於海東取鷹鶻，驛騎絡繹，晝夜不絶，民力益困。皇后斡兀立海迷失抱曲出子失烈門聽政，諸王大臣多不服。

十一年（辛亥、一二五一）六月，蒙古主蒙哥立。初，定宗卒，久未立君，中外洶洶。至是，諸王木哥及大將兀良合台等咸會，議所立。時定宗后所遣使者在坐，曰：「昔太宗命以皇孫失烈門爲嗣，諸王百官皆與聞之。今失烈門固在，而議欲他屬，將置之何地耶？」兀良合台等不聽，共推蒙哥卽位於闊帖兀阿蘭之地，追尊其考拖雷爲帝，廟號睿宗。失烈門及諸弟心不能平，蒙哥因察諸王有異同者並羈縻之，取主謀者誅之。遂頒便宜事於國中，罷不急之役，凡諸王大臣濫發牌印、詔旨、宣命，盡收之，政始歸一。

秋七月，蒙古主命其弟忽必烈總治（漢）〔漠〕南，詔凡軍民在（漢）〔漠〕（並據續綱目改）南者，聽忽必烈總之，遂開府於金蓮川。時，姚樞隱居蘇門，忽必烈遣趙璧召之。樞至，待以賓禮。樞乃爲書數千言，上之，首陳帝王之道，次及救時之務，爲條三十。忽必烈奇其才，動必召問。樞因言於忽必烈曰：「今土地、人民、財賦，皆在漢地，王若盡有之，則天子何爲？後必有間之者矣。不若但持兵權，凡事付之有司，則勢順理安。」忽必烈從之。樞又說忽必烈置經略司於汴，分兵屯田，西起襄、鄧，東連清口、桃源，皆列障守之。

十二年（壬子、一二五二）二月，蒙古主以諸王嘗欲立失烈門，及徙太宗后於擴端所居地之西，分遷諸王於各邊。定宗后及失烈門母以厭勝並賜死，禁錮失烈門於沒脫赤之地。

六月，蒙古主以中州封同姓，命弟忽必烈於汴京、關中，自擇其一。姚樞曰：「南京，河徙無常，土薄水淺，潟鹵生之，不若關中，厥田上上，古名天府陸海。」忽必烈遂請於蒙古主。蒙古主曰：「關中戶寡，河南、懷、孟地狹民夥，可取自益。」繇是盡有關中、河南之地。忽必烈與姚樞夜燕，樞因陳宋太祖遣曹彬取南唐，不殺一人，市不易肆事。忽必烈喜曰：「吾能爲之！」樞賀曰：「王能如此，生民之幸，有國之福也。」

開慶元年（己未、一二五九）秋七月，蒙古主蒙哥卒於合州城下。蒙哥沈斷寡言，不樂燕飮，自謂遵祖宗之法。然性喜畋獵，信巫覡卜筮之術，凡行事必叩之，殆無虛日。廟號憲宗。

景定元年（庚申、一二六〇）三月辛卯，蒙古主忽必烈立。初，忽必烈自南伐北還，廉希憲聞阿里不哥命劉太平及大將霍魯懷行尚書省事於關右，恐結諸將以動秦、蜀，請遣趙良弼往覘之。良弼具得實，還報。時諸王合（册）〔丹〕（據元史四世祖紀、續綱目、薛鑑改）、莫哥、塔察兒俱會於開平，旭烈亦自西域遣使勸進，惟阿里不哥不至。希憲等力言：「先發制人，後發人制。

逆順安危，間不容髮，宜早定大計。」忽必烈三讓，諸王大臣固請，遂即位。詔曰：「朕惟祖宗，肇造區宇，奄有四方，武功迭興，文治多缺，五十餘年於此矣。蓋時有先後，事有緩急，天下大業，非一聖一朝所能兼備也。先皇帝即位之初，風飛雷厲，將大有爲，憂國愛民之心雖切於己，尊賢使能之道未得其人。方董蘷門之師，遽遺鼎湖之泣，豈期遺恨，竟勿克終！肆予沖人，渡江之後，蓋將深入焉，乃聞國中重以僉軍之擾，黎民驚駭，若不能一朝居者。予爲此懼，驛騎馳歸。目前之急雖紓，境外之兵未戢，乃會羣議，以輯良規。不意宗盟輒先推戴，左右萬里，名王巨臣，不召而至，不謀而同。咸謂：『國家之大統不可久曠，神人之重寄不可暫虛。』求之今日，太祖嫡孫之中，先皇母弟之列，以賢以長，止予一人。『雖在征伐之間，每存仁愛之念，博施濟衆，實可爲天下主。天道助順，人謀(予)〔與〕(據元史四世祖紀、薛鑑改)能，祖訓傳國大典於是乎在，孰敢不從！』朕峻辭固讓，至於再三，祈懇益堅，誓以死請，於是俯徇輿情，勉登大寶。自惟寡昧，屬時多艱，若涉淵水，罔知攸濟。爰當臨御之始，宜新弘遠之規，祖述變通，正在今日，務施實德，不尚虛文。雖承平未易遽臻，而飢渴所當先務。嗚呼！歷數攸歸，欽應上天之命，勳親斯託，敢忘烈祖之規。體極建元，與民更始，朕所不逮，更賴我遠近宗族，中外文武，同心協力，獻可替否之助。誕告多方，體予至意！」

夏四月，蒙古阿里不哥聞忽必烈卽位，命阿藍荅兒發兵於漠北諸部，分遣心腹，易置將佐，散金帛，賚士卒，又命劉太平、霍魯懷拘收關中錢穀。時渾都海自先朝將兵屯六盤，太平等陰相結納。渾都海復分遣人約成都密里霍者、青居乞台不花同擧事。阿里不哥遂自稱帝於和林。

五月，蒙古劉太平、霍魯懷聞廉希憲將至，乘傳急入京兆，謀爲變。秦人前被阿藍荅兒、太平等威虐，聞其來，皆破膽。越二日，希憲亦至，宣示詔旨，遣人馳往六盤宣諭安撫。未幾，城門候引一急使（去）（據續綱目删）至，云來自六盤。希憲訊之，盡得太平、魯懷與渾都海、密里霍者、乞台不花要結狀。希憲集僚佐，謂曰：「主上命我輩，正爲今日！」遂分遣人掩捕太平、魯懷等，仍遣劉里馬誅密里霍者於成都，汪惟正誅乞台不花於青居。又命總帥汪良臣帥秦、鞏諸軍，進討渾都海。良臣以未得旨爲辭，希憲卽解所佩虎符銀印，授之曰：「此皆身承密旨，君但辦吾事，制符已飛奏矣！」良臣遂行。又摘蜀卒四千，命蒙古將八春帥之，爲良臣聲援。會有詔赦至，希憲命殺太平等於獄，尸於通衢，方出迎詔。渾都海知京兆有備，西渡河趨甘州，阿藍荅兒自和林帥兵適至，遂與渾都海合軍而南。時諸王合丹亦率騎兵，與八春、汪良臣兵合，分三道以拒之。旣陣，大風吹沙，良臣令軍士下馬，以短兵突其左，繞出陣後，潰其右而出。八春直擣其前，合丹勒精騎邀其歸路，大戰於甘州東，殺渾都海、阿藍荅兒，關、隴悉平。希憲乃遣使自劾停赦行刑、徵調諸軍、擅以良臣爲帥諸罪，蒙古主曰：「委卿方面之寄，正欲從宜，〔若〕（據續綱目、薛鑑補）拘常制，豈不坐失事機！」詔賜希憲金虎符，進平章政事，行省秦、蜀。商挺參知省事。

二年（辛酉、一二六一）冬十月，蒙古主忽必烈以阿里不哥違命，自將討之，與戰於昔木土之地。諸王合丹等殺其兵三千人，塔察兒分道奮擊，大破之，追北五十里。忽必烈率諸軍躡其後，合三路蹙之，其部將多降。阿里不哥北遁，忽必烈引還。

五年（甲子、一二六四）秋七月，蒙古阿里不哥自昔木土之敗，不復能軍。至是，與諸王玉龍荅失、阿速帶、昔里給，及其謀臣不魯花、阿里察、脫忽思等，自歸於上都。蒙古主以諸王皆太祖之裔，並釋不問，其謀臣不魯花等伏誅。

宋史紀事本末卷一百

蒙古立國之制

寧宗嘉定十五年(壬午、一二二二)五月，蒙古主鐵木眞會諸將於可溫寨。以西域漸定，始置達魯花赤於各城監治之。達魯花赤，猶華言掌印官也。

理宗紹定二年(己丑、一二二九)十二月，蒙古始定算賦：中原以戶，西域以丁，蒙古以馬牛羊。

三年(庚寅、一二三〇)二月，蒙古立十路課稅所。初，蒙古太祖征西域，倉庫無斗粟尺帛之儲，於是羣臣咸言，雖得漢人，亦無所用，不若盡殺之，使草木暢茂，以爲牧地。耶律楚材曰：「夫以天下之廣，四海之富，何求而不得？但弗爲耳。誠均定中原地稅、商稅、酒醋鹽鐵、山澤之利，周歲可得銀五十萬兩，絹八萬匹，粟四十餘萬石。何爲無用哉！」太祖曰：「誠如卿言，則國用有餘矣。卿試爲之！」至是，楚材奏立十路課稅所，設使副二員，悉用士人，如陳時可、趙昉、劉中等，皆在選中。楚材因間進說周、孔之教，且謂：「天下雖得之馬上，不可以馬上治。」蒙古主深然之，繇是文臣漸進用矣。

四年（辛卯、一二三一）八月，蒙古主以耶律楚材爲中書令。楚材奏請：「諸路州縣長吏專理民事，萬戶府專總軍政，課稅所專掌錢穀，各不相統攝，著爲令。」又舉鎭海、粘合與之同事，權貴不得志。燕京路長官石抹咸得卜激怒宗室斡眞，使奏楚材用南朝舊人，恐有異志，不宜重用，因誣構百端，必欲寘於死地。鎭海、粘合重山等懼，讓楚材曰：「何爲强更張，必有今日事！」楚材曰：「立朝廷以來，每事皆我自爲，諸公何與焉。若果獲罪，我自當之！」蒙古主察斡眞之誣，逐其使者。已而咸得卜爲人所訴，蒙古主命楚材鞫治。楚材曰：「此人倨傲，故易招謗。今方有事南方，他日治之，未晚也。」蒙古主私謂近侍曰：「楚材不校舊惡，眞長者，汝輩當效之！」蒙古主至雲中，諸路所貢課額銀幣及倉廩物料文簿，具陳於前，悉符楚材元奏之數。笑曰：「卿何使錢幣流入如此。」卽日授以中書省印，俾領其事，事無大小，悉以委之。

端平三年（丙申、一二三六）夏四月，蒙古初括中原民戶，定賦稅。初，蒙古唯事進取，所降之戶，因以與將士，自一社之民，各有所主，不相統攝。至是，詔括戶口，以大臣忽都虎領之，民始隸州縣。時羣臣共欲以丁爲戶，耶律楚材以爲不可。衆皆曰：「我朝及西域諸國，莫不以丁爲戶。豈可捨大朝之法，而從亡國之政耶？」楚材曰：「自古有中原者，未嘗以丁爲戶。若果行之，可輸一年之賦，隨卽逃散矣！」蒙古主從楚材之議。及忽都虎以所括戶一百四萬上蒙古主，議割裂諸州郡，分賜諸王、貴族爲湯沐邑。楚材奏曰：「尾大不掉，易以生隙，不如多與金帛，足以爲恩。」蒙古主曰：「業已許之矣。」楚材曰：「若置官吏，必自朝命，除恆賦外，不令擅自徵斂，差可久也。」蒙古主從之。楚材又定賦稅，每二戶出絲一斤，以供官用；五戶出絲一斤，以與受賜貴戚、功臣之家。上田每畝稅三升半，中田三升，下田二升半，水田畝五升，商稅三十分之一，鹽每銀一兩四十斤，已上以爲永額。朝臣皆謂太輕，楚材曰：「將來必有以利進者，則以爲重矣。」

嘉熙元年（丁酉、一二三七）二月，蒙古始給官府符印，定驛令。初，諸路官府，自爲符印，僭越無度。耶律楚材請中書省依式鑄給，名器始重。時諸王、貴戚皆得自起驛馬，道路騷擾，所至需索百端。楚材復請給牌劄，定分例，其弊始革。

八月，蒙古耶律楚材奏：「制器者必用良工，守成者必用儒臣。儒臣之事業，非積數十年，殆未易成。」蒙古主曰：「果爾，可官其人。」〔楚材請校試之〕（據續綱目、薛鑑補），乃命稅課使劉中、楊奐隨郡考試，以經義、詞賦、論，分爲三科，儒人被俘爲奴者，亦令就試，其主匿弗遣者，死。得士凡四千三十人，免爲奴者四之一。楚材又請立衡量，立鈔法，定均輸，庶政略備，民少蘇息。

三年（己亥、一二三九）十二月，蒙古以奥都剌合蠻提領諸路課稅。初，耶律楚材定課稅銀額，每歲五十萬兩。及河南降，戶口滋息，增至一百一十萬兩。至是，回回奥都剌合蠻請以二百二十萬兩撲買之，楚材持不可，曰：「雖取五百萬亦可得，不過嚴設法禁，陰奪民利耳。」反覆爭論，聲色俱厲。蒙古主曰：「爾欲搏鬬耶？」楚材力不能奪，乃太息曰：「民之困窮，將自此始矣！」

景定元年（庚申、一二六〇）夏四月，蒙古初定官制。蒙古自鐵木眞以來，諸事草創，設官甚簡，以斷事官爲至重之任，位三公上。丞相謂之大必闍赤，掌兵柄則左右萬戶而已。後稍倣金制，置行省及元帥、宣撫等官。至是，蒙古主忽必烈大新制作，遂命劉秉忠、許衡酌古今之宜，定內外官制。其總政務者曰中書省，秉兵柄者曰樞密院，司黜陟者曰御史臺。其次，內則有寺、監、院、司、衞、府，外則有行省、行臺、宣慰、廉訪，其牧民則有路、府、州、縣。官有常職，位有常員，食有常祿，其長則蒙古人爲之，而漢人、南人貳焉。於是故老、舊臣、山林遺逸之士，咸見錄用，一代之制始備。

秋七月，蒙古行交鈔法。王文統立十〔路〕宣撫司，示以條格，欲差發辦而民不擾，鹽課不失常額，交鈔無致阻滯；遂行中書省造中統元寶交鈔，立互市於潁州、漣水、光化軍。交鈔法自十文至二貫文凡十等，不限年月，諸路通行，賦稅並聽收受。仍〔申〕嚴私鹽酒（有）醋麴貨〔等〕(並據元史二〇六王文統傳、續綱目補正)禁。

二年(辛酉、一二六一)夏四月，蒙古主命宣撫司官勸農桑，抑游惰，禮高年，問民疾苦，舉文學才識可以從政及茂才異等，列名上聞擢用。其職官汚濫及民不孝弟者，量輕重議罰。

秋七月，蒙古初立翰林國史院。

十二月，蒙古初立宮殿府，秩正四品，專職營繕。立尚食局，尚藥局。

四年(癸亥、一二六三)三月，蒙古始建太廟。蒙古國俗，祭享之禮，割牲，奠馬湩，以巫祝致辭。蒙古主初立，始設位於中書省，用登歌樂，命製祭器、法服。至是，建太廟於燕京，定烈祖、太祖、太宗、朮赤、察合帶、睿宗、定宗、憲宗爲八室，又命僧薦佛事七晝夜，歲以爲常。

度宗咸淳元年(乙丑、一二六五)春正月，蒙古併六部爲四，吏禮爲一部，兵刑爲一部，戶、工仍各爲一部。

二年(丙寅、一二六六)春正月，蒙古立制國用使。

三年(丁卯、一二六七)三月，蒙古安童言：「今丞相五人，素無此例。臣等擬議設二丞相，蒙古、漢人參用。」從之。

夏四月，蒙古敕上都重建孔子廟。

五年(己巳、一二六九)二月，蒙古行新字。詔曰：「國家肇基朔方，制用文字，皆取漢楷及畏吾字，以達本朝之言。考諸遼、金及遐方諸國，例各有字。今文治寖興，字書方缺，特命國師八思巴創蒙古新字，頒行諸路，譯寫一切文字，期於順言達事而已。」字凡千餘，大要以諧聲爲宗。

六年（庚午、一二七〇）春正月，蒙古主命許衡與太常卿徐世隆定朝儀，衡與劉秉忠、張文謙定官制。又詔尙文與諸儒採唐開元禮及近代禮儀之可行於今者，斟酌損益，凡文武儀仗、服色差等，皆令掌之。

七年（辛未、一二七一）十一月，蒙古改國號曰大元。詔曰：「誕膺景命，奄四海以宅尊，必有美名，紹百王而紀統，肇從隆古，匪獨我家。且唐之爲言蕩也，堯以之而著稱。虞之爲言樂也，舜因之而作號。馴至禹興而湯造，互名夏大以殷中。世降以還，事殊非古，雖乘時而有國，不以善而制稱。爲秦爲漢者，但從初起之地名，曰隋曰唐者，僅卽所封之爵邑。是皆徇百姓見聞之狃習，要一時經制之權宜，概以至公，不無少貶。我太祖握乾符而起朔土，以神武而膺帝圖，肆振天聲，大恢土宇，輿圖之廣，歷古所無。頃者，耆宿詣庭，奏章申請，謂既成於大業，宜早定於鴻名。在古制以當然，於朕心乎何有？可建國號曰大元。蓋取易經『乾元』之義。茲大治流行於庶品，孰名資始之功；予一人底寧於萬邦，尤切體仁之要。事從因革，道協天人，嘉與敷天，共隆大號。」

宋史紀事本末卷一百一

北方諸儒之學

理宗嘉熙二年（戊戌、一二三八）冬十月，蒙古姚樞建太極書院於燕京。初，蒙古破許州，得金軍資庫使姚樞，時北庭無漢人士大夫，太祖見之甚喜，特加重焉。及闊端南侵，俾樞從楊惟中卽軍中求儒、釋、道、醫、卜之人，樞招致稍衆。及拔德安，得趙復。復以儒學見重於世，其徒稱爲江漢先生。旣被獲，不欲北行，力求死所。樞止與共宿，譬說百端，曰：「徒死無益，隨吾而北，可保無他也。」復從之，樞於是獲覩周、程性理之書。至是，惟中與樞謀建太極書院及周子祠，以二程、張、楊、游、朱六子配食，請趙復爲師，選俊秀有識度者爲道學生。繇是河朔始知道學。

淳祐二年（壬寅、一二四二）夏四月，蒙古姚樞辭官，隱輝縣之蘇門山。作家廟，別爲室，奉孔子及宋儒周、程、張、邵、司馬六君子像。刻小學、四書併諸經傳註，行於國中。

寶祐三年（乙卯、一二五五）二月，蒙古忽必烈徵許衡爲京兆提學。衡，懷慶河內人。幼有異質，七歲入學，授章句，問其師曰：「讀書何爲？」師曰：「取科第耳。」曰：「如此而已乎？」師大奇之，謂衡父〔母〕（據元史一五八許衡傳、續綱目、薛鑑補）曰：「兒穎悟非常，他日必有過人者，吾非其師也。」遂辭去。稍長，嗜學如飢渴，然遭世亂，且貧無書。嘗從日者家得書疏義，避亂徂徠山，得易王弼說，夜思晝誦，身體而力踐之，〔言〕（據同上書補）動必揆諸義而後發。嘗暑中過河陽，渴甚，道有梨，衆爭取啖之，衡獨危坐樹下自若。或問之，曰：「非其有而取之，不可也。」人曰：「世亂，此無主。」曰：「梨無主，我心獨無主乎！」既而往來河、洛間，從柳城姚樞得程、朱氏書，益大有得。尋居蘇門，與樞及竇默相講習，慨然以道自任。嘗語人曰：「綱常不可一日亡於天下，苟在上者無以任之，則在下之任也。」凡喪祭嫁娶，必徵於禮，以倡其鄉人。學者寖盛，衡嘗語之曰：「進學之序，必當棄前日章句之習，從事於小學。」因悉取向來簡帙焚之，使無大小，皆自小學入。是時，秦人新脫於兵，欲學無師，聞衡來，人人莫不喜幸，於是郡縣皆建學，民大化之。

景定元年（庚申、一二六〇）夏四月，蒙古主召竇默、許衡至開平。默，肥鄉人。金末，避亂轉徙，隱於大名。與姚樞、許衡相講習，至忘寢食。蒙古主在潛邸，嘗召之，默變姓名以自晦。使者俾其友人往見之，微服躡其後，默不得已，乃拜命。既至，問以治道，默首以綱常爲對。且曰：「失此則無以自立於世矣！」又言：「帝王之道，在誠意正心，心既正，則朝廷遠近，莫敢不一於正。」蒙古主敬待加禮。久之，南還。至是，復與衡同召。

二年（辛酉、一二六一）五月，蒙古以姚樞爲太子太師，竇默爲太子太傅，許衡爲太子太保。皆辭，不拜。時平章政事王文統以言利進，爲平章政事。衡、樞輩入侍，言治亂休戚必以義爲本，文統患之。竇默復於蒙古主前，力言文統學術不正，必禍天下。蒙古主曰：「然則誰可相者？」默曰：「以臣觀之，無如許衡。」蒙古主不悅而罷。文統疑衡與默爲表裏，乃奏授樞等東宮三師，陽爲尊用之，實不使數侍蒙古主也。默以屢攻文統不中，欲因東宮以避禍，與樞拜命，將入謝，衡曰：「此不安於義也。且禮，師傅與太子位東西向，師傅坐，太子乃坐，公等度能復此乎？不能，則師道自我廢也。」因相與懷制，言太子未立，豈宜虛設官稱。乃改授樞大司農，默仍侍講學士，衡國子祭酒。未幾，衡稱疾，還懷、孟。

度宗咸淳七年（辛未、一二七一）六月，元主復召許衡，拜集賢大學士兼國子祭酒，卽燕京南城舊樞密院設學。衡聞命喜曰：「此吾事也！」因請徵其弟子王梓、耶律有尙、姚燧等十二人爲齋長。時所選弟子皆幼稺，衡待之如成人，愛之如子，出入進退，其嚴如君臣。其爲敎，因覺以明善，因善以開蔽，相其動息以爲張弛，課誦少暇卽習禮，或習書算。少者則令習拜跪、揖讓、進退、應對，或射，或投壺，負者罰讀書若干遍。久之，諸生人人自得，尊師敬業，下至童子，亦知三綱、五常之道。

九年（癸酉、一二七三）秋七月，元許衡請還懷、孟。元主以問翰林學士王磐，磐對曰：「衡教人有法，諸生行可從政，此國之大事，宜勿聽其去。」元主復命諸大臣議其去留，竇默爲衡懇請，乃聽衡還。劉秉忠、姚樞及磐、默等復請以贊善王恂攝學事，衡弟子耶律有尚、蘇郁、白棟爲助教，庶幾衡之規矩不至廢墜。從之。

宋史紀事本末卷一百二

蒙古南侵

理宗寶祐四年（丙辰、一二五六）（八）〔六〕（據元史三憲宗紀改）月，蒙古諸王亦孫哥、駙馬也速兒等請伐宋。蒙古主命諸王阿里不哥居守和林，阿藍荅兒輔之，自將南侵，繇西蜀以入。先命張柔從忽必烈攻鄂，趨杭州，塔察兒攻荆山。又詔兀良合台自交、廣引兵會鄂，李全子璮進攻海州、漣水軍等處。蒙古主進次六盤，軍四萬，號十萬，分三道而入。蒙古主繇隴州趨散關，諸王莫哥繇洋州趨米倉，萬戶孛里叉繇潼關趨沔州。

六年（戊午、一二五八）二月，蒙古紐璘將前軍，欲會都元帥阿荅胡於成都。蒲擇之遣安撫劉整等據遂寧江箭灘渡，以斷東路。紐璘軍至，不能渡。自旦至暮，大戰，整等軍敗，紐璘遂長驅至成都。擇之命楊大淵等守劍門及靈泉山，自將兵（救）〔取〕成都。會阿荅胡死，紐璘率諸將大破大淵等於靈泉山，進圍雲頂山城，〔扼其歸路〕。擇之軍潰。城中食盡，〔亦〕（據元史一二九紐璘傳、續綱目、薛鑑改並補）殺主將以降。成都、彭、漢、懷、綿等州，威、茂諸蕃，悉降蒙古。

十月，蒙古主渡嘉陵江至白水，命總帥汪德臣造浮梁以濟，進次劍門。至苦竹隘，守將張實死之。

十一月，蒙古進兵圍長寧山，守將王佐、徐昕戰敗。蒙古進攻鵞頂堡，城降，佐死之。繇是清居、大良、運山、石泉、龍州，俱降於蒙古。

十二月，蒙古兵渡馬湖入蜀。詔馬光祖移（師）〔司〕（據宋史四四理宗紀、續綱目、薛鑑改。下同）峽州，向士璧移（師）〔司〕紹慶府，以便策應。光祖、士璧以兵迎蒙古師，戰於房州，敗之。

蒙古主取隆、雅州，又取閬州，楊大淵以城降。

開慶元年（己未、一二五九）春正月己酉，蒙古兵攻忠、涪州，漸薄夔境。詔：「蒲擇之、馬光祖，戰守調遣，便宜行事。」

丁卯，以賈似道為京西、湖南、北、四川宣撫大使，移馬光祖為沿江制置使，似道尋兼督江西、二廣軍馬。

蒙古軍破利州、隆慶、順慶諸郡。

蒙古兀良合台率四王兵三千，蠻、僰萬人，破橫山，徇內地，乘勝破賓州，入靜江府，連破辰、沅。官軍斷其歸路，兀良合台潛出官軍後，命其子阿朮橫擊於前，官軍退走，遂壁潭州城下。

二月，蒙古主遣降人晉國寶招諭合州，守將王堅殺之。蒙古主遂命大將渾都海以兵二萬守六盤，乞台不花守青居山，又命紐璘造浮梁於涪州之藺市以杜援兵。蒙古主自雞爪灘渡，直抵合州城，俘男女萬餘。堅力戰以守，蒙古會師圍之。

六月，四川制置副使呂文德帥兵攻涪浮梁，力戰，得入重慶，遂率艨艟千餘，泝嘉陵江而上。蒙古史天澤分軍爲兩翼，順流縱擊，文德敗績。

秋七月，蒙古兵圍合州，自二月至於是月，守將王堅固守力戰，蒙古主屢督諸軍攻之，不克。前鋒將汪德臣選兵夜登外城，堅率兵逆戰。遲明，德臣單騎大呼曰：「王堅，我來活汝一城軍民，宜早降！」語未既，幾爲飛石所中，因得疾死。會天大雨，攻城梯折，後軍不克進，俱退。蒙古主蒙哥卒於合州城下，或傳中飛矢死。諸王大臣用二驢，蒙以繒櫝，負之北行。合州圍解。捷聞，加堅寧遠軍節度使。

八月，蒙古忽必烈遣王惟中、郝經宣撫荆湖、江、淮，將歸德軍先至江上。經言於忽必烈曰：「經聞圖天下之事於未然則易，救天下之事於已然則難，已然之中復有未然者，使往者不失，而來者得遂，是尤難也。國家奮起朔漠，滅金源，并西夏，取荆、襄，克成都，平大理，躪轢諸夷，奄征四海，垂五十年而一之以兵，遺黎殘姓，游氣驚魂，虔劉劘盪，殆欲殲盡，自古用兵未有若是之久且多也。且括兵率賦，朝下令，夕出師，闔國大舉，以之伐宋而圖混一，以志則銳，以力則强，而術則未盡也。苟於諸國既平之後，創法立制，敷布條綱，任將相，選賢能，平賦足用，屯農足食，內治既舉，外禦亦備。今西師之出，久未卽功，兵連禍結，底安於危。王宜遣人稟命行在，宜喩宋令降名進幣，割地納質，偃兵息民，以全吾力而圖後舉。稟命不從，然後傳檄，示以大信，使知王仁而不殺之意。一軍出襄、鄧，一軍出壽春，一軍出維揚，三道並進，東西連衡，王處一軍，爲之節制，使我兵力常有餘裕。如是，則未來之變或可弭，已然之失或可救也。議者必曰，三道並進則兵分勢弱，不若併力一向則莫我當也。曾不知取國之術與爭地異，併力一向，爭地之術也；諸道並進，取國之術也，昔之混一者皆若是矣。晉取吳則六道進，隋取陳則九道進，宋之於南唐則三面皆進，未聞有一旅之衆而能克國者。或者有之，僥倖之舉也。昔秦王問王翦以伐荆，翦曰：『非六十萬不可。』秦王曰：『將軍老矣。』命李信將二十萬往，不克，卒以兵六十萬畀翦，而後舉楚。蓋衆有所必用，事勢有不可懸料而倖取者，故王者之舉必萬全，其倖舉者，崛起無賴之人也。若直前振迅，銳而圖功，一舉而下金陵，入臨安，則可也。如兵力耗斁，役成遷延，進退不可，反爲敵人所乘，悔可及乎！固宜重愼詳審圖之。」乃會兵渡淮，忽必烈繇大勝關，張柔繇虎頭關，分道並進，官軍皆遁。時，忽必烈得沿江制置司榜，有云：「今夏諜者聞北兵會議，取黄陂民船繫杙綵陽邏堡以渡，會於鄂州。」忽必烈曰：「此事前所未有，願如其言。」及至黄陂，漁人獻舟，且爲鄉導。

九月，宗王莫哥自合州遣人以蒙古主凶訃告忽必烈，請北還以繫人望。忽必烈曰：「吾奉命南來，豈可無功遽還？」自登香爐山，俯瞰大江。大江之北曰武湖，武湖之東曰陽邏堡，其南岸卽滸黄州，官軍以大舟扼江渡，軍容甚盛。董文炳言於忽必烈曰：「長江天險，宋所恃以爲國，勢必死守，不奪其氣不可。臣請嘗之！」乃帥死士數十百人當其前，令其弟文用、文忠載艨艟，鼓櫂疾趨，叫呼畢奮。鋒旣交，文炳麾衆趣岸搏戰，官軍大敗。明日，遂帥諸軍渡江，進圍鄂州，中外大震。

蒙古兵至臨江。時，制置使徐敏子在隆興，頓兵不進。知軍事陳元桂力疾登城，坐督戰，力不能敵。有欲抱而走者，元桂曰：「死不可去！」左右俱遁。兵至，元桂瞠目叱罵，遂死之，懸其首於敵樓。蒙古兵遂入瑞州，知府陳昌世治郡有善政，百姓擁之以逃。

詔諸路出師以禦蒙古，大出內府銀幣犒師，前後出緡錢七千七百萬，銀、帛各一百六萬兩、匹。

冬十月，以賈似道爲右丞相兼樞密使，軍漢陽以援鄂。

時邊報日急，臨安團結義勇，招募新兵，增築平江、紹興、慶元城壁，朝野震恐。內侍董宋臣請帝遷都四明，以避敵鋒。軍器(太)〔大〕(據續綱目改)監何子舉言於吳潛曰：「若上行幸，則京師百萬生靈，何所依賴？」御史朱貔孫亦言：「鑾輿一動，則三邊之將士瓦解，而四方之盜賊蜂起。必不可！」會皇后亦請留蹕以安民心，帝遂止。寧海節度判官文天祥乞斬宋臣，不報。

十一月，蒙古圍鄂州，都統張勝權州事，以城危在旦夕，登城諭之曰：「城已爲汝家有，但子女玉帛皆在將臺，可從彼取。」蒙古信之，遂焚城外民居，將退。會高達等引兵至，賈似道亦駐漢陽爲援，蒙古乃復進攻。遣苦徹拔都兒領兵同降人諭鄂州使降，抵城下，勝殺使者，以軍出襲苦徹拔都兒，戰敗死。達恃其武勇，殊易似道，每見其督戰，卽戲之曰：「巍巾者何能爲哉！」將戰，必須似道親勞始出，否卽使兵士譁於其門。呂文德諂事似道，使人訶曰：「宣撫在此，何敢爾耶！」曹世雄、向士璧皆從在軍，事未嘗關白。似道繇是銜三人而親文德。

時諸路重兵咸聚於鄂。蒙古兵繇永、全至潭州，江西大震。吳潛用御史饒應子言，移賈似道於黃州，〔黃〕(據續綱目、薛鑑補)雖下流，實當兵衝。孫虎臣以精騎七百送之，至蘄草坪，候騎言前有北兵，似道大懼，謂左右曰：「奈何？」虎臣匿似道，出戰。似道歎曰：「死矣，惜不光明俊偉爾！」及北兵至，乃老弱部所掠金帛子女而去者，江西降將儲再興騎牛先之。

虎臣出擒再興，似道遂入黄州。

十二月己亥，賈似道私與蒙古議和。時蒙古攻城益急，城中死傷者至萬三千人，賈似道大懼，乃密遣宋京詣蒙古營，請稱臣納幣，忽必烈不許。會合州守臣王堅使阮思聰踔急流走鄂，以蒙古主訃聞，似道再遣京往。忽必烈亦聞阿藍荅兒等謀立阿里不哥，遣脱忽思括民兵，因召羣臣議事。郝經曰：「易言『知進退存亡而不失其正者，其惟聖人乎！』國家自平金以來，惟務進取，老師費財，三十年矣。今國內空虚，塔察、旭烈諸王觀望所立，莫不覬覦神器，一有狡焉，或啓戎心，先人舉事，腹背受敵，大事去矣！且阿里不哥已令脱里察行尚書省，據燕都，按圖籍，號令諸道，行皇帝事矣。雖大王素有人望，且握重兵，獨不見金世宗、海陵之事乎？若彼果稱遺詔，便正位號，下詔中原，行赦江上，欲歸得乎？願大王以社稷爲念，與宋議和，割淮南、漢上、梓、夔兩路，定疆界、歲幣，置輜重，率輕騎而歸，直造燕都，則彼之奸謀，冰釋瓦解。遣一軍逆大行靈舁，收皇帝璽；遣使召旭烈、阿里不哥、莫哥諸王會喪和林；差官於諸路，撫慰安輯；命王子眞金鎮守燕都，示以形勢，則大寶有歸而社稷安矣。」忽必烈以爲然。會宋京至，請稱臣，割江南爲界，歲奉銀絹匹兩各二十萬。忽必烈許之，遂拔砦而去，留張傑、閻旺，以偏師候湖南兀良合台之兵。賈似道奏鄂州圍解，詔論功行賞。

蒙古兀良合台攻潭州甚急。向士璧帥潭，極力守禦，既置飛江軍，又募斗弩社，朝夕親自登城撫勞。聞蒙古後軍且至，遣王輔佑帥五百衆覘之。遇於南岳市，大戰，蒙古少卻，會忽必烈遣邁鐵赤將兵來迎，兀良合台遂解圍，引兵趨湖北。

景定元年（庚申、一二六〇）二月，蒙古張傑、閻旺作浮橋於新生磯，兀良合台引兵至，傑等濟師北還。賈似道用劉整計，命夏貴以舟師攻斷浮橋，進至白鹿磯，殺〔殿〕（據續綱目、薛鑑補）卒百七十人。辛酉，蒙古遣偏師取道大理，繇廣南抵衡州。向士璧合劉雄飛兵逆戰於道，敗之，獲還俘民甚衆。

三月，賈似道匿議和稱臣納幣之事，以所殺獲俘卒殿兵，上表言：「諸路大捷，鄂圍始解，江、漢肅清。宗社危而復安，實萬世無疆之休！」帝以似道有再造功，詔入朝。

夏四月，進賈似道少師，封衞國公。帝手詔曰：「賈似道爲吾股肱之臣，任此旬宣之（計）〔寄〕（據宋史全文三六改），隱然殄敵，奮不顧身，吾民賴之而更生，王室有同於再造。」及似道至，又詔百官郊勞，如文彥博故事，奬眷甚至。諸將士悉進官：呂文德檢校少傅，高達寧江軍承宣使，劉整知瀘州兼潼川安撫副使，夏貴知淮安州兼京東招撫使，孫虎臣和州防禦使，范文虎黃州、武定諸軍都統制，向士璧、曹世雄各加轉有差。初，似道惡高達在軍中常侮己，言於帝，欲殺之，帝知其有功，不從，故論功以呂文德爲第一，而達居其次。

似道既相，引薦奔競之士，受納賄賂，置諸通顯，又引外戚子弟爲監司郡守。進倡優傀儡，奉帝爲游燕，臺臣有諫者，宣諭使裁去，謂之節帖。權傾中外，進用羣小，變更法制矣。

宋史紀事本末卷一百三

郝經之留

理宗景定元年（庚申、一二六〇）夏四月，蒙古以郝經爲國信使，來告卽位，且徵前日講和之議。蒙古王文統素忌郝經有重名，旣請遣經，復陰屬李璮潛師侵宋，欲假手害經。或謂經曰：「文統叵測，盍以疾辭。」經曰：「自南北構難，江、淮遺黎，弱者被俘略，壯者死原野，兵連禍結，斯亦久矣。主上一視同仁，務通兩國之好，雖以微軀蹈不測之險，苟能弭兵靖亂，活百萬生靈於鋒鏑之下，吾學爲有用矣！」遂行。

秋七月，賈似道拘蒙古使者郝經於眞州。先是，賈似道還朝，使其客廖瑩中輩撰福華編，稱頌鄂功，通國皆不知所謂和也。經至宿州，遣其副使何源、劉人傑請入國日期，不報。經數遺書於三省、樞密院及兩淮制置使李庭芝，賈似道恐經至謀泄，拘經於眞州之忠勇軍營。

經上表有言曰：「願附魯連之義，排難解紛；豈如唐儉之徒，款兵誤國。」又數上書於帝，略曰：「貴朝自太祖受命，建極啟運，創立規模，一本諸理，校其武功有不逮漢、唐之初，而革弊政，弭兵兇，弱藩鎭，强京國，意慮深遠，貽厥孫謀，有盛於漢、唐之後者。嘗以爲漢似乎夏，唐似乎商，而貴朝則似乎周，可以爲後三代。夫有天下者，孰不欲九州四海奄有混一，端委垂衣，而天下晏然穆淸也哉！理有所不能，勢有所難必，亦安夫所遇之理而已。貴朝祖宗深見夫此，持勒控約，不肯少易，是以太祖開建大業，太宗丕承基統，仁宗治效浹洽，神宗大有作爲，高宗坐弭强敵，皆有其勢而弗乘，安於理而不妄者也。今乃或者欲於遷徙戰伐之極，三百餘年之後，不爲扶持安全之計，欲斷生民之餘命，棄祖宗之良法，不以理以勢，不以守以戰，欲收奇功，取幸勝，爲詭遇之舉，不亦誤乎！伏惟陛下之與本朝，初欲復前代故事，遣使納交，越國萬里，天地人神，皆知陛下之仁，計安生民之意。而氣數未合，小人交亂，雖行李往來，徒費道路，迄無成命，非兩朝之不幸，生民之不幸也。有繼好之使而無止戈之君，有講信之名而無修睦之實，有報聘之命而無輸平之約，是以籍籍紛紛，不足以明信，而適足以長亂。至渝、合、交、廣之役，而禍亂極矣。主上卽位之初，過意相與，惟恐不及，不知貴朝何故接納其使，拘於邊郡，蔽冪蒙覆，不使進退，一室之內，顚連宛轉，不覩天日，綿歷數年。主上何罪，經等亦何罪，而窘逼至是耶？或者必以爲本朝兵亂，有隙可乘，必有范山語楚子言，以爲晉君不在諸侯，而北方可圖。夫以貴朝積累之盛，畜養生聚，三百餘年，恢復故疆，固所當爲。然而大河南北，秦、隴東西，海、岱表裏，名城數百，縱使本朝有故，委而不問，諸鎮侯伯亦未易取。中間或有魏太武斂戍之計，縱使入境，一日抄騎，百千爲羣，雖得一城，取一寨，未能償數世之所失，而徒棄二國之明信。或者之論足以病國，而不足以有成，明矣。請以貴朝之事質之：熙、豐之間，有意於强國矣，而卒莫能强；宣、政之間，有意於恢復矣，百年之力，漫費於燕山之空府，而因以致變；開禧之間，又有意於進取矣，而隨得隨失，反致淮南之師；端平之間，再事夫收復矣，而徒敝師徒，漫不收攝，遂失蜀漢。是皆貴朝之事，且陛下所親見者，旁薄橫潰，至於今日。而議者不規夫古之理，惟徇夫今之勢，不懼夫遠禍，惟嗜夫近利。此經所以昧死强僭，必言之而不靳也。苟惟徇天下之勢，不規天下之理，則又必謂遼、金、夏人，吾見其滅，彼今有故，氣數可測，委如貴朝兵亂異聞等事，一皆不妄，豈宜遽以爲玩？本朝立國，根據綿絡，包括海宇，未易搖蕩。太祖皇帝倡義漠北，一舉而取燕、遼，再舉而取河朔，又再舉而滅西夏，遂乃掇拾秦、雍，傾覆汴、蔡，穿徹巴、蜀，繞出大理，東、西、北皆際海，而南際江、淮，自周、漢以來，未有大且强若是者。而其風俗淳厚，禁網疎闊，號令簡肅，是以夷、夏之人皆盡死力，豈得一遭變故，便至淪棄者乎？且委如所傳，非直本朝之不幸，抑亦貴朝之不幸也。主上萬安，必能弭兵，使南北之人免殺戮之禍。不然，則戰爭方始，而貴朝可憂矣。事至今日，貴朝宜汲汲皇皇，以應主上美意，講信修睦，計安元元，而乃仍自置而不問，實有所未解者。抑天未厭亂，將繇是以締造兵端耶？抑別有所韞蓄耶？皆不可得而知也。竊嘗思之，本朝用兵四十餘年，亦休息之時也。貴朝受兵三十餘年，亦厭苦之時也。夫天下之勢，始於北而終於南，一氣之運，建於子而屈於午，動本於靜，陽本於陰，日北至而陽生，南至而陰生，故凡立國者莫不自北而南也。是以周自戎狄遷豳，國岐而都豐、鎬，至於成周則極矣。平王東遷，於是不能復古，蓋自西北而入於東南也。秦人自汧、渭霸關中，并六國，最後滅楚，亦自西北而始也。漢自關中取韓、魏、梁、趙，蹙項氏於彭城，亦自西北而至於東南也。至世祖都洛，而漢氏極矣。昭烈入蜀，輔以孔明之英賢，關、張之忠勇，仗義復漢，攻樊城，震許都，屢出祁山，久駐渭濱，終不能有關、洛一郡。孫氏立國江東，據三州以虎視天下，有陸遜之沈鷙，呂蒙之謀畫，出濡須，下皖城，攻合肥，以戰爲守，終不能得淮北一民。觀此則南北之理，天下之勢，灼然見矣。伏惟貴朝，肇基王跡則自燕、趙之交，一時將相皆幽、薊、常山之豪傑，二祖功德則著於淮南，受命啟土則始於汴宋，是亦自北而南也。既正皇極，平唐、蜀，滅楚、漢，自江南至於嶺南，則又自北而南也。江、淮之間，至於閩、越，戶口滋殖，十百諸夏，文物學校，盛於上國，亦氣數使然，應夫萬物相見，南方之卦所以開後王而有今日也，是亦自北而南也。夫邦交之事，非獨貴朝，然至貴朝而始盛。自國初啟運，剗平僭僞，有沛然混一之勢；乃置燕、雲而不取，與契丹再定盟誓，好聘往來，甲兵不試，安天下者百餘年。至於宣、政，盟約遂壞，靖康之末，因棄都邑。高宗南幸，墮讐崇好，遂與金源再定盟誓，好聘往來，甲兵不試，安天下者又百餘年。繇是觀之，以交鄰爲國，而能計安天下者，莫盛於貴朝也。故曰以和議邦交爲國者，貴朝之事也。天子之所持守，大臣之所輔相，百僚之所論議，以爲社稷之大經者，惟此而已。至於本朝適與陛下相當，而陛下使命不一，卒無有成。蓋本朝極兵威，奄征方國，而天未厭亂，每爲差池，是以陛下之聖意不能達，祖宗之成規不能合，生民之命莫與救藥，太和之氣將遂殄絕。天地設位，必有對待，陛下有此意，則主上啟此心，蓋其氣數亦當然也。主上卽位之初，先遣信使，輸平繼好，弭兵息民，而貴朝置之舍館，綿歷數歲，置而不問。是殆必有橫議之人，將以弊貴朝誤陛下者。就令貴朝所舉皆中，圖維皆獲，返舊京，奄山東，取河朔，劃白溝之界，上盧龍之塞，而本朝亦不失故物。若爲之而不成，圖之而不獲，復欲洗兵江水，掛甲淮壖，而遂無事，殆恐不能。一有所失，則不旣大矣乎！且貴朝光有天下三百有餘年矣，舉祖宗三百年之成烈，再爲博者之一擲，遂以干戈易玉帛，殺戮易民命，戰爭易禮樂，竊爲陛下不取。或稽留使人不爲無故，或別有蓋藏之跡，亦宜明白指陳，不宜擯而弗問，陳說不答，表請不報，默默而已，殆非貴朝之長策也。」不報。驛吏棘垣鑰戶，晝夜守邏，欲以動經。經不屈，但語其下曰：「嚮受命不進，我之罪也。一入宋境，死生進退，聽其在彼，屈身辱命，我終不能。汝等不幸，同在患難，宜忍以待之。揆之天時人事，宋祚殆不遠矣！」

帝聞有北使，謂宰執曰：「北朝使來，事體當議。」似道奏：「和出彼謀，豈宜一切輕徇！儻以交鄰國之道〔來〕（據宋史四五理宗紀、續綱目、薛鑑補），當令入見。」蒙古遣詳問官崔明道、李全義詣淮東制置司，訪問經等所在。淮東制置李庭芝奏蒙古使者久留眞州，亦爲似道所格。

宋史紀事本末卷一百四

李璮之納

理宗景定三年（壬戌、一二六二）二月，蒙古江淮大都督李璮以京東來歸。璮，李全子，既降蒙古，爲山東行省，葺舊海城，將窺海道。已而陷海州、漣水軍，拔四城，殺官軍幾盡，淮揚大震。自蒙古主蒙哥卒，忽必烈立，璮始萌南歸之志，前後所奏凡數十事，皆恫疑虛喝以動蒙古，而自爲完繕益兵計。至是，召其子彥簡〔於〕（據續綱目、薛鑑補）開平，修築濟南、益都等城壁，遂殲蒙古戍兵，以漣、海三城來歸，獻京東州縣請贖父過，仍遣總管李毅等傳檄列郡。詔授璮保信、寧武軍節度使，督視京東、河北路軍馬，封齊郡王，復其父全官爵。改漣水爲安東州。

夏四月，李璮引兵還攻益都，入之，遂入淄州。

五月，蒙古主命諸王哈必赤總諸道兵擊李璮。璮兵勢甚張，復命丞相史天澤往，仍詔諸將皆受天澤節制。天澤至濟南，謂哈必赤曰：「璮多譎而兵精，不宜力角，當以歲月斃之。」乃深溝高壘，遏其侵軼。　初，行軍總管張弘範臨發，父柔謂之曰：「汝圍城勿避險地，險則己無懈心，兵必致死。主者慮其險，必赴救，可因以立功。」至是，弘範營城西，璮出兵突諸將，獨不向弘範。弘範曰：「我營險地，璮乃示弱於我，必以奇兵來襲，謂我弗悟也。」遂築長壘，內伏甲而外爲濠，開東門以待，夜浚濠加深廣，璮不知也。明日，璮果擁飛橋來攻，未及岸，軍陷濠中；得升濠者，突入壘門，遇伏皆死。

六月，朝廷聞李璮受圍，給銀五萬兩，下益都府犒軍，遣青陽夢炎帥師援之。夢炎至山東，不敢進而還。

八月，蒙古主命史樞、阿朮各將兵赴濟南。李璮帥衆出掠輜重，將及城，北兵邀擊，大敗之，璮退保城。史天澤命築環圍，璮自是不復得出。董文炳知其勢蹙，抵城下，呼璮愛將田都帥者曰：「反者璮耳，餘來卽吾人，毋自取死也！」田縋城降。璮猶日夜拒守，分軍就食民家，發其蓋藏以繼；不足，則家賦之鹽，令以人爲食。璮知城且破，乃手刃妻妾，乘舟入大明湖，自投水中，水淺不得死，爲蒙古所獲。史天澤殺之，解其體以徇。明日，引軍東行，未至益都，城中人已開門迎降。三齊復爲蒙古所有。事聞，贈璮檢校太師，賜廟額曰顯忠。

初，璮兵有沂、漣兩軍二萬餘人，勇而善戰，哈必赤配蒙古諸軍，使陰殺之。文炳當殺二千人，言於哈必赤曰：「彼爲璮所脅耳，向天子南伐，或妄殺人，雖大將亦罪之，是不宜殺也。」

哈必赤從之，然他殺之者已衆，皆大悔。時山東尚未靖，蒙古主以文炳爲經略使。文炳至益都，從數騎，便服而入，至府，不設警衛，召璮故將吏，撫諭於庭下。所部大悦，山東以安。初，天澤征璮，蒙古主臨軒授詔，責以專征，天澤至軍，未嘗以詔示人。既還，蒙古主慰勞之。時言者謂璮之變繇大藩子弟盡專兵民之權，天澤奏行之，請自臣家始。於是史氏及張柔、嚴忠濟子弟皆還私第。

宋史紀事本末卷一百五

賈似道要君

度宗咸淳元年（乙丑、一二六五）夏四月，加賈似道太師，封魏國公。初，理宗在位久，儲宮尚虛，帝時在忠邸，欲立爲嗣，以問宰相吳潛，潛密奏云：「臣無彌遠之才，忠王無陛下之福。」理宗怒。似道聞之，因陳建儲之策，意在傾潛。潛去而似道獨相，帝遂立爲太子。既卽位，以似道有定策功，每朝必答拜，稱之曰「師臣」而不名。朝臣皆稱爲「周公」。理宗山陵事竣，徑棄官還越，而密令呂文德詐報蒙古兵攻下沱急，朝中大駭。帝與太后手詔起之，似道乃至。欲以經筵拜太師，而典故須建節，乃授鎭東軍節度使。似道怒曰：「節度使，粗人之極致耳！」遂命出節。都人聚觀，節〔已〕（據宋史四七四賈似道傳、續綱目、薛鑑補）出，復曰：「時日不利。」亟命返之。舊制，節出，撤關壞屋，無倒節理，以示不屈。至是，人皆駭異。

二年（丙寅、一二六六）春正月，江萬里罷。時，賈似道以去要君，帝至拜留之，萬里以身掖帝云：「自古無此君臣禮，陛下不可拜，似道不可復言去。」似道不知所爲，下殿，因擧笏謝萬里曰：「微公，似道幾爲千古罪人！」然以此益忌之。帝在經筵，每問經史疑義及古人姓名，似道不能對，萬里嘗從旁代對。王夫人稍知書，帝語夫人以爲笑。似道積慚怒，謀逐萬里，萬里亦四上疏求退，乃以資政殿大學士奉祠。

三年（丁卯、一二六七）二月，賈似道上疏乞歸養，帝命大臣侍從傳旨固留，日四五至，中使加賜，日十數至，夜即交臥第外以守之。特授平章軍國重事，一月三赴經筵，三日一朝，治事都堂，賜第西湖之葛嶺，使迎養其中。似道於是五日一乘湖船入朝，不赴都堂治事，吏抱文書就第呈署，大小朝政，一決於館客廖瑩中、堂吏翁應龍，宰執充位而已。似道雖深居簡出，凡臺諫彈劾，諸司薦辟，及京尹畿漕一切事，不關白不敢行。正人端士，斥罷殆盡。吏爭納賂求美職，圖爲帥閫、監司、郡守者，貢獻不可勝計，一時貪風大肆。兵喪於外，匿不以聞，民怨於下，誅責無藝，莫敢言者。太府寺主簿陳蒙嘗入對，極言似道爲相，國政闕失。後爲淮東總領，似道誣以貪汚，安置於建昌軍，籍沒其家。

六年（庚午、一二七〇）八月癸巳，賈似道屢稱疾求去，帝至涕泣留之，不從。詔六日一朝，一月兩赴經筵。尋又詔入朝不拜。朝退，帝必起避席，目送之出殿廷，始坐。繼復詔十日一朝。時，蒙古攻圍襄、樊甚急，似道日坐葛嶺，起樓閣亭榭，作半閒堂，延羽流，塑己像其中，取宮人葉氏及倡尼有美色者爲妾，日肆淫樂，與故博徒縱博。人無敢窺其第者。有妾兄來，立府門若將入狀，似道見之，縛投火中。嘗與羣妾踞地鬭蟋蟀，所狎客戲之曰：「此軍國重事耶？」酷嗜寶玩，建多寶閣，一日一登玩。聞余玠有玉帶，求之，已殉葬矣，發其冢取之。人有物，求不與輒得罪。自是或累月不朝，雖朝享景靈宮，亦不從駕。有言邊事者，輒加貶斥。一日，帝問曰：「襄陽已圍三年矣，奈何？」似道對曰：「北兵已退。陛下何從得此言？」帝曰：「適有女嬪言之。」似道詰其人，誣以他事，賜死。繇是邊事雖日急，無敢言者。

時賈似道欲制東南士心，乃令御史陳伯大請置士籍，開具鄉里、姓名、年甲、三代、妻室，令鄉鄰結勘，於科舉條制無礙，方許納卷。又嚴後省覆試法，比校中省元卷字蹤稍異者，黜之。覆試之日，露索懷挾。有李鈁孫者，少時戲雕股間，索者視之，駭曰：「此文身者！」事聞，被黜。時邊事危急，束手無策，而以科舉累士人，其悖謬至此！

八年（壬申、一二七二）九月辛未，有事於明堂，以賈似道爲大禮使。禮成，幸景靈宮。將還，遇大雨，似道期帝雨止升輅，胡貴嬪之兄顯祖爲帶御器械，請如開禧故事，卻輅，乘逍遙輦還宮。帝曰：「平章得無不可？」顯祖紿曰：「平章已允。」帝遂歸。似道大怒曰：「臣爲大禮使，陛下舉動不得預聞，乞罷政。」卽日出嘉會門。帝固留之不得，乃罷顯祖，涕泣出貴嬪爲尼，似道始還。似道專恣日甚，畏人議己，務以權術駕馭上下，以官爵牢籠一時名士，以故言路斷絕，威福肆行，相視以目。

十年（甲戌、一二七四）春正月，賈似道母胡氏死，似道歸越治喪。詔以天子鹵簿葬之，起墳擬山陵。百官奉襄事，立大雨中，終日無敢易位者。既葬，詔似道起復，遂還朝。

宋史紀事本末卷一百六

蒙古陷襄陽

度宗咸淳三年（丁卯、一二六七）十一月，蒙古主徵諸路兵，命阿朮經略襄陽。先是，景定二年，蒙古主以朝廷拘囚郝經，屢遣使詳問，不報。乃諭將士舉兵攻宋，且下詔曰：「朕即位之後，深以戢兵爲念，故前年遣使於宋，以通和好。宋人不務遠圖，伺我小隙，反啓邊釁，東摽西掠，曾無寧日。朕今春還宮，諸大臣皆以舉兵南伐爲請。朕重以兩國生靈之故，猶待信使還歸，庶有悛心，以成和議。留而不至者，今又半載矣。往來之禮遽絕，侵擾之暴不已，彼嘗以衣冠禮樂之國自居，理當如是乎？曲直之分，灼然可見。今遣王道貞往諭，卿等約會諸將，秋高馬肥，水陸並道而進，以爲問罪之舉！」時賈似道方論鄂功，專務欺蔽朝廷，不以聞。似道又忌諸將，欲汚衊置之罪，乃行打算法於諸路，以軍興時支取官物爲贓私。於是趙葵、史巖之、杜庶皆坐侵盜掩匿罷，而向士璧、曹世雄下獄死。劉整時爲潼川安撫使，亦以邊費爲蜀帥俞興所持。整素與興有隙，自遣使訴於朝，不得達，心益疑懼，遂籍瀘州十五郡，戶三十萬，降於蒙古。整，驍將也。蒙古既得整，繇是盡知國事虛實，南伐之謀益決，而似道自若，不以爲虞。時呂文德守鄂，有威名。整言於蒙古主曰：「南人惟恃呂文德耳，然可以利誘也。請遣使賂以玉帶，求置榷場於襄陽城外以圖之。」至鄂，請於文德，文德果許之。遂開榷場於樊城，築土牆於鹿門山，外通互市，內築堡壁。繇是敵有所守，以遏南北之援，時出兵哨掠襄、樊城外，兵勢益熾。文德知爲所賣，然已無及矣。至是，整又言於蒙古主曰：「攻宋方略，宜先從事襄陽。襄陽吾故物，繇棄弗戍，使宋得竊築爲强藩。如得襄陽，浮漢入江，則宋可平也。」蒙古主從之，遂徵諸路兵，命阿朮與整經略取襄陽。阿朮駐馬虎頭山，顧漢東白河口，曰：「若築壘於此，以斷宋餉道，襄陽可圖也。」遂城其地。呂文煥大懼，遣人以蠟書告呂文德。文德怒且駡曰：「汝勿妄言邀功賞！設有之，亦假城耳。襄、樊城池堅深，兵儲支十年，令呂六堅守，果整妄作，春水至，吾往取之。比至，恐遁去耳！」識者竊笑之。

四年（戊辰、一二六八）九月，蒙古劉整與阿朮計曰：「我精兵突騎，所當者破，惟水戰不如宋耳。奪彼所長，造戰艦，習水軍，則事濟矣。」乃造船五千艘，日練水軍，雖雨不能出，亦畫地爲船而習之。練卒七萬，遂築白河城，以逼襄陽。

五年（己巳、一二六九）三月己卯，蒙古軍圍樊，遂城鹿門。

己未，詔浙西六郡屯田設官督租有差。

辛酉，京湖都統張世傑將兵拒蒙古圍樊之軍，戰於赤灘圃，敗績。

秋七月，夏貴襲蒙古阿朮於新郢，敗績。初，貴以沿江制置副使援襄、樊，乘春水漲，輕兵部糧至襄陽城下，懼蒙古軍掩襲，僅能與呂文煥交語而還。及秋，大霖雨，漢水溢，貴分遣舟師，出沒東岸林谷間。阿朮謂諸將曰：「此虛形，不可與戰，宜整舟師以備新城。」明日，貴舟果趨新城，至虎尾洲，爲阿朮所敗，士卒溺漢水死者甚衆。范文虎復以舟師援貴，至灌子灘，亦爲阿朮所敗，文虎以輕舟遁。

十二月癸酉，呂文德卒。文德以許蒙古置榷場爲恨，每曰：「誤國家者我也！」因疽發背，乞致仕。詔授少師，封衛國公。至是，卒。

六年（庚午、一二七〇）春正月，以李庭芝爲京湖制置大使，督師援襄、樊。時，夏貴、范文虎相繼大敗，及聞庭芝至，文虎貽書賈似道曰：「吾將兵數萬入襄陽，一戰可平，但願無使聽命於京閫，事成則功歸恩相矣。」似道卽命文虎之兵從中制之。庭芝屢欲進兵，文虎但與妓妾嬖倖擊鞠飲宴爲樂，以取旨未至爲辭。

十二月己亥，蒙古張弘範言於史天澤曰：「今規取襄陽，周於圍而緩於攻者，計待其自斃也。然夏貴乘江漲送衣糧入城，我無禦之者，而江陵、歸、峽，行旅休卒，道出襄陽南者相繼也，寧有自斃之時乎？若築萬山以斷其西，立柵灌子灘以絕其東，則庶幾斃之之道也。」天澤從之，遂城萬山，徙弘範軍於鹿門。自是襄、樊道絕，而糧援不繼。

七年（辛未、一二七一）夏五月，蒙古詔東道兵圍襄陽，各道宜進兵以牽制之。於是秦蜀行省平章政事賽典赤瞻思丁率諸將水陸並進，鄭鼎出嘉定，汪良臣出重慶，（北）〔札〕刺不花（據元史七世祖紀、續綱目改）出瀘州。所至順流縱筏，斷浮橋，獲將卒、戰艦甚衆。

六月，范文虎將衞卒及兩淮舟師十萬，進至鹿門。時漢水溢，阿朮夾江東西爲陣，別令一軍趨會丹灘，犯其前鋒，諸將順流鼓譟。文虎軍逆戰不利，棄旗鼓、鎧仗，乘夜遁去。蒙古俘其軍，獲戰船、甲仗，不可勝計。

八年（壬申、一二七二）夏五月己巳，李庭芝將兵救襄陽。時襄陽被圍五年，援兵不至，呂文煥竭力拒守，幸城中稍有積粟，所乏者鹽薪布帛耳。張漢英守樊城，募善泅者，置蠟書於髻，藏積草下，浮水而出，謂鹿門既築，勢須自荆、郢救援。至隘口，元守卒見積草多，鉤致欲爲焚爨之用，泅者遂被獲，於是郢、鄧之路亦絕。至是，詔李庭芝移屯郢州，將帥悉駐新郢及均州河口，以守要津。庭芝闖（宋史四五〇忠義傳、續綱目、薛鑑、原刻本、畢鑑均作「闖」，惟江西本改作「偵」，未詳所據。按：「闖」疑爲「闚」字因形近而訛。宋史全文二二及中興兩朝編年綱目一一有「闚微旨」之文，繫年要錄一六九作「闚微旨」，宋史四七三秦檜傳作「伺上動靜」，可以爲證）知襄陽西北一水曰清泥河，源於均、房，卽其地造輕舟百艘，以三舟聯爲一舫，(有)中一〔舟〕(據宋史四五〇忠義傳、續綱目、薛鑑補改)裝載，左右舟則虛其底而掩覆之。出重賞募死士，得襄、郢山西民兵之驍悍善戰者三千人，求將，得民兵部轄張順、張貴，俱智勇，素爲諸將所服，俾爲都統，號貴曰矮張，順曰竹園張。出令曰：「此行有死而已，汝輩或非本心，宜亟去，毋敗吾事！」人人感奮。漢水方生，乘順流，發舟百艘，稍進團山下，又進高頭港口，結方陣，各船置火鎗、火礮、熾炭、巨斧、勁弩。夜漏下三刻，起矴出江，以紅燈爲號，貴先登，順殿之，乘風(而)(據同上書删)破浪，徑犯重圍。至磨洪灘以上，元兵布舟蔽江，無隙可入，順等乘鋭斷鐵絙，攢(栰)〔杙〕數百，轉戰百二十里，元兵皆披靡以避其鋒。黎明，抵襄陽城下。城中久絕援，聞順等至，踴躍過望，勇氣百倍。及收軍，獨失順。越數日，有浮屍遡流而上，被甲冑，執弓矢，直抵浮梁，視之則順也。身中四(創)〔槍〕(並據宋史四五〇忠義傳改)六箭，怒氣勃勃如生。諸軍驚以爲神，結冢斂葬之。

貴入襄陽，文煥固留共守，貴恃其驍勇，欲還郢。乃募二士，能伏水中數日不食，持蠟書，赴范文虎於郢求援。元兵增守益密，水路連鎖數十里，列撒星椿，雖魚蝦不能度。二人遇椿卽鋸斷之，竟達郢。還報，〔許〕(據宋史四五〇忠義傳、續綱目、薛鑑補)發兵五千，駐龍尾洲以助夾擊。刻日既定，乃別文煥東下，點視所部軍，泊登舟，帳前一人亡去，乃有過被撻者。貴驚曰：「吾事泄矣！亟行，彼或未及知。」復不能銜枚隱迹，乃舉礮鼓譟發舟，乘夜順流，斷絚破圍冒進，元兵皆辟易。既出險地，夜半天黑，至小新河，阿朮、劉整分艤戰艦邀擊，以死拒戰。沿岸束荻列炬，火光燭天如白晝。至勾林灘，漸近龍尾洲，遙望軍船，旗幟紛披。貴兵以爲郢兵來會，喜躍而進，舉流星火示之。軍船見火即前迎，及勢近欲合，則來舟皆元軍也。蓋郢兵前二日以風水驚疑，退屯三十里，而元兵得逃卒之報，先據龍尾洲，以逸待勞。貴與戰而困，且出於不意，所部殺傷殆盡，身被數十創，力不能支，遂被執。見阿朮於櫃門關，阿朮欲降之，貴誓不屈，乃見殺。元令降卒四人舁貴屍，至襄陽城下，曰：「識矮張都統乎？此是也。」守陴皆哭，城中喪氣。文煥斬四卒，以貴祔葬順冢，立雙廟祀之。

時朝廷患劉整爲元用，荊湖制置李庭芝請以整爲盧龍軍節度使，封燕郡王。朝廷從之，遣永寧僧齎告身、金印、牙符及庭芝書，期致之。僧既入元，事覺，元主赦張易、姚樞雜問。整自軍中入見元主曰：「此宋患臣用兵襄陽，欲以此殺臣耳！臣實不知。」元主賞整，使還，誅僧，且令整移書來責執政。

九年（癸酉、一二七三）春正月乙丑，樊城陷。樊被圍四年，范天順、牛富力戰，不爲衄。富又數射書襄陽城（下）〔中〕（據宋史四五〇忠義傳、續綱目、薛鑑改），期呂文煥相與固守爲脣齒。未幾，阿里海涯得西域人所獻新礮法，乃進攻樊，破外郛。張弘範爲流矢中其肘，束創見阿朮曰：「襄在江南，樊在江北，我陸攻樊，則襄出舟師來救，終不可取。若截江道，斷援兵，水陸夾攻，則樊破而襄亦下矣。」阿朮從之。初襄、樊(西)〔兩〕(據元史一二八阿朮傳、續綱目改)城，漢水出其間。文煥植一木江中，鏁以鐵絙，上造浮橋以通援兵，樊亦恃此以爲固。至是，阿朮以機鋸斷木，以斧斷絙，燔其橋，襄兵不能救。乃以兵截江，而出銳師薄樊城，城遂破。天順仰天歎曰：「生爲宋臣，死爲宋鬼！」卽所守地縊死。富率死士百人巷戰，元兵死傷者不可計，渴飲血水，轉戰而進，遇民居燒絕街道，富身被重傷，以頭觸柱，赴火死。裨將王福見富死，歎曰：「將軍死國事，吾豈宜獨生！」亦赴火死。

二月庚戌，呂文煥以襄陽叛，降元。襄陽久困，援絕，撤屋爲薪，緝闠、會爲衣。文煥每一巡城，南望慟哭而後下，告急於朝。賈似道累上書請行邊，而陰使臺諫上章留己。樊城旣陷，復申請之，事下公卿雜議。監察御史陳堅等以爲師臣出，顧襄未必能及淮，顧淮未必能及襄，不若居中以運天下，帝從之。時羣臣多言高達可援襄陽者，御史李旺入言於似道，似道曰：「吾用達，如呂氏何？」旺出歎曰：「呂氏安則趙氏危矣！」文煥聞達且至，亦不樂，以語其客。客曰：「易耳！」今朝廷以襄急，故遣達，吾以捷聞，則達必不成遣矣。」文煥以爲然，會獲元哨騎數人，文煥卽繆以大捷奏，然不知朝中實無援襄事也。未幾，阿里海涯帥總管唆都等移(兵)(據續綱目、薛鑑刪)破樊攻具以向襄陽，一礮中其譙樓，聲如震雷，城中洶洶，諸將多踰城降者。初，劉整嘗躍馬獨前，與文煥語，爲文煥伏弩所中，幸甲堅不入。至是，欲立碎其城，執文煥以快意。阿里海涯不可，乃身至城下，宣元主所降招諭文煥詔，曰：「爾等拒守孤城，於今五年，宜力於主，固其宜也，然勢窮援絕，如數萬生靈何！若能納款，悉赦勿治，且加遷擢。」文煥狐疑未決，因折矢與之誓。文煥乃出降，先納筦鑰，次獻城邑，且陳攻郢之策，請己爲先鋒。阿朮入襄陽，阿里海涯遂偕文煥朝燕。元主以文煥降，命如詔遷擢。事聞，似道言於帝曰：「臣始屢請行邊，陛下不之許，向使早聽臣出，當不至此。」文煥兄文福、文德，文福知廬州，文德子師夔知靜江府，俱上表待罪。似道庇之，詔皆不問。

三月，詔建機速房於中書。襄城既失，賈似道復上書言：「事勢如此，非臣上下馳驅，聯絡氣勢，將有大可慮者。」帝曰：「師相豈可一日離左右！」似道乃建機速房，以革樞密院漏泄兵事、稽遲邊報之弊。

夏（四）〔六〕（據宋史四六度宗紀改）月，宣撫司參議官張夢發陳危急三策：曰鏁漢〔江〕口岸；曰城荆門軍當陽界之玉泉山；曰峽州宜都而下，聯署堡砦，以保聚流民，且守且耕。幷圖上（築）城〔築〕（據宋史四六度宗紀、續綱目、薛鑑補並改）形勢。似道不以上聞，下（荆）〔京〕湖（據宋史四六度宗紀、續綱目改）制司審度可否，事竟不行。

（六月）己丑，給事中陳宜中言：「襄、樊之失，皆繇范文虎怯懦逃遁，乞斬之。」賈似道不許，止降一官。監察御史陳文龍言：「文虎失襄陽，猶使知安慶府，是當罰而賞也。趙溍乳臭小子，何足以當大閫之寄！請皆罷之。」似道大怒，黜文龍知撫州，旋又使臺官李可劾退之。汪立信言：「臣奉命分閫，延見吏民，皆痛哭流涕，言襄、樊之禍皆繇范文虎及俞興父子。文虎以三衙長，聞難怯戰，僅從薄罰；猶子天順，守節不屈，猶可少贖其愆。興奴隸庸材，務復私怨，激叛劉整，流毒至今；其子大忠，挾多資爲父行賄，且自希進，雖寸斬未足以快天下之忿！乞置重典，則人心興起，事功可圖。」詔除大忠名，循州拘管。

時國勢危甚，陳仲微上封事，其略曰：「誤襄者老將也，失襄之罪，不專在於庸閫、（裨）〔疲〕（據宋史四二二陳仲微傳、薛鑑改）將、孩兵也，君相當分受其責，以謝先皇帝在天之靈。天子若曰罪在朕躬，大臣宜言咎在臣等，宣布十年養安之往繆，深懲六年玩寇之昨非，救過未形固已無及，追悔既往尚愈於迷。或謂覆護之意多，刻責之辭少，謂陛下乏哭師之誓，師相飾分過之言，甚非所以慰恤死義，祈天悔禍之道也。往往代言乏知體之士，翹館鮮有識之人，吮脂茹柔，積習成痼，君道相業，兩有所虧。方今何時，而在廷無謀國之臣，在邊無折衝之帥。監之先朝，宣和未亂之前，靖康既敗之後，凡前日之日近冕旒，朱輪華轂，俯首吐心，奴顏婢膝，卽今日奉賊稱臣之人也。强力斂事，捷疾快意，卽今日叛君賣國之人也。爲國者亦何便於若人哉！迷國者進慆憂之欺以逢其君，誤國者護恥敗之局而莫敢議，當國者昧安危之機而莫之悔。臣嘗思之，今之所少，不止於兵，閫外之事，將軍制之，而一級半階，率從中出，斗粟尺布，退有後憂，平素無權，緩急有責。或請建督，或請行邊，或請築城，創聞駭聽。因諸閫有辭於緩急之時，故廟堂不得不掩惡於敗闕之後，有謀莫展，有敗無誅，上下包羞，噤無敢議。是以下至器仗甲馬，衰颯厖涼，不足以肅軍容；壁壘堡柵，折樊駕漏，不足以當衝突之騎。號爲帥閫，名存實亡也。城而無兵，以城與敵。兵不知戰，以將與敵。將不知兵，以國與敵。光景蹙近目睫矣，惟君相（憣）〔幡〕（據宋史四二二陳仲微傳、薛鑑改）然改悟，天下事尚可爲也。轉敗爲成，在君一念間耳！」似道大怒，乃出仲微江東提點刑獄。

（度宗咸淳）十年（甲戌、一二七四）春正月，元阿里海涯言：「荆、襄自古用武之地，漢水上流已爲我有，順流下驅，宋必可平。」阿朮又言：「臣略地江、淮，備見宋兵之弱，今不取之，時不能再。」元主趣召史天澤同議，天澤對曰：「此國家大事，可命重臣一如安童、伯顏，都督諸軍，則四海混同，可計日而待矣。臣老矣，如副將者猶足爲之。」元主曰：「伯顏可以任吾此事矣。」阿里海涯因言：「我師南征，必分爲三，舊軍不足，非益兵十萬不可。」遂詔中書省僉軍十萬人。

六月，元主諭諸將率兵南伐，且數賈似道違約執郝經之罪。詔曰：「爰自太祖皇帝以來，與宋使介交通。憲宗之世，朕以藩職，奉命南伐，彼賈似道復遣宋京詣我，請罷兵息民。朕即位之後，追憶是言，命郝經等奉書往聘，蓋爲生靈計也，而乃執之，以致師出連年，死傷相藉，係累相屬，皆彼宋自禍其民也。襄陽既降之後，冀宋悔禍，或起令圖，而乃執迷，罔有悛心，所以問罪之師有不能已者。今遣汝等水陸並進，布告遐邇，使咸知之，無辜之民初無與焉，將士毋得妄加殺掠。有去逆效順，別立奇功者，驗等第遷賞。其或固拒不從，及逆敵者，俘戮何疑！」

秋七月，罷京湖制置使汪立信。立信移書賈似道，謂：「今天下之勢，十去八九，誠上下交修，以迓續天命之幾，重惜分陰，以趨事赴功之日也。而乃酣歌深宮，(笑)〔嘯〕傲湖山，玩歲愒月，緩急倒施，卿士師師非度，百姓鬱怨。欲上以求當天心，俯遂民物，拱揖指揮而折衝萬里者，不亦難乎！為今之計者，其策有三：夫內(都)〔郡〕何事乎多兵？宜盡出之江干，以實外禦。算兵帳，見兵可七十餘萬人，〔老弱柔脆，十分汰二〕，為選兵五十餘萬人，而沿江之守則不過七千里。若距百里而屯，屯有守將，十屯為府，府有總督，其尤要害處，輒三倍其兵。無事則(屯)〔泛〕舟長淮，往來游徼，有事則東西齊奮，戰守並用，刁斗相聞，餽餉不絕，互相應援，以為聯絡之固。選宗室大臣忠良有幹用者，立為統制，分東西二府以涖，任得其人，率然之勢，此上策也。久拘聘使，無益於我，徒使敵得以為辭，請禮而歸之，許輸歲(帑)〔幣〕以緩師期。不二三年，邊(儲)〔遽〕(據宋史四一六汪立信傳、續綱目、薛鑑補並改)稍休，藩垣稍固，生兵日增，可戰可守，此中策也。二策果不得行，則天敗我也，銜璧輿櫬之禮，請備以佞。」似道得書，大怒，抵之地，詬曰：「瞎賊，狂言敢爾！」蓋立信一目微眇云。尋中以危法，廢斥之。

是月，元伯顏南攻，陛辭。元主諭之曰：「古之善取江南者，惟曹彬一人。汝不嗜殺，是吾曹彬也。」

九月，元呂文煥以伯顏趨郢州，劉整以博羅懽趨淮西。伯顏分大軍爲兩道：自與阿朮繇襄陽入漢濟江，以呂文煥將舟師爲前鋒；博羅懽繇東道取揚州，監淮東兵，以劉整將騎兵先行。伯顏一軍，自分三道：唆都將一軍，繇棗陽，哨司空山；翟招討將一軍，繇老鴉山徇荆南；而自與阿朮帥阿剌罕、張弘範諸軍，水陸趨郢。旌旗延袤，前後數百里。

丁(巳)〔亥〕(據宋季三朝政要、平宋錄上改)，元伯顏至溧水，前部將武顯(按：元史一二七伯顏傳作「武秀」，畢鑑從之)言：「水溢，不可渡。」伯顏曰：「此小水不敢渡，敢渡大江耶！」使一騎前導，麾諸軍畢濟，遂薄郢州，軍於城西。時張世傑將兵屯郢，郢在漢北，以石爲城，新郢在漢南，橫鐵絙，鎖戰艦，密植椿木水中，夾以礮弩，凡要津皆施(栈)〔杙〕(據宋史四五一忠義傳、續綱目、薛鑑改)，設攻具。元軍襲城，世傑力戰，元軍不能前，遣人招世傑，不聽。阿朮獲俘民言：「沿江九郡，精鋭皆萃於二郢，若舟師出其間，騎兵不得護岸，此危道也。不若取黃家灣堡，東有河口，繇中拖船入藤湖，轉而下江，僅三里。」呂文煥亦以爲便。諸將曰：「郢城，我之喉襟，不取恐爲歸路患。」伯顏不從，遣總管李廷、劉國傑攻黃家灣堡，拔之。諸軍破竹席地，盪舟繇藤湖入漢，伯顏、阿朮殿後，不滿百騎。郢州副都統趙文義帥精騎二千追之，至泉子湖，力戰而敗，伯顏手殺之，郢卒皆潰。元兵進至沙洋，遣俘持黃榜檄文入城，守將王虎臣、王大用斬俘焚榜。文煥復至城下招之，亦不應。日暮，風大起，伯顏命順風掣金汁礮，焚其廬舍，烟焰漲天，城遂破，生擒虎臣、大用，餘悉屠之。進薄新城，文煥列沙洋所馘於城下，縛大用等至壁，使招降都統邊居誼，不答。明日，又至，曰：「吾欲與呂參政語耳。」文煥以爲降己，馳馬至。伏弩發，中文煥右臂幷馬，〔馬〕（據宋史四五〇忠義傳、續綱目補）仆，幾鉤得之，衆挾文煥，以他馬奔走。會其總制黃順、副將任寧俱出降，其部曲多欲縋城出者，居誼悉驅入，當門斬之。文煥乃麾兵攻城，居誼以火具卻之。旋蟻附而上，居誼度力不支，拔劍自殺，不殊，赴火死。所部三千人猶力戰，悉死焉。伯顏壯其勇，購其屍觀之，遂進攻渠復州。居誼隨人，初事李庭芝，積戰功至都統制，至是死節。事聞，立廟死所。

十二月，元伯顏至蔡店，大會諸將，刻期渡江，遣人觀漢口形勢。時夏貴以漢、鄂舟師分據要害，彌亙三十餘里，王達守陽邏堡，朱禩孫以遊擊軍扼中流，兵不得進。軍將馬福言：「淪河穿湖中，可從陽邏堡西沙蕪口入江。」伯顏使覘沙蕪口，夏貴亦以精兵守之。伯顏乃進圍漢陽，聲言取漢口渡江，貴果移兵援漢陽。伯顏乘間遣阿剌罕將奇兵，倍道襲沙蕪口，奪之；因自漢口開壩，引船入淪河，轉沙蕪口以達江。戰艦萬計，相踵而至，以數千艘泊淪河灣口，屯布蒙古、漢軍數十萬騎於江北。遣人招諭陽邏堡，不應，因以白鷂子千艘攻之，三日不克。伯顏因密謀於阿朮曰：「彼謂我必拔此堡方能渡江，此堡甚堅，攻之徒勞。爾今夜以鐵騎三千，汎舟直趨上流，爲擣虛之計，明日渡江襲南岸，已過則急遣人報我。」阿朮亦曰：「攻城，下策也。若分軍船之半，循岸西上，泊青山磯下，伺隙而動，可以如志。」伯顏遂遣阿里海涯進薄陽邏堡，貴率衆來援。阿朮即以昏時率四翼軍，遡流二十里，至青山磯。是夜，雪大作。黎明，阿朮遙見南岸多露沙洲，即登舟指〔示〕（據元史一二七伯顏傳、續綱目、薛鑑補）諸將令徑渡，載馬後隨。萬戶史格一軍先渡，爲荊鄂都統程鵬飛所敗。阿朮引兵繼之，大戰中流，鵬飛軍卻，阿朮遂登沙洲，扳岸步鬬，散而復合者數四，出馬急擊，追至鄂東門。鵬飛被重創走，阿朮獲其船千餘艘。阿朮遣人還報，伯顏大喜，揮諸將急攻陽邏堡。夏貴聞阿朮飛渡，大驚，引麾下三百艘先遁，沿流東下，縱火焚西南岸，大掠還廬州。都統制王達領所部八千人，及定海水軍統制劉成，俱戰死。元諸將請追貴，伯顏曰：「陽邏之捷，吾將遣使前告宋人。今貴走，是代吾使也。」遂渡江與阿朮會，議師所向。或欲先取蘄、黃，阿朮曰：「若赴下流，退無所據。上取鄂、漢，雖遲旬日，可以萬全。」伯顏遂趨鄂州。

己未，知漢陽軍王儀以城叛降元。

朱禩孫聞元兵趨鄂，帥師援之，道聞陽邏堡之敗，乃夜奔，還江陵府。

時，鄂州恃漢陽爲蔽，及京湖之援，朱禩孫既遁，漢陽復失，鄂勢遂孤。呂文煥列兵城下，曰：「汝國恃者，江、淮而已。今大軍渡江、淮，如蹈平地，汝輩不降何待！」會元軍焚艨艟三千艘，火照城中，權守張晏然與都統程鵬飛度不能守，遂以州軍降。幕僚張山翁獨不屈，元諸將請殺之，伯顏曰：「義士也。」釋之。因檄下信陽諸郡，以鵬飛爲荆湖宣撫使，撤宋兵分隸諸將，取壽昌糧四十萬斛以充軍餉。命阿里海涯及賈居貞以四萬人守鄂，規取荆湖，而自率大衆，與阿朮東下，趨臨安。

癸亥，詔賈似道都督諸路軍馬。時鄂州既破，朝廷大懼，羣臣上疏以爲非師相親出不可。似道不得已，始開都督府於臨安，以孫虎臣總統諸軍，以黃萬石等參贊軍事，所辟官屬，皆先命後奏，仍於封椿庫撥金十萬兩，銀五十萬兩，關子一千萬貫，充都督府公用。

詔天下勤王。

庚午，元伯顏遣程鵬飛至黃州，招諭陳奕，以沿江大都督許之。奕喜，遂以城降。仍以書招知蘄州管景模，景模亦降。時沿江諸郡皆呂氏舊部曲，望風款附。奕又以書誘其子巖以安東州降元。

是時，李庭芝遣兵入援。

帝㬎德祐元年（乙亥、一二七五）春正月壬午，元兵入蘄州。

己酉，呂師夔以江州降元。初，師夔提舉江州興國宮，請募兵以禦元，詔與知州錢眞孫同募。至是，賈似道承制召爲都督參贊，任中流調遣。師夔不受命，與眞孫遣人請於蘄州，以江州降元。伯顏以師夔知江州。

丙戌，元兵徇江州，知安東州陳巖夜遁。時知壽昌軍胡夢麟寓治江州，自殺。知南康軍葉閶、知德安府來興國、知六安軍曹明，俱迎降於江州。師夔設宴庾公樓，選宗室女二人，盛飾以獻伯顏。伯顏怒曰：「吾奉天子命，興義師問罪於宋，豈以女色移吾志乎！」斥遣之。

初，元人南侵，呂文煥與劉整爲嚮導，尋別命整出淮南。整銳欲渡江，曰：「大軍自襄、樊東下，宋悉力西拒，東方虛弱，徑造臨安，可一鼓而捷也。」伯顏不可，曰：「吾受詔特綴東兵使無西耳，濟江非所聞。」至是，整率騎兵攻無爲軍，久而不克，聞呂文煥入鄂捷至，失聲曰：「主帥束我，使我成功後於人！善作者不必善成，果然。」遂發憤死於無爲城下。

知安慶府范文虎以城降於伯顏，通判夏琦仰藥死。

是月，賈似道出師江上，夏貴以兵來會。初，似道欲出師，畏劉整不敢行，及聞整死，〔喜〕（據續綱目、薛鑑補）曰：「吾得天助也！」乃上表出師，抽諸路精兵十三萬以行，金帛輜重之舟，舳艫相銜百有餘里。命宰執小事專決，大事則關白於督府，不得擅行。又以所親信韓震爲殿帥，總禁兵。至安吉州，似道所乘舟膠於堰中，劉師勇以千人入水拽之不能動，乃易他舟而出。遂繇新安池口以進，次於蕪湖，遣人通呂師夔以議和。未幾，夏貴引兵來會，袖中出一編書，示似道曰：「宋歷三百二十年。」似道俯首而已。

二月，以汪立信爲江淮招討使，募兵江、淮，以援江上州郡。立信受詔，即日上道，以妻子託愛將金明，執其手曰：「我不負國家，爾亦必不負我。」遂行。與賈似道遇於蕪湖，似道拊立信背，哭曰：「不用公言，以至於此！」立信曰：「平章，平章，瞎賊今日更說一句不得！」似道因問立信何向，立信曰：「今江南無一寸乾淨地，吾去尋一片趙家地上死，第要死得分明耳！」既至建康，守兵悉潰，而四面皆北軍。立信知事不成，歎曰：「吾生爲宋臣，死爲宋鬼，終爲國一死，但徒死無益耳！」率所部數千人至高郵，欲控引淮、漢，以爲後圖。

賈似道自蕪湖遣還元俘曾安撫，且以荔子、黄柑遺伯顏，復使宋京如元軍，請稱臣、奉歲幣，如開慶約。阿朮謂伯顏曰：「宋人無信，〔惟〕（據續綱目、薛鑑補）當進兵。若避似道不擊，恐已降州郡，今夏難守。」伯顏乃令囊加歹來答書曰：「未渡江時，議和入貢則可。今沿江州郡皆已內屬，欲和則當來面議也。」似道不答。囊加歹歸報，京亦還。

庚戌，元兵犯池州，知州事王起宗遁去，通判趙卯發攝州事，繕壁聚糧，爲固守計。元遊騎至李陽河，都統張林屢諷之降，卯發憤氣塡膺，瞠目視林，林不敢復言。已而林帥兵巡江，陰遣人納款，而陽助卯發爲守，〔守〕（據宋史四五〇忠義傳、續綱目、薛鑑補）兵皆歸於林。卯發知事不濟，乃置酒會諸友，與訣。謂妻雍氏曰：「城將破，我守臣不當去，汝先出走。」雍曰：「君爲忠臣，我獨不能爲忠臣婦乎！」卯發笑曰：「此豈婦人女子所能也。」雍曰：「吾請先君死！」卯發笑止之。明日，乃散其家貲與弟姪，僕婢悉遣之。元兵薄城，卯發晨起書几上曰：「國不可背，城不可降。夫婦同死，節義成雙。」遂與雍氏同縊死於從容堂。林開門降。伯顏入城，問太守何在，左右以死對，深歎息之，命具棺衾，合葬於池上，祭其墓而去。

賈似道以精銳七萬餘人盡屬孫虎臣，軍於池州下流之丁家洲；夏貴以戰艦二千五百艘，橫亙江中；似道自將後軍，軍魯港。貴嘗失利於鄂，恐督府成功，無所逃罪，又（恐）〔忌〕（據續綱目改）虎臣新進出己上，殊無鬭志。會伯顏令軍中作大柎數十，採薪芻置其上，陽言欲焚舟，諸軍但晝夜嚴備，而戰心少懈。伯顏分步騎夾岸而進，麾戰艦合勢衝虎臣軍。時，阿朮與虎臣對陣，伯顏令舉巨礮擊虎臣中堅，虎臣軍動。阿朮以划船數千艘乘風直進，呼聲動天地。虎臣前鋒將姜才方接戰，虎臣遽過其妾所乘舟，衆見之，譟曰：「步（師）〔帥〕（據宋史四五一忠義傳、續綱目、薛鑑改）遁矣！」軍遂亂。夏貴不戰而走，以扁舟掠似道船，呼曰：「彼衆我寡，勢不支矣！」似道聞之，錯愕失措，遽鳴鉦收軍，舳艫簸蕩，乍分乍合。阿朮以小旗麾將校，帥輕鋭横擊深入，諸軍回棹前走。伯顔以步騎左右掎之，殺溺死者不可勝計，水爲之赤，軍資器械，盡爲元所獲。似道夜駐珠金沙，召貴計事。頃之，虎臣至，撫膺哭曰：「吾兵無一人用命者！」貴微笑曰：「吾嘗血戰當之矣！」似道曰：「計將安出？」貴曰：「諸軍已膽落，吾何以戰！師相惟有入揚州，招潰兵，迎駕海上。吾當以死守淮西耳。」遂解舟去。似道乃與虎臣單舸奔還揚州。明日，潰兵蔽江而下，似道使人登岸，揚旗招之，皆莫應，有爲惡語嫚罵之者。江、漢守臣皆棄城遁，太平、和州、無爲俱相繼降元。

壬戌，元兵略饒州，知州唐震發州民城守。時，元遣使來取降款，通判萬道同陰使所部斂白金牛酒，備降禮，微諷震降，震叱之曰：「我忍偷生負國耶！」城中少年感震言，殺元使者。已而元軍登陴，衆皆散。震入坐府中，元軍執牘使署降，震擲筆於地，不屈，遂死之。

郴州守趙崇㯣寓居城中，亦死之。萬道同以城降。初，江萬里聞襄、樊破，鑿池芝山後圃，扁其亭曰止水，人莫喻其意。及聞警，執門人陳偉器手曰：「大勢不可支，余雖不在位，當與國爲存亡！」至是，元軍執其弟知南劍州江萬頃，索金銀不得，支解之。萬里赴止水死，左右及子鎬相繼投池中，積屍如疊。翌日，萬里屍獨浮出水上，從者斂葬之。

乙丑，賈似道至揚州，檄列郡如海上迎駕，上書請遷都。太皇太后不許，詔下公卿雜議。左丞相王爚請堅蹕，未決，以己不能與大計，乞罷政，不待報徑去。已而宗學生上言：

「陛下移蹕，不於慶元，則於平江，事勢危急，則航海幸閩。不思我能往彼亦能往，徒驚擾，無益。」乃止。

時方危急，徵諸將勤王，多不至，惟郢州守將張世傑率兵入衛，復饒州。陳宜中疑世傑歸自元，易其所部軍。

丙寅，以文天祥爲江西安撫副使，知贛州。勤王詔至贛，天祥捧之涕泣，發郡中豪傑，幷結溪峒山蠻，有衆萬人，遂入衛。其友止之曰：「今元兵三道鼓行，破郊畿，薄內地，君以烏合萬餘赴之，是何異驅羣羊而搏猛虎？」天祥曰：「吾亦知其然也，第國家養育臣庶三百餘年，一旦有急，徵天下兵，無一人一騎入關者。吾深恨於此，故不自量力，而以身徇之，庶天下忠臣義士，將有聞風而起。義勝者謀立，人衆者功濟，如此，則社稷猶可保也！」天祥性豪華，平生自奉甚厚，聲妓滿前。至是，痛自抑損，盡以家資爲軍費。每與賓客僚佐語及時事，輒撫几曰：「樂人之樂者憂人之憂，食人之食者死人之事！」聞者爲之感動。

戊辰，湖南提刑李芾以兵勤王。芾性剛直，忤賈似道，貶官家居者久之。至是，提刑湖南，發壯士三千人，使將將之勤王。

時，元行人郝經尚留儀眞，元主復使禮部尚書中都海牙及經弟行樞密院都事郝庸等來問執行人之罪。賈似道震恐，乃遣總管段佑以禮送經歸。經道病，元主敕樞密院及尚醫近侍迎勞，所過父老望經流涕。

江淮招討使汪立信卒於軍。立信聞賈似道師潰，江、漢守臣望風降遁，歎曰：「吾今日猶得死於宋土也！」乃置酒，召賓僚與訣。手自爲表，起居三宮。與從子書，屬以家事。夜分，起步庭中，慷慨悲歌，握拳撫按者三，以是失聲三日，扼吭而卒。後元軍至建康，金明以其家人免。或以立信二策及死告伯顏，請戮其孥。伯顏歎息久之，曰：「宋有是人，有是言哉！使果用之，我安得至此！」命求其家，厚恤之，曰：「忠臣之家也。」

元博羅懽軍下邳，取清河、漣、海，守臣俱以城降。

三月癸酉，元伯顏入建康，居之。時，江東大疫，居民乏食，伯顏開倉賑之，且遣醫治疾，民大悅。會元主有詔，以時方暑，不利行師，俟秋再舉。伯顏上言曰：「百年遺敵，已扼其吭，少爾遲迴，奔播海島，後悔無及。」元主從之，詔伯顏以行中書省駐建康，阿朮分兵駐揚州，與博羅懽、塔出絕宋淮南之援。伯顏分兵四出，鎮江統制石祖忠請降。

朝廷以元兵漸迫臨安，命浙江提刑劉經戍吳江；兩浙轉運羅林、浙西安撫張濡戍獨松關；山陰縣丞徐垓、正將郁天興戍(西)〔四〕安鎮（據宋史四七瀛國公紀、薛鑑改）；起趙淮爲寺丞，戍銀樹東壩。

甲戌，元兵犯無錫縣，知縣阮應得出戰，一軍皆沒，應得赴水死。

乙亥，元兵入常州，知常州趙與鑑遁，州人錢訔以城降。

甲申，元兵至西海州，安撫丁順降。

丙戌，知廣德軍令狐槪以城降元。張世傑遣其將閻順、李存進軍廣德，謝洪永進軍平江，李山進軍常州，順遂復廣德軍。

庚寅，元兵旣近，臨安戒嚴。同知樞密院曾淵子、左司諫潘文卿、右正言季可、兩浙轉運副使許自、浙東安撫王霖龍、侍從陳堅、何夢桂、曾希顏等數十人皆遁，朝中爲之蕭然。簽書樞密院事文及翁、同簽書院事倪普諷臺諫劾己，章未上，亟出關遁。太皇太后聞之，詔榜朝堂云：「我朝三百餘年，待士大夫以禮。吾與嗣君，遭家多難，爾大小臣工，未嘗有出一言以救國者。內而庶僚，畔官離次，外而守令，委印棄城。耳目之司既不能爲吾糾擊，二三執政又不能倡率羣工，方且表裏合謀，接踵宵遁。平日讀聖賢書，自許謂何，乃於此時作此舉措，生何面目對人，死亦何以見先帝！天命未改，國法尚在，其在朝文武官，並轉二資，其負國棄予者，令御史臺覺察以聞。」然不能禁也。

辛卯，元主遣禮部尚書廉希賢、工部侍郎嚴忠範奉國書來，至建康，希賢請兵自衞。伯顏曰：「行人以言不以兵，兵多，反致疑耳。」希賢固請，遂以兵五百送之。伯顏仍下令，諸將各守營壘，勿得妄有侵掠。希賢等至獨松關，張濡部曲殺忠範，執希賢，送臨安，希賢病創死。濡，俊之曾孫也。朝廷使人移書元軍，言：「殺使之事乃邊將，太后及嗣君實不知，當按誅之，願輸幣，請罷兵通好。」伯顏曰：「彼爲詐計，覘我虛實耳。當擇人同往，觀其事體，令彼速降。」乃遣議事官張羽同使人還臨安，羽，至平江被殺。

壬辰，元阿里海涯入岳州。岳州安撫使高世傑復會郢、復、岳三州及上流諸軍，戰船數千艘，扼荆江口。阿里海涯督諸翼水軍屯東岸，世傑乘夜陣於洞庭湖中，阿里海涯分道擊之，世傑敗走，力屈乃降，阿里海涯斬世傑以徇。岳州總制孟之紹舉城降。

夏四月，元兵入廣德縣，知縣王汝翼與寓居官趙時晦率義兵戰，孟唐老與其二子皆死。汝翼被執，至建康，死之。

丙午，元兵破沙市城，都統孟紀死之。監鎮司馬夢求自經死。

戊申，京湖宣撫朱禩孫、湖北制置副使高達以江陵降元。初，高達解鄂州之圍，賈似道許以建節，後忌而不與，達遂怨望。至是，元阿里海涯自岳州攻江陵，達戰累敗。及元屠沙市，達與禩孫及提刑青陽夢炎等遂出降。阿里海涯入城，命禩孫檄所部歸附，於是歸、(岐)〔峽〕、郢、復、(鼎)（據元史一二八阿里海牙傳改並刪。按：鼎州卽常德，元史八世祖紀詳敍各地降元之事，亦無鼎州）、澧、辰、沅、靖、隨、常德、均、房、施、荆門諸郡相繼皆降，阿里海涯承制並復官守。江陵捷聞，元主喜，謂近臣曰：「伯顏東下，阿里海涯孤軍守鄂，朕常憂之，今荆南定，吾東兵可無後患矣。」乃親作手詔褒之，授高達參知政事。祼孫至上都，死。

庚申，知金壇縣李成大率義勇兵與元兵戰，被執，不屈，與二子俱死之。

時，元兵東下，所過迎降，李庭芝率勵所部固守揚州。阿朮遣李虎持招降榜入城，庭芝殺虎，焚其榜。總制張俊出戰，持降臣孟之縉書來招降，庭芝復焚其書，梟俊首於市。時出金帛牛酒燕犒將士，人人感激自奮。

壬戌，阿朮攻眞州，知州苗再成、宗子趙孟錦帥兵大戰於老鸛觜，敗績。庚午，阿朮乘勝進趨揚州，姜才爲三疊陣逆之於三里溝，敗之。阿朮佯退，才逐之，阿朮反戰，至楊子橋，揚州撥發官雷大震出戰，死之。兩軍夾水而陣，元張弘範以十二騎絕渡，衝才軍，才軍堅不可動。弘範引卻以誘之，才將回回躍馬出衆，奮大刀，直前向弘範，弘範反轡迎刺之，回回應手而仆，才軍遂潰。阿朮與弘範追之，自相蹂踐，俱陷壕水，死者甚衆。流矢中才肩，才拔矢，揮刀而前，元軍辟易不敢逼，遂以身免。元軍進薄揚州南門。

五月，劉師勇復常州，加和州防禦使，助姚訔守常，以張彥守呂城，兵威稍振，繇是浙右諸城降元者，復與張世傑軍合。

秋七月辛未，張世傑與劉師勇、孫虎臣等大出舟師萬餘艘，次於焦山，令以十舟爲方，碇江中流，非有號令，無得發碇，示以必死。元阿朮登石公山望之，曰：「可燒而走也。」遂遣健卒善彀者千人，載以巨艦，分兩翼夾射，阿朮居中，合勢進戰，繼以火矢，篷檣俱焚，烟燄蔽江。諸軍死戰，欲走不能前，多赴江死。張弘範、董文炳復以銳卒橫衝，世傑不復能軍，奔圌山。〔阿朮〕（據續綱目、薛鑑補）、弘範追之，獲白鷂子七百餘艘。師勇還常州，虎臣還眞州。世傑請濟師，不報。

是月，元主召伯顏還，至上都，面呈形勢，乞卽進兵，遂拜右丞相。伯顏辭曰：「阿朮功多，臣宜居後。」乃進阿朮左丞相，仍詔伯顏直趨臨安，阿朮仍攻淮南，阿里海涯取湖南，萬戶宋都解及呂師夔、李恆等取江西。

八月，文天祥至臨安，上疏言：「本朝懲五季之亂，削藩鎭，建都邑，一時雖足以矯尾大之弊，然國以寖弱。故敵至一州則一州破，至一縣則一縣殘，中原陸沈，痛悔何及！今宜分境內爲四鎭，建都統居中：以廣西益湖南，而建閫於長沙；以廣東益江西，而建閫於隆興；以福建益江東，而建閫於番陽；以淮西益淮東，而建閫於揚州。責長沙取鄂，隆興取蘄〔黄〕（據宋史四一八文天祥傳、續綱目、薛鑑補），番陽取江東，揚州取兩淮。地大力衆，乃足以抗敵，約日齊奮，有進無退，日夜以圖之。彼備多力分，疲於奔命，而吾民之豪傑者又伺間出於其中，如此則敵不難卻也。」時議以爲迂闊，不報。

九月，鄭虎臣殺賈似道於漳州。先是，臺諫、三學生皆上書，請誅似道。詔謫似道高州團練副使，循州安置，遣使監押之貶所。會稽縣尉鄭虎臣以其父嘗爲似道所配，欲報之，欣然請行。舟次南劍州黯淡灘，虎臣曰：「水清甚，何不死於此。」似道曰：「太皇許我不死。俟有詔，卽死。」至漳州木綿菴，虎臣曰：「吾爲天下殺似道，雖死何憾！」遂拘其子與妾於別館，卽廁上拉其胸，殺之。後虎臣爲陳宜中所殺。

冬十月，壬戌，元兵發建康，分爲三道：阿剌罕、奧魯赤將右軍，出四安鎭，趨獨松關；董文炳、范文虎將左軍，出江，入江陰軍；伯顏將中軍，入常州。

十一月甲申，元伯顏至常州，會兵圍城。知州姚訔、通判陳炤、都統王安節、劉師勇力戰固守。伯顏遣人招之，不聽。伯顏怒，命降人王良臣役城外居民，運土爲壘，土至，併人以築之，且殺民煎膏取油以作礮，焚其牌杈，日夜攻不息。城中甚急，而訔等守志益堅。伯顏叱帳前諸軍奮勇爭先，四面並進，攻二日，城破，訔死之。炤與安節猶巷戰，或謂炤曰：「城東北門未合，可走。」炤曰：「去此一步，非死所矣！」日中兵至，死焉。伯顏命盡屠其民。執安節至軍前，不屈，亦死。師勇以八騎潰〔圍〕（據宋史四七瀛國公紀、續綱目、薛鑑補）走平江。

丘濬曰：作元史者謂：「伯顏下江南不殺一人。」嗚呼！常州非江南地耶？元之號令，凡攻城臨敵，但以一矢相加遺者，得卽屠之。伯顏前此潛兵渡漢，固已屠沙洋矣。至是，攻常州，忿其久不下，招之不從，於是役城外居民運土爲壘，併人築之，殺人煎膏取油作礮，及城陷之日，盡屠戮之。一城生聚，何啻千萬，斬艾之餘，止有七人伏於橋坎獲免。夷性殘忍，一至此哉！彼夷狄如虎狼，殺人固其本性，而中國之人秉史筆者，乃亦曲爲之諱，至比之曹彬，豈其倫哉！或曰，所謂不殺，（者）〔謂〕入臨〔安〕（據薛鑑改並補）之時也。嗚呼！伯顏至皐亭，謝太后卽遣使奉璽迎降，寂無一人敢出一語者，當是時，苟有人心者，皆不殺也，豈但伯顏哉！

己丑，元兵破獨松關，馮驥死之，守將張濡遁。獨松既破，鄰邑望風皆遁，朝廷大懼。時勤王師尚三四萬人，文天祥與張世傑議，以爲「淮東堅壁，閩、廣全城，若與敵血戰，萬一得捷，則命淮師以截其後，國事猶可爲也。」世傑大喜。陳宜中白太后降詔，以王師務宜持重，議遂止。

是年，元軍盡陷江西諸郡縣，都統密（祐）〔佑〕（據宋史四五一忠義傳改）死之。

宋史紀事本末卷一百七

元伯顏入臨安

帝㬎德祐二年（丙子、一二七六）春正月，遣監察御史劉岊奉表稱臣於元。先是，元軍既迫，朝廷遣柳岳奉書如元軍前，稱廉尚書之死，乃盜殺之，非朝廷意，乞班師修好。岳見伯顏於無錫，泣請曰：「嗣君幼沖，在衰絰中，自古禮不伐喪。凡今日事至此者，皆奸臣賈似道失信誤國耳。」伯顏曰：「汝國執戮我行人，故我興師。錢氏納土，李氏出降，皆汝國之法也。汝國得天下於小兒，亦失於小兒，其道如此，尚何多言！」岳還。陳宜中復奏遣岳及陸秀夫、呂師孟等，求稱姪納幣，不從則請稱姪孫，且敕呂文煥令通好罷兵。秀夫等見伯顏於平江，伯顏不許。至是，太后命用臣禮復往，陳宜中難之。太后涕泣曰：「苟存社稷，稱臣非所較也。」遂遣岊奉表稱臣，上尊號，歲貢銀、絹二十五萬兩、匹，乞存境土，以奉蒸嘗，且約伯顏會長安鎮以輸平。

時陳宜中以元不許和，計無所出，乃率羣臣入宮請遷都，太后不許。宜中慟哭以請，太后命具裝以俟。及暮，宜中不入，太后怒曰：「吾初不欲遷，而數以爲請，顧欺我耶！」脫簪珥投之地，遂閉閣，羣臣請見，皆不納。蓋宜中實以翌日行，倉卒失於奏耳。

甲申，元伯顏至長安鎭，陳宜中違約，不往議事。伯顏乃進次臯亭山，阿剌罕、董文炳之師皆會，遊騎至臨安府北關。文天祥、張世傑請移三宮入海，而已帥衆背城一戰。宜中不許，白太后遣監察御史楊應奎上傳國璽降，表曰：「宋國主㬎謹百拜奉表言：㬎眇然幼沖，遭家多難，權奸賈似道，背盟誤國，至勤興師問罪。㬎非不能趨避以求苟全，今天命有歸，㬎將焉往！謹奉太皇太后命，削去帝號，以兩浙、福建、江東、西、湖南、二廣、四川、兩淮見存州郡，悉上聖朝，爲宗社生靈祈哀請（死）〔命〕（據宋史四七瀛國公紀、元史九世祖紀改）。伏望聖慈垂念，不忍㬎三百餘年宗社遽至殞絕，令趙氏子孫世世有賴，不敢弭忘！」伯顏受之，遣使詔宜中出議降事，而使囊加歹奉璽表赴上都。是夜，宜中遁歸溫州之清澳。

戊子，命文天祥、吳堅、謝堂、賈餘慶使元軍，見伯顏於明因寺。天祥因說伯顏曰：「北朝若以宋爲與國，請退兵平江或嘉興，然後議歲幣與金帛犒師，北朝全兵以還，策之上也。若欲毀其宗社，則淮、浙、閩、廣尙多未下，利鈍未可知，兵連禍結，必自此始。」伯顏以北詔爲辭，顧天祥舉動不常，疑有他志，留之軍中，遣堅等還。天祥怒，數請歸，曰：「我之此來，爲兩國大事，何故留我？」伯顏曰：「勿怒，君爲宋大臣，責任非輕，今日之事，正當與我共之。」令萬戶忙兀台、宣撫唆都羈縻之，且以其降表不稱臣，仍書宋號，遣程鵬飛、洪君祥偕來使賈餘慶復往易之。

二月丁酉，帝率文武百僚詣祥曦殿，望元闕上表，乞爲藩輔。元伯顏承制，以臨安爲兩浙大都督府，命忙兀台、范文虎入城，治都督府事。又令程鵬飛取太皇太后手詔，及三省樞密院吳堅、賈餘慶等檄，諭天下州郡降附。執政皆署，家鉉翁獨不署，鵬飛令縛之，鉉翁曰：「中書省無縛執政之理，歸私第以待命可也。」乃止。元伯顏進屯湖州市，復令呂文煥、范文虎等慰諭太皇太后。文煥因使人上表謝而出，有曰：「茲銜北命，來抗南師，視以犬馬，報以仇讐，非曰子弟攻其父母，不得已也，尚何言哉！」伯顏令張惠、阿刺罕、董文炳、張弘範、唆都等封府庫，收史館、祕省圖書及百司符印、告敕，罷官府及侍衞軍。

以賈餘慶、劉岊、吳堅、謝堂、家鉉翁並充祈請使，如元。元伯顏引文天祥與堅等同坐，天祥面斥餘慶賣國，且責伯顏失信。呂文煥從旁(慰)〔諭〕(據續綱目、薛鑑改)解之，天祥并斥文煥及其姪師孟，「父子兄弟，受國厚恩，不能以死報國，乃合族爲逆，尚何言！」文煥等慚恚。伯顏遂拘天祥，隨祈請使北行。

是日，元兵屯錢塘江沙上，臨安人方幸波濤大作，一洗而空之，潮三日不至。

丁未，元詔諭臨安新附府、州、司、縣官吏軍民曰：「間者，行中書省右丞相伯顏遣使來奏，宋母后、幼主暨諸大臣百官齎璽綬奉表附降。朕惟自古降王必有朝覲之禮，已遣使特往迎致。爾等各守職業，其勿妄生疑畏。」仍命伯顏就遣宋內侍王埜入宮，收宋國衮冕、圭璧、符璽及宮中圖籍、寶玩、車輅、輦乘、鹵簿、麾仗等物。

是月，夏貴以淮西叛降元。時，阿朮屯淮南東道，其西道屬之萬戶昂吉兒，俾駐和州，進攻廬州。夏貴以書抵伯顏曰：「願毋（廢）〔費〕（據元史類編一八夏貴傳改）國力，攻奪邊城，若行都歸附，邊城焉往！」至是，舉所部納款於元，元以貴爲淮西安撫使。有洪福者，貴家僮也，從貴積勞知鎮巢軍。貴既北降，招福，不聽；使其從子往，福斬之。元兵攻城久不拔，貴至城下，好語語福，請單騎入城。福信之，門發而伏兵起，突入執福父子，屠城中。貴（泣）〔涖〕（據宋史四五一忠義傳、續綱目改）殺福，子大源、大淵呼曰：「法止誅首謀，何乃舉家爲戮？」福叱曰：「以一命報宋朝，何至告人求活耶！」次及福，福大罵，數貴不忠，請身向南死，以明不背國。聞者流涕。

元人索宮女、內侍及諸樂官，宮女赴水死者以百數。

三月丁丑，元伯顏自湖州市入臨安城，建大將旗鼓，率左右翼萬戶巡城，觀潮於浙江，又登獅子峰，觀臨安形勢，部分諸將。時福王亦自紹興至，伯顏深慰之。太皇太后及帝欲與相見，伯顏曰：「未入朝，無相見之禮。」明日，發臨安，阿答海等入宮宣詔，免牽羊繫頸之禮，趣帝及太后入覲。太后全氏泣謂帝曰：「荷天子聖慈活汝，宜拜謝。」禮畢，帝與太后肩輿出宮。太皇太后謝氏以疾留內。與芮及沂王乃猷、度宗母隆國夫人黄氏，幷楊鎮、謝堂、高應松、庶僚劉褒然三學生等皆行。太學生徐應鑣與其二子琦、崧一女同赴井死。

元伯顏引兵北還，以忙兀台鎮浙西，唆都鎮浙東，董文炳、阿剌罕經略閩、浙未下州郡。

閏月，帝及太后隨元兵北行。至瓜洲，李庭芝、姜才涕泣誓將士，出兵奪兩宮，將士皆感泣。乃盡散金帛犒兵，以四萬人夜擣瓜洲，戰三時，元兵擁帝避去，才追戰至浦子市，夜猶不退。阿朮使人招之，才曰：「吾寧死，豈作降將軍耶！」眞州苗再成亦謀奪駕，不克。

五月丙申，元主忽必烈廢帝爲瀛國公。初，吳堅等至燕，不得命，留館中，賈餘慶病卒，惟家鉉翁聞國亡，旦夕哭泣，不飲食者數日。元主高其節，欲官之，鉉翁義不二君，直辭不受。帝及太后至燕，高應松亦不食卒。堅及鉉翁迎謁，伏地流涕，稱謝奉使無狀，不能保存社稷。帝遂赴上都，見元主於大安殿。元主尋命帝爲僧，全太后亦爲尼於正智寺。時太皇太后謝氏以病獨留臨安，後元人忽自宮中舁其床以出，侍衞七十餘人，同赴燕，降封壽春郡夫人，留燕七年而終。福王與芮亦降封爲平原郡公。

元主嘗召宋降將，問曰：「汝等降何容易？」對曰：「賈似道專國，每優禮文士而輕武臣。

臣等久積不平，故望風送款。」元主曰：「似道實輕爾曹，特似道一人之過，汝主何負焉。正如爾言，則似道輕爾也固宜。」

元伯顏入朝，元主命百官郊迎以勞之。既至，拜爲同知樞密院事，以陵州、藤州戶六千爲食邑。

秋七月，李庭芝、姜才赴召，至泰州，揚州守將朱煥、泰州裨將孫貴等皆降於元，庭芝、才死之，淮東盡陷。初，臨安既陷，阿朮以太皇太后手詔諭庭芝使降。庭芝登城謂使者曰：「奉詔守城，未聞以詔諭降也。」及帝次瓜洲，太皇太后復賜庭芝詔曰：「比詔卿納款，日久未報，豈未悉吾意，尚欲固圉耶？今吾與嗣君既已臣(元)〔伏〕，（據宋史四二一李庭芝傳、續綱目、薛鑑改）卿尚爲誰守之！」庭芝不答，命發弩射使者，斃一人，餘皆奔去。阿朮乃遣兵守高郵、寶應，以絶其餉道。博羅懽又攻拔泰州之新城，驅夏貴淮西降卒至城下，以示庭芝。幕客或勸爲計，庭芝曰：「吾惟一死而已！」阿朮復遣使者持元主詔招庭芝，庭芝開壁納使者，斬之，焚其詔於陴上。既而淮安、盱眙、泗州以糧盡降元，庭芝猶括民間粟以給兵；粟盡，又令官人出粟；粟又盡，令將校出粟，雜牛皮麴糵以給之，兵有自食其子者，然猶力戰不屈。姜才聞高郵米運將至，出步騎五千，戰於丁村，自夜達旦，元兵多敗，董士元戰死。阿朮使伯顏察救之，所將皆阿朮麾下，才軍識其旗幟，皆潰，才脫身走。阿朮請元主降詔，赦庭芝焚詔殺使之罪，令〔早〕（據續綱目、薛鑑補）歸款，庭芝不納。會福州使至，庭芝命制置副使朱煥守揚，而自與姜才將兵七千趨泰州，將東入海。庭芝既行，煥卽以城降。阿朮分道追及庭芝，殺步卒千餘人。庭芝走入泰州，阿朮圍之，且驅其妻子至陴下，招降。會姜才疽發背，不能戰。泰州裨將孫貴、胡惟孝、尹端甫、李遇春開北門納元軍。庭芝赴蓮池中，水淺不死，遂與姜才俱被執。至揚州，阿朮責其不降，才曰：「不降〔者〕（據宋史四五一忠義傳、續綱目、薛鑑補），我也。」憤罵不已。然猶愛其才勇，未忍殺之。朱煥請曰：「揚自用兵以來，積骸滿野，皆庭芝與才所爲。不殺之，何俟！」阿朮乃皆殺之。揚民聞者，莫不泣下。有宋應龍者，爲泰州諮議官，泰守孫良臣之弟舜臣自軍中來說降，良臣（詔）〔召〕（據薛鑑改）應龍與計，應龍極陳國家恩澤，君臣大義，請殺舜臣，以戒持二心者。良臣不得已殺之。及泰州降，應龍夫婦自經死。未幾，眞州亦陷，苗再成死之。

先是，元兵自元年十月圍潭州，湖南安撫兼知州事李芾拒守，大小戰數十合。至是年正月，阿里海涯督戰益急，與諸將畫地分圍，決（湟）〔隍〕（據元史一二八阿里海牙傳改）水，以樹梯衝城。城中大窘，力不能支，諸將泣請曰：「事急矣，吾屬爲國死，可也，如民何！」芾罵曰：「國家平時所以厚養汝者，爲今日也。汝第死守，若再復言，吾先戮汝！」元兵登城，蟻附而上。知衡州尹穀時寓城中，知事不可爲，乃爲二子行冠禮。或曰：「此何時，行此迂闊事。」穀曰：

「正欲令兒曹冠帶見先人於地下耳！」既畢禮，與其家人自焚。芾命酒(酬)〔酹〕(據宋史四五〇忠義傳、續綱目、薛鑑改)之，因留賓佐會飲，夜傳令，猶手書「盡忠」字為號。飲達旦，諸賓佐出，參議楊霆(宋史四五〇李芾傳及續綱目均作「震」，宋史李芾傳所附本傳作「霆」。按：霆字震仲，「霆」「震」形近易誤)赴園池死。芾坐熊湘閣，召帳下沈忠，遺之金，曰：「吾力竭，分當死，吾家人亦不可辱於俘。汝盡殺之，而後殺我。」忠伏地叩頭，辭以不能，芾固命之，忠泣而諾。取酒飲其家人，盡醉，乃徧刃之，芾亦引頸受刃。忠縱火焚其居，還家，盡殺其妻子，復至火所，大慟，(遽)(據宋史四五〇忠義傳、續綱目、薛鑑刪)舉身投地，乃自刎。幕僚陳億孫、顏應焱皆死。潭民聞之，多舉家自盡，城無虛井，縊林木者相望。守將吳繼明、劉孝忠以城降。阿里海涯傳檄諸郡，繇是袁、連、衡、永、郴、全、道、桂陽、武岡皆降。寶慶通判曾如驥亦不屈而死。

宋史紀事本末卷一百八

二王之立

帝㬎德祐二年（丙子、一二七六）春正月癸未，進封吉王昰爲益王，判福州；信王昺爲廣王，判泉州。初，召文天祥知臨安府，天祥辭不就，請以福王、秀王判臨安，係民望，身爲少尹，以死衞宗廟；又乞命吉王、信王鎭閩、廣，以圖興復，俱不許。至是，宗親復請，太后從之，以駙馬都尉楊鎭及楊淑妃弟亮節、俞充容弟如圭提舉二王府事。

戊子，駙馬都尉楊鎭等奉益王、廣王走婺州，楊淑妃、秀王與檡從行，以元軍將入臨安故也。

二月，元伯顏遣范文虎以兵追二王。楊鎭得報即還，曰：「我將就死於彼，以緩追兵。」楊亮節等遂負二王及楊淑妃，徒步，匿山中七日。統制張全以兵數十人至，遂同走溫州。

三月，文天祥自鎭江與其客杜滸等十二人夜亡，入眞州。苗再成出迎，喜且泣曰：「兩淮兵足以興復，特二閫少隙，不能合從耳。」天祥問計將安出，再成曰：「今先約淮西兵趨建康，彼必悉力以捍吾西兵。指揮淮東諸將，以通、泰兵攻灣頭，以高郵、寶應、淮安兵攻揚子橋，以揚兵攻瓜步，吾以舟師直擣鎮江，同日大舉。灣頭、揚子橋皆沿江脃兵，且日夜望我師之至，攻之卽下。合攻瓜步之三面，吾自江中一面薄之，雖有智者，不能爲之謀矣。瓜步旣舉，以淮東兵入京口，淮西兵入金陵，要其歸路，其大帥可坐致也。」天祥大稱善，卽以書遺李庭芝，遣使四出約結。初，天祥未至眞時，揚有逸卒言元密遣一丞相入眞州說降矣，庭芝信之，以天祥爲元說降也，使再成亟殺之。再成不忍，紿天祥出相城壘，以制司文示之，閉之門外。久之，復遣二路分覘天祥，果說降者，卽殺之。二路分與天祥語，見其忠義，亦不忍殺，以兵二十人道之如揚。四鼓抵城下，聞候門者談制置司下令捕文丞相甚急，衆相顧吐舌，天祥乃變姓名爲清江劉洙，東入海。道遇元兵，伏環堵中得免，然飢莫能起，從樵者乞得餘糝羹。行入板橋，元兵又（出）〔至〕（據宋史四一八文天祥傳、續綱目、薛鑑改），衆走入叢篠中。兵入索之，執杜滸、金應以去；滸、應以所懷金與卒，得逸。二樵者以蕢荷天祥至高郵稽家莊，稽聳迎天祥至其家，遣子德潤衞送至泰州。遂繇通州泛海，如溫州以求二王。

閏月，陸秀夫、蘇劉義等聞二王走溫州，繼追及於道。遣人召陳宜中於清澳，宜中來謁。復召張世傑於定海，世傑亦以所部兵來。溫之江心寺，舊有高宗南奔時御座，衆相率哭座下，奉益王爲天下兵馬都元帥，廣王副之。發兵除吏，以秀王與檡爲福建察訪使，先入閩中，撫吏民，諭同姓，檄召諸路忠義，同奬王室。會太皇太后遣二宦者以兵百人召二王還臨安，宜中等沈其兵於江中，遂入閩。時黃萬石降元，以嘗爲福建漕使，欲取全閩爲己功。汀、建諸州，方謀從萬石送款，聞二王至，復閉門拒萬石。南建守臣林起鰲遣軍逐之，萬石敗走，其將士多來歸，兵勢稍振。宜中等遂傳檄嶺海，言夏貴已復瀕江州郡。元諸戍將以江路既絕，不可北歸，皆欲託計事還靜江，獨廣西宣慰使史格曰：「君等勿爲虛聲所懼，待貴踰嶺，審不可北歸，取途雲南，未爲不可，豈敢輒棄戍哉！」元行省又欲棄廣之肇慶、德慶、封州，併戍梧州，亦爲格所沮。

五月己未朔，益王即位於福州，改元景炎，遙上帝尊號爲孝恭懿聖皇帝，又上太皇太后尊號，册楊貴妃爲皇太妃，同聽政。升福州爲福安府，以大都督府爲垂拱殿，便廳爲延和殿，王剛中知福安府。是日，有大聲出府中，衆皆驚仆。進封弟昺爲衞王。

以陳宜中爲左丞相，兼樞密使，都督諸路軍馬。陳文龍、劉黻參知政事，張世傑爲樞密副使，陸秀夫爲直學士，蘇劉義主管殿前司。

詔以趙溍爲江西制置使，進兵邵武；謝枋得爲江東制置使，進兵饒州；李世（逵）〔達〕（本書下文作「李世達」，宋史四七二王紀、元史一二九阿剌罕傳均與本書下文同，今據改）、方興等進兵浙東；吳浚爲江西招諭使，鄒㵯副之；毛統繇海道至淮，約兵會合。仍詔傅卓、翟國秀等，分道出師，興復帝室。

文天祥至行都，拜右丞相，兼樞密使，都督諸路軍馬。天祥以國事皆決於陳宜中，固辭不拜，乃以爲樞密使同都督。天祥使呂武招豪傑於江、淮，杜滸募兵於溫州。

六月丁卯，元兵入廣州。廣東經略使徐直諒遣其將梁雄飛請降於隆興阿里海涯，假雄飛招討使，使徇廣東。既而直諒聞益王即位，乃命權通判李性道、摧鋒軍將黃俊等拒雄飛於石門。性道不戰，俊戰敗，直諒棄城遁，雄飛入廣州。諸降將皆授以官，俊獨不受，被殺。

吳浚聚兵於廣昌，遂復南豐、宜黃、寧都三縣。翟國秀取秀山。傅卓至衢、信諸縣，民多應之者。會浚兵遇元兵敗走，國秀引還，卓兵亦敗，詣元兵降。

秋七月，文天祥開府南劍州，經略江西。天祥欲還溫州進取，陳宜中以已棄溫州入閩，欲倚張世傑復浙東、西以自洗濯，遂不從天祥請，而命開府南劍。

八月，秀王與檡圍婺州，元董文炳拒之，與檡乃還。時，楊亮節居中秉權，與檡自以國家親賢，多所諫止，遂犯忌嫉，諸將皆憚之。至是，詔出兵浙東，朝臣言：「與檡有劉更生之忠，曹王皐之孝，宜留（府）〔輔〕（據宋史四五〇忠義傳、續綱目、薛鑑改）以隆國本。」譖者益急，卒遣之。

以王積翁爲福建招捕使。積翁兼知南劍州，備禦上三州；副使黃恮兼知漳州，備禦下三州。

張世傑遣都統張文虎與吳浚合兵十萬，期必復建昌。與元將李恆戰，兵敗，浚奔寧都。

九月，元軍分道寇閩、廣，阿剌罕、董文炳及忙兀台、唆都以舟師出明州，塔出及呂師夔、李恆等以騎兵出江西。

東莞民熊飛爲元人守潮、惠，聞趙溍至，即以兵應之，攻梁雄飛於廣州，雄飛遁去，遂復韶州。新會令曾逢龍亦帥兵至廣州，李性道出迎謁，飛與逢龍執性道，殺之，溍遂入廣州。

時，知邕州馬塈將入衛而臨安已陷，因留靜江，總屯戍諸軍。會元使阿里海涯取廣西，塈發所部及諸峒兵守靜江，而自將三千人守嚴關。元兵攻關，不克，乃以偏師入平樂，過臨桂，夾攻塈，塈退保靜江。阿里海涯使人招降，塈發弩射之。攻三月，塈不解甲，前後百餘戰，城中死傷相藉，訖無降意。

冬十月，文天祥帥師次於汀州。天祥遣趙時賞等將一軍趨贛，以取寧都；吳浚將一軍取雩都。劉洙等皆自江西起兵來會。

元呂師夔等將兵度梅嶺。趙溍使熊飛及曾逢龍禦元軍於南雄，逢龍敗死，飛走韶州。元軍圍之，守將劉自立以城降，飛率兵巷戰，敗，赴水死。

十一月，元阿剌罕、董文炳入處州，秀王與檡與弟與櫶、子孟備及觀察使李世達、監軍趙由璘、察訪使林溫被執，皆不屈而死。知處州李珏、知瑞安府方洪俱以城降。

元兵入建寧府邵武軍。

北兵既逼，陳宜中、張世傑備海舟，奉帝及衞王、楊太妃登舟。時，軍十七萬人，民兵三十萬人，淮兵萬人，與北舟相遇，值天霧，晦冥不辨，舟得以進。

王積翁叛降元。先是，積翁棄南劍州，走行都，遣人納款於元。至是，元軍侵福安，積翁爲內應，遂與王剛中同降。

帝至泉州，舟泊於港。招撫使蒲壽庚來謁，請駐蹕，張世傑不可。初，壽庚提舉市舶，擅舶利者三十年。或勸世傑留壽庚不遣，則凡海舶不令自隨。世傑不從，縱之歸。繼而舟不足，乃掠其舟，并沒其貲。壽庚怒，殺諸宗室及士大夫與淮兵之在泉者，宜中等乃奉帝趨潮州。

十二月，蒲壽庚與知泉州田(子)眞〔子〕(據宋史四七瀛國公紀、續綱目改)以城降元。

趙溍棄廣州遁，制置副使方興亦遁。

元人入福州，遂入興化軍，知軍事陳文龍死之。時降將王世强及王剛中導元兵至福，復遣使徇興化，文龍斬之，而縱其副持書責世强、剛中負國，遂發民兵固守。阿剌罕復遣使招之，文龍復斬之。有風其納款者，文龍曰：「諸君特畏死耳，未知此生能不死乎！」乃使其部將林華伺元兵於境上，華反導元兵至城下。通判曹澄孫開門降，執文龍，欲降之，文龍不屈。左右陵挫之，文龍指其腹曰：「此皆節義文章也，可相逼耶！」卒不屈。乃械送杭州，文龍不食死。其母繫福州尼寺中，病甚，左右視之泣下。母曰：「吾與吾兒同死，又何恨哉！」亦死之。衆歎曰：「有是母，宜有是子。」爲收葬之。

元阿里海涯破靜江，馬塈死之。先是，阿里海涯爲書許馬塈爲廣西大都督，塈不聽。又請元主親降手詔諭之，塈焚詔，斬其使。靜江以水爲固，阿里海涯乃築堰，斷大陽、小溶二江以遏上流，決東南埭以涸其隍，城遂破。塈閉內城城守，又破之。塈率死士巷戰，刀傷臂，被執，斷其首，猶握拳奮起立，踰時始仆。靜江破，邕守馬成旺及其子都統應麒以城降，獨塈部將婁鈐轄，猶以二百五十人守月城不下。阿里海涯笑曰：「是何足攻。」圍之十餘日。婁從壁上呼曰：「吾屬飢，不能出降。苟賜之食，當聽命。」乃遺之牛數頭，米數斛。一部將開門取歸，復閉壁。大軍乘高視之，兵皆分米炊，未熟，生臠牛，啖立盡，鳴角伐鼓。諸將以爲出戰，被甲以待。婁乃令所部人擁一火礮然之，聲如雷霆，震城，城壞皆崩，烟氣漲天，外兵多驚死者。火息入視之，灰燼無遺矣。阿里海涯盡坑其民，分兵取鬱林、潯、蓉、藤、梧等州。廣西提刑鄧得遇聞靜江破，朝服南望拜辭，投南流江而死。

帝駐於惠州之甲子門，遣倪宙奉表詣元軍請降，唆都命其子百家奴偕宙赴燕。

端宗景炎二年（丁丑、一二七七）春正月，元兵破汀關，文天祥欲據城拒敵，汀守黄去疾聞車駕航海，擁兵有異志，天祥乃移軍漳州。時趙孟濼等軍還，惟吳浚不至。未幾，浚與去疾降元。

二月，元兵入廣州，遂陷廣東諸郡。

吳浚既降元，因至漳州說文天祥降。天祥責以大義，斬之。

元兵引還，留潛說友爲福州宣慰使，王積翁副之。時北方有警，元主召諸將班師，凡諸將及淮兵在福安者，命李雄統之。

三月，文天祥復梅州。

陳瓚起兵復興化軍。瓚，文龍從子也。舉兵誅林華，復其城。

夏四月，廣東制置使張鎮孫復廣州。

五月，張世傑復潮州。文天祥引兵自梅州出江西，吉、贛兵皆會之，遂復會昌縣。

淮人張德興與淮西野人原寨劉源等起兵興復，司空山民傅高舉兵應之，遂復黃州壽昌軍，用景炎正朔。元賈居貞使湖北宣慰使鄭鼎將兵拒之，鼎言：「鄂之大姓，皆與高通。請先除之，以絕禍本。」居貞不可。鼎將行，留其所善部將曰：「聞吾軍還，汝〔就〕（據續綱目、薛鑑補）舉烽城樓，內外合發，當盡殺城中大姓。」鼎與德興遇於樊口，戰敗，溺死。

六月辛酉，文天祥敗元軍於雩都。

秋七月，文天祥遣趙時賞等分道復吉、贛諸縣，遂圍贛州。衡山人趙璠、撫州人何時皆起兵應之。

乙巳，張世傑以元軍既退，自將淮兵討蒲壽庚。時，汀、漳諸劇盜陳弔眼及許夫人所統諸峒畲軍皆會，兵勢稍振。壽庚閉城自守，世傑遂傳檄諸路，陳瓚起家丁、義民五百人應世傑。世傑遣將高日新復邵武軍。

淮兵在福州者，謀殺王積翁以應張世傑。事覺，皆爲積翁所殺。

八月，元李恆遣兵援贛，而自將攻文天祥於興國。天祥不意恆猝至，遣兵戰鍾步，不利。時，鄒㵯聚兵數萬於永豐，天祥引兵就之。會㵯兵先潰，恆追天祥至(萬)〔方〕石嶺（據宋史四一八文天祥傳、續綱目、薛鑑改），及之。鞏信以短兵接戰，恆駭其以寡敵衆，疑有伏，斂兵不進。信坐巨石，餘卒侍左右，箭雨集，屹不動。恆從間道就視之，創被體而死不仆。天祥至空阬，兵〔盡〕（據續綱目、薛鑑補）潰。趙時賞坐肩輿後，元軍問爲誰，時賞曰：「我姓文。」衆以爲天祥，禽之。恆遍求俘虜人識認，有曰：「此趙督參時賞也。」天祥繇是得與杜滸、鄒㵯乘騎逸去。至循州，散兵頗集。天祥妻子及幕僚客將皆被執。時賞至隆興，奮罵不屈，僚屬有係累至者，輒麾去，云：「小小僉廳官耳，執之何爲。」得脫者甚衆。臨刑，劉洙頗自辯，時賞叱曰：「死耳，何必然！」於是被執者皆死。恆送天祥妻子家屬於燕，二子死於道。

九月戊申，元將也的迷失陷邵武軍，入福州。帝舟次廣之淺灣。元主詔塔出與李恆、呂師夔等以步卒入大庾嶺，忙兀台、唆都、蒲壽庚及元帥劉深等以舟師下海，合追二王。

張世傑使謝洪永進攻泉州南門，不利。蒲壽庚復陰賂畬軍，攻城不力，得間道求救於唆都。至是，唆都來援，世傑〔遂〕（據續綱目補）解圍，還淺灣。

元遣昂吉兒等將兵襲司空山寨，破之，黄州復陷。殺張德興，執其三子以去。傅高變姓名出走，尋被獲，死之。

冬十月，以陸秀夫同簽書樞密院事。秀夫之謫，張世傑讓陳宜中曰：「此何如時，動以臺諫論人！」宜中惶恐，亟召秀夫還行朝。時播越海濱，庶事疎略，楊太妃垂簾，與羣臣語猶自稱奴。每時節朝會，獨秀夫儼然正笏立如治朝，或時在行中，淒然泣下，以朝衣拭淚，衣盡溼，左右無不悲慟者。

甲辰，元唆都至興化，陳瓚閉城堅守。唆都臨城諭之，矢石雨下。乃造雲梯礮石，攻破其城。瓚以死自誓，巷戰終日，獲瓚，車裂之。屠其民，血流有聲。

十一月，元將塔出初令唆都取道泉州，泛海，會於廣之富場。唆都既取興化軍及漳州，進攻潮州，守臣馬發竭力拒守，唆都恐失期，乃舍之而去。至惠州，與呂師夔合軍趨廣州。

制置使張鎮孫及侍郎譚應斗以城降，塔出遂夷廣州城。

元將劉深攻帝於淺灣，張世傑戰不利，奉帝走秀山，至井澳。陳宜中遁入占城，遂不返。

十二月丙子，帝至井澳，颶風大作，舟敗，幾溺，帝驚悸成疾。旬餘，諸兵士稍集，死者過半。

元劉深襲井澳，帝奔謝女峽，復入海，至七里洋，欲往占城，不果。

三年（戊寅、一二七八）二月，帝舟還廣州。元將塔出令唆都還攻潮州，知州馬發城守益備，唆都塞塹塡濠，造雲梯鵝車，日夜急攻，發潛遣人焚之。凡相拒二十餘日而敗，發死之，唆都屠其民。

三月，元倪宙至燕，元主召塔出等北還，議二王事宜，乃留唆都、蒲壽庚行省事於福州，鎮撫瀕海諸郡。

文天祥以弟璧及母在惠州，乃趨之，行收兵，出海豐縣，遂次於麗江浦。

都統淩震及轉運判官王道夫復廣州。

帝遷駐碙洲。

曾淵子至自雷州，以爲參知政事、廣西宣諭使。時淵子起兵據雷州，元兵諭降，不聽。

進兵攻之，淵子奔至碙洲，遂有是命。

夏四月，帝崩，年十一。羣臣多欲散去，陸秀夫曰：「度宗皇帝一子尚在，將焉置之？古人有以一旅一成中興者。今百官有司皆具，士卒數萬，天若未欲絕宋，此豈不可爲國耶！」乃與衆共立衞王，年八歲矣。方登壇禮畢，御輦所向，有黃龍自海中見。既入宮，雲陰不見。上大行皇帝廟號曰端宗，楊太妃仍同聽政。陳宜中入占城，日候其還朝，宜中竟不至。時張世傑秉政，而秀夫裨助之，外籌軍旅，內調工役，凡有述作，盡出其手，雖悤遽流離中，猶日書大學章句以勸講。

五月，改是年爲祥興元年。乙酉，升碙洲爲翔龍縣。

遣張應科、王用將兵取雷州，應科與元兵三戰，不利，用因降元。

六月，張應科收兵，復與元戰，敗死。張世傑悉衆圍城，城中絕糧。士以草爲食，元史格瓚欽、廉、高、化諸州糧以給之。世傑引還。

帝遷居新會之厓山。時，六軍所泊居雷、化犬牙處，而厓山在新會縣南八十里鉅海中，與奇石山相對立如兩扉，潮汐之所出入也，故有鎭戍。張世傑以爲天險，可扼以自固，乃奉帝移駐。遣人入山伐木，造行宮三十間，軍屋三千間，正殿曰慈元，楊太妃居之。升廣州爲祥興府。時，官、民兵尚二十餘萬，多居於舟，資糧取辦於廣右諸郡、海外四州。復刷人匠，造舟楫，制器仗，至十月始罷。

庚辰，升廣州爲翔龍府。

元張弘範言：「張世傑復立廣王，閩、廣響應，宜進取之。」元主以弘範爲蒙古、漢軍都元帥，賜寶劍，專決軍事。弘範薦李恆自副，從之。弘範至揚州，選將校，發水陸之師二萬，分道而南。元主復命塔出留後，供軍費。

秋七月，湖南制置使張烈良及提刑劉應龍起兵以應厓山，雷、瓊、全、永與潭屬縣之民周隆、賀十二等咸應之，大者衆數萬，小者不下數千。元主命阿里海涯往討，獲周隆、賀十二，斬之。烈良等舉宗及餘兵奔思州烏羅洞，爲元軍所襲，皆戰死。阿里海涯略地海外，甚猛，唯瓊州安撫趙與珞及冉安國、黄之傑等，率兵拒於白沙口，相約固守，以死自誓，日望援兵不至，繇是瓊、南寧、萬安、吉陽諸州縣及八蕃、羅甸諸蠻皆附於元。

八月，加文天祥少保信國公，張世傑越國公。天祥聞帝卽位，上表自劾兵敗江西之罪，乞入朝。優詔不許，而加官爵。天祥移書陸秀夫云：「天子幼沖，宰相遁荒，詔令皆出諸公之口，豈得以游詞相拒！」會軍中大疫，士卒多死，天祥母亦病沒，詔起復之。天祥長子復亡，家屬皆盡。

九月，葬端宗皇帝於厓山，陵號永福。

冬十月，元蒙古、漢軍數路並進，張弘範以舟師繇海道襲漳、潮、惠三州；李恆以步騎繇梅嶺襲廣州；阿里海涯遣人招安撫使趙與珞及冉安國、黄之傑等於瓊州，不從，率兵禦之。

十一月，瓊州民作亂，執趙與珞等降於元，與珞、冉安國、黄之傑皆死之。

李恆兵至清遠，王道夫迎戰大敗；恆遂擊凌震，又敗，二人棄廣州遁。恆入廣州，以待弘範。

十二月，王道夫、凌震攻廣州，與李恆復戰，兵敗。震走厓山，與翟國秀軍合。文天祥屯潮陽，鄒㵯、劉子俊皆集師會之，遂討劇盜陳懿、劉興於潮。興死，懿遁，以海舟導張弘範兵濟潮陽。天祥帥麾下走海豐，先鋒將張弘正追之。天祥方飯五坡嶺，弘正兵突至，衆不及戰，天祥遂被執，吞腦子，不死。鄒㵯自剄。劉子俊自詭爲天祥，冀元兵不窮追，天祥可間走也。別隊執天祥至，相遇於途，各爭眞僞，得實，元遂烹子俊。天祥至潮陽，見弘範。左右命之拜，天祥不屈，弘範釋其縛，以客禮之。天祥固請死，弘範不許，處之舟中，求族屬被俘者，悉還之。

帝昺祥興二年（己卯、一二七九）春正月，元張弘範繇潮陽港乘舟入海，至甲子門，獲斥候將劉青、顧凱，知帝所在，乃至厓山。或謂張世傑曰：「北兵以舟師塞海口，則我不能進退。盍往據之，幸而勝，國之福也；不勝，猶可西走。」世傑恐久在海中，士卒離心，動則必散，乃曰：「頻年航海，何時已乎！今須與決勝負。」遂焚行朝草市，結大舶千餘，作一字陣，碇海中，中艫外舳，貫以大索，四周起樓棚如城堞，奉帝居其間，爲死計，人皆危之。厓山北淺，舟膠不可進，弘範由山東轉而南，入大洋，與世傑之師相遇，薄之，且出奇兵斷官軍汲路。世傑舟堅不能動，弘範乃舟載茅茨，沃以膏脂，乘風縱火焚之。世傑戰艦皆塗泥縛長木以拒火，舟不爇，弘範無如之何。時，世傑有甥韓在元軍中，弘範三使韓招世傑，世傑不從，曰：「吾知降生且富貴，但義不可移爾！」因歷數古忠臣以答之。弘範乃命文天祥爲書招世傑，天祥曰：「吾不能捍父母，乃教人叛父母，可乎！」固命之，天祥書所過零丁洋詩與之，其末有云：「人生自古誰無死，留取丹心照汗青。」弘範笑而置之。弘範復遣人語厓山士民曰：「汝陳丞相已去，文丞相已執，汝復欲何爲？」士民亦無叛者。弘範又以舟師據海口。世傑兵士茹乾糧十餘日，下掬海水飲之，水鹹，飲卽嘔泄，兵士大困。世傑帥蘇劉義、方興等旦夕大戰。既而李恆自廣州以師來會，弘範命恆守厓山北。

二月，都統制張達夜襲元軍，敗還。

癸未，元張弘範乃四分其軍，自將一軍，相去里許。令諸將曰：「宋舟西艤厓山，潮至必東。〔遁〕」（據元史一五六張弘範傳、續綱目、薛鑑補），急攻之，聞吾樂作乃戰。違令者斬！」時黑氣出山西。李恆乘早潮退攻其北，張世傑以淮兵殊死戰。至午，潮上，元軍樂作，世傑以爲且懈，不設備。弘範以舟攻其南，世傑南北受敵，兵士皆疲，不能復戰。俄有一舟檣旗仆，諸舟之檣旗皆仆。世傑知事去，乃抽精兵入中軍。諸軍大潰，翟國秀、淩震等皆解甲降元。元軍薄中軍，會日暮風雨，昏霧四塞，咫尺不相辨。世傑遣小舟至帝所，欲取帝至其舟中，旋謀遁去。秀夫恐來舟不得免，又慮爲人所賣，或被俘辱，執不肯赴，秀夫因帝舟大，且諸舟環結，度不得出走，乃先驅其妻子入海，謂帝曰：「國事至此，陛下當爲國死。德祐皇帝辱已甚，陛下不可再辱！」卽負帝同溺，後宮諸臣從死者甚衆。世傑乃與蘇劉義斷維奪港，乘昏霧潰去。餘舟尚八百，盡爲弘範所得。越七日，尸浮海上者十餘萬人。元卒有求物尸間者，遇一尸，小而衣黄衣，負詔書之寶，取寶以獻弘範。弘範亟往求之，已不獲矣，遂以帝崩報，年九歲。楊太后聞之，撫膺大慟曰：「我忍死艱關至此者，正爲趙氏一塊肉耳。今無望矣！」遂赴海死，世傑葬之海濱。世傑將赴占城，土豪强之還廣東，乃回舟艤南恩之海陵山，散潰稍集，議入廣。颶風大作，將士勸世傑登岸，世傑曰：「無以爲也。」登舵樓，露香祝曰：「我爲趙氏亦已至矣。一君亡，復立一君，今又亡，我未死者，庶幾敵兵退，別立趙氏以存祀耳。今若此，豈天意耶！」風濤愈甚，世傑墮水溺死。

史臣曰：宋雖起於用武，功成治定之後，以仁傳家。然仁之弊失於弱，中世有欲自强以革其弊，用乖其方，馴致棼擾。建炎而後，土宇分裂，猶能六主百五十年而後亡。

豈非禮義足以維持君子之志，恩惠足以固結黎庶之心歟！所可恨者，嗣主昏庸，奸臣接跡，馴致大命以傾，雖有善者亦末如之何。區區奉二王爲海上之謀，固無救於亡，然人臣忠於所事而至於斯，其亦可悲也夫！

初，元兵入蜀，惟重慶久不下。張珏自合州遣兵復瀘、涪二州，數與元兵戰。元不花、汪良臣等既陷重慶，命李德輝爲書與張珏曰：「君之爲臣，不親於宋之子孫。合州爲州，不大於宋之天下。」珏不答。不花至城下，營浮屠，造梯衝，將攻之。珏悉衆與良臣鏖戰，良臣身中四矢，明日督戰益急。珏與也速觧兒戰扶桑壩，元兵從後合擊之，珏兵大潰。其夜，都統趙安以城降。珏率兵巷戰，不支，歸，索鴆飲不得，乃順流走涪。不花遣舟師邀之，被執，至安西，解弓絃自經死。

宋史紀事本末卷一百九

文謝之死

帝昺祥興二年（己卯、一二七九）二月，厓山破，張弘範等置酒大會，謂文天祥曰：「國亡，丞相忠孝盡矣！能改心以事宋者事今，將不失爲宰相也。」天祥泫然出涕曰：「國亡不能救，爲人臣者，死有餘罪，況敢逃其死而貳其心乎！」弘範義之，遣使護送天祥赴燕。道經吉州，痛恨不食，八日猶生，乃復食。

十月，至燕。館人供張甚盛，天祥不寢處，坐達旦，遂移兵馬司，設卒守之。既而丞相孛羅等召見於樞密院，天祥入長揖。欲使跪，天祥曰：「南之揖，北之跪，予南人行南禮，可贅跪乎！」孛羅叱左右曳之地，或抑項，或扼其背，天祥不屈，仰首言曰：「天下事有興有廢，自古帝王以及將相，滅亡誅戮，何代無之？天祥今日忠於宋氏，以至於此，願早求死！」孛羅曰：「汝謂有興有廢，且問盤古帝王至今日，幾帝幾王？一一爲我言之。」天祥曰：「一部十七史，從何處說起？吾今日非應博學宏詞、神童科，何暇泛論。」孛羅曰：「汝不肯說興廢事，且道自古以來，有以宗廟、土地與人而復逃者乎？」天祥曰：「奉國與人，是賣國之臣也。賣國者有所利而爲之，必不去，去者必非賣國者也。予前辭宰相不拜，奉使軍前，尋被拘執。已而有賊臣獻國，國亡當死，所以不死者，以度宗二子在浙東，老母在廣故耳。」孛羅曰：「棄德祐嗣君而立二王，忠乎？」天祥曰：「當此之時，社稷爲重，君爲輕。吾別立君，爲宗廟、社稷計也。從懷、愍而北者非忠，從元帝爲忠。從徽、欽而北者非忠，從高宗爲忠。」孛羅語塞，忽曰：「晉元帝、宋高宗皆有所受命，二王立不以正，篡也。」天祥曰：「景炎乃度宗長子，德祐親兄，不可謂不正。登極於德祐去位之後，不可謂篡。陳丞相以太皇命奉二王出宮，不可謂無所受命。」孛羅等皆無辭，但以無受命爲解。天祥曰：「天與之，人歸之，雖無傳授之命，推戴擁立，亦何不可。」孛羅怒曰：「爾立二王，竟成何功！」天祥曰：「立君以存宗社，存一日則盡臣子一日之責，何功之有！」曰：「既知其不可，何必爲？」天祥曰：「父母有疾，雖不可爲，無不下藥之理，盡吾心焉，不救則天命也。今日天祥至此，有死而已，何必多言！」孛羅欲殺之，而元主及大臣不可；弘範病中亦表奏天祥忠於所事，欲釋勿殺，乃囚之。

元至元十九年（壬午、一二八二）十二月，殺宋丞相文天祥。先是，天祥留燕三年，坐臥一小樓，足不履地。時，帝求南人有才者甚急，王積翁薦之，帝卽遣積翁諭旨，欲用之。天祥曰：「國亡，吾分一死耳。倘緣寬假，得以黃冠歸故鄉，他日以方外備顧問可也。若遽官之，非直亡國之大夫不足以圖存，舉其平生而盡棄之，將焉用我！」積翁欲令宋官謝昌言等十人請釋爲道士，留夢炎不可，曰：「天祥出，復號召江南，置吾十人於何地！」事遂寢。帝知其不可屈，議將釋之，有以天祥起兵江西事爲言者，乃不果釋。至是，有閩僧言土星犯帝座，疑有變。未幾，中山有狂人，自稱宋主，有衆千人，欲取文丞相。京城亦有中山薛保住上匿名書，言：「某日燒蓑城葦，率兩翼兵爲亂，丞相可無憂者。」朝廷疑之，遂撤蓑城葦，遷瀛國公及宋宗室於上都。疑丞相爲天祥，乃詔天祥入，諭之曰：「汝移所以事宋者事我，當以汝爲相矣。」天祥曰：「天祥爲宋宰相，安事二姓？願賜之一死，足矣！」帝猶未忍，遽麾之退。左右力贊從其請，遂詔殺之於都城之柴市。天祥臨刑，從容謂吏卒曰：「吾事畢矣！」南向再拜，死，年四十七。其衣帶中有贊曰：「孔曰成仁，孟曰取義，惟其義盡，所以仁至。讀聖賢書，所學何事？而今而後，庶幾無愧！」其妻歐陽氏收其尸，面如生。

天祥爲人豐頤，兩目炯然，博學善論事，作文未嘗起草，尤長於詩，居獄四年，忠義之氣，一著於詩歌，累數十百篇。至是，兵馬司籍所存上之，觀者無不流涕悲慟。有得其一履者，亦寶藏之。尋有義士張毅甫者，負其骨歸葬吉州，適家人自廣東奉其母曾夫人之柩，同日至城下，人以爲忠孝所感云。

初，天祥開督府，置僚屬，一時知名者四十餘人，而遂請號令稱幕府文武士者不可悉數，然皆一念向正，至死靡悔。廬陵鄧光薦曰：「天祥奉詔勤王，獨行其志，屢躓而愈奮。故其軍日敗，勢日蹙，而歸附日衆，從之者（沈）〔亡〕家（亡）〔沈〕（據續綱目、薛鑑改）族而不悔。雖人心向中國，思趙氏，亦繇天祥之神氣意度足以感悟之也。」

史臣曰：自古志士欲信大義於天下者，不以成敗利鈍動其心，君子命之曰仁，以其合天理之正，卽人心之安耳。宋〔至〕（據宋史四一八文天祥傳補）德祐亡矣，文天祥奉兩孱（主）〔王〕（據宋史四一八文天祥傳、續綱目改），崎嶇嶺海，以圖興復，兵敗身執，終不可屈，而從容伏鑕，就死如歸，是其所欲有甚於生者，可不謂之仁哉！

許有壬曰：宋養士三百年，得人之盛，軼漢、唐而過之。及天命已去，文天祥萬變不渝，一旦就義，光明俊偉，俯視一世，〔顧〕（據續綱目、薛鑑補）膚敏祼將之士，不知爲何物也！宋之亡，守節不屈者有之，未有有爲若天祥者，事固不可以成敗論也。

二十五年（戊子、一二八八）夏四月，徵故宋江西招諭使謝枋得。初，枋得遁入建陽，時程鉅夫至江南訪求人才，薦宋遺士三十人，枋得亦在列。枋得方居母喪，遺書鉅夫曰：「大元制世，民物一新。宋室孤臣，只欠一死。枋得所以不死者，九十三歲之母在堂耳。罪大惡極，天不憖厥命，而奪其所恃以爲命，枋得自今無意人間事矣。當執事薦士時，豈知枋得有母之喪，衰絰之服，不可入公門。稽之古禮，子有父母之喪，君命三年不過其門，所以教天下之孝也。傳曰：『求忠臣必於孝子之門。』爲人臣不盡孝於家而能忠於國者，未之有也。枋得親喪未克葬，持服未三年，若違禮背法，從郡縣之令，順執事之意，其爲不孝莫大焉。語曰：『人豈不自知？』枋得自知不才久矣。『亡國之大夫，不可以圖存。』李左車猶能言之，況稍知詩、書，〔頗〕（據續綱目、薛鑑補）識義理者乎！淳祐甲辰，丞相史嵩之父沒，天子詔起復，嵩之雖不來，太學生叩閽而攻之，其詞曰：『天子當爲國家扶綱常，爲天地立人極。奪情非令典，起復非美名。』朝臣惟徐元杰上疏主正論，力勸君父宜令嵩之終三年喪，人心天理，不可泯滅。咸淳甲戌而後，不復有禮法矣，賈似道起復爲平章，徐直方起復爲尙書，陳宜中起復爲宰相，劉黼起復爲執政。三綱、四維，一朝斷絕，此生靈所以爲肉爲血，宋之所以爲肉爲血也，豈非後車之明鑒乎！忠臣論事，必識大體，君子取人，先觀大節。執事不可稱匪其人，而孤大元求才之意，枋得不可進不以禮，而誤執事知人之明。」既而留夢炎亦薦之，枋得復遺書夢炎曰：「江南〔無〕（據宋史四二五謝枋得傳、續綱目補）人才，未有如今日之可恥。春秋以下人物本不足道，今欲求爲人如呂飴甥、程嬰、杵臼廝養卒，不可得也！紂之亡也，以八百國之精兵而不敢抗夷、齊之正論，武王、太公凜凜無所容，急以興滅繼絕謝天下，殷之後遂與周並立，使三監、淮夷不叛，武庚必不死，殷命必不黜。夫女眞之待二帝亦慘矣，王倫一狎邪無賴，市井小人，謂梓宮可還，太后可歸，終則二事皆符其言。今一王倫且無之，則江南無人才可見也。今吾年六十餘矣，所欠一死耳，豈復有他志哉！」終不行。

二十六年（己丑、一二八九）夏四月，福建參知政事魏天祐執宋謝枋得至燕，不屈，死之。初，天祐見時方以求才爲急，欲薦枋得爲功，使其友趙孟迎誘枋得入城。與之言，坐而不對，或嫚言無禮。天祐不能堪，乃讓曰：「封疆之臣當死封疆，安仁之敗何不死？」枋得曰：「程嬰、公孫杵臼二人皆忠於趙，一死於十五年之前，一死於十五年之後，萬世之下，皆不失爲忠臣。王莽篡漢十四年，龔勝乃餓死，亦不失爲忠臣。司馬子長云：『死有重於泰山，有輕於鴻毛。』參政豈足知此！」天祐怒，逼之北行。枋得以死自誓，自離嘉興即不食，二十餘日不死，乃復食。旣渡采石，惟茹少蔬果，積數月，困殆。是月朔日，至燕，問太后攢所及瀛國所在，再拜，慟哭。已而疾甚，遷憫忠寺。見壁間曹娥碑，泣曰：「小女子猶爾，我豈不汝若哉！」留夢炎使醫持藥雜米飲進之，枋得怒，擲之於地。不食五日，死。子定之護骸骨，歸葬信州。枋得天資嚴厲，雅負奇氣，風岸孤峭，不能與世軒輊，而以天時人事，推宋必亡於二十年後。每論樂毅、申包胥、張良、諸葛亮事，嘗若有千古之憤者，而以植世教，立民彝爲任，富貴貧賤，一不動其中。初，枋得之北行也，貧苦已甚，衣結履穿。人有嘗德之者，賙以金帛，辭不受。又爲詩別其門人、故友，時以爲讀其辭見其心，慷慨激烈，眞可以使頑夫廉，懦夫立云。

附錄一

宋史紀事本末敍（陳邦瞻）

宋史紀事本末者，論次宋事而比之，以續袁氏通鑑之編者也。先是，宗伯馮公欲爲是書而未就，侍御斗陽劉先生得其遺稿若干帙，以視京兆徐公，徐公以授門下沈生，俾讐正之，因共屬不佞續成焉。凡不佞所增輯幾十七，大都則侍御之旨而宗伯之志也。編成宜有敍，敍曰：

史自紀傳而外，益以編年，代有全書，尙矣。事不改於前，詞無增於舊，臚列而滙屬之，以爲討論者徑，斯於述作之體不已末乎？而非然也。善乎楊氏之言曰：「提事之微以先於其明，搴事之成以後於其萌，其情匿而泄，其故悉而約。」是述本末者旨也，而不佞於宋事尤重有概焉。夫史者徵往而訓來，考世而定治者也。五帝、三王之事旣已若存若亡，而漢、唐之盛，智名勇功獨爲誦說者所豔慕，然而未暇考其世已。宇宙風氣，其變之大者有三：鴻荒一變而爲唐、虞，以至於周，七國爲極；再變而爲漢，以至於唐，五季爲極；宋其三變，而吾未睹其極也。變未極則治不得不相爲因，今國家之制，民間之俗，官司之所行，儒者之所守，有一不與宋近者乎？非慕宋而樂趨之，而勢固然已。舟行乎水而不得不視風以爲南北，治出乎人而不得不視世以爲上下。故周而上持世者式道德，漢而下持世者式武力，皆其會也。逮於宋，則仁義禮樂之風既遠，而機權詐力之用亦窮，藝祖、太宗覩其然，故舉一世之治而繩之於格律，舉一世之才而納之於準繩規矩，循循焉守文應令，雍容顧盼，而世已治。大抵宋三佰年間，其家法嚴，故呂、武之變不生於肘腋；其國體順，故莽、卓之禍不作於朝廷；吏以仁爲治而蒼鷹乳虎之暴無所施於郡國，人以法相守而椎埋結駟之俠無所容於閭巷，其制世定俗，蓋有漢、唐之所不能臻者。獨其弱勢宜矯而煩議當黜，事權惡其過奪而文法惡其太拘，要以矯枉而得於正則善矣，非必如東西南北之不相爲而寒暑晝夜之必相代也。故曰，世變未及〔一〕則治不得不相爲因。善因者鑒其所以得與其所以失，有微，有明，有成，有萌，有先，有後，則是編者，夫亦足以觀矣。余故不揣而敍之，俾論世之君子有考焉。

萬曆乙巳仲春，南京吏部稽勳清吏司郎中高安陳邦瞻書。

（據萬曆三十三年原刻本）

〔一〕「世變未及」，原文如此，文津閣本四庫全書改「及」字爲「極」，於義爲長。

附録二

刻宋史紀事本末序(劉曰梧)

夫古今之有史,皆紀事也,而經緯不同。左、馬之義例精矣,一以年爲經,一以人爲經,而建安袁先生復别開戶牖,迺又以事爲經而始末具載,士有游心得失之林而希合出門之轍者,咸有取焉。余嘗爲之評曰:是書也,事固無改于前,其範圍在二子之内,例則有取于會其標指爲二子之功。試即所紀一事論之,志盛以舉衰則升降具,鏡成以照敗則人事明,觀變以著漸則幾微彰,因事以察人則材品列,其於編年、列傳,未嘗不可合而見也。袁氏紀漢、唐,顧未及宋;樞本宋人,忌諱繁矣。國家於宋稱近古,高皇帝規天條地,國勢之强弱大小,法度之疏密,雖不可同日語,然三代而降,其紀綱風俗何遂能有加于乾德?「周監二代」,豈無有取于斯乎!即濂、洛之疏注,蓋二百年用之矣。昔人謂三皇之事若存若亡,蓋時運歷今日而漢、唐之事亦若存若亡,汴都、臨安之際,史亦犂然具乎,一何蕪穢也。士欲修宋事之闕,不稟命素王,取裁龍門、扶風,而務爲袁氏後勁,即事或有待,固未可知,毋亦以其臚列事體深切著明,蓋亦論事之權輿,徵往之符契耶!

余師臨朐馮先生蓋嘗慨然於斯，稍爲編次，凡例初具，天復不予。及余行部舊京，從京兆徐公所，得故沈侍御所輯事紀於其子朝陽，義例適與馮先生合，而刪潤未備，條貫稍遺。會余鄉司勳陳公德遠，博觀二酉之藏，能以其精神疏觀古人於千載之後，事惟擇其關時，言無取於枝葉，或累牘而兼取，或單詞以見意，卽前人未發之指間一闡揚，而不穿鑿附會以爲高。蓋經三公之手而書始成，其有光於建安可知也。

夫以兩宋近古之事，方內外固不乏通儒，而削牘摩編，欲就而未決者又數百年，機緣偶値，聚於一日。昔人謂文章經國大業，豈偶然哉！士君子讀天下書固將爲世用，前事之師，自古談之，徒區區務師心以游於轇轕，幸而後敗，不可爲訓。要之，楫不從式，車不合轍，亦必未有能濟者也。明治固號爲雍熙，其間亦多故矣，姑以宋事證之，若靈州之議，澶淵之策，濮園之辨，洛、蜀之黨，蓋亦有髣髴於今者，而善敗之故，一彼一此，斯亦可以備得失之林矣。善譜者不盡弈之變，然未有不學譜而弈者也。余承宗伯先生志，遂壽諸梓，而余有弟適爲國子祭酒，以其本授之，列在學宮，令四方士得觀覽焉。

萬曆三十三年歲在乙巳春仲穀旦，京畿道監察御史南昌劉曰梧陽生父譔。

（據萬曆三十三年原刻本）

附錄三

宋史紀事本末後序（徐申）

兩漢而下代有史，史以徵往訓來，其不可廢明甚。然當世學士雅以經術名，末流所漸，號稱習史氏，百不能一，蓋直弁髦視之，間或知所從事，則又苦浩博而乏淹通，卽片言之筆削，曾於何有？譬之導江河者，徒涉津涯，概未得其原委，雖日事疏鑿，奚當乎！南雍舊有建安袁機仲輯通鑑紀事本末，獨闕宋、元，馮宗伯將續成之，屢易草未就。直指使者劉公，宗伯門下士也，歲甲辰弭節留都，乃屬陳司勳德遠，俾竟其事；然余聞故沈侍御者亦嘗有所譔述，其子朝陽爲京兆府弟子員，能守家學，則以語沈子併佐司勳。於是司勳總括宋史，參伍二書，爲之提本挈末，各以事系題，以論系事，其法一與機仲氏合，尤以宋多議論，少成功，於大奏議載述稍詳，以俟論世者考焉。其文雅訓，其事綜核，上下三百餘年，纍若貫珠，寧惟博洽之宗領，抑亦經濟之前茅也。劉公受而卒業，喟然歎曰：「語云：『千金之裘，非一狐之腋。』信然哉！機仲氏號稱碩儒，然惡能舍史臣、世本別有採摭？要以折衷羣言，功倍作者，彼夫龍門、蘭台各成一家之業，不妨並傳矣！茲編寔補建安所未備。」遂與予共加校訂，付之剞劂氏。異日者尚當編輯元書，使學士得覩全史，請胥後命。

萬曆乙巳仲春應天府府丞勾吳徐申書。

（據萬曆三十三年原刻本）

附錄四

宋史紀事本末提要（四庫全書總目）

宋史紀事本末二十六卷〔一〕（兩淮鹽政採進本）

明陳邦瞻撰。邦瞻字德遠，高安人，萬曆戊戌進士，官至兵部左侍郎，事具明史本傳。初，禮部侍郎臨朐馮琦，欲仿通鑑紀事本末例，論次宋事，分類相比，以續袁樞之書，未就而沒。御史南昌劉曰梧得其遺稿，因屬邦瞻增訂成編，大抵本於琦者十之三，出於邦瞻者十之七。自太祖代周迄文謝之死，凡分一百九目，於一代興廢治亂之迹，梗概略具。袁樞義例最爲賅博，其鎔鑄貫串亦極精密，邦瞻能墨守不變，故銓敍頗有條理。諸史之中，宋史最爲蕪穢，不似資治通鑑本有脈絡可尋，此書部列區分，使一一就緒，其書雖亞於樞，其尋繹之功乃視樞爲倍矣。惟是書中紀事既兼及遼、金兩朝，當時南北分疆，未能統一，自當稱「宋遼金三史紀事」，方於體例無乖，乃專用「宋史」標名，殊涉偏見。至元史紀事本末，邦瞻已別有成書，此內如蒙古諸帝之立、蒙古立國之制諸篇，皆專紀元初事實，卽應析歸元紀之中，使其首尾相接，乃以臨安未破，一概列在宋編，尤失於限斷。此外因仍宋史之舊，舛訛疏漏未及訂正者，亦所不免。然於紀載宂雜之內，實有披榛得路之功，讀通鑑者不可無袁樞之書，讀宋史者亦不可無此一編也。（據一九六五年中華書局影印本）

〔一〕「宋史紀事本末二十六卷」，文津閣和文溯閣本四庫全書與提要均作「二十八卷」，總目提要之「六」字應爲「八」字之訛。